INTERNATIONALE CARDINAL-NEWMAN-STUDIEN

ii

Wilhelm Tolksdorf

Analysis fidei
John Henry Newmans Beitrag
zur Entdeckung des Subjektes beim Glaubensakt
im theologiegeschichtlichen Kontext

PETER LANG
Europäischer Verlag der Wissenschaften

Die Deutsche Bibliothek - CIP-Einheitsaufnahme

Tolksdorf, Wilhelm:

Analysis fidei : John Henry Newmans Beitrag zur Entdeckung
des Subjektes beim Glaubensakt im theologiegeschichtlichen
Kontext / Wilhelm Tolksdorf. - Frankfurt am Main ; Berlin ;
Bern ; Bruxelles ; New York ; Wien : Lang, 2000
(Internationale Cardinal-Newman-Studien ; Folge 18)
Zugl.: Bochum, Univ., Diss., 1999
ISBN 3-631-35940-3

BX
4705
.N5
T64
2000

Gedruckt auf alterungsbeständigem,
säurefreiem Papier.

D 294
ISSN 0934-7259
ISBN 3-631-35940-3
© Peter Lang GmbH
Europäischer Verlag der Wissenschaften
Frankfurt am Main 2000
Alle Rechte vorbehalten.

Printed in Germany 1   3 4 5 6 7

Analysis fidei

INTERNATIONALE CARDINAL-NEWMAN-STUDIEN

Herausgegeben von
Günter Biemer

Begründet von
Heinrich Fries und Werner Becker

XVIII. Folge

PETER LANG
Frankfurt am Main · Berlin · Bern · Bruxelles · New York · Wien

Vorwort

Die vorliegende fundamentaltheologische Studie wurde im Sommersemester 1999 unter dem Titel „Analysis fidei. Die Entdeckung des Subjektes in Glaubensverantwortung und –vollzug" von der Katholisch-Theologischen Fakultät an der Ruhr-Universität Bochum als Dissertationsschrift angenommen. Ich bin sehr froh, das Manuskript nunmehr im Rahmen der Newman-Studien einer breiteren Öffentlichkeit zugänglich machen zu können. Verändert hat sich dabei nur der Titel der Studie sowie ihr Schlußteil, den ich geringfügig überarbeitet habe.

Die Veröffentlichung meiner Arbeit gibt Gelegenheit zu danken. Mein besonderer Dank gilt dabei zunächst und vor allem Herrn Prof. Dr. Hermann Josef Pottmeyer. Er hat das Entstehen der Arbeit mit Engagement und Geduld begleitet und das Erstgutachten erstellt. Seinen Anregungen und seinem kritischen Urteil verdanke ich viel, die Promotionszeit bei ihm werde ich in guter Erinnerung behalten. Herrn Prof. Dr. Wendelin Knoch danke ich für seine Bereitschaft, die Mühen des Zweitgutachtens auf sich zu nehmen. Mein ganz besonderer Dank aber gilt dem Bischof von Essen, Herrn Dr. Hubert Luthe. Er hat mich auf das Werk von John Henry Newman aufmerksam gemacht, das Entstehen meiner Studie interessiert begleitet und mir Seelsorgeaufgaben zugewiesen, die das wissenschaftliche Arbeiten begünstigt haben.

Danken möchte ich an dieser Stelle aber auch jenen Gesprächspartnern, die mir in den Jahren der Promotion mit Rat und Tat zur Seite standen: Hier denke ich an Herrn Prof. Dr. Erhard Kunz SJ (Frankfurt / St. Georgen), dessen Aufsätze und Einzelstudien bereits früh mein Interesse an der Glaubensanalyse geweckt haben. Gerade zu Beginn meiner eigenen Arbeit an der Analysis fidei waren mir die Gespräche mit ihm eine wichtige Hilfe. Fernerhin danke ich Herrn Dr. Roman Siebenrock (Innsbruck), der mir in lebendiger und freundschaftlicher Weise das Denken und die Lebenswelt John Henry Newmans erschlossen hat. Sein theologischer Rat gilt mir viel. Fachlich wie menschlich möchte ich überdies die Begegnungen mit Herrn Prof. Dr. Richard Schaeffler (München) nicht missen: Der philosophisch-theologische Grenzgang mit ihm

hat mir die Problemtiefe des Verhältnisses von Glaube und Vernunft deutlich vor Augen geführt. Eine große Hilfe, John Henry Newman und sein Werk besser kennenzulernen, war mir überdies die reichhaltige Bibliothek des „House of Newman-Friends" in Rom: Für Rat und erwiesene Gastfreundschaft habe ich der dort lebenden Hausgemeinschaft sehr zu danken.

Danken möchte ich abschließend auch all jenen, die mir in den ganz praktischen Dingen der Manuskripterstellung geholfen haben: Herr Msgr. Dr. Gerd Lohaus sowie Herr Studiendirektor Rainer Prodöhl haben für große Teile des Textes die Mühe der Korrektur auf sich genommen, Frau Elisabeth Lebert hat mit Sorgfalt die typographische Gestaltung des Manuskriptes besorgt. Herrn Prof. Dr. Günter Biemer (Freiburg) danke ich für die wohlwollende Aufnahme meiner Arbeit unter die Newman-Studien.

Duisburg, am 2. Februar 2000

Wilhelm Tolksdorf

Inhaltsverzeichnis

Abkürzungen

Werke, die im fortlaufenden Text häufiger zitiert sind, erhalten einen eigenen, ihrem Titel entlehnten **Kurztitel**. Dieser ist im Literaturverzeichnis der Literaturangabe jeweils nachgestellt und durch ein „zit." (zitiert) gekennzeichnet. Lexikonartikel werden bei der Zitation wie im Literaturverzeichnis durch das Kürzel „Art." (Artikel), Rezensionen durch ein „Rez." hervorgehoben.

Die im Text wie im Literaturverzeichnis verwendeten **Abkürzungen** richten sich nach *S. Schwerdtner*, Theologische Realenzyklopädie. Abkürzungsverzeichnis, 2. Aufl., Berlin 1976. Lexikonartikel aus der *Theologischen Realenzyklopädie* sind unter der Abkürzung TRE angeführt. Angaben im Text beziehen sich dabei auf die Bände der Sudienausgabe (Teil I: Berlin-New York 1993, Teil II: Berlin- New York 2000). Die *Bücher der Heiligen Schrift* des Alten und Neuen Testamentes werden nach der Einheitsübersetzung zitiert und abgekürzt. Kirchliche Dokumente und Lehrentscheide werden nach *H. Denziger*, Kompendium der Glaubensbekenntnisse und kirchlichen Lehrentscheidungen. Verbessert, erweitert, ins Deutsche übertagen unter Mitarbeit von *H. Hoping* herausg. von *P. Hünermann*, 37. Aufl., Freiburg-Basel-Rom- Wien 1991, zitiert. Sie tragen das Kürzel DH. Das *Lexikon für Theologie und Kirche* wird im Text mit LThK II und LThK III zitiert. LThK II bezeichnet *J. Höfer / K. Rahner* (Hg.), Lexikon für Theologie und Kirche. Zweite, völlig neu bearbeitete Auflage, 14 Bände, Freiburg 1960 – 1968, LThK III kennzeichnet *W. Kasper* (Hg.), Lexikon für Theologie und Kirche. Dritte, völlig neu bearbeitete Auflage, Freiburg - Basel - Rom - Wien 1993ff.

Die Kürzel, mit denen aus den Werken *J. H. Newmans* zitiert wird, richten sich nach *J. Artz*, Newman-Lexikon zugleich Registerband zu den Ausgewählten Werken von John Henry Kardinal Newman, Mainz 1976, XIV- XVII. Die deutschen Übertragungen der Hauptwerke *J. H. Newmans* sind unter dem Kürzel AW geführt und bezeichen die entsprechenden Bände der Ausgewählten Werke (Ausgewählte Werke von John Henry Kardinal Newman, herausgegeben von *M. Laros* und *W.Becker*, Mainz 1951-1969). Die Bände werden im Literaturverzeichnis als Einzelwerke vollständig auszitiert (AW I-VIII). Das Kürzel NSt kennzeichnet die Einzelbände der Internationalen Cardinal-Newman-Studien (herausgegeben von *G. Biemer-H. Fries*. Begründet von *H.Fries-W. Becker*, Bd. 1-18, Nürnberg/ Sigmaringendorf/ Frankfurt-Berlin-Bern-New York-Paris-Wien 1948ff.).

1. Thema, Absicht und Aufbau der vorliegenden Studie

Von den Themen, die die Gesellschaft und ihre Medien gegenwärtig bewegen, sind es nach wie vor Fragen aus Glaube und Religion, die einen hohen Grad an Aufmerksamkeit erregen. Aktuelle Anlässe geben dabei der breiten Öffentlichkeit immer wieder Gelegenheit, von den Vertretern des religiösen Lebens Toleranz, Weite der Auffassung und demokratischen Bürgersinn einzufordern[1]. Sogenannte Zeit- und Streitfragen offenbaren allerdings gewollt oder auch ungewollt ein tiefes Bedürfnis nach religiöser Orientierung: Wo von Religion gesprochen wird, stellen sich fast immer Fragen nach Selbstverwirklichung, Lebensstil und Individualität. Andererseits erscheint hier die Religiosität in ihrer ganzen Zwiespältigkeit: Von ihr erhofft man zwar Wege der Selbstfindung[2], man fürchtet zugleich aber auch ihre Macht, Menschen und ihre Lebenswege bevormundend zu reglementieren[3]. In den Erwartungen und Sehn-

---

[1] Vgl. dazu etwa die Auseinandersetzung um die Entscheidung des *Kultusministeriums Baden- Württemberg* vom Juli 1998, das der Lehrerin *Fereshta Ludin*, von ihrer Herkunft Afghanin und mittlerweile deutsche Staatsbürgerin, nach abgeschlossener Ausbildung die Übernahme in den Schuldienst deshalb verweigern möchte, weil diese darauf beharrt, im von ihr erteilten Schulunterricht das Kopftuch der bekennenden Muslima zu tragen. Der Streitfall steht für die Herausforderungen, denen sich eine zunehmend multikulturelle Bundesrepublik in Zukunft wird stellen müssen. Für politische und religiöse Toleranz in diesem Fall plädiert etwa *Th. Sommer*, Der Kopf zählt, nicht das Tuch. Ausländer in Deutschland: Integration kann keine Einbahnstraße sein, in: *Die Zeit* 30 (1998)3. Das Hamburger Nachrichtenmagazin *Der Spiegel* widmet dem Entscheid den Artikel „Die letzte Schlacht" und veröffentlicht dazu ein Interview mit *F. Ludin*, die ihrerseits von der Öffentlichkeit wie von den in Politik und Gesellschaft Verantwortlichen Verständnis und Toleranz einfordert (vgl. *Der Spiegel* 30 (1998) 58 – 59).
[2] Vgl. dazu den Artikel von *H. Barz*, Meine Religion mach ich mir selbst!, in: Psychologie heute 22 /Heft 7 (1995) 20 – 27. In seinem Leitartikel zur Nummer schreibt *H. Ernst* vom Phänomen der „Cafeteria-Mentalität" – „...die neuen Gläubigen stellen sich ihr Sinn-Menü aus dem reichhaltigen Angebot zusammen, wobei sie sich von ihrem durch Hedonismus, Psychologie und Ästhetik geprägten Appetit leiten lassen: Gregorianische Choräle, ein Häppchen Buddhismus, den frommen Schauder heiliger Orte, etwas Mystik nach Feierabend, die streßmindernden Rituale der Meditation, und so weiter" (ebd. 3).
[3] Vgl. *M. Drobinski*, Der unerbittliche Diplomat. Welche Angst spürbar wird, wenn der Glaubenshüter aus Rom erstmals nach dem Entscheid zur Schwangeren-Beratung in Deutschland auftritt, in: Süddeutsche Zeitung 29 (5. Februar 1998) 3. *M. Drobinski* berichtet in seinem Artikel über einen Vortrag, den der Präfekt der Glau-

süchten, wie sie hier zutage treten, zeigt sich schließlich auch ein Unbehagen an den überkommenen Organisationsformen und Strukturen gelebter Religiosität, denen in der gegenwärtigen gesellschaftlichen Situation ihre ehemals sinnstiftende Kraft genommen scheint[4]. In dieser Situation vom christlichen Glauben zu reden, ist angesichts der Fülle von Verdachtsmomenten und Erwartungen nicht leicht, gleichwohl aber notwendig. Zum einen geht es hierbei um die Sache selbst: Den Glauben und den durch ihn behaupteten Anspruch berechtigter Akzeptanz. Zum anderen geht es aber auch darum, die Vielfalt der Wandlungsprozesse, die das kirchliche wie das gesellschaftliche Leben prägen, tiefer zu durchdringen und von ihrer Herkunft her zu verstehen. Das Selbstverständnis des Glaubenden, sein Zugang zu einer Botschaft, die ihm auf ihre Glaubwürdigkeit hin ein Urteil abfordert, ist dafür ein Indikator. In der vorliegenden Studie wird zu diesem Zweck der erkenntnistheoreti-

---

benskongregation, *Joseph Kardinal Ratzinger*, anläßlich der 34. Ökumenischen Sankt-Ansgar-Vesper am 4. Februar 1998 in der Hansestadt Hamburg gehalten hat. Wie der Untertitel seines Artikels bereits verrät, sucht M. *Drobinski* hierbei atmosphärische Momente vor, während und nach der Veranstaltung einzufangen.

[4] Vgl. *W. Kasper*, Die Weitergabe des Glaubens. Schwierigkeit und Notwendigkeit einer zeitgemäßen Glaubensvermittlung, in: *W. Kasper* (Hg.), Einführung in den Katholischen Erwachsenenkatechismus, 3. Aufl., Düsseldorf 1985 (= Schriften der Katholischen Akademie in Bayern 118), 13 – 35. „In dem Maße, als das Christentum seine gesellschaftlich prägende Kraft verloren hat und soziologisch betrachtet zu einem relativ eigenständigen Teilsystem neben anderen geworden ist, tradiert die moderne Gesellschaft die grundlegenden christlichen Glaubens- und Sittenwahrheiten nicht mehr wie bisher mehr oder weniger automatisch mit. Die gesellschaftlich-kulturelle und die religiöse Sozialisation sind auseinandergetreten. Das hat zunächst zur Krise des schulischen Religionsunterrichtes geführt, über den die Kirche seit dem 18. Jahrhundert ihre katechumenale Aufgabe vornehmlich erfüllt hat. Aber auch der private Raum der Familie, in welcher die religiöse Prägung in anderswie unersetzlicher Weise geschieht, ist dem Sog der Standards der modernen Gesellschaft und den hier geltenden, oft alles andere als christlichen Plausibilitäten ausgeliefert; sie ist selbst in eine Krise geraten und allein auf sich gestellt normalerweise nicht mehr in der Lage, ihren Auftrag als Hauskirche zu erfüllen, nämlich die heranwachsende Generation in den Glauben einzuführen. Die allgegenwärtige ökonomische Denkweise in der modernen Gesellschaft erweist sich mehr und mehr als ein ‚Moralzehrer', wobei das affektiv-emotionale Vakuum, das dadurch entsteht, weitgehend durch einen neuen Hedonismus ausgeglichen wird, welcher wiederum vor allem den Bestand der Familien bedroht. So ist die Kirche ihrer bisherigen gesellschaftlichen Stütz- und Plausibilitätsstrukturen weitgehend beraubt; sie muß den Prozeß der Glaubenstradierung nunmehr aus eigener Kraft und mit eigenen Mitteln leisten" (ebd. 17).

sche Traktat der analysis fidei näher untersucht. Es handelt sich dabei um jene Problemstellung innerhalb der theologischen Erkenntnislehre, mit der die Theologen sich explizit vor allem seit der frühen Barockscholastik beschäftigen. Viele der Themen und Fragen, die heute von Wichtigkeit und Aktualität scheinen, sind hier bereits wie unter einem Brennglas gebündelt. Insofern ist es lohnenswert, solche Schwierigkeiten, die gerade die konfessionell geprägte Frohbotschaft der gegenwärtigen Gesellschaft aufgibt, in einen Zusammenhang mit jener Aufgabe zu bringen, die sich der Traktat zur Glaubensanalyse stellt. Von hier aus erklärt sich Aufbau und Gang der vorliegenden Studie.

1.1. Die Glaubensthematik in ihrem gesellschaftlichen Kontext

In einer vor einigen Jahren veröffentlichten Publikation beschäftigt sich der Münsteraner Fundamentaltheologe J. *Werbick* mit dem „Wagnis des Christseins"[5]. Zur Diskussion stehen dabei nicht vorrangig Glaubensinhalte oder konkrete Strukturen und Formen der Glaubensvermittlung: Der Autor stellt sich hier vielmehr der gesellschaftlichen Gegenwart, wie er sie für den deutschsprachigen Raum Mitte der neunziger Jahre wahrnimmt. Als deren Hauptthema bestimmt er die „Suche nach der verlorenen Glaubwürdigkeit"[6]. Diese Suche beschränkt sich allerdings nicht nur auf den gesellschaftlich- kulturellen Bereich. Auch die Kirche und die von ihr verkündigte Botschaft stößt auf Schwierigkeiten: So beobachtet J. *Werbick* eine „Glaubwürdigkeits- und Überlebenskrise des Christentums"[7], dessen Botschaft und Anspruch von der Gesellschaft nicht mehr unhinterfragt angenommen und akzeptiert wird[8]. Die Glaubwürdigkeitskrise des kirchlich verfaßten Christentums hat eine *subjektive Dimen-*

---

[5] J. *Werbick*, Vom Wagnis des Christseins. Wie glaubwürdig ist der Glaube?, München 1995 / zit. Wagnis.

[6] J. *Werbick*, Wagnis 11.

[7] J. *Werbick*, Wagnis 33.

[8] Vgl. J. *Werbick*, Wagnis 26. „Aber es liegt auf der Hand, daß die Glaubwürdigkeitskrise der Kirche tiefer reicht. Sie hat ja vor allem damit zu tun, daß man der Kirche ‚ihre Wahrheit' nicht mehr abnimmt, und dies vor allem deshalb, - weil man ihr die Wahrheit nicht ‚ansieht' , die sie mit ihrer Verkündigung zu verbreiten versucht; - weil man sich auf das, was man ihr ansieht, auf das, worum es Kirche tatsächlich zu gehen scheint, lieber nicht einlassen möchte;-aber auch zunehmend deshalb, weil einem die Wahrheit, für die Kirche offiziell ‚zuständig' sein will, nichts mehr sagt und nichts mehr bedeutet, jedenfalls nicht mehr hilft, so daß man nicht mehr recht weiß, weshalb man sich auf sie einlassen sollte" (Wagnis 26).

sion: Für unglaubwürdig hält die Öffentlichkeit die Christen gerade deshalb, weil sich zwischen der Wahrheit, die sie für sich in Anspruch nehmen, und dem, was ihr Leben tatsächlich zu bestimmen scheint, „eine
Glaubwürdigkeitslücke auftut"[9]. Von der *subjektiven Dimension* der
Glaubwürdigkeitskrise ist nach J. Werbick sodann deren *objektive Dimension* zu unterscheiden: Als unglaubwürdig erscheint der öffentlichen
Meinung auch „die Wahrheit selbst, auf die Christen sich in ihrem Glauben beziehen"[10]. Anlaß dafür bietet jene offensichtliche Glaubwürdigkeitslücke zwischen den Wahrheitsansprüchen des christlichen Glaubensbekenntnisses und dem, „was man in der ,Welt der Moderne (oder
der Postmoderne)' für relevant, nützlich, einleuchtend oder gar für wahr
zu halten geneigt ist"[11]. Der oftmals undifferenzierte Hinweis auf beide
Aspekte angezweifelter Glaubwürdigkeit erschwert und verunklart dabei
die öffentliche Diskussion[12].

Hier macht J. Werbick auf die Wechselbeziehung von Kirche und
Gesellschaft aufmerksam. Die objektive Dimension der Krise des Christentums macht deren Verknüpfung mit krisenhaften Entwicklungen
des „westlich-nördlichen ,way of life'"[13] offenkundig. Kapitalismus und
Materialismus, Erlebnisgesellschaft, Informationsgesellschaft[14]: Unter
diesen Stichworten sieht J. Werbick jene Lebensmuster, Plausibilitäten
und ökonomisch-sozialen Strukturen herausgebildet, „die nicht nur das
Überleben des Christentums, sondern auch den Fortbestand einer von
diesen Strukturen geprägten Zivilisation fraglich machen"[15]. Er zeichnet
zudem das Bild einer Gesellschaft, die die Vielfalt ihrer Glaubwürdigkeitsansprüche als Machtmittel verzweckt[16]. In ihrem Verlangen, Miß-

---

[9] J. *Werbick*, Wagnis 26.
[10] J. *Werbick*, Wagnis 26.
[11] J. *Werbick*, Wagnis 26.
[12] „Subjektive und objektive Dimension des Glaubwürdigkeitsschwunds werden
in der konkreten Stellungnahme häufig zusammengesehen; Vorbehalte gegen die
Glaubwürdigkeit der Gläubigen und ,Kirchenleute' stützen und überlagern dann die
Argumente gegen die Glaubwürdigkeit des von ihnen Geglaubten" (J. *Werbick*,
Wagnis 26–27).
[13] J. *Werbick*, Wagnis 33.
[14] Vgl. J. *Werbick*, Wagnis 34-40.
[15] J. *Werbick*, Wagnis 33.
[16] „Die Wahrheit des Dysangelisten: die Wahrheit, mit der er die anderen an den
Pranger stellt, disqualifiziert, unmöglich macht, moralisch vernichtet; die ,Pharisäer-

stände mediengerecht zu enthüllen, ist sie zwar eine um Wahrheitsansprüche besorgte „Entlarvungsgesellschaft"[17], andererseits bleibt sie eine „Verdrängungsgesellschaft"[18], die genau jene Faktoren, die sich ihrer Dynamik und ihrem Eigeninteresse entgegenstellen, beiseite räumt[19]. Die Kritik, die die Gesellschaft an der Kirche übt, wirft daher nach J. Werbick gleichermaßen Licht auf eigene wie auf kirchliche Geltungsansprüche. Kirche und Öffentlichkeit erscheinen wie der sprichwörtliche Pharisäer, der herausfordernde Wahrheiten „in eine Forderung an die anderen verwandelt, ihnen abverlangt, was man selbst doch im wesentlichen schon hinter sich hat: die ‚Umkehr', das ‚Umdenken', die Umkehrung der Lebensrichtung"[20]. Der Kommunikationsprozeß verläuft dabei - so der Verdacht - in gesellschaftlichen wie kirchlichen Strukturen einseitig „von oben nach unten"[21]. Die sogenannten Unwissenden sollen dabei dem Machtanspruch der Wissenden verfügbar gemacht werden[22]. So ist

---

Wahrheit', die ihm das Recht gibt, sich über die Blindheit und Taubheit der anderen zu empören" (Wagnis 43).

[17] „Informationen erregen ein Höchstmaß an Aufmerksamkeit, wenn sie ans Licht zu bringen vorgeben, was uns bisher aus niedrigen Gründen verschwiegen oder verheimlicht wurde." Die Entlarvungsgesellschaft vollzieht also „die Demokratisierung der Verurteilungskompetenz; und dieser Demokratisierungsprozeß ist von erheblicher Dynamik: Die Objekte der Beurteilung und Verurteilung wollen selbst (Mit-)Subjekte der Verurteilung sein; und sie beweisen sich ihr neugewonnenes ‚Subjektsein' mit der Verurteilung der bisherigen Verurteiler" (J. *Werbick*, Wagnis 40).

[18] J. *Werbick*, Wagnis 41.

[19] „Die systematische Verdrängung und Auslagerung der sozialen und der Umweltkosten unseres Wirtschaftens, die Verdrängung des unabweisbar Gegebenen, sofern es sich nicht zum Erlebnisstimulans verarbeiten läßt, die Verdrängung des ‚Älteren' durch das jeweils ‚Neue' in der Informationsgesellschaft, die Verdrängung der sittlichen Herausforderung durch ‚Entthronung' derer, die sie geltend machen- diese Verdrängungsleistungen gehören zu den verschwiegenen Voraussetzungen eines prekären gesellschaftlichen Grundkonsenses, in den eben auch christliche Traditionselemente nur noch schwer Eingang finden" (J. *Werbick*, Wagnis 41).

[20] J. *Werbick*, Wagnis 43.

[21] J. *Werbick*, Wagnis 43.

[22] „Die Kirchen verkörpern offenbar in Reinkultur einen Kommunikationsstil, den man möglicherweise um so heftiger ablehnt, je anfälliger man selbst für ihn ist: *die Kommunikation von oben nach unten*, von denen, die der Wahrheit teilhaftig sind und sich deshalb irgendwie als die Besseren vorkommen, hinunter zu denen, die die Wahrheit endlich annehmen und denen da oben endlich recht geben sollten" (J. *Werbick*, Wagnis 43).

es nicht weiter verwunderlich, daß die Glaubwürdigkeit im gesellschaftlichen und kirchlichen Bereich „zu einem knappen Gut"[23] geworden ist. J. Werbick versteht dies allerdings nicht nur als notwendige Folge geschichtlicher und sozialer Prozesse, sondern vermutet hier auch Erscheinungsformen der Angst. Wo Wahrheitsansprüche in den Verdacht geraten, Machtinteressen zu dienen, verbraucht sich zwangsläufig Glaubwürdigkeit[24]: Es wächst in der Öffentlichkeit genauso wie im Einzelnen die Furcht, vom Machtstreben weniger vereinnahmt und ausgenutzt zu werden[25]. Aufrüttelnde Erfahrungen aus der Geschichte gelten hier als eindeutige Warnung vor Absolutheitsansprüchen politischer oder religiöser Art[26]. Im Sinne eines aktiven Selbstschutzes gelten Autoritätsansprüche daher zunächst als beliebig, und - der kritischen Prüfung mehr als bedürftig - stehen sie folgerichtig in der Verfügbarkeit des Einzelnen[27]. Der aber hat damit die schwierige Aufgabe, geeignete Kriterien für die Handhabung und Beurteilung solcher Ansprüche zu finden. Dies erfordert nichts weniger als eine ausgeprägte Persönlichkeit, die begründet zu unterscheiden und wählen weiß[28]. Wo allerdings nur das gilt, was der einzelne Mensch für sich gelten läßt[29], entsteht ein weltanschaulich-religiöser Markt der Beliebigkeiten: Gefragt sind Weltanschauungsrequisiten, in denen sich einerseits der einzelne Mensch angemessen darzu-

---

[23] J. Werbick, Wagnis 11.

[24] „Die Aufkündigung der Glaubensbereitschaft soll all jene treffen, die mit dem ihnen eingeräumten Kredit doch nur die eigenen Rechnungen bezahlten und dabei die Schuldenlast noch vermehrt haben, die vielleicht schon in absehbarer Zeit den Offenbarungseid erzwingt: die Last ökologischer, sozialer und seelischer Verheerung, die ‚Unkosten' des hier und jetzt bedenkenlos genossenen Profits. Sie soll all jene treffen, die uns bisher für ihre Interessen vereinnahmt, die aus unserer Loyalität ihren Vorteil gezogen haben" (J. Werbick, Wagnis 11).

[25] „Er verschwindet einfach nicht, der alte Verdacht, hier mache einer auf meine Kosten gute Geschäfte; der Verdacht, dahinter – hinter der Fassade- sei letzlich doch nichts, was mein Zutrauen wirklich verdiente" (J. Werbick, Wagnis 13).

[26] „Allzuviel an Glaubensgehorsams- Anspruch hat man unseren Vätern und Müttern und uns selbst zugemutet. Wer wird sich darüber wundern, daß die Kinder nun ausagieren, was unsere Väter und Mütter noch kaum wahrgenommen haben, was unsere Generation umtreibt und nicht selten in Resignation getrieben hat: daß sie den Verlust der Glaubwürdigkeit ausagieren" (J. Werbick, Wagnis 11).

[27] Vgl. J. Werbick, Wagnis 14.

[28] Vgl. J. Werbick, Wagnis 14.

[29] Vgl. J. Werbick, Wagnis 14.

stellen vermag und die andererseits das zur Schau gestellte „Niveau"[30]
seines Problemlösungsverhaltens nicht unterbieten[31]. Die Krise kirchli-
cher Glaubensvermittlung scheint damit unübersehbar: Die persönliche
Entscheidung für den Glauben fällt mit der Angst vor ihrem möglichen
Mißbrauch[32], sie steht zugleich in der Hoffnung auf einen Glaubwürdigkeitsanspruch, der unverbrauchbar ist[33]. Sie ist in der Tat Wagnis[34]. Die
Frage nach dem christlichen Glauben und seiner Überlieferung aus der
Perspektive der Glaubwürdigkeitsproblematik zu beleuchten, wie dies *J.
Werbick* tut, ist ebenso originell wie realitätsnah. Mit seinem Versuch, die
gesellschaftliche und kirchliche Situation angemessen zu erfassen, steht
er allerdings nicht allein. So ergründet etwa *M. Siemons* die bundesdeut-
sche Arbeitswelt der späten neunziger Jahre des zwanzigsten Jahrhunderts, indem er sich mit dem „Wesen des neuen Angestellten"[35] beschäftigt. Sein Verstehensmodell ist von anderer Art als jenes der allgemeinen
Glaubwürdigkeitskrise bei *J. Werbick*, aber nicht minder deutlich. Der Angestellte – kein anderer – ist nach *M. Siemons* der „heimliche Held unse-

---

[30] *J. Werbick*, Wagnis 15. „Werden sie als zu ‚sperrig', zu wenig ‚assimilierbar'
empfunden, so haben sie keine Chance mehr, auf dem religiös-weltanschaulichen
Akt überhaupt noch beachtet zu werden" (Wagnis 15).

[31] Vgl. *J. Werbick*, Wagnis 15.

[32] „Will mich da nicht eine(r) mit einem marktgängigen, glattpolierten Angebot
in eine religiöse Tradition hineinziehen, in der es ‚eigentlich' doch um etwas ganz
anderes ging? Will mich da nicht eine(r) vereinnahmen für eine Sache, mit der sie
oder er vorerst noch hinter dem Berg hält? Dient sich mir da nicht eine(r) an, statt
mich ernst zu nehmen und mir die Herausforderung zuzumuten, mit der ich wirklich
‚kämpfen' müßte?" (*J. Werbick*, Wagnis 15).

[33] „Glaubwürdig ist nicht die Wahrheit, die wir *haben*, deren wir – oder irgendein
Mensch oder irgendeine Institution – habhaft werden könnten; glaubhaft ist nur die
Wahrheit, die *uns hat* und von der wir mit guten Argumenten behaupten dürfen, daß
sie uns zu Recht ‚eingenommen' hat; die Wahrheit, der Gott, von dessen Her-
ausforderungen wir mit guten Gründen sagen können, daß sie verheißungsvoll ist"
(*J. Werbick*, Wagnis 17).

[34] Vgl. dazu *J. Werbick*, Wagnis 213 – 219. *J. Werbick* nimmt hier den Begriff des
Zeugen in den Blick: „Überzeugendes Zeugnis: Das kann nichts anderes sein als das
Zeugnisgeben von einer Über-Zeugung, von einem offenen Prozeß, in dem das Zeu-
gen-Ich die Faszination und Heilsamkeit, womöglich aber auch das Zwiespältige und
Ent-Täuschende, das schmerzlich und verheißungsvoll Herausfordernde des Evan-
geliums erfahren hat und deshalb mit-verantworten kann" (*J. Werbick*, Wagnis 30).

[35] *M. Siemons*, Jenseits des Aktenkoffers. Vom Wesen des neuen Angestellten,
München-Wien 1997/ zit. Jenseits.

res Weltzustandes"[36]. Für die Mehrheit der Bevölkerung legitimieren sich Glaubwürdigkeitsansprüche nurmehr hauptsächlich aus der Arbeitsstelle und ihren Anforderungen[37]: Inmitten einer Umwelt, in der alles fraglich erscheint, ist diese „reine Relation und letzter Halt"[38]. Sie formt den Einzelnen und vermittelt ihn zu sich selbst[39]. Sie fordert zugleich von ihm Beweglichkeit, mit der er in „allen Umbrüchen seine jeweilige Stellung erkennt und besetzt"[40]. Die Ausübung der Religion und ihr Selbstverständnis von Seelsorge bleiben davon keinesfalls unberührt. Hier geht es nicht mehr um die entschiedene Einübung in das geistliche Leben, sondern „um eine Vorbereitung und Stärkung gerade jener Tugenden, die der Angestellte in seinem Betrieb braucht"[41]. Die Kirchengemeinde ist ihm dafür „Prototyp"[42], der Seelsorger wie er selbst nichts anderes als ein Angestellter, wenn auch „in einem traditionsreichen Dienstleistungsunternehmen"[43].

K. Gabriel und *F.X. Kaufmann* haben diesbezüglich aus dem Gebiet der Religionssoziologie Daten beigebracht, die den gegenwärtigen Standort der Religion in der Gesellschaft ausleuchten und die vorangegangenen Überlegungen plausibel erscheinen lassen[44]. So hat die Krise

---

[36] *M. Siemons,* Jenseits10.

[37] „Die Gesellschaft organisiert sich nach Funktionen statt am Herkommen und die Wirtschaft zunehmend nach Dienstleistung statt nach Eigentum und Produktion" (*M. Siemons,* Jenseits 10).

[38] *M. Siemons,* Jenseits 19.

[39] Vgl. *M. Siemons,* Jenseits 19.

[40] *M. Siemons,* Jenseits 20.

[41] *M. Siemons,* Jenseits 95.

[42] *M. Siemons,* Jenseits 95.

[43] *M. Siemons,* Jenseits 91. „Nach modernen Unternehmensgrundsätzen funktioniert daher heute auch die Organisation der Kirchengemeinden. Sie sucht die Verantwortung zu streuen, also so viele Gemeindemitglieder als möglich an den Entscheidungen, Verrichtungen und Verkündigungen des Ganzen teilhaben zu haben lassen. Der Terminus technicus dafür heißt ‚Lebendigkeit‘. Eine Gemeinde ist um so lebendiger, je mehr Gemeindemitglieder in Gremien, Konferenzen, Gesprächs- und Aktionsgruppen gesammelt sind, so daß sich der in diesem Zusammenhang auch häufig zitierte ‚Geist‘, bei dem prinzipiell offen bleibt, ob es sich um den Heiligen oder einen anderen Geist handelt, aus dem vielfältig verschränkten Zusammenwirken aller organisch entwickeln kann" (*M. Siemons,* Jenseits 95).

[44] *K. Gabriel,* Glaubenskrise oder Wandel in der Sozialform des Glaubens? Religionssoziologische Befunde und Interpretationen, in: *M. Delgado/ W. Simon* (Hg.), Lernorte des Glaubens. Glaubensvermittlung unter den Bedingungen der Gegen-

der nachkonziliaren Kirche im westlichen Europa nach *K. Gabriel* ihre Ursache in der Auflösung „der aus dem 19. Jahrhundert stammenden Sozialform des kirchlichen Christentums"[45]. Der Prozeß der Auflösung traditioneller, kirchlicher Strukturen ist aber nur einer unter zahlreichen Erosionsprozessen „in den übrigen gesellschaftlichen Großgruppen und ihren Milieus"[46]. Mit ihnen kommt jene Phase der Industriegesellschaft zu ihrem Ende, „in der sich die Menschen vornehmlich über die Zugehörigkeit zu Großgruppen in die Gesellschaft integrierten"[47]. Die Beobachtung verbrauchter Glaubwürdigkeiten hat also durchaus ihren Sitz im Leben: An die frühere Stelle der identitätsstiftenden Großgruppe tritt heute die „funktionale Differenzierung der Gesellschaft"[48], verbunden mit einem „Individualisierungsschub der Lebens- und Bewußtseinsformen, der bis in das Glaubensverständnis der Katholiken hinein Wirkung zeigt"[49]. Das überkommene Wechselspiel zwischen Religion und gesellschaftlicher Öffentlichkeit, über das bislang religiöse Werte vermittelt werden konnten, ist damit aufgebrochen. Die höchst differenziert und komplex gewordene Wirklichkeit wird nicht mehr von einem übergreifenden religiösen Wertesystem integriert, „oder anders formuliert: Das allgemein Verbindende wird nicht mehr, wie es die Aufgabe der Religion war, symbolisch repräsentiert"[50]. Wo das Allgemeine, Verbindende fehlt, ist aber das Individuum, vor allem seine Urteils- und Tatkraft gefragt. Nach *K. Gabriel* hat dies Folgen für die Institution der Kirche, deren Distanz zu Wirtschaft und Politik, selbst zum Familienleben größer wird[51]. Tritt die religiöse Makrostruktur nämlich Bereiche von Kompetenz und Integrationskraft an ihre Mitglieder ab, sind einschneidende Verände-

---

wart, Berlin – Hildesheim 1991 (= Schriften der Katholischen Akademie in Berlin 6) 9 – 22 / zit. Glaubenskrise und *F. X. Kaufmann*, Religion und Modernität. Sozialwissenschaftliche Perspektiven, Tübingen 1989/ zit. Modernität. Daten und statistisches Material zur Lage im wiedervereinten Deutschland bei *F. R. Glunk*, Der gemittelte Deutsche. Eine statistische Spurensuche. Mit Tabellen und zahlreichen Graphiken, München 1996 (=dtv 30567) sowie *H. Oschwald*, Nur noch christentümlich. Woran die Deutschen glauben. Exklusivstudie, in: Focus 14 (1999) 119-131.

[45] *K. Gabriel*, Glaubenskrise 13.
[46] *K. Gabriel*, Glaubenskrise 14.
[47] *K. Gabriel*, Glaubenskrise 14.
[48] *K. Gabriel*, Glaubenskrise 14.
[49] *K. Gabriel*, Glaubenskrise 14.
[50] *W. Kasper*, Weitergabe 19.
[51] Vgl. *K. Gabriel*, Glaubenskrise 13.

rungen zu erwarten. „Auf der Rückseite der Milieuauflösung"[52] erwartet die Kirche in Zukunft daher die Aufgabe einer „Rekonstruktion christlich-kirchlicher Sozialformen"[53] etwa im Bereich der Diakonie oder in der Gestalt einer geschwisterlichen Basiskirche[54]. *F. X. Kaufmann* bestätigt diese Prognose. Auch er macht die Glaubwürdigkeit eines zukünftigen Christentums von dem notwendigen Versuch abhängig, „neue Sozialformen explizit christlichen Lebens zu entwickeln"[55]. Er verweist dazu auf den Begriff des Zeugnisses, gedeutet in der Kategorie des Ästhetischen[56]. Während solcher Umwandlungsprozesse scheinen allerdings innerkirchliche Spannungen und Konflikte unvermeidlich[57].

Der hier vorgelegte Befund deckt ein Dilemma auf: Hervorgerufen und begleitet von einem radikalen Wandel religiöser Tradierungsstrukturen hat sich in überschaubarer Vergangenheit ein Zerfall von Autoritäts- und Glaubwürdigkeitsansprüchen ereignet, infolgedessen sich zwar der einzelne Mensch einerseits in seiner Autonomie, seinem Selbststand

---

[52] *K. Gabriel,* Glaubenskrise 20.

[53] *K. Gabriel,* Glaubenskrise 20.

[54] „Diakonie ist nicht nur als Kennzeichen der Gemeinde gefordert, sondern als Kennzeichen der Kirche auf allen Ebenen. Diese Position schließt eigenständige sozialpolitische Optionen und die exemplarische Lösung sozialer Probleme ein" (*K. Gabriel,* Glaubenskrise 19). Zum Begriff der Basisgemeinde führt *K. Gabriel* aus: „Der bürgerlich geprägten ‚Volkskirche' wird die auf Entscheidung beruhende, geschwisterliche ‚Basiskirche' gegenübergestellt. Das Verhältnis zur modernen Gesellschaft wird hier vornehmlich als ein prophetisch-gesellschaftskritisches gesehen" (Glaubenskrise 19).

[55] *F. X. Kaufmann,* Modernität 272. *F.X. Kaufmann* gibt ebd. 272 – 274 einige Beispiele neuer Sozialformen. Darunter zählt er Krankenhäuser mit eigenen, vom Anspruch des Christlichen geprägten therapeutischen Schwerpunkten oder etwa neue Ordensgemeinschaften, deren Gestalt einen eigenständigen Zeugnischarakter besitzt.

[56] Vgl. *F. X. Kaufmann,* Modernität 172 – 195, wo sich *F. X. Kaufmann* mit dem Werk von *Joseph Beuys* beschäftigt. „Indem Beuys ‚Kunst', d.h. den Umgangsbereich mit dem Ästhetischen in hochdifferenzierten Gesellschaften, zum Ausgangspunkt nimmt und sie in therapeutischer Absicht erweitert, also Ästhetik und Therapeutik explizit verbindet und Kreativität religiös - als Christusimpuls - deutet, gelingt ihm eine außerordentliche Verdichtung von ‚Heilserfahrungen'. Gleichzeitig ist es ihm gelungen, durch provokatorische ‚Aktionen' einen Grad der sozialen Dramatisierung seiner ‚Mission' zu erreichen, daß ihm Charisma zugesprochen wurde" (ebd. 195).

[57] Vgl. *K. Gabriel,* Glaubenskrise 20.

und in seiner Freiheit bestätigt wissen darf[58], andererseits aber in der Gefahr steht, sich bei der Vielfalt noch bestehender Ansprüche in Beliebigkeiten zu verlieren[59], werden ihm nicht Wertvorstellungen vermittelt, welche das Ganze seiner Lebenswelt strukturieren[60]. Die Freiheit des Einzelnen ist damit aber nicht nur gefährdete Realität, sondern bedrängende Herausforderung. Ohne den Halt, den ein stabiles gesellschaftliches Umfeld oder soziales Milieu in früheren Zeiten möglicherweise hat bieten können, ist der Einzelne nunmehr auf sich selbst ge-

---

[58] Vgl. *H.J. Pottmeyer*, Auf dem Weg zu einer dialogischen Kirche. Wie Kirche sich ihrer selbst bewußt wird, in: *G. Fürst* (Hg.), Dialog als Selbstvollzug der Kirche?, Freiburg-Basel-Wien 1997, 117 – 132(= QD 166) 122: „Der Mensch wird sich zunehmend als Täter seiner Geschichte, als handelndes, seine Welt gestaltendes Subjekt bewußt, und durch dieses Bewußtsein wird er auch mehr Subjekt. Dieser Vorgang ist ein Kennzeichen der Neuzeit." *H.J. Pottmeyer* beobachtet das erwachende Selbstbewußtsein auch in der Kirche: „Wie sich die Kirche als ganze ihres Subjektseins bewußt wurde, so wurden sich auch die einzelnen in der Kirche als Subjekte bewußt. In dem Maße, in dem sie außerhalb der Kirche im Bereich der Wissenschaften und in der bürgerlichen und politischen Gesellschaft einen rechtlich gesicherten Subjektstatus gewannen, wurden sich Katholiken auch bewußt, daß sie in der Kirche und für sie mehr Bedeutung als die bloßer Untertanen hatten" (ebd. 122-123).

[59] Vgl. dazu das Interview, das der Sozialpsychologe *K. Gergen* im Jahr 1994 der Zeitschrift „Psychologie heute" 21 /Heft 10, 34 –38 gegeben hat. *K. Gergen* skizziert hier sein Modell einer multiphrenen Persönlichkeit, die er zunächst gegen die herkömmliche Auffassung eines ‚Selbst', das den Menschen durch eine Kern-Identität definiert, abgrenzt: „Zu den dramatischsten Entwicklungen des postmodernen Denkens gehört, daß diese ganze Tradition in Frage gestellt wird. Für viele postmoderne, vor allem französische Denker, ist das Selbst schlicht ausgelöscht oder ‚dekonstruiert'. Aber ich denke, daß sich aus diesen neuen Überlegungen eine weitaus positivere Konzeption des Selbst ableiten läßt - eine, die ich das ‚Beziehungs-Selbst' oder relationale Selbst nenne" (ebd. 34). Ebd. 36 erläutert er sodann sein Modell der Multiphrenie: „ Mit ‚Multiphrenie' wollte ich vor allem unsere derzeitige Erfahrung beschreiben, daß wir immer stärker Teil eines wachsenden Netzwerkes von Beziehungen werden, von direkten zwischenmenschlichen, aber auch von elektronischen und solchen aus ‚zweiter Hand'. Auf uns stürmt eine ungeheuer schnell anwachsende Vielfalt von Wünschen, Optionen, Gelegenheiten, Verpflichtungen und Werten ein. Und wir müssen damit leben, daß vieles von dem höchst widersprüchlich ist. Dieses neue Bewußtsein mag eine wichtige Vorstufe sein für eine höhere, besser entwickeltere Art, als Beziehungs-Mensch zu leben. Wir erkennen die Vergeblichkeit von ‚Autonomie' und die Grenzen logischer Kohärenz, und allmählich lernen wir es schätzen, in die Vielfalt der kulturellen Sinn-Systeme eingebunden zu sein, die uns untereinander verbinden."

[60] Vgl. *W. Kasper*, Weitergabe 19.

stellt. Werden verbindliche Werte und Deutemuster nicht mehr unhinterfragt vermittelt und transportiert, sind Glaubwürdigkeitsansprüche, die im Glauben wie im übrigen Leben zweifelsohne begegnen, einer engagierten und notgedrungen individuellen Prüfung bedürftig. Diesbezüglich ist dem Einzelnen das Risiko einer eigenen, durchdachten Entscheidung abverlangt. Der Begriff neugewonnener Individualität und Freiheit erhält hier einen eigenwilligen Klang. Um eines eigenen, begründeten Urteils willen muß sich der Einzelne folgerichtig frei und unabhängig zu dem verhalten können, was ihm mit dem Anspruch auf Glaubwürdigkeit begegnet: Darin besteht sein Risiko und Wagnis [61]. Die Erklärungsansätze, anhand derer *J. Werbick* und *K. Gabriel* die Krise von Gesellschaft und Kirche durchleuchten, finden insofern folgerichtig ihre Ergänzung bei *W. Kasper*, der hier ursächlich den unbewältigten Problemstand des Verhältnisses von christlicher Theonomie und neuzeitlicher Subjektautonomie vermutet[62]. Zusätzlich zu der von *K. Gabriel* und *F. X. Kaufmann* beschriebenen Umbruchsituation stellt sich nach *W. Kasper* die neuzeitliche Autonomieproblematik überdies für die katholische Kirche selbst seit ihrer Öffnung durch das *Zweite Vatikanische Konzil* noch einmal mit besonderer Dringlichkeit[63]. Indem sie nämlich zugibt, daß die Forderung des Menschen nach Autonomie in der christlichen Botschaft selbst begründet liegt und zudem für die Neuzeit einen Fortschritt im Bewußtsein der Freiheit anerkennt, steht die Kirche vor der Frage, inwiefern die „durch und durch theonom bestimmte"[64] christliche Botschaft dem autonomen Anspruch des Gewissens sowie den Ansprüchen

---

[61] Vgl. *H. Barz*, Was Gott ist, bestimme ich! 20 - 27.

[62] Vgl. *W. Kasper*, Autonomie und Theonomie. Zur Ortsbestimmung des Christentums in der modernen Welt, in: Ders., Theologie und Kirche, Mainz 1987, 149 - 175/ zit. Autonomie, hier 149. Zur gegenwärtigen Diskussion um die Subjektfrage siehe *Kl. Müller*, Wenn ich „ich" sage. Studien zur fundamentaltheologischen Relevanz selbstbewußter Subjektivität, Frankfurt 1994 (= Regensburger Studien zur Theologie 46). Zur Absicht der Arbeit von *Kl. Müller* vgl. *Th. Freyer*, Das „Ich als Ich, das alles Leid der Welt auf sich nimmt". Theologische Notizen zur gegenwärtigen philosophischen Debatte um menschliche Subjektivität, in: *G. Rieße, H. Sonnemanns, B. Theiß* (Hg.), Wege der Theologie: an der Schwelle zum dritten Jahrtausend. Festschrift für Hans Waldenfels zur Vollendung des 65. Lebensjahres, Paderborn 1996, 111 – 124/ zit. FS Waldenfels, bes. 111 - 115.

[63] Vgl. *W. Kasper*, Autonomie 151.

[64] *W. Kasper*, Autonomie 151.

von Kultur und Politik gerecht zu werden vermag[65]. Der konfessionell
gebundene Glaube erweist sich insofern als ein Prüfstein beispielhafter
Art. So ist es gewiß kein Zufall, daß sich eine ganze Reihe jüngerer Studien der Glaubensthematik stellen, etwa in Abhandlungen und Aufsät-
zen zur Glaubenszustimmung[66], zur Glaubensüberlieferung[67] und zum
Glaubenssinn[68]. Die besondere Aufmerksamkeit gilt dem Prozeß der
kirchlichen Glaubensüberlieferung, näherhin der Rolle der Überlieferungsträger[69]. Beachtung findet auch der Schritt der Glaubensannahme
durch das glaubende Subjekt, das im Glaubensakt zu größerer Freiheit
und Selbstbestimmung gelangt[70]. Die Analyse des Glaubensaktes steht

---

[65] Vgl. *W. Kasper*, Autonomie 151. In seinem Aufsatz gibt *W. Kasper* zunächst einen Überblick über den Ursprung und das Wesen der neuzeitlichen Autonomieproblematik (vgl. ebd. 152 - 164), um daran anschließend Modelle ihrer theologischen
Bewältigung zu benennen (vgl. 165 - 175): Autonomie ist demzufolge ein „Gleichnis
von Theonomie" (ebd. 170), „Vorentwurf, der erst in Jesus Christus zur Ausführung
und Vollendung kommt" (ebd. 172), denkbar in den Methoden von Korrelation und
Analogie (vgl. ebd. 170 - 175).
[66] Vgl. *W. Beinert* (Hg.), Glaube als Zustimmung. Zur Interpretation kirchlicher
Rezeptionsvorgänge, Freiburg - Basel - Wien 1991 (= QD 131).
[67] Vgl. *D. Wiederkehr* (Hg.), Wie geschieht Tradition? Überlieferung im Lebensprozeß der Kirche, Freiburg - Basel - Wien 1991 (= QD 133).
[68] Vgl. *D. Wiederkehr* (Hg.), Der Glaubenssinn des Gottesvolkes - Konkurrent
oder Partner des Lehramts ?, Freiburg - Basel - Wien 1994 (= QD 151).
[69] Vgl. *J. Meyer zu Schlochtern*, Sakrament Kirche. Wirken Gottes im Handeln der
Menschen, Freiburg - Basel - Wien 1992, bes. 288 - 306 und *J. Meyer zu Schlochtern*, Ist
die Kirche Subjekt oder Communio? Anmerkungen zu einem ekklesiologischen
Begriffskonflikt, in: *W. Geerlings / M. Seckler* (Hg.), Kirche sein. Nachkonziliare Theologie im Dienst der Kirchenreform. Für Hermann Josef Pottmeyer, Freiburg - Basel -
Wien 1994, 221 – 239/ zit. Subjekt. Vgl. *H.J. Pottmeyer*, Kontinuität und Innovation in
der Ekklesiologie des II. Vatikanums. Der Einfluß des I. Vatikanums auf die Ekklesiologie des II. Vatikanums und Neurezeption des I. Vatikanums im Lichte des II. Vatikanums, in: *G. Alberigo, Y. Congar, H.J. Pottmeyer* (Hg.), Kirche im Wandel. Eine kritische Zwischenbilanz nach dem Zweiten Vatikanum, Düsseldorf 1982, 89 – 110/ zit.
Kontinuität. *H.J. Pottmeyer*, Die Suche nach der verbindlichen Tradition und die traditionalistische Versuchung der Kirche, in: QD 133, 89 – 110/zit. Tradition. Vgl. *S.
Wiedenhofer*, Die Kirche als „Subjekt" oder „Person", in: *W. Baier* u.a. (Hgg.), Weisheit
Gottes - Weisheit der Welt. Festschrift für Joseph Kardinal Ratzinger zum 60. Geburtstag, Bd. 2, St. Ottilien 1987, 999 - 1020.
[70] Vgl. dazu *G. Bitter*, Art. Glaubensdidaktik, in: LThK III 4, 707 - 709, hier 708:
„Im schrittweisen Wagen auf den geheimnisvollen Gott zu findet der Glaubende
seine eigentl. Freiheit, indem sich bedingungslos in neue Weggemeinschaften mit

hier im Zeichen der Verhältnisbestimmung von Theonomie und Autonomie und gewinnt so an Schärfe und Deutlichkeit[71].

1.2. Herkunft und Anspruch der Glaubensanalyse

Geht es in der vorliegenden Studie ausführlich um die analysis fidei, soll damit keinesfalls nur an einen diffizilen scholastischen Traktat zur theologischen Erkenntnislehre erinnert werden, um damit etwa rein musealen Ansprüchen zu genügen. Die Diskussion von Problemen des Glaubens und seines Vollzuges bezeugt vielmehr die ungebrochene Präsenz und Aktualität seines spezifischen Wahrheitsanspruches. Das primäre Anliegen der vorliegenden Studie, Herkunft, Problemstellung und Werdegang der Glaubensanalyse darzulegen und zu ergründen, ist somit verständllich: Wie die Geschichte zeigt, werden Überlegungen solcher Art gerade dann in der Kirche geführt, wenn es gilt, Phasen der Umbrüche und der geistigen Neuorientierungen zu bewältigen[72].

Mit seiner im Jahr 1996 posthum veröffentlichten Dissertation *Subjektivität im Glauben*[73] hat M. *Miserda* dazu wichtige Vorarbeiten geleistet: Sein Exkurs zu *Gregor von Valencia SJ* (1549 - 1603) und dessen Traktat

---

Gott einladen läßt" (ebd. 708). Weiterführend *J. Meyer zu Schlochtern*, Subjekt 235 - 238; *S. Pemsel - Maier*, Differenzierte Subjektwerdung im Volke Gottes, in: QD 151, 161 - 181, bes. 161 - 167; *W. Kasper*, Autonomie 170 - 175 sowie *H.J. Pottmeyer*, Tradition 91 - 94.

[71] Vgl. *M. Seckler*, Theosoterik und Autosoterik, in: *M. Seckler*, Die schiefen Wände des Lehrhauses. Katholizität als Herausforderung, Freiburg - Basel -Wien 1988, 40 - 49.

[72] Vgl. *W. Simonis*, Zum Problem der Analysis fidei heute, in: MThZ 23 (1972)151 – 172, hier 151: „Man denke, um nur einige Beispiele zu nennen, an die Überlegungen eines Clemens von Alexandrien über den wahren Gnostiker; man denke an die Diskussion über das Verhältnis von Glauben und Wissen im 12. Jahrhundert und dann wieder im 19. Jahrhundert; man denke an die Bemühungen um die Glaubensbegründung nach der Zeit der Hochscholastik und schließlich an die zahllosen Abhandlungen zum Problem der Analysis fidei, welche in der geistigen Situation des Anbruches der Neuzeit und der Kontroverse zwischen katholischem und protestantischem Glaubensanspruch entstanden."

[73] Vgl. *M. Miserda*, Subjektivität im Glauben. Eine theologisch - methodologische Untersuchung zur Diskussion über den ´Glaubens - Sinn´ in der katholischen Theologie des 19. Jahrhunderts, Frankfurt - Berlin - Bern - New York - Paris - Wien 1996 (= EHS XXIII 569)/ zit. Subjektivität.

„Analysis fidei catholicae" von 1585[74], in dem der Begriff der „Analysis fidei" wohl zuerst urkundlich wird[75], erinnert an die neuzeitliche Herkunft der Glaubensanalyse und verdeutlicht zugleich anschaulich deren Nähe zur Subjektthematik. M. *Miserda* zufolge ist die *Analysis fidei catholicae* bei *Gregor von Valencia* ein Traktat zur theologischen Erkenntnislehre, der zunächst ganz traditionell jene Instanzen authentischer Überlieferung benennt, die in einer Glaubenskontroverse zu konsultieren sind[76]. *Gregor* zählt dazu das überlieferte Glaubensgut, die Kirche, das Papstamt, die Schrift, die apostolischen Traditionen und die Konzilien[77]. Dem *Consensus* - Argument weist er dabei nach M. *Miserda* eine zentrale Stellung zu. Dort, wo er vom *consensus Doctorum* spricht, verbleibt *Gregor* zunächst im herkömmlich traditionellen Rahmen der *loci theologici*. Die *Doctores*, zu denen er auch die Väter zählt, überliefern die Lehre der Kirche, unterstehen aber der Autorität des Lehramtes[78]. Was *Gregor* jedoch zum *consensus fidelium* sagt, ist „eigentlich neu"[79]. Er nimmt nämlich eine besondere Disposition in den Gläubigen an, einen *sensus divinus et solidus*, eine *experientia divini testimonii*[80] . Die Übereinstimmung der Gläubigen in Glaubensdingen, ihr *con - sensus* , setzt dementsprechend einen *sensus*, eine innere Disposition, Überzeugung, Gewißheit oder auch Glaubenserfahrung[81] bei den Gläubigen voraus[82]. Dem Papst ist ein solcher Konsens der Gläubigen Indiz, worauf er seine Lehrentscheidungen „stützen

---

[74] Vgl. M. *Miserda,* Subjektivität 236 - 240. Zu *Gregor von Valencia* siehe auch M. *Grabmann,* Die Geschichte der katholischen Theologie seit dem Ausgang der Väterzeit. Mit Benützung von M.J. *Scheebens* Grundriß dargestellt, Freiburg 1933 (= Herders Theologische Grundrisse) 159 und 168 - 172 sowie W. *Hentrich,* Art. Gregor von Valencia, in: LThK II 4, 1194 - 1195.

[75] Vgl. K. *Eschweiler,* Die zwei Wege der neueren Theologie. Georg Hermes - Matth. Jos. Scheeben. Eine kritische Untersuchung des Problems der theologischen Erkenntnis, Augsburg 1926, 266, Anm. 12: „Zum ersten Male erscheint der Titel Analysis fidei, soweit wir sehen, bei Gregor v. Valentia SJ, s. H. Hurter SJ, Nomenclator lit. tom. III, ed. 3., Innsbruck 1907, col. 403, d.i. um das Jahr 1585. Im siebzehnten Jahrhundert wird der Titel allgemeiner gebräuchlich."

[76] Vgl. M. *Miserda,* Subjektivität 236.

[77] Vgl. M. *Miserda,* Subjektivität 236 - 237.

[78] Vgl. M. *Miserda,* Subjektivität 237.

[79] M. *Miserda,* Subjektivität 236.

[80] Vgl. M. *Miserda,* Subjektivität 238.

[81] Vgl. M. *Miserda,* Subjektivität 240.

[82] Vgl. M. *Miserda,* Subjektivität 238.

kann"[83]. Indem *Gregor* die Begriffe *experientia / sensus* mit der Gabe des übernatürlichen Glaubens in Verbindung bringt[84] , bezieht er nach *M. Miserda* die Bedeutung der inneren Disposition des Glaubenden sowie die subjektive Dimension des Glaubensaktes in seine Betrachtung mit ein. Über die herkömmliche Rede von den *loci theologici* hinaus, nach der der Glaubensvollzug aus dem Zeugnis der Überlieferungsträger und - instanzen lebt, „bahnt sich etwas Neues an, was hier noch nicht artikuliert ist, sondern erst im 19. Jh. klarer zum Ausdruck kommen wird"[85]. Für *M. Miserda* ist dieses Neue, wie es sich bei *Gregor von Valencia* deutlich zeigt, ein frühes Anzeichen neuzeitlichen Denkens. Das schwindende Vertrauen in die „Syllogismuswissenschaft"[86] einerseits sowie in die politische wie geistliche Autoritäten andererseits fördert die Entdeckung der Person, ihrer Erkenntnisfähigkeit, ihres Anspruchs und ihrer geschichtsmächtigen Souveränität. Seit *Ockham* (+ 1347) und dem Nominalismus beginnt eine neue Welt von personalen Subjekten und Freiheiten [87]. Die mystisch - sakramentale Deutung der Kirche als Leib Christi wird bei *Ockham* nicht ohne Grund um das Bild von der *congregatio fidelium* „als die Summe der Gläubigen"[88] ergänzt: Zwar sind es im Sinne der überkommenen *loci theologici* die Autoritäten, die die Authentizität und den

---

[83] *M. Miserda*, Subjektivität 238.
[84] Vgl. *M. Miserda*, Subjektivität 239.
[85] *M. Miserda*, Subjektivität 239.
[86] *M. Miserda*, Subjektivität 245.
[87] Vgl. *M. Miserda*, Subjektivität 245. Vgl. dazu G. *Colombo*, Grazia e liberta nell´ atto di fede, in: R. *Fisichella* (Ed.), Noi crediamo. Per una teologia dell' atto di fede, Roma 1993, 39 - 58. G. *Colombo* sieht *Duns Scotus* (1265/ 66 - 1308) am Anfang einer Entwicklung, die in das Problem der Glaubensanalyse einmündet: „In concreto Scoto, accetando il principio tomista dell´autonomia della filosofia rispeto alla rivelazione, principio di rottura con la tradizione agostiniana, l´ha sviluppato nel senso di definire le possibilita´ e i limiti della filosofia e quindi in ultima analisi della ragione umana, considerata in se stessa, cioé a prescindere dall´ aiuto della rivelazione sopranaturale" (ebd. 41). Th. *Kobusch* verweist in seiner Studie „Die Entdeckung der Person. Metaphysik der Freiheit und modernes Menschenbild" , Freiburg 1993, 29, auf die Christologie des 13. Jahrhunderts, in der nach einer langen geschichtlichen Entwicklungsphase die Ontologie des *esse morale* durchbricht, die Person also jenseits einer aristotelischen Dingontologie zum „Gegenstandsfeld der Moralphilosophie" (ebd. 28) wird. Zum Umbruch theologischen Denkens in der Neuzeit vgl. J. *Meyer zu Schlochtern*, Art. Glaubwürdigkeit, in: LThK III 4, 734 - 737, hier 735 - 736 sowie M. *Seckler*, Art. Apologetik III. Geschichtlich, in: LthK III 1, 837 - 839.
[88] *M. Miserda*, Subjektivität 246.

Bestand der Glaubenslehre wahren, aber ihre Autorität gilt nicht mehr selbstverständlich, so daß es nunmehr einer persönlich gewonnenen Überzeugung bedarf [89]. *Gregor von Valencia* argumentiert hier aus dem *argumento ipso* wie der Reformator M. *Luther*[90]: Die Ausdifferenzierung des *Consensus* - Argumentes erlaubt es, das unmittelbare Erfahren und Erleben der Glaubenswirklichkeit im Glaubenden selbst in den Blick zu nehmen, und diese zugleich mit den Strukturen der Glaubensüberlieferung in Beziehung zu setzen[91].

Ist nach *Gregor von Valencia* die *subjektive Dimension* des Glaubensaktes, gefaßt unter dem Begriff des *sensus divinus*, auf die *objektive Dimension*, - die Wahrheit, die den Glaubensakt wesenhaft begründet -, bezogen, scheint der Traktat der Glaubensanalyse in die Nähe jener eingangs aufgeworfenen Fragen zur Befindlichkeit von Religion und Gesellschaft gerückt. Hier wie dort geht es um behauptete Glaubwürdigkeitsansprüche und darin immer schon um den Stellenwert, den ihr jeweiliger Adressat ihnen zubilligt. Wenn aber nach *Gregor von Valencia* die Glaubensanalyse bereits in ihrer Frühform jene Entwicklung und Problemkonstellation vorwegnimmt, die für den Glauben in der Gegenwart charakteristisch ist, gibt es Grund zur Hoffnung, in der Beschäftigung mit der *analysis fidei* Wege aus der gegenwärtigen Krise verbrauchter Glaubwürdigkeiten zu finden. Der religiöse Glaubensakt erscheint hier als besonders eindrucksvolles Beispiel für die stete Herausforderung, Sachverhalten Glaubwürdigkeit und Bedeutsamkeit zuzubilligen: An ihm läßt sich nicht nur der Prozeß der Urteilsfindung, mit dem der Einzelne über einen an ihn ergehenden Anspruch befindet, prägnant aufzeigen, sondern mit dem Glaubensschritt auch die Konsequenz klar benennen, zu der ein solches Glaubwürdigkeitsurteil führt. Dieses Urteil gelingt allerdings nur dort, wo der Mensch zu Kriterien findet, dank derer es ihm möglich ist, jene Heilsbotschaft, die einen Anspruch auf Glaubwürdigkeit erhebt, auf ihre Inhalte und auf ihre Bedeutung hin zu befragen und zu bewerten. Dazu bedarf der Mensch aber im Falle des religiösen Glaubensaktes der Erfahrung und des Zeugnisses der Glaubensgemeinschaft, innerhalb derer die Botschaft des Glaubens überliefert wird. Damit ist der Glaube nicht nur ein Akt unverbindlicher Subjektivi-

---

[89] Vgl. M. *Miserda*, Subjektivität 245.
[90] Vgl. M. *Miserda*, Subjektivität 239.
[91] Vgl. M. *Miserda*, Subjektivität 240.

tät und reiner Innerlichkeit. Er darf vielmehr als ein öffentliches Geschehen verstanden werden, bei dem im jedermann zugänglichen Raum der Gesellschaft die Frohbotschaft empfangen, kritisch angeeignet und im Laufe der Jahrhunderte nachfolgenden Generationen verbürgt und überliefert wird[92]. Im Falle des Glaubensaktes gilt es daher, den konfessionell geprägten Anspruch der Glaubensbotschaft auf eine glaubwürdige Lebensrelevanz mit der Disposition und Befähigung des Einzelnen in Beziehung zu setzen, diesem Anspruch zu genügen oder sich ihm zu verweigern. Bei ihrem Bemühen, diesbezüglich im Rahmen der Glaubensanalyse schlüssig und angemessen vom Glauben zu reden, sind der Glaubensanalyse jedoch Einseitigkeiten und Sackgassen nicht erspart geblieben. So gilt die Glaubensanalyse seit alters her als das Kreuz der Gottesgelehrten[93]. Gerade weil mit ihr aber ein Anspruch behauptet ist, der den Eigenstand des Menschen in Frage zu stellen scheint, ist die Auseinandersetzung mit der Glaubensanalyse von bleibender Aktualität.

1.3. Aufbau und Methode der vorliegenden Studie

Wenn auch während der vergangenen vier Jahrzehnte immer wieder zur analysis fidei gearbeitet worden ist, bleibt - zumindest im deutschen Sprachraum - das Interesse an ihr doch eher sporadisch[94]. Demgegenüber

---

[92] Nach *M. Miserda* ist gut abzusehen, wie bereits bei *Gregor v. Valencia* das Thema Glaubens-Sinn mit dem Kon-sens zusammenhängt; bei *Gregor*, so *M. Miserda*, „finden wir eine erste systematisch angelegte - und zugleich neutrale, im Unterschied etwa zu Petavius oder Perrone - Herausarbeitung des Themas" (Subjektivität 239 – 240).

[93] Vgl. *F. Malmberg*, Art. Analysis fidei, in: LThK II 1, , 477 – 483, hier 478.

[94] Vgl. dazu im Überblick: *C. Cirne - Lima*, Der personale Glaube. Eine erkenntnismetaphysische Studie, Innsbruck 1958 (= Philosophie und Grenzwissenschaften IX 3). *A. Lang*, Die Entfaltung des apologetischen Problems in der Scholastik des Mittelalters, Freiburg - Basel - Wien 1962, bes. 154 - 210. *E. Biser*, Glaube als Verstehen. Zur dialogischen Struktur des Glaubensaktes, in: ThPh 41 (1966) 504 - 519. *E. Biser*, Glaubensvollzug, Einsiedeln 1967 (= Kriterien 8). *G. Muschalek*, Glaubensgewißheit in Freiheit, Freiburg - Basel - Wien 1968 (=QD 40). *W. Simonis*, Zum Problem der Analysis fidei heute, in: MThZ 23 (1972) 151 - 171. *P. Eicher*, Offenbarung. Prinzip neuzeitlicher Theologie, München 1977, 80 - 108. *J. Trütsch / J. Pfammater*, Der Glaube, in: *J. Feiner, M. Löhrer* (Hg.), Mysterium Salutis. Grundriss heilsgeschichtlicher Dogmatik. Bd 1: Die Grundlagen heilsgeschichtlicher Dogmatik, 4. unveränd. Aufl., Einsiedeln - Zürich - Köln 1978, 791 - 903, bes. 878 - 887. *E. Biser*, Das Glaubenslicht. Neue Möglichkeiten der Glaubensbegründung, in: GuL 52 (1979) 31 - 40. *M. Seckler, Chr. Berchtold*, Art. Glaube, in: *P. Eicher* (Hg.), NHThG. Erweiterte Neuausgabe, Bd. 2,

hat sich allerdings *E. Kunz SJ*, Professor für Dogmatik an der Philosophisch - Theologischen Hochschule *St. Georgen*, Frankfurt am Main, in
vielen seiner Veröffentlichungen zum Thema der analysis fidei geäußert.
In diesem Zusammenhang ist etwa an seine Dissertation über die Glaubenstheologie des *Pierre Rousselot SJ* oder auch an den Handbuchartikel
Glaubwürdigkeitserkenntnis und Glaube zu erinnern[95]. Seinen Beiträgen

---

München 1991, 232 - 252, bes. 249 - 251. G. *Pöltner*, Der Glaube als Grundvollzug des
menschlichen Daseins, in: ThPQ 134 (1986) 254 - 264.W. *Beinert*, Art. Glaube, in: W.
Beinert (Hg.), Lexikon der katholischen Dogmatik, Freiburg - Basel -Wien 1987, 193 -
197, bes. 196. W. *Kasper*, Was alles Verstehen übersteigt. Besinnung auf den christlichen Glauben, Freiburg 1987, bes. 63 - 68. Im romanischen Sprachraum ist die Frage
nach der Glaubensanalyse ebenfalls präsent geblieben. Vgl. dazu *J. Alfaro*, Esistenza
cristiana. Temi biblici. Sviluppo teologico-storico. Magistero, Terza ed., PUG Roma
1985, bes. 135 - 145, oder auch die von *R. Fisichella* herausgebene Sammelstudie „Noi
crediamo. Per una teologia dell´atto di fede", Rom 1993 (= Biblioteca di ricerche
teologiche)/ zit. Crediamo, die sich in sieben Einzelbeiträgen mit dem Problem der
Analysis fidei eingehend beschäftigt. Dort findet sich auch eine Fülle von Hinweisen
auf weiterführende Literatur.
    [95] E. *Kunz*, Glaube - Gnade - Geschichte. Die Glaubenstheologie des Pierre
Rousselot S.J., Frankfurt 1969 (= FThSt 1)/ zit. Glaube und *E.Kunz*, *Glaubwürdigkeitserkenntnis* und Glaube (Analysis fidei), in: *W. Kern, M. Seckler, H.-J. Pottmeyer* (Hg.),
Handbuch der Fundamentaltheologie, Bd. 4: Traktat Theologische Erkenntnislehre.
Schlussteil Reflexion auf Fundamentaltheologie, Freiburg - Basel - Wien 1988, 414 –
449/zit. Glaubwürdigkeitserkenntnis.
    Weitere Publikationen von *E. Kunz SJ* über die Glaubensanalyse und ihr the-
matisches Umfeld:
    ---, Der christliche Glaube als Krisis, in: *G. Schiwy* u.a. (Hg.), Christentum als
Krisis, Würzburg 1971, 66 – 102/ zit. Krisis.
    ---, Christentum ohne Gott? Frankfurt 1971/ zit. Christentum.
    ---, Offenbarung Gottes in der Geschichte, in: Diakonia 3 (1972) 75 – 87/ zit.
Offenbarung.
    ---, Gotteserkenntnis und Offenbarung. Vorlesungen im Sommersemester 1980
an der Phil.- Theol. Hochschule Sankt Georgen in Frankfurt am Main (unveröffentl.
Manuskript zum privaten Gebrauch der Hörer)/ zit. Gotteserkenntnis.
    ---, Wie erreicht der Glaube seinen Grund? Modelle einer „analysis fidei" in der
neuzeitlichen katholischen Theologie, in: ThPh 62 (1987) 352 – 381/ zit. Grund.
    ---, Art. Analysis fidei, in: *W. Kasper* (Hg.), LThK III1, 583 – 586/ zit. Analysis.
    ---, Art. Glaubenslicht, in: *W. Kasper* (Hg.), LThK III 4, 718 – 720 / zit. Glaubens-
licht.
    ---, Ist das Sprechen von Gottes Allmacht noch zeitgemäß?, in: GuL 68 (1995) 37
– 46/ zit. Allmacht.

zum Thema weiß sich die vorliegende Studie im folgenden *zweiten Kapitel*
besonders verbunden. Hier geht es nicht nur um die Problemstellung der
analysis fidei, sondern auch um Lösungsmodelle, vor allem aber um den
schwierigen Versuch, das mit der Glaubensanalyse bewahrte Problembewußtsein in den Kategorien heutiger theologischer Reflexion darzulegen. Der Versuch, der bei *E. Kunz* dazu ermittelt werden kann, verdient
Beachtung und wird in seinen Möglichkeiten und Grenzen zum Ausgangspunkt für das *dritte Kapitel.* In diesem Kapitel geht um jene Frage-
stände, die sich aus der Beschäftigung mit der Glaubensanalyse ergeben.
Hier ist es vor allem *K. Eschweiler*, dessen Verstehenszugang die spezifisch neuzeitliche Wurzel der analysis fidei freilegt und somit die Schwierigkeiten, die der Traktat aufgibt, verständlich macht. Die Beiträge von *I.
U. Dalferth / J. Ebeling, Th. Pröpper* und *H. J. Pottmeyer* sind diesbezüglich
eine notwendige Ergänzung: Ist die Glaubensanalyse vom Selbstverständnis des neuzeitlichen Menschen herzuleiten, muß sie zwangsläufig
dort zu einer crux der Theologie werden, wo das ihr zugrundeliegende
Menschenbild mit einem Glaubens- und Offenbarungsbegriff konfrontiert wird, die diesem Menschenbild zu widersprechen scheint. Demgegenüber greifen die genannten Autoren das neuzeitliche Verlangen des
Menschen nach Selbstbestimmung und Eigenstand auf und machen es in
je eigener Perspektive zum Gegenstand ihrer Betrachtung über den Vollzug des Glaubens. Ohne daß darin die Tradition des Traktates verleugnet
wäre, entstehen so die Umrisse einer Glaubensanalyse, die der Theologie
zur eigentlichen Herausforderung wird. Vor dem Hintergrund dieses
Befundes erhält das *vierte Kapitel* der vorliegenden Studie, das dem Werk
des englischen Konvertiten und Kardinals *John Henry Newman* (1801 –
1890) gewidmet ist, sein eigenes Gewicht. In vier Unterabschnitten geht
es hier um eine eigenwillige Auffassung vom Glaubensakt, die *J. H.
Newman* im Verlauf seines Lebens immer wieder neu bedenkt, darlegt
und entfaltet. Zielpunkt der Darstellung ist sein Hauptwerk von 1870, die
Grammar of Assent. Ihr Essaycharakter wird ihren Lesern zur Einladung,
die Entscheidung für den Glauben so zu treffen, daß sie auch vor dem
kritischen Forum der öffentlichen Vernunft verantwortet werden kann.
Die Überlegung zum Glaubensakt und seinem Vollzug wird zur *demonstratio christiana et catholica.* Was ihn dabei von der herkömmlichen, auch
zeitgenössischen Glaubensanalyse trennt, verbindet *J. H. Newman* mit
den aktuellen Bemühungen um den Traktat der Glaubensanalyse. Das
folgende *fünfte Kapitel* ergänzt die Untersuchung zu *J. H. Newman.* Hier

geht es um jenen Versuch zur Glaubensanalyse, den *B. Lonergan SJ* im Jahr 1952 vorgestellt hat. Grundlage der Darstellung ist ein bislang unveröffentlichtes Manuskript, dessen Inhalt in dieser Studie zum ersten Mal einer breiteren Öffentlichkeit zugänglich wird. *B. Lonergan* bezieht sich hierin ausdrücklich auf *J. H. Newman*, dessen Gedankengänge er streckenweise übernimmt, ohne sich jedoch auf sie zu beschränken. In der Weise, wie er das Modell der Glaubensanalyse weiterentwickelt, wirkt er im Gegenteil selber für die Gegenwart und Aktualität der Fragestellung schöpferisch. Das folgende *sechste Kapitel* sichtet den Ertrag der vorliegenden Studie und wagt abschließend einen Ausblick auf mögliche Entwicklungsperspektiven der Glaubensanalyse. Der Münchner Philosoph *R. Schaeffler* (*1926) erweist sich dabei als kenntnisreicher Gesprächspartner. Anliegen der vorliegenden Studie ist es folglich, die Fragestellung wie auch die Probleme der analysis fidei sachgerecht darzulegen. Dazu erschließt sie Quellen und befragt Untersuchungen zur Thematik. Die historische Studie geschieht freilich in systematischer Absicht. Über die reine Quellenarbeit hinaus gilt es Zusammenhänge aufzuspüren und so zu erfassen, daß sie zum Gegenstand weiterführender theologischer Überlegungen werden können: So eröffnet die Frage nach der Glaubensanalyse einen Problemhorizont, der über die Grenzen und Möglichkeiten des Traktates nicht nur der Theologie als Herausforderung aufgegeben ist. Die Kurzformel, auf die sich der Gehalt wie auch die Gestalt dieser Arbeit dabei bringen lassen, zeigt zugleich deren Standort an: Formaliter wie materialiter geht es um den Versuch einer Apologetik des Glaubens im Sinne von 1 Petr. 3,15.

2. Fragestellung, Herkunft und Lösungsmodelle der Glaubensanalyse nach E. *Kunz SJ*

Der folgende Abschnitt sucht die Ergebnisse der Studien, die der Frankfurter Dogmatiker *E. Kunz SJ* zum Thema der Glaubensanalyse vorgelegt hat, zusammenzutragen und auf ihren Inhalt zu befragen. Hier geht es vor allem um die Weise, wie *E. Kunz* das Problem der Glaubensanalyse zur Sprache bringt, auf welche Argumente er sich dabei stützt, und zu welcher Einschätzung der Sachlage er selbst am Ende kommt. Die Sprache, mit der er sich dem Thema nähert, ist nüchtern, klar und sehr präzise. Ohne Umschweife benennt er schwierige Problemfelder, die er anschaulich darzustellen weiß. Daß er sich dabei der ignatianischen Spiritualität sehr verbunden weiß, ist ebenso offensichtlich wie seine besondere Zuneigung zum Denken *P. Rousselots SJ*. In seinen Veröffentlichungen verweist *E. Kunz* immer wieder auf den besonderen Schwierigkeitsgrad der Thematik [1], bei der es um das Problem der Letztbegründung der Glaubenszustimmung geht[2]. Einerseits nämlich ist der Glaube *unbedingte Zustimmung zum Wort Gottes*, das letztgültig und unüberholbar in Jesus Christus ergangen ist und von der Kirche verkündigt wird [3]. Der letzte Grund der Glaubenszustimmung ist Gott selbst in seinem Zeugnis als *prima veritas* [4]. Andererseits aber ist der Glaube zugleich *freier, personaler Vollzug*. Er gibt Lebensorientierung und ist vor dem vernunftgeleiteten Gewissen zu verantworten. Soll die Glaubenszustimmung also kein irrationaler Akt sein, muß die Berechtigung und die Verpflichtung zu glauben vor dem Anspruch der Vernunft begründet werden. Zum verantworteten Vollzug des Glaubens gehört folglich das *iudicium credibilitatis*, die Erkenntnis der Glaubwürdigkeit der Sache des Glaubens[5]. Die aber fällt unter die Bedingungen menschlicher Vernunfterkenntnis und erweist sich als grundsätzlich endlich, unabgeschlossen und irrtumsfähig. Damit ist der Problemkreis abgesteckt. Die unbedingte Gewißheit des Glaubens *(certitudo fidei)* steht in Spannung zur bedingten Gewißheit *(certitudo credibilitatis)* der vernunftgeleiteten Glaubwürdigkeitserkenntnis. Dabei bleibt zunächst offen, wie denn trotz der weniger sicheren Glaub-

---

[1] Vgl. Glaubwürdigkeitserkenntnis 414 und Analysis 583.
[2] Vgl. Analysis 583.
[3] Vgl. Glaubwürdigkeitserkenntnis 414.
[4] Vgl. Analysis 583.
[5] Vgl. Glaubwürdigkeitserkenntnis 414.

würdigkeitserkenntnis eine unbedingte Glaubenszustimmung gegeben werden kann, ohne daß der Glaube sich auf das Maß menschlicher Vernunfterkenntnis zurückgestuft findet[6]. Offen bleibt auch die Frage, wie sich die Glaubwürdigkeitsgründe, die die Vernunft zum Glauben bewegen, zum eigentlichen Grund der Glaubenszustimmung, dem sich offenbarenden Gott, verhalten[7]. Gesucht ist also eine in sich schlüssige Theorie, die das Zueinander von Glaubwürdigkeitserkenntnis und Glaubensgewißheit erhellt, also die Erkenntnisdisposition und den individuellen Glaubensvollzug des Gläubigen in Augenschein nimmt und darin deutlich macht, wie der Glaube in allen geschichtlichen Vermittlungen seinen spezifischen Grund, „nämlich das untrügliche, unbedingte Gewißheit und Freiheit schenkende Wort Gottes" [8] erreicht.

2.1. Heraufkunft der Fragestellung

Führt die Suche nach einer sachgerechten Glaubenstheorie in der katholischen Theologie erst seit der Neuzeit zur charakteristischen Problemkonstellation der analysis fidei, ist die Frage der Begründung und Verantwortung des Glaubens ein Thema, das das Christentum seit seinen Anfängen begleitet. Ihrer formellen Ausgestaltung in der Glaubensanalyse kommt eine mehr als differenzierte Vorgeschichte zu. E. *Kunz* skizziert dazu den Ansatz der Glaubensbegründung in Patristik und Hochscholastik[9]. Der *frühen Kirche* ist der Glaube vollkommene, alle anderen, auch philosophische Erkenntnisse einschließende und überhöhende Erkenntnis[10]. Die platonische Illuminationslehre sowie ein „sehr gefüllter" [11] Logos - Begriff gewährleisten das enge Zueinander von Glaube und Vernunft, die einander nicht als eigenständige Erkenntnisordnungen gegenüber gestellt werden. Der Gedanke einer wahren, christlichen Gnosis wird um den der *auctoritas* ergänzt: Der göttliche Logos übersteigt die menschliche Vernunft und begegnet deshalb als Autorität, welcher Glauben zu schenken ist. Indem er die Vernunft zu Einsicht und Verstehen

---

[6] Vgl. Glaubwürdigkeitserkenntnis 414 - 415.

[7] Vgl. Analysis 583.

[8] Glaubwürdigkeitserkenntnis 415. Siehe auch Grund 352.

[9] Vgl. Grund 353 - 360.

[10] Vgl. Grund 353.

[11] Grund 353. *Logos* bezeichnet nach E. *Kunz* das göttliche Wort, das in Christus erschienen ist und seinen Hörern in Schrift und Predigt begegnet. Zugleich hat er die Bedeutung, die im Lateinischen durch zwei Begriffe, nämlich *auctoritas* und *ratio*, wiedergegeben wird (vgl. ebd.).

weckt, bringt er sie zu ihrer Vollkommenheit[12]. Der Autoritätsgedanke wird besonders durch *Aurelius Augustinus* (354 – 430) entfaltet. Kontingente, geschichtliche Sachverhalte bezeugen die Autorität Gottes, die in der Autorität Christi aufscheint [13]. Weder das Vorbild heiligmäßiger Christen noch Wunder und Prophezeiungen liefern jedoch einen strengen Beweis: Sie sind allein Indizien, die auf die göttliche Autorität hinweisen, sie glaubwürdig machen und zu ihrer glaubenden Anerkennung hinführen [14]. Dem Gläubigen ist somit eine Zustimmung abgefordert. Diese gilt als ein Akt des Vertrauens, der von einem Denken vorbereitet und begleitet wird[15]. In gewisser Weise ist der Glaube Voraussetzung wahrer Vernunft: Angeleitet von Christus, dem „inneren" Lehrer, der durch die Gnade das Herz der Menschen berührt und öffnet [16], ermöglicht er Erkennen und setzt wirkliches Einsehen frei. Die augustinische Glaubenstheologie bleibt bis in das Mittelalter hinein wirksam[17].

Den Reflexionsstand hochmittelalterlicher Theologie belegt *E. Kunz* mit dem Hinweis auf *Thomas von Aquin* (1225-1274) [18]. Seine Reflexion auf den Glauben spiegelt die gewandelte wissenschaftshistorische Situation des 13. Jahrhunderts[19]. *E. Kunz* verweist auf die nunmehr schärfere Unterscheidung von Glauben und Wissen, die ein neues Bewußtsein von der Eigenständigkeit der Vernunft bezeugt. Der Theologie stellen sich damit zwei Aufgabenfelder. Sie hat sich gegenüber den neuentstehenden nichttheologischen Wissenschaften als Glaubenswissenschaft zu profilieren und zudem den Dialog mit dem Judentum und dem Islam zu führen. Vor diesem Hintergrund sind die Überlegungen des *Aquinaten* über den Glauben zu verstehen[20]. Dabei haben sie aber an Aktualität nicht verloren. *E. Kunz* arbeitet dies in der Darstellung der thomistischen Glaubenstheorie deutlich heraus. *Thomas* unterscheidet zunächst sehr klar zwischen Wissen und Glauben. Die Gegenstände des Wissens werden aus ihren eigenen Gründen erkannt, ihre letzten Voraussetzungen be-

---

[12] Vgl. Grund 353.
[13] Vgl. Grund 353 - 354.
[14] Vgl. Grund 354.
[15] Vgl. Grund 354.
[16] Vgl. Grund 354.
[17] Vgl. Grund 354.
[18] Vgl. Grund 355 - 359 sowie Analysis 584.
[19] Vgl. Grund 354 - 355.
[20] Vgl. Grund 355.

dürfen keiner weiteren Begründung: Der Vernunft, die sie mit Evidenz erfaßt, sind sie aus sich heraus bekannt[21]. Die Glaubensgegenstände dagegen übersteigen die menschliche Vernunft, sie erschließen sich allein in göttlicher Offenbarung[22]. Damit ist das Verhältnis von Glaube und Vernunft näher bestimmt: Natürliche Vernunft und Glaube sind einander zugeordnet. Die Vernunft ist dem Glauben Hilfe, sie erfaßt dessen *praeambula* und gibt Wahrscheinlichkeitsgründe für die Wahrheit der Offenbarung[23]. Der Glaube dagegen hat Gott zu seiner Ersten Wahrheit, er verbindet den Menschen mit der unfehlbaren göttlichen Erkenntnis selbst[24]. Darin vollendet er die Vernunft. Der Glaube ist aber kein Geschehen weltenthobener Jenseitigkeit. *Thomas von Aquin* ist sich vielmehr der Geschichtlichkeit des Glaubensaktes sehr bewußt. Darum unterstreicht er die Bedeutsamkeit der äußeren Glaubensvorlage. In Schrift und kirchlicher Lehre kommt Gott selbst zu Wort, ihnen eignet die Kraft, Menschen zum Glauben zu führen[25]. Die Erfahrung allerdings zeigt, daß der Glaubensakt nicht allein durch die Wirksamkeit der äußeren Glaubensvorlage erklärt werden kann. *Thomas* nimmt deshalb noch eine weitere Ursache an, die den Menschen im Inneren zur Glaubenszustimmung bewegt. Gott selbst ist dieses innere übernatürliche Prinzip, er richtet den Menschen auf sein letztes Ziel, die visio beatifica, aus und beschenkt ihn mit jener Geneigtheit, mit der der freie Wille dem Intellekt die Glaubenszustimmung abfordert[26]. E. *Kunz* weist in diesem Zusammenhang auf die Rolle des Glaubenslichtes[27] hin, das zwar die innere Wahrheit der Glaubensgegenstände nicht erschließt, wohl aber deren Glaubbarkeit vermittelt. Durch das Glaubenslicht schaut der Mensch die äußere Offenbarungswirklichkeit in ihrer Überzeugungskraft[28], erweisen sich die Glaubensinhalte als „dem rechten Glauben angemessen"[29]. Zur Diskussion steht damit ein integratives Glaubensmodell. In der Verbin-

---

[21] Vgl. Grund 355.
[22] Vgl. Grund 355 - 356.
[23] Vgl. Grund 358.
[24] Vgl. Grund 356.
[25] Vgl. Grund 356.
[26] Vgl. Grund 357 mit Hinweis auf V. *Berning*, Das Prinzip der Konnaturalität der Erkenntnis bei Thomas von Aquin, in: ThGl 72 (1982) 291 - 310.
[27] Zur thomistischen Konzeption vgl. Glaubenslicht 719.
[28] Vgl. Grund 357.
[29] Glaubenslicht 719.

dung von frei wirkender und frei angenommener Gnade einerseits und der geschichtlich begegnenden Offenbarung andererseits erreicht der Glaube seinen spezifischen Grund, die „untrügliche, unbedingte Gewißheit gebende göttliche Wahrheit" [30]. Die thomistische Konzeption der Glaubensanalyse birgt aber bereits jene Probleme, die für die neuzeitliche analysis fidei zur großen Herausforderung werden [31]. E. *Kunz* nennt hier vor allem das nicht leicht zu bestimmende Zueinander von Glaube und Vernunft, das durch die „Gefangenschaft des Intellektes"[32] im Glaubensakt gekennzeichnet und für *Thomas* noch Ausdruck der Vorläufigkeit der Glaubenserkenntnis ist. Nachfolgende Glaubenstheorien werden diesbezüglich die Akzente etwas anders setzen: Manche von ihnen sprechen in Hinblick auf einen natürlich zu erwerbenden Glauben der natürlichen Vernunft eine hohe Kompetenz zu und bezweifeln, ob das Glaubenslicht überhaupt einen Einfluß auf das Bewußtsein und die Erfahrung des Glaubenden ausübt [33]. Andere wiederum erklären den Glauben und seine Gewißheit aus dem Wirken der Gnade oder sehen seinen Ursprung ganz im Willen des Menschen [34]. Die Frage, wie der Glaube seinen Gewißheit und Freiheit ermöglichenden Grund findet, bleibt demnach virulent[35].

2.2. Vollgestalt der Analysis fidei

Wie zu Beginn des Kapitels bereits an *Gregor von Valencia* und seinem Traktat zur analysis fidei aufgezeigt werden konnte, findet die Problematik der Glaubensanalyse vom 16. Jahrhundert an zu ihrer endgültigen Schärfe[36]. Gibt M. *Miserda* in diesem Zusammenhang kurze Hinweise auf

---

[30] Grund 358.

[31] Vgl. Grund 359.

[32] Grund 359.

[33] Vgl. Glaubwürdigkeitserkenntnis 418 und Grund 359 mit Hinweis auf E. *Gössmann*, Glaube und Gotteserkenntnis im Mittelalter, Freiburg - Basel -Wien 1971 (= H Dg 1 2b), 113 - 116 und A. *Lang*, Entfaltung 165 - 166.

[34] Vgl. Grund 359.

[35] Vgl. Grund 359.

[36] Vgl. dazu M. *Farina*, Fede, Speranza e Caritá. Per una „circolarita´" dell´atto di fede, in: Crediamo 99 - 136. In ihrem Artikel skizziert M. *Farina* die Entwicklung der Glaubensthematik von der Urkirche zur Gegenwart (vgl. ebd. 117 - 136), wobei deutlich wird, daß jede Epoche die ihr zur Verfügung stehenden hermeneutischen Deutekategorien an den Glaubensakt heranträgt. Für die Neuzeit ist es die „reazione alle sfide illuministe" (ebd. 133), aus der heraus im Kontext der *analysis fidei* das Verhältnis von Glaube und Vernunft zum klärungsbedürftigen Problem wird. Die

die geistesgeschichtliche Situation, die der Glaubensanalyse vorausgeht, so skizziert *E. Kunz* das Umfeld, in dem die Entwürfe zum Glaubenstraktat entstehen. Demnach haben der Einfluß des neuzeitlichen Wissenschafts - und Sicherheitsideals, „wie es vor allem von Descartes formuliert und durch ihn wirksam geworden ist" [37], sowie die kontroverstheologische Auseinandersetzung mit der protestantischen Theologie und ihrem Glaubensbegriff die Glaubensanalyse zum selbstverständlichen Bestandteil des Glaubenstraktates gemacht [38]. Die Frage nach dem spezifischen Glaubensgrund wird dabei auf der Basis eines instruktionstheoretisch gefaßten Offenbarungsverständnisses gestellt[39]: „Offenbarung" meint die *locutio Dei attestans,* durch die Gott dem Menschen anderweitig gar nicht oder nur schwer zugängliche Wahrheiten mitteilt und mit seiner Autorität für sie eintritt. Glaube und Vernunft sind so zwar aufeinander bezogen, stehen zugleich aber einander gegenüber. Die Offenbarung wird verstanden als Mitteilung göttlicher Wahrheiten, die die natürliche Vernunft übersteigen, insofern also deren Kenntnisstand ergänzen bzw. erweitern[40].

---

nachtridentinische Theologie steht damit in der Tradition mittelalterlicher Denker, die den Glaubensakt mit Hilfe aristotelischer Theoreme sowie einer differenzierten Sicht der Tugendlehre (vgl. ebd. 129 - 131) als bewußte Tat des Menschen, entsprungen aus dessen unmittelbarer Personmitte, beschreiben (vgl. ebd. 131). Reizvoll und für den Abriß der Traktatgeschichte bei *E. Kunz* erhellend ist auch das Modell der „circolarita´": Für *M. Farina* ist die „circolarita´" sowohl notwendige Begrifflichkeit, die den Glauben in seinem Verhältnis zu Hoffnung und Liebe charakterisiert (vgl. ebd. 117), als auch Hilfe, die Glaubenstheologie in übergreifende geistes -, sozial - und theologiegeschichtliche Zusammenhänge einzuordnen: Theologie ist offenes System, im Gespräch mit einer pluralen Welt, bereit, Sachverhalte wie eben den der Glaubensthematik, „secondo l´ordine interno delle verita´della fede cattolica" (ebd. 115) in angemessenen Kategorien zu deuten (vgl. ebd. 99 - 116).

[37] Grund 360. Vgl. Analysis 584.
[38] Vgl. Grund 360.
[39] Vgl. Grund 360 mit Hinweis auf *M. Seckler,* Der Begriff der Offenbarung, in: *W. Kern, M. Seckler, H.J. Pottmeyer* (Hg.), Handbuch der Fundamentaltheologie, Bd. 2: Traktat Offenbarung, Freiburg - Basel -Wien 1985, 60 - 83, bes. 64 - 66.
[40] Vgl. Analysis 585.

2.2.1. Glaubwürdigkeitserkenntnis, Glaubensgrund und Glaubenszustimmung

Dies hat auch für die Gestalt der Glaubensanalyse Konsequenzen. Sie trägt der gewandelten theologiegeschichtlichen Situation dadurch Rechnung, daß sie die Frage nach dem Vollzug des Glaubens in *zwei Schritten* zu beantworten sucht. Unterschieden wird dabei zwischen der *Glaubwürdigkeitserkenntnis* und der *Glaubenszustimmung*. Der entscheidende Grund der *Glaubenszustimmung* ist „nicht die vorausgehende rationale Glaubwürdigkeitserkenntnis, sondern die Autorität des offenbarenden Gottes selbst, aufgrund deren allein dem Glauben eine alles übersteigende Sicherheit zukommt"[41]. Bevor der Mensch die mitgeteilten Inhalte auf die göttliche Autorität [42] hin glaubt, muß jedoch zunächst die Zuverlässigkeit des göttlichen Zeugnisses in der *Glaubwürdigkeitserkenntnis* nachgewiesen sein. Dieser Dienst ist nicht zu unterschätzen. Die rationale Glaubwürdigkeitserkenntnis ist die Brücke, die „zwischen dem dunklen Glaubensinhalt und der Vernunft mit ihrer Ausrichtung auf Einsicht besteht" [43]. Ohne sie bliebe die Glaubenszustimmung für das Vernunftwesen Mensch ein unverantwortlicher Akt, könnte die Vernunft „nicht wenigstens die Glaubwürdigkeit auf die ihr entsprechende, also auf rationale Weise erkennen" [44]. Ihr kommt die schwere Aufgabe zu, im Kontext unserer Weltkenntnis - „gleichsam von außen" [45] - die Berechtigung des Glaubensaktes zu erweisen. Dazu bringt die Glaubwürdigkeitserkenntnis Gründe bei, die mit sachlicher Stringenz zu dem Urteil führen, den von der Kirche vorgelegten Glaubenswahrheiten Glauben zu schenken. Die Glaubwürdigkeitserkenntnis führt zu einem praktischen Urteil, „daß es nach sittlichen Maßstäben berechtigt und vielleicht auch gefordert ist zu glauben"[46]. Die Tatsache der göttlichen Offenbarung muß jedoch nicht im selben Maße einsichtig und evident sein, der Glaubensinhalt bleibt vielmehr dunkel[47]. Ihr Gewißheitsgrad zeigt jedoch die Grenzen der Glaubwürdigkeitserkenntnis. Um der Freiheit des Glau-

---

[41] Glaubwürdigkeitserkenntnis 415 - 416.
[42] Vgl. DH 3008.
[43] Glaubwürdigkeitserkenntnis 416.
[44] Glaubwürdigkeitserkenntnis 416.
[45] Analysis 585.
[46] Glaubwürdigkeitserkenntnis 417.
[47] Vgl. Glaubwürdigkeitserkenntnis 417.

bensaktes willen kann sie nicht *metaphysisch* sicher sein[48]. Bloße Wahrscheinlichkeit kommt ihr auch nicht zu, sonst stünde der Glaube im Verdacht, willkürlich gesetzt zu werden[49]. Die Tradition kennzeichnet daher den Gewißheitsgrad der Glaubwürdigkeitserkenntnis mit dem Begriff der *moralischen Sicherheit*, die über die bloße Wahrscheinlichkeit hinausgeht und zugleich den Einsatz des freien Willens erfordert, „um unvernünftige Zweifel auszuschalten"[50].

Die Mühen, den Gewißheitsgrad der Glaubwürdigkeitserkenntnis eindeutig zu bestimmen, zeigen nicht nur die Schwierigkeit der Fragestellung, sondern auch das spezifisch Eigene der Glaubensanalyse, der es um das Zueinander des individuell - subjektiven, also in Freiheit gesetzten Glaubensaktes einerseits und der *auctoritas divina* andererseits geht. Der Glaubwürdigkeitserkenntnis sind genau hierin Grenzen gesetzt: Der Glaubende bejaht die offenbarten Wahrheiten nicht, weil er selbst sie als vernunftgemäß anerkennt, sondern weil Gott, „der als Erste Wahrheit nicht irren und nicht täuschen kann und der deshalb für den Menschen unbedingte Autorität ist, sie geoffenbart hat"[51]. Der Glaubensgrund ist Gott selbst: Jeder Entwurf zur Analysis fidei wird somit sorgsam auf den Eigencharakter der Glaubwürdigkeitserkenntnis achtgeben. Das Ergebnis der Glaubwürdigkeitserkenntnis darf folglich nicht mit dem Inhalt des Glaubens verwechselt werden, soll doch die Freiheit und der personale Charakter der Glaubensentscheidung und - zustimmung auf keinen Fall angetastet werden[52]. In diesem Zusammenhang stellt sich naturgemäß die Frage nach der Wirksamkeit der Gnade im Prozeß der Glaubwürdigkeitserkenntnis[53]. E. *Kunz* macht hier auf Entwicklungen in der thomistischen Schule aufmerksam, an denen deutlich wird, daß Rationalität und gnadenhafte Erleuchtung nicht allein als Konkurrenzverhältnis zu begreifen sind, sondern durchaus innerlich aufeinander bezogen sein können[54]. Die Glaubwürdigkeitserkenntnis liegt zwar in den Kräften der natürlichen Vernunft, geschieht aber „ faktisch kaum ohne den Einfluß

---

[48] Vgl. Glaubwürdigkeitserkenntnis 419.
[49] Vgl. Glaubwürdigkeitserkenntnis 420.
[50] Glaubwürdigkeitserkenntnis 420.
[51] Glaubwürdigkeitserkenntnis 420.
[52] Vgl. Glaubwürdigkeitserkenntnis 416.
[53] Vgl. Glaubwürdigkeitserkenntnis 418.
[54] Vgl. Glaubwürdigkeitserkenntnis 419.

der Gnade"[55]. Der Glaube ist hier bereits in den Strukturen eines Dialoges zwischen Gott und Mensch gedacht. Entwürfe der Barockscholastik, aber auch solche der Gegenwart stehen nicht ohne Grund in dieser scholastischen Tradition[56].

2.2.2. Modelle zur Glaubensanalyse

Am Beispiel der klassischen Lösungsmodelle[57] von *F. Suarez* (1548 - 1617), *J. de Lugo* (1583 - 1660), *J. de Ulloa* (1639 - 1721/ 25) und *L. Billot* (1846 - 1931)[58] zeigt *E. Kunz* Wege auf, wie sie in der Analyse des Glaubensaktes während der Zeit zwischen der *Barockscholastik* und dem *Ersten Vaticanum* beschritten worden sind. In allen drei Modellen steht der Versuch zur Debatte, die *ratio et libertas humana* sachgerecht dem Wahrheitsanspruch der *auctoritas divina* zuzuordnen. Jede der drei Positionen leistet dazu einen wichtigen Beitrag, leidet aber gleichzeitig auch an offensichtlichen Mängeln, die über den erreichten Standard hinaus ihre Weiterentwicklung erforderlich machen .

2.2.2.1. *Franz Suarez* (1548 - 1617)

Nach *F. Suarez* [59] ist es das Geheimnis des Glaubens, ein eigenständiger Akt zu sein, der Sicherheit über Uneinsichtiges gibt und in seinem Vollzug sein eigenes Fundament bejaht, ohne daß er eines „außerhalb seiner selbst liegenden Grundes bedarf" [60]. Ursache hierfür ist die Eigenart seines Formalobjektes, die Autorität des offenbarenden Gottes. Weder vermag nämlich die natürliche Erkenntnis dem Intellekt das Formalobjekt

---

[55] Analysis 584. Die scholastischen Theologen schreiben der Gnade im Glaubensakt eine vielfache Wirkung zu: Sie ergänzt nicht nur durch inneres Spüren, was an rationaler Einsicht fehlt, sondern überwindet auch „die dem Glauben entgegenstehenden inneren Strebungen; sie lenkt die Aufmerksamkeit, läßt die Heilsbedeutsamkeit der Offenbarung existentiell erfassen; sie disponiert den Willen zur Annahme des Glaubens" (Glaubwürdigkeitserkenntnis 418-419)

[56] Vgl. dazu Abschnitt 2.3. Beispielhaft die Ansätze bei *P. Rousselot, K. Rahner* und *H. U. von Balthasar.*

[57] Vgl. Glaubwürdigkeitserkenntnis 421.

[58] Vgl. Grund 361 - 379; Glaubwürdigkeitserkenntnis 420 - 425; Analysis 584 - 585.

[59] Vgl. die ausführliche Darstellung mit genauen Angaben zu den Quellentexten bei *E. Kunz* in Grund 361 - 365; Glaubwürdigkeitserkenntnis 421 - 422 und Analysis 584.

[60] Glaubwürdigkeitserkenntnis 421.

des übernatürlichen Glaubens nahezubringen, noch kann es seiner Dunkelheit wegen durch eine evidenzvermittelnde Erleuchtung erreicht werden[61]. Die Initiative liegt bei Gott selbst: Dieser spricht den Menschen so an, daß mit dem Inhalt auch das Geschehen seiner Anrede glaubhaft wird. Im Glauben ist der Mensch zutiefst herausgefordert: Formal- und Materialobjekt werden in *acto exercito* erfaßt[62]: Die Autorität Gottes eröffnet nicht Einsicht, sondern gibt Sicherheit über Uneinsichtiges[63]. Der so gesicherte Eigenstand des Glaubens birgt aber im Sinne eines *regressus in infinitum* möglicherweise die Gefahr eines Glaubens allein auf den Glauben hin[64]. F. *Suarez* scheint dies bemerkt zu haben: An einer wichtigen Stelle seines Glaubenstraktates spricht er dem Formalobjekt des Glaubens die Kraft zu, „die Evidenz der Glaubwürdigkeit zu wecken"[65]. Die Behauptung der Dunkelheit des Glaubens scheint damit aufgelockert, im Glauben selbst offenbar ein Sehen der Glaubwürdigkeit gegeben[66].

E. *Kunz* zufolge besteht die Stärke einer solchen Konzeption darin, daß F. *Suarez* mit seiner Glaubensanalyse die Göttlichkeit der Offenbarung und die unmittelbare, in ihr selbst liegende Glaubwürdigkeit zur Geltung bringt. Da allerdings jede Form von Evidenz aus dem Glaubensakt verbannt ist, erscheint der Glaube wie ein „Sprung ins Dunkel, bei dem selbst in keiner Weise sichtbar ist, wo man ankommt"[67]. Um dem entgegenzuwirken, darf das „Sehen der Glaubwürdigkeit"[68] nicht auf einen Bereich außerhalb des Glaubensaktes verlagert werden, sondern gehört in der Tat vielmehr in den Glaubensakt selbst hinein. Damit stellt sich vehement die Frage nach den geschichtlichen Instanzen, durch die

---

[61] Vgl. Glaubwürdigkeitserkenntnis 421.
[62] Vgl. Glaubwürdigkeitserkenntnis 421 und Grund 362 - 364.
[63] Vgl. Glaubwüdigkeitserkenntnis 421. E. *Kunz* erläutert die Vorgehensweise von F. *Suarez*: „Indem der Glaubensgrund im Glauben selbst erreicht und geglaubt wird, wird damit auch die Glaubwürdigkeit der Glaubenswahrheiten, die schon vorgängig zum Glaubensakt mit rationaler Sicherheit erkannt wurde, in neuer Weise erfaßt. Auch sie wird im Glaubensakt selbst mit der Gewißheit des Glaubens geglaubt und deshalb mit viel größerer Festigkeit bejaht, als es in der rationalen Glaubwürdigkeitserkenntnis aufgrund menschlicher Beweggründe geschieht" (Grund 363).
[64] Vgl. Analysis 584.
[65] Glaubwürdigkeitserkenntnis 422.
[66] Vgl. Glaubwürdigkeitserkenntnis 422.
[67] Grund 365.
[68] Grund 365.

sich der spezifische Glaubensgrund erschließt. Was diesbezüglich an jener besagten Stelle seines Taktates zur Glaubensanalyse bei F. *Suarez* angedacht ist, bedarf der weiteren Entfaltung.

2.2.2.2. *Johannes de Lugo* (1583 - 1660)

Es verwundert nicht, warum sich *E. Kunz* mehrfach mit der Konzeption der Glaubensanalyse nach *J. de Lugo* beschäftigt[69]. *J. de Lugo* entwickelt nämlich eine Form der Glaubensanalyse, die die geschichtliche Vermittlungsgestalt der Offenbarung in den Glaubensakt miteinbezieht. Zugleich modifiziert er „die schroffe Unterscheidung zwischen Glaube und Evidenz und bemüht sich, die Glaubwürdigkeitserkenntnis möglichst eng mit dem Glaubensvollzug selbst zu verbinden"[70].

J. de Lugo deutet den Glaubensakt als Einheit dreier Zustimmungsakte. Die Autorität des offenbarenden Gottes begründet den Glauben nur dann, wenn sie zunächst durch die menschliche Vernunft unmittelbar erkannt und ihr durch diese unmittelbar zugestimmt wird. Dies geschieht in einem *ersten Zustimmungsakt* - *ex apprehensione terminorum* [71] - durch die Vermittlung weltlich-geschichtlicher Gegebenheiten, erfolgt mit Evidenz auf die *veracitas Dei* hin und geht als vernünftige Erkenntnis dem Glaubensakt voraus[72]. Der *zweite Zustimmungsakt* zielt auf das Wirken Gottes in seiner Offenbarung, er geschieht ebenfalls *ex apprehensione terminorum: J. de Lugo* beschreibt hier die Offenbarung als ein umfassendes Geschehen, in dem Gottes Sprechen geschichtliche Gestalt annimmt und daher seine Adressaten mittelbar erreicht. Gedacht ist nicht nur an die ausdrücklichen Offenbarungswahrheiten, sondern auch an „alle Begleitumstände, die in Vergangenheit und Gegenwart mit der Verkündigung der Offenbarungswahrheiten zusammenhängen und in denen sich die Verkündigung gleichsam verleiblicht, also die Wunder und Zeichen,

---

[69] Vgl. dazu Grund 365- 371; Glaubwürdigkeitserkenntnis 422 - 423; Analysis 584.

[70] Glaubwürdigkeitserkenntnis 422.

[71] Die Zustimmung zu einem Gegenstand ist dann unmittelbar, wenn die Einsicht in die Wahrheit des Gegenstandes nicht von einem anderen Gegenstand abgeleitet ist, sondern aus dem Gegenstand selbst entspringt. Entweder wird der Gegenstand in sich selbst geschaut, oder es wird zwischen zwei geistig erfaßten Gehalten wird ein solcher Zusammenhang dergestalt wahrgenommen, daß man unmittelbar den einen vom anderen aussagen kann. *Ex apprehensione terminorum* wird die Wahrheit des Gegenstandes „mit Evidenz" oder „dunkel" unmittelbar bekannt. Vgl. Grund 366.

[72] Vgl. Grund 367.

das Zeugnis der Märtyrer, das Leben der Heiligen, die Einheit der Lehre über die Jahrhunderte hinweg, die Frömmigkeit der Verkündigung usw." [73]. *J. de Lugo* nimmt im Menschen eine geeignete Disposition, eine „Vorkenntnis der Offenbarung" [74] an, die es ihm erlaubt, im komplexen Offenbarungsgeschehen die Stimme Gottes zu vernehmen. Diese Art der Zustimmung läßt Zweifel bestehen, sie bleibt dunkel [75]. In dem Prozeß der erkennenden Vernahme hat das Glaubwürdigkeitsurteil seinen Ort. Es leitet zu einer Glaubenszustimmung an, bei der der Intellekt in *pia affectio* und aus gebotener Klugheit alle Zweifel fahren läßt und die Offenbarung „ ohne Furcht und mit fester Sicherheit " [76] glaubt. Die beiden ersten Zustimmungsarten begründen die *dritte:* Die „ sichere Zustimmung zur Offenbarung zusammen mit der Zustimmung zur Autorität Gottes ist dann die Grundlage des Glaubens an die einzelnen Glaubenswahrheiten"[77]. Der Glaubensakt als ganzer wird von der Gnade getragen, die ihn ontisch erhöht[78].

Die Lösung, die *J. de Lugo* vorträgt, weist nach *E. Kunz* große Stärken, aber auch große Schwächen auf. Zu hinterfragen ist die Atomisierung des Glaubensaktes, der bei *J. de Lugo* geradezu als formeller, rationaler Diskurs erscheint [79]. Ebenso fraglich wie das vorausgesetzte Gottesverständnis ist auch das Konzept der Idee, die dem Menschen die Möglichkeit gibt, das Handeln Gottes in der Geschichte zu erkennen. „Das Problem des „Zirkels" hat bei de Lugo daher sicher noch keine abschließende Antwort gefunden"[80]. Positiv bewertet *E. Kunz* den Versuch, über *F. Suarez* hinaus die geschichtliche Vermittlungsgestalt der Offenbarung deutlich herauszuarbeiten: Durch die zum Glauben hinführenden Motive wird nach *J. de Lugo* der Vernunft der Glaubensgrund nahegebracht, beginnt Gott demzufolge bereits im Glaubwürdigkeitsurteil, den Menschen über die Glaubenswahrheiten zu erleuchten[81].

---

[73] Grund 367.
[74] Grund 368.
[75] Vgl. Glaubwürdigkeitserkenntnis 423.
[76] Grund 369.
[77] Grund 369.
[78] Vgl. Grund 369.
[79] Grund 370. „ Aber haben wir im Glaubensakt wirklich eine solche unmittelbare Erkenntnis der Offenbarung, daß diese selbst nicht mehr geglaubt werden muß? Wird der Glaube so nicht in ein Wissen verwandelt?" (Analysis 584).
[80] Vgl. Grund 370-371.
[81] Vgl. Grund 371.

2.2.2.3. *Johannes de Ulloa* (1639 - 1721 / 25)

Einen anderen Schwerpunkt setzt *Johannes de Ulloa* [82]. Er konzipiert seine Glaubenstheorie vom Glaubenslicht her und setzt sich damit von jenen Modellen ab, die *F. Suarez* und *J. de Lugo* entwickelt haben: Diese erkennen zwar die Notwendigkeit des übernatürlichen Glaubenslichtes an, lassen es aber bewußt außer Betracht, weil es ihrer Meinung nach auf die Seite der subjektiven Erkenntnisfähigkeit, „nicht aber auf die Seite des objektiven Glaubensgrundes und seiner objektiven Erkenntnis gehört"[83]. Dies ist auch der Grund dafür, warum *E. Kunz* die Position von *J. de Ulloa* anführt: Sie ergänzt die beiden vorangegangenen Modelle.

J. de Ulloa begründet seinen Ansatz mit dem besonderen Wesen der göttlichen Offenbarung. Sie ist freie, personale Handlung Gottes, die sich an den freien Menschen richtet, „dessen Freiheit der Zustimmung durch das ‚Nur' der moralischen Sicherheit garantiert ist" [84]. *J. de Ulloa* betont deshalb das innere Zeugnis des Heiligen Geistes im Herzen des Menschen. Ohne das gelehrige Herz, die von Gott gewirkte *docilitas*, verfehlt alle Glaubwürdigkeitserkenntnis ihr Ziel. Glaube ist Geschenk Gottes [85]. *J. de Ulloa* entwickelt die Lehre vom *lumen suasivum*, das objektiv vom wahrgenommenen Gegenstand ausgeht und innerlich erst jene erkenntnisvermittelnde Geneigtheit der Wahrnehmung begründet [86]. Nur wenn Gott durch ein inneres Licht das Verständnis und die Augen des Herzens öffnet, werden die Argumente der Glaubwürdigkeit einsichtig und eine absolute Zustimmung möglich. Ohne der moralischen Evidenz der Offenbarung neue Argumente beizufügen, stiftet das Gnadenlicht eine innere, „unmittelbare, unfehlbare Beziehung zur Wahrheit des Glaubensgegenstandes"[87]. Seine Erkenntnis ist unmittelbar, gegründet „ in der durch die Gnade geweckten persönlich - existentiellen Beziehung zur Wirklichkeit der Offenbarung und darin der Autorität Gottes selbst" [88] . *E. Kunz* teilt das Anliegen *J. de Ulloas*, die Voraussetzungen im glaubenden Subjekt bei der Glaubensanalyse miteinzubeziehen [89], vermutet aber

---

[82] Vgl. Grund 371 - 375; Glaubwürdigkeitserkenntnis 423; Analysis 585.
[83] Grund 371.
[84] Glaubwürdigkeitserkenntnis 423.
[85] Vgl. Grund 371 - 372.
[86] Vgl. Glaubwürdigkeitserkenntnis 423.
[87] Grund 374.
[88] Grund 374.
[89] Vgl. Grund 375.

eine generelle Grenze des instruktionstheoretischen Offenbarungsmodells, wenn weder bei *F. Suarez, J. de Lugo* noch bei *J. de Ulloa* die Person
Jesu Christi als Grund des Glaubens in den Blick kommt. Auch scheint
bei *J. de Ulloa* der „Zusammenhang zwischen der äußeren Offenbarung
und dem inneren Licht" [90] ungeklärt: Unklar bleibt das Verhältnis zwischen der moralischen Evidenz der Offenbarung, die durch äußere
Glaubwürdigkeitsargumente erzeugt wird, und der unmittelbaren, unfehlbaren Beziehung zu dieser Offenbarung, geschaffen durch das Glaubenslicht im verborgenen Innern des Menschen[91]. Eine weitere Reflexion
ist also vonnöten, soll nicht das Glaubenslicht als „willkürlich und als
Immunisierung" [92] des Glaubensaktes erscheinen.

2.2.2.4. *Ludwig Billot* (1846 - 1931)

Die von *L. Billot* [93] entwickelte Theorie zur Glaubensanalyse gewinnt ihr
eigenes Profil vor dem Hintergrund der Modernismus - Debatte [94], die in
der Enzyklika „*Pascendi dominici gregis*" [95] ihr innerkirchliches Ende findet. Offenbarung im katholischen Verständnis ist an die Geschichte gebunden, der Glaube also nicht bloß innerlich erlebte Gegenwart des Un-
wandelbaren und Ewigen, sondern stets greifbar geschichtlich[96]. Erweist
sich aber die Spannung von Glaube und Wissen „als vom katholischen

---

[90] Grund 375.
[91] Vgl. Grund 375.
[92] Grund 375.
[93] Vgl. Grund 375 - 379; Glaubwürdigkeitserkenntnis 424; Analysis 585.
[94] Vgl. Glaube 79 - 87.
[95] Vgl. DH 3475 - 3486. Zur Mitwirkung Card. *Billots* an der Enzyklika vgl. die
einführenden Bemerkungen der Hgg. zu DH 3475.
[96] Vgl. Glaube 82. „ Damit erweist sich die Spannung von Glaube und Wissen,
von Glaube und Geschichte, letztlich von (richtig verstandenem) Extrinsizismus und
Intrinsezismus, von Gnade und Natur als vom katholischen Verständnis her
gefordert und unaufgebbar. Es ist das Verdienst der päpstlichen Verurteilung, eine
einseitige Auflösung dieser Spannung verhindert zu haben. Jedoch stellte sich damit
erneut die Frage, wie denn die scheinbar sich ausschließenden Pole des
Spannungsverhältnisses tatsächlich zusammen bestehen können und wie die
Schwierigkeiten, welche die denkenden Gläubigen bedrängten, gelöst werden
sollten. Es war die Aufgabe der Theologen nach 1907, das dem Modernismus
zugrundeliegende Problem und seine in mancher Hinsicht positiven Lösungsansätze
aufzugreifen und eine neue Synthese zu schaffen, die dem kirchlichen Verständnis
wie der modernen Problematik und Denkweise gerecht werden konnte" (Glaube 82).

Verständnis her gefordert und unaufgebbar"[97], muß die Glaubensanalyse dem zu entsprechen suchen.

Im Glaubensakt ist L. *Billot* zufolge die göttliche Autorität absolut und *citra omne intermedium* Grund der Zustimmung[98]. Damit wendet er sich gegen F. *Suarez* und J. *de Lugo,* deren Lösungsansätzen zur Glaubensanalyse er unterstellt, daß sie den Glauben nicht auf die ungeschaffene Autorität Gottes, sondern allein auf die Erkenntnis der Autorität Gottes gründen[99]. Der Glaube hat das Maß seiner Sicherheit nicht an ungewisser menschlicher Erkenntnis, sondern an Gott selber, an seiner „untrüglichen göttlichen Zeugen - Autorität"[100]. Ihm kommt somit ein personaler Charakter zu. Zwar muß die Autorität des göttlichen Zeugen zuvor mit genügender Sicherheit[101] erkannt worden sein, die Anerkennung aber bleibt freier Akt der Person Gottes gegenüber. „Weil der Glaube nicht auf eigene Evidenz und überhaupt nicht auf Geschöpfliches vertraut, sondern allein auf Gottes Autorität als solche, ist er ein freier Akt der reinen Anerkennung Gottes (obsequium praestitutum Deo)"[102].

Ein solcher Glaube bleibt notwendigerweise dunkel, da er nicht von der Einsicht des Glaubenden, sondern allein von der Zeugenautorität Gottes bestimmt wird. Das Problem, wie die ungeschaffene Autorität Gottes den Glauben im Glaubensakt selbst bewegen kann, ohne irgendeine Form geschöpflicher Erkenntnis in Anspruch zu nehmen, löst L. *Billot* in erstaunlicher Einfachheit. Er vergleicht dazu den Glaubensakt mit dem Geschehen im Dampfkolben einer Dampfmaschine. Die Geschwindigkeit einer Kolbenbewegung bemißt sich nach dem Druck des Dampfes im Zylinder. Dabei ist es gleichgültig, auf welche Weise und durch welche Mittel „der Dampf in den Zylinder geführt worden ist" [103]. So ist es auch mit dem Glaubensakt. Die *Glaubwürdigkeitserkenntnis* bringt dem Menschen das Glaubensmotiv nahe, führt es in ihn ein und disponiert ihn für die eigentliche Glaubenszustimmung. „Wenn es aber eingeführt ist, kann das Motiv, eben die ungeschaffene göttliche Wahrheit,

---

[97] Glaube 82.

[98] Vgl. Grund 376.

[99] Vgl. Grund 376.

[100] Glaubwürdigkeitserkenntnis 424.

[101] Vgl. Grund 377. Demnach unterscheidet L. *Billot* zwischen der Evidenz der Zuverlässigkeit des Zeugnisses und der Würde und Autorität des Zeugen.

[102] Grund 377.

[103] Grund 378.

selbst zum Glauben bewegen und den Glauben begründen"[104]. Die Glaubwürdigkeitserkenntnis bleibt also im letzten außen vor. Das eigentliche Motiv des Glaubens ist „etwas rein Göttliches oder Ungeschaffenes, nicht aber eine Mischung aus Geschaffenem und Ungeschaffenem"[105]. Eine solche Glaubensanalyse, wie sie Card. *Billot* entwirft, hat *E. Kunz* zufolge unbezweifelbar Vorteile. So bewundert er die Konsequenz, mit der *L. Billot* über alles Argumentieren hinaus den Glauben als „Akt der personalen Anerkennung und Hingabe, ein Sichverlassen auf Gott selbst"[106] beschreibt. Fraglich bleibt aber, ob die personale Unmittelbarkeit im Glaubensakt ohne jegliche Form symbolischer Vermittlung auskommt. Der Hinweis auf die ungeschaffene Autorität Gottes bleibt unbefriedigend, da nicht einsichtig wird, „wie denn diese ungeschaffene Autorität dem menschlichen Erkennen so zugänglich wird, daß sie als sie selbst mit ihrem eigenen Gewicht und ihrer eigenen Kraft wirksam werden kann"[107]. Zudem scheint die Verhältnisbestimmung von Glaubwürdigkeitserkenntnis und Glaubenszustimmung nicht konsequent durchdacht zu sein. In der vorliegenden Konzeption gelangt das Glaubensmotiv in geschöpflicher Vermittlung in den menschlichen Geist. Sofern nicht andere Faktoren - wie zum Beispiel das übernatürliche Glaubenslicht - hinzukommen, kann sie dann auch wirksam werden. Solche weiteren Faktoren nennt *L. Billot* aber nicht. „Deshalb bleibt in der *Billot*schen Lösung dunkel, warum die geringere Sicherheit der Glaubwürdigkeitserkenntnis nicht auf den Glaubensakt selbst durchschlägt"[108].

2.2.2.5. Rückblick

E. Kunz arbeitet das Anliegen der neuscholastischen Glaubensanalyse mit großer Sorgfalt heraus. In allen vorgestellten Modellen wird das Bemühen deutlich, das Geheimnis des Glaubens zu wahren und zugleich dessen Vernunftgemäßheit herauszuarbeiten. Überdies ist ein großes Verlangen zu beobachten, die Sicherheit und Unbezweifelbarkeit der Wahrheit des Glaubens zu unterstreichen[109] Jede Konzeption unterstreicht

---

[104] Glaubwürdigkeitserkenntnis 424.
[105] Glaubwürdigkeitserkenntnis 424 mit Hinweis auf *L. Billot*, De virtutibus infusis. 4. Aufl., Rom 1928, 194. 206. 209.
[106] Grund 379.
[107] Grund 379.
[108] Grund 379.
[109] Vgl. Grund 380.

dazu wichtige Aspekte, „die gültig und beachtenswert sind"[110]. Dabei bereitet das Zueinander von Glaubwürdigkeitserkenntnis und Glaubenszustimmung Schwierigkeiten, denen so leicht nicht beizukommen ist. Weder durch den Hinweis auf den Zusammenfall von Glaubensgrund und Glaubwürdigkeitserkenntnis *(F.Suarez)*, und sei es auch in geschichtlicher Vermitteltheit *(J. de Lugo)*, noch durch die Betonung der personalen Struktur des Glaubensaktes *(J. de Ulloa, L. Billot)* ergibt sich eine ebenso klare wie in sich schlüssige Glaubensanalyse. Die Beziehung von göttlichem Glaubensgrund und weltlichem Glaubwürdigkeitsmotiv bleibt unbestimmt. Die genannten Versuche betonen zwar die Geschenkhaftgkeit, mit der sich der Glaubensgrund dem Glaubenden erschließt, erweisen sich aber als mißtrauisch gegenüber der menschlichen Vernunft, deren Erkenntnisleistung entweder für überflüssig *(F. Suarez, J. de Ulloa)* oder für dem Glaubensakt vorgängig gehalten wird *(L. Billot)*. *E. Kunz* begründet dies mit Defiziten der überkommenen Glaubensanalyse, die den Blick für jene notwendigen Fragestellungen und Entwicklungen freigeben, die die analysis fidei in unserem Jahrhundert prägen.

2.3. Die Glaubensanalyse - Defizite und Perspektiven

Die vorgestellten „neuzeitlichen Modelle der analysis fidei" [111] sind nach *E. Kunz* insofern problematisch, als in ihnen die „Fragen, die sich seit der Aufklärung, nicht zuletzt auch im Bereich der Erkenntnis - und Wissenschaftstheorie" [112], stellen, von den Theologen[113] zu wenig beachtet und aufgegriffen werden. Das Verständnis der Vernunft und „folglich die Bestimmung des Verhältnisses von Vernunft und Glaube bleiben zu unkritisch"[114]. Der Glaubensanalyse haftet insofern ein apologetischer Grundzug an: Der Glaubensinhalt kann auf die Autorität Gottes hin geglaubt werden und gilt als von der Kirche gesichert. Bedenken, die sich möglicherweise aus dem Wirkbereich von Erfahrung, Vernunft und Wissenschaft gegen die Offenbarung und ihre Inhalte einstellen, gelten als unvernünftige Zweifel und sind durch Willensentscheid auszuschalten. Folgerichtig begegnet man den Anfragen der Aufklärung und der Religionskritik vornehmlich in einer Abwehrhaltung. *E. Kunz* beobachtet, daß

---

[110] Glaubwürdigkeitserkenntnis 424.
[111] Glaubwürdigkeitserkenntnis 424.
[112] Glaubwürdigkeitserkenntnis 424 - 425.
[113] Vgl. Grund 380.
[114] Grund 380.

ein solcher Glaubensbegriff keinen Raum läßt für kritisches Fragen, Unsicherheit und Suchen, „also für Haltungen, die den neuzeitlichen Menschen und sein Ethos jedenfalls auch prägen"[115]. Die subjektiven, psychologischen und gesellschaftlichen Bedingtheiten des Glaubens werden kaum bedacht, das innere Verstehen im Glauben als eigene Dimension des Glaubensaktes findet keine Aufmerksamkeit[116]. Eine Schwierigkeit eigener Art bereitet zudem die Glaubwürdigkeitserkenntnis. Da der Glaubensinhalt im „Dunkeln" liegt, erfolgt die Rechtfertigung des Glaubens durch äußere Kriterien, die notgedrungen dem Glaubens- und Offenbarungsinhalt fremd bleiben. E. *Kunz* sieht hier ein Problem von großer Tragweite: Die behandelten Autoren zeigen ein allzu großes Vertrauen in die vor allem historisch argumentierende Apologetik, das freilich nicht unerschüttert bleiben kann[117]. Hinsichtlich der Schwierigkeiten, die bei der Auseinandersetzung mit der neuzeitlichen Glaubensanalyse offenbar werden, verweist E. *Kunz* auf deren eigentümliche geistliche Ausrichtung. In den behandelten Glaubensanalysen spielt *Jesus Christus* „kaum eine Rolle"[118], Erwartungsgemäß ist dies die Konsequenz eines Offenbarungsbegriffes, der von seinem instruktionstheoretischen Ansatz her den biblischen Befund entscheidend verengt[119]. So wird verständlich, warum „vom 19. Jahrhundert an und verstärkt in unserem Jahrhundert in die Glaubensanalyse neue Aspekte eingebracht werden"[120].

2.3.1. Glaube - Gnade - Geschichte: Analysis fidei im Wandel

Mit der Autorenwahl, anhand derer er das Problem der Glaubensanalyse darlegt, gelingt es E. *Kunz* , Wesen und Problemstellung des neuzeitlichen Glaubenstraktates aufzuzeigen. In den genannten Modellen zur Glaubensanalyse geht es um den Glaubensakt, die Freiheitlichkeit der Zustimmung, aber auch um jene Instanzen, in denen das Wort Gottes zur Sprache kommt und sich bezeugt. Was bei den genannten Autoren schwerpunktmäßig entfaltet ist, darin aber immer auch zur Einseitigkeit

---

[115] Grund 380.

[116] Vgl. Grund 380.

[117] „Die Ergebnisse der historisch-kritischen Forschung, die seit Beginn unseres Jahrhunderts auch bei den katholischen Theologen mehr und mehr beachtet werden, mußten deshalb die Glaubwürdigkeitsbeweise und folglich das gesamte Gebäude der Glaubensanalysen erheblich erschüttern" (Grund 380).

[118] Grund 381.

[119] Vgl. Glaubwürdigkeitserkenntnis 425.

[120] Glaubwürdigkeitserkenntnis 425.

der Sichtweise führt, sucht P. *Rousselot SJ* (1878 - 1915), der durch seinen Ansatz die Reflexion auf den Glauben „nachhaltig beeinflußt" [121] hat, in seinem Werk zur Synthese zu bringen.

2.3.1.1. Der Ansatz *Pierre Rousselots* (1878 - 1915)

In seiner Dissertation *L 'Intellectualisme des saint Thomas* greift P. *Rousselot* zunächst die thomistische Lösung der Glaubensanalyse auf, wie sie um die Jahrhundertwende vor allem von den Dominikanern vertreten wird[122]. In vielfacher Weise variiert seine Theorie jedoch später die über-kommenen Lösungen und modifiziert so das Anliegen der analysis fidei. So entwirft P. *Rousselot* besonders in seinem Hauptwerk *Les yeux de la foi* eine Glaubenstheorie, die die Glaubwürdigkeitserkenntnis in den Glau-bensakt integriert, „ um Freiheit und Gewißheit des Glaubens miteinan-der versöhnen zu können"[123]. Das gelingt, weil hier Gnadentheologie und Erkenntnistheorie zu einer Einheit gebracht sind: P. *Rousselot* greift dazu auf *Thomas von Aquin* zurück. Die innere, gnadenhafte Ausrichtung auf die unmittelbare Gemeinschaft mit Gott ist „für den gesamten Glau-bensvollzug unerläßlich"[124], die Gewißheit der Erkenntnis durch das Gnadengeschenk der Konnaturalität[125] darin hinreichend gewährleistet. Dieser Gedankengang ist das Grundgerüst seiner Konzeption der Glau-bensanalyse, er entfaltet ihn in seinem Werk Schritt für Schritt. Folge-richtig setzt er sich dazu zunächst von all jenen Glaubenstheorien ab, die dualistisch [126] konzipiert sind und davon ausgehen, „ daß es mit der na-

---

[121] Glaubwürdigkeitserkenntnis 425.

[122]. „...rationale, *per se* natürliche Erkenntnis der Glaubenspräambeln, die in ei-nem theoretischen Glaubwürdigkeitsurteil (oder nach manchen Theologen auch in einer abstrakten natürlichen Glaubenszustimmung) enden kann; gnadenhaft - übernatürliche Erkenntnis der persönlichen Glaubenspflicht; übernatürliche Glaubenszustimmung , die sich nicht auf die rational erkannten Glaubwürdigkeitsgründe stützt, sondern auf die *Veritas Prima* selbst, welche auf Grund der im Willen und Verstand wirkenden gnadenhaften Motio im Innern des Glaubenden selbst gegenwärtig ist" (Glaube 77).

[123] Glaubwürdigkeitserkenntnis 427.

[124] Glaubwürdigkeitserkenntnis 426.

[125] Vgl. Glaubwürdigkeitserkenntnis 427.

[126] „ Die Verbindung des freien, gnadenhaften Aktes mit der äußeren Wirklich-keit wird durch einen rein natürlichen Akt vermittelt, zu dem grundsätzlich die Gnade nicht notwendig ist. Auf diese Weise versuchte man dem Problem zu entgehen, das heute mit dem Stichwort ‚hermeneutischer Zirkel' umschrieben wird. Die natürliche Vorstufe des übernatürlichen Glaubens hatte die Aufgabe, von außen

türlichen Vernunft möglich ist, die Glaubwürdigkeit mit Sicherheit zu beweisen und infolgedessen einen natürlichen Glaubensakt zu setzen"[127]. Die Glaubenspraxis nämlich sieht anders aus. Die meisten Gläubigen rechtfertigen eben nicht auf rein rationale Weise ihren Glauben[128]. Davon redet auch die Heiligen Schrift, nach der sich nicht der Glaube der Weisen und Klugen, sondern der der Einfachen und Ungebildeten als „Paradigma christlichen Glaubens empfiehlt"[129]. Gegen eine dualistische Konzeption der Glaubensbegründung sprechen im übrigen noch andere Gründe: *P. Rousselot* verweist dazu auf die Freiheit der Glaubenszustimmung, die dort in Gefahr gerät, wo zuvor mit Sicherheit die Glaubwürdigkeit und Wahrheit des Glaubensinhaltes bewiesen worden ist[130]. Er erinnert zudem an die erkenntnismetaphysische Voraussetzung, wonach ein „übernatürliches Objekt nur in einem übernatürlichen Licht bejaht und verstanden werden kann"[131]. Einen geoffenbarten Gegenstand in einem natürlichen Licht verstehen, heißt in Wirklichkeit, ihn mißverstehen. Die genannten Schwachstellen der dualistischen Konzeption verweisen auf das wirkliche Wesen des Glaubens. Der Glaubensbegriff, wie ihn *P. Rousselot* entwickelt, nimmt den ganzen Menschen in den Blick. Glauben bedeutet „den Durchbruch des unerhörten und von unten in keiner Weise ableitbaren Liebesgeheimnisses Gottes im Menschen"[132], der in der ewigen Schau Gottes unmittelbare Gemeinschaft mit Gott erlangt und so seine Erfüllung findet. Die geschichtliche Offenbarung ist

---

her, im Idealfall von einem voraussetzungslosen Nullpunkt aus, zum übernatürlichen Glauben hinzuführen. So glaubte man, in der menschlichen Begründung des übernatürlichen Glaubens einen Zirkel zu vermeiden. Diese ‚dualistische' Grundkonzeption, wie Rousselot sie nennt, tritt in zwei leicht verschiedenen Formen auf: Entweder nimmt man an, daß *gleichzeitig* mit dem übernatürlichen Glauben ein rein natürlicher erworbener, aber objektiv sicherer Glaube besteht, der von dem übernatürlichen Glauben entitativ erhoben wird; oder man läßt dem übernatürlichen Glauben eine natürlich erworbene Überzeugung von der Offenbarungstatsache als vorbereitende Bedingung *vorausgehen*" (Glaube 89).

[127] Glaube 89.
[128] Vgl. Glaube 94.
[129] Glaube 95.
[130] Von der Vergeblichkeit, die Glaubenszustimmung in ihrer Eigenständigkeit zu bewahren, indem man sie auf die reine Wahrheitserkenntnis bzw. auf die Anerkennung des im Glauben geschenkten Heiles beschränkt vgl. Glaube 95 - 96.
[131] Glaube 97.
[132] Glaube 104.

bereits Ruf zur Anschauung Gottes, schon jetzt Einladung zur Gemeinschaft mit ihm[133].

Die Geschichtlichkeit des Offenbarungsgeschehens begründet den
Gnadencharakter des Glaubensaktes. Macht schon die Erkenntnis objektiver Wirklichkeit jeweils eine entsprechende synthetische Kraft im erkennenden Subjekt notwendig, so gilt dies erst recht für die Offenbarungswirklichkeit, die sich im Individuum ein übernatürliches Einfüh-
lungsvermögen erschafft. Das gnadenhafte Licht, das solcherlei Synthese
erwirkt, trägt allerdings den Offenbarungscharakter nicht an Fakten
heran, die von sich aus gegenüber dieser Deutung neutral wären. Das
Licht erschafft seinen Gegenstand nicht, es läßt vielmehr das sehen, „
was in den Fakten selbst gegeben ist" [134]. Die vielfältigen Zeichen, in denen die Offenbarung erscheint, erschließen den Zugang zur Offenbarungswirklichkeit und lassen die Zustimmung zu ihr als berechtigt und
verantwortbar erscheinen. Die Glaubwürdigkeitserkenntnis ereignet sich
aber erst, wenn der Offenbarung, dem Ruf Gottes, zu unmittelbarer Gemeinschaft zugestimmt wird, und das Licht dieses Rufes wirksam ist. Der
Glaube hat eigene Augen, Erkennen und Bejahen fallen im Glaubensakt
zusammen, es ist „ das *Glaubens*licht im eigentlichen Sinn, welches die
Glaubwürdigkeit sehen läßt "[135].

Dem liegt ein personaler Offenbarungsbegriff zugrunde, der Offenbarung als Selbstmitteilung Gottes deutet. Der Glaubensgrund begegnet in der „geschichtlichen Person Jesu Christi" [136]. In ihm ergeht der
Ruf Gottes an die Menschen, in ihm hat die Offenbarung ihre „eindeutige Mitte" [137]. Alles, was in Worten, Taten und Erscheinungen aller Art
zum komplexen Offenbarungsgeschehen gehört, hat seine „ Mitte in dieser Selbstmitteilung Gottes ; nur von ihr her sind sie sinnvoll und verständlich; nur von ihr her sind sie von Gott im Offenbarungsvorgang
gewollt" [138]. In ihr die Komplexität der verschiedenen Offenbarungsele-
mente zu erkennen, bedeutet in die personale Relation mit Gott einzutreten, „was mit dem Empfang der Gnade Gottes identisch ist" [139]. Erst in

---

[133] Vgl. Glaubwürdigkeitserkenntnis 425.
[134] Glaubwürdigkeitserkenntnis 426.
[135] Glaubwürdigkeitserkenntnis 427.
[136] Glaubwürdigkeitserkenntnis 425.
[137] Glaubwürdigkeitserkenntnis 425.
[138] Glaube 113.
[139] Glaube 114.

diesem durch die Gnade geprägten Verstehenshorizont erfassen allgemein - menschliche Begriffe die *tatsächliche* Offenbarung. Die hier beschriebene integrative Sicht löst das Dilemma der Gewißheit und Freiheit des Glaubensaktes. In seiner Glaubenstheorie denkt *P. Rousselot* an ein reziprokes Wirkverhältnis von theoretischem Glaubwürdigkeitsurteil und freiem Glaubenswillen: Im selben Zug, wie die Liebe die Erkenntniskraft weckt, rechtfertigt die Erkenntnis die Liebe. „Durch das freie Streben zu dem sich offenbarenden Gott und durch die freie Bereitschaft, ihn anzunehmen und sich ihm in Gehorsam und Demut unterzuordnen, wird der Mensch der Offenbarung wesensverwandt, konnatural und vermag nun in der äußeren Welt die Erscheinung der Offenbarung wahrzunehmen "[140]. Die Offenbarung ist gesehener Glaubensgrund und geglaubter Gegenstand des Glaubensvollzuges, ihre Schau also immer zugleich ein hörendes Annehmen um der Autorität Gottes willen[141].

„Im Weiterdenken der Ansätze *Rousselots*"[142] skizziert *E. Kunz* über das vorliegende Glaubensmodell hinaus das Ineinander von Gnade, Glaube und menschlicher Freiheit. Die Anregung Gottes zum Glauben weckt im Menschen unmittelbar eine anfängliche freie Zustimmung und trifft ihn in seiner geistigen Mitte, in der er auf Grund seiner unbegrenzten Offenheit zur Begegnung mit Gott fähig ist[143]. Gott kann vom Menschen aber nur vernommen werden, indem dieser zugleich zu sich selbst findet „und seine Identität mit sich selbst vollzieht, d.h., indem der Mensch sich selbst und zugleich Gott in Freiheit bejaht"[144]. Freiheit ist immer Prozeß[145], „dynamische Bewegung zur vollen Identität"[146]. Einmal in Gang gesetzt, durchläuft er seine Geschichte, in der der Mensch Stellung nehmen muß, „ob er in der Begegnung mit Gott, in der er bereits steht, *bleiben* oder ob er sie und damit seine eigene Mitte und Freiheit aufgeben will"[147]. In dieser Stellungnahme kommt die Glaubensbewegung zu einem Abschluß, die Glaubwürdigkeitserkenntnis erreicht die

---

[140] Glaube 124.
[141] Vgl. Glaubwürdigkeitserkenntnis 428.
[142] Glaube 131.
[143] Vgl. Glaube 136.
[144] Glaube 133.
[145] Vgl. Glaube 133.
[146] Glaube 134.
[147] Glaube 137.

dem Freiheitsprozeß angemessene Vollkommenheit[148]. *E. Kunz* zeigt sich von *P. Rousselot* offensichtlich sehr angetan[149]. Er empfindet es als „sachgerecht" [150], den Glaubensakt als spannungsreiche Einheit zu beschreiben, deren einzelne Elemente „ sich gegenseitig tragen und bedingen" [151]. Das integrative Verständnis des Zueinander von Vernunft und Glauben, von Natur und Gnade, wie es *P. Rousselot* entwickelt, bewahrt Vernunft und Natur vor Schaden. „ Eine vom Glauben (der Glaubensbereitschaft) gelöste Vernunft ist in ihrem Vernunftvollzug selbst beeinträchtigt. Eine von der Gnade gelöste Natur ist eine verwundete Natur. Deshalb ermöglicht der Glaube ein tieferes Sehen der Vernunft, und deshalb heilt und vervollkommnet die Gnade die Natur selbst" [152]. Gleichwohl sieht *E. Kunz* auch Grenzen in diesem Ansatz, den *P. Rousselot* „kaum entfalten konnte" [153] . Bei der Analyse und der Darlegung seiner Komponenten scheint der Glaube „vielleicht" [154] zu punktuell gefaßt, sein Prozeß- und Wegcharakter, „der es zuläßt, daß in einer bestimmten Phase ein einzelnes Element des Glaubensvollzuges besonders akzentuiert wird" [155], wird außer acht gelassen. Unklar bleibt auch der Charakter der Glaubwürdigkeitserkenntnis. Da sie im Glaubenslicht selbst erfolgt, scheint sie sich einer rationalen Überprüfung und öffentlichen Diskussion zu entziehen. Der Hinweis auf mitteilbare, jedermann einsichtige Glaubwürdigkeitsgründe reicht nicht hin. Auch sie bedürfen der *oboeditio fidei* [156]. Die Glau-

---

[148] Vgl. Glaube 137.

[149] „Auch wer den Auffassungen *Rousselots* in dem einen oder anderen Punkt seine Zustimmung verweigert, wird nicht leugnen können, daß Rousselot trotz seines abstrakten und - oberflächlich betrachtet - unbiblischen Vorgehens zu Ergebnissen gekommen ist, die dem Geist der Heiligen Schrift ganz entsprechen und die auch durch die Entwicklung der modernen Theologie bis zum Vaticanum II ihre Bestätigung gefunden haben" (Glaube 282).

[150] Glaubwürdigkeitserkenntnis 430.

[151] Glaubwürdigkeitserkenntnis 429.

[152] Glaubwürdigkeitserkenntnis 429.

[153] Glaubwürdigkeitserkenntnis 430.

[154] Glaubwürdigkeitserkenntnis 429.

[155] Glaubwürdigkeitserkenntnis 429. „Rousselot hat den einmaligen Charakter der personalen Gottbeziehung bereits gesehen, er hat daraus jedoch noch keine Folgerungen für die Geschichte des Glaubens selbst gezogen" (Glaube 284).

[156] Vgl. Glaubwürdigkeitserkenntnis 428 - 429. *E. Kunz* referiert in Glaube 120 - 122 die Stellungnahmen von *F. Malmberg, E. Dhanis, O. Semmelroth, J. Alfaro, C. Cirne - Lima, A. Kolping, G. de Broglie* und *A. Brunner* zu jener integrativen Sicht, aus der *P.*

benszustimmung ist nicht das Ergebnis eines logisch-rationalen Prozesses, sondern dieser selbst vollzieht sich bereits in einer Haltung des Glaubens. Da *P. Rousselot* seine Glaubenstheorie nicht von der Verkündigung und vom Geschick Jesu her entwirft, kommt zudem die kritische Bedeutung des Glaubens im „Gesamtzusammenhang der Welterkenntnis"[157] zu kurz. In diesem Kontext vermißt *E. Kunz* die „ausdrückliche Bindung der Offenbarung und somit des Glaubens an die mitmenschliche Begegnung" [158]. Gerade darin übersieht *P. Rousselot* „die Verwiesenheit des Einzelnen gerade in seiner Beziehung zu Gott auf die Geschichte der Menschheit"[159]. Die „recht untergeordnete Bedeutung"[160] der Kirche für seine Glaubenskonzeption zeugt von diesem Defizit. Nach *E. Kunz* ist die Stärke der *Rousselot*schen Glaubenstheorie zugleich auch ihre Schwäche: Sie arbeitet zwar den Bezug des gnadenhaft geschenkten Glaubens zur „Welt" mit Nachdruck heraus, untersucht diesen Bezug aber in seiner konkreten Bedeutung nicht weiter [161].

2.3.1.2. Glaubensmodelle der Gegenwart

Der Entwurf *P. Rousselots* wurde, „wenn auch zunächst eher zögernd"[162], vielfach in der Theologie rezipiert und in verschiedene Richtungen weitergeführt. Die Rezeption des Ansatzes scheint ebenso berechtigt wie seine Fortentwicklung. Schärfer noch als *F. Suarez, J. de Lugo* und *L. Billot* nimmt *P. Rousselot* die Geschichtlichkeit des Individuums in den Blick. In der Wechselwirkung von Glaubwürdigkeitserkenntnis und Glaubensgrund erscheinen hier Natur und Gnade besonders eng miteinander verknüpft. In ihren Defiziten eröffnet die Theorie allerdings auch Wege ihrer Weiterentwicklung. *E. Kunz* nennt hier die Ansätze zur Glaubensanalyse von *Hans Urs von Balthasar* (1905 - 1988) und *Karl Rahner* (1904 - 1984).

Rousselot das Verhältnis von Glaubwürdigkeitserkenntnis und Glaubenszustimmung entwickelt, und zeigt so, wie umstritten dieser Ansatz immer noch ist.
[157] Glaubwürdigkeitserkenntnis 429.
[158] Glaube 283.
[159] Glaube 283.
[160] Glaube 284.
[161] Vgl. Glaube 284.
[162] Glaubwürdigkeitserkenntnis 430.

2.3.1.2.1. *Hans Urs von Balthasar* (1905 - 1988)

Bei seinen Überlegungen zur Glaubensanalyse nimmt *H. U. von Balthasar* den spezifischen Gehalt der christlichen Offenbarung zum Ausgangspunkt [163]. In *Jesus Christus* ist das innerste Geheimnis Gottes, seine trinitarische Liebe, offenbar. Liebe besteht nur dann, wenn sie frei gewährt wird: Die Offenbarung unbedingter Liebe ist wesentlich Freiheitsgeschehen. Eine Verifikation der Offenbarung durch einen transzendentalen Aufweis ist von daher abzulehnen, da die Offenbarung weder als notwendig aufzuweisen, noch aus den Bedürfnissen von Kosmos und Welt abzuleiten ist[164]. Vielmehr scheint die Kategorie des Ästhetischen besonders geeignet, die Offenbarung der Liebe Gottes zu erläutern[165]. Um ein Kunstwerk etwa in seiner Gestalt und die sich in ihr mitteilende Tiefe zu verstehen, ist eine entsprechende innere Wahrnehmungskraft erforderlich, die sich aber die Gestalt nicht selber erschafft. Diese ist vielmehr dem Wahrnehmenden vorgegeben und kommt in ihm mit ihrer eigenen Evidenz zur Geltung. Geliebtes erscheint immer herrlich: Zwischen dem Ästhetischen und der liebenden personalen Zuwendung besteht nach *H.U. von Balthasar* ein enger Zusammenhang[166].

Bei aller Verwobenheit in die Weltenläufte enthüllt sich in der Geschichte eine unableitbare und einmalige GESTALT, die Erscheinung der trinitarischen Liebe Gottes. „Die Mitte dieser Gestalt ist Jesus Christus. Um diese Mitte legen sich die übrigen Momente der auf Jesus hinführenden und der von ihm sich herleitenden Heilsgeschichte." [167] Auf diese äußere Gestalt ist das innere Glaubenslicht ausgerichtet. Von sich aus bringt es keine neuen Inhalte hervor, die Synthese der einzelnen Elemente des Offenbarungsgeschehens liegt vielmehr in der objektiven Gestalt der Offenbarung selbst. Gewißheit und Festigkeit des Glaubensaktes kommen von der Offenbarungsgestalt und ihrer objektiven Evidenz, die vom Phänomen selbst her einleuchtet und ihre Bedingung nicht im Subjekt hat[168]. Die Gestalt enthält ihr eigenes Licht, durch das sie den Menschen, der die entsprechende Bereitschaft hat, überzeugt und zur

---

[163] Vgl. Glaubwürdigkeitserkenntnis 432.

[164] Vgl. Glaubwürdigkeitserkenntnis 432.

[165] Vgl. Glaubwürdigkeitserkenntnis 431.

[166] Vgl. Glaubwürdigkeitserkenntnis 433.

[167] Glaubwürdigkeitserkenntnis 431.

[168] Vgl. Glaubwürdigkeitserkenntnis 432.

Zustimmung bewegt. Die Zeichen der Glaubwürdigkeit gehören innerlich zur Offenbarungsgestalt, die Glaubwürdigkeitserkenntnis geht mit
der Glaubenszustimmung einher, der Glaube bedarf keiner zusätzlichen
Begründung. Das freie Heilshandeln Gottes ist gleichermaßen Glaubensgrund und Glaubwürdigkeitsmotiv[169]. Im Sehen der Offenbarungsgestalt
erreicht er sein „unbedingt tragfähiges Fundament, nämlich die absolute
Liebe Gottes" [170], der Mensch findet hier „die eigentliche Tiefe und
Mitte"[171]. *E. Kunz* verweist nicht ohne Grund auf die große Sympathie,
die *von Balthasar* der jesuitischen Barock- und Neuscholastik entgegenbringt, die auf der nicht auflösbaren, historischen Positivität der Offenbarung beharrt[172].

E. Kunz stellt an *H.U. von Balthasar* die berechtigte Frage, ob die
Offenbarungsgestalt von den Erwartungen, Sehnsüchten, Erfahrungen
und Bedürfnissen der Menschen so radikal unabhängig ist, wie das vorgestellte Modell zur Glaubensbegründung es nahezulegen scheint. Vom
Offenbarungsgeschehen zu sprechen, heißt für *E. Kunz* immer auch zugleich, menschliche Erwartungen und Sehnsüchte miteinzubeziehen. Sie
sind es nämlich, die „den Horizont mitkonstituieren, in dem die Offenbarungsgestalt erst gesehen und verstanden werden kann"[173]. Die Rede von
der Evidenz der Offenbarungsgestalt bedingt die Reflexion auf das gläubige Subjekt in seiner Glaubensfähigkeit. *E. Kunz* referiert dazu das
transzendentale Modell der Glaubensbegründung bei *K. Rahner*, der „
den thomistischen Ansatz der Glaubensanalyse in der Weiterführung
Rousselots" [174] aufgreift und verdeutlicht.

2.3.1.2. 2. *Karl Rahner* (1904 - 1984)

Die Notwendigkeit einer Glaubensanalyse stellt sich für *K. Rahner* in einer Zeit, die sich der Subjektivität und Relativität menschlicher Erkenntnis bewußt ist, mit „besonderer Schärfe "[175]. Das Problem, bei aller Vorläufigkeit und Bedingtheit reflexer Erkenntnis eine unbedingte Glaubenszustimmung intellektuell redlich zu verantworten, wird dagegen

---

[169] Vgl. Glaubwürdigkeitserkenntnis 432.
[170] Glaubwürdigkeitserkenntnis 433.
[171] Glaubwürdigkeitserkenntnis 433.
[172] Vgl. Glaubwürdigkeitserkenntnis 432.
[173] Glaubwürdigkeitserkenntnis 433.
[174] Glaubwürdigkeitserkenntnis 440.
[175] Glaubwürdigkeitserkenntnis 434.

nur unbefriedigend in den traditionellen Theorien zur Analysis fidei aufgegriffen. *K. Rahner* weist dazu auf jene fragliche Sicherheit hin, die eigentlich der Glaubenszustimmung zukommt, zumindest implizit aber bereits der Glaubwürdigkeitserkenntnis zugesprochen wird. Als weiteres Manko erscheint zudem der fehlende Aufweis einer Legitimation, die es dem Willen gestattet, die „Inkongruenz zwischen Glaubwürdigkeitserkenntnis und Glaubenszustimmung"[176] zu überwinden. Während *H.U. von Balthasar* den Glaubensgrund ganz von der „dem Menschen von außen begegnenden Gestalt vermittelt sieht"[177], geht es *K. Rahner* ganz offensichtlich darum, die „innere Übereinstimmung und ,Affinität' zwischen der christlichen Offenbarung und dem unverkürzten menschlichen Lebensvollzug aufzuweisen"[178].

K. Rahner folgt dazu den thomistischen Theorien und übernimmt den Ansatz *P. Rousselots*. Allein im übernatürlichen Licht der Gnade und im übernatürlichen Glauben ist ein sachgemäßes Erkennen der Offenbarung möglich. Das Glaubenslicht bleibt nicht bewußtseinsjenseitiges Moment, sondern wohnt dem Bewußtsein als unreflektierbare und ungegenständliche Gegebenheit inne. In ihm sieht die subjektive Glaubenswilligkeit den objektiven Grund des Glaubens, der solchen Glaubensakt rechtfertigt[179]. Schlüsselbegriff hierfür ist der der transzendentalen Erfahrung, für *E. Kunz* die „Entfaltung der traditionellen Lehre vom Glaubenslicht"[180]. Transzendentale Erfahrung nennt *K. Rahner* das Wovonher und Woraufhin der Transzendenzbewegung, in der das Geheimnis Gottes als das *ultimum resolutivum* allen Verstehens begegnet. In ihr erfährt sich der Mensch als vom unumfaßbaren Geheimnis selbst eröffnet, in ihr erweist sich Gott als das „eigentlich und ursprünglich Wirkliche und Begründende"[181]. Sie ist Vollzug menschlicher Feiheit, Zusage oder auch Absage an die eigene Wirklichkeit, Hingabe an den begründenden und verfügenden Gott oder auch Flucht vor ihm[182]. *E. Kunz* teilt in diesem Zusammenhang nicht die oft geäußerte Kritik an *K. Rahner*, „die Geschichte in ihrer Einmaligkeit nicht genügend ernst zu

---

[176] Glaubwürdigkeitserkenntnis 434.
[177] Glaubwürdigkeitserkenntnis 434.
[178] Glaubwürdigkeitserkenntnis 434.
[179] Vgl. Glaubwürdigkeitserkenntnis 435.
[180] Glaubwürdigkeitserkenntnis 435.
[181] Glaubwürdigkeitserkenntnis 436.
[182] Vgl. Glaubwürdigkeitserkenntnis 436.

nehmen"[183]. Im Gegenteil: Zwischen dem transzendental Notwendigen und dem konkret kontingent Geschichtlichen besteht ein gegenseitiges Bedingungs- und Vermittlungsverhältnis. Beide Momente treten nur zusammen auf[184]. Nur der versteht also die Transzendentalität, der auf die Begebenheiten der Geschichte hört, Kriterium der Glaubwürdigkeit geschichtlich überlieferter Aussagen ist im Gegenzug ihre Übereinstimmung mit der eigenen transzendentalen Erfahrung. Dies gilt im Besonderen auch für das Verhältnis von christlicher Botschaft und transzendentaler Erfahrung. Deren Tiefe wird durch die Frohbotschaft zu reflexer Bewußtheit gebracht. Weil in der transzendentalen Erfahrung Gottes Selbstmitteilung als Grund des menschlichen Existenzvollzuges bereits anwesend ist, kann sich ihre glaubende Annahme „eben auf diese anwesende Selbstmitteilung selbst stützen und in ihr gründen"[185]. E. Kunz verweist auf die Ähnlichkeit dieser Gedanken K. Rahners mit denen von J. de Lugo. In seiner transzendentalen Ausrichtung auf die Gemeinschaft mit Gott sucht der Mensch nach „der geschichtlichen Greifbarkeit der Selbstzusage Gottes" [186], in ihr ist immer auch die „Idee" eines absoluten Heilbringers in der Geschichte mitgegeben. Die Erkenntnis und Bejahung Jesu impliziert „also das freie Sicheinlassen auf die transzendentale Hoffnung und gründet daher in dieser Hoffnung eröffnenden und tragenden Selbstmitteilung Gottes" [187], sie findet so in dem geschichtlichen Ereignis zu ihrer Bestätigung. Die geschichtlichen Ereignisse werden in die Unbedingtheit der transzendentalen Erfahrung hineingenommen und „partizipieren an deren Unbedingtheit, obwohl ihre geschichtliche Erkenntnis als solche nicht unbedingt ist"[188]. Durch sie erfährt die transzendentale Ausrichtung die volle Entsprechung ihrer Erwartungsstruktur. Die Inkongruenz zwischen nur relativer geschichtlicher Sicherheit der Ereignisse und einer unbedingten Glaubenszustimmung gehö-

---

[183] Glaubwürdigkeitserkenntnis 440.
[184] „Einerseits ist die Transzendenzbewegung das in allem kategorialem Erkennen und kontingentem Handeln Bewegende und Orientierende. Anderseits bringt das Kategoriale und geschichtliche Kontingente die Transzendentalität erst zur reflexen Erfahrung und Gegebenheit" (Glaubwürdigkeitserkenntnis 437).
[185] Glaubwürdigkeitserkenntnis 438.
[186] Glaubwürdigkeitserkenntnis 438.
[187] Glaubwürdigkeitserkenntnis 438.
[188] Glaubwürdigkeitserkenntnis 439.

ren „unvermeidlich"[189] zum Glauben hinzu, sie zeichnen ihn als Tat der Freiheit. Der Glaubensakt ruht also zwischen zwei Brennpunkten: Der in der transzendentalen Erfahrung begründeten Vorgabe des glaubenden Subjektes einerseits und der Erkenntnis der von außen begegnenden kontingenten Begebenheiten. Diese zirkuläre Glaubenszustimmung wird „durch die Selbstmitteilung Gottes ermöglicht, die in der transzendentalen Erfahrung eröffnend und begründend unmittelbar anwesend ist und die sich im Jesusereignis geschichtlich ereignet"[190]. E. *Kunz* sieht die Stärke der Glaubensanalyse bei K. *Rahner* in ihrer Fähigkeit, menschliche Grunderfahrungen aufzugreifen. K. *Rahner* arbeitet die Erwartungsstruktur des Menschen im Offenbarungs- und Glaubensvorgang besonders heraus und macht sie für die die „Frage der Glaubensbegründung fruchtbar"[191]. Wiederum erweist sich die Stärke des Gedankens als seine Schwäche. Der kühne transzendentale Aufweis Gottes übersieht, daß der „zwischenmenschlichen Liebe und der geschichtlich erfahrenen Vergebung und Versöhnung dabei eine entscheidende Rolle zukommt"[192].

2.4. Glaubensanalyse heute – Ergebnisse und Schlußfolgerungen

In ihrer Akribie, die einzelnen Bestandteile des Glaubensaktes zu bestimmen und miteinander in ein Beziehungsgefüge zu bringen, gerät die Glaubensanalyse leicht in den Verdacht, eine bloße Glaubenspsychologie zu sein[193]. Die Arbeiten von E. *Kunz* machen allerdings deutlich, daß dieser Einwand der Berechtigung entbehrt. Die gezielte Auswahl von Autoren, die bei ihm zur Darstellung kommen, zeigt vielmehr, daß es der

---

[189] Glaubwürdigkeitserkenntnis 439.
[190] Glaubwürdigkeitserkenntnis 439.
[191] Glaubwürdigkeitserkenntnis 440.
[192] Glaubwürdigkeitserkenntnis 440.
[193]Vgl. M. *Seckler*, Fundamentaltheologie: Aufgaben und Aufbau, Begriff und Namen, in: W.*Kern*, M. *Seckler*, H.J. *Pottmeyer* (Hg.), Handbuch der Fundamentaltheologie, Bd. 4: Traktat Theologische Erkenntnislehre. Schlußteil Reflexion auf Fundamentaltheologie, Freiburg - Basel -Wien 1988, 450 – 514/ zit. Fundamentaltheologie, bemerkt, daß im Kontext einer integralen Apologetik die Reflexion auf die subjektiven, situativen und kontextuellen Bedingungen des Glaubens zwar helfen, den praktischen Weg zur Glaubensgenese theoretisch zu ebnen, darin aber „zu einer Ausrichtung des Interesses auf den Glaubens*akt* (actus credendi) und damit auch zu einer starken *Psychologisierung* der ganzen Fragestellung" führt (ebd. 470). M. *Seckler* nennt als Beispiel das Werk J. H. *Newmans* (vgl. ebd. 470, Anm. 59).

analysis fidei um die „Sachhaltigkeit der Wahrheit Gottes"[194] in ihrem „Selbstzeugnis" [195] geht. Indem sie sich darum müht, das Zueinander von Glaubwürdigkeitserkenntnis, Glaubenszustimmung und Glaubensgrund zuverlässig zu orten, redet sie von der *fides quae* in ihrer Aneignung durch die individuelle Lebensgeschichte, und darin erst vom „Glauben in subjektiver Hinsicht"[196]. Nicht umsonst nimmt bei *E. Kunz* die Glaubensanalyse nach *P. Rousselot* einen so breiten Raum ein. Die bis dato problematische Konstellation von Glaubensgrund, Glaubwürdigkeitserkenntnis und Glaubenszustimmung findet hier eine schlüssige Deutung: Das Glaubenslicht gibt in der Glaubenszustimmung die Glaubwürdigkeit des Offenbarungsgeschehens zu sehen. Der Glaube erweist sich als freies Streben auf den sich offenbarenden Gott hin, Erkenntnis und Wille haben bei ihm ihr Ziel und ihre Wurzel. *E. Kunz* beläßt es aber nicht bei *P. Rousselot*, sondern setzt zusätzlich zwei weitere, wichtige Akzente, durch die die Problemartikulation der „heute antiquiert" [197] wirkenden schultheologischen Analysis - fidei - Lehre auf ihr Kernanliegen hin durchsichtig wird.

2.4.1. Systematischer Befund

Der gedrängte Überblick, den *E. Kunz* vor allem im Schlußteil seines Handbuchartikels [198] gibt, steckt den Rahmen ab, innerhalb dessen heute eine Glaubensanalyse konzipiert werden kann, er bleibt aber zumindest hier skizzenhaft und der Ergänzung bedürftig. Verständlich wird die Skizze allerdings in der Ergänzung durch einen Offenbarungsbegriff, den *E. Kunz* im Sinne des kommunikationstheoretischen Offenbarungsmodells[199] als „Offenbarungsgeschehen" [200] entwickelt. Die Wahl dieses Begriffes zeigt an, wie differenziert hier das Ereignis der Begegnung von Gott und Mensch zur Sprache kommt, die theologische Reflexion darüber sich dabei aber immer dem Verhältnis von Glaubwürdigkeitserkenntnis und Glaubensgrund verpflichtet weiß.

---

[194] *Chr. Berchtold / M. Seckler*, Art. Glaube 250.
[195] *M. Seckler*, Fundamentaltheologie 473.
[196] *M. Seckler*, Fundamentaltheologie 473.
[197] *Chr. Berchtold / M. Seckler*, Art. Glaube 249.
[198] Vgl. Glaubwürdigkeitserkenntnis 440 - 448.
[199] Vgl. *M. Seckler*, Der Begriff der Offenbarung 66 - 67.
[200] Der Begriff findet bei *E. Kunz* immer wieder Verwendung, so etwa in Glaubwürdigkeitserkenntnis 441, Offenbarung 83 und sehr ausführlich in seinem Vorlesungsskriptum „Gotteserkenntnis und Offenbarung" 20 - 25.

2.4.1.1. Offenbarungsgeschehen und Glaube

Für *E. Kunz* ist Offenbarung Geschehen, Vorgang, in dem Gott auf den Menschen zukommt und ihn anredet[201]. Die Ankunft Gottes wird allerdings nicht in sich selber erkannt, sondern nur in der Wirkung, die sie in Geschichte und Erfahrung auslöst [202]. Der Mensch weiß sich befähigt, seine zwiespältigen und vieldeutigen Erfahrungen in einer solchen Einheit zusammenzuschauen, „daß sie als Weg zu Gott verstehbar werden" [203]. Das Offenbarungsgeschehen besteht darin, daß Menschen in ihrem Leben Sinnerfahrungen und Sinnerwartungen [204] realisieren, und diese über deren Konfrontation mit der grausamen Wirklichkeit der Welt [205] hinaus durch eine Praxis der Hoffnung in das Offene der Geschichte hinein durchhalten [206]. Die Hoffnung des Menschen aber bestimmt sein Tun[207]. Indem der Mensch in der Liebe und im Einsatz für den Mitmenschen wahren Sinn erfährt, kann er begründet hoffen, daß auch seine alles übersteigende Erwartung erfüllt ist und erfüllt wird, daß das umfassende Geheimnis, dem er sich verdanken darf, Wirklichkeit sei [208]. Die Tat der Liebe ist das Wort, in dem sich dieses Geheimnis dem Menschen zuspricht [209]. Das Offenbarungsgeschehen integriert von Gott her das Hell - Dunkel menschlicher Erfahrung [210] und weist damit in der Geschichte einen Weg zu Gott. Wer ihn geht, erkennt Gott und nimmt die Offenbarung an. Die Eröffnung dieses Weges ist die Offenbarung, ihre Annahme der Glaube [211]. Anspruch und Ausweis Jesu Christi bestimmen ihn als Nachfolge [212]. Die Offenbarung ist somit nicht sachbezogene Be-

---

[201] Vgl. Offenbarung 83.
[202] Vgl. Offenbarung 83.
[203] Offenbarung 83.
[204] Vgl. Offenbarung 85.
[205] Vgl. Offenbarung 85.
[206] Vgl. Offenbarung 85.
[207] Vgl. Offenbarung 86.
[208] Vgl. Christentum 41.
[209] Vgl. Christentum 44.
[210] „Zu diesem Geschehen, in dem Jahwe sich als Gott seines Volkes zu erkennen gibt, gehören die Sehnsucht des unterdrückten Volkes nach Freiheit, die Berufung des Moses zum Führer, der erfolgreiche Auszug, die Prüfungen in der Wüste, der Einzug in das gelobte Land innerlich dazu. In all diesen positiven und negativen Erfahrungen lernt das Volk Jahwe kennen" (Offenbarung 83).
[211] Vgl. Offenbarung 83; Krisis 66; Christentum 44.
[212] Vgl. Krisis 91 - 97.

lehrung, sondern Geschehen freier, personaler Mitteilung. Gehalt und Gestalt sind konstitutiv für das Offenbarungsgeschehen[213]: Eine Glaubensanalyse ist also konsequent von den Daten der biblischen Heilsgeschichte zu entwickeln, deren Mitte und Vollendung die Selbstoffenbarung Gottes in Jesus Christus ist[214].

Die Offenbarung erreicht den Menschen also nur, wenn sie ihn in seiner Freiheit betrifft und ihn als freie Person anspricht. Ihre Wahrnehmung ist folglich Vollzug freier Zustimmung und personaler Anerkennung zugleich, „also ein Vollzug des Glaubens"[215]. Nur im Glauben selbst wird sie „als Glaubensgrund erreicht und bejaht"[216]. Den *Glaubensakt* denkt E. *Kunz* daher analog zu einem menschlichen Vertrauensverhältnis. Die Erkenntnis freier personaler Mitteilung kann nicht in neutraler Distanz erfaßt werden, sie ist nur möglich, wenn sie zugleich freie Anerkenntnis ist[217]. Nur in einem wenigstens beginnenden Vertrauen kann eine personale Zuwendung wahrgenommen werden, „obwohl gleichzeitig das Vertrauen nur aufgrund der vertrauensvollen Zuwendung entsteht und in ihr begründet ist"[218]. Im Unterschied aber zu einer zwischenmenschlichen Begegnung bedarf es im Glaubensakt jedoch der göttlichen Gnade, die die durch die Sünde beherrschte menschliche Freiheit befreit, die göttliche Selbstmitteilung aufzunehmen. Die Selbstmitteilung Gottes ist aber ein unverdientes Geschenk, das die „geschöpflichen Möglichkeiten des Menschen unendlich übersteigt"[219] und daher aus allgemeinen Weltgegebenheiten nicht abgeleitet, noch mit Vernunftnotwendigkeit bewiesen werden kann[220]. Die *Glaubenszustimmung,* „in der die Offenbarung in Freiheit aufgenommen und mit Gewißheit bejaht wird, ist somit ein Werk des Heiligen Geistes (1 Kor 2, 10 - 16)"[221] und demnach kein blinder, unverantwortbarer Sprung. Indem man sich von der Offenbarung ansprechen läßt, eröffnet sich auch ihre innere

---

[213] Vgl. Glaubwürdigkeitserkenntnis 441.
[214] Vgl. Glaubwürdigkeitserkenntnis 441.
[215] Glaubwürdigkeitserkenntnis 442.
[216] Glaubwürdigkeitserkenntnis 442.
[217] Vgl. Glaubwürdigkeitserkenntnis 442.
[218] Glaubwürdigkeitserkenntnis 442.
[219] Glaubwürdigkeitserkenntnis 441.
[220] Vgl. Glaubwürdigkeitserkenntnis 441.
[221] Glaubwürdigkeitserkenntnis 442.

Wahrheit [222]. Das Offenbarungsgeschehen besitzt eine innere Kohärenz und Stimmigkeit, es trägt seine Glaubwürdigkeit in sich. So eignet dem Glauben eine innere Rationalität, durch die er sich vor Pseudoglauben und Mißverständnissen zu bewahren sucht: Der Glaube mit seiner Wahrheit ist demnach keine Entfremdung der Vernunft[223], die ihrerseits dem Glauben „nicht schlechthin verschlossen"[224] ist: Die Liebe weckt die Erkenntniskraft, die Erkenntnis aber rechtfertigt die Liebe[225]. Die Gewißheit, die sich in der Glaubenszustimmung einstellt, hat daher ihr Maß nicht in dem Gesamtzusammenhang eines „angeblich sicheren Weltbildes und seiner Plausibilität"[226]. Die *Glaubensgewißheit* ist ihrem Wesen nach folglich ohnmächtiger, zugleich auch unerschütterlicher als alle anderen Gewißheiten. Sie bleibt bedroht, aber dennoch wird hier dem Menschen „ein Grund geschenkt, der allen Bedrohungen standhält (Röm 8,31-39)"[227].

2.4.1.2. Überwundene Problemstände

Mit der Kategorie des Offenbarungsgeschehens vermittelt *E. Kunz* die subjektzentrierte Sicht *K. Rahners* mit der ästhetisch - objektiven Offenbarungsschau, wie sie *H.U. v. Balthasar* in seinem Werk entwickelt: Gottes Handeln bezeugt sich in der Geschichte, die dem Menschen zum Anspruch und zur Herausforderung wird, sich zum Glauben zu entscheiden [228]. Dreh- und Angelpunkt ist dabei die Wahrnehmung der Geschichtlichkeit des Glaubensaktes. *E. Kunz* argumentiert dazu zunächst

---

[222] Vgl. Glaubwürdigkeitserkenntnis 443.

[223] Vernunft ist für *E. Kunz*, „die spezifische Offenheit des Menschen auf die Wirklichkeit als ganze und die damit verbundene Fähigkeit, sich im Hinblick auf die Wirklichkeit als ganze im Horizont der Wahrheitsfrage zu orientieren" (Glaubwürdigkeitserkenntnis 447). Damit die Orientierungsmuster, in denen die Wirklichkeit als ganze gedeutet wird, auch wirklichkeitsbezogen bleiben, müssen sie sich der Prüfung durch Kriterien stellen, die der Vernunft selbst entspringen und ihr gemäß sind. *E. Kunz* nennt drei solcher Kriterien. Mit dem „Kriterium der Gesamtwirklichkeit" wird gefragt, ob es zu einer angemessenen Deutung der Welt als ganzer kommt, das „Kriterium der Orientierungshilfe" prüft die Handlungsrelevanz, das „Kriterium der Dialogfähigkeit" die Kommunikationsfähigkeit des Orientierungsmusters (vgl. Glaubwürdigkeitserkenntnis 447).

[224] Glaubwürdigkeitserkenntnis 448.

[225] Vgl. Glaubwürdigkeitserkenntnis 427.

[226] Glaubwürdigkeitserkenntnis 444.

[227] Glaubwürdigkeitserkenntnis 444.

[228] Vgl. Glaubwürdigkeitserkenntnis 446.

vom Glaubenden und seiner konkreten Glaubenspraxis: So entfällt die Schwierigkeit von *F. Suarez* und *J. de Lugo*, Glaubensgrund und Glaubensakt sachgerecht in Beziehung zu setzen, denn in den Widerfahrnissen eines Lebens sammeln sich Erfahrungen als Weg zu Gott, erschließt sich der Glaubensgrund. Fragen und Zweifel[229] gehören ebenso in das Geschehen der Offenbarung hinein wie beglückende mystische Erlebnisse[230]. Der Mensch weiß sich angesprochen, in den Dingen der Welt den rechten Sinn zu entdecken, denn der Unglaube „ gibt dem begegnenden Phänomen eine andere Erklärung"[231]. Die Gefahr der Immunisierung, die dem Glauben im Kontext eines instruktionstheoretischen Offenbarungsverständnisses immer wieder droht[232], ist gebannt.

Damit ist das spannungsreiche Zueinander von Glaubwürdigkeitserkenntnis und Glaubenszustimmung berührt, durch dessen rechte Bestimmung die analysis fidei in früheren Entwürfen - wie etwa dem von *L. Billot* - die menschliche wie die göttliche Dimension des Glaubensaktes gleichermaßen zu ermitteln suchte [233]. Um dieses Problem zu lösen, muß die Glaubensanalyse von der Selbstoffenbarung Gottes her entwickelt werden. Ein offenbarungszentrierter Ansatz fordert ein inhaltliches Begründungsverfahren zum Aufweis der Vernunftgemäßheit des Glaubensaktes: In geschichtlichen Begebenheiten macht sich die Wahrheit Gottes geltend und lädt Menschen ein, „sich selbst von dieser Wahrheit betreffen und übermächtigen zu lassen"[234]. Der Offenbarungsgehalt kann

---

[229] Vgl. Grund 380.

[230] Vgl. Offenbarung 79.

[231] Glaubwürdigkeitserkenntnis 417.

[232] Zur philosophischen Relevanz dieser Frage vgl. *R. Schaeffler*, Die Religionskritik sucht ihren Partner. Thesen zu einer erneuerten Apologetik, Freiburg - Basel - Wien 1974(= ts) 100 – 103.

[233] Der Überblick über die Lösungsansätze zur Glaubensanalyse zeigt sehr deutlich, daß es auch der Barockscholastik bei der Frage nach dem Glauben um den Menschen in seiner gewordenen Personalität geht. In der Glaubwürdigkeitserkenntnis entdeckt die Glaubensanalyse die Vernunft- und Subjektbezogenheit des Glaubens, in der Glaubenszustimmung seinen Charakter einer alles Erkennen übersteigenden Gabe, mit der Gott den Menschen beschenkt und ergreift.

[234] Vgl. *H. J. Pottmeyer*, Zeichen und Kriterien der Glaubwürdigkeit des Christentums, in: *W. Kern, H. J. Pottmeyer, M. Seckler* (Hg.), Handbuch der Fundamentaltheologie. Bd. 4: Traktat theologische Erkenntnislehre. Schlussteil Reflexion auf Fundamentaltheologie, Freiburg-Basel-Wien 1988, 373-449/ zit. Zeichen und Kriterien, hier 402.

folglich nicht, wie *P. Rousselot* gezeigt hat, von der Offenbarungsgestalt getrennt werden, „denn dieser Gehalt ist ohne die konkrete geschichtliche Vermittlungsgestalt dem menschlichen Erkennen gar nicht definitiv zugänglich"[235].

E. Kunz nennt drei geschichtliche Vermittlungsgestalten, durch die das Offenbarungsgeschehen „wirksam in die Gegenwart hineinreicht"[236]: *Jesus Christus*, die *Kirche* und darin die menschliche Antwort auf die Begegnung mit dem Glaubensgrund in Verkündigung, Hingabe und gelebter *Gottesbeziehung*. Die *Kirche* ist der „genuine Ort, an dem das glaubensbegründende Geschehen mitgeteilt und erzählt wird"[237]. Hier geht es folglich um mehr als um die reine Weitergabe eines historischen Berichtes: Die Kirche ist „Gemeinschaft, welche die Wirklichkeit der Offenbarung glaubend aufnimmt und sich von ihr bestimmen läßt"[238]. Überliefert wird das Wort Gottes, *Jesus Christus* selbst, in dem Gott auf eine letzte radikale und unüberbietbare Weise nahegekommen ist. *Jesus Christus* hat „die Hoffnung oder die Erwartung Gottes und seines Reiches zum Grundthema seines Lebens und seiner Verkündigung gemacht und hat bis zum Ende darauf vertraut, daß diese Hoffnung nicht vergebens sei"[239]. Ihm gegenüber kann man „nicht einfach neutral"[240] bleiben. *Jesus* handelt machtvoll, indem er andere zu befreitem Leben führt. Verhalten und Verkündigung *Jesu* wirken aus sich aus überzeugend und bewegen zur Zustimmung[241]. Die Hoffnung auf ihn drängt zum Tun, und in diesem Tun erhält sie die Begründung ihrer Berechtigung. Konkret erfahrbar wird dies in gelebter Mitmenschlichkeit. Hier erscheint Gott als derjenige, der das Antlitz der Erde erneuern und das Leben, nicht das Verderben der Menschen will[242]. Im kirchlichen Glaubenszeugnis der *Martyria*, *Diakonia* und *Leiturgia* „wird die Offenbarung mit ihrer eigenen Wahrheit und Evidenz in der Gemeinschaft wirksam gegenwärtig und kann so neuen Glauben wecken, in dem dann wiederum Offenbarung

---

[235] Glaubwürdigkeitserkenntnis 441.
[236] Glaubwürdigkeitserkenntnis 444.
[237] Glaubwürdigkeitserkenntnis 445.
[238] Glaubwürdigkeitserkenntnis 444 - 445.
[239] Christentum 65 und ähnlich Krisis 93 - 94.
[240] Glaubwürdigkeitserkenntnis 443.
[241] Vgl. Allmacht 42.
[242] Vgl. Christentum 63.

wirksam wird"[243]. Offenbarung begründet Gemeinschaft und sucht Antwort [244], Vergangenheit und Gegenwart durchdringen sich hier in einem umfassenden Vorgang „von Geist und Kraft"[245], in den Lebensvollzügen der Kirche spiegeln sich Botschaft und Leben Jesu, Wort Gottes, Glaube und Lebenspraxis verweisen aufeinander. Glaubwürdigkeitserkenntnis, Glaubenszustimmung und Glaubensgrund gehören demnach untrennbar zusammen. Die Geschichte und ihre Begebenheiten werden zur glaubwürdigen Einladung, sein Leben in Gott festzumachen. Der Glaubensvorgang ist ein eigenständiger Akt, der seine eigene, von außen nicht zu bestimmende Gewißheit in sich trägt und sein „Licht" aus der Offenbarungsbotschaft selbst empfängt [246].

2.4.1.3. Glaube als Weg

E. Kunz konzipiert eine stringente Sicht von Geschichte, Offenbarung und Glaube. Die Glaubensanalyse ist von dem Zwang befreit, jede einzelne Phase im Glaubensakt mathematisch genau zu benennen. Stattdessen reflektiert sie auf das Offenbarungsgeschehen, innerhalb dessen sich eine Lebensgeschichte individuell entfaltet. *E. Kunz* erinnert hier zu Recht an das Wegmotiv [247]. Das Wegmotiv verdeutlicht den Begriff des Offenbarungsgeschehens: In der Liebe, die der Hoffnung entspringt, erfährt der Mensch anfanghaft Glück und Heil, erlebt er den Grund für die Erwartung endgültigen Heiles. Diese Erfahrung aber gerät durch die Realität der Welt erneut in die Krise[248]. Dabei wird die Fähigkeit des Menschen „zur Kritik aktiviert und radikalisiert; er wird zur Unterscheidung und Entscheidung geführt und schließlich zu konkreter Tat aufgerufen" [249]. Es beginnt ein neuer Schritt auf dem Weg, der in der Offenbarung eröffnet ist[250]. Der Glaube erscheint als dynamischer Prozeß, „ der andauert, solange Geschichte ist, der sich aber in ihr nicht vollendet" [251]. Für die analysis fidei bedeutet dies, „ daß einzelne Elemente, welche zum

---

[243] Glaubwürdigkeitserkenntnis 445.
[244] Vgl. Glaubwürdigkeitserkenntnis 444.
[245] Glaubwürdigkeitserkenntnis 445.
[246] Vgl. Analysis 585.
[247] Vgl. Glaubwürdigkeitserkenntnis 448.
[248] Der Glaube ist „ ein Vollzug des Vertrauens, der auf seinem Weg auch das Dunkel u. Nichtsehen erfährt (vgl. Joh 20, 29)"(Glaubenslicht 720).
[249] Krisis 77 - 78.
[250] Vgl. Offenbarung 87. Den gleichen Gedanken erörtert *E. Kunz* in Krisis 95.
[251] Offenbarung 87.

Glauben gehören, auf dem Weg des Glaubens einmal besonders hervortreten können, während sie zu anderer Zeit eher im Hintergrund bleiben" [252]. Suchen kann einer größeren Entschiedenheit weichen und ruhige Sicherheit einer großen Dunkelheit. Die Gewißheit des Glaubens ist eben Gewißheit auf dem Weg, „die von der Unbedingtheit der Liebe angesprochen, auf den Weg gesetzt und angezogen ist, die aber zugleich angefochten bleibt, solange Gott noch nicht von Angesicht zu Angesicht geschaut wird"[253]. Glaube erscheint als komplexer Vorgang, „den man mißversteht, wenn man nur ein Element berücksichtigt"[254].

---

[252] Glaubwürdigkeitserkenntnis 448.
[253] Glaubwürdigkeitserkenntnis 448.
[254] Krisis 78.

2.4.1.4. Rückblick: Glaube als Umkehr

Mit seinen Überlegungen ergänzt *E. Kunz* die Frage nach dem Wesen des Glaubens und seines Vollzugs die Glaubensthematik um einen wichtigen Aspekt. Dieser kommt bereits in jenem Offenbarungsverständnis zur Sprache, das den Akt der Selbstmitteilung Gottes durch die Kategorie des Offenbarungsgeschehens deutet und für die Glaubensthematik fruchtbar macht. Der Glaube ist Vollzug personaler Begegnung, die in einer Praxis der Hoffnung Denken und Handeln gleichermaßen prägt. So hat er immer auch zu tun mit der Frage nach der Identität und Selbstfindung des Menschen. Wer sich auf Gott ausrichtet und sich ganz in ihm gründet, muß zugleich sich selbst und die Welt mit neuen Augen sehen. In einem neuen Selbst- und Weltverständnis erkennt er sich und die Welt als gott-verdankt [255]. Im Offenbarungsgeschehen öffnet sich der Mensch zu heilsamer Umkehr [256]. *E. Kunz* erinnert an die Tradition ignatianischer Spiritualität. Wer „das Zeugnis von Gottes Liebe im Lebensraum der Kirche hört und annimmt, der erhält in der Kirche Freiheit. Er wird befreit, seine persönliche Berufung wahrzunehmen. Gerade die Exerzitien wollen helfen, daß der Exerzitant in seiner Situation den konkreten Willen Gottes erkennt. Dieser Wille Gottes ist nicht einfach eine Anwendung allgemeiner Gebote und Normen, sondern berücksichtigt die Einmaligkeit einer jeden Person"[257]. Nicht nur die Begegnung des Menschen mit Gott im Offenbarungsgeschehen und seinen Bezeugungsgestalten, sondern auch sein geschichtliches Werden qualifizieren den Glauben also als Freiheitsgeschehen[258]. Im Gespräch mit Gott wird der Mensch[259].

Die Glaubensanalyse gestaltet sich bei *E. Kunz* somit als ein Versuch, jenen Weg angemessen zu beschreiben, auf dem der Mensch zum Glauben gelangt. In Hinblick auf die *fides quae* betont er mit *H.U. von Balthasar* die den Glaubensakt bestimmende objektive Offenbarungsgestalt der freien geschichtlichen Zuwendung Gottes in Jesus Christus, be-

---

[255] Vgl. Christentum 91 - 92.

[256] Vgl. Analysis 585.

[257] *E. Kunz*, „Bewegt von Gottes Liebe". Theologische Aspekte der ignatianischen Exerzitien und Merkmale jesuitischer Vorgehensweise, in: *M. Sievernich S.J. / G. Switek S.J.* (Hg.), Ignatianisch. Eigenart und Methode der Gesellschaft Jesu, Freiburg - Basel - Wien 1990, 75 – 95/ zit. Bewegt von Gottes Liebe, hier 94.

[258] Vgl. Glaubwürdigkeitserkenntnis 442.

[259] Vgl. *R. Englert*, Art. Glaubensgeschichte, in: LthK III 4, 713 - 714.

züglich der *fides qua* verweist er mit *K. Rahner* auf die fundamentalen Erwartungen der Menschen, „ insofern sie den Horizont mitkonstituieren, in dem die Offenbarungsgestalt erst gesehen und verstanden werden kann"[260]. Wie die sieben Thesen gegen Ende seines Handbuchartikels zeigen, orientiert sich *E. Kunz* bei seinem eigenen Versuch, das Projekt einer Glaubensanalyse zu skizzieren, an den Defiziten, die er in der herkömmlichen Glaubensanalyse - insbesondere bei der von *P. Rousselot* - beobachtet. Zwar bezieht er sich dabei direkt auf *P. Rousselot*, etwa wenn er in der *zweiten These* den Glaubensvollzug in Analogie zu zwischenmenschlichen Vertrauensverhältnisses setzt[261], überführt aber zugleich dessen Denken in eine Perspektive, durch die der Glaubensvollzug in seiner Geschichtlichkeit deutlich wahrgenommen werden kann[262]. Darin setzt sich *E. Kunz* von *P. Rousselot* ab. Ihm zufolge ist der Glaube ein Weg, der Mensch Fragender und Suchender, verwiesen auf die Geschichte und das geisterfüllte Glaubenszeugnis der Kirche, durch die sich ihm die Person und die Botschaft *Jesu Christi* erschließt. Glaubwürdigkeitserkenntnis und Glaubenszustimmung sind demnach nicht jene Elemente, deren Zusammentreffen den Glaubensakt jeweils punktuell konstituieren, sondern gelten hier als wesentliche Aspekte des Offenbarungsgeschehens, in dem der Mensch – durch Ereignisse und Erfahrungen angeregt und bestärkt – Gottes Glaubwürdigkeit anerkennt und bejaht[263]. Die besondere Leistung von *E. Kunz* besteht folglich darin, den Entwurf *P. Rousselots* so weitergeführt zu haben, daß dieser einerseits in seiner Eigenart und Leistungskraft erhalten bleibt, andererseits aber sowohl den Daten biblischer Heilsgeschichte als auch der konkreten Lebenswirklichkeit des Gläubigen gerecht wird. Behauptet *E. Kunz* mit der Kategorie des Offenbarungsgeschehens für die „Gewißheit des Glaubens wie auch die Gewißheit der Glaubwürdigkeit"[264] eine Geschichte, nimmt er diese folgerichtig auch für den Gläubigen, seine Freiheit und seine Vernunfter-

---

[260] Glaubwürdigkeitserkenntnis 433.

[261] Vgl. Glaubwürdigkeitserkenntnis 442.

[262] „ Glauben ist der Lebensvollzug der freien Öffnung des Menschen zu Gott, der dem Menschen in Jesus durch die Welt und ihre Geschichte begegnet, um ihn zur unmittelbaren Gemeinschaft mit sich zu führen, wobei dieser Vollzug als ganzer Werk der Gnade und zugleich die beginnende Erfüllung des Menschen ist" (Glaube 189).

[263] Vgl. Offenbarung 83.

[264] Glaubwürdigkeitserkenntnis 448.

kenntnis an[265]. Das Verhältnis von Glaubwürdigkeitserkenntnis, Glaubenszustimmung und Glaubensgrund, wie es die analysis fidei zu bestimmen sucht, ist hier also mehr als nur ein - freilich sehr spezielles - Problem der theologischen Erkenntnislehre. Dafür ist nicht nur die Wegmetapher, sondern auch der Hinweis auf die ignatianischen Exerzitien Indiz, die dem Einzelnen zu einer geordneten Schau des eigenen Glaubensweges verhelfen sollen[266].

---

[265] Zum Verhältnis von Lebensweg und Hoffnung siehe Christentum 41. Zur Vernunft und ihrer Bedeutung für den Menschen siehe *E. Kunz*, Glaubwürdigkeitserkenntnis 447: „Vernunft ist nicht eigentlich ein einzelnes Vermögen des Menschen neben anderen, sondern meint die spezifische Offenheit (vgl. These 5) des Menschen auf die Wirklichkeit als ganze und die damit verbundene Fähigkeit, sich im Hinblick auf die Wirklichkeit als ganze im Horizont der Wahrheitsfrage zu orientieren."
[266] Vgl. *E. Kunz*, Bewegt von Gottes Liebe 94.

3. Das uneingelöste Programm der Glaubensanalyse

In seinen Veröffentlichungen zur Glaubensanalyse betont E. *Kunz* die Geschichtlichkeit des Glaubensaktes, dessen Vollzug er als Weg beschreibt. Seine Darlegungen gestaltet er zurückhaltend und behutsam. Eine vollständige Glaubensanalyse legt er nicht vor, vieles ist nur Skizze, die sich dem Denken P. *Rousselots* verpflichtet weiß[1]. Die Kritik, die er mehrfach an P. *Rousselot* übt[2], gilt allerdings in gewisser Weise auch für ihn selbst. Obwohl er sich ausdrücklich auf die Heilsgeschichte und ihre Daten bezieht, ist E. *Kunz* vor allem darum bemüht, in Hinblick auf den Glaubensgrund das Zueinander von Glaubwürdigkeitserkenntnis und Glaubenszustimmung sachgerecht auszusagen[3]. So bleibt etwa die Frage offen, ob einem konkreten Menschen, der allmählich zum Glauben kommt, eine existentielle Veränderung widerfährt. Zurückhaltung zeigt E. *Kunz* auch dort, wo im Kontext des Offenbarungsgeschehens von der Beschaffenheit und der Art des Vollzuges individueller Erkenntnis zu sprechen wäre. Noch in weiterer Hinsicht bereitet die Rede vom Offenbarungsgeschehen Unklarheit. In den klassischen Vollzügen von *Martyria, Leiturgia* und *Diakonia,* in denen sich die Offenbarung vermittelt, verortet E. *Kunz* zwar die Geschichtlichkeit kirchlicher Glaubensüberlieferung[4], erläutert dabei aber nicht, wie sich der Glaube des Einzelnen zu dem der Glaubensgemeinschaft verhält[5]. Der Öffentlichkeitscharakter des Glaubensaktes, faßbar etwa im konfessionellen *Credo,* fällt ebenso unter diese Frage wie die Herausforderung, die individuelle Glaubenszustimmung vor dem Forum der gesellschaftlichen wie kirchlichen Öffentlichkeit einsichtig zu machen. Die Wegmetapher kann folglich nicht über eine gewisse Statik in seiner Auffassung vom Glaubens-

---

[1] „Zu Beginn des 20.Jh. hat P. Rousselot erneut auf die Bedeutung des G. für den gesamten Glaubensvollzug, einschließlich der Glaubwürdigkeitserkenntnis, hingewiesen: Das G. weckt eine innere ‚Sympathie' gegenüber der Offenbarung u. bewirkt, daß die äußeren Glaubwürdigkeitszeichen in einer Synthese zusammengeschaut werden u. den Blick auf die Offenbarung freigeben, so daß eine freie Glaubenszustimmung gegeben werden kann" (Glaubenslicht 719).

[2] Vgl. Glaubwürdigkeitserkenntnis 429-430 und Glaube 282 – 284.

[3] Sechs von den sieben Thesen in Glaubwürdigkeitserkenntnis 440 – 448 variieren das Verhältnis von Glaubwürdigkeitserkenntnis und Glaubenszustimmung, These 7 beschreibt dagegen den Glaubensweg (vgl. Glaubwürdigkeitserkenntnis 448).

[4] Vgl. Glaubwürdigkeitserkenntnis 444-445.

[5] Vgl. Glaubwürdigkeitserkenntnis 445.

vollzug hinwegtäuschen. Obwohl er die Geschichtlichkeit des Glaubensaktes nicht nur in Bezug auf den Gläubigen selbst behauptet, sondern
auch für die übrigen Konstitutiva des Offenbarunggeschehens voraussetzt, bleibt E. Kunz hier in gewisser Weise hinter dem von ihm selbst erreichten Erkenntnisstand zurück: Zwar benennt er Elemente des Offenbarungsgeschehens, geht aber nicht weiter darauf ein, inwieweit diese
Elemente den konkreten Glaubensweg des Einzelnen prägen, beeinflussen oder gar verändern. Die aufgeworfenen Fragen sprechen allerdings
nicht gegen E. Kunz. Sie suchen vielmehr dort anzuknüpfen, wo er selbst
der analysis fidei neue Perspektiven erschließt.

Eine Gesamtschau zur Glaubensanalyse fehlt im übrigen nicht nur
bei E. Kunz. Sowohl in der zweiten[6] als auch in der dritten Auflage[7] des
Lexikon für Theologie und Kirche ist zwar dem Themenkreis *Glaube* breiter
Raum gewährt, beide Ausgaben lassen aber eine systematische Zusammenschau der gebotenen Stichworte vermissen[8]. Deutliches Anliegen
aller Autoren, die hier einen Beitrag zur Glaubensthematik verfaßt haben, ist es offenbar vor allem, die traditionelle Terminologie der Glaubenstheologie mit einem heilsgeschichtlichen Denken zu vermitteln[9]. In
gleicher Linie liegt auch der umfangreiche Artikel zum Glauben in der
erweiterten Ausgabe des *Neuen Handbuchs theologischer Grundbegriffe*[10].
Für den Bereich evangelischer Theologie mag die *Theologische Realenzyklopädie*[11] stehen. Sie widmet dem Glauben Stichwortverweise und Artikel von monographischer Breite, orientiert sich aber dabei nach eingehender Würdigung exegetischer Forschungsergebnisse an Denkmodel-
len profilierter Theologen vorrangig altchristlicher und protestantischer

---

[6] Vgl. LThK II 4, 913 - 951.

[7] Vgl. LThK III 4, 666 - 737.

[8] Während im LThK II 4 *J. Trütsch*, Art. Glaube, III. Systematisch 920 - 925 den
dogmatischen Lehrbestand zum Glaubensbegriff aufarbeitet, ohne zu einer Glaubenstheorie zu finden (vgl. bes. ebd. 923, Abschnitt III.3., wo es bei einer eher tabella-
rischen Auflistung der Glaubensattribute bleibt), wagt sich *H. Vorgrimler*, Art. Glaubensbereitschaft 939 - 941 an eine vorsichtige Umschreibung innerer und äußerer Faktoren des Glaubensaktes. *M. Seckler* beläßt es im LThK III 4, Art. Glaube IV. Systematisch - theologisch u. theologiegeschichtlich 672 – 685 bei einem kurzen Hinweis auf
die Analysis fidei, ohne selbst eine Glaubenstheorie zu entwickeln (vgl. ebd. 683-684).

[9] Vgl. dazu im LThK III 4 *G. Bitter*, Art. Glaubensdidaktik 707 - 709 und ebd. *R.
Englert*, Art. Glaubensweg 724 - 725.

[10] *M. Seckler / Chr. Berchtold*, Art. Glaube, in: NHThG 2, 232 - 252.

[11] Vgl. Art. Glaube I-VI, in: TRE 13, 275 - 446.

Herkunft[12]. Ein eigenständiges Modell zum Glaubensakt fehlt aber auch hier.

Als Grund dafür steht die Komplexität der Fragestellung selbst, möglicherweise aber auch ihre geistesgeschichtliche Herkunft, von der bei *E. Kunz* nur wenig, bei *M. Miserda* im Hinweis auf *Gregor von Valencia* bereits ausführlich die Rede ist. Hier zeigt sich, daß die Glaubensanalyse kein Traktat auschließlich der theologischen Erkenntnislehre ist: Wie an den Publikationen von *E. Kunz* aufgezeigt werden kann, besteht die „bleibende Gültigkeit"[13] der Glaubensanalyse und ihrer Lösungsversuche zwar naturgemäß in der Reflexion auf den Glaubensakt; dessen konkrete Umstände kommen aber oftmals nicht in Blick. Nach *M. Miserda* und *J. Werbick* sind damit - über die Begegnung des Einzelnen mit der Offenbarungsbotschaft und der daraus erwachsenden Antwort im Glauben hinaus - jene Strukturen gemeint, in denen die Botschaft des Glaubens mit dem Anspruch unbestreitbarer Objektivität angesagt und vermittelt wird. Neben der formalen Beschränkung auf die Ebene fachtheologischer Reflexion ist folglich ein weiteres Defizit der herkömmlichen Glaubensanalyse benannt. Diesbezüglich jene Spur weiterzuverfolgen, die bei *Gregor von Valencia* und seiner frühen analysis fidei ihren Ausgang nimmt, scheint daher berechtigt, hinsichtlich ihrer Nähe zu den gesellschaftlichen Fragestellungen der Gegenwart sogar lohnenswert. Dazu ist aber noch viel ausdrücklicher, als es die genannten Publikationen tun, nach der spezifisch neuzeitlichen Wurzel der Glaubensanalyse zu fragen. Dies geschieht vor allem bei *K. Eschweiler* (1886 - 1936)[14] , der in seinem eindrucksvollen, wenn auch bis auf den heutigen Tag umstrittenen Hauptwerk aus dem Jahr 1926 „Die zwei Wege der neueren Theologie"[15] die Genese und Eigenart des Traktates der Analysis fidei sondiert.

---

[12] Vgl. TRE 13, 318 - 365.

[13] *M. Seckler / Chr. Berchtold*, Art. Glaube 249.

[14] Zu *K. Eschweiler* vgl. *J. Hasenfuss*, Art. K. Eschweiler, in: LThK II 3, 1100 sowie *J. Drumm*, Art. K. Eschweiler, in: LThK III 3, 881.

[15] *K. Eschweiler*, Die zwei Wege der neueren Theologie. Georg Hermes - Matth. Jos. Scheeben. Eine kritische Untersuchung des Problems der theologischen Erkenntnis, Augsburg 1926/ zit. Wege. Zur Auseinandersetzung mit den von *K. Eschweiler* dargelegten Positionen vgl. *K. Adam*, Rez., in: ThRv 25 (1926) 321 - 326; *H. Lange*, Rez., in: Schol 1 (1926) 436 - 446; *R.M. Schultes*, Neue Wege der Theologie, in: DTh 4 (1926) 215 - 227, hier 221 - 227; *J. Stufler*, „Die zwei Wege der neueren Theologie", in: ZKTh 50 (1926) 326-336; *E. Przywara*, Ringen der Gegenwart. Gesammelte Aufsätze

3.1. Neuzeit und Glaubensanalyse: Ein Vorschlag von K. Eschweiler (1886 - 1936)

In seinem Werk geht es K. *Eschweiler* zunächst um das „systematische Problem der Theologie als Wissenschaft"[16]. Anliegen seiner Studie ist es, die besondere „Eigenart der theologischen Erkenntnis"[17] näher zu bestimmen. Der Begriff „neuere Theologie" zeigt an, daß K. *Eschweiler* dabei speziell das Wechselverhältnis von Neuzeit und katholischer Theologie in den Blick nimmt[18]. Da das historische Wissen seinem Wesen nach „auf das *respondeo dicendum* einer systematischen Erkenntnis"[19] hingeordnet bleibt, geschieht die Untersuchung in historisch - systematischer Absicht.

(1926) 215 - 227, hier 221 - 227; J. *Stufler,* „Die zwei Wege der neueren Theologie", in: ZKTh 50 (1926) 326-336; E. *Przywara,* Ringen der Gegenwart. Gesammelte Aufsätze 1922 - 1927, Bd. 1, Augsburg 1929, bes. 366 – 371 sowie E. *Przywara,* Ringen der Gegenwart, Bd. 2, Augsburg 1929, 709 - 715; E. *Kunz,* Glaubwürdigkeitserkenntnis 449 und E. *Kunz,* Grund 360, Anm. 49 sowie M. *Seckler,* Art. Glaubenswissenschaft, in: LThK III 4, 725 - 733, hier 732. Einen guten Einblick in das Denken K. *Eschweilers* bietet J. *Flury,* Um die Redlichkeit des Glaubens. Studien zur deutschen katholischen Fundamentaltheologie, Freiburg / CH 1979 (= ÖB 13), 165 - 179.

[16] Wege 27.

[17] Wege 11.

[18] Vgl. Wege 27. Zum Begriff der *Neuzeit* schreibt K. *Eschweiler:* „Jahreszahlen genügen natürlich nicht; die Begriffe müssen in der dogmen- und ideengeschichtlichen Wirklichkeit erfüllt bzw. umgrenzt werden" (Wege 27). In Wege 29 gibt er dennoch eine erste, inhaltliche Bestimmung: „Es ist Brauch geworden, dem sogenannten objektivistischen Denken des Mittelalters das neuzeitliche als vornehmlich aufs Subjekt gerichtet gegenüberzustellen. Jenes sei naiv unmittelbar den Dingen zugewandt, während dieses kritisch auf die subjektiven Bedingungen des Erkennens reflektiere und erst vom Ich aus zu dem Du der Welt komme. An dieser allgemeinen Kennzeichnung ist richtig, dass sowohl Theologie wie Philosophie in der Neuzeit die Neigung zeigen, die untrennbare Beziehungseinheit Subjekt-Objekt, die Erkennen bzw. Glauben genannt wird, vor allem nach der subjektiven Seite zu betrachten. Das phänomenologische Faktum des Erkennens bzw. Glaubens wird zunächst als psychologische Zuständlichkeit, als Affekt und Bewusstsein empfunden; und man versucht einseitig von dort aus sein metaphysisches Wesen zu erschließen. Infolgedessen erhält die Frage nach der Gewissheit und nach den Motiven der Gewissheit eine Betonung, die dem Fragen des klassischen Altertums und des Mittelalters fremd ist. "

[19] Wege 13. K. *Eschweiler* denkt hier bereits in hermeneutischen Kategorien. Er betont ebd., „daß die aktuell neue Erkenntnis nur durch frühere Erkenntnisse möglich ist und durch prüfendes Nachdenken vorgedachter Gedanken allein vollkommen werden kann" (Wege 13).

Leitprinzip, „das Ganze der theologischen Ideengeschichte im Auge zu behalten"[20], ist das „Lehrstück vom Glauben"[21]. Für *K. Eschweiler* ist das besagte Lehrstück vom Glauben die erkenntnistheoretische Seite der Frage nach dem Verhältnis von Natur und Gnade[22]. Ihm gilt der glaubenstheoretische Traktat, „der schon bald den bezeichnenden Titel *analysis fidei* erhält"[23] sogar in mehrfacher Hinsicht als geeigneter Indikator. Im Hinweis auf die Glaubensanalyse kann der Autor nämlich das, was er mit dem Begriff der Neuzeit meint, näher ausleuchten, zudem auf Fehlentwicklungen im theologischen Denken hinweisen und damit seinem Vorschlag zur theologischen Erkenntnislehre den nötigen Nachdruck verleihen.

3.1.1. Molinismus und Analysis fidei

Im Gefolge von Renaissance und Humanismus[24] ist es nach *K. Eschweiler* vor allem der sogenannte *Molinismus*, mit dem sich der neue Geist in der Theologie manifestiert. Menschlicher und göttlicher Wille stehen demnach einander gegenüber, ihre *Concordia* oder *Discordia* bestimmen das Allgeschehen. „Die Grundthese des Molinismus geht dahin, die vernünftige freie Menschennatur wie ein aus sich Wirkendes und für sich Wesendes dem übernatürlichen Heilswillen Gottes beizugesellen."[25] Das Miteinander von Gott und Mensch im Heilsakt des Glaubens ist geprägt durch einen „wahrhaft heroischen Aktivismus"[26], die Konkurrenz nämlich von göttlicher und menschlicher Freiheit, in der sich Zeit und Ewigkeit entscheiden. Die Tätigkeit der mit Vernunft begabten, freien Men-

---

[20] Wege 26.

[21] Wege 26.

[22] Vgl. Wege 27.

[23] Wege 36. Vgl. Wege 266 Anm. 12, wo *K. Eschweiler* auf den vermutlichen Erstgebrauch des Begriffes „Analysis fidei" bei *Gregor v. Valentia SJ* um das Jahr 1585 verweist (= *H. Hurter SJ*, nomenclator lit. tom. III ed. 3, Innsbruck 1907, col. 403).

[24] „Obwohl der Ausgang der spezifisch theologischen Argumentation in Gott als der prima causa der natürlichen und übernatürlichen Wirklichkeit sein soll, so blieb doch Spielraum genug, um das humanistische Prinzip auch in der Verarbeitung auch des mittelalterlichen Lehrgutes auswirken zu lassen" (Wege 33). Mitbeeinflußt ist diese Entwicklung nach *K. Eschweiler* durch die Frontstellung zum reformatorischen Denken (vgl. Wege 70.76) und durch die Kontroverse um *Bajus* und *Jansenius* (vgl. Wege 39).

[25] Wege 34.

[26] Wege 212.

schennatur und die Wirksamkeit der göttlichen Gnade sind also „wie zwei Endgültigkeiten in merkwürdiger Weise nebeneinandergestellt"[27]. Die so formulierte Freiheitsfrage impliziert für K. *Eschweiler* die Gewißheitsproblematik. Die Berufung auf den gnadenhaften Habitus, welcher der Seele im Taufsakrament eingegossen wird, reicht nicht mehr hin, den Glaubensakt zu deuten[28]. Die Einheit des Glaubensaktes ist damit hinfällig. Das Natürliche, Geschichtliche, Menschliche an der Offenbarungswirklichkeit wird zur Domäne des vernünftigen Glaubwürdigkeitsurteils, das Geheimnisvolle, Übernatürliche, Göttliche der Offenbarung kommt dem Gnadenlicht zu[29]. Konzeptionen der *analysis fidei*, so K. *Eschweiler*, stellen denn auch die menschliche Vernunft neben die göttliche Glaubensgnade[30]. Die Einheit des Glaubensaktes zerfällt dadurch in eine Zweiheit: Gnadenwirken und Vernunfttätigkeit, Formalobjekt und *motiva credibilitatis*[31]. Sein und Wesen des Glaubensaktes erschließen sich nunmehr aus seinem realpsychologischen Vollzug, gefragt wird nach dem psychologischen Motiv und dem entsprechenden objektiven Grund, „durch dessen Bewußtwerden der mündige Christ bewegt werde, die Geheimnisse des christlichen Offenbarungsinhaltes mit unfehlbarer Gewißheit für wahr zu halten"[32]. Die „einseitige Zuspitzung"[33] gerade auf die Frage nach der Gewißheit verleiht der Glaubensanalyse Züge einer *psychologia rationalis*, die die wesenhafte Übernatürlichkeit des Glaubens „unter dem Gesichtspunkt ihrer Beziehung auf die bewußte Erfahrung"[34] aufzeigt, und die *certitudo super omnia* „irgendwie in dem gläubigen Bewußtsein"[35] selbst verortet, indem sie das lebendige Ganze des Glaubensvorganges in einzelne Teilakte zerlegt und deren noetische Funktion für die Glaubenszustimmung untersucht[36]. Dies geschieht „mehr begrifflich deduktiv als empirisch"[37].

---

[27] Wege 212.
[28] Vgl. Wege 34.
[29] Vgl. Wege 78.
[30] Vgl. Wege 78.
[31] Vgl. Wege 78.
[32] Wege 35.
[33] Wege 40.
[34] Wege 40.
[35] Wege 40.
[36] Vgl. Wege 36.
[37] Wege 36.

K. Eschweiler sieht hier prinzipiell Neues, „das die Barockscholastik trotz aller Verbundenheit im Inhaltlichen von der Hochscholastik unterscheidet"[38]. Er vermutet eine enge Verwandtschaft der *Analysis fidei* mit der *Analysis scientiae* des *Descartes*[39]. „Beide haben denselben Vater: den Renaissance - Menschen, dessen anthropozentrische Anlage sich in den Söhnen barock auswirkt"[40]. *K. Eschweiler* belegt dies mit einigen Beobachtungen. Der „neue Theologe"[41] wie der „neue Philosoph"[42] suchen die Wirklichkeit „vom Ichbewußtsein aus zu erreichen"[43]. Solche Analysis erstrebt „die Aufweisung der letztgültigen Wesenheit des natürlichen bzw. des übernatürlich erhöhten Geistes"[44]. Im einen wie im anderen Falle ist der methodische Ausgangspunkt die Gewißheit von der *veracitas Dei*, die das komplexe Ineinander von Vernunftevidenz und Erfahrungsgewißheit begründet[45]. Der *Analysis fidei* wird sie zur ersten Prämisse und zum letzten Grund für die Gewißheit des Glaubens[46], bei der *Analysis scientiae* benennt sie den Grund für die objektive Wahrheit klarer und deutlicher Vorstellungen von der Außenwelt[47].

K. Eschweiler kommt zu dem Urteil, daß die kritische Reflexion auf den letzten Gewißheitsgrund der Subjektivität und die im Selbstbewußtsein selbst gründende Beurteilung der Welt, „also dasjenige, was die neuzeitliche Denkweise von der Hochscholastik und von der klassischen Antike unterscheidet"[48], zuerst an dem religiösen Glaubensproblem wach geworden ist und in dem Traktat *De analysi fidei* ihren theologischen Ausdruck gefunden hat[49]. Er macht aber zugleich auch darauf aufmerksam, daß es in der molinistisch geprägten Tradition der theologischen Erkenntnislehre nicht allein bei der Frage nach dem Subjekt und seiner Gewißheit bleibt: Medium der Begegnung mit Gott und autoritativer Interpret der geoffenbarten Gottesvernunft ist das Dogma der Kir-

---

[38] Vgl. Wege 45.
[39] Vgl. dazu Wege 278 - 279 Anm. 25.
[40] Wege 45.
[41] Wege 45.
[42] Wege 45.
[43] Wege 45.
[44] Wege 45-46.
[45] Vgl. Wege 48.
[46] Vgl. Wege 46.
[47] Vgl. Wege 48.
[48] Wege 48.
[49] Vgl. Wege 48.

che[50], das dem neuzeitlichen Individuum zum *objectum fidei* wird[51]. Der Vollzug des Glaubensaktes führt in diesem Gegenüber zu einer Spannung zwischen dem kirchlichen Glaubensbewußtsein und dem vernünftigen Selbstbewußtsein[52]. Die Einheit des Glaubensaktes kann dann aber nur als eine *concordia* zweier endgültiger und für sich wirkender Faktoren verstanden werden[53]. Das individuelle Glaubensbewußtsein endet zuallerletzt in dogmatischen Formeln[54].

3.1.2. Teleologisches Glaubensdenken

Für *K.Eschweiler* ist die molinistische Deutung des theologischen Erkenntnisproblems die eigentliche Ursache [55] für die „ zwei Ströme "[56], die die Entwicklung der katholischen Theologie nachhaltig geprägt haben. Er unterscheidet dabei den Weg der apologetischen Auseinandersetzung von dem der dogmatischen Selbstbesinnung[57]. Im ersten Falle geht die Theologie von einer „gegen Glauben und Unglauben an sich neutralen Vernunft"[58] aus, mit deren Hilfe sie die „christliche Wirklichkeit"[59] philologisch, historisch oder philosophisch zu deuten sucht, im zweiten Falle sieht sie ihr Ziel in der „Entfaltung jener Vernünftigkeit, die dem Glauben als Akt und Inhalt immanent ist" [60]. Beide Positionen werden ausführlich am Beispiel von *G. Hermes* und *M. J. Scheeben*[61] zur Darstellung gebracht, vermögen aber allein schon von ihrer neuzeitlichen Wur-

---

[50] Vgl. Wege 213.
[51] Vgl. Wege 213.
[52] Vgl. Wege 213 - 214: „Der Einzelne ist vielmehr zunächst und vor allem sittlich freies Vernunftindividuum und seine Wesensbestimmung ist es, sich den kirchlichen Glauben durch die vernünftigen Glaubwürdigkeitsevidenzen hindurch anzueignen" (Wege 213).
[53] Vgl. Wege 214.
[54] Vgl. Wege 214.
[55] Vgl. Wege 214.
[56] Wege 25.
[57] Vgl. Wege 25.
[58] Wege 25.
[59] Wege 25.
[60] Wege 25. „Auf der einen Seite steht die eigentliche Theologie, die ganz im kirchlichen Glauben verharrt und für deren Spekulation die dogmatisch gefassten Ideen schon die *res divinae* - nicht bedeuten, sondern - sind, und von ihr getrennt steht die „uneigentliche" Theologie, die - als wäre sie blosse Philosophie oder „Geisteswissenschaft" - aus der methodisch isolierten Vernunft argumentiert" (Wege 214).
[61] Vgl. Wege 11 - 12.

zel her nicht zu befriedigen . Bei *G. Hermes* beobachtet *K. Eschweiler* einen radikalen Psychologismus[62], bei *M. J. Scheeben* gilt es, das Verständnis von Theologie als einer Glaubenswissenschaft durch den thomistischen Gedanken des *desiderium naturale* noch schärfer zu fassen[63]. Jenseits der genannten Positionen besteht also die Aufgabe, „über das Nachdenken früherer Gedanken zum Nach- und Neuerkennen des sachlichen Problems fortzuschreiten"[64]. Gesucht ist eine neue Konzeption aus theologisch-erkenntnistheoretischen Voraussetzungen, die sich freimacht von der neuzeitlichen Deutung des Verhältnisses von *ratio* und *fides*, Natur und Gnade[65].

K. Eschweiler geht dazu hinter den von der Glaubensanalyse artikulierten Problemstand zurück. Er bestimmt das Verhältnis von Natur und Gnade nicht dualistisch, wie es seiner Ansicht nach der Molinismus tut, sondern teleologisch. Das wesenseigene Sein der Natur ist nichts in sich Abgeschlossenes, Endgültiges, Letztes, sondern ein Empfangendes, kurz „ein *praeambulum* "[66], die „ Hinordnung auf die übernatürliche Vollendung durch die Gnade"[67] , die „nächste Bereitschaft der natürlichen Seinsordnung für die Aufnahme des übernatürlichen Seins"[68]. Nach *K. Eschweiler* nimmt die Gnade die Natur auf und durchdringt sie,

---

[62] Vgl. Wege 81 - 130. „Dieser Psychologismus versagt vor dem Wesen des religiösen Glaubens noch empfindlicher als vor dem Sinn des natürlichen Erkennens. Denn der Christgläubige hält das Wort der Schrift und die Lehre der Kirche für wahr, nicht, weil sie ,seine Wirklichkeit', sondern weil sie im äussersten Gegenteil dazu, göttliche Offenbarung, d.h. an die Menschheit gerichteter Ausdruck der absoluten Wahrheitserkenntnis Gottes sind" (Wege 123).

[63] Vgl. Wege 131 - 183. Zum Begriff der Glaubenswissenschaft bei *M. J. Scheeben*: „Der spezifische Inhalt der göttlichen Offenbarung ist für das vernünftige Bewußtsein ein Mysterium. Er ist nicht bloß beziehungsweise, seinem ,Was' oder ,Dass' nach, sondern unbedingt ein Geheimnis, dessen Wesen und Wirklichkeit allein im göttlichen Glauben gegeben ist. Die gegenstandsgerechte, also ,wissenschaftliche' Theologie kann darum allein Glaubenswissenschaft sein" (vgl. Wege 166). Zum thomistischen Gedanken eines *desiderium naturale* vgl. Wege 149: „Sogar einem Scheeben ist es nicht bewußt geworden, welche Bedeutung die Lehre des hlg. Thomas von dem desiderium naturale für die Phänomenologie des Glaubens besitzt."

[64] Wege 185.

[65] Vgl. Wege 203.

[66] Wege 215.

[67] Vgl. *K. Eschweiler*, Religion und Metaphysik, in: Hochland 19 (1921/22) 303 – 313. 470-489/zit. Religion und Metaphysik, hier 484.

[68] Religion und Metaphysik 484.

„ähnlich wie der chemisch - mechanische Prozeß des Stoffwechsels in
der Pflanze gerade durch seine immanente Gesetzlichkeit geeignet und
darauf hingeordnet ist, von der höheren Gesetzlichkeit der Vitalität un-
verletzt aufgenommen zu werden"[69]. Vollendung menschlichen Geistes-
strebens ist die *visio beatifica*, in ihr bietet sich dem geschaffenen Geist
Gott selbst als Erkenntnisform unmittelbar dar[70]. Von hier aus aber wird
es möglich, den Glaubensakt in seiner Einheit zu denken. *Credibile*[71] *in
credito*: Artbildender Gegenstand des religiösen Aktes ist das absolut
Transzendente[72], das in oder an einem Nicht - Gott - Seienden zum
Grund und Ziel des Glaubensaktes wird[73]. Die konkrete Wirklichkeit des
creditum besteht im Zusammensein von Weltwirklichem und Gotteswirklichkeit[74]. Glaubensmotiv und Glaubwürdigkeitserkenntnis sind
wieder beisammen. *Credere* und *creditum* sind einander korrelativ, der
konkrete Gegenstand des Glaubens erweist sich als unzertrennliche Beziehungseinheit eines einzelnen Weltseins zum göttlichen Sein, und „die
Subjektivität des Glaubensaktes ist ebenso ein Zueinander von vernünftiger Einsicht und übernatürlicher Offenbarungsempfängnis"[75]. Die
Vereinigung des natürlichen Vernunftlichtes mit dem übernatürlichen
Gnadenlicht im Glaubensakt entspricht dem Wesen seines Gegenstandes, „das untrennbare Zusammensein von übernatürlichem Geheimnis
und natürlicher Vernunftgemäßheit"[76].

3.1.3. Glaubensakt und Glaubenswissenschaft

K. Eschweiler setzt die Theologie in Analogie zum Glaubensakt. Hinsichtlich der vorangegangenen Überlegungen ist sie folgerichtig wissenschaftliche Aktuierung des im Gnadenlicht stehenden *lumen naturale*, ihr
Ziel also „die Erfassung und das systematisch ausgebildete Verständnis
jenes Wahrheitsreiches, das der natürlich - göttlichen, vernünftig - ge-

---

[69] Wege 215.
[70] Vgl. Wege 214 -215.
[71] Das *Credibile* ist „ jenes vernünftig Wissbare, das die auszeichnende Eigenschaft besitzt, als Sein die unmittelbare natürliche Unterlage der göttlichen Wirklichkeit zu bilden und als Sinn analogisch das Geheimnis der unerschaffenen Wahrheit
zu bedeuten"(Wege 234-235).
[72] Vgl. Wege 188.
[73] Vgl. Wege 191.
[74] Vgl. Wege 194.
[75] Wege 196.
[76] Religion und Metaphysik 485.

offenbarten Wirklichkeit des credibile entspricht" [77]. Da der Gegenstand ihrer Erkenntnis durch die Offenbarung konstituiert und allein im göttlichen Glauben gegeben ist, wahrt die Theologie ihre Unabhängigkeit von aller weltimmanenten Wissenschaft[78], arbeitet aber mit ihr zusammen[79], sie ist aufnehmende Methode, „ um das dem credibile entsprechende Bedeutungsreich zu klären und zum theoretischen Bewußtsein zu erheben"[80]. Die beiden Wege neuzeitlicher Theologie vereinen sich zu dem einen Weg der Glaubenswissenschaft[81]. Ihre teleologische Konzeption sichert den Weltwissenschaften ihre Autonomie und ihren Eigenwert[82].

Dies gilt auch für die Apologetik. In ihr findet die theologische Vernunft Gelegenheit, sich auf sich und auf die Prinzipien ihres Erkennens zu besinnen. Einer solchen „Fundamentaltheologie" [83] kommt sodann eine Apologetik im engeren Sinne zu. K. *Eschweiler* unterscheidet die *wissenschaftlich - objektive* von der *subjektiven Apologetik*. Die *objektive Apologetik* hat über die Weltwissenschaften zu wachen und diese dort zurückzuweisen, wo sie ihr Tätigkeitsfeld überschreiten[84]. Es gilt, die „in der Form eines wissenschaftlichen Beweises auftretende Leugnung der göttlichen Offenbarung als einen Scheinbeweis aufzuzeigen"[85]. Gegenstand der *subjektiven Apologetik* dagegen ist „der psychologische Prozeß, in welchem die Einzelseele zum Erlebnis der christlichen Glaubensüberzeugung gelangt"[86]. Die Hochscholastik konnte auf diesen Dienst noch

---

[77] Wege 238.

[78] Vgl. Wege 235.

[79] Vgl. Wege 238.

[80] Wege 203.

[81] „Das Wissen der Theologie ist ein im Glauben wirkendes Wissen: Die Theologie ist in diesem Sinne „Glaubenswissenschaft" (Wege 200).

[82] „Der Eros der reinen Theorie erreicht in der Glaubenswissenschaft seine höchste Vollendung; denn hier ist das *desiderium intellectualis substantiae in visionem essentiae divinae* durch sein adaequates, natürlich - übernatürliches Objekt bestimmt" (Wege 240).

[83] Wege 245.

[84] „Dafür ist sie aber, soll ihr *judicare de aliis scientiis* wahrhaft theologisch und apologetisch sein, ausdrücklich dazu bestimmt, das Eigenwesen des *lumen naturale* in seiner vollkommensten Verwirklichung durch das methodisch strenge Erkennen der Weltwissenschaften auf das sorgfältigste zu hüten - um des *lumen fidei* willen" (Wege 247).

[85] Wege 245 - 246.

[86] Religion und Metaphysik 486.

verzichten, die Neuzeit, der die Frage nach der Gewißheit in Glaube und Erkenntnis zum Problem wird, nicht mehr[87]. *K. Eschweiler* erinnert an die Grenzen, aber auch an die Möglichkeiten solch einer *subjektiven Apologetik*. Die Gegebenheit der christlichen Offenbarungswirklichkeit ist in „solchen Bedeutungseinheiten und Bedeutungszusammenhängen zu fassen, daß ihre Urteile nicht nur für diese oder jene Subjektivität in dieser und jener Situation passen, sondern objektiv in dem Sinnreich gelten, das dem gottmenschlichen Sein des Christentums entspricht"[88]. Insofern ist die subjektive Apologetik bei *K. Eschweiler* praktische Theologie, ihr Ziel besteht in der „Wegräumung psychischer Hemmungen und religionspädagogische Aufweckung, damit die Seele sich in lebendiger Glaubensgewißheit hingebe der veritas catholica"[89]. *Verba docent, exempla trahunt*: Das vorgelebte Christentum ist seine beste Verteidigung[90]. *K. Eschweiler* weiß aber auch, daß die subjektive Apologetik nie „geeignet sein kann, die reine Theorie der religiösen Gegenständlichkeit in der objektiven Philosophie und Theologie zu ersetzen"[91]. Und er nennt auch den Grund dafür: Das „universale und absolute Glaubensbewußtsein, in dem Christus lebt und dem die Individualität des Theologen um der Theorie willen notwendig zugeordnet ist, ist die una sancta catholica et apostolica ecclesia"[92].

3.1.4. Zusammenfassung

Mit dem Begriff des *Molinismus* bindet *K. Eschweiler* die Traktatgeschichte der Glaubensanalyse an die Gnadendiskussion, wie sie ihren Ausgang in der frühen Neuzeit nimmt: Das aufkommende Selbstverständnis des Menschen als Partner und freies Gegenüber Gottes wird der Theologie zum Denkproblem, von dessen Schwierigkeiten die Versuche zur *Analysis fidei* bis in die Gegenwart Auskunft geben. Zum Aufweis dieser

---

[87] „Das psychologisch - pädagogische Einfühlen in fremde Seelen lag ihrem gegenständlichen Denken fern, und das Leben in der Gnade des Glaubens war ihr das selbstverständliche Eingegliedertsein in jene heilige Gemeinschaft, die sichtbar als einige und unbedingte dastand. Erst der in seinem Selbstgefühl ruhende Mensch der neuen Zeit empfand den persönlichen Glaubensbesitz als Problem" (Religion und Metaphysik 486).
[88] Wege 259.
[89] Religion und Metaphysik 487.
[90] Vgl. Wege 244.
[91] Religion und Metaphysik 487.
[92] Wege 259.

Behauptung zieht *K. Eschweiler* einen weiten geistesgeschichtlichen Bogen. Ihm zufolge wird die moralische Autonomie der Vernunft von *I. Kant* zwar wie ein Novum vorgetragen, sie ist aber de facto in der neuzeitlichen Scholastik längst vorbereitet[93]. Zu diesem Zeitpunkt nämlich ist in der Religion der Bereich des Natürlich – Menschlichen bereits freigegeben[94] und damit die Vernunft nunmehr vom Glauben isoliert[95]. Nicht ohne Grund dominiert bei der Glaubensanalyse die Gewißheitsfrage[96]. Das bleibende Band zwischen der „Vernunft des Naturalismus"[97] und dem „lumen naturale im katholischen Dogma"[98] ist die „Lehre vom natürlichen Menschen"[99]. Wie bei *F. Suarez*[100] und *J. de Lugo*[101] offensichtlich, verzeichnet die Glaubensanalyse folglich das Gegenüber von Gott und Mensch in ihrer Beschreibung des Glaubensaktes zu einer Art *psychologia rationalis*[102], deren Schwerpunkt nun die Gewißheitsfrage ist. Der letzte Grund religiöser Gewißheit liegt „unmittelbar in Gott selbst"[103] und ist zugleich in der „übernatürlich glaubenden Seele irgendwie"[104] vorhanden und bewußt. Die von der Kirche feierlich vorgetragene, durch Wunder und Heiligkeit ausgezeichnete Lehre besitzt die „inhaltliche Dunkelheit einer einfachen Erfahrungsgewißheit"[105].

Methodische Fehlläufe der Glaubensanalyse sind das Ergebnis dieser dualen Sicht des Verhältnisses von Natur und Gnade, die nach *K. Eschweiler* sogar die Gestalt der Theologie in den kommenden Jahrhunderten bestimmt, wie er an den zwei Wegen theologischer Reflexion, für die *G. Hermes* und *M.J. Scheeben* stehen, aufzeigt. Demgegenüber vertritt *K. Eschweiler* eine andere Auffassung. Vernunft und Glaubensgnade sind ihm zufolge *agentia*, die zwar nebeneinander laufen, jedoch nicht in sich

---

[93] Vgl. Wege 79.
[94] Vgl. Wege 79.
[95] Vgl. Wege 80.
[96] Vgl. Wege 35 - 36.
[97] Wege 78.
[98] Wege 78.
[99] Wege 78.
[100] Vgl. Wege 40 - 42.
[101] Vgl. Wege 42 - 45.
[102] Vgl. Wege 36.
[103] Wege 36.
[104] Wege 36.
[105] Wege 44.

abgeschlossen sind[106], sondern „gerade durch das selbständige Miteinander des Ich - Du - Verhältnisses zu der spezifisch neuzeitlichen Bewußtheit und Lebendigkeit des einen religiösen Aktes zusammenwirken" [107]. In Wirklichkeit kann es deshalb für *K. Eschweiler* nur einen einzigen Weg geben: Die Weise nämlich, wie die Theologie die Neuzeit rezipiert, in ihrer Einseitigkeit zu überwinden. Mit seinem Vorschlag, die menschliche Natur nicht mehr als Dualität von Vernunft und Gnade, sondern sie vielmehr als Oboedientialpotenz zu beschreiben, ändert sich auch das Theologieverständnis. Theologie ist jetzt Glaubenswissenschaft, aufnehmende Methode, wissenschaftliche Aktuierung des im Gnadenlicht stehenden *lumen naturale*. Seine spezifische Sicht der menschlichen Natur ist auch der Grund dafür, warum die Kategorie des Biographisch - Personalen, allem scholastischen Denkduktus der *Zwei Wege* zum Trotz, immer gegenwärtig ist, beispielsweise dort, wo *K. Eschweiler* das *credibile* vom *creditum* abgrenzt: Der Begriff des *credibile* wahrt nicht nur die konzeptionelle Einheit von Glaubensanalyse und - wissenschaft, sondern auch die Geschichtlichkeit des Glaubensaktes. An einer Stelle, im *vierten Kapitel* seines Werkes, zeigt *K. Eschweiler* sogar, wie ernst er die Geschichtlichkeit des Glaubensaktes nimmt. Hier führt er nämlich die Kategorie des Dialoges zur näheren Bestimmung des Verhältnisses von Gott und Mensch ein. Er schreibt: „Denn wessen Vernunft im göttlichen Glauben denkt, dem bedeutet jede wahre Erkenntnis ein Lichtsignal, dass hier der erschaffene Geist dem unerschaffenen antwortet."[108] Menschliche Vernunftnatur und göttliche Urheberschaft [109] greifen in-

---

[106] „Dass die moderne Humanität im neueren Katholizismus bei aller Verwandtschaft mit dem positiven Kern der Aufklärung trotzdem eine grundverschiedene Ausprägung erfahren hat, bedarf nur einer kurzen Erinnerung. Hier übt der Mensch des Selbstgefühls sein natürliches Vermögen, um es durch die Gnade Christi heiligen und zu einem übernatürlichen Opfer erheben zu lassen. Dort - in der Aufklärung - schließt er seine Natur vernünftig und sittlich ab, um die Wirklichkeit der göttlichen Gnade, wenn sie nicht völlig verkannt oder geleugnet wird, nur als Hypothese gelten zu lassen und an die äusserste Peripherie der eigentlichen, d.i. der rein menschlichen Wirklichkeit zu rücken. In der molinistischen Theologie wirkt ein Anthropozentrismus, der sich durch die *auctoritas divina* gesetzt und durch Christus vollendet glaubt" (Wege 66).

[107] Wege 79.
[108] Wege 241.
[109] Vgl. Wege 38.

einander über[110]: Die Geschichte ist das Medium der Selbstmitteilung des Gottes, dem der Mensch im Glauben antwortet.

3.2. Ausblick auf die Glaubensanalyse

Mit seiner Darlegung einzelner Modelle zur Glaubensanalyse hat *E. Kunz* deren Problemstellung präzise benannt. Alle Lösungsvorschläge, die hier zur Sprache kommen, mühen sich darum, das Verhältnis von göttlichem Glaubensgrund, Glaubwürdigkeitserkenntnis und freier, selbstverantworteter Zustimmung zu ermitteln und sachgerecht auszusagen. Daß dabei die *certitudo credibilitatis* in ihrer Begrenztheit einer als unbedingt verstandenen *certitudo fidei* gegenübersteht, hat sich durchgängig als crux des gesamten Traktates erwiesen. Dank der Überlegungen von *K. Eschweiler* wird verständlich, warum dem so ist. Dokumentiert nämlich der Traktat zur Glaubensanalyse tatsächlich das erwachende neuzeitliche Selbstbewußtsein, ist folgerichtig mit Konsequenzen zu rechnen, die die von *E. Kunz* herausgestellte komplexe Konstellation von Glaubensgrund, Glaubwürdigkeitserkenntnis und Zustimmungsakt als zwingend und zugleich als schwierig in der theologischen Handhabe erweisen. In ihrem Zueinander stellt sich die Frage nach dem Operationsgebiet der menschlichen Vernunft, aber auch die nach dem Wesen des sogenannten göttlichen Glaubens. *K. Eschweiler* hat diesbezüglich die Problemstellung der Glaubensanalyse anschaulich dargestellt. Wenn ihm zufolge die Barockscholastik den Zerfall der Einheit des Glaubensaktes in Gnadenwirken und Vernunfttätigkeit annimmt, stellt sich – ganz im Sinne einer *psychologia rationalis* - die Gewißheitsfrage mit neuer, bislang unbekannter Schärfe[111]. Der Glaubensgrund, die *prima veritas*, steht nunmehr dem forschenden Verstand mit einem Anspruch auf Verbindlichkeit gegenüber, dessen sich die menschliche *ratio* in der Glaub-

---

[110] Vgl. Wege 38.

[111] Vgl. Wege 40. Im Sammelband von *K. Müller* (Hg.), Fundamentaltheologie – Fluchtlinien und gegenwärtige Herausforderungen. In konzeptioneller Zusammenarbeit mit G. Larcher, Regensburg 1998, deutet *G. Essen* mit seinem Beitrag „Und diese Zeit ist unsere Zeit, immer noch", ebd. 23 – 44/ zit. Zeit, die Neuzeit als bedeutendes Thema einer katholischen Fundamentaltheologie, das Streben des neuzeitlichen Menschen aber als Ausdruck der realen Not, „die eigene Identität nicht anders finden zu können als auf dem Wege der Selbstvergewisserung" (Zeit 24). *G. Essen* zufolge entdeckt der neuzeitliche Mensch in sich selbst „eine unbedingte Instanz, die dem Bedürfnis nach Selbstvergewisserung und Begründung standhält" (Zeit 24).

würdigkeitserkenntnis erst noch argumentativ vergewissern möchte[112]: Die neuzeitliche Vernunft will sich zur Wahrheit nicht überreden oder nötigen lassen, sie überzeugt sich im Gegenteil selbst von ihr[113]. Der mündige und selbstbewußte Mensch, der sich von staatlichen und religiösen Autoritäten unabhängig weiß[114], fordert nunmehr das Recht auf jenes allgemein gültige, naturwissenschaftliche Ideal einer jederzeit erreichbaren und nachprüfbaren *credibilitas*, aus der erst die *certitudo* hervorgeht[115]. So gilt die Gewißheit zunächst als Resultat eines Beweisganges, innerhalb dessen die Vernunft die Glaubwürdigkeit des ergangenen Offenbarungsanspruches an gegebenen Fakten und Indizien überprüft. Wie dabei die Reichweite der Glaubwürdigkeitserkenntnis

---

[112] Vgl. *H. Wackerzapp*, Art. Gewißheit, in: LThK II 4, 874 – 875. „Gewißheit (certitudo), allg. die dem Zweifel entgegengesetzte, durch das unmittelbare Sichzeigen (Evidenz) des Objektes gerechtfertigte Sicherheit des Wissens, die als Zustand des konkreten Subjekts v. dessen psychl. Bedingtheit abhängig ist " (Art. Gewißheit 847). Nach *G. Essen*, Zeit 24, wird die autonome Vernunft nicht nur „in ihr Recht eingesetzt, ursprüngliche Instanz wahrer Einsicht und Prüferin aller Wahrheitsansprüche zu sein. Als Vollzugsform subjekthafter Freiheit wird sie darüber hinaus zum Geltungsgrund von Wahrheit überhaupt."

[113] Vgl. *J. Schmitz*, Offenbarung, Düsseldorf 1988 (= Leitfaden Theologie 19)/ zit. Offenbarung , der hier den Offenbarungsglauben und dessen Berufung auf die göttliche Autorität vom Wahrheitsbegriff her diskutiert: „Die neuzeitliche Vernunft, die von der Idee der Selbstgesetzgebung und damit vom Anspruch einer vollkommenen Neukonstruktion aller Wahrheit aus der Vernunft bestimmt ist, will sich zur Wahrheit weder überreden noch nötigen lassen; sie will sich Wahrheit selbst aneignen, sich selbst von ihr überzeugen. Wo Wahrheit einfach nur autoritativ begründet und einfach übernommen wird, liegt ein in ihren Augen entfremdetes Verhältnis zur Wahrheit vor" (Offenbarung 183).

[114] Vgl. *H. Schmitz*, Offenbarung 178, betont, das im „typisch neuzeitlichen Verständnis" die Vernunft „eine absolut autonome Größe" ist, die „jede Begrenzung ihres Zuständigkeitsbereiches ablehnt, die sich von der Autorität alles Überkommenen emanzipiert, die sich im Erkennen und Handeln nur von solchen Prinzipien, Einsichten und Zielen leiten läßt, über deren Gültigkeit und Wünschbarkeit sie selbst in einem herrschaftsfreien Dialog Übereinstimmung erzielen kann" .

[115] Zum Verhältnis von Subjektivität und Objektivität in der Gewißheit vgl. *H. Wackerzapp*, Art. Gewißheit 875: „Die Neubegründung der erkenntnistheoret. in der metaphys. Fragestellung hat die dem Menschen vorgegebene Einheit von Denken u. Seinserfassen u. die darin gründende allg. Objektivität des Erkennens neu herausgestellt. Die G. darf als Teilmoment des personalen Daseinsvollzugs nicht einseitig betont werden. Es verrät reife Erkenntnis, nur eine dem Gegenstand angemessene G. zu verlangen."

ausgelegt werden kann, zeigen die verschiedenen Vorschläge zur Glaubensanalyse. Das Ideal seiner rationalen Überprüfbarkeit holt jedoch die
Wirklichkeit und Tiefe des Glaubensaktes nicht ein. Das neuzeitliche
Modell einer reinen, von den übrigen menschlichen Lebensvollzügen
isolierten Vernunft kommt hier deutlich an seine Grenzen[116]: Die Rede
von der Gewißheit meint nicht nur das Ergebnis eines Beweisganges,
sondern kennzeichnet darüberhinaus auch jenes spezifische Vertrauensverhältnis, in dem der Glaube seinen Grund erreicht[117]. Die Zustimmung
zur Wahrheit der Offenbarung ist nicht allein das Resultat beweiskräfti-
ger Syllogismen, sondern vielmehr jene zustimmende Antwort „für den
Zuspruch von Wahrheit und Liebe"[118], die das menschliche Denken und
Fühlen gleichermaßen einfordert[119]. So rechtfertigen die Glaubwürdigkeitsgründe zwar den Glaubwürdigkeitsanspruch der *prima veritas*, sie
sind überdies aber auch von psychologischer Bedeutsamkeit. Sie be-
kräftigen und begleiten die Glaubenszustimmung, in der sich der
Mensch als Gegenüber und Adressat der Offenbarung begreift[120]. Jeder
Versuch einer Analyse des Glaubensaktes ist insofern von der Mühe

---

[116] Vgl. dazu K. *Eschweiler*, Wege 80 und H. J. *Pottmeyer*, Zeichen 375. H. J. *Pottmeyer* verweist hier auf die Möglichkeiten und Grenzen jenes Vernunftbegriffes, wie
er sich in den Naturwissenschaften etabliert hat: „Diese Vernunft blendet das Einzelne zugunsten des Allgemeinen, das Zufällige zugunsten des Notwendigen und
die Qualität zugunsten der Quantität aus, um die Natur oder auch den Menschen als
Natur- und Gesellschaftswesen in den beherrschenden und kontrollierenden Griff zu
nehmen" (Zeichen 375). Gegenüber diesem exklusiven Vernunftbegriff der Naturwissenschaft entwickelt E. *Kunz* einen sehr umfassenden Vernunftbegriff: „Vernunft ist nicht eigentlich ein einzelnes Vermögen des Menschen neben anderen,
sondern meint die spezifische Offenheit des Menschen auf die Wirklichkeit als ganze
und die damit verbundene Fähigkeit, sich im Hinblick auf die Wirklichkeit als ganze
im Horizont der Wahrheitsfrage zu orientieren" (Glaubwürdigkeitserkenntnis 447).

[117] „Außerhalb des Vertrauens bleiben die Zeichen und Gesten der Zuwendung
mehrdeutig und lassen die Zuwendung kaum als vertrauenerweckend und glaubwürdig erkennen. Die Erkenntnis freier personaler Mitteilung ist also nur möglich,
wenn sie zugleich freie Anerkenntnis ist. Sie kann nicht in neutraler Distanz erfaßt
werden" (E. *Kunz*, Glaubwürdigkeitserkenntnis 442).

[118] E. *Kunz*, Glaubwürdigkeitserkenntnis 446.

[119] Nach J. *Schmitz* gibt die Offenbarung dem Menschen zu denken, fordert sie
einen verstehenden Glauben ein. Dieser ist „aktive, denkend einstimmende Entge-
gennahme, ein konstitutives Moment an dem Vorgang und der Wirklichkeit, in
denen Offenbarung in unserer Welt real gegeben ist" (Offenbarung 187).

[120] Vgl. K. *Eschweiler*, Wege 40.

geleitet, den Glaubensakt als ein besonderes Vertrauensverhältnis zwischen Gott und Mensch auszulegen, innerhalb dessen der Glaubwürdigkeitsanspruch der Selbstmitteilung Gottes ebenso Anerkennung findet wie das menschliche Verlangen nach vernunftgemäßer Gewißheit. Das neuzeitliche Selbstbewußtsein, das die Fragestellung der Glaubensanalyse aufbringt, handelt sich also mit seinem spezifischen Vernunftverständnis jene Schwierigkeiten ein, die den Weg zu einem angemessenen Lösungsansatz versperren[121].

Die *auctoritas divina* mit dem Anspruch menschlicher *ratio*, der Disposition des Gläubigen und seinem Erleben innerer Gewißheit zu vermitteln, bleibt offensichtlich eine schwierige Herausforderung[122]. Dies zeigt sich an den Lösungsvorschlägen, von denen im *zweiten Kapitel* der vorliegenden Studie die Rede ist. Die Spannung zwischen *ratio* und *fides*, Natur und Gnade kann hier nicht verborgen bleiben: Von Gott wird als *prima veritas* gesprochen, seine Wahrheit ist dunkel und dem Menschen unergründlich. Dennoch ist er dem Menschen und seiner Vernunft als *objectum fidei* aufgegeben. In bisweilen erstaunlicher Kunstfertigkeit greift die analysis fidei diese Spannung auf, setzt sie die *ratio humana* mit einer Wirklichkeit in Beziehung, die das menschliche Verstehen übersteigt und dennoch den Anspruch auf Glaubwürdigkeit und Lebensrelevanz erhebt. Bei *F. Suarez* und – im Gedankengang weiter verfeinert bei *P. Rousselot* - ist der Glaubensgrund im Glaubensakt zugleich der Glaubwürdigkeitsgrund, *J. de Ulloa* rechnet mit einem Gnadenlicht, und *H. U. v. Balthasar* redet von der Schönheit der Offenbarungsgestalt, die nur im Licht der Gnade wahrgenommen werden kann. Glaubensgrund und Glaubwürdigkeitserkenntnis, *ratio* und *fides*, sind demnach nicht voneinander zu trennen, wenn auch ihr Eigenstand unbestritten bleibt. In einigen Vorschlägen zur Glaubensanalyse ist dies besonders deutlich herausgearbeitet: Bei *L. Billot* geht die Glaubwürdigkeitserkenntnis dem Glaubensakt voraus, nach *J. de Ulloa* schaut der Glaubende im Glaubens-

---

[121] „Die analysis fidei, die namentlich seit der spanischen Barockscholastik an Bedeutung gewinnt, fokussiert die Vergewisserungsproblematik nachdrücklich auf das Subjekt des Glaubens. Daß die Wahrheitsfrage als Frage nach unfehlbarer Gewißheit thematisch wird, hat zur Folge, daß die Vergewisserungs- und Glaubwürdigkeitsthematik im Medium des Glaubensvollzuges thematisiert wird" (G. *Essen*, Zeit 27).

[122] Vgl. dazu P. *Eicher*, Art. Neuzeitliche Theologien. A. Die katholische Theologie, in: NHThG 4, 7- 47, hier 18 – 23.

licht zureichende Vernunftargumente. *P. Rousselot, K. Rahner* und *H.U. von Balthasar* greifen zu späterer Zeit die Vorstellung eines Glaubenslichtes wieder auf und formen sie zu einem prägenden Merkmal ihrer eigenen Konzeption des Glaubensaktes.

Die Last der Glaubensanalyse besteht allerdings nicht nur in der Herausforderung, im Rahmen der theologischen Erkenntnislehre eine elegante, fachlich überzeugende Lösung für ein schwieriges Problem zu finden. Wie bei *E. Kunz* deutlich wird, gilt es vielmehr, den Traktat aus jener Isolation herauszuführen, die ihm seine spezifisch neuzeitliche Fragestellung auferlegt. Diesbezüglich ist daher vor allem an die Inhalte zu erinnern, die die Glaubensanalyse seit ihren Anfängen verhandelt: Diese redet nicht nur vom Eigenstand der *ratio humana*, die sich vor der Gefahr einer Fremdbestimmung zu bewahren sucht. Sie spricht auch vom Gottbezug des Menschen, seiner Wahrnehmungs-, Denk- und Urteilsfähigkeit. Sie personalisiert den Glauben und zeichnet ihn darin als individuelle, persönliche Überzeugung und Entscheidung. Der Weg selbst, den der Traktat bereits mit *Gregor von Valencia*, dann aber vor allem mit *P. Rousselot, H. U. von Balthasar* und *K. Rahner* genommen hat, gibt darüber verläßlich Auskunft: Der Anspruch der menschlichen Vernunft auf Eigenstand und Selbstbestimmung erscheint hier in neuer Wendung. In diesen für die Glaubensanalyse so zentralen Positionen tritt der konkrete Mensch in den Blickpunkt des theologischen Interesses. Das Offenbarungsgeschehen fordert seine Aufmerksamkeit, rührt an seine Sehnsucht nach erfüllendem Heil und trägt sein Urteil. Im Glauben kommt der Mensch zu sich selbst und findet zu seiner eigentlichen Bestimmung. Der Glaubensakt wird zum Modellfall, aus der Vielfalt behaupteter Sinnansprüche jene zu ermitteln, denen eine verbindliche Lebensorientierung zuzutrauen ist. Die Vernunft selbst erweist sich als lernfähig, wie *E. Kunz* in seinen Überlegungen zum Offenbarungsgeschehen verdeutlicht: Die Ansprüche, die die Wirklichkeit in Botschaften, Begebenheiten und Widerfahrnissen an ihn stellt, formen das Verstehen, Urteilen und Handeln des Menschen, der sie als Weg zu Gott verstehen lernt. In diesem Zusammenhang ist auch vom Gemeinschaftsbezug des Glaubens, seiner Kirchlichkeit, zu sprechen: War diese für die Theologen vergangener Zeiten noch selbstverständliche und unhinter-

fragte Voraussetzung[123], hat sich, wie die Studien von *J. Werbick* und *K. Gabriel* zeigen, jedoch in der Gegenwart ein Wandel vollzogen. Der Glaube gilt vielfach als Privatangelegenheit, über die in einer pluralen Gesellschaft ein jeder selbst zu befinden hat. Die Suche nach verbindlichen Werten, die dem Leben eine Richtung geben, ist nunmehr Aufgabe des Einzelnen. Dieser aber bleibt auf die Gemeinschaft verwiesen: Lebensorientierende Werte erschließen sich erst in Dialog und Kommunikation über das jeweiligen Sinnangebot einer Gemeinschaft[124]. Gerade weil sie aber die Frage nach der Selbst- und Fremdbestimmung des Menschen so exemplarisch stellt, ist die Beschäftigung mit der Glaubensanalyse von unverminderter Aktualität. Sie und die offensichtlichen Grenzen des neuzeitlichen Vernunftbegriffes, der die Glaubensanalyse nicht nur hervorgebracht hat, sondern auch deren spezifische Problematik bestimmt, laden dabei zu weiterer Beschäftigung ein. Publikationen aus jüngerer Zeit, wie die bereits eingangs erwähnten Arbeiten von *H.J Pottmeyer*, aber auch Veröffentlichungen von *Th. Pröpper* und *I.U. Dalferth*, der gemeinsam mit *E. Jüngel* zur Person- und Glaubensthematik gearbeitet hat, wagen hier erste Schritte. Bei den genannten Autoren wird der Glaubensakt nicht im formal-abstrakten Rahmen eines Modelles zur Glaubensanalyse gedacht, sondern aus der Perspektive eines Gott und Mensch betreffenden Freiheitsgeschehens, das den Menschen nicht unverändert zurückläßt, betrachtet: Inhaltlich ist das Anliegen der Glaubensanalyse aufgegriffen, vom Menschen und seiner Glaubensentscheidung zu sprechen. Der folgende Abschnitt führt damit die Überlegungen fort, die bei *E. Kunz* als systematischer Ertrag ermittelt werden können, gehen aber in ihrer Konsequenz bisweilen über ihn hinaus.

3.2.1. Glaube und Person - Zum Ansatz bei *I.U. Dalferth / E. Jüngel*

In einem 1981 erschienenen Artikel bestimmen *I. U. Dalferth* und *E. Jüngel* „Person und Gottebenbildlichkeit" als Grundkategorien christlicher Anthropologie[125]. Der Mensch ist das Wesen, „das aufgrund eines unver-

---

[123] Vgl. dazu *K. Eschweiler*, der hier den Primat der Kirchlichkeit des Glaubens über das „praktisch religiösen Erleben" (Wege 259) betont.

[124] Vgl. *K. Gabriel*, Glaubenskrise 16 und *J. Werbick*, Wagnis 15.

[125] Vgl. *I.U. Dalferth/ E. Jüngel*, Person und Gottebenbildlichkeit, in: *F. Böckle, F.-X. Kaufmann, K. Rahner, B. Welte* in Verbindung mit *R. Scherer* (Hg.), Christlicher Glaube in moderner Gesellschaft. Enzyklopädische Bibliothek in 30 Teilbänden, Teilband 24, Freiburg - Basel - Wien 1981, 57 – 99/ zit. Person.

wechselbaren Verhältnisses Gottes zu ihm ein Selbstverhältnis ist, in einem Weltverhältnis steht und ein Gottesverhältnis hat"[126]. Das Selbstverhältnis manifestiert sich in Vernunft, Gefühl und Gewissen, das Weltverhältnis in der Leiblichkeit, das Gottesverhältnis in der Religiosität[127]. Der Mensch kann nur wirklich sein, weil sein Selbst -, Welt - und Gottesverhältnis „in Gottes Verhältnis zu ihm gründet und durch dieses seiner Möglichkeit und Wirklichkeit nach ermöglicht ist"[128]. In der Christuserkenntnis wird dies Verhältnis offenbar. Hier koinzidieren Gottes- und Menschenerkenntnis. Als wahrer Mensch und wahrer Gott bringt Jesus Christus unwiderruflich zur Geltung, was Gott in Wahrheit ist „und der Mensch in Wahrheit sein kann und sein soll" [129]. Zur Wahrheit des Menschen gehört das Verhalten Gottes zum Menschen. *I.U. Dalferth* und *E. Jüngel* entwickeln von hier aus ein dynamisches Bild vom Menschen. Geschöpfliches Gegenüber Gottes zu sein, das dazu bestimmt ist, dem Anspruch Gottes in Jesus Christus[130] zu entsprechen, konstituiert den Menschen als *Person* [131]. Weil er von Gott her Person ist, vermag der Mensch selbständig und verantwortlich zu handeln. In freier Verantwortlichkeit ist es ihm aufgegeben, die Möglichkeiten seines Menschseins „in der je konkreten Ausgestaltung seines Selbst-, Welt -Gottesverhältnisses in Übereinstimmung oder Nichtübereinstimmung mit seinem Personsein zu verwirklichen"[132]. Der Mensch wird zum geschöpflichen Ebenbild Gottes[133], er ist darin aufgefordert, „Gottes an ihn gerichtetem Anspruch mit seinem ganzen menschlichen Sein an seinem spezifischen anthropologischen Ort vor dem Schöpfer einerseits und vor der Schöpfung andererseits zu entsprechen"[134]. Durch diesen Anspruch ist er Mensch geworden, und hat nun Mensch zu sein, indem er ein bestimmter Mensch wird.

Von daher ist das Personsein sehr genau von der Individualität und dem Subjektsein des Menschen zu unterscheiden. Individualität

---

[126] Person 60.
[127] Vgl. Person 60.
[128] Person 60.
[129] Person 61.
[130] Vgl. Person 79.
[131] Vgl. Person 79.
[132] Person 64.
[133] Vgl. Person 62.
[134] Person 77.

erwirbt der Mensch durch das Wechselspiel seiner natürlichen Anlagen und deren konkreter kultureller Ausprägung[135], zum Subjekt wird er in einem komplexen Prozeß der Identifikation und Identitätsbildung[136]. Immer ist er „schon unerreichbar viel mehr, als er als Exemplar und Individuum aus sich zu machen vermag"[137], kann er in „der Gemeinschaft mit anderen Menschen in der Welt"[138] allein Subjekt sein, weil er als Geschöpf Gottes Person und damit Mensch ist. Das Geheimnis seiner Herkunft bleibt ihm aber als Welt- und Selbstverhältnis entzogen. Zu seiner wahren Mitte, der Person-Identität, findet der Mensch erst in Übereinstimmung mit Gottes Anspruch. Ganz er selbst ist er erst, wenn er ganz bei Gott ist. Als Gott entsprechender Mensch kann er versuchen, „diese Entsprechung in seinen Werken zur Darstellung zu bringen"[139]. Seine Identität *extra se* „befähigt ihn dazu, in kritischer Distanz gegenüber sich selbst und allem anderen in der Welt die Differenz zwischen Wirklichkeit und Wahrheit im Blick zu behalten und die immer noch größere Fülle des Möglichen gegenüber allem je Wirklichem zugunsten der Welt zur Geltung zu bringen"[140]. Personsein ist Gabe, die es auf dem Lebensweg je neu zu verwirklichen gilt. Der Mensch steht dabei immer in der Gefahr, sein Personsein zu verfehlen. Dennoch hört er auch dann nicht auf, Person zu sein. „Seine ontologische Bestimmung ist weiterhin, geschöpfliches Gegenüber Gottes zu sein und dieser Bestimmung gemäß zu existieren, auch wenn er den Charakter seines Personseins und damit den mit ihm thematischen, für ihn als Menschen unaufhebbaren Gottesbezug verkennt."[141] Auch der Sünder lebt aus der Treue Gottes.

Was bei *K. Eschweiler* und *E. Kunz* nur ansatzweise zum Thema wird, zeichnen *I.U. Dalferth* und *E. Jüngel* - unbelastet von der Frage nach der Glaubensanalyse - mit kräftigen Strichen. Konsequent deuten sie das Verhältnis zwischen Gott und Mensch als ein Dialoggeschehen: Der Gottbezug des Menschen wird zur Bedingung der Möglichkeit seiner Individualität und Subjektivität. Am Beispiel jenes Personenbegriffs, den sie in ihrem Artikel entwickeln, zeigen *I. U. Dalferth* und *E. Jüngel*, daß

---

[135] Vgl. Person 90.
[136] Vgl. Person 92.
[137] Person 91.
[138] Person 94.
[139] Person 96.
[140] Person 97.
[141] Person 67.

der Mensch im Glauben nicht bevormundet wird, sondern der Glaube vielmehr privilegierter Ort menschlicher Selbstfindung ist. Hier gewinnt der Mensch jenen Grund, von dem aus er selbständig und verantwortlich zu handeln vermag. So verstanden, erweist sich die Rede vom Glauben als Ausgangspunkt einer christlichen Apologetik, die sich für eine Gesellschaft besonders anbietet, der Glaubwürdigkeitsansprüche verbraucht scheinen und in die Beliebigkeit individueller Vorlieben gestellt sind. Was bei *I.U. Dalferth* und *E. Jüngel* allerdings noch abstrakt bleibt, führt *Th. Pröpper* mit seiner „Skizze zur Soteriologie" [142] im Jahr 1988 näher aus: Der hier von ihm dargelegte Freiheitsbegriff ermöglicht es, das Heilsgeschehen in Jesus Christus mit der Freiheit des Menschen, seiner Subjektivität und Selbstwerdung in engem Zusammenhang zu bringen.

3.2.2. Glaube und Freiheit: Zum Ansatz bei *Th. Pröpper*

In seinem Werk setzt sich *Th. Pröpper* mit der Begründungsproblematik neuzeitlicher Subjektivität auseinander[143]. Dazu deutet er Anliegen und Inhalte der Soteriologie in Kategorien der Freiheit. Gott hat sich selbst in Freiheit dazu bestimmt, sich von der Freiheit des Menschen bestimmen zu lassen[144]. Liebe ist Freiheitsgeschehen, Heilsgeschichte Freiheits- und Befreiungsgeschichte[145]. *Th. Pröpper* folgt hier zunächst der Freiheitslehre von *H. Krings*, die er für besonders geeignet hält, die Explikation des Glaubens an Erlösung und seine philosophische Vermittlung zu bewerkstelligen[146]. In transzendentaler Reduktion erscheint die Freiheit „als Bedingung des Menschseins schlechthin"[147], sie ist „Selbstbestimmung, die das ursprüngliche Sichöffnen oder Sichentschließen, das Eröffnen des Gehalts und das durch dessen Affirmation vermittelte Selbstsein als Momente enthält"[148]. Der Rang ihres Selbstseins hängt von der Dignität ihres Terminus ab, im Begriff des Subjekts ist der Begriff der Intersubjektivität also bereits enthalten. Als angemessener Gehalt der Freiheit

---

[142] *Th. Pröpper*, Erlösungsglaube und Freiheitsgeschichte. Eine Skizze zur Soteriologie, 2., wesentl. erw. Aufl., München 1988/ zit. Erlösungsglaube. In geraffter Form *Th. Pröpper*, Art. Freiheit, in NHThG 2, 66 - 95, bes. 88 - 94.

[143] Vgl. Erlösungsglaube 179 - 182.

[144] Vgl. Erlösungsglaube 178.

[145] Vgl. Erlösungsglaube 173.

[146] Vgl. Erlösungsglaube 182.

[147] Erlösungsglaube 183.

[148] Erlösungsglaube 185.

kommt nur ein solcher in Frage, der selber durch eine andere Freiheit bestimmt ist, „denn nur er kann der formellen Unbedingtheit der Freiheit entsprechen und sie, weil von ihr verschieden, bestimmen"[149]. Erst in der Gemeinschaft mit anderer Freiheit findet ein Ich angemessenen Halt, wird in der Anerkennung durch den Anderen „abstrakte Selbstgewißheit zur Wahrheit"[150]. Freiheit erschließt sich der Freiheit in konkreten Handlungen, die das Seinsollen des anderen anzeigen und realisieren. Die Vielzahl bedingter materialer Gehalte ist jedoch nur endlich. Sie versprechen noch, was sie realisieren[151]. Wenn es gelingt, lebt jedes zwischenmenschliche Verhalten davon, „daß es das, was es darstellt und realisiert, schon voraussetzt. Liebe kann nur gelingen, wo zugleich an Liebe geglaubt wird"[152]. Insofern ist also der endlichen Freiheit ihr schlechthin Erfüllendes nur eine Freiheit, „die als Einheit von unbedingtem Sichöffnen und unvermittelter Fülle des Inhalts nicht nur formal, sondern auch material unbedingt wäre und insofern vollkommen genannt werden könnte"[153]. An dieser Stelle zeigt sich die Ansprechbarkeit der menschlichen Freiheit für einen Gott. Von ihm unterscheidet sie sich wie Freiheit von anderer Freiheit, seine Wirklichkeit aber wird ihr nur im mitteilenden Selbsterweis zuteil. Mit einem solchen Ansatz ist die Existenz Gottes nicht bewiesen, wohl aber sind „Offenbarung" und „freie Mitteilung" als primäre Prädikate für den Gottesbegriff zugelassen[154]. Die Freiheitslehre erschließt eben nur die Bedeutung des Geschehens, dem sie ihre historische Möglichkeit verdankt[155].

Th. Pröpper wendet den so erarbeiteten Freiheitsbegriff auf die christliche Soteriologie an. In Jesu Leben, Tod und Auferweckung hat sich Gott der Welt als die schlechthin unbedingte und schöpferische Liebe erwiesen. Fortan lebt der Mensch aus der unverbrüchlichen Zusage Gottes, die den Wechsel vom verbissenen Seinmüssen zum gelösten Seindürfen und Mit - anderen - Sein - Können ermöglicht[156]. In Jesus

---

[149] Erlösungsglaube 186.
[150] Erlösungsglaube 187.
[151] Vgl. Erlösungsglaube 188.
[152] Erlösungsglaube 192.
[153] Erlösungsglaube 190.
[154] Vgl. Erlösungsglaube 191.
[155] Vgl. Erlösungsglaube 193-194.
[156] Vgl. Erlösungsglaube 203. In ausführlicher Darlegung zum Verhältnis von Sünde und Soteriologie siehe Erlösungsglaube 199 - 207.

Christus wurde die endliche und gefährdete Liebe der Menschen begründet und ermächtigt, „sein schöpferisches Ja schon jetzt füreinander in Anspruch zu nehmen"[157] und „in der Entschlossenheit der Liebe gegenwärtig"[158] zu setzen. Daß also Menschen die Wahrheit der Liebe Gottes darstellen dürfen, ohne sie erschöpfen zu können, „daß ist das Wesen christlicher Freiheit und der Grund ihrer Hoffnung: die geschichtliche Realität der Erlösung"[159]. Wenn menschliche Freiheit für Gott selber ansprechbar ist und die Offenbarung diese Möglichkeit aktualisiert und erfüllt, dann wird die so vermittelte Unmittelbarkeit des Menschen zu Gott auch ausdrücklich werden können. Erlöstes Handeln vermittelt Erlösung, Liebe kann Wahrheit nur sein, indem sie geschieht[160]. Erinnerung, Hoffnung, Dank und Bitte sind die spezifischen Kennzeichen einer gläubigen Praxis, welche die realen Verhältnisse nicht ausläßt. *Th. Pröpper* denkt hier an ein von Gottes Liebe unter den Menschen bestimmtes Handeln, das sakramentale Wirklichkeit konstituiert, in concreto Zeichen verläßlicher Verbundenheit, der Ermutigung und des Trostes „ bis hin zur prophetisch-ungeduldigen oder sachlich geduldigen Arbeit für die Aufklärung der gesellschaftlichen Verhältnisse und ihre Humanisierung"[161]. Ein solcher Glaube folgt dem Gekreuzigten, er steht ein für die gegenwärtige Relevanz des Zukünftigen und wehrt einer angestrengten, „ausbeuterischen Erwartung an das Leben, die das Mögliche zerstört, weil sie vom endlichen Ewiges erwartet" [162].

Die bei *Th. Pröpper* als Freiheitsgeschehen ausgelegte Soteriologie erschließt das anthropologische Konzept von *I.U. Dalferth* und *E. Jüngel*. Mit seiner „Theologie der Liebe"[163] unterstreicht *Th. Pröpper* ausdrücklich die dort benannte Differenz von Personsein und Menschwerdung und

---

[157] Erlösungsglaube 197.

[158] Erlösungsglaube 198.

[159] Erlösungsglaube 210.

[160] Vgl. Erlösungsglaube 211.

[161] Erlösungsglaube 213.

[162] Erlösungsglaube 219.

[163] „Denn Liebe ist das Geschehen, in dem Freiheiten sich verbinden und unterscheiden, der eine im anderen und durch ihn er selbst ist, Menschen sich ‚selbst' mitteilen und erreichen und zugleich welthaft-wirklich bestimmen: symbolische Realität also, in der absoluter Sinn schon gegenwärtig und doch noch versprochen wird, Synthese von Freiheit und Realität, formal unbedingt und eben deshalb alle Verhältnisse prägend und auf ihre Veränderung aus, wo sie ihr widersprechen" (Art. Freiheit 92).

vermittelt durch die Kategorie der sakramentalen Wirklichkeit beides miteinander. Der Mensch darf sich ermächtigt wissen, in einer Praxis der Hoffnung das einzuholen, was er immer schon ist, ein von Gott bejahtes Geschöpf. Indem er immer wieder auf das Freiheitsgeschehen und seine Geschichtlichkeit verweist, benennt *Th. Pröpper* das Formal - wie Materialobjekt, durch das der Mensch zum geschöpflichen Ebenbild Gottes wird. Die Klarheit, mit der er dabei die Freiheitsproblematik zur Darstellung bringt, erschließt in aller Deutlichkeit die Grenzen der traditionellen Glaubensanalyse, die die unhinterfragbare Gegebenheit des Glaubensgehaltes mit der Freiwilligkeit seiner Annahme zusammenzubringen sucht, sich dabei aber in der Argumentation auf Hilfskonstruktionen, - etwa das Glaubensdunkel bei *F. Suarez* und *L. Billot* -, und überdies auf ein in seiner Leistungsfähigkeit begrenztes Vernunftverständnis beschränken muß[164]. Dort, wo die Glaubensanalyse konsequent von der Kategorie der Freiheit her gedacht wird, erübrigt sich solcherlei Mühe. In der Sakramentalität der Wirklichkeit erschließt sich der Glaubensgrund dem Glaubensakt, realisiert eine Vielzahl materialer Gehalte das, was sie zugleich versprechen: Gottes schlechthin erfüllende Freiheit. Offenbarungsautorität und menschliche Vernunft sind demnach nicht die Gegensätze, die die Aufklärung hier vermutet[165]. Die Ansätze von *I. U. Dalferth / E. Jüngel* und *Th. Pröpper* sind damit zwar nicht der klassischen Glaubensanalyse verpflichtet, weisen ihr aber Wege, jene Punkte weiterzuverfolgen, die sich in den herkömmlichen Modellen als schwierig erwiesen haben. Daß die Frage nach dem Glauben in enger Weise mit der Frage nach der Freiheit und Weltverantwortung des Menschen zusammenhängt, wurde bei *I.U. Dalferth /E. Jüngel* deutlich. Hinsichtlich dieser Erkenntnis gebührt *Th. Pröpper* das Verdienst, der Glaubensanalyse das Gegenüber von Gott und Mensch in heilsgeschichtlich-soteriologischer Schau erschlossen zu haben. Darin gelingt es ihm, sachgerecht von der Mündigkeit des Menschen im Glaubensakt zu sprechen[166]. *H. J.*

---

[164] Vgl. dazu *K. Müller*, Wieviel Vernunft braucht der Glaube? Erwägungen zur Begründungsproblematik, in: *Kl. Müller* (Hg.), Fundamentaltheologie. Fluchtlinien und gegenwärtige Herausforderung. In konzeptioneller Zusammenarbeit mit G. Larcher, Regensburg 1998, 77 – 100, hier 98 – 99.

[165] Vgl. *J. Schmitz*, Offenbarung 189.

[166] *J. Schmitz* betont, daß die Offenbarungskritik spätestens seit der Aufklärung dem Offenbarungsglauben geradezu unterstellt habe, er halte Menschen in bewußter Unmündigkeit: „Theologie und kirchliche Praxis haben das ihre dazu beigetragen,

Pottmeyer wagt dazu einen weiteren Schritt. Zwar ist auch für ihn die Glaubensanalyse nicht Gegenstand der Erörterung, doch gilt sein Interesse in verschiedenen Veröffentlichungen der Glaubensthematik, wobei er sich besonders der ekklesialen Dimension des Glaubensaktes annimmt: Der Vorgang der Überlieferung prägt den individuellen Glaubensakt und ergänzt insofern dessen Analyse um einige wichtige Aspekte. Die Ausführungen von *H. J. Pottmeyer* sind also als Ergänzung jener Überlegungen zu verstehen, die *Th. Pröpper* im Kontext der Freiheitsdiskussion soteriologisch entfaltet hat.

3.2.3. Glaube und Gemeinschaft: Ein Vorschlag von *H. J. Pottmeyer*

Der Sache nach ist *H. J. Pottmeyer* mit dem für die Glaubensanalyse zentralen Begriff des Offenbarungsgeschehens vertraut. Ihm schenkt er im Zusammenhang von Tradition und Überlieferung sein besonderes Augenmerk. Gerade deshalb sind seine Überlegungen für die Glaubensanalyse von Wichtigkeit: Mit der Rede vom Überlieferungsgeschehen wird deutlich herausgearbeitet, wie sehr der Glaubensvollzug von der Freiheit und Individualität des Einzelnen geprägt ist. Zugleich erscheint der Glaubensakt aber auch in seiner kirchlichen Dimension. Die Hinwendung zur Geschichte, der von *K. Eschweiler* zu *E. Kunz* gewiesene Weg einer modifizierten Glaubensanalyse, findet hier zu ihrer Ausprägung.

H. J. Pottmeyer nähert sich der Frage nach Tradition und Überlieferung auf originelle Weise. Mit dem *Zweiten Vatikanum* konstatiert er zunächst eine Fülle von Veränderungen im Bewußtsein und Handeln der Menschen[167]. Das Konzil hebt hier unter anderem auf die schöpferische Gestaltungskraft des Menschen[168], seinen Sinn für Autonomie und Verantwortlichkeit[169], sein dynamisch - evolutives Verständnis von der

---

diesen Eindruck zu erwecken. Noch das I. Vaticanum stellt ja ganz betont die kreatürliche gänzliche Abhängigkeit des Menschen von Gott und das totale Unterworfensein der menschlichen Vernunft unter ihn heraus und belegt mit dem Anathem jeden, der behauptet, daß Gott den Glauben nicht befehlen könne" (Offenbarung 187).

[167] Vgl. *H. J. Pottmeyer*, Tradition 92.

[168] Vgl. GS 4, in: *H. S. Brechter OSB* u. a. (Hg.), LThK II. Das Zweite Vatikanische Konzil. Dokumente und Kommentare, Teil III: Konstitutionen, Dekrete und Erklärungen. Lateinisch und deutsch, Freiburg - Basel - Wien 1968, 294 - 297, hier 296.

[169] Vgl. GS 55, in: Ebd. 456 - 457.

Wirklichkeit[170] ab. In seiner Pastoralkonstitution zählt das Konzil zu diesem Bewußtseinswandel auch das gewachsene Wissen um die Würde des Menschen, die Rolle seines Gewissens und die Bedeutung der Freiheit[171]. *H. J. Pottmeyer* deutet eine solche Entwicklung, wie sie vom Konzil zu Beginn der zweiten Hälfte des 20. Jahrhunderts nachgezeichnet worden ist, „als bewußtseins - und verhaltensmäßige Subjektwerdung der Menschen" [172], wofür die Geschichte der Kirche selbst ein gutes Beispiel ist[173]. Hier sieht er das Fortwirken der Moderne, an deren Ausgang er mit *K. Eschweiler* den Katholizismus, insbesondere die Scholastik, vermutet[174]: Entsprechend der geschichtlichen Entwicklung, die auf das „Subjektsein aller Menschen als Entfaltung ihrer Personwürde"[175] drängt, wächst auch in den Gliedern des Gottesvolkes die Klarheit der Einsicht, „verantwortliche Träger der Kirche und ihrer Glaubensüberlieferung zu sein"[176]. Damit ist ein Prozeß benannt, der eine Reihe einschneidender Veränderungen in der Kirche wie auch in der Gesellschaft[177] mit sich bringt: Die Gültigkeit „überkommener sozialer und religiöser Traditionsbestände"[178] ist nicht länger „einfach vorbewußt"[179] gegeben. Traditionen und Überlieferungsgehalte fordern das selbständige Urteil und die freie Entscheidung des Einzelnen wie der sie betreffenden Gruppen ein, sie

---

[170] Vgl. GS 5, in: Ebd. 296 - 299, hier 298.

[171] Vgl. GS 14 - 17, in: Ebd. 322 - 331.

[172] Tradition 92.

[173] „Ein weiterer Hinweis dafür, daß das Sichbewußtwerden der Kirche als geschichtlich handelndes und sich bestimmendes Subjekt ein allmählicher, ja später Vorgang ist, ist die Tatsache, daß die Ekklesiologie eine der jüngsten Zweige am Baum theologischer Reflexionsgeschichte ist. Die Ekklesiologie ist ja die Reflexion der Selbstfindung der Kirche. Hierher gehört ferner die Beobachtung, daß die beiden letzten Konzilien, nämlich das I. und II. Vatikanum, es sind, in denen die Kirche sich selbst zum Thema wird" (Kontinuität 102 – 103).

[174] Vgl. *H.J. Pottmeyer*, Die Konstitution Dei Filius des I. Vatikanischen Konzils zwischen Abwehr und Rezeption der Moderne, in: FS *H. Waldenfels* 73 - 86, bes. 82 - 85.

[175] Tradition 99.

[176] Tradition 97.

[177] Vgl. *H.J. Pottmeyer*, Kirche - Selbstverständnis und Strukturen. Theologische und gesellschaftliche Herausforderung zur Glaubwürdigkeit, in: *H.J. Pottmeyer* (Hg.), Kirche im Kontext der modernen Gesellschaft. Zur Strukturfrage der römisch - katholischen Kirche, München - Zürich 1989, 99 - 123.

[178] Tradition 92.

[179] Tradition 92.

machen eine gemeinsame und dialogische Wahrheitssuche[180] notwendig. In einer so gewandelten Situation gilt die „evangelisierende Hinführung zum Glauben"[181] als entscheidende, pastorale Aufgabe, kommt es vor allem darauf an, die christliche Botschaft „in ihrer Glaubwürdigkeit zu begründen und ihre sinnstiftende Wahrheit aufleuchten zu lassen"[182]. Vor diesem Hintergrund ist Tradition weniger die Weitergabe überkommener Satzwahrheiten, deren „Wahrheit durch die formale Autorität des Lehramtes garantiert ist"[183], sondern die Bezeichnung für einen freien, schöpferischen Prozeß[184], dessen Trägerin die Kirche als *communio* mündiger Subjekte ist[185]: H. J. *Pottmeyer* beschreibt den Traditionsprozeß folgerichtig mit einem „kommunikationstheoretischen und geschichtlichen Offenbarungs- und Traditionsbegriff"[186]. Demnach ist Tradition „aktives Zusammenspiel verschiedener Subjekte"[187], Geschehen personaler Kommunikation „zwischen Gott und den Glaubenden und der Glaubenden untereinander"[188], ständige Selbstüberlieferung Gottes durch Jesus Christus im Heiligen Geist zu unserem Heil[189], Gott selbst ihr Subjekt, Inhalt und Ziel[190]. Ist Gott das *primordiale Subjekt* der Tradition, so sind die Glaubenden dessen *ministeriale Subjekte*: Die inkarnatorische Struktur der Selbstüberlieferung Gottes wahrt die Freiheit ihrer Annahme[191]. In dem Maße, wie das Wort Gottes, mitgeteilt durch

---

[180] Vgl. Tradition 93.

[181] Tradition 94.

[182] Tradition 94.

[183] Tradition 102.

[184] Vgl. Tradition 97.

[185] Vgl. Tradition 99 und H.J. *Pottmeyer*, Auf dem Weg zu einer dialogischen Kirche. Wie Kirche sich ihrer selbst bewußt wird, in : G. *Fürst* (Hg.), Dialog als Selbstvollzug der Kirche?, Freiburg - Basel - Wien 1997, 117 – 132/ zit. Weg, hier 119 - 122 (= QD 166). Zu *H.J. Pottmeyers* Auffassung von der Kirche als „communio von subjekthaften Trägern von Tradition und Kirche" (ebd.) siehe J. *Meyer zu Schlochtern*, Communio 237 - 239.

[186] Tradition 101.

[187] Vgl. Kontinuität 89-90.

[188] Tradition 102.

[189] Vgl. Tradition 103.

[190] Vgl. Tradition 103.

[191] „Ohne das gläubige Ja Marias keine Menschwerdung, ohne den Glauben der Apostel keine inspirierte Heilige Schrift, ohne die Verkündigung der Kirche kein Glaube, ohne die gläubige Feier der Sakramente keine sakramentale Vergegenwärtigung, ohne Verstehensbemühung der Gläubigen kein Bekenntnis und keine Vertie-

menschliche Vermittlung[192], angenommen wird „und in der Annahme
Einsicht bewirkt, kann es auch nur weitergegeben werden"[193]. *H.J. Pottmeyer* betont ausdrücklich die Dimension verantworteter Trägerschaft:
Die Annahme des Gotteswortes ist „Vorgang lebendiger Befassung und
kritisch prüfender Auseinandersetzung, zunehmender Einsicht und
eines reifenden Urteils, der eine begründete und durch das Wahrheitsgewissen vermittelte eigene Zustimmung vorbereitet und ermöglicht"[194].
Ein solches Traditionsverständnis zielt auf ein Christsein „aus Einsicht
und Entscheidung"[195] und befähigt den Gläubigen zum Zeugnis „für das
Kommen des Reiches Gottes inmitten der Gesellschaft"[196], gibt ihm also
Verantwortung für das Subjektsein aller Christgläubigen vor Gott und
voreinander[197]. In diesem Geschehen, das zutiefst personal und geistlich
ist[198], wird die Kirche sich ihrer selbst bewußt, entspricht ihre Subjektwerdung dem „Heilswillen und - weg Gottes"[199].

In mehrfacher Hinsicht ist der Traditionsbegriff, wie ihn *H.J. Pottmeyer* darlegt, für die Glaubensanalyse hilfreich. Hier nämlich scheint
das gebündelt, was in den vorangegangenen Positionen bedacht worden
ist: Indem *H. J. Pottmeyer* die Tradition ausdrücklich als Selbstüberlieferung Jesu Christi im Heiligen Geist deutet und dabei auf die
Menschlichkeit der Vermittlung insistiert, wird der Glaube des Einzelnen

---

fung und Entfaltung der Glaubenseinsicht, ohne Diakonie keine Erfahrung der Liebe
Gottes" (Tradition 103).

[192] Vgl. Tradition 100.

[193] Rezeption 76.

[194] Rezeption 79.

[195] Vgl. Selbstverständnis 122.

[196] *H. J. Pottmeyer*, Das Konzil wollte die Kirche vom Kopf auf die Füße stellen,
in: RW 3 (39. Jahrgang 1997) 3.

[197] Kontinuität 110 und *H. J. Pottmeyer*, Die Mitsprache der Gläubigen in Glaubenssachen. Eine alte Praxis und ihre Wiederentdeckung, in: IKaZ 25 (1996) 134 - 147.

[198] Weg 127 - 128. „Das bedeutet dann allerdings eine dialogische Kirche. Ihr
Dialog ist ein geistliches und ein personales Geschehen. Er ist ein geistliches Geschehen, weil er darauf eingerichtet ist, den Willen Gottes für seine Kirche im Licht des
Heiligen Geistes und im Hören des Evangeliums zu suchen und zu finden, und nicht
darauf, den eigenen Willen durchzusetzen. Er ist ein personales Geschehen, weil die
Beteiligten einander in ihrem personalen Subjektsein, eben als vollberechtigte Glieder
des Volkes Gottes ernstnehmenund deshalb jedem die Möglichkeit geben, seinen
Beitrag einzubringen. Das ist weit mehr und anspruchsvoller als Demokratie" (Weg
127).

[199] Weg 131.

an den Glauben der kirchlichen Glaubensgemeinschaft zurückgebunden. Der Glaube des Einzelnen und die Tradition der ganzen Glaubensgemeinschaft stehen in einem wechselseitigen Bedingungsverhältnis[200]: Der Glaubensakt ist damit als aktiver Part des Individuums in einem übergreifenden, vielfältigen Überlieferungsgeschehen verstanden. Im freien, aktiven Miteinander der Glaubenssubjekte wächst das Verständnis des Gotteswortes, reift die Bereitschaft, im Glauben die Frohbotschaft anzunehmen und zu bezeugen. In diesem Geschehen gewinnt der Einzelne an Profil und Persönlichkeit: *H. J. Pottmeyer* widerlegt hier den Verdacht, Tradition entmündige denkende Menschen. Zugleich gewinnt er eine prägnante Sicht von Subjekt, Glaube und Geschichte gewonnen, die es im Rahmen der Analysis fidei erlaubt, den Glaubensvollzug in den Kategorien von Offenbarung, Freiheit und Individualität zu denken. Wenn er auch mit diesen Überlegungen zur Tradition kein eigenständiges Modell zur Glaubensanalyse vorlegt, zeigt *H.J. Pottmeyer* somit doch wesentliche Perspektiven für ein solches Projekt auf. Gemeinsam mit den Überlegungen von *I.U. Dalferth / J. Ebeling* und *Th. Pröpper* ist damit ein Weg für eine künftige Glaubensanalyse gewiesen: Von einem heilsgeschichtlich gedachten Freiheits- und Überlieferungsbegriff steht eine vertiefte Kenntnis der Problemkonstellation von Glaubensgrund, Glaubwürdigkeitserkenntnis und Glaubenszustimmung zu erwarten[201].

3.2.4. Das uneingelöste Programm der Glaubensanalyse - Rückblick und Ausblick

Im Verlauf des *ersten Hauptteiles* der vorliegenden Studie hat sich die Glaubensanalyse als komplexes und in jeder Hinsicht herausforderndes Phänomen erwiesen. So konnte mit *K. Eschweiler* und *M. Miserda* an die neuzeitliche Wurzel des Traktates erinnert werden. Dieser deutet den

---

[200] Vgl. Kontinuität 105.

[201] Vgl. dazu *J. Schmitz*, demzufolge „Menschsein unentrinnbar in Überlieferungszusammenhänge eingebunden ist" (Offenbarung 192). *J. Schmitz* betont den Wert der Tradition: „Das Menschsein hat seine Würde in der Selbstbestimmung. Der Mensch gewinnt es zwar aus der Tradition, aber er gewinnt es als freies Menschsein auch wiederum nur gegen sie, indem er sich verantwortlich mit ihr auseinandersetzt" (Offenbarung 192). Menschen aus Überlieferungszusammenhängen herauszureißen, bedeutet, sie „sich selbst zu entfremden, sie haltlos und verfügbar zu machen" (Offenbarung 192). Bewußte Traditionspflege hilft, „menschliche Identität zu bewahren oder gar Tradition als Protestpotential der Unterdrückten subversiv im Machtgefüge einer Gesellschaft zur Wirkung zu bringen" (Offenbarung 192).

Glaubensakt als ein Gegenüber von Gott und Mensch. K. *Eschweiler* erklärt dies aus einem gewandelten, gnadentheologischen Denken, *M. Miserda* sieht die Ursache dafür in grundsätzlichen Wandlungsprozessen von Kultur und Gesellschaft. Die Glaubensanalyse gilt danach als eine Art Spiegel für das erwachende, neuzeitliche Selbstbewußtsein, das einen Anspruch auf Selbstbestimmung und Autonomie erhebt. Die präzise Darlegung ihrer Fragestellung, wie sie *E. Kunz* in zahlreichen Publikationen vorgelegt hat, macht einsichtig, in welche Aporien sie dabei notwendigerweise geraten ist: Die unterschiedlichen Versuche, das Zueinander von Glaubensgrund, Glaubwürdigkeitserkenntnis und Glaubenszustimmung sachgerecht zu bestimmen, bezeugen die Schwierigkeit, göttliche Autorität und menschliche Freiheit in ein und demselben Traktat angemessen zu benennen und sie zudem in ein stimmiges Verhältnis zueinander zu setzen. In ihren Grenzen aber verweist sie zu einem erstaunlich frühen Zeitpunkt der europäischen Geistesgeschichte auf Phänomene, die nach *J. Werbick, K. Gabriel* und *F.X. Kaufmann* Merkmale aktueller gesellschaftlicher Entwicklungen sind, und von denen - *W. Kasper* und *H.J. Pottmeyer* zufolge - auch die Kirche längst erfaßt ist. Damit umreißt ihr *erster Hauptteil* die Themenstellung der vorliegenden Studie. In aller Kunstfertigkeit, die Theologen zu verschiedenen Zeiten zu seiner Durchführung aufgebracht haben, redet der Traktat zur Analysis fidei von einem Gott, dessen Offenbarung Respekt und Gehorsam einfordert, darin aber auch von ihrem Adressaten, dem Menschen, dem sie gilt, und dem zu ihrer Vernahme im Glauben viel abverlangt ist: Erkenntnisfähigkeit, Urteilskraft, Wille und innere Geneigtheit. Es sind dies aber genau jene Eigenschaften, die nach *J. Werbick* und *K. Gabriel* zu den Fähigkeiten zählen, die in einer Gesellschaft vielfältiger Autoritäts- und Glaubwürdigkeitsansprüche vonnöten sind, will hier der Einzelne seinen Platz und seine Identität finden. Es sind dies aber auch jene Eigenschaften, die nach *H. J. Pottmeyer* in der Kirche um eines lebendigen und verantworteten Überlieferungsgeschehens willen gefördert und herangebildet werden müssen.

Wie das *dritte Kapitel* der vorliegenden Studie zeigt, ist die Glaubensanalyse in besonderer Weise durch ihre Herkunft und Problemstellung zum Gegenstand fundamentaltheologischer Bemühung qualifiziert. Dabei geht es naturgemäß um Aspekte der theologischen Erkenntnislehre, vor allem aber um den begründeten Anspruch der Frohbotschaft auf Glaubwürdigkeit. Ergänzend und weiterführend soll dazu

im folgenden *vierten Kapitel* dieser Untersuchung die Glaubenstheologie des englischen Konvertiten und Kardinals *John Henry Newman* (1801 - 1890) nachgezeichnet werden. Die Entscheidung für eine Auseinandersetzung mit *J. H. Newman* ergibt sich aus der bisherigen Gedankenführung: Die Glaubensanalyse aus ihren Aporien zu führen, heißt nach dem bisherigen Einsichtsstand, konkret vom Glauben als einem vernunftgemäßen Freiheitsgeschehen zu sprechen. Die Beschäftigung mit *J. H. Newman* ist dabei in mehrfacher Hinsicht interessant. Bis zu seiner Konversion - und über sie hinaus - geht *J. H. Newman* einen schwierigen Glaubens- und Lebensweg, den er in Briefen, Tagebüchern und Schriften dokumentiert. *J. H. Newman* schreibt in privater und in theologischer Absicht. Sein Anliegen ist es, den Schritt seiner Konversion vor sich selbst und seinen Lesern aus dem Wesen und der Tradition der römisch - katholischen Kirche zu begründen. Der Erfahrungsschatz seiner Glaubensbiographie wird ihm dabei zur Quelle und Verifikationsinstanz einer eigenen, sehr eigenwilligen und für seine Epoche neuartigen Glaubenstheorie[202]. Diese entsteht überdies in einer bedeutenden Industrie- und Kolonialmacht an der Schwelle zur Moderne. Vieles von dem, was *J. H. Newman* also notiert, hat daher auch für den heutigen Leser bleibende Aktualität[203].

---

[202] Vgl. *M. Seckler*, Art. Glaube IV. systematisch - theologisch u. theologiegeschichtlich, in: LThK III 4, 672 - 685, hier 683 - 684.

[203] Vgl. dazu die Darlegungen von *W. Schneiders*, Das Zeitalter der Aufklärung, München 1997 (= BsR 2058) 21 – 51.

4. Wagnis und Zustimmung – Aspekte der Glaubensanalyse im Denken von *John Henry Newman* (1801-1890)

Kann das Verhältnis von Glaubensgrund, Glaubwürdigkeitserkenntnis und Glaubenszustimmung im *zweiten Kapitel* der vorliegenden Studie als Problem und eigentliche Herausforderung der Glaubensanalyse ausgemacht werden, verdeutlicht der Hinweis auf ihre neuzeitliche Wurzel im *dritten Kapitel* die Herkunft dieser Problemstellung. Die Schwierigkeiten, die hier aufgezeigt und aus dem Anspruch der *ratio* auf Selbstbestimmung hergeleitet werden können, gelten aber nicht nur für den Traktat der Glaubensanalyse. So ist die Theologie der Neuzeit für *J.B. Metz* [1] ganz allgemein durch eine unversöhnte Dualität, ein tiefgreifendes Schisma „zwischen theologischem System und religiöser Erfahrung"[2], geprägt. In dem unüberbrückbaren Gegenüber von Dogmatik und Mystik werden ihm zufolge die Erfahrungsgehalte einer Lebensgeschichte vor Gott zunehmend subjektivistisch - impressionistisch demontiert, so daß die Dogmatik zu einer zum System gewordenen „Berührungsangst vor dem unbegriffenen Leben"[3] erstarrt, also nicht prägend, rettend oder verwandelnd in die religiöse Lebenswelt einzugreifen vermag [4]. Die Nähe dieser Auffassung zu *K. Eschweiler* ist offensichtlich, wenn *J.B. Metz* die gesellschaftliche Relevanz des Glaubens betont: Er fordert eine lebensgeschichtliche Dogmatik[5], die in schöpferischer Vermittlungskraft das lang Entzweite zusammenzuführen und in die Öffentlichkeit des kirchlichen und gesellschaftlichen Lebens einzubringen sucht. Subjekt ist ihm dabei „der in seine Erfahrungen und Geschichten verstrickte und aus ihnen sich immer wieder neu identifizierende Mensch"[6]. *J. B. Metz* denkt an eine Art theologischer Existentialbiographie, bei der „die mystische Biographie der religiösen Erfahrung, der Lebensgeschichte vor dem verhüllten Antlitz Gottes, in die Doxographie des Glaubens eingeschrieben

---

[1] Vgl. *J. B. Metz*, Glaube in Geschichte und Gesellschaft. Studien zu einer praktischen Fundamentaltheologie, Mainz 1977 / zit. Gesellschaft, 195 – 203.
[2] *J. B. Metz*, Gesellschaft 195.
[3] *J. B. Metz*, Gesellschaft 195.
[4] Vgl. *J. B. Metz*, Gesellschaft 196.
[5] Vgl. *J. B. Metz*, Gesellschaft 196.
[6] *J. B. Metz*, Gesellschaft 196.

wird"[7]. Eine solche lebensgeschichtliche Theologie erhebt das Subjekt mit seiner religiösen Lebens- und Erfahrungsgeschichte in das dogmatische Bewußtsein der Theologie. Die Überlegungen, die E. *Kunz* zur Glaubensanalyse anstellt, weisen in eine solche Richtung: Der von ihm gewählte Begriff des Offenbarungsgeschehens verknüpft dazu die dogmatische Schau der Selbstmitteilung Gottes mit der kirchlichen Tradition des geistlichen Lebens. Dabei ist vor allem an die Spiritualität der Exerzitien des *Ignatius von Loyola* (1491 –1556) zu denken, die den Gläubigen auf einen Weg innerer Einkehr nehmen möchte[8] und dazu bewußt die biographische Komponente des Glaubensaktes herausarbeitet, ohne jedoch dessen Kirchlichkeit zu verleugnen[9]. In diesem Sinne ist die Glaubensanalyse der konkrete Fall einer lebensgeschichtlichen Dogmatik. Die Darlegungen von *I. U. Dalferth/ J. Ebeling, Th. Pröpper* und *J. Pottmeyer* zeigen dabei, wie der Traktat über die Grenzen, die ihm Herkunft und Genese setzen, fortentwickelt werden kann: Die analysis fidei, die sich darum müht, das Verhältnis von *ratio* und *fides* sachgerecht zu bestimmen, hat dabei jene Wirklichkeitsbereiche in den Blick zu nehmen, in denen der Offenbarungsanspruch dem Menschen begegnet. Sie hat überdies davon zu sprechen, inwieweit eine solche Begegnung den, dem sie widerfährt, in Denken und Handeln verändert.

Die Beschäftigung mit dem englischen Kardinal und Konvertiten *J.H. Newman*, nach *J. B. Metz* profilierter Vertreter einer Dogmatik von

---

[7] *J. B. Metz*, Gesellschaft 196. Nach *J. B. Metz* ist eine lebensgeschichtliche Dogmatik „biographisch, narrativ, konfessorisch, und in allem wie kaum eine zweite Theologie ins Lehrhaft - Objektive gewendet" (vgl. Gesellschaft 200). Musterbeispiele großer lebensgeschichtlicher Theologien bieten *Augustinus, Bonaventura, Pascal, Kierkegaard, Bonhoeffer* und *Newman* (vgl. Gesellschaft 200 und 203). Auch dem Werk K. *Rahners* lassen sich so neue Aspekte abgewinnen (vgl. Gesellschaft 199 - 203).

[8] Vgl. *P. Eicher*, Art. Neuzeitliche Theologien, in: NHThG 4, 7-47, 21, Bd. 4, München 1991, 7-47, 21: „ Auch die *ignatianische Spiritualität* und die *spanische Mystik* zeigen eine Zentriertheit auf die Vergewisserungsproblematik, die ihre Lösung erst in einem *credo ergo sum* findet. Die Exerzitien des *Ignatius von Loyola* (1491 – 1556) zielen in ihrer Urform auf die Auslieferung des Einzelnen an den Kampfruf Christi zur Erbauung seines Reiches, das mit der hierarchisch-römischen Kirche identisch gesetzt wird, in ihrer späteren Fassung auf die planvoll durchgeführte Anleitung zur Gewinnung von Mitstreitern."

[9] Vgl. *E. Kunz*, Bewegt von Gottes Liebe 75 - 81 und *M. Schneider*, „Unterscheidung der Geister". Die ignatianischen Exerzitien in der Deutung von E. Przywara, K. Rahner und G. Fessard, 2. Aufl., Innsbruck Wien 1987, 11 - 25 (= IST 11).

ausgesprochen biographischem Typus[10], in K. *Eschweilers* Konzeption einer subjektiven Apologetik deren „ größter Meister "[11], geschieht daher nicht ohne Grund. Sie scheint folgerichtig: Der Wandel der Glaubensanalyse und die damit veränderte Sicht des Glaubensvollzuges, der nunmehr als personales Ereignis gesehen wird, scheint hier vorweggenommen[12]. *J. H. Newmans* Denken ist diesbezüglich in herausragender Weise exemplarisch. Es darf biographisch genannt werden, insofern es die eigene Lebens- und Konversionsgeschichte als eine Geschichte religiöser Erfahrungen zum Gegenstand hat[13]. Die autobiographischen Schriften, die *J. H. Newman* verfaßt hat, sprechen vom Glauben und seinem Vollzug, sie rekonstruieren den Glauben als eine Geschichte lebenslanger Auslegungsprozesse und genau darin als die Geschichte einer religiösen Identität[14]. Die Frage nach der Glaubensgewißheit steht nicht nur im Horizont erkenntnistheoretischer Bemühungen: Bei *J. H. Newman* wird sie beispielhaft zum Akt der Selbstvergewisserung[15]. Der

---

[10] Vgl. *J. B. Metz*, Gesellschaft 202.

[11] *K. Eschweiler*, Religion und Metaphysik 486.

[12] Vgl. *J. Meyer zu Schlochtern*, Art. Glaubwürdigkeit 735, sieht mit dem Ende des 19. Jahrhunderts eine theologiegeschichtliche Wende, näherhin die Ablösung von rationalistischen Prämissen. „In einer vielschichtigen u. spannungsreichen Entwicklung...eröffnet die Überwindung verengter Begriffe v. Glaube, Vernunft u. Offenbarung neue Möglichkeiten, die Einsicht in die Sinnhaftigkeit der Glaubensgehalte z. Grdl. einer hermeneut. Darlegung ihrer G. zu machen, wobei Elemente der trad. Glaubens - Theol. neu rezipiert werden..."(ebd. 736). Zeugen für diese Entwicklung sind *J. H. Newman, V.A. Dechamps, M. Blondel* und *P. Rousselot* (vgl. ebd. 736).

[13] Vgl. *L. Kuld*, Lerntheorie des Glaubens. Religiöses Lehren und Lernen nach J. H. Newmans Phänomenologie des Glaubensaktes, Sigmaringendorf 1989 (= NSt 13) / zit. Lerntheorie, 59.

[14] Vgl. *L. Kuld*, Lerntheorie 60 mit Hinweis auf *J. H. Newman*, Apologia pro vita sua. Geschichte meiner religiösen Überzeugungen, Mainz o.J. (= AW I). Wird im weiteren Verlauf der Darstellung aus den von *M. Laros* und *W. Becker* herausgegenen neunbändigen *Ausgewählten Werken*, Mainz 1951- 1975, zitiert bzw. auf einen der Bände verwiesen, geschieht dies unter dem Kürzel AW und der jeweiligen Bandnummer der Werksausgabe.

[15] „Ich bin Katholik, kraft meines Glaubens an einen Gott; und wenn ich gefragt werde, warum ich an einen Gott glaube, so gebe ich zur Antwort: Weil ich an mich selbst glaube, denn meinem Empfinden nach ist es unmöglich, an meine eigene Existenz zu glauben (und dieser Tatsache bin ich ganz sicher) , ohne auch an die Existenz dessen zu glauben, der als ein persönliches, allwissendes und allvergeltendes Wesen in meinem Gewissen lebt" (AW I 233).

individuelle Glaubensweg ist dabei eng auf den Glauben der Kirche und ihre Lehre bezogen. Diese Verbindung von dogmatischer Wahrheit und persönlicher Zustimmung kann nach M. *Miserda* als Grundstruktur der Theologie *J. H. Newmans* gelten[16]. Seinen Beitrag zur Glaubensanalyse mit dem Maßstab klassischer Glaubenstraktate zu messen, scheint - wie zu zeigen sein wird - wenig angemessen[17], ihn mit deren verbliebenen Desideraten zu konfrontieren, dagegen sehr interessant: Wesentlich durch die neuzeitliche Fragestellung von Offenbarungsglauben und Vernunftwissen bestimmt[18], geht *J.H. Newman*, so *K. Eschweiler*, in seinen Vorträgen und Veröffentlichungen abseits der bis dato üblichen apologetischen Methode einen Sonderweg[19], indem er „persönliche Erlebnisweise mit der Subjektivität seiner Zeit und Umgebung"[20] zu verbinden weiß.

Dem geht das folgende Kapitel nach. Einen ersten Zugang zum Glaubensdenken *J. H. Newmans* bilden Schriften aus dessen römischer Studienzeit, in denen er sich mit dem Glaubensakt und dem kirchlichen Überlieferungsgeschehen auseinandersetzt. Hier ist von der analysis fidei explizit die Rede. Die Begegnung mit *G. Perrone* macht dabei die Besonderheit und Eigenart seines Denkens deutlich, in gedrängter Form scheint hier auf, was *J. H. Newman* in seinen späteren Werken ausführlich entfaltet. Gerade in Hinblick aber auf die Gaubensthematik darf die Entwicklung, die *J. H. Newman* in den darauffolgenden Jahrzehnten genommen hat, nicht leichtfertig übergangen werden. Davon ist im *zweiten Abschnitt* des Kapitels die Rede. Neben den sogenannten *Oxforder Universitätspredigten* und den Reden aus der Zeit seines Dubliner Universitätsrektorates sind es vor allem Kleinschriften und Tagebuchnotizen, in denen *J. H. Newman* sein Bild vom Menschen skizziert und seine Konzeption zu Glaube und Vernunft niederlegt. Die Anordnung in der Dar-

---

[16]Vgl. *M. Miserda*, Subjektivität 258.

[17] Vgl. dazu den von *F. Malmberg* für das LThK II 1 verfaßten Artikel „Analysis fidei" (ebd. 477 - 483), in dem der Autor nach ausführlicher Darlegung der traditionellen Lösungsversuche darauf hinweist, „daß J.H. Newman keine Theorie über die A.f. aufstellen wollte" (ebd. 481).

[18] Vgl. *K. Eschweiler*, Religion und Metaphysik 312.

[19] Vgl. *K. Eschweiler*, Religion und Metaphysik 312.

[20] *K. Eschweiler*, Religion und Metaphysik 487. Zu Biographie und Zeitbezug *J. H. Newmans* im Überblick *G. Biemer*, Art. Newman, John Henry, in: LThK III 7, 795 – 797.

stellung ist keinesfalls zufällig. Sie weiß sich vielmehr den Texten, ihrer Chronologie und inhaltlichen Schlüssigkeit verpflichtet, durch die sie das hier zugrundeliegende Verständnis des Glaubensaktes zu ermitteln sucht. Im folgenden, *dritten Abschnitt* des Kapitels geht es sodann um das Hauptwerk von J. H. Newman, den *Essay in aid of a Grammar of Assent* aus dem Jahre 1870. *J. H. Newman* entwickelt hier eine ganz spezifische Theorie des Glaubensaktes, den er von der Zustimmung her konzipiert. Das Glaubensmodell, das dabei entsteht, setzt Gedankengänge früherer Publikationen voraus, verknüpft und vervollkommnet sie. Sein Ertrag soll daher abschließend - gemeinsam mit den Überlegungen des *ersten Hauptteiles* der vorliegenden Studie – zur Auswertung kommen. Die vorliegende Arbeit bleibt damit also ihrem Duktus treu, Positionen der Theologiegeschichte auf ihren theologisch-systematischen Gehalt zu befragen.

4.1. Glauben in Kirchlichkeit und Individualität - *J. H. Newman* im Gespräch mit *G. Perrone SJ* (1794 - 1876)

Im September 1846 kommt *J. H. Newman* zum zweiten Male in seinem Leben nach Italien[21]. Auf Anraten des Erzbischofs von Westminster, *Nicholas Wiseman* (1802 - 65)[22], soll er sich in Rom mit der römischen Theologie und ihren Vertretern vertraut machen. Zu diesem Zweck nimmt er gemeinsam mit seinem Freund *Ambrose St. John*[23,] der ihn begleitet, Wohnung im *Collegio di Propaganda della Fede* und besucht Vorlesungen an der *Päpstlichen Universität Gregoriana*[24]. *J. H. Newman* ist bereits

---

[21] Vgl. *F.M. Willam*, John Henry Newman und P. Perrone, in: NSt II, 120 - 145, hier 120.

[22] Vgl. *G. Biemer*, John Henry Newman. 1801 - 1890. Leben und Werk, Mainz 1989, zit. Newman/, 82. Zu *N. Wiseman* vgl. *G. Biemer,* Art. Wiseman, Nicholas Patrick Stephen, Kard., in: LThK II 10, 1188 - 1189.

[23] Vgl. *J. Artz*, Art. St. John, Ambrose, in: *J. Artz*, Newman – Lexikon, Mainz 1975 (=AW IX), 951-952. Im Folgenden wird das Newman- Lexikon mit dem Kürzel *NL* angeführt.

[24] Vgl. *I. Ker*, John Henry Newman. A Biography, 2. Aufl., Oxford 1990, / zit. Biography 326 - 332. „However, they refused to be exempted from the discipline of seminary life, which was their reason for coming in the first place; the only concession they took advantage of was the freedom to go out when they wanted" (*I. Ker*, Biography 326). Zum Collegio di Propaganda *W. Ward*, The Life of John Henry Cardinal Newman. Based on his private journals and correpondence, Bd. 1, London - New York - Bombay - Calcutta 1912, zit Life I 145 – 146.

45 Jahre alt und Verfasser von Zeitschriftenartikeln, Predigtbänden sowie großangelegten systematischen und historischen Untersuchungen. Seit gut einem Jahr ist er katholisch[25]: Für seinen persönlichen Konversionsweg sind bis dahin zwei Werke von herausragender Bedeutung. Die zwischen 1831 und 1832 entstandene Studie über die *Arians of the Fourth Century*[26] und die im Jahr 1838 veröffentlichten *Lectures on Justification*[27]. In seinen intensiven Vorstudien zur Arianerfrage begegnet *J.H. Newman* dem Denken der Kirchenväter[28], für ihn der „Inbegriff der Lehren des Christentums"[29]. Die Geschichte wird hier konsequent sakramental - heilsökonomisch verstanden[30], eine Sichtweise, die auch noch die *Zustimmungslehre* von 1871 prägt[31]:Demnach erschließt sich das Ewige Schritt für Schritt in einem steten Prozeß [32], die äußere Welt gilt als

---

[25] Zum Geschehen der Konversion vgl. *I. Ker*, Biography 316 – 317.

[26] *J. H. Newman*, The Arians of the Fourth Century, 3. Aufl., London 1871. Vgl. dazu *J. Artz*, Art. Arians of the Fourth Century, The, in: NL 59 - 60.

[27] *J. H. Newman*, Lectures on the Doctrine of the Justification, 3. Aufl., London 1874. Vgl. dazu *J. Artz*, Art. Justification, Lectures on, in: NL 549 - 550.

[28] Vgl. dazu *G. Biemer*, Newman 32 - 33; *I. Ker*, Biography 48 -53; *G. Ward*, Life I 46 - 50. *J. H. Newman* selbst bemerkt dazu in seiner Apologie: „Die großzügige Philosophie des Clemens und Origines riß mich fort ... Manche an sich bewundernswerte Teile ihrer Lehre klangen meinem inneren Ohr wie Musik, sie waren wie die Antwort auf Ideen, die ich lange, fast ohne äußere Anregung, mit mir herumgetragen hatte" (AWI 46).

[29] AW I 46.

[30] Vgl. *I. Ker*, Biography 50 - 52.

[31] *J. H. Newman*, An Essay In Aid Of A Grammar of Assent. Edited with introduction and notes by *I. T. Ker*, Oxford 1985 / zit. GA. Die Einführung, die I.T. Ker der kritischen Ausgabe des Grammar beigibt (in. GA XI-XX), ist im Folgenden mit „Editor's Introduction" angeführt. In deutscher Sprache siehe: Entwurf einer Zustimmungslehre. Durchgesehene Neuausgabe der Übersetzung von Th. Haecker, Mainz 1961 (= AW VII). Zur heilsökonomischen Sicht der Geschichte bei *J. H. Newman* vgl. *T. Merrigan*, Clear Heads And Holy Hearts. The Religious And Theological Ideal of John Henry Newman. With a Foreword by I. Ker, Louvain 1991 (= Louvain Theological & Pastoral Monographs 7)/ zit . Clear Heads, sieht in eine ausgeprägte Neigung *J.H. Newmans* zur platonischen Gedankenwelt (Clear Heads 30 – 36). „Newman´s early intellectual development witnesses to an imbalance in favor of a so-called platonic tendency to undervalue the material. His mature thought, of which the *Grammar* is the finest expression, gives the external world and ordinary human experience its due, without, however, abandoning any of its feeling for the reality of the *Invisibile"* (*T. Merrigan*, Clear Heads 36).

[32] Vgl. AW I 46.

nach außen in Erscheinung tretende Offenbarung größerer Realitäten[33]. Die *Lectures on Justification* entstehen einige Jahre später aus ökumenischer Absicht[34]. Nach *J. Artz* vermittelt *J. H. Newman* in seinem Werk zur Rechtfertigung durch den Begriff der Einwohnung Gottes die Einseitigkeiten sowohl scholastischer als auch protestantischer Theologie [35].

Die Offenbarung als Teil der Geschichte des Menschen, und „folglich durch die Tätigkeit des menschlichen Verstandes in ihrem Inhalt bedacht, durchsucht, ausgefaltet"[36]: Mit dieser theologischen Schau ist der Boden für den zwischen Januar und Oktober 1845 entstandenen *Essay on the Development of Christian Doctrine* bereitet[37]. Der *Essay zur Entwicklungslehre* ist vor allem in den Vereinigten Staaten von Amerika umstritten[38]. Die *Unitarier*[39] etwa legen *J. H. Newmans* Essay sehr eigenwillig aus

---

[33] Vgl. AW I 47. Vgl. dazu *E. Ender*, Heilsökonomie und Rechtfertigung. Eine Untersuchung über die Heilsfrage bei John Henry Newman, Essen 1972 (= Beiträge zur neueren Geschichte der katholischen Theologie 15) 79 - 132.

[34] Vgl. dazu *I. Ker*, Biography 151 - 157. „Die anglikanische Kirche folgte nach meinem Dafürhalten Melanchthon, daher bestand zwischen Rom und Anglikanismus, zwischen der Hochkirche und den Puritanern in diesem Punkt kein wirklicher intellektueller Unterschied. Ich wollte eine Kluft, die Menschenwerk war, ausfüllen" (AW I 96-97).

[35] Vgl. dazu *J. Artz*, Art. Rechtfertigung, in: NL 914 - 916, hier 915, wonach *J. H. Newman* aus der Lehre der griechischen Väter zwischen die Extreme der scholastischen *gratia creata* und *qualitas inhaerens* sowie die einseitige protestantische *imputative Rechtfertigung* des Sünders durch den Glauben allein die Einwohnung Gottes als reale Mitte des Verständnisses von der Rechtfertigung stellt. *I. Ker* sieht ebenfalls eine sehr enge Verknüpfung von Glaube und Rechtfertigung bei *J. H. Newman*: „Faith ... as the 'correlative' to God´s grace, is first the 'condition'and then the 'instrument' of justification" (Biography 154).

[36] *G. Biemer*, Newman 71.

[37] *J. H. Newman*, An Essay On The Development of Christian Doctrine, Westminster, Md. 1968 / zit. Dev. Dtsch.: Über die Entwicklung der Glaubenslehre. Durchgesehene Neuausgabe der Übersetzung von *Th. Haecker* besorgt, kommentiert und mit ergänzenden Dokumenten versehen von *J. Artz*, Mainz 1969 (= AW VIII). Zur Entstehungsgeschichte siehe *J.H. Newman*, AW I 271. Ausführlich dazu *G. Biemer*, Überlieferung und Offenbarung. Die Lehre von der Tradition nach John Henry Newman, Freiburg - Basel - Wien 1961 (= Die Überlieferung in der neueren Theologie IV) zit. Überlieferung 90 – 98.

[38] Vgl. dazu *I. Ker*, Biography 327 und *W. Ward*, Life I 159 - 162.

[39] Vgl. dazu *F.M. Willam*, John Henry Newman und P. Perrone 121 - 122. Siehe auch *J. Artz*, Art. Unitarianismus, in: NL 1095 - 1096 sowie *E. Haensli*, Art. Unitarier, in: LThK II10, 506-507.

und beunruhigen die katholische Öffentlichkeit mit ihrer Behauptung, das „Geheimnis der heiligsten Dreifaltigkeit selbst sei ein Ergebnis menschlicher Gedankenarbeit"[40]. Die amerikanischen Bischöfe führen daraufhin in Rom Beschwerde gegen den Essay und seinen Verfasser[41]. Im Mittelpunkt ihrer Kritik steht die Frage nach dem Verhältnis von Vernunft und Glaube, wie es zwar im *III. Kapitel* der Erstauflage der *Entwicklungslehre* nur kurz zur Sprache kommt, dafür aber den Hauptgegenstand der *Oxforder Universitätspredigten* bildet[42]. *J.H. Newman* fürchtet, daß seine darin dargelegte Lehre von der Begründung der Glaubensgewißheit auf vorausliegende Wahrscheinlichkeiten und Präsumtionen in Rom nicht anerkannt werde. So sucht er das Grundanliegen seiner *Oxforder Universitätspredigten* zu verteidigen, aber auch sorgfältig vor Mißverständnissen zu schützen[43]. Vor allem aber wünscht er, „seine Ideen über den Glauben vom Standpunkt der Theologie zu klären und darzulegen, wie weit seine eigenen Anschauungen, die er von der Kanzel der Universität aus entwickelt hatte, mit der Tradition der theologischen Schulen übereinstimmten"[44]. Dazu entstehen im Jahr 1847 die prägnanten zwölf *Theses de fide*[45] zur Problematik der Analysis fidei. Die

---

[40] *F. M. Willam*, John Henry Newman und P. Perrone 121 - 122.

[41] Vgl. *F. M. Willam*, John Henry Newman und P. Perrone 122. *J. H. Newman* schreibt am 15. Nov. 1846: „My dear Dalgairns, - Knox writes me word that the whole American Church, all the Bishops I think, are up in arms against my book. They say it is half Catholicism half infidelity" (zit. nach *W. Ward*, Life I 160).

[42] Vgl. *M. Laros /W. Becker*, Anm. 13, in: *J.H. Newman*, Zur Philosophie und Theologie des Glaubens. Oxforder Universitätspredigten. Übersetzt von M. Hofmann und W. Becker. Mit einem Kommentar von W. Becker, Mainz 1964 (= AW VI) 457 - 461, hier 458. Im Original: *J. H. Newman*, Fifteen Sermons Preached Before The University of Oxford, Westminster 1966 /zit. OUS. Vgl. *J. H. Newman* in seinem Brief vom 8. Dezember 1846 an *J.D. Dalgairns* , in dem er ihn um eine baldige französische Übersetzung der Universitätspredigten bittet: „Seit ich schrieb, hörte ich, mein Buch werde beschuldigt, es leugne die moralische Gewißheit und behaupte *mit Hermes*, in religiösen Fragen könnten wir über die Wahrscheinlichkeit nicht hinausgelangen. Das ist bei weitem nicht meine Meinung" (zit. nach: *J. H. Newman*, Briefe und Tagebuchaufzeichnungen aus der katholischen Zeit seines Lebens. Übersetzt von M. Knoepfler, 2. erg. und verb. Aufl., Mainz 1957 (= AW II / III) 62 - 63, hier 62).

[43] Vgl. *M. Laros / W. Becker*, Anm. 13, in: AW VI 459.

[44] *M. Laros / W. Becker*, Anm. 13, in: AW VI 459.

[45] *J. H. Newman*, Theses de Fide, in: *H. Tristam*, Cardinal Newman´s Theses de Fide and his proposed Introduction to the French Translation of the University

Form ihrer Darstellung ist originell. Auf eine jeweils eigene These zur Entstehung und zum Vollzug des Glaubens folgt ein Hinweis auf Texte scholastischer Autoren, vornehmlich Jesuitentheologen des 16. und 17. Jahrhunderts. These wie Belegstellen werden dann in Beziehung zu entsprechenden Abschnitten aus den *Oxforder Universitätspredigten* gesetzt: Der Katholik *Newman* weiß sich nicht nur im Einklang mit der Tradition, sondern auch mit seinen Ansichten aus anglikanischer Zeit[46]. Im Umfeld der *Theses de fide* sind weitere Texte überliefert, in denen *J. H. Newman* seinen Ansatz zur Glaubensbegründung vertieft, Kurznotizen zur Glaubensfrage etwa[47] oder auch das Vorwort zur geplanten französischen Ausgabe der Universitätspredigten[48].

Wie in den *Theses de fide* bemüht sich *J. H. Newman* auch in den zwölf Thesen zur Dogmenentwicklung[49], dem sogenannten *Newman - Perrone -Paper on Development* [50], um eine klare Darlegung seiner Position. Dies wird notwendig, weil die römischen Professoren sich zwar in ihren Vorlesungen mit dem Essay zur Entwicklungslehre auseinandersetzen, aber durch mangelnde Englischkenntnisse sowie Übersetzungen lediglich einiger Auszüge daran gehindert sind, die komplizierte Materie zu durchdringen und sachgemäß zu beurteilen[51]. Gesuchter Gesprächs-

---

Sermons / zit. Cardinal Newman' s Theses in: Greg XVIII (1937) 219 – 260; hier 226 – 239/ Deutsche Übersetzung in: AW VI 427 - 428. 433 - 440.

[46] Vgl. *M. Laros / W. Becker*, Anm. 759, in: AW VI 563.

[47] Vgl. *J. H. Newman*, Theses de Fide 238 - 40 und *On probability*, in: *H. Tristam*, Cardinal Newman´ s Theses ebd. 246 - 247 sowie ein Tagebucheintrag vom 11. Januar 1847 (vgl. ebd. 243).

[48] *J. H. Newman*, Preface, in: *H. Tristam*, Cardinal Newman´s Theses 248 - 260, dtsch. in: AW VI 441 - 450.

[49] Vgl. *M. Laros / W. Becker / J. Artz*, Anm. 720, in: AW VIII. 650.

[50] *T. Lynch*, The Newman - Perrone - Paper on Development, in: Greg. XVI (1935) 402 – 447/ zit. Newman-Perrone-Paper, deutsch: AW VIII 393 - 416. Dtsch. AW VIII 393 - 402 sowie *J. H. Newman*, Zur Philosophie und Theologie des Glaubens, II. Teil. Deutsche Übertragung aus dem Englischen von Dr. *M. Hoffmann*, Mainz 1940 (= Ausgewählte Werke. Dritter Band) /zit. AW IIIa, 158 - 197, bes. 172 - 194, wo über AW VIII (vgl. ebd. 653, Anm. 733) hinaus die Erläuterungen *Newmans* zu Kapitel IV dokumentiert sind

[51] Am 22. 11. 1846 schreibt *J.H. Newman* an *J. B. Dalgairns*: „ Die Theologen der römischen Kirche, die angeblich die römische Theologie beherrschen, bringen in ihren Vorlesungen Happen aus meinem Essay zur Sprache (ohne das ganze Buch gelesen zu haben), um ihre abweichende Meinung darzulegen. Das scheint ganz sinnlos" (AW II / III 60).

partner und Adressat *J. H. Newmans* ist der römische Dogmatiker *G. Perrone SJ*[52], dem die theologischen Schriften *J. H. Newmans* aus dessen anglikanischer Zeit bekannt sind, der als führender theologischer Kopf gilt und dessen Vorlesungen *J. H. Newman* an der *Päpstlichen Universität Gregoriana* hört[53]. Wie *J. H. Newman* beschäftigt sich auch *G. Perrone* in jener Zeit besonders mit der Frage nach der Glaubensgewißheit. Im Vorfeld der Dogmatisierung der Unbefleckten Empfängnis im Jahre 1854 ist es an *G. Perrone*, in einem Gutachten die Gründe über deren Für und Wider zu überprüfen[54]. Es stellt sich ihm dabei die Frage nach der Wertigkeit der moralischen Evidenz einer in der Kirche allbekannten Tatsache[55]. So ist auch das zweite Dokument *J. H. Newmans* von origineller Gestalt. Den zwölf *Theses quaedam de Verbo Dei per Ecclesiam manifestato*[56] gehen drei kurze Kapitel voraus, in denen *J. H. Newman* darlegt, was er unter dem objektiven Wort Gottes (*Kapitel I*), dem subjektiven Wort Gottes (*Kapitel II*) und dem in der katholischen Kirche subjektiven Wort Gottes (*Kapitel III*) versteht. Nach dem ursprünglichen Plan sollte von *J. H. Newman* immer nur die eine Hälfte jeder Manuskriptseite beschrieben werden, „während die rechte Seite jeweils für Perrone zu Bemerkungen frei bleiben sollte. Newman beschrieb aber oft auch die zweite Hälfte, so daß für Perrone dann nur wenig Platz übrigblieb"[57]. Das Dokument gilt als Nachklang zahlreicher und langer Gespräche *J. H. Newmans* mit *P. Perrone*, aus denen eine lebenslange Freundschaft erwächst[58].

Die *Theses de fide* und das *Newman - Perrone - Paper* sind von großer Bedeutung. Hinsichtlich ihrer Gedankenfolge dokumentieren sie eine entscheidende Etappe auf dem Weg zur *Zustimmungslehre*, die *J.H.*

---

[52] Vgl. *W. Kasper*, Art. Perrone, Giovanni, SJ, in: LThK II 8, 282.

[53] Zur Auseinandersetzung *G. Perrones* mit *J.H. Newman* vgl. Theses de fide 219 - 224.

[54] Vgl. *F. M. Willam*, John Henry Newman und P. Perrone 139 und *W. Kasper*, Die Lehre von der Tradition in der Römischen Schule (Giovanni Perrone, Carlo Passaglia, Clemens Schrader), Freiburg - Basel - Wien 1962 (= Die Überlieferung in der neueren Theologie V)/ zit. Lehre, 114 sowie *M. Miserda*, Subjektivität 178 - 179.

[55] Vgl. *F. M. Willam*, John Henry Newman und P. Perrone 140.

[56] Newman-Perrone-Paper 417– 444.

[57] *W. Kasper*, Lehre 120. Vgl. dazu Newman - Perrone - Paper 402.

[58] Vgl. *F. M. Willam*, John Henry Newman und P. Perrone 143 - 145 mit Hinweis ebd. auf AW I 89. Siehe auch *J. H. Newman*, Polemische Schriften. Abhandlungen zu Fragen der Zeit und der Glaubenslehre. Übersetzt von M.E. Kawa und M. Hofmann, Mainz 1959 (= AW IV) 263 - 270.

Newman im Jahr 1871 vorlegen wird. Zugleich zeugen sie von dem Bemühen des Konvertiten, seine theologische Gedankenwelt durch jene
der katholischen Tradition bestätigt zu finden. Inhaltlich bereichert die
theologische Diskussion zwischen *J. H. Newman* und *G. Perrone* den Gedankengang zur Glaubensanalyse um wichtige Aspekte: In beiden Dokumenten kommt das Verhältnis von Offenbarung, Subjekt und Überlieferungsgeschehen auf charakteristische Weise zur Sprache. Die Darlegung und Apologie seiner theologischen Einsichten vermittelt darin
präsize einen Standpunkt, dessen Eigenart die Fragestellung der Glaubensanalyse erhellt und bestehende Lösungsmodelle um Einsichten ergänzt.

4.1.1. Die Verhältnisbestimmung von Glaube und Subjekt: Die *Theses de fide*

J. H. Newman ordnet seine zwölf *Theses de fide* in klarer, übersichtlicher
Struktur[59]. Die Thesen erschließen sich in ihrer Eigenart, wenn der

---

[59] Die Thesen (zit. nach Theses de fide 226 - 237) lauten im lateinischen Original:

1. Actus divinae fidei est intellectus assensus, divinae veritati praestitus, certus,
inevidens.

2. Inevidens, quia motiva, seu momenta argumentativa, quae actum illum antecedunt, non cogunt intellectum vi sua, ut credat; certus autem, ut qui in assentiendo nullam habeat nec dubitationem nec formidinem.

3.Quod quidem, si primo audito paradoxum sonat, quasi conclusio ulla possit
esse magis certa quam praemissae ex quibus sequitur, plane tamen suscipiendum est
et propugnandum.

4. Plane suscipiendum est, propter illud ipsum, quod assensus fidei certus est;
nam si ex logica quadam veritatum naturalium tractatione totus penderet, profecto
certus esse non posset, cum lumen naturale non det illam certitudinem.

5. Ex quo sequitur, ut, quicquid sit verum illud et speciale motivum,
quo creditur, procul dubio ista motiva humana, quae fidem antecedunt, fidei motivum non sint, neque sint ejusmodi ut in ea fides possit resolvi, sed sint ordinaria
solummodo conditio sine qua non, qua via sternitur ad fidem, qua voluntas movetur
ad imperandum fidei assensum, (qua objectum) fidei proponitur et applicatur intellectui, non demonstratur.

6. Necessaria porro sunt humana illa fidei motiva, ut prudens sit, ut a pertina-
cia haereticorum decernatur, ut ii iure possint condemnari qui nolunt credere.

7. Quare, quamquam motiva fidei non cogunt intellectum vi sua ut credat, tamen in loco suo, et (ut dicunt) secundum suam mensuram, sunt vera argumenta, et
tendunt ad eam conclusionem, quam plene non attingunt, id est, credibilem faciunt
eam conclusionem.

8. Quae credibilitas debet evidens esse universis, quo credant, etiam simplicibus et indoctis.

9. Vel, ut idem aliter exprimatur, ex ipsis motivis humanis proficiscitur iudicium quoddam morale, obiectum fidei esse credibile: quod tamen iudicium, ante voluntatis imperium prudenter adhibitum, non excludit dubitationem et formidinem.

10. Certitudo contra absoluta et perfecta fidei divinae, non ad discursum appellat aut ad motiva humana, sed unice ad hoc, quod locutus est Deus, Aeterna Veritas, qui nec decipere potest nec decipi.

11. Neque enim, ut iam dictum est, in discursu aut motivis humanis fundata est (originem habet), sed in voluntate, quae, mota divina gratia, imperat intellectui, ut assensum certum det illis, quae, pro ratione motivorum quibus probantur, certitudinem non habent, sed solum credibilitatem.

12. Atque in hoc quidem consistit meritum fidei, quod actus est liberi arbitrii, gratia adiuti, non admissio (receptio) conclusionum, quas intellectus, logica necessitate compulsus, reicere non possit.

Die deutsche Übersetzung der *Theses de fide*, auf die im Verlauf der Darstellung immer zurückkgegriffen wird, findet sich in AW VI 427 – 428, die Belege, die J. H. *Newman* aus seinen *Oxforder Universitätspredigten* sowie aus den Werken scholastischer Autoren beifügt, ebd. 433 – 440. Die Übersetzung der Thesen lautet:

1. Der Akt des göttlichen Glaubens ist die der göttlichen Wahrheit gewährte sichere, unbewiesene Zustimmung des Intellektes.

2. Unbewiesen, weil die Motive oder Beweisgründe, die jenem Akt vorausgehen, den Intellekt nicht mit ihrer Kraft dazu zwingen, daß er glaubt. –Sicher aber, so daß er beim Zustimmen keinen Zweifel und keine Beunruhigung hat.

3. Wenn das auch beim ersten Hören paradox klingt, so als ob eine Konklusion jemals sicherer sein könnte als die Prämissen, aus denen sie folgt, so ist es doch voll anzunehmen und zu vertreten.

4. Voll anzunehmen ist es gerade deshalb, weil die Glaubenszustimmung sicher ist. Wenn sie nämlich ganz von der logischen Behandlung natürlicher Wahrheiten abhinge, könnte sie tatsächlich nicht sicher sein. Denn das natürliche Licht (der Vernunft) gibt jene Gewißheit nicht.

5. Daraus folgt: Worin auch immer das wahre, rechtmäßige und besondere Glaubensmotiv bestehen mag, so sind doch zweifellos jene menschlichen Motive, die dem Glauben vorausgehen, nicht das Glaubensmotiv. Sie sind auch nicht derart, daß der Glaube in sie aufgelöst werden könnte. Vielmehr sind sie nur die gewöhnliche, unbedingte Voraussetzung, durch die der Weg zum Glauben geebnet und der Wille dazu angetrieben wird, die Glaubenszustimmung zu befehlen. Durch sie wird wird der Gegenstand zum Glauben vorgelegt und dem Intellekt angepaßt, aber nicht bewiesen.

6. Notwendig allerdings sind jene menschlichen Motive des Glaubens, damit er vernunftgemäß sei, damit sich ferner die Häretiker in ihrer Hartnäckigkeit für ihn entscheiden, und damit schließlich die von Rechts wegen verdammt werden können, die nicht glauben wollen.

Glaubensakt nicht *in abstracto*, sondern konkret vom Glaubenden her gedacht wird: *J. H. Newman* geht es um den Glaubensakt nach seiner menschlichen Seite, um den Akt der Annahme bzw. um den Übergang zur Annahme der Glaubensbotschaft[60]. Die *Thesen 3 bis 8* zeichnen dies nach. So erst wird die im Glaubensakt „sichere, unbewiesene Zustimmung des Intellekts" (*Thesen 1 und 2*) einsichtig: In der vor der Vernunft verantwortbaren „weisen Anwendung des Willensbefehls" (*These 9*) erweist sich der Glaube als Werk göttlicher Gnade (*These 10*). In den *Thesen 11 und 12* folgt dann eine knappe Skizze zur Glaubensanalyse, durch die *J. H. Newman* seine Treue zur Tradition bekräftigt, aber auch das Neue erahnen läßt, das in solcher Art Glaubensdenken verborgen liegt.

Gleich zu Beginn, in den *Thesen 1 und 2* [61], bestimmt er den Glaubensakt als zwar sichere, aber nicht aus sich heraus einsichtige Zustimmung, die der Intellekt der göttlichen Wahrheit gewährt. Damit zielt *J.*

---

7. Wenn daher auch die Motive des Glaubens nicht den Intellekt mit ihrer Kraft zum Glauben zwingen, so sind sie doch an ihrem Ort und sozusagen nach ihrem Maß wahre Beweisgünde und tendieren auf diese Konklusion hin, die sie nicht ganz erreichen, das heißt, sie machen diese Konklusion glaubwürdig.

8. Diese Glaubwürdigkeit muß allen einsichtig sein, damit sie glauben, auch den Einfachen und Ungebildeten.

9. Oder, um dasselbe anders auszudrücken, aus den menschlichen Motiven selbst geht irgendein moralisches Urteil hervor, daß der Gegenstand des Glaubens glaubwürdig sei: Dieses Urteil aber schließt vor der weisen Anwendung des Willensbefehls nicht den Zweifel und die Beunruhigung aus.

10. Die absolute und unvollkommene Gewißheit des göttlichen Glaubens appelliert dagegen nicht an die Schlußfolgerung oder an menschliche Motive, sondern einzig an das, was Gott gesprochen hat, die Ewige Wahrheit, die weder täuschen noch getäuscht werden kann.

11. Sie ist auch, wie gesagt, nicht auf die Schlußfolgerung oder auf menschliche Motive fundiert, sondern auf den Willen, der, von der göttlichen Gnade angetrieben, dem Intellekt befiehlt, eine sichere Zustimmung dem zu geben, was im Hinblick auf die Motive, durch die es bewiesen wird, keine Gewißheit, sondern nur Glaubwürdigkeit hat.

12. Und darin besteht eben die Verdienstlichkeit des Glaubens, daß er ein Akt des freien Willens ist, dem die Gnade hilft – nicht aber die Annahme von Konklusionen, die der Intellekt, von logischer Notwendigkeit gedrängt, nicht zurückweisen kann.

[60] Vgl. *J. H. Newman*, Tagebucheintrag vom 11. Januar 1847, Abschn. 5, in: Theses de fide 243.

[61] Vgl. Theses de fide 226 - 227.

H. Newman auf ein Glaubensverständnis, das um die notwendige Freiheit des Glaubenden im Glaubensakt weiß: Dem Glauben vorausgehende Motive oder Beweisgründe können den Intellekt nicht zwingen, seine Zustimmung zu geben, wird diese aber erteilt, so ist der Glaube ohne Zweifel und Beunruhigung. *J. H. Newman* verweist hier mit der Barockscholastik[62] auf die Dunkelheit des Glaubensaktes, dem somit eine eigene Art von Vernunftgemäßheit zukommt[63]. Ähnlich wie bei *Gregor von Valencia* ist der Glaube „a reaching forth after truth amid darkness, upon the warrant of certain antecendent notions or spontaneous feelings"[64]. Die Dunkelheit ist aber nicht nur ein Bild für die innere Disposition des Glaubenden im Glaubensakt, sie kennzeichnet darüber hinaus die Lebenspraxis des Menschen, der sich im Glauben zu bewähren hat[65], sie kennzeichnet die Eigenart der Glaubenssituation: Der Glaubende geht aus von Beweisgründen, denen eine gewisse Wahrscheinlichkeit zukommt, um dann zu unbedingten, jenseits aller Erfahrungen liegenden Behauptungen über die göttliche Wahrheit zu gelangen[66]. Der Glaube ist somit ein Wagnis, das die Person in die Entscheidung führt, sich existentiell der göttlichen Vorsehung anzuvertrauen[67]. Die Gewißheit verliert damit den Charakter einer syllogistisch verifizierten, absoluten Sicherheit[68], sie wird vielmehr zu einer Disposition innerer Ruhe, die der Mensch im Moment der Zustimmung erwirbt[69]. Im Kontext einer Glaubensanalyse, bei der der Glaubens - als Zustimmungsakt gedacht ist, bekommt die Glaubwürdigkeitserkenntnis ihren eigenen Stellenwert. Mit *These 5* sind ihr zunächst Grenzen gewiesen, indem *J .H. Newman* das Glaubensmotiv, Gott selbst, die Ewige Wahrheit, die weder täuschen noch getäuscht werden kann[70], ausdrücklich von jenen menschlichen

---

[62] *J. H. Newman* verweist in *Theses de fide* 226 auf *J. de Lugo*, De virtute fidei divinae, disp. 2, s. 1, n. 7 und ebd. 227 auf *Gregor von Valencia* , De fide, disp. 1, q.1, p. 4 und disp. 1, q. 2, p. 1, initio.

[63] *J. H. Newman* bezieht sich hier auf F. *Suarez*, De fide theologica, disp. 4, s. 2, n. 5 und *J. de Lugo*, De virtute fidei divinae, disp. 2, s. 1, n. 7(vgl. Theses de fide 226).

[64] OUS XIV 297 / AW VI 220.

[65] Vgl. OUS XIV 297 / AW VI 220.

[66] Vgl. OUS XIV 297 - 298 / AW VI 220.

[67] Vgl. OUS XI 215 / AW VI 163.

[68] Vgl. OUS XI 215 / AW VI 163.

[69] Vgl. These 2: „...ut qui in assentiendo nullam habeat nec dubitationem nec formidinem..." (Theses de fide 227).

[70] Vgl. Theses de fide 236.

Motiven unterschieden wissen möchte, durch die der Weg zum Glauben geebnet und der Wille dazu angetrieben wird, die Glaubenszustimmung zu befehlen [71].

Die *Thesen 3*[72] *und 4*[73] präzisieren das damit Gemeinte. Bei der Glaubenszustimmung geht es nicht um die logische Behandlung natürlicher Wahrheiten, da die im Glauben geschenkte Gewißheit in der Gottnähe gründet, nicht im *lumen naturale*[74]. Bloße Beweisführung führt zu einer passiven Meinung[75]. Der Glaube hingegen ist etwas anderes, er ist Beziehung, persönlich und lebendig[76], der Mensch bleibt für ihn verantwortlich[77]. *J. H. Newman* erläutert dies mit Abschnitten aus den *Oxforder Universitätspredigten*, die von der Herzensbewegung des Glaubens[78] sprechen. Der Glaubende bedarf aber in jedem Falle der Vernunft. Sie ist die unabhängige, kritische Fähigkeit, die den im konkreten gläubigen Menschen existenten Glauben prüft und rechtfertigt[79]. Um der Vernunftgemäßheit des Glaubens willen sind die Beweisgründe für den Glaubensakt daher unabdingbar, wie *J. H. Newman* in den *Thesen 6 bis 8*[80] ausführt. Sie ebnen den Weg zum Glauben, sie treiben den Willen, den Befehl zur Glaubenszustimmung zu geben[81]. Durch sie wird der Glaube den „Einfachen und Ungebildeten (simplicibus et indoctis)"[82] einsichtig,

---

[71] Vgl. Theses de fide 229 - 231. *J. H. Newman* sieht sich hier in Übereinstimmung mit der scholastischen Theologie, er nennt dafür beispielsweise *F. Suarez*, Disp 4, initium und *J. de Lugo*, De virtute fidei divinae , disp. 1, s. 7, n. 130.

[72] Vgl. Theses de fide 228.

[73] Vgl. Theses de fide 228 - 229.

[74] Vgl. Theses de fide 228 mit Hinweis auf *F. Suarez*, Disp. 6, s. 4, n. 6 sowie ebd. 229 auf *Gregor von Valentia*, disp. 1, q. 1, p. 2, respondeo.

[75] Vgl. OUS XII 225 - 226 / AW VI 170.

[76] Vgl. OUS XII 225 – 226 / AW VI 170.

[77] Vgl. OUS X 192 / AW VI 147.

[78] Vgl. OUS XII 225 / AW VI 170.

[79] Vgl. OUS X 182 /AW VI 140. *J. H. Newman* verweist in *Theses de fide* 229 ausdrücklich auf *Gregor von Valencia*, Disp. q, q. 1, p. 2, Beweis des 2. Teils der Prämisse, wonach der Glaube seine Zustimmungen ohne ein irgendwie vermittelndes Schlußfolgern hervorbringt.

[80] Vgl. Theses de fide 231 - 235.

[81] Vgl. Theses de fide 229.

[82] Theses de fide 233 mit Hinweis ebd. 234 auf *J. de Lugo*, disp. 5, s. 2, n. 25.

seine Gegner erkennen den Weg zum rechten Bekenntnis[83]. Der Glaube kann nicht ohne Gründe und ohne Objekt bestehen[84], Beweise des Christentums sind ihm Stütze, Zuflucht und Ermutigung[85], er ist aber mit seinen Gründen und mit seinem Gegenstand nicht identisch[86]. Der Schritt des Glaubens aber bleibt eigenständige Konklusion, die Glaubensmotive sind „an ihrem Ort und sozusagen nach ihrem Maß wahre Beweisgünde und tendieren auf diese Konklusion hin"[87]. Die Glaubwürdigkeitserkenntnis rechtfertigt folglich die Vernunftgemäßheit der Konklusion, der Glaube aber, so der Hinweis in *These 5* auf *die Oxforder Universitätspredigten*, mag er auch durch Wissen bekräftigt werden, „be quite as strong without it was as with it"[88]. Über alle Gründe hinaus ist der Glaube eigenständige Wirklichkeit, Neigung des Geistes, und damit der Welt verdächtig, wie *J. H. Newman* zu *These 6* erläutert; nicht, „that it has no grounds in Reason, that is in evidence; but because it is satisfied with so much less than would be necessary, were it not for the bias of the mind, that to the world its evidence seems like nothing"[89]. Insofern kann *J. H. Newman* in *These 3* behaupten, daß die Konklusion aus Beweisgründen für die Angemessenheit der Glaubenszustimmung sicherer sei als deren Prämissen[90]. *J. H. Newman* betont dabei ausdrücklich den Freiheitscharakter der Glaubenszustimmung, wofür er Hinweise in der Barockscholastik[91] findet. So unterstreicht er in *These 9*, daß das Glaubwürdigkeitsurteil nicht den Zweifel und die Beunruhigung ausschließt[92]. *J. H. Newman* betont, daß nur in der Geneigtheit der Liebe Beweise ihre Kraft

---

[83] Vgl. Theses de fide 231 mit Hinweis auf *Gregor von Valencia*, De fide, disp. 1, q. 1, p. 4, q.1, ad. 4. und ebd. 232 auf *Ch.- R. Billuart*, Cursus theologiae, diss. 4, q. 1, petes 8.

[84] Vgl. OUS XIII 254 / AW VI 190.

[85] Vgl. OUS X 199 - 200/ AW VI 152.

[86] Vgl. OUS XIII 254 / AW VI 190.

[87] Theses de fide 232 mit Hinweis ebd. 233 auf *Thomas v. Aquin*, S. th. 2.2., q. 1a 5, ad 2.

[88] Vgl. OUS XII 225 / AW VI 170.

[89] OUS X 191 / AW VI 145 - 146.

[90] Vgl. Theses de fide 228 mit Hinweis auf *Gregor von Valencia*, disp. 1, q. 1, p. 4, q. 1, ad arg. 1 Franc. de Marchia (dtsch. AW VI 434): „...nullum autem absurdum est, ut homo, ratione et fundamento alioqui fallibili prudenter inducatur ad fidem amplectendam secundum se infallibilem."

[91] Siehe *J. de Lugo*, disp. 1, s. 7, n. 121 (vgl. Theses de fide 235).

[92] Vgl. Theses de fide 235.

erhalten [93]. Damit erhält die *These 8* ihr besonderes Gewicht: Glaube ist nicht eine reine Verstandeshaltung weniger intellektuell Begabter, sondern eine Lebenshaltung, die das Denken, Fühlen und Handeln des Einzelnen bis in den Alltag hinein prägt[94]. Glaubwürdigkeitsgründe müssen von daher den Klugen ebenso einsichtig sein wie den Einfachen und Ungebildeten[95].

Mit den *Thesen 10, 11 und 12* [96] ergänzt *J.H. Newman* die Rede von der menschlichen Seite des Glaubensvollzuges, indem er dessen Gnadencharakter herausarbeitet. Auch hier sucht er Belege in den Werken scholastischer Autoren[97]. In der ersten Hälfte von *These 10* und *11* grenzt *J. H. Newman* noch einmal das Gnadengeschenk des Glaubens von menschlichen Motiven und Schlußfolgerungen ab. Der Glaube findet seinen Grund in Gott, der Ewigen Wahrheit[98]: Bewegt von der göttlichen Gnade, befiehlt der Wille dem Intellekt, eine sichere Zustimmung zu dem zu geben, „was im Hinblick auf die Motive, durch die es bewiesen wird, keine Gewißheit, sondern nur Glaubwürdigkeit hat"[99]. *These 12* verknüpft dabei die Glaubensgnade ausdrücklich mit der menschlichen Freiheit: Im Glauben wirken Gnade und freier Wille, nicht aber „die Annahme von Konklusionen, die der Intellekt von logischer Notwendigkeit gedrängt, nicht zurückweisen kann"[100]. Die gnadentheologische Betrachtung des Glaubensaktes steht in keinem Gegensatz zu dessen Geschichtlichkeit: Das Wort Gottes ist in seiner Ewigkeit geschichtsmächtig, wie *J. H. Newman* zu *These 10* besonders hervorhebt. Er denkt dabei an vom Gotteswort verursachte geschichtliche Wandlungsprozesse, etwa an „revolution of kingdoms"[101] oder auch an die „growth of society"[102]. Erneut kommt der menschliche Zustimmungsakt in den Blick: Im wach-

---

[93] Vgl. OUS XI 204 / AW VI 155.
[94] Vgl. OUS XI 211 / AW VI 160.
[95] Vgl. Theses de fide 233.
[96] Vgl. Theses de fide 236 - 241.
[97] Vgl. Theses de fide 236. Zu *These 10* vgl. den Hinweis auf *Thomas von Aquin*, S. Th. 2.2., q. 1a.1, zu *These 11* siehe ebd. 237 den Hinweis auf *J. de Lugo*, Disp. 1, s. 7, n. 121, zu *These 12* vgl. ebd. 238 die Angabe zu *Thomas von Aquin*, S.Th. 2.2., q. 2, a. 9, ad. 3.
[98] Vgl. Theses de fide 236.
[99] Theses de fide 236 - 237.
[100] Theses de fide 237.
[101] OUS XIV 303 / AW VI 224.
[102] OUS XIV 303 / AW VI 224.

samen Hinhorchen auf Gottes Wort, so *J. H. Newman* zu *These 11*, reift die Bereitschaft des Glaubenden, an die Nähe Gottes zu glauben, befiehlt der Wille dem Intellekt, die Glaubenszustimmung zu geben[103]. Die Anmerkungen zu *These 12* sind daher nur konsequent: Der Mensch ist für seinen Glauben verantwortlich[104]. *J. H. Newman* bezieht sich hier noch einmal eindeutig auf die subjektive Disposition des Glaubenden: Der Glaube des Einzelnen hängt nicht nur am Ruf Gottes, sondern auch an Hoffnungen, Meinungen und Vorlieben, die der Glaubende in seiner Lebenspraxis erwirbt.

Die *Theses de fide* sind in mehrfacher Hinsicht ein bemerkenswertes Dokument. Mit wenigen Sätzen skizziert *J.H. Newman* einen Entwurf zur Glaubensanalyse ganz eigener Art. Formaliter hält er dabei der herkömmlichen Terminologie die Treue, inhaltlich konzipiert er den Glaubensakt biographisch - dialogisch von der Zustimmung her, jenem Akt der Annahme eines Schlusses „on the word of another"[105]. Damit ist eine Entscheidung von großer Tragweite getroffen[106]: Die Problemstellung der Glaubensanalyse, wie Glaubensgrund, Glaubwürdigkeitserkenntnis und Glaubenszustimmung zueinander in eine sachgerechte Beziehung gebracht werden können, prägt auch die *Theses de fide*, erscheint hier aber gewissermaßen in entschärfter Form. Ausgangspunkt seiner Glau-

---

[103] Vgl. OUS X 193 / AW VI 147 - 148.

[104] Vgl. OUS X 192 / AW VI 147.

[105] *J. H. Newman*, Tagebucheintrag vom 11. Januar 1847, in: Theses de fide 243.

[106] Vgl. *A. Dulles SJ*, From Images to Truth: Newman on Revelation and Faith, in: Theological Studies 51 (1990) 252 - 267. *A. Dulles* schreibt: „In 1847, during his stay in Rome, Newman composed 12 theses on faith, in which he attempted to reconcile his Oxford Sermons with the Roman approach. These theses, supported by numerous quotations from Suarez, de Lugo, and other scholastic theologians of the Baroque period, do not represent an advance in Newman´s thinking, but rather a defensive maneuver in which he clothed his thought with an ill-fitting suit of scholastic armor" (ebd. 264) Thesis 1 ist ihm zufolge Zeugnis dafür, daß *J.H. Newman* den Glauben als einen „purely intellectualistic way" (ebd. 264) versteht. Zudem sieht *A. Dulles* ebd. einen eklatanten Widerspruch zu Aussagen der *Oxforder Universitätspredigten*: Der Glaube, so *A. Dulles*, gründet demnach nicht in den „antecedent deliberations" (ebd. 264), sondern, ähnlich wie *F. Suarez* argumentiert, „on its own account" (ebd. 264). Zudem vermutet *A. Dulles*, daß die Vernunftgemäßheit des Glaubensaktes „not in the spontaneous desires and presentiments of the heart" (ebd. 264) begründet ist, „but in external arguments of credibility (Theses 6 - 7), seen as necessary preconditions of the act of faith" (ebd. 264). Inwieweit diese Einschätzung der *Theses de fide* berechtigt ist, mag die vorliegende Darstellung zeigen.

bensanalyse ist für *J.H. Newman* nicht ein abstrakter Vernunft - oder Glaubensbegriff mit all seinen problematischen Folgen, sondern der konkrete Mensch, der in einer ganz bestimmten Situation seines Lebens eine Entscheidung für den Glauben trifft: Der Begriff Glaube steht in den *Theses de fide* für den Akt der Zustimmung (*These 1*), betont also die aktive Rolle des Glaubenden im Glaubensakt. Die Begriffe der Gewißheit und Glaubwürdigkeit finden sich dabei in herkömmlichem Gebrauch: Gewiß ist einzig das, was Gott in seiner Autorität gesprochen hat (*These 10*), ihm allein gilt die Zustimmung im Glauben (*Thesen 1* und 2). Vom Zustimmungsakt her erhält aber die Glaubwürdigkeitserkenntnis ihren eigenen Standort im Glaubensakt: Diesem ist sie nicht - wie bei *J. de Lugo* und später bei *L. Billot* - vorgeschaltet, sondern beigegeben. Menschliche Motive begleiten, kräftigen und rechtfertigen den Schritt der Zustimmung, für sich genommen begründen sie aber einzig ein moralisches Urteil sowohl über die Vernunftgemäßheit der Konklusion (*These 7*) als auch über die Glaubwürdigkeit der Glaubensbotschaft (*Thesen 5* und 9). Damit weicht *J. H. Newman* in der Tat von den Gedankengängen herkömmlicher Modelle zur Glaubensanalyse ab. Wie sie handelt er zwar in Begrifflichkeit und Thesenfolge formal-abstrakt vom Glaubensakt, im Gegensatz zu ihnen arbeitet er aber dessen biographischen Charakter besonders heraus.

Der Glaubens -, oder besser, Zustimmungsakt, ist bei *J. H. Newman* ein zutiefst dynamisches, personales Ereignis: Der Mensch ergreift, je nach seiner Art, seinem Können und Vermögen (*Thesen 3* und 4) die Glaubensbotschaft, stimmt ihr in freier Willensentscheidung zu (*Thesen 4* und 5) und gelangt so zu voller Gewißheit (*Thesen 1* und 2). Die Annahme des Glaubens verweist auf die Personmitte des Menschen, auf seine kreative Schöpferkraft[107], mit deren Hilfe er in die Tatsachen, „commonly called the Evidences of Revelation"[108], einen Sinn hineinliest und so den Glaubensschritt als begründet rechtfertigt (*Thesen 5, 6* und 7). Angesichts dieser Dynamik wird auch verständlich, warum *J. H. Newman* von der aktiven Natur des Glaubens[109] so ausführlich redet. Die

---

[107] Vgl. *J. H. Newman*, Tagebucheintrag vom 11. Januar 1847, in: Theses de fide 243. *J. H. Newman* redet hier von einem „unconscious reasoning".

[108] OUS X 200 / AW VI 152.

[109] Vgl. OUS XII 226 / AW VI 170. Interessant dazu der Vergleich mit der Darstellung der *Theses de fide* bei *J. de Blic SJ* , L´analyse de la foi chez Newman, in: Ephe-

Glaubensentscheidung bedarf zwar im Regelfalle der Vernunft als einer kritischen, prüfenden Begleitinstanz, im Moment der Entscheidung aber ist sie persönliches Wagnis in das Dunkel (*These 9*), getragen von der göttlichen Gnade (*Thesen 11* und *12*). *J. H. Newman* betont nicht ohne Grund den Aspekt der Verantwortung des Menschen für den Glaubensschritt: Die Glaubenszustimmung ist nicht nur punktuelles Ereignis, sondern Ausdruck der inneren Bereitschaft des Menschen für diesen Schritt. Zu dieser inneren Bereitschaft zählt *J. H. Newman* nicht nur den Intellekt und den freien Willen, sondern auch all jene Urteile, Meinungen und Hoffnungen im Inneren (*These 3*), die die Hörfähigkeit des Menschen, seine Sensibilität für das Wort Gottes (*These 10*), prägen. Der Glaube ist dabei keinesfalls eine Veranstaltung reiner Innerlichkeit: Er ist Gabe des Gotteswortes, Antwort des Menschen darauf und immer schon Wahrheitsbehauptung, die in der gesellschaftlichen Öffentlichkeit zu verantworten ist. *These 8* formuliert diesen Anspruch sehr deutlich[110].

Mit seinen *Theses de fide* bezieht *J. H. Newman* ganz offensichtlich Stellung gegen vorherrschende Lehrmeinungen[111]. Seine dialogisch -

---

merides Theologicae Lovaniensis 1- 2 (1948) 136 - 145, wo er resümiert: „A aucun moment on n´y peut faire abstraction de ce fait qu´il s´agit d´aboutir a´ *verite vraie*. De lors, la prudence qui s´impose (et qui s´impose meme du point de vue religieux) est de s´assurer de garanties *certaines*, auxquelles d´ailleurs il n´est pas possible que n´ait pourvu d ´avance la sagesse de Dieu. C´est donc ,justifier´ la foi par une procedure qui en meconnait la specificite, que de se contenter pour elle de la ,prudence´ d´un jugement de credibilite qui, nous dit-on, en estime l´objet seulement probable" (ebd. 143).

[110] Vgl. *D. Tracy*, Notwendigkeit und Ungenügen der Fundamentaltheologie, in: *R. Latourelle / G. O´Collins* (Hg.), Probleme und Aspekte der Fundamentaltheologie, Innsbruck - Wien 1985, 38 - 56, wonach der Theologe seine Argumente so vorzubringen hat, daß seine Abhandlung „grundsätzlich allen Hörern zugänglich ist und erläutert wird durch Berufung auf die Erfahrung, die Intelligenz, die Rationalität und das Verantwortungsbewußtsein, und daß sie in ausdrücklicher Argumentation formuliert wird, wobei Behauptungen klar durch Belege, unterstützende Fakten und Widerlegungen abgesichert sind" (ebd. 40).

[111] Nach *J. Artz*, Art. Paley: 2. William P. (1743 - 1805), in: NL 808, kann *J.H. Newmans* Glaubensbegründung als Gegenstück zur Glaubenstheologie der Evidential School (vgl. Art. Evidential School, in: NL 321) und ihrem Hauptvertreter *William Paley* gelten, nach dessen „A view of the Evidences of Christianity" von 1794 zu *Newmans* Oxforder Zeit doziert und geprüft wurde. Im Anmerkungsapparat zur *Grammar*, AW VII 412-413, Anm. 244, arbeiten die Herausgeber die Eigenheit der Argumentation, wie sie *J. H. Newman* vorträgt, prägnant heraus: „Die Methode ist:

biographische Konzeption des Glaubensaktes macht ihn dabei zu einem bedeutsamen Exponenten für einen abgemilderten theologischen Rationalismus, der sich gegen Ende des 19. Jahrhunderts auch in der Entwicklung einer neuen Sicht der Glaubensthematik niederschlägt[112]. Zugleich ist der Glaubensanalyse jene Dimension des Glaubens zurückgewonnen, wie sie die Heilige Schrift bezeugt, nach *E. Kunz* aber von vielen Lösungsvorschlägen zur Glaubensanalyse vernachlässigt worden ist[113]: Gott selbst ist zwar der wahre Grund des Glaubens, das Glaubensmotiv, der Mensch aber bleibt eingeladen, dem Ruf Gottes Gehör zu schenken[114]. Das literarische Genus der *Theses de fide* bringt es jedoch mit sich, daß die Überlegungen über den Glaubenden und die Bedeutung seiner Disposition für den Glaubensakt nicht weiter vertieft wird. Die Gedankenlinie, wie sie *J. H. Newman* in seinen Texten zur Glaubensanalyse entwickelt, findet jedoch ihre weitere Ergänzung und Vertiefung in dem bereits erwähnten, sogenannten *Newman - Perrone - Paper*, das im Sommer des Jahres 1847 entstanden ist[115].

4.1.2. Das *Paper on Development* von 1847

In seinem *Paper on Development* legt *J. H. Newman* seine umstrittene Theorie zur Lehrentwicklung dar. Im Mittelpunkt der *ersten beiden* Abschnitte des *Newman - Perrone - Papers* steht das objektive Wort Gottes und seine subjektive Aneignung durch das gläubige Individuum. *J.H. Newman* gewinnt hier das Fundament, von dem aus er dem Phänomen der Lehrentwicklung und ihrer oft überraschenden Vielfalt eine angemessene

---

Nicht - wie bei Paley - Rechtfertigung des Christentums vor den Ansprüchen einer richterlichen Vernunft, sondern die des Suchens nach Wahrheit durch die sich mit in die Frage hineinnehmende, verantwortungsbewußte Person. *Nicht* - wie bei Paley - der Ausgang von der Bezeugung durch offenbare Wundertaten, sondern von der wundersamen Konstellation (und Konvergenz) verschiedener Tatsachen , die (an sich als einzelne) keine Wundertaten sind. *Nicht* - wie bei Paley - objektive Demonstration der Wahrheit des Christentums 'an sich' , sondern persönliche Gewinnung der Gewißheit 'für uns' (Egotismus)" (AW VII 413, Anm. 244). Zu *W. Paley* vgl. auch *J. H. Newman*, The Philosophical Notebook. Edited at the Birmingham Oratory by *Edward J. Sillem*, Vol. I: General Introduction to the Study of Newman´s Philosophy, Louvain 1969, 149. 205 - 210.

[112] Vgl. *J. Meyer zu Schlochtern*, Art. Glaubwürdigkeit 736.
[113] Vgl. *E. Kunz*, Glaubwürdigkeitserkenntnis 425.
[114] Vgl. *J. Meyer zur Schlochtern*, Art. Glaubwürdigkeit 736.
[115] Zur näheren Datierung *W. Ward*, Life I 184.

Deutung zu geben sucht. Dies geschieht in *Abschnitt 3* seiner Ausführungen: Alle Erkenntnis über das Wort Gottes und seine Aneignung durch den einzelnen Gläubigen darf analog auch auf das Wort Gottes und seine Lebensbedingungen im Bewußtsein der Kirche angewendet werden[116]. Davon reden die *12 Thesen* in *Abschnitt 4*. Obgleich er sich ausdrücklich mit der Thematik der Lehrentwicklung beschäftigt, ist der vorliegende Text für die Glaubensanalyse von Wichtigkeit. Schon durch seinen Argumentationsgang hinterfragt und modifiziert *J. H. Newman* im Gespräch mit *G. Perrone* die herkömmliche theologische Axiomatik, die die Analysis fidei gerade auch in ihrer Problemgestalt entscheidend geprägt hat. Seine eigentümliche Weise, vom Wort Gottes zu reden, macht das *Paper on Development* überdies für die Glaubensanalyse interessant. Indem *J. H. Newman* hier zwischen dem subjektiven und dem objektiven Wort Gottes unterscheidet, leistet er einen wichtigen Beitrag, den Gnadencharakter des Glaubensaktes einsichtig zu machen: Im Wort Gottes erschließt sich dem Glaubenden der Glaubensgrund. Entsprechend kann daraus die Kirchlichkeit des Glaubensaktes abgeleitet werden. *J. H. Newman* zeichnet dazu die Kirche in seinem Arbeitspapier als eine Gemeinschaft, die eine Art kollektives Bewußtsein besitzt. Wie der menschliche Geist, so ist auch das Selbstbewußtsein der Kirche der Ort vielfacher Erkenntnis- und Entscheidungsprozesse, wovon die Entwicklung der Glaubenslehre eindrucksvoll Zeugnis gibt. Die Parallelsetzung von individuellem und kirchlichem Glaubenssubjekt zeigt zudem, inwieweit der Glaubensakt des Einzelnen aus dem Glaubenszeugnis der kirchlichen Glaubensgemeinschaft lebt, diese aber auch gestaltet und prägt. Gerade in Hinblick auf die Glaubensanalyse erweist sich die Problematik der Lehrentwicklung als ein lohnenswertes Studienobjekt. Während sich dazu der Standpunkt *J. H. Newmans* aus dem Textganzen leicht erheben läßt, fällt dies bei *G. Perrone*, dem das Papier zur Begutachtung vorliegt, umso schwerer: In seinen „Randbemerkungen"[117] zu den Ausführungen *J.H. Newmans* entwickelt er keine geschlossene Konzeption, er bleibt im Gegenteil oft stenogrammartig kurz. „In Professorenhaltung sich ge-

---

[116] Vgl. Newman-Perrone- Paper 413.

[117] Vgl. *J. H. Newman* schreibt an *P. Perrone*: „Si notulis hic et illic in margine positis, hora quadam vacua, si vacuam habes, judicium de hisce meis tuleris, lucro a me erit apponendum." (Newman-Perrone- Paper 404 /AW VIII 393).

bend"[118] trifft G. *Perrone* Bewertungen zum Argumentationsgang, mitunter setzt er ohne weitere Begründung seine eigene Position gegen das von *J. H. Newman* Dargelegte. Schon die knapp bemessene Niederschrift theologischer Gedanken führt aber deutlich vor Augen, daß im angestrebten Disput nicht nur zwei verschiedenartige Persönlichkeiten aufeinandertreffen, „sondern auch zwei theologische Epochen"[119].

4.1.2.1. Das objektive Wort Gottes

Im *ersten Kapitel* seines Thesenpapieres zur Dogmenentwicklung bestimmt *J.H. Newman* zunächst den Inhalt des *Depositum fidei*, das treu, vollständig, ganz und unverfälscht (sincerum et plenum / totum et integrum) von *Jesus Christus* den Aposteln und von diesen der Kirche für alle Jahrhunderte überliefert wird: Es ist das geoffenbarte Wort Gottes, Geschenk der „evangelischen Wahrheit"[120]. *J. H. Newman* unterscheidet hierzu das *subjektive* vom *objektiven* Wort Gottes, indem er dessen Wirklichkeit von seinen Bezeugungsinstanzen zu scheiden weiß[121]. Fast beiläufig trifft er damit eine hermeneutische Vorentscheidung, die das gesamte Dokument prägt. Der Gedanke als solcher ist bereits aus der geplanten *Preface* zur französischen Ausgabe der *Oxforder Universitätspredigten* bekannt[122], wird aber durch den aristotelischen Begriff der *Epinoia* präzisiert[123]. Die *Epinoia* erscheint hier als individuelles Denkvermögen, als eine vielseitig vorgeprägte Urteilskraft[124].

---

[118] *F. Willam*, John Henry Newman und P. Perrone 138.

[119] *W. Kasper*, Lehre 121.

[120] „Verbum Dei revelatum est illud donum veritatis evangelicae, seu depositum fidei quod sincerum et plenum a Christo traditum Apostolis, ab Apostolis Ecclesiae, transmittitur in saecula, totum et integrum, donec consummatio veniet" (Newman-Perrone- Paper 404, Abschn. 1/ AW VIII 393)

[121] Das Begriffspaar *subjektiv* / *objektiv* ist weder für *J. H. Newman* noch für *G. Perrone* typisch: *J. Newman* steht hier vielmehr in begrifflicher Nähe zu *G. Perrone*, der seinerseits den Sprachgebrauch bei *J.A. Möhler* aufgreift (*M. Miserda*, Subjektivität 278 und Newman-Perrone- Paper 405).

[122] „ Quemadmodum lex divina et universa veritas sub duplicem cadit aspectum, hinc ut in se est, illinc ut in mente singolorum locum habet, ita rationis quoque cursus et conclusiones in multitudine hominum conspectae objectivae dicendae sunt, sed ut in hoc homine vel illo, subjectivae sunt." Theses de fide 250 - 251 / AW VI 442.

[123] *J.H. Newman* verwendet in Newman-Perrone- Paper 405 / AW VIII 394 den Begriff der *Epinoia*, der nach *M. Laros, W. Becker, J. Artz*, Anm. 697, in: AW VIII 646 mit Hinweis auf *Aristoteles*, perikosmou, I, 391 b 7 „soviel wie bewußtes Reflektieren, sei

Subjektiv ist das Wort Gottes, weil es als objektives Gotteswort vom menschlichen Intellekt aufgenommen wird, ihm innewohnt und zum Gegenstand beständiger Betrachtung wird. Kraft der *Epinoia* sucht der Intellekt in einem lebendigen Nachsinnen angemessene, subjektive Ausdrucksformen für die Gegenwart des Gotteswortes[125]. In der Subjektivität der Wahrnehmungs- und Ausdrucksformen bleibt die *Objektivität* des Gotteswortes dennoch gewahrt, da der Intellekt die Wahrheit und Fülle des Gotteswortes in keiner Weise „einschränkt und dem ursprünglichen Glanz des Göttlichen nichts Fremdes untermischt"[126]. Dieser ursprüngliche Glanz des Göttlichen, von *J. H. Newman* auch als das Einfache, Absolute und Unveränderliche bezeichnet[127], „das im geoffenbarten Wort wahrheitsgetreu erkannt wird"[128], ist somit das eigentliche Kriterium des Objektiven. *J. H. Newman* nennt die Orte, wo das objektive Gotteswort aufgefunden werden kann: Es wohnt zunächst in der Erkenntnis des Heiligen Geistes, dem „jene unversehrte ganze Offenbarung einsichtig ist, deren höchster Urheber und Spender er ist"[129], sodann in der Erkenntnis der Apostel, „als sie schon völlig von jenem Geist erleuchtet war, der sie alle Wahrheit gelehrt hatte"[130], sowie im Verständnis der römischen Kirche[131], „soweit es von Christus, von den Aposteln, vom Papst, von den ökumenischen Konzilien zu Dogmen überge-

---

es vor, bei oder nach einem Geschehnis oder einer Tat; *vor*: Plan, List, Erfindung; *bei*: Nachdenken, Verständnis, *nach*: nachträgliche Überlegung" bedeutet.

[124] „Nam, cum de illo ipso loquimur ut menti humanae subjecto, alia prorsus res est; tum enim quaedam est recipientis; sub partium seu aspectuum rationem cadit; majus minusve esse potest; inchoatur, crescit, perficitur" (Newman-Perrone-Paper 405, Abschn. 2 / AW VIII 394)

[125] „Cum vero verba omnia necessario sint loquentis cujusdam, et signa eorum quae ii sentiunt a quibus efferuntur, verbum Dei non potest ullatenus respici, nisi ut praesens in intellectu aliquo, vel ut aliquatenus subjectivum" (Newman-Perrone-Paper ebd. 404, Abschn. 3, dtsch. AW VI 394).

[126] „... nec nativo divinarum rerum splendori extraneum aliquod suffundat" (Newman-Perrone- Paper 405, Abschn. 3 / AW VIII 394)

[127] Vgl. Newman-Perrone- Paper 405, Abschn. 2/ AW VIII 393-394.

[128] „...quod in verbo revelato verissime cernitur...." (Newman-Perrone- Paper 405, Abschn. 2 / AW VIII 393).

[129] „...in intellectu Spiritus Sancti, cui patet utique omnibus numeris integra illa et tota revelatio..." (Newman-Perrone- Paper 405 - 406, Abschn. 4 / AW VIII 394).

[130] „...plene jam illuminato ab illo Spiritu qui eos omnem veritatem docuit" (Newman-Perrone- Paper 406, Abschn. 5 / AW VIII 394).

[131] Vgl. Newman-Perrone- Paper 406 - 407, Abschn. 6/ AW VII 394.

gangen ist oder übergehen wird"[132]. *J. H. Newman* beschreibt also den Überlieferungsprozeß des Gotteswortes in pneumatologischer Perspektive. So ist es ihm möglich, von der Vielzahl der Überlieferungsträger und ihrer subjektiven Zugänge zum Gotteswort zu sprechen, ohne dabei jedoch die Einheit der Kirche außer acht zu lassen[133].

In seinen Anmerkungen zum *Newman* - Text beschäftigt sich *G. Perrone* zunächst gar nicht mit dem, was *J. H. Newman* unter den Begriff des objektiven Gotteswortes faßt. Er meidet vielmehr den Begriff des Subjektiven, wie er im *ersten Kapitel* des Arbeitspapiers vorkommt. Der Vorstellung etwa, die römische Kirche zeichne sich durch einen Verstand aus, in dem ihr das Wort Gottes gegenwärtig sei[134], begegnet *G. Perrone* mit einer gewissen Ratlosigkeit[135]. Er schwächt das Bild vom Verstand ab und ersetzt das „in intellectu Ecclesiae Romanae" durch ein „perspectum esse Ecclesiae Romanae"[136]. Einen Weg, den das Gotteswort über eine Vielzahl selbständiger Überlieferungsträger von Christus über die Kirche in die dogmatische Formel nimmt, mag *G. Perrone* ebenfalls nicht sehen. Offenbarung ist ihm zufolge „eine fast positivistisch - intellektualistische Wahrheitsmitteilung"[137], ihre Überlieferung ein Vorgang passiver Annahme geoffenbarter Wahrheiten[138]. Die Offenbarung gilt ihm dabei als abgeschlossen, das Depositum fidei „semper enim hoc immutabile mansit"[139]. Neuentdeckungen in Glaubensdingen stehen daher nicht zu erwarten, wohl aber Entfaltungen dessen, was ein für

---

[132] „Objectivum dicendum est, quatenus a Christo, ab Apostolis, a Summo Pontifice, a Conciliis Oecumenicis, in dogmata transierit et transiturum sit" (Newman-Perrone- Paper 406 - 407, Abschn. 7 / AW VII 394).

[133] Vgl. dazu *N. Schiffers*, Die Einheit der Kirche nach John Henry Newman, Düsseldorf 1956, 174 – 189, hier 184-185, Anm. 42. *G. Perrone* verzichtet in Newman-Perrone- Paper 405, Abschn. 4 auf die pneumatologische Sicht, indem er das „in intellectu Spiritus Sancti" in ein „in intellectu Divino" umgewandelt wissen möchte.

[134] Vgl. Newman-Perrone- Paper 406, Abschn. 6 / AW VIII 394.

[135] „...Nescio an haec phrasis in usu sit" (Newman-Perrone- Paper 406, Abschn. 6).

[136] Newman-Perrone- Paper 406 - 407/ Abschn. 6.

[137] *W. Kasper*, Lehre 127.

[138] Vgl. *R. Siebenrock*, Wahrheit, Gewissen und Geschichte. Eine systematisch - theologische Rekonstruktion des Wirkens John Henry Kardinal Newmans, Sigmaringendorf 1996 (= Internationale Cardinal - Newman - Studien 15)/ zit. Wahrheit, 418.

[139] Newman-Perrone- Paper 418, Abschn. 4.

allemal geoffenbart worden ist, wie *G. Perrone* gegenüber *J. H. Newman* betont[140]. Dogmatische Definitionen entstehen vielmehr dann, wenn die Kirche genötigt ist, das „ac Romani Pontifices a Christo et ab Apostolis"[141] empfangene Glaubensgut in Lehrformeln zu fassen. *G. Perrone* verbleibt hier in einem autoritativen ekklesiologischen Grundschema[142], zeigt sich aber auch vom Geist der Romantik, namentlich durch *J. A. Möhler* beeinflußt[143]. Der Kirche sind die göttlichen Traditionen zur treuen Bewahrung unmittelbar von Gott anvertraut[144], ihr gegenüber ist die rechte Haltung der Gläubigen der Gehorsam[145]. Der Inhalt der Tradition ist das Wort Gottes, d. h. die Offenbarungswahrheit[146], worunter *G. Perrone* geschichtliche Taten und Ereignisse[147] zählt, vor allem aber jene Wahrheit, welche die Apostel von den Lippen des göttlichen Erlösers vernommen haben [148]. Die Tradition ist mit dem inneren Leben der Kirche selbst organisch verbunden, sie ist *doctrina*, Form, wie die Offenbarung in der Kirche zu Wort kommt[149], beständige, unmittelbare Gegenwart des Wortes Gottes in der Verkündigung der Kirche[150] : Das äußere Leben der Kirche, „mithin ihre äußere Glaubensverkündigung"[151], ist Ausdruck ihres inneren Wesens, wie aber auch umgekehrt die *fides ex auditu* für das innere Leben der Kirche zum Keim wird, „aus dem alle weiteren Lebensbetätigungen hervorwachsen"[152]. Die Tradition ist damit von *G. Perrone* als das innere Denken und Fühlen der Kirche identifiziert, das ihre äußere Verkündigung beseelt, sich in ihr ausdrückt[153]. Als *media traditionis*, Hilfsmittel oder Quellen, jene objektive Tradition aufzufinden, gelten die Schriften der Väter, liturgische Bücher,

---

[140] Vgl. die Entgegnung *G. Perrones* zu Thesis 3, Newman-Perrone- Paper 429.
[141] Newman-Perrone- Paper 406 - 407, Abschn. 7.
[142] Vgl. *M. Miserda*, Subjektivität 175.
[143] Vgl. dazu *W. Kasper*, Lehre 135 - 143.
[144] Vgl. *W. Kasper*, Lehre 80.
[145] Vgl. *M. Miserda*, Subjektivität 175.
[146] Vgl. *M. Miserda*, Subjektivität 182.
[147] Vgl. *W. Kasper*, Lehre 89.
[148] Vgl. *W. Kasper*, Lehre 89.
[149] Vgl. *W. Kasper*, Lehre 102.
[150] Vgl. *W. Kasper*, Lehre 80.
[151] *W. Kasper*, Lehre 92.
[152] *W. Kasper*, Lehre 92.
[153] Vgl. *W. Kasper*, Lehre 90.

aber auch Märtyrerakten[154]. Zugleich formt die äußere Verkündigung das innere Bewußtsein [155]. Deshalb ist zwischen der subjektiven und der objektiven Tradition zu unterscheiden: Die *traditio subjectiva* ist der Gesamtsinn der Gesamtkirche[156] und als solcher der lebendige Sinn der Tradition, deren *vox viva*, der die objektive Tradition, die kirchliche Lehrverkündigung[157], zur Interpretation anvertraut ist[158]. Die Tradition ist identisch mit der „stets lebendigen Lehrverkündigung der Kirche, näherhin mit der Verkündigung des autoritativ lehrenden kirchlichen Lehramtes"[159]. G. *Perrones* Darlegungen spiegeln das Zeitalter der päpstlichen Restauration[160]. Zu keinem Moment seiner Argumentation kommen daher die Gläubigen als verstehende und verantwortlich entscheidende Subjekte in den Blick: Nach dieser Ekklesiologie scheint jede Glaubensunmittelbarkeit „von vornherein ausgeschlossen zu sein"[161]. Die Überlieferung ist folglich nicht *unanimiter*, sondern *universim, seu in omni loco obtinet*[162].

G. *Perrone* bleibt damit hinter dem bereits bei *Ockham* einsetzenden Verständnis von der Kirche als einer *congregatio fidelium* zurück[163]. Bei ihm behauptet sich das ältere Consens - Verständnis, wonach der authentische Konsens nicht in der Einstimmigkeit eigenständiger gläubiger Subjekte besteht, sondern als objektive Übereinstimmung im Glaubensgut begriffen werden muß[164]. *Ecclesia docens et discens*[165]: Der autori-

---

[154] Vgl. W. *Kasper*, Lehre 90.
[155] Vgl. W. *Kasper*, Lehre 94.
[156] Vgl. W. *Kasper*, Lehre 94.
[157] Vgl. W. *Kasper*, Lehre 94.
[158] Vgl. W. *Kasper*, Lehre 92.
[159] W. *Kasper*, Lehre 54.
[160] Vgl. W. *Kasper*, Lehre 47 - 54.
[161] M. *Miserda*, Subjektivität 175.
[162] Newman-Perrone-Paper 407, Abschn. 7.
[163] Vgl. M. *Miserda*, Subjektivität 245 - 247.
[164] Zum Traditionsverständnis siehe K. *Baus*, Art. Vinzenz v. Lerin, in: LThK II 10, 800 - 801, bes. 800: Um den Glauben festzustellen, „gilt es, die magistri probabiles, die beweiskräftigen Lehrer zu befragen, d.h. jene, die in der Gemeinschaft der kath. Kirche übereinstimmend das Gleiche geschrieben oder gelehrt haben." Vgl. dazu *H.J. Pottmeyer*, Normen, Kriterien und Strukturen der Überlieferung, in: W. *Kern*, H. J. *Pottmeyer*, M. *Seckler* (Hg.), Handbuch der Fundamentaltheologie, Bd. 4: Traktat Theologische Erkenntnislehre. Schlussteil Reflexion auf Fundamentaltheologie, Freiburg – Basel – Wien 1988/ zit. normen, 124 - 152, hier 131: „Kriterien sind es tat-

tativen *Propositio* entspricht die gehorsame *Professio*[166]. Dabei gebührt der *auctoritas* der Vorrang. So geht die Kirche nach G. *Perrone* der Schrift voraus, hat diese aber zugelassen, weil sie in ihr diesselben Wahrheiten erkennt, die sie selbst von *Jesus Christus* empfangen hat und in ihrem Glaubensbekenntnis wiederfindet[167]. Schrift und Tradition sind „gleichsam nur die öffentlichen Besitztitel"[168], die ihre Beweiskraft aus dem Zeugnis der Kirche empfangen, und die die der Kirche „verliehenen Prärogative"[169] festhalten. Zum besseren Verständnis greift G. *Perrone* auf die Kategorie der Person zurück, dies allerdings in juridisch - formaler Hinsicht. Die Kirche ist „moralische Person"[170], sie bildet gleichsam mit den Aposteln „gleichsam eine große Person"[171] und befindet sich im Besitz der apostolischen Tradition, die zunächst allein dem *corpus episcopale* anvertraut ist[172]: Die Bischöfe als Erben und Nachfolger der Apostel bilden eine moralische Einheit, „sie sind in den Aposteln repräsentiert und mitgesandt"[173]. G. *Perrone* beschreibt die Tradition als *revelatio concreta*, als „Lebensvorgang in der Kirche"[174], der die Tradition anvertraut ist, die ihrerseits als unmittelbare Zeugin von dem historischen Faktum der Offenbarung in Form der Lehre Zeugnis ablegt[175]. Die Tradition darf allerdings nicht mit ihrem objektiven Niederschlag verwechselt wer-

---

sächlich nur zwei, nämlich die *consensio universitatis* oder der *synchrone Konsens* der katholischen Kirche und die *consensio antiquitatis* oder ihr *diachroner Konsens*. Der *Fundorte* kirchlicher Überlieferung aber gibt es drei, nämlich der *gegenwärtige Konsens* der Kirche, sodann die Beschlüsse früherer *Konzilien* und, falls diese nicht vorliegen, die übereinstimmende Lehre vieler angesehener und bewährter *Lehrer* und *Väter* der Kirche durch die Jahrhunderte."

[165] „Wenn der Glaube nichts anderes ist als die subjektive Aneignung der durch das Lehramt vorgelegten objektiven Offenbarung, ist es nur konsequent, wenn Perrone einen klaren Trennungsstrich zwischen der lehrenden und der lernenden Kirche zieht" (R. *Siebenrock*, Wahrheit 420).

[166] Vgl. M. *Miserda*, Subjektivität 176.

[167] Vgl. R. *Siebenrock*, Wahrheit 418.

[168] W. *Kasper*, Lehre 80.

[169] W. *Kasper*, Lehre 80.

[170] W. *Kasper*, Lehre 81.

[171] W. *Kasper*, Lehre 81.

[172] Vgl. W. *Kasper*, Lehre 101.

[173] W. *Kasper*, Lehre 78.

[174] W. *Kasper*, Lehre 89.

[175] Vgl. W. *Kasper*, Lehre 87.

den[176]: Das subjektive Wort Gottes unterscheidet sich danach vom objektiven allein durch die Art und Weise seines Seins, subjektiv heißt es, soweit es im Subjekt aufgenommen und ihm zu eigen wird[177]. Im Gegensatz dazu trägt J. H. Newman in die Erkenntnis des Gotteswortes eine gewisse Perspektivität ein: Das Wort wird nicht in seiner ganzen Fülle erfaßt, sondern „nach einzelnen Aspekten, Beziehungen und Folgerungen"[178]. Damit ist es J. H. Newman möglich, einerseits die Individualität des Erkenntnisaktes besonders hervorzuheben, um andererseits die Vielfalt der Überlieferungsträger, durch die sich das Wort Gottes bezeugt, in ihrer Notwendigkeit besonders herauszustreichen. Die sorgfältige Abgrenzung, mit der er dabei die bleibende Objektivität des Gotteswortes von ihrer sprachhaften Vermittlung im Intellekt herausarbeitet, muß G. Perrone zudem verborgen bleiben [179].

Schon im *ersten Kapitel* seines Arbeitspapieres wird deutlich, daß J. H. Newman von seinem theologischen Denken her in Konsequenz zu einem Offenbarungs-, und damit ihm Verbund zu einem Überlieferungs- und Kirchenbegriff gelangen muß, den G. Perrone nicht teilen kann, und der ihm von seinem eigenen theologischen Denkansatz her fremd bleiben muß. Die *Epinoia*, kraft derer der einzelne Gläubige sich das objektive Gotteswort aneignen kann, wird bei J. H. Newman zum Schlüssel für ein Kirchenverständnis, nach dem es eben die vielen Einzelnen sind, die aktiv, auf ihre persönliche Art, zu einem immer tieferen Verständnis der Glaubenswahrheit gelangen[180]. Der Begriff des objektiven Gotteswortes

---

[176] Vgl. W. *Kasper*, Lehre 90.

[177] Vgl. Newman-Perrone- Paper 408, Abschn. 3 / AW VIII 395.

[178] W. *Kasper*, Lehre 123. „Nam, cum de illo ipso loquimur ut menti humanae subjecto, alia prorsus res est; tum enim epionoia quaeddam est recipientis; sub partium seu aspectuum rationem cadit; majus minusve esse potest, inchoatur, crescit, perficitur" (Newman-Perrone- Paper 405, Abschn. 2 / AW VI 394).

[179] „Quod est objectivum respectu nostri, est etiam subjectivum respectum Dei loquentis. In hoc nulla est difficultas" (Newman-Perrone- Paper 405, Abschn. 3). W. *Kasper*, urteilt: „Die Unterscheidung zwischen objektivem und subjektivem Wort Gottes ist von Perrone nicht verstanden worden." (Lehre 124).

[180] Vgl. R. J. *Penaskovic*, Open to the Spirit. The Notion of the Laity in the Writings of J. H. Newman, Augsburg 1972/ zit. Spirit, bemerkt ebd. 94 - 95 mit Hinweis auf das Newman-Perrone- Paper 406 - 407, zum ersten Kapitel des *Newman - Perrone - Papers*: „The laity, then, have chiefly to do with subjective tradition in the Church. Subjective tradition is that which ‚unanimously and spontaneously' is handed down in the Church from one generation to another in various words. This occurs without

erhellt zudem, wie sich der Glaubensgrund dem Glaubenden erschließt: Zu keiner Zeit ist der Glaube in eine rein individuelle Beliebigkeit gestellt, sondern bleibt stets an das Zeugnis des Heiligen Geistes zurückgebunden, das dieser seiner Kirche gibt. Ihm weist *J. H. Newman* denn auch bei seiner Aufzählung kirchlicher Überlieferungsträger die Priorität zu. Die kritischen Anmerkungen *G. Perrones* zu *Kapitel II*, in dem *J. H. Newman* auf das subjektive Wort Gottes zu sprechen kommt und dabei seinen Glaubensbegriff näher entfaltet, sind daher mehr als verständlich.

4.1.2.2. Das subjektive Wort Gottes

Auch im *zweiten Kapitel* seines Arbeitspapiers beschreibt *J. H. Newman* die Kirche als *congregatio fidelium*. Subjektiv im eigentlichen Sinne ist demnach das Wort Gottes, sofern „jener von den heiligen Aposteln überlieferte Glaube im Geiste von einzelnen Wohnung genommen hat"[181]. Solche Wohnorte sind: Privatleute, (Kirchen)lehrer, gewisse Zeiten oder Orte der Kirche[182]. Mit dieser Aufzählung setzt *J. H. Newman* einen völlig anderen Schwerpunkt, als er es mit der Auflistung selbständiger Überlieferungszeugen im *ersten Kapitel* seines Arbeitspapieres tut. Beide Aufzählungsreihen ergänzen jedoch einander: Schwankt bei näherem Hinsehen zwar die Eindeutigkeit der Begriffe *objektiv* und *subjektiv*[183] , so

---

conscious planning and without regard to any definition of the Church." *M. Miserda*, Subjektivität 280 sieht in der Arbeit von *R.J. Penaskovic* einen lobenswerten Versuch, die Entwicklung des Laien - Gedankens bei *J. H. Newman* nachzuzeichnen, aber das Thema erscheint dabei „ zu sehr isoliert" (ebd.). Das Ergebnis ist, „ daß man zwar viel über Laien spricht, aber das, was besprochen wird, gilt größtenteils für alle Christen. Wozu dann nur noch vom Laientum reden?" (ebd. 280 - 281).

[181] „Verbum Dei subjectivum proprie dicendum est, quatenus fides illa, ab Apostolis semel tradita Sanctis, domicilium habet in mentibus singolorum..." (Newman-Perrone- Paper 407, Abschn. 1/ AW VIII 395).

[182] Vgl. Newman-Perrone- Paper 407, Abschn. 1 / AW VIII 395. *J. H. Newman* redet hier von den „doctores".

[183] „ Auffällig und eigenwillig erscheint die grundlegende Unterscheidung eines *subjektiven* und *objektiven* Wortes Gottes....Einmal gilt das Wort Gottes als objektiv so, wie es an sich ist, und als subjektiv so, wie es im menschlichen reflektierenden Geist ist, der es fortschreitend diskursiv durchdringt nach seinen verschiedenen Aspekten. Aber später wird das Wort Gottes auch als von der Kirche dogmatisiertes ‚objektiv' genannt, obwohl doch gerade die dogmatische Formel die Analyse und Abstraktion durch den menschlichen Geist in jahrhundertelanger Entwicklung voraussetzt. Sobald es aber einmal als für immer verbindlich festgelegt worden ist, gilt es für Newman eben als objektiv. Dagegen ist die vorläufige Gestalt des Offenba-

machen genau sie die dynamische und statische Ausprägung der Überlieferung greifbar, durch die sich das Wort Gottes bezeugt. Das objektive Wort Gottes und seine Überlieferungszeugen (*Kapitel 1)* stehen für die episkopale, das subjektive Wort Gottes und seine Träger *(Kapitel 2)* für die prophetische Tradition der Kirche[184]. Die Frage nach der Tradition, und mit ihr das Problem der Lehrentwicklung, ist also nach *J. H. Newman* einzig und allein aus dem lebendigen Glaubenszeugnis der Kirche und ihrer Gläubigen zu beantworten. Von hier aus wird verständlich, warum er der subjektiven Aneignung des objektiven Gotteswortes im *zweiten Kapitel* seines Arbeitspapieres so großzügig Raum gewährt: Der Glaubensvollzug des Einzelnen macht den der Gesamtkirche verständlich.

J. H. Newman vertritt in seinem Gespräch mit *G. Perrone* eine eigenwillige Auffassung vom Depositum fidei, das hier nicht als eingrenzbare Menge geoffenbarter Satzwahrheiten erscheint: Er betont dazu ausdrücklich die Einheit des Glaubens und seiner Dogmen[185], das Wort Gottes ist ihm zufolge ein Ganzes, das aus vielen Teilen besteht. Diese Teile sind nicht irgendwie, etwa zufällig zusammengefügt, son-

---

rungsgutes vor ihrer endgültigen Fassung wiederum ‚subjektiv'" (*J. Artz*, AW VIII 645 - 646, Anm. 695).

[184] Die Unterscheidung von apostolischer und episkopaler Tradition fällt nach *G. Biemer*, Überlieferung und Offenbarung. Die Lehre von der Tradition nach John Henry Newman, Freiburg - Basel -Wien 1961 (= Die Überlieferung in der neuen Theologie IV)/ zit. Überlieferung, in die Frühzeit *J. H. Newmans*, genauer in das Jahr 1835, in dem *J. H. Newman* sich an dem von dem französischen Abbé *Jean - Nicolas Jager* herausgegeben Werk *Le Protestantisme aux prises avec la doctrine catholique* beteiligt (ebd. 63 – 64). In diesem Werk geht es um die kontroverse Frage nach der Tradition aus katholischer bzw. anglikanischer Sicht (vgl. ebd. 65 - 66). Nach *J. H. Newman* wächst die „fluktuierende, lebendige prophetische Tradition" (*G. Biemer*, Überlieferung 69) um das feststehende Gerüst der apostolischen Überlieferung wie „das Fleisch um das Knochenskelett des Menschen" (ebd. 69). Nach *G. Biemer*, Überlieferung 113, hat *J. H. Newman* im *Newman - Perrone - Paper* „präziser als zuvor im *Essay of Development* seine Traditionslehre im allgemeinen und die Lehre von deren Entfaltung in der Zeit im besonderen" dargelegt: „Die Elemente der Tradition in prophetischer und episkopaler, d.h. in dynamischer und statischer Ausprägung, sind in einem neuen Bezug, in dem der Subjektivität und Objektivität des Gotteswortes, greifbarer und deutlicher geworden" (ebd. Überlieferung 113).

[185] „Nam spiritus ille, in quo verbum est totum quid, vivit in universis ejus partibus, per singulas autem communicatur; verbum autem tum solum vere recipitur, cum ita recipitur ut a tradente traditur" (Newman-Perrone- Paper 408, Abschn. 3/ AW VIII 395).

dern bestehen als Teile einer Einheit[186], wobei die einen ohne die anderen inhaltsleer, diese aber ohne jene unvollständig und schwach sind[187]. *J. H. Newman* unterstreicht in diesem Zusammenhang die Wichtigkeit und Bedeutung derjenigen, die das Wort Gottes bezeugen, dabei aber immer nur bestimmte Teile von ihm überliefern können: Das Wort gilt *erstens* nur dann als wahrhaft angenommen, wenn es so angenommen ist, „wie es vom Überliefernden überliefert wird"[188]. Er denkt dabei an den Dienst der Katecheten und Prediger, mit Hilfe derer die Gläubigen „im allgemeinen zur katholischen Wahrheit gelangen"[189]. Es gilt sodann *zweitens* als wahrhaft angenommen, wenn der einzelne Mensch es so annimmt, daß alle anderen Dogmen wenigstens potentiell, virtuell, der Disposition nach „oder ansatzweise schon einen Platz in seinem Verstande haben"[190]. Hier genau liegt die Scheidegrenze zwischen dem objektiven und dem subjektiven Wort Gottes: Zwar vermag ein Einzelnes den Geist des Ganzen mitzuteilen[191], es dürfte aber dennoch keinem Menschen möglich sein, das „ganze Wort Gottes irgendwie in seinem Geiste"[192] zu umfassen. Die Erkenntnis des Gotteswortes ist entsprechend der Fassungskraft der menschlichen Erkenntnis, oder wie *J. H. Newman* sagt, „je nach der Verschiedenheit der geistigen Einstellung"[193], ein subjektiver, individueller Prozeß und damit eine lebenslange Aufgabe; der menschliche Geist geht dabei von einem Aspekt zum näch-

---

[186] „....partes hae tamen non sunt temere conjectae, sed partes unius...." (Newman-Perrone- Paper 407 - 408, Abschn. 2/ AW VIII 395).

[187] Vgl. Newman-Perrone- Paper 407-408, Abschn. 4 / AW VIII 395-396.

[188] „....cum ita recipitur ut a tradente traditur" (Newman-Perrone- Paper 408, Abschn. 3 / AW VIII 395).

[189] „Neque nos fugit, hoc modo loquentes, catechistarum et praedicatorum adminiculo ordinarie perveniri a fidelibus ad Catholicam veritatem..." (Newman-Perrone- Paper 409, Abschn. 5 / AW VIII 396).

[190] „....sedem jam habeant in mente sua" (Newman-Perrone- Paper 408, Abschn. 3 / AW VIII 395).

[191] Vgl. Newman-Perrone- Paper 408, Abschn. 3 / AW VIII 395.

[192] „Neque vero alia ratione potest unus aliquis (absque speciali dono) ullo pacto totum Dei verbum in mente sua complecti..." (Newman-Perrone- Paper 408, Abschn. 4 / AW VIII 395).

[193] „... pro ingeniorum diversitate..." (Newman-Perrone- Paper 409, Abschn. 4 / AW VIII 395).

sten[194]. Darin gewinnt die Wahrheit des Glaubens allmählich Platz und Gestalt, sie hebt sich ab „von der wirren Menge der Gedanken (turba et confusione)"[195] und prägt dem Geist die Erkenntnis ihrer selbst [196] auf, die dieser wiederum „wie in einem vorhergehenden Lichte"[197] sondiert. Die Glaubenswahrheit gewährt ihm von sich aus Einblick in die Vielfalt ihrer Wirklichkeit[198], die er sich „mit einem feinerem Werkzeug"[199] zu erschließen weiß. Zugleich gewinnt er dabei Gründe ihrer rationalen

---

[194] „Quo fit, ut pro ingeniorum diversitate, diversae sint viae verbi divini apprehendi; immutato vel contrario ordine procedatur ex una re ad alteram; initia sumantur non eadem omnibus, sed cuique sua, unde circumfertur mens in orbem universae doctrinae, quam, dum vivit, non plene conficiet" (Newman-Perrone- Paper 409, Abschn. 4/ AW VIII 395 – 396).

[195] Newman-Perrone- Paper 410, Abschn. 6/ AW VIII 396.

[196] „Nam, cum interna visio veritatis per aures comendata fidei, certa licet et efficax, primo tamen tantum inchoata esse soleat, et inconstans, neque ita intellectum occupet ut non in illo languescat aliquando aut labatur, neque ita gubernet ut verbis quoque prolatis apte repraesentetur, saepius contra contemplanti et intuenti fit tandem ut splendescat menti et infigatur, e cogitationum turba et confusione vindicetur, partes habeat distinctas et enucleatas, et habitus speciem gerat" (Newman-Perrone- Paper 410, Abschn. 6 / AW VI 396). *J. H. Newman* begründet hier eine Apologetik ganz eigener Art. In der Erkenntnis seiner selbst vermittelt und eröffnet das Wort Gottes die innere Sicht der Wahrheit des Glaubens. Die Wahrheit des Glaubens erschließt sich in dem, a. was und wie sie ist; b. wie ihre Bestandteile untereinander in Beziehung zu setzen sind; c. in welchem Verhältnis sie zu den Wissenschaften steht; d. wie sie dem menschlichen Verstand am tiefsten eingeprägt werden kann, e. wie von ihr auch vor ihren Gegnern angemessen zu sprechen ist (vgl. Newman-Perrone- Paper 409 – 411/ AW VIII 396-397).

[197] „...quasi praeeunte lumine regionem potius quamdam lustrat..." (Newman-Perrone- Paper 411, Absch. 7/ AW VIII 397).

[198] „....imprimit autem in illo omnigenam de se cognitionem, quae et qualis sit, quibus constet partibus, quomodo stent eae una ad alteram, et quas consequentias habeat, et quomodo spectet ad ea quae externa sunt, sive physices ea sint propria sive hominum societatis, sive historiae, sive philosophiae; praeterea, quae partes illius sint certae, quae probabilem solum vim habeant, et quae sit optima ratio universas inter se componendi, et ad totum quid redigendi, et quae sint totius hujus elementa et verissimae bases et demonstrandi viae, et quibus verbis haec vel illa in intelligentiam hominum altissime possint infigi, et qualem rhetoricam oporteat contra adversarios adhiberi, quid concedendum in re universa, ubi pes figendus, quae facies rerum ante oculos hominum commodissime proponenda" (Newman-Perrone- Paper 410 - 411, Abschn. 6 / AW VIII 396 – 397).

[199] „...sed liberiore cogitandi ratione et subtiliore instrumento...." (Newman-Perrone- Paper 410 - 411, Abschnitt 7 / AW VIII 397).

Rechtfertigung[200]. Ein solches Erkennen, das nicht unbedingt „eines logischen Apparates"[201] bedarf, prägt den Geist und schenkt ihm stilles Wachstum: Der Glaube des Menschen hat eine konkrete Geschichte. Neben dieser Form der Verstandestätigkeit, die im Präsumtionsargument ebenso wie im Hinweis auf die Epinoia vorausgesetzt ist, kennt *J. H. Newman* noch die wissenschaftliche, dialektische Methode[202], die zuerst Prämissen feststellt, um daraus dann vorsichtig Schlüsse zu ziehen[203]. Durch solche Forschung, geschieht sie denn unter der Führung und Autorität des Lehramtes[204], entfaltet sich das „Wort Gottes durch seine lebendige Kraft im Laufe der Zeit mehr oder weniger in seine Teile hinein und erreicht das ihm angemessene volle Ausmaß"[205]. Gefahr droht aber, wenn der Verstand in seinem Forschen einseitige Präferenzen setzt und so das Gleichgewicht der Teile des Gotteswortes stört[206]: Hier ist der Ort theologischer Schulstreitigkeiten[207], aber auch der Ursprung von Häresien[208]. Die Gläubigen eignen sich auf ihre Art, gemäß ihrer Disposition die Wahrheit des Glaubens an, nach der die Theologen in regem Austausch unter der Aufsicht des Lehramtes suchen: *J. H. Newman* zeichnet hier einen Rahmen, in dem sich das Wort Gottes bezeugt. Der Vorgang der Überlieferung erweist sich in dieser Schau als zuhöchst lebendiges und komplexes Geschehen, keinesfalls jedoch als ein vorhersehbares[209].

---

[200] Vgl. Newman-Perrone- Paper 410 – 411/ AW VI 396 – 397.

[201] „....necesse est apparatu aliquo syllogistico...." (Newman-Perrone- Paper 411, Abschnitt 7/ AW VIII 397).

[202] Vgl. Newman-Perrone- Paper 411, Abschn. 8/ AW VIII 397.

[203] Vgl. Newman-Perrone- Paper 411, Abschn. 7/ AW VII 397.

[204] Vgl. Newman-Perrone- Paper 409, Abschn. 5/ AW VIII 396.

[205] „....verbum Dei vi sua vitali plus minus propagatur in partes suas, temporis progressu, et justam magnitudinem complet" (Newman-Perrone- Paper 409, Abschn. 5 / AW VIII 396).

[206] Vgl. Newman-Perrone- Paper 412, Abschn. 9/ AW VIII 397 – 398.

[207] Vgl. Newman-Perrone- Paper 411, Abschn. 8 / AW VIII 397.

[208] Vgl. Newman-Perrone- Paper 412, Abschn. 9/ AW VIII 397.

[209] „Unde evenerunt illae contentiones scholarum, cum diversis theologis diversae placuerunt viae, modo verissimae, modo dubiae, modo falsae, aut partes Catholicae Veritatis inter se collocandi, aut nodos solvendi, aut verbis aptissime efferendi ea in quibus ab omnibus consensum est" (Newman-Perrone- Paper 411, Abschn. 8/ AW VIII 397).

In seinen Darlegungen zum subjektiven Wort Gottes arbeitet J. H. *Newman* zwei wichtige Gedanken heraus, die er zudem miteinander in Beziehung setzt. So redet er davon, wie das Wort Gottes dem menschlichen Geist einleuchtet, in ihm arbeitet, zum Gegenstand seiner Denkweise wird[210]. Seiner Einwohnung im menschlichen Geist steht sodann die Öffentlichkeit gegenüber, in der sich das Wort Gottes bezeugt. J. H. *Newman* nennt hier den Verkündigungsdienst der Kirche, das Miteinander von Lehramt, Theologen und Gläubigen. Am Beispiel der Theologenstreitigkeiten macht er die Notwendigkeit einer Methode der Dialektik einsichtig, nach der die öffentliche Vernunft umstrittene Sachverhalte einer Klärung zuführt [211]. Wiederum ist der Glaube nicht in einer individuellen Beliebigkeit belassen: Der Glaube des Einzelnen lebt aus dem Zeugnis der Glaubensgemeinschaft, die als ein komplexes Gebilde sich des überlieferten Glaubensgutes durch Streit und Dialog immer neu vergewissert. Individuelles Glaubensleben, Theologie und Dogma in ihrem lebendigen Zu- und Gegeneinander sind also, so ist zu folgern, die Bedingungen der Lehrentwicklung.

Zwar nimmt auch *G. Perrone* das Gotteswort als Gesamt aus vielen Teilen, legt aber besonderen Wert auf dessen Lehrgehalt in seiner Einheit. Das Wort Gottes ist „systema integrum" [212], „verknüpft und kompakt" („ita connexum atque compactum")[213], unteilbar[214], wie eine Kette aus verschiedenen, unter sich verbundenen und sich gegenseitig haltenden Ringen[215]. Folgerichtig wird wiederum auch hier der Konsens als diachrone und synchrone Übereinstimmung der Gläubigen in Glau-

---

[210]Vgl. *R. J. Penaskovic*, Spirit 98 - 101, sieht im *zweiten Kapitel* des Newman - Perrone - Papers eine verborgene Wegtheologie, die ihm zufolge bei J. H. *Newman* ihre Wurzeln in einem Illuminationsdenken hat: „The truth of the faith illumines his mind. Such a person advances in the knowledge of the faith by leaps and bounds. He begins to see the relationship and correspondence between the various truths of the faith. He also gains an insight into the relationship between his faith and the natural sciences, faith and history, faith and philosophy" (ebd. 98).

[211] Vgl. Newman-Perrone- Paper 411, Absch. 7/ AW VIII 397.

[212] Newman-Perrone- Paper 408, Abschn. 2/ AW VIII 647, Anm. 703.

[213] Newman-Perrone- Paper 408, Abschn. 2.

[214] Vgl. Newman-Perrone- Paper 408, Abschn. 3/ AW VIII 647, Anm. 704: „ex indiviso".

[215] „...una ab altera quodammodo pendeat, ut si aliqua pars deficeret veluti mancum & uti catena quae ex diversis annulis inter se colligatis atque mutuo se recipientibus" (Newman-Perrone- Paper 408, Abschnitt 2/ AW VIII 647, Anm. 703).

bensfragen gedacht[216]. Gegen die Vorstellung eines tätigen Verstandes, der Aspekte des Gotteswortes erfaßt und annimmt, setzt G. *Perrone* ein Modell strenger Ableitung von Glaubenswahrheiten[217]: Der Glaubende besitzt die ganze Wahrheit des Glaubens, *per modum unius vel in solidum* „von der Kirche überliefert"[218]. Die übernatürlichen Wahrheiten sind zwar in sich keines Wachstums fähig, das von Gott ausdrücklich Offenbarte kann aber unter der Anleitung des kirchlichen Lehramtes ohne Schwierigkeiten erkannt werden, die Kirche ist „nämlich nicht nur Bewahrerin und Zeugin der göttlichen Offenbarung, sondern auch die unfehlbare Richterin in Streitfragen"[219]. Die Theologie, die *ratio*, steht dabei auf der Seite der *auctoritas*[220]. Unter ihrer Anleitung ist ein Fortschritt in der Erkenntnis des Glaubensgutes möglich. Nicht die Wahrheit selber wächst, sondern „nur die formalen Definitionen der einmal überlieferten Wahrheit"[221]. Über dieses Schema von *substantia* und *expositio* hinaus kennt G. *Perrone* auch die Beziehung von *Inhalt* und *Ausdrucksform*, um den Erkenntnisfortschritt in Glaubensdingen angemessen zu beschreiben: Der Glaube wird von der Kirche wie vom Einzelnen nicht quasi mechanisch aufgenommen, sondern ist lebendiger Vollzug: Die Identität der Kirche schließt die Vielfalt von Ausdrucksformen des Glaubens nicht

---

[216] Vgl. ebd. 407, Abschn. 1 / AW VIII 646, Anm. 702, wo G. *Perrone* die Namensnennung bestimmter Menschen ins Allgemeine wendet: „...dicerem uniuscujusque menti inest cujusvis aetatis, loci & c."

[217] Vgl. *M. Miserda*, Subjektivität 178.

[218] „Per modum unius vel in solidum veritatem possident qualis Ecclesiae tradita est" (Newman-Perrone- Paper 408, Abschn. 3 / AW VIII 647, Anm. 704).

[219] „Ecclesia non est tantum depositaria ac testis revelationis divinae, sed etiam judex infallibilis controversiarum" (Newman-Perrone- Paper 409, Abschn. 4/ AW VIII 647, Anm. 705).

[220] Das *munus doctoris* ist nach *M. Miserda*, Subjektivität 177 - 178 einerseits kirchlich - apologetisch und andererseits im Sinne einer *fides historica ac positiva* (vgl. ebd. 177) wissenschaftlich.

[221] *W. Kasper*, Lehre 129. Vgl. dazu *G. Perrone* (in : Newman-Perrone- Paper 410, Abschn. 6, AW VIII 647, Anm. 707): „Scilicet quae olim, seu prius, in confuso ut ita dicam, quoad rei substantiam veritates tenebantur per novas formulas magis determinatae sunt, et distincte enucleatae et propositae. Hoc Patres, et in his praecipue Augustinus, repetunt ex haeresibus identidem enatis, quae abutentes illa generali ratione qua proponebantur cum vigeret simplicitas fidei, coegerunt Ecclesiam ad fraudes haereticum detegendas, et per accuratiores formulas communiendos fideles eosque avertendos ab erroribus."

aus[222], es findet also *quoad se* keine Vermehrung der Glaubensartikel statt, wohl aber *quoad nos*[223]. Die Auffassung von der Kirche als unfehlbarer Zeugin des ihr anvertrauten Glaubensgutes schließt jene Lücke im Deduktionsverfahren, „die das geschichtliche Bewußtsein aufgerissen"[224] hat. Die Kirche erscheint hier als übergeschichtliche Größe, ihre Verkündigung in der Gegenwart ist identisch mit der Gesamttradition[225].

Wenn er auch das syllogistische Verfahren theologischer Wahrheitsfindung eindeutig bevorzugt, gibt es dennoch bei *G. Perrone* Züge eines geschichtlichen Überlieferungsdenkens. Der Sache nach ist ihm die lebendige Entfaltung der Glaubenswahrheit jedenfalls durchaus vertraut, wie ein kurzer Hinweis im *Newman - Perrone - Paper*[226], aber auch Gedankengänge in seinem Traktat *De locis theologicis*[227] oder etwa seine Überlegungen zur Definibilität der Unbefleckten Empfängnis zeigen[228]. Hier weiß er neben der dialektisch - logischen Weise, von der Entfaltung des Glaubensgutes zu sprechen, noch andere Methoden, „nämlich das moralische Beweisverfahren, bei dem nur moralische Gewißheit möglich ist"[229], zu unterscheiden. Der Hauptunterschied zwischen ihm und *J. H. Newman* besteht also nicht nur in einer unterschiedlichen Auffassung zur Dogmenentwicklung, er liegt vielmehr „im beiderseitigen Glaubensbegriff"[230], wofür die Beharrlichkeit spricht, mit der *G. Perrone* sich in *Kapitel I* und *II* dem Begriff des subjektiven Gottes-

---

[222] Vgl. W. *Kasper*, Lehre 111.

[223] Vgl. W. *Kasper*, Lehre 111 - 112.

[224] R. *Siebenrock*, Wahrheit 419.

[225] Vgl. R. *Siebenrock*, Wahrheit 419.

[226] Vgl. Newman-Perrone- Paper 411, Abschnitt 8. Hier bemerkt G. *Perrone*: „Haec diceretur methodus scientifica, qua ratiocinationis ope ex fidei principiis evolvuntur consecutiones in illis latentes." W. *Kasper*, Lehre 123, sieht in diesem Vermerk einen entscheidenden Hinweis darauf, daß G. *Perrone* zum Zeitpunkt seines Gespräches mit J. H. *Newman* auch andere Wege anerkennt, Lehrentwicklungen angemessen zu erklären.

[227] Vgl. die Belegstellen bei M. *Miserda*, Subjektivität 188 – 189. „ Es steht also fest: Perrone kennt dieses Thema schon in seinen „Praelectiones" , mißt ihm aber prinzipiell keine theologische Bedeutung zu, da ihm sein Autoritätsprinzip hinreichend zu sein scheint" (ebd. 189).

[228] Vgl. W. *Kasper*, Lehre 114 - 116 und F. M. *Willam*, John Henry Newman und P. Perrone 139 - 142.

[229] W. *Kasper*, Lehre 123.

[230] W. *Kasper*, Lehre 124.

wortes, wie *J. H. Newman* ihn verwendet, verweigert. Der Offenbarungs- und Traditionsbegriff, wie ihn *G. Perrone* in *Kapitel I* andeutet, ist der Schlüssel zu seinem Glaubensverständnis. Im Sinne der Schultheologie ist Glaube „ein vom Willen befohlener, übernatürlicher Akt des Verstandes, ein Fassen von bestimmten Glaubenssätzen"[231]: Die Quelle der Erkenntnis ist geschichtlich, ihr Gehalt jedoch wird nach einem ungeschichtlichen mathematisch - syllogistischen Erkenntnisideal ausgelegt[232]. Einem solchen Glaubensbegriff, der den Glaubensakt abstrakt faßt, Nachdruck auf das Fürwahrhalten legt und nicht mit freien Einsichts - und Entscheidungsprozessen seitens der Gläubigen rechnet, entspricht die These *G. Perrones*, „daß von Anfang an in der Kirche explizite Glaubenssätze vorhanden waren, in denen implizit andere geglaubt wurden"[233]. Wie anders *J. H. Newman* über den Glauben denkt, zeigen die *Theses de fide* und sein Arbeitspapier zur Dogmenentwicklung. Glaube ist Tat des konkreten Menschen, dessen freie, riskierte Zustimmung, näherhin ein aktiver Konklusionsprozeß, der im Folgern durch das subjektive Wort Gottes hindurch dessen Objektivität allmählich erfaßt und so als Gabe Gottes bekannt werden darf. Von hier aus kann *J.H. Newman* im Rahmen einer angemessenen Pneumatologie die Kirche als eine *congregatio fidelium* denken und daraus Rückschlüsse auf die Entfaltung des Glaubensgutes zu ziehen. Die beiden ersten Abschnitte dienen somit als eine notwendige Hinführung zum folgenden *dritten Kapitel.*

4.1.2.3. Das in der katholischen Kirche subjektive Wort Gottes

Zu Beginn des *dritten Kapitels* knüpft *J. H. Newman* ausdrücklich an den vorhergehenden Abschnitt an. Was er dort über den einzelnen Gläubigen und seine Fähigkeit zur Aneignung des Gotteswortes schreibt, gilt analog auch für die Kirche. Sie ist hier nach Art eines aktiven, hör - und lernfähigen Individuums gedacht. Ebenso wie es in den menschlichen Geist eindringt, dringt das Wort Gottes in den katholischen Geist, den

---

[231] *W. Kasper*, Lehre 124. *G. Perrone* weiß dabei aber auch um die Geschichtlichkeit des Glaubensaktes. Dafür spricht der ausdrückliche Hinweis auf die Bedeutung des Zeugen für den Glaubensakt, dessen Gewißheit im Zeugnis menschlicher Autorität begründet ist: Die Autorität des Zeugen bewirkt die Glaubwürdigkeit einer nicht unmittelbar gegebenen Wahrheit (vgl. ebd. 58 – 59).

[232] Vgl. *R. Siebenrock*, Wahrheit 422.

[233] Newman-Perrone- Paper 408 - 409, Abschn. 4 und 5/ AW VIII 395-396.

„Geist der katholischen Welt"[234] ein, wird es subjektives Gotteswort[235]. Und damit hat es genau „die gleichen Lebensbedingungen und die gleiche Geschichte innerhalb der Kirche wie in den einzelnen, seien es Lehrer oder Schulen oder Kirchen"[236]. *J. H. Newman* entfaltet, was er unter dieser Geschichte versteht: Das Wort Gottes tritt durch die „Ohren des Glaubens (per aures fidei)"[237] in die Kirche ein, durchdringt sie, verliert sich in ihr und bleibt so verborgen als innerer Sinn, „dessen Macht sehr groß ist, den man aber nirgends sieht"[238]. Die Kirche wiederum bleibt nicht untätig, sie erwägt das Gotteswort, zergliedert es und bringt es je nach der Lage der Dinge in Form und Beweis, teilt es aus und verwaltet es. So verändert es sich, wechselt in der Färbung, „je nach der Eigenart des jeweiligen Zeitalters"[239]. *J. H. Newman* erkennt darin „gewissermaßen die Philosophie Gottes"[240], den inneren und äußeren Werdegang des subjektiven Gotteswortes, der an den Abhandlungen, Kontroversen und

---

[234] „... sequitur verbum illud, quatenus subjectivum menti Catholicae..." (Newman-Perrone- Paper 413, Abschn. 1 / AW VIII 398).

[235] *M. Laros, W. Becker* und *J. Artz* weisen in AW VIII 645 - 646, Anm. 695 und AW VIII 648, Anm. 711 auf die schwankende Terminologie *J. H. Newmans* hin: Einmal gilt das Wort Gottes „als objektiv so, wie es an sich ist, und als subjektiv so, wie es im menschlichen reflektierenden Geist ist, der es fortschreitend diskursiv durchdringt nach seinen verschiedenen Aspekten. Aber später wird das Wort Gottes auch als von der Kirche dogmatisiertes ,objektiv' genannt, obwohl doch gerade die dogmatische Formel die Analyse und Abstraktion durch den menschlichen Geist in jahrhundertelanger Entwicklung voraussetzt. Sobald es aber einmal als für immer verbindlich festgelegt worden ist, gilt es für Newman eben als ,objektiv'. Dagegen ist die vorläufige Gestalt des Offenbarungsgutes vor ihrer endgültigen Fassung wiederum ,subjektiv'" (AW VIII 646, Anm. 695).

[236] „... eandem prorsus habere et conditionem et historiam in Ecclesia quam habet in singulis sive doctoribus, sive scholis, sive Ecclesiis, ut in capite secundo delineatum est" (Newman-Perrone- Paper 413, Abschn. 1/ AW VIII 398).

[237] Newman-Perrone- Paper 413, Abschn. 2 / AW VIII 398.

[238] „....cujus vis maxima est, conspectus nullus" (Newman-Perrone- Paper 413 - 414, Abschn. 2 / AW VIII 398).

[239] „....immutatur, variatur in coloribus suis, huc illuc flectitur, pro diversitate saeculorum; similis est in phaenomenis suis idearum illarum quae occupant mentem philosophi alicujus, quas multos per annos contemplatur, tractat, ad maturitatem provehit; - est divina quaedam philosophia" (Newman-Perrone- Paper 414, Abschn. 2 / AW VIII 398).

[240] „....est divina quaedam philosophia" (Newman-Perrone- Paper 414, Abschn. 2 / AW VIII 398).

Lehren vergangener Zeiten genauso ablesbar ist wie an der Linie der Dogmen selbst mit ihren Gesetzen und ihrer eigenen Geschichte[241]: In diesem Sinne „kann gesagt werden, daß die Kirche, mag sie auch schon von Anfang an das ganze (Glaubens-)Depositum besitzen, heute in der Theologie mehr weiß als in früheren Jahrhunderten"[242].

J. H. Newman sieht hier im Bewußtsein der Kirche einen mentalen Entwicklungsprozeß: Bevor sie diesen oder jenen Teil des Glaubensdepositums „in eine dogmatische Form"[243] gebracht hat, ihr subjektiver Sinn also zu objektiven Lehrsätzen geworden ist, kann es sein, „daß sie sich dessen, was sie über die Sache selbst denkt, nicht voll bewußt ist"[244]. *J. H. Newman* greift damit einen Gedanken auf, der seinen Überlegungen zum menschlichen Denkprozeß im *zweiten Abschnitt* seines Arbeitspapieres zugrunde liegt und den er in seiner *13. Oxforder Universitätspredigt* vom 29. Juni 1840[245] ausführlich entfaltet hat. Er unterscheidet dort die *implizite* von der *expliziten* Vernunft, d.h., das unbewußt - folgernde vom argumentierenden, bewußten Denken[246]. Die implizite Vernunft betrifft den ursprünglichen Folgerungsprozeß, jene freiere Denkweise[247] also, in der der Mensch je nach seinen Fähigkeiten und Kenntnissen eine Wahrheit aus einer vorhergehenden ohne Zuhilfenahme der Sinne [248] gewinnt. Die explizite Vernunft, zu der *J. H. Newman* unter anderem die Begriffe Wissenschaft, Methode und Analyse[249] zählt, macht diesen Denkvorgang, der im letzten unergründliches Geheimnis bleibt[250], zu ihrem Thema, indem sie ihn zu rechtfertigen sucht[251], d.h., jene Gründe und Motive, die den Menschen in seinen Denkvollzügen prägen, be-

---

[241] Vgl. Newman-Perrone- Paper 414, Abschn. 3 / AW VIII 398.

[242] „Quo in sensu dici potest Ecclesiam, totum licet fidei depositum a principio habentem, plus scire in theologia nunc quam prioribus saeculis" (Newman-Perrone-Paper 415, Abschn. 4 / AW VIII 399).

[243] „Donec autem in formam dogmaticam conjecerit Ecclesia hanc vel illam partem depositi sui...." (Newman-Perrone- Paper 414, Abschn. 4/ AW VIII 399).

[244] „...fieri potest ut non plene sibi conscia sit quid ea de re sentiat..." (Newman-Perrone- Paper 414 - 415, Abschn. 4 / AW VIII 399).

[245] Vgl. OUS XIII 251 - 277 / AW VI 188 - 206.

[246] Vgl. OUS XIII 259 / AW VI 193.

[247] Vgl. Newman- Perrone-Paper 411, Abschn. 7/ AW VIII 397.

[248] Vgl. OUS XIII 258 / AW VI 193.

[249] Vgl. OUS XIII 259 / AW VI 193.

[250] Vgl. OUS XIII 259 / AW VI 194.

[251] Vgl. OUS XIII 258 / AW VI 193.

trachtet, erforscht[252] und sie auf den Begriff bringt, sie „in stating doctrines or principles"[253] ausdrückt[254]. *J. H. Newman* weiß um die Grenzen wie
um die Möglichkeiten solch einer expliziten Vernunft, die weder eine
Konklusion zu einer richtigen, noch einen Schluß zu einem folgerichtigen macht: Ihr Verdienst ist es, „einem bestimmten Menschen" („a given
individual") [255] ein deutliches Bewußtsein davon zu geben, „that he is
reasoning"[256]. Was für das erkennende Individuum gilt, ist analog auf
das Glaubenssubjekt Kirche anzuwenden. Dessen implizite Vernunft,
der subjektive Sinn der Kirche, wird durch das Zeugnis von hierfür
kompetenten, selbständigen Überlieferungsträgern in einem objektiven
Lehrsatz explizit. Dies geschieht in einem mitunter eher mühsamen Prozeß[257]. *J. H. Newman* legt Überlegungen vor, die an seine Ausführungen

---

[252] Vgl. OUS XIII 258 / AW VI 193.
[253] OUS XIII 259 /AW VI 193.
[254] Vgl. OUS XIII 260 / AW VI 194.
[255] OUS XIII 259 / AW VI 193.
[256] OUS XIII 259/ AW VI 194.
[257] Vgl. Newman- Perrone-Paper 416 - 417, Abschn. 7/ AW VIII 399-400 *J. H.
Newman* erläutert in diesem Abschnitt am Beispiel einer Häresie, auf welche Weise in
der Geschichte der Kirche ihr subjektives Wort zu einem objektiven wird (vgl.
Newman-Perrone-Paper 416 - 417/ AW VIII 399 - 400). Das vielfältige Wechselspiel der
Überlieferungszeugen wird dabei sehr deutlich: Eine unvermutet (vgl. Newman-
Perrone-Paper 416/ Abschn. 7 / AW VIII 399) geäußerte Häresie fordert zunächst die
Bischöfe zu einer Stellungnahme. Die Bischöfe setzen sich in zweifacher Weise mit
dem Anspruch der Häresie auseinander. Sie untersuchen und beurteilen die vorgetragene Meinung, indem sie sich einerseits von ihrem inneren Instinkt leiten lassen,
und andererseits das Zeugnis der Tradition einholen. *J. H. Newman* schreibt: „Sensu
intimo subjectivi verbi in illis habitante, illam refugiunt et respuunt, quibus autem
argumentis confutetur forte non inveniunt. Ad dogmata fidei recurrunt, Scriputras
adeunt; Patres consulunt; raptim pro re nata tela qualiacumque capiunt" (Newman-
Perrone-Paper 416/ AW VIII 399). Bilden sich dann über die strittige Glaubensfrage
unter den Gläubigen Parteien, verschärft sich also die Kontroverse, ist es an der Zeit,
in dieser Sache das Urteil des Hlg. Stuhles zu erfragen (vgl. Newman-Perrone-Paper
416 – 417/ AW VIII 400). In dieser Reihenfolge zuständiger Instanzen ist für *J. H.
Newman* ein Konzil die letzte Möglichkeit zur Klärung aller Streitigkeiten. „Tum res
tranquille excutitur; sententiae proponuntur, quaestiones ex omni parte ventilantur;
quod varie sentitur inter Concilii Patres, aut explicatur aut eliminatur; dogmata fidei,
jam recepta, rectis oculis, continuata attentione, considerantur, quo germina fiant
evolvendi Apostolicam de ea re definitionem. Tandem, tacito Dei numine et ductu,
post difficilem partum dogma novum nascitur" (Newman-Perrone-Paper 416 – 417,
Abschn. 7/ AW VIII 400).

im zweiten Kapitel seines Arbeitspapieres erinnern : Überlieferungsträger sind erstens das Wort des Papstes, wenn er ex cathedra spricht,
zweitens eine Definition durch ein ökumenisches Konzil[258]. Den getroffenen Entscheiden kommt ein absoluter Verbindlichkeitsgrad zu. Die
Verlautbarungen der Kirche sind „völlig unfehlbar"[259], die Dogmen selbst
einfach unabänderlich wie das der Kirche von den Aposteln übermittelte
objektive Gotteswort[260]. Für das, was sie nicht definiert hat, „aber doch
überall festhält und immer festhielt *(ubique tenet/semper tenuit)* "[261], nimmt
J. H. Newman „eine Art präsumtiver Unfehlbarkeit"[262] an. Gemäß dieser
Interpretation der Unfehlbarkeit sind alle Gläubigen verpflichtet, solange
ein Glaubensgut als gesichert anzunehmen, „bis die Stimme des Papstes
oder eines Konziles etwas Genaueres darüber verkündet"[263].

Die Einwände *G. Perrones* zu diesen Ausführungen sind kurz und
knapp. Das Wort Gottes dringt nicht durch die Ohren des Glaubens in
den Geist der katholischen Welt, der Glaube ist vielmehr Gabe des
Wortes Gottes, er kommt ursächlich vom Hören[264]. Das Wort Gottes geht
zudem nicht erst nach einem Entwicklungsprozeß im Laufe der Zeit,
sondern immer in ein Dogma über oder bildet zumindest einen Gegenstand „unseres Glaubens"[265], der von der Kirche in ihrer Praxis immer
dann erst ausdrücklich als für den Glauben verbindlich vorgelegt wurde,

---

[258] Vgl. Newman-Perrone-Paper 415, Abschn. 5/ AW VIII 399.

[259] „...prorsus sit infallibilis..."(Newman-Perrone-Paper 415, Abschn. 6 / AW
VIII 399).

[260] Vgl. Newman-Perrone-Paper 415, Abschn. 6 / AW VIII 399.

[261] Newman-Perrone-Paper 415, Abschn. 6 / AW VIII 399.

[262] „...praesumptivam quandam habet infallibilitatem, quae omnes mentes obli-
gat ut ea tamquam certa accipiant..." (Newman-Perrone-Paper 415, Abschn. 6 / AW
VIII 399).

[263] „...donec vox vel Pontificis vel Concilii accuratius aliquid ea de re pronuncia-
verit" (Newman-Perrone-Paper 415 - 416, Abschn. 6 / AW VIII 399). *J. Artz*, Anm. 717,
in: AW VIII 650, betont, daß *J. H. Newman* mit seinem Begriff einer präsumtiven Unfehlbarkeit viel weiter geht, als es dies *G. Perrone* selbst tut. *J. Artz* zufolge ist *J. H.
Newman* in der Lehramtsfrage eher vorsichtig, er erscheint „integralistisch und maxi-
malistisch" (AW VIII 650, Anm. 717). *W. Kasper*, Lehre 118, macht darauf aufmerksam,
daß *G. Perrone* den Kanon des *Vinzenz* positiv interpretiert, eine Dogmenentfaltung
nicht ausschließt, aber der steten Autorität des Lehramtes unterstellt.

[264] Vgl. Newman-Perrone-Paper 414, Abschn. 2.

[265] „Verbum Dei semper, seu ex quo datum est transit in dogma, seu constituit
objectum fidei nostrae" (Newman-Perrone-Paper 413, Abschn. 1 / AW VIII 648, Anm.
712).

wenn die Umstände es erforderten [266], d.h. „sich Irrlehren erhoben, die solche Wahrheiten erschütterten, an die man schon vorher implizit glaubte"[267]. Die Ansicht *J. H. Newmans*, daß die Kirche heute in der Theologie mehr weiß als in der Vergangenheit, kann *G. Perrone* folglich nicht teilen[268]: Die von Gott geoffenbarten Wahrheiten entwickeln sich „mehr und mehr mit Hilfe der Wissenschaft oder der Betrachtung"[269]. Demnach ist die Lehrentwicklung ganz und gar nicht ein unberechenbares Geschehen, das seine Konturen erst im Gespräch oder auch in der Auseinandersetzung selbständiger Glaubenssubjekte gewinnt, wie *J. H. Newman* im zweiten Teil seines Papieres ausführt. Eine Irrlehre oder Kontroverse wird demgegenüber nach *G. Perrone* zuerst da diskutiert, wo sie von den Theologen behandelt wird. Die Bischöfe greifen sodann den Streitfall auf, berichten den umstrittenen Sachverhalt an den Papst, der seinerseits ein endgültiges Urteil fällt. Dessen Urteil ist „nur das letzte Siegel, mit dem die Wahrheit bekräftigt wird"[270]. Der starke Akzent, den *G. Perrone* mit seinem Hinweis auf das Petrusamt und dessen Entscheidungskompetenz setzt, gibt ein weiteres Beispiel für ein ekklesiologisches Denken „historisch - juridischer Natur"[271]. Die Kürze der Anmerkungen darf über ihr Gewicht nicht hinwegtäuschen: *J. H. Newman* selber gibt das Thema vor, wenn er von einem inneren Sinn [272] spricht, durch den das Wort Gottes in der Kirche wirkt. Zur Diskussion steht die Lehre vom *sensus fidelium*, die *J. H. Newman* und *G. Perrone* un-

---

[266] Vgl. Newman-Perrone-Paper 414, Abschn. 2. *G. Perrone* denkt in diesem Zusammenhang an Schulstreitigkeiten, innerkirchliche Konflikte und die Auseinandersetzung mit Irrlehren (vgl. *W. Kasper*, Lehre 116).

[267] „Nempe expresse, seu explicite non proponuntur ut fidei dogmata veritates in eo contentae, donec ab Ecclesia definiantur, et credendae expresse proponantur. Ista autem fieri consueverunt cum insurgunt haereses labifactantes veritates quae prius jam implicite credebantur" (Newman-Perrone-Paper 413, Abschn. 1/ AW VIII 648, Anm. 712).

[268] „Hoc dicere non auderem..." (Newman-Perrone-Paper 414, Abschn. 4 / AW VIII 649, Anm. 715).

[269] „Scilicet evolvuntur magis ac magis veritates divinitus revelatae aut ope scientiae aut considerationis &c." (Newman-Perrone-Paper 414, Abschn. 3 / AW VIII 649, Anm. 714).

[270] „Pontificis definito, ut plurimum, non est nisi ultimum sigillum quo veritas obsignatur" (Newman-Perrone-Paper 416, Abschn. 7/ AW VIII 650, Anm. 718).

[271] *M. Miserda*, Subjektivität 174.

[272] Vgl. Newman-Perrone-Paper 413, Absch. 2 / AW VIII 398.

terschiedlich auslegen. Für die Glaubensanalyse ist die Beschäftigung mit dem *sensus und consensus fidelium* insofern von Bedeutung, weil hier der individuelle Glaubensakt auf unverwechselbare Weise in einer Einheit mit dem kirchlichen Überlieferungsgeschehen steht, Subjektivität und Gemeinschaftlichkeit des Glaubens also ausdrücklich zur Sprache kommen.

G. *Perrone* folgt in seiner Auffassung zunächst der Barockscholastik, die den *sensus fidelium* als einen locus theologicus faßt, der den Hirten der Kirche als Erkenntnisquelle des Glaubens dient[273]. Er entfaltet dabei seine Lehre vom sensus fidelium im Rahmen einer Ekklesiologie, die, wie bereits im *ersten Abschnitt* des *Newman - Perrone* - Papers deutlich wurde, einerseits historisch - juridische Züge trägt und die Autorität der kirchlichen Hierarchie besonders herausstreicht[274], andererseits sich von *J. A. Möhler* [275] beeinflußt zeigt: Die Kirche ist moralische Person aus Leib und Seele, fortdauernde Manifestation Christi in der Zeit[276]. Für beide Züge seiner Ekklesiologie lassen sich in seinen Schriften Belege anführen, wenn auch dem Autoritätsprinzip eindeutig der Vorrang zukommt[277].Die starke Beachtung, die G. *Perrone* dabei dem Lehramt schenkt, läßt ihn jedoch zugleich die Rolle der *rudes fideles* unterschätzen[278]. Ist die Tradition aber mit der autorativ - lehramtlichen Verkündigung der Kirche identisch, kann sie zudem sogar als das Bewußtsein der Kirche gelten, wobei die äußere Verkündigung die Tradition verkörpert und damit von der Tradition im eigentlichen Sinne zu unterscheiden ist[279], dann stellt sich in der Tat die Frage nach der Rolle und der Bedeutung der Gläubigen in diesem Geschehen, wie die Immaculata - Diskussion zeigt.

In seiner Untersuchung *De Immaculato Conceptu* sieht sich G. *Perrone* herausgefordert, sein Traditionsverständnis an den tatsächlichen Gegebenheiten des kirchlichen Lebens abzugleichen. Dabei bleibt er jedoch

---

[273] Zur Sensus fidelium - Lehre G. *Perrones* vgl. W. *Kasper*, Lehre 95 - 102.
[274] Vgl. M. *Miserda*, Subjektivität 174.
[275] Vgl. M. *Miserda*, Subjektivität 173 - 174.
[276] Vgl. W. *Kasper*, Lehre 104 - 105.
[277] Vgl. M. *Miserda*, Subjektivität 176.
[278] Vgl. M. *Miserda*, Subjektivität 178.
[279] Vgl. W. *Kasper*, Lehre142 – 143. W. *Kasper* vermutet, daß bei diesem Verständnis der Tradition die Kirche in der Gefahr steht, im Gespräch mit sich selber zu bleiben (vgl. Lehre 143).

seinem Ansatz treu: Die Kirche, so G. *Perrone*, ist Wächterin der Offenbarung, die die Fähigkeit hat, zu gegebener Zeit „nach Umständen"[280] etwas, was in ihr immer schon vorhanden war, als „Glaubenssache"[281] zu bezeichnen. Die *propositio ecclesiae* wird hier zur *regula fidei proxima*, die theologische Wahrheitsfrage „beinahe"[282] zu einer Rechtsfrage. Diese Auffassung von der Kirche bestimmt den Offenbarungsbegriff, wie ihn G. *Perrone* auch in seinem Immaculata - Buch voraussetzt. Das herrschende Einverständnis im Gottesvolk über die Frage nach der Unbefleckten Empfängnis aber und der Tatbestand, daß dieses Einverständnis in der Geschichte der Kirche als Offenbarungsgut nicht hinreichend bezeugt ist, dogmatisch - syllogistisches Denken hier also zu kurz greift, stellt G. *Perrone* vor die schwierige Aufgabe, auf einem anderen Weg die Definibilität der Immaculata zu begründen. So sichert er zunächst im ersten Teil seiner Untersuchung historisch - kritisch[283] den dogmengeschichtlichen Fragestand, wobei er die mittelalterliche Kontroverse um die Immaculata „aufgrund seines Offenbarungsbegriffes letzlich als Mißverständnis bzw. als Informationsmangel deuten muß"[284]. Die Geschichte ist, so sie der Glaubensaussage zur Unbefleckten Empfängnis widerstreitet, Problem und, sofern sie eine Hilfe für die Argumentation bietet, zugleich Argument zugunsten jener 'pia sententia'[285]. Im zweiten Teil seiner Abhandlung bestimmt G. *Perrone* den Traditionsbegriff sodann theologisch - kritisch[286]. Dazu beschäftigt er sich ausdrücklich mit dem, was implizit an Glaubenswahrheiten in der Offenbarung, d.h. im geschriebenen und überlieferten Wort Gottes, enthalten ist. Als implizite Offenbarungswahrheiten gelten all jene, die im Laufe der Zeit *quoad nos* explizit werden, also einer Lehrentwicklung unterliegen[287]. Auch sie unterstehen dem „Wort der Kirche"[288]. Den Vorgang der Tradition denkt G. *Perrone*, entsprechend der Art ihrer Überlieferung, „als komplexe Le-

---

[280] M. *Miserda*, Subjektivität 182.
[281] M. *Miserda*, Subjektivität 182.
[282] M. *Miserda*, Subjektivität 182.
[283] Vgl. M. *Miserda*, Subjektivität 180-181.
[284] M. *Miserda*, Subjektivität 180.
[285] M. *Miserda*, Subjektivität 181.
[286] Vgl. M. *Miserda*, Subjektivität 182 - 187.
[287] Vgl. M. *Miserda*, Subjektivität 183.
[288] M. *Miserda*, Subjektivität 183.

bensrealität"[289]. Er bezieht sich dabei ausdrücklich auf die *Möhler*sche Idee [290] einer „Lebens - Überlieferung"[291]. So wird die Glaubenslehre nicht aussschließlich instruktionstheoretisch, als „gewisse lineare Lehrüberlieferung"[292], sondern eben auch durch die „Praxis der Kirche"[293] vermittelt. G. *Perrone* verweist in diesem Zusammenhang auf bestehende Gewohnheiten und Eigentümlichkeiten, die dem Glaubensleben der Kirche seine charakteristische Prägung geben, und durch die hindurch sich die *doctrina* erschließt[294]. Selbst bei einem unvollständigen oder mangelhaften Zeugnis der „Väter und Lehrer" [295] ist dem Lehramt mit dem Fundort der Praxis ein Instrument an die Hand gegeben, durch dessen Hilfe es möglich ist, eine sachgerechte Entscheidung über umstrittene Glaubensfragen zu treffen[296]. Das Praxis - Argument ist zunächst nicht unbedingt neu oder originell : Die Praxis der Kirche, „insbesondere die liturgische"[297], galt immer schon als *lex credendi*. Anregend - neuartig ist aber, wie und auf welche Weise G. *Perrone* dieses Argument gewichtet.

Aussagen über das Glaubensleben der Kirche und ihre Praxis lassen sich nach G. *Perrone* erstens aus der Handlungsweise der Hirten und zweitens aus der Handlungsweise der Gläubigen erheben und absichern[298]. Bezüglich der Immaculata - Frage etwa läßt sich das Handeln der Hirten an den Festen und liturgischen Feiern ablesen, die sie im Laufe der Kirchengeschichte „zusammengestellt haben"[299]. Die Gläubigen sind demgegenüber ein *instrumentum traditionis* , jedoch „nicht im Sinn von Organ der lebendigen, aktiven Unfehlbarkeit, sondern im Sinn von Medium traditionis, Verkörperung der Lehre der Hirten und locus theologicus für diese"[300]. Genau dies ist für G. *Perrone* der *sensus fidelium*, den er auch als eine *naturalis animi propensio circa aliquas veritates*[301]

---

[289] M. *Miserda*, Subjektivität 183.

[290] Zum Verhältnis J. A. *Möhler* und J. H. *Newman* vgl. W. *Kasper*, Lehre 135 - 143.

[291] M. *Miserda*, Subjektivität 183.

[292] M. *Miserda*, Subjektivität 183.

[293] M. *Miserda*, Subjektivität 184.

[294] Vgl. M. *Miserda*, Subjektivität 183.

[295] M. *Miserda*, Subjektivität 184.

[296] Vgl. M. *Miserda*, Subjektivität 184.

[297] M. *Miserda*, Subjektivität 187.

[298] Vgl. M. *Miserda*, Subjektivität 184.

[299] M. *Miserda*, Subjektivität 190.

[300] W. *Kasper*, Lehre 100.

[301] Vgl. M. *Miserda*, Subjektivität 195.

bezeichnet: In den Herzen der Gläubigen ist die *doctrina,* das Wort Gottes, „eingegraben, ihr Zeugnis offenbart sich, nachdem es oft zuerst still verborgen ist, wenn ein Streit um eine Wahrheit entsteht, in der Hinneigung zur wahren Lehre"[302]. So werden Irrlehren ohne förmliches Gerichtsverfahren, allein durch „christlichen Takt"[303] bei ihrem Entstehen verworfen. Die Gläubigen stehen in gewisser Weise Seite an Seite mit den Hirten, sie bezeugen dabei aber nur, was sie von ihren Hirten empfangen haben[304], sie besitzen also keine „Glaubens - oder Geistesunmittelbarkeit"[305]. Der *consensus fidelium* ist Erscheinungsform und Kriterium des *sensus fidelium*[306]: Wenn die Gesamtheit der Gläubigen im Zeugnis für eine Lehre übereinstimmt, kommt ihr Konsens „als Bekräftigung und Siegel"[307] zu den Äußerungen der lehrenden Kirche hinzu. Ihr Glaubenszeugnis ist und bleibt „Reflex der Lehre der Hirten der Kirche"[308].

Der *consensus fidelium* ist damit für *G. Perrone* ebenso wie die Feier der Liturgie Spiegelbild und Niederschlag der Verkündigung der lehrenden Kirche. Die Verbundenheit der Gläubigen mit den Hirten und ihre Übereinstimmung untereinander in Fragen des Glaubens erschließen das allgemeine Bewußtsein der Kirche, den *sensus Ecclesiae*[309]: Um die Tradition kennenzulernen, kann man „deshalb auf das ununterbrochene

---

[302] *W. Kasper,* Lehre 95.

[303] Vgl. *W. Kasper,* Lehre 96.

[304] Vgl. *W. Kasper,* Lehre 96.

[305] *M. Miserda,* Subjektivität 190. *M. Miserda* entdeckt hier eine Inkonsequenz der Argumentation bei *G. Perrone:* „Perrone kann also, im Unterschied zu Möhler, keine Glaubens- oder Geistesunmittelbarkeit denken, und doch knüpft er ohne jegliche Zögerung an sie an. Das ist die Quelle der Inkonsequenz Perrones. Er ist fürs Innere/ Implizite nur insofern interessiert, als es ihm als der Bewahrungsort dieser - im geschichtlichen Sinne, wie er es versteht - uralten und ursprünglichen „Tradition" dient, und zugleich als Gegenindiz in der Kontroverse" (Subjektivität 190).

[306] Vgl. *M. Miserda,* Subjektivität 195. *W. Kasper* betont, daß der *sensus fidelium* nach *G. Perrone* „allen anderen Äußerungen der Tradition zugrunde liegt: Liturgien, Gebet, bestimmte Ereignisse der Kirchengeschichte sind ja nur dessen Ausdruck und Verkörperung" (Lehre 101).

[307] *W. Kasper,* Lehre 96. Vgl. *M. Miserda,* Subjektivität 194 - 195.

[308] *W. Kasper,* Lehre 101.

[309] Vgl. *M. Miserda,* Subjektivität 191 und ebd. 195, Anm. 101. „Perrones Argumentationsbemühen steht offenbar ganz im Zeichen der Vinzenz - Regel, wo nicht nur das Alter (semper) , sondern auch die Übereinstimmung (ab omnibus) sehr wichtig war" (*M. Miserda,* Subjektivität 191).

Lehramt, die Praxis oder die Gewohnheit, welche durch Denkmale
bestärkt wird, und die gemeinsame Ansicht (sensus) der Hirten und
Gläubigen zurückgreifen"[310]. Die Beachtung, die die Praxis der Kirche bei
ihm findet, kann somit als ein Versuch gelten, angesichts einer noch
unklaren dogmatischen Problemstellung neue Wege zu gehen, in diesem
Falle einen „informativen Offenbarungspositivismus zu überwinden"[311].
Den Gläubigen wird so eine besondere Aufmerksamkeit[312] zuteil. Ob die
Gläubigen aber dadurch, daß „sie den Bischöfen durch ihre
Handlungsweise Recht geben können"[313], nach G. *Perrone* tatsächlich zu
selbständigen Partnern der Hierarchie werden, wie es *M. Miserda*
vermutet[314], scheint zumindest fraglich. Der organisch - autoritative
Überlieferungsbegriff[315] schließt eine solche Sichtweise zwar nicht völlig
aus, legt aber wohl eher ein Verständnis nahe, wonach die Gläubigen
keine aktive, sondern eine passive Unfehlbarkeit, „eine infallibilitas in
credendo" [316], besitzen. Das in *Kapitel II* des *Newman - Perrone - Papers*
bereits näher bestimmte *Ecclesia docens/discens* - Schema ist also keinesfalls außer Kraft gesetzt: Die Tradition geht nach G. *Perrone* nicht nur allgemein in der Lehre der Kirche auf, sondern „näherhin in der Lehre der
Hirten der Kirche, sogar in der Lehre des gegenwärtigen Episkopates"[317].

---

[310] *W. Kasper,* Lehre 96.

[311] *M. Miserda,* Subjektivität 187.

[312] Vgl. *M. Miserda,* Subjektivität 192.

[313] *M. Miserda,* Subjektivität 195.

[314] „ Das Neue und theologisch Interessante ist sein Rückgriff auf die Praxis der
Kirche, die ihn zu einem neuen Lösungsversuch veranlaßt" (*M. Miserda,* Subjektivität
194). *M. Miserda* sieht bei G. *Perrone* eine konsequente Fortentwicklung eines Verständnisses, das die Kirche als lebendige Person deutet (ebd. 194). Als lebendige
Überlieferung ist die Tradition bereits bei G. *Perrone* Wechselspiel selbständiger
Subjekte: „Die Bischöfe - als von Gott aufgestellte Verwalter - sind zwar die eigentlichen Subjekte, aber insofern sie eine andere Tendenz vertreten als die Theologen, die
in der Frage der Immaculata sich nicht einig sind, sind die Bischöfe auf das dritte
Subjekt - oder auf die dritte Subjektart - angewiesen, nämlich auf das Volk" (ebd. 194)
M. Miserda entdeckt bei G. *Perrone* eine „neuzeitliche Subjektivitätslogik" (ebd. 195),
freilich „ohne daß Perrone sich dessen bewußt war" (ebd. 195): Nicht ohne Grund
bemerkt *M. Miserda* eine oftmals kontextbedingte, schematisierende, ja inkohärente
Argumentationsweise (vgl. ebd. 195).

[315] Vgl. *W. Kasper,* Lehre 139.

[316] *W. Kasper,* Lehre 101.

[317] *W. Kasper,* Lehre 101.

Den Ausschlag in Sachen des Glaubens und der Lehre gibt allein die autoritative Entscheidung des Papstes [318].

In seinem Aufsatz „Über das Zeugnis der Laien in Fragen der Glaubenslehre"[319] aus dem Jahre 1859 beschäftigt sich *J.H. Newman* ausführlich mit der Lehre vom *sensus und consensus fidelium*[320]. Damit sucht er seinen Standpunkt „in der Frage des *rationale obsequium* der Laien und ihrer Bedeutung innerhalb der Struktur der Kirche"[321] verständlich darzulegen. Die seinerzeit umstrittene Darstellung[322] gilt als eine „ausführliche und aufgegliederte Darstellung der sonst etwas zerstreut sich finden-

---

[318] Vgl. *M. Miserda*, Subjektivität 186.

[319] *J. H. Newman*, Über das Zeugnis der Laien in Fragen der Glaubenslehre. Übersetzt von *M. Hofmann*, in: *J. H. Newman*, Polemische Schriften. Abhandlungen zu Fragen der Zeit und der Glaubenslehre. Übersetzt von M. E. Kawa und M. Hofmann, in: *M. Laros / W. Becker* (Hg.), Bd. VI der ausgewählten Werke von *John Henry Kardinal Newman*, Mainz 1959 (= AW IV), 253 - 292.

[320] *J. H. Newman* erinnert an den *sense of faithful* auch in anderen Werken. Vgl. dazu AW II/III, 593, 610 und 636 sowie *J.H. Newman*, The Idea Of A University Defined And Illustrated 1. In Nine Discourse Delivered To The Catholics Of Dublin I. In Occasional Lectures And Essays Addressed To The Members Of The Catholic University. New Impression, Westminster 1973 (= The Works of Cardinal Newman), deutsch: *J.H. Newman*, Vom Wesen der Universität. Ihr Bildungsziel in Gehalt und Gestalt. Übersetzt von H. Bohlen, in: *M. Laros / W. Becker* (Hg.), Bd. V der ausgewählten Werke von *John Henry Kardinal Newman*, Mainz 1960 (= AW V).

[321] *W. Becker / M. Laros*, Vorwort, in: AW IV, IX - XVII, hier XV.

[322] Vgl. dazu *W. Kasper*, Lehre 97, Anm. 130 sowie *G. Biemer*, John Henry Newman 109 - 113 und *G. Biener*, Überlieferung 130 - 135. *J. H. Newman* hatte im Mai 1859 die Redaktion der Zwei - Monats - Zeitschrift „The Rambler" übernommen, ein „Sprachrohr selbstbewußter und nicht selten kritischer Laien" (*G. Biemer*, Newman 109) und von den englischen Bischöfen mit Argwohn betrachtet. In der Juli - Nummer veröffentlicht *J. H. Newman* seinen Artikel „ On Consulting the Faithful in Matters of Doctrine" . Der Artikel stößt bei seinem Bischof *Th. J. Brown* (1798 - 1880) auf großes Mißfallen. Der Bischof bringt die Sache schließlich in Rom zur Anzeige. Durch ein „Versäumnis von Kardinal Wiseman" (*W. Kasper*, Lehre 97, Anm. 130), der einen Brief *J. H. Newmans*, in dem dieser signalisiert hatte, jede seiner Aussagen zu erklären, der römischen Kongregation aus unbekanntem Grund nie zukommen läßt (vgl. *G. Biemer*, Newman 112 - 113), konnten erst viel zu spät die entstandenen Mißverständnisse geklärt werden, die „zum Teil auch auf Übersetzungsfehlern ins Lateinische beruhten" (*W. Kasper*, Lehre 97, Anm. 130). Erst 1867 war es *J. H. Newman* möglich, in „einem Anhang zu einer Neuauflage von *The Arians of the Fourth Century*" (vgl. *W. Kasper*, Lehre 97, Anm. 130) zu diesen Vorgängen Stellung zu nehmen.

den Lehre Perrones"[323]: *J. H. Newman* dokumentiert hier noch einmal seine Begegnung mit dem römischen Dogmatiker, dessen Ausführungen er allerdings „in seinem Sinn"[324] interpretiert. Die Stimme der unfehlbaren Kirche, der *sensus Ecclesiae*[325], bezeugt sich demnach in doppelter Weise[326]. Einerseits geschieht dies durch das Lehramt, der *Ecclesia docens*[327], der die Beurteilung, Unterscheidung, Definition, Verkündigung und Einschärfung „irgendeines Teiles der Tradition"[328] zukommt, andererseits geschieht dies durch die Gemeinschaft der Gläubigen, die Zeugnis „für die Tatsache der Überlieferung geoffenbarter Wahrheiten"[329] gibt. An dieser Zweiteilung, durch die sich der kirchliche Sinn jeweils kundtut, ist die Unterscheidung der Unfehlbarkeit einerseits von ihrer Beurteilung *(ecclesia docens)* andererseits recht bemerkenswert[330].

In diesem Zusammenhang kommt dem Begriff *to consult* große Bedeutung zu.

To consult ist für ihn „zweifellos ein Wort, das Vertrauen und Hochachtung, nicht aber Unterordnung ausdrückt" [331]. Im täglichen Sprachgebrauch bezeichnet es „ebenso die Idee der Untersuchung eines Tatbestandes wie die der Anforderung eines Urteils"[332]. Das Wort ist auch von Wichtigkeit bezüglich der Ausübung des kirchlichen Lehr-

---

[323] *W. Kasper,* Lehre 97.

[324] *W. Kasper,* Lehre 97.

[325] In AW IV 268 verweist *J. H. Newman* auf die Bulle „Ineffabilis Deus" vom 8. Dezember 1854, in der der *perpetuus Ecclesiae sensus* als *singularis catholicorum Antistitum ac fidelium conspiratio* gekennzeichnet ist. Die Vorstellung eines *sensus Ecclesiae* ist *J. H. Newman* nicht unvertraut. So weiß er im Newman - Perrone - Paper (Newman-Perrone-Paper 406, Abschn. 6 / AW VIII 394) um einen *intellectus Ecclesiae* und in OUS XV spricht er von dem *Mind of the Church* (vgl. OUS XV 323 / AW VI 238).

[326] Vgl. AW IV 262.

[327] Vgl. AW IV 263.

[328] AW IV 263.

[329] AW IV 262.

[330] „ Die Unterscheidung, die hier zugrunde liegt, zwischen ‚Zeugnis' und ‚Kriterium' der Tradition haben die Schüler Perrones, Passaglia und Schrader, erst später als Frucht der Diskussion um den Traditionsbeweis in der Vorbereitung der Definition der Unbefleckten Empfängnis in die Traditionslehre der Römischen Schule eingeführt; sie unterschieden nämlich später zwischen ‚organum' und ‚praesidium traditionis', ohne daß sie allerdings daraus für den sensus fidelium schon unmittelbar die Konsequenzen zogen" (*W. Kasper,* Lehre 99).

[331] AW IV 255.

[332] AW IV 255 -256.

amtes : Zwar gehört der Rat der Gläubigen, ihre Meinung oder ihr Urteil „über die Fage der Definition" [333] nicht zu den Präliminaria einer dogmatischen Entscheidung, ihr Glaube und ihre Lebensäußerungen in diesem Glauben aber werden berücksichtigt, und zwar, so J. H. Newman, als „ein Zeugnis für jene apostolische Tradition, auf Grund derer allein ein Dogma irgendwelcher Art definiert werden kann"[334]. J. H. Newman bleibt seiner Linie treu, die er bereits in den ersten beiden Abschnitten seines Arbeitspapieres verfolgt hat, wo er von einem Traditionsbegriff ausgeht, der aktive und selbständige Überlieferungszeugen voraussetzt. So ehrt er zwar in seinem Rambler - Artikel das Andenken G. Perrones [335], setzt sich aber der Sache nach deutlich von seinem römischen Gesprächspartner ab. Im Gegensatz zu G. Perrone, der sehr zurückhaltend die Praxis der Gläubigen in seine Ekklesiologie miteinbezieht, zudem den *consens* der Gläubigen nur in Abhängigkeit vom Lehramt denken kann, rechnet J. H. Newman mit mehreren eigenständigen Kanälen der Tradition, wobei keiner von ihnen geringschätzig behandelt werden darf[336]. Die Stärke des einen *instrumentum traditionis* gleicht dabei in besonderen Fällen den Mangel des anderen aus[337]. So tritt die apostolische Tradition eben zu verschiedenen Zeiten auf verschiedene Weise hervor, „bald durch den Mund der Bischöfe, bald durch die Kirchenlehrer, bald durch das Volk, bald durch die Liturgie, die Riten, Zeremonien und die Gewohnheiten; auch durch Ereignisse, Kontroversen, Bewegungen und all die anderen Erscheinungen, die man unter dem Namen Geschichte zusammenfaßt"[338]. Hier trifft J. H. Newman eine Entscheidung: Mag es solche Theologen geben, die die Rolle der Gläubigen im Traditionsgeschehen aus der Perspektive der *Ecclesia docens* beschreiben, hat er sich

---

[333] AW IV 256.

[334] AW IV 256.

[335] „ 1847 war ich in Rom, und damals hatte ich die große Vergünstigung und Ehre, P. Perrone und P. Passaglia zu sprechen und verschiedene Unterredungen über diesen Punkt mit ihnen zu haben" (AW IV 263). Und ebd. 264: „Gerne nehme ich die Gelegenheit wahr, dem ehrwürdigen Manne, der mir nie seine kostbare Zeit vorenthalten hat, meine Dankbarkeit und Anhänglichkeit auszudrücken."

[336] Vgl. AW IV 263.

[337] Vgl. AW IV 264.

[338] AW IV 262-263.

demgegenüber daran „gewöhnt, großes Gewicht auf den *consensus fide-lium* zu legen"[339].

Von dieser Ausgangsposition aus kann *J. H. Newman* das eigentli-che Anliegen seines Artikels bestimmen. Bei der Definition gewisser Glaubensartikel, so das von ihm vorgetragene Problem, ist der Beweis, daß „Bischöfe, Kirchenlehrer und Theologen sie tatsächlich vertreten haben"[340], aus den vorhandenen Urkunden mitunter „überaus mangel-haft"[341] zu führen. Der *Sensus* bzw. *consensus fidelium* ist dazu, so *J. H. Newmans* Lösungsvorschlag, ein angemessenes Kriterium, bei offensicht-lichen Lücken diachroner Bezeugung eine bestimmte Glaubensauffas-sung oder - praxis als Teil der apostolischen Tradition zu identifizieren. In diesem Anliegen zeigt sich *J. H. Newman* durchaus von *P. Perrone* ver-standen, interpretiert er doch dessen Auffassung vom *sensus fidelium*, die er in fünf Punkten referiert[342], im Sinne seines eigenen Konsens - Gedan-kens. *J. H. Newman* ist dabei „in seinem methodischen Verfahren nicht unproblematisch"[343], er erweist sich gegenüber *G. Perrone* mitunter als „etwas unkritisch"[344]. Durchschaut er auch die Argumentation *G. Perro-nes* [345], scheint er ihr doch zuzustimmen, obgleich sie sich offensichtlich von seinem Ansatz unterscheidet[346]. So greift er das Praxis - Argument *G.*

---

[339] AW IV 263.

[340] AW IV 263.

[341] AW IV 263.

[342] *W. Kasper* stellt die systematische Einteilung der Lehre *G. Perrones* bezüglich des sensus fidelium, wie sie von *J. H. Newman* in AW IV 264 - 269 zusammengetragen wird, folgendermaßen zusammen: a. die Tatsächlichkeit des sensus fidelium und seine Unterscheidung vom Glaubenssinn der Hirten; b. der Zusammenhang von sen-sus fidelium mit dem sensus Ecclesiae und seine conspiratio mit dem sensus pasto-rum; c. der sensus fidelium als instrumentum traditionis; d. die Beweiskraft des sensus fidelium und seine Bedeutung; e. Beispiele aus der Dogmengeschichte (vgl. Lehre 97 – 98, Anm. 132a).

[343] *M. Miserda*, Subjektivität 287.

[344] *M. Miserda*, Subjektivität 287.

[345] Vgl. AW IV 269, wo *J. H. Newman* den Ansatz genau charakterisiert: „Ab-glanz: d.h. das Volk ist ein Spiegel, in dem sich die Bischöfe selbst erkennen."

[346] Gegen Ende des zweiten Abschnittes seines Rambler - Artikels zitiert *J. H. Newman* aus einer kleinen Studie des Bischofs von Birmingham zur Immaculata (vgl. AW IV 268 - 269). Die Studie streicht die Bedeutung der vollkommenen Übereinstim-mung der Gläubigen als gewichtigen Grund „selbst für die gelehrtesten Theologen" (AW IV 269) heraus. Das Bischofs - Zitat dient allein seiner Stellung im Text wegen als Interpretation der Position *G. Perrones*.

Perrones auf, verändert es aber im Sinne der beobachteten Vielfalt kirchlicher Überlieferungsträger: Hirten und Gläubige stehen nicht nur nebeneinander, sondern sie stehen auch einander gegenüber[347]. Der Hinweis G. *Perrones* auf *Gregor von Valencia*, demzufolge der *consensus fidelium* dem Papst zur hilfreichen Stütze in schwierigen lehramtlichen Entscheidungen wird[348], ist für *J. H. Newman* ein weiterer Beleg für die Anerkennung des Konsenses als eigenständige Größe im Überlieferungsgeschehen, wofür er die übereinstimmende Meinung der Gläubigen in der Frage nach der *visio beatifica* erwähnt: Ihr Drängen treibt das Lehramt zu einer Entscheidung[349]. Genau dies ist auch in der Diskussion der *Immaculata* zu beobachten[350].

Sein Versuch, in der Denkart G. *Perrones* zu argumentieren, ohne den eigenen Standpunkt zu verleugnen, prägt auch den letzten Abschnitt des *Rambler* - Artikels, wobei *J. H. Newman* im Verlauf der Argumentation zu immer größerer Selbständigkeit findet. Der Beginn des Abschnittes gibt dafür sogleich ein gutes Beispiel. *J. H. Newman* möchte hier den, wie es in der deutschen Übersetzung heißt, „consensus"[351] in fünf Definitionen näher umschreiben. Trotz gegenteiliger Auskünfte, die er Jahre später gibt[352], scheint er also wenig daran interessiert, von der Sa-

---

[347] AW IV 264 schreibt *J. H. Newman*, daß *G. Perrone* so etwas wie *indicia* kennt, wobei die Stärke des einen *indiciums* in besonderen Fällen den Mangel des anderen ausgleicht. So kann der *consensus fidelium* beispielsweise unter bestimmten geschichtlichen Umständen „das Stillschweigen der Kirchenväter" aufwiegen (vgl. AW IV 264).

[348] Vgl. AW IV 265 - 266.

[349] Vgl. AW IV 267.

[350] Vgl. AW IV 267 - 268.

[351] Vgl. AW IV 269.

[352] „ Ist also der ‚consensus' so grundlegend für Newman, sowohl für seine Ekklesiologie als auch für seine theologische Erkenntnislehre, so ist es verständlich, daß er an einer Unterscheidung zwischen ‚sensus' und ‚consensus' nur in einer besonderen Situation interessiert sein kann" (*M. Miserda*, Subjektivität 298-299). Diese besondere Situation ist mit dem *Ersten Vaticanum* gegeben, anläßlich dessen *J. H. Newman* seine Begrifflichkeiten präzisiert (vgl. *M. Miserda*, Subjektivität 299-300). Über seinen Rambler - Artikel etwa schreibt er am 3. August 1871 an *F. Rymer*: „ I think that paper was on the sensus, not the consensus, Fidelium - their voice was considered as a witness, not as an authority or a judgement - I compared consulting it to consulting a barometer - viz for a fact - thus it was a fact that the fideles in Arian times were for our Lord´s divinity against their Bishops - but in the Article, I think, I expressly reserved the ´magisterium´ for the authorities of the Church" (LD XXV 172). Der so

che wie terminologisch den *sensus* vom *consensus fidelium* präzise aus-einanderzuhalten, ein Anliegen, das *G. Perrone* mit seinem autoritativ - organisch gedachten Überlieferungsbegriff notwendigerweise verfolgen muß. Zudem wird der Konsens nicht nur als die Übereinstimmung der Gläubigen in Sachen des Glaubens verstanden, sondern, wie es auch schon die *Theses de fide* akzentuieren, als ein Zustimmungsgeschehen aufgefaßt. Sein Autor möchte hier nämlich zunächst verschiedene Arten „aufzählen, in denen nach Ansicht der Theologen die Zustimmung der Gläubigen zum Offenbarwerden der Tradition der Kirche in Beziehung steht"[353]. Die Gläubigen sind damit von vornherein als aktive, eigen-ständige Überlieferungszeugen bezüglich der apostolischen Tradition charakterisiert[354]. In den ersten beiden Konsens - Definitionen bezieht sich *J. H. Newman* ausdrücklich auf *G. Perrone.* Der Konsens ist „Zeugnis für die Tatsache der apostolischen Lehre"[355], ein Gedanke, den er mehr-fach bei *G. Perrone* „an vorhergehenden Stellen" [356] in Hinblick auf den *sensus fidelium* belegt findet. Dies gilt auch für die zweite Definition. *J.H. Newman* übernimmt hierzu ein *Möhler* - Zitat, das *G. Perrone* vor ihm be-reits verwendet hat[357] und sowohl auf den *sensus* als auch in weiterem Sinne auf den *consensus fidelium* auszulegen ist. Gemeint ist damit eine

---

verstandene *sensus* gilt als „initial testimony", der *consensus* steht für eine Art „ulti-mate deciding power" (LD XXV 172).

[353] AW IV 269.

[354] Zur fehlenden begrifflichen Unterscheidung von *sensus* und *consensus fide-lium* vgl. AW IV 256: „In dieser Weise verstand ich den Schreiber im ‚Rambler' sicher richtig ... daß er den „fidelium sensus et consensus" als einen Teil jener Zeugnisse ansieht, welche die Kirche natürlicher- und notwendigerweise berücksichtigen und befragen muß, bevor sie zu irgendeiner Glaubensentscheidung schreitet..." Die rela-tive Eigenständigkeit der Laien in Fragen des Glaubens betont *J. H. Newman* in AW IV 264, wo er mit dem *sensus fidelium* das Zeugnis der Laien von dem gemeinsam mit ihren Hirten abgegebenen Zeugnis unterscheidet. Dieses ist der umfassendere *sensus Ecclesiae*: „Ich meine..., bei den „Gläubigen" seien die „Hirten" nicht mit eingeschlos-sen". *M. Miserda* resümiert: „Diese Unterscheidung ist letztlich die zwischen dem Laientum und der Hierarchie, nicht aber zwischen dem „sensus" und dem „consen-sus" (eine Unterscheidung zwischen diesen interessiert ihn hier nicht)" (Subjektivität 288).

[355] AW IV 270.

[356] AW IV 270.

[357] Vgl. *W. Becker / M. Laros (Hg.)*, AW IV 315, Anm. 35, wonach *J.H. Newman* das *Möhler* - Zitat nach *G. Perrone*, dieser wiederum *J. A. Möhler* nach der französischen Übersetzung der *Symbolik* zitiert.

„Art Instinkt oder Phronema, tief im Busen des mystischen Leibes Christi"[358], für *J. A. Möhler* das fortwährend in den Herzen der Gläubigen lebende Wort Gottes, in seiner Vereinigung mit dem Menschlichen ein eigentümlicher christlicher Takt[359]. In den übrigen drei Kurzdefinitionen setzt sich *J. H. Newman* dann endgültig von der Gedankenführung *G. Perrones* ab, indem er der Gemeinschaft der Gläubigen eine Unmittelbarkeit zum Heiligen Geist zuspricht. Der Konsens ist „eine Führung durch den Heiligen Geist" *(Definition 3)* [360], zugleich „Antwort" auf die Gebete der Gläubigen *(Definition 4)*, die einzelnen Gläubigen etwa durch Visionen oder durch im Gebet gewährte neue Einsichten [361] zuteil wird. Die apostolische Tradition ist demnach also nicht nur der lehrenden Kirche allein anvertraut, wie es *G. Perrone* meint, sondern „per modum unius"[362] in ihren verschiedenen Organen und Ämtern der ganzen Kirche, die somit nicht nur als deklarativ - juridische Einheit[363] verstanden werden kann, sondern tatsächlich eine Gemeinschaft konkreter, für den Glauben verantwortlicher Subjekte ist[364]. *J. H. Newman* vertieft die pneumatologische Perspektive, von der her er das Traditionsgeschehen bereits im *ersten Abschnitt* des *Newman - Perrone -* Papers deutet: In seiner Unmittelbarkeit zum Heiligen Geist ist das Zeugnis der *Fideles* verschieden von dem Zeugnis der *Pastores*, von dem es nicht getrennt ist[365], dem es aber in relativer Selbständigkeit[366] gegenübersteht. Der *sensus fidelium* ist *instrumentum traditionis*, durch das der Heilige Geist die Kirche belehrt, erleuchtet [367] und „auch noch nach den Zeiten der Apostel in vielem aufklärt"[368]. Mit dieser Auffassung vom Überlieferungsgeschehen ist eine Consens - Konzeption gewonnen, die von der *G. Perrones* in wesentlichen Punkten verschieden ist. Von seiner Perspektive aus kann *J. H.*

---

[358] AW IV 270.
[359] Vgl. AW IV 270.
[360] AW IV 270.
[361] Vgl. AW IV 270.
[362] AW VI 262.
[363] Vgl. *M. Miserda*, Subjektivität 298.
[364] Vgl. *M. Miserda*, Subjektivität 298.
[365] Vgl. *M. Miserda*, Subjektivität 296.
[366] Vgl. *W. Kasper*, Lehre 99.
[367] Vgl. Newman-Perrone-Paper 425, Thesis 2, Abschn. 1/ AW IIIa 176.
[368] *W. Kasper*, Lehre 128 mit Hinweis auf das Newman-Perrone-Paper, Thesis I 420 – 421.

Newman sogar zu der Ansicht gelangen, daß im Übereinklang von Lehramt und Gläubigen, im zwiefältigen Zeugnis der *conspiratio pastorum et fidelium* [369], etwas enthalten sein kann, „was in den Hirten allein nicht vorhanden ist"[370]. Beide Zeugnisse ergänzen einander und dürfen voneinander nicht getrennt werden[371].

J. H. Newman erinnert hierzu noch einmal an die Vielfalt der Traditionskanäle, wobei er deren Eigenstand ausdrücklich betont: Jedes lebenswichtige Glied der Kirche hat seine besonderen Aufgaben, keines von ihnen kann ohne Schaden vernachlässigt werden[372]. *J. H. Newman* nennt in diesem Zusammenhang zwei Beispiele, an denen er aufzeigen kann, wie der *sensus fidelium* zum authentischen *instrumentum traditionis* wird. Das eine Beispiel bezieht sich auf eine Unsicherheit in Sachen der Lehre. Trotz einer Fülle von Beweisen, die die Bischöfe möglicherweise in einer unklaren Angelegenheit beigebracht haben, hält *J. H. Newman* es für ratsam, das Volk der Gläubigen in Dingen der „Herzensfrömmigkeit"[373], wie etwa nach der Verehrung der Immaculata oder auch bei umstrittenenen Inhalten des Gottesdienstes zu befragen[374]. Das zweite Beispiel verweist in die Kirchengeschichte. *J. H. Newman* weiß um Epochen der Kirchengeschichte, wie etwa das vierte altchristliche Jahrhundert, wo es nicht „die unerschütterliche Festigkeit des römischen Stuhles, der Konzilien oder Bischöfe"[375], sondern der *consensus fidelium* war, dank dessen die Orthodoxie überleben konnte. Dieser historische Tatbestand erschließt die fünfte Kurzdefinition, mit deren Hilfe *J. H. Newman* den Konsens umschreibt. Wie nämlich das Beispiel der Rezeption des nizänischen Dogmas zeigt, ergibt sich der Konsens als Reaktion der Gläubigen auf Situationen, in denen die Wahrheit des Glaubens gefährdet scheint, der Konsens ist somit „ein Gefühl der Eifersucht gegen den Irrtum, den er sofort als ein Ärgernis empfindet"[376]. Da nach *J. H. Newman* der Gesamtkirche die apostolische Tradition anvertraut ist[377], und nicht, wie bei

---

[369] Vgl. AW IV 268.
[370] AW IV 290.
[371] Vgl. AW IV 290.
[372] Vgl. AW IV 290.
[373] AW IV 291.
[374] Vgl. AW IV 291.
[375] AW IV 273.
[376] AW IV 270.
[377] Vgl. W. *Kasper*, Lehre 101.

G. *Perrone*, „zunächst allein dem corpus episcopale"[378], sind die Laien
darin zugleich als aktives, relativ selbständiges Werkzeug der unfehlbaren Kirche[379] charakterisiert: *J. H. Newman* behauptet also keinesfalls, daß
die *Ecclesia docens* nicht „allezeit"[380] das aktive Werkzeug der unfehlbaren
Kirche wäre. Die Unfehlbarkeit des Lehramtes war im Gegenteil auch in
dieser Zeit immer gegeben, „virtuell vorhanden"[381], wurde damals von
ihm aber nicht aktiv ausgeübt. Die Unfehlbarkeit der Gesamtkirche kam
damals durch das Zeugnis der Laien zur Auswirkung[382].

Die umfangreichen Ausführungen zum Verständnis des *sensus* und
consensus fidelium bei *G. Perrone* und *J. H. Newman* sichern dem *dritten Abschnitt* des *Newman - Perrone - Papers* einen wichtigen Befund. Zum einen scheint hinreichend belegt, daß sich *G. Perrone* in der Tat einer anderen Epoche theologischer Denkart verpflichtet weiß. Die Weise, wie er
das Consens - Argument gestaltet, aber auch seine Weise, sich mit *J. A.
Möhler* zu beschäftigen, können nicht darüber hinwegtäuschen, daß er
im Rahmen einer syllogistisch strukturierten Theologie denkt und argumentiert: *G. Perrone* steht in einer theologischen Denkwelt, „die vom
Zeitgeist der Restauration und der Nähe zur Cathedra Petri geprägt"[383]
ist. Bei aller Ehrfurcht und menschlichen Zuneigung, die *J. H. Newman*
mit der Zeit dem römischen Dogmatiker entgegenbringt[384], wird zum
anderen sehr deutlich, daß sein Blickwinkel grundsätzlich von dem *G.
Perrones* verschieden ist. *J. H. Newman* schreibt als Anglikaner, der zum
Katholizismus konvertiert ist. So sucht er durch einen prominenten Vertreter der neuen Konfession die Anerkennung seiner theologischen Ansichten, wodurch er sich vor möglichen Angriffen und Mißverständnissen aus dem katholischen Lager schützen möchte. Genau darin zeigt er

---

[378] W. *Kasper*, Lehre 101.
[379] „Das Anliegen Newmans heißt, daß die ‚fideles' (Laien) berücksichtigt und
befragt sein *müssen*, da das Zeugnis der beiden, ‚pastores' und ‚fideles', eines der
Kennzeichen der Tradition ist, das zwar verschieden, aber dennoch nicht getrennt
ist" (M. *Miserda*, Subjektivität 296).
[380] AW IV 279.
[381] W. *Kasper*, Lehre 100.
[382] Vgl. W. *Kasper*, Lehre 100 sowie AW IV 273.
[383] W. *Kasper*, Lehre 140.
[384] Vgl. AW IV 264 sowie in Newman-Perrone-Paper 445 - 447, dtsch. AW VIII
416 - 417 den Briefwechsel zwischen *G. Perrone* (Brief vom 27. April 1876) und *J. H.
Newman* (Brief vom 5. Mai 1876).

sich aber geprägt von seiner eigenen Vergangenheit als Hochschullehrer, der gewohnt ist, einer intellektuellen Öffentlichkeit seinen Standpunkt darzulegen und, je nach Bedarf, diesen auch zu verteidigen[385]. Das zeigt sich auch in wie sich auch in seiner Wort Gottes - Theologie zeigt: Während sich bei G. *Perrone* das Lehramt im Zeugnis der Gläubigen spiegelt, die Gläubigen also dem Lehramt in Glaubensgehorsam verbunden sind und darin ihr Platz in einer streng hierarchisch verfaßten Kirche angezeigt ist, entfaltet das Wort Gottes nach J. H. *Newman* ein Eigenleben. Es wirkt in der Kirche und wird immer neu zum Gegenstand ihrer Betrachtung, oftmals erst in einem langwierigen Prozeß dogmatischer Wahrheitsfindung. Dieser Prozeß ist getragen von der kirchlichen Öffentlichkeit und ihren Repräsentanten: Die Lehrentwicklung und abschließend das Dogma machen explizit - greifbar, was vordem implizit Bestandteil des kirchlichen Bewußtseins gewesen ist. Die Analogie von individuellem und kirchlichem Glaubensbewußtsein ist also keineswegs zufällig gewählt, sondern von der Sache her angemessen und gewollt. Mit Hilfe dieser Analogie gelingt es, die eine Offenbarung als das Wort Gottes zu denken, das sich dem Geist des Einzelnen wie dem der katholischen Kirche bezeugt. Von diesem Fundament aus kann J. H. *Newman* sodann den Übereinklang des einzelnen Gläubigen mit dem Leben und Handeln der Glaubensgemeinschaft herleiten, zugleich aber auch den Freiheitscharakter des Überlieferungsgeschehens hervorheben. Erst im freien, nicht immer vorhersehbaren Mit - und Ineinander bewußtseinsmäßiger bzw. ekklesialer Instanzen wird das implizite Glaubensgut explizit. Das Praxis - Argument, in Anbetracht der Grenzen einer rein syllogistischen Argumentation von G. *Perrone* nur sehr zurückhaltend in das theologische Gespräch eingebracht, bekommt bei J. H. *Newman* folglich einen hohen Stellenwert. Der Glaubende gilt hier als Zeuge der apostolischen Tradition[386]: Im Kontext einer Ekklesiologie, der die Tradition als ein geistgeleitetes, lebendiges Geschehen aktiver Überlieferungsträger gilt, ist somit die Subjektivität des Glaubensaktes, sein Freiheitscharakter in Einsicht und Verstehen und zugleich seine Kirchlichkeit mitbe-

---

[385] Vgl. dazu R. *Siebenrock*, Wahrheit 95 – 122. Der Verfasser beleuchtet hier in einem gedrängten Überblick die Lebensgeschichte J. H. *Newmans* vor dem Hintergrund der religiösen Situation Englands im Zeitalter der industriellen Revolution des 19. Jahrhunderts.

[386] Vgl. AW IV 262.

hauptet. *G. Perrone* kann diese Sicht von Glaube und Tradition nicht teilen: Die Voraussetzungen seiner theologischen Denkart lassen diesen
Schritt in Konsequenz nicht zu.

4.1.2.4. Abschließende Thesen

Um seine Darlegungen in den vorangegangenen Abschnitten zu verdeutlichen, stellt *J. H. Newman* im *letzten Kapitel* seines Arbeitspapieres
zwölf *Theses quaedam de Verbo Dei per Ecclesiam manifestato* [387] zusammen.

---

[387] Newman-Perrone- Paper 417. Die Thesen zitiert nach ebd. 417 - 420:

Iam vero, quo clarius efferatur id quod propositum velimus, theses quaedam
de re universa, primum ex ordine collocentur, tum allatis rationibus muniantur.

1. Non fuit in deposito fidei ab Apostolis Ecclesiae commendato, definitus quidam numerus articolorum tradendorum, cui nefas esset alios adjungi; sed dogmatum
series, quae docent pastores, discunt fideles, crevit in annos, et crescet semper.

2. Neque vero illa dogmata, quae prius non docet, progressu temporis docet
Ecclesia, minutiora solum sunt, sed et vi loco suo gravia.

3. Quod autem incrementum affert deposito saeculorum cursus, id non temere
factum est; sed, cum invisibili Dei dispositione, tum certarum legum observatione
ordinatur; id quod in Conciliis cernitur, ubi per media humana ad exitum irreformabilem divinitus pervenitur.

4.Harum autem legum illa praecipua est, ea, quibus adaugetur depositum, proprie non esse nova, sed quasi evolutiones eorum quae ibi jam locum habent; ita ut
revera crescat dogma Christianum, non coagmentetur; maneat autem vera traditio,
non fiat instauratio veritatis.

5. Quanquam vero in se non nova sunt, quae saeculorum progressu dogmata
fiunt, tamen possunt esse nova Ecclesiae illorum temporum, in quibus sigillatim evolvuntur; id enim novum est alicui, quod, quamvis insit in iis quae jam teneat, ibi
tamen contineri hactenus non animadverterit.

6. Quo fit, ut, priusquam fiunt dogmata, non mirandum sit, si etiam Catholicis
scriptoribus incerta et confusa fuerit eorum visio, ita ut prave de iis non modo locuti
sint, verum subinde etiam senserint.

7. Nec scriptores solum nulli, sed nullum est saeculum, nulla saeculorum perio-
dus, quae ita sit comparata, ut ea quae senserit de rebus fidei, in dogmata nondum
redactis, corrigendi materiem posterioribus praebere nequeant.

8. Donec enim in dogma transiturus est sensus Ecclesiae de aliqua re, sub fixam
et accuratam ejus contemplationem res illa plerumque non cadit.

9. Attamen hoc fere, ut par est, simul eveniet, ut, cum una sit veritas et a principio semel sit data Ecclesiae, etiam ea, quae minus catholice protulerint Catholici, ita
incertum aut ambiguum sonum ut plurimum habitura sint, ut in aliqua re gravi piam
haud moleste patiantur interpretationem.

10. Cum autem tandem dogmatica verborum formula prodierit, tum locus jam
non est amplius in fidelibus, aut intellectus hebescentis aut ancipitis linguae.

Den Thesen ist ein reichhaltiger Kommentar beigefügt, der ebenfalls von
G. *Perrone* begutachtet wird[388]. *J. H. Newman* bringt mit seinen Thesen
noch einmal sein Modell der Dogmenentwicklung in gedrängter Kürze
zur Darstellung. So reden die *ersten fünf Thesen* vom subjektiven Wort
Gottes, die *Thesen 6* bis *9* dagegen von dessen aktiven Überlieferungsträgern, während die *Thesen 10* bis *12* die dogmatische Definition durch das
kirchliche Lehramt zum Thema haben. Damit sind die Gedankengänge
der vorangegangenen Kapitel, inbesondere die der *Abschnitte 2* und *3*,
aufgegriffen: Das objektive Wort Gottes wird vom Geist des Einzelnen
wie von dem der Kirche angeeignet, in diesem Sinne also zum subjektiven Wort Gottes, das implizit Gewußte steigt dabei „in seiner berechtig-
ten Bedeutung und Größe"[389] auf und wird explizit greifbare Verstan-
deswahrheit und darin zum Gegenstand der öffentlichen Auseinandersetzung.

Mit Bedacht unterscheidet *J. H. Newman* in *These 1* das der Kirche
anvertraute Depositum von den Glaubensartikeln, die überliefert werden sollen, in ihrer Summe eben darum nicht mit dem Depositum fidei
gleichzusetzen sind[390]. Die Dogmen und ihre Überlieferung sind den
Hirten wie den Gläubigen anvertraut, und Glaubensartikel, die die Kir-

---

11. Quamvis Ecclesiae datum sit, quandocumque rem aliquam forma dogmatica definit, esse infallibili, tamen ad definiendum progreditur suo tempore, serius,
ocyus, tum scilicet cum vult Spiritus ille, in quo est infallibilis.

12. Quam vocem Ecclesiae non expectantes, sed immaturo tempore veritatem
in hac vel illa re marte suo praeripere volentes, temerarii homines, non veritatem,
quam quaerunt, sed haeresim sibi asciscere solent.

Die Herausgeber von AW VIII weisen in AW VIII, 650 – 651, Anm. 720, hier
651, auf gewisse Texteigentümlichkeiten hin: In *These 1* schreibt *J. H. Newman* zunächst „fuerunt", ändert das Verb aber dann in „fuit". In *These 11* gebraucht *J. H.
Newman* „serius, ocyus", meint aber wohl die bei *Horaz* vorkommende Formel „serius
ocius" = „früher oder später". In *These 5* machen die Herausgeber der AW VIII einen
Schreibfehler aus, wenn es „sigillatim" statt „singilatim" heißt, ebenso in *These 11*,
wenn dort „infallibili" statt „infallibilis" steht.

[388] Die deutsche Übersetzung des Kommentars zum *vierten Kapitel* folgt der
deutschsprachigen Ausgabe der *Oxforder Universitätspredigten* , die von M. *Hofmann*
besorgt wurde und 1940 im Matthias- Grünewald - Verlag, Mainz, erschienen ist: *J. H.
Newman*, Zur Philosophie und Theologie des Glaubens, II. Teil, Mainz 1940, 172 – 194
(= AW IIIa).

[389] „... in justam suam gravitatem et magnitudinem secure surgant..."
(Newman-Perrone-Paper 424/ AW IIIa 175).

[390] Vgl. Newman-Perrone-Paper 417/ AW IIIa 170.

che erst zu einem späteren Zeitpunkt lehrt, so *These 2*, gelten keinesfalls als „unwichtiger, sondern entsprechend ihrem Sinne und durch ihren Platz gewichtig"[391]. In seinem Kommentar zur *ersten These* nennt *J. H. Newman* drei Gründe für die Notwendigkeit der Lehrentwicklung. Mit *G. Perrone* behauptet er die positive Interpretation des *Lerin*schen *quod semper*[392], nimmt damit also die Möglichkeit einer späteren Definiton ein für allemal geoffenbarter Wahrheiten an, mit *Augustinus* und *F. Suarez* betont er zudem die Teilhabe vieler Gläubiger am Prozeß der Überlieferung, durch deren Zeugnis die Einsicht in die Wahrheit des Glaubens reift und wächst[393]. Er spricht somit über einen Prozeß, der sich im Fortschreiten der Zeit [394] entfaltet. Der Zeitfaktor verweist auf das Wirken des Heiligen Geistes, der die Kirche zu gegebenem Anlaß genau das lehrt, was dann notwendig ist[395]. Dafür führt *J. H. Newman* im Kommentar zur *zweiten These* einige Beispiele an[396], von denen der Hinweis auf die Feier der Heilige Messe von besonderer Wichtigkeit ist. Die Messe ist mystischer Vollzug, wundersame Begehung, keine Formel von Worten, sondern lebendige Einrichtung, „die viele Teile, viele Aspekte hat, gleichsam von ringsum beleuchtet werden kann und aufmerksam betrachtet, untersucht, geistig umfaßt und mit Verstand und Gedächtnis durchdrungen werden will"[397] . Damit nennt *J. H. Newman* den eigentlichen Grund der Lehrentwicklung: Die unmittelbare Begegnung mit der Glaubenswirklichkeit, etwa in der Anbetung, fordert den gedanklichen Diskurs, dessen Entfaltung Zeit und gedankliche Differenzierungskunst notwendig macht[398]. In *These 4* zieht *J. H. Newman* daraus die Konsequenz: Die Vermehrung des Glaubensdepositums geschieht „von innen

---

[391] „....minutiora solum sunt, sed et vi loco suo gravia" (Newman-Perrone-Paper 418/ AW IIIa170).

[392] Vgl. Newman-Perrone-Paper 423 / AW IIIa 174.

[393] Vgl. Newman-Perrone-Paper 420 – 423/ AW IIIa 172-174.

[394] Vgl. Newman-Perrone-Paper 422/ AW IIIa 173.

[395] Vgl. Newman-Perrone-Paper 422 / AW IIIa 173.

[396] Vgl. Newman-Perrone-Paper 425 – 429/ AW IIIa 176-179. *J. H. Newman* erinnert hier an umstrittene Aussagen zur Mariologie (vgl. Newman-Perrone-Paper 427/ AW IIIa 177) oder an die Ablaß - Frage (vgl. Newman-Perrone-Paper 428/ AW IIIa 178).

[397] „...ita ut multas partes, multos habuerit aspectus, potuerit tanquam circumlustrari, debuerit considerari, investigari, mentis amplexu teneri, penitus intellectui et memoriae subjici" (Newman-Perrone-Paper 428 - 429 / AW IIIa 178).

[398] Vgl. Newman-Perrone-Paper 428-429 / AW IIIa 178.

heraus"[399], sie besteht in der Entwicklung jener Lehren, die dort immer schon ihre Stelle haben[400]. So entstehen gemäß *These 5* keine neuen Glaubenswahrheiten, eher ist das Empfinden der Gläubigen gemeint , für die eine Glaubenswahrheit neu ist, „denn das ist einem neu, was zwar in dem, was er schon hat, enthalten ist, von dem er aber bisher noch nicht bemerkt hat, daß es darin war"[401]. *J. H. Newman* verweist dazu auf das Bild von den Keimen, aus denen sich später ein Dogma entwickelt[402]. Er erinnert an Konzilsväter, durch deren theologische Überzeugungsarbeit zu späterer Zeit strittige Glaubensfragen geklärt werden konnten[403]. Mit *These 3* nennt *J. H. Newman* die beiden Ursachen für die Lehrentwicklung: Es sind „menschliche Mittel (per media humana)"[404], die allein durch eine „unsichtbare Anordnung Gottes" [405] zu einem „unabänderlichen Ergebnis (ad exitum irreformabilem divinitus)"[406] geführt werden. In seinem Kommentar verweist *J. H. Newman* auf sieben Regeln [407], anhand derer die Authentizität einer Lehrentwicklung zu überprüfen ist. Hier ist an die entsprechenden Abschnitte seiner Entwicklungslehre zu denken, die ihrerseits wiederum Licht auf das Traditionsmodell des *Newman - Perrone -* Papers wirft[408].

G. *Perrone*, der sowohl den Thesen - Corpus als auch den dazugehörigen Kommentar jeweils einzeln begutachtet, verbleibt im Rahmen seiner bereits bekannten Argumentation: Das Depositum fidei enthält einen festen Bestand ein für allemal geoffenbarter Wahrheiten, es erfährt insofern keine Vermehrung, sondern bleibt „immer unverändert"[409]. Die Dogmenentwicklung denkt G. *Perrone* folgerichtig als Entwicklung *quoad*

---

[399] „...ita ut revera crescat dogma christianum, non coagmentetur..." (Newman-Perrone-Paper 418/ AW IIIa170)

[400] Vgl. Newman- Perrone-Paper 418 / AW IIIa 170.

[401] „ ... id enim novum est alicui, quod, quamvis insit in iis quae jam teneat, ibi tamen contineri hactenus animadverterit" (Newman- Perrone-Paper 418 / AW IIIa 170).

[402] Vgl. Newman- Perrone-Paper 432/ AW IIIa 182.

[403] Vgl. Newman- Perrone-Paper 432 /AW IIIa 182.

[404] Newman- Perrone-Paper 418 / AW IIIa 170.

[405] Newman- Perrone-Paper 418 / AW IIIa 170.

[406] Newman- Perrone-Paper 418 / AW IIIa 170.

[407] Vgl. Newman- Perrone-Paper 430 / AW IIIa 180.

[408] Vgl. Dev 169 - 206 / AW VIII 151 - 183.

[409] „Non *adaugetur* depositum, semper enim hoc immutabile mansit" (Newman-Perrone-Paper 418/ AW IIIa 172).

nos[410]. Demnach wächst allein die Anzahl formaler Definitionen der einmal überlieferten Wahrheit[411], „neu"[412] ist also nicht die Glaubenswahrheit als solche[413], sondern ihre Fassung und Bestätigung durch die formale Definition. Daß dabei möglicherweise Glaubenssätze, die zu einem späteren Zeitpunkt definiert werden, „unwichtiger (minutiora)"[414] als andere Glaubensartikel sein könnten, lehnt *J. H. Newman* in *These 2* ausdrücklich ab. *G. Perrone* liegt eine solche Unterscheidung in wichtige und unwichtige Glaubenssätze ohnehin nicht: Das, was die Kirche lehrt, hat sie in mehr oder minder ausdrücklicher Weise, so sein Unterscheidungskriterium, zu allen Zeiten gelehrt[415]. Überhaupt folgt die Dogmenentwicklung überschaubaren Gesetzlichkeiten: *G. Perrone* redet deshalb auch nicht von der Fügung Gottes, wie dies *J. H. Newman* in *These 3* tut, er begnügt sich vielmehr mit dem Hinweis auf den göttlichen Beistand[416]. Bei dem folgenden Thesenblock, den *Thesen 6 bis 9*, geht *G. Perrone* mit seinen Anmerkungen über das Gesagte nicht hinaus, ist aber in seinem Urteil eher sparsam. *J. H. Newman* präzisiert hier sein Verständnis vom Überlieferungsgeschehen, wobei er dem Geschäft der Theologen und katholischen Schriftsteller nachgeht. Danach gibt es immer auch eine Phase der Auseinandersetzung mit strittigen oder ungeklärten Glaubensfragen. So ist es etwa möglich, daß bei Theologen unsichere und unklare Vorstellungen über Glaubensfragen vorherrschen *(These 6)*, solange diese dogmatisch noch nicht geklärt sind[417]. In seinem Kommentar zeigt *J. H. Newman* dies an den Schriften des *Cyprian* zur Frage der Ketzertaufe, er erinnert auch an *Bonaventura* und dessen Urteil über

---

[410] Newman- Perrone-Paper 418 / AW IIIa 172. Vgl. dazu Newman- Perrone-Paper 432/ AW IIIa 183: „Non in se, sed in ordine ad cognitionem nostram".

[411] Vgl. Newman- Perrone-Paper 420/ AW IIIa 175.

[412] „Non est nova nisi sanctio seu formalis definitio" (Newman- Perrone-Paper 418 / AW IIIa 172).

[413] „....veritates omnes Ecclesiae in depositum traditae divinitus sunt, etsi nonnisi temporis tractu fuerint evolutae magis ac distinctae propositae fidei nostrae, seu ad credendum..." (Newman- Perrone-Paper 424/ AW IIIa 179). Ebenso Newman- Perrone-Paper 429/ AW IIIa 180, wo *G. Perrone* ein Dogmen -Wachstum von innen zugunsten eines reinen *incrementum extrinsicum* ablehnt.

[414] Newman- Perrone-Paper 418 / AW IIIa 170.

[415] Vgl. Newman- Perrone-Paper 420/ AW IIIa 172-173.

[416] Vgl. Newman- Perrone-Paper 418 / AW IIIa 172.

[417] Vgl. Newman- Perrone-Paper 419/ AW IIIa 171.

den Status der Absolution[418]. Es ist sogar damit zu rechnen, daß nachfolgende Generationen am Urteil früherer Theologen über Glaubensfragen Korrekturen oder auch Verbesserungen anbringen *(These 7)[419]*, wie etwa die Frage nach der Erbsünde oder auch die mittelalterliche Auseinandersetzung um den Einflußbereich des weltlichen Armes in Glaubensdingen zeigen [420]. In dieser Phase ist auch das Urteil der Kirche noch nicht festgelegt, offene Fragen sind gemäß *These 8* „meistens noch nicht Gegenstand ihrer entschiedenen und genaueren Erwägung"[421]. Die Wahrheitserkenntnis ist in diesem Stadium nicht lebendige Schau, sondern noch im Geist verborgen[422]. Gleichwohl gibt es aber eine Art Gespür, das die Kirche in ihrer vorläufigen Einschätzung leitet: Das der Kirche innewohnende Wort Gottes macht diese hellhörig auch für das, was die Gläubigen in nicht ganz katholischer Form vorbringen *(These 9)*. Hier ist es dann der unsichere und doppelsinnige Klang, den die Kirche in diesen Aussagen vernimmt und der aber „im Ernstfalle unschwer eine rechtgläubige Deutung zuläßt"[423]. Unklare Äußerungen zur katholischen Lehre umschreiben eben die betreffende Glaubenswahrheit in größeren Linien: Damit ist zugleich eine Regel für die Auslegung von Väterzeugnissen gegeben, die zeitlich vor einem sie betreffenden Dogma entstanden sind[424].

G. *Perrone* legt hier noch einmal sein Überlieferungsmodell dar, wobei er der Kirche „ein Bewußtsein vom ganzen ihr anvertrauten Offenbarungsgut"[425] zugesteht. So rechnet er mit Auseinandersetzungen und Streitigkeiten, wo es um das angemessene Verständnis von Glaubenswahrheiten geht. Manche verborgene Wahrheit ist erst nach einem Streit hervorgetreten [426]. Damit kommt im Überlieferungsdenken G. *Per-*

---

[418] Vgl. Newman- Perrone-Paper 433/ AW IIIa 184.

[419] Vgl. Newman- Perrone-Paper 434-436 / AW IIIa 184- 186.

[420] Vgl. Newman- Perrone-Paper 436/ AW IIIa 186.

[421] „...sub fixam et accuratam ejus contemplationem res illa plerumque non cadit" (Newman- Perrone-Paper 419 / AW IIIa 171)

[422] Vgl. Newman- Perrone-Paper 436 – 437 / AW IIIa 187.

[423] „...ut in aliqua re gravi piam haud moleste patiantur interpretationem" (Newman- Perrone-Paper 419 / AW IIIa 171).

[424] Vgl. Newman- Perrone-Paper 440 – 441/ AW IIIa 190-191.

[425] „Ecclesia semper habuit et habet conscientiam totius revelationis depositi sibi commissi..." (Newman- Perrone-Paper 437 / AW IIIa 189).

[426] Vgl. Newman- Perrone-Paper 437 / AW IIIa 189.

rones nicht nur dem Praxis - Argument, sondern auch dem Glaubens-
streit, im Extremfall folglich der Häresie, eine wichtige Stellung zu. Die
Häresie besteht nach G. *Perrone* in der Hartnäckigkeit des Willens, der
sich dem kirchlichen Lehramt widersetzt; das Privaturteil setzt sich über
die Autorität der Kirche. Dies muß allerdings nicht zum Schaden für die
Kirche sein, wie G. *Perrone* feststellt. Die Häresie hilft im Gegenteil der
Kirche, ihren eigenen Glauben besser zu erforschen, zu entfalten und
darzustellen, so daß die „Schönheit des ganzen katholischen Systems
und die innere Verbindung aller Wahrheiten um so mehr zur Erscheinung kommen"[427]. Die Kirche ist mit der Häresie zur Dogmenentfaltung
herausgefordert und damit vor innerer Sterilität bewahrt. Die Häresie
zeigt ihr also, „daß sie ihre Kraft nicht aus sich, sondern aus Gott hat"[428].
In *These 12* handelt J. H. *Newman* ebenfalls von der Häresie. In seiner Beurteilung aber geht es weniger um das Depositum fidei in seinem inneren Zusammenhang, als um die einzelnen Überlieferungsträger. Ihm
zufolge nämlich ist die Häresie das Werk „verblendeter Menschen"[429],
die die Irrlehre, nicht aber die Wahrheit an sich ziehen. Entscheidend ist
hier wiederum der Zeitfaktor in pneumatologischer Sicht: Die Irrlehre
entsteht immer dann, wenn die Zeit noch nicht reif ist[430], und trotzdem
einzelne Gläubige die Wahrheit „über diese oder jene Sache auf eigene
Faust hervorzerren"[431] möchten, die dogmatische Formulierung entsteht
dagegen gemäß *These 11* „zu ihrer Zeit (suo tempore)"[432], wenn der Heilige Geist, in dem die Kirche unfehlbar ist, dies will. Die Definition als
solche geschieht „mit Ernst und mit Ruhe (serius, ocyus)"[433]: Zu diesem
Zeitpunkt ist unter den Gläubigen kein Raum mehr für ein zweifelhaftes
Verständnis oder für eine zweideutige Ausdrucksweise *(These 10)* [434].

---

[427] *W. Kasper*, Lehre 117.
[428] *W. Kasper*, Lehre 117.
[429] J. H. Newman nennt solche Menschen „temerarii homines" (Newman- Perrone-Paper 420 / AW III 171).
[430] Vgl. Newman- Perrone-Paper 420 / AW IIIa 171.
[431] „...in hac vel illa re marte suo praeripere volentes, temerarii homines, non
veritatem, quam quaerunt, sed haeresim sibi asciscere solent" (Newman- Perrone-
Paper 420 / AW IIIa 171).
[432] Newman- Perrone-Paper 420 / AW IIIa 171.
[433] Newman- Perrone-Paper 420 / AW IIIa 171.
[434] Vgl. Newman- Perrone-Paper 420 / AW IIIa 171.

Der Kommentar, den *J. H. Newman* zu seinen *letzten drei Thesen* gibt, kann als Erläuterung seines Überlieferungsverständnisses gelten, wie er es in den ersten drei Abschnitten seines Arbeitspapieres dargelegt hat. Bezeichnenderweise schweigt *G. Perrone* sich denn auch hier aus. Nach *J. H. Newman* zielen dogmatische Definitionen sowohl auf die innere Disposition des einzelnen Gläubigen wie auf den Lebensvollzug der Gesamtkirche[435]. Dies ist möglich, weil sie dem Geist als Wahrheit einprägen, „was sie dem Glauben als Dogma empfehlen"[436]. Sie sind „Stimme der Kirche"[437], die, indem sie sie verpflichten, die Gläubigen belehren und stärken. Dabei besitzen sie ihren „eigenen natürlichen Sinn"[438], der mit den Worten selbst „nicht zwingend verbunden zu sein braucht"[439]. *J. H. Newman* kommt in diesem Zusammenhang erneut auf die Zeugen der Überlieferung zu sprechen. Er nennt hier das Lehramt, die Theologen, Philosophen, aber auch die Häretiker. Im Gegensatz zum Lehramt sind letztgenannte Überlieferungszeugen Privatleute, die sich prinzipiell immer zu Fragen des Glaubens äußern können, was dem Lehramt so nicht möglich ist. Erst im langwierigen Durchdenken, im Wirken jener Privatleute, aufgezeigt schon im *zweiten Kapitel* des *Newman - Perrone - Papers*, entsteht der Stoff, aus dem die Kirche schließlich „ihre endgültigen Sätze formt"[440] und zu ihrem unfehlbaren Endurteil findet. Und selbst dieses unfehlbare Endurteil steht auf Dauer zur Interpretation, es ist eine „ewige und gleichsam immer nur angefangene Aufgabe"[441]. In jedem Falle rechnet *J. H. Newman* in Glaubensdingen mit

---

[435] Vgl. Newman- Perrone-Paper 442 - 443 / AW IIIa 192 – 193.

[436] „...illud imprimentes in intellectu ut veritatem, quod fidei commendant ut dogma" (Newman- Perrone-Paper 442 – 443/ AW IIIa 193).

[437] „Definitiones eae, quibus ut voci Ecclesiae contradicere nefas est...." (Newman-Perrone-Paper 442/ AW IIIa 192).

[438] „... et habent naturalem sensum suum, etiamsi ipsis verbis non inextricabiliter colligatum, controversias autem quas impetunt, si non, ut saepe, extinguunt, at saltem per saecula sopiunt" (Newman- Perrone-Paper 443/ AW IIIa 193).

[439] Newman- Perrone-Paper 443/ AW IIIa 193.

[440] „Ab illa autem facilitate disputandi, quae privatis datur, materies gignitur, ex qua diu meditata format tandem Ecclesia definitas sententias suas" (Newman- Perrone-Paper 443/ AW IIIa 193).

[441] „...perpetuum quoddam et tanquam inchoatum semper munus..." (Newman- Perrone-Paper 443 / AW IIIa 193).

dem unvermeidlichen Streit der Theologen, ein Tatbestand, der gut am Gang der Dogmengeschichte ablesbar ist[442].

4.1.3. Zusammenfassung

„Quae hactenus adnotavi revocari"[443] - G. *Perrone* faßt seine Eindrücke am Ende der Darlegungen von *J. H. Newman* sentenzenhaft kurz zusammen. Dabei geht er jedoch in keiner Weise auf dessen Argumentation und deren besondere Eigenart ein. Ausdrücklich betont er, daß der Kirche das Depositum des Glaubens „in solidum ac veluti per modum unius"[444] anvertraut worden und ihr dieses Depositum stets im Bewußtsein geblieben ist. G. *Perrone* wiederholt hier also nur, was aus dem Arbeitspapier bereits bekannt ist. Dies gilt auch für die beiden letzten Sentenzen. Die Glaubenswahrheiten sind nicht in sich des Wachstums, sondern nur einer deutlicheren Erklärung fähig, ihr Wachstum geschieht *quoad nos*, einzig und allein „in Bezug auf unsere tiefere Erkenntnis oder zur schärferen Formulierung durch die Definition der Kirche"[445]. Nach dieser Theorie liegt die Entwicklung der Lehre rein auf der Seite der menschlichen Erkenntnis, „während die Wahrheit in sich unbewegt bleibt und der Geist Gottes nur negative Assistenz leistet"[446]. Damit ist auch an den Glaubensbegriff erinnert, wie G. *Perrone* ihn voraussetzt: Der Glaube ist ein gehorsames Fürwahrhalten von Wahrheiten, den *fideles* von der Kirche vorgelegt. Obgleich *J. H. Newman* ganz offensichtlich keine dieser Ansichten teilt, ist dennoch ein Gespräch mit G. *Perrone* möglich, denn mit der Unterscheidung zwischen dem objektiven und dem subjektiven Wort Gottes bleibt auch bei *J. H. Newman* die Indefektibilität und Abgeschlossenheit der Offenbarung gewahrt. Solange diese Unterscheidung getroffen wird, ist es möglich, von einer inhaltlichen Dogmenentwicklung zu sprechen, wenn auch G. *Perrone* persönlich einem solchen Gedankengang nicht zu folgen vermag [447].

---

[442] Vgl. Newman- Perrone-Paper 443 – 444/ AW IIIa 193-194.
[443] Newman- Perrone-Paper 444/ AW IIIa 194.
[444] Newman- Perrone-Paper 444/ AW IIIa 194.
[445] „...in ordine ad nostram majorem cognitionem , seu magis distinctam illarum notitiam per Ecclesiae definitionem, et ut dicitur non quoad se sed quoad nos" (Newman- Perrone-Paper 444/ AW IIIa 194)
[446] W. *Kasper*, Lehre 130.
[447] Vgl. W. *Kasper*, Lehre 130.

Die Vorsicht, mit der *G. Perrone* in seiner Ekklesiologie dem organisch - geschichtlichen Grundzug romantischen Denkens zu entsprechen sucht, läßt jedoch die Neuheit und besondere Eigenart der Gedankenwelt *J. H. Newmans*, wie sie sowohl in den *Theses de fide* als auch seinen Darlegungen zur Lehrentwicklung begegnet, besonders klar hervortreten. Auffällig ist dabei der innere Zusammenhang beider Texte.
Geht es bei den *Theses de fide* um den Glaubensakt, von *J. H. Newman* als
freier Zustimmungsakt dem Wort Gottes gegenüber (*Thesen 10 und 11*)
beschrieben, so wird die dabei aufgewiesene personale Struktur des
Zustimmungsaktes in den ersten beiden Abschnitten des *Newman - Perrone* - Papers zur Grundlage eines Überlieferungsverständnisses (*Abschnitte 3 und 4*), das die Glaubenspraxis des Einzelnen ebenso wie den
Dienst des Lehramtes zum Zeugnis für die apostolische Überlieferung
nimmt. Der Glaubensakt ist frei verantwortet, getragen durch Einsicht
und Entscheidung: *J. H. Newman* wagt hier eine Sicht der Dinge, die *G.
Perrone* fremd bleiben muß. Seine heilsgeschichtliche Schau von Tradition und Überlieferung ist nicht nur von einer spezifischen Geisttheolo-
gie geprägt (*Abschnitt 1*) , sondern lebt auch aus der Vorgabe eines Be-
wußtseinsdenkens (*Abschnitt 2/ Theses de fide, Thesen 4 bis 7*) mit dessen
Hilfe das Verhältnis von implizitem und explizitem Glaubensgut bzw.
jenes von subjektivem und objektivem Gotteswort geklärt werden kann.
Die Innendimension des Glaubensaktes, die Subjektivität seines Vollzuges und seiner spezifischen Erkenntnis, lassen sich nicht von seiner
Kirchlichkeit in Lehre und Überlieferung trennen. Der Glaube ist zunächst individueller, weil personaler Verstehens - und Zustimmungsakt,
sodann aber auch zutiefst öffentlicher Vollzug: Der Konsens der Gläubigen, ihr Ringen um die Wahrheit und ihr gemeinsamer Glaubenssinn
geben davon Zeugnis. In ihm haben die Gläubigen teil an jener Unfehlbarkeit, die der Kirche als ganzer zu eigen ist. Das kirchliche Lehramt
findet hier nicht nur einen *locus theologicus* ganz eigener Art, wie *J. H.
Newman* in seinem Rambler - Artikel betont, sondern beizeiten auch einen kritischen Partner in noch unklaren Fragen der Lehre.

Damit zeigt der erste Abschnitt dieses Kapitels, daß die *Theses de
fide* und das *Paper on Development* in ihrem Ertrag eine erste Orientierung
über den Ansatz einer Theorie des Glaubensaktes bei *J. H. Newman* bieten. Der Rahmen scheint abgesteckt, vor dem spätere Entwicklungen
seiner Gedanken deutlicher hervortreten und bewertet werden können.
Der Beschäftigung mit beiden Texten kommt insofern eine Brücken-

funktion zu: Die Thematik der Glaubensanalyse wird hier in aller Ausführlichkeit aufgegriffen, in ihren Zusammenhängen und Einzelheiten
aber erst zu einem späteren Zeitpunkt entfaltet. *J. H. Newman* erweist
sich aber bereits an dieser Stelle als origineller Denker. Indem er nämlich
seine Glaubenstheorie vom Zustimmungsakt her anlegt, greift er jenen
Überlegungen vor, die im Schlußteil des vorangegangenen *ersten Haupt-
teils* als mögliche Linien einer Weiterentwicklung der Fragestellung eingebracht werden konnten. Das Verhältnis von Glaubensgrund, Glaubwürdigkeitserkenntnis und Glaubenszustimmung erscheint hier wie
dort in der Perspektive von Freiheit, Person und Gemeinschaft.

4.2. Gläubige Vernunft und vernunftgemäßer Glaube –
Auf dem Weg zur *Grammar of Assent*

Mit den Theses de fide und seinem Paper on Development legt *J. H. Newman* in nuce jene Gedankengänge vor, die er in seinen Hauptwerken ausführlich entfaltet. Kann dabei das *Newman - Perrone* - Paper bereits als Nachklang auf die Entwicklungslehre gelten[448], ist es demgegenüber von den Theses de fide zur Grammar of Assent noch ein weiter Weg inhaltlicher wie begrifflicher Klärung. Indem sie aber den Glaubensakt vom Modell der Zustimmung her auslegen, können die *Theses de fide* jedoch als wichtige Etappe auf jenem Weg gelten, den *J. H. Newman* in fast drei Jahrzehnten zurücklegt, und an dessen Ende er mit der Zustimmungslehre seinen entscheidenden Beitrag zur Frage nach dem Wesen des Glaubensvollzuges leistet. Mit der zentralen Stellung, die sie in seinem Gesamtwerk innehat, weist die Grammar of Assent daher viele vorhergehende Veröffentlichungen *J. H. Newmans* als notwendige Vorarbeiten über den Glauben und die Rolle des Einzelnen im Glaubensakt aus. Die Gesamtausgabe seiner Schriften, die *J. H. Newman* noch in seinen letzten Lebensjahren betreut, zeigt deutlich, wie sehr die Einzelwerke thematisch aufeinander bezogen sind, bevor sie dann durch die Grammar zu ihrer inneren Einheit finden.

R. Siebenrock verweist auf den kurzen Zeitraum, innerhalb dessen wichtige Werke *J. H. Newmans* neu erscheinen, etwa die *Oxforder Universitätspredigten*, die in leicht überarbeiteter Form 1873 erneut herausgegeben werden und mit den Theses de fide wie auch mit der *Grammar of Assent* in engem Zusammenhang stehen [449], oder auch der im Jahre 1875 veröffentlichte Brief an den *Herzog von Norfolk*[450]. Im selben Jahrzehnt, im

---

[448] Vgl. dazu *J. Artz*, Anm. 692, in: AW VIII 644 – 645. Danach ist das *Newman - Perrone* - Paper von umgekehrter Zielsetzung wie der Essay über die Lehrentwicklung. „Wollte dieser zeigen, daß es eigentlich keine ‚römischen Neuerungen‘ gab, sondern eine wesentliche Identität zwischen der ursprünglichen Lehre und ihrer späteren Entfaltung , so will die Studie umgekehrt von denen, die die Identität der alten und neuen Kirchenlehre vertraten, nachgewiesen werden, daß es legitim war, von Entwicklung zu sprechen. Der alte statische Begriff der Tradition wird durch eine neue Konzeption ersetzt, in der Entwicklung Platz hat" (AW VIII 645, Anm. 692).

[449] Vgl. *R. Siebenrock*, Wahrheit 139.

[450] *J. H. Newman*, Letter to the Duke of Norfolk, in: *J. H. Newman*, Certain Difficulties felt by Anglicans in Catholic Teaching, Bd. 2. New Impression, Westminster

Jahre 1873, werden die *Dubliner Universitätspredigten* in einer definitiven Edition vorgelegt, 1878 erscheint die dritte, wesentlich überarbeitete Auflage der Entwicklungslehre[451]. Die rasche Aufeinanderfolge der genannten Hauptwerke und die zeitliche Nähe ihrer Überarbeitung oder Neuedition zur Zustimmungslehre läßt auf inhaltliche Wechselbezüge und Verwandtschaften schließen[452]. Beispielhaft zeigt dies die dritte Auflage der Entwicklungslehre: Der Vergleich der Gliederung der ersten Auflage von 1845 mit der der dritten Auflage von 1878[453] belegt, daß die Frage nach dem individuellen Glaubensvollzug und seiner Kirchlichkeit, wie sie in den *Theses de fide* und dem *Paper on Development* Gestalt angenommen hat, nicht nur beständig virulent geblieben ist, sondern überdies an Schärfe und Deutlichkeit gewonnen hat[454]. Mit der Zustimmungslehre kommen *J. H. Newman*s Überlegungen zu einem gewissen Zusammenklang und Abschluß, wenn ihr Autor sich auch bis zu seinem

---

1969 (= DbA II), 171 – 578, dtsch: Kirche und Gewissen. Ein Brief an Seine Gnaden den Herzog von Norfolk anläßlich der jüngst erschienenen Beschwerdeschrift Mr. Gladstones, in: *J. H. Newman*, Polemische Schriften. Abhandlungen zu Fragen der Zeit und der Glaubenslehre. Übersetzt von M. E. Kawa und M. Hofmann, Mainz 1959 (=AW IV) 112 - 251.

[451] Vgl. *R. Siebenrock*, Wahrheit 139.

[452] Vgl. *R. Siebenrock*, Wahrheit 139 - 140.

[453] Vgl. AW VIII 390 - 392 und AW VIII 643 - 644, Anm. 691.

[454] Dafür spricht schon das Sondergut der dritten Auflage (aufgelistet in: AW VIII 392), etwa wenn *J. H. Newman* in der dritten Auflage von 1878 das *Kapitel 2* um den Abschnitt 3, Unterabschn. 1 und 3 erweitert, wo er von der intellektuellen Tätigkeit als Organ der Lehrentwicklung spricht (Unterabschn. 1, AW VIII 85 - 86)und diese zur Autorität des Lehramtes in Beziehung setzt (Unterabschn. 3, AW VIII 88 - 89). Bemerkenswert ist auch, wie *J. H. Newman* die Gliederung seines Essays zur Lehrentwicklung in der dritten Auflage umstellt. 1878 wird das Kapitel I, Abschn. 3 von 1845 zum Anfang von Kapitel 5, das den II. Hauptteil der Untersuchung zur Lehrentwicklung eröffnet: Der erste Teil des Essay gewinnt so eindeutig an Stringenz. Der Gedanke der „Idee" kann nun zusammenhängend entfaltet werden, um so die Methode der Untersuchung zu rechtfertigen (Kapitel 3), die Kriterien der Lehrentwicklung (Kapitel 5) legen damit aus, was *J.H. Newman* unter der „Idee des Christentums" versteht. So gelingt es *J. H. Newman* mit der neuen Anordnung, die Subjektsproblematik deutlich zu gestalten: Die Idee ist Ausdruck und Gegenstand der realen Erkenntnis des Individuums (vgl. AW VIII 32), Dogmen sind „einzelne Aspekte dieser Idee, die erst durch Analyse und Abstraktion gewonnen werden. Eben darin aber besteht die Dogmenentwicklung nach Newman" (*W. Kasper*, Lehre 126). Die Kriterien des II. Hauptteiles ermöglichen es, die Echtheit der Entwicklung einer Idee zu verifizieren (vgl. AW VIII 153).

Lebensende bereitwillig der öffentlichen Diskussion gestellt hat, um seine Positionen zu verteidigen oder zu präzisieren[455]. Sein Denken über den Glaubensakt in seiner Vollform kennenzulernen, heißt also, sich intensiv mit der Zustimmungslehre auseinanderzusetzen. Sie dabei richtig zu verstehen, macht es notwendig, jene Texte in Augenschein zu nehmen, die im mittelbaren Vorfeld der Zustimmungslehre entstanden sind. Ihnen widmet sich der folgende Abschnitt.

Ausgangspunkt dazu ist die Beobachtung, daß *J. H. Newman* in vielen seiner Schriften von der konkreten Lebenssituation des Glaubenden handelt. Sein Interesse an der Subjektthematik kommt nicht von ungefähr. Ihre Dominanz, greifbar in der Gestalt und dem Gehalt vieler Texte, deutet *L. Kuld* als „autobiographische Artikulationshandlung"[456], der er den Status einer theologischen Methodik[457] zuweist. Die Rede von der Vernunftgemäßheit des Glaubensaktes erhält dabei einen ganz eigenen Sinn. Indem *J. H. Newman* etwa in der Apologia oder auch in seinen übrigen Werken die eigene Person und Glaubenserfahrung zum Ausgangspunkt seines Denkens macht, durchbricht er nach *L. Kuld* die Regeln des theologischen Diskurses, der üblicherweise methodisch vom Einfluß des Persönlichen und der Person der an diesem Diskurs Beteiligten absieht[458]. Die Artikulationshandlung zielt demgegenüber primär darauf, „die Person eines gläubigen Subjekts darzustellen"[459] und erst darin Theorien und Lehren zu vermitteln. In der autobiographischen Färbung seiner Publikationen setzt *J. H. Newman* also auf die Beweiskraft

---

[455] Vgl. dazu *G. Biemer*, Newman 187 - 190. *G. Biemer* erinnert an die Kontroverse, die *J. H. Newman* 1885 mit *A. M. Fairbairn* austrug. *A. M. Fairbairn* beschuldigte *J. H. Newman* eines Skeptizismus, weil er der Vernunft nicht „zutraue, Gottesbeweise zu tragen; er halte sie für unfähig, die großen Geheimnisse der christlichen Botschaft wie die Dreieinigkeit Gottes oder die Menschwerdung und andere mehr zu erfassen" (*G. Biemer*, Newman 188). *A. M. Fairbairn* behauptete zudem, „Newman habe bei seinem Ansatz des Denkens den Glaubensakt aus dem Bereich der Vernunft herausgenommen und in die Tätigkeit des Gewissens und der Vorstellungskraft (Imagination) verlagert." (*G. Biemer*, Newman 188). Zur Antwort *J. H. Newmans* vgl. *J. H. Newman*, Revelation in its Relation to Faith (1885), in: *H. M. de Achaval SJ / J. D. Holmes* (ed.), The Theological Papers of John Henry Newman on Faith and Certainty, Oxford 1976/ zit. ThP I, 140 - 157.

[456] *L. Kuld*, Lerntheorie 74.

[457] Vgl. *L. Kuld*, Lerntheorie 73.

[458] Vgl. *L. Kuld*, Lerntheorie 73.

[459] *L. Kuld*, Lerntheorie 74.

persönlicher Glaubenszeugnisse[460]. Verstehen heißt hier „die Person erkennen"[461]. Die traditio fidei ist erst dort wirklich und gegeben, wo Personen einander mit ihren Geschichten, Absichten, Wünschen und Gefühlen begegnen können, jene Lerngemeinschaften also entstehen, „in denen Glaube persönlich, mit einer Anstrengung auch der Person rezipiert wird"[462]. L. Kuld sieht darin den eigentlichen inneren Zusammenhang der Schriften J. H. Newmans. Das Element der Biographie hat hier wesentliche Bedeutung für eine „Theologie des gläubigen Volkes"[463], wie die Auseinandersetzung mit G. Perrone bereits gezeigt hat.

Damit ist der Fortgang des Kapitels inhaltlich abgesteckt. Von der Sache her geht es um das Individuum und seinen Gottbezug. Wie die Theses de fide und das Paper on Development jedoch verdeutlichen, macht es sich J. H. Newman damit nicht leicht. In den Jahren zwischen 1845 und 1870 hat er sich immer wieder – freilich unter ganz verschiedenen Gesichtspunkten - zum Thema geäußert. Diesbezüglich erhellend ist etwa ein kurzer Blick auf die im Jahr 1859 unter dem Titel *The Idea of a University* erschienenen *Dubliner Universitätsreden*, in denen J. H. Newman das Wesen von Erziehung und Bildung darlegt. Mit den hier vorgetragenen Gedanken bekommt seine Auffassung von einer reifen, gebildeten Persönlichkeit Schärfe und Profil. Die Gestalt, in der J. H. Newman dabei vom einzelnen Individuum und seinen Erkenntnisvollzügen spricht, bleibt eigenwillig, wird aber aufgrund einiger kleinerer, teils philosophischer Texte verständlich[464]. Stellvertretend für eine Fülle an Briefen, Tagebuchnotizen und persönlichen Aufzeichnungen kommt hier ein einziges, aber sehr bedeutungsvolles Dokument zur Darstellung, der *Proof of Theism* von 1859 / 1860[465]. Abseits der zeitgenössischen Apologetik, der es in der Trennung von Offenbarungsfakt und Offenbarungsinhalt um die Begründung der formalen Offenbarungsautorität

---

[460] „Es muß die Person des Gläubigen selbst deutlich werden, weil nur an ihr abzulesen und zu verstehen ist, was es heißt, dem in der Person des Zeugen überlieferten Bild von Jesus Christus glaubend zu begegnen" (L. Kuld, Lerntheorie 75).

[461] L. Kuld, Lerntheorie 74.

[462] L. Kuld, Lerntheorie 76.

[463] L. Kuld, Lerntheorie 77.

[464] Vgl. Ch. St. Dessain, Introduction, in: ThP I, VII-IX.

[465] J. H. Newman, The Proof of Theism, in: E.Sillem (Hg.), The Philosophical Notebook of John Henry Newman, Louvain 1970, Bd. II: The Text 31 - 77 (=PhNb).

geht[466], steht J. H. Newman dabei vor der Aufgabe einer inhaltlichen Glaubwürdigkeitsbegründung: Wie die Theses de fide gezeigt haben, erwächst das Wagnis des Glaubens aus der individuellen Disposition des Einzelnen, der nach einem Prozeß des Folgerns und Schließens zuletzt dem Wahrheitsanspruch der Offenbarung eine begündete und vernunftgemäße Glaubwürdigkeit zugesteht. Bereits hier, vor allem aber in den Oxforder Universitätspredigten wagt sich J. H. Newman über jenen Vernunftbegriff hinaus, der die herkömmliche Glaubensanalyse leitet. Die Weise, wie er dabei das Zueinander von Glaube und Vernunft bestimmt, wirft zugleich Licht auf die Kritik, die J. H. Newman am Religions -, Theologie - und Wissenschaftsbegriff seiner Zeit übt. In gewisser Weise bildet die Grammar of Assent dazu ein Gegengewicht, bestimmt durch die Entdeckung der prudentia, die er im Jahr 1853 macht, und die er in der Zustimmungslehre als Illative sense entfaltet. Das Wissen um den Folgerungssinn gibt J. H. Newman Gelegenheit, die Vernunftgemäßheit des Glaubens zu behaupten, ohne diesen als rein subjektive Beliebigkeit betrachten zu müssen. So scheint es am Ende des Abschnittes angebracht, sich dem kleinen Text On the Certainty of Faith vom 16. Dezember 1853[467] zu widmen: Der Gedanke der Evidenz erschließt das Anliegen der Grammar of Assent, die den Glaubensakt im Spannungsfeld von Erfassung und Zustimmung deutet.

4.2.1. Die Person in ihren Möglichkeiten individueller Entfaltung

Sowohl mit den Theses de fide als auch mit dem Paper on Development zeichnet J. H. Newman ein sehr konkretes Bild vom Menschen und seinem Handeln. In den Theses de fide steht jener Prozeß im Vordergrund, der zum Glauben führt. Hier ist es zum einen die individuelle Vernunft, mit der der Einzelne nach Gründen für den Glauben sucht. Daher erscheint der Glaubensakt als singuläres Ereignis, ein freiwilliges Wagnis (Thesen 1 und 2) und eine Gnadengabe (Thesen 10 bis 12). Insofern ist er dem Gläubigen in der steten Notwendigkeit rationaler Rechtfertigung aufgegeben. J. H. Newman denkt hierbei an eine persönliche Verstandes - und Lebenskultur[468]. Folgerichtig ist der Einzelne hinsichtlich der dazu notwendigen Vorgaben für seinen Glauben verantwortlich. Zeichnet J.H.

---

[466] Vgl. dazu H. J. Pottmeyer, Zeichen 379.

[467] J. H. Newman, On the Certainty of Faith, in: ThP I 17 - 38.

[468] Vgl. OUS X 192 / AW VI 147.

Newman damit den Glauben einerseits als Zustimmungsereignis und damit als risikoreiches Wagnis, beschreibt er andererseits die Gewißheit als Zustand innerer Ruhe und Ausgeglichenheit. Die Gewißheit ist damit aus dem Bereich eines mathematisch - syllogistischen Sicherheits - und Gewißheitsideals in die personale Dimension des Glaubens herausgeführt und damit zur Gänze in das Denken und Erleben des einzelnen Gläubigen gerückt. Bei aller Freiheit des Glaubensvollzuges steht der Gläubige jedoch immer schon Autoritäten gegenüber, denen er sich zu beugen hat: Nächst Gott, der *prima veritas*, ist es die Kirche, deren Zeugnis die Glaubwürdigkeit der Glaubensbotschaft verbürgt. Das Newman - Perrone - Paper bringt dazu weitere, ergänzende Überlegungen. Die Kirche erscheint hier als congregatio fidelium , ein Gedanke, den *J. H. Newman* in seiner Lehre vom consensus fidelium besonders herausstreicht. In dieser Schau von Kirche und Glaube kommt dem einzelnen Gläubigen ein hohes Maß an Verantwortung für den persönlichen Glaubensvollzug zu. Die geistige Disposition des Einzelnen nämlich entscheidet über die Art der Annahme des Gotteswortes, kraft der menschlichen Epinoia wird demzufolge das objektive Wort Gottes erst subjektiv (Abschnitt 1).

Unbestreitbar hat der Glaube Öffentlichkeitscharakter. Garant sowohl für einen verantworteten Glaubensvollzug als auch für eine sachgemäße Überlieferung des Glaubensgutes ist insofern das geistliche und gesellschaftliche Miteinander der Gläubigen. Mit gutem Grund argumentiert *J. H. Newman* deshalb auch in Fragen der theologischen Systematik aus der Perspektive des Historikers. Schon allein die Vielzahl kirchlicher Überlieferungsträger macht theologische wie kirchenpolitische Auseinandersetzungen unausweichlich. Hier etwa ist die Kirchensicht des Rambler - Artikel von Bedeutung, in dem *J. H. Newman* neben anderen Fundorten apostolischer Tradition die relative Eigenständigkeit der Gläubigen betont, die, vom Heiligen Geist geführt, auf ihre Art Zeugnis von der Unfehlbarkeit der Kirche zu geben vermögen. *J. H. Newman* kennt zudem die Neigung des menschlichen Verstandes, nicht nur in Fragen des Glaubens zu einseitigen Einschätzungen und Urteilen zu kommen (Abschnitt 2 und 3). Die Begegnung des Einzelnen mit dem Wort Gottes wird somit als ein Geschehen lebendiger, geistiger Befassung beschrieben. Für *J. H. Newman* ist dies ein so selbstverständlicher Vorgang, daß er ihn ohne weitere Schwierigkeiten analog auf die Gesamtkirche und ihren Glaubensvollzug übertragen kann.

Der Glaubensakt erscheint als Gnadengeschenk und aktive Tat des Gläubigen. *J. H. Newman* spricht hier – ähnlich wie Gregor von Valencia - von einem sensus in der einzelnen Person wie auch in der Gesamtkirche: Diesem Sensus erschließen sich Probleme und Glaubensfragen wie von selbst (Abschnitt 2). *J. H. Newman* rechnet dabei mit einem gewissen Taktgefühl bei den Gläubigen, was den rechten Zeitpunkt der formalen Gestaltung von Glaubenswahrheiten (Abschnitt 4, These 12) betrifft, und er spricht überdies von verschiedenen Gestalten geistiger Tätigkeit, von denen zumindest eine, die der syllogistisch - wissenschaftlichen Art, der kundigen Anleitung bedarf (Abschnitt 2). Das große Engagement *J. H. Newmans* im Bildungsbereich läßt sich daraus einsichtig machen. Glaube hat mit Wissen zu tun[469]. In den *Dubliner Universitätsreden*, veröffentlicht

---

[469] Aus diesem Grund ist immer wieder versucht worden, das Werk *J. H. Newmans* in religionspädagogischer Hinsicht fruchtbar zu machen. In seiner kleinen Schrift *Die Berufung des Katecheten. Die Gestalt des christlichen Erziehers und Lehrers nach Kardinal Newman* , Freiburg - Basel -Wien 1964 (= Aktuelle Schriften zur Religionspädagogik) etwa sucht *G. Biemer* den Standort des Katecheten in der Kirche zu näher bestimmen. Leitfaden seiner Darstellung ist der „Lebensweg und die Gedankenkonzeption eines der größten religiösen Denker der neueren Zeit" (Berufung 7), Kardinal *Newman*. *G. Biemer* greift erneut das Anliegen seiner Dissertation auf: „Theologisch gesehen" (Berufung 8) möchte er ermitteln, welche Funktion dem Katecheten „im Gesamt des Überlieferungsvorgangs der Offenbarungswahrheit" (Berufung 8) zukommt. Methodisch geht *G. Biemer* doppelgleisig vor: Er erschließt zunächst *J. H. Newmans* „Idee der Wahrheit und der Offenbarungswahrheit" (Berufung 8), um das bei *J. H. Newman* Gefundene sodann auf die aktuelle Situation des Religionsunterrichtes anzuwenden. Katechese ist demnach Glaubenszeugnis, insofern immer schon Überlieferung (vgl. Berufung 61). Katechet kann nur der sein, „der sich ohne Rückhalt unter das Wort und in den Dienst des Wortes Gottes stellt" (Berufung 118), die Erfahrungen mit ihm machen den Katecheten zum „lebendigen und persönlichen Zeugen" (Berufung 118), der „so die Frohbotschaft von Herzen verkündet, auf daß sie wieder zu Herzen geht" (Berufung 118). Wie *G. Biemer* verfahren auch zwei jüngere Autoren in ihrer Auseinandersetzung mit *J. H. Newman*. Wie er im Vorwort zu seiner im Jahr 1989 erschienenen Dissertation zur Phänomenologie des Glaubensaktes bei *J. H. Newman* betont, möchte *L. Kuld* die *Grammar of Assent* als Lerntheorie des Glaubens lesen (Lerntheorie 11). Glauben nach *Newman* ist für *L. Kuld* kein Resultat von Lernprozessen, sondern ein Geschehen, „das notwendig mit Lernen und Lernenkönnen zu tun hat" (Lerntheorie 11). Glaubensgeschichte wird einsehbar „als Lerngeschichte" (Lerntheorie 19). Im fünften und sechsten Kapitel seiner Arbeit stellt *L. Kuld Newmans* Lerntheorie dem Vergleich mit „gegenwärtigen Theorien der Glaubensentwicklung und des Glaubenlernens" (Lerntheorie 20), um daraus „für eine eine von Newman her begründbare Praxis der Glaubensvermittlung" (Lerntheorie 20)

im Februar 1853 [470], gibt *J. H. Newman* darüber Rechenschaft. Bildung ist danach mehr als nur ein reines Wissen, Universität und Studium vermitteln Inhalte und Werte, die die Persönlichkeit des Lernenden prägen[471]. Wie im Zustimmungsakt des Glaubens ist auch in der Wissenschaft das Subjekt beständig zur Anwort auf den Anspruch der begegnenden Wirklichkeit herausgefordert, und wie beim Glauben geht es auch beim Wissen um die ganze Person. *J. H. Newman* unterscheidet dazu das Einzelwissen von der Bildung. Unter Bildung versteht er dabei die Disposition des menschlichen Geistes. Indem der Verstand die Dinge,

---

Folgerungen zu ziehen. In seinem religionspädagogischen Aufsatz *Wie Menschen glauben. Anmerkungen zu Newmans Essay in Aid of a Grammar of Assent im Blick auf den Religionsunterricht*, in: Religionsunterricht an Höheren Schulen 33 (1990) 370 - 381, schließlich wagt *R. Siebenrock* eine „Relecture" der Zustimmungslehre, um im Blick auf die Glaubensvermittlung fünf Thesen vorzustellen, „die sich der Beschäftigung mit Newman verdanken" (Menschen 371). Als Leitlinien für den Religionsunterricht nennt *R. Siebenrock* ebd. 379 die *persönliche Zeugenschaft*, die *Entwicklung sprechender Bilder*, die Anerkennung der Tatsache, daß Glauben *ein lebensgeschichtliches Wachsen in die Wahrheit Gottes hinein und von ihr her* bedeutet und damit den vollen Ernst christlichen Lebens einfordert, der Religionsunterricht also auf die *Bildung einer umfassenden Persönlichkeit* abzielt, denn: „Der lebendige Gott hat eine nur mit mir verwirklichbare Geschichte vor" (Menschen 379).

[470] *J. H. Newman*, The Idea Of A University. Defined and illustrated I. In Nine Discourses Delivered To The Catholics Of Dublin, II. In Occasional Lectures And Essays Addressed To The Members Of The Catholic University. New Impression, Westminster 1973 (= Idea)/ dtsch.: Vom Wesen der Universität. Ihr Bildungsziel in Gehalt und Gestalt. Übersetzt von H. Bohlen, Mainz 1960 (= AW V). Zur Vorgeschichte der Dubliner Universitätsreden vgl. *W. Becker / H. Bohlen / M. Laros*, Einführung, in: AW V, VII - XVII, bes. X. Ausführlich *G. Biemer*, Newman 95 - 105, *I. Ker*, Biography 376 - 396, *R. Siebenrock*, Wahrheit 429 - 430, Anm. 7 und *W. Ward*, Life I 305 - 416. Für den vergleichenden Gebrauch ist zu beachten, daß die Reihenfolge der Predigten in der deutschsprachigen Ausgabe nicht dem englischen Original entspricht. „Die Herausgeber haben geglaubt, den fünften Vortrag der ursprünglichen Ausgabe von 1852, der von Newman in allen späteren Ausgaben der Universitätsvorträge ausgelassen worden war, in vorliegender Übersetzung den deutschen Lesern nicht vorenthalten zu sollen. Dieser Vortrag, der an Wert keinem anderen der Universitäts-Discourses Newmans nachsteht, wird in dieser Ausgabe hiermit zum erstenmal in deutscher Übersetzung vorgelegt" (AW V, XII-XIII).

[471] *W. Becker, H. Bohlen, M. Laros* übersetzen die Überschrift des fünften, der deutschen Ausgabe beigegebenen Vortrages „(Universal) Knowledge viewed as one Philosophy" genau in diesem Sinne als „Universales Wissen und die Einheit ganzheitlicher Bildung" (vgl. AW V, XIII).

die ihm die Sinne zutragen, untersucht, bearbeitet[472] und zu einer Einheit bringt[473], verwandelt sich das Wissen zur Vollgestalt der Bildung, die für J. H. Newman „an inward endowment"[474] ist, ein erworbener Zustand „geistiger Erhellung und Gewöhnung" („acquired illumination")[475], kurzum, das menschliche Vermögen, „Dinge in ihren wechselseitigen Beziehungen" („relative dispositions of things")[476] zu durchschauen. Bildung besteht folglich nicht in der bloßen Wissensvermehrung[477], sondern in der Weitung des Geistes, dessen Fähigkeit wächst, mit einem Blick „the image of the whole"[478] zu sehen, sie in ihrem jeweiligen Wert zu erkennen und ihnen den rechten Platz im Gesamtsystem zuzuweisen[479]. Die Bildung ist demnach eine Verfassung des Geistes, die das ganze Leben hindurch anhält[480]. Sie zu vermitteln und zu fördern, ist Auftrag der Universität[481], der es vorzüglich um ihre Studenten, also um Schulung und Unterricht geht, nicht um die Förderung von Forschung und Wissenschaft. Ziel der Universität ist die Hinführung der Studenten zu einem abgeklärten, ruhigen, treffsicheren Schauen und Begreifen aller Dinge[482]. Der Universität kommt damit ein öffentlicher Auftrag zu: Die Heranbildung mündiger und selbständiger Glieder der Gesellschaft. J. H. Newman präzisiert diesen Auftrag. Indem sie ihre Ab-

---

[472] Vgl. Idea 113 / AW V 125.

[473] Vgl. AW V 99. „We know, not by a direct and simple vision, not at a glance, but, as it were, by piecemeal and accumulation, by a mental process, by going round an object, by the comparison, the combination, the mutual correction, the continual adaption, of many partial notions, by the employment, concentration, and joint action of many faculties and exercises of mind" (Idea 151 / AW V 158).

[474] Idea 113 / AW V 126.

[475] Idea 113 / AW V 126.

[476] Idea 113/ AW V 125.

[477] „Nay, self-education in any shape, in the most restricted sense, is preferabel to a system of teaching which, professing so much, really does so little for the mind" (Idea 148/AW V 155).

[478] Idea 137 / AW V 145.

[479] Vgl. Idea 137/ AW V 145.

[480] Vgl. Idea 101/ AW V 116.

[481] Vgl. Idea 102 / AW V 117.

[482] „And now, if I may take for granted that the true and adequate end of intellectual training and of a University is not Learning or Acquirement, but rather, is Thought or Reason exercised upon Knowledge, or what may be called Philosophy , I shall be in a position to explain the various mistakes which at the present day beset the subject of University Education" (Idea 139 /AW V 147).

solventen dem genannten Sinne nach entsprechend ausbildet, bildet die
Universität den Geist der Allgemeinheit, verleiht sie dem Zeitgeist Weite
und Nüchternheit, trägt sie dazu bei, die Ausübung politischer Macht zu
erleichtern, verfeinert sie die Umgangsformen des privaten Lebens[483].
Der Student soll summa summarum darauf vorbereitet werden, „auf jedem Posten seinen Mann zu stehen" („to fill any post with credit") [484].
Idealbild hierfür ist der Gentleman, der taktvoll und souverän seine
Lebenssituation meistert[485].
J. H. Newman sieht allerdings in der Fertigkeit des menschlichen Geistes
zur Wahrheitserkenntnis auch zugleich dessen eigentliche Gefährdung.
Wie schon beim Urteil über Glaubensdinge neigt der Mensch in Fragen
der Wissenschaft zu eher einseitigen Urteilen, macht er sich dabei selbst
zum Maßstab aller Dinge. J. H. Newman ist demgegenüber davon überzeugt, daß Gott – „in whose hands are all things"[486] -, Ihm allein eigene
Beziehungen „towards the subject-matter of each particular science"[487]
besitzt. Die Wissenschaft ist von theonomer Abkunft. Gott, „in sich eine
Art Welt der Welten"[488], erzeugt im menschlichen Geist eine „indefinite
number of distinct truths"[489], er umfaßt alle nur denkbaren Tatsachen,

---

[483] Vgl. Idea 177 - 178 / AW V 180.

[484] Idea 178 /AW V 180.

[485] Die Universität „shows him how to accomodate himself to tothers, how to
throw himself into their state of mind, how to bring before them his own, how to influence them, how to come to an understanding with them, how to bear with them.
He is at home in any society, he has common ground with every class; he knows
when to speak and when to be silent, he is able to converse, he is able to listen, he can
ask a question pertinently, and gain a lesson seasonably, when he has nothing to im-
part himself; he is ever ready, yet never in the way; he is a pleasant companion, and a
comrade you can depend upon; he knows when to be serious and when to trifle, and
he has a sure tact which enables him to trifle with gracefulness and to be serious with
effect. He has the repose of a mind which lives in itself, while it lives in the world,
and which has resources for its happiness at home when it cannot go abroad" (Idea
178/ AW V 180).

[486] Idea 36 / AW V 41.

[487] Idea 36/ AW V 41.

[488] „...a sort of world of worlds in Himself..." (Idea 462 /AW V 274). In einer Notiz
vom September 1863 entfaltet J. H. Newman seine Gottesvorstellung: „He is the divine
immense universe, the true increate rerum natura, which has ever been in being...He
is that Living All, a million times more varied...more profound, more mighty than this
world of matter and spirit" (ThP I 100).

[489] Idea 462 / AW V 274.

„alle Erscheinungen streben in ihm wie in einem Punkte zusammen"
(„all phenomena converge to it")[490], das Wort „Gott" allein ist schon „a
Theology in itself, indivisibly one"[491]. Der Anspruch der Vernunft, allei-
niger Maßstab zur Beurteilung von Welt und Mensch zu sein, „ursu-
piert"[492] dann natürlich den Anspruch Gottes[493], wobei letztendlich allein
das Erkenntnisvermögen des Menschen Schaden nimmt[494]. Ein solches,

---

[490] Idea 26 / AW V 32.

[491] Idea 26/ AW V 32.

[492] R. Siebenrock, Wahrheit 454.

[493] Damit ist das Anliegen benannt, das bei J. H. Newman immer wieder als Kritik
am Liberalismus verhandelt wird (vgl. dazu J. Artz, Art. Liberalismus, in: NL 635 -
637). In seiner Apologia schreibt er: „ Unter Liberalismus verstehe ich also eine falsche
Gedankenfreiheit oder das Nachdenken über Dinge, in denen es wegen der Anlage
des menschlichen Geistes zu keinem Ergebnis führen kann, und deshalb nicht am
Platze ist. Zu diesen Dingen gehören die Urprinzipien aller Art; und zu den heiligsten
und bedeutsamsten derselben sind vor allem die Offenbarungswahrheiten zu zählen.
Liberalismus ist daher der Mißbrauch, jene geoffenbarten Lehren, die ihrer Natur
nach über dem menschlichen Urteil stehen und von ihm abhängig sind, diesem zu
unterwerfen und den Anpruch zu erheben, die Wahrheit und Gültigkeit der Lehr-
sätze, die sich für ihre Annahme einfach auf die äußere Autorität des göttlichen Wortes stützen, aus inneren Gründen zu bestimmen" (AW I 327). Nach R. Siebenrock,
Wahrheit 185 – 193 hat der Begriff Liberalismus weder eine politische, noch eine kirchenpolitische Bedeutung, mit ihm sollen vielmehr „verfehlte methodische und erkenntnistheoretische Optionen" (Wahrheit 189) aufgedeckt werden. J. H. Newman
stellt sich somit dem Problem, „wie ein endlicher Geist sich einer universalen, ihm
prinzipiell überlegenen Wirklichkeit und ihrem Wahrheitsanspruch stellen könne"
(Wahrheit 189). Generell besagt „Liberalismus also die Reduktion aller Wirklichkeit
auf das erkenntnisvermögen des erkennenden Subjekts und einer von ihm bestimmten Methode" (Wahrheit 192). R. Siebenrock beobachtet hier eine Sinnverkehrung des
Alltagsverständnisses von dogmatisch und liberal: Während liberal mit „frei und unabhängig assoziiert wird, ist für Newman gerade das dogmatische Prinzip allein in
der Lage, die Wirklichkeit aus unserer Verfügung zu befreien, sie nicht in unserem
machtvollen Wissen, das alles vor den Richterstuhl zerren will, zu versklaven"
(Wahrheit 192).

[494] „This then is the tendency of that Liberal Education, of which a University is
the school, viz., to view Revealed Religion from an aspect of its own, -to fuse and re-
cast it,- to tune it, as it were, to a different key, and to reset its harmonies, -to circumscribe it by a circle which unwarantably amputates here, and unduly developes there;
and all under the notion, concious or unconscious, that the human intellect, self-
educated and self-supported, is more true and perfect in its ideas and judgments
than that of Prophets and Apostles, to whom the sights and sounds of Heaven were
immediately conveyed" (Idea 217 / AW V 212).

offensichtliches Defizit begründet deshalb die Unentbehrlichkeit der Theologie im universitären Bereich[495]. Im Gesamt der Wissenschaften vermag sie die übrigen Einzeldisziplinen in ihrem Wahrheitsanspruch zu korrigieren[496]. Sie ist Wissenschaft unter Wissenschaften, ihre Wahrheit ist die „Bedingung der allgemeinen Bildung"[497].

Die *Dubliner Universitätsreden* ergänzen das Bild, das *J. H. Newman* sowohl in den *Theses de fide* als auch in seinem *Paper on Development* vom Menschen, seinem Erkennen und Handeln zeichnet. Die drei genannten Texte betonen die Selbständigkeit und Individualität des Einzelnen. Sie kennzeichnen und beschreiben ihn anschaulich als verantwortliches Glied der Gemeinschaft, sei es des Staates, der Gesellschaft oder der Kirche. Alle drei Dokumente wissen um die Wichtigkeit einer ausgeprägten inneren Disposition, die notwendig ist, will der Einzelne den Erfordernissen seines gesellschaftlichen, politischen oder kirchlichen Standortes angemessen entsprechen. In den *Theses de fide* und im *Newman - Perrone -Paper* ist es das Wort Gottes selbst, aber auch die ihm vorgängige Ausformung des menschlichen Geistes, die dem Zustimmungsakt die unverwechselbar individuelle Gestalt geben: Glaubensgrund, Glaubwürdigkeitserkenntnis und Glaubenszustimmung sind hier in enger Weise aufeinander bezogen. Zudem entwickeln alle drei Dokumente die

---

[495] Vgl. Idea 42 / AW V 46.

[496] „ Next, I have said that, all sciences being connected together, and having bearings one on another, it is impossible to teach them all thoroughly, unless they all are taken into account, and Theology among them. Moreover, I have insisted on the important influence, which Theology in matter of fact does and must exercise over a great variety of sciences, completing and correcting them; so that, granting it to be a real science occupied upon truth, it cannot be ommitted without great prejudice to the teaching of the rest. And lastly, I have urged that, supposing Theology not taught, its province will not simply be neglected, but will be actually ursurped by other sciences, which will teach, without warrant, conclusions of their own in a subject-matter which needs its own proper principles for its due formation and disposition" (Idea 98 / AW V 92 – 93).

[497] Idea 70 / AW V 69. „Newmans Argumentation ist eine doppelte. Der Platz für eine Wissenschaft kann nicht freigehalten werden, sondern muß von anderen in Überschneidung ihrer Kompetenz eingenommen werden. Das hat zur Folge, daß eine Wissenschaft dem Irrtum anheimfällt, indem sie ihre Grenze überschreitet. Der Ausschluß der Theologie ist daher nicht sachlich begründet...Auch wenn ein Wissenschaftler niemals in das Gebiet der Religion eindringen wollte, bildet faktisch die Vernachlässigung einer über den eigenen Horizont hinausreichenden Bildung den Grund für dieses Mißgeschick" (*R. Siebenrock*, Wahrheit 453).

Vorstellung einer dialogischen Begegnung des Menschen mit der ihn
fordernden Wirklichkeit, an deren Fülle er lernt, sich entfaltet und an der
er wächst. Anliegen der Dubliner Universitätsreden ist es überdies, ihren
Hörern und Lesern zu erschließen, wie es durch Bildung und Wissenschaft möglich wird, die menschliche Fähigkeit zum Dialog mit der
Wirklichkeit zu wecken, zu fördern und zu stärken. Das Bildungspro-
gramm, wie es in den Dubliner Reden begegnet, aber auch die heilsgeschichtliche Sicht der Lehrentwicklung in ihrer Unabwägbarkeit, läßt in
diesem Sinne begründet vermuten, daß für *J. H. Newman* der Mensch ein
lern- und entwicklungsfähiges Wesen ist. In diesem Zusammenhang ist
die kleine Schrift *Proof of Theism* von Bedeutung. In ihr redet *J. H.
Newman* auf eigenwillige Weise vom Eigenstand des Individuums und
von der spezifischen Weise seines Gottbezuges: Der Mensch ist demzufolge so geschaffen, daß er sich zur Welt und zu Gott in ein persönliches Verhältnis setzen kann. Indem er aber den Gedanken menschlicher
Selbstbestimmung dergestalt herausstreicht, erschließt der *Proof of Theism*
die vorangegangenen Gedanken zu Glaube, Bildung und Lehrentwicklung in ihrer Schlüssigkeit und ihrer inhaltlichen Verwandtschaft.
Gilt der Mensch als frei verantwortlich für sein Leben, ist auch sein
Glaube – wie folgerichtig in den *Theses de fide* behauptet - freier Akt der
Zustimmung, die ihrerseits freilich die rechte Disposition des Zustimmenden voraussetzt. Genau darin wird aber der Mensch durch den öffentlichen Diskurs, wie er im gesellschaftlichen Leben geführt wird und
sich im Bildungswesen niederschlägt, gefördert.

4.2.2. Selbstgewißheit und Gottesgedanke

In seinem aus den Jahren 1859 / 1860 stammenden Text „Proof of Theism"[498] beschäftigt sich *J. H. Newman* explizit mit der Thematik von Freiheit und Gewißheit. Nach *R. Siebenrock* [499] gehört dieses Textfragment in
die Genese der Grammar, mit ihm liegt die „Grundlage des Gewis-

---

[498] *J. H. Newman*, The Proof of Theism, in: *E. Sillem* (Hg.), The Philosophical
Notebook of John Henry Newman, Bd. II: The Text, Louvain 1970 / zit. PhNb, 31 – 77.
„Um jene Zeit hatte Newman, ermutigt durch den Erfolg seiner Dubliner Vorträge
über Glaube und Wissenschaften, bereits begonnen, ein *„Philosophisches Notizbuch"* zu
führen (Philosophical Notebook), das sich über die Jahre 1859 - 1864 erstreckt mit
Zusätzen bis 1874" (G. Biemer, Newman 141).
[499] Vgl. *R. Siebenrock*, Wahrheit 310 - 315.

sensargumentes vor"[500]: *J. H. Newman* stellt sich hier in die Tradition der Neuzeit, die den Gottesgedanken „in eins mit der Selbstvergewisserung des Subjektes entwickelt"[501]. Im Unterschied jedoch zu *R. Descartes,* dessen Argument er ausdrücklich erwähnt[502], führt *J. H. Newman* die Gottesidee nicht in der Selbstvergewisserung des Subjektes an. Gott ist nicht der Garant menschlicher Gewißheit[503]. Die Selbstkonstitution des Menschen ist „radikal autonom"[504] gedacht. *J. H. Newman* geht dazu von einer ursprünglichen Selbstgegebenheit des Subjektes aus, die in einem „unteilbaren Akt"[505] aller reflexen Selbstvergewisserung vorausgeht, sich ihm aber in der Fülle unzähliger Vollzüge je neu vermittelt[506] und zugleich darin auslegt[507]. Eine solche ursprüngliche Selbstgegebenheit, allem Schließen und vermittelndem Denken voraus, ist Urgewißheit[508], „self evident"[509]: Nach *R. Siebenrock* scheint es durchaus angebracht, von

---

[500] *R. Siebenrock,* Wahrheit 311.

[501] *R. Siebenrock,* Wahrheit 311.

[502] „The ergo in Descartes' s position, Cogito, ergo sum, denotes my power of apprehending the *aspects* of an idea" (PhNb II 73).

[503] Zu *R. Descartes* vgl. *Kl. Müller,* Wieviel Vernunft braucht der Glaube?, in: *Kl. Müller* (Hg.), Fundamentaltheologie 77 – 100, hier 89: „Diese Zentralstellung des Rückgangs auf den nackten Punkt des Selbstbewußtseins hat natürlich zur Folge, daß Descartes alle Erkenntnisinhalte, die über die Selbstgewißheit des Subjektes hinausgehen, abstößt. Um zu anderen Inhalten als dem Wissen um sich selbst zu kommen, muß Descartes in der Folge dann einige ziemlich problematische, weil ihrerseits nicht wirklich ausgewiesene Annahmen einführen, allem voran die Idee eines vollkommensten Wesens, das kraft dieser seiner Qualität notwendig existiert und zugleich wahrhaftig ist, also den Menschen nicht so geschaffen hat, daß er sich unausweichlich im Irrtum verrennt. Von solchem Ballast kommt die bewußtseinsphilosophisch ansetzende Letztbegründung erst durch Kant frei, um sich dabei allerdings ganz neue Hypotheken einzuhandeln."

[504] *R. Siebenrock,* Wahrheit 313.

[505] *R. Siebenrock,* Wahrheit 311.

[506] Vgl. *R. Siebenrock,* Wahrheit 311. „That I am involves a great deal more than itself. I am a unit made up of various faculties, which seem to me parts of my being and to be as much facts as that being itself..." (PhNb II 31).

[507] „...for, whereas the consciousness which I possess that I exist may be drawn out into „I am *for* I feel „, „I am for I remember", „I am *for* I think", „I am *for* I reason", in all cases there is the „*for*" or the consciousness of the presence of that condition, on which the coincidence of the initial and secondary object of consciousness depends" (PhNB II 35- 37).

[508] Vgl. *R. Siebenrock,* Wahrheit 313.

[509] PhNb II 73.

einer Ursprungsidee der Ich - Existenz zu sprechen[510]. *J. H. Newman* entdeckt hier den Wirkbereich der Intuition, „die sowohl Bewußtsein und Denken, als auch jene erste Analyse umfaßt, aus der sich hernach die Prinzipien des Denkens entwickeln"[511]. Neben dem Denkvermögen und der Erinnerung ist das Gewissen eines jener „primary conditions of the mind"[512], die an „der Wurzel des Ichbewußtseins gedeihen"[513] und die Person ursprünglich zu sich selber vermitteln.

Ohne die Gewißheit über die Existenz anderer Wesen und Dinge bleibt das Ich in seiner Selbstgegebenheit jedoch „isoliert"[514]. Für *J. H. Newman* ist das erste Wesen, dessen wir dabei außerhalb unserer gewiß werden, Gott selbst[515]. Sich seiner zu vergewissern, macht es notwendig, bei den Bewußtseinsakten des Ich anzusetzen[516]. Gottes Existenz kann

---

[510] Vgl. *R. Siebenrock*, Wahrheit 312 mit Hinweis auf den Begriff der „Initial idea" in PhNb II 35.

[511] *R. Siebenrock*, Wahrheit 313. *R. Siebenrock* verweist hier auf PhNb II 37: „...for reasoning is the very breath of my existence, for by it know that I exist". *J. H. Newman* schreibt der „Intuition" vier Bereiche zu: „1. in consciousness. 2. in thought., 3. in a certain analysis, which becomes afterwards the principle of reasoning...Taking the acts of the mind to bits, therefore, knowledge of my existence is the fourth act; though I call all four one complex act of intuition" (PhNb II 71).

[512] „Though it is not easy to give a list of those primary conditions of the mind which are involved in the fact of existence, yet it is obvious to name some of them. I include among them, not only memory, sensation, reasoning, but also conscience" (PhNb II 43).

[513] *R. Siebenrock*, Wahrheit 314.

[514] *R. Siebenrock*, Wahrheit 314. In PhNB II 51 verweist *J. H. Newman* auf OUS II 18 - 19 / AW VI 24 - 25, wo er die Vermittlungsleistungen des Gewissens herausarbeitet: „Coscience implies a relation between the soul and a something exterior, and that, moreover, superior to itself" (OUS II 18 / AW VI 24). Auch hier geht es also um das freie Gegenüber von Mensch und Gott: „.....a relation to an excellence which it does not possess, and to a tribunal over which it has no power" (OUS II 18 / AW VI 24).

[515] „There is just one primary belief I have - not knowledge but belief - it is not in matter, or space, or time, or any of this sort of outward thing - yet it is an outward external being, or I should not talk of *faith* - it is belief in the existence of God" (PhNb II 39).

[516] *R. Siebenrock*, Wahrheit 313, steht hier mit seiner Interpretation gegen *M. Miserda*, Subjektivität 359, Anm. 362, für den in diesem Text der eigenliche Ausgangspunkt das Gewissen, nicht das Selbstbewußtsein ist. *M. Miserda* begründet ebd. 359 seine Ansicht aus dem Sprachgebrauch bei *J. H. Newman*, wonach es keine klare Unterscheidung zwischen „Gewissen" und „Bewußtsein" gebe. Vom Textverlauf des *Proof of Theism* selbst ist jedoch der Anschauung von *R. Siebenrock*, der sich in seiner

nicht aus einem „klaren und distinkten Begriff heraus deduziert werden,
sondern muß in einem Wahrnehmungsvermögen des Menschen zur
Erfahrung gelangen" [517], denn er ist in besonderer Weise der Natur des
menschlichen Geistes verbunden[518]. Die Erfahrung Gottes in der Innerlichkeit findet allerdings ihre Ergänzung, Korrektur und Verobjektivie-
rung durch die materiellen Dinge und die Außenwelt, deren Existenz
durch die Gewißheit der Existenz Gottes verbürgt ist[519]. Ohne die
„grundlegende Eröffnetheit des Subjektes wäre die Garantie der Außenwelt durch Gott immer in der Gefahr, ein verinnerlichtes subjektives
Konstrukt zu bleiben"[520].

Die Textanalyse, wie sie R. Siebenrock hier vorlegt, findet ihre Bestätigung in der äußeren Abfolge der Gedankenführung. Vom Duktus des
Dokumentes her geht es in der Tat zunächst um den Menschen, dann
um Gott, und darin wiederum um den Menschen und seine Fähigkeiten.
Unter diesen ist das Gewissen eine zentrale, nicht aber die einzige Begabung[521]. In dieser Schau ist Gott für die Begründung der Gewißheit

---

Analyse an G. Rombold, Das Wesen der Person nach John Henry Newman, in: NSt 4
(1960), 9 - 137, bes. 27 - 37, hält, eindeutig der Vorzug zu geben.

[517] R. Siebenrock, Wahrheit 314, Anm. 520.

[518] „When I say that the external fact of the existence of God is an object of faith,
and a primary object, I do not mean that it is necessarily so in the order of history, but
in order of nature. I mean that it is more intimately connected with the nature of the
human mind itself than any thing else..." (PhNb II 43).

[519] Vgl. R. Siebenrock, Wahrheit 314 mit Hinweis auf PhNb II 59 und 63.

[520] R. Siebenrock, Wahrheit 315.

[521] „ Ward thinks I hold that moral obligation is, because there is a God. But I
hold just the reverse, viz. there is a God, because there is a moral obligation" (PhNb II
31). Aus dem freien Gegenüber des Menschen zu Gott erwächst also ein moralisch -
sittlicher Anspruch. So ist es nur konsequent, wenn J. H. Newman in PhNb 31 - 39 auf
die Selbstwahrnehmung des Subjektes reflektiert, um darauf den Gottesgedanken
einzuführen (vgl. PhNbII 39). Gott erscheint hier als ein external fact (vgl. PhNb II 43),
ein erstes Objekt, an dessen Wahrnehmung sich das Subjekt mit seinen Fähigkeiten
erprobt. Weiß das Subjekt aber erst einmal um sich selbst und sein Gegebensein, entdeckt es zwei weitere Wirklichkeitsbereiche. Es darf erstens seinem Inneren trauen,
wobei es unter anderen Fähigkeiten eben auch das Gewissen wahrnehmen lernt (vgl.
PhNb II 46 - 47). Werkzeug dieser Innenschau ist die Intuition (vgl. PhNb II 73 - 77).
In der Annahme seiner Existenz lernt das Ich zudem, der äußeren Wirklichkeit zu
trauen. Werkzeug dieser Außenschau sind die Sinne. J. H. Newman schreibt: „The
being of a God being once brought home to me,....illuminated, as ist will be...I have a
guiding truth, which gives a practical direction to my judgment & faith, as regards a

menschlicher Existenz nicht denknotwendig[522]. Er ist nicht der Garant menschlicher Gewißheit, im Gegenteil vergewissert sich der Mensch seiner selbst. *R. Siebenrock* sieht hier ein dialogisches Geschehen[523], die Grundstruktur einer dialogischen Theologie[524]. Das Verhältnis von Gott und Mensch scheint dabei von der ursprünglichen Autonomie beider her konstituiert[525]. Gott, „der freie, gibt frei; und dieser freie, autonome Mensch ist der bleibend im Gewissen und der Offenbarung gerufene"[526]. Damit ist jener geschichtliche Freiraum eröffnet, innerhalb dessen der Mensch seiner selbst zunehmend bewußt wird und sich als frei handelndes Wesen entdeckt. Davon sprechen die *Dubliner Universitätsreden*. Die so begründete Freiheit des Menschen macht zugleich den Wag-

---

variety of other truths or professed truths which encounter me, as the trustworthiness of the senses, our social & personal duties..." (PhNb II 63).

[522] Vgl. *R. Siebenrock*, Wahrheit 317 mit Hinweis auf *E. Bischofberger*, Die sittlichen Voraussetzungen des Glaubens. Zur Fundamentalethik John Henry Newmans. Mit einem Vorwort von H. Fries, Mainz 1974 / zit. Sittliche Voraussetzungen, 143 - 157, beispielweise 146: „Weil daher das auf das Gewissen gegründete und auf es angewiesene sittliche Erkenntnisvermögen das von der Offenbarung logisch unabhängige Prinzip der Ethik ist, kann und muß es nach Newman berechtigt sein, von einer von der Religion emanzipierten - wenn auch nicht in Auflehnung gegen sie gerichteten - Ethik zu sprechen."

[523] *R. Siebenrock*, Wahrheit 314. Der Dialoggedanke erfährt bei *J. H. Newman* eine tiefe Ausdifferenzierung . In seiner Pfarrpredigt „Truth hidden when not sought after" vom 17. Oktober 1830, in: *J. H. Newman*, Parochial Plain Sermons VIII, Westminster 1968 / zit. PPS, 185 – 200 (dtsch: „Wahrheit bleibt ohne Suchen verborgen", in: Pfarr - und Volkspredigten. Eingeleitet und übertragen von der Newman - Arbeitsgemeinschaft der Benediktiner von Weingarten, Bd. VIII, Stuttgart 1956/ zit. DP, 188 – 203) streicht er heraus, daß der Mensch beständig auf der Suche nach der Wahrheit ist. Er schreibt in PPS 195/ DP VIII 198: „...that one knows whether he will be carried if he seeks the Truth perseveringly, and therefore, that since he cannot see at first starting the course inter which his inquiries will be divinely directed, he cannot possibly say beforehand whether they may not lead him on to certainty as to things which at present he thinks trifling or extravagant or irrational....Act up to your light, though in the midst of difficulties, and you will be carried on, you do not know how far."

[524] Vgl. *R. Siebenrock*, Wahrheit 317.

[525] Vgl. dazu die zweite *Oxforder Universitätspredigt* „The influence of natural and revealed religion respectively" vom 13. April 1830 (OUS II 16 - 36 / AW VI 23 - 48). *J. H. Newman* arbeitet in seiner Ansprache das charakteristisch Neuartige der Offenbarungsreligion deutlich heraus. Dies ist für ihn der „personale Charakter des Gegenstandes unserer Anbetung" (OUS II 26 / AW VI 29).

[526] *R. Siebenrock*, Wahrheit 317.

nischarakter des Glaubens einsichtig, vor allem aber das Bestreben *J. H. Newmans* nachvollziehbar, den Glaubensschritt in seiner Vernunftge-mäßheit aufzuzeigen: Der Glaubende wagt den Glaubensschritt aus in-nerer Überzeugung und nach reiflicher Abwägung guter Gründe. Der Glaube erscheint hier als ein rational verantwortbares, vernunftgemäßes Ereignis[527]. Von der Sache der Glaubensanalyse her stellt sich hier die Problematik der Glaubwürdigkeitserkenntnis, in der die Vernunft den Offenbarungsanspruch als berechtigt anzuerkennen sucht[528]. *J. H. Newman* selbst redet in *These 5* seiner Theses de fide davon, wo er den Akt der Glaubenszustimmung auf das Glaubwürdigkeitsurteil bezieht und beides zugleich wiederum sorgfältig voneinander abgrenzt. Die Aufgabe, den Glauben nicht als notwendiges Ergebnis rationaler Über-legungen, sondern als „Akt freier Anerkennung Gottes" [529] darzustellen, sucht *J. H. Newman* auf eigene Art zu lösen: Ob dem Offenbarungsan-

---

[527] Vgl. *J. H. Newman*, Kurznotiz, in: Theses de fide 238 - 240, dtsch. Übersetzung vgl. *J. H. Newman*, AW VI 429 und AW VI 562 - 563 Anm. 757 / 758. Der Text folgt im Originalmanuskript unmittelbar auf die *Theses de fide*. Die kleine Skizze, die *J. H. Newman* seinem Manuskript zu den Glaubensthesen beigibt, darf in diesem Zusam-menhang nicht übersehen werden. Der Kurznotiz zufolge werden die Glaubensmo-tive Gegenstand des Intellektes, wo sie im Menschen die moralische Überzeugung bzw. den Glauben erwecken, die Offenbarung sei glaubwürdig (vgl. Theses de fide 238 / AW VI 429: „....ex quibus moralis quaedam persuasio, seu fides humana, oritur in mente, eam esse credendam...").

Die „sichere, theoretische Zustimmung" (Theses de fide 238/AW VI 429) des Glaubens steht in direkter Beziehung zur Offenbarung, wie *J. H. Newman* in seiner Kurznotiz anmerkt. Erneut erscheint der Glaubensakt als ein dialogisches Zustim-mungsgeschehen. Die Zustimmung ist „das sogenannte Korrelativ jenes göttlichen Wortes, wenn es sich unserem Geist darbietet" (Theses de fide 238-239 / AW VI 429). Von der Zustimmung her kann *J. H. Newman* die Analyse des Glaubensaktes in seiner logischen Abfolge von dessen tatsächlicher, chronologischer Abfolge unterscheiden: So viele Menschengeister es gibt, „so viele Abwandlungen gibt es wahrscheinlich auch beim Denken in den feineren Dingen" (Theses de fide 239 / AW VI 429). Von der Sache her geht *J.H. Newman* damit zwar nicht über das hinaus, was er in den *Theses de fide* und in seinem Vorwort zur geplanten französischen Ausgabe der Ox-forder Universitätspredigten darlegt. Der Gedanke von den Abwandlungen aber, die das Denken in den feineren Dingen auszeichnet, weist in eine neue Richtung: Indem sie einerseits die Individualität der Glaubensentscheidung betont, erinnert die Rede von der Abwandlung andererseits zugleich an die Möglichkeit von Entwicklungen im Glaubensleben des Menschen.

[528] Vgl. *E. Kunz*, Glaubwürdigkeitserkennntnis 416.

[529] *E. Kunz*, Glaubwürdigkeitserkenntnis 416.

spruch Glaubwürdigkeit zukommt, ist zunächst und vor allem bedingt durch die Gestalt, wie sich die *prima veritas* selbst zur Sprache bringt. Zugleich geht es um die Fähigkeit und Disposition des Einzelnen, die Offenbarung in ihrem Selbstzeugnis zu vernehmen und als glaubwürdig anzuerkennen. Aus diesem Grund erscheinen daher bei *J. H. Newman* Glaube und Vernunft nicht als Gegensätze, sondern als miteinander verwandte Gestalten der Wirklichkeitsdeutung und - bewältigung.

4.2.3. Glaube und Vernunft

Die Art, wie *J. H. Newman* das Verhältnis des Glaubens zur menschlichen Vernunft bestimmt, ist eigenwillig, zunächst auch ein wenig schillernd. Für die Herausgeber der deutschspachigen Ausgabe der *Oxforder Universitätspredigten, W. Becker* und *M. Laros,* verkörpert sich hier „eine neue und aktuelle Weise der existentiellen Auseinandersetzung der Offenbarung mit der Welt und mit dem Menschen in der Welt, in Zeit und Geschichte"[530]. *J. H. Newman* verfolgt dabei zum Thema Vernunft und Glaube zwei wichtige Anliegen. Persönlich ist er zunächst bestrebt, die für ihn in der Tat existentielle Frage nach der Vernunft, dem Glauben und der Kirche zu klären. Wie der enge Rückbezug der *Theses de fide* auf die *Oxforder Universitätspredigten* zeigt, behalten dabei die Gedankengänge der Jahre zwischen 1826 bis 1843 Gültigkeit auch für seine nachfolgende katholische Zeit. Sodann setzt sich *J. H. Newman* mit dem zeitgenössischen Vernunftdenken kritisch auseinander, das dem Glauben den Gebrauch der Vernunft schlichtweg abspricht[531]. Als Hauptvertreter einer solchen Auffassung gilt ihm *D. Hume*[532]. In der Weise, wie *J.*

---

[530] *W. Becker / M. Laros,* Einführung, in: AW VI, XI - XIV, hier XI.

[531] *R. Siebenrock,* Wahrheit 170 erinnert in diesem Zusammenhang an die *Oxforder Evidential School,* derzufolge Beweise für den Glauben notwendig und konstitutiv sind. Der Glaube „ist dem Tribunal der Vernunft ausgesetzt und ohne vernunftgemäße Rechtfertigung nicht human vollziehbar. Newman hat sich ein Leben lang gegen diese Position gestellt und in der „Grammatik" eine Alternative zu diesem mathematischen Denken(NL 808) aufgezeigt." Vgl. dazu auch *R. Siebenrock,* Wahrheit 242, Anm. 334.

[532] *E. Bischofberger,* Sittliche Voraussetzungen 42, verweist in diesem Zusammenhang auf die 12. Oxforder Universitätspredigt. Hier schreibt *J. H. Newman* : „ This surely is quite plain, even in the case of Hume, who first asks, ‚What have we to oppose to such a cloud of witnesses', in favour of certain alleged miracles he mentions, ‚but the absolute impossibility or miracolous nature of the events which they relate? And this surely', he adds, ‚in the eyes of all reasonable people, will alone be regarded

H. Newman das Verhältnis von Glaube und Vernunft bestimmt, sucht er dieser „Frontverkürzung des Denkens"[533] gegenüber zu treten.

4.2.3.1. Glaube und Vernunft - Strebevermögen und Vorgriff auf die Wirklichkeit

So betont *J. H Newman* zunächst mit Nachdruck die Unabhängigkeit des Glaubens von der Vernunft. Der Glaube gilt als sittliche Haltung, Entdeckung des Evangeliums und darin zugleich als besondere göttliche Methode der Erlösung[534]. Die Vernunft dagegen ist eine kritische Tätigkeit, sie prüft und rechtfertigt den Glauben[535], dessen Richterin sie ist[536]. Ihr Wirkort sind Beweisketten, Diskussionen und Forschungen[537], ihr Instrument ist die Folgerung[538]. Zu behaupten, die conditio sine qua non für den Glaubensakt sei der „process of Reason"[539], ist ein Irrtum. Der Glaube ist eigenständige Wirklichkeit, „something higher than Reason"[540]. Zwar ist der Glaube durch die Vernunft erkennbar, er kann zudem durch die Vernunft bestätigt werden, ist aber nicht von ihr abhängig [541]. Gleichwohl überrascht *J. H. Newman* in seiner Pfarrpredigt vom 24. Mai 1829 mit der Ansicht, daß wir „in jeder Stunde unseres Lebens auf Treu und Glauben handeln"[542]. Damit ist auf einen allgemeine-

---

as a sufficient refutation'; that is, the antecedent improbability is a sufficient refutation of the evidence. And next, he scoffingly observes, that ,our most holy Religion is founded on Faith, not on Reason'; and that ,mere Reason is insufficient to convince us of its veracity.' As if his infidelity were ,founded on Reason'; in any more exact sense; or presumptions on the side of Faith could not have, and presumptions on the side of unbelief might have, the nature of proof" (OUS XII 230 - 231 / AW VI 174) . Zu *D. Hume* (1711 - 1776) vgl. *J. Kulenkampff* , David Hume, in: *O. Höffe* (Hg.), Klassiker der Philosophie. Bd. I: Von den Vorsokratikern bis David Hume, München 1981 , 434 - 456. 511 - 513 (Lit.), bes. 443 - 449.

[533] *E. Bischofberger*, Glaube 42.

[534] Vgl. OUS X 179 / AW VI 138.

[535] Vgl. OUS X 183 / AW VI 140.

[536] Vgl. OUS X 184 / AW VI 141.

[537] Vgl. OUS X 180 / AW VI 138.

[538] Vgl. OUS X 183 / AW VI 140.

[539] OUS X 184 / AW VI 141.

[540] OUS X 180 / AW VI 138.

[541] Vgl. OUS X 180 / AW VI 138.

[542] *J. H. Newman*, Der religiöse Glaube im Einklang mit der Vernunft, in: Pfarr - und Volkspredigten. Eingeleitet und übertragen von der Newman - Arbeitsgemein-

ren Glaubensbegriff abgezielt. Es geht um anderes als allein um ein religiöses Bekenntnis. Der Glaube tritt hier vielmehr als ein „urspüngliches Strukturelement der menschlichen Erkenntnis überhaupt"[543] in Erscheinung. In religiösen wie in weltlichen Fragen ist mit Glauben eine Erkenntnishaltung gemeint, die in der geistigen Verfaßtheit des Subjektes vorgegeben ist[544]. Danach ist der Mensch in seinem Zustimmen, Entscheiden und Handeln „immer schon situiert"[545], steht er im Licht eines unreflexen Selbstverständnisses, „das er von seinen ersten Prinzipien" [546]

---

schaft der Benediktiner von Weingarten, Bd. 1, Stuttgart 1948/ zit. DP, 213 -227, hier 214 (= DP I).

[543] E. Bischofberger, Sittliche Voraussetzungen 41. In OUS XI 214 - 215 / AW VI 163 betont J. H. Newman : „Nothing, then, which Scripture says about Faith, however startling it may be at first sight, is inconsistent with the state in which we find ourselves by nature with reference to the acquisition of knowledge generally, - a state in which we must assume something to prove anything, and can gain nothing without a venture." R. Siebenrock, Wahrheit 171, verweist auf die frühen Wurzeln dieser Sicht des Glaubens: Bereits im Mai 1821 betont J. H. Newman die methodische Vergleichbarkeit von Naturwissenschaft und Theologie.

[544] „And so, as regards the matters of another, they who have not that instinctive apprehension of the Omnipresence of God and His unwearied and minute Povidence which holiness and love create within us...." (OUS XI 214 / AW VI 163).

[545] E. Bischofberger, Sittliche Voraussetzungen 35.

[546] E. Bischofberger, Sittliche Voraussetzungen 35. Nach F. M. Willam, Die Erkenntnislehre Kardinal Newmans. Systematische Darlegung und Dokumentation, Bergen - Enkheim 1969 /zit. Erkenntnislehre, 41, versteht J. H. Newman unter den sogenannten antezedenten Probabilitäten all das, „was in einem Menschen für die Zustimmung zu einer Rede ,im voraus' geneigt oder abgeneigt macht". Nach F. M. Willam gebraucht J. H. Newman den Begriff zum ersten Mal in dem Werk über die Elemente der Rhetorik von 1826 (vgl. Erkenntnislehre 66 - 84), das „als eine Synthese der Rhetorik des Aristoteles mit Motiven der Stoa" (Erkenntnislehre 36) entstanden ist. Nach E. Bischofberger, Sittliche Voraussetzungen 76 - 83, besteht zwischen der Erkenntnistheorie der Stoa und jener J. H. Newmans „ eine verblüffende Ähnlichkeit, in manchen Stücken sogar Übereinstimmung" (Sittliche Voraussetzungen 82). Neben seiner profunden Kenntnis der Stoa (vgl. Sittliche Voraussetzungen 76 - 78) zeigt sich J. H. Newman auch durch die Theologie des Clemens von Alexandrien geprägt: Der Glaube ist „nicht das Schlußglied einer Kette von Reflexionen und Argumenten durch den Logos des Menschen, sondern er ist ein Akt jenes Vorschußvertrauens, das auf Antizipierungen beruht" (Sittliche Voraussetzungen 80). G. Rombold, Art. John Henry Newman, in: E. Coreth SJ, W. M. Neidl, G. Pfligersdorfer (Hg.), Christliche Philosophie im katholischen Denken des 19. und 20. Jahrhunderts, Bd. 1: Neue Ansätze im 19. Jahrhundert, Graz - Wien - Köln 1987, 698 - 728, mahnt ebd. 710 Behutsamkeit an, wenn es um die Bestimmung der Abkünftigkeit der Gedankenwelt J. H. Newmans

empfängt: Jene sogenannten ersten Prinzipien [547], d.h., vorgefaßte
Grundsätze, Ansichten, Wünsche und Meinungen[548], tragen und stützen

---

geht. *G. Rombold* sieht im Werk *J. H. Newmans* keine Beeinflussung, sondern eher eine
Verwandtschaft mit der Gedankenwelt der Stoa: „Doch kann kein Zweifel bestehen:
das Gewissen war Newman schon lange durch seine Erziehung und seine erste „Be-
kehrung" (1816!) eine Realität, ehe er Cicero und den Stoikern begegnete" (ebd. 710).
Zur Geisteswelt *J. H. Newmans* siehe *R. Achten, First Principles and Our Way to Faith.
A Fundamental - Theological Study of John Henry Newman´s Notion of First Prin-
ciples*, Frankfurt - Berlin - Bern - New York - Paris - Wien 1995 (= EHS XXIII 539)/ zit.
First Principles, 27 – 45: „During his Oxford period Newman became acquainted with
Aristotle´s logic, of which he also saw the shortcomings, most notably its dependence
on first principles or premises" (First Principles 45). Über seine Studien der antiken
Philosophie und der Theologie der Väter hinaus ist mit *Kl. Dick, Das Analogieprinzip
bei John Henry Newman und seine Quelle in Joseph Butlers „Analogy"*, in: NSt V 9 -
228, ebd. 64 auf Selbstzeugnisse *J. H. Newmans* zu verweisen, wonach dieser sich den
Schriften des anglikanischen Bischofs *J. Butler* (1692 - 1752) besonders verpflichtet
fühlte. In seinem Werk „The Analogy of Religion, natural and revealed, to the constitution and course of nature" von 1736 geht *J. Butler* davon aus, daß die Analogie ihre
Bedeutung für die Entscheidungen und der Praxis unseres Lebens hat (vgl. Analogieprinzip 29): Er bobachtet dazu zunächst, daß der Bereich der Natur strukturgleich
zu dem der Religion ist, der Mensch also folglich kein Recht hat, sich der Religion zu
verschließen (vgl. Analogieprinzip 42 - 43). Alle Einzelbetrachtungen können zusammengeschaut werden in eine große, umfassende Analogie, die in ihrer Gesamtheit
„erst die entscheidende Beweiskraft" (Analogieprinzip 59) für Gedankenschlüsse lie-
fert. Die Kenntnis der Natur unterbaut den Pflichtanspruch der Religion (vgl. Analogieprinzip 50): *J. Butler* geht es darum, „den natürlichen Bereich der Pflicht abzu-
stecken" (Analogieprinzip 47). Die Probabilität leitet den Menschen in seinem Glauben, Denken und Handeln. Sie „gründet sich hauptsächlich auf eine Ähnlichkeit oder
Analogie" (Analogieprinzip 45). *J. Butler* betont damit die Begrenztheit menschlicher
Erkenntnisfähigkeit: Weltliche Verpflichtungen haben keine bessere Grundlage als
religiöse Pflichten (vgl. Analogieprinzip 49). Dabei kommt es auf die innere Integrität
eines Menschen an, ob „für einen Menschen die Ansprüche der Religion und deren
Sicherung einleuchtend sind" (Analogieprinzip 50). *Kl. Dick* zufolge entwickelt *J. H.
Newman* diese Gedanken weiter: „Der Gedanke, den schon Butler entwickelt hat, daß
die Bewertung und praktische Auswertung der Wahrscheinlichkeitserkenntnisse von
ethischer Grundhaltung abhängig ist, wird hier weitergeführt und erhält eine
entscheidende Bedeutung" (Analogieprinzip 142). Zu *J. Butler* in seiner Darstellung
bei *J. H. Newman* vgl. Ph Nb I 172 - 181.

[547] „For an adequate exposition of the notion of first principles it is necessary to
distinguish between four types of first principles. *Type I* are those first principles that
spring from human nature. *Type II* are strictly personal first principles, *type III* principles are the product of the age, country, religion, formation, profession and envi-

das Denken, ermöglichen dessen Bewegung und Entfaltung, werden dabei aber von einem lebendigen Intellekt gelenkt und geordnet[549]. Nach M. *Miserda* ist dabei das Subjekt als „eine gewisse Anzahl von verschiedenen Fähigkeiten" [550] gedacht: Die in der Person vorhandenen ersten Prinzipien prägen das jeweilige Erkenntnis - und Denkvermögen, bedingen dadurch die individuelle Gestalt des jeweiligen Glaubens und verweisen so auf die geschichtlich gewordene Gestalt des Subjektes. Die Menschen glauben aus Gründen, die in ihnen sind[551]. Die ersten Prinzi-

---

ronment. Finally, those of *type IV* are the ones that we need in a particular domain of human knowledge" (R. *Achten*, First Principles 47).

[548] Vgl. OUS X 188 / AW VI 144. „Whether we consider processes of Faith or other exercise of Reason, men advance forward on grounds which they do not, or cannot produce, or if they could, yet could not prove to be true, on latent or antecedent grounds which they take for granted" (OUS XI 212 - 213 / AW VI 161).

[549] Vgl. E. *Bischofberger*, Sittliche Voraussetzungen 35.

[550] M. *Miserda*, Subjektivität 358. Vor diesem Hintergrund wird J. H. Newmans Vorstellung von den Seelenkräften nachvollziehbar. In seiner Predigt „Der Verstand, das Werkzeug religiöser Schulung", in: DP X 13 – 28, sagt er im Jahr 1856: „ So ist es, sage ich, schon seit langem bei der Seele: eine Anzahl von kleinen Reichen, unabhängig voneinander und im Krieg miteinander, sind in ihr entstanden, in einem solchen Grad und Umfang, daß sie die ursprüngliche Oberherrschaft auf einen kleinen Bezirk und auf einen Einfluß begrenzen, der nicht beträchtlicher ist als der, den jedes für sich hat. All diese kleinen „dominions" in der Seele, wie ich sie nennen möchte, sind natürlich eines ums andere unvollständig und mangelhaft, stark auf gewissen Gebieten, schwach auf anderen, weil keines von ihnen das Ganze darstellt, sich selbst genügend, aber nur ein Teil des Ganzen, das im Gegensatz dazu aus allen Kräften der Seele insgesamt aufgebaut ist" (DP X 19).

[551] Vgl. OUS XII 225 / AW VI 170. In der dritten *Oxforder Universitätspredigt* „Evangelical sanctity the completion of natural virtue" vom 6. März 1831(OUS III 37 - 53 / AW VI 37 - 48) bekommt der Gedanke eine weitere Facette, wenn J. H. Newman den Wechselbezug von Denken und Handeln herausstreicht: „Wir können nicht anders, als als Haltungen und Gewohnheiten irgendwelcher Art zu entwickeln; jede unserer Handlungen beeinflußt die folgenden, gibt dem Geist sein Gepräge, verneigt seinen freien Willen nach der Richtung des Guten oder des Bösen, bis er sich schließlich mit all seinen Kräften und Grundsätzen einem bestimmten Punkt in dem weiten Horizont vor uns zuwendet" (OUS III 52 -53 / AW VI 47). In seinen Notizen „On the popular, practical, personal evidence for the truth of revelation" vom 5. Januar 1860 verknüpft J. H. Newman den Vernunftcharakter des Glaubens mit dem Gedanken vorausliegender Glaubwürdigkeitsmotive, die im einzelnen Gläubigen vorhanden sind: „1. Next I observe, since the grounds are to be such as apply to all classes of men, they must lie deep in the constitution of our nature; 2. And further they must be obvious and not abstract: of a natural persuasiveness, of a nature to be

pien haben den Stellenwert vorausliegender Wahrscheinlichkeiten: Der Glaube beginnt demnach „with its own previous knowledge and opinions"[552], d.h. im Geist des Einzelnen vorgefaßte Grundsätze, Ansichten und Wünsche[553]. In ihrem Gesamt sind sie „a secret instinct"[554], ein Vorgreifen des Geistes selbst auf Tatbestände[555], „a presumption"[556], „an exercise of presumptive reasoning, or of Reason proceeding on antecedent grounds"[557]. Glauben in diesem allgemeinen Sinn heißt demnach die Betätigung des Denkens auf Annahmen, eine Übung der Vernunft auf vorausgesetzte Gründe[558] hin, er ist das Vertrauen auf die Worte „ei-

---

intelligible to and arrest the attention of all, and to touch them and come home to them, and work upon them; 3. and moreover since they apply to all men, ignorant as well as learned, they must not require books or education, or an array of facts, and the like, but they must be portable, like the *philosophia* of the Latin Orator, which *peregrinatur nobiscum* etc.etc.; 4. And the same thing follows from the necessity that they should be lasting, carrying the mind through all temptations to unbelief, and of force in all ages, in age as well as in youth" (ThP I 81 - 91, hier 87).

[552] OUS XII 223/ AW VI 169.

[553] Vgl. OUS X 188 / AW VI 144. „Wenn die von uns angenommenen Wahrscheinlichkeiten nicht wirklich, wenn unsere Wünsche ungeordnet, unsere Meinungen falsch sind, so entartet unser Glaube in Schwäche, Übertreibung, Aberglaube, Überschwang, Bigotterie, Vorurteil, je nachdem, wie der Fall liegt; aber wenn unsere apriorischen Meinungen vollgültig sind, so tun wir recht daran, zu glauben oder nicht zu glauben, nicht ohne Beweis, aber schon aufgrund schwacher Beweise" (OUS X 189 - 190 /AW VI 145).

[554] OUS XI 213 / AW VI 162.

[555] Vgl. OUS XII 225 - 226 / AW VI 170 - 171.

[556] OUS XII 226 / AW VI 170.

[557] OUS XII 231 / AW VI 174.

[558] Vgl. OUS XII 231 / AW VI 174. Dies gilt für Glaubenswahrheiten ebenso wie für die übrigen Dinge - „Let us take things as we find them" (OUS XII 231 / AW VI 174) - wie J. H. Newman in DP I anschaulich beschreibt: „ In den Fragen des täglichen Lebens haben wir für ausgesuchte und wunderliche Vorstellungen über die unbedeutende Möglichkeit einer etwaigen Täuschung keine Zeit. Wir müssen ohne Zögern handeln oder wir würden aufhören zu leben." (DP I 216). Dies ist nur durch ein Grundvertrauen möglich, das jeder Mensch der Wirklichkeit gegenüber an den Tag legt: „Wenn man den Glauben ein religiöses Prinzip nennt, so gilt das nicht so sehr vom Akt des Glaubens, welcher der Religion eigen ist, sondern (ich wiederhole es) von seinem Inhalt." (DP I 214). Der Akt des Glaubens ist auch im Alltag - und gerade dort zu erbringen: „Bedenkt, wie Menschen in Geschäften des täglichen Lebens, ja, wie wir alle, vertrauen und vertrauen müssen auf Leute, die wir nie sahen oder nur flüchtig kennen.. Wir handeln hier stillschweigend auf Treu und Glauben, weil der

nes anderen"[559]. Der Glaube hat sein Wissen durch etwas anderes, auf das er baut, oder durch einen anderen, auf den er sich verläßt[560]. Neben den Erkenntnissen, die ihm durch die Struktur und die Fertigkeiten der Sinne, des Gedächtnisses und der Urteilskraft vermittelt werden[561], stützt sich der Glaube auch auf das Erfahrungswissen der Mitmenschen sowie das als allgemeingültig anerkannte, allen zugängliche Kulturgut[562]. Wenn sie auch soweit nicht reichen, daß sie einen erwünschten Schluß zustande bringen („to touch precisely the desired conclusion")[563], weisen die vorausgehenden Wahrscheinlichkeiten dem Einzelnen den Weg zur Glaubenszustimmung[564]. Der Glaube ist somit in der Tat „a moving forward in the twilight"[565], „a movement from something known to something unknown"[566]. Damit ist folglich eine Erkenntnisstruktur ganz eigener Art benannt, die den weltlichen wie den religiösen Bereich prägt. Vorgängige Wahrscheinlichkeiten, d.h. gewonnene Erkenntnisse, Einsichten oder auch Vorurteile, leiten den menschlichen Geist und bereiten ihn für einen Akt der Zustimmung[567], legen ihm diese zumindest nahe, müssen sich aber an den Tatsachen bewähren[568] und gegebenfalls dem Druck gegenteiliger Beweise weichen[569]. Den Vorgriff auf die Wirklich-

---

gesunde Menschenverstand uns sagt, daß mit gehöriger Vorsicht und Klugheit Vertrauen auf andere vollkommen sicher und vernünftig ist" (DP I 219).

[559] DP I 221.

[560] Vgl. E. Bischofberger, Sittliche Voraussetzungen 43.

[561] DP I 217.

[562] Vgl. PPI 218 - 220. „ Innerhalb dieser Analogie geht es Newman darum, den menschlichen Glauben und vor allem die Funktion des Glaubens im wissenschaftlichen Bereich zu maximalisieren , und zugleich den religiösen Glauben in seinem erkenntnisstrukturellen - nicht existentiellen! - Anspruch an den Menschen zu minimalisieren" (E. Bischofberger, Sittliche Voraussetzungen 43).

[563] OUS XII 224 / AW VI 169.

[564] Vgl. OUS XII 224 / AW VI 169.

[565] OUS XII 249 / AW VI 187.

[566] OUS XII 249 / AW VI 187.

[567] „'Trifles light as air' are all that the predisposed mind requires for belief and action" (OUS X 189 / AW VI 145).

[568] „We do not call for evidence till antecedent probabilities fail" (OUS X 189 / AW VI 144).

[569] „...the antecedent judgment, with which a man approaches the subject of religion .... practically colours the evidence , even in a case in which he has recourse to evidence, and interpret it for him" (OUS XII 227 / AW VI 172).

keit, der im Glaubensakt geschieht, gilt es, an eben dieser Wirklichkeit zu bewahrheiten[570].

Will der Mensch in seiner Erkenntnis fortschreiten, muß er im besagten Sinne Annahmen machen. Der Versuch aber, jene Präsumtionen auf ihre Angemessenheit zu prüfen, ist zwangsläufig zum Scheitern verurteilt: Er käme allenfalls zu dem Ergebnis, geprüfte Annahmen durch andere zu untermauern, „womit das Verifizierungsverfahren von neuem beginnen würde"[571]. In diesem Sinn also ist der Mensch „zum Glauben verurteilt"[572], unentrinnbar bleibt er auf ganz bestimmte erste Annahmen angewiesen[573]. Selbst wenn „jemand erklärt, man könne nichts mit Gewißheit wissen, so ist gerade das sein erstes Prinzip"[574]. Nach E. Bischofberger ist die These, daß der Mensch unweigerlich, ob er will oder nicht, auf erste grundlegende und fortschrittbedingende Annahmen verwiesen ist, „die erkenntnistheoretische Glaubensgrundlage

---

[570] Vgl. dazu J. H. Newmans Texteintrag vom 13. Mai 1853 (in: ThP I 10 – 17), wo er den Weg von der Vermutung zur Gewißheit und umgekehrt den Weg von der Gewißheit zum Zweifel nachzeichnet: „ ...a mind starts with prejudices or disbelief of the truth; a number of possibilities of the truth dawn upon him sufficient to create a view and to lead to surmise of the truth. This surmise grows into an opinion; and then prejudice or disbelief is gradually exchanged for suspence. The opinion goes on growing, and the opinion against gradually shrinks into a suspicion; that is there is a growing demand for an act of belief. Then perhaps the mind fails under the trial, refuses to believe and the suspense becomes ignoring, and so it is left for life. But supposing it goes on to believe, this is a great step, but another must be made, the evidence increases, and conviction is near at hand; at length it comes. Here again there is the chance of the mind refusing to change its frame, and then it is abandoned to ist wilful conditional assent, which instead of belief has becomes doubt. One case more remains; Doubt may follow upon Persuasion, and in this way" (ThP I 16).

[571] E. Bischofberger, Sittliche Voraussetzungen 41.

[572] E. Bischofberger, Sittliche Voraussetzungen 41.

[573] E. Bischofberger, Sittliche Voraussetzungen 41. „Eine Leugnung dieser Tatsache wäre ihre erneute Bestätigung. Wenn ein Mensch im Gewissen kein Zeichen Gottes findet; wenn er in seiner Bestimmung zu einem ewigen Leben die Grenzen, die ihm gesetzt sind, als ungebührlich überstiegen beurteilt und deshalb als Anmaßung empfindet, setzt er an die Stelle der so verworfenen Prinzipien andere, d.h. seine eigenen Grundsätze, die sein Leben bestimmen" (E. Bischofberger, Sittliche Voraussetzungen 41 – 42). Vgl. dazu auch W. Ward, Life II 491 - 492, wo J. H. Newman in einem Gespräch mit seinem Biographen W. Ward die Ansicht äußert, daß ein Mensch für seine ersten Prinzipien verantwortlich ist (Life II 492).

[574] E. Bischofberger, Sittliche Voraussetzungen 42.

Newmans"[575]. Eine strikte Trennung zwischen dem menschlichen und
dem göttlichen Glauben ist damit also zunächst nicht gegeben[576], der
menschliche Glaube „is at least analogous to divine faith, though the
former comes of pure intellectual exercises, and the latter from above"[577].
Wie der menschliche ruht auch der göttliche Glaube im Inneren des
Menschen: Während jener jedoch durch vorherige Akte menschlicher
Vernunft hervorgebracht wird, ist dieser ungeschuldetes Gnadengeschenk, „the creation of supernatural grace" [578].

Im Zusammenhang mit der Rede vom übernatürlichen Glauben ist
gewiß nicht ohne Interesse, wie *J. H. Newman* das Verhältnis von Glaube
und Liebe bestimmt. In seiner *10. Oxforder Universitätspredigt* vom 6.
Januar 1839[579] unterscheidet er die *fides formata caritate* von der *fides formata ratione*[580]. Die *fides formata ratione* ist der Glaube, der allein auf Beweisen beruht, „dead faith, which an infidel may have"[581]. Die *fides formata caritate* - „acceptable in God's sight"[582] - ist dagegen der Glaube, der
rechtfertigt. Der Begriff der Liebe erscheint hier in doppelsinnigem Gebrauch, wie die nur wenige Monate später gehaltene *12. Oxforder Universitätspredigt* vom 21. Mai 1839[583] eindrucksvoll belegt, in der *J. H. Newman*
den Gedanken der *fides formata caritate* aufgreift und vertieft. Die Liebe
im Glauben ist zunächst und vor allem Geschenk übernatürlicher
Gnade[584]. Zudem erscheint sie als ein geistlicher Sinn, als Heiligkeit und

---

[575] E. *Bischofberger*, Sittliche Voraussetzungen 42.

[576] Da *J. H. Newman* in seinen Publikationen den Glaubensbegriff so weit faßt, ist
der Leser gehalten, darauf zu achten, in welchem Zusammenhang vom Glauben
gesprochen wird: Der Autor ist begrifflich nicht immer eindeutig. So ist im Einzelfall
herauszufinden, ob hier vom allgemeinen Erkenntnisprinzip antizipierender Wahrnehmung geredet wird oder vom religiösen Glauben die Sprache ist.

[577] *J. H. Newman*, Brief an *W. G. Ward* vom 15. März 1862, in: *W. Ward*, Life I 637 -
639, hier 638.

[578] *W. Ward*, Life I 638.

[579] Vgl. *J. H. Newman*, Faith and Reason, Contrasted as Habits of Mind, in: OUS X
176 - 201 / AW VI 136 - 153.

[580] Vgl. OUS X 193 / AW VI 147.

[581] OUS X 193/ AW VI 147.

[582] OUS X 193 / AW VI 147.

[583] Vgl. *J. H. Newman*, Love the Saveguard of Faith against superstition, in: OUS
XII 222 - 250 /AW VI 168 - 187.

[584] „For as that faith, which is not moral , but depends upon evidence, is *fides
formata ratione*, -dead faith, which an infidel may have; so that which justifies or is

Pflichttreue, als das belebende Prinzip des echten Glaubens[585]: *J. H. Newman* zielt dabei auf die neue Schöpfung, die der Mensch im religiösen Glauben durch die Gemeinschaft mit Jesus Christus wird[586], insofern also auch auf die innere Disposition des Glaubenden. Der Begriff der Liebe meint also nicht allein die Gabe des übernatürlichen Glaubens, sondern kennzeichnet das menschliche Erkennen selbst. *J. H. Newman* schreibt ihm ein ausgeprägtes Strebevermögen zu. Er erläutert dies am Beispiel der Jünger Jesu. „The regenerate nature sent down from the Father of lights"[587] befähigt den Menschen, sich zum Himmel zu erheben, sie bereitet die Affekte und macht den Geist geneigt, die Gegenwart Gottes zu suchen[588].

Die Hinneigung des Menschen zu Gott ist damit nicht das Werk der natürlichen, folgernden Vernunft, sie geschieht vielmehr aus einem „Instinkt der Liebe" („instinct of affection")[589] heraus. *J. H. Newman* kommt sogar zu der Ansicht, daß wir glauben, weil wir lieben[590]. Diesen Satz erläutert er in einer eigenen Fußnote, in der er betont, daß er die Liebe in diesem Zusammenhang als pia affectio und voluntas credendi[591] begreift. *W. Becker*, der den Kommentar zur deutschsprachigen Ausgabe der *Oxforder Universitätspredigten* besorgt hat, zitiert hier eine Notiz J.H. Newmans, die dieser der Neuausgabe seiner Traktate aus der Zeit der *Oxforder Bewegung* im Jahr 1872 beigegeben hat[592]. Danach meint der Begriff der Liebe nicht von vornherein die gleichnamige theologische

---

acceptable in God's sight, lives in, and from, a desire after thosethings which it accepts and confesses" (OUS X 193 / AW VI 147).

[585] Vgl. OUS XII 234 / AW VI 176.

[586] Vgl. OUS XII 235 / AW VI 177.

[587] OUS XII 235 / AW VI 177.

[588] „But love of the great Object of Faith, watchful attention to Him, readiness to believe Him near, easiness to believe Him interposing in human affairs, fear to the risk of slighting or missing what may really come from Him; these are feelings not natural to fallen man, and they come only of supernatural grace, and these are the feelings which make us think evidence sufficient, which falls short of a proof in itself" (OUS X 193 / AW VI 147 – 148).

[589] OUS XII 236 / AW VI 177.

[590] „We believe, because we love" (OUS XII 236/ AW VI 177).

[591] „This means not love precisely, but the virtue of religiousness, under which may be said to fall the pia affectio, or voluntas credendi" (OUS XII 236, Anm. 4 / AW VI 507, Anm. 311).

[592] Vgl. dazu *W. Becker*, AW VI 507, Anm. 311.

Tugend, „sondern das Verlangen nach Erkenntnis unseres Schöpfers und den Zug des Herzens zu seinem Dienste"[593]. *J. H. Newman* unterstreicht hier, daß eine so verstandene vorausgehende *Liebe*, die er in seinen Ausführungen auch fromme Neigung und guter Wille nennt[594], nicht im Gegensatz oder gar im Kampf mit der Natur steht. Sie ist im Gegenteil die ausschlaggebende Bedingung, ohne die die Vernunft nicht dazu gebracht werden kann, „das große Werk, um das es sich handelt, voranzubringen" [595]. Was er unter einem solchen Werk versteht, macht er ebenfalls deutlich: Gemeint ist die innere Annahme der Offenbarung von seiten des Einzelnen, die er als einen prozeßhaften „Gesamtverlauf"[596] auf die Glaubenszustimmung hin denkt, der den „Gebrauch der Vernunft und das Vorhandensein der Gründe für den Glauben"[597] geradezu notwendig macht. Die Verhältnisbestimmung von Glaube und Vernunft, wie sie *J. H. Newman* vornimmt, macht damit auch seine Begriffsbestimmung der *Liebe* einsichtig. Wenn der Glaube gleichermaßen Erkenntnisprinzip in weltlichen wie religiösen Dingen, folglich also auch Methode der folgernden Vernunft ist, ist mit der Liebe die ursächliche Wurzel menschlichen Erkenntnisvermögens benannt.

Gleichwohl ist *J. H. Newman* herausgefordert, das Wesen des religiösen Glaubens von der natürlichen Vernunft und ihrem Strebevermögen zu unterscheiden: Ist der religiöse Glaube auch offen für die kritische Vernunft, ihre Präsumtionen und ihr Forschen[598], so kann ihm die natürliche Vernunft nicht jenen geschützten Raum, den er zu seiner Entfaltung benötigt, bieten. Ihrem Wesen nach nämlich ist die Vernunft den Wahrheitsansprüchen der Offenbarungsreligionen gegenüber indifferent, formaliter bleibt sie eine Übung auf vorausgesetzte Gründe hin, von sich aus unfähig, in den Zeichen der Glaubwürdigkeit deren Sinngehalt zu erschließen[599]. Die Vernunft bietet aus sich heraus kein eindeutiges Ent-

---

[593] W. *Becker*, AW VI 507, Anm. 311.

[594] Vgl. W. *Becker*, AW VI 507, Anm. 311.

[595] W. *Becker*, AW VI 507, Anm. 311.

[596] W. *Becker*, AW VI 507, Anm. 311.

[597] W. *Becker*, AW VI 507, Anm. 311.

[598] Vgl. OUS XII 234 / AW VI 176.

[599] „Antecedent probabilities may be equally available for what is true, and what pretends to be true, for a Revelation and its counterfeit, for Paganism, or Mahometanism, or Christianity" (OUS XII 232 / AW VI 175).

scheidungskriterium[600], sie hat „no heart for the promises of the gospel"[601], steht also stets in der Gefahr, den religiösen Glauben dem jeweiligen Zeitgeschmack anzupassen, darin aber seine eigentlichen Inhalte aus dem Auge zu verlieren[602]. Zudem besitzt sie eine gewisse Unschärfe, da ihre syllogistische Gestalt der Vielgestalt der Wirklichkeit und ihrer Anprüche nicht zu genügen vermag[603] . Hier ist damit der Raum, vom Gnadencharakter der Liebe zu sprechen: Nicht die Vernunft und die ihr eigene Erkenntnis, sondern die fides caritate formata ist die Schutzwache des Glaubens[604], sie allein bewahrt den Glaubenden vor „bigotry, credulity, and fanaticism"[605]. Sie ist spontaner Instinkt, der den Menschen vor Grausamkeit und falscher Anbetung bewahrt und ihn „into an acceptable , enlightened, and saving apprehension of Divine truth" [606] führt. Nach E. Bischofberger ist damit die Liebe, nicht die Ver-

---

[600] „Under such circumstances, there is as little virtue or merit in deciding aright as in working a mathematical problem correctly; as little guilt in deciding wrongly as in mistakes in accounts , or in a faulty memory in history" (OUS XII 230 / AW VI 173).

[601] Vgl. OUS X 193 / AW VI 148.

[602] Vgl. dazu OUS XII 233 / AW VI 175 – 176 wo J. H. Newman die Befürworter einer vernunftgemäßen Religion zu Wort kommen läßt: „And here reasoners of a school which has been in fashion of late years have their answer ready, and can promptly point out what they consider the desired remedy. What, according to them, forms the foundation of Faith, is also its corrective. ‚Faith is built upon Reason, and reason is its safeguard. Cultivate the Reason, and in the same degree you lead men both to the acknowledgment, and also to the sober use of the gospel. Their religion will be rational, inasmuch as they know why they believe, and what. The young, the poor, the ignorrant, those whose reason is undeveloped, are the victims of an excessive faith. Give them, then, education; open their minds; enlighten them; enable them to reflect, compare, investigate, and infer; draw their attention to the Evidences of Christianity. While, in this way, you bring them into the right path, you also obviate the chance of their wandering from it; you tend to prevent enthusiasm and superstition, while you are erecting a bulwark against infidelity.'" Hier erscheint die Kehrseite des Bildungsideals der Dubliner Universitätsreden: In der methodischen Indifferenz vernunftgeleiteter Urteilsbildung birgt die Offenheit des menschlichen Geistes für die Wahrheit der christlichen Offenbarung die Gefahr von Fehlurteil, Aberglaube und Fanatismus (OUS XII 232 - 233 /AW VI 175-176).

[603] „....the multiform and intricate assemblage of considerations, which really lead to judgment and action, must be attenuated or multilated into a major and a minor premiss" (OUS XII 230 / AW VI 173).

[604] „The safeguard of Faith is a right state of heart" (OUS XII 234 / AW VI 176).

[605] OUS XII 234 / AW VI 176.

[606] OUS XII 240 / AW VI 180.

nunft als das eigentlich regulative Prinzip des Glaubens gekennzeichnet[607], durch sie nämlich wird die Vernunft rechte Vernunft, „d.h. für den Glauben offene Vernunft"[608]. Damit kommt das Verhältnis von Glaube und Vernunft erneut in den Blick: Wägt die Vernunft nur einzelne Beweise, und folgert sie überdies allein aus äußerer Erfahrung, so steht sie ihrem Wesen nach dem Glauben in der Tat gegenüber[609], läßt sie sich aber von seiner Bewegung erfassen, überschreitet sie also ihren eigenen Kompetenzbereich[610], „stellt sie sich ihm zur Seite" („concurs with it")[611]. Die Liebe hat dabei nicht die Aufgabe, eine unsichere Vernunft zu verführen, sie ist vielmehr eine „ursprüngliche Eigentümlichkeit der Vernunft und des Erkenntnisvermögens selbst"[612]. In ihren begrenzten Möglichkeiten bedarf sie aber der Gnade: *J. H. Newman* argumentiert nicht ohne Grund pneumatologisch, wenn er gegen Ende der *12. Oxforder Universitätspredigt* den religiösen Glauben zwar an das Können und Vermögen des menschlichen Geistes bindet, dessen Fähigkeiten aber zugleich als Geschenk des Hlg. Geistes deutet[613]. *J. H. Newman* überwindet hier die Vorstellung einer rein kognitiv - instrumentellen Vernunft[614], indem er die Wirklichkeitserkenntnis gleichermaßen zur Sache folgernden Denkens wie der des gefühlsmäßigen Strebens macht: Ihrer gemeinsa-

---

[607] Vgl. *E. Bischofberger*, Sittliche Voraussetzungen 46.

[608] *E. Bischofberger*, Sittliche Voraussetzungen 48.

[609] Vgl. OUS X 195 / AW VI 149.

[610] Vgl. *E. Bischofberger*, Sitliche Voraussetzungen 47.

[611] OUS X 195 / AW VI 149.

[612] *E. Bischofberger*, Sittliche Voraussetzungen 48.

[613] „And it becomes superstition or credulity, enthusiasm or fanticism, or bigotry, in proportion as it emancipates itself from his spirit of wisdom and understanding, of counsel and ghostly strength, of knowledge and true godliness, and holy fear" (OUS XII 249 / AW VI 186 – 187).

[614] „Die exklusive Vernunft schließt aus, was nicht ihren Zwecken dient. Eine ihrer Formen ist die instrumentelle Vernunft, die sich zuerst in den Naturwissenschaften etablierte und auf die uneingeschränkte Naturbeherrschung zielt. Sie verabsolutiert das kognitiv - instrumentelle Vernunftmoment, nach M. Weber und J. Habermas neben dem moralisch - praktischen und dem ästhetisch - expressiven Moment eines der drei Vernunftmomente, in die die Vernunft nach dem Zerfall des religiösen und metaphysischen Weltbildes auseinanderfiel. Diese Vernunft blendet das Einzelne zugunsten des Allgemeinen, das Zufällige zugunsten des Notwendigen und die Qualität zugunsten der Quantität aus, um die Natur oder auch den Menschen als Natur- und Gesellschaftswesen in den beherrschenden und kontrollierenden Griff zu nehmen" (*H. J. Pottmeyer*, Zeichen 375).

men Wurzel entsprechend ist der religiöse Glaube ebenso intellektueller
Akt wie der weltliche Glaube, allerdings mit dem Unterschied, daß dies
aufgrund „holy, devout, and enlightened presumptions"[615] geschieht. In
seiner *Praefatio* aus dem Jahr 1847 entwickelt er diesen Gedanken in gebotener Ausführlichkeit.

4.2.3.2. *Praefatio 1847* : Natürliche Folgerung, Präsumtion und Glaubensakt

*J. H. Newman*s Gedanken zum Glaubensakt, vor allem seine Überlegungen zu den vorausliegenden Wahrscheinlichkeiten, sind nicht ohne Vorbehalt aufgenommen worden. Kritiker verwechselten dabei allerdings
den ungewohnten Begriff der vorausgehenden Wahrscheinlichkeit, ohnehin bei „Newman nur eine Vorbedingung für die Entstehung der
Glaubensgewißheit"[616], mit der Auffassung, „es gebe nur Wahrscheinlichkeit, nicht Gewißheit in Glaubenssachen"[617]. Um Mißverständnisse
bezüglich seiner Positionen auszuräumen, beabsichtigte *J. H. Newman*,
der französischen Ausgabe der *Oxforder Universitätspredigten* ein aus-
führliches Vorwort beizugeben[618]. Der Text, zur gleichen Zeit wie die
Theses de fide entstanden[619], ist nach *E. Bischofberger* „ein bis heute viel zu
wenig beachtetes Dokument"[620]. Ausgangspunkt ist die Frage nach dem
Vernunftcharakter des Glaubens. J.H. Newman bezieht sich dabei auf
das Unverständnis der Öffentlichkeit, das diese gegenüber Glaubensdingen zur Schau trägt. Ihr gilt der Glaube als vernunftwidrig oder unvernünftig[621]. *J. H. Newman* selbst hält dieses Urteil keinesfalls für gerechtfertigt. Glaube und Vernunft sind im Gegenteil eng miteinander

---

[615] OUS XII 239 / AW VI 179.

[616] *W. Becker / M. Laros*, Anm. 761, in: AW VI 563 - 564, hier 563. Vgl. dazu Theses
de fide 241 – 248. Der Text selbst findet sich in Theses de fide 248-260 / AW VI 441 -
450. Dort ist er allerdings ohne eine Überschrift ediert: In einer Vorbemerkung nennt
ihn *J. H. Newman* „Preface" (Theses de fide 248), im Verlauf der Darstellung wird er
demgegenüber jedoch – der lateinischen Sprache wegen (vgl. AW VI 564, Anm. 761) ,
in der er abgefaßt ist, „Praefatio" genannt.

[617] *W. Becker/ M. Laros*, Anm. 761, in: AW VI 563.

[618] Vgl. *W. Becker/ M. Laros*, Anm. 761, in: AW VI 564.

[619] Vgl. *W. Becker / M. Laros*, Anm. 13, in: AW VI 457 - 461, hier 460. Die französische Übersetzung der *University Sermons* erschien allerdings erst im Jahre 1850 ohne
das geplante Vorwort, das erst 1937 in der *Tristam* - Edition veröffentlicht worden ist.

[620] *E. Bischofberger*, Sittliche Voraussetzungen 37.

[621] Vgl. Praefatio 248 / AW VI 441.

verknüpft: In seiner Formalstruktur gibt das öffentliche Glaubensbekenntnis sowohl Zeugnis von der Weise, wie der Glaube Gebrauch von
der Vernunft macht[622], als auch davon, wie der Mensch Erkenntnis über
äußere Dinge gewinnt[623]. *J. H. Newman* nennt zunächst zwei Wege
menschlicher Erkenntnis, das Zeugnis der Sinne und die Tätigkeit des
Intellektes. Da der Glaube aufgrund seines spezifischen Gegenstandes
nicht die Sinne benützen kann, ist er auf die Vernunft angewiesen.
Glaube und Vernunft sind aufeinander verwiesen, der Glaube verachtet
die konkrete Wirklichkeit [624] nicht: Der Gebrauch der Vernunft durch
den Glauben ist allerdings von eigener Art, die ihn zahlreicher Verdäch-
tigungen aussetzt[625]. Gleichwohl hat auch der Vernunftgebrauch des
Glaubens Öffentlichkeitscharakter: Weiteres Indiz für die Tätigkeit der
Vernunft im Glaubensakt ist die intellektuelle Fähigkeit der Gläubigen,
Glaubenswahrheiten als von der Kirche glaubwürdig verbürgt zu erkennen und anzunehmen[626]. Im Gegensatz zu seiner Darstellung in der herkömmlichen Glaubensanalyse erscheint hier der Glaubensakt als ein Folgerungsgeschehen *(§ 2)*, das, ausgehend von bestimmten Prämissen (§1),
in die Glaubenskonklusion *(§ 3)* einmündet[627]. Inhaltlich leistet *J. H.
Newman* also eine Vertiefung dessen, was er zu den *Thesen 3 bis 8* seiner
Theses de fide dargelegt hat.

In § 1 seiner *Praefatio* bündelt *J. H. Newman* einige der Überlegungen, die er bereits in den *Oxforder Universitätspredigten* dargelegt hat.
Danach steht der Glaube am Ende eines Konklusionsprozesses, der Konklusionsprozeß als solcher aber wird durch bestimmte Prinzipien, Urteile
oder auch Aussagen erst ermöglicht: Diese Prinzipien haben die Form,
Funktion und das Gewicht vorausliegender Wahrscheinlichkeiten oder
Vermutungen[628], sie bilden die Prämissen, die die Glaubenskonklusion

---

[622] „Absonum dictu est, fidem contrarie rationi; nam qui credit ea ipsa sua credendi professione rationis quodam utitur instrumento, dicit enim, ‚Haec vel illa a Deo
revelata sunt, utpote ab Ecclesia proposita'; vel ‚Vera sunt, quia a Deo sunt per Ecclesiam revelata', ‚utpote', autem et ‚quia' ratiocinationis signa sunt " (Praefatio 248 / AW
VI 441).

[623] Vgl. Praefatio 248 / AW VI 441.

[624] Praefatio 248/ AW VI 441.

[625] Vgl. Praefatio 248 / AW VI 441.

[626] Vgl. Praefatio 248 / AW VI 441.

[627] Vgl. Praefatio 248 - 249 / AW VI 441.

[628] Vgl. Praefatio 248 - 249 / AW VI 441.

leiten[629]. Wie in den Theses de fide verknüpft J.H. Newman im ersten Abschnitt seines Vorwortes eine gnadentheologische mit einer freiheitsbetonten Sicht des Glaubensaktes: Die Prinzipien des religiösen Glaubens sind zwar göttlicher Natur, von Frömmigkeit und Heiligkeit durchweht[630], die Folgerung zum Glaubensschritt selbst aber bleibt werkzeugliche Kunst, Sache des Menschen[631]. *J. H. Newman* sichert dabei einerseits das Göttliche des Glaubens vor dem willkürlichen Zugriff des Menschen, andererseits ist der Vernunft ihre Eigenständigkeit nicht genommen. Die auf den Glauben zielende Schlußfolgerung widersteht den weltlichen Folgerungsmethoden, insofern sich nämlich die Fähigkeit, die frommen Prinzipien des Folgerns „zu durchschauen"[632], aus einem „eifrig in Zucht"[633] gehaltenen Gewissen ergibt: Das Gewissen ist und bleibt aber Geschenk der Gnade Gottes, und selbst wenn sie als Prämissen menschlicher Logik verwendet werden, behalten die auf die Glaubenszustimmung zielenden antezedenten Probabilitäten ihren göttlichen Charakter[634]. Wenn sie in Hinblick auf ihr Formalobjekt auch weit voneinander unterschieden sind[635], sind Glaube und Vernunft in dieser Konzeption in der Tat eng aufeinander verwiesen. Mit dieser Einsicht kommt *J. H. Newman* wieder auf sein Anliegen eines differenzierten Glaubensbegriffes zu sprechen[636].

Die Beziehung zwischen der Wirklichkeit Gottes und der menschlichen Erkenntnisbemühung um eben jene Wirklichkeit kennzeichnet

---

[629] Vgl. Praefatio 249/ AW VI 441.

[630] Vgl. Praefatio 249 / AW VI 441.

[631] Vgl. Praefatio 250/ AW VI 442.

[632] „...cum facultas haec perspiciendi principia pia in ratiocinando" (Praefatio 250 / AW VI 442).

[633] „....conscientia sedulo castigata" (Praefatio 250/ AW VI 442).

[634] Vgl. Praefatio 250 / AW VI 442.

[635] Vgl. OUS X 193 / AW VI 147 – 148.

[636] „Die rationale Eigentümlichkeit der Vernunft tendiert danach, sich ihrer Erkenntnis im Rückgriff auf Beweise zu vergewissern und abzuschirmen, während der Glaube - in seinem von außen beurteilen Verständnis - sich dem Wagnis des ungeschützten Vorgriffs (reaching forward) aussetzt. Es kann allerdings geschehen - und um dieses Geschehen kreist das ganze Bemühen Newmans -, daß die Vernunft in einer Besinnung auf ihre in ihr selbst wirkende Zielstrebigkeit zur Erkenntnis kommt, daß sie schließlich ins Leere greift, wenn sie sich nicht von der Bewegug des Glaubens erfassen läßt und gewissermaßen ihren eigenen Kompetenzbereich überschreitet" (E. *Bischofberger*, Sittliche Voraussetzungen 47).

auch die Rede vom göttlichen Gesetz im zweiten Abschnitt der Praefatio. Das göttliche Gesetz nämlich kann unter einem doppelten Aspekt betrachtet werden: zum einen, wie es in sich ist[637], zum anderen, wie es „in mente singolorum"[638] seinen Ort hat. Das Schlußfolgern, das entsprechend diesem und jenem Menschen[639] dem Glauben vorausgeht, nennt J. H. Newman denn auch folgerichtig „subjektiv"[640], mit Glaube ist also der „persönliche Glaubensakt"[641] des einzelnen Gläubigen gemeint. Der begrifflichen Eindeutigkeit wegen grenzt J. H. Newman jedoch ausdrücklich die Glaubenswahrheit vom subjektiven Schlußfolgern ab. Die Glaubenswahrheit ist „eine und dieselbe für alle und unveränderlich in jedem, der recht glaubt"[642]. Trotz der Objektivität, die die Wahrheit des Glaubens auszeichnet, geht der einzelne Glaubende dennoch subjektiv an sein Objekt heran[643]. J. H. Newman versucht sich an einer detaillierteren Bestimmung dieses Folgerungsgeschehen. Die Gründe, aus denen der subjektive Folgerungsprozeß erwächst, sind „in den Einzelgeistern verborgen"[644], also ebenfalls subjektiv[645] zu nennen, die Gestalt der Folgerung „ergießt sich in so viele Formen und gliedert sich in so viele Teile, wie es Menschengeister gibt"[646]. J.H. Newman unterscheidet zwei Arten folgernden Denkens, die natürliche und die, wie er 1847 noch sagt, kunstgerechte[647]. Die natürliche Folgerung ist eine dem einzelnen Menschen von Natur aus gegebene Fähigkeit[648], ein höchst feines Folgerungsvermögen[649], das, ohne Regel und Methode vollzogen[650], je nach individueller Leistungsfähigkeit und Fassungskraft im konkreten Ein-

---

[637] Vgl. Praefatio 250/ AW VI 442.

[638] Praefatio 250/ AW VI 442.

[639] Vgl. Praefatio 251/ AW VI 442.

[640] Praefatio 251 /AW VI 442.

[641] Praefatio 251 / AW VI 442.

[642] Praefatio 251 / AW VI 442.

[643] Vgl. Praefatio 251 / AW VI 443.

[644] „...quomodo revera fides oriatur in intellectu particulari..." (Praefatio 251 / AW VI 443).

[645] Vgl. Praefatio 251/ AW VI 443.

[646] „...ita quoque in tot se diffundere formas, et in tot se dividere partes, quot mentes hominum reperiuntur" (Praefatio 251/ AW VI 443).

[647] Vgl. Praefatio 252 / AW VI 443.

[648] Vgl. Praefatio 252/ AW VI 443.

[649] Vgl. Praefatio 253 / AW VI 444.

[650] Vgl. Praefatio 252 / AW VI 443.

zelfall zu Ergebnissen führt[651]. Ort der Folgerung ist die Verborgenheit des Geistes, wo jeder „seinen eigenen Gedanken bei sich selbst nachgeht"[652]. Die natürliche Folgerung erscheint hier als eine mögliche Weise, Kenntnis über die Wirklichkeit zu erhalten, der religiöse Glaube, nach § 1 aufgrund seiner spezifischen ersten Prinzipien eigene Realität, als ein Anwendungsfall dieser Begabung. Genau hier aber sieht *J. H. Newman* den Grund für das Mißtrauen der Gesellschaft in den Glauben. Der Glaube ist Akt des individuellen Geistes, er bedient sich ausschließlich des natürlichen Folgerungsvermögens und kommt daher der Gesellschaft, die sich der kunstgerechten Art des folgernden Denkens bedient, unvernünftig[653] vor: Im Gegensatz zur öffentlichen Vernunft weist der Glaube des Einzelnen wechselnde, unsichere und veränderliche Vernunftelemente [654] auf. *J. H. Newman* begründet die kunstgerechte Art des Folgerns aus der Notwendigkeit des öffentlichen Diskurses. „Pro bono publico" [655] ist es notwendig, Gedanken in ein allgemeingültiges Symbol zu kleiden, damit die Menschen über ihre unterschiedlichen Denkweisen[656] in einen freien Austausch gelangen können. Dem dienen die Methoden des Gespräches, der Disputation, des Beweises und des Überzeugens[657]. Die Kunst der Logik und der Argumentation ist das in dieser Situation der Öffentlichkeit gebotene gemeinsame Maß, „durch das die Besonderheiten der einzelnen aufgelöst und auf ein und dasselbe zurückgeführt werden"[658] kann. Vernunftgründe empfangen im öffentlichen Diskurs ihre allgemeine Akzeptanz und Objektivität[659]. So scheint in der Tat die öffentliche Vernunft dem Glauben und seiner Vernunft zu widersprechen. In seiner Subjektivität, vor allem aber in seiner Methodenlosigkeit wirkt der Glaube auf die Gesellschaft dunkel und unsinnig:

---

[651] Vgl. Praefatio 252/ AW VI 443.

[652] Praefatio 252/ AW VI 443.

[653] Vgl. Praefatio 253 /AW VI 444.

[654] Vgl. Praefatio 251 / AW VI 443

[655] Praefatio 252 / AW VI 443.

[656] Vgl. Praefatio 252/ AW VI 443.

[657] Vgl. Praefatio 252/ AW VI 443.

[658] „...qua dissolvantur et ad idem reducantur" (Praefatio 252/ AW VI 443).

[659] „Atqui, cum objectiva illa ratio multo solidior sit, et expressior quam illa fidei quae in singulorum latet mentibus, et una eademque sit, et suo permaneat loco, non mirum est si mundo ratio prorsus abjudicetur fidei, quae rationis utatur momentis variis, incertis, mutabilibus" (Praefatio 251 / AW VI 443).

Dies scheint jedoch *J. H. Newman* zufolge ein Problem der Gesellschaft und ihrer Wahrnehmung des Glaubens. Zum einen nämlich verwechselt die Öffentlichkeit oftmals die Dialektik, zunächst nichts anderes als die Analyse des Folgerns, mit dem natürlichen Folgerungsvermögen sowie dem Folgern selbst[660], zum anderen übersieht sie, daß die Feinheit, Subtilität oder auch Vielgliedrigkeit von Glaubensaussagen „in logicas formas non facile cadunt"[661]. Zudem erinnert *J. H. Newman* daran, daß auch auf mathematischem und metaphysischem Gebiet Forscher jenseits der Spielregeln der öffentlichen Vernunft ihre Materie „auf eine so dunkle und offenbar ihnen ganz eigene Weise"[662] erforschen.

Mit seinen Darlegungen zur Eigenart und Subjektivität des Glaubensaktes leistet *J. H. Newman* folglich nicht nur seinen eigenen, apologetischen Beitrag zum spezifischen Vernunftcharakter des Glaubens, sondern er bereitet zudem das Feld für das seinerzeit umstrittene Präsumtionsargument. Dazu betont er ausdrücklich, daß die Folgerung in Glaubensdingen nicht mehr zu bewirken vermag als die Evidenz der Glaubwürdigkeit des Glaubensgegenstandes[663]: Das Formalobjekt, Gott selbst in seiner Offenbarung, ist streng getrennt von den menschlichen Glaubensgründen, die dessen Glaubwürdigkeit verbürgen. Die Glaubensgründe wachsen im Laufe der Zeit zu einem „ausgeformten und ausgebauten System"[664] zusammen, aus dem sich die Glaubwürdigkeit der Offenbarungsreligion begründen läßt[665]. Dieses mehr oder minder kunstvolle Gefüge der Glaubensgründe ergibt sich dabei aus dem subjektiven Schlußfolgern, ist also Sache des einzelnen Gläubigen. Indem er also die individuelle Eigenart der Glaubwürdigkeitserkenntnis herausstreicht, betont *J. H. Newman* folglich die Freiheit des Glaubensaktes sowie dessen personalen Charakter. Indem er dabei vom „göttlichen Ge-

---

[660] Vgl. Praefatio 252, Unterpunkt 1 / AW VI 444.

[661] Praefatio 253, Unterpunkt 3 / AW VI 444.

[662] „...via adeo obscura et plane sua (speciali) ab illis petita, ut posterioribus aut nulla aut tenuissima reliquerint vestigia itineris sui?" (Praefatio 253, Unterpunkt 4 /AW VI 444).

[663] Vgl. Praefatio 251/ AW VI 443.

[664] „...in corpus quoddam bene concinnatum et elaboratum..." (Praefatio 251 / AW VI 443).

[665] Vgl. Praefatio 251/ AW VI 443.

setz und die gesamte Wahrheit"[666] redet, um das sich der Mensch erken-
nend bemüht, umschreibt er die Geheimnishaftigkeit des Glaubens[667].
So wendet sich *J. H. Newman* im dritten Abschnitt seines Vorwortes
dem Objekt menschlicher Erkenntnisbemühung zu. Ihm zufolge gibt es
nichts in der Natur der Dinge, was dem Menschen „in se vel in essentia
sua" [668] bekannt ist. *J. H. Newman* unterscheidet hier sehr präzise zwischen dem Objekt und der Weise seiner Erkenntnis: Menschliche Erkenntnis vollzieht sich nur mittelbar über gewisse Indizien, mit deren
Hilfe es allenfalls möglich ist, sich der wirklichen Erkenntnis einer Sache
anzunähern. Die Fülle und Eigenart der Indizien entscheiden über den
Umfang und die Tiefe der dabei gewonnenen Erkenntnis[669]. Die Sinne
sind dabei in ihrer Wahrnehmungsfähigkeit begrenzt: Sie sind „in gewissem Sinne ein Wort Gottes"[670], indem sie Erkenntnis von unbekannten Dingen geben, „wie es dem Schöpfer für unseren praktischen Gebrauch der Dinge sinnvoll erschien"[671]. Das gilt für das Instrumentar der
Mathematik, Geometrie und Algebra[672], das *J. H. Newman* analog zu den
menschlichen Sinnen denkt, hat aber auch Geltung für die Rede von den
göttlichen Dingen. Diese sind Metaphern, analoge Worte, der Philosophie entnommen[673]. Sie reichen nicht hin, „um die behandelte Sache
selbst völlig zu umreißen, sondern bezeichnen sie nur bis zu einem gewissen Grad"[674]. Vernunft und Glaube stehen demnach unter den glei-

---

[666] „lex divina et universa veritas" (Praefatio 250 / AW VI 442).

[667] *E. Kunz* sieht genau hier die Schwierigkeiten, die der Glaubwürdigkeitserkenntnis im Kontext der herkömmlichen Glaubensanalyse bereitet sind (vgl. Glaubwürdigkeitserkenntnis 416). Ist die Beweiskraft der Glaubwürdigkeitsgründe so groß,
daß der Gewißheitsgrad als „metaphysisch sicher" (ebd. 419) gelten kann, ist der
Glaubensakt nicht mehr frei - führt die Glaubwürdigkeitserkenntnis nur zu einer
„Wahrscheinlichkeit, nicht aber zu eigentlicher Sicherheit" (ebd. 420), bleibt der
Glaubensakt willkürlich und unverantwortlich.

[668] Praefatio 258 , Unterpunkt 1/ AW VI 448.

[669] Vgl. Praefatio 258, Unterpunkt 2/ AW VI 448.

[670] „sed verbum quoddam Dei sunt..." (Praefatio 258, Unterpunkt 4 / AW VI 448).

[671] „...qualem et quantam visum est Creatori in usus practicos nobis dari" (Praefatio 258, Unterpunkt 4 / AW VI 448).

[672] Vgl. Praefatio 258, Unterpunkt 5/ AW VI 448.

[673] Vgl. Praefatio 258 - 259, Unterpunkt 6 / AW VI 448 – 449.

[674] „...quae quidem non satis sunt in se ad rem ipsam, de qua agitur, plene de-
lineandam, sed aliquatenus tantum designant" (Praefatio 259, Unterpunkt 6 / AW VI
448).

chen Erkenntnisstrukturen: Das, was durch den Offenbarungsglauben dargeboten ist, kann dem Menschen naturgemäß zwar nicht „absolut und in sich selbst bekannt"[675] werden. Das gilt aber auch für jene Erkenntnis, die durch die Sinne vermittelt wird. Beide Sachbereiche werden „nur teilweise, nur in gewisser Hinsicht und durch Repräsentation oder durch ein Medium offenbar gemacht"[676]. Geometrische und analytische Methoden haben deshalb mit den gleichen Schwierigkeiten zu kämpfen wie Glaube und Theologie. Gleichwohl beharrt die Öffentlichkeit auf ihrer Skepsis dem Glauben und der Theologie gegenüber. Das, was die Theologie sagt, scheint ihr „absurd und unglaubwürdig"[677], da es sowohl den Sinneseindrücken als auch den damit verbundenen Begriffen entgegengesetzt scheint. Während die Theologie vom Gottesgedanken her jedoch um ihre Grenzen weiß, ist die Sinneserkenntnis der weltlichen Wissenschaften gewissermaßen blind, da ihre allgemeine Akzeptanz den Blick auf mögliche Grenzen verstellt: Das liegt an der Autoritätsstruktur, in der sich die Glaubenserkenntnis von der Gestalt wissenschaftlicher Erkenntnis unterscheidet. Für das Weltwissen und die wissenschaftliche Erkenntnis sind die Sinne erkenntnisleitende „Tyrannen"[678], die „keine andere Autorität gelten lassen als die ihre"[679], theologische Aussagen dagegen erhalten ihre Legitimität von außerhalb, durch die Gnade Gottes, die sie zur heilbringenden Erkenntnis himmlischer Geheimnisse macht[680]. Theologie wird hier von *J. H. Newman* heilsökonomisch als Gespräch zwischen Gott und Mensch gedacht: Gott ist größer als alle Aussagen über ihn, er ist nicht Gegenstand definitiven Wissens, er teilt sich aber den Menschen heilbringend mit und wird so selbst der Grund für den Glaubensschritt. Nicht umsonst legt *J. H. Newman* gerade für den Bereich des Glaubens auf die Übereinstimmung der Konklusionen mit den ihnen vorausgehenden Prämissen so großen Wert: In

---

[675] „....eatenus quod neque haec neque illa absolute et in se nota sunt..." (Praefatio 259, Unterpunkt 7 / AW VI 449).

[676] „...et secundum quid, et per repraesentationem vel medium aliquod nobis revelatur" (Praefatio 259, Unterpunkt 7 / AW VI 449).

[677] „...at contra, absurda prorsus et incredibilia videntur eadem..." (Praefatio 260, Unterpunkt 9/ AW VI 449).

[678] „ut tyranni" (Praefatio 259, Unterpunkt 8/ AW VI 449).

[679] „....nolunt aliam auctoritatem nisi suam" (Praefatio 259, Unterpunkt 8 / AW VI 449).

[680] Vgl. Praefatio 259, Unterpunkt 7/ AW VI 449.

ihnen macht er die Gegenwart der göttlichen Gnade aus, die den menschlichen Intellekt gestaltet[681]. *J. H. Newman* stellt damit die prima veritas, das eigentliche Glaubensmotiv, den menschlichen Beweggründen für den Glaubensakt gegenüber. Jene sind Vermutungen und prägende Vorgaben, die den Menschen bewegen, den Schritt der Zustimmung zu wagen: In der Tiefe seiner Persönlichkeit folgt der Mensch aber nur solchen Spuren, die eine Glaubensentscheidung verantwortbar erscheinen lassen[682]. Die prinzipielle Unmöglichkeit jedoch, Gottes Wirklichkeit ganz und gar zu erfassen (§ 3) sowie die höchst individuelle, von Mensch zu Mensch verschiedene Gestalt des Glaubensaktes (§ 2) fordert eine Vorstellung vom Glauben ein, die der Selbstmitteilung Gottes in ihrer Vielfalt ebenso gerecht wird wie dem tastenden Suchen desjenigen, der zum Glauben kommt.

J. H. Newman entwickelt diese Vorstellung mit dem Gedanken der Präsumtion, den er im zweiten Abschnitt von § 2 seiner *Praefatio* entfaltet. Unter der Präsumtion versteht er dabei eine besondere Art von Argumentation, mit deren Hilfe ein Sachverhalt abgeklärt werden soll[683]. In seiner Grammar of Assent wird er einige Jahre später präziser: Die Präsumtion ist ein Zustimmungsgeschehen, sie gilt als Zustimmung des menschlichen Geistes zu Sätzen, „which we start in reasoning on any given subject-matter"[684]. Sie ist Zustimmung zu „irgendeiner allgemeinen Wahrheit, unter die die Sache fällt"[685]. In diesem Sinne wird der Begriff ebenfalls in der Praefatio verwendet. Die Präsumtion, auch Wahrscheinlichkeit oder vorhergehende Wahrscheinlichkeit genannt[686], hat eine dienende Funktion. Sie ermöglicht dem menschlichen Geist, über einen Sachverhalt Kenntnis und Gewißheit zu erlangen und leitet ihn so in seinem Verstehen. *J. H. Newman* trifft hier eine wichtige Unterscheidung: Die Präsumtion baut auf „Argumente von außerhalb"[687], die von

---

[681] „....Dei gratiam intellectui nostro esse praesentem formando..." (Praefatio 250 / AW VI 442).

[682] Vgl. OUS XII 225 / AW VI 170.

[683] Vgl. Praefatio 254 / AW VI 445.

[684] Vgl. GA 45 / AW VII 42.

[685] „Praeterea, *praesumptio,* dum extrinseca est illius rei cui suffragatur, utpote veritas quaedam generalis, sub quam res illa cadit...." (Praefatio 255, Unterpunkt 4 / AW VI 446).

[686] Vgl. Praefatio 254 / AW VI 445.

[687] „Quorum intrinsecum illud genus includit ea..." (Praefatio 254 /AW VI 445).

jenen Argumenten „von innerhalb"[688] zu unterscheiden sind. Letztere sind vollwertige Beweise, die „wirklich und eigentlich auf das in Frage Stehende verweisen"[689], einem Sachverhalt also Evidenz verleihen, indem sie „mehr oder weniger richtig und legitim den Tatbestand"[690] bestimmen: Es spricht gegen die Unschuld eines des Mordes Verdächtigen, wenn seine Kleidung blutbefleckt ist, oder er sich zur Stunde der Tat am Tatort aufhielt. Die Indizien verweisen auf den Täter[691]. Argumente von außerhalb dagegen sind dem menschlichen Geist wie ein Appell, das Umfeld eines Tatbestandes, das also, was dem in Frage stehenden Sachverhalt „offensichtlich vorausgeht oder es mit umfaßt"[692], zum Ausgangspunkt zu nehmen, um auf den Sachverhalt selbst zu schließen. Die Argumente von außen haben folglich zunächst mit dem Tatbestand als solchem nichts zu tun, sie ergeben sich in keiner Weise „aus der Sache selbst, um die es sich handelt"[693]: Sie gehen dieser vielmehr voraus, hängen von ihr nicht ab, stehen vielmehr in sich[694]. Wenn gestern ein Mensch einen Mord begangen hat, muß deshalb heute noch lange nicht ein Mord geschehen. Wenn sie auch „gleichsam mit dem Finger auf ihn zeigen"[695] , erreichen sie den Tatbestand dennoch nicht: Gründe von au-

---

[688] „At extrinseca illa argumenta..." (Praefatio 254 / AW VI 445).

[689] „ ...quae ducuntur ex iis quae revera et propie pertinent ad rem quae in quaestionem venit..." (Praefatio 254/ AW VI 445).

[690] „....eam autem plus minus vere et legitime determinant..." (Praefatio 254/ AW VI 445).

[691] Vgl. Praefatio 254 / AW VI 445.

[692] „....extrinsicae autem quae appellant ad ea quae eadem priora et latiora esse manifestum est" (Praefatio 254/ AW VI 445).

[693] „....ex re ipsa, de qua agitur..." (Praefatio 254/ AW VI 445).

[694] Vgl. Praefatio 254 / AW VI 445.

[695] Praefatio 254 / AW VI 445. H. *Tristam* hat in seiner Textedition „Cardinal Newman´ s Theses" 246 - 247 ein Textfragment publiziert, in dem *J.H. Newman* den Beweischarakter von Indizien thesenhaft kurz umschreibt. Das Dokument ist „undated" (Theses de fide 246), H. *Tristam* vermutet aber als Entstehungszeit die Periode um 1845 (Theses de fide 246). Der Text lautet:

1. A probable argument, leading from the nature of the case, only to a probable conclusion, can never in itself be sufficient in prudence for certainty.

2. Yet a probable argument may be such merely in its mode of stating, and, as involving other arguments implicitly in itself, may in that sense be sufficient for certainty.

3. Two probable arguments form an argument of greater probability than one.

ßen, in einem Mordfall etwa die Beobachtung, daß ein Tatverdächtiger bei Mördern wohnt oder vielleicht selbst schon einmal eines Tötungsdeliktes wegen vor einem Richter stand, erwirken keinen Beweis[696].
Die Präsumtion gehört damit in den Wirkungskreis der Glaubwürdigkeitserkenntnis. Sie ist eine spezifische Leistung des Individuums und ihre Mutmaßungen haben so lange Bestand, als sie sich gegenüber den Tatsachen bewähren können. Die Art und Gestalt der Präsumtion ist zudem zurückgebunden an die Disposition des Einzelnen: „Je nach der Verschiedenheit der Geister" [697], seiner Lebensgeschichte gemäß und entsprechend seinen Eigenarten, Haltungen, Affekten und persönlichen Verhaltensweisen [698] fällt die Mutmaßung, die den Einzelnen anleitet, einen Sachverhalt für glaubwürdig zu halten, von Mensch zu Mensch ganz unterschiedlich aus. Da sie etwas „den Personen Eigentümliches" [699] ist, kann J. H. Newman folglich von einer wechselnden Stärke der Präsumtion sprechen[700]. Dabei weiß er genau die Leistungskraft des Beweises von der der Präsumtion zu unterscheiden: Der Beweis bewirkt, „daß etwas evident ist"[701], die Präsumtion dagegen zielt auf die Glaubwürdig-

---

4. As probabilities cumulate, the resulting probability rises, and the limit of increasing probabilities is credibility in the conclusion and certainty in the mind.
5. A proof made up of probable arguments is not necessarily a probable proof.
6. The point, at which it ceases to be such, depending on the implicit weight of each probability as held in individual minds, varies with the individual.
7. A proof does not cease to be credible, because it may be weakened by counter - probabilities.
8. It follows that a conclusion with probabilities for and against, is not necessarily a mere proof of the greater or overbalancing probability.
9. Arguments of slender probability may under strong verisimilitudes (Gerdil vol. I p. 221) i. e. antecedent probabilities, be raised into a credible proof.
10. No proof of credibility is greater than that which is cumulative from verisimilitudes and probabilities".

[696] Vgl. Praefatio 254 / AW VI 445.
[697] „...pro diversitate mentium" (Praefatio 256, Unterpunkt 5 / AW VI 446). Vgl. dazu OUS X 191 / AW VI 146: „A good and a bad man will think very different things probable."
[698] Vgl. Praefatio 255 , Unterpunkt 4 / AW VI 446.
[699] „Quare personarum propia est praesumptio, et personales mores sapit..." (Praefatio 255, Unterpunkt 4 / AW VI 446).
[700] Vgl. Praefatio 256, Unterpunkt 6, Abschn. 3 /AW VI 447.
[701] „...hoc primum dicendum est, probationem facere ut res sit evidens...." (Praefatio 255, Unterpunkt 1/ AW VI 446)

keit eines Sachverhaltes[702]. Während der Beweis nicht auf die Präsumtion angewiesen ist, kann die Präsumtion ohne irgendeinen Beweis „keine Glaubwürdigkeit"[703] hervorbringen. *J. H. Newman* erinnert hier an die Rechtsprechung, die Angeklagte aufgrund ihres schlechten Rufes verurteilt, wenn auch kaum Indizien ihrer Schuld vorhanden sind. Und er nennt das Beispiel des guten Freundes, dessen Taten uns nur vom Hörensagen bekannt werden, dem diese aber aufgrund seiner Persönlichkeit durchaus zuzutrauen sind[704]. Wenn die Präsumtion von sich aus zwar einen Sachverhalt nicht glaubwürdig machen kann, so kann ihr doch durch einen kleinen Beweis eine „erstaunliche Kraft"[705] zuwachsen, „die Glaubwürdigkeit der Tatsache zu bewirken"[706]. Der Unterschied von Beweis und Präsumtion ergibt sich aus der Natur der Sache. Der Beweis ist objektiv, er „gehört zum Bereich der Wissenschaft und kann auf Gesetze zurückgeführt werden"[707]. Er leuchtet allen ein, „die die Sache selbst vor sich sehen, deren Beweis er ist"[708]. Die Präsumtion ist demgegenüber individuell, „innerhalb des Geistes, der sie sieht und ihr anhängt und sie in den Mittelpunkt"[709] stellt. Ihre Aufgabe ist die Vermutung und Mutmaßung, ihre Stütze der Beweis.

Was *J. H. Newman* als voneinander verschiedene Weisen menschlichen Erkenntniserwerbes geschildert hat, wendet er - ganz im Sinne seines spezifischen Glaubensverständnisses - auch auf den religiösen Glauben an. Der religiöse Glaube beruht hauptsächlich nicht auf Beweisen, sondern auf Präsumtionen[710]. Was „in etwa"[711] für die Präsumtion gilt, gilt

---

[702] Vgl. Praefatio 255, Unterpunkt 1 / AW VI 446.

[703] „Quamvis probatio evidentiam parere possit sine praesumptione, praesumptio ne credibilitatem quidem potest parere ablata omni probatione" (Praefatio 255, Unterpunkt 2/ AW VI 446).

[704] Vgl. Praefatio 255, Unterpunkt 3 / AW VI 446.

[705] Praefatio 255, Unterpunkt 3/ AW VI 446.

[706] Praefatio 255, Unterpunkt 3 / AW VI 446.

[707] „...et subjacet scientiae, et sub leges reduci potest..." (Praefatio 256, Unterpunkt 5 / AW VI 446).

[708] „....cum probatio contra, ut ipsi facto intrinseca, universorum hominum fere communis est, et iis patet omnibus, quotquot rem ipsam, cujus est probatio, vident" (Praefatio 255, Unterpunkt 4 / AW VI 446).

[709] „...utpote veritas quaedam generalis, sub quam res illa cadit, ob id ipsum contra est intrinseca mentis quae eam videt et amplectitur et in medium affert" (Praefatio 255, Unterpunkt 4 / AW VI 446).

[710] Vgl. Praefatio 257/ AW VI 447.

auch für den Glauben: Er ist ein personaler und subjektiver Akt[712], der nicht die Evidenz der Sache erwartet, sondern die Evidenz „der Glaubwürdigkeit der Tatsache"[713]. Einem religiösen und frommen Heiden, der oft und eifrig über das Göttliche meditiert, wird es „als stärkste Präsumtion erscheinen, daß Gott sich offenbaren werde, sogar derart, daß es nur des geringsten tatsächlichsten Beweises bedürfte, der jenen Satz glaubwürdig machte"[714]. Der Gedanke der Präsumtion entspricht damit dem, was *J. H. Newman* bereits an anderer Stelle zum Verhältnis von Glaube und Vernunft dargelegt hat. Die Präsumtion ist Ausdruck jenes Strebevermögens, in welchem die Vernunft Mutmaßungen über die Wirklichkeit anstellt, der Glaube aber Gelegenheit hat, den Anspruch der Offenbarungsbotschaft kritisch zu prüfen.

4.2.3.3. Weiterführende Überlegungen

Das geplante Vorwort zur französischen Ausgabe der *Oxforder Universitätspredigten* entfaltet noch einmal ausführlich das Programm der Theses de fide. Zugleich ist der Weg zu einem dynamischen Personenverständnis gewiesen, wie es dann auch in den *Dubliner Universitätsreden* zur Sprache kommt. Der Glaube erscheint hier wie dort als ein personales, individuelles Geschehen, wobei *J. H. Newman* im Zueinander von Prämissen und natürlicher Folgerung zugleich den Gnaden- und den Freiheitscharakter des Glaubensaktes sichert: Wie er mit seinen Überlegungen zur Liebe in der *10. und 12. Oxforder Universitätspredigt* gezeigt hat, ist der Glaube zunächst und allererst Gnadengabe, ein unverdientes Geschenk, das den Menschen zur vollen Entfaltung seiner Sinnen- und Verstandeskräfte ermächtigt[715]. So betont *J. H. Newman* den Gottbezug des Menschen, unterstreicht aber gleichzeitig dessen Freiheit im Denken

---

[711] „ ...cujusmodi fere est praesumptio" (Praefatio 256, Unterpunkt 6, Abschn. 1 / AW VI 447).

[712] Vgl. Praefatio 256, Unterpunkt 6, Abschn. 1 / AW VI 447.

[713] „...vim tamen habere potest prorsu admirabilem in credibilitate facti efficiendi..." (Praefatio 255, Unterpunkt 3 / AW VI 446).

[714] „...praesumptio videbitur esse fortissima, Deum sese esse revelaturum, immo ejusmodi, quae minima actuali probatione egeat qua illa proposito fiat credibilis" (Praefatio 256, Unterpunkt 6, Abschn. 3 / AW VI 447).

[715] Vgl. G. *Rombold*, Art. John Henry Newman 719, verweist darauf, daß *J. H. Newman* zwar in den *Oxforder Universitätspredigten* die theologische Frage nach dem Ursprung des Glaubens ausklammert, „daß er von diesem Glauben her denkt, beweisen viele seiner Predigten".

und Handeln. Die Verknüpfung der Glaubensgründe im Glaubwürdigkeitsurteil spiegelt sodann die individuelle Prägung und Disposition des
Einzelnen, der präsumtiv zur Glaubenszustimmung findet. Insofern ist
der Glaube tatsächlich einerseits ein Prozeß, in dem die Vernunft nach
kritischer Prüfung dem Offenbarungsanspruch Geltung und Evidenz
zuspricht, andererseits ist er in der Annahme der Glaubensbotschaft aber
auch ein punktuelles Ereignis, ein Geschehen, das aus der Personmitte
hervorgeht. Hier kündigt sich bereits ein Glaubensdenken an, das sehr
stark den Selbstand des einzelnen Glaubenden herausstreicht, wofür
dann die kleine Schrift *Proof of Theism* Zeugnis gibt. An keiner Stelle redet
J. H. Newman von einem abstrakten „Ich" des Glaubens, ihm geht es in
den Theses, den *Oxforder Universitätspredigten* und in seiner *Praefatio* um
den konkreten Menschen und dessen Fähigkeiten im intellektuellen wie
im praktischen Bereich: Die Gestalt der Glaubwürdigkeitserkenntnis, in
der er - je nach Veranlagung - Indizien, Beweise sowie Gründe von
außen zusammenbringt, ist Ausdruck jener kreativen Schöpferkraft[716],
mit der der Einzelne die Botschaft des Glaubens vor der Vernunft zu
verantworten sucht. Damit ist das Gottesverhältnis des Menschen noch
einmal als zutiefst personal bestimmt, wie es auch der zweite Abschnitt
des *Paper on Development* nahelegt [717]: Die Wahrheit des Glaubens wohnt
dem menschlichen Geist inne, sie gewährt ihm Einblick in die Vielfalt
ihrer Wirklichkeit und in der steten Beschäftigung mit ihr gewinnt der
Mensch zureichende Gründe ihrer rationalen Rechtfertigung[718].

Ohne Zweifel gilt hier der Mensch als eigenständige Person, die
der Welt gegenübersteht und fähig ist, ihren Ansprüchen zu entsprechen. So ist es nur konsequent, wenn der Glaube nicht sofort religiös
oder gar konfessionell gedacht wird, sondern als Erkenntnisinstrument
in Erscheinung tritt, mit dem sich der Mensch in tastendem Vorgriff der
Wirklichkeit versichert. *J. H. Newman* wird so dem Wesen des religiösen
Glauben besser gerecht, als es dies der Barockscholastik mit ihrem Ver-
nunft- und Offenbarungsverständnis überhaupt möglich war[719]: Die kritische und prüfende Auseinandersetzung mit der Wahrheit des Glau-

---

[716] Vgl. *J. H. Newman*, Tagebucheintrag vom 11. Januar 1847 in: Theses de fide
243.

[717] Vgl. Newman-Perrone-Paper 407-413/ AW VIII 395-398.

[718] Vgl. Newman-Perrone-Paper 409-410/ AW VIII 396-397.

[719] Vgl. *E. Kunz*, Glaubwürdigkeiterkenntnis 441.

bens wird ebenso von der Person, ihrer mentalen Fähigkeit, Bildung und Lebenserfahrung, aber auch von ihren Erlebnissen und Gefühlen getragen wie auch der eigentliche Schritt des Glaubens, der für *J. H. Newman* bereits in den Theses de fide ein individueller, vom Urteil der prüfenden Vernunft wiederum unabhängiger Akt der Zustimmung ist. Der Glaube hat Gründe, die mitunter nicht zu nennen sind[720]: Aus diesem Grunde scheut sich *J. H. Newman* denn auch nicht, vom Glauben als einem Wagnis zu sprechen. Zwar entspricht der Glaube der Vernunft, indem er ihre volle Kontrolle zuläßt[721], zugleich folgt er aber, wie die §§ 2 und 3 der Praefatio verdeutlichen, einer eigenen Logik, „die ihn über die bloße, folgernde Vernunft hinausführt"[722]. Ihrer gemeinsamen Erkenntnisstruktur entsprechend sind Glaube und Vernunft einander zugeordnet und zugleich entgegengesetzt: Für die Vernunft ist die Hauptsache die zu ermittelnde Tatsache („particular fact"), ihre Ermittlungen stützen sich dabei auf zuhandene Beweise („inquires into its evidence")[723]. Der Glaube dagegen handelt schon, „bevor er tatsächlich Erkenntnis und Gewißheit gewonnen hat"[724], ist er doch von präsumtiver Gestalt. In dieser Sicht kann der Glaube tatsächlich über die Vernunft triumphieren, ist er Wagnis und Risiko, bringt er zustande, was über die Kräfte der Vernunft hinausgeht[725]. Ganz im Sinne der *Theses de fide* kennzeichnet sein Wagnischarakter die über eine reine Vernunfttätigkeit hinausgehende personale Struktur des Glaubensaktes, wie *J. H. Newman* in seinen *Oxforder Universitätsreden* erläutert. Ausdrücklich ist hier die menschliche Gefühlswelt miteinbezogen. Angst, Risiko, Gefahr, Befürchtung und Ungewißheit machen demnach geradezu den Vorzug und den Adel des Glaubens aus[726], gilt es doch, das Unsichtbare gegenwärtig zu machen,

---

[720] Vgl. *G. Rombold*, Art. John Henry Newman 719.

[721] „Zwar besitzt die Vernunft eine Kraft der Analyse und der Kritik für jede Meinung und jedes Verhalten. Denn nichts ist wahr und recht, was nicht von ihr gutgeheißen und in gewissem Sinn von ihr bewiesen werden kann. Folglich haben wir zweifellos auch kein Recht dazu, die durch den Glauben aufgenommenen Lehren als Wahrheiten anzusehen, wenn sie vor der Vernunft nicht bestehen können" (OUS X 182 - 183 / AW VI 140).

[722] *E. Bischofberger*, Sittliche Voraussetzungen 46.

[723] Vgl. OUS XII 223 / AW VI 169.

[724] OUS XII 224 / AW VI 169.

[725] Vgl. OUS XII 224 / AW VI 169.

[726] Vgl. AW VI 288.

auf bloße Erwartung hin zu handeln, um des Zukünftigen willen Bequemlichkeit und irdische Güter daranzugeben[727]. Der Glaube ist Wagnis, weil er den Einzelnen ganz fordert und ihn darin prägt und verwandelt[728]. Damit hat *J. H. Newman* die syllogistische Beweisführung zeitgenössischer Apologetik zwar nicht abgewiesen, ihre Wirkung aber offensichtlich realistisch eingeschätzt: Ihm geht es, und dies belegt seine Präsumtionslehre, vielmehr um urprüngliche Grundhaltungen, die den Vorhof der Glaubenszustimmung bilden. Hier leitet ihn seine Erfahrung, derzufolge die Menschen das Evangelium „hauptsächlich auf die große apriorische Wahrscheinlichkeit einer Offenbarung hin annehmen, und zwar deshalb, weil es ihrem inneren Bedürfnis am meisten entspricht"[729]. Bei unreligiösen Menschen dagegen ist alle Beweisführung im Grunde nur Verschwendung[730].

Eine Glaubensanalyse, die dem Rechnung trägt, hat mehrere Problemfelder zu berücksichtigen. *J. H. Newman* hat dazu bereits in seinen frühen Schriften wichtige Hinweise gegeben: Zunächst und vor allem ist davon zu sprechen, wie der Mensch zum Glauben gelangen und diesen Schritt vor sich selber und der Öffentlichkeit zumindest plausibel machen kann. Mit seiner Präsumtionslehre unterbreitet *J. H. Newman* einen

---

[727] AW VI 289.

[728] In seiner Predigt „Love of Religion, a New Nature, in: *J. H. Newman*, Parochial and Plain Sermons, Bd. VII. New Impression, Westminster 1968, 179-191 (=PPS VII), dtsch: *J. H. Newman*, Pfarr- und Volkspredigten. Eingeleitet und übertragen von der Newman-Arbeitsgemeinschaft der Benediktiner von Weingarten, Bd. VII, Stuttgart 1955, 178 – 201 (=DP VII) schreibt *J. H. Newman* in DP VII 186: „Von Geburt aus sind wir alle Kinder des Zornes. Im besten Falle sind wir gute Ölbäume, die dadurch gut geworden sind, daß sie einem guten Ölbaum aufgepfropft wurden. Von Natur aus sind wir Wildlinge mit sauren und bitteren Früchten und würden es bleiben, wären wir nicht aufgepfropft auf Christus, den guten Ölbaum, und zu Gliedern Christi, des gerechten und heiligen und vielgeliebten Sohnes Gottes gemacht. Aus diesem Grund vollzieht sich in den Heiligen Gottes solch ein Wandel gegenüber dem, was sie zu Beginn waren." Dieser Wandel ist in DP VII 183 näher charakterisiert: „Der ist der wahre Christ, der nach draußen Christ ist und zugleich nach innen; der für Gott lebt, dessen inneres Leben verborgen ist mit Christus in Gott, dessen Herz fromm ist, der nicht nur weiß und empfindet, daß das religiöse Leben die wahre Seligkeit ist, der vielmehr die Religion liebt, der wünscht und versucht, fromm zu sein, und darum betet, der Gott bittet, ihm den Willen und die Kraft zu geben, fromm zu sein, und der im Lauf der Zeit auch immer frömmer und für den Himmel tauglicher wird."

[729] OUS X 197 / AW VI 150.

[730] Vgl. OUS X 197 / AW VI 150.

entsprechenden Vorschlag, durch den der Anspruch der fragenden Vernunft ebenso wie die personale Tiefendimension des religiösen Glaubens, die Außenstehenden und Nicht - Gläubigen unverständlich erscheinen muß[731], Berücksichtigung finden. Forum der Vernunft ist allerdings nicht nur die gesellschaftliche und politische Öffentlichkeit, wie die Praefatio vielleicht glauben machen könnte: Auch die Glaubensgemeinschaft der Kirche ist ein solcher Raum öffentlicher Auseinandersetzung. Im *Rambler* - Artikel, aber auch in seinem *Paper on Development* gibt *J. H. Newman* darüber Auskunft. Lehramt und Gläubige sind hiernach Überlieferungsträger des der ganzen Kirche unfehlbar anvertrauten Gotteswortes, die Entwicklung der Glaubenslehre lebt aus deren lebendigem Miteinander. In der Reflexion auf den Glauben wird es dann darum gehen, die individuelle Aneignung des Glaubensgutes durch den einzelnen Gläubigen mit den Zeugnissen authentisch kirchlicher Überlieferung zu vermitteln. Zugleich gilt es, Kriterien zu finden, die es erlauben, im Akt der Glaubenszustimmung subjektive Fehlinterpretationen und Einseitigkeiten von echter, personal verankerter Gläubigkeit zu unterscheiden. Damit sind implizit schon jene Probleme benannt, an denen *J. H. Newman* sich über seine frühen Schriften hinaus hauptsächlich in seiner *Grammar* abmüht. Der Versuch, das Verhältnis von Glaube und Vernunft angemessen zu bestimmen, ist dafür ein erstes, wichtiges Indiz. Tatsächlich geht es *J. H. Newman* dabei vor allem um die Frage nach dem Charakter der Gewißheit, die sich im Glaubensakt einstellt und die den Glaubensschritt rechtfertigt. Wie die Lehre von der Präsumtion zeigt, greift hier offensichtlich der herkömmliche, syllogistische Vernunftbegriff und das von ihm geprägte Gewißheitsideal zu kurz. Eine Sicht des Glaubensaktes, die den Schwerpunkt auf die unverwechselbare Personalität des Glaubensaktes legt, stellt aber die Rede von einem objektiven, authentisch verbürgten *depositum fidei* auf die Probe. *J. H. Newman* erweist sich darin als Kind einer Zeit, die sich den autoritären Wahrheitsansprüchen einer kirchlich vermittelten Offenbarung allmählich entfremdet hat, ihrerseits Wahrheitsansprüche eigener Art an den Glauben heranträgt und dem einzelnen Gläubigen wie der ganzen Kirche abverlangt, den eigenen Standpunkt einleuchtend darzulegen. *J. H. Newmans* spezifischer Beitrag zu dieser Frage ist die *Grammar of Assent*,

---

[731] „En Dionysium illum Atheniensem, absque miraculo, voci Apostolicae libenter obedientem, dum Stoici et Epicurei ridebant!" (Praefatio 256 - 257 / AW VI 447).

deren Argumentationsfiguren bereits früh in seinen Werken zu finden sind. Von besonderer Bedeutung ist dabei der Gedanke der Evidenz, mit der sich dem menschlichen Geist ein gegebener Sachverhalt in seinem Wahrheitsanspruch vermittelt. Die Skizze *On the Certainty* gibt davon Zeugnis.

4.2.3.4. *On the Certainty of Faith* (1853) - Zustimmung, Evidenz und Gewißheit

Die umfangreiche Skizze *On the Certainty of Faith*, von *J. H. Newman* auf den 16. Dezember 1853 datiert[732], gehört zu einer Gruppe von Texten, die ihr Autor nicht zur Veröffentlichung vorgesehen hat[733]. Die hier vorgetragenen Gedankengänge sind folglich nicht immer explizit ausgeführt, vieles bleibt nur angedeutet. Dennoch ist der Aufbau der Skizze von schlüssiger Prägnanz: Die §§ 1 bis 4 klären den Begriff der Evidenz, der in § 5 auf den Gegenstand der Religion angewandt wird, die §§ 6 bis 8 ermitteln den Begriff der Gewißheit. § 9 erörtert abschließend die Struktur des Glaubensaktes. Von der Sache her steht der Text in der Gedankenwelt der *Praefatio* von 1847. Die Gliederung des frühen Textes zur Gewißheitsfrage erinnert bereits an Themenwahl und Aufbau der Zustimmungslehre[734].

---

[732] Vgl. ThP I 17.

[733] Vgl. dazu *Ch. St. Dessain*, Introduction, in: ThP I, VII - IX, schreibt: „ When Cardinal Newman died on 11August 1890 he left behind at the Birmingham Oratory various writings of his own, some of them background material for his biographer, some of them preparatory work for one or other of his books, none actually meant to be published" (ThP I, VII).

[734] Die Überschriften zu den *Paragraphen* lauten: §1. On the two modes of apprehending or holdig truth, § 2. On the contrast in the process of apprehension between the Evidentia Veritatis and the Evidentia Credibilitatis, § 3. On the Office of the Judgement or Prudentia (as the arbiter of) in determing the Evidentia Credibilitatis, §4. On the propagation of truths apprehended on the Evidentia Credibilitatis, §5. Application of the foregoing doctrine to the instance of religious (revealed) truth, § 6. On certainty, §7. On certainty in conclusions from trains of logical arguments, § 8. On the criterion of certainty, §9. On the process of supernatural faith, and the portion of it which is supernatural. Zur Gliederung der *Grammar* vgl. den entsprechenden Abschnitt. Auffallend ist, daß sowohl die Kleinschrift *On the Certainty* als auch die *Gammar of Assent* zweigeteilt sind und in beiden Texten jeweils nach einem Hauptteil die konkrete Anwendung der neuen Erkenntnisse auf den Glaubensakt erfolgt (*On the Certainty*: §§ 5 und 9/ *Grammar of Assent*: Kapitel 5 und 10).

Im ersten Kurzparagraphen geht es um die Frage, inwieweit und auf welche Weise es möglich ist, einen Tatbestand als glaubwürdig gegeben anzunehmen, über einen Sachverhalt also eine Annahme zu treffen, die von bleibender Dauer ist[735]. Schlüssel zur Lösung dazu ist der Begriff der Evidenz, den J. H. Newman zunächst bildhaft umschreibt. Ein gegebener Sachverhalt ist dann evident, wenn er offensichtlich ist, d. h., von einem „certain light"[736] umgeben wird. Der lichte Charakter einer evidenten Wahrheit erfährt eine weitere Erläuterung. Evidenz meint „the witness of existing or ascertained truths, to a certain further proposition that it is their correlative, or hangs together with them"[737]. Sind beispielsweise neun Sätze wahr, und kommt ein zehnter Satz dazu, der sich den übrigen neun nahtlos einfügt, so bezeugt allein dieser Tatbestand die Wahrheit des eingefügten Satzes: Die Wahrheit von neun Sätzen macht die des zehnten evident. Ein Sachverhalt ist also dann evident, wenn er sich in den Horizont vorhandener Kenntnis einfügt, diese ihn schlüssig erscheinen läßt[738]. Proofs, Beweise, die eine Sache evident machen, nennt J. H. Newman folgerichtig deren „separate and joint relations to the proposition in question"[739]. Bei der Evidenz geht es folglich um eine begründete Einladung, ein unbekanntes Faktum als schlüssig und glaubwürdig zu akzeptieren[740]. In seiner Studie verweist M. Miserda auf die große Bedeutung der Verben to feel und to see, die von J. H. Newman in erkenntnistheoretischen Zusammenhängen bevorzugt verwendet werden[741]. To see bedeutet, daß ein Sachverhalt wahr ist („that a proposition is true"[742]), to feel „that it is true"[743]. Eine Unterscheidung, die von Tragweite ist: To see zielt auf die Evidenz wissenschaftlicher

---

[735] „On the two modes of apprehending or holding truth..." (ThP I 17).
[736] ThP I 18.
[737] ThP I 18.
[738] Vgl. ThP I 18.
[739] ThP I 18.
[740] „We see a proposition to be true, when we can make it dovetail closely into our existing knowledge, and when nothing else but it will so dovetail, that is, when we have proofs of it; for a proof is a necessary inference from facts, such that it just fits the proposition they are said to prove" (ThP I 18 – 19).
[741] Vgl. M. Miserda, Subjektivität 354.
[742] ThP I 17.
[743] ThP I 17.

Wahrheit[744], es geht um das, was demonstrierbar ist und methodisch abgesichert werden kann[745]. Eine in diesem Sinne evidente Wahrheit faßt *J. H. Newman* unter den Begriff der *evidentia veritatis* [746]. Ergänzend dazu gibt es noch die *evidentia credibilitatis*, der das Verbum to feel zugeordnet wird[747]. Hierbei geht es um Vermutungen, Probabilitäten, die aufeinander verweisen, akkumulieren, um eine nicht - notwendige, kontingente Wahrheit zu erschließen[748]. Die evidentia credibilitatis ist deshalb von eigener Art. Ihr Wesen ist das der Induktion, nicht das des Syllogismus[749]. To feel meint nämlich eine Vermutung, eine Antizipation: Obwohl ein Sachverhalt nicht stichhaltig aufgezeigt werden kann, ist er dennoch greifbar, kann seine Gegebenheit zumindest schlüssig gemacht werden, ein Gedanke, der als *Präsumtionslehre* in § 2 der Praefatio von 1847 bereits geäußert wird[750].

Auch in seiner frühen Skizze zur Glaubensgewißheit verankert *J. H. Newman* den Erkenntnisprozeß in der Mitte der Person. Ihm zufolge ist die Evidenz ein *lumen rationis* [751], verschieden wie die Menschen

---

[744] „Under the head of truths which we *see*, fall, (putting aside the objects of intuition and of sense,) all subject matter of science, as the mathematics, theology, metaphysics, which are in what is called *necessary* matter, and are syllogized, or have logical proof" (ThP I 19).

[745] „...those which are *demonstrable*, that is, which can be *made sure* (proved)" (ThP I 20).

[746] Vgl. ThP I 20.

[747] Vgl. ThP I 20.

[748] „Under the head of truths which we feel, are those which are in *contingent* matter, and are recommended to us on what is called *moral* (probable) grounds....those which are reached, not by one direct simple and sufficient proof but by a complex argument consisting of accumulating and converging probabilities" (ThP I 19).

[749] „...not by syllogism, but by induction" (ThP I 19) .

[750] „ ...in other words, that, though we cannot prove it, we perceive it or can prove it to be congruous, to known facts, and that we have sufficient grounds in reason for thinking that it is only by an accident that we cannot prove it, and that under other circumstances, we *should be able* to prove it" (ThP I 19).

[751] Vgl. ThP I 19. Die Lichtmetapher, mit der *J. H. Newman* den erhellenden Charakter der Evidenz umschreibt, steht in einer Linie mit jener Definition, durch die er im vorhergehenden Abschnitt die *intuition* von der *demonstration* unterscheidet: „In *intuition* the light is in the proposition itself - in *demonstration* the light is thrown upon the proposition from surrounding already known truths" (ThP I 18).

selbst[752]. *J. H. Newman* betont dazu zunächst ausdrücklich die qualitative Gleichwertigkeit der evidentia veritatis und der *evidentia credibilitatis*. Beide sind rationale Vollzüge des menschlichen Geistes[753], dem je nach Beschaffenheit[754] diese oder jene Sache evident wird[755] - „Cuique in art sua credendum"[756]. Obwohl als Erkenntnisvollzug gleichwertig, sind beide Gestalten der Evidenz jedoch verschieden. Die evidentia veritatis ergibt sich aus Voraussetzungen, die bekannt und von allen akzeptiert sind[757], ihr Bereich ist der der Wissenschaft, die einen Sach - oder Themenkreis unter allgemein gültigen Regeln verhandelt[758]. Bei der evidentia credibilitatis dagegen geht es nicht um die festzustellende Wahrheit eines Sachverhaltes, sondern um dessen Glaubwürdigkeit. Deren Evidenz ergibt sich nicht aus einem wissenschaftlichen Verfahren, das auf überlieferten Prinzipien beruht und in präzisen Syllogismen durchgeführt wird, sondern ist „action of the individual mind"[759], der dabei nicht nach bestimmten Regel vorgeht, sondern sich in seinem Urteil auf sein Wissen und seine „practical expertness" [760] stützt. *J. H. Newman* kommt zu einer interessanten und konsequenten Einschätzung: Der Erweis ei-

---

[752] „..what is evidentia (of a truth) to one man is not evidentia to another, or a truth may be evidens, and known, to one and not to another" (ThP I 21).

[753] „ The proof that a proposition is credibile may be (is) as complete and sufficient as the proof that it is true; or, referring to our original language, we are as rational when we feel as when we see a truth" (ThP I 20).

[754] „One set of existing truths or premisses may be (is) easier of apprehension to the human mind than another" (ThP I 21).

[755] „The principles or existing truths or premisses in one subject matter are not the same as those in another; so that two men A and B may possess evidentia of the propositions respectively in one of two subject matters a and b , and not in the other b and a" (ThP I 21).

[756] ThP I 22.

[757] Vgl. ThP I 22.

[758] „In proportion as the premisses are easy and popular, and the subject matter drawn out of the hands of the few, or of particular classes of men, into public and popular apprehension, is a study called a science " (ThP I 22). Vgl. ThP I 24: „It follows that the Evidentia Veritatis admits of scientific treatment and external exhibition..." . Nach *M. Miserda*, Subjektivität 355, hat nur die *evidentia veritatis* eine allgemein anerkannte Bedeutung, die *evidentia credibilitatis* dagegen ist „nicht mehr allgemein, sondern individuell".

[759] ThP I 22.

[760] ThP I 22.

ner solchen Evidenz ist das eigentliche *motivum credibilitatis* [761], das somit den Rang einer zuhöchst individuellen Angelegenheit hat[762]. Dieser Gedanke wird in § 3 durch den Begriff der Prudentia entfaltet, für *J. H. Newman* eine „mental faculty"[763] von weitreichender Kompetenz[764]. Die *Prudentia* „sees, furnishes, uses, dispenses and applies the premisses of the *Evidentia Credibilitatis*"[765], dem Argumentationsgang entsprechend gewichtet und kombiniert sie Indizien nach ihrem Wert[766]. Dabei ist sie eine gewissermaßen natürliche Ausstattung aller Menschen, wobei sie bei einigen unter ihnen eine besondere Ausprägung erfährt[767]. Teilweise erwächst sie aus der Erfahrung, in ihrem Wert und in ihrer Ausstrahlung („worth and preciousness"[768]) variiert sie hinsichtlich des Wirkungskreises, für den sie ausgestattet ist[769]. *J. H. Newman* zählt dazu die Befähigung des menschlichen Geistes zur instinktiven Wahrnehmung, aber auch ein aus Erfahrung erwachsendes Taktgefühl und eine gewisse „sensitiveness of innocence and saintliness"[770]. Die Begabung für den einen Bereich muß dabei aber nicht für andere Bereiche gelten[771]. In zweifacher Weise schreibt *J. H. Newman* der *Prudentia* eine besondere Kraft zu, den ihr

---

[761] „The proof of evidentia is called the motivum of its object - e.g. motivum credibilitatis" (ThP I 22).

[762] Vgl. dazu ThP I 22: „... individual mind, which knows what others may or may not know..." In ThP I 23 erwähnt *J. H. Newman* das Beispiel einer Auseinandersetzung zweier Personen über die Autorschaft eines Buches: „He will dispute your seven or more probabilities - he will deny they coalesce into a proof, if admitted - he will urge his own probabilities the other way , which you have not answered."

[763] ThP I 24.

[764] „This description of *prudentia* corresponds to that of the ‚illative sense' in the *Grammar*" (*R. Achten*, First Principles 83).

[765] ThP I 24.

[766] „...and presents the collection of arguments as one mass sufficient to take their place..."(ThP I 24).

[767] Vgl. ThP I 24.

[768] ThP I 24.

[769] „Accordingly it has different names, and kinds; sometimes it is sagacity, sometimes common sense, strong sense, shrewdness, acuteness, penetration, are all terms denoting it in different matters" (ThP I 24).

[770] ThP I 24, wobei *J. H. Newman* das Vorhandensein solch besonderer Gaben mit dem Hinweis auf hochbegabte historische Persönlichkeiten , *Newton* etwa oder *Napoleon*, belegt.

[771] „Moreover the possession of his Prudentia in one subject matter is no guarantee for a peron´s possessing it in another" (ThP I 24) .

eigenen Themenbereich auszuloten. Es ist dies zum einen ihre Fähigkeit („sovereign judge")[772], Notwendigkeiten und Gegebenheiten eines Argumentationsganges aufzuspüren, der in einer strittigen Frage zu einer evidentia credibilitatis führen soll[773]. Zum anderen kommt ihr eine gewisse Vorausschau zu: „Newton had ascertained his great discoveries, before he had proved them true; and he had great difficulty in proving them"[774]. *J. H. Newman* gelangt von hier aus zu einer wichtigen Überlegung, die ihn von der Innerlichkeit und Individualität der *evidentia credibilitatis* zu deren Öffentlichkeitscharakter führt[775]. Das komplexe Geflecht der Bedingungen, aus denen sich die Glaubwürdigkeit eines Sachverhaltes ergibt[776], fordert einen anderen Status ihrer Vermittlung an die Öffentlichkeit, als ihn die evidentia veritatis nötig macht: Wissenschaftliche Forschung folgt den allgemein anerkannten Formalstrukturen ihrer Disziplin[777], die Vermittlung von glaubwürdigen Wahrheiten dagegen verlangt allmähliche Rezeption, fordert also personale Vermittlungsstrukturen, für die *J. H. Newman* zwei Wege angibt[778]. Nachvollziehbar sich der Glaubwürdigkeit einer Sache zu vergewissern, heißt entweder, aufgrund ihrer Kompetenz die eigene Prudentia zu befragen, oder es bedeutet, das Urteil der *Prudentia* jener zu erfragen, die in der unbekannten oder umstrittenen Angelegenheit Sachkenntnis haben[779]. Glaubwürdigkeit fußt hier also auf der Auskunft glaubwürdiger, weil

---

[772] ThP I 25.

[773] „...what cases admit of proof, of truth, and what do not, and how many and what arguments are necessary in each varying case to prove credibility" (ThP I 25).

[774] ThP I 25.

[775] Vgl. dazu die Überschrift zu § 4 „On the propagation of truths apprehended on the Evidentia Credibilitatis" (ThP I 25).

[776] „.... the process is neither easy nor short; because, though it be demonstrative, yet the premisses cannot be taken for granted, nor are they few, nor is the argument brief (neat), but elaborate, circuitous, and perplexed" (ThP I 26).

[777] „In this Evidentia, the premisses are few and generally received, or received as soon as stated, and the argument is concise - and you can compel assent" (ThP I 25 – 26).

[778] „How then are we to propagate truth, that is, to cause its reception by others as well as ourselves, when it is aprehended on the evidentia credibilitatis?" (ThP I 26).

[779] „1.by gaining that Prudentia ... which discerns, seizes, and applies the premisses or principles or 2. by using the Prudentia of those who are already versed in that particular subject matter" (ThP I 26).

kundiger und erfahrener Zeugen[780]. Die Einsicht des Einzelnen hat Teil am Wissenstand der Gemeinschaft, wobei der Faktor Zeit zu berücksichtigen ist: Oftmals braucht es eine gewisse Zeit, die Wahrheit zu erkennen, mitunter ist dazu sogar ein Erziehungsprozeß nötig, wie *J. H. Newman* an der Fähigkeit, gute von schlechter Musik zu unterscheiden, erläutert[781].

In § 5 seiner Skizze bezieht *J. H. Newman* die vorangegangenen Überlegungen auf die Wahrheit der Religion, wobei er schon in der Überschrift des Abschnittes das Adjektiv religious um das Adjektiv revealed ergänzt, und damit sogleich die Grundlage für ein dialogisches Verständnis von Glaube und Offenbarung schafft[782], für das die Rede von der evidentia credibilitatis von zentraler Bedeutung ist[783]. „Since we are saved, not by knowledge, but by faith" [784] - mit Hilfe der Vorstellung einer evidentia veritatis gelingt es nicht, das Wesen der Offenbarungsreligion angemessen zu beschreiben. Glaube ist nicht ausschließlich Verstandessache, gilt er doch den Kindern ebenso wie den Ungebildeten[785]. Er ist die freie Entscheidung von Menschen, die sich darin je nach Begabung, Veranlagung und Herkunft von einer „variety of grounds, reasons, or motiva"[786] leiten lassen. Der Gedankengang, den *J. H. Newman* an dieser Stelle vorträgt, ist nunmehr hinreichend bekannt: Die menschliche *Prudentia* [787] bringt das eigentliche motivum credibilitatis, jene „exercise of reason"[788] hervor, in der sich das von ihr zusammenge-

---

[780] „When we want to know a truth in Political Economy, or Medicine, or Civil Engineering, we feel that we cannot do better than take the word of those who know better than we do, from having studied those respective subjects" (ThP I 26).

[781] Vgl. ThP I 26.

[782] Vgl. dazu die Überschrift zu „§ 5. Application of the foregoing doctrine to the instance of religious (revealed) truth" (ThP I 27).

[783] „Revealed Religion has the evidentia credibilitatis, not veritatis " (ThP I 27).

[784] ThP I 27.

[785] Vgl. ThP I 27.

[786] ThP I 27.

[787] „And since that evidentia is level to the intellect of children and of the illiterate, as well as others, it must be gained, not in the way of science, but by the exercise of prudentia" (ThP I 27)

[788] ThP I 27 und ebd. : „ Prudentia forms and shapes the motivum".

tragene Gesamt von Indizien zur evidenten Glaubwürdigkeit der Glaubensbotschaft fügt[789].

Prudentia, motivum credibilitatis, evidentia credibilitatis: In drei Begriffen präzisiert J. H. *Newman* scharfsinnig sein von den *Theses de fide* her bekanntes Modell, das den Glauben als Zustimmungsakt faßt [790]. Was er dabei leistet, ist beeindruckend: Die Annahme der *Prudentia* verankert den Glaubensakt in der Personmitte und sichert dem *motivum credibilitatis* wie auch dem eigentlichen Glaubens -, oder besser Entscheidungsakt - die unverwechselbare Gestalt. Die Evidenz der Offenbarungswahrheit ist dabei in das Subjekt selbst verlegt: Nicht allein die äußere Autorität von Fakten oder auch Überlieferungsträgern ist es, die den Ausschlag für den Glauben gibt, sondern die innere Disposition ermutigt zum Glaubensschritt. Hier gelingt in aller Kürze eine Glaubensanalyse ganz eigener Art, die zudem durch eine weitere Textbeobachtung vervollständigt wird. In § 1 seiner Skizze bezeichnet J. H. *Newman* nämlich die Evidenz als *lumen rationis*[791]: Damit ist der Argumentationsgang gewissermaßen umgekehrt. Vermittels der *Prudentia* fügen sich nicht nur Einzelgründe, Indizien, Hinweise zur begründeten Annahme eines evidenten Sachverhaltes, es ist umgekehrt auch die Evidenz dieses Sachverhaltes selbst, die ihrerseits die Prudentia anleitet, die Gründe für den Entscheidungsschritt entsprechend zu fügen[792]. In seiner zweiten *Oxforder Universitätspredigt* findet dieser Gedanke seine gnadentheologische Interpretation: *Zeichen der Glaubwürdigkeit* vermitteln die Überzeugungskraft der Offenbarung und laden den Einzelnen ein, den Schritt des Glaubens zu wagen[793]. Der Glaube ist insofern eher noch eine große

---

[789] „.....there is no faith without a sufficient motivum"(ThP I 27).

[790] Vgl. Theses de fide 226 – 227/ AW VI 427.

[791] Vgl. ThP I 19.

[792] „By evidentia then is meant the witness of existing or ascertained truths, to a certain further proposition that it is their correlative, or hangs together with them" (ThP I 18).

[793] J. H. *Newman* findet in seiner *zweiten Oxforder Universitätspredigt* „The influence of natural and revealed religion respectively" vom 13. April 1830 (OUS II 16 - 36 / AW VI 23 - 36) zu einer interessanten Argumentation: In *Jesus Christus* schauen die Glaubenden „ die Attribute des unsichtbaren Gottes", die sich - dem Erkenntnisvermögen des Menschen entsprechend - „ in Taten auswirken" (OUS II 25/AW VI 29). Jene „ einfachen und deutlichen Tatsachen" empfangen durch *Jesus Christus* Eindeutigkeit und Sinn. „Tatsachen wie diese sind nicht einfach nur Beweise für die Wahrheit der Offenbarung, sondern Vermittler ihrer Überzeugungskraft. Das Leben Chri-

Herausforderung für gebildete als für ungebildete Menschen. Gebildete nämlich bedürfen einer starken *Prudentia*, die fähig ist, die in ihnen vorhandene subtile Gedankenwelt auf eine existentielle Entscheidung hin sachgemäß zu bündeln, sie brauchen „simple faith and spiritual perception to supersede the intellect"[794]. Die Fülle jederzeit verfügbarer Indizien für einen verantworteten Glaubensschritt bewahrt den Glaubenden somit keinesfalls vor dem Wagnis des Glaubens selber. Mit der Gefahr, die Wahrheit zu verfehlen, besteht also zunächst die Aufgabe, die eigene Prudentia zu pflegen und zu kultivieren[795], sodann aber auch angesichts des Glaubenswagnisses die Notwendigkeit, sich der drängenden Frage zu stellen, was in Glaubensdingen tatsächlich gewiß sein kann.

Das Wort *certainty, Gewißheit*, ist in der Form, wie es *J. H. Newman* gebraucht, ein Begriff mit doppelter Bedeutung[796]. Gemeint ist zunächst ein Vollzug („act"[797]), der die bereits vorhandene Anerkennung eines Sachverhaltes reflektiert, anerkennt und ratifiziert[798], dann aber auch eine Haltung zu dieser Sache, ein „habit of the intellect"[799], immer aber

---

sti vereinigt und konzentriert Wahrheiten, die sich auf das wichtigste Gut und auf die Gesetz unseres Daseins beziehen, Wahrheiten, die müßig und verloren über die Oberfläche der moralischen Welt hinwandern und oft voneinander abzuweichen scheinen" (vgl. OUS II 27 / AW VI 30). Daraus folgt: „ Der Philosoph strebt nach einem göttlichen Prinzip, der Christ nach einem göttlichem Agens. Nun bietet die Hingabe unserer Kräfte an den Dienst einer Person Gelegenheit für die höchsten und edelsten Tugenden : für selbstlose Anhänglichkeit, Selbsthingabe, Treue, noch mehr: für Demut, die zur Gewohnheit wird aus dem Wissen heraus, daß immer einer sein muß, der über uns steht" (OUS II 28 / AW VI 31).

[794] ThP I 29.

[795] „The want is prudentia. Therefore either 1. It must be increased intellectually. 2. or it must be stimulated in energy by grace and spiritual earnestness. 3. or the event must be left to time, which becomes a sort of arbiter between truth and falshood by a natural proof..." (ThP I 30).

[796] *M. Miserda*, Subjektivität 356, Anm. 353, sieht hier allerdings keinen Begriff mit doppelter Bedeutung, sondern eher eine Vorstufe zum späteren Illative sense: „Zunächst machte Newman keinen Unterschied zwischen der ‚certainty' und der ‚certitude'...und von ‚certainty' spricht er hier in etwa, wie er später vom ‚Illative Sense' spricht."

[797] ThP I 31.

[798] „...reflecting on, recognising, and ratifying its existing apprehension" (ThP I 31).

[799] ThP I 31.

ein Urteil über ein Urteil, „an assent of the intellect to an assent"[800]. Die Möglichkeit, eine bereits einem Sachverhalt gewährte Zustimmung - ihrer Richtigkeit und Berechtigung wegen - zu überprüfen, sich ihrer also zu vergewissern, ist für J. H. *Newman* ein keineswegs ungewöhnlicher Vorgang: Einzig „Saints and Angels probably have apprehension without certainty"[801]. Die Vergewisserung geschieht denn auch aus zwei Gründen. Zum einen kann es sein, daß über eine Meinung unterschiedliche Auffassungen bestehen, zum anderen, daß berechtigte Zweifel an der Anerkennung eines Sachverhaltes, möglicherweise sogar an den Gründen, die zu dieser Anerkennung geführt haben, bestehen[802]. So kann J. H. *Newman* seine Begriffsbestimmung der *certainty* noch einmal präzisieren: Gemeint ist „a recognition, not simply of an apprehension, but at least improperly and accidentally of the motiva and consequently the evidentia of that apprehension"[803]. Ein so verstandener Gewißheitsbegriff gilt für die *evidentia veritatis* und die *evidentia credibilitatis*[804]. Der Begriff der Anerkennung ist dabei positiv bestimmt, d.h., die Anerkennung bezieht sich immer auf die Wahrheit von etwas tatsächlich Gegebenem. Da sie eine Anerkennung einer Anerkennung ist, stellt sich die Gewißheit daher nur über Wahrheiten ein, „for we cannot apprehend falsehood"[805]. Zwar gesteht J. H. *Newman* ein, daß es bei der Anerkennung wahrer Sachverhalte keine unterschiedlichen Grade gibt, denn Wahres ist und bleibt ohne Bedingungen und Einschränkungen wahr. Es gibt aber im Einzelfall doch Grade von „vigour, keeness, and directness"[806], in welcher die Gewißheit die von ihr in Augenschein gefaßte Anerkennung akzeptiert[807], sich durch eine „accidental and improper

---

[800] ThP I 31.

[801] ThP I 31. J. H. *Newman* erläutert seinen Gedankengang durch ein Beispiel: Ein Mann behauptet zunächst mit Nachdruck, eine ihm bekannte Person getroffen zu haben, nach Rückfrage von Dritten muß er allerdings zu einem späteren Zeitpunkt seine Aussage revidieren (vgl. ThP I 31).

[802] Vgl. ThP I 31. „Again, let us suppose a world in which there could be no difference of opinion, or, supposing all things were known by strict science. The word ‚certain' would not be known - every thing would be taken for granted" (ThP I 31).

[803] ThP I 31.

[804] „....apprehension of a truth, wether known or believed" (ThP I 31).

[805] ThP I 32.

[806] ThP I 32.

[807] „As apprehension views the object in its evidentia, so the certainty recognises the apprehension in its motiva" (ThP I 32).

extension"[808] eines evidenten Sachverhaltes vergewissert. Vor der Gewißheit steht dabei aber die redliche Überprüfung aller Umstände, die eine Evidenz erst ermöglichen[809]. *J. H. Newman* denkt hier an für die Evidenz einer Sache so wichtige Voraussetzungen wie die Stimmigkeit einer Wahrheit, das Licht, das die Erinnerung auf einen Sachverhalt wirft, die Kraft eines logischen Beweises, das Wirken der Sinne und die Erfahrung mit Gegebenheiten der Wirklichkeit[810]. Wie die *prudentia* ist für *J. H. Newman* auch die *certainty* in der menschlichen Person tief verankert. Ihre Kraft im Individuum ist zu verschiedenen Zeiten unterschiedlich stark ausgeprägt, möglicherweise ist eine Gewißheit über einen identischen Sachverhalt sogar zur gleichen Zeit bei zwei verschiedenen Personen völlig verschieden. *J. H. Newman* schreibt hier dem Willen eine große Bedeutung zu[811]. Mit seinem Willen formt der Einzelne ganz bewußt evidente Sachverhalte zu einem stringenten Argumentationszusammenhang[812], kraft seines Willens entscheidet er über die Glaubwürdigkeit eines Sachverhaltes und dessen Gewißheit nicht nur anhand von Beweisen, sondern auch aufgrund der Vertrauenswürdigkeit von Menschen, die ihm die Angemessenheit des Anliegens verbürgen[813].

Der Hinweis sowohl auf die prägende Kraft des menschlichen Willens als auch auf die Abhängigkeit der Gewißheit vom Zeugnis glaubwürdiger Zeugen macht es *J. H. Newman* möglich, das Wesen der Gewißheit noch deutlicher zu bestimmen: Sie ist „act of conscious-

---

[808] ThP I 33.

[809] „We are certain that Richard III was an unscrupolous usurper , but we are obliged to think over the proof for believing it before we make our act of certainty, and we relapse into our state of slumber on the subject, as soon as we put it aside" (ThP I 32).

[810] Vgl. ThP I 32. „We are certain that cruelty or impurity is sin, with a directness and completeness correspondent to the luminousness of the evidentia and its inherence in the truth which we recognise " (ThP I 32).

[811] „.....it depends very much in a particular case on the will of the individual" (ThP I 33). *M. Miserda*, Subjektivität 356, Anm. 354, schreibt: „Auch hier ist nicht möglich, auf alle Einzelheiten einzugehen, jedoch ist es sehr wichtig, daß auch der ‚Wille' einmal das bezeichnete, was später der ‚Illative sense' wurde."

[812] „In train of reasonings then, it depends very much upon the habit, will etc., of the individual, as he takes this evidentia and not that" (ThP I 33).

[813] „Again, when we have once proved, (gained evidentia) that a certain work is Saint Augustine´s or Saint Thomas´s, we throw ourselves upon it with a fulness of confidence quite independent of the evidentia of the proof" (ThP I 34).

ness"[814], für ihn Erklärung dafür, daß viele Menschen zur gleichen Zeit völlig entgegengesetzte Dinge für gewiß halten können[815]. Aus dieser Einschätzung erklärt sich auch in § 7 („On the kinds of certainty so called"[816]) der Skizze die Einteilung der Gewißheit in verschiedene Typen und Klassen: Keine der dort genannten Gewißheiten ist das Ergebnis mathematisch - syllogistischer Bemühung, sie alle beruhen auf eher intuitiven und emotional geprägten Geisteskräften. Die certainty of impression lebt aus der „imagination"[817] von Situationen und Personen, der „vivid impression of the occurence of a fact"[818], die certainty of the affections erwächst aus der Anerkennung der Fähigkeiten und anerkennungswürdigen Eigenschaften von Mitmenschen[819], die certainty of memory sichert die Gewißheit von Tatbeständen aus vergleichbaren Sachverhalten in der Vergangenheit[820], die practical certainty leitet Menschen, auf Erfahrungswerte in analogen Situationen zu vertrauen[821]. An dieser Stelle entzündet sich J. H. Newmans Kritik an seinen englischen Landsleuten, „a race so practical, so impatient of questions of truth and falsehood"[822]. Eine solch praktische Gewißheit vereitelt genau das, was speculative certainty genannt werden kann. Diese bedingt um der Sache, die zu beurteilen ist, eine hohe Ernsthaftigkeit („earnestness"[823]) und engagierte Urteilskraft des Menschen, sie ist eine „deliberation, however rapid"[824]: J. H. Newman konzipiert ein Gewißheitsmodell, das ein hohes Engagement der sich vergewissernden Person voraussetzt. Speculative certainty ist nicht ohne Grund als „a reflex assent to our possessing a ra-

---

[814] ThP I 36.

[815] Vgl. ThP I 36.

[816] ThP I 34.

[817] ThP I 34.

[818] ThP I 34.

[819] „We form an acquaintance with a man - he is amiable, engaging, clever..." (ThP I 34).

[820] Bei mitmenschlichen Beziehungen ist die *certainty of memory* nur unzureichend: „But if I had the strongest proof and an evidentia that A.B. was my devoted friend five years ago, I could not therefore say, on the memory of the assent and its motiva of that date, that I was certain he was my devoted friend now" (ThP I 34-35).

[821] „What we call certainty is but an opinion which is safe and wise to take as true" (ThP I 35).

[822] ThP I 35.

[823] ThP I 35.

[824] ThP I 35

tional assent"[825] charakterisiert. Sie zielt auf Fragen und Wirklichkeitsbereiche, in denen es auf den ganzen Menschen ankommt. An zwei spach-
lichen Eigenarten läßt sich dies belegen: Der Begriff *assent* meint die Zu-
stimmungssituation, in der sich der Einzelne im Moment der Vergewisserung befindet, wobei die Charakterisierung des assent durch das Adjektiv *reflex* auf ein intuitiv- spontanes, sehr persönliches Tun schließen
läßt. *J. H. Newman* weiß allerdings, daß diese Form der *certainty* selten der
Fall ist, allenfalls „in the case of religious faith" [826].

Indem er seine Notizen über die *Prudentia, Evidenz* und *Certainty*
im letzten Abschnitt seiner Skizze [827] zu einer Art Glaubensanalyse bündelt, schließt *J. H. Newman* bezüglich einer *speculative certainty* an die
vorhergehenden Überlegungen an. Die Weise, wie er dabei die Glaubensanalyse anlegt, ist im Wesen von den Theses de fide, aber auch von
den Darlegungen im Newman - Perrone - Paper unterschieden. In *On the
certainty* geht es zunächst nicht um das subjektive Wort Gottes und
ebenfalls nicht um die Formalstruktur des Glaubensaktes, wenn sich *J. H.
Newman* auch erneut ausdrücklich auf die Barockscholastik bezieht. Zu
den *Theses* wie zum *Paper on Development* stellt der Schlußabschnitt aus
On the Certainty gewissermaßen das Bindeglied dar, weil das hier gebotene Verstehensmodell sowohl den Gedanken des subjektiven Gotteswortes als auch den Versuch, den Glaubensakt in seiner Formalstruktur
zu beschreiben, einsichtig macht.

Im letzten Abschnitt, dem § 9 von *On Certainty* , legt *J. H. Newman*
eine zweigliedrige Beschreibung des Glaubensaktes vor. Wie in den *Theses de fide* verknüpft er dazu die im Textverlauf entwickelte Gedankenfolge mit der Terminologie der herkömmlichen Glaubensanalyse. Zunächst geht es ihm dabei um die Darstellung der Glaubwürdigkeitserkenntnis. Diese ist für ihn ein Prozeß, der von Beginn bis zum „assent to
the credibilitas of the supernatural revelation"[828] voll und ganz als „natural"[829] bezeichnet werden kann. *J. H. Newman* legt ausdrücklich Wert
darauf, daß die Bildung des Glaubwürdigkeitsurteils in jeder ihrer Pha-

---

[825] ThP I 35.
[826] ThP I 36.
[827] „§ 9. On the process of supernatural faith, and the portion of it which is supernatural" (ThP I 36).
[828] ThP I 36.
[829] ThP I 36.

sen als vernunftgemäß gelten kann, d.h. dem Urteil der natürlichen Vernunft standhält, prinzipiell also jedem („natural man"[830]) begreiflich gemacht werden kann, „in the same way medicine or farming is taught him"[831]. Die Bestandteile der Glaubwürdigkeitserkenntnis sind bereits aus den übrigen Abschnitten bekannt. A *body of proof* macht demnach die Offenbarungsbotschaft evident, also glaubwürdig. Zwar ist das Bündel an Beweisen für die Glaubwürdigkeit der Offenbarung „substantially the same to all men"[832], wird aber, so die Beobachtung, von den einzelnen Geistern unterschiedlich angenommen[833]. Das Bündel der *Glaubwürdig-keitsgründe* ist die Formalursache für die Konklusion, die dem Glaubens-schritt vorausgeht, die *Prudentia* - „conspiring to the conclusion"[834] - gibt dem Zusammenspiel der Glaubwürdigkeitsgründe individuelle Gestalt, erschafft es zum *motivum credibilitatis* [835], aufgrund dessen die Vernunft dem Wahrheitsanspruch der Offenbarung Geltung zuspricht. Certainty bedeutet ganz im Sinne der vorangegangenen Überlegungen zum Be-griff eine „reflexion upon, or recognition of, the credibilitas of Revela-tion"[836]. Die bisher benannten Schritte der Glaubwürdigkeitserkenntnis liegen somit noch ganz im Wirkungskreis natürlicher Verstandeskräfte: Die prudentia ist „a natural acquisition"[837], in der Frage der Offenbarung ebenso angemessen wie im Themenkreis der Medizin oder Landwirt-schaft nützlich[838]. Jemand, der mit Mitteln der Vernunft bis zum Aufweis der Glaubwürdigkeit der Offenbarung gelangt, ist damit aber noch nicht zum Glauben selbst gekommen, er weiß allein um die Glaubwürdigkeit der Offenbarungsbotschaft. Ein solches Verstandesurteil ist ein *judicium speculativum*, mit dem der einzelne Mensch zumindest zu einem „human

---

[830] ThP I 36.
[831] ThP I 36.
[832] ThP I 36.
[833] „...it is variously represented, with various relative prominences of its porti-ons to various minds" (ThP I 36).
[834] ThP I 36.
[835] „This body of proof is the formal cause of the conclusion, or the shape in which the conclusion comes to us. It consists of all the facts and truths of the case, each in its right place as the prudentia sees and arranges them"(ThP I 36).
[836] ThP I 37
[837] ThP I 37.
[838] Vgl. ThP I 37.

faith"[839] finden kann. *J. H. Newman* setzt sich mit dieser Interpretation bewußt von F. *Suarez* und *G. Perrone* ab, die bereits zu diesem Moment das Wirken der übernatürlichen Gnade annehmen[840]. Auf die Glaubwürdigkeitserkenntnis folgt die Glaubenszustimmung. Für sie nimmt *J. H. Newman* drei notwendige Schritte an: *Erstens* das *practical judgment, zweitens* die *pia affectio* und *drittens* den *act of faith*. Jeder dieser Schritte ist vernunftgemäß („according to human reason"[841]) und zugleich „supernatural"[842]. Das practical judgment, von Theologen wie *Suarez, Tanner* und *Viva* behauptet, ist die *ratio volendi* credere[843], „judgment of the honestas credendi hic et nunc"[844]: Das praktische Urteil führt nicht unmittelbar zur Glaubenszustimmung, ist aber ein Glaubwürdigkeitskriterium, indem es beispielsweise aufzeigt, daß es nicht möglich ist, außerhalb des Glaubens etwas über Gott in Erfahrung zu bringen[845]. Die *pia affectio* dagegen ist die *voluntas credendi*. Sie leitet den Intellekt an, den Glaubensschritt zu tun[846]. Die *pia affectio* ist nach *J. H. Newman* auf das *practical judgment* bezogen, sie erweist sich dann als echt, wenn sie sich auf ein geeignetes *motivum credibilitatis* stützen, damit also auf eine zureichende *ratio volendi* beziehen kann[847]. Während die *ratio volendi* credere für sich genommen allenfalls für einen „human faith which has doubt or fear"[848] zureicht, erweist sich die *pia affectio*, von *J. H. Newman* auch *pia motio voluntatis* genannt, als übernatürliche Tugend, die den menschlichen Geist für den Gnadenakt des Glaubens bereitet[849]. Die Gnadengabe der *voluntas credendi* wird hierbei nicht als caritas, sondern als „*studiositas (Valentia)*, complacentia quaedam erga summam Dei

---

[839] ThP I 37. *J.H. Newman* vervollständigt im Textverlauf seine Auskünfte über den *human faith*: Dieser ist „of a vague sense, and does not *necessarily* suppose a speaker". Insofern ist er „applicable to belief in our experimental conclusions in science" (ThP I 38).

[840] Vgl. ThP I 37.

[841] ThP I 37.

[842] ThP I 37.

[843] Vgl. ThP I 38.

[844] ThP I 38.

[845] Vgl. ThP I 38.

[846] „...determining and commanding the intellect to believe" (ThP I 37).

[847] Vgl. ThP I 38.

[848] ThP I 38.

[849] Vgl. ThP I 38.

veritatem (Billuart)"[850] aufgefaßt. Im Glaubensakt selbst wird das Objekt, dem Evidenz zuerkannt wird, mit einem Male zur revelatio, und res revelata: Gott spricht - „and he has spoken thus"[851]. Ein solcher Glaube ist „aided by grace"[852], ein gnadengetragener habitus. Wenn dabei auch unklar ist, ob in jedem Falle die *fides humana* der *fides divina* chronologisch vorausgeht, bleibt eines für *J. H. Newman* unbestritten: Es ist der Wille, der angesichts der Offenbarung Gottes Zweifel und Furcht hintanstellt[853]. Das *voluntative* Element, auf das hier so deutlich verwiesen wird, sichert nicht nur die personale Struktur des Glaubens, bei dem sich der Mensch über die Evidenz der Offenbarungsbotschaft hinaus willentlich für deren ihn persönlich betreffende Gültigkeit der Offenbarungsbotschaft entscheidet, sondern greift noch einmal den Gedanken der *certainty* auf, die allen Unwägbarkeiten einer Glaubwürdigkeitsbegründung zum Trotz die vertrauende Intuition zu ihrer Sache macht[854].

Bei näherer Betrachtung erweist sich die Skizze *On the Certainty* als wichtiger Beitrag *J.H. Newmans* zur Glaubensthematik. Die Frage nach der Evidenz, die in die Gewißheitsproblematik mündet, wirft ein interessantes Licht auf den Ansatz, der *J. H. Newman* auch in seinen übrigen Ausführungen leitet. Dabei geht es ihm immer um die Person in ihrer geistigen und emotionalen Tiefe. Vernunftvollzüge lassen sich in einer solchen Schau des Menschen nicht mehr auf rein syllogistische Prinzipien reduzieren. Im Gegenteil: Es muß möglich sein, dasjenige, was allgemein unter der folgernden, auch wissenschaftlichen Vernunft ver-

---

[850] ThP I 38.

[851] ThP I 37.

[852] ThP I 38.

[853] „It is sometimes considered that an *act* of fides humana or acquisita precedes the *habit* of fides divina - humana and acquisita, yet aided by grace, - but it is difficult to understand this - for the imperium voluntatis goes before, and excludes doubt and fear" (ThP I 38).

[854] Die im Willen konkret gewordene Freiheit des Menschen lebt aus dem Geschenk der Gnade. In seiner Predigt „Erleuchtende Gnade" (=DP XI 193 - 218) führt *J. H. Newman* dazu aus: „Ihr fragt, was ihr außer dem Auge noch brauchet, um die geoffenbarte Wahrheit zu sehen: Ich will es gerade heraus sagen: ihr braucht Licht. Auch das schärfste Auge kann im Dunkeln nichts sehen. Nun ist zwar eure Vernunft das Auge, aber die Gnade Gottes ist das Licht; und wie ihr euer Auge in der sichtbaren Welt ohne die Sonne nicht gebrauchen könnt, so seid ihr nicht imstande, euren Geist in der geistlichen Welt zu gebrauchen ohne eine entsprechende Gabe, die von außen kommt (DP XI 195)"

standen wird, aus dem Wesen des Menschen selbst zu begründen. *On the Certainty* wagt genau dies, indem hier nicht nur zwei verschiedene Evidenzmodelle diskutiert, sondern - ihnen entsprechend - auch die Vernunftvollzüge des Menschen durch die beiden Verba to see und to feel näher charakterisiert werden, wodurch die Intuition und das Gefühl an die Seite der folgernden Venunft treten. Diese Überlegungen stehen in einer Linie mit den Gedanken zur impliziten und expliziten Vernunft, wie sie *J. H. Newman* in seiner *13. Oxforder Universitätspredigt*[855] entwickelt. Die Formalstruktur des Syllogismus ist Hilfsmittel, sie zeichnet nach, was dem Menschen auf ganz vielfältige Weise zur Erkenntnis geworden ist. In der Tat erweist sich *J. H. Newman* als profilierter Kritiker seiner Zeitgenossen, die ein so ausdifferenziertes Vernunftmodell nicht kennen.

Das verändert natürlich auch die Glaubensanalyse. *On the Certainty* weiß sich zwar in der Tradition der Barockscholastik, diskutiert aber die Frage nach dem Glaubensakt konsequent aus dem Blickwinkel des Glaubenden, der im praktischen Urteil über die Angemessenheit der Glaubensentscheidung zum Willen finden muß, diesen Schritt des Glaubens zu wagen. Die Instanz der *prudentia* sorgt dafür, daß ihm in diesem Entscheidungsprozeß nicht irgendwelche Dinge aufgenötigt werden, sondern daß das *motivum credibilitatis* aus der eigenen geistigen Verfaßtheit erwächst und so zum Ausdruck jener Verantwortung wird, die der Gläubige für sich und seine Biographie im Schritt der Glaubenszustimmung übernimmt[856]. Die Subjektivität dieses Geschehens ist aber immer von der Objektivität der Glaubenswahrheit umfangen. *J. H. Newman* redet in § 1 von den Satzwahrheiten, denen der Einzelne Evidenz zubilligt. Er weiß zudem in § 4 um den Rezeptionscharakter der Wahrheit, die aus dem Zeugnis der Mitmenschen lebt, und er betont in §

---

[855] Vgl. OUS XIII 251 - 277 / AW VI 188 - 206.

[856] Der Glaubensschritt hat weitreichende Konsequenzen. Im Glauben wird der Mensch ein anderer, wie *J. H. Newman* darlegt. „Der ist noch kein Christ, der die Religion lediglich nicht abgeschüttelt hat. Der ist der wahre Christ, der nach außen Christ ist und zugleich nach innen; der für Gott lebt, dessen inneres Leben verborgen ist mit Christus in Gott, dessen Herz fromm ist, der nicht nur weiß und empfindet, daß das religiöse Leben die wahre Seligkeit ist, der vielmehr die Religion liebt, der wünscht und versucht, fromm zu sein, und darum betet, der Gott bittet, ihm den Willen und die Kraft zu geben, fromm zu sein, und der im Lauf der Zeit auch immer frömmer und für den Himmel tauglicher wird" (PPS VII 184/ DP 183).

9 ausdrücklich den Gnadencharakter des Glaubensaktes, wenn er auch hier noch einmal mit dem Hinweis auf das *judicium speculativum* den religiösen vom weltlichen Glauben unterscheidet. Die Annahme einer Prudentia ist vermutlich die größte Leistung dieses Dokumentes: Glaube und Erkennen sind Werk des Subjektes, das in seinem Selbststand herausgefordert ist, die Ansprüche der Wirklichkeit (body of proof) zu vernehmen, zu deuten *(motivum credibilitatis /evidentia)* und im Denken und Handeln zu beantworten *(assent)*. Die Kategorie der Gewißheit *(certainty)* ist dabei die einzige Sicherheit, die möglich ist, die aber das Vermögen voraussetzt, der eigenen Prudentia und der der Mitmenschen zu trauen[857].

4.2.4. Auf dem Weg zur *Grammar* - Zusammenfassung

Die im vorangegangenen Abschnitt dargestellten Texte, im Umfeld oder kurz nach der Veröffentlichung der *Theses de fide* und des *Papers on Development* entstanden, erwecken den begründeten Eindruck, daß die Glaubensthematik im Gesamtwerk *J. H. Newman*s eine zentrale Rolle einnimmt. Im Mittelpunkt der Überlegungen stehen dabei zweifelsohne sowohl der *Proof of Theism* von 1859/60 als auch die kleine Skizze *On the Certainty of Faith* von 1853.

Der *Proof of Theism* erweist sich in diesem Zusammenhang gerade deshalb als so interessant, weil hier das Subjekt durchgängig in seiner Autonomie vorausgesetzt wird. Der Gottesgedanke ist Konsequenz dieser Schau des Individuums, dem die Fähigkeit zugesprochen ist, die Wirklichkeit in ihrer Vielfalt und Tiefe wahrzunehmen. Ergänzend dazu behauptet die Kleinschrift On the *Certainty* mit der Prudentia die Vorstellung einer evidentia credibilitatis. Damit sind wichtige Elemente einer Erkenntnislehre benannt, derzufolge der Glaube nicht allein religiöses

---

[857] In der Predigt „Faith without Demonstrative Trinity" vom 21. Mai 1837, in: *J. H. Newman*, Parochial and Plain Sermons, Bd. VI. New Impression, Westminster 1967 (= PPS VI) 327-34, deutsch: *J. H. Newman*, Glaube ohne Beweis, in: *J. H. Newman*, Pfarr- und Volkspredigten. Eingeleitet und übertragen von der Newman-Arbeitsgemeinschaft der Benediktiner von Weingarten, Stuttgart 1954 (= DP VI 352 - 369), findet dieser Gedanke seine Vorbereitung: „Wenn jemand eigentliche Gründe für seinen Glauben in einer bestimmten Form vorgelegt wissen will, aber wenig Zeit zum Nachdenken und Studieren hat und geringe Kenntnis oder Geistesbildung, dann, meine ich, kann er kaum etwas Besseres tun, als an Stelle einer Beweisführung sich wieder auf seine innere Erfahrung zurückzuziehen, auf den Glauben seiner Umgebung und auf das Zeugnis aller Zeiten" (PPS VI 339/ DP VI 365).

Ereignis, sondern zudem Erkenntnisprinzip ist. In der *Praefatio* von 1847, aber auch in einigen der *Oxforder Universitätspredigten* wird dies deutlich: Der Mensch präsumiert Wirklichkeit, er handelt auf Vermutungen hin, die sich auf ihre Wahrheit und Richtigkeit bewähren müssen. Die Mahnung *J. H. Newman*s, die *Prudentia* zu pflegen, sowie sein energisches Eintreten für das Anliegen gediegener Universitätsbildung machen hier unbestreitbar Sinn: Die gegebene und erworbene Disposition des menschlichen Geistes sowie der Umgang mit ihr bedingt die Schärfe des *motivum credibilitatis* und also auch die Gewißheit, der Wirklichkeit in ihren Ansprüchen trauen zu können. Der religiöse Glaube ist dann in der Tat unter den übrigen Erkenntnisprozessen nur noch ein Sonderfall, wenn auch ein sehr spezieller. Er besitzt eine eigene Gestalt der *ratio* (*speculative certainty*), ist Gnadengeschenk und verlangt ein ganz persönliches Engagement. Zudem ist er, wie das *Paper on Development* zeigt, nur in der Gemeinschaft mit anderen Glaubenden lebbar, da erst das Zeugnis vieler Individuen das objektive Wort Gottes in seinem Reichtum erschließt. Wahrheit bedarf der Rezeption. *J. H. Newman* nähert sich hier inhaltlich dem von *E. Kunz* geprägten Begriff des Offenbarungsgeschehens.

In Kenntnis der Wort Gottes - Theologie, die *J. H. Newman* in seinem *Paper on Development* entfaltet, kann der vorangegangene Abschnitt durchaus als Kommentar zu den *Theses de fide* gelten: Die Überlegungen zu *Prudentia, Präsumtion* und *Evidenz* ergänzen das in den *Thesen 1* bis *9* der *Theses* vorgetragene Konklusionsmodell des Glaubens und die Rede von dessen Gnadencharakter vervollständigt das, was *J. H. Newman* in den *Thesen 10* bis *12* skizziert. Der innere Zusammenhang der dargelegten Texte verdeutlicht zudem, daß es immer um ein und dasselbe Problem geht: „I and my creator"[858] - der Mensch vor dem Anspruch der Gotteswirklichkeit. In den Texten, die hier zur Sprache gekommen sind, verknüpft *J. H. Newman* diese Problemstellung, die er selbst existenziell durchgefochten hat, mit den Themenstellungen, die ihm die Zeit aufgibt: Die Frage nach einem angemessenen Vernunftbegriff, einer stimmigen Ekklesiologie, dem Verhältnis von Freiheit, Natur

---

[858] In seiner *Apologia* berichtet *J. H. Newman*, daß er bereits früh in dem Gedanken Ruhe fand, „daß es zwei und nur *zwei* Wesen gebe, die absolut und von einleuchtender Selbstverständlichkeit sind: ich selbst und mein Schöpfer" (AW I 22).

und Gnade. Dabei ist ihm die Schwierigkeit dieser Aufgabe sehr bewußt[859]. Die meisten Menschen sind „merely hereditary Christians; they
believe because they have been so taught"[860]. Das hat die Konsequenz,
daß sie über die wahren Beweggründe ihres Glaubens keine Auskunft zu
geben vermögen, ihn allenfalls durch ein „argument from authority"[861]
rechtfertigen. So entwickelt *J. H. Newman* ein begriffliches Instrumentar,
das es ihm nach Jahrzehnten gedanklicher Arbeit ermöglicht, ein Profil
vom Glaubensakt zu zeichnen, das den Lebensbedingungen der Gläubigen in einer Industriegesellschaft nüchtern Rechnung trägt, ohne die
kirchliche Tradition zu verleugnen[862]. Die Überlegungen zur *Prudentia*
geben hier die Richtung vor. Mit ihnen distanziert sich *J. H. Newman* von
der Methodik der herkömmlichen Apologetik[863], ihm geht es vielmehr
um die „mental acts of every *Christian* whatever"[864]. Die Ankündigung
eines Buchprojektes[865] zu dieser Thematik ist daher nicht weiter verwunderlich. Im Jahre 1860 schreibt *J. H. Newman*: „This then is the thesis

---

[859]Vgl. dazu den Eintrag, den *J. H. Newman* am 12. Januar 1860 vornimmt (= ThP
I 82- 87). „The analysis of them is not easy, and, though theologians do not overlook
them, it is not perhaps rash to say that they have not satisfactorily explained them"
(ThP I 84).

[860] ThP I 85.

[861] ThP I 85.

[862]„Newman hat mit seiner Theorie der Glaubensbegründung das Recht der
Vernunft innerhalb des Glaubens bewahrt, hat ihr aber das von vielen Rationalisten
angemaßte Recht verweigert, das Maß aller Dinge zu sein. Es war ihm daran gelegen,
den frommen Menschen darzulegen, der Glaube sei ein Akt des Intellekts; den kritischen Menschen aber zu erklären, der Glaube habe seine Wurzeln in der sittlichen
Verfaßtheit der Person und sein letztes ‚kritisches Korrektiv' sei die Liebe" (*E. Bischofberger*, Sittliche Voraussetzungen 200).

[863] „And now in the first place as to what we call in English the Evidences for Revealed Religion. These are considered by theologians to hold a very high scientific
place, and to amount to a logical demonstration." (ThP I 83). Als Hauptvertreter der
klassischen Apologetik nennt *J. H. Newman* ebd. *Perrone, Scaramelli* und *Pascal*.

[864] ThP I 84.

which I shall make the occasion of an Essay upon the nature of the personal evidence on which the mass of Christians individually believe."[866] Mit der *Grammar of Assent* löst er sein Versprechen ein: „Ignorance is the mother of devotion"[867] - diese Ansicht sucht er in seinem Hauptwerk zu widerlegen.

---

[866] ThP I 85-86.
[867] ThP I 85.

4.3. Verantworteter Glaube: Der *Essay in aid of a Grammar of Assent von 1870*

In einem Brief vom 1. August 1868 schreibt *J.H. Newman* seinem Freund *S. Bellasis*[868] über ein Projekt, das er schon ein „Leben lang"[869] behandeln will: Eine Abhandlung über „Zustimmung, Gewißheit und Beweis" („Assent, Certitude, and Proof")[870]. Wie groß die Schwierigkeiten[871] sind, die sich *J. H. Newman* dabei stellen, wird in einem Brief an *P. Coleridge*[872] deutlich, dem gegenüber er nach dem Erscheinen der *Grammar* freimütig bekennt, ein „Alpdruck"[873] sei von ihm genommen, die Mühe von „zwanzig oder dreißig Jahren"[874], während derer aus einer „Reihe von Anfängen, vielleicht ein Dutzend"[875], allmählich die *Grammar of Assent* erwachsen ist. *J. H. Newman* übertreibt damit keineswegs: Hinweise auf die Zustimmungslehre finden sich bereits in den *Oxforder Universitätspredigten*[876], im *Essay zur Entwicklungslehre*[877] sowie in den *Theses de fide* und dem *Paper on Development*. In ihnen beschäftigt sich ihr Autor immer wieder mit dem Themenkreis des Glaubens und den Bedingun-

---

[868] Vgl. LD XXIV 112/ dtsch: AW II/III 526.

[869] LD XXIV 112 / AW II/III 526.

[870] LD XXIV 112 / AW II/III 526.

[871] „Ich habe dasselbe unruhige Gefühl dabei, das ein Reiter fühlen müßte angesichts einer bestimmten fünf Fuß hohen Steinmauer, die er jeden Tag durch ein Tor passiert, und die er doch eines Tages zu überspringen entschlossen ist - und dann versucht er es schließlich und bricht sich den Hals dabei" (LD XXIV 112 / AW II/III 526).

[872] Vgl. den Brief vom 13. März 1870, in: LD XXV 50 – 51/ AW II / III 548.

[873] „However, any how I have got a great burden off my mind - to 20 or 30 years I have felt it a sort of duty to write upon it..."(LD XXV 51/ AW II / III 548).

[874] LD XXV 51/ AW II / III 548. Zur Vorgeschichte der *Grammar* siehe *I. Ker*, Biography 618 - 650, bes. 618 - 623.

[875] Brief an *A. de Vere* vom 31. August 1870, in: LD XXV 199, dtsch.: AW II/III 569. Zu *A. de Vere* vgl. *J. Artz*, Art. Aubrey Thomas de V., in: NL 1119. Nach *J. Artz*, Art. Grammar of Assent, in: NL 443 - 447, bes. 444, gibt *J. H. Newman* selbst „18 konkrete Vorarbeiten an", die *J. Artz* in ihrer chronologischen Folge auflistet (vgl. NL 444 - 445). Darüber hinaus nennt *J. Artz* weitere Veröffentlichungen, in denen *J.H. Newman* von seinem Projekt einer Zustimmungslehre berichtet (vgl. NL 445 - 446).

[876] Vgl. etwa die Predigt zu Epiphanie 1839 „Glaube und Vernunft als gegensätzliche Haltungen des Geistes" (OUS 176 – 201/ AW VI 136 – 153).

[877] Vgl. Dev 12/ AW VIII 15. Siehe dazu auch: *M. Laros / W. Becker / J. Artz*, AW VIII 474 – 475, Anm. 115.

gen seines individuellen und kirchlichen Vollzuges. Spätere Jahre bringen weiteren Erkenntnisgewinn: *J. H. Newman* findet zu einer Begrifflichkeit und gedanklichen Klarheit, die es ihm erlauben, seine Einsichten
über das Wesen des Glaubensaktes zu einer eigenwilligen Gestalt zu
formen.

4.3.1. Vorstufen zur *Grammar of Assent*

Die Frage nach Zustimmung, Gewißheit und Beweis stellt *J. H. Newman*
zwar in systematischer Absicht, der Anlaß ihrer Darlegung ist jedoch
zutiefst in der Biographie *J. H. Newmans* und damit in seinem eigenen
Fragen und Suchen verwurzelt. Zudem sind es immer wieder Anfragen
von Freunden und Bekannten, die ihn zu seinem literarischen Schaffen
veranlassen[878]. Hier ist zunächst *W. G. Ward*[879] zu nennen, der *J. H.
Newman* sehr früh zu einem Werk über das Verhältnis von Glaube und
Vernunft anregt[880]. „Von ganz besonderer, großer Bedeutung" [881] für den
Werdegang der Zustimmungslehre ist zudem die Korrespondenz, die *J.
H. Newman* mit *William Froude* [882], dem Bruder seines Freundes *Hurrell* [883],
führt. Dieser bittet *J. H. Newman* in seinem Brief vom 15. Januar 1860, die
Grammar endlich zu schreiben[884]. Die Bitte entspringt persönlichem
Fragen und Suchen, spiegelt aber zugleich die intellektuelle wie
geistliche Befindlichkeit des Jahrhunderts. Vom Beruf Ingenieur, steht
W. Froude für die umgestaltenden Kräfte der Industriellen Revolution. In
ihm personifiziert sich „die Haltung des wissenschaftlich gebildeten, von

---

[878] Vgl. dazu H. *Fries*, Theologische Methode bei John Henry Newman und Karl
Rahner. Karl Rahner zum 75. Geburtstag, in: Cath 33 (1979) 109 - 133, hier 113.

[879] Zu *W. G. Ward* siehe *J. Artz*, NL 1156 - 1158.

[880]Vgl. dazu den Brief *J. H. Newmans* an *P. Ambrose St. John* vom 7. Mai 1857, in
dem *J. H. Newman* die Beschäftigung mit dem Projekt einer Zustimmungslehre andeutet: „..... and I assure you my thoughts have turned among other things to my
subject which Ward wishes me to pursue..." (LD XXVIII 30 / AW II / III 202 - 203, hier
203).

[881] *J. Artz*, Art. Grammar of Assent, in: NL 445.

[882] Zu *W. Froude* siehe *J. Artz*, Art. Froude, William F. , in: NL 358-363, hier 360-361.

[883]Zu *R. H. Froude* siehe *J. Artz*, Art. Froude, Richard Hurrell, in: NL 358-363, hier
361-363.

[884] Vgl. LD XIX 283: „I do most heartily wish, (and I have heard others who think
much as I do, express the same wish with equal heartiness,) that you would really
and fully work out this question - it is indeed one which you more than anybody else
have been felt by those who know you, to be competent to examine fully".

grundlegendem Humanismus und Toleranz geprägten Agnostikers des viktorianischen Zeitalters"[885]. In zahlreichen Briefen und Gesprächen setzt sich J. H. Newman mit den Gedanken auseinander, wie sie W. Froude über Jahre hinweg immer wieder vorbringt[886]. Ohne es direkt zu beabsichtigen, eignet sich J. H. Newman dabei die neuzeitliche Problemstellung der Glaubensanalyse an. „In einem programmatischen Brief"[887] aus dem Jahr 1860 bestreitet W. Froude die Möglichkeit absoluter Gewißheit [888]. Erkenntnis ist an die Prüfung der Fakten verwiesen, sie steht daher stets unter prinzipiellem Vorbehalt [889]. W. Froude sieht hier das „fundamental principle of universal doubt"[890]. Wird das menschliche Denken als grundsätzlich fehlbar erkannt, bleibt in Hinblick auf jedwede Wirklichkeitserkenntnis allein die Wahrscheinlichkeit die wahre Lebensführerin. In der Begrifflichkeit stimmt W. Froude mit J. H. Newman überein[891], wenn er sie auch in anderem Sinne verwendet, wie sein Ver-

---

[885] R. Siebenrock, Wahrheit 178. „Newman saw the philosophical spirit of the times made flesh in William Froude, a friend and agnostic, and it was above all with a view to such as Froude that he endeavored to demonstrate the reasonableness of religious belief by an appeal to the facts" (T. Merrigan, Clear Heads 33).

[886] Vgl. etwa LD XIX 268 - 272, 283 - 285, 296 - 301 sowie das „Memorandum of Conversation with W. Froude vom 14. 12. 1860" (LD XIX 440 - 442).

[887] R. Siebenrock, Wahrheit 179.

[888] „More strongly than I believe anything else I believe this. That one no subject whatever - distinctly not in the region of the ordinary facts with which our daily experience is conversant - distinctly not in the domain of history or of politics, and yet again a fortiori , not in that of Theology, is my mind, (or as far as I can take the mind of any human being,) capable of arriving at an absolutely certain conclusion" (LD XIX 270).

[889] „That when with integrity of heart anyone is conscious that he has done his very best to arrive to a true conclusion, whether by careful examination of the facts and investigation of their relations or by taking the advice of others, though he is not only bound to be guided in his conduct by such a conclusion but also ought to be ,confident' that this is, for him, ,the best' and ,to have faith' in his course, it is at the same time not less religiosly his duty to keep before his eyes his knowledge of the fallibility of his processes of thought and of his chosen advisers. And to maintain as vivid a recollection of the probabilities which lie against his conclusions, however small they may seem, as of the preponderating mass of probabilities in favour of it" (LD XIX 270).

[890] LD XIX 271.

[891] Vgl. R. Siebenrock, Wahrheit 180.

ständnis von 2 Tim 3,7[892] zeigt[893]: Jede Form absoluter Zustimmung ist ethisch verwerflich, allein im ständigen Lernen, ohne je die ganze Wahrheit erfassen zu können, vollzieht sich ein Menschenleben intellektuell redlich[894]. Wissenschaft und Religion sind hiervon gleichermaßen betroffen. *J. H. Newman* notiert in seinem *Memorandum* über *W. Froude*: „He said that in his own life, he had suffered from believing too much - never from believing to little."[895]

Die Frage nach der Reichweite und der Verbindlichkeit menschlichen Erkennens, wie sie *W. Froude* zur Sprache bringt, wird für *J. H. Newman* zum Anlaß, seinerseits einen Versuch über die Eigenart von Erkenntnis und Gewißheit zu wagen. Was damit gemeint ist, geht aus einem Text hervor, den er auf den 5. Januar 1860 datiert[896], und in dem er an seine Überlegungen anknüpft, die er bereits 1853 in *On the Certainty* ausführlich entfaltet, wonach der Glaubensschritt aufgrund eines Urteils („judgment"[897]) geschieht, die Anerkennung eines empirisch faßbaren Sachverhaltes dagegen in der angemessenen Darlegung von Sachgründen („proof"[898]) begründet ist. Wie in *On the Certainty* gilt auch im Januar 1860 das *motivum credibilitatis* als ebenso individuell, zugleich aber auch „formal, public, and what may be called objective, after the manner of a science"[899]. Diese Auffassung vom *motivum credibilitatis* weckt in ihm aber nun die Idee zu einem Essay, den er sogleich in zwei Unterpunkten skizziert. In einem ersten Abschnitt geht es ihm dabei um den „body of evidences"[900], darauf folgend um den *Personal Proof*, d. h. um die Frage, von welcher Art die Glaubwürdigkeitsgründe sind, die einen Menschen zur Glaubenszustimmung bewegen [901]. Zur Ausarbeitung eines solchen

---

[892] „...die immer lernen und die doch nie zur Erkenntnis der Wahrheit gelangen können" (2 Tim 3, 7).

[893] Vgl. *R. Siebenrock*, Wahrheit 183-184.

[894] Vgl. *R. Siebenrock*, Wahrheit 194.

[895] LD XIX 441.

[896] *J. H. Newman*, On the popular, practical, personal evidence for the truth of Revelation, in: ThP I 81 - 82.

[897] ThP I 20.

[898] ThP I 20.

[899] ThP I 81.

[900] ThP I 82.

[901] „My second chapter shall be an exposition of what is meant by personal proof, giving instances, e.g. (1) Mrs. L. comes and says, I want to be a Catholic. Her catechist is frightened, for he can find no motivum, except that I am one and she knew me etc.

Essays kommt es in der Folge jedoch nicht, wohl aber zu einer Fülle von weiteren Texten, in denen *J. H. Newman* gedanklich um diese beiden Punkte kreist. So bestimmt er in einer Notiz vom 12. Januar 1860[902] den Glauben von seiner objektiven und von seiner subjektiven Seite. „The mental acts of every Christian whatever"[903] sind privat, persönlich, gänzlich unwissenschaftlich, kein Christ gleicht hierin dem anderen[904]. Das Credo dagegen, „ a vast doctrinal system or philosophy"[905], ist die objektive Seite des Glaubens: Das Glaubensbekenntnis dient der Darlegung des Glaubensgutes in der kirchlichen Öffentlichkeit[906], seine Glaubwürdigkeit wird während der „public disputations and lectures in the Schools"[907] anhand besagter „Evidences"[908] aufgezeigt: *J. H. Newman* weiß um die Sorgfalt, mit der sich Theologen um geeignete und überzeugende Gründe für die Glaubwürdigkeit der Glaubensbotschaft mühen[909]. Exemplarisch sind ihm zufolge *G. Perrone, G.B. Scaramelli* und *B. Pascal*[910]. Nun stellt *J. H. Newman* die Notwendigkeit von Glaubwürdigkeitsgründen keinesfalls in Abrede, - ein Glaube, der sich solchen Glaubwürdigkeitsgründen verweigert, wird Aberglaube, Vorurteil oder endet gar im Fanatismus[911] -, er weiß aber um die Wirklichkeit der Glaubensüberlieferung: Die überwiegende Mehrzahl der Gläubigen glaubt nur deshalb, weil es ihnen so gesagt worden ist, ihr Hauptbeweggrund für die Glaubenszustimmung, das „sole and main argument is the argument from authority"[912], eine Einsicht, die für Heiden, Juden und Muslime ebenso

---

(2) A factory girl comes, and can only say ´So and so brought me etc.´ (3) A boy comes and says he wishes to get his sins forgiven" (ThP I 82).

[902] Vgl. ThP I 82 - 87.

[903] ThP I 84.

[904] Vgl. ThP I 84.

[905] ThP I 82.

[906] Vgl. ThP I 84.

[907] ThP I 84.

[908] ThP I 84.

[909] „These are considered by theologians to hold a very high scientific place, and to amount to a logical demonstration" (ThP I 83).

[910] Vgl. ThP I 83.

[911] Vgl. ThP I 84.

[912] ThP I 85.

gilt wie für die Christen[913]. Dennoch hat auch ein solcher Glaube Vernunftcharakter. Die Vernunft nämlich ist für jeden Menschen „antecendent condition" [914] für den Glauben, der seinerseits göttlichen Ursprungs ist, Gabe der übernatürlichen Gnade[915]. Damit ist der Charakter der Glaubwürdigkeitsgründe in zweifacher Weise bestimmt: Da bei jedem Menschen der Glaube auf die Vernunft angewiesen ist, müssen auch die Glaubwürdigkeitsgründe von so klarer und einsichtiger Gestalt sein, daß sie „the rational conviction of every individual" [916] zureichend zu begründen vermögen. Zudem, so *J. H. Newmans* Beobachtung, entsprechen echte Glaubwürdigkeitsgründe immer schon der geistigen Verfaßtheit ihrer Adressaten: Sie sind tief in der Konstitution unserer Natur begründet, so daß sie allen Menschen - „ignorant as well as learned" [917] - ohne besondere Unterweisung einzuleuchten vermögen[918]. *Personal Proof* und *Evidences* - beide Begriffe umreißen bereits die Themenstellung der *Grammar*. *J. H. Newman* steht dabei in der Linie seiner früheren Veröffentlichungen: Indem er in ihnen und in seinen Notizen den Glaubwürdigkeitsaufweis der Offenbarungsbotschaft diskutiert, nimmt er immer wieder das *motivum credibilitatis* in den Blick, das er sowohl in *On the Certainty* als auch in seinen Notizen aus dem Januar 1860 dem Glaubenden, seiner geistigen wie emotionalen Verfassung und Kompetenz zuweist. Die bohrende Frage, wie ein Mensch der Wahrheit seines Glaubens gewiß werden könne, sucht *J. H. Newman* dabei jenseits eines rein syllogistisch gedachten Glaubwürdigkeitsaufweises zu beantworten. In einem späten Brief[919] an *W. Froude* betont *J. H. Newman* im April 1879 rückblickend, daß das Adjektiv *gewiß* nicht Satzwahrheiten, sondern eine ganz bestimmte Geistesverfassung kennzeichnet: Der

---

[913] Vgl. ThP I 85. „As to the mulitude of professed Christians, they indeed believe on mere custom, or nearly so. Not having their hearts interested in religion, they may fairly be called mere hereditary Christians" (OUS XII 225/ AW VI 170).

[914] ThP I 86.

[915] Vgl. ThP I 86.

[916] ThP I 86.

[917] ThP I 87.

[918] „...but they must be portable, like the *philosophia* of the Latin Orator, which *peregrinatur nobiscum* etc.etc." (ThP I 87).

[919] *J. H. Newman* hat den Briefentwurf vom 29. April 1879 an *W. Froude* (vgl. LD XXIX 112-120 /AW II/III 685 - 695) nie abgeschickt: *W. Froude* verstarb am 4. Mai 1879 in Südafrika (vgl. dazu *R. Siebenrock*, Wahrheit 182 - 183, Anm. 167).

menschliche Geist kann demnach sich einer Sache sicher sein, auch wenn die dazugehörigen Schlußfolgerungen - von außen betrachtet - unsicher scheinen[920]. Dieser Gedanke begleitet *J. H. Newman* schon seit seinem *Philosophical Notebook*. Am 24. Februar 1859 bemerkt er, daß der Mensch die Wahrheit eines Sachverhaltes gewissermaßen intuitiv wahrnimmt, „as something perceived without reason or middle term"[921]. In seinem *Proof of Theism* greift er diesen Gedanken erneut auf, wobei er die innere Wahrnehmung der Wirklichkeit durch das erkennende Subjekt von dessen Vermögen abgrenzt, Wirklichkeit im Medium der Sprache zu vermitteln[922]. Hieraus erklärt sich auch die „first tentative explicit distinction between *notional* and *real* "[923]. Zu diesem Begriffspaar findet *J. H. Newman* im Jahr 1863: So kennzeichnet er das besagte Wechselspiel, das zwischen der Syntax eines Satzes, seiner Struktur gemäß der verbindlichen Regelspiel einer Grammatik, und jenem bildhaften Eindruck, den ein Satzgehalt im Inneren des Empfängers einer Botschaft hinterläßt, besteht[924].

In seiner großangelegten *Newman* - Biographie hat *I. Ker* darauf hingewiesen, daß diesbezüglich das Jahr 1865 für *J. H. Newman* zwei weitere „important developments"[925] erbracht hat: *I. Ker* erinnert erstens an jenen Eintrag vom 3. September 1865 aus dem *Philosophical Notebook*, in dem *J. H. Newman* den Begriff der *Phronesis* näher bestimmt, der später in der *Grammar* zu einem Verstehensschlüssel für den *Illative sense* wird[926]. Ähnlich wie in § 3 von *On the Certainty* die *prudentia*, so ist die

---

[920] Vgl. LD XXIX 114 / AW II/III 687.

[921] PhNb II 29.

[922] „ I do not advance from one proposition to another, when I know (- am conscious) my existence from being conscious of my feeling but one and the same act of consciousness brings home to me that which afterwards at leisure I draw out into two propositions, denoting two out of many aspects of the one thing" (PhNb II 35).

[923] *I. Ker*, Editor' s Introduction, in: GA XI-LXX, hier XXX.

[924] Vgl. dazu den Eintrag *J.H. Newmans* vom 26. November 1863. „Every assertion, true or false, affirmative or negative, received (assented to) or rejected, may be viewed under two aspects, as logical and as formal. By a logical assertion, I mean one in which the wording is intelligible; by a formal one in which there is an intelligible sense. In first we understand the subject, predicate and their relation to each other; in the second we perceive an image or a sort of object which is the result of the whole proposition" (ThP I 102 – 103).

[925] *I. Ker*, Biography 622.

[926] Vgl. PhNb II 163.

phronesis im *Philosophical Notebook* eine Form menschlicher „wisdom"[927], die auf zweifache Weise Glaubwürdigkeitsgründe zu bündeln weiß, d.h. „1. to bring together all the arguments, however subtle. 2. and next, to determine their place, and worth whether separately or in combination"[928]. *I. Ker* verweist überdies - zweitens - auf den nunmehr eindeutigen Gebrauch des Begriffes *Certitude*[929], der jetzt deutlich von der *certainty* unterschieden ist, die in § 6 von *On the Certainty* sowohl als *assent* wie auch als begleitende Reflexion des Intellektes während der Erfassung einer Wahrheit beschrieben wird[930]. *Certitude* ist einer Notiz vom 20. Juli 1865[931] zufolge „a state of mind"[932], „an assent, deliberate, unconditional, and conscious"[933]. Nach *I. Ker* prägt die „key distinction between assent and inference"[934] bereits zu diesem Zeitpunkt den Begriff der *certitude*, die in keiner Weise von der Folgerung aus jenen Gründen abhängt, die der Gewißheit vorangehen[935]. *J. H. Newman* betont in diesem Zusammenhang ausdrücklich, die *certitude* „cannot rightly be referred back to them as its producing cause"[936]: Der Grad der Gewißheit bemißt sich keinesfalls an der logischen Kraft ihrer Prämissen[937]. Folgerichtig wird die *certitude* gegen Ende der Notiz an das menschliche Können und Vermögen zurückgebunden: Sie ist „particular mental constitution"[938], und sie steht „in the power of the individual exercising"[939]. In einem Eintrag vom 25. September 1865[940] grenzt *J. H. Newman* zudem die *certitude* von der *certainty* ab: Im Gegensatz zur *certitude* ist die *certainty* situationsbezogen,

---

[927] PhNb II 163.
[928] PhNb II 163.
[929] Vgl. *I. Ker*, Biography 622.
[930] Vgl. ThP I 31.
[931] Vgl. ThP I 122 - 126.
[932] ThP I 122.
[933] ThP I 122.
[934] *I. Ker*, Biography 622.
[935] Vgl. ThP I 123.
[936] ThP I 123.
[937] „Certitude then is not to be measured by the logical force of premisses; the very arguments which create certitude in one mind, fail to do so in another ... ." (ThP I 124).
[938] ThP I 126.
[939] ThP I 126.
[940] Vgl. ThP I 126 - 130.

eine klare Gewißheit im Handeln („persuasion to decide our actions"[941]),
handlungsleitend, indem sie einer bestimmten Situation entsprechend
die angemessene Handlungsalternative ermittelt[942]. Gleichwohl ist die
certitude auch eine Art Handlung. In ihrem Vermögen, einem Sachverhalt Glaubwürdigkeit zuzubilligen, ihm also Wahrheit zuzugestehen
(„assent to a thing as true"[943]), rückt sie für *J. H. Newman* in die Nähe des
moral sense, „an assent to a thing as right"[944]. Diese Fähigkeit des *moral
sense* identifiziert *J. H. Newman* in einer weiteren, nicht datierten Notiz
aus dem Jahr 1865[945] mit dem Gewissen und seiner Stimme. *Moral sense*
und *certitude* werden dabei in einer Linie geschaut[946]. Beide sind natürliche Ausstattung des menschlichen Geistes[947]. Ähnlich wie die Vollzüge
des Gewissens ist auch die Gewißheit freie Tat, „depend upon our
will"[948], und wie das Gewissen „by a sort of instinct"[949] zu seinem Urteil
findet, erwächst die Gewißheit allein „by practical and personal tact and
skill"[950]. Die thematische Nähe zur *Grammar* ist damit vorgezeichnet.
Endgültiger Anlaß, mit der Abfassung der *Grammar* zu beginnen, wird
ein Gedanke, den *J. H. Newman* während eines Aufenthaltes in *Glion* am
Genfer See im Herbst 1866 faßt[951]. Hier erkennt er: „Certitude is only a
kind of assent"[952]. Der Gedanke ist ebenso einfach wie bestechend. Die
Auffassung vom Glaubensakt als einer Zustimmung - seit den *Theses de*

---

[941] ThP I 128.

[942] „ ...and we must act for the best according to the moment..." (ThP I 128).

[943] ThP I 120.

[944] ThP I 120.

[945] Vgl. ThP I 120 - 122.

[946] „The parallel with conscience is suggested..." (*I. Ker*, Biography 622).

[947] „The moral sense is so intimately one with our minds that it may justly be considered a natural principle. The same remark applies to the assent of certitude; it is an
act which is natural to us" (ThP I 120).

[948] ThP I 121.

[949] ThP I 121.

[950] ThP I 121.

[951] Vgl. dazu *I. Ker*, Biography 620 und *N. Theis*, An den Quellen des persönlichen
Denkens. Einführung in J.H. Newmans „Grammar of Assent", in: NSt II 165 - 218. 352
– 361/zit. Quellen, hier 179.

[952] *J. H. Newman*, Autobiographical Writings, London - New York 1956, 270,
deutsch: *J. H. Newman*, Selbstbiographie nach seinen Tagebüchern. Eingeleitet und
herausgegeben von Henry Tristam (Oratorium Birmingham). Ins Deutsche übertragen von der Newman-Arbeitsgemeinschaft der Benediktiner von Weingarten, Stuttgart 1959, 350-351.

fide ein vertrautes Verstehensmodell - wird hier mit dem Begriff der Gewißheit in Verbindung gebracht, die ihrerseits als ein Aspekt der Zustimmung und damit als eine von Vernunftgründen unabhängige Geistesverfassung verstanden ist. Will *J.H. Newman* also den Glaubensakt angemessen interpretieren, muß er zunächst das Wesen der Zustimmung ergründen - „you should begin with contrasting assent and inference"[953] -, um sodann auf die Art der Glaubensgewißheit wie auch auf die spezifische Funktion der Folgerung im Zustimmungsgeschehen zu schließen. Auf diesen gedanklichen Durchbruch folgen „nearly four years of laborious work"[954] bis zur Fertigstellung der Zustimmungslehre. *J. H. Newman* kann den ersten Teil der *Grammar of Assent* im Jahr 1868 abschließen[955], am 21. Februar 1870, seinem 69. Geburtstag, hält er den Probeband der Druckausgabe in seinen Händen[956]. In einem Brief vom 20. Februar 1870 dankt er *Ch. M. Meynell* (1828 - 1882), Philosophiedozent von Oscott College,[957], seinem Berater in der Zeit der Abfassung der *Grammar*, für die „Vollendung der lang hinhaltenden und ermüdenden Aufgabe"[958], die darin bestand, einzelne Abschnitte des neuen Werkes im Sinne der katholischen Lehre kritisch zu sichten[959]. Als dann am 15. März

---

[953] *J. H. Newman*, Autobiographical Writings, London – New York 1956, 270; deutsch: *J. H. Newman*, Selbstbiographie nach seinen Tagebüchern. Eingeleitet und herausgegeben von Henry Tristam (Oratorium Birmingham). Ins Deutsche übertragen von der Newman-Arbeitsgemeinschaft der Benediktiner von Weingarten, Stuttgart 1959, 350-351.
Vgl. dazu *I. Ker*, Editor's Introduction XXXIV.

[954] *I. Ker*, Biography 623. Vgl. dazu *Editor's Introduction* XXXII – L: *I. Ker* rekonstruiert hier den mühevollen Prozeß der Textwerdung der *Grammar of Assent* .

[955] Vgl. *I. Ker*, Biography 623.

[956] Vgl. dazu die hinführende Erläuterung der Herausgeber zu einem Brief *J. H. Newmans* an *H. Wilberforce* (AW II / III 545).

[957] Vgl. *J. Artz*, Art. Meynell: 1. Charles M., in: NL 708 - 709.

[958] AW II / III 544.

[959] *J. H. Newman* „did not feel threatened by Meynell´s objections because they actually told aginst the book, but because they represented the kind of reaction he was likely to receive from Catholic philosophers of religion" (*I. Ker*, Biography 632). Zu *Ch. M. Meynell* siehe auch *R. Siebenrock*, Wahrheit 193 - 197, der die Hauptthemen dieses Gesprächs nennt. Es geht dabei um Fragen der Erkenntnistheorie, etwa um das Verhältnis von Bild und Ding, wie es in *J. H. Newmans* Wahrnehmungstheorie zur Sprache kommt. Zudem diskutieren *Ch. Meynell* und *J. H. Newman* über Fragen der Gewißheitsbegründung, das Verhältnis von Zustimmung und Folgerung sowie den Illative sense. „Eine grundsätzliche Klärung erhalten der Begriff ‚reasoning' (LD XXIV,

1870 der *Essay in Aid of a Grammar of Assent* in den Buchläden erscheint, wird die gesamte Auflage bereits am ersten Tag verkauft[960]. Angesichts dieser hohen Erwartungshaltung an einen solcherart „originell verfaßten philosophischen Entwurf"[961] warnt *J.H. Newman* mögliche Leser des Essays vor allzu großen Enttäuschungen[962], wenn er auch die „Grammar" durchaus zu seinen „in all (good and bad) 5 constructive books" [963] zählt. Mit seiner Zustimmungslehre greift *J. H. Newman* auf die Form des Essays[964] zurück, einer Literaturgattung, die seit *F. Bacon* in England großen Anklang findet und im 19. Jahrhundert zu ihrer Blüte gelangt[965]. Die Subjektivität der Darstellung, die assoziative Verknüpfung oftmals weit auseinanderliegender Gedankengänge sowie die Aufforderung an den Leser, die Dinge mit den Augen des Autors zu lesen, gelten als charakte-

---

360 f.) sowie das Gewissen als eingeborener, moralischer Instinkt mit einer unmittelbaren Beziehung zu Gott" (*R. Siebenrock*, Wahrheit 197).

[960] Vgl. *G. Biemer*, Newman 142. „Newman himself continued to revise the *Grammar*. Eight editions appeared before his death in 1890, the last 1889. Of the three Notes at the end of the volume, the first was added in the fourth edition of 1874, the second in the fifth edtion of 1881, and the third (dated December 1882) in a subsequent fifth edition (also dated 1881). The final text has been collated with the first edition and the numerous changes and corrections are noted in the Textual Appendix where the original 1870 readings are recorded....In fact, the revisions do not represent significant alterations but are mostly stylistic corrections" (*I.T. Ker*, Editor's Introduction XLIX-L).

[961] *G. Biemer*, Newman 142.

[962] Vgl. den Brief *J.H. Newmans* an *M. Holmes* (2. März 1870): „You will be disappointed with my Grammar, and so will every one be. It is what it is, and it is not what it isn´t - and what it isn´t most people will expect that it is" (zit. nach *W. Ward*, The Life Of John Henry Cardinal Newman, Bd. II, London-New York-Bombay and Calcutta 1912 /zit. Life II 268).

[963] Vgl. den Brief *J.H. Newmans* an *S. Bellasis*, in dem er zum Projekt der *Grammar* schreibt: „I suppose it will be my last. I have not finished it. I have written in all (good and bad) 5 constructive books. My Prophetical Office (which has come to pieces) - Essay on Justification - Development of Doctrine - University Lectures (Dublin) and this. Each took me a great deal and tried me very much. This, I think, has tried me most of all. I have written and rewritten it more times than I can count. I have now got up to my highest point - I mean, I could not do better, did I spend a century on it, but then, it may be „bad is the best" (zit. nach *W. Ward*, Life II 262).

[964] Vgl. *J. Artz*, Art. Essays N.´s, in: NL 305 - 306.

[965] Vgl. *R. Siebenrock*, Wahrheit 198 - 200, hier 199.

ristische Merkmale dieser literarischen Form[966]. Demnach ist ein Esssay ein vielseitiges Medium: Er gibt Zeugnis von der Denkwelt seines Verfassers, er ist überdies Angebot an den Leser, dargelegte Gedankengänge eigenständig fortzuentwickeln. Dieses subjektive Element unterscheidet dabei den Essay folglich „von der wissenschaftlichen Abhandlung, der über die Tagesaktualität hinausreichende Bedeutungsanspruch von der bloßen Tagesmeinung"[967]. So wird auch verständlich, warum *J. H. Newman* in seinen Darlegungen auf eine spezifisch theologische Fachbegrifflichkeit verzichtet: Jede Fachsprache ist immer in der Gefahr, sich von ihrem eigentlichen Gegenstand zu distanzieren, er aber möchte den Menschen in seiner konkreten Lebenssituation erreichen[968]. Wie schon im *Paper on Development* und im *Rambler* - Artikel von 1859 steht damit auch in den Vorstudien zur *Grammar* der Öffentlichkeitscharakter des Glaubens im Vordergrund: Der einzelne Gläubige lebt in einer Gesellschaft, die sich auf ein einziges, konfessionell geprägtes Glaubensbekenntnis nicht festlegen läßt, und überdies eigene Sinnangebote bereithält. So rechnet *J. H. Newman* für die Zukunft mit großen Schwierigkeiten, die sich dem konfessionell geprägten Glauben stellen werden[969]. Die

---

[966] Vgl. *R. Siebenrock*, Wahrheit 199. Im Vorwort der III. Aufl. von 1878, dtsch.: AW VIII 3, nennt *J. H. Newman* seinen Essay über die Entwicklung der Glaubenslehre eine „hypothetische Art des Schlußfolgerns", um „bestimmte Schwierigkeiten" , die aus dem Anspruch des christlichen Glaubensbekenntnisses erwachsen. Eben dies Vorläufig - Hypothetische trifft auch der Originaltitel der Zustimmungslehre *„An Essay in Aid of a Grammar of Assent"*: Er bezeichnet den „Versuch, um zu einer Elementarlehre von der Zustimmung zu verhelfen" (vgl. dazu *J. Artz, M. Laros, W. Becker*, Anm. 1, in: AW VII 371).

[967] *R. Siebenrock*, Wahrheit 199.

[968] „Ich mache mir daher auch keine großen Gewissensbisse darüber, daß ich fünfzig Jahre lang einfach meine Muttersprache als Mittel religiöser und ethischer Diskussionen benutzt habe..." (AW VI 415). *W. Ward*, Life II 505, Anm. 2, bemerkt dazu: „Newman held that the thinkers were constantly the victims of phraseology both in philosophy and in theology, and that technical language, so valuable in the interests of clearness, was ever being perverted. It could not, like algebraic symbols, be left to work automatically, but must be constantly tested by comparison with actual thought."

[969] In seinem 1885 veröffentlichten Aufsatz *Revelation in i t s Relation to faith* schreibt *J. H. Newman*: „...then there never was a time since Christianity was, when, together with the superabundant temporal advantages which by it may come to us, it thad the opportunity of being a worse enemy to religion and religious truth than it is likely to be in the years now opening upon mankind. I say so, because in its width

Theses de fide, aber auch der *Proof of Theism* verraten zudem, wie sehr J. H. *Newman* den Glauben nicht nur als eine Gnadengabe versteht, sondern ihn immer auch als Tat und Entscheidung eines konkreten Menschen in einer konkreten Zeit begreift. Die Präsumtionslehre und ihre Rede von den vorausgehenden Wahrscheinlichkeiten, wie sie J. H. *Newman* in den *Oxforder Universitätspredigten* entwickelt und in der *Praefatio* von 1847 vollends entfaltet, geben hinreichend Aufschluß über die individuelle, unverwechselbare Gestalt der Glaubenszustimmung. In der siebten *Oxforder Universitätspredigt* „Contrast between faith and sight" vom 27. Mai 1832[970] zeigt J. H. *Newman* jedoch am Beispiel eines jungen Mannes, der das Elternhaus verläßt, um fortan in der Welt seinen Weg zu gehen, daß die Fähigkeit zur Glaubenszustimmung immer in Gefahr steht, verlorenzugehen, also einer beständigen Pflege und Kultur bedarf[971]. Unter dem Stichwort des Skeptizismus zeigt J. H. *Newman* in einem Textfragment aus dem Jahr 1853 auf, daß dies nicht nur für den Einzelnen, sondern auch für die ganze Gesellschaft gelten kann[972]. Mit dem Titel „Grammar" unterstreicht J. H. *Newman* folgerichtig die Bedeutung des Personal - Subjektiven für die theologische Arbeit, verdeutlicht aber zugleich auch die Absicht, mit der er sein Werk geschrieben hat. Als

---

and breadth it is so much better educated and informed than it ever was before, and because of its extent, so multiform and almost ubiquitous. Its conquests in the field of physical science, and its intercommunion of place with place, are a source to it both of pride and of enthusisasm. It has triumphed over time and space, knowledge it has proved to be emphatically power" (ThP I 140 - 157 / AW VI 399-412 , hier ThP I 145 § 7 / AW VI 407). Zur Zukunftsskepsis J. H.*Newmans* vgl. *R. Siebenrock*, Wahrheit 153 - 157.

[970] Vgl. OUS VII 120 - 135 / AW VI 95 - 106.

[971] „Under these circumstances, youths are brought to their trial. The simple and comparatively retired life which they have hitherto enjoyed is changed for the varied and attractive scenes of mixed society. Its numberless circles and pursuits open upon them, the diversities and contrarieties of opinion and conduct, and of the subjects on which thought and exertion are expended. This is what is called seeing the world. Here, then, all at once they lose their reckoning, and let slip the lessons which they thought they had so accurately learned" (OUS VII 122 - 124 / AW VI 97 - 98, bes. OUS VII 123 - 124 / AW VI 97).

[972] Vgl. ThP I 8 – 10. „The power of government, the influence of the great, the interests of class, the popular fancy, the national character may conspire to fix and fossilize the ephemeral life, and to hand it down to generations unborn. Then education, habit, association, political expedience may be enlisted in it s favour; it may be changed from a religious dogma into a social and civil institution..." (ThP I 9).

Lehre vom Bau und von den Regeln einer Sprache [973] ist eine Grammatik keineswegs ein in sich geschlossenes Regelwerk, sondern offen für all jene Entwicklungen, die die lebendige Sprache nimmt. Der Begriff „Grammatik" weist also „über die faktisch gesprochene Sprache hinaus auf den Sprechenden selber. Der Sprechende wendet die Grammatik an. Sprache und Grammatik ist ohne die Person nicht"[974]. Das gilt analog auch für eine Grammatik der Glaubenszustimmung. So geht es J.H. Newman in der Tat um jene Voraussetzungen und Bedingungen, unter denen Menschen ihre Glaubenszustimmung geben. Wie aber der Prozeß der Begriffsklärung im Vorfeld der Zustimmungslehre zeigt, ist dies nur ein Aspekt einer solchen Grammatik. Ihre Aufgabe dürfte es überdies sein, ihrem Leser jene Regeln und Vollzüge einsichtig zu machen, anhand derer ein Mensch in der Fülle der Sinnangebote, die Kultur und Gesellschaft ihm zu vermitteln suchen, sich verantwortet gerade für jenen Anspruch zu entscheiden vermag, der ihm aus der Glaubensbotschaft der Kirche erwächst. So wird die *Grammar* dann tatsächlich zu einer Anleitung für den, der den Glaubensschritt tun möchte. Dabei erhebt *J. H. Newman* nicht den Anspruch, die Glaubensthematik erschöpfend abgehandelt zu haben: Die sprachliche Wendung „in aid of a Grammar" kennzeichnet sein Werk als einen Versuch, als Etappe auf einem für die Theologie förderlichen Wege"[975]. Der lebendige, alltägliche Glaubensvollzug der Gläubigen als Thema einer umfangreichen Abhandlung, gedeutet in der Kategorie einer Grammatik und abgefaßt in der Gestalt eines Essay - *J. H. Newman* entspricht damit gewiß nicht dem herkömmlichen Gebaren der Theologie seiner Zeit, deren Medium das Handbuch ist[976]. Der Essay, so *R. Siebenrock*, hinterfragt vielmehr den Anspruch einer Theologie, für die der Bereich des theologisch Relevanten ausgemessen ist und hernach weltweit in der gleichen Weise angemessen vermittelt werden kann[977]. Im Gegensatz zu einem „subjektlosen Objektivismus" [978] in der Darstellung theologischer Sachverhalte bringt *J. H. Newman* nicht ohne Grund sich selber und damit „unübergehbare In-

---

[973] Vgl. den Eintrag „Grammatik (1)" , in: *G. Wahrig / R. Wahrig-Burfeind* (Hg.), Wörterbuch der deutschen Sprache, München 1997 (= dtv 3366) 418.

[974] *R. Siebenrock*, Wahrheit 202.

[975] *R. Siebenrock*, Wahrheit 201.

[976] Vgl. *R. Siebenrock*, Wahrheit 198.

[977] Vgl. *R. Siebenrock*, Wahrheit 200.

[978] *R. Siebenrock*, Wahrheit 198.

dividualität"[979] in das theologische Denken ein. Aufbau und Inhalt der *Grammar* haben in diesem Sinne tatsächlich Züge einer subjektiven Apologetik, wie sie von *K. Eschweiler* beschrieben worden ist[980]. Das Werk hat denn auch bis in die Gegenwart seine Leser zu Reaktionen der unterschiedlichsten Art herausgefordert[981].

4.3.2. Satzwahrheit und Glaubenswahrheit – Überlegungen zum ersten Hauptteil der *Grammar of Assent*

In seinem Artikel zur *Analysis fidei* kennzeichnet *F. Malmberg* die *Grammar of Assent* als eine theologisch - psychologische Deskription der Glaubenshaltung des einzelnen Gläubigen[982]. Eine „theologische Analyse des Glaubensassensus"[983] kann er dabei nicht entdecken, geht es doch bei der Glaubensanalyse einerseits um die *auctoritas Dei revelantis*, die sich dem Gläubigen als Vernunftmotiv zur Geltung bringt, „ohne sich in ihrer Motivation selber wiederum auf ein Vernunftmotiv außergöttlicher Ordnung zu stützen"[984] , und andererseits um die Weise, wie der Gläubige unmittelbar den offenbarenden Gott erfaßt, auf dessen Autorität hin er seinen Glaubensassens gibt[985]. *J. H. Newman* selbst, so die Beobachtung von *F. Malmberg*, beschreibt demgegenüber den Glauben in den Begrifflichkeiten des *real assent* und der *intuition*, zudem zielt die *Grammar* nicht auf das Formal -, sondern auf das Materialobjekt des Glaubens[986]. Schon im Hinblick auf die Studien und Begriffsklärungen,

---

[979] *R. Siebenrock*, Wahrheit 198.

[980] Vgl. *K. Eschweiler*, Religion und Metaphysik 487.

[981] „Das Werk fand großen Anklang. Allein vom literarischen Standpunkt aus war es lesenswert. Trotz des ungewöhnlichen Gegenstandes barg dieser Essay Seiten feinster englischer Prosa, durchwirkt mit köstlichem Humor, beißendem Witz und bot nach Strecken schwerster Argumentation wieder höchste poetische Genüsse" (*N. Theis*, Quellen 181). Vgl. dazu *I. Ker*, Editor's Introduction L - LXX, wobei *I.T. Ker* Rezensionen aus der Zeit der Erstveröffentlichung (ebd. L - LIV) von solchen Beiträgen abgrenzt, in denen sich ein Autor mit umstrittenen Positionen *J. H. Newmans* auseinandersetzt (vgl. ebd. LV - LXX). Besonderes Augenmerk hat *I. Ker* auf die *Newman* - Diskussion bei *B. Lonergan* (vgl. ebd. LV- LVI), *H.P. Owen* (vgl. ebd. LVI. LXVI. LXVIII - LXX) sowie *J. Hick* (vgl. ebd. LXVI - LXVIII).

[982] Vgl. *F. Malmberg*, Art. Analysis fidei 481.

[983] *F. Malmberg*, Art. Analysis fidei 481.

[984] *F. Malmberg*, Art. Analysis fidei 477.

[985] Vgl. *F. Malmberg*, Analysis fidei 477.

[986] Vgl. *F. Malmberg*, Analysis fidei 481. *F. Malmberg* bezieht sich dabei auf die Aussage *J.H.Newmans* zu Beginn von Kap. 5 seiner *Grammar*: „...but here I am engaged

die der *Grammar of Assent* vorangehen, scheint dieses Urteil allerdings eher einseitig: In vielem nähert sich hier *J. H. Newman* eher inhaltlich dem, was *E. Kunz* später unter den Begriff des Offenbarungsgeschehens faßt. Hinsichtlich der offensichtlichen Evidenz der Frohbotschaft begreift *J. H. Newman* den Glauben als einen Zustimmungsakt[987], dem er spätestens seit dem Jahr 1865 die *certitude* als die der rechten Zustimmung entsprechende Geisteshaltung oder - verfassung zuordnet[988]. Die sorgfältige Zuordnung von Glaube und Vernunft, wie sie in den *Oxforder Universitätspredigten* und in der *Praefatio* von 1847 greifbar wird, entkräftet überdies die Unterstellung, in Hinblick auf den Glaubensakt werde bei *J. H. Newman* unangemessen psychologisiert. Mit seinen Ausführungen macht *F. Malmberg* aber indirekt auf jene Problemstellung aufmerksam, die die *Grammar of Assent* von Anfang an prägt: Nach *J. H. Walgrave* [989] betrachtet *J. H. Newman* den Glauben immer in doppelter Perspektive, wie bereits die Privatnotizen vom Januar 1860[990] eindrucksvoll belegen. In der Tat geht es hier zunächst um das Materialobjekt des Glaubens, trifft also der von *F. Malmberg* geäußerte Eindruck zu: Der Glaube erscheint als „ein Akt, wodurch man eine Anzahl von dogmatischen Sätzen als wahr annimmt"[991]. In der Auseinandersetzung mit den *Theses de fide*, dem *Newman - Perrone - Paper* sowie durch den Hinweis auf die Einträge in das *Philosophical Notebook* aus dem Jahr 1859 wird aber deutlich, daß der Glaube als Zustimmungsakt eine Tiefendimension besitzt, derentwegen er „über eine bloße Annahme von Sätzen hinausgeht"[992]. In diesem Zusammenhang ist auch an die Unterscheidung zwischen der *impliziten* und *expliziten Vernunft* zu erinnern, die *J. H. Newman* in der *XIII. Oxforder Universitätspredigt*[993] trifft, wonach die Genauigkeit in der

---

only with what is called the material object of faith, - with the thing believed, not with the formal" (GA 70 / AW VII 70).

[987] *I. Ker* weist darauf hin, daß der Terminus *assent* seit *On the Certainty*, also seit dem Jahr 1853 einen festen Platz in *J.H. Newmans* „philosophic vocabulary" innehat (Editor's Introduction XXVIII).

[988] Vgl. *I. Ker*, Editor's Introduction XXX.

[989] Vgl. *J. H. Walgrave*, Glaube und Dogma in der Theologie Newmans: Unveröffentlichtes Vortragsmanuskript, übersetzt von *L. Kaufmann W.V.* , in: Cardinal Newman Academic Symposium, Rom, 3. - 8. April 1975/ zit. Glaube und Dogma.

[990] Vgl. Th P I 81 - 89.

[991] *J. H. Walgrave*, Glaube und Dogma 1.

[992] *J. H. Walgrave*, Glaube und Dogma 1.

[993] Vgl. OUS XIII 258 / AW VI 193.

Darstellung von Lehren und Grundsätzen nicht wesentlich ist, ihnen gemäß zu fühlen und handeln[994]: Nach *T. Merrigan* löst sich *J. H. Newman* hier von der Praxis zeitgenössischer Theologie, Offenbarung als Summe von „propositional (credal) statements"[995] zu umschreiben. Vom Materialobjekt des Glaubens zu sprechen, heißt bei ihm, de facto auch von dessen Formalobjekt zu reden[996]. Obwohl Glaubensformeln zunächst Zeugnisse intellektueller Begrifflichkeit sind, machen sie Gottes Heilswirken bekannt: Ein dogmatisch fundierter Glaube ist keinesfalls einer lebendigen Religiösität hinderlich[997].

Die Satzstruktur des Glaubensgutes erschließt in ihrem Doppelcharakter Aufbau und Gestalt der *Grammar of Assent*. In ihrem *ersten Hauptteil*[998] beschäftigt sich *J. H. Newman* zunächst mit der Bedeutung und dem Wert von Lehrsätzen für den Glauben[999]. Im umfangreicheren *zweiten Hauptteil*[1000] des Werkes geht es sodann um die personale Tiefenstruktur des Glaubens, thematisiert an der Frage nach der Möglichkeit, Gestalt und Art von Gewißheit im Glauben[1001]. In einer persönlichen Zueignung seines Werkes an den ebenfalls zum Oratorium gehörenden Dichter *E. Caswall* [1002] hat *J. H. Newman* am 3. Dezember 1877 die zweifache Zielstellung des Buches präzisiert: „Zeigt im ersten Teil, daß man glauben,

---

[994] Vgl. OUS XIII 259 / AW VI 193. „The complexity and subtlety of human thought processes are again recognized, especially with regard to intellectual genius in words that were to be echoed in the *Grammar*.....'Explicit' or conscious reasoning is the analysis or investigation of ‚implicit' or unscious reasoning: it means arguing as opposed to reasoning, it involves the giving rather than having a reason." (*I. Ker*, Editor's Introduction XXVI).

[995] *T. Merrigan*, Clear heads 171.

[996] „At the same time, however, his understanding of the nature of the Christian idea was informed by a far more profound and far more holistic vision of the divine self-communication than the merely propositional, and one which not infrequently makes ist presence felt in those very texts where Newman is ostensibly concerned with propositional (credal) categories" (*T. Merrigan*, Clear heads 171).

[997] Vgl. dazu *G. Biemer / J. D. Holmes*, Einführung in Newmans Leben und Gedankenwelt, in: *G. Biemer/ J. D. Holmes* (Hg.), Leben als Ringen um die Wahrheit. Ein Newman Lesebuch, Mainz 1984, 19 - 61, hier 57.

[998] Vgl. dazu GA 7 - 102 / AW VII 1 - 106.

[999] Vgl. dazu *Ch. St. Dessain*, John Henry Newman. Anwalt redlichen Glaubens. Mit einem Vorwort von W. Becker, Freiburg - Basel - Wien 1980 / zit. Anwalt, 261.

[1000] Vgl. dazu GA 103 -316 / AW VII 107 - 344.

[1001] Vgl. *Ch. St. Dessain*, Anwalt 265.

[1002] Vgl. *J. Artz*, Art. Caswall, 2. Edward C. (1814 - 78), in: NL 172.

was man nicht verstehen kann, zeigt im zweiten Teil, daß man glauben, was man nicht absolut beweisen kann."[1003] Daraus ergibt sich für beide Hauptteile der *Grammar* ein paralleler Bau in übersichtlicher Klarheit. Auf je vier Kapitel, in denen die jeweilige Thematik dargelegt und entfaltet wird, folgt ein fünftes, das die vorangegangenen Überlegungen zusammenfaßt und auf den Gegenstand der Offenbarungsreligion anwendet[1004]. *Non dialectica complacuit Deo salvum facere populum suum* - die Sen-

---

[1003] *Ch.St. Dessain*, Anwalt 261.

[1004] Die Kapitel im Überblick (vgl. Inhaltsverzeichnis GA 5 - 6, hier : AW VII, V - VI):

tenz des *Ambrosius*, die *J. H. Newman* seinem Werk voranschickt, kenn-zeichnet sein pastorales Anliegen[1005]: Es geht nicht allein um formallo-gisch korrekte Beweise, um eine verantwortbare Glaubensgewißheit zu erlangen. Die Offenbarung wird vielmehr in der Glaubwürdigkeit ihres Anspruches wahrgenommen (*Hauptteil I*) und findet beim Menschen Antwort in der Gewißheit des personal verankerten Zustimmungsaktes (*Hauptteil II*). *J. H. Newman* bleibt damit in seiner Zustimmungslehre nicht nur materialiter, sondern auch formaliter in der Linie seiner frühe-ren Studien.

4.3.2.1. Sprache und Person

N. Theis hat in seiner Werkeinführung zur *Grammar of Assent* darauf hingewiesen, daß die Zustimmungslehre keinesfalls als eine „Aperitif-Lektüre" [1006] bezeichnet werden kann. Diese Einschätzung trifft durchaus den Charakter des Werkes. Schon das *erste Kapitel* der *Grammar*, „Modes of holding and apprehending Propositions"[1007], gibt seinem Leser keine Gelegenheit, sich nach und nach in den zu behandelnden Stoff einzu-finden. Abrupt setzt die Erörterung zur Thematik ein[1008]. Im *ersten Para-graphen* [1009] bestimmt *J. H. Newman* den Inhalt des Begriffes „Satz": Dieser ist eine Einheit, „consisting of a subject and predicate united by the copula"[1010]. Seine Form ist *kategorisch, bedingt* oder die der *Frage*[1011]. Diese Begriffsbestimmung zeigt, daß Sätze an sich den Charakter von Axiomen tragen, sie gelten als nicht hinterfragbare Prinzipien[1012]. Der *kategorische Satz* stellt eine Behauptung auf, er schließt jeden Vorbehalt aus, da er in sich selber ruht und in sich abgeschlossen ist[1013]. Hat ein Satz dagegen die Form eines *Schlusses* („conditional form"[1014]) schließt er sowohl an-

---

[1005] Vgl. *J. Artz*, Newmans vier Maximen, in: Cath 33 (1979) 134 - 152, hier 134 - 138.

[1006] *N. Theis*, Quellen 165.

[1007] GA 9 - 15 / AW VII 3 - 9.

[1008] „Der Essay setzt mit einer dreifachen Typologie ein. Die abrupte Eröffnung fordert eine aufmerksame Interpretation der Einleitung" (*R. Siebenrock*, Wahrheit 206).

[1009] GA 9 - 12 / AW VII 3 - 6.

[1010] GA 9 / AW VII 3.

[1011] Vgl. GA 9/ AW VII 3.

[1012] Vgl. *M. Miserda*, Subjektivität 332.

[1013] Vgl. den Beispielsatz anführt: „. Free - trade does benefit" (GA 9 / AW VII 3).

[1014] GA 9/ AW VII 3.

dere Sätze als auch die Abhängigkeit von anderen Sätzen[1015] ein. Die dritte Form ist die der *Frage*. Sie läßt die Möglichkeit einer Bejahung oder auch Verneinung offen[1016]. *J. H. Newman* beobachtet eine Korrelation zwischen den Satzformen und findet damit das Maß ihrer Verschiedenheit voneinander[1017]: So kann eine Frage ein Schluß werden und sich dann in eine Behauptung verwandeln[1018], jede Satzform unterscheidet sich aber deutlich von der anderen[1019]. Die verschiedenen Satzformen werden sodann „ one and the same subject"[1020], folglich der Sprachkompetenz des Einzelnen zugeordnet[1021]. Zudem gilt das Verhältnis zwischen dem äußeren Akt, Sätze kundzutun, und dem inneren Akt, sie zu halten, als „analogous"[1022]: Der äußere Akt der Kundgabe entspricht dem Zustand des Sprechers, seiner inneren Haltung[1023]. *J. H. Newman* greift hier auf einen Gedanken in seinen *Oxforder Universitätspredigten* zurück[1024]: Die Sprache ist für den Menschen unentbehrlich, ohne Sätze gäbe es keine Fragen, Schlüsse oder Behauptung, noch überdies irgendetwas zu bezweifeln, zu folgern oder zuzustimmen. Sätze, so *J. H. Newmans* Einsicht, haben immer eine doppelte Aufgabe: Sie übermitteln erstens Informationen und werden zweitens zugleich mit der Information, die sie übermitteln, zu Objekten der ihnen entsprechenden geisti-

---

[1015] „...and at once imply, and imply their dependence on, other propositions" (GA 9/ AW VII 3).

[1016] Vgl. GA 9/ AW VII 3.

[1017] Vgl. GA 9/ AW VII 3.

[1018] Vgl. GA 9/ AW VII 3.

[1019] „No one is likely to deny that a question is distinct both from a conclusion and from an assertion; and an assertion will be found to be equally distinct from a conclusion" (GA 9/ AW VII 3 – 4).

[1020] GA 10 / AW VII 4.

[1021] Vgl. GA 10/ AW VII 4.

[1022] GA 10/ AW VII 4.

[1023] „The internal act of holding propositions is for the most part analogous to the external act of enunciating them; as there are three ways of enunciating, so are there three ways of holding them, each corresponding to each" (GA 10/ AW VII 4).

[1024] Vgl. die Predigt „Personal Influence, The Means Of Propagating The Truth" vom 22. Januar 1832 (OUS V 75 - 98 / AW VI 63 – 79). Hier zeigt *J. H. Newman* auf , wie sehr die Sprache das Wesen des Menschen spiegelt: „For, after all, what is language but an artificial system adapted for particular purposes, which have been determined by our wants?" (OUS V 84 - 85 /AW VI 69).

gen Akte, Anlaß also zu Frage, Behauptung und Schließen[1025]. Die Sprache und ihr Sprecher sind voneinander nicht zu trennen.
Im letzten Teil des Abschnittes wendet sich *J. H. Newman* deshalb ausdrücklich dem Individuum zu, wobei er zu drei Überlegungen kommt. So stellt er fest, daß die drei Akte des Fragens, Schließens und Behauptens dem Geiste natürlich sind („natural to the mind"[1026]). Interessant ist dabei seine Ansicht über den Irrtum, der darin besteht, etwa dort, wo die gedanklichen Mittel vorhanden sind, zu einem Schluß zu kommen, das Urteil dennoch zurückzuhalten[1027]. Ein solcher Irrtum widerspricht aber nicht der Natur des Menschen, d.h. seiner Fähigkeit zum Fragen, Behaupten und Schließen, sondern ein solcher Irrtum geht zulasten der fehlgeleiteten Freiheit des Menschen[1028]. Desweiteren kommt *J. H. Newman* zu der Ansicht, daß die drei Weisen, Sätze zu erwägen, zu „principles and notes of three distinct states or characters of mind"[1029] werden können. Er erläutert dies am Beispiel der Offenbarungsreligion: Je nachdem, welche der drei Weisen in einem Menschen vorherrschen, ist er entweder gegenüber der Offenbarung ein Skeptiker, oder er setzt möglicherweise als Philosoph auf Vernunftschlüsse und billigt deshalb einer Offenbarung Wahrscheinlichkeit zu. *J. H. Newman* rechnet zudem mit den Möglichkeiten von Glaube und Unglaube: Ist ein Mensch nicht gläubig, hat er also keinen uneingeschränkten Glauben an die Offenbarung, kann er ihr auch die Zustimmung verweigern. Sein Zweifel ist dann aber schon wieder eine Zustimmung, „the deliberate recognition of a thesis as being uncertain"[1030]. Im übrigen sieht *J. H. Newman* im Men-

---

[1025] „ Moreover, propositions, while they are the material of these three enunciations, are also the objects of the three corresponding mental acts" (GA 10 / AW VII 4).

[1026] GA 11 / AW VII 5.

[1027] Vgl. GA 11 / AW VII 5.

[1028] „...but such errors of the individual belong to the individual, not to his nature, and cannot avail to forfeit for him his natural right, under proper circumstances, to doubt, or to infer, or to assent" (GA 11/ AW VII 5).

[1029] GA 11 / AW VII 5.

[1030] GA 12 / AW VII 6. *J. H. Newman* diskutiert den Zweifel überhaupt nicht. „...in this sense Doubt is nothing else than an assent, viz. an assent to a proposition at varinace with the thesis, as I have already noticed in the case of Disbelief" (GA 12/ AW VII 6). *R. Siebenrock* verweist darauf, daß der Ausschluß des Zweifels aus dem besonderen Anliegen zu erklären ist, das *J. H. Newman* verfolgt (vgl. Wahrheit 207 - 208, Anm. 255). Die Anfragen aus dem Bereich des Zweifels und der Skepsis bleiben demnach in der *Grammar of Assent* durchaus präsent - in der Gestalt der Zustimmung, der

schen „a certain co-existence"[1031] der verschiedenen Geisteshaltungen: Einige von ihnen sind abwechselnd Skeptiker, Forscher und Gläubige, allen Menschen ist die Fähigkeit gegeben, zu folgern und zugleich zuzustimmen[1032].

Der Leser wird über die formale Ebene der Spachstruktur an deren „Tiefen- oder Personaldimension, nämlich ihr Verhältnis zum Subjekt"[1033] herangeführt: Schon der Einstieg der *Grammar* zeigt, daß J. H. *Newman* sich in seiner Argumentation immer auf zwei Ebenen bewegt. Nach M. *Miserda* ist diese Verfahrensweise durchaus schlüssig und nachvollziehbar: Baut J. H. *Newman* seine *Grammar* auf Sätzen auf, so macht er damit deutlich, daß es in der Zustimmungslehre um logische Fragen, also um Logik geht[1034]. In der Tat wird diese Einschätzung durch J. H. *Newman* selbst bestätigt. In einer Notiz vom 26. November 1863[1035] unterscheidet er *logical assertions*, bei denen es um das Subjekt und Prädikat eines Satzes in ihrem Zueinander geht, von *formal assertions*, durch die „an image or a sort of object which is the result of the whole proposition"[1036] erfaßt werden soll. Wenige Jahre später handelt er in seiner *Grammar* von Sätzen in ihrer Beziehung zu konkreten Dingen, wobei er sich besonders mit der *Zustimmung* und der *Folgerung* beschäftigen möchte, letztere soll dabei in ihrem Verhältnis zur *Zustimmung* näher bestimmt werden[1037]. Die *Folgerung* verknüpft Prämisse und Schluß, sie gilt von daher als bedingt. Im Gegensatz dazu erscheint die *Zustimmung* als unbedingt, „else, it is not really represented by assertion"[1038]. J. H. *Newman* bleibt - „bei all seiner kritischen Haltung gegen-

---

Wahrscheinlichkeit der Argumente und der Gewißheit. Der Zweifel erscheint hier als „Los endlicher Erkenntnis im Pilgerstand" (Wahrheit 208, Anm. 255).

[1031] GA 11/ AW VII 5.

[1032] „Indeed, in a multitude of cases we infer truths, or apparent truths, before, and while, and after we assent to them" (GA 11/ AW VII 5).

[1033] M. *Miserda*, Subjektivität 327.

[1034] Vgl. M. *Miserda*, Subjektivität 324.

[1035] Vgl. ThP I 102 - 103.

[1036] J. H. *Newman* weist ausdrücklich darauf hin, daß nicht jede *logical assertion* zugleich auch eine *formal assertion* sein muß: „ ´God is infinite`, first is logical, secondly it testifies to a positive truth, but thirdly, since from its negative form it does not image any positive truth to us, therefore it is not what I have called formal" (ThP I 103).

[1037] Vgl. GA 11-12 /AW VII 6.

[1038] GA 12 / AW VII 6.

über der Logik"[1039] - wie schon in früheren Veröffentlichungen[1040], so auch in seiner *Grammar* ein Logiker. *M. Miserda*[1041] erinnert aber in diesem Zusammenhang an die Doppelbedeutung, die der Begriff „Logik" für *J. H. Newman* spätestens seit der *Lecture on Logic* vom Februar 1859[1042] hat. *Logik* ist hier im engeren Sinn der Name für die Verfahrensweisen der Dialektik und Wissenschaftstheorie, im aristotelischen Sprachgebrauch also der Begriff für die Noologie und die Gnoseologie[1043]. Das Interesse an der Logik ist demnach auf die Erkenntnislehre, die „Epistomologie (science of knowledge)"[1044], ausgedehnt. Genau in diesem Sinne äußert sich *J. H. Newman* gegen Ende des *ersten Paragraphen* von *Kapitel 1* seiner *Grammar*. Die formale Struktur der Logik, innerhalb derer die Sprache untersucht werden soll, wird hier um die Einsicht ergänzt, daß zur Zustimmung zu einem Satz $X = Y$ immer auch ein intellektuelles Engagement des Zustimmenden notwendig ist[1045]. *J. H. Newman* nennt dies die intellektuelle Erfassung[1046], die für den Vorgang des bloßen Folgerns allerdings nicht notwendig ist[1047]. Damit steht in der *Grammar of Assent* das Verhältnis von logisch - syllogistischer Demonstration und persönlicher Überzeugung offensichtlich zur Debatte[1048]. *J. H. Newman* entfaltet hier ausführlich das Programm, das in den *Theses de fide* bereits angelegt ist, und für das ihm das geeignete begriffliche Instrumentarium

---

[1039] M. *Miserda*, Subjektivität 325.

[1040] Vgl. dazu *Praefatio* 248 - 249 / AW VI 441: „Quare, ut hoc ad analysim, si possimus, reducamus, fidem tripliciter tractabimus: primum *principia* seu praemissas excutientes, ex quibus progreditur fidei ratiocinatio; - deinde *logicam* ipsam fidei, seu inferendi modum; - denique *conclusiones* quas attingit; - unde manifestum tandem fiet, quare vulgus hominum, seu mundus, secus ac veritas fert, fidem tanquam abjecti vel atestuantis, vel imbecillis animi indicium reputare soleat."

[1041] Vgl. M. *Miserda*, Subjektivität 324 - 325.

[1042] Vgl. ThP I 51 - 62.

[1043]: „Lastly for the name. I would then make Logic not a science but a generic name for two sciences, Dialectica and Critica, the Science of Proof (Inference), and the science of knowledge - or the first might be called Logic; the second Noology or Gnoseology (from Aristotle´s *nous* Ethic. lib. 6)" (ThP I 55).

[1044] M. *Miserda*, Subjektivität 325.

[1045] Vgl. GA 12 / AW VII 6.

[1046] Vgl. GA 12/ AW VII 6.

[1047] „We cannot give our assent to the proposition that ‚x is z', till we are told something about one or other of the terms, but we can infer, if ‚x is y, and y is z, that x is z' , whether we known the meaning of x and z or no" (GA 12/ AW VII 6).

[1048] Vgl. M. *Miserda*, Subjektivität 329.

nun endlich zur vollen Verfügung steht. Indem er ihr dabei Züge einer Logik gibt, unterstreicht er zudem den Öffentlichkeitscharakter der *Grammar*: Das „allgemeingültige Symbol" [1049] kunstgerechter Argumentation, so J. H. *Newman* in seiner *Praefatio* von 1847, ermöglicht ebenso den öffentlichen Diskurs wie die Glaubenschritte des Einzelnen. In jedem Falle aber ist mit einem solchen literarischen Unterfangen der Glaube vor dem Ghetto einer unreflektierten Innerlichkeit bewahrt[1050]. Mit seiner *Grammar of Assent* variiert J. H. *Newman* offensichtlich noch einmal das Thema von Glaube und Vernunft. Stellen seine Überlegungen, wie er sie zum Vernunftcharakter des Glaubens in den *Oxforder Universitätspredigten* darlegt, gewissermaßen eine Korrektur des zeitgenössischen, syllogistischen Vernunft - und Wissenschaftsbegriffes dar, so konfrontiert er in der *Grammar* eben jenes syllogistische Denken mit dem individuellen Zustimmungsakt des Glaubens. Genau dies ist auch der Grund für die akribische und bisweilen ermüdende Weise, mit der J. H. *Newman* im *ersten Kapitel* der *Grammar* auf die Gestalt und die Funktion von Sätzen eingeht: Auch ein Dogma, so das *fünfte Kapitel* der *Grammar*, „Apprehension and Assent in the Matter of Religion"[1051], ist ein Satz, der sowohl für einen Begriff und als auch für einen Sachverhalt („thing" [1052]) steht. Der Glaube ist damit gleichermaßen Operationsgebiet einer syllogistischen Vernunft wie Ausdruck persönlichen Bekenntnisses: Dogmatische Sätze unterstehen den gleichen Regeln wie alles übrige Sprechen. Das, was er bereits über die Gestalt und die Funktion von Sätzen gesagt hat, gilt auch für die Dogmen des konfessionell gebundenen Glaubens: Nach J. H. *Newman* kann es daher keine Zustimmung, noch irgendeinen Glauben „without a proposition or thesis"[1053] geben.

[1049] „.....in symbolum quendam communem vult conjici" (Praefatio 252 / AW VI 443).

[1050] Vgl. dazu A. J. *Boekraad*, The Personal Conquest of Truth according to J. H. Newman, Louvain 1955/ zit. Personal Conquest. A.J. *Boekraad* unterstreicht, daß für J. H. *Newman* die Gottesbeziehung des Menschen Prozeßcharakter hat: „There are therefore two constituent parts of the process, one which can be formulated in a clear way according to all the requirements of sound logic, the other beyond that sphere, too subtle and too personal to be embodied in a definite formula: both have their part to play" (Personal Conquest 47).

[1051] GA 69 - 102 / AW VII 69 - 106.

[1052] GA 69/ AW VII 69.

[1053] GA 82 / AW VII 84.

Dem Satz kommt dabei eine darstellende Funktion zu[1054]. *J. H. Newman*
belegt dies eindrucksvoll zu Beginn des ersten Paragraphen von *Kapitel
5*, wo er die Attribute Gottes aufzählt[1055]. Entweder formuliert der Glaubenssatz eine begriffliche, theologische Wahrheit, oder er vermittelt „a
religious fact or reality"[1056]. *J. H. Newman* findet im Informationsgehalt
der Sprache das *Prae* des objektiven vor dem subjektiven Gotteswort:
Der Glaube kommt vom Hören[1057]. Die begriffliche Zustimmung zu einem Dogma ist somit ein legitimer theologischer Akt[1058], die theologische
Wissenschaft die Anwendung des Intellektes auf die *credenda* der Offenbarung. Ihr kommt es zu, die Lehren des der Kirche anvertrauten *Depositum fidei* in einer angemessenen Weise zusammenzustellen, gegebenfalls
dieses auch in Hinblick auf besondere Aspekte zu untersuchen. Die Methode, nach der die Theologie dazu verfährt, ist die der Deduktion, ihr
charakteristischer Nachteil besteht für *J.H. Newman* in der Tatsache, daß
ihre Ergebnisse abstrakt und rein begrifflich sind[1059]. Neben der intellek-

---

[1054]„Daß der Essay die Erkenntnis von Wahrheit als Erkenntnis von Sätzen auf-
faßt, liegt nicht allein am theologischen Interesse Newmans. Schon für LOCKE war
der Satz das verbale Abbild des Erkennens" (*R. Siebenrock* , Wahrheit 207, Anm. 253).
Vgl. dazu GA 185 / AW VII 200: „As I said when I began, thought is too keen and manifold, its sources are too remote and hidden, its path too personal, delicate, and circuitous, its subject-matter too various and intricate, to admit of the trammels of any
language, of whatever subtlety and of whatever compass." Die Sprache bleibt „an
artificial system adapted for particular purposes" (OUS V 85 / AW VI 69).

[1055] „I speak then of the God of the Theist and of the Christian: a God who is numerically One, who is Personal; the Author, Sustainer, and Finisher of all things, the
life of Law and Order, the Moral Governor; One who is Supreme and Sole; like Himself, unlike all things besides Himself which are all but His creatures; distinct from, independent of them all; One who is self-existing, absolutely infinite, who has ever
been and ever will be, to whom nothing is past or future; who is all perfection, and
the fulness and archetype of every possible excellence, the Truth Itself, Wisdom,
Love, Justice, Holiness, One who is All-powerful, All-knowing, Omnipresent, Incomprehensible. These are some of the distinctive prerogatives which I ascribe unconditionally and unreservedly to the great Being whom I call God" (GA 70 - 71 / AW
VII 71).

[1056] GA 82 / AW VII 84.

[1057] „Knowledge must ever precede the exercise of the affections....we must know
concerning God, before we can feel love, fear, hope, or trust towards him" (GA 83 /
AW VII 84 – 85).

[1058] GA 82/ AW VII 84.

[1059] Vgl. GA 98 - 99 / AW VII 102.

tuellen Auseinandersetzung mit dem Glaubensgut gibt es zudem die persönliche Stellungnahme, mit der der einzelne Gläubige kraft seiner religiösen Einbildungskraft die im Dogma ausgesagte Glaubenswirklichkeit annimmt und sie sich zu eigen macht[1060]. So ist die Sprache für den Glauben unersetzlich. Sie ermittelt und verdeutlicht ebenso jene Wahrheiten, auf die sich die religiöse Einbildungskraft stützen kann, wie sie die Kommunikabilität von Glaubenserfahrungen ermöglicht[1061].

J. H. Newman betont ausdrücklich die Verankerung beider Vollzüge im menschlichen Geist. Er spricht in diesem Zusammenhang einerseits von einer religiösen, andererseits von einer theologischen Geisteshaltung („habit of mind"[1062]). Beide Ebenen sachgerecht auseinanderzuhalten, sie aber immer auch in ihrem Zueinander zu beleuchten, ist die eigentliche Absicht der *Grammar of Assent*. Jene Beobachtung, die *J.H. Walgrave* bei *J. H. Newman* bezüglich der Doppelfunktion der Sprache im Kontext der Glaubensbegründung gemacht hat, wird somit durch die *Grammar* bestätigt, wie bereits der erste Blick auf ihr *erstes* und *fünftes Kapitel* belegt. Schon an dieser Stelle erscheint der Aufbau der *Grammar* klar und einsichtig, und der Weg, den *J. H. Newman* in ihrem *ersten Hauptteil* wählt, nachvollziehbar: Die ersten vier Kapitel sind der Fähigkeit der menschlichen Vernunft gewidmet, sich Sätze in ihren Inhalten anzueignen, auch wenn diese sich zunächst dem eigenen Verstehen entziehen. Die hierbei gewonnenen, erkenntnistheoretischen Einsichten werden im *fünften Kapitel* am Glaubensbekenntnis erprobt: Der syllogistische Zugang zu dessen Aussagen wird dabei von *J. H. Newman* in Beziehung zu einem lebendigen, persönlichen Gottglauben gesetzt. In beiden Fällen ist die Spannung nicht verleugnet, in der der eine Wirklichkeitszugang

---

[1060] Vgl. GA 98 -99/ AW VII 102.

[1061] Vgl. GA 98-99/ AW VII 102. In Dev. 339 / AW VIII 294 betont *J. H. Newman* die Ekklesialität religiöser Sprache, durch die der vom Wort Gottes geprägte Geist der Kirche zu Wort kommt: „Scripture may be said to be the medium in which the mind of the Church has energized and developed." In OUS XIII 268 / AW VI 200 sieht er hierin ein Zeugnis der göttlichen Barmherzigkeit: „Inspiration is defective, not in itself, but in consequence of the medium it uses and the beings it adresses. It uses human language, and it adresses man; and neither can man compass, nor can his hundred tongues utter, the mysteries of the spiritual world, and God' s appointments in this. This vast and intricate scene of things cannot be generalized or represented through or to the mind of man; and inspiration, in undertaking to do so, necessarily lowers what is divine to raise what is human."

[1062] GA 69 / AW VII 69.

aus dem anderen lebt. Indem er aber das Verhältnis von Glaube und Vernunft in den Kriterien von Grammatik und Logik erörtert, diskutiert *J. H. Newman* zugleich das Verhältnis von Religion und Theologie, weitet sich also in der Tat die Logik zur Erkenntnistheorie. Die Theologie ist auf die Religion ebenso angewiesen wie die Religion ihrerseits auf die Theologie: Versorgen „sense, sensation, instinct, intuition"[1063] den menschlichen Intellekt mit Tatsachen über die Welt, geschieht dies in der Gottesbeziehung des Menschen „from the witness, first of nature, then of revelation"[1064]. Die Theologie bezieht sich dabei auf diese in Erfahrung gebrachten Tatsachen, wertet sie aus, um sie durch Abstraktion und Folgerung in die Gestalt von dogmatischen Lehrsätzen zu bringen[1065]. Insofern kann es für *J. H. Newman* keinen Widerstreit zwischen dogmatischem Glaubensbekenntnis und lebendiger Religiösität geben[1066]: Die Formel, die dem Theologen ein Dogma verkörpert, „readily suggests an object for the worshipper"[1067].

4.3.2.1.1. Erfassung und Zustimmung – Elemente einer theologischen Erkenntnistheorie

Zwei Hauptgegenstände sind es, denen sich *J. H. Newman* in seiner Abhandlung widmet: Die *bedingte* sowie die *unbedingt - kategorische* Weise, „Sätze zu halten" („holding propositions")[1068], von ihm auch *Folgerung* und *Zustimmung* genannt. Dabei weiß er, daß die „absolute Annahme eines Satzes" („absolute acceptance")[1069], wie sie im Akt der Zustimmung ohne jede Bedingung geschieht, eine außergewöhnliche Leistung dessen ist, der die Zustimmung gibt: Für den Glaubensakt hat er dies schon in seinen *Theses de fide* nachgewiesen. Teil dieser Leistung ist bereits ihr Vorfeld, d.h. die Weise, in der sich der Einzelne für den Akt einer Zustimmung bereitet weiß: *J. H. Newman* nennt hier die *Folgerung*, die einer *Zustimmung* vorausgeht, sowie die *Erfassung*, die er zunächst recht allgemein definiert[1070]. Sätze *zu erfassen*, heißt in erster Begriffsbe-

---

[1063] GA 69/ AW VII 69.
[1064] GA 69/ AW VII 69.
[1065] „...through the exercise of abstraction and inference" (GA 69 / AW VII 69).
[1066] Vgl. GA 82/ AW VII 84.
[1067] GA 83 / AW VII 85.
[1068] GA 14 / AW VII 9.
[1069] GA 16 / AW VII 10.
[1070] Vgl. GA16/ AW VII 10.

stimmung, „den Gliedern, aus denen sie sich zusammensetzen, einen Sinn beilegen"[1071]. Dabei ist die *Erfassung* nicht mit dem *Verstehen* zu verwechseln - „It is possible to apprehend without understanding"[1072], *Erfassen* ist eben „simply an intelligent acceptance of the idea, or of the fact which a proposition enunciates" [1073]. Mit *Verstehen* ist dagegen die Fähigkeit oder auch der Akt gemeint, mit Hilfe derer sich der menschliche Geist einen Satz vorstellen kann („conceiving a proposition"[1074]) oder ihn umfassend zu begreifen vermag („comprehending"[1075]). Diesen Unterschied verdeutlicht *J. H. Newman* an zwei Beispielen: Es ist möglich, das Verhalten eines Menschen zu erfassen, ohne es zu verstehen. In diesem Falle fehlt der rechte Schlüssel, ihn zu begreifen, d.h., es scheint einem Beobachter unmöglich, einen Zusammenhang im Detail zu entdecken[1076]. Ähnlich ist es mit einem begabten Schüler, der- „from a thorough grammatical knowledge of both languages"[1077] - heraus eine französische Abhandlung zu speziellen Fragen der Ökonomie „with an apprehension of what it was that his author was stating sufficient"[1078], in das Englische übersetzt, ohne einen Begriff von der wahren Bedeutung der Abhandlung zu haben. Der Gebrauch der Sprache und ihre Verankerung im Leben des Sprechenden wird für *J. H. Newman* sogar zum Indikator menschlicher Reife: Der Mann gebraucht die Sprache „as the vehicle of things, and the boy of abstractions"[1079]. *J. H. Newman* gibt damit

---

[1071] „By our apprehension of propositions I mean our imposition of a sense of terms of which they are composed" (GA 12 / AW VII 7).

[1072] GA 20 / AW VII 14.

[1073] GA 20/ AW VII 14.

[1074] GA 20/ AW VII 14.

[1075] GA 20 / AW VII 14.

[1076] Vgl. GA 20 / AW VII 14.

[1077] GA 21/ AW VII 15.

[1078] GA 21 / AW VII 15.

[1079] GA 21 / AW VII 15. Vgl. dazu E. *Biser*, Glaubensverständnis. Grundriß einer hermeneutischen Fundamentaltheologie, Freiburg - Basel -Wien 1975. E. *Biser* nimmt die Überlegung *J. H. Newmans* von der vollgültigen Sprache des reifen Mannes (vgl. ebd. 36) zum Hinweis auf einen vorangegangenen Abschnitt seiner hermeneutischen Fundamentaltheologie, wo er „aus dem Unbehagen an der noch immer vorherrschenden Abstraktionstheologie" (ebd. 17) für eine theologische Sprache plädiert, in der sich die Einheit von Denken und Erfahrung spiegelt. „Das aber ist das Ziel einer zugleich informativen und performativen Sprache, der es ebenso auf Klärung wie auf Ergriffenheit ankommt und die das eine durch das andere betreibt: Ergriffenheit

dem Problem des Verhältnisses von logisch-syllogistischer Demonstration und persönlicher Überzeugung, wie er es in Hinblick auf bestehende Sprachstrukturen direkt zu Beginn seiner *Grammar* ausgemacht hat, eine neue Wendung. Daß die Erfassung einer komplexen Sprachstruktur nicht immer der Befähigung zu ihrem rechten Verständnis entspricht, gibt zunächst den Rahmen für die weitere Argumentation der *Grammar*, in der es um das Subjekt und seinen Wirklichkeitszugang geht, wie J. H. *Newman* schon in seinen Überlegungen zum *motivum credibilitatis* gezeigt hat. Mit der Aufgabe, die sich ihm dabei stellt, ist er als Autor eines Essays *in aid of a Grammar of Assent* zugleich dreifach herausgefordert: Er weiß sich als *Grammatiker*, der die Gültigkeit von Wörtern und Sätzen bestimmt, und der überdies die Struktur von Sentenzen und die Komposition von Abschnitten bewältigt. Er hat zudem Sprache mit Sprache zu vergleichen, dabei die den verschiedenen Ausdrucksweisen zugrunde liegenden Ideen zu ermitteln sowie „to achieve the difficult work of recasting the mind of the original author in the mould of a translation"[1080] . Der Autor einer Zustimmungslehre ist zudem *Philosoph*, „experimentalist"[1081], der nach „investigating, questioning, ascertaining facts, causes, effects, actions, qualities" [1082] strebt, um ihnen seine Erörterungen, als Mittel zum Zweck, unterzuordnen. Zuletzt ist der Verfasser einer *Grammar* immer auch *Schriftsteller*, mit der Pflicht „to have clear conceptions, and to be exact and intelligible in expressing them"[1083]. Die Verschiedenheit und Fülle dieser Aufgaben prägt dementsprechend die literarische Gestalt der *Grammar* und macht sie in der Tat nicht eben leserfreundlich[1084].

---

durch das informierend-klärende Wort, und dieses als Ausdruck und Frucht des ergriffenen Herzens" (ebd. 17).

[1080] GA 21/ AW VII 15.

[1081] GA 21/ AW VII 15.

[1082] GA 21/ AW VII 15.

[1083] GA 21/ AW VII 15.

[1084] „Die Fülle der Thematik und Begrifflichkeit, mit der die Grammatik operiert, wurde oftmals als verwirrend und schwer durchschaubar eingeschätzt" (R. *Siebenrock*, Wahrheit 209). N. *Theis* schreibt dazu: „Dieses Urteil wurde bestätigt durch einen Ausspruch des bekannten englischen Schriftstellers Thomas Carlyle, der dem Autor der ‚Grammar' nicht mehr Hirn zutraute als einem mittelgroßen Kaninchen - the brains of a moderate sized rabbit" (Quellen 165).

So müht sich J. H. *Newman* immer wieder um Begriffsdefinitionen, auf die er dann seine Argumentationsgänge aufbaut. Greifbar wird dies im Falle der *Erfassung*, zu deren näherer Bestimmung J. H. *Newman* in einem längeren Abschnitt[1085] seiner *Grammar* drei Verstehenszugänge erörtert. Die dabei vorgetragenen Gedankengänge ordnen die *Erfassung* zunächst der grammatikalisch allgemein verbindlichen Struktur von Sätzen zu. In einem *zweiten Schritt* geht es um die *Erfassung* in Hinblick auf die individuelle Disposition des Erfassenden selbst: Dazu diskutiert J. H. *Newman* das Verhältnis der *Erfassung* zu jenen Instanzen, durch die die zu erfassenden Aussagen für das erfassende Subjekt evident werden, um darauf die Imaginationskraft des menschlichen Intellektes zu untersuchen, in der die *Erfassung* gründet. Diese ist ausdrücklich von der *Folgerung* und von der *Zustimmung* zu unterscheiden: In der *Folgerung* wird ein Satz in seiner Beziehung zu anderen Sätzen betrachtet, in der *Zustimmung* dagegen um seiner selbst willen, in seinem eigentlichen Sinn, angeschaut[1086]. Die *Zustimmung* kommt dem menschlichen Geist zu, nicht den Lippen[1087]: Von der *Erfassung* geleitet, ist sie mehr als nur eine Behauptung, sie ist eine „mental assertion" [1088].

4.3.2.1.2. Syntax und begriffliche Erfassung

Die *Erfassung* ist, so J. H. *Newman*, „the interpretation given to the terms of which it is composed"[1089]. Sie gilt ihm also tatsächlich als eine Art Interpretation[1090], was zu Beginn des *zweiten Kapitels* der *Grammar* näher ausgeführt wird: In der Struktur eines Satzes wird „ein Teil von einem anderen"[1091] ausgesagt, das Subjekt ist dabei auf das Prädikat bezogen. Das Prädikat wiederum „gives us information about the subject"[1092]. J. H. *Newman* bezieht nun den Vorgang der Erfassung auf eben diese Information des Prädikates über das Subjekt: Der im Prädikat über das Subjekt mitgeteilten Information zuzustimmen, sie also als wahr

---

[1085] Vgl. GA 16 - 30 / AW VII 10 - 25.

[1086] Vgl. GA 16 / AW VII 10.

[1087] Vgl. GA 16/ AW VII 10.

[1088] GA 16 / AW VII 10.

[1089] GA 16/ AW VII 10.

[1090] „There are then two kinds of apprehension or interpretation to which propositions may be subjected, notional and real." (GA 13 / AW VII 7).

[1091] „In a proposition one term is predicated of another" (GA 16 / AW VII 10).

[1092] GA 16/ AW VII 10.

anzuerkennen, ist die *Erfassung*. Ein Satz gilt als erfaßt, wenn sein Prädikat erfaßt ist, das grammatische Subjekt selbst braucht nicht erkannt zu werden, „for it is the very thing which the predicate has to elucidate"[1093]. Für *J. H. Newman* besteht also die eigentliche Absicht eines Satzes darin, dem Leser etwas über das Subjekt zu verraten, wobei zur näheren Kenntnis des Subjektes nicht notwendig ist, über den Wissensstand hinauszugehen, den das Prädikat inhaltlich vermittelt[1094]. An dieser Stelle verläßt *J. H. Newman* die Ebene rein grammatikalischer Betrachtungen und wendet sich erkenntnistheoretischen Fragestellungen zu, mit denen er sein Modell der *Erfassung* vervollständigt.

Ihm zufolge besitzt der menschliche Geist zwei Fähigkeiten: Er vermag, äußere Dinge anzuschauen, wie sie sind[1095]. Zugleich aber hat er die Gabe, „by an act of creation, of bringing before it abstractions and generalizations, which have no existence, no counterpart out of it"[1096]. So ergibt sich folgerichtig die Unterscheidung der *begrifflichen* von der *realen Erfassung*[1097]. Stehen die Glieder eines Satzes, Subjekt und Prädikat, für Dinge, die sich „ganz und gar außerhalb"[1098] des menschlichen Intellektes befinden, so gilt der Satz als „real"[1099], seine Erfassung ist folglich eine *reale*. Die Dinge der äußeren Welt, die vom menschlichen Geist real erfaßt werden, sind Einzeldinge, Einheiten, „nichts sonst"[1100]. Jene Sätze aber, deren Glieder als Gattungsnamen für Abstraktionen und Verallgemeinerungen stehen, sind begriffliche Sätze, ihre Erfassung ist

---

[1093] GA 16/ AW VII 10.

[1094] Vgl. GA 17 / AW VII 11. Zur Problematik dieser Auffassung bemerkt *T. Merrigan*, daß die Erfassung eines Satzes demnach nicht ganz so eindeutig ist, wie sie der Definition zufolge scheint: *T. Merrigan* erinnert daran, daß die Spezifikation des *Subjektes* durch das Prädikat nicht immer zureicht. Mitunter lebt die nähere Subjektbestimmung aus der Kenntnis, die der Sprecher bereits vom grammatischen Subjekt real - visuell gewonnen hat. Zudem kommt auch einer rein begrifflich scheinenden Erfassung des *Satzprädikates* zumindest eine virtuell reale Erfassung zu (vgl. Clear Heads 172 – 176).

[1095] Vgl. GA 13 / AW VII 7.

[1096] GA 13 / AW VII 7.

[1097] Vgl. dazu GA 13.19 / AW VII 7.14. Zur Begriffsgeschichte von *notional and real* vgl. *I. Ker*, Editor´s Notes, in: GA 348 - 349, Anm. „13. 17 notional and real".

[1098] GA 12 / AW VII 7.

[1099] GA 13 / AW VII 7.

[1100] GA 12 / AW VII 7.

eine *begriffliche Erfassung*[1101]. Die Grenzziehung zwischen einer realen und einer begrifflichen Erfassung fällt nicht leicht. *J. H. Newman* erinnert daran, daß eine begriffliche Erfassung in einem entsprechend disponierten Geist zu einer realen *Erfassung* werden kann[1102]. Er weiß zudem von Sätzen, deren Glieder ebenso Gattungs- wie Eigennamen sein könnten[1103]. Mitunter kann derselbe Satz sogar sowohl begrifflich als auch real verstanden werden[1104]. Wenn *J. H. Newman* nun die *Erfassung* in Hinblick auf die *Zustimmung* untersucht[1105], stellt sich ihm die Aufgabe, die *begriffliche* und die *reale Erfassung* mit der personalen Stellungnahme durch den Erfassenden selbst in einen schlüssigen Zusammenhang zu bringen. Der Gedankengang ist bereits aus *On the Certainty* bekannt: Es ist der Aufweis der Glaubwürdigkeit, die zwar zunächst kein Verstehen, wohl aber die Annahme eines zu erfassenden Satzes ermöglicht. Die *Zustimmung* zu einer Satzwahrheit geschieht, weil es entweder für die rechte Erfassung des Satzinhaltes Vergleichspunkte mit der Wirklichkeit gibt[1106], oder die Gesamtaussage formallogisch durch das

---

[1101] Vgl. GA 13 / AW VII 7.

[1102] „Again, ‚Dulce et decorum est pro patria mori', is a mere common-place, a terse expression of abstractions in the mind of the poet himself, if Philippi is to be the index of his patriotism, whereas it would be the record of experiences, a sovereign dogma, a grand aspiration, inflaming the imagination, piercing the heart, of a Wallace or a Tell" (GA 13 /AW VII 8).

[1103] Vgl. GA 13 - 14 / AW VII 8, wonach der Satz „Zucker ist süß" in einer konkreten Situation - etwa von einem Kind - real verstanden wird: Zucker ist süß = „dieser Zucker ist dieses süße Etwas". Zugleich ist es aber ebenso möglich, diesen Satz allgemein zu fassen, Zucker als Gattungsnamen zu verwenden, ohne festzulegen, ob es sich hierbei um Stückzucker oder Kandiszucker handelt.

[1104] „When a lecturer in mechanics or chemistry shows to his class by experiment some physical fact, he and his hearers at once enunciate it as an individual thing before their eyes, and also as generalized by their minds into a law of nature" (GA 14 / AW VII 8).

[1105] Vgl. GA 16 /AW VII 10 die Überschrift zu *Kapitel II* „Assent considered as apprehensive" .

[1106] „If a child asks, ‚What is Lucern?' and is answered, ‚Lucern is medicago sativa, of the class Diadelphia and order Decandria', and henceforth says oboediently, ‚Lucern is medicago sativa,&c.', he makes no act of assent to the proposition which he enunciates, but speaks like a parrot. But, if he is told, ‚Lucern is food for cattle', and is shown cows grazing in a meadow, then, though he never saw lucern, and knows nothing at all about it, besides what he has learned from the predicate, he is in a posi-

Prädikat „wahr"[1107] erfaßbar wird. Schließlich verweist *J. H. Newman* auf eine dritte Möglichkeit. Ein in sich unverständlicher Satz, etwa ein Vers aus einem *Shakespeare* - Drama, kann auch einem Kleinkind Anlaß zur Zustimmung werden, wenn die Mutter ihm die Wahrheit des Satzes verbürgt („in faith on her word" [1108]). Damit sind drei Operationsfelder der Zustimmung benannt: Zustimmung *erstens* unmittelbar zu einem Satz, *zweitens* zu seiner Wahrheit und *drittens* zu dem Grund seines Wahrseins[1109]. Die letztgenannte Form der Zustimmung lebt aus der Autorität dessen, der die Wahrheit des zu erfassenden Satzes glaubwürdig bezeugt. Für *J. H. Newman* ist diese Art der Zustimmung von besonderer Schärfe und Energie („keennes and energy" [1110]). Für das Kind ist die Glaubwürdigkeit der Mutter „eng verbunden mit dem Bild und der Liebe ihrer Person, die ein Teil seiner selbst sind"[1111]. So eine Wahrheit zu erfassen und sie anzunehmen, heißt, eher zu sterben als sie zu verleugnen[1112].

---

tion to make as genuine an assent to the proposition ‚Lucern is food for cattle', on the word of his informant, as if he knew ever so much about lucern" (GA 17 / AW VII 11).

[1107] „He cannot indeed in that case assent to the proposition itself, but he can assent to its truth" (GA 17/ AW VII 11).

[1108] GA 17 / AW VII 12.

[1109] „....he assents to the apprehensible proposition, and to the truth of the inapprehensible, and to the veracity of his mother in her assertion of the inapprehensible" (GA 18 / AW VII 12).

[1110] GA 18 / AW VII 12. *J.H. Newman* beschreibt die Weise, wie das Kind den Worten seiner Mutter Glauben schenkt und darin den Dingen, die diese vorträgt, seine Zustimmung gewährt, mit den Substantiven *keennes* und *energy* . Damit ist das Vertrauensverhältnis zwischen Sprechendem und Hörendem beispielhaft am Verhältnis von Mutter und Kind aufgezeigt und als Beweggrund für die Zustimmung präzise benannt. *J. H. Newman* bleibt damit in der Linie früherer Veröffentlichungen. In Hinblick auf den Akt der Zustimmung wird der Begriff *keennes* bereits in *On the Certainty*, § 6 , verwendet, und schon hier im Kontext der personalen Tiefenstruktur des Zustimmungsaktes: Ein Zustimmungsakt ist dann von *vigour, keennes and directness* begleitet, wenn das Objekt der Zustimmung in seiner Evidenz den Zustimmenden voll und ganz ergreift (vgl. ThP I 32).

[1111] „image and love of her person which is part of himself" (GA 18/ AW VII 12).

[1112] Vgl. GA 18 - 19 / AW VII 13.

4.3.2.1.3. Imagination und reale Erfassung

Vor dem Hintergrund der *begrifflichen Erfassung* präzisiert *J. H. Newman* seine Rede von der *realen Erfassung*. Diese ist immer dort gegeben, wo die Glieder eines Satzes für Dinge stehen[1113]. Stehen die Glieder eines Satzes für konkrete Dinge, gelten sie als „singular terms"[1114], denn alle Dinge, die sind, sind „units"[1115]. Stehen sie jedoch nicht für Dinge, so *J. H. Newman*, „they must stand for notions, and are common terms"[1116]. Der erkenntnistheoretische Status dieser Feststellung ist allerdings umstritten[1117]. *J. Brechtken* hat in seiner Studie zur Erkenntnislehre das Verhältnis von Denken, Sprache und Dingwelt, wie es in der *Grammar* zur Sprache kommt, zu deuten versucht[1118]. Ihm zufolge ist die hier vorge-

---

[1113] Vgl. GA 22 / AW VII 16.

[1114] GA 22/ AW VII 16.

[1115] GA 22/ AW VII 16.

[1116] GA 22/ AW VII 16.

[1117] In der Newman-Forschung ist immer wieder diskutiert worden, ob *J. H. Newman* als Nominalist bezeichnet werden könne. *F. M. Willam*, Aristotelische Erkenntnislehre bei Whately und Newman und ihre Bezüge zur Gegenwart, Freiburg - Basel -Wien 1960/ zit. Aristotelische Erkenntnislehre, verneint entschieden diese Möglichkeit. Er schreibt dazu ebd. 79: „Tatsächlich stehen die Dinge so: Nicht einmal sein Lehrer hat am Konzeptualismus volle Freude. Ganz dabei ist er nur in seinem Eifern gegen die ‚Realisten', also gegen jene Philosophen, die als Anhänger Platons den Begriffen eine eigene Existenz außerhalb des menschlichen Geistes zuschreiben. Die Mittellösung, die Lehre vom sogenannten gemäßigten Realismus, die auf ihre Weise auch etwas vom Nominalismus an sich haben muß, kennt Whately nicht" (Aristotelische Erkenntnislehre 79). *A. J. Boekraad* bemerkt: „This is the background of the summary remarks in the ‚Grammar' on his own theory of universals. Though we grant that this terminology is by no means the fixed terminology of the schools, his own inner viewpoint cannot be said to be a nominalistic stamp" (Conquest 190). *T. Merrigan*, Clear heads 116 - 123, referiert in einem kurzen Abschnitt das Pro und Contra in dieser Frage, wobei er ebd. 117 und 123 mit Hinweis auf *E. Sillem*, PhN I 108 behutsam für einen moderaten Nominalismus im Denken *J. H. Newmans* plädiert. *T. Merrigan* urteilt ebd. 117: „.....and, it would seem that if one feature of nominalism must be isolated, this is perhaps the most pertinent, namely, the insistence that whatever really exists can only exist as a distinct individual. It immediately needs to be said, however, that this insistence does not imply the denial of any and all relation between individuals."

[1118] Vgl. *J. Brechtken*, Real - Erfahrung bei Newman. Die personalistische Alternative zu Kants transzendentalem Subjektivismus, Bergen-Enkheim 1973/ zit. Realerfahrung.

tragene Theorie der Dingwahrheit „fast idealistisch - transzendental"[1119], da J. H. Newman der Auffassung sei, daß das Sinnessubjekt von den einzelnen Dingen Vorstellungen konstituiert, „ohne als solches, nämlich als Sinnessubjekt, einen adäquaten Überstieg auf das Ding selbst hin geleistet zu haben oder auch nur leisten zu können"[1120]. Tatsächlich ist für J. H. Newman die *reale Erfassung* zuallererst „an experience or information about the concrete"[1121]. Informationen über die Wirklichkeit erhält der menschliche Geist über die leiblichen Sinne und geistigen Empfindungen („bodily senses" /"mental sensations"[1122]): J. H. Newman erklärt dies im *ersten Paragraphen* des *fünften Kapitels* seiner *Grammar* mit einer Art Bildtheorie, deren Ursprung E. *Sillem* in seinem Kommentar zum *Philosphical Notebook* bei *Abraham Tucker* (1705 - 1774) und *Joshua Reynolds* (1723 - 1729) ausmacht[1123]. L. *Kuld* verweist in diesem Zusammenhang auf

---

[1119] J. *Brechtken*, Real-Erfahrung 19.

[1120] J. *Brechtken*, Real-Erfahrung 19.

[1121] GA 22 / AW VII 16.

[1122] GA 22/ AW VII 16.

[1123] Vgl. E. *Sillem*, Ph Nb I 203 - 220. In seinem umfangreichen Abschnitt über A. *Tucker* und J. *Reynolds* skizziert E. *Sillem* das Bestreben der Romantik, einer syllogistisch-rationalen Vernunftauffassung eine „more subtle kind of knowledge" (PhNb I 207) gegenüberzustellen, Ausdruck eines „new interest in particular things and in our knowledge of particular things" (PhNb I 207). Die Imagination bekommt hier eine wichtige Funktion: „ Thanks to the imagination , particular things were held to be capable of filling and absorbing the whole attention of the knowing subject in a way that no abstract idea can do, because of the impression they make upon our minds in our experience of them" (PhNb I 207). Nach E. *Sillem* berührt J. *Reynolds* mit seiner Lehre vom *habitual reason* (vgl. PhNb I 208) J. H. *Newmans* Auffassung vom *personal thinking*, „and his views on the real but hidden impressions of the imagination as affecting the mind more deeply than abstract principles or thinking, no matter how clear they may be to the pure intellect, is yet another fovourite Newman theme" (PhNb I 208). Die Position A. *Tuckers* wird von E. *Sillem* folgendermaßen umschrieben: „The associative imagination, by contrast, unites our many separate experiences of one and the same object, and builds up fragmentary sense perceptions into a synthesis or integral image, for it builds by association, i.e. by the *coalescence* of our past experiences into a pattern which enables the knower to apprehend an object as the whole it is....For Tucker the associative coalescing functions of the Imagination, which take place spontaneously and unconsciously, enable men of experience to acquire, as Aristotle observed they do, an insight of their own into the inner nature or character of the individual objects familiar to them" (PhNb I 215). F. M. *Willam* erläutert in seiner Studie „Die Erkenntnislehre Kardinal Newmans. Systematische Darlegung und Dokumentation", Bergen-Enkheim 1969/ zit. Erkenntnislehre, 62 - 66, die

den Imaginationsbegriff bei *S. T. Coleridge* (1772 - 1834)[1124]. Anders noch als die Tierwelt vermag der Mensch, das „schillernde, ewig wechselnde Kaleidoskop"[1125] der Sinneseindrücke zu ordnen und seiner Natur gemäß mit „bestimmten Einheiten, Individuen, Substanzen"[1126] zu assoziieren. Äußere, sinnliche Eindrücke und Phänomene erzeugen im menschlichen Geist Bilder: Dieser wiederum verallgemeinert aus jener Fülle „instinktiver Wahrnehmungen"[1127] das Bild einer äußeren Welt, um dann „diese Welt in und gemäß jenen besonderen Phänomenen bildhaft"[1128] darzustellen. Der Ertrag solcher Mühe aber ist recht be-

---

Beziehung zwischen *J. H. Newman, A. Tucker* und *J. Reynolds.* Demnach gibt es zwischen *J. H. Newman* und *A. Tucker* hinsichtlich der Imaginationslehre überraschende Parallelen (vgl. Erkenntnislehre 62 - 63): „Er hat ihn, wie zu sehen, bereits in sein schon vorhandenes erkenntnisphilosophisches Wissen assimiliert" (Erkenntnislehre 64). Bei *J. Reynolds* ist es *F.M. Willam* zufolge die Nähe zur stoischen Lehre von den *verisimilia per se exigua coacervata*, die *J. H. Newman* diesbezüglich zu eigenen Überlegungen anregt: „In der ‚Grammatik der Zustimmung' sagt Newman ja, der Geist erfasse die Einzelfestellungen als eine Einheit ‚per modum unius' (Erkenntnislehre 65).

[1124] Zu *S.t. Coleridge* vgl. *J. Artz,* Art., Coleridge: 8. Samuel Taylor C., in: NL 196 - 197. Nach *L. Kuld* unterscheidet *S. T. Coleridge* zwischen „imagination und fancy im allgemeinen und einer primary imagination und secondary imagination im besonderen" (Lerntheorie 89). Während die Phantasie ihre Bilder „willkürlich, beliebig und unkontrolliert kombiniert, so wie sie ihr aus der unmittelbaren Sinneserfahrung gleichsam zufliegen" (Lerntheorie 89), ist die *primary imagination* das kontrollierte Kompositionsvermögen(vgl. Lerntheorie 89), der „erste Beweger aller menschlichen Wahrnehmung" (Lerntheorie 90). Zu dieser *primary imagination* verhält sich die *primary imagination* der Kunst und ihrer Sprache wie ein Echo (vgl. Lerntheorie 90). Von einem unmittelbaren Einfluß *S. T. Coleridges* auf *J. H. Newman* möchte *L. Kuld* allerdings nicht sprechen: *J. H. Newman* selbst bestreitet in einem Brief vom 17. August 1884 (vgl. LD XXX 390 - 392) einen solchen, direkten Einfluß. In Texten von *J. H. Newman* spielt *S. T. Coleridge* ebenfalls keine Rolle (vgl. dazu AW VI 467, Anm. 47 und GA 198 / AW VII 214). Gleichwohl beobachtet *L. Kuld* eine „bemerkenswerte Nähe" (Lerntheorie 89) *J. H. Newmans* zum Imaginationsbegriff *S.T. Coleridges* : Alles, was den Menschen angeht, kommt ihm durch die Imagination zu (vgl. Lerntheorie 90). Im Gegensatz zu *S.T. Coleridge* betont *J. H. Newman* aber die Notwendigkeit der Ergänzung der Imaginationskraft des Menschen durch die Kräfte des Intellektes und Willens (vgl. Lerntheorie 90).

[1125] GA 77 / AW VII 78.
[1126] GA 71 / AW VII 72.
[1127] GA 72 / AW VII 73.
[1128] GA 71/ AW VII 72.

grenzt: Die betrachteten und wahrgenommenen Dinge liegen für die
Sinne außer Reichweite, Sinne und Verstand geben deshalb „kein exak-
tes Maß oder Merkmal von den unbekannten Dingen jenseits ihrer"[1129].
Ein Bild von den Dingen zu haben, meint also „a certain representation,
true as far as it goes, but not adequate"[1130]. Die Theorie, die *J. H. Newman*
über den menschlichen Erkenntnisakt entwickelt, steht im Dienst einer
theologischen Erkenntnislehre: Äußere Gegenstände prägen das
menschliche Denken, dessen Schöpfung der entsprechende sprachliche
Ausdruck ist. Die Identität zwischen Ding und Satzglied - Sprache hier
verstanden als „the representative of things"[1131] - ist damit nach *J. Brecht-*
ken eine rein formale Identität, Ursache für die „souveräne Verfügung
des Intellektes über den individuellen Ausdruck im Satz"[1132]. Was das
bedeutet, erläutert *J. H. Newman* am Beispiel der *realen Erfassung* im *ersten*
Abschnitt des *dritten Kapitels* seiner *Grammar*. Er tut dies auf eine Weise,
die *R. Siebenrock* in Hinblick auf die Aussagen des Glaubens als „Theologie der Imagination"[1133] identifiziert. Von der Sache her geht es dabei um
die „Rechtfertigung des Gottesglaubens als Selbstauslegung des Glaubenden"[1134], erarbeitet am Nachweis der Entstehung jenes Gottesbildes,
dem der einzelne Gläubige dann letztendlich seine Zustimmung gewährt[1135].

Die *Imagination* ist es, die auch dann noch dem menschlichen Intellekt eine *reale Erfassung* sichert, wenn äußere Dinge nicht oder nicht
mehr verfügbar sind. Sie wird einerseits durch das *Gedächtnis*, dem diesbezüglich eine Fülle von Möglichkeiten zur Verfügung steht, andererseits durch eine Art *Kompositionsvermögen*, durch das der Geist aus seinem Bilderfundus neue, bislang ungebräuchliche Bilder zusammen-

---

[1129] GA 71/ AW VII 72.

[1130] GA 72/ AW VII 72.

[1131] GA 28 / AW VII 23.

[1132] *J. Brechtken*, Real - Erfahrung 16.

[1133] *R. Siebenrock*, Wahrheit 293 - 350. *R. Siebenrock* schreibt: „Die Herausforderung
durch die gesellschaftliche, philosophische und naturwissenschaftliche Entwicklung
seiner Zeit beantwortet Newman mit einer grundlegenden Besinnung auf Leistung
und Grenze menschlichen Denkens. Diese *Philosophy of Mind* gewinnt als Phänomenologie der konkreten Personalität Gestalt. Ihr zentrales Anliegen ist es, das natürliche, nicht wissenschaftlich geschulte Denken in seiner Bedeutung zu würdigen, ja
von ihm her theologische Vernunft grundsätzlich zu entwerfen" (Wahrheit 293).

[1134] *R. Siebenrock*, Wahrheit 299.

[1135] Vgl. *R. Siebenrock*, Wahrheit 299.

bringt, bewerkstelligt. Das Gedächtnis besteht in der „present imagination of things that are past"[1136], es hält für den Intellekt Eindrücke und Bilder bereit, gewissermaßen „reflections of things in a mental mirror" [1137]. Die Formalidentität von Ding und Satzglied gilt auch für die Gedächtnisfunktion: Das Gedächtnis versieht die Glieder eines Satzes „with objects by which to interpret it"[1138], das Gedächtnis „has to do with individual things and nothing that is not individual"[1139] Die visuelle Kraft der Bilder, „facsimiles of facts"[1140], die das Gedächtnis erschafft, bedarf zu ihrer Vermittlung der Worte. Umgekehrt ist es die „collection of singular and real propositions"[1141], durch die sich dem erkennenden Geist Mitteilungen aus dem Gedächtnis erschließen[1142]. Das Gedächtnisvermögen bezieht sich allerdings nicht nur auf Bilder realer Gegenstände. *J. H. Newman* bezieht ausdrücklich auch Erinnerungen an Eindrücke anderer Art in die spezifische Leistung des Gedächtnisses mit ein: Dazu zählen etwa Eindrücke des Geruchs - und Geschmackssinnes[1143], Erinnerungen

---

[1136] GA 22 / AW VII 17.

[1137] GA 23 / AW VII 17. „I am in a foreign country among unfamiliar sights; at will I am able to conjure up before me the vision of my home, and all that belongs to it, its rooms and their furniture, its books, its inmates, their „countenances looks and movements" (GA 23/ AW VII 17). In seinen Überlegungen zum *conceivable* (vgl. Th P I 113 - 119) betont *J. H. Newman* das enge Zueinander von Erfahrung und inneren Bildern, die die Imagination bereithält: „Intellectual (supremely creative) as such conceptions are, (Yet the very perfection of such conceptions) still any perfection lies in their not losing sight of the origin (source) from which they proceed. Experience, which is their source, is also their rule and limit. Not even the most eminent poet can safely venture on imaginations which directly offend against teachings of experience" (ThP I 117). *J. H. Newman* spricht aber zugleich von der spezifischen Leistungkraft der menschlichen Vorstellungskraft: „Such is the talent (gift) of the poet, bringing into form, position, and life, what has no existence out of his own mind, yet in its matter may all be traced to his experience" (ThP I 117).

[1138] GA 23/ AW VII 17.

[1139] GA 23/ AW VII 17.

[1140] GA 23 / AW VII 17.

[1141] GA 23/ AW VII 17.

[1142] „The words ‚the Madonna di S. Sisto', or the ‚the last Coronation', or the ‚the Duke of Wellington', have power to revive that impress of it" (GA 23 / AW VII 17).

[1143] „.....though I may have eaten a hundred peaches in times past, the impression, which remains on my memory of the flavour, may be of any of them, of the ten, twenty, thirty units, as the case may be, not a general notion, distinct from every one

an geistig-emotionale Akte jeder Art[1144], wobei auch an wichtige Begebenheiten in der eigenen Biographie gedacht werden kann[1145]. Dabei gilt
es, die Grenzen der Leistungskraft solcher Gedächtnisbilder im Auge zu
behalten: Im Vergleich mit den Dingen selbst sind die Gedächtnisbilder
„faint and intermitting" [1146]. Die Gegenstände persönlicher Erinnerungen
ermöglichen zudem den Zugang zur Erfassung auch unbekannter oder
neuartiger Dinge und Sachverhalte, etwa Situationen oder auch Orte
„parallel to our actual experiences"[1147]. Sätze, die solche Begebenheiten
zum Ausdruck bringen, bestimmen den Charakter ihrer Erfassung nicht
eindeutig: Ein und derselbe Satz ist für den einen Betrachter ein Bild, für
den anderen ein Begriff. Die Grenzziehung zwischen der Imaginationskraft des Gedächtnisses, das auf bekannte Bilder zurückgreift,
um Unbekanntes zu interpretieren, und der Fähigkeit des Intellektes,
Eindrücke zu verallgemeinern, ist in solchen Fällen nicht einfach [1148].
Neben dem Gedächtnis gibt es im menschlichen Geist noch eine weitere

---

of them, and formed from all of them by a fabrication of my mind" (GA 23 - 24 / AW
VII 18).
[1144] „And so again the apprehension which we have of our past mental acts of any
kind, of hope, inquiry, effort, triumph, disappointment, suspicion, hatred, and a
hundred others, is an apprehension of the memory of those definite acts, and therefore an apprehension of things; not to say that many of them do not need memory,
but are such as admit of being summoned and repeated at our will" (GA 24 / AW VII
18).
[1145] „ Such an apprehension again is elicited by propositions embodying the no-
tices of our history, of our pursuits and their results, of our friends, of our bereave-
ments, of our illnesses, of our fortunes, which remain imprinted upon our memory as
sharply and deeply as is any recollection of sight" (GA 24/ AW VII 18).
[1146] GA 23 / AW VII 18.
[1147] GA 24 / AW VII 19.
[1148] *J. H. Newman* erläutert ebd. dies am Beispiel der Mitteilung über einen Groß-
brand in London: „The word may recall to my memory the experience of a fire which
I have known elsewhere , or of some vivid description which I have read" (GA 24 /
AW VII 19). In seinen Ausführungen zum *Conceivable* (vgl. ThP I 113 - 119) arbeitet *J.
H. Newman* überdies den Unterschied zwischen logischen Begrifflichkeiten und imaginativen Eindrücken heraus. Das *Conceivable* ist Sache des wahrnehmenden Intellektes, seine Präsens keine Folge logischer Spekulation: „The Inconceivable is not the
same as the self-contradictory in terms....nor is...equivalent to illogical, and the conceivable is logical...Nor are conceivable and inconceivable the same as the possible and
impossible...Nor are they the same as true and false, that is, as fact and not fact" (ThP
I 113).

Kraft, die der Imagination dient. *J. H. Newman* nennt sie die *inventive faculty* oder auch *faculty of composition* [1149]: Kraft ihrer ist der Geist in der Lage, aus passiven Eindrücken neue Bilder zu formen, die - obgleich geistige Schöpfungen - keinesfalls Abstraktionen und - obgleich ideell - „not notional" [1150] zu nennen sind. Der menschliche Geist ist dabei auf fremdes Zeugnis angewiesen. Eine solche Art der Imagination lebt naturgemäß aus der zwischenmenschlichen Kommunikation: Berichte, Erzählungen und Gespräche inspirieren die Vorstellungskraft[1151], die Bilder unbekannter Gegenstände, wie sie im Geist entstehen, sind „concrete units"[1152], wirksam im Geiste derer, die sie beschreiben, wirksam aber auch in denen, denen sie mitgeteilt werden[1153]. Kraft der Imagination wird die Vergangenheit zum lebendigen Bestandteil der Gegenwart dessen, der sich in vergangene Ereignisse hineinversetzt. Gleichwohl bleibt die Vergangenheit imaginierte Wirklichkeit, die allein durch aktuelle Einsichten und Erkenntnisse des imaginierenden Individuums belebt wird[1154]. In seinen Überlegungen zur Imagination beschränkt sich *J. H. Newman* auf die Kraft der Bilder. Klänge oder Düfte eignen sich nicht für eine Vergegenwärtigung im Geist, Artähnlichkeiten und Metaphern, die der Geist zu diesem Zweck anführen mag, treffen aber nicht deren Sinngehalt, sie suggerieren allenfalls intellektuelle Bilder[1155]. Die Imaginationskraft versagt auch dort, wo der Geist nicht auf persönliche Erinnerungen zurückgreifen kann. Nur wenn jemand selbst von leidenschaftlichem Temperament ist, ist es möglich, „the rabbia of a native of southern Europe"[1156], und nur der, dem ein religöses Leben nicht fremd ist, wird dessen inneren Gehalt erahnen können[1157].

[1149] Vgl. GA 25 / AW VII 19.

[1150] GA 25 / AW VII 19.

[1151] „Thus I may never have seen a palm or a banana, but I have conversed with those who have" (GA 25 / AW VII 19).

[1152] GA 25/ AW VII 19.

[1153] Vgl. GA 25/ AW VII 20.

[1154] „Thus is what we live in the past and in the distant; by means of our capacity of interpreting the statements of others about former ages or foreign climes by the lights of our own experience" (GA 25 / AW VII 20).

[1155] Vgl. GA 26 / AW VII 20.

[1156] GA 26 / AW VII 21.

[1157] Vgl. GA 26/ AW VII 21.

4.3.2.1.4. Imagination, Erfahrung und Reflexion

J. H. Newman beschreibt die Verknüpfung von äußerer Dingwelt und innerer Empfindung durch den Begriff der *Erfahrung*, die für ihn eine Gestalt der Disposition des menschlichen Geistes ist[1158]. Der Erfahrungsbegriff, wie ihn *J. H. Newman* in der *Grammar* gebraucht, kann dabei als Ergänzung seiner Bildtheorie gelten: Zu den Erfahrungen zählt er Erscheinungen, Töne, Farben, Formen, Eindrücke von Orten und Personen, geistigen Akten und Zuständen[1159], in jedem Falle „individual things, and these things are innumerable"[1160]. Erfahrungen leiten die Erkenntnis, sie ermöglichen Erfassungen[1161], die den menschlichen Geist prägen, also wiederum zur Erfahrung werden können[1162]. Im Lichte von Erfahrungen ist es möglich, Wirklichkeit zu erfassen und zu interpretieren[1163], indem sich alte und neue Erfahrungen in Hinblick auf eine neue Erkenntnis gegenseitig erhellen und verdeutlichen[1164]. Die Ähnlichkeit mit dem Evidenz - Argument aus *On the Certainty* ist nicht zu übersehen, entspricht doch die Evidenz eines gegebenen Sachverhaltes den Erfahrungen, die ihr zugrunde liegen, also einer ganz konkreten Konstellation von Fakten und Eindrücken, über die der menschliche Geist urteilend befindet[1165]. Der Erfahrungsbegriff gibt aber nicht nur einen wichtigen Hinweis auf die Evidenzthematik, die in *On the Certainty* in ihrer personalen Dimension ausgedeutet wird, sondern er erklärt auch die Entstehung der *first principles*, deren Wichtigkeit für das rechte Handeln

---

[1158] „And by means of these particular and personal experiences, thus impressed upon us..." (GA 24 / AW VII 18).

[1159] Vgl. GA 24 / AW VII 18 - 19.

[1160] GA 27/ AW VII 22.

[1161] Vgl. GA 24 / AW VII 18.

[1162] „Real Apprehension, is, as I have said, in the first instance an experience or information about the concrete" (GA 22 / AW VII 16).

[1163] Vgl.GA 25 / AW VII 20.

[1164] In einer kleinen Notiz vom 3. Dezember 1863 schreibt *J. H. Newman*: „When two things have happened in connection, though we cannot look for (expect), yet we are not surprised at, events similar to one or both of them, or similar to one or the recurrence of the other, or parallel to one or both, or analogous, and this whether they are witnessed by us or reported to us. Our past experience has given them a place in our minds, which altogether new (novel) occurences have not" (vgl. ThP I 104 – 109, hier 105).

[1165] Vgl. ThP I 18.

und Erkennen *J. H. Newman* in den *Oxforder Universitätspredigten* diskutiert und in der *Praefatio* von 1847 ausführlich erläutert hat: Nach der
Erstfassung einer Notiz vom 3. Dezember 1863 sind in der Erfahrung
Eindrücke von Sachverhalten miteinander verknüpft, die sodann als
„complex idea or conception" [1166] Bestandteil des Gedächtnisses werden,
wo ihnen „a sort of argumentative force"[1167] zukommt. Fallen auch die
jeweiligen, konkreten Anlässe ihres Erwerbs dem Vergessen anheim, so
bleibt der Erinnerung doch das konkrete Faktum der Möglichkeit ihres
Zusammenfalls[1168], die *conceptions* werden dann „abstract and general"[1169], eben „intuitions, first principles, axioms, dictates of common
sense, presumptions, presentiments, prepossessions, or prejudices"[1170].
Die Weise, wie er die Realität der äußeren Dingwelt mit dem inneren
Erleben des einzelnen Menschen vermittelt, erschließt dabei einen
wichtigen Aspekt der Tradition philosophischen Denkens, aus der *J. H.
Newman* schöpft. Zu beobachten ist dabei eine gewisse Nähe zu *Platon*,
wenn er sich auch immer wieder zu *Aristoteles* als seinem Lehrmeister
bekennt[1171]. *T. Merrigan* hat den platonisierenden Zügen im Denken wie

---

[1166] ThP I 107.

[1167] ThP I 107.

[1168] „I may forget the experience, but I have still remaining with me a sense, which
is called (elicited) out on the fitting occasion that the objects, which the conception of
my memory once embraced, are congenial nay correlative to each other; and when I
see or hear of the one, I spontaneously look for the other" (ThP I 107 – 108).

[1169] ThP I 108.

[1170] ThP I 108. Vgl. dazu auch *R. Achten*, der in *J. H. Newmans* Auffassung von den
first principles ein Gegenmodell zu einem rationalistischen Denken sieht: „In answer
to the rationalistic reduction of certitude to what can be proved in a „scientific" way,
Newman drew attention to the conquest of truth as a task in which the entire person
is involved. Newman observed that the acceptance or dismissal of arguments and
behaviour depends upon one´s (first) principles and prejudices" (First principles 179).
A. J. Boekraad vermutet den Ursprung der *first principles* ebenfalls in der „experience"
(Conquest 216). Als die beiden Quellen ihrer Enstehung benennt er „outward
sources" und „inward principles" (Conquest 222).

[1171] „...and as to the intellectual position from which I have contemplated the
subject, Aristotle has been my master" (GA 277 / AW VII 302). *E. Bischofberger* bemerkt
dazu: „Die wiederholten Zeugnisse bestätigen nicht nur den Tatbestand, daß
Newman primär und ausschließlich vom Stagiriten beeinflußt ist. Es geht daraus auch
klar hervor, daß sich dieser Einfluß behauptet hat, ja daß er Wegweiser, Auswahl-
und Ausscheidungsprinzip seiner denkerischen und wissenschaftlichen Entfaltung
wurde. Newman hat sich nie auf ähnliche Weise zu Platon bekannt. Von Platon war

in den Schriften *J. H. Newmans* eine interessante Deutung gegeben. Ihm zufolge zeigt sich an ihnen die geistige Entwicklung, *die J. H. Newman* in den Jahrzehnten seines Lebens nimmt, und innerhalb derer sich allmählich eine kunstvolle Balance zwischen einer intensiv durchlebten Innerlichkeit und einer offensiven Hinwendung zur äußeren Wirklichkeit ausprägt[1172]. Dem entspricht auch die Beobachtung, daß *J. H. Newman* dogmatischen Glaubenssätzen im Laufe seines Lebens eine wachsende Wertschätzung entgegenbringt. *I. Ker* sieht hier „a long way"[1173], auf dem

---

er wohl beeinflußt, geprägt war er von Aristoteles" (Sittliche Voraussetzungen 12). Vgl. dazu *F. M. Willam*, Aristotelische Erkenntnislehre 305 - 316, wo der Autor die Ergebnisse seiner Untersuchung zusammenstellt, in der es darum geht, „das Fortwirken der ciceronianisch-aristotelischen Erkenntnislehre von den antiken Ansätzen" (Erkenntnislehre 305) her einzusehen. *E. Sillem*, PhN I 149 - 163, erinnert an die frühen Artikel *J. H. Newmans* zu Themen der Logik (vgl. PhNb I 152 – 157), aber auch an die *zweite, vierte* und *dreizehnte Oxforder Universitätspredigt* (vgl. PhNb I 158 - 159) sowie an die Auseinandersetzung mit ethischen und erkenntnistheoretischen Fragen in der *Grammar* (vgl. PhNb I 161 - 163), wo er explizit auf die Werke des *Aristotele*s zu sprechen kommt, und resümiert: „Thus there are clearly recognizable traces of the fundamental principles and themes of Aristotle´s philosophy in Newman´s own philosophy, and there is ground to think that it was Aristotle who originally put Newman on to the basic themes of so many of his works, that only indvidual persons know, and that knowledge is of existent things, not of abstractions. But there is no reason for holding, as Dr. Willam does, that Newman is a pure Aristotelian, nor even that he adopted a purely Aristotelian conception of the human mind as whole-heartedly as, for example, St. Thomas Aquinas did in the Middle Ages. There are also certain non- Aristotelian views in Newman´s philosophy of the human mind " (PhNb I 163). *R. Achten* urteilt: „Although there are several eulogies on Aristotle in Newman´s work, he can hardly be called an Aristotelian, as according to the Oxford practice of the time, he was completely unfamiliar with Aristotle´s *Metaphysics*" (First Principles 28). *R. Achten* sieht aber Themenfelder, in denen sich *J.H. Newman* ausdrücklich auf *Aristoteles* bezieht. *R. Achten* nennt hier erstens „the value of formal logic", die *J.H. Newman* bei *Aristoteles* schätzen lernt, und zweitens den Begriff des Wissens, den *J. H. Newman* in Anlehnung an *Aristoteles* personal faßt (First Principles 28).

[1172] „Newman´s case is no less paradoxical than Plato´s own. It does not admit of clear and distinct categorization. Newman´s early intellectual development witnesses to an imbalance in favor of a so-called platonic tendency to undervalue the material. His mature thought, of which the Grammar is the finest expression, gives the external world and ordinary human experience its due, without, however, abandoning any of its feeling or the reality of the Invisible" (*T. Merrigan*, Clear heads 35 – 36).

[1173] *I. Ker*, Healing the Wound of Humanity. The Spirituality of John Henry Newman, London 1993/ zit. Wound, 49. *I. Ker* stellt jenen „long way" ausfühlich dar (vgl. Wound 43 – 50) und resümiert: „We have come a long way from *The Arians,*

J. H. Newman erkennt, daß zwischen dem personalen Christusbekenntnis des einzelnen Gläubigen und dem dogmatisch - kirchlichen Credo keine unüberwindbaren Gegensätze bestehen - „the latter only seeks to give expression and substance to the former"[1174]. Davon gibt der *zweite Abschnitt* des *dritten Kapitels* der *Grammar* Zeugnis, wo *J. H. Newman* aus seiner Darlegung über die Imaginationskraft des menschlichen Geistes dessen Vernunftcharakter ableitet: Dieser besteht im Vergleichen und Gegenüberstellen von Fakten, Eindrücken und Bildern, den „most prominent and busy of our intellectual functions"[1175]. Die intellektuelle Fähigkeit zum Vergleich und zur Gegenüberstellung weitet den menschlichen Geist, sie ist eine unbewußte, instinktive und ununterbrochene Tätigkeit[1176], durch die der Geist „from images to notions"[1177], vom Besonderen zum Allgemeinen aufsteigt. Damit ist neben der Imagination eine eigene Perspektive gegeben, aus der die äußere Dingwelt angeschaut werden kann: In einem System intel-

---

where dogma was seen as hardly more than a necessary evil, to a position where doctrinal formulations are viewed as indispensable for personal faith. It is not just that dogma protects religion from error, but doctrinal formulations are now viewed as integral to faith itself, which can hardly exist without some knowledge of what it seeks to worship. Of course, Newman knew when he wrote *The Arians* that the believer cannot worship Christ without knowing something of his divinity; but he seemed to have thought that it was a pity Christianity could not rest in the simplest kind of proclamation of faith, without any dogmatic developments at all. Thirty-seven years later, he is anxious both to explain and to refute this attitude. Newman´s final position is that far from there necessarily being an opposition between a personal and a propositional religion, the two should be mutually interdependent" (Wound 49).

[1174] *I. Ker*, Wound 47.

[1175] GA 27 / AW VII 22.

[1176] „Instinctively, even though unconsciously, we are ever instituting comparisons between the manifold phenomena of the external world, as we meet with them, criticizing, referring to a standard, collecting, analysing them. Nay, as if by one and the same action, as soon as we perceive them, we also perceive that they are like each other or unlike, or rather both like and unlike at once. We apprehend spontaneously, even before we set about apprehending, that man is like man, yet unlike: and unlike a horse, a tree, a mountain, or a monument, yet in some, though not the same respects, like each of them. And in consequence, as I have said, we are ever grouping and discriminating, measuring and sounding, framing cross classes and cross divisions, and thereby rising from particulars to generals, that is from images to notions" (GA 27 / AW VII 22).

[1177] GA 27 / AW VII 22.

lektueller Begriffe ist jedoch der Sinn der Sprache ein anderer als der, der ihr bislang zugeschrieben wurde, nämlich Dinge zu repräsentieren - „indvidual propositions about the concrete almost cease to be, and are diluted or starved into abstract notions"[1178]. Als Medium intellektueller Begriffe verliert die Sprache die Sinnfülle, die ihr aus der Erfahrung zukommt[1179]: Menschen, Orte oder auch Ereignisse der Geschichte werden zum bloßen Aspekt einer Klassifikation, die „with the ease and satisfaction of logarithms"[1180] gehandhabt zu werden vermag. *J. H. Newman* empfindet diese Gestalt des Wirklichkeitzuganges als leblos, so lebendig eben, wie jemandem die Musik eines großen Meisters erscheinen muß, „who has no ear"[1181].

Die *begriffliche Erfassung* ist somit vollgültiger Bestandteil menschlichen Erkennens und Erfassens. Wie die *reale Erfassung* hat auch sie die Sinne und die inneren Empfindungen zur Grundlage. Zu unterscheiden ist dabei die Weise, wie der menschliche Geist seine ihm vorgesetzten Gegenstände jeweils ergreift. Im einen Fall bestehen die imaginierten Bilder fort, werden sie doch von innen[1182] ergriffen, im anderen Fall, der der *begrifflichen Erfassung*, formt der Intellekt jene Bilder zu Begriffen um, betrachtet sie also von *außen*. Die *begriffliche Erfassung* ermöglicht Geistesumfang, wenn auch um den Preis der Oberflächlichkeit. Sie wird deshalb auch von *J. H. Newman* zum Prinzip des Erkenntnisfortschrittes erklärt, die *reale Erfassung* dagegen nennt er das konservative Prinzip der Erkenntnis („conservative principle of knowledge"/ „ principle of its advancement" [1183]): Sie ist „tief, aber beschränkt"[1184], sie hat den Vorrang vor der begrifflichen Erfassung, denn sie ist deren Absicht, Ziel und

---

[1178] GA 28 / AW VII 23.

[1179] „The events of history and the characters who figure in it lose their individuality. States and governments, society and its component parts, cities, nations, even the physical face of the country, things past, and things contemporary, all that fulness of meaning which I have described as accruing to language from experience, now that experience is absent, necessarily becomes to the multitude of men nothing but a heap of notions, little more intelligible than the beauties of a prospect to the short-sighted" (GA 28 / AW VII 23).

[1180] GA 27 / AW VII 22.

[1181] GA 28 / AW VII 23.

[1182] Vgl. GA 29 / AW VII 24.

[1183] GA 29 / AW VII 25.

[1184] „To apprehend notionally is to have breadth of mind, but to be shallow; to apprehend really is to be deep, but to be narrow-minded" (GA 29/ AW VII 25).

Prüfstein. *J. H. Newman* vertraut dabei auf die Verbindlichkeit des Empirischen: Der Mensch ist umso schöpferischer in seinen Ansichten und umso praktischer in seinen Definitionen, je mehr er sich an die Dinge der Wirklichkeit hält und bindet. Reale und begriffliche Erfassung ergänzen sich also. Ohne die begriffliche Erfassung bleibt der Kreis des Wissens klein, ohne den festen Halt an den Dingen verliert sich der Geist in „vague speculations"[1185]. In diesem Zusammenhang ist natürlich an den Einfluß der englischen Philosophie, vor allem der Werke *J. Lockes* (1632 - 1704), auf *J. H. Newman* zu denken[1186].

4.3.2.1.5. Rückblick

Die Einschätzung, daß die Einleitung der *Grammar* eine aufmerksame Interpretation notwendig macht, hat sich als berechtigt erwiesen [1187]. Auf nur wenigen Seiten entwickelt *J. H. Newman* die Formalstruktur seiner Studie zu Glaube, Erkenntnis und Gewißheit, wobei ihm mit dem Begriff der Erfassung ein sehr vielseitiges Instrument zur Verfügung steht. Der Begriff der Erfassung macht es nämlich möglich, Wirklichkeit konsequent von ihrem Sprachcharakter her zu deuten, d.h. den Infor-

---

[1185] GA 29/ AW VII 25.

[1186] Vgl. *R. Siebenrock*, Wahrheit 157 - 171, hier 162 - 165: Die Quelle aller Erkenntnis ist nach *J. Locke* die Erfahrung, alles 'Wissen und alle Erfahrung „werden aus der Erfahrung erworben....Erfahrung wird nach ihrer Herkunft als äußere („sensation") oder innere („reflection") klassifziert. Sie sind die Quelle aller Erkenntnis, die auch in ihrer komplexeren Struktur auf verschiedene Grundelemente zurückgeführt werden können. Einfache Ideen kommen entweder primäre oder sekundäre Qualitäten zu. Auch können sie zu komplexen Ideen kombiniert werden" (Wahrheit 163).Zu *J. H. Newman* und *J. Locke* vgl. *J. Artz*, Art. Locke, John (1632 - 1704), in: NL 648 - 649 sowie *E. Sillem*, PhNb I 191 - 203, der hier die Abhängigkeit *J. H. Newmans* von *J. Locke* eher zurückhaltend würdigt: "It might be said that Newman identified himself closely with Locke´s Empirism because he used Locke´s terminology, and in particular Locke´ s way of using the word „idea" to denote an immediate datum of knowledge, sensible and intellectual. But once again such a statement is little more than a dangerous half -truth. Newman used the same kind of terminology as his contemporaries used, for the simple reason that it would have been impracticable to employ any other in Victorian England. He used the kind of vocabulary familiar to educated Englishmen at the time because he wrote in the language of the people by whom he intended his books to be read. It may be argued that this vocabulary has some likenesses to that of Locke, but it is false to say that Newman deliberately adopted the terminology of Locke" (PhNb I 200).

[1187] Vgl. *R. Siebenrock*, Wahrheit 206.

mationsgehalt von Aussagen, wie er sich in der Verknüpfung von Subjekt, Prädikat und Objekt erschließt, mit der Fähigkeit der angesprochenen Person, „Sätze zu halten", ihrer Wahrnehmungskompetenz also, angemessen zu verknüpfen. In der Unterscheidung von *realer* und *begrifflicher* Erfassung gelingt J. H. Newman zudem das Kunststück, seine Erkenntnistheorie um die Frage nach der biographischen Konsequenz jedes Wissens auszuweiten: *Begriffliche* und *reale Erfassung* sind gleichermaßen in der Person verwurzelt.

Indem *J. H. Newman* jedoch die *Erfassung* vom *Verstehen* unterscheidet, grenzt er bewußt die Reichweite menschlicher Erkenntnis ein, die in der *Erfassung* stets vom Anspruch der Wirklichkeit herausgefordert ist. Zugleich betont er den eigentlichen Wert der *Erfassung*, der darin besteht, die *Zustimmung* zu ermöglichen[1188] und ihr den ihr eigenen Charakter zu geben, womit ausdrücklich die Nähe der *Erfassung* zur *Zustimmung* herausgestellt wird, ohne sie voneinander abhängig zu machen: Die *Zustimmung* zu einem gegebenen Sachverhalt ist stets absolut und unbedingt, ihr können daher schon von der Sache her keine Qualitätsgrade zukommen[1189]. Dennoch spricht *J. H. Newman* in seiner *Grammar* von einer „scale of assents"[1190], von Graden also der Zustimmung, ein Gedanke, den er schon in *On the Certainty* geäußert hat[1191]. Der Grund, warum es berechtigt ist, von solchen Graden der Zustimmung zu reden, liegt in der engen Verknüpfung der *Zustimmung* mit der *Erfassung* - „the more fully the mind is occupied by an experience the keener will be its assent to it"[1192]. Der Grad der *Zustimmung* bezieht sich dabei auf das jeweilige persönliche Engagement, mit dem die Zustimmung gegeben wird, nicht auf die „variation of vividness"[1193] einzelner Erfassungen: Die Lebendigkeit des Gegenstandes oder Sachverhaltes ist es zudem, die

---

[1188] „I have already said of an act of Assent, first, that it is in itself the absolute acceptance of a proposition without any condition; and next that, in order to its being made, it presupposes the condition, not only of some previous inference in favour of the proposition, but especially of some concomitant apprehension of its terms" (GA 16 / AW VII 10).

[1189] Vgl. GA 30 / AW VII 25.

[1190] GA 30/ AW VII 25.

[1191] Vgl. ThP I 32.

[1192] GA 30 / AW VII 25.

[1193] GA 30/ AW VII 25.

den betrachtenden Geist „in proportion to the cause stimulating it"[1194] herausfordert. Jene Skala der Zustimmungen, von denen *J. H. Newman* dabei ausgeht, variiert „from an assent which looks like mere inference up to a belief both intense and practical, - from the acceptance which we accord to some accidental news of the day to the supernatural dogmatic faith of the Christian" [1195]. Beachtenswert ist hier die Begriffsunterscheidung von *belief* und *faith* : Während *faith* im strikten Sinne den Bekenntnisglauben meint, steht *belief* für einen „allgemeinen religiösen Glauben"[1196]. *J. H. Newman* erinnert damit nicht nur an das spezifische Verhältnis von Glaube und Vernunft, mit dem er sich schon in seinen *Oxforder Universitätspredigten* beschäftigt hat, sondern er gibt damit indirekt auch ein Zeugnis für den klaren Aufbau seiner *Grammar*, die in ihren *beiden Hauptteilen* die Kenntnis allgemeiner Vernunftvollzüge zum Verständnis des kirchlich - konfessionellen Glaubens voraussetzt. Der Offenbarungsglaube in seiner konfessionellen Gestalt bleibt demnach zentraler Referenzpunkt aller Überlegungen, die *J.H. Newman* in der *Grammar* anstellt. Dem trägt ihr Auftakt entschieden Rechnung: Die *Erfassung* ist gewissermaßen das Bindeglied zwischen dem Sinngehalt von Satzwahrheiten und den ihnen entsprechenden Geistesverfassungen. Sie in ihrer Leistungsfähigkeit recht zu verstehen, bedeutet, einen ersten Zugang zur Eigenart der *Zustimmung* zu besitzen.

4.3.2.2. Erfassende Aneignung von Wirklichkeit - Begriffliche Zustimmungen

Das *vierte Kapitel, Notional and real assent*[1197], schließt an die erkenntnistheoretischen Überlegungen der vorangegangenen Kapitel an und ermöglicht den Übergang zu den theologischen Darlegungen im *fünften Kapitel*, dem Abschluß des *ersten Hauptteiles* der *Grammar*. Wiederum bemüht sich *J. H. Newman* um Begriffsklärungen, wobei er mit dem

---

[1194] GA 31/ AW VII 26.

[1195] GA 30 / AW VII 25.

[1196] *R. Siebenrock*, Wahrheit 299. „.....I mean by belief, not precisely faith, because faith, in its theological sense, includes a belief, not only in the thing believed, but also in the ground of believing; that is not only belief in certain doctrines, but belief in them expressly because God has revealed them..." (GA 70 / AW VII 70).

[1197] Vgl. GA 31- 68 / AW VII 26 - 68.

Hinweis auf die *Folgerung* dem *zweiten Hauptteil* seiner Studie vorgreift[1198].

4.3.2.2.1. Reale und begriffliche Zustimmungen

Ausgangspunkt seiner Darlegungen bleibt auch hier die *Zustimmung,* wobei *J. H. Newman* - wie schon bei der *Erfassung* - die *reale* von der *begrifflichen Zustimmung* unterscheidet. Die *reale Zustimmung* ist ein „intellectual act"[1199], sie lebt aus Erfahrungen und Bildern und ist deshalb ausgeprägter als die *begriffliche Zustimmung*[1200]. In ihr richtet sich der Geist auf die Dinge der Außenwelt, „represented by the impressions which they have left on the imagination"[1201]. Die Ausführungen zur *realen Zustimmung* ergänzen dabei von der Sache her jene Gedanken, die *J. H. Newman* in *On the Certainty* zur *evidentia, prudentia* und dem *motivum credibilitatis* geäußert hat. Wie die *prudentia* ist die *reale Zustimmung* „of a personal character"[1202], sie hängt von der je individuellen Erfahrung ab, die ein Mensch gemacht hat[1203]. Damit erschwert sie aber auch zwischenmenschliche Begegnungen („intercourse of man with man"[1204]): Die Erfahrung des einen Menschen ist nicht die des anderen. Ausgestattet mit eigener Erfahrung ist ein jeder sein eigener Zeuge und Maßstab. Ein solcher Maßstab aber hat keine allgemeine Gültigkeit, „insoweit er aus der zufälligen Bestimmtheit dieses oder jenes Menschen entspringt"[1205]. Das Individuum ist unverwechselbar, die Konstellation seiner Akziden-

---

[1198] „I have scarcely spoken of Inference since my Introductory Chapter..." (GA 64 / AW VII 63).

[1199] GA 63 / AW VII 62.

[1200] „....because things, which are its objects, are confessedly more impressive and affective than notions, which are the objects of notional" (GA 32 / AW VII 27). Zum Unterschied zwischen der realen und der begrifflichen Zustimmung schreibt *J. H. Newman:* „Thus, whereas no one could possibly confuse the real assent of a Christian to the fact of our Lord's crucifixion, with the notional acceptance of it, as a point of history, on the part of a philosophical heathen" (GA 32/ AW VII 27).

[1201] GA 55 / AW VII 52. *J. H. Newman* bleibt auch bei der Erörterung der *realen Zustimmung* seiner Bildtheorie treu: „The fact of the distinctness of the images, which are required for real assent, is no warrant for the existence of the objects which those images represent" (GA 58 / AW VII 56).

[1202] GA 59 / AW VII 58.

[1203] Vgl. GA 60 / AW VII 58.

[1204] GA 60/ AW VII 58.

[1205] „...inasmuch as it is accident of this man or that" (GA 60/ AW VII 58).

tien seines Persönlichkeitsprofils einmalig[1206]. Eben darum ist auch der Evidenzbegriff, wie er in *On the Certainty* entwickelt wird, zu ergänzen: Bedingung für die Zustimmung zu einem Satz ist nicht nur die „brilliancy of the image of which that proposition is the expression"[1207], sondern auch eine ganze Reihe anderer Faktoren, die das subjektive Erleben in einen breiteren Zusammenhang stellen, „such as is derived from testimony, from general belief, from the concurrence of the senses, from common sense"[1208]. Damit ist die *reale Zustimmung* an die Imaginationskraft des menschlichen Geistes gebunden. Der Begriff der *imagination* gewinnt im *vierten Kapitel* der *Grammar* nicht ohne Grund einen ausgesprochen dynamischen Klang und kann durchaus - wie dies in der deutschen Übersetzung der *Grammar* geschieht - mit „Einbildungskraft" übersetzt werden[1209]: Die Einbildungskraft versieht den Geist mit Gegenständen, deren Anschauung die emotionalen Triebkräfte anspornt und den Menschen zu entsprechenden Handlungen bewegt[1210]. Damit erweist sie sich als dynamisches Vermögen des Geistes, Wirklichkeit eigenständig zu erfassen und in der Erfassung bildhaft zu imaginieren, für *J. Brechtken* ist sie daher „unbestreitbar eine Art Induktionsleitung" [1211]. Bezüglich dieser Einschätzung ist aber an den Hinweis von *M. Miserda* zu denken,

---

[1206] „To be rational, to have speech, to pass through successive changes of mind and body from infancy to death , belong to man´s nature; to have a particular history, to be married or single, to have children or to be childless, to live a given number of years, to have a certain constitution, moral temperament, intellectual outfit, mental formation, these and the like, taken altogether, are the accidents which make up our notion of a man´s person, and are the ground - work or condition of his particular experiences" (GA 61 / AW VII 60).

[1207] GA 59 / AW VII 57.

[1208] GA 58 / AW VII 56.

[1209] Vgl. dazu *J. Artz*, Art. Einbildungskraft, Einbildung, Vorstellung, in: NL 271 - 274.

[1210] „Strictly speaking, it is not imagination that causes action; but hope and fear, likes and dislikes, appetite, passion, affection, the stirrings of selfishness and self-love. What imagination does for us is to find a means of stimulating those motive powers; and it does so by providing a supply of objects enough to stimulate them. The thought of honour, glory, duty, self-aggrandisement, gain, or on the other hand of Divine goodness, future reward, eternal life, perseveringly dwelt upon, leads us along a course of action corresponding to itself, but only in case there be that our minds which is congenial to it. However, when there is that preparation of mind, the thouht does lead to the act" (GA 59 / AW VII 57 – 58).

[1211] *J. Brechtken*, Real - Erfahrung 20.

demzufolge *J. H. Newman* von einem traditionellen Subjektbegriff her denkt, dem Subjekt also eine gewisse Anzahl von verschiedenen Fähigkeiten zuspricht, dabei aber kein aller Erfahrung vorausgehendes, seiner selbst bewußtes Ich kennt, „das die Einheit des ganzen Erfahrungsbewußtseins ermöglicht"[1212].

Das Gegenstück zur *realen* ist die *begriffliche Zustimmung*, die - wie ihr Name verrät - *Begriffen* gewährt wird. *J. H. Newman* kommt in diesem Zusammenhang auf die *Folgerung* zu sprechen, die er aber erst im *zweiten Hauptteil* ausführlich erläutert. Vorerst sucht er das, was er unter einer *begrifflichen Zustimmung* versteht, aus dem Begriff der *Folgerung* zu erläutern. Die *begriffliche Zustimmung*, so sein Versuch einer hinführenden Erklärung, ähnelt der Folgerung („seems like Inference"[1213]). Die Folgerung nun wird von *J. H. Newman* als ein geistiger Vorgang beschrieben, der nicht zu den Dingen selbst reicht, sondern mit Formeln beschäftigt ist[1214]: Sie ist angewandte Logik, ihr Medium das der Prämisse und Konklusion[1215]. Bezieht sie sich auf reale Gegenstände, so geschieht dies folglich nur, um Material für die logisch - syllogistische Argumentation, also für Ober-, Unter- und Schlußsätze, zu gewinnen[1216]. Die *Folgerung*, „both premiss and conclusion"[1217], wird demnach an „notional propositions"[1218] ausgeübt, folgerichtig ist sie auch von der begrifflichen Erfassung begleitet[1219]. Erfaßt also die Folgerung Sätze als *Begriffe*, so ist demgegenüber die *Zustimmung* von der *realen Erfassung* geprägt, die ihrer-

---

[1212] *M. Miserda*, Subjektivität 358.

[1213] GA 33 / AW VII 28.

[1214] Vgl. GA 64 / AW VII 62-63.

[1215] „....because Inference is engaged for the most part on notional propositions, both premiss and conclusion" (GA 33 / AW VII 28).

[1216] „ ....Inference is necessarily concerned with surfaces and aspects; that it begins with itself, and ends with itself; that it does not reach as far as facts; that it is employed upon formulas; that, as far as it takes real objects of whatever kind into account, such as motives and actions, character and conduct, art, science, taste, morals, religion, it deals with them, not as they are, but simply in its own line, as materials of argument or inquiry, that they are to it nothing more than major and minor premisses and conclusions" (GA 64 / AW VII 63).

[1217] GA 33 / AW VII 28.

[1218] GA 33/ AW VII 28.

[1219] Vgl. GA 33/ AW VII 28.

seits Sätze als *Dinge* erfaßt. Bei der *Zustimmung* geht es also nicht - wie bei der *Folgerung* - um die abstrakte Beziehung zwischen *Thesis* und *Prämissen*, sondern um die *Thesis* als Gegenstand des *Zustimmungsaktes* [1220].

[1220] Vgl. GA 33/ AW VII 28. „An act of assent, it seems, is the most perfect and highest of its kind, when it is exercised on propositions, which are apprehended as experiences and images, that is, which stand for things; and, on the other hand, an act of inference is the most perfect and highest of its kind, when it is exercised on propositions which are apprehended as notions, that is, which are creations of the mind" (GA 33/ AW VII 29). J. H. *Newman* betont dazu, daß sowohl der Folgerungs- als auch der Zustimmungsakt auf die begriffliche wie auf die reale Erfassung bezogen werden kann (vgl. GA 33 - 34 / AW VII 29). Zugleich macht er ein Paradox aus: „....but when inferences are exercised on things, they tend to be conjectures or presentiments, without logical force; and when assents are exercised on notions, they tend to be mere asssertions, without any personal hold on them on the part of those who make them" (GA 33-34/ AW VII 29).

4.3.2.2.2. Person und Satzwahrheit: Begriffliche Zustimmungen

Das *vierte Kapitel* der *Grammar* ist von seiner Anlage her ein anschauliches Beispiel für die Klarheit, mit der *J. H. Newman* einen Gedankengang entfaltet. Hat er in den vorangegangenen Kapiteln das Grundvokabular seiner Erkenntnistheorie abgeklärt, stellt er sich hier seinem eigentlichen Hauptanliegen, der *Zustimmung*. Diese ist zunächst als Zustimmung*sakt* gekennzeichnet, also als *Tat* und selbstverantwortlicher *Vollzug* der menschlichen Person. Die Weise, wie dabei zwischen *notional* und *real* unterschieden wird, kennzeichnet die umsichtige Suche nach einem angemessenen Ausdruck für jene Begegnung des menschlichen Geistes mit der inneren und äußeren Wirklichkeit, die zu persönlicher Stellungnahme und Aneignung herausfordert. *R. Siebenrock* sieht in diesem Ansatz das Bemühen *J. H. Newmans* um die Leerstelle der klassischen Logik, näherhin um „die Wahrheit des Individuellen"[1221]. Eine Erkenntnislehre, so *R. Siebenrock*, die das Erkenntnissubjekt übergeht, kann ebensowenig einen Anspruch auf Objektivität erheben wie etwa jene, „die das konkrete Einzelne dem Allgemeinen unterwirft"[1222]. Damit ist die *Grammar of Assent* keinesfalls als eine bloße Absage an einen formalistischen Wissenschaftsbegriff zu verstehen. Sie ist vielmehr vor allem eine Zustimmungslehre: Bevor ein Mensch einem Sachverhalt, einer Aussage oder einer Glaubenswahrheit zustimmt, ist ihm bereits das wie immer geartete Objekt der Zustimmung gesagt. Das gilt ebenso für alle sprachhafte Vermittlung von Wirklichkeit, - den Kategorien von Sätzen entspricht die Weise, sie zu halten -, wie auch für die Botschaft des Glaubens - das objektive Wort Gottes ist das formale und materiale Prae des subjektiven Gotteswortes. Hier wie dort kennt *J. H. Newman* Stufen der Auseinandersetzung und Aneignung, des Wachstums und der individuellen Nachgestaltung. Die *Grammar* ist Grammatik, Erkenntnislehre und in aller Darlegung immer schon Reflexion auf die Person und ihre Fähigkeit zur Vernahme dieses Anspruchs der Wirklichkeit[1223].

[1221] *R. Siebenrock*, Wahrheit 216.

[1222] *R. Siebenrock*, Wahrheit 217.

[1223] Vgl. dazu *R. Siebenrock*, Wahrheit 216 - 219, der für die *Grammar* zwei Hauptpositionen ausmacht. *Erstens* ist die Aufgabe der Grammatik „die Analyse der Zustimmung. Unmittelbarer Gegenstand ist die Untersuchung von Sätzen als Akte der Person, die sich programmatisch in zwei verschiedene, aber aufeinander bezo-

So unterscheidet *J. H. Newman* im *ersten Paragraphen* des *vierten Kapitels* seiner *Grammar* fünf verschiedene Formen der *begrifflichen Zustimmung*, „Profession, Credence, Opinion, Presumption and Speculation"[1224]. In der Fünfzahl der Formen begrifflicher Zustimmung sieht *R. Siebenrock* eine „Entwicklungsdynamik in der persönlichen Wahrheitsaneignung"[1225]. In der Tat bezeugen die genannten Zustimmungsformen einen unterschiedlichen Grad der Verbindlichkeit bei der Annahme begrifflicher Wahrheit. Die *Profession* , von *J. Artz* als „gewohnheitsmäßiges Sichbekennen zu einer Aussage"[1226] übersetzt, ist eine schwache und oberflächliche Zustimmung, „little more than assertions" [1227]. *J. H. Newman* denkt dabei vor allem an Zustimmungen zu Gedankengängen, Schlagworten oder Thesen, die gängig - aktuell als Zeugnisse eben jener „literary or other fashions of the day" [1228] gelten können, und die vor allem bei Menschen von ruhelosem Geist zu beobachten sind, die in der raschen wie plötzlichen Annahme oder auch Preisgabe von Überzeugungen nur die fehlende Einsicht in die Sache zeigen, zu der sie sich zunächst bekannt haben[1229]. Zwei Ursachen sind es, die dem urteilenden Geist Zustimmungen zu populären Meinungen und Ansichten nahelegen: *Erstens* ist es das nicht weiter hinterfragte Vertrauen, das in die gesetzt wird, die für bestimmte Ansichten hinreichend Gewähr zu bieten scheinen[1230], *zweitens* sind es oftmals Folgerungen, die den menschlichen

---

gene Weisen des Sprachgebrauchs gruppieren" (ebd. 216). *Zweitens* muß die Grammatik als Theorie „geschichtlicher Erkenntnis, d.h. als Erkenntnis des Einmaligen und der Entwicklung dieser Erkenntnis in der persönlichen, d.h. biographischen Geschichte gelesen werden" (ebd. 217). Das bedeutet: „ Die dynamisch - geschichtliche Zuordnung von Erfassung, Folgerung und Zustimmung in der Unterscheidung von *begrifflich* und *real* ist die zweite entscheidende Position der Grammatik und ergibt sich konsequent aus Newmans Grundentscheidung, Sätze als Akte der Person zu untersuchen. Die einzelnen Tätigkeiten werden in ihrer Besonderheit dargestellt, sind jedoch in der realen Tätigkeit des Geistes nicht immer klar zu trennen, da sie sich gegenseitig egänzen und durchdringen" (ebd. 218).

[1224] GA 34 / AW VII 29.
[1225] *R. Siebenrock,* Wahrheit 219.
[1226] *J. Artz,* Anm. 45, in: AW VII 378.
[1227] GA 34 / AW VII 29.
[1228] GA 34/ AW VII 30.
[1229] Vgl. GA 34 / AW VII 30.
[1230] „It is thus that political and religious watchwords are created; first one man of name and then another adopts them, till their use becomes popular, and then every one professes them, because every one else does" (GA 35 / AW VII 30).

Geist ohne weitere Vergewisserung zur Annahme abstrakt - unfaßbarer Wahrheiten drängen. Für beide Ursachen nennt J. H. *Newman* Beispiele. So rechnet er ganz offensichtlich mit der Hilflosigkeit und mangelnden Kompetenz der breiten Öffentlichkeit, wenn es um eine sachgerechte Diskussion strittiger Themen geht: Sie setzt auf das *ipse dixit* der Autorität, und versäumt es, Sachverhalte tiefer zu durchdringen[1231]. Folgerungen hingegen - etwa solche in der Astronomie - vermitteln den Eindruck rationaler Überprüfbarkeit: Selbst dem aufmerksamen und willigen Zeitgenossen bleiben jedoch ihre Ergebnisse unverständlich, da diese selbst die Möglichkeiten begrifflicher Erfassung übersteigen [1232]. Dennoch scheint auch hier eine Zustimmung verantwortbar. J. H. *Newman* bezieht sich dazu auf das *zweite Kapitel* seiner *Grammar* : Es ist zwar unmöglich, einem Satz, dessen Prädikat eine Zahl ist, zuzustimmen, die Möglichkeit aber bleibt unbenommen, seiner Wahrheit zuzustimmen[1233].

Damit leitet *J. H. Newman* zu der Frage über, ob „belief in a mystery"[1234] mehr als nur eine Behauptung sein kann, worin er sich anschickt, den Begriff des Geheimnisses zu erörtern. Sachlicher Anknüpfungspunkt ist jene schon bekannte Überlegung, der Wahrheit eines Satzes auch dann die Zustimmung zu gewähren, selbst wenn die vollständige Erfassung seines Inhaltes nicht möglich ist: Ein Geheimnis ist nämlich „a proposition conveying incompatible notions, or is a statement of the inconceivable"[1235]. Ihm zuzustimmen, bedeutet demnach, das Geheimnis als Geheimnis zu erfassen - „The same act, then, which enables us to discern that the words of the proposition express a mystery, capacitates us for assenting to it"[1236]. Die einem Geheimnis gewährte Zu-

---

[1231] „....but an intelligent hold on the matter in dispute, such as he has himself, cannot be expected in the case of men in general. They, nevertheless, one and all, repeat and retail his arguments, as suddenly as if they had not to study them, as heartily as if they understood them, changing round and becoming as strong antagonists of the error which their master has exposed, as if they had never been its advocates" (GA 35 / AW VII 31).

[1232] „...and the process of calculation, upon which such statements are made, is not so difficult as to require authority to secure our acceptance of both it and of them; yet who can say that he has any real, nay, any notional apprehension of a billion or a trillion?" (GA 36 / AW VII 31- 32).

[1233] Vgl. GA 36 / AW VII 32.

[1234] GA 36/ AW VII 32.

[1235] GA 36/ AW VII 32.

[1236] GA 36/ AW VII 32.

stimmung ist naturgemäß eine begriffliche, da sie der Erfahrung entbehrt. *J. H. Newman* rechnet sogar damit, daß so mancher Folgerungsprozeß „in a mystery" [1237] endet. Ursache hierfür ist jener Unterschied, der zwischen dem Ding und seinem Repräsentanten, dem Begriff, besteht [1238]. In Hinblick auf ihren Untersuchungsgegenstand ermöglichen beispielsweise naturwissenschaftliche Formeln und Definitionen allenfalls eine „practical approximation"[1239], was in theologischen Untersuchungen durchaus der „economy"[1240], also dem Versuch approximativer Definitionen[1241], entspricht. Die beobachtete Differenz zwischen Ding und Begriff eröffnet jedoch aber auch Perspektiven ganz eigener Art, über das Erfassen von Satzstrukturen zu deren Verständnis zu gelangen. *J. H. Newman* erläutert dies an klassischen Rätselsprüchen, bei denen das zu erratende Ding jene Begriffe interpretiert und begrenzt, „under which it has been represented" [1242]. Die Dienste, die etwa die Algebra bei der Lösung geometrischer Probleme leistet, zeigen zudem, daß es einem Begriffssystem oftmals nicht voll und ganz möglich ist, einem Sachverhalt eine angemessene Deutung zu geben[1243]: Der Hinweis auf die christliche Trinitätsrede gibt dafür nur ein weiteres Beispiel[1244]. Überdies führt oft-

---

[1237] GA 36/ AW VII 32.

[1238] „After that point is reached, the notion and the thing part company; and then the notion, if still used as the representative of the thing, will work out conclusions, not inconsistent with itself, but with the thing to which it no longer corresponds" (GA 37 / AW VII 32).

[1239] GA 37 / AW VII 33.

[1240] GA 37/ AW VII 33.

[1241] Vgl. *J. Artz*, Art. Ökonomie, in: NL 777 - 778, hier 778.

[1242] GA 38 / AW VII 33. *J. H. Newman* geht von solchen Rätseln aus, bei denen ein Ding zu finden ist, das in sich widerstreitende Begriffe vereint: „What creature is that, which in the morning goes on four legs, at noon on two, and on three in the evening?" (GA 38/ AW VII 33).

[1243] „Let us take an example in algebra. Its calculus is commonly used to investigate, not only the relations of quantity generally, but geometrical facts in particular. Now it is at once too wide and too narrow for such a purpose, fitting on to the doctrine of lines and angles with a bad fit, as the coat of a short and stout man might serve the needs of one who was tall and slim. Certainly it works well for geometrical purposes up to a certain point, as when it enables us to dispense with the cumbrous method of proof in questions of ratio and proportion, which is adopted in the fifth book of Euclid" (GA 38 / AW VII 33 – 34).

[1244] „Though He is at once Father, Son, and Holy Ghost, the word ‚Trinity' belongs to those notions of Him which are forced on us by the necessity of our finite

mals ein Begriff über eine Tatsache hinaus, steht zu ihr sogar offensichtlich im Gegensatz [1245].

J. H. *Newman* führt mit seinen Überlegungen über das Geheimnis
einen geschickten Argumentationsgang. Was zunächst wie ein uner-
warteter Gedankensprung erscheint, ist stilistisch vom Genre des Essay
her legitimiert und durchaus erlaubt. Seiner Funktion nach hat aber gerade dieser Abschnitt eine große Bedeutung. Am Beispiel des Geheimnisses wird greifbar, warum es notwendig ist, unabhängig vom *Verstehen*
ausführlich von der *Erfassung* zu sprechen, womit auf das *fünfte Kapitel*
der *Grammar* abgezielt ist, das sich mit dem konfessionell gebundenen
Glauben und seinem Vollzug beschäftigt. Mit seinen Gedanken zum Begriff des Geheimnisses kann J. H. *Newman* nämlich einsichtig machen,
wieso auch theologischen Wahrheiten eine Zustimmung gewährt werden kann[1246]. Indem er zudem die Betrachtungen zum Geheimnis gleich
in den *ersten Abschnitt* über die *Profession* setzt, hat er - im Sinne der beobachteten Entwicklungsdynamik von Formen begrifflicher Zustimmung -
das Geheimnis schon *formaliter* als graduell anzueignendes qualifiziert.

Der *Profession* verwandt ist die *credence*, nach J. H. *Newman* eine
Form begrifflicher Zustimmung von „otiose and passive character" [1247] :
Sie wird gegenüber Meinungen und offenkundigen Tatsachen gewährt,
die sich „without any effort"[1248] darbieten und gemeinhin als gesichert
angenommen werden können[1249]. J. H. *Newman* denkt dabei an all solche

---

conceptions, the real and immutable distinction which exists between Person and
Person implying in itself no infringement of His real and numerical Unity " (GA 39 /
AW VII 35).

[1245] Vgl. GA 40 / AW VII 36.

[1246] „Hence, when we try how to reconcile in the moral world the fulness of
mercy with exactitude in sanctity and justice, or to explain that the physical tokens of
creative skill need not suggest any want of creative power, we feel we are not masters
of our subject. We apprehend sufficiently to be able to assent to these theological
truths as mysteries; did we not apprehend them at all, we should be merely asserting,
though even then we might convert that assertion into an assent, if we wished to do
so, as I have already shown, by making it the subject of a proposition, and
predicating of it that it is true" (GA 40 - 41 / AW VII 36 – 37).

[1247] GA 41 / AW VII 37.

[1248] GA 41 / AW VII 37.

[1249] Vgl. GA 41/ AW VII 37.

Informationen, Ansichten und Inhalte[1250], die die „storehouses of our memory"[1251] füllen, folglich als Ausstattung des Geistes anzusehen sind und
damit „den Unterschied zwischen seinem Kultur- und seinem Naturzustand" [1252] bewirken. Eine Tatsachenkenntnis solcher Art stellt in gewisser
Weise ein Grundwissen um kulturelle Allgemeingüter dar, das allen
Bürger eines Kulturraumes gemeinsam ist[1253]. *J. H. Newman* denkt dabei
an Prinzipien, Lehren und Tatsachen, die in ihrem Gesamt den Fundus
der Allgemeinbildung ausmachen und den Einzelnen „in Literatur,
Kunst und öffentlichen Angelegenheiten auf dem laufenden halten"
(„keep us to the mark")[1254]. In ihrer Vielfalt sind sie handlungsleitend,
prägen sie das öffentliche Leben, stiften sie Kommunikation und garantieren so den gesellschaftlichen Zusammenhalt[1255]. Ihre Vielfalt ist auch
der Grund, warum sie mit einer *begrifflichen*, nicht mit einer *realen Zustimmung* angenommen werden können[1256]: Der Wissensfundus der *credence* ist niemals mit dem vernehmenden Geist eins geworden, sie zielt
nicht auf das Wissen des Fachmannes, ihr Werk ist vielmehr die welt-
männische Bildung (*gentleman´s knowledge*)[1257]. Derart gerüstet, wissen
Menschen „über alles in Literatur, Geschichte, Politik, Philosophie und

---

[1250] „ From the time that we begin to observe, think and reason, to the final failure
of our powers, we are ever acquiring fresh and fresh informations by means of our
senses, and still more from others and from books. The friends or strangers whom we
fall in with in the course of the day, the conversations or discussions to which we are
parties, the newspapers, the light reading of the season, our recreations, our rambles
in the country, our foreign tours, all pour their contributions of intellectual matter
into the storehouses of our memory; and, though much may be lost, much is
retained" (GA 41 / AW VII 37).

[1251] GA 41/ AW VII 37.

[1252] GA 41/ AW VII 37.

[1253] „They become our moral language; we learn them as we learn our mother
tongue, they distinguish us from foreigners; they are, in each of us, not indeed personal, but national characteristics" (GA 42 / AW VII 38).

[1254] GA 42/ AW VII 38.

[1255] „They give us in great measure our morality, our politics, our social code, our
art of life. They supply the elements of public opinion, the watchwords of patriotism,
the standards of thought and action; they are our mutual understandings, our
channels of sympathy, our means of co-operation, and the bond of our civil union"
(GA 42/ AW VII 38).

[1256] Vgl. GA 42/ AW VII 38.

[1257] Vgl. GA 42/ AW VII 38 sowie die Ausführungen *J. H. Newmans* zum Typus
des Gentleman in den *Dubliner Universitätsreden* (Idea 178 / AW V 180).

Kunst gerade genug, um imstande zu sein, vernünftig darüber zu reden und die zu verstehen, die auf dem einen oder anderen dieser Gebiete wirklich tief sind"[1258]. *J. H. Newman* greift hier einen Gedanken auf, der später - in verwandter Gestalt - auch von *K. Rahner* geäußert wird[1259]. Für *J. H. Newman* geben die Ausführungen über die *credence* hinreichend Grund zur Anfrage an den zeitgenössischen Religionsbetrieb, in dem er nur Leere und Leblosigkeit ausmacht: Die Religion seiner Landsleute ist keine „of persons and things, of acts of faith and of direct devotion"[1260], sondern im Gegenteil eher ein Lebensgefühl, geprägt von „sacred scenes and pious sentiments"[1261]. Ihm zufolge zeichnet sich die kirchliche Kommunikationsgemeinschaft[1262] durch eine verengt - einseitige Wahrnehmung der Glaubenswirklichkeit aus: Bilder werden mit der Realität selbst verwechselt, nur letztere ist aber Grundlage jeder echten, weil lebendigen Religiösität[1263].

Opinion ist der Name für die *dritte Stufe* begrifflicher Zustimmung, sie gilt als eine Form der *Zustimmung,* die nach *R. Siebenrock* einen „Akt

---

[1258] „They know just enough on all subjects, in literature, history, politics, philosophy, and art, to be able to converse sensibly on them, and to understand those who are really deep in one or other of them" (GA 42 / AW VII 38).

[1259] Vgl. *K. Rahner,* Art. Philosophie und Theologie, in: HTTL 6, 37–43. *K. Rahner* bemerkt, daß die Theologie nicht mehr ausschließlich die Philosophie als primäres Medium der Weltvermittlung vorfindet: „Die Wissenschaften sind ebenso ihr Gesprächspartner in einem Dialog, der für beide Seiten Wirkungen hat. Dabei kommen für die Th. die grundlegende Mentalität des modernen Wissenschaftsbetriebes u. die gnoseologisch konkupiszente Situation (d.h. der nicht adäquat synthetisierbare Pluralismus der Wissenschaften) ebensosehr in Betracht wie Einzelmethoden u. -ergebnisse dieser Wissenschaften. Umgekehrt müßte die Th. dem Wissenschaftler helfen, diese gnoseologisch konkupiszente Situation (bis zur geistigen Schizophrenie) menschlich auszuhalten" (ebd. 43).

[1260] GA 43 / AW VII 40.

[1261] GA 43/ AW VII 40.

[1262] „I repeat, I am not speaking of particular schools and parties in England, whether of the High Church or the Low, but of the mass of piously-minded and well-living people in all ranks of the community" (GA 44 / AW VII 40)

[1263] „Its doctrines are not so much facts, as stereotyped aspects of facts; and it is afraid, so to say, of walking round them. It induces its followers to be content with this meagre view of revealed truth; or, rather, it is suspicious and protests, or is frightened, as if it saw a figure in a picture move out of its frame, when our Lord, the Blessed Virgin, or the Holy Apostles, are spoken of as real beings, and really such as Scripture implies them to be" (GA 43 - 44 / AW VII 40).

der Reflexion"[1264] einfordert. In jedem Falle ist sie mit der *credence* verwandt: Als „light and casual, though genuine assent"[1265] nimmt der
menschliche Geist durch sie jene Informationen auf, die an ihn herange-
tragen werden[1266]. Im Unterschied zur *credence* ist die *opinion* jedoch eine
Zustimmung zu einem Satz, „der nicht als wahr, sondern als wahrscheinlich wahr (probably true) behauptet wird"[1267], sie ist demnach die
ausdrückliche („explicitly") Zustimmung zur Wahrscheinlichkeit dessen,
was der Satz aussagt[1268]. Folgerichtig hängen Kraft und Gewicht der
opinion an der Probabilität des Satzes, dem zugestimmt wird[1269]. Die *opinion* folgt auf die *credence* : Reflektiert der Geist über die *credence*, entsteht
in ihm die *opinion*[1270], die - im Gegensatz zur *Folgerung* - unabhängig von
Prämissen ist[1271]. *J. H. Newman* bezieht sich hier erneut auf die
Begrifflichkeit der Logik, die er im Sinne seiner Erkenntnistheorie auf
ihre personale Tiefenstruktur hin ausdeutet: Die *Opinion* ist demnach
eine begriffliche Zustimmung, gewährt dem Prädikatsnomen „wahrscheinlich"/ „probable"[1272]. Insofern ist sie zwar in bezug auf Aussagen
des Glaubens kein Akt der Gewißheit, aber von ihrem Charakter her immerhin mehr als ein Akt der Folgerung[1273]. Beleuchten *profession, credence*
und *opinion* die Beziehung des einzelnen Menschen zu Prozessen öffentlicher Meinungsbildung im Bereich von Politik, Kultur und Religion,
so spricht *J. H. Newman* demgegenüber mit der *presumption* „Vorgaben
an, die mit der Verfaßtheit der menschlichen Natur als solcher gegeben
sind"[1274]. Der Begriff der *presumption* darf dabei seit der *Praefatio* von 1847
als bekannt vorausgesetzt werden. Im *vierten Kapitel* der *Grammar*

[1264] R. *Siebenrock*, Wahrheit 224.
[1265] GA 44 / AW VII 41.
[1266] Vgl. GA 44 / AW VII 40.
[1267] GA 44 / AW VII 41.
[1268] Vgl. GA 44/ AW VII 41.
[1269] Vgl. GA 44/ AW VII 41.
[1270] „ ...when we begin to reflect upon our credence and to measure, estimate,
and modify it, then we are forming an opinion" (GA 45 / AW VII 42).
[1271] „...for the strength of an inference varies with its premisses, and is a probability....Opinion, as being an assent, is indepedent of premisses. We have opinions
which we never think of defending by argument, though, of course, we think they
can be so defended" (GA 44 - 45 / AW VII 41).
[1272] GA 45 / AW VII 42.
[1273] Vgl. GA 45/ AW VII 42.
[1274] R. *Siebenrock*, Wahrheit 224.

erscheint er jedoch in neuer Wende: Die *presumption*, in der deutschen
Ausgabe der *Grammar* mit „Voraussetzung"[1275] übersetzt, ist ein Zustimmungsakt, der den sogenannten *Ersten Prinzipien* gewährt wird[1276].
Wie schon in seinen *Oxforder Universitätspredigten* und in der *Praefatio*
betont J. H. Newman die individuelle Vielfalt jener *first principles*[1277], unterstreicht dabei aber, daß diese *Begriffe* sind, folglich also nicht aus der
unmittelbaren Erfahrung stammen und daher ausschließlich Abstraktes
zum Ausdruck bringen[1278]. R. Siebenrock hat in diesem Zusammenhang
darauf hingewiesen, daß J. H. Newman das Vertrauen des Menschen in
sein Denk- und Erinnerungsvermögen gerade nicht unter die *Ersten
Prinzipien* zählt[1279]: Das Vertrauen gilt je einzelnen Akten des Erinnerns
und Denkens, nicht aber dem Erinnerungsvermögen als solchem, das
oftmals ungenau arbeitet und auf das nur mittelbar, durch Folgerung
und Abstraktion, geschlossen werden kann[1280]. Das zweite Argument, das
J. H. Newman diesbezüglich zur Begründung anführt, ist eher von
grundsätzlicher Natur. Er greift dazu jenen Gedankengang auf, den er
bereits in seiner kleinen Schrift *Proof of Theism* entwickelt hat. Hier wie
dort betont J. H. Newman den Vorrang des Selbstbewußtseins („consciousness of self"[1281]), das allen Fragen des Vertrauens und der Zustimmung vorausgeht [1282]. Das Sein wie die geistige Konstitution sind dem
Menschen aufgegeben, er ist vermittels seiner selbst („by means of ourselves"[1283]) im Denken und Erinnern seiner Natur entsprechend tätig[1284] -
„We are what we are, and we use, not trust our faculties" [1285]. Insofern
bleibt dem Menschen keine Wahl, er kann allenfalls die Funktionen sei-

---

[1275] AW VII 42.

[1276] Vgl. GA 45 / AW VII 42.

[1277] „They are in consequence very numerous, and vary in great measure with
the persons who reason, according to their judgment and power of assent, being received by some minds, not by others, and only a few of them received universally"
(GA 45/ AW VII 42).

[1278] Vgl. GA 45 / AW VII 42.

[1279] Vgl. R. Siebenrock, Wahrheit 224 mit Hinweis auf GA 46 / AW VII 42.

[1280] Vgl. GA 46 / AW VII 43.

[1281] GA 46 / AW VII 43.

[1282] „Our consciousness of self is prior to all questions of trust or assent" (GA 46 /
AW VII 43).

[1283] GA 46/ AW VII 43.

[1284] Vgl. GA 46/ AW VII 43.

[1285] GA 46 / AW VII 43.

ner Natur nur mißbrauchen oder stören[1286]. R. *Siebenrock* sieht in diesem Gedankengang „eine nicht hintergehbare Grenze philosophischer Vergewisserung"[1287]. Hinsichtlich „ihrer allgemeinen Natur als auch ihrer einmaligen Personalität"[1288] kann die Person nicht weiter hinterfragt, wohl aber als notwendige Voraussetzung anerkannt oder in einem existentiellen Protest, „der aber diese Konstitution noch einmal voraussetzt"[1289], verworfen werden.

Indem er also das Selbstbewußtsein eben nicht mit den *Ersten Prinzipien* gleichsetzt, kann *J. H. Newman* den Dienst, den die *first principles* bei der Wirklichkeitserkenntnis leisten, als Akt der Person umso deutlicher herausarbeiten[1290]. So ist für ihn ohne Zweifel jener Satz, „daß Dinge außerhalb unserer existieren", ein *Erstes Prinzip* „of universal reception"[1291]. Dieses *Erste Prinzip* leitet *J. H. Newman* aus jenem Instinkt ab, kraft dessen sich alle Lebewesen in ihrem Erkennen auf die äußere Dingwelt ausrichten[1292]. Diese instinktive Fähigkeit, in einem induktiven Prozeß einen Begriff von der Außenwelt zu bekommen, nennt *J. H. Newman* Intuition[1293]. Gegenüber den Tieren ist der Mensch in der Lage,

---

[1286] Vgl. GA 46 / AW VII 43.

[1287] *R. Siebenrock*, Wahrheit 225.

[1288] *R. Siebenrock*, Wahrheit 225.

[1289] *R. Siebenrock*, Wahrheit 225. *R. Siebenrock* bezeichnet dieses Argumentationsverfahren als „therapeutisches Postulat" , bei dem der Reflexionsweg „immer wieder auf sich selber" zurückfällt und daher „nicht als Abbruch angesehen werden" kann (Wahrheit 225, Anm. 294). Für *R. Siebenrock* ist dies der klare Fall einer personalen Retorsion: „Das Verfahren der Retorsion geht auf Gaston Isaye zurück und dient bei ihm zur Rechtfertigung der in der Intuition gewonnenen Prinzipien. Als Urteilsdeduktion erschließt sie das im Urteil notwendig Eingeschlossene...Daß Isaye mittels der Retorsion auch die kommunikativen Bedingungen erschließt und damit die Urteilsanalyse zur Analyse handelnder Personen erweitert, läßt es gerechtfertigt erscheinen, dieses Verfahren weiter zu entwickeln. An dieser Stelle könnte spekulative Philosophie oder Metaphysik, die Newman in der ‚Grammar' auf sich beruhen lassen möchte, einsetzen" (Wahrheit 225, Anm. 294).

[1290] „Die davon unterschiedenen ersten Prinzipien, deren Bedeutung für die faktische Anerkennung der Wahrheit durch die Person, können kaum überschätzt werden" (*R. Siebenrock*, Wahrheit 225).

[1291] GA 46 / AW VII 43.

[1292] „This instinct is directed towards individual phenomena, one by one, and has nothing of the character of generalization...." (GA 46 / AW VII 43).

[1293] Vgl. GA 46/ AW VII 43. *J. H. Newman* definiert in einer Notiz aus dem Jahr 1860 den Begriff der Intuition als „an insight into things as they are" (ThP I 64). Im

aus immer wiederkehrenden Erfahrungen „einen allgemeinen Satz zu ziehen („to draw a general proposition")"[1294], um darin zu jenem „great aphorism"[1295] zu gelangen, daß es eine äußere Welt gibt, von der alle sinnlichen Phänomene ausgehen[1296]. Damit ist ein weiteres *Erstes Prinzip* ermittelt und zugleich das Verständnis der *Ersten Prinzipien* vertieft. Der allgemeine Satz über die Existenz einer äußeren Welt geht naturgemäß

Proof of Theism erscheint die Intuition als Reflexion auf das Selbst „1. in consciousness, 2. in thought, 3. in a certain analysis, which becomes afterwards the principle of reasoning. These are involved in the words *Cogito ergo sum*" (PhNb II 71). Die Intuition gilt hier als verstandesinterner Akt, „it relates to our own mental operations" (PhNb II 77). In gebraucht er die Intuition im Zusammenhang mit dem Instinkt - „instinct or intuition" (GA 47 / AW VII 43-44). *J. Artz*, Newman und die Intuition, in: ThQ 136 (1956) 174 - 198, stellt dazu fest, daß die Intuition auf „die Zusammenschau mehrerer Gegebenheiten in ihrer Einheit, in ihrem Gestaltcharakter, ihrer Zusammengehörigkeit, in ihrem gemeinsamen Verweisen" (ebd. 179) auf noch nicht Gegebenes zielt. In ebd. 180 - 184 arbeitet *J. Artz* heraus, daß *J. H. Newman* dabei seiner „Unterscheidung zwischen Instinkt und Intuition nicht treu bleibt" (ebd. 182). Zeitlich von der Intuition ungeschieden erscheint der Instinkt als Tätigkeitsprinzip, die Intuition dagegen „als ein gelöster Akt der Schau" (ebd. 182): Beide sind sie aposteriorische Erkenntnisformen, spontane Erkenntnis „ ist bei Newman immer Intuition a posteriori, d.h. Zusammenschau von Erfahrungstatsachen oder Durchschau durch diese" (ebd. 183).*Th. Merrigan*, kommt zur gleichen Einschätzung: Er spricht davon, daß die beiden Begriffe „essentially interchangeable" (Clear Heads 45, Anm. 63) sind. In origineller Weise ordnet er den Begriff der Intuition dem Glaubensdenken zu: „ Newman´s recourse to the intuitive model is enlightening, not because it represents an advance on his earlier thought but because it brings together in one model three features of this thought which had hitherto jostled one another, as it were, namely, (i) the unity of the object of faith (the idea); (ii) its resistance to exhaustive propositional articulation; and, (iii) the (primordial) cognitional character of the faith act. The intuitive model combines these elements on the basis of an analogy with sense perception, but of sense perception at its most immediate level, namely, as given in that pimal, conjoint perception/ experience of one´s own existence and the existence of an external world (*Sentio ergo sum*)" (Clear Heads 85).

[1294] GA 47 / AW VII 43. „I have spoken, and I think rightly spoken, of instinct as force which spontaneously impels us, not only to bodily movements, but to mental acts. It is instinct which leads the quasi-intelligent principle (whatever it is) in brutes to perceive in the phenomena of sense a something distinct from and beyond those phenomena. It is instinct which impels the child to recognize in the smiles or the frowns of a countenance which meets his eyes, not only a being external to himself, but one whose looks elicit in him confidence or fear" (GA 47 / AW VII 44).

[1295] GA 47 / AW VII 44.

[1296] Vgl. GA 47/ AW VII 44.

über alle Erfahrung, er ist folglich ein Begriff[1297], ein *Erstes Prinzip*, dem eine begriffliche Zustimmung zukommt: *Erste Prinzipien* sind demnach Ergebnisse arbiträrer Geistesleistung, mithin Abstraktionen, „to which we give a notional assent in consequence of our particular experiences of qualities in the concrete, to which we give a real assent"[1298]. Sind die „so-called first principles" [1299] zwar Schlüsse und Abstraktionen aus einzelnen Erfahrungen, sind sie insofern „an evidence of the reality of the special sentiments in particular instances, without which they would not have been formed[1300]. Neben jenem *Ersten Prinzip*, das die Existenz einer äußeren Welt behauptet, nennt *J. H. Newman* in diesem Abschnitt ein weiteres *Erstes Prinzip*, das der Verursachung („causation")[1301], die er als allgemeinmenschliches Phänomen deutet[1302], wie er am Beispiel der Kindererziehung erklärt[1303]. Die Verursachung, die ordnungsmäßige Folge von Vorangehendem und Nachfolgendem[1304], entdeckt *J. H. Newman* überdies in der Ordnung der Natur („order of nature"[1305]). An ungewöhnlicher Stelle im Argumentationsverlauf der *Grammar* setzt er

---

[1297] Vgl. GA 48/ AW VII 45 .

[1298] GA 48 / AW VII 45. *J. H. Newman* betont hier die Induktionsleistung des menschlichen Geistes: „As we form our notion of whiteness from the actual sight of snow, milk, a lily, or a cloud, so, after experiencing the sentiment of approbation which arises in us on the sight of certain acts one by one, we go on to assign to that sentiment a cause, and to those acts of quality, and we give to this notional cause or quality the name of virtue, which is an abstraction not a thing" (GA 48/ AW VII 45).

[1299] GA 48 / AW VII 46.

[1300] GA 49 / AW VII 46.

[1301]. GA 49 / AW VII 46.

[1302] „Thus the notion of causation is one of the first lessons which he learns from experience, that experience limiting it to agents possessed of intelligence and will" (GA 49 / AW VII 47).

[1303] „One of the first experiences of an infant is that of his willing and doing; and, as time goes on, one of the first temptations of the boy is to bring home to himself the fact of his sovereign arbitrary power, though it be at the price of waywardness, mischievousness, and disobedience. And when his parents,as antagonists of this wilfulness, begin to restrain him, and to bring his mind and conduct into shape, then he has a second series of experiences of cause and effect, and that upon a principle or rule" (GA 49 / AW VII 46 – 47).

[1304] Vgl. GA 51 / AW VII 48.

[1305] GA 51/ AW VII 48.

sich also mit dem *kosmologischen Gottesbeweis* [1306] auseinander, dem er kritisch gegenübersteht, wobei das gängige Verständnis der Naturgesetze gezielt hinterfragt wird: In jedem Falle bestreitet *J. H. Newman*, daß die Ordnung der Natur nicht notwendig gleichförmig ist, sondern vielmehr in ihren Manifestationen allgemein[1307].

Als „höchste Form begrifflicher Zustimmung" [1308] nennt *J. H. Newman* abschließend die *speculation*, die hier aber gerade nicht als Spekulation, d.h., als bloße Vermutung oder auch als ein riskantes Unternehmen gedacht ist, sondern als „mental sight, or the contemplation of mental operations and their results as opposed to experience, experiment or sense"[1309] verstanden wird. Der Begriff der Spekulation ist keinesfalls neu, er findet sich bereits als **Adjektiv** „speculative" in *On the Certainty* von 1853, wo er den Gewißheitsgrad religiöser Wahrheit kennzeichnet[1310]. In der *Grammar* bezeichnet er Zustimmungen der „unmittelbarsten, ausdrücklichsten und vollkommensten ihrer Art"[1311], „assent to all reasoning and its conclusions, to all general propositions, to all rules of conduct, to all proverbs, aphorisms, sayings, and reflections on men and society"[1312]. Gegenstand einer „speculative assent"[1313] sind Gesetzesurteile, konstitutionelle Maximen, Entscheidungen der Wissenschaft, aber auch „principles, disputations, and doctrines of theology"[1314], worunter *J.*

[1306] Vgl. dazu bei *R. Siebenrock*, Wahrheit 226, Anm. 298, die ausführliche Darlegung des Argumentes, das ihm zufolge „wie ein Femdkörper wirkt" (ebd.) und nicht als „nachträgliche Einführung des Gottesgedankens" (ebd.) zu verstehen ist, sondern „sekundär das Gottesbewußtsein mittels einer allgemeinen Welterfahrung" (ebd.) stützt. „ The agency then which has kept up and keeps up the general laws of nature, energizing at once in Sirius and on the earth, and on the earth in its primary period as well as in the nineteenth century, must be Mind, and nothing else, and Mind at least as wide and as enduring in its living action, as the immeasurable ages and spaces of the universe on which that agency has left its traces" (GA 53 / AW VII 51).

[1307] Vgl. GA 53/ AW VII 51.

[1308] Vgl. *R. Siebenrock*, Wahrheit 226.

[1309] GA 54 / AW VII 51.

[1310] „Speculative certainty implies-1. an earnestness about the subject matter of it, 2. a reflex assent to our possessing a rational assent, 3. hence a deliberation, however rapid" (ThP I 35). *J. H. Newman* urteilt über die *speculative certainty* : „...in the world, for I suppose..it is ever possible in the case of religious faith..." (ThPI 36).

[1311] „...most direct, explicit, and perfect of their kind" (GA 54 / AW VII 52).

[1312] GA 54/ AW VII 52.

[1313] GA 54/ AW VII 52.

[1314] GA 54/ AW VII 52.

H. Newman Inhalte theologischer Reflexion faßt[1315]. In allgemeinen Sätzen ausgedrückt, gehören sie zur *begrifflichen Erfassung* und *Zustimmung*, repräsentieren sie dagegen einzelne Dinge oder Erfahrungen im Konkreten, können sie mit *realer Zustimmung* angenommen werden[1316].

4.3.2.3. Begriffliche Erfassung, Religion und Offenbarung

Die *fünf Kategorien* begrifflicher Zustimmung bilden den Abschluß der erkenntnistheoretischen Überlegungen, mit denen *J. H. Newman* die menschliche Fähigkeit zur Wirklichkeitserfassung beschreibt. Die hier aufgefundenen Erkenntnisprinzipien ergänzen den allgemeinen Glaubensbegriff, wie ihn *J. H. Newman* in seinen *Oxforder Universitätspredigten* über die *Theses de fide* hinaus entwickelt hat[1317], indem sie mit den Begrifflichkeiten von *Erfassung* , *Zustimmung* und *Imaginationskraft* die Eigenleistung des Subjektes im Erkenntnisakt ausdrücklich zum Thema machen. In Hinblick auf einen konfessionell geprägten Offenbarungsglauben weiß sich *J. H. Newman* nunmehr in die Lage versetzt, zu bestimmen, „what a dogma of faith is, and what it is to believe it"[1318]. Dieses Vorhaben wird zu Beginn des *fünften Kapitels* der *Grammar*, „Apprehension And Assent In The Matter Of Religion"[1319], präzisiert. Nennt *Ch. St. Dessain* in seiner *Newman* - Biographie die nähere Bestimmung der Bedeutung und des Wertes von Lehrsätzen für den Glauben als konkreten Arbeitsauftrag für den *ersten Hauptteil* der *Grammar* [1320], so ist damit - wie aufgezeigt werden konnte - nicht die Darlegung kognitiver Inhalte oder Argumente gemeint, die hernach auf diese oder jene Glaubenslehre hinauslaufen („furnish matter for an infe-

---

[1315] „ That there is a God, that He has certain attributes, and in what sense He can be said to have attributes, that He has done certain works, and that He has made certain revelations of Himself and of His will, and what they are, and the multiplied bearings of the parts of the teaching, thus developed and formed, upon each other..." (GA 54/ AW VII 52).

[1316] Vgl. GA 54/ AW VII 52.

[1317] „Die rationale Eigentümlichkeit der Vernunft tendiert danach, sich ihrer Erkenntnis im Rückgriff auf Beweise zu vergewissern und abzuschirmen, während der Glaube - in seinem von außen beurteilten Verständnis - sich dem Wagnis des ungeschützten Vorgriffs (reaching forward) aussetzt" (E. *Bischofberger*, Sittliche Voraussetzungen 47).

[1318] GA 69 / AW VII 69.

[1319] GA 69 - 102 / AW VII 69 - 106.

[1320] Vgl. dazu *Ch. St. Dessain*, John Henry Newman 261.

rence"[1321]). Der *erste Hauptteil* der *Grammar* zielt vielmehr auf „das, was der Geist tut, was er schaut, wenn er einen Akt des Glaubens vollzieht"[1322].

So erhält etwa der Begriff der *Erfassung,* wie ihn J. H. *Newman* in den *ersten vier Kapiteln* der *Grammar* entwickelt, für den Bereich des religiösen Glaubens seine eigentliche Bedeutung, der Glaubensakt selbst wird dementsprechend als „assent" [1323] gekennzeichnet und mit den *ersten beiden Paragraphen* des *fünften Kapitels* im Spannungsfeld von *begrifflicher* und *realer Erfassung* näher bestimmt[1324]. Der *dritte Abschnitt* „Belief In Dogmatic Theology"[1325] weitet dazu die Verhältnisbestimmung von Glaube und Vernunft, wie sie J. H. *Newman* bereits mit den *Oxforder Universitätspredigten* vorgenommen hat, in eine spezifisch ekklesiale Sicht, weshalb die Überschrift des Abschnittes auch von *belief,* nicht von *faith* redet. Mit einiger Berechtigung kann daher das *fünfte Kapitel* der *Grammar* als eine erste Synthese jener Auffassung vom Glaubensakt gelten, die J. H. *Newman* von seinen frühen Schriften an allmählich entwickelt hat.

4.3.2.3.1. Dogma und Glaube

Im *zweiten Paragraphen* der *Grammar* beschäftigt sich J. H. *Newman* mit der „doctrine of the Holy Trinity" [1326]. Der Abschnitt bestätigt den Eindruck, den *T. Merrigan* bei J. H. *Newman* über das Verständnis von Glaubenssätzen in ihrer personalen Tiefenstruktur gewonnen hat[1327]: Das christliche Gottesbild, so J. H. *Newman,* ist in gleicher Weise Wirkungsfeld der Theologie wie Lebensäußerung des Glaubens und der Frömmigkeit. Er bezieht sich hier auf die erkenntnistheoretischen Überlegungen der vorangegangenen vier Kapitel, die er nun auf die Glaubenslehre anwendet[1328]. Demnach sind Glaubenssätze wie alle anderen Satzaussagen

---

[1321] GA 69 / AW VII 70.

[1322] GA 69/ AW VII 70.

[1323] „Now first, my subject is assent, and not inference" (GA 69 / AW VII 69).

[1324] § 1 diskutiert den „Belief In One God" (GA 70 / AW VII 71), § 2 stellt sich in fachtheologischer Hinsicht dem Thema „Belief In The Holy Trinity" (GA 83 / AW VII 85).

[1325] GA 95 / AW VII 85.

[1326] GA 84 / AW VII 86.

[1327] Vgl. *T. Merrigan,* Clear heads 171.

[1328] Vgl. dazu GA 84 / AW VII 86 - 87, wo J. H. *Newman* in einem einzigen Satz seine Lehre von der Erfassung auf die Erfassung von Glaubenswahrheiten überträgt.

ebenso Objekte einer *realen* wie die einer *begrifflichen Erfassung. J. H. Newman* illustriert dies am Beispiel der Dreifaltigkeit. Um seine These zu untermauern, es gebe im Trinitätsdogma nichts, „which does not address the imagination, as well as the intellect"[1329] , betont er hierzu die leichte, allgemeine Verständlichkeit dogmatischer Aussagen, denen im Gegensatz zu „formal theological treatises" [1330] fachwissenschaftliches Vokabular abgeht[1331]. *J. H. Newman* weigert sich aus diesem Grund, das Trinitätsdogma als Geheimnis zu bezeichnen[1332]. Er knüpft an dieser Stelle an jenen Geheimnisbegriff an, den er bereits im Umfeld der *profession* entwickelt hat: Der Begriff *Geheimnis* meint nicht „the Divine Verity as such"[1333], sondern nur die Art ihrer Beziehung „to creatures and to the human intellect"[1334], näherhin also das Urteil der folgernden Vernunft über den Glaubensgegenstand, nicht aber dessen unmittelbare Wahr-

---

Am Beispiel der Dreifaltigkeitslehre sucht er aufzuzeigen, „how far the propositions enunciating it are confined to the expression of intellectual notions, and how far they stand for things also, and admit of that assent which we give to objects presented to us by the imagination" (ebd.). Daß *J. H. Newman* seine religiöse Erkenntnislehre analog zu den übrigen Erkenntnisvollzügen denkt, zeigt die Begriffsbildung „religious apprehension", in der deutschen Übersetzung übersetzt mit „religiöse Wahrnehmungskraft" (vgl. GA 87 / AW VII 90).

[1329] GA 86 / AW VII 88.

[1330] „It is otherwise of course with formal theological treatises on the subject of the dogma. There we find such words as substance, essence, existence, form, subsistence, notion, circumincession; and, though these are far easier to understand than might at first sight be thought, still they are doubtless adressed to the intellect, and can only command a notional assent" (GA 87 / AW VII 89).

[1331] „The other words, which occur in the above account of the doctrine,- Three, One, He, God, Father, Son, Spirit,- are none of them words peculiar to theology, have all a popular meaning, and are used according to that obvious and popular meaning, when introduced into the Catholic dogma" (GA 86 / AW VII 88 – 89). *R. Siebenrock* bemerkt dazu: „ Die Unvergleichlichkeit Gottes verlangt nicht nach unvergleichlichen Worten, weil gerade Alltagsworte einen besonderen Vorzug aufweisen. Solche Worte sind nicht abstrakt, sondern konkret, und daher in der Lage, der Grundbedingung realer Erfassung zu genügen, nämlich Bilder zu erzeugen. Die Basissätze trinitarischer Rede können in alleminverständlichen Worten formuliert werden" (Wahrheit 318-319).

[1332] „It will be observed also that not even the words ‚mysteriousness' and ‚mystery' occur in the exposition which I have above given of the doctrine; I omitted them, because they are not parts of the Divine Verity as such... " (GA 87 / AW VII 89).

[1333] GA 87/ AW VII 89.

[1334] GA 87/ AW VII 89.

nehmung durch den menschlichen Geist[1335]. Damit ist zugleich die Begrenztheit begrifflich - theologischer Erkenntnis angezeigt: Die neun Sätze[1336], die das „Heavenly Dogma"[1337] der Trinität konstituieren, halten in ihrer offenkundigen Gegensätzlichkeit den menschlichen Geist dazu an, „to view the dogma in the light of that contrariety"[1338]. So erfaßt, ist das Trinitätsdogma aber noch keineswegs vom menschlichen Geist verstanden. Die Trinitätslehre kann daher zunächst nur auf der Ebene der *begrifflichen Erfassung* als Geheimnis bezeichnet werden[1339]: Nach den Regeln theologischer Kunstfertigkeit[1340] nimmt der Geist den Sinn eines jeden der dogmatischen Sätze in seiner Beziehung zu den übrigen Sätzen auf[1341], um diese schließlich allenfalls in das Ganze einer theologischen Kombination zu fügen, wenn solcherart Kombinationen auch für die Einbildungskraft keine anschaulichen Gegenstände abgeben [1342]. Vermag die *begriffliche Erfassung* auf ihre Weise das trinitarische Dogma in seinem Gesamt zu erschließen, so ist dies der *realen Erfassung* nicht möglich: Der

---

[1335] Vgl. GA 88 / AW VII 90. „ Accordingly the mysteriousness of the doctrine is not, strictly speaking, intrinsical to it, as is proposed to the religious apprehension, though in matter of fact a devotional mind, on perceiving that mysteriousness, will lovingly appropiate it, as involved in the divine revelation" (GA 87 / AW VII 90).

[1336] „To show this in fact, I will enumerate the separate propositions of which the dogma consists. They are nine, and stand as follows: -1. There are Three who give testimony in heaven, the Father, the Word or Son, and the Holy Spirit. 2. From the Father is, and ever has been, the Son. 3. From the Father and Son is, and ever has been, the Spirit. 4. The Father is the One Eternal Personal God. 5. The Son is the One Eternal Personal God. 6. The Spirit is the One Eternal Personal God. 7. The Father is not the Son. 8. The Son is not the Holy Ghost. 9. The Holy Ghost is not the Father" (GA 91 / AW VII 94).

[1337] GA 88 / AW VII 91.

[1338] GA 88/ AW VII 91.

[1339] „It will be observed also that not even the words ‚mysteriousness' and ‚mystery' occur in the exposition which I have above given of the doctrine; I omitted them, because they are no parts of the Divine Verity as such, but in relation to creatures and to the human intellect; and because they are of a notional character" (GA 87 / AW VII 89).

[1340] „Moreover, our devotion is tried and confused by the long list of propositions which theology is obliged to draw up, by the limitations, explanations, definitions, adjustments, balancings, cautions, arbitrary prohibitions, which are imperatively required by the weakness of human thought and the imperfections of human languages" (GA 89 / AW VII 92).

[1341] Vgl. GA 88/ AW VII 91.

[1342] Vgl. GA 89/ AW VII 91.

menschliche Geist vermag nur einzelne, getrennte Sätze bildhaft darzustellen, denn die Wirklichkeit Gottes bleibt ungreifbar, ihre Schatten gleiten hin und her, sie sind „never present to us at once"[1343]. An dieser Stelle erweitert J. H. Newman den Bedeutungsgehalt seines Geheimnisbegriffes: Als Geheimnis gilt nun nicht mehr ausschließlich der Qualifikationsgrad eines nicht vollständig erfaßbaren Satzes, wie dies noch bei der Diskussion der *Profession* vorausgesetzt scheint[1344], sondern im Falle der Trinitätslehre versteht J. H. Newman nun unter einem Geheimnis jene Erfahrung der geheimnisvollen Wirklichkeit Gottes, die alle Erfahrung überschreitet[1345].

Damit macht J. H. Newman die *reale Erfassung* von Glaubenssätzen zu seinem Thema. Dabei geht es ihm nicht um einen Aufweis der Wahrhaftigkeit dessen, was in Glaubenssätzen ausgesagt ist, wie F. *Malmberg* in seiner Kritik zutreffend bemerkt hat[1346], vielmehr achtet er auf die „action and influence of those separate articles, by means of the imagination, upon the affections and oboedience of Christians" [1347]. Der Begriff der *imagination* verdeutlicht dabei, daß J. H. Newman seine theologische Erkenntnislehre in Konsequenz seiner Einsichten der vorangegangenen vier Kapitel der *Grammar* entfaltet. Im Wirklichkeitsbereich des Glaubens

---

[1343] GA 89/ AW VII 91. Der Gedanke wendet sich zu einer Art Wegtheologie, die den Seligen die volle Gottesschau zuspricht, den Irdischen dagegen nur eine Ahnung zukünftiger Herrlichkeit zugesteht: „Break a ray of light into its constituents colours, each is beautiful, each may be enjoyed; attempt to unite them, and perhaps you produce only a dirty white. The pure and indivisible Light is seen only by the blessed inhabitants of heaven; here we have but such faint reflections of it as its diffraction supplies; but they are sufficient for faith and devotion" (GA 89 - 90 / AW VII 92).

[1344] Vgl. GA 36 / AW VII 32.

[1345] Vgl. GA 88 / AW VII 91, wo J. H. Newman zunächst die Erfahrung der Begrenztheit menschlicher Imaginationskraft beschreibt, um sodann die Erfahrung jenes Geheimnisses zu erwähnen, in dem alle menschliche Erfahrung transzendiert ist: „But the question is whether a real assent to the mystery, as such, is possible; and I say it is not possible, because, though we can image the separate propositions, we cannot image them altogether. We cannot, because the mystery transcends all our experience; we have no experiences in our memory which we can put together, compare, contrast, unite, and thereby transmute into an image of the Ineffable Verity..." (ebd.).

[1346] Vgl. F. *Malmberg*, Analysis fidei 481. „....though the complex truth, in which, when combined, they issue, is not in sympathy or correspondence with it, but altogether beyond it" (GA 93 / AW VII 96).

[1347] GA 93/ AW VII 96.

zielt die *begriffliche Erfassung* auf das „systematized whole"[1348] der Glaubenslehre, mit der *realen Erfassung* dagegen erschließt sich dem menschlichen Geist die Wirklichkeit des göttlichen Geheimnisses „in a certain measure"[1349], wie an ausgewählten Beispielen erläutert wird[1350]. Frömmigkeit und Theologie leben aus der Wirklichkeit des Glaubens, wie sie in Zeugnissen der Überlieferung verbürgt ist. Damit kommt *J. H. Newman* auf sein zentrales Anliegen zu sprechen, das die gesamte *Grammar* prägt, vor allem aber den langen und anstrengenden Vorlauf ihrer ersten *vier Kapitel* einsichtig macht.

J. H. Newman stellt dazu im *zweiten Paragraphen* des *fünften Kapitels* noch einmal ausdrücklich die Frage, ob die Wahrheiten des Glaubens nur Gegenstand einer rein begrifflichen Erfassung sind, oder ob diese tatsächlich die von ihnen benannte Wirklichkeit real werden lassen[1351]. Als mögliche Empfänger ihrer Botschaft nennt er dazu jene Instanzen im Subjekt selbst, die Erkenntnis ermöglichen: Zunächst nennt er die *Einbildungskraft*, die gemäß *Kapitel 4 § 2* der *Grammar* der *begrifflichen Erfassung* zuzuordnen ist, und die im Kontext des *dritten Paragraphen* von *On The Certainty* als dem Glaubwürdigkeitsurteil der *prudentia* zugehörig gelten kann, sodann aber die *reale Zustimmung*, die seit den *Theses de fide* den Glaubensakt als personales Freiheitsgeschehen qualifiziert[1352]. *J. H. Newman* erweist sich damit tatsächlich als Anwalt einer subjektiven Apologetik, wie sie auch *K. Eschweiler* bei ihm vermutet[1353]: Absicht des Kapitels wie der gesamten Zustimmungslehre ist nicht nur die Erörte-

---

[1348] GA 91 / AW VII 94.

[1349] GA 92 / AW VII 95.

[1350] Vgl. GA 94 / AW VII 97, wo *J. H. Newman* die Möglichkeit, Aussagen über Gott und sein Heilshandeln zu treffen, aus der Analogie menschlicher Erfahrungen begründet: „Why is it that personally we often find ourselves so ill-fitted to take part in them, except that we are not good enough, that in our case the dogma is far too much a theological notion, far too little an image living within us?"

[1351] „Is it the elaborate, subtle, triumphant exhibition of a truth, completely developed, and happily adjusted, and accurately balanced on its centre, and impregnable on every side, as a scientific view, ‚totus, teres, atque rotundus', challenging all assailants, or, on the other hand, does it come to the unlearned, the young, the busy, and the afflicted, as a fact which is to arrest them, pentrate them, and to support and animate them in their passage through life?" (GA 86 / AW VII 88).

[1352] „That is, does it admit of being held in the imagination, and being embraced with a real assent?" (GA 86 / AW VII 88).

[1353] Vgl. *K. Eschweiler*, Religion und Metaphysik 486.

rung der *begrifflichen* und *realen Erfassung* von Glaubenssätzen, sondern darin zunächst und vor allem der Nachweis der lebensprägenden Kraft des Glaubens[1354]. *J. H. Newman* weiß sich dabei von der festen Überzeugung geleitet, daß die Heilige Schrift, die Feier der Liturgie[1355], Glaubensformeln und theologische Gedankengänge[1356] die Gotteswirklichkeit auslegen und darin das Denken wie Handeln des Menschen voll und ganz prägen, inspirieren und lenken. Um diese reale, lebensprägende Erfassung von Glaubenssätzen angemessen zu beschreiben, vertieft *J. H. Newman* seine Auffassung von der Imaginationskraft des menschlichen Geistes durch eine ausgeprägte Lehre vom Gewissen, die er im *ersten Paragraphen* des *fünften Grammar - Kapitels* zur Darstellung bringt. Wenn diese Gewissenslehre seiner Erkenntnistheorie auch eine eigene Note verleiht, geht sie jedoch von der Sache her, wie die folgenden Ausführungen zeigen, nicht über das hinaus, was *J. H. Newman* an anderer Stelle bereits zu Glaube und Erkenntnis dargelegt hat.

4.3.2.3.2. Gewissen und Glaube

Ausgangspunkt seiner Überlegungen zur Gewissensthematik im *ersten Paragraphen* des *fünften Kapitels* der *Grammar*, „Belief in One God" [1357], ist die Fülle von Attributen und Prädikaten, die Gott herkömmlicherweise von einem Glaubenden beigelegt werden, einem Theisten, wie *J. H. Newman* sagt, oder Christen [1358]. Dank dieser Attribute und Prädikate kann sogar von Außenstehenden durchaus sinnvoll über Gott und seine Eigenschaften gesprochen werden, wenn auch diese Art der Gottrede auf

---

[1354] Vgl. GA 86 / AW VII 88.

[1355] „ This same power of the dogma may be illustrated from the Ritual. Consider the services for Christmas or Epiphany; for Easter, Ascension, and (I may say) pre - eminently Corpus Christi; what are these great Festivals but comments on the words, „The Son is God"? (GA 94 / AW VII 97).

[1356] „Take one of them as an instance, viz. the dogmatic sentence ‚The Son is God'. What an illustration of the real assent which can be given to this proposition, and its power over our affections and emotions, is the first half of the first chapter of St. John´s Gospel!" (GA 93 - 94 / AW VII 97).

[1357] GA 70 / AW VII 71.

[1358] „I speak then of the God of the Theist and of the Christian : a God who is numerically One, who is Personal; the Author, Sustainer, and Finisher of all things, the Life of Law and Order, the Moral Governor; One, who is Supreme and Sole..." (GA 70 / AW VII 71). Nach *R. Siebenrock* nimmt *J. H. Newman* hier „ohne Zögern die traditionellen Bestimmungen des Gottesgedankens auf" (Wahrheit 302, Anm. 477).

den Radius der *begrifflichen Erfassung und Zustimmung* begrenzt bleibt[1359]. Damit aber will sich J. H. *Newman* nicht zufrieden geben: Um der Gefahr zu entgehen, Gott und den Glauben an ihn „wie Mathematik und Geographie im Leben"[1360] zu domestizieren, stellt er sich ausdrücklich die Frage nach einer Zustimmung zum Sein Gottes, die lebhafter (,,vivid assent"[1361]) ist als jene, „which is given merely to notions of the intellect"[1362]. Eine solche Art hoher Zustimmung (,,high assent"[1363]) ist charakteristisch für ein personales Gottesverhältnis, bei dem sich der Glaubende mit seinem persönlichen Wissen[1364] durch eine „imaginative apprehension" [1365] in den Kreis göttlicher Offenbarungswahrheiten erhoben weiß[1366]. Tatsächlich gebraucht J. H. *Newman* in diesem Zusammenhang das Verbum *to see,* nach *On the Certainty* als Ausdruck einer methodisch abgesicherten Wahrheit Merkmal der *evidentia veritatis* [1367], hier aber gebraucht im Sinne einer sehr direkten, fast visuellen Gotteserfahrung - „Can I believe as if I saw?"[1368] Nach *R. Siebenrock* beschwört J. H. *Newman* damit ein „unlösliches Paradox, da zu sehen versucht wird, wo unser Auge bestimmungsgemäß versagt"[1369], denn „no one in this life can see God"[1370]. Wenn er aber dennoch, wie er es im Argumentationsverlauf tut, an der Möglichkeit einer *realen Zustimmung* zur Wirklichkeit Gottes

---

[1359] „It is an assent following upon acts of inference, and other purely intellectual exercises; and it is an assent to a large development of predicates, correlative to each other, or at least intimately connected together, drawn out as if on paper, as we might map a country which we had never seen, or construct mathematical tables, or master the methods of discovery of Newton or Davy, without being geographers, mathematicians, or chemists ourselves" (GA 71/ AW VII 71).

[1360] *R. Siebenrock,* Wahrheit 302.

[1361] GA 71 / AW VII 71.

[1362] GA 71/ AW VII 71.

[1363] GA 71/ AW VII 71 .

[1364] Vgl. GA 71/ AW VII 71.

[1365] GA 71/ AW VII 71. AW VII 71 übersetzt hier mit „Auffassung der Einbildungskraft", wobei - im Sinne der realen Erfassung – eher mit „imaginierender Erfassung" zu übersetzen wäre.

[1366] „Can I enter with a personal knowledge into the circle of truths which make up that great thought. Can I rise to what I have called an imaginative apprehension of it?" (GA 71/ AW VII 71).

[1367] Vgl. ThP I 20.

[1368] GA 71/ AW VII 71.

[1369] *R. Siebenrock,* Wahrheit 302.

[1370] GA 71 / AW VII 72.

festhält[1371], muß er auch nach einem besonderen Zugang zu dieser Wirklichkeit Ausschau halten. Dazu argumentiert *J. H. Newman* aus der alltäglichen Erfahrung mit der Erfassung sinnlicher, intellektueller und moralischer Gegenstände: Der Beweis für die Existenz unbekannter Dinge oder auch Eigenschaften liegt in den Phänomenen, die sich an die menschlichen Sinne richten[1372]. Dies gilt natürlich nicht für den Gottesgedanken, „as Theists entertain it"[1373]: Die Aufgabe, die die Sinne bezüglich der Dingwelt erfüllen, „devolves indirectly on certain of our mental phenomena as regards the Creator"[1374].

4.3.2.3.2.1. Herkunft, Vernahme und Funktion des Gewissens

An dieser Stelle der *Grammar* nun führt *J. H. Newman* das Gewissensargument ein, das er analog zur imaginativen Kraft des menschlichen Geistes denkt. Jenes eigentümliche Sinnesorgan, durch das der Mensch befähigt ist, Gott zu vernehmen, nennt er „sense of moral obligation" [1375], einige Zeilen später[1376] „Sinn für das Sittliche" („moral sense") und „Sinn für Pflicht" („sense of duty"). Er meint damit das *Gewissen*, also jenen geistigen Akt, durch den der Mensch ein Bild von Gott gewinnen und dem Satz, daß er exisitiert, eine reale Zustimmung geben kann[1377], für *J. H. Newman*, - ohne den Versuch, dies zu beweisen[1378] - , ein *Erstes Prinzip*, „as really so, as the action of memory, of reasoning, of imagination, or as the sense of the beautiful"[1379]. Das Gewissen ist insofern als eine anthropologische Grunderfahrung gekennzeichnet, die von allen Menschen geteilt wird[1380]: Ermöglicht bei der *realen Erfassung* die Imagination

---

[1371] Vgl. GA 71/ AW VII 72.

[1372] Bezüglich der äußeren Dingwelt vgl. den Abschnitt über die Imagination. Zur Erfassung intellektueller und moralischer Gegenstände vgl. GA 72 / AW VII 72: „ ....that he is such and such, we know by the matter or quality of that impression."

[1373] GA 72 / AW VII 73.

[1374] GA 72/ AW VII 73.

[1375] GA 72/ AW VII 73.

[1376] Vgl. GA 73 / AW VII 74.

[1377] Vgl. GA 73 / AW VII 73.

[1378] Vgl. GA 73/ AW VII 73.

[1379] GA 73 / AW VII 74.

[1380] Vgl. *R. Siebenrock*, Wahrheit 303. „Das Gewissen ist ein konkret-universales Phänomen. Es ist konkret, weil es immer als je persönliches ansichtig wird. Universal ist es einerseits, weil es als Anlage oder ausgebildetes Vermögen allen Menschen eigen ist, aber auch, weil es die Person mit einer von ihr selber nicht mehr umfaßbaren

eine angemessene Vorstellung von der Wirklichkeit, ist es in der Gewissenserfahrung die „perceptive power"[1381], die die „intimations of conscience"[1382] mit den „reverberations or echoes (so to say) of an external admonition"[1383] verknüpft, um so zu einem Begriff von Gott zu gelangen. *J. H. Newman* stellt sich diesen Gott als Herrscher und Richter vor, als ein Bild im Innern des Einzelnen, das im Laufe der Zeit durch weitere Gewissenswinke zunehmend verfeinert wird[1384]. Den unübersehbaren Zusammenhang von Gottesbild und Ethik, wie ihn *J. H. Newman* in seinen Darlegungen zum Gewissensbegriff deutlich zur Sprache bringt, hat *E. Bischofberger* auf die „ sehr enge Verbindung zwischen Newman und der Stoa "[1385] zurückgeführt. Ihm zufolge zeigt sich *J. H. Newman* in seinem Gewissensbegriff von der stoischen Erkenntnislehre und Ethik stark beeinflußt, wenn er auch bewußt die Kosmologie der *Stoa* für seinen eigenen Denkansatz nicht rezipiert[1386].

Dimension und einem von ihr nicht machbaren Anspruch konfrontiert" (Wahrheit 303).

[1381] GA 72/ AW VII 73.

[1382] GA 72/ AW VII 73.

[1383] GA 72/ AW VII 73.

[1384] „...and then again we image Him and His atttributes in those recurring intimations" (GA 72/ AW VII 73).

[1385] E. *Bischofberger*, Sittliche Voraussetzungen 178.

[1386] Vgl. E. *Bischofberger*, Sittliche Voraussetzungen 170 - 179. Nach E. *Bischofberger* bietet der von der *Stoa* begründete Begriff des Gewissens „nach Newmans Auffassung auch für den Menschen des urbanisierten, industrialisierten und technischen Zeitalters eine Chance, sich selber zu verstehen und dadurch über sich hinaus auf das Geheimnis Gottes verwiesen zu sein" (ebd. 179). Dies ist auch der Grund, warum *J. H. Newman* nicht der stoischen Kosmologie das Wort redet: Die Welt ist nicht mehr Schauspiel der Götter, sondern profaner Raum, Aufgabe des Menschen. Im Übrigen beobachtet E. *Bischofberger* ebd. 177 eine sachliche Übereinstimmung *J. H. Newmans* mit der *Stoa* „bis hin zu ähnlichen oder gar identischen Formulierungen" (ebd. 178). E. *Bischofberger* systematisiert die aufgefundenen Übereinstimmungen in fünf Punkten: „1. Gott hat dem Innern des Menschen einen Wächter gegeben - Daimon oder Gewissen - dem nichts entrinnt; der ein unbestechlicher Richter ist; dem der Mensch für sein Denken und Tun Rechenschaft ablegen muß. 2. Dieser innere Wächter wird zur höchsten sittlichen Instanz des Menschen erhoben. 3. Im Gewissen oder durch das Gewissen erschließt sich dem Menschen die transzendente Gottheit, der der Mensch sein Leben verdankt und die er in Liebe verehren soll. 4. Das Ziel des Menschen ist das Leben in Übereinstimmung mit seiner vernunftbegabten Natur. Das wahre Glück besteht aber nicht in einer Emanzipierung der Vernunft und der Freiheit vom inneren Mahner, sondern in innerer Ruhe und Gelassenheit. In dieser

Im *fünften Kapitel* der *Grammar*, keinesfalls der einzige Text zur Gewissensthematik [1387], werden zunächst in aller Ausführlichkeit jene *Phänomene* benannt, durch die sich das Gewissen dem menschlichen Geist zur Wahrnehmung bringt. „The feeling of conscience"[1388] ist demnach „a certain keen sensibility, pleasant or painful"[1389], womit folgerichtig nicht ein Regelwerk für rechtes Verhalten, ein Normenkodex also, gemeint ist. *J. H. Newman* geht es vielmehr um die „sanction of right conduct"[1390], vernehmbar durch die „promptings, in the breasts of the millions of human beings to whom it is given"[1391]. Unter dem Namen eines guten oder schlechten Gewissens[1392] versteht er denn auch jenes eigentümliche Gefühl, das auf das Recht- oder Unrechttun des Menschen folgt[1393]. *J. H. Newman* präzisiert diese Auskunft: Ein schlechtes Gewissen beunruhigt den Geist, ein gutes Gewissen dagegen verschafft dem menschlichen Geist Frieden und Harmonie[1394]. Der Hinweis auf die Gemütsbewegungen, die das Gewissen hervorruft, erfüllt eine doppelte Aufgabe. So gelingt es zunächst, das Gewissen und seine Tätigkeit gleichberechtigt an

---

sitlichen Grundhaltung ist es möglich, daß der Mensch im Gehorsam der im Daimon bzw. im Gewissen sich manifestierenden Gottheit folgt. 5. Sittlichkeit ist folglich nicht äußere Legalität, sie ist Angelegenheit der innersten Gedanken, der von innen her kommenden freien Entscheidung des Menschen" (ebd. 178).

[1387] Nach *E. Bischofberger* zeigt sich, „daß sich Newman bei vier verschiedenen, insgesamt 40 Jahre auseinanderliegenden Gelegenheiten ausdrücklich und eindringlich mit dem Gewissensbegriff auseinandergesetzt hat und zu Formulierungen gekommen ist, die eine innere Konsistenz aufweisen, einander bestätigen und stützen" (Sittliche Voraussetzungen 85). Die vier Hauptquellen sind „OUS II (1830); SVO V (1856); Proof of Theism, PhN II 31 - 78 (1859 - 1868); GA (1870)" (Sittliche Voraussetzungen 85, Anm. 2).

[1388] GA 73 / AW VII 74.

[1389] GA 73/ AW VII 74.

[1390] GA 74 / AW VII 75.

[1391] GA 73 - 74 / AW VII 74.

[1392] Vgl. GA 73 / AW VII 74.

[1393] „This being taken for granted, I shall attempt to show that in this special feeling, which follows on the commission of what we call right or wrong, lie the materials for the real apprehension of a Divine Sovereign and Judge" (GA 73/ AW VII 74).

[1394] „These various perturbations of mind which are characteristic of a bad conscience, and may be very considerable, - self- reproach, poignant shame, haunting remorse, chill dismay at the prospect of the future, - and their contraries, when the conscience is good, as real though less forcible, self - approval, inward peace, lightness of heart, and the like...." (GA 75 / AW VII 76).

die Seite der anderen intellektuellen Sinne[1395], etwa neben den „common sense, good sense, sense of expedience, taste, sense of honour"[1396], oder eben auch neben den Sinn für das Schöne zu stellen[1397]. Die Eigenständigkeit des Gewissens erweist sich demnach in seiner spezifischen Tätigkeit: Das Gewissen ist Sinn für Pflicht und Verpflichtung („sense of duty and obligation"[1398]), es nötigt den Menschen „by threats and by promises" [1399], das Rechte zu tun und das Unrechte zu meiden. Damit hat es „primarily"[1400] mit Personen zu tun, mit Handlungen hauptsächlich im Blick auf die Handelnden[1401]. Indem er aber das Gewissen als eine unter mehreren Fähigkeiten des Geistes in seiner Eigenständigkeit herausarbeitet, hat *J. H. Newman* die Berechtigung seiner Ausgangsposition begründet, in der Gottesfrage nicht von der Vernunft, sondern von dem für die Wahrnehmung Gottes besonders geeigneten Gewissen auszugehen[1402]. Genau darin unterscheidet sich sein Vorhaben von dem einer philosophischen Ethik[1403].

Die Weise seiner Wahrnehmung erschließt also den *Zweck* des Gewissens, der nach *J. H. Newman* in der Aufgabe besteht, „materials for the real apprehension of a Divine sovereign and Judge"[1404] vernehmbar zu machen. Indem *J. H.Newman* das Gottesbild durch die imperialen Eigenschaften von Herrschaft und Gericht kennzeichnet, verdeutlicht er, wieso der Gewissensbefehl zwangsläufig als „imperative and constraining, like no other dictate in the whole of our experience"[1405] empfunden werden

---

[1395] Vgl. GA 75/ AW VII 76.

[1396] GA 75/ AW VII 76.

[1397] „This sense is attended by an intellectual enjoyment, and is free from whatever is of the nature of emotion, except in one case, viz. when it is excited by personal objects; then it is that the tranquil feeling of admiration is exchanged for the excitement of affection and passion" (GA 75 / AW VII 76).

[1398] GA 74 / AW VII 75.

[1399] GA 74 / AW VII 74.

[1400] Vgl. GA 74 / AW VII 75.

[1401] Vgl. GA 74/ AW VII 75.

[1402] „Das Gewissen hat eine ähnlich plausible und grundlegende Aufgabe wie z.B. das Gedächtnis, das folgerichtige Denken und der Sinn für das Schöne" (*R. Siebenrock*, Wahrheit 303).

[1403] „Der Philosoph strebt nach einem göttlichen Prinzip, der Christ nach einem göttlichen Agens" (OUS II 28 / AW VI 31) Vgl. dazu *R. Siebenrock*, Wahrheit 305.

[1404] GA 73 / AW VII 74.

[1405] GA 75 / AW VII 75.

muß: Im Gewissen nämlich steht der Mensch unvertretbar allein vor einem ihn fordernden, „authoritative monitor"[1406]. Für *J. H. Newman* stehen damit gleich zwei Dinge zur Diskussion, wenn vom Gewissen gesprochen wird: Der *Sinn*, der dem Einzelnen die Begegnung mit Gott ermöglicht und vermittelt, ist zugleich immer schon jene *Instanz*, an der sich der aktuelle Grad der Sittlichkeit menschlichen Handelns bemißt. In seinem Handeln selbst bezeugt sich die Gottnähe eines Menschen, und indem er handelt, erschließt sich dem Menschen die Gegenwart Gottes[1407]. Daraus erklärt sich auch, warum *J. H. Newman* in seiner *Grammar* zwischen dem *moral sense* und dem *sense of duty* unterscheidet. Der *moral sense* ist ein Urteil der Vernunft „by means of its various acts, with the elements of morals, such as may be developed by the intellect into an ethical code"[1408], der *sense of duty* dagegen ein herrischer Befehl[1409]. Nach *E. Bischofberger* macht *J. H. Newman* in der *Grammar* deutlich , daß es ihm mehr um den *sense of duty* als um den *moral sense* geht. Als Konsequenz der lebendigen Gottesbeziehung steht dabei die *sanction* im Vorder-

---

[1406] GA 74 / AW VII 74.

[1407] Vgl. dazu *B. Schüller*, Der menschliche Mensch. Aufsätze zur Metaethik und zur Sprache der Moral, Düsseldorf 1982 (= Moraltheologische Studien. Systematische Abteilung 12), der sich mit dem Gewissensbegriff bei *J. H. Newman* auseinandersetzt (vgl. ebd. 45 – 49). Danach konzentriert sich *J. H. Newman* „ganz auf den Nachweis, daß der Mensch durch sein Gewissen (als ‚sense of duty') vor jemanden gebracht wird, der sein lebendiger Herr ist, Person und Souverän" (ebd. 47). *B. Schüller* zeigt dabei die Möglichkeiten, aber auch die Grenzen eines solchen Gewissensbegriffes auf. „Vor allem darf man auch nicht übersehen, daß Newman die Analyse des Gewissenserlebnisses nur vornimmt, um jene Lebenssituation aufzuzeigen, in der des Menschen Gotteserkenntnis real wird und nicht im bloß Begrifflichen gefangen bleibt, in der also der Mensch sich von Gott lebendig und ganz in Anspruch genommen erfährt. Das ist zweifellos jene Situation, in der der Mensch durch die Vermittlung seines Gewissens vor die sittliche Forderung gebracht ist und sich ihr gegenüber hier und jetzt entscheiden muß" (ebd. 49).

[1408] GA 74 / AW VII 74.

[1409] „...a judgment of the reason and a magisterial dictate"(GA 73/ AW VII 74). *E. Bischofberger* unterscheidet den *sense of duty* vom *morale sense*: „Der *sense of duty* ist ein Urteil, das sich auf sittliche Werte bezieht und Allgemeingültigkeit beansprucht. Er gibt der Feiheit auf, die Werte der Liebe, Wahrhaftigkeit, Mäßigkeit und anderer Tugenden zu verwirklichen. Der *moral sense* ist ein Urteil darüber, wie die sittlichen Prinzipien in den je verschiedenen Situationen, deren sittliche Beurteilung von Tatsachen abhängt, zu konkreten Imperativen werden" (Sittliche Voraussetzungen 106).

grund, weniger die *rule of right conduct*[1410]. Im Sinne der traditionellen Lehre vom Gewissen spricht *J. H. Newman* deshalb sogar von der „voice"[1411] des Gewissens: Diese Stimme ist Ausdruck jenes scharfen Sinnes für „obligation and responsibility"[1412], der die Entscheidungen trägt, zu denen das Gewissen findet. Das Handeln der Anderen ist dabei für das eigene Gewissen nur indirekt[1413] von Belang, „as if in association with self"[1414]. Der Entscheidung, mit der das Gewissen eine Handlung billigt, geht ein Prozeß der Urteilsfindung voraus, der jenem Prozeß des antizipierenden Vorgriffs ähnelt, wie ihn *J. H. Newman* bereits für das Verhältnis von Glaube und Vernunft bestimmt hat. Das Gewissen, so *J. H. Newman*, ruht nicht in sich selbst, sondern es „langt in vager Weise vor (reaches forward)"[1415] zu etwas jenseits seiner selbst, dem es sodann

---

[1410] „Let us then thus consider conscience, not as a rule of right conduct, but as a sanction of right conduct" (GA 74 / AW VII 75). Vgl. dazu *E. Bischofberger*, Sittliche Voraussetzungen 109.

[1411] Ebd. *W. Ward*, Life II 256 - 271 dokumentiert dazu einen Briefwechsel, den *J. H. Newman* im Jahr 1869 mit *Ch. M. Meynell* führt. *J. H. Newman* schreibt am 25. Juli 1869: „Next, that this dictate of conscience, which is natural and the voice of God, is a moral instinct, and it s own evidence - as the belief in an external world is an instinct on the apprehension of sensible phenomena" (Life II 256 - 257). Vgl. dazu *E. Bischofberger*, Sittliche Voraussetzungen 170 – 179 und *W. Pannenberg*, Anthropologie in theologischer Perspektive, Göttingen 1983, 286 - 303. *W. Pannenberg* schreibt ebd. 292: „ Während aber die Konzeption der aristotelischen Scholastik von einem intellectus principiorum in der Geschichte der Erkenntnistheorie aufgegeben wurde, erhielt sich die Vorstellung vom Gewissen als einem dem Menschen von Natur eingepflanzten moralischen Normbewußtsein wie ein Petrefakt durch die Jahrhunderte. Aus dem Gewissen wurde ein in ihrer Isolierung mysteriöse Instanz der Seele, deren opake Erscheinung nicht vermuten läßt, daß es sich dabei ursprünglich um einen Teilaspekt des Selbstbewußtseins handelt." *E. Schockenhoff*, Das umstrittene Gewissen. Eine theologische Grundlegung, Mainz 1990 (= Grünewald -Reihe), schreibt ebd. 77: „Keine andere Idee hat bis in unsere Zeit hinein einen nachhaltigeren Einfluß auf die christliche Ethik gehabt, als die Vorstellung, daß Gott im Gewissen des Menschen unmittelbar zu ihm spricht und ihm seinen Willen als eine vernehmbare ‚Stimme' zu erkennen gibt. Die großen Anreger der Theologie - man denke in der Neuzeit nur an *Johann Michael Sailer* (1751 - 1832) und *John Henry Newman* (1801 - 1890) - haben sie aufgegriffen und in der Erwartung vertieft, daß sie zur Erneuerung des geistlichen Lebens beitragen kann."

[1412] GA 74 / AW VII 75.

[1413] Vgl. GA 74/ AW VII 75.

[1414] GA 74/ AW VII 75.

[1415] GA 74/ AW VII 75.

„dimly discerns a sanction higher than self for its decision"[1416], gewährt. Der Gedanke als solcher ist nicht neu. In seiner *zweiten Oxforder Universitätspredigt* „The influence of natural and revealed religion respectively" vom 13. April 1830[1417] beschreibt *J. H. Newman* das Gewissen als *general religious sense*[1418], aber auch als Norm der Sittlichkeit, als *rule of Morals*, die allerdings „erst durch den Vollzug des sittlichen Urteilens und Handelns geformt wird"[1419]. Schon in diesem Zusammenhang erwähnt *J. H. Newman* bereits den *sense of duty*. Richtet sich ein Mensch nach „dem eigenen vollen Pflichtgefühl (conforming itself to its own full *sense of duty*)"[1420], so entdeckt er „a general connexion between right moral conduct and happiness"[1421], womit seine „expertness in the science of Morals"[1422], also die *rule of morals*, beständig wächst. Der *sense of duty* ist also schon in dieser frühen Phase für *J. H. Newman* von großem Interesse, er erscheint als Kraft, dank derer der Mensch beständig herausgefordert ist, an seiner moralischen Natur - und damit am inneren Gesetz des Gewissens[1423] - zu arbeiten. Das Gewissen, „an obligation of acting in one particular way in preference to all others"[1424], ist schon in dieser frühen *Oxforder Universitätspredigt* mit dem Gedanken der individuellen Gottesbeziehung verknüpft. *J. H. Newman* sieht hier „ a relation between the soul and a something exterior, and that, moreover, superior to itself"[1425]. Dem Leser begegnet der Gedanke an ein Tribunal, dem gegenüber sich der Mensch zu verantworten hat[1426]. In seiner Predigt „Voraussetzungen für

---

[1416] GA 74/ AW VII 75.

[1417] Vgl. OUS II 16 - 36 / AW VI 23 - 36.

[1418] „.....but are not, even in their form, directed against the certainty of that general religious sense, which is implied in the remorse and vague apprehension of evil which the transgression of Conscience occasions" (OUS II 20 / AW VI 25 – 26).

[1419] E. *Bischofberger*, Sittliche Voraussetzungen 103.

[1420] OUS II 20 / AW VI 26.

[1421] OUS II 21 / AW VI 26.

[1422] OUS II 20 / AW VI 26.

[1423] Vgl. OUS II 19 / AW VI 25.

[1424] OUS II 19 / AW VI 25.

[1425] OUS II 18 / AW VI 24.

[1426] „....a relation to an excellence which it does not possess, and to a tribunal over which it has no power" (OUS II 18 / AW VI 24).

den Glauben"[1427] zum vierten Advent 1856 vertieft *J. H. Newman* diesen Gedanken, wobei er das Motiv der Gewissensstimme aufgreift: Das Gewissen ist kein Gefühl[1428], sondern ein Gesetz, eine Stimme von großer Autorität, die gebietet, „gewisse Dinge zu tun und andere zu lassen"[1429]. Seine Stimme ist streng, hart, seine Botschaft Strafe und künftiges Gericht[1430]: Die Gewissensgabe spürt die Entfremdung des Menschen durch Sünde, Schuld und Gefahr auf [1431] und weckt so in ihm „ein Verlangen nach etwas"[1432], nach der Offenbarung Gottes, zumindest ein „sehnsüchtiges Ausschauen nach einer derartigen Möglichkeit"[1433].

Offensichtlich geht es *J. H. Newman* nicht um den Nachweis der Existenz des Gewissens, sondern vielmehr um den Aufweis der Legitimität und Tragweite des sittlichen Anspruchs der Gewissensentscheidung, im Zeitalter der „selbstsicheren, teilweise triumphalistisch gestimmten exakten Wissenschaften"[1434] allerdings kein geringer Anlaß zu heftigem Streit. All seiner Fragilität zum Trotz[1435] bleibt das Gewissen eine aus sich heraus evidente Realität, die dem Menschen vorgegeben ist

---

[1427] *J. H. Newman*, Disposition for Faith, in: *J. H. Newman*, Sermons preached on various occasions. New Impression, Westminster 1968 (= SVO), 60-74/ AW VI 348 - 358.

[1428] SVO 64 / AW VI 351.

[1429] SVO 64 / AW VI 351.

[1430] Vgl. SVO 67 / AW VI 353.

[1431] Vgl. SVO 67 / AW VI 353.

[1432] SVO 66 / AW VI 352.

[1433] SVO 68 / AW VI 353.

[1434] „Der Behauptung der Gegner, der Mensch sei determiniert und das Gewissen die Frucht gesellschaftlicher Dressur oder Einbildung des noch nicht aufgeklärten vorwissenschaftlichen Zeitalters, stellt Newman nicht einen Beweis der Existenz des Gewissens entgegen. Denn nicht die Existenz des Gewissens wird verneint. Vielmehr ist sein sittlicher Anspruch angefochten" (*E. Bischofberger*, Sittliche Voraussetzungen 87).

[1435] „All sciences, except the science of Religion, have their certainty in themselves; as far as they are sciences, they consist of necessay conclusions from undeniable premises, or of phenomena manipulated into general truths by an irresistible induction. But the sense of right and wrong, which is the first element in religion, is so delicate, so fitful, so easiliy puzzled, obscured, perverted, so subtle in its argumentative methods, so impressible by education, so biassed by pride and passion, so unsteady in its course, that, in the struggle for existence amid the various exercises and triumphs of the human intellect....this sense is at once the highest of all teachers, yet the least luminous...." (DbA II 253-254 / AW IV 166).

und insofern keines weiteren Beweises bedarf[1436] . Das Gewissen, so J. H. *Newman*, „is a simple element in our nature"[1437], „a principle within us"[1438], „an original element within us" [1439]. Trotzdem gibt J. H. *Newman* Hinweise auf die Herkunft des Gewissens. A. J. *Boekraad* verweist in diesem Zusammenhang auf bestehende Parallelen zwischen der Gedankenführung in der *Grammar* [1440] und der *fünften Oxforder Universitätspredigt*, „Personal influence, the means of propagating the truth" [1441] vom 22. Februar 1832, wo er von der Seele spricht. Indem der Mensch der eigenen Natur folgt („who is faithful to his own divinely implanted nature"[1442]), geht ihm das Licht der Wahrheit immer mehr auf („the faint light of Truth dawns continually brighter"[1443]): J. H. *Newman* spricht hier nicht direkt vom Gewissensphänomen, sondern vorsichtig von einem innermenschlichen Prinzip sittlichen Urteilens und Handelns, das sich allmählich erst festigt, zur Entschiedenheit gelangt und zur Gewohnheit wird[1444] . Dafür steht exemplarisch das Leben Jesu[1445] , in der *Grammar*

[1436] „Conscience is nearer to me than any others means of knowledge. And as it is given to me, so also is it given to others, and being carried about by every individual in his own breast, and requiring nothing besides itself, it is thus adapted for the communication to each separately of that knowledge which is most momentous to him individually,-adapted for the use of all classes and conditions of men, for high and low, young and old, men and women, independently of books, of educated reasoning, of physical knowledge, or of philosophy" (GA 251 / AW VII 274).

[1437] OUS X 183 / AW VI 141.

[1438] OUS VIII 148 / AW VI 115.

[1439] OUS IV 60 / AW VI 52.

[1440] „ ....but first we may draw attention to the fact, that the analysis of how a deep, or religious, or unwordly personality is also explicitly worked out by Newman. It is given in the 5th. Oxford University Sermon...This passage should be read in conjunction with the famous description of conscience, as present even in child, occuring in the ,Grammar of Assent'" (A. J. *Boekraad*, Personal Conquest 255).

[1441] OUS V 75 - 98 / AW VI 63 - 79.

[1442] OUS V 81 / AW VI 66-67.

[1443] OUS V 81 / AW VI 67.

[1444] „As fresh and fresh duties arise, or fresh and fresh faculties are brought into action, they are at once absorbed into the existing inward system, and take their appropiate place in it" (OUS V 81/ AW VI 67).

[1445] „Whereas in him who is faithful to his own divinely implanted nature, the faint light of Truth dawns continually brighter; the shadows which at first troubled it, the unreal shapes created by its own twilight- state, vanish; what was as uncertain as mere feeling, and could not be distinguished from a fancy except by the commanding urgency of its voice, becomes fixed and definite, and strengthening into principle, it

dann ganz allgemein die Entwicklung eines Kindes („ordinary child"[1446]),
dem von Anfang an das Bild Gottes eingeprägt ist[1447]. J. H. Newman kann
hier sogar von einer starken und vertrauten Vision Gottes[1448] reden, die
er im Rahmen seiner Imaginationslehre als bildhaften Eindruck von einem unsichtbaren Wesen[1449] beschreibt, mit dem schon das Kind „in immediate relation" [1450] steht. Das Gottesbild und sein Anspruch sind notgedrungen unvollkommen[1451], mit der Zeit jedoch entwicklungsfähig, „it

---

at the same time developes into habit.... Doubtless beings, disobedient as most of us,
from our youth up, cannot comprehend even the early attainments of one who thus
grows in wisdom as truly as he grows in stature; who has no antagonist principles
unsettling each other - no errors to unlearn; though something is suggested to our
imagination by that passage in the history of our Blessed Lord, when at twelve years
old He went up with His parents to the Temple. And still less able are we to understand the state of such a mind, when it had passed through the temptations peculiar
to youth and manhood, and had driven Satan from him in very despair" (OUS V 81 /
AW VI 66 – 67).

[1446] GA 78 / AW VII 79.

[1447] „It is an image of the good God, good in Himself, good relatively to the child,
with whatever incompleteness; an image, before it has been reflected on, and before
it is recognized by him as a notion... I am not engaged in tracing the image of God in
the mind of a child or a man to its first origins, but showing that he can become possessed of such an image, over and above all mere notions of God, and in what that
image consists" (GA 79 / AW VII 80 - 81).

[1448] Vgl. GA 78 / AW VII 79.

[1449] „Conscience, too, teaches us, not only that God is, but what he is; it provides
for the mind a real image of him, as a medium of worship" (GA 251 / AW VII 274).

[1450] GA 78/ AW VII 79.

[1451] J. H. Newman argumentiert dazu in zwei Schritten. Er setzt erstens die Gotteserfahrung in enge Beziehung zur Gewissenserfahrung: „Moreover, this image
brought before his mental vision is the image of One who by implicit threat and
promise commands certain things which he, the same child coincidently, by the same
act of his mind, approves; which receive the adhesion of his moral sense and
judgment, as right and good" (GA 78 / AW VII 79 – 80). In einem zweiten Schritt geht
es J. H. Newman um die Tiefenschärfe dieses Gottesbildes, dessen Profil in der Obhut
des vernehmenden Subjektes steht: „And, as he can contemplate these qualities and
their manifestations under the common name of goodness, he is prepared to think of
them as indivisible, correlative, supplementary of each other in one and the same
Personality , so that there is no aspect of goodness which God is not; and that the
more, because the notion of a perfection embracing all possible excellences, both moral and intellectual, is especially congenial to the mind, and there are in fact intellectual attributes, as well as moral, included in the child' s image of God, as above
presented" (GA 79 / AW VII 80).

admits of being strengthened and improved"[1452]. Die Nähe dieses Gedankens zur Unterscheidung von *morale sense* und *sense of duty* ist unverkennbar.

Die Lehre vom Gewissen steht damit in einer Linie mit jenen Gedanken, die sich bei J. H. *Newman* zu Bildung, kirchlicher Überlieferung und theologischer Erkenntnislehre finden. Hier wie dort ist der Mensch durch seine Geschichtlichkeit bestimmt. Er erscheint als ein weltoffenes, entwicklungsfähiges Wesen. Das gilt allerdings nicht nur für mentale und körperliche Fähigkeiten, die sich allmählich von selbst oder durch gezielte Förderung ausbilden. Die Innerlichkeit und ihre Pflege haben für J. H. *Newman* stets auch Auswirkungen auf das öffentliche und gesellschaftliche Leben. So haben Schule und Universität den Auftrag, den menschlichen Geist zu prägen, d.h., sie vermitteln ihm nicht nur Sachinformationen, sondern formen allmählich das Erkenntnisvermögen, bilden also in diesem Sinne den Menschen[1453], woran J. H. *Newman* ganz konkrete Erwartungen stellt, wie seine berühmte Darstellung des weltgewandten Gentleman zeigt[1454]. Die kirchliche Überlieferung ist, wie er im *Paper on Development* herausstreicht, nicht ausschließlich ein zeitlicher Prozeß innerlicher, geistiger Einsicht, sondern fordert auch die Mühen (kirchen-) politischer Auseinandersetzung im Kräftespiel der Parteien[1455]. Dies gilt auch für das Gewissen. In ihm kommt der Mensch „erst zum Verständnis seines Daseins"[1456], wie J. H. *Newman* im *Proof of Theism* schreibt[1457] und in seiner *Grammar* ausdrücklich betont[1458]. Im

---

[1452] GA 79 / AW VII 81.

[1453] Vgl. Idea 103 / AW V 117.

[1454] Vgl. Idea 178 / AW V 180.

[1455] Vgl. Newman-Perrone - Paper 413, Abschn. 1 und 2/ AW VIII 398.

[1456] E. *Bischofberger*, Sittliche Voraussetzungen 88 - 90, hier 88.

[1457] „. ...by which my existence is brought home to me" (PhNb II 47) An anderer Stelle schreibt J. H. Newman: „ If then our (my) knowledge of our (my) existence is brought home to me by my consciousness of thinking, and if thinking includes as one of its modes conscience or the sense of an imperative coercive law, & if such a sense, when .... reflected on, involves an inchoate recognition of a Divine Being, it follows that such recognition comes close upon my recognition that I am, and is only not so clear an object of perception as is my own existence" (PhNb II 63).

[1458] „Conscience is a personal guide, and I use it because I must use myself....Conscience is nearer to me than any other means of knowledge....and requiring nothing besides itself, it is thus adapted for the communication to each separately of

Selbstbesitz und in der Selbstverfügung[1459] liegt der Grund dafür, daß wir verantwortlich sind für das, „what we do and what we are"[1460]. Gewissen und Heilige Schrift[1461] bürgen dem Menschen dafür, immer mehr „Herr seiner selbst zu sein"[1462]. Die gesellschaftliche Relevanz eines so verstandenen Gewissensbegriffes entfaltet *J. H. Newman* in seinem Brief an den *Herzog von Norfolk* aus dem Jahre 1874 [1463].

4.3.2.3.2.2. Ein Brief an den *Herzog von Norfolk*

Nach *G. Biemer* geht es in dieser Schrift um zwei große Problemkreise, die von *J. H. Newman* einander gegenübergestellt werden: Den *ersten Themenkreis* bildet die Frage nach dem Lehramt der Kirche und seine Begründung „aus der Institution Gottes und der historischen Entfaltung"[1464]. Der *zweite Themenkreis* erörtert „das Gewissen des einzelnen in seinem Verhältnis zum Lehramt als Autorität, d.h. um persönliche Freiheit und Bindung"[1465]. Im *letzten Teil* seiner Streitschrift bezieht *J. H. Newman* Stellung zu aktuellen, umstrittenen Äußerungen des Lehram-

---

that knowledge which is most momentous to him indvidually...." (GA 251 / AW VII 274).

[1459] Vgl. *E. Bischofberger*, Sittliche Voraussetzungen 90.

[1460] OUS VIII 137 / AW VI 107.

[1461] „Nature conveys it to us in the feeling of guilt and remorse, which implies *self*-condemnation. In the Scriptures, on the other hand, it is the great prevailing principle throughout, in every age of the world, and through every Dispensation" (OUS VIII 137 / AW VI 107).

[1462] „...will be more fully his own.. " (OUS VIII 142 / AW VI 110 – 111).

[1463] Zum Brief an den *Herzog von Norfolk* vgl. *I. Ker*, Biography 680 - 693; *G. Biemer*, Newman 156 - 163. *G. Biemer* skizziert den historischen Hintergrund, der in der Auseinandersetzung um das *Erste Vaticanum* zu suchen ist: „Die Unfehlbarkeitserklärung hatte im anglikanisch - protestantischen England große Unruhe hervorgerufen. William Edwart Gladstone, Politiker und einer der bedeutendsten Laien der anglikanischen Kirche, machte sich zum Sprecher dieser Bewegung. Manning antwortete seinen Angriffen. Aber da die Antwort nicht befriedigte, wurde Newman gedrängt, einzugreifen. Er richtete seine Verteidigungsschrift an Henty Fitzlan-Howard, den damaligen Herzog von Norfolk" (*G. Biemer*, Überlieferung 142). Über den *Herzog von Norfolk* bemerkt *J. Artz*: „Henry Fitzalan Howard (1847 - 1917), Führer d. engl. Katholizismus..., trat 1878 an d. Spitze einer Laiendelegation b. Leo XIII. f. d. offizielle Rehabilitierg. N´s ein...." (NL 766).

[1464] *G. Biemer*, Überlieferung 142. Vgl. dazu DbA II 195 - 205 / AW IV 126 - 144.

[1465] *G. Biemer*, Überlieferung 143. Vgl. dazu DbA II 223 - 261/ AW IV 144 - 171.

tes[1466]. Ausgangspunkt ist die „main question" [1467], ob Katholiken über-
haupt als zuverlässige Staatsuntertanen gelten können: Den englischen
Premierminister W.E. *Gladstone* [1468] plagen diesbezüglich handfeste
Zweifel[1469]. *J. H. Newman* macht sich deshalb daran, „to consider whether
the Pope´s authority is either a slavery to his subjects, or a menace to the
Civil Power; and tirst, as to his power over his flock"[1470]. Dazu betont er
zunächst die Grenzen, die dem Papst, - darin mehr gebunden als die
Medien[1471] -, in der Beeinflußung des öffentlichen Lebens naturgemäß
gesetzt sind[1472]. Gleichwohl sieht *J. H. Newman* den freilich hypotheti-

---

[1466] Es sind dies „The Encyclical of 1804" (DbA II 262 - 275 / AW IV 172 - 181),
„The Syllabus" (DbA II 276 - 298 / AW IV 181 - 196), „The Vatican Council" (DbA II
299 - 319 / AW IV 196 - 211), „ The Vatican Definition" (DbA II 320 - 340 / AW IV 211 -
225).

[1467] DbA II 179 / AW IV 115.

[1468] Vgl. *J. Artz*, Art. Gladstone, William Ewart (1809 - 1898), in: NL 407 - 408.

[1469] „ ...to put aside, unless it comes directly in my way, his accusation against us
of repudiating ancient, rejecting modern thought, and renouncing our mental freedom, and to confine myself for the most part to what he principally insists upon, that
Catholics, if they act consistently with their principles, cannot be loyal subjects, - I
shall not, however, omit notice of his attac upon our moral uprightness" (DbA II 180 /
AW IV 116).

[1470] DbA II 226 / AW IV 147.

[1471] „Mr. Gladstone aks us whether our political and civil life is not at the Pope´s
mercy; every act, he says, of at least threequarters of the day, is under his control. No,
not *every*, but *any*, and this is all the difference – that is, we have no guarantee given
us that there will never be a case, when the Pope´s general utterances may come to
have a bearing upon some personal act of ours. In the same way we are all of us in
this age under the control of public opinion and the public prints" (DbA II 232 / AW
IV 151).

[1472] „Now, this is not a fair parallel to the Pope's hold upon us; for the Pope does
not speak to us personally, but to all, and, in speaking definitively on ethical subjects,
what he propounds must relate to things good and bad in themselves, not to things
accidental, changeable, and of mere expedience, so that the argument which I am
drawing from the case of a medical adviser is *a fortiori* in its character. However, I say
that though a medical man exercises a ‚supreme direction' over those who put themselves under him, yet we do not therefore say, even of him, that he interferes with
our daily conduct, and that we are his slaves. He certainly does thwart many of our
wishes and purposes; and in a true sense we are at his mercy: he may interfere any
day, suddenly: he will not, he cannot, draw any intelligible line between the acts
which he has a right to forbid us, and the acts which he has not. The same journey,
the same press of business, the same indulgence at table, which he passes over one
year, he sternly forbids the next. Therefore if Mr. Gladstone´ s argument is good, he

schen Fall, kraft dessen es einem Katholiken geboten scheint, dem Papst zu gehorchen und nicht den staatlichen Gesetzen[1473], wie es dann natürlich auch den Fall geben mag, daß ein Katholik sich gegen den Entscheid des Papstes zu stellen hat[1474]: Die Subtilität der Fragestellung verbietet demnach schon im Bereich der Politik eine Polemik, wie sie der englische Premier Katholiken gegenüber äußert[1475]. Überdies ist der Einfluß des Papstes auf das Privatleben der Katholiken „absolut unwägbar (absolutely unappreciable)"[1476]. In allen Fragen des Glaubens etwa, die nicht *de fide* entschieden sind, müssen die Gläubigen ihrem eigenen *Privatur-*

---

has a finger in all the commercial transactions of the great trader or financier who has chosen him. But surely there is a simple fallacy here" (DbA II 231 - 232 / AW IV 150 – 151).

[1473] „The circumferences of State jurisdiction and of Papal are for the most part quite apart from each other, there are just some few degrees out of the 360 in which they intersect, and Mr. Gladstone, instead of letting these cases of intersection alone, till they occur actually, asks me what I should do, if I found myself placed in the space intersected. If I must answer then, I should say distinctly that did the State tell me in a question of worship to do what the Pope told me not to do, I should obey the Pope, and should think it no sin, if I used all the power and the influence I possessed as a citizen to prevent such a Bill passing the Legislature, and to effect its repeal if it did" (DbA II 240 - 241 / AW IV 157).

[1474] „I know they cannot; I know the Pope never can do what I am going to suppose; but then, since it cannot possibly happen in fact, there is no harm in just saying what I should (hypothetically) do, if it did happen. I say then in certain (impossible) case I should side, not with the Pope, but with the Civil power. For instance, let us suppose members of Parliament, or of the Privy Council, took an oath that they would not acknowledge the right of succession of a Prince of Wales, if he became a Catholic: in that case I should not consider the Pope could release me from that oath, had bound myself by it" (DbA II 241 / AW IV 157 – 158).

[1475] „ The main point of Mr. Gladstone's charge against us is that in 1870, after a series of preparatory acts, a great change and irreversible was effected in the political attitude of the Church by the third and fourth chapters of the Vaticanum *Pastor Aeternus*, a change which no state or statesman can afford to pass over. Of this cardinal assertion I consider he has given no proof at all, and my object throughout the foregoing pages has been to make this clear. The Pope's infallibility indeed and his supreme authority have in the Vatican *capita* been declared matter of faith; but his prerogative of infallibility lies in matters speculative, and his prerogative of authority is no infallibility in laws, commands, or measures. His infallibility bears upon the domain of thought, not directly of action, and while it may fairly exercise the theologian, philosopher, or man of science, it scarcely concerns the politician" (DbA II 341-342 / AW IV 225).

[1476] DbA II 229 / AW IV 149.

teil[1477] trauen. In außergewöhnlichen Fällen kann das Gewissen des Einzelnen mit dem Wort eines Papstes zudem in Widerstreit geraten, der

---

[1477] *J. H. Newman* erläutert am Umgang mit lehramtlich verurteilten Lehrsätzen die Funktion des *Privaturteils*: „But so light is this obligation, that instances frequently occur, when it is successfully maintained by some new writer, that the Pope′s act does not imply what it has seemed to imply, and questions which seemed to be closed, are after a course of years re-opened" (DbA II 333 / AW IV 220). *G. Biemer* schreibt dazu: „Mit anderen Worten, es gibt in der katholischen Kirche Bereiche, in denen das Lehramt nicht gesprochen hat oder nicht sprechen wird, und dort beginnt natürlicherweise das private bzw. das Gewissensurteil" (Überlieferung 145). Nach *G. Biemer* hat *J.H. Newman* aber das Privaturteil sowohl „scharf in seine Grenzen verwiesen als auch auf die Grenzen der unfehlbaren Lehrgewalt aufmerksam gemacht" (Überlieferung 140). Dem entspricht die Argumentation, die *J.H. Newman* in seiner *Apologia* führt. So schreibt er zunächst über die unfehlbare Kirche in ihrem Dienst an der Religion: „So komme ich auf die Unfehlbarkeit der Kirche zu sprechen als einer Einrichtung, die der Schöpfer in seiner Erbarmung getroffen hat, um die Religion in der Welt zu erhalten, die Freiheit des Denkens, die an sich unleugbar eine der vornehmsten Gaben der Natur ist, einzuschränken und sie von ihrem eigenen, selbstmörderischen Übermut zu retten" (AW I 283). *J. H. Newman* sieht ein Prinzip begründet, das die gesamte Kirchengeschichte prägt: „ Zwei große Prinzipien bestimmen den Verlauf der Religionsgeschichte, Autorität und Privaturteil, und die protestantischen Schriftsteller nehmen gewöhnlich an, daß sie das ganze Privaturteil für sich haben, und wir die Erben des ganzen überwältigenden Druckes der Autorität seien" (AW I 290). *M. Miserda*, Subjektivität 315 - 321, hat den Begriff des Privaturteils eingehend untersucht und vor allem in der Schrift „The Via Media of the Anglican Church illustrated in lectures, letters and tracts written between 1830 and 1841", Bd. 1, Westminster 1978, verortet. Zwischen der „Preface to the third edition" von 1877, ebd. XV - XCIV (zur Textausgabe bei *J. H. Newman* vgl. *R. Siebenrock*, Wahrheit 478), und den ihr sich anschließenden Lectures sieht *M. Miserda*, Subjektivität 317, eine „Spannung". Die *Preface* nimmt eine andere Position zum Privaturteil ein als die vier Jahrzehnte älteren Predigten. „Wenn man die Argumente erst für und dann gegen das Privaturteil vergleicht, wird ganz klar, daß es ihm zunächst als ein notwendiger Stützpunkt dient, sogar als das Prinzip der *via media*, nur noch durch das ‚historical testimony' bestimmt. Hat er dennoch einmal diesen ‚mittleren' Weg als Halb-weg verstanden und verlassen , wendet er sich umso mehr gegen dieses Prinzip" (Subjektivität 316). Nach *M. Miserda* unterscheidet *J. H. Newman* zwei Formen des Privaturteils (vgl. Subjektivität 317 – 319). Im ersten Fall versteht *J. H. Newman* unter Privaturteil die Konversion (vgl. dazu VM I 149), dem *state of heart* (Vgl. VM I 145) entsprechend unbewußt oder durch einen Lehrer begleitet (vgl. VM I 150) vollzogen. Der zweite Fall eröffnet „eine andere Perspektive" (Subjektivität 318). *M. Miserda* verweist hier auf *J. H. Newmans* Predigt vom 26. August 1849 „Glaube und Privaturteil", (in: *J. H. Newman*, Discourses adressed to mixed Congregations, Westminster 1966 (= DMC) 192-213/ dtsch: AW VI 317-331) wonach es DMC 197 / AW VI 321 „kei-

Gläubige aufgrund des ergangenen Gewissensspruches sogar verpflichtet sein, sich gegen den Papst zu stellen[1478]. Damit kommt J. H.
Newman auf das Gewissen zu sprechen. In seiner Lehre vom Gewissen,
wie er sie hier entwickelt, steht er zunächst in der Linie seiner Ausführungen im *fünften Kapitel* der *Grammar*. Das Gewissen ist wesentliches,
konstituierendes Element des Geistes, dessen übrigen Fähigkeiten und
Kenntnissen gleichgestellt[1479], in seiner Eigenart innerer Zeuge „of both
the existence and the law of God" [1480]. Wiederum betont J. H. *Newman* die
Entwicklungsfähigkeit des Gewissen, das, „planted within us"[1481],
dennoch durch Erfahrung und Erziehung „strength, growth and due
formation"[1482] erfährt. J. H. *Newman* weiß um die Eigenwilligkeit seiner
Konzeption, die sich von der Meinung über das Gewissen in „science
and literature, and by the public opinion, of this day"[1483] radikal unterscheidet[1484]: Im Anschluß an die theologische Tradition arbeitet er den
Gnadencharakter des Gewissens heraus, wobei er den Gottesbegriff in
seinem Brief an den *Herzog von Norfolk* noch schärfer als im *fünften Kapitel*

---

nen Raum für private Geschmacksrichtungen und Phantasien, keinen Platz für ein
Privaturteil" gibt, denn dem Privaturteil steht nun die objektive Wahrheit des Evangeliums gegenüber, deren Autorität unbestreitbar ist: „Nur einen Teil glauben, mehr
oder weniger glauben, das war unmöglich. Es stand in unmittelbarem Widerspruch
zum Begriff des Glaubens; war ein Teil zu glauben, dann waren sämtliche Teile zu
glauben; es war absurd, das eine zu glauben, das andere nicht; denn das Wort der
Apostel, das das eine wahr machte, machte auch das andere wahr, in sich waren sie
nichts, aber sie waren alles, sie waren eine unfehlbare Autorität, weil sie von Gott
kamen" (DMC 197 /AW VI 320 - 321).
[1478] Vgl. DbA II 246 / AW IV 160.
[1479] „... as our sense of order and the beautiful, and our other intellectual en-
dowments" (DbA II 248 / AW IV 162).
[1480] DbA II 248/ AW IV 162.
[1481] DbA II 248 / AW IV 161.
[1482] DbA II 248 / AW IV 162.
[1483] DbA II 247 / AW IV 161.
[1484] „ When men advocate the rights of conscience, they in no sense mean the
rights of the Creator, nor the duty to Him, in thought and deed, of the creature; but
the right of thinking, speaking, writing, and acting, according to their judgment or
their humour, without any thought of God at all. They do not even pretend to go by
any moral rule, but they demand, what they think is an Englishman´s prerogative,
for each to be his own master in all things, and to profess what he pleases, asking no
one´s leave, and accounting priest or preacher, speaker or writer, unutterably impertinent, who dares to say a word against his going to perdition, if he like it, in his
own way" (DbA II 250 / AW IV 163).

der *Grammar* akzentuiert. Die Gottesattribute, die *J. H. Newman* in seiner *Grammar* zu Beginn des *fünften Kapitels* auflistet, entsprechen nicht nur der klassischen Schuldogmatik[1485], sie werden von ihm auch bewußt als Beispiel *begrifflicher* oder *realer Erfassung* zusammengestellt. Im Brief an den *Herzog von Norfolk* aber argumentiert *J. H. Newman* konsequent ethisch. Das Gottesbild, in der *Grammar* Zielpunkt *realer Erfassung*[1486], wird dazu auf seine ethisch relevanten Aspekte reduziert: Die göttlichen Wesenseigenschaften, „eternal characteristics in his nature, the very Law of His being, identical with Himself"[1487], sind denn auch folgerichtig „justice, truth, wisdom, sanctity, benevolence and mercy"[1488]. Mit einem einzigen, kurzen Satz wagt *J. H. Newman* sodann den entscheidenden Schritt: Als Schöpfer hat Gott das Gesetz seines eigenen Wesens, „this law which is Himself"[1489], in die Erkenntnis aller seiner vernunftbegabten

---

[1485] Vgl. GA 70 - 71 / AW VII 71. Zur Schuldogmatik siehe *L. Ott*, Grundriss der katholischen Dogmatik, 10. Aufl., Freiburg - Basel -Wien 1981, 15 - 59.

[1486] „So far is clear; but the question follows, Can i attain to any more vivid assent to the Being of a God, than that which is given merely to notions of the intellect?" (GA 71 / AW VII 71).

[1487] DbA II 246 / AW IV 161.

[1488] DbA II 246 / AW IV 161.

[1489] DbA II 246/ AW IV 161. *J. H. Newman* bezieht sich zur näheren Begründung auf *Augustinus* und *Thomas v. Aquin:* „ ‚Das ewige Gesetz', sagt der heilige Augustinus, ‚ist die göttliche Vernunft oder der Wille Gottes, der die Beobachtung der natürlichen Ordnung der Dinge gebietet und deren Verwirrung verbietet.' ‚Das Naturgesetz', sagt der heilige Thomas, ‚ist ein Einstrahlen des göttlichen Lichtes in uns, eine Teilhabe an dem ewigen Gesetz von seiten der vernünftigen Kreatur'" (DbA II 246 / AW IV 161). Zur Grundlegung der Konzeption, wie sie *J. H. Newman* hier vorlegt, vgl. *A. Hertz*, Das Naturrrecht, in: *A. Hertz, W. Korff, Tr. Rendtorff, H. Ringeling* (Hg.), Handbuch der christlichen Ethik, Bd. 1, 2. Aufl., Freiburg - Basel -Wien 1979, 317 - 338. *A. Hertz* präzisiert die Problemstellung: „Die in der theologischen Tradition entwickelte Lehre vom Naturrecht beruht auf der Vorstellung, daß es analog zu bestimmten Gesetzmäßigkeiten in der unbelebten und in der übrigen belebten Natur auch beim Menschen bestimmte Verhaltensgesetzmäßigkeiten geben müsse, die ihm von Natur aus zu eigen seien. Der Unterschied liegt freilich darin, daß die physikalischen Gesetze und die Verhaltensgesetze in der belebten Natur aus sich selbst heraus funktionieren, sobald die entsprechenden Voraussetzungen und Konstellationen gegeben sind, während es sich beim Menschen um sittliche Naturgesetze handelt, d.h. um Normen, die zu ihrer Verwirklichung darauf angewiesen sind, daß sie der Normaddressat zumindest als Normen erkennt, um sie dann entweder zu befolgen oder nicht zu befolgen. Die zunehmende Betonung dieser Divergenz hat nicht nur in den säkularen Wissenschaften, wie etwa in der Rechtsphilosophie, sondern auch in

Geschöpfe eingepflanzt. Gott ist jene Wahrheit, die das Handeln der Menschen bestimmt. Das göttliche Gesetz ist somit „die Regel der sittlichen Wahrheit, das Maß für Recht und Unrecht, eine souveräne, unabänderliche, absolute Autorität im Angesichte der Menschen und Engel"[1490], und „as apprehended in the minds of individual men"[1491], das *Gewissen*. Die Gottbeziehung des Menschen ist damit als wesenhaft personal und darin als geschichtlich - dynamisch bestimmt: Gotteserkenntnis und sittliches Handeln sind aufeinander verwiesen, Gott- und Weltbezug durch das Gewissen in der Person verankert. Dabei ist die Entwicklungsfähigkeit des Gewissens keinesfalls mit der Verbindlichkeit des Anspruchs zu verwechseln, den es vermittelt. *J. H. Newman* denkt nicht ohne Grund in den Kategorien des Gehorsams[1492]: Das Gewissen ist der ursprüngliche Statthalter *Jesu Christi*, „a prophet in its informations, a monarch in its peremptoriness, a priest in its blessings and anathemas"[1493].

Die Schärfe und Eindeutigkeit, in der *J. H. Newman* Wesen und Funktion des Gewissens charakterisiert, erlauben ihm zwei wichtige Schlußfolgerungen, die einsichtig machen, warum in einer politischen Streitschrift gerade der Gewissensfrage so breiter Raum eingeräumt ist. Zum einen geht es *J. H. Newman* um die öffentliche Moral, deren Fehlformen er auf einen defizienten Gewissensbegriff zurückführt, womit er im Gegenzug die Verantwortung des Christen für sich selbst wie für die Gestaltung des gesellschaftlichen Lebens einfordert[1494]. Zum anderen

---

der Theologie dazu geführt, nicht so sehr von einem sittlichen Naturgesetz, sondern von einem Naturrecht zu sprechen, das dann in Korrelation zum positiven Recht steht (vgl. ‚Naturrecht versus positives Recht'). Aber für die frühe Theologie war nicht diese Divergenz in der Funktion entscheidend, sondern das Analogon des gemeinsamen Ursprungs allgemeiner Naturgesetze und des sittlichen Naturgesetzes in Gott als dem Schöpfer der Welt und daher auch des Menschen. Mit dieser Vorstellung vom Schöpfergott und Gesetzgeber steht und fällt die theologische Konzeption des Naturrechts" (ebd. 317).

[1490] DbA II 246 / AW IV 161.

[1491] DbA II 247 / AW IV 161.

[1492] „...but still has, as such, the prerogative of commanding oboedience" (DbA II 247 / AW IV 161).

[1493] DbA II 248 - 249 / AW IV 162.

[1494] „...but in this age, with a large portion of the public, it is the very right and freedom of conscience to dispense with conscience, to ignore a Lawgiver and Judge, to be independent of unseen obligations. It becomes alicence to take up any or no

kann er mit einem solchen Gewissensbegriff in Hinblick auf die Frage nach der Reichweite päpstlicher Macht kirchenpolitisch argumentieren und so jene Vorwürfe entkräften, die bei W. E. *Gladstone* publikumswirksame Gestalt gefunden haben. Dazu bestimmt *J. H. Newman* zunächst Aufgabe und Stellung des Papstes in der katholischen Kirche. Danach hat das „Papacy in its office and its duties"[1495] allein aufgrund des allgemeinen Gefühls für Recht und Unrecht „as first principles deeply lodged in the hearts of men"[1496] in der Welt Fuß gefaßt - „and achieved his success"[1497]. Dieser Versuch der Herleitung päpstlicher Autorität erschließt sich aus der Konzeption einer natürlichen Religion, deren Inhalte durch das „light of Christianity"[1498] Fülle und Genauigkeit erlangen[1499]. Genau

---

religion, to take up this or that and let it go again, to go to church, to go to chapel, to boast of being above all religions and to be an impartial critic of each of them" (DbA II 250 / AW IV 163 – 164). Im Verlauf seiner kleinen Schrift unterstreicht *J. H. Newman* immer wieder die Herausforderung eines theozentrisch gefaßten Gewissensbegriffes und betont dessen lebensprägende Kraft: „We are told that conscience is but a twist in primitive and untutored man; that its dictate is an imagination; that the very notion of guiltiness, which that dictate enforces, is simply irrational, for how can there possibly be freedom of will, how can there be consequent responsibility, in that infinite eternal network of cause and effect, in which we helplessly lie? and what retribution have we to fear, when we have had no real choice to do good or evil?" (DbA II 249 / AW IV 163).

[1495] DbA II 253 / AW IV 165.

[1496] DbA II 253 / AW IV 165.

[1497] DbA II 253/ AW IV 165.

[1498] GA 81 / AW VII 83.

[1499] *J. H. Newman* unterscheidet die „vivid apprehension of religious objects" von der amtlich verfaßten Offenbarungsgeschichte und ihrer Urkunden. Diese aber legt jene aus, vertieft und erläutert sie: „ This purpose is carried out in the written Word, with an effectiveness which inspiration alone could secure, first, by the histories which form so large a portion of the Old Testament; and scarcely less impressively in the prophetical system, as it is gradually unfolded and perfected in the writings of those who were its ministers and spokesmen.... And then as regards the New Testament; the Gospels, from their subject, contain a manifestation of the Divine Nature, so special, as to make it appear from the contrast as if nothing were known of God, when they are unknown" (GA 81/ AW VII 83). *J. H. Newman* denkt durchaus hermeneutisch - die Geschichte der Offenbarung legt das Ereignis der Offenbarung aus: „Lastly, the Apostolic Epistles, the long history of the Church, with its fresh and fresh exhibitions of Divine Agency, the Lives of the Saints, and the reasonings, internal collisons, and decisions of the Theological School, form an extended comment on the words and works of our Lord" (GA 81 - 82 / AW VII 83). Der Gedanke

darin besteht dann aber der Petrusdienst: Über die Natur und ihre Gesetze hat der Papst, „who comes of Revelation"[1500], keine Jurisdiktion. Die
Offenbarung ist bezüglich der Natur deren „completement, reassertion,
issue, embodiment, and interpretation" [1501]. „to come from the Divine
Lawgiver"[1502], bedeutet dann, den besonderen Dienst zu leisten[1503], „to
elicit, protect and enforce those truths which the Lawgiver has sown in
our very nature"[1504]. *J. H. Newman* wird noch deutlicher. Der Papst
„would commit a suicidal act"[1505], „he would be cutting the ground from
under his feet"[1506], spräche er gegen das Gewissen, statt das Licht, das jeden Menschen erleuchtet, zu schützen und zu stärken [1507]. Die Unzulänglichkeit dieses natürlichen Lichtes ist die eigentliche Legitimation für das
päpstliche Amt, „the fact of his mission is the answer to the complaints of

---

erscheint - freilich vor gewandeltem philosophischem Hintergrund - bei *K. Rahner*,
Grundkurs 157 - 177. *K. Rahner* erörtert hier das Verhältnis von „allgemeiner
transzendentaler und kategorial - besonderer Offenbarungsgeschichte" (Grundkurs
157). Er schreibt: „Gibt es also Geschichte als notwendige objektivierende Selbstauslegung der transzendentalen Erfahrung, dann gibt es offenbarende Geschichte
der transzendentalen Offenbarung als notwendige geschichtliche Selbstauslegung
derjenigen ursprünglichen transzendentalen Erfahrung, die durch die Selbstmitteilung Gottes konstituiert wird. Diese geschichtliche Selbstmitteilung Gottes kann
und muß als Offenbarungsgeschichte verstanden werden" (Grundkurs 158).

[1500] DbA II 254 / AW IV 166. „Die subjektive Suprematie des Gewissens ist Vorbild und Vorlage der objektiven, in der Geschichte erschienenen und waltenden Suprematie des Wortes Gottes und der dieses Wort interpretierenden Kirche" (*E. Bischofberger*, Sittliche Voraussetzungen 97).

[1501] DbA II 254/ AW IV 166. „Here, then, Revelation meets us with simple and
distinct facts and actions, not with painful inductions from existing phenomena, not
with generalized laws or metaphysical conjectures, but with *Jesus and the Resurrec-
tion*....Facts such as this are not simply evidence of the truth of the revelation, but the
media of its impressiveness. The life of Christ brings together and concentrates truths
concerning the chief good and the laws of our being, which wander idle and forlorn
over the surface of the moral world, and often appear to diverge from each other"
(OUS II 27 / AW VI 30).

[1502] DbA II 253 / AW IV 165.

[1503] „...and the Church, the Pope, the Hierarchy are, in the Divine purpose, the
supply of an urgent demand" (DbA II 254 / AW IV 166).

[1504] DbA II 253/ AW IV 165.

[1505] DbA II 252 / AW IV 165.

[1506] DbA II 252/ AW IV 165.

[1507] Vgl. DbA II 252 / AW IV 165.

those who feel the insufficiency of the natural light" [1508]. Eine Abhängigkeit des Gewissens von päpstlichen Machtansprüchen kann *J. H. Newman* von daher nicht erkennen: Dem Gewissen spricht er einen unanfechtbaren Eigenstand zu, tatsächlich ist die Autorität des Papstes „and his power in fact"[1509] auf das Gewissen und seine Heiligkeit begründet. Eine direkter Zusammenstoß zwischen seinem Anspruch und der päpstlichen Unfehlbarkeit scheint ausgeschlossen - das Gewissensurteil bezieht sich naturgemäß auf „something to be done or not done" [1510], die päpstliche Unfehlbarkeit dagegen auf „general propositions, and in the condemnation of particular and given errors" [1511]. Überdies beobachtet *J. H. Newman* Grenzen der päpstlichen Unfehlbarkeit, folglich also Freiräume für den einzelnen Katholiken in seiner Gewissensfreiheit: Der Papst ist keinesfalls auf allen Gebieten seiner Amtsführung unfehlbar - weder „in his laws, nor in his commands, nor in his acts of state, nor in his administration, nor in his public policy" [1512]. Denkbar ist sogar der Fall, bei dem das Gewissensurteil den einzelnen Gläubigen verpflichtet, der höchsten, wenn auch nicht unfehlbaren Autorität des Papstes („the supreme, though not infalllible Authority of the Pope" [1513]) entgegenzutreten. Nach *J. H. Newman* liegt dabei aber das *onus probandi*, „as in all cases of exception" [1514], beim urteilenden Gewissen. Jeder Verdacht von Leichtfertigkeit und Rechthaberei ist dabei zu meiden[1515]. Der Einzelne ist zunächst gehalten, „to believe the Pope right and to act accordingly"[1516].

[1508] DbA II 253 / AW IV 166.

[1509] DbA II 252 / AW IV 165.

[1510] „Secondly, I observe that conscience is not a judgment upon any speculative truth, any abstract doctrine, but bears immediately on conduct, on something done or not done" (DbA II 256 / AW IV 167).

[1511] DbA II 256 / AW IV 168.

[1512] DbA II 256/ AW IV 168.

[1513] DbA II 257 / AW IV 169.

[1514] DbA II 258 / AW IV 169.

[1515] „He must vanquish that mean, ungenerous, selfish, vulgar spirit of his nature, which, at the very first rumour of a command, places itself in opposition to the Superior who gives it, asks itself whether he is not exceeding his right, and rejoices, in a moral and practical matter to commence with scepticism. He must have no wilful determination to exercise a right of thinking, saying, doing just what he pleases, the question of truth and falsehood, right and wrong, the duty if possible of oboedience, the love of speaking as his Head speaks, and of standing in all cases on his Head´s side, being simply discarded" (DbA II 258/ AW IV 169).

[1516] DbA II 258/ AW IV 169.

Dem Gewissensurteil dann trotz gebotener Loyalität nachzugeben, erfordert „serious thought, prayer, and all available means of arriving or a right judgment on the matter in question" [1517], entspricht aber der Einsicht, „that no Pope ever will be able, as the objection supposes, to create a false conscience for his own ends"[1518]. So schärft *J. H. Newman* noch einmal deutlich die Pflicht ein, dem Gewissen unter allen Umständen zu gehorchen[1519]. Dem Papst sind daher in vielerlei Hinsicht die Hände gebunden[1520]. Er weiß sich dabei eins mit der theologischen Tradition, hier vor allem mit der *spanischen Barockscholastik*[1521]. Vor diesem Hintergrund bekommt der Trinkspruch, den *J. H. Newman* auf Gewissen und Papst ausbringt, Witz und Tiefe[1522].

Der Brief an den *Herzog von Norfolk* verbindet auf originelle Weise erkenntnistheoretische mit politischen Erwägungen. Der Gottesgedanke, in ethischen Kategorien formuliert, bindet den Menschen und fordert ihn zu sittlich reifem Handeln. In diesem Sinne ist die Gewissenslehre, wie sie *J. H. Newman* vorlegt, jedoch nur eine weitere Spielart seiner Erkenntnislehre. Sei es durch den antizipierenden Vorgriff, sei es in der

---

[1517] DbA II 258/ AW IV 169.

[1518] DbA II 258/ AW IV 169.

[1519] Vgl. DbA II 259 / AW IV 170. „Of course, if a man is culpable in being in error, which he might have escaped, had been more in earnest, for that error he is anserabel to God, but still he must act according to that error, while he is in it, because he in full sincerity thinks the error to be truth" (DbA II 258 / AW IV 170).

[1520] Mit Witz und Ironie konstruiert *J .H. Newman* Beispiele, die einerseits die Möglichkeit einer freien Gewissenentscheidung dokumentieren, zugleich aber auch so abgelegen scheinen, daß sie das Eintreffen eines solchen Falles als eher exotische Ausnahme charakterisieren: „ Thus, if the Pope told the English Bishops to order their priests to stir themselves energetically in favour of teetotalism, and a paticular Priest was fully persuaded that abstinence from wine, &c., was practically a Gnostic error, and therefore felt could not so exert himself without sin; or suppose there was a Papal order to hold lotteries in each mission for some religious object, and a priest could say in God' s sight that he believed lotteries to be morally wrong, that priest in either of these cases would commit a sin *hic et nunc* if he obeyed the Pope, whether he was wright or wrong in his opinion, and, if wrong, although he had not taken proper pains to get at the truth of the matter" (DbA II 260 / AW IV 170).

[1521] *J. H. Newman* nennt neben *Thomas v. Aquin* und *Bonaventura* „Cajetan, Vasquez, Durandus, Navarrus, Corduba, Layman, Escobar" (DbA II 259 / AW IV 170).

[1522] „ Certainly, if I am obliged to bring religion into after-dinner toasts, (which indeed does not seem quite the thing) I shall drink - to the Pope, if you please, - still, to Coscience first, and to the Pope afterwards" (GA 261 / AW IV 171).

Vernahme des *sense of duty* - beide, die Welt - wie die Gewissenserfahrung, fordern zur Stellungnahme gegenüber der Wirklichkeit, die ihrerseits wiederum gleichermaßen die Wahrnehmungskraft des menschlichen Geistes wie die des Gewissens bildet und schärft: Für das Gewissen sind es die verschiedenen Lektionen „by means of education, social intercourse, experience, and literature"[1523], kraft derer das Bild Gottes - „as time goes on"[1524] - zunehmend klarer und deutlicher wird[1525]. Der Gewissensbegriff ergänzt also nicht nur den Tätigkeitsbereich der *realen Erfassung* um die Erfahrung der Wirklichkeit Gottes, sondern dank seiner vermag *J. H. Newman* zu verdeutlichen, worin genau die personale Tiefenstruktur von Glaubenssätzen besteht. Wiederum ist es *M. Miserda*, der darauf einen wichtigen Hinweis gegeben hat. Im Verlauf seiner Studie nämlich macht er bei *J. H. Newman* „eine neue, ästhetische Art des Subjektivitätsdenkens"[1526] aus: Der großzügig bemessene Raum, den die Gewissensfrage nicht nur in der *Grammar* einnimmt, läßt ihn bei *J. H. Newman* eine enge Verknüpfung des Bewußtseins- mit dem Erkenntnisbegriff vermuten[1527]. Der Glaube ist dabei „nicht nur logisch"[1528], sondern auch als „ethisch - noetische Größe"[1529] gedacht. In der Kenntnis der bisher erarbeiteten Texte erweist sich diese von *M. Miserda* vorgetragene Vermutung von der Sache her als zutreffend. *J. H. Newman* selbst setzt deutliche Zeichen, die einen solchen Verstehenszugang grundlegen. Die Gotteserfahrung ist, so wurde bereits in den *Theses de fide* deutlich, Frucht eines ebenso intuitiven wie intellektuellen Erkennens, dem überdies ethische Relevanz zukommt. Indem er dabei zwischen dem impliziten und expliziten Denken unterscheidet, zudem das Verständnis der realen Erfassung durch das Modell der Imagination ergänzt, somit also den Ansatz einer Glaubenslogik (*to see*) um die Möglichkeit des Erlebens (*to feel*) von Glaubensinhalten vertieft, zeigt *J. H. Newman*, wie dies vorzustellen ist. Es sind die Eindrücke der äußeren Dingwelt bzw. das Echo der Stimme Gottes in der Gewissenserfahrung, die „sowohl den Intellekt als

---

[1523] GA 80 / AW VII 81.

[1524] GA 79 / AW VII 81.

[1525] Vgl. GA 79/ AW VII 81.

[1526] *M. Miserda*, Subjektivität 404.

[1527] Vgl. *M. Miserda*, Subjektivität 405.

[1528] *M. Miserda*, Subjektivität 406.

[1529] *M. Miserda*, Subjektivität 406.

auch die Vorstellungskraft (imagination)"[1530] betätigen, über den Intellekt hinaus also die Person in ihrer Ganzheit meinen[1531]. In diesem Zusammenhang spricht M. *Miserda* von einer „schöpferischen Mitarbeit"[1532], die der Mensch im Erkenntnisakt leistet, eine Mitarbeit, der im religiösen Bereich die lebendige Antwort des Glaubens entspricht[1533]. Den Zustimmungsakt sieht er dabei in der Perspektive tradierender Überlieferung, einen Vorgang, den er mit dem neutestamentlichen Begriff des Zeugnisses interpretiert[1534]. *M. Miserda* trifft sich hier mit G. Biemer, der den Vorgang der Überlieferung nicht vom Gesetz der Glaubenserkenntnis trennen möchte, eine Ansicht, die sich nur in der Kenntnis des *zweiten Hauptteiles* der *Grammar* erschließt[1535].

4.3.2.4. Reale Erfassung und kirchlicher Glaube – Anmerkungen zum *ersten Hauptteil* der *Grammar*

„Zeigt im ersten Teil, daß man glauben, was man nicht verstehen kann"[1536] - für die ersten fünf Kapitel seiner *Grammar* hat J. H. Newman dieses Versprechen bewahrheitet. Die Vielfalt, in der er dazu zunächst erkenntnistheoretische Probleme abhandelt, kann darüber nicht hinwegtäuschen, daß es ihm dabei immer nur um ein Thema geht: Um den Versuch nämlich, vom Glauben der Kirche angemessen zu reden. Von

---

[1530] *M. Miserda*, Subjektivität 395.

[1531] Vgl. *M. Miserda*, Subjektivität 396.

[1532] *M. Miserda*, Subjektivität 396.

[1533] Vgl. *M. Miserda*, Subjektivität 396. In seiner Dissertation analysiert *L. Kuld* die Glaubenstheorie bei *J. H. Newman* in religionspädagogischer Hinsicht. Dabei ordnet er das Gewissen der „Imagination im Bereich der natürlichen Religion" (Lerntheorie 91) zu. Demnach vernimmt der Einzelne „in Newmans Interpretation einen Anspruch, eine Verpflichtung, die ihn selbst angeht und bewegt" (Lerntheorie 92). *L. Kuld* interpretiert das Gewissensphänomen in Hinblick auf seine pädagogischen Implikationen : „Sieht man von der hier implizit formulierten Annahme eines endogen im Menschen vorhandenem Gottesbildes ab, so scheinen doch zwei Elemente des Newmanschen Gedanken weiterzuführen: - Religiöses Lernen baut auf einer Erziehung der religiösen Emotionen auf. - Religiöse Emotionen finden ihren Gegenstand im Gewissen. Glauben lernen heißt: sich vom ‚Gefühl des Gewissens' betreffen lassen beziehungsweise jene Erfahrungen erinnern, bei denen der Geltungsanspruch des darin Inkarnierten ein Gefühl der Betroffenheit hinterließ" (Lerntheorie 92 - 93).

[1534] Vgl. *M. Miserda*, Subjektivität 397.

[1535] Vgl. *G. Biemer*, Überlieferung 149.

[1536] *Ch. St. Dessain*, John Henry Newman 261.

ihrem *ersten Hauptteil* her betrachtet, kann die *Grammar of Assent* durchaus als Beitrag für die öffentliche Diskussion gelten, die ohnehin in den Schriften J. H. Newmans einen ganz besonderen Stellenwert einnimmt[1537], wie sich eindrucksvoll an der Auseinandersetzung um das Gewissen ablesen läßt[1538]. Damit trägt er der Wesensart des Glaubens Rechnung, der weder ein rein intellektuelles Unterfangen, und damit alleinige Sache von Hochschule und kirchlichem Lehramt ist, noch als Angelegenheit reiner Gefühlsseligkeit gelten kann. Der Glaube ist vielmehr immer schon öffentlich *u n d* privat, kirchliches Bekenntnis *u n d* innere Zustimmung[1539]. Darüber gibt der Begriff der *realen Erfassung*, entfaltet im Rahmen einer Grammatik zu Gestalt und Bedeutungsgehalt von Satzstrukturen, eindeutig Auskunft: *J. H. Newman* zufolge muß es möglich sein, auch solche dogmatische Satzwahrheiten zur Lebensperspektive von Menschen zu machen, die ihrer Art nach zunächst unausdenkbar und dem Menschen fremd sind. In seiner *Grammar* erläutert er dies am Beispiel der Lehre von der Dreifaltigkeit. In seinen Studien nimmt *J. H. Newman* dazu folgerichtig die menschliche Vernunft in den Blick, etwa, wenn er einen angemessenen Evidenzbegriff erörtert, oder nach den *ersten Prinzipien* fragt, die Erkenntnis als antizipierenden Vorgriff auf die

---

[1537] Vgl. dazu Praefatio 259 / AW VI 441, wo *J. H. Newman* die Einwände der Öffentlichkeit gegen die Theologie diskutiert. In den *Dubliner Universitätsreden* fordert er die universitäre Lehre der Theologie: Ihr Platz ist die Öffentlichkeit der Universität, ihre Wahrheit die „Bedingung der allgemeinen Bildung" (Idea 70 / AW V 69). Im *dritten Kapitel* des *Paper on Development* ist es das Wort Gottes, das in der Öffentlichkeit des kirchlichen Lebens wirkt und die Verhältnisse prägt.

[1538] „It has held its ground under great intellectual and moral disadvantages; it has recovered its supremacy, and ultimately triumphed in the minds of those who had rebelled against it. Even philosophers, who had been antagonists on other points, agree in recognizing the inward voice of that solemn Monitor, personal, peremptory unargumentative, irresponsible, minatory, definitive. This I consider relieves me of the necessity of arguing with those who would resolve our sense of right and wrong into a sense of the Expedient or the Beautiful, or would refer its authoritative suggestions to the effect of teaching or of association" (GA 83 - 84 / AW VII 85 – 86).

[1539] Vgl. dazu G. *Biemer*, Autonomie und Kirchenbindung: Gewissensfreiheit und Lehramt nach J. H. Newman, in: NSt 16, 163-193. G. Biemer resümiert ebd. 192-193: „...erscheint das Gewissen als ein Ermöglichungsinstrument ds Menschen, mit dem er aus der Sich-selbst-Gegebenheit im sense of duty auf Gott horcht und gehorcht (piety), sich inhaltlich an der Offenbarungsverheißung, wie sie die Kirche in der Weisung Gottes darstellt, orientiert (moral sense) und sich so in der Teilnahme an der Sendung der Kirche zum Handeln in katholischer Fülle einsetzt."

Wirklichkeit qualifizieren. Zugleich betont *J. H. Newman* den Eigenstand des einzelnen Individuums, das sich in der Gewissenserfahrung vor Gott gestellt weiß. Die Auffassung vom Glauben als einem Zustimmungsakt findet so ihre Vertiefung und Begründung.

Objektives und subjektives Wort Gottes, Glaubenssatz und reale Erfassung, päpstliches Lehramt und Gewissen: *J. H. Newman* denkt den Glauben niemals allein in seiner Individualität, sondern stets in der Perspektive gelebter Kirchlichkeit. Der *dritte Paragraph* des *fünften Kapitels* kann von daher als Brücke für das Anliegen des *zweiten Hauptteiles* der *Grammar* gelten. *J. H. Newman* zeichnet hier die katholische Kirche als eine lebendige Gemeinschaft, geprägt von Streit und Auseinandersetzung im Ringen um die Wahrheit des Glaubens. Ursachen und Formen solcher Auseinandersetzungen sind sehr unterschiedlich: *J. H. Newman* verweist hierbei auf dogmatische Streitfragen in der Frühzeit der Kirche, die durch die Einmischung des Staates in geistliche Belange[1540] herausgefordert werden, er denkt aber auch an undurchschaubare, für die Mehrheit der Katholiken nicht nachvollziehbare theologische Spekulationen und lehramtliche Äußerungen[1541]. Zum einen sind es die Zeitumstände, die eine Streitfrage begünstigen, zum anderen ist es die Spannung von Theologie und Frömmigkeit, die naturgemäß zu Schwierigkeiten und Unklarheiten führt[1542]. In der Vielheit „der Gesinnungen bei den einzelnen Katholiken"[1543] gilt dennoch die Einheit aller im Glaubensbekenntnis - „there is but one rule of faith for all"[1544]. In diesem Zusammenhang bringt *J. H. Newman* das „Dogma der Unfehlbarkeit"[1545] auf interessante Weise in das Gespräch: Unfehlbarkeit wird von ihm auf die

---

[1540] *J. H. Newman* erinnert hier an die Rolle des *Kaisers Konstantin* während der arianischen Streitigkeiten, „which he, as yet a catechumen, was pleased to consider a trifling and tolerable error" (GA 95 - 96 / AW VII 99).

[1541] „What sense, for instance, can a child or a peasant, nay, or any ordinary Catholic, put upon the Tridentine Canons, even in translation?" (GA 98 / AW VII 101).

[1542] „Devotion is excited doubtless by the plain, categorical truths of revelation, such as the articles of the Creed; on these it depends; with these it is satisfied. It accepts them one by one; it is careless about intellectual consistency; it draws from each of them the spiritual nourishment which it was intended to supply" (GA 98 / AW VII 102).

[1543] GA 100 / AW VII 104.

[1544] GA 100 / AW VII 104.

[1545] GA 101 / AW VII 104.

Kirche bezogen[1546], und die *eine, heilige, katholische und apostolische* Kirche „einschließlich ihrer Unfehlbarkeit"[1547] anzuerkennen, bedeutet zunächst die Anerkennung ihrer lehramtlichen Autorität, sodann darin aber - als „tätige Zustimmung"[1548] zu jenem Artikel aus dem *Credo*, der von der *ecclesia catholica* handelt - die virtuelle Annahme aller übrigen Glaubenswahrheiten, auch derer, die unklar oder unverständlich sind[1549]. Damit aber ist in der Einheit des Glaubensbekenntnisses zugleich die Vielfalt der Auslegung mitbedacht. Gebildete und Ungebildete sind zwar gehalten, „die ganze offenbarte Lehre zu glauben, in all ihren Teilen und in allem, was sie einschließt"[1550], wobei *J. H. Newman* aber weiß, daß niemand „in einem einzigen Akt irgendeine Wahrheit, wie einfach sie auch sei, direkt und völlig verstehen"[1551] kann. Die Aneignung und Annahme von Glaubenswahrheiten braucht ihre Zeit wie auch die zu diesem Zweck geeigneten Medien ihrer Vermittlung[1552], ein Gedanke, der bereits im *Paper on Development* entfaltet ist und im Kontext der Frage nach der Dogmenentwicklung mit dem Begriff des *subjektiven Gotteswortes* auf den Punkt gebracht werden kann[1553]. Damit spiegelt der *letzte Abschnitt* des *fünften Kapitels* der *Grammar* die Grundspannung von deren *erstem Hauptteil*, in dem es um das Verhältnis von (lehramtlich-) verbürgter Glaubens*aussage* und persönlicher Glaubens*aneignung* geht. *J. H. Newman* findet mit dem Begriff der *Erfassung* zu einer behutsamen

---

[1546] Vgl. dazu W. *Kasper*, Lehre 101. W. *Kasper* vergleicht die Ansätze von *G. Perrone* mit den Überlegungen von *J. H. Newman* (vgl. Lehre 92- 104). Während nach *G. Perrone* die apostolische Tradition dem *corpus episcopale* anvertraut ist, kommt die *traditio apostolica* nach *J. H. Newman* der Gesamtkirche zu (vgl. AW IV 273).

[1547] GA 101 / AW VII 104.

[1548] „...with a real and operative assent" (GA 101 / AW VII 105).

[1549] Vgl. GA 101/ AW VII 105. *J. H. Newman* grenzt hier das *Privaturteil* vom Dogma ab: „In the act of believing it at all, we forthwith commit ourselves by anticipation to believe truths which at present we do not believe, because they have never come before us;-we limit henceforth the range of our private judgment in prospect by the conditions, whatever they are, of that dogma" (GA 101/ AW VII 105).

[1550] GA 101/ AW VII 105.

[1551] GA 101/ AW VII 105.

[1552] „If we believe in the revelation, we believe in what is revealed, in all that is revealed, however it may be brought home to us, by reasoning or in any other way" (GA 101/ AW VII 105).

[1553] Vgl. Newman-Perrone- Paper 407, Abschn. 1/ AW VI 395. *J. H. Newman* spricht hier auch von der Überlieferung des Gotteswortes durch Prediger und Katecheten (Newman-Perrone-Paper 409, Abschn. 5/ AW VI 396).

Interpretation dieses spannungsreichen Verhältnisses, was auch gegen Ende von *Kapitel 5* sinnenfällig wird, wenn er das Wort der Kirche als „word of the revelation"[1554], die Kirche mithin als „oracle of truth"[1555] bezeichnet, zugleich aber dem einzelnen Gläubigen einen *impliziten* Glauben, einen „virtual, interpretative or prospective belief"[1556] zugesteht. Damit kommt die subjektive Disposition des Gläubigen auf überzeugende Weise in den Blick: Durch einen einzigen Glaubensakt umfaßt dieser intentionaliter „alles, was er jetzt als geoffenbart kennt, und was er kennen wird, und alles, was es zu kennen gibt"[1557]. Letzthin hat der Glaube darin eine eigene, kraftvolle Dynamik. Er ist ein Akt *realer Zustimmung*, der alle einzelnen Zustimmungen einschließt, die begrifflichen und die realen [1558], und kann folglich als Weg gelten, auf dem der einzelne Gläubige, „according to his intellectual capacity"[1559], die Wahrheit der Offenbarung auf sich nimmt, „progressing from one apprehension of it to another according to his opportunities of doing so"[1560]. Dies aber berührt bereits das Anliegen des *zweiten Hauptteiles* der *Grammar*.

[1554] GA 102 / AW VII 106.
[1555] GA 102 / AW VII 106.
[1556] GA 102 / AW VII 106.
[1557] GA 102 / AW VII 106.
[1558] Vgl. GA 102 / AW VII 106.
[1559] GA 102 / AW VII 106.
[1560] GA 102/ AW VII 106.

4.3.3. Glaube, Gewißheit, Wahrheit - Überlegungen zum *zweiten* *Hauptteil* der *Grammar*

In einem Aufsatz aus dem Jahr 1988 hat D. Hammond [1561] Beobachtungen zur theologischen Methode bei *J. H. Newman* zusammengetragen. Der Autor erkennt hier Zusammenhänge ganz eigener Art. So sieht er in der *Grammar of Assent* das Modell einer hermeneutischen Theologie, „constituted by an integration of intellect and imagination" [1562]. Das Ineinander von Intellekt und Imaginationskraft, wie es bereits im *ersten Hauptteil* der *Grammar* deutlich zum Vorschein tritt, ist auch der Grund, warum die *Grammar* „a distinct alternative to the highly abstract and deductive methods of nineteenth-century neo-scholasticism"[1563] repräsentiert. Ein solcher Ansatz meidet die gängige Vorstellung einer geschichtsenthobenen Vernunft, „a disembodied reason seeking to purify itself of the effects of imagination and feeling" [1564]. Die Weise also, wie *J. H. Newman* spätestens[1565] seit der *Grammar* theologische Sachverhalte erörtert, gibt

---

[1561] Vgl. *D. Hammond*, Imagination And Hermeneutical Theology: Newman´s Contribution to Theological Method, in: Downside Review 106 / 362 (1988) 17 – 34 / zit. Imagination.

[1562] *D. Hammond*, Imagination 17.

[1563] *D. Hammond*, Imagination 17.

[1564] *D. Hammond*, Imagination 17. Vgl. dazu *J. Schmitz*, Offenbarung, Düsseldorf 1988 (= Leitfaden Theologie 19)/zit. Offenbarung, der jene vorherrschende Gestalt theologischer Apologetik, die vom Zeitalter der Aufklärung bis zur Mitte des 20. Jahrhunderts das katholische Denken geprägt hat, in folgender Weise kennzeichnet: „Die Vermittlung zwischen Offenbarung und Vernunft reicht nur bis zu dem Punkt, daß die Vernunft das Offenbarungsfaktum und die äußere Beglaubigung autoritativ vermittelter Lehraussagen nachweisen kann" (Offenbarung 167). Ein solcher Ansatz unterscheidet sich in der Tat von den Überlegungen, die *J. H. Newman* in seiner *Grammar* anstellt. Sucht dieser das Subjekt in seiner Geschichtlichkeit ausdrücklich miteinzubeziehen, so bemühen sich die Theologen seiner Zeit „die autonome Vernunft in Grenzen zu halten; sie räumen ihr lediglich ein, den Erweis der Existenz eines Schöpfergottes, der sich offenbaren kann, und den Nachweis des Faktums einer göttlichen Offenbarung zu erbringen; nur die vom Glauben erleuchtete Vernunft kann einen gewissen, fruchtbaren Einblick in die Offenbarungswahrheiten gewinnen" (*J. Schmitz*, Offenbarung 167).

[1565] Hinsichtlich der in den Schriften *J. H. Newmans* dargelegten und geübten theologischen Methode sieht *D. Hammond* eine Entwicklung. In den *Dubliner Universitätsreden* etwa dominiert ein ausgeprägtes Deduktionsverständnis: „And in a University Discourse entitled ‚Christianity and Physical Science' Newman again contrasted induction and deduction and found the former to be wholly inappropriate to

Auskunft über ein gewandeltes Verständnis bezüglich der theologischen Vernunft. *D. Hammond* zufolge erstrebt *J. H. Newman* ein „enlargement of thought"[1566], mit dem er die offensichtlichen Grenzen der herkömmlichen Vernunftauffassung zu überwinden hofft. Ein solcher Wandel entdeckt eine „dynamic interrelationship between the experience and imagination of the interpreter"[1567]. Das Subjekt und seine Erkenntnisfähigkeit werden hier vollends zum Thema: Es geht gleichermaßen um die „personal preparation of the interpreter" [1568] wie um dasjenige „what is to be interpreted"[1569]. In diesem Sinne gilt die *Grammar* als eine „phenomenological investigation of the religious subject, who interprets experience, traditions, texts, and who discovers in these the presence and action of God"[1570]. Die Überlegungen zur Trinitätslehre im *fünften Kapitel* der *Grammar* geben dafür ein gutes Beispiel. *J. H. Newman* präsentiert hier eindrucksvoll die komplizierte Materie als Gegenstand spekulativer Forschertätigkeit, verleugnet jedoch keinesfalls deren Bedeutung für das individuelle, geistliche Leben der Christen. Intellekt, Imagination und theologische Begrifflichkeit verbinden sich zu einem Gefüge, durch das sich dem einzelnen Gläubigen erst die reale Gotteserfahrung erschließt. *D. Hammond* präzisiert dabei den Begriff der Imagination, die er an drei Instanzen ausmacht: Gewissen, Herz und Affekte[1571] sind es, durch die Glaubenswahrheiten im Gläubigen ihre Realität gewinnen - „belief in a God can be a real assent even prior to any

---

theology" (ebd. 18). *D. Hammond* begründet dieses Deduktionsdenken vom Werdegang *J. H. Newmans* her, der als Dubliner Universitätsrektor den katholischen Standpunkt klar herauszuarbeiten sucht (vgl. ebd. 22), sich dabei aber nicht als Fachtheologe fühlt. Nicht eingeübt in scholastische Denkart, in keiner Weise auf irgendeinem Gebiet in der Theologie besonders spezialisiert, hofft er allein durch die „internal authority of his reflections" (ebd. 22) in der Kirche zu wirken - „but this required that he be left to himself to go his own way" (ebd. 22).

[1566] *D. Hammond*, Imagination 25.

[1567] *D. Hammond*, Imagination 25.

[1568] *D. Hammond*, Imagination 25.

[1569] *D. Hammond*, Imagination 25.

[1570] *D. Hammond*, Imagination 24.

[1571] „Conscience presents an image that kindles the imagination and inflames the heart and finally affects one´s conduct. Now Newman asks whether this real, imaginative belief is possible for the reception of the doctrine of the Trinity, and his criterion for answering is precisely the change in the imagination, the heart, and the behaviour that occurs upon its acceptance" (*D. Hammond*, Imagination 20).

formulation in a proposition"[1572]. Die dogmatische Gestalt der Trinitätslehre dagegen ist Werk der Theologie, „the product of formal inference
and therefore not the object of a religious apprehension"[1573]. Damit steht
D. *Hammond* voll und ganz in der Gedankenlinie des *ersten Hauptteiles*
der *Grammar*, dessen Gang er von der Sache her durch einen wichtigen
Hinweis auf das im Jahr 1877 entstandene *Preface* zur *dritten Auflage* der
Via Media[1574] tiefer erschließt: Die Theologie und ihr Wirkungsfeld geben
demnach Zeugnis für die Weise, auf die sich das Individuum mit der
religiösen Wirklichkeit auseinandersetzt[1575].

Anders aber noch als in der *Grammar*, in der zwischen *notional* und
real unterschieden ist, bestimmt *J. H. Newman* die Funktion der Theologie
in der *Preface* aus dem Jahr 1877 als „essential means of control over the
imagination"[1576]. Als ihr Werkzeug gilt das Denken, als ihr Prinzip die
Wahrheit[1577]. Als „fundamental regulating principle of the whole Church
system" [1578] hat sie die Erscheinungsformen öffentlicher Gottesverehrung
zu begleiten und gegebenenfalls zu korrigieren[1579]. Hier gelten Intellekt
und Imaginationskraft nicht mehr als Vollzüge ein- und desselben

---

[1572] D. *Hammond*, Imagination 20.

[1573] D. *Hammond*, Imagination 21.

[1574] Vgl. D. *Hammond*, Imagination 17. Siehe auch *J. H. Newman*, Preface, in: *J. H. Newman*, The Via Media of the Anglican Church illustrated in lectures, letters and tracts written between 1830 and 1841, Bd. 1, Westminster 1978, XV – XCIV/ zit. VM. Zum Begriff der Via Media vgl. *J. Artz*, Art. Via Media, in: NL 1129 - 1131. Die „Via Media" ist nach *J. Artz* zum einen der Hauptgedanke in *J. H. Newmans* Denken (vgl. NL 1129). Sie gilt als Versuch der Neubegründung einer spezifisch anglikanischen Theologie zur Legitimierung der Eigenständigkeit der anglikanischen Kirche. „Via Media" ist zum anderen der Titel von zwei Sammelbänden in der Gesamtausgabe der Schriften *J. H. Newmans* (vgl. NL 1129). Der Titel bezieht sich auf zwei Flugschriften, sogenannte „Tracts", die *J. H. Newman* 1834 veröffentlicht: Es sind dies die *Tracts 38* und *41*. *G. Biemer* bemerkt dazu: „Die Tracts taten ihren Dienst zur Anzettelung einer öffentlichen Diskussion über die Reformbedürftigkeit der Glaubenspraxis und vor allem über die Notwendigkeit einer unabhängigen Institution von Kirche in der englischen Christenheit" (Newman 45). *R. Siebenrock* betont, daß im Kontext der Werkausgabe „ die Via Media - der Titel stammt aus katholischer Zeit - die Einheit seines theologischen Werkes" besonders herausstreicht (Wahrheit 478, Anm. 47).

[1575] Vgl. D. *Hammond*, Imagination 17.

[1576] D. *Hammond*, Imagination 27.

[1577] „Truth is the guiding principle of theology and theological inquiries" (VM I, xli).

[1578] VM I, xlvii.

[1579] Vgl. VM I, xlvii.

Subjektes, sondern scheinen einander gegenüberzustehen: *D. Hammond*
bezieht sich auf ein Beispiel, mit dem *J. H. Newman* selbst seinen Gedankengang illustriert. Die Theologie, obgleich „too hard, too intellectual,
too exact"[1580], hat - „necessary for their well-being"[1581] - jene Kräfte und
innerkirchlichen Prozesse wachsam in die Schranken zu weisen, die ansonsten von der Wahrheit des Glaubens allzu großen Abstand gewän-
nen, wie beispielsweise aus gegebenem Anlaß „certain idle prophecies
which were in circulation"[1582]. In einem Fall etwa hat der Heilige Stuhl
den Gebrauch einiger „new and extravagant titles which had been given
to the Blessed Virgin" [1583] untersagt. Theologie aber, so *D. Hammond*,
kann nicht auf Spiritualität und Volksfrömmigkeit reduziert werden: Ihr
„particular concern"[1584] ist nach *J. H. Newman* die Wahrheitsfrage, „raised
by the Church"[1585]. Im Gegensatz zur Imagination, nach *D. Hammond*
„inflamed by concrete images, symbols, deeds"[1586], und ihrer Natur
gemäß „careless about intellectual consistency"[1587], ist die Theologie zu
diesem Zweck „ever active, inquisitive, penetrating, it examines doctrine
and doctrine"[1588]. *D. Hammond* hält aber dennoch daran fest, daß Intellekt
und Imagination einander ergänzen[1589] - nämlich in der Person des
Theologen selbst. Damit schließt sich der Gedankenkreis: Der Theologe
wird zum Modell für das „religious subject"[1590], das *D. Hammond* als
Hauptthema der *Grammar* ausmacht. Seine Aufgabe ist es, „to discern
when a religious need cannot be met by recourse to a religious image"[1591].
Einzig eine „experienced and well -trained imagination"[1592] hilft ihm
dann, herauszufinden „when to release a particular image, or when to

---

[1580] VM I, xlviii.
[1581] VM I, xlviii.
[1582] VM I, xlviii.
[1583] VM I, xlviii.
[1584] *D. Hammond*, Imagination 27.
[1585] *D. Hammond*, Imagination 27.
[1586] *D. Hammond*, Imagination 28.
[1587] GA 98 / AW VII 102.
[1588] GA 98/ AW VII 102.
[1589] „ As the regulating principle of the Church, theology attends to those notional
and intellectual matters that call forth a response from faith that cannot be met by
mere piety" (*D. Hammond*, Imagination 29).
[1590] *D. Hammond*, Imagination 24.
[1591] *D. Hammond*, Imagination 29.
[1592] *D. Hammond*, Imagination 29.

seek understanding on the notional level"[1593]. Werkzeuge theologischer Arbeit sind also Intellekt und Fachkenntnis, immer aber auch die Kunst, „to balance the different real apprehensions that together constitute a notional mystery"[1594].

In mehrfacher Hinsicht sind die Überlegungen, die *D. Hammond* hier vorträgt, von Interesse. Sein Hinweis auf das Miteinander von Theologie und Imagination in der *Grammar* bestätigt den Eindruck, daß es in der Zustimmungslehre nicht allein darum geht, Satzstrukturen auf ihre lebensrelevante Bedeutung zu erschließen. Tatsächlich ist schon die Weise, wie sich *J. H. Newman* des Themas annimmt, so etwas wie eine Methodik, über die der Gläubige sich seines Erkenntnis - und Glaubensvollzuges vergewissern kann - „his Essay in aid of a Grammar of Assent goes far toward making us sensitive to it in our own theological reflections"[1595]. *J. H. Newman* lenkt damit den Blick seiner Leser auf die Möglichkeiten ihres Denkens und Fühlens, womit er jene Gedankenlinie entfaltet, die er seit der *15. Oxforder Universitätspredigt* unter den Stichworten *implizit* und *explizit* verfolgt. Die ausführliche Auseinandersetzung mit der *Erfassung* verdeutlicht dabei nicht nur, wie groß die Macht der Imagination - auch abseits des Gottesgedankens in der Gewissenserfahrung - sein kann, sie zeigt auch, daß der Mensch in der Imagination sich vor Realitäten gestellt weiß, denen er nicht ausweichen kann. Es ist daher - vom *ersten Hauptteil* der *Grammar* her betrachtet - völlig angemessen, die erfaßte Wirklichkeit, wie *J. H. Newman* es tut, in erkenntnistheoretischen und sittlichen Kriterien zu deuten, oder, wie bei *M. Miserda*, Verstehenshilfen in der Kategorie des Ästhetischen zu suchen. Das Modell der *Zustimmung*, das *J. H. Newman* in den *Kapitel 5* bis *9* des *zweiten Hauptteiles* seiner *Grammar* vorstellt, um es dann mit *Kapitel 10* in seiner Tauglichkeit für die Glaubensentscheidung zu erproben, verknüpft jedenfalls Imagination und theologische Glaubensprache auf eindrucksvolle Weise: Greifbar im Akt der *Zustimmung* findet die *implizite* Erfahrung ihre Verbindlichkeit in der *expliziten* Gestalt des Glaubensbekenntnisses.

[1593] *D. Hammond*, Imagination 29.
[1594] *D. Hammond*, Imagination 29.
[1595] *D. Hammond*, Imagination 31.

4.3.3.1. Der Ausgangspunkt: Die Person in ihrer Unvertretbarkeit

„I have now said as much as need be said about the relation of Assent to Apprehension; and shall turn to the consideration of the relation existing between Assent and Inference"[1596] - mit dieser kurzen Bemerkung gibt *J. H. Newman* einen Rückblick auf den *ersten Teil* seiner Studie über die *Zustimmung.* Er umreißt zudem in knappen Worten das Programm des *zweiten Hauptteiles* der *Grammar,* wo er zeigen möchte, „daß man glauben, was man nicht absolut beweisen kann"[1597]. Das Verhältnis von Glaube und Beweis ist damit als die eigentliche Herausforderung benannt, die den Autor der *Grammar* weit über die Problemstellung der *Erfassung* hinausführt. In der Tat übersteigen die Satzwahrheiten des Glaubens - schon ihrer Eigenart wegen - die Fähigkeit des Menschen zum nachvollziehenden Verstehen, weshalb die *Erfassung* zum angemessenen Verstehensmodell für die subjektgemäße Annahme von (Glaubens-) Inhalten wird, die dem Einzelnen von der Sache her neu und unbekannt sind. Die Annahme als solche begründet allerdings noch nicht die Glaubwürdigkeit der vernommenen Botschaft, d. h., deren *evidentia credibilitatis.* In seiner kleinen Schrift *On the Certainty* aus dem Jahr 1853 stellt sich *J. H. Newman* diesem Problem mit dem Hinweis auf die *prudentia*[1598], womit die Fähigkeit des Menschen zum Thema wird, von sich aus einem Sachverhalt verbindlich, aus eigenem Kennen und Erleben, Glaubwürdigkeit zuzugestehen. Wenn diesbezüglich auch die Gewissensanalyse wichtige Hinweise gibt, steht der „entscheidende Schritt"[1599], vom Gläubigen und seiner individuellen Disposition für den Glaubensakt zu reden, gegen Ende des *ersten Hauptteiles* allerdings noch aus. *R. Siebenrock* sieht hier eine Situation offener Fragen: So fragt er beispielsweise danach, ob „die durch die Person gewährleistete Erfassung"[1600] nur als ein bloßes Bekenntnis gelten kann, oder „als Wahrheit auch intersubjektiv ausweisbar"[1601] ist: „Vermag sie den Raum persönlicher Erfahrung gesichert zu überschreiten?"[1602] Eine angemessene Ant-

---

[1596] GA 105 / AW VII 109.

[1597] *J. H. Newman* an *E. Caswall,* zitiert nach: *Ch. St. Dessain,* John Henry Newman 265.

[1598] Vgl. On the Certainty § 3 (ThP I 24).

[1599] *R. Siebenrock,* Wahrheit 233.

[1600] *R. Siebenrock,* Wahrheit 233.

[1601] *R. Siebenrock,* Wahrheit 233.

[1602] *R. Siebenrock,* Wahrheit 233.

wort auf diese Fragen hängt davon ab, wie *J. H. Newman* im *zweiten Hauptteil* der *Grammar* seine Auffassung vom Glaubensakt weiter entfaltet. Spätestens seit den *Theses de fide* gebraucht er dazu den Begriff der *Zustimmung*, womit gleich zwei Themenkreise mitbenannt sind: Einerseits geht es ihm um die Frage nach der Weise, auf die der *einzelne Gläubige* dem objektiven Wort Gottes seine Zustimmung gibt, zweitens interessiert ihn die *Form*, diesen Schritt vor der eigenen und der öffentlichen Vernunft zu verantworten. Stichwort hierfür ist der „Beweis", bereits seit den *Theses de fide* in Hinblick auf die Glaubensentscheidung unverzichtbarer Bestandteil der Glaubwürdigkeitsbegründung, im *zweiten Hauptteil* der *Grammar* Anlaß, ein Verfahren zum Aufweis der Glaubwürdigkeit der vernommenen Botschaft zu entwickeln, das sowohl den individuellen Zustimmungsakt einsichtig als auch das Gespräch darüber möglich macht.

Nicht ohne Grund erläutert *J. H. Newman* im *zweiten Paragraphen* des *zweiten Kapitels* seiner *Grammar* den Begriff der *Zustimmung* aus der Perpektive des Glaubenden, wobei er bei seinem Definitionsversuch zunächst wiederum instruktionstheoretisch denkt, also von Satzwahrheiten ausgeht, denen Zustimmung zu gewähren ist. Demnach ist eine *Zustimmung* „the mental assertion of an intelligible proposition"[1603], mit ihr setzt der Intellekt einen Akt, „complete in itself, unconditional, arbitrary"[1604]. Die Berufung auf äußere Glaubwürdigkeitsargumente ist dabei nicht notwendig, wenngleich auch nicht „incompatible"[1605]. In den meisten Fällen, so *J. H. Newman*, erfolgt die Zustimmung unbewußt: Geboten durch die menschliche Natur oder aus Gewohnheit entstanden, sind zahllose Zustimmungsakte „merely expressions of our personal likings, tastes, principles, motives, and opinions"[1606]. Obwohl ihr unbewußter Vollzug dem Zustimmungsakt akzidentiell ist[1607], erschließt das Akzidens des Unbewußten dennoch das Wesen der Zustimmung: Sie ist Akt und

---

[1603] GA 123 / AW VII 130.
[1604] GA 124 / AW VII 130.
[1605] GA 124 / AW VII 130.
[1606] GA 124 / AW VII 130.
[1607] „On this last characteristic of assent I have not insisted, as it has not come in my way; nor is it more than an accident of acts of assent, though an ordinary accident" (GA 124/ AW VII 130).

Manifestation des Selbst[1608]. Diese Erkenntnis gibt *J. H. Newman* Gelegenheit zu der rhetorischen Frage nach der seltenen Gabe der Selbsterkenntnis[1609]. Die Antwort darauf fällt nüchtern aus. Der Grad fehlender Selbsterkenntnis entspricht dem Maß der „unconsciousness of those innumerable acts of assent, which we are incessantly making"[1610]. *J. H. Newman* scheut sich deshalb auch nicht, die vielen, unbewußten Akte der Zustimmung gewissermaßen als mechanische Tätigkeiten („what may be almost called the mechanical operation of our minds"[1611]) des menschlichen Geistes zu bezeichnen[1612]. Der Zustimmungsakt ist damit als ein von seinem Wesen her zutiefst subjektiv - personaler Akt gekennzeichnet, wobei auffällt, daß die Zustimmung zunächst nur beschrieben, nicht aber die Schritte ihres Vollzugs, etwa ihre Rechtfertigung vor und durch die Vernunft, erläutert werden. Eben darum aber geht es im weiteren Verlauf der *Grammar,* wie *J. H. Newman* zu Beginn des *sechsten Kapitels* bündig formuliert. Er fragt hier, wie es kommt, daß ein Satz, der sich den herkömmlichen, syllogistischen Verfahren seiner Herleitung entzieht, nichtsdestoweniger ein uneingeschränktes Festhalten beansprucht und obendrein auch noch erhält[1613]. Die Fragestellung deckt sich punktgenau mit jener, die *E. Kunz* für die Glaubensanalyse formuliert[1614]. Der von *E. Kunz* in seinem Versuch über die *Analysis fidei*

[1608] „ ..in other words, they are acts and manifestations of self..." (GA 124/ AW VII 130).

[1609] „....now what is more rare than self-knowledge?" (GA 124/ AW VII 130).

[1610] GA 124/ AW VII 130.

[1611] GA 124/ AW VII 130.

[1612] „Indeed, I may fairly say, that those assents which we give a direct knowledge of what we are doing, are few compared with the multitude of like acts which pass through our minds in long succession without our observing them" (GA 124/ AW VII 130).

[1613] „ ...how it is that a proposition which is not, and cannot be, demonstrated, which at the highest can only be proved to be truth-like, not true, such as ‚I shall die', nevertheless claims and receives our unqualified adhesion" (GA 105 / AW VII 109).

[1614] „ Insofern die Glaubwürdigkeitserkenntnis eine Aufgabe und ein Werk unserer Vernunt ist, gelten für sie die Bedingungen unserer Vernunfterkenntnis, die in sich grundsätzlich endlich, unabgeschlossen und irrtumsfähig ist und der zudem gegenüber der Sache des Glaubens spezifische Grenzen gesetzt sind. Es besteht somit eine Differenz zwischen der unbedingten Gewißheit des Glaubens (certitudo fidei) und der bedingten Gewißheit der vernünftigen Glaubwürdigkeitserkenntnis (certitudo credibilitatis). Aus dieser Spannung ergibt sich die Frage, wie denn trotz der weniger sicheren Glaubwürdigkeitserkenntnis eine unbedingte Glaubenszustimmung gege-

beschrittene Weg, den Glaubensakt als ein von Gott und Mensch getragenes Offenbarungsgeschehen zu deuten, wobei dem einzelnen Gläubigen und seinem Glaubensvollzug ein besonderer Stellenwert zukommt[1615], läßt sich auch bei *J. H. Newman* entdecken.

4.3.3.1.1. Das Voraus der Person

Ein eindrucksvolles Beispiel gibt dafür der *erste Abschnitt* des *neunten Kapitels* der *Grammar*[1616]. Nach *R. Siebenrock* kann dieser Abschnitt als „argumentative Mitte des Essays"[1617] gelten, sein Autor daraufhin sogar „zurecht als Heiliger und Kirchenvater der Moderne"[1618] bezeichnet werden. *J. H. Newman* entwickelt hier in *drei Schritten* seine Auffassung von der *conditio humana*, deren genaue Kenntnis erst die Art und Leistungsfähigkeit seiner Konzeption des Glaubensaktes verständlich macht. Im Gedankenverlauf zeigt sich *J. H. Newman* dabei *erstens* von der Einsicht geleitet, daß jedermann, der folgerichtig denkt, gewissermaßen „his own centre"[1619] ist. In dieser Perspektive erscheint die Welt vor allem als eine Welt der Tatsachen, ihm zum Gebrauch überlassen[1620]. Über sie spekuliert der Mensch nach Belieben, aus den Gütern der Erde zieht er Nutzen[1621]. Recht verstanden, ist die Welt eigentlich die Umwelt des Menschen, er dagegen ihr „counterpart"[1622], aber auch ihr Zeuge[1623].

---

ben werden kann" (*E. Kunz*, Glaubwürdigkeitserkenntnis 414). Ergänzend dazu *N. Theis*, der in Anschluß an *J. H. Newman* formuliert: „Wie kommt es, daß ein bedingter Akt zu einem unbedingten führen kann, d.h. daß wir auf eine Folgerung hin, die über den Stand der Wahrscheinlichkeit nicht hinauskommt, doch unbedingt zustimmen und absolute Gewißheit haben können? Wie wird die Wahrheit in uns zur Gewißheit?" (Quellen 190).

[1615] „Als ein Geschehen freier personaler Mitteilung kann die Offenbarung den Menschen nur erreichen, wenn sie ihn in seiner Freiheit betrifft und ihn selbst als freie Person anspricht" (*E.Kunz*, Glaubwürdigkeitserkenntnis 442).

[1616] Vgl. GA 222 - 247 / AW VII 241 - 269, hier GA 223 - 227 / AW VII 243 - 247.

[1617] *R. Siebenrock*, Wahrheit 277.

[1618] *R. Siebenrock*, Wahrheit 277.

[1619] GA 223 / AW VII 242.

[1620] „We are in a world of facts, and we use them; for there is nothing else to use. We do not quarrel with them, but we take them as they are, and avail ourselves of what they can do for us" (GA 223 / AW VII 243).

[1621] Vgl. GA 224/ AW VII 243.

[1622] GA 224 / AW VII 243.

[1623] Vgl. GA 224/ AW VII 243.

„Consciousness, reflection, and action"[1624] sind die Hauptmerkmale seiner „vernünftigen Natur (rationality)"[1625], dank derer sich der Mensch über die Gegenstände der äußeren Natur bewußt wird, über sie reflektiert und auf sie einwirkt[1626]. Die Existenz der Welt und ihrer Elemente ist ebenso eine Tatsache, die in ihrer Gegebenheit hinzunehmen ist, wie die menschliche Natur, „which is nothing else than we ourselves"[1627]. Das Sein des Menschen, sein Geist, sein Körper und seine Fähigkeiten, all dies „is a fact not admitting of question"[1628], da ohnehin alle Dinge „of necessity"[1629] auf ihn bezogen sind. Über diese Grundgegebenheiten zu diskutieren, sie gar zu kritisieren oder zu tadeln, ist sinnlos. Sie dagegen realistischerweise anzuerkennen, heißt nichts anderes, als sie entsprechend dem Gebrauch, den sie gemeinhin zulassen, zu gebrauchen [1630]. Die Gedanken, die *J. H. Newman* hier vorträgt, greifen vehement das Anliegen auf, daß er bereits in seinem *Proof of Theism*, aber auch im *ersten Hauptteil* der *Grammar* unter dem Stichwort der *presumption* ausdrücklich herausgearbeitet hat[1631]: „I am what I am, or I am nothing"[1632]. In sentenzenhafter Kürze meint er damit zunächst den existentiellen Vorrang des Selbst vor jeglicher seiner Vollzüge. Das Personalpronomen der ersten Person Singular verweist aber zugleich darauf, daß hier die Person selbst zum Prüfstein der Wahrheit ihres individuellen Denkens und Handelns eingesetzt wird[1633]. *R. Siebenrock* sieht hier eine Art Phänomenologie, „die durch Selbstbobachtung Denkformen erhebt, die unserer Natur eigen

---

[1624] GA 224/ AW VII 243.

[1625] GA 224/ AW VII 243.

[1626] Vgl. GA 224/ AW VII 243.

[1627] GA 224/ AW VII 243.

[1628] GA 224/ AW VII 243.

[1629] GA 224/ AW VII 243.

[1630] „And as we use the (so called) elements without first criticizing what we have no command over, so is it much more unmeaning in us to criticize or find fault with our own nature, which is nothing else than we ourselves, instead of using it according to the use of which it ordinarily admits" (GA 224/ AW VII 243).

[1631] Vgl. GA 46 / AW VII 43.

[1632] GA 224 / AW VII 243.

[1633] Vgl. *R. Siebenrock*, Wahrheit 275. „That is, instead of devising, what cannot be, some sufficient science of reasoning which may compel certitude in concrete conclusions, to confess that there is no ultimate test of truth besides the testimony born to truth by the mind itself..." (GA 226 / AW VII 246).

sind"[1634]. Er findet Bestätigung durch die Weise, auf die *J. H. Newman* selbst das Gegebensein und den Vorrang des Ich würdigt. Ohne die grundsätzliche Voraussetzung der Existenz eines solchen Ich, und zwar eines „in a particular way, that is, with a particular mental constitution"[1635], ist alles weitere Denken „idle amusement, not worth the trouble"[1636]. Die Existenz des Ich bleibt diesbezüglich unersetzbarer Stand- und Ausgangspunkt, es ist unmöglich, über das Sein einer Person zu denken oder zu urteilen, „without starting from the very point which I aim at concluding"[1637]. *J. H. Newman* begründet dies aus der Unvertretbarkeit der Person - „If I do not use myself, I have no other self to use"[1638]. Wenn nun diesem Aphorismus zufolge alle Fähigkeiten und Handlungen durch das Ich und sein Gegebensein begleitet und getragen werden, dann folgt konsequenterweise daraus, daß nach *J. H. Newman* nur dann ein Handeln oder Tun als persönlich gelten kann, wenn in der Handlung das unverwechselbare Selbst des Handelnden deutlich hervortritt.

Das wiederum ist Gegenstand des *zweiten Schrittes*, mit dem *J. H. Newman* seine Überlegungen zur *conditio humana* fortsetzt. Um nämlich das vorgebene Selbst des Individuums „in Gebrauch zu setzen" („in order to put it to use"[1639]), gilt es, sich der Aufgabe zu stellen, „to ascertain what I am"[1640], das eigene Selbst also zu entdecken. Wert und Verbindlichkeit („value and authority"[1641]) jeglicher individueller Tätigkeit („function which I possess"[1642]) sind an dem so gewonnenen Maßstab des Selbst zu bemessen („proof"[1643]), um herauszufinden, ob diese Tätigkeit

---

[1634] *R. Siebenrock*, Wahrheit 275. Nach *R. Siebenrock* liegt hiermit eine philosophische Letztbegründung vor, „die sich von der lebensgeschichtlichen nicht abkoppelt, sondern gerade darauf rekurriert" (Wahrheit 275).

[1635] GA 224 / AW VII 243.

[1636] GA 224/ AW VII 243. „There is no medium between using my faculties, as I have them, and flinging myself upon the external world according to the random impulse of the moment, as spray upon the surface of the waves, and simply forgetting that I am" (GA 224/ AW VII 243).

[1637] GA 224/ AW VII 243.

[1638] GA 224/ AW VII 244.

[1639] GA 224 / AW VII 244.

[1640] GA 224/ AW VII 244.

[1641] GA 224 / AW VII 244.

[1642] GA 224 / AW VII 244.

[1643] GA 224 / AW VII 244.

tatsächlich „naturgemäß (natural)"[1644] ist. Der Begriff des Naturgemäßen wird dabei von *J. H. Newman* weiterhin präsiziert: „What I have to ascertain is the laws under which I live"[1645]. Das bedeutet nichts anderes als eine Haltung der Resignation gegenüber den Gesetzen der menschlichen Natur, „whatever they are"[1646], vor allem aber die Pflicht, sich in die von ihnen gewiesenen Grenzen zu schicken[1647]. Diese Form der Resignation ist jedoch von besonderer Art und in der Natur wie bei allen Lebewesen zu beobachten. Es ist die Kraft der Selbstgenügsamkeit, die *J. H. Newman* hier meint. Sie kann als „general law"[1648] angesehen werden, dank ihrer ist ein Wesen imstande, „to fulfil its particular needs"[1649]. Der Begriff der Resignation erscheint damit also in einem positiven Gebrauch. Die Grenzen der natürlichen Verfaßtheit eines Lebewesens sind demnach immer schon Orte ihres Wachstums und ihrer Entfaltung. Das, was bei einem Wesen als eine Funktion oder als ein Attribut vorgefunden wird und überdies als seiner Natur gemäß identifiziert wird, ist ihm demnach angemessen, fördert seine Existenz „und kann von Rechts wegen nicht als ein Mangel oder eine Abnormität"[1650] gelten. Nur im Gehorsam gegenüber seiner eigenen Natur vermag der Mensch sich selber treu zu bleiben. Das Prinzip des Gehorsams und der Selbstgenügsamkeit variiert damit noch einmal den Gedanken der Unvertretbarkeit des Individuums, die es zu entdecken und anzunehmen gilt. Allein das Ich ist sich selbst zureichend, sich zu etwas anderem zu machen, vermag es nicht; sich zu verändern, hieße, sich selbst zu vernichten[1651]. *J. H. Newman* folgt darin einer Vorstellung, die die Natur von Mensch und Tier als ein organisches Ganzes deutet, dessen Bestandteile und Aufgaben einander harmonisch zugeordnet sind: Kein Wesen, dessen konstituierende Teile

[1644] GA 224/ AW VII 244.
[1645] GA 224 / AW VII 244.
[1646] GA 224/ AW VII 244.
[1647] *J. H. Newman* weiß darum, wie schwer es fällt, Grenzen der eigenen Persönlichkeit zu akzeptieren: „...my first disoboedience is to be impatient at what I am, and to indulge an ambitious aspiration after what I cannot be, to cherish a distrust of my powers, and to desire to change laws which are identical with myself" (GA 224/ AW VII 244).
[1648] GA 224/ AW VII 244.
[1649] GA 224/ AW VII 244.
[1650] GA 224 - 225 / AW VII 244.
[1651] „.... I cannot avoid being sufficient for myself, for I cannot make myself anything else, and to change me is to destroy me" (GA 224 / AW VII 243 – 244).

und Funktionen gegeneinanderstehen, so zunächst seine Überlegung, könnte auf Dauer überleben[1652]. Dabei ist *J. H. Newman* von der Beobachtung geleitet, daß allen Tierarten „after its own kind, a perfection of nature"[1653] zukommt. Ihren Lebensraum denkt er als ein komplexes, ausbalanciertes Gesamt von Faktoren[1654], deren Miteinander allein „safety and welfare of the whole" [1655] garantiert. Da sich viele solcher komplexer Systeme auf lange Zeit ihre Stabilität bewahren, sieht *J. H. Newman* seine Vermutung eines heilenden und regenerierenden Prinzips, das ihrem Schutze und ihrer Erhaltung dient, durchaus bestätigt: Ein solches „principle of vitality"[1656] schließt alle Teile zu einem Ganzen zusammen, es schlägt Übelstände nieder, „whether from within or without"[1657], zeigt aber in keinem Falle die Neigung, das abzustoßen, was wesensmäßig zu ihm gehört[1658].

J. H. Newman entwickelt hier einen schlüssigen, wenn auch sehr komplexen Gedankengang. In seinen Überlegungen zur *conditio humana* leitet er zunächst die Unvertretbarkeit des Subjektes aus der Erfahrung eines allem Denken und Tun vorangehenden Selbst ab, dessen Anerkennung nicht stille Resignation gegenüber dem Unabänderlichen charakterlicher Eigenschaften bedeutet, sondern vielmehr zur Einladung wird, das zu entdecken und zu entfalten, was in der eigenen Natur begründet liegt. Die Erkenntnis des Selbst und seiner Verfaßtheit erschließt Lebensvollzüge des Menschen in ihrer personalen Tiefe und Verwurzelung, wie sie umgekehrt auch das Individuum anhält, seiner Natur entsprechend menschlich zu handeln. Der Mensch, „the highest of the animals"[1659], „with a higher aim and a specific perfection"[1660], hat also begründete Veranlassung, im eigenen Interesse die eigene Natur recht zu

---

[1652] Vgl. GA 225 / AW VII 244.

[1653] GA 225/ AW VII 244.

[1654] „The brute animals are found severally with limbs and organs, habits, instincts, appetites, surroundings, which play together for the safety and welfare of the whole; and, after all exceptions, may be said each of them to have, after its own kind, a perfection of nature" (GA 225 / AW VII 244).

[1655] GA 225/ AW VII 244.

[1656] GA 225 / AW VII 244.

[1657] GA 225 / AW VII 244.

[1658] „....while showing no tendency to cast off its belongings as if foreign to its nature" (GA 225 / AW VII 244).

[1659] GA 225/ AW VII 244.

[1660] GA 225/ AW VII 244.

erkennen und zu gebrauchen[1661]. Das Vitalitätsprinzip, das *J. H. Newman* überdies in der organischen Welt beobachtet, dient dabei dem Schutz des Menschen, indem es das jeweils ausgewogene Miteinander der Faktoren seiner Existenz gewährleistet. Zugleich ist damit in die starre Konstante des der *Welt* gegenüberstehenden *Ich* Bewegung und Geschichtlichkeit eingetragen. Wandel und Veränderungen lassen sich so ohne Schwierigkeiten in das komplexe Ensemble einer Persönlichkeitsstruktur hineinnehmen. So kann *J. H. Newman* dann in einem *dritten Schritt* die „peculiarity of our nature" [1662] näher bestimmen. Er beschreibt den Menschen als „a being of progress with relation to his perfection and characteristic good"[1663], wobei nichts von dem zu verändern ist „what he is born with"[1664]. Das unterscheidet den Menschen von anderen Lebewesen: Während manche von ihnen bereits vom ersten Augenblick ihrer Existenz - „in that line of excellence which is allotted to them"[1665] - vollendet sind, beginnt der Mensch dagegen mit „nothing realized" [1666] und gelangt erst allmählich, „gradually"[1667], zur Fülle seiner ursprünglichen Bestimmung („original destiny"[1668]). Was dabei aus ihm wird, ist nicht nur Konsequenz seiner natürlichen Veranlagung, sondern auch Folge dessen, was er aus den ihm verliehenen Gaben macht[1669]. Der Prozeß der Persönlichkeitsentwicklung ist weder mechanisch, noch notwendig, er bleibt vielmehr „den persönlichen Anstrengungen eines jeden Individuums"[1670] überlassen. In gewisser Weise ist der Mensch „self made"[1671], er ist der „creator of his own sufficiency" [1672]: Ihm stellt sich daher die schwierige Aufgabe, vom Ausgangspunkt jener Elemente, mit denen

---

[1661] „...but still the fact that other beings find their good in the use of their particular nature, is a reason for anticipating that to use duly our own is our interest as well as our necessity" (GA 225/ AW VII 244).
[1662] GA 225 / AW VII 245.
[1663] GA 225/ AW VII 245.
[1664] GA 225/ AW VII 245.
[1665] GA 225/ AW VII 245.
[1666] GA 225/ AW VII 245.
[1667] GA 225/ AW VII 245.
[1668] GA 225/ AW VII 245.
[1669] „....and he has to make capital for himself by the exercise of those faculties which are his natural inheritance" (GA 225/ AW VII 245).
[1670] GA 225/ AW VII 245.
[1671] GA 225/ AW VII 245.
[1672] GA 225/ AW VII 245.

sein Geist „das Dasein begann"[1673], seine „inchoate and rudimental nature"[1674] zu vervollständigen und so sich selbst zu vervollkommnen („developing his own perfection"[1675]). *J. H. Newman* betont, daß genau dies das Gesetz des menschlichen Wesens ist, dem der Mensch folglich nicht entrinnen kann[1676]: Dieses Gesetz zu erfüllen, ist er gebunden - „or rather he is carried on"[1677].

4.3.3.1.2. Egotismus und Gnade

J. H. Newman konzipiert hier eine Auffassung vom Ich, die er selber als *Egotismus* bezeichnet[1678]. Ist der Begriff wohl ursprünglich mit „Egoismus" zu übersetzen, bekommt er im *zehnten Kapitel* der *Grammar* die Bedeutung von „Ichbezogenheit"[1679], womit er den vorangegangenen Überlegungen zum Selbst der Person entspricht und diese ausdeutet: So kann für die Erkenntnis und ihre Geltungsansprüche einerseits die „Beschränkung auf Eigenerfahrung und Eigenvollzug"[1680] betont, aus der Perspektive des Glaubensvollzuges aber andererseits die Offenbarung in ihrer Dialogstruktur näherhin als ein prozeßhaftes Geschehen qualifiziert werden. Redet *J. H. Newman* demnach vom *Egotismus*, meint er damit das Selbst in seinem Gebrauch, die Einsicht also, daß in Sachen des Glaubens nur jeder für sich selber mit vollem Recht sprechen kann[1681]. Die eigenen Erfahrungen reichen einzig und allein für ihn selber[1682], nicht aber für andere oder etwa für ein allgemeingültiges Gesetz, wenn dabei auch der notwendige Gemeinschaftsbezug individueller Erkennt-

---

[1673] GA 225/ AW VII 245.

[1674] GA 225/ AW VII 245.

[1675] GA 225/ AW VII 245.

[1676] „This is the law of his being, which he cannot escape..." (GA 225/ AW VII 245).

[1677] GA 225 / AW VII 245.

[1678] „I begin with expressing a sentiment, which is habitually in my thoughts, whenever they are turned to the subject of mental or moral science, and which I am as willing to apply here to the Evidences of Religion as it properly applies to Metaphysics or Ethics, viz. that in these provinces of inquiry egotism is true modesty" (GA 248 / AW VII 270). Siehe auch *R. Siebenrock*, Wahrheit 295 - 297.

[1679] *J. Artz, W. Becker, M. Laros*, Anm. 246, in: AW VII 413.

[1680] *J. Artz, W. Becker, M. Laros*, Anm. 246, in: AW VII 413.

[1681] „In religious inquiry each of us can speak only for himself, and for himself he has a right to speak" (GA 248 / AW VII 270).

[1682] Vgl. GA 248 / AW VII 270.

nis nicht außer acht gelassen werden darf[1683]. Der Begriff des *Egotismus* unterstreicht also die im *Proof of Theism* aufgezeigte Autonomie, mit der sich der Einzelne auch gegenüber der Realität Gottes auszeichnet. Die Darlegungen von D. *Hammond* finden damit ihre Bestätigung: Die Theologie ist bei J. H. *Newman*, wie die *Grammar* zeigt, eine Methode „lebens- und glaubenspraktischer Reflexionsprozesse"[1684], kein in sich geschlossenes System. Sie ist auf das konkrete Leben bezogen, also Prüfstein für die Kompetenz, mit der der einzelne Gläubige ebenso wie auch der Theologe in der Lage ist, „mit seiner Lebens- und Glaubensgeschichte in seinem theologischen Denken selbst vorzukommen"[1685], ihren Ort hat sie deshalb begründeterweise im „Leben der am theologischen Diskurs Beteiligten"[1686].

Neben ihrer Fähigkeit, die *conditio humana* treffend zu beschreiben, um darin auch den Status theologischer Wissenschaft zu bestimmen, birgt die Rede vom *Egotismus* überdies gnadentheologische Aspekte, die den Vorsehungsgedanken gegen Ende des *zweiten Abschnittes* im *neunten Kapitel* der *Grammar* erhellen und so sein überraschendes Auftauchen begründen. Ausgangspunkt hierfür ist die Rede vom Gewissen, das seiner Art gemäß sowohl den Bereich göttlicher Selbstmitteilung als auch den der menschlichen Natur berührt. Indem er das Gewissen als *first principle* einstuft, es damit also nicht erst nachträglich der Natur des Menschen

---

[1683] „His own experiences are enough for himself, but he cannot speak for others: he cannot lay down the law; he can only bring his own experiences to the common stock of psychological acts" (GA 248/ AW VII 270). R. *Siebenrock* bemerkt zum Begriff des Egotismus: „Egotism bedeutet nicht subjektive Beliebigkeit, sondern drückt die Personbestimmtheit der Erkenntnis aus. Wahrheit wird als je eigene realisiert und ist damit stets auch subjektiv. Der Wahrheitsdiskurs weist daher zunächst eine Beschränkung auf Eigenerfahrung und Eigenvollzug auf. Die in dieser Selbstbestimmung durch die eigene Wahrheit fundierte Wahrhaftigkeit ist die unverzichtbare Voraussetzung des Wahrheitszeugnisses in einer liberalen Gesellschaft. Jeder hat hier seinen eigenen Weg zu gehen (Z 287). Das schließt nicht aus, sondern ein, daß zahllose andere die gleichen Gedanken und Gefühle mit mir teilen. Erst in dieser vorausgesetzten Übereinstimmung erschließt sich die Überzeugungskraft der Argumente" (Wahrheit 296).

[1684] L. *Kuld*, Lerntheorie 59.

[1685] L. *Kuld*, Lerntheorie 59.

[1686] L. *Kuld*, Lerntheorie 59.

zuordnet[1687], gelingt es *J. H. Newman*, die menschliche Natur in ihrer biographischen Unverwechselbarkeit hervorzuheben. Direkt „an der Wurzel des Ichbewußtseins"[1688] verankert, vermittelt das Gewissen die Person ursprünglich zu sich selbst[1689]. *J. H. Newman* denkt diesen Vermittlungsdienst, der vom Gewissen und den übrigen Erstprinzipien getragen wird, als einen sehr anspruchsvollen Prozeß von Bildung und Erfahrung, durch den der Mensch - „as time goes on"[1690] - zu einer mündigen Persönlichkeit reift[1691]. Dabei betont er immer wieder, daß das „external fact of the existence of God"[1692] in ganz besonderer Weise („in-

---

[1687] „Though it is not easy to give a list of those primary conditions of the mind which are involved in the fact of existence, yet it is obvious to name some of them. I include among them, not only memory, sensation, reasoning, but also conscience" (PhNb II 43). Nach *E. Bischofberger* ist das Gewissen der Natur zugeordnet: „Die Rede Newmans von der Zugeordnetheit des Gewissens zur Natur und seines Ursprungs in einer besonderen Gnade wird nur begreiflich , wenn er mit Natur nicht einen abstrakt formalen Restbestand des Menschen meint, sondern seine konkrete geschichtliche Natur, die immer schon in Sünde und Gnade situiert und von daher konditioniert ist...Das Gewissen hat die innere Zielstrebigkeit auf Gott hin" (Sittliche Voraussetzungen 96).

[1688] „Das Gewissen wird also als eines jener primären Phänomene beschrieben, die an der Wurzel des Ichbewußtseins gedeihen" (*R. Siebenrock*, Wahrheit 314).

[1689] „If then our (my) knowledge of our (my) exdistence is brought home to me by my consciousness of thinking, and if thinking includes as one of its modes conscience or the sense of an imperative coercive law, & if such a sense, when (analyzed, i.e. when) reflected on, involves an inchoate recognition of a Divine Being, it follows that such recognition comes close upon my recognition that I am, and is only not so clear an object of perception as is my own existence" (Vgl. PhNb II 63).

[1690] GA 79 / AW VII 81.

[1691] Vgl. dazu GA 225 / AW VII 245. *E. Bischofberger* sieht *J. H. Newman* hier in romantischer Tradition: „Newmans Leben erstreckte sich fast über das ganze Jahrhundert der Romantik und der Entwicklung, das Jahrhundert von Hegels dialektischem System und Darwins Entwicklungstheorie. Der Denkstil der Traktarier war vom Gedanken der Entwicklung und der Romantik geprägt. Newman selbst, der fast 30 Jahre lang im Universitätsmilieu die Vorgänge, die seine Zeit und ihn selbst bewegten, reflektierte und diskutierte, hatte ein qualitativ bestimmtes Bewußtsein, die die besten Geister seiner Zeit beschäftigten. Er schrieb die erste thematisch umfassende und methodisch zuverlässige, d. h. historisch verifizierte Theorie der Entwicklung der christlichen Lehre. Damit stellte er sich in die vorderste Front eines geistesgeschichtlichen Durchbruchs der Menschheitsgeschichte" (Sittliche Voraussetzungen 72).

[1692] PhNb II 43.

timately connected"[1693]) der Natur des menschlichen Geistes verbunden ist. Indikator dafür ist wiederum das Gewissen, „one´s own divinely implanted nature" [1694], jener privilegierte Ort, an dem der Mensch im *sense of duty* der Gegenwart des Schöpfer- und Herrschergottes inne wird. *J. H. Newman* denkt hierbei die Beziehung zwischen Mensch und Gott nicht nur als ein starres Gegenüber, sondern als dynamischen, geschichtsoffenen Prozeß, wie er in seinen Überlegungen zur Herkunft des Gewissens verdeutlicht. Der Mensch ist immer Wesen im Werden, verantwortlich für die eigene Entwicklung[1695]. Indem sich der Mensch aber im Anspruch des Gewissens der Offenbarung öffnet, vermag er seinen „Stand in der Schöpfungsordnung mit Klarheit"[1696] zu interpretieren. Darin wächst ihm Selbsthabe zu, weiß er sich höheren Zielen, „higher than its own"[1697], entgegengeführt. Die Ursache einer solchen Persönlichkeitsdynamik erklärt *J. H. Newman* in den traditionellen Begrifflichkeiten von Natur und Gnade[1698], mit deren Hilfe er ohne weitere Schwie-

---

[1693] PhNb II 43.

[1694] „Their conscience still speaks, but having been trifled with, it does not tell truly; it equivocates, or is irregular. Whereas in him who is faithful to his own divinely implanted nature, the faint light of Truth dawns continually brighter; the shadows which at first troubled it, the unreal shapes created by ist own twilight – state, vanish" (*J. H. Newman*, Personal Influence, The Means of Propagating the Truth, Predigt vom 22. Januar 1832, in: OUS V 75 - 98, hier 80 - 81 / AW VI 63 - 79, hier 66 – 67).

[1695] „ To open the mind, to correct it, to refine it, to enable it to know, and to digest, master, rule, and use its knowledge, to give it power over its own faculties, application, flexibility, method, critical exactness, sagacity, resource, address, eloquent expression, is an object as intelligibile....I say, an object as intelligibile as the cultivation of virtue, while at the same time, it is absolutely distinct from it" (Idea 122 - 123 / AW V 133).

[1696] *E. Bischofberger*, Sittliche Voraussetzungen 202.

[1697] Idea 123 / AW VII 134.

[1698] In seiner *Newman*- Biographie sieht *G. Biemer* enge Zusammenhänge zwischen der *Grammar of Assent* und jenem Disput um die Rechtfertigung, den *J. H. Newman* mit seinen *Lectures on Justification von 1838* zu beantworten sucht(vgl. Newman 45). Damals hatte er sich darum bemüht, die „herrschenden Gegensätze zwischen den Konfessionen von der Sachebene auf die personale Ebene" (Newman 44) zu heben. Ist die Sachebene durch den Gegensatz von *Rechtfertigung* und *Heiligung* gekennzeichnet, bleibt auf der „höheren personalen Ebene nur das Wirken Gottes selbst" (Newman 45), nach *G. Biemer* „Gottes personales Einwirken auf den persönlichen Menschen" (John Henry Newman 45), ein Gedanke, den *J. H. Newman* in seiner *Grammar* „als Einprägen des Christusbildes in das Lebensprinzip des Menschen, seine

rigkeiten zwischen der natürlichen und der übernatürlichen Erkenntnis zu unterscheiden vermag. Ist der Mensch zwar von seinen natürlichen

---

Seele" (Newman 45) aufgreift: „Darin nämlich vollende sich die eigentliche Umkehr oder Bekehrung des Menschen zu Gott. In der Einprägung dieses Image of Christ (d. h. Bild von Christus) zeige sich das Prinzip der Vergemeinschaftung, das die so Geprägten, die Christen, zur Gemeinschaft der Kirche zusammenfasse." *G. Biemer* zeigt auf, wie *J. H. Newman* konkret Rechtfertigung denkt: Weder lehnt er das protestantische *sola fide* - Prinzip ab, noch die römisch-katholische Auffassung, „wonach die Gnade Gottes den Menschen neu schafft und ihn als ein solches neues Geschöpf in Christus zum Reich Gottes berufbar macht" (Newman 44). Er sucht vielmehr einen Mittelweg: Gott selbst „in seinem persönlichen Wirken am Menschen war es, der aus dem Angehörigen sündiger Erdenbürger einen neuen Menschen, einen Erben des Himmelreichs machte und der ihm deshalb aufgrund dieser von ihm souverän geschenkten Gnade auch den Glauben ermöglichte" (Newman 44). Gott wohnt demnach in zweifacher Weise im Menschen: „Im natürlichen Sinne, weil er ja überall zugegen ist in seiner Schöpfung. Aber er wohnt im Christen auch im begnadenden Sinne, weil Christi heiligende Gegenwart in den Herzen der Getauften und Gefirmten aufstrahlt" (John Henry Newman 44). *I. Ker* bemerkt (vgl. Biography 151-157): „Faith, on the other hand, as the ‚correlative' to God´s grace, is first the ‚condition' and then the ‚instrument' of justification" (Biography 154). *J. H. Newman* zeigt mit seinem Gnadenverständnis ein Problembewußtsein, das erst in der Theologie der Gegenwart zu seinem eigentlichen Durchbruch kommt. Der Hinweis auf den Artikel „Natur und Gnade", den *G. Kraus* für das von *W. Beinert* herausgegebene „Lexikon der katholischen Dogmatik", Freiburg - Basel -Wien 1987, 392 - 394, verfaßt hat, ist diesbezüglich erhellend. *G. Kraus* schreibt ebd. 393: „ N. und G. bilden daher eine innere Einheit, d.h., die G. als personal-geschichtliches Liebeshandeln Gottes umschließt die personal-geschichtliche N. des Menschen. Innerhalb der G. vermag er eine eigenständige Antwort auf Gottes liebenden Ruf zu geben; sie wird heilsgeschichtlich konkret durch die Vermittlung Christi ermöglicht. Für die theologische Sprachregelung ergibt sich daraus: Statt N. und G. sollte man „Person und G." setzen, um die Mängel der traditionellen exklusiven, statischen und abstrakten Vorstellung zu vermeiden." Vgl. dazu *J. Heinrichs*, Ideologie oder Freiheitslehre? Zur Rezipierbarkeit der thomanischen Gnadenlehre von einem transzendentaldialogischen Standpunkt, in: ThPh 49 (1974) 395 - 436. *J. Heinrichs* klärt ebd. 410 den Naturbegriff aus dem Ansatz eines dialogischen Freiheitsbegriffes: „Von einer irgendwie in sich geschlossenen Natur des Menschen kann keine Rede sein, eben weil der Mensch frei ist, und zwar frei nicht allein in bezug auf die Dinge, auch nicht nur in bezug auf den Mitmenschen, sondern als Ermöglichung letzterer Freiheit gerade auch Gott gegenüber frei. Natur ist das Moment des Vorausgesetztseins oder Geschaffenseins dieser Freiheit als physisch konstituierter und möglicher." Zur Rechtfertigungs - und Gnadenlehre bei *J. H. Newman* vgl. *E. Ender*, Heilsökonomie und Rechtfertigung. Eine Untersuchung über die Heilsfrage bei John Henry Newman, Essen 1972 (= Beiträge zur neueren Geschichte der katholischen Theologie 15).

Erkenntniskräften her imstande, die äußere Dingwelt zu erfassen, „that vast system of things, taken as a whole"[1699], kann er dagegen nur durch das Geschenk des „supernatural knowledge"[1700] Kenntnis von der übernatürlichen Welt erhalten, „that still more marvellous and awful universe, of which the Creator Himself is the fulness" [1701], „superadded and direct communication from Him" [1702]. *J. H. Newman* sieht den Menschen allerdings nicht nur in Hinblick auf die ihm eigene Erkenntnisfähigkeit unter dem besonderen Anspruch Gottes. *Gratia supponit naturam*[1703]: Natur und Gnade sind ineinander verwoben und zugleich voneinander verschieden[1704]. Der Heilige Geist ist es, so *J. H. Newman* in seiner *dritten Oxforder Universitätspredigt* vom 6. März 1831[1705], der die gegebene natürliche Verfaßtheit des Menschen pflegt und die Elemente, aus denen sie besteht, zusammenfaßt und zur Reife bringt[1706]. Die Gnade ruht im Herzen des Menschen, wie *J. H. Newman* in einer seiner *Parochial Sermons* ausführt, sie reinigt die Gedanken, vor allem aber korrigiert und erhöht sie „die menschliche Natur in Beziehung auf jene Sünden, deren sich die Menschen schämen und die sie in der Öffentlichkeit nicht zeigen"[1707]. Die Gnade gibt demnach der Natur ihr „definitives Ziel"[1708]. In ihr ist der menschliche Geist beständiger, kraftvoller, „of more intense purity"[1709]. Ist die Natur also für *J. H. Newman* „konkrete Schöpfung, die durch die

---

[1699] Idea 430 / AW V 247.

[1700] Idea 430/ AW V 247.

[1701] Idea 430/ AW V 247.

[1702] Idea 430 / AW V 247.

[1703] Vgl. dazu *W. Korff*, Art. Natur / Naturrecht, in: NHThG 3, 439 - 452. *W. Korff* ordnet in seinem Artikel das scholastische Axiom dem theologiegeschichtlichen Kontext zu. Den Ursprung des Axioms vermutet er dort, „wo man die Befähigung des Menschen zur Erkenntnis des natürlich Gebotenen und Gesollten als eine der menschlichen Natur schöpfungstheologisch bereits wesenhaft von sich aus zukommende zu begreifen beginnt. Diese sich bereits bei Abaelard, Wilhelm von Auxerre und Alexander von Hales anbahnende Einsicht findet ihre maßgebliche systematische Ausformung bei Thomas von Aquin" (ebd. 445).

[1704] Vgl. *E. Bischofberger*, Sittliche Voraussetzungen 203.

[1705] *J. H. Newman*, Evanglical Sanctity The Perfection Of Natural Virtue, in: OUS II 37 - 53 / AW VI 37 - 48.

[1706] Vgl. OUS III 43 / AW VI 41.

[1707] *J. H. Newman*, Natur und Gnade, in: DP XI 166 - 192, hier DP XI 173.

[1708] *E. Bischofberger*, Sittliche Voraussetzungen 203. Vgl. dazu *E. Ender*, Heilsökonomie 167 - 173.

[1709] Vgl. OUS III 43 / AW VI 41.

Gnade Christi auf den Bund mit Gott hingeordnet ist"[1710], bedeutet dies aber noch lange nicht, daß ihr eine „auffallende Wirkung auf die Massen"[1711] zukommt - sie schaut vielmehr auf „einen unsichtbaren Richterstuhl (unseen tribunal)"[1712], und damit nicht auf die Aufmerksamkeit der Gesellschaft, der es ohnehin nicht gelingt, das Wirken der Gnade von den Anstrengungen der Natur zu unterscheiden[1713].

Nun ist damit gewiß noch nicht der Rahmen für eine Theologie der Gnade bei J. H. Newman abgesteckt, wohl aber ein weiteres Glied in einer Gedankenkette aufgefunden: In allen bislang untersuchten Texten charakterisiert J. H. Newman das Gegenüber von Gott und Mensch als eine Beziehung, die den Menschen als selbständiges Individuum versteht und ihm dabei eine große Entwicklungsfähigkeit zuspricht. Leitlinie ei-

---

[1710] E. Bischofberger, Sittliche Voraussetzungen 203, Anm. 16. „The diffference, then, between the extraordinary Christian ,spirit', and human faith and virtue, viewed apart from Christianity, is simply this: - that, while the two are the same in nature, the former is immeasurably higher than the other, more deeply rooted in the mind it inhabits..." (OUS III 43 / AW VI 41).

[1711] OUS III 41 / AW VI 40.

[1712] OUS III 42 / AW VI 40.

[1713] „Entsprechend kann die Natur dem Aussehen nach, in einzelnen Handlungen, im Wort, im Bekenntnis, in der Lehre, bei den sozialen und politischen Tugenden, in auffallenden und heroischen Unternehmungen, auf der öffentlichen, vergänglichen Bühne der Dinge die Gnade nachäffen, sogar zur Täuschung des Menschen selber, in dem das Nachbild sich findet" (DP XI 173). In seiner Predigt „Erleuchtende Gnade" (DP XI 193 - 218) schildert J. H. Newman seine Vorstellung vom prälapsarischen Urzustand: „Bei seiner Erschaffung wurde der Mensch zugleich mit Gaben ausgerüstet, die über seine Natur hinausgingen und durch die sie vollendet wurde. Wie ein kräftiges Reizmittel, das nicht der Ernährung dient, wie ein würziger Duft oder Heiltrank unsere leiblichen Kräfte anregt, stärkt und konzentriert, unserem Wahrnehmungsvermögen Schärfe und unseren Unternehmungen Spannkraft verleiht, so - nur noch in einem weit höheren Sinn und noch vielgestaltiger - verlieh die übernatürliche Gnade Gottes jenen vielen Fähigkeiten des Leibes und der Seele, deren Einheit den Menschen konstituiert, einen Sinn, ein Ziel, Tauglichkeit, Stetigkeit und Sicherheit. Aber beim Sündenfall verlor der Mensch diese göttliche , unverdiente Gabe wieder und, statt himmelwärts zu stürmen, sank er in einem Zustand der Erschöpfung und des Kräfteschwundes ohnmächtig zu Boden. Und wiederum - wenn Gott sich anschickt, einen Menschen um Christi willen in seine Gunst wieder aufzunehmen, dann besteht der erste Akt Seines Erbarmens darin, ihm einen Teil dieser Gnade zu schenken; die Erstlinge jner souveränen, wirksamen Kraft, die seine ganze Natur formt, in Harmonie bringt und befähigt, ihr eigenes Ziel zu erreichen, während sie zugleich ein höheres erfüllt als ihr eigenes" (DP XI 193-194).

ner solchen Auffassung ist die Überzeugung, daß der Mensch zur Wandlung fähig ist, wenn er nur an sich arbeitet. Darüber geben die Lehre von
den *first principles*, ihrer Herkunft und ihrem Wirken genauso Auskunft
wie das engagierte Plädoyer für eine umfassende Bildung, die als Hilfe
zur Persönlichkeitsentfaltung gedacht ist. Dem entspricht auch der Begriff des *Egotismus*, der das *Prae* des Selbst sowie dessen biographische
Unverwechselbarkeit präzise charakterisiert, insofern schon an dieser
Stelle der Untersuchung erklärt, warum der Glaubensakt immer schon
ein Zustimmungsakt ist. Diesbezüglich scheint die Weise, wie *J. H.
Newman* die Gottesbeziehung des Menschen denkt, ein besonders span-
nendes Kapitel. Mit dem *Proof of Theism*, vor allem aber in *On the Certainty*, bleibt der Mensch Partner Gottes, dessen freies Gegenüber, Subjekt, das im Zustimmungsakt einer freien und verantworteten Entscheidung für den Glauben mächtig ist, wie die *Theses de fide* darlegen. Dann
gibt es aber auch Texte, in denen *J. H. Newman* eine ganz andere Linie
zeichnet. Im *Paper on Development* ist es beispielsweise das objektive Wort
Gottes selbst, das aus eigener Kraft den Einzelmenschen wie das Bewußtsein der Gesamtkirche durchdringt, und in impliziter Gegenwart
intellektuell - dogmatisch explizit gemacht werden will. Die *Grammar of
Assent* schildert zudem das *Gewissen* als eine zwiespältige Instanz, als Ort
und Echo der Gegenwart Gottes, zugleich als Medium, für dessen Ver-
mittlungsdienste sein Besitzer eine hohe Verantwortung trägt. Zudem
scheint *J. H. Newman* auch eine Weise der Gottesbegegnung zu kennen,
die durchaus als Form der Innerlichkeit Gottes gedeutet werden kann,
eine Innerlichkeit freilich, dank derer sich die Individualität des Einzelnen in ihren Eigenarten entfalten kann.

Dies alles wird überdies von einem Vorsehungsglauben umfangen,
zu dem sich *J. H. Newman* gegen Ende des *ersten Abschnittes* von *Kapitel 9*
der *Grammar* bekennt, und in den die Betrachtungen über das Ich und
seinen Vorrang münden. Ein *zweites Mal* wird hier das Prinzip der Fügung in die eigenen Grenzen positiv gewendet. Hier sind sie nicht mehr,
wie noch zu Beginn des Abschnittes, individuelle Wegweiser gebotenen
Handelns in den Grenzen und Möglichkeiten der eigenen Existenz,
sondern nunmehr erschließen sie dem aufmerksamen Beobachter die
Schöpfungsordnung. Der *religiöse Glaube*, der analog zur Erfassung
weltlicher Dinge zu denken ist, die *Offenbarung*, in der (lehr-)amtlich
wird, was das Gewissen längst imaginiert hat, die *äußere Dingwelt*, die
von ihrem Schöpfer redet: Immer wieder zeigt sich das große Vertrauen,

das *J. H. Newman* in die Verfaßtheit der Dinge setzt, die ihnen ihrer Natur nach bereits zukommt. Die Struktur des Universums, aber auch die Gesetze, nach denen der menschliche Geist strukturiert ist, so zunächst die Beobachtung, repräsentieren nicht nur eine feststehende Ordnung der Dinge, die den Menschen verpflichtet, sondern sind immer schon Ausdruck des göttlichen Willens[1714]. Grenzen und Schwierigkeiten, „wie sie in unserer Konstitution und in der Wechselwirkung unserer Fähigkeiten vorliegen"[1715], sind folglich kein unabwendbares Schicksal, sondern Ausdruck einer „allwaltenden Vorsehung (overruling Providence)"[1716]. *J. H. Newman* konzipiert dabei den Begriff der Vorsehung nicht als ein Diktat, das unwidersprochen entgegenzunehmen ist, sondern als ein Dialoggeschehen zwischen Mensch und Gott. Der Mensch ist zu einer „cheerful concurrence" [1717] eingeladen, im Konzept des göttlichen Weltenplanes gilt er damit als ein aktiv Handelnder. Gott erscheint hier als derjenige, der dem menschlichen Geist Gegenstandsbereiche seiner Tätigkeit und darin Entfaltung eröffnet[1718]: Im gelungenen Zusammenklang von Wahrheit und Methode wird dem Menschen Gottes Segen zuteil - „the way by which we acquire it is His way" [1719]. Gerade auf dem Gebiet von Ethos und Religion aber ist dem Menschen ein „path of thought rugged and circuitous above other investigations"[1720] aufgegeben. Wie in den übrigen Gegenstandsbereichen von Forschung und Wissenschaft geht es natürlich auch hier darum, Materie zu Zwecken der Meinungsbildung, vorrangig aber solche für Beweis und Zustimmung zu

---

[1714] „As the structure of the universe speaks to us of Him who made it, so the laws of the mind are the expression, not of mere constituted order, but of His Will" (GA 226 / AW VII 246).

[1715] „....such difficulties as are to be found in our mental constitution..." (GA 227 / AW VII 246).

[1716] GA 227 / AW VII 246.

[1717] GA 227 / AW VII 246.

[1718] „....but whether He has set before us in our particular pursuit the way of observation or of experiment, of speculation or of research, of demonstraton or of probability, whether we are inquire into the system of the universe, or into the elements of matter and of life, or into the history of human society and past times, if we take the way proper to our subject-matter, we have His blessing upon us, and shall find, besides abundant matter for mere opinion, the materials in due measure of proof and assent" (GA 227 / AW VII 247).

[1719] GA 227 / AW VII 247.

[1720] GA 227/ AW VII 247.

finden[1721]. Doch dieser Gedankenpfad ist schon aus gewissermaßen heil-
spädagogischen Gründen felsig, ein rechtes „Labyrinth"[1722], das den
Suchenden Gott gegenüber, dem Ziel seiner Suche, zu einer „gebüh-
renden Ehrfurchtshaltung (due devotion to Him)" [1723] anhalten möchte.
Der *erste Abschnitt* im *neunten Kapitel* der *Grammar* ist somit tatsächlich
von zentraler Bedeutung. *J. H. Newman* gelingt es hier, die Einmaligkeit
und Unvertretbarkeit des Individuums herzuleiten, um sodann mit der
Kategorie des Vorsehungsglaubens dessen Geschichtlichkeit theologisch
auszudeuten. Immer bleibt dabei die Dimension menschlicher Verantwortung im Blick, die durch das Heilshandeln Gottes eher noch an Bedeutung gewinnt: Der Mensch ist aufgerufen, die Gaben, die ihm gegeben sind, zu entfalten und darin die Welt in ihren Zusammenhängen zu
entdecken. Analog einer solchen Welterkenntnis ist die Gottsuche zu
denken, die in den Akt der verantworteten und begründeten Zustimmung mündet. Zu Recht kommentieren deshalb die Herausgeber der
deutschsprachigen Ausgabe, daß an dieser Stelle der *Grammar* die Ar-
gumentationsfäden zusammenlaufen, „um von der natürlichen Erkenntnisstruktur her die Möglichkeit eines geistigen Ortes aufzuweisen,
wo übernatürlicher Glaube auch als Gnade anknüpfen kann"[1724]. Werkzeuge dieser Erkenntnisstruktur sind Folgerung und Zustimmung. Die
„sacred duty"[1725], die eigene Natur angemessen zu entfalten, liegt folglich
im „right use of these two main instruments of fulfilling it"[1726]. Noch
einmal betont *J. H. Newman*, daß der Einzelne dabei auf sich selber gestellt ist - immer schon an die Welt, so wie sie ist[1727], verwiesen. Die Frage

---

[1721] Vgl. GA 227 / AW VII 247.

[1722] GA 227 / AW VII 247. „The self of Newman is that of a man whose experience is
fundamentally spiritual, centred ultimately around the Divine Personality, Who rules
his very intellect and soul from its highest point which is that faculty of the mind we
call Conscience; his sensible experience of the external, material world, despite its
vividness and unquestionable genuineness, is of secondary importance; indeed, in
one sense, it is almost incidental in the personal life of man, for it cannot touch the
innermost core of his being, his conscience, which is the real and true self" (PhNb I
197 – 198).

[1723] GA 227 / AW VII 247.

[1724] *J. Artz, M. Laros, W. Becker*, in: AW VII 409, Anm. 224.

[1725] GA 226 / AW VII 245.

[1726] GA 226/ AW VII 245.

[1727] „And as we do not gain the knowledge of the law of progress by any a priory
view of man, but by looking at is as the interpretation which is provided by himself

nach der Gewißheit[1728] von Erkenntnis ist damit dem Einzelnen aufgegeben und auf eigentümliche Art schon beantwortet, wie *J. H. Newman*
im *zweiten Hauptteil* der *Grammar* herausarbeitet: Folgerung und Zustimmung sind nicht nur Vollzüge, in denen der Mensch sich seiner Welt
vergewissert, sie erschließen auch den Prozeß, durch den die in der
Imagination gewonnene Erkenntnis zur Tat wird, und das Subjekt sich
selbst in seinen Handlungen auslegt. So wird gerade in Hinblick auf die
Grammar verständlich, warum es berechtigt ist, mit *D. Hammond* von der
Theologie als einer hermeneutischen Methode zu sprechen. Eine solchen
Hermeneutik steht unter dem Anspruch, die Wahrheit des individuellen
Glaubensaktes intersubjektiv ausweisbar zu machen[1729]. Die individuelle
Entscheidung für den Glauben auch in den Schritten, die dieser Ent-
scheidung vorangehen, präzise vor dem Forum der Öffentlichkeit nachzuzeichnen - genau dem sucht *J. H. Newman* mit der literarischen Gat-
tung einer Grammatik in der Gestalt eines Essays voll und ganz zu entsprechen.

---

on a large scale in the ordinary action of his intellectual nature, so too we must appeal
to himself, as a fact, and not to any antecedent theory, in order to find what is the law
of his mind as regards the two faculties in question" (GA 226 / AW VII 245).

[1728] „....and recondite, what is left to us but to take things as they are, and to resign
ourselves to what we find?" (GA 226 / AW VII 246).

[1729] Vgl. *R. Siebenrock*, Wahrheit 233.

4.3.3.2. Individuum und Zustimmung - Aufbau und Absicht des zweiten Hauptteiles der *Grammar*

Die Weise, auf die *J. H. Newman* im *neunten Kapitel* seiner *Grammar* von der unverwechselbaren Eigenart des Individuums redet, kennzeichnet den Eigencharakter des *zweiten Hauptteiles* der Zustimmungslehre, in der es um den einzelnen Gläubigen und seine individuell-ausgeprägte, persönliche Form der Zustimmung geht. Versucht der *erste Hauptteil* der *Grammar* unter dem Stichwort des *Egotism* eine „Kritik der reinen Vernunft"[1730], kann der *zweite Hauptteil* nach *G. Biemer* und *N. Theis* als „Verteidigung der gläubigen Vernunft"[1731] gelten. Was *J. H. Newman* dabei genau unter der Vernunft und ihren Vollzügen versteht, läßt sich zunächst an der Weise ablesen, wie er in den *Oxforder Universitätspredigten* deren Verhältnis zum Glauben bestimmt. Die Frage nach der gläubigen Vernunft und den Faktoren, die die individuelle Zustimmung im Glaubensakt rational gerechtfertigt erscheinen lassen, stellt sich ihm aber auch noch während seines letzten Lebensdrittels in unverminderter Schärfe: Ihr Intensitätsgrad erklärt sich aus der pastoralen Situation jener Jahre. Die Zeit der Abfassung seiner *Grammar* fordert von *J. H. Newman* eine gleichermaßen pastorale wie apologetische Grundhaltung. Nach *Ch. St. Dessain* zählt er zwei unterschiedliche Gruppen von Menschen zu den Adressaten seines Werkes, einerseits nämlich die „gebildeten und idealgesinnten viktorianischen Agnostiker und Rationalisten"[1732], und andererseits „jene riesige Mehrheit von Menschen, die Wahrheiten glaubt, welche sie weder befriedigend zu erklären noch logisch zu verteidigen vermag"[1733] . Beide Positionen scheinen von einer gewissen Einseitigkeit. Während die Rationalisten und Agnostiker es gewohnt sind, bei wichtigen Entscheidungen ihre Zustimmung von Beweisen abhängig zu machen, niemals also „mehr zu akzeptieren, als nachgewiesen werden kann"[1734], stehen die Unwissenden und Ungebildeten dagegen unter dem Verdacht, in Sachen des Glaubens einem blo-

---

[1730] *N. Theis*, Quellen 182.
[1731] *N. Theis*, Quellen 183 und kommentierend dazu *G. Biemer*, Überlieferung 146.
[1732] Ch. St. *Dessain*, Anwalt 265.
[1733] Ch. St. *Dessain*, Anwalt 266.
[1734] Ch. St. *Dessain*, Anwalt 265.

ßen Fideismus anzuhängen[1735]. *J. H. Newman* unterscheidet hier nicht nur zwischen unterschiedlichen Gruppierungen von Gläubigen, er benennt darin auch Aspekte des Zustimmungsaktes, bei dem der Intellekt im Vollzug der Zustimmung die intuitiv-innerliche Erfassung rechtfertigt. Im *zweiten Hauptteil* sucht *J. H. Newman* folgerichtig beiden Zugängen zum Glauben zu entsprechen, um von ihnen aus zu einer präzisen Bestimmung des Glaubensaktes zu gelangen, den er hier - wie schon in seinen älteren Schriften - als Zustimmungsakt faßt. Wie im *ersten Hauptteil* ist auch hier erst das letzte, also das *zehnte Kapitel*, „Inference and Assent in the matter of Religion"[1736], explizit der Religion, inbesondere natürlich der Offenbarungsreligion und ihrem Anspruch gewidmet. Zuvor aber wendet sich *J. H. Newman* in *Kapitel 6*, „ Assent considered as Unconditional"[1737] , dem Zustimmungsakt zu, den er, wie schon in *These 5* der *Theses de fide*, als selbständige, innere Hinwendung zur Offenbarungsbotschaft denkt[1738]. Dem Zustimmungsakt gibt er aber nun ein regelrechtes Verfahren zum Aufweis der Glaubwürdigkeit einer solchen Botschaft bei, das zugleich den individuellen Hinweg des Einzelnen zur Glaubensentscheidung dokumentiert und kommunikabel macht. Dies

---

[1735] „Auch ihnen mußte gezeigt werden, daß sie das Recht hatten zu glauben, was sie nicht absolut beweisen können" (*Ch. St. Dessain*, Anwalt 266). *Ch. St. Dessain* verweist darauf, daß sich *J. H. Newman* in diesem Zusammenhang intensiv mit *Thomas von Aquin* und seinem Werk *Contra Gentes* beschäftigt hat: „Newman unterstrich in seinem Exemplar eine Anzahl dieser Passagen, und noch heute kann man seine mit Bleistift geschriebenen Randbemerkung lesen: ‚Wer glaubt, für den gilt ‚non leviter credit', nicht, weil er weiß, daß es Beweise gibt, sondern weil es gewichtige Beweise gibt.' Thomas von Aquin ging es primär um die objektive Rechtfertigung des Glaubens an Geheimnisse, während Newman das komplizierte und zugleich praktische Ziel verfolgte, das Recht des Unwissenden zu verteidigen, an die Geheimnisse zu glauben, deren Beweise er nie erforscht hat" (Anwalt 266).

[1736] Vgl. GA 248 - 316 / AW VII 270 - 344.

[1737] Vgl. GA 105 - 137 / AW VII 109 - 145.

[1738] „Daraus folgt: Worin auch immer das wahre, rechtmäßige und besondere Glaubensmotiv bestehen mag, so sind doch zweifellos jene menschlichen Motive, die dem Glauben vorausgehen, nicht das Glaubensmotiv. Sie sind auch nicht derart, daß der Glaube in sie aufgelöst werden könnte. Vielmehr sind sie nur die gewöhnliche, unbedingte Voraussetzung, durch die der Weg zum Glauben geebnet und der Wille dazu angetrieben wird, die Glaubenszustimmung zu befehlen. Durch sie wird der Gegenstand dem Glauben vorgelegt und dem Intellekt angepaßt, aber nicht bewiesen" (Theses de fide 229 / AW VI 427).

geschieht im *achten Kapitel,* „Inference" [1739], und in einigen Abschnitten des *neunten Kapitels,* „The Illative sense"[1740]. Berechtigterweise kann deshalb *Th. Merrigan* in seiner Studie betonen, daß es nach *J. H. Newman* geradezu die Pflicht gebildeter Menschen ist, sich der „investigation of their assents"[1741] zu widmen. Eine solche Einschätzung schließt bruchlos an die Ausführungen über das Individuum im *neunten Kapitel* an: „Still more fundamentally" ist ein solches Projekt in der Tat „ the fulfillment of a law of our nature"[1742]. Von zentraler Bedeutung für den gesamten *zweiten Hauptteil* der *Grammar* ist denn auch nicht ohne Grund das *siebte Kapitel,* „Certitude" [1743], das von der Sache her die Ausführungen *J. H. Newmans* zur Unvertretbarkeit der Person in deren Aktivitäten hinsichtlich des Erkenntniserwerbes folgerichtig entfaltet.

Der Fortgang der Argumentation erklärt den Standort, an dem die Gewißheitsthematik im *zweiten Hauptteil* der *Grammar* zur Verhandlung ansteht: Im Rahmen eines breit angelegten Glaubwürdigkeitsaufweises, der zudem den Entscheidungsprozeß des Einzelnen auf die Glaubenszustimmung zu dokumentiert, sichert *J. H. Newman* gleich zu Beginn das Phänomen der Gewißheit und mit ihm die Berechtigung seines weiteren Vorgehens[1744]. Die Begründung hierfür ist denkbar einfach, sie ergibt sich aus der Sache selbst: Zustimmung und Gewißheit gehören für *J. H. Newman* zusammen, die Gewißheit ist eine Form der Zustimmung[1745]. Das Leitthema des *zweiten Hauptteiles* der *Grammar* ist damit endgültig ausgemacht: Ist die Gewißheit nichts anderes als eine Gestalt der Zustimmung, so kommt dann, wenn diese sich einstellt, die ganze Person in ihrer konkreten Verfaßtheit, ihrem Selbst, zum Tragen. Das *neunte Ka-*

[1739] Vgl. GA 169 - 221 / AW VII 182 - 240.

[1740] Vgl. GA 222 - 247 / AW VII 241 - 269.

[1741] *Th. Merrigan,* Clear Heads 193.

[1742] *Th. Merrigan,* Clear Heads 193.

[1743] GA 138 - 168 / AW VII 146 - 181.

[1744] Die Gewißheitsthematik spiegelt auf interessante Weise die apologetische Intention der *Grammar. J. Artz,* schreibt diesbezüglich: „ N´s Theorie d. G´bildung in d. GA will d. Legitimierg d. Glaubens-G. vor d. Ansprüchen d. Vernunft dienen: d. Glaubens-G., die d. rationalist. Ungläubigen verwarfen, weil sie nicht auf streng log. Beweisen beruht, deren streng. log. Begründg d. rationalist. Theol. andererseits f. notw. (u. mögl.) erachteten, wobei sie d. Eigenart d. Glaubens mißverstanden. N. zeigt, daß legitime G. generell nicht auf streng log. Beweise angewiesen ist" (NL 400 - 404, hier 400).

[1745] Vgl. GA 62 / AW VII 61.

pitel, aber auch die übrigen Abschnitte der *Grammar* können damit als Weg verstanden werden, auf dem *J. H. Newman* die subjektive Dimension des Glaubensaktes darlegt, ohne aber je dessen Objektivität aus dem Auge zu verlieren: In seiner individuellen Disposition, also den Grenzen und Möglichkeiten seiner Existenz, stimmt der Einzelne Wahrheiten zu, die ihm gesagt und authentisch verbürgt werden.

4.3.3.2.1. Die Zustimmung und ihre Eigenschaften

„They are sometimes called beliefs, convictions, certitudes"[1746] - Im *vierten Kapitel* seiner *Grammar* stellt *J. H. Newman* eher „unsystematisch" [1747] jene Begriffe zusammen, hinter denen sich das Phänomen der *realen Zustimmung* verbirgt. Der Aufzählung zufolge gehört die *Gewißheit* dazu: *J. H. Newman* bleibt auch im *siebten Kapitel,* wo er explizit von der *Gewißheit* handelt, bei dieser Auffassung. Hier nämlich erscheinen *Zustimmung* und *Gewißheit* als eigenständige Größen und dennoch auf eigentümliche Weise miteinander verknüpft. So gibt es Zustimmungen, denen *J. H. Newman* ohne Umschweife die Eigenschaft der Gewißheit zusprechen kann[1748], und solcherart Zustimmungen, die sich zu Gewißheiten wandeln können, aber nicht müssen [1749]. Außerdem kennt *J. H. Newman* Gewißheiten, die nichts anderes sind als eine Zustimmung zu einer Zustimmung, und damit eine reflektierte, d.h. *begriffliche Zustimmung,* „given to a notional proposition, viz. to the truth, necessity, duty, &c., of our assent to the simple assent and to its proposition" [1750]. Auf eindrucksvolle Weise betont *J. H. Newman* überdies die Bedeutung der Gewißheit für den „religious faith"[1751], der in jedem Falle „more than an

---

[1746] GA 62 / AW VII 61.

[1747] *J. Brechtken,* Real-Erfahrung 37.

[1748] „I allow this, and therefore I will call simple assent *material* certitude; or, to use a still more apposite term for it, *interpretative* certitude. I call it interpretative, signififying thereby that, though the assent in the individuals here contemplated is not a reflex act, still the question only has to be started about the truth of the objects of their assent, in order to elicit from them an act of faith in response which will fulfil the conditions of certitude, as I have drawn them out" (GA 139 / AW VII 147).

[1749] „The event, I say, alone determines whether what is outwardly an assent is really such an act of the mind as admits of being developed into certitude, or is a mere self-delusion or a cloak for unbelief" (GA 140 / AW VII 148).

[1750] GA 140 / AW VII 149.

[1751] GA 144 / AW VII 153.

assent to its truth" [1752] nötig macht: Ohne die Gewißheit gibt es zwar im Glauben „achtenswertes Bekennen und Brauchtum (much decency of profession and of observance)"[1753], dem dann aber zweifelsohne das Lebenszeugnis des Einzelnen, die „generosity of self - sacrifice"[1754] in Frömmigkeit und Gebetsleben[1755], fehlt. Die Gewißheit ist insofern eine Lebenshaltung, ein „intercourse with the unseen"[1756], als „principle of persistence"[1757] dem Christen wesentlich („essential to"[1758]). Kurz vorher findet sich in der *Grammar* eine wichtige Ergänzung zu diesem Gedanken: Die Frage, ob ein Zustimmungsakt nur ein äußerliches Bekenntnis („a mere profession"[1759]) bleibt, oder tatsächlich als ein „act of the mind" [1760] in der zustimmenden Person voll und ganz verwurzelt ist, findet ihre Antwort im Aufweis der Gewißheit, in die hinein sich die erteilte Zustimmung verwandelt hat[1761].

Die Nähe, aber auch die Verschiedenheit von Zustimmung und Gewißheit nimmt *J. H. Newman* zum Anlaß einer „careful explanation"[1762]. Er diskutiert dazu die Zustimmung, die er als eine unbedingte annahme beschreibt[1763]. Ausgangspunkt seiner Darlegung ist die Beobachtung, daß es im konkreten Leben viele Wahrheiten gibt, die niemand demonstrieren kann, jedermann aber doch bedingungslos annimmt[1764].

[1752] GA 144/ AW VII 153.

[1753] GA 144 / AW VII 153.

[1754] GA 144 / AW VII 153.

[1755] „Without certitude in religious faith....there can be no habit of prayer, no directness of devotion..." (GA 144/ AW VII 153).

[1756] GA 144 / AW VII 153.

[1757] GA 144 / AW VII 153.

[1758] GA 144/ AW VII 153.

[1759] GA 140 / AW VII 148.

[1760] GA 140 / AW VII 148.

[1761] Vgl. dazu den gesamten Gedankengang: „Or again, they may once have believed, but their assent has gradually become a mere profession, without their knowing it; then, when by accident they interrogate themselves, they find no assent within them at all to turn into certitude. The event, I say, alone determines whether what is outwardly an assent is really such an act of the mind as admits of being developed into certitude, or is a mere self-delusion or a cloak for unbelief " (GA 140/ AW VII 148).

[1762] GA 105 / AW VII 109.

[1763] Vgl. GA 105/ AW VII 109.

[1764] „There are many truths in concrete matter, which no one can demonstrate, yet every one unconditionally accepts..." (GA 106 / AW VII 110).

Die menschliche Natur selbst ist es, die als ihr eigener Zeuge „no medium between assenting and not assenting" [1765] kennt. „According to the facts of human nature" findet J. H. *Newman* eine große Anzahl solcherart *unbedingter* Zustimmungen „in subject-matters which admit of nothing higher than probable reasoning" [1766]. Damit ist der Eigenwert wie auch der Eigenstand der Zustimmung energisch behauptet, vor allem aber jene These zurückgewiesen, derzufolge eine absolute Zustimmung begründeterweise nicht gegeben werden kann[1767]. J. H. *Newman* wendet sich hier gegen die „a priori method of regarding assent in its relation to inference" [1768], die folgerichtig einen Grad der Zustimmung kennt, den sie am „Wesen der Sachlage (nature of the case)"[1769] bemißt: Gemäß dieser Auffassung gilt als Maß der Zustimmung zu einem Schluß dessen Wahrscheinlichkeit[1770]. Ein apriorischer Aufweis der Schlüssigkeit einer Zustimmung, ermittelt im Verfahren der Folgerung, hat dann aber die Konsequenz, daß die Zustimmung zu einer „sort of necessary shadow" [1771] eben jener Folgerung wird, die ihr die jeweilige Reichweite vorgibt[1772]. Hauptvertreter eines solchen Zustimmungskonzeptes ist J. *Locke (1632 - 1704)* [1773], für J. H. *Newman* ein bewunderungswürdiger, „celebrated writer"[1774], und zugleich, so in der Einschätzung von E. *Sillem*, ein „high-minded debater for his most formidable adversary, to whom he paid the same tribute as he paid in daily life to his friend

---

[1765] GA 116 / AW VII 122.

[1766] GA 116/ AW VII 122.

[1767] Vgl. GA 105 / AW VII 109.

[1768] GA 106/ AW VII 110.

[1769] GA 106/ AW VII 110.

[1770] „....and the probability in each conclusion which we draw is the measure of our assent to that conclusion" (GA 106 / AW VII 110).

[1771] GA 106 / AW VII 110.

[1772] „Thus assent becomes a sort of necessary shadow , following upon inference, which is the substance; and is never without some alloy of doubt, because inference in the concrete never reaches more than probability" (GA 106/ AW VII 110).

[1773] Vgl. dazu J. *Artz*, Art. Locke, John (1632 - 1704), in: NL 648 - 649 sowie R. *Brandt*, John Locke (1632 - 1704), in: O. *Höffe* (Hg.), Klassiker der Philosophie, Bd. 1: Von den Vorsokratikern bis David Hume, München 1981, 360 - 377. 502 – 504.

[1774] GA 106 / AW VII 110. „I have so high a respect both for the character and the ability of Locke, for his manly simplicity of mind and his outspoken candour..." (GA 107 / AW VII 111).

William Froude"[1775]. So erstaunt es nicht, daß *J. H. Newman* zunächst die Position von *J. Locke* darstellt: Die Zustimmung ist demnach von der Qualität der Argumente abhängig, aufgrund derer ein Sachverhalt als gegeben angenommen werden kann. Die Vielzahl der Argumente und Tatsachen ist es also, dank derer sich das Vertrauen in einen Sachverhalt zur Gewißheit erheben kann[1776]. Echte Wahrheitsliebe äußert sich deshalb darin, „einen Satz nicht mit größerer Gewißheit anzunehmen, als es die Beweise, auf die er sich stützt, garantieren"[1777]: Die Evidenz eines Satzes liegt allein in den Beweisen, „a man has of it"[1778]. Einen Überschuß von Gewißheit über die Grade jener Evidenz hinaus zu haben, gilt als unsittlich[1779]. Hier unterstellt *J. Locke* andere Motive als solche der Wahrheitsliebe[1780].

[1775] *E. Sillem*, PhNb I 199. *J. Artz* erinnert daran, daß bei aller Formung, die *J. H. Newman* durch *Aristoteles* erfahren hat, der starke Einfluß nicht zu vergessen ist, den die englische Sprache, besonders die philosophische Terminologie, durch *John Locke* erfahren hat (vgl. NL 648). *W. Ward*, bemerkt: „It is interesting to note that Gibbon and Locke were the writers whose works absorbed him in the Long Vacation of 1818" (Life I 34). *E. Sillem* verweist auf die frühe Prägung *J. H. Newmans* durch *J. Locke*, dessen *Essay concerning Human Understanding* er im Sommer 1818 studiert: „He may well have had them in 1818, or shortly after that date. It is worth noting that there are very few of Newman´s pencil markings and marginal remarks to be found in these volumes, and what there are come only in the fourth book of the *Essay*; furthermore, judging by the handwriting, these look as though they were made at a later date, possibly when he was writing the Grammar" (PhNb I 192).

[1776] „Most of the propositions we think, reason, discourse, nay, act upon, are such as we cannot have undoubted knowledge of their truth; yet some of them *border so near* upon certainty, that *we make no doubt* at all about them, but *assent* to them *as firmly*, and act according to that assent as resolutely, *as if they were infallibly demonstrated*, and that our knowledge of them was perfect and certain" (GA 106 - 107 / AW VII 111). Zum Glaubwürdigkeitsaufweis heißt es: „When any particular thing, consonant to the consonant observation of ourselves and others in the like case, comes attested by the concurrent reports of all that mention it, we receive it as easily, and build as firmly upon it, as if it were certain knowledge, and we reason and act thereupon, *with as little doubt as if it were perfect demonstration*" (GA 106-107/ AW VII 111).

[1777] „...the not entertaining any proposition with greater assurance than the proofs it is built on will warrant" (GA 108 / AW VII 112).

[1778] GA 108/ AW VII 112.

[1779] Vgl. GA 108 / AW VII 112.

[1780] „...it is plain *all that surplusage of assurance is owing to some other affection*, and not to the love of truth" (GA 108 / AW VII 112).

J. H. *Newman* sieht sich aus verschiedenen Gründen herausgefordert, der Position von J. *Locke* zu widersprechen. Schon rein sachlich vermutet er Widersprüche in der Argumentation, hervorgerufen durch „slovenly thinking in thus treating a cardinal subject" [1781]: Wahrscheinlichkeiten, die einem Zustimmungsakt zur Gewißheit aufhelfen, setzen zumindest einen „surplusage of assurance"[1782] voraus, der über den Grad der Beweisführung hinausgeht. Der zweite Vorwurf, den J. H. *Newman* erhebt, bezieht sich auf die Beobachtung, derzufolge J. *Locke* die „Ausgangsbasis, die allem Denken vorausliegt"[1783], die menschliche Natur nämlich, mißachtet, „instead of going by the testimony of psychological facts, and thereby determining our constitutive faculties and our proper condition"[1784]. Statt einer grundsätzlichen Zufriedenheit „with the mind as God has made it"[1785] beobachtet J.H. *Newman* bei J. *Locke* vielmehr den Versuch einer „own arbitrary theory"[1786], das Ansinnen, nach den eigenen Vorstellungen Menschen zu formen - „as he thinks they ought to be formed, into something better and higher"[1787]. Die kritischen Anmerkungen, durch die das Gewißheitsverständnis bei J. *Locke* hinterfragt wird, werfen Licht auf den spezifischen Begriff der Person, wie er in den Schriften von J. H. *Newman* vorliegt. Läßt ihn sein Rekurs auf die faktische Erfahrung des Menschen nicht nur „den insgeheimen Rationalismus in Lockes apriorischer Methode"[1788] entlarven, vermag er damit zugleich auch das eigene Anliegen umso deutlicher zu formulieren: In seinem Ansinnen, immer wieder die Einmaligkeit und Unvertretbarkeit der Person zu betonen, will er sich nicht mit einem Gewißheitsbegriff zufrieden geben, dessen Gewicht sich aus der Fülle von Einzelargumenten summiert. Die Gefahr, bei einem apriorischen Begründungsverfahren subtile und verborgene Motive einer Zustimmung zu übersehen, ist in der Tat nicht von der Hand zu weisen.

J. H. *Newman* unterscheidet deshalb sehr genau zwischen der Folgerung und der Zustimmung, deren Eigenstand und Unabhängigkeit er

---

[1781] GA 108 / AW VII 112.
[1782] GA 108 / AW VII 112.
[1783] R. *Siebenrock*, Wahrheit 238.
[1784] GA 109 / AW VII 113.
[1785] GA 109 / AW VII 113.
[1786] GA 109 / AW VII 113.
[1787] GA 109/ AW VII 113.
[1788] R. *Siebenrock*, Wahrheit 238 – 239.

im Gegensatz zu *J. Locke* besonders deutlich herausarbeitet. *J. H. Newman* zufolge bedeutet der Begriff der Folgerung zunächst die „conditional acceptance of a proposition"[1789], womit „the truth-like or a verisimilitude"[1790] zu ihrem Gegenstand benannt ist. Der menschliche Geist folgert, indem er „an dem einen kraft des anderen (this by virtue of that)"[1791] festhält. Das Folgern selbst ist zumeist ein instinktiver Akt, „without effort and intention"[1792] allen Menschen zu eigen[1793]: Insofern er also an einem Sachverhalt, der begründeterweise als „evident or tending to be evident"[1794] erwiesen ist, festhalten kann, um ihn zum Bestandteil einer Folgerung zu machen, ist es ihm möglich, im Rahmen eben dieser Folgerung an einem weiteren, in seiner Evidenz bis dato noch nicht erwiesenen Sachverhalt festzuhalten. Ermöglicht die Schlußfolgerung daher nur eine mittelbare Erkenntnis, so sind die durch sie gewonnenen Informationen dennoch ebenso korrekt und glaubwürdig wie die der Sinnesorgane [1795]. Die Zustimmung dagegen ist, wie *J. H. Newman* scharf unterscheidet, „absolute and unconditional "[1796], keinesfalls also mit der Folgerung identisch: Wäre die Zustimmung „a sort of reproduction and double of an act of inference"[1797], der Zustimmungsakt also etwas, was im Folgern miteinbeschlossen ist[1798], wäre ein solcher Zustimmungsbegriff allenfalls, so *J. H. Newman* nicht ohne Polemik, „a curiosity for subtle minds, and the sooner it is go out of the way the better" [1799]. Eben dies aber bestreitet er entschieden: Folgerung und

---

[1789] GA 169 / AW VII 182.

[1790] GA 169/ AW VII 182.

[1791] GA 169/ AW VII 182.

[1792] GA 169/ AW VII 182.

[1793] „Such is ratiocination, in what may be called a state of nature, as it is found in the uneducated..." (GA 169/ AW VII 182)

[1794] GA 169/ AW VII 182.

[1795] „...nay, in all men, in its ordinary exercise; nor is there any antecedent ground for determining that it will not be as correct in its informations as it is instinctive, as trustworthy as are sensible perception and memory, though its informations are not so immediate and have a wider range. By means of sense we gain knowledge directly; by means of reasoning we gain it indirectly, that is, by virtue of a previous knowledge" (GA 169 - 170 / AW VII 182 – 183).

[1796] GA 105 / AW VII 109.

[1797] GA 109 / AW VII 113 - 114.

[1798] Vgl. GA 109 / AW VII 114.

[1799] GA 109/ AW VII 114.

Zustimmung sind zwei Tätigkeiten des Intellektes, die ihren Charakter nicht vertauschen können[1800]. Die Unterscheidung von der Folgerung erst ermöglicht die sachgemäße Darstellung der Zustimmung, die J. H. Newman an der Wirklichkeit verifiziert[1801]. So weiß er aus Erfahrung, daß eine Zustimmung andauern kann - und dies „without the presence of the inferential acts upon which they were originally elicited"[1802]. Zu denken ist dabei an jene „great multitude of beliefs and opinions, and that on a variety of subjects"[1803], die im Laufe des Lebens den menschlichen Geist prägen, bilden, ihm gewissermaßen zur Ausstattung werden[1804]: Weder sind sie Schlüsse, noch schließen sie einen Denkprozeß ein[1805]. Sie erhalten sich selbständig im Geist, ohne daß sich der Einzelne zu erinnern vermag, aus welchen Gründen er sie überhaupt jemals realisiert hat[1806]. Demgegenüber gibt es aber auch Zustimmungen, die verloren gehen können: Die Gründe, „as strong as ever" [1807], die zu solchen Zustimmungen führten, haben - im Falle etwa einer unvorhersehbaren und nachhaltigen Veränderung des Geistes[1808] - ihre Kraft verloren, jene

---

[1800] Vgl. GA 110 / AW VII 114 - 115.

[1801] „...since we know perfectly well what an inference is, it comes upon us to consider what, as distinct from inference, an assent is, and we are, by the very fact of its being distinct, advanced one step towards that account of it which I think is the true one. The first step then towards deciding the point, will be to inquire what the experience of human life, as it is daily brought before us, teaches us of the relation to each other of inference and assent" (GA 110/ AW VII 114). Nach R. Siebenrock sucht J. H. Newman hier durch einen „Selbstversuch" (Wahrheit 239) , bei dem verschiedene Zustimmungen untersucht werden, den Begriff der Zustimmung näher zu präzisieren: „The first step then towards deciding the point, will be to inquire what the experience of human life, as it is daily brought before us, teaches us of the relation to each other of inference and assent" (GA 110 / AW VII 115).

[1802] GA 110 / AW VII 115.

[1803] GA 110/ AW VII 115.

[1804] „...and they constitute, as it were, the clothing and the furniture of the mind" (GA 110/ AW VII 115).

[1805] „Sometimes we are fully conscious of them; sometimes they are implicit, or only now and then come directly before our reflective faculty" (GA 110/ AW VII 115).

[1806] Vgl. GA 111 / AW VII 115.

[1807] GA 111/ AW VII 116.

[1808] J. H. Newman nennt hier Gründe, die einsichtig machen, warum eine Zustimmung erlöschen kann: „Sometimes, of course, a cause may be found, why they went; there may have been some vague feeling that a fault lay at the ultimate basis, or in the underlying conditions, of our reasonings; or some misgiving that the subject-matter

Zustimmungen aus sich heraus sicherzustellen. Mag also auch die Erfassung der Argumente von ehedem immer noch andauern, so gilt: „Inference is one thing, and assent another"[1809].

Damit aber wird das zentrale Anliegen der *Grammar* ausdrücklich. Mit den Argumenten, die *J. H. Newman* in aller Schärfe gegen *J. Locke* anführt, verwahrt er sich gegen eine Auffassung von der Zustimmung, derzufolge ihr Maß „sich nach dem Maß der Prämissen zu richten habe"[1810]. Gegen eine solche Deutung, die das Denken „auf Schienen"[1811] stellt, plädiert *J.H. Newman* für einen Zustimmungsbegriff, nach dem die Zustimmung als „freie Entscheidung"[1812], als „Stellungnahme, die durch Erkenntnis zustande kommt"[1813] zu verstehen ist. In diesem Sinne ist die Zustimmung in der Tat, wie der bisherige Gang der Studie gezeigt hat, zunächst eher ein personaler Akt als ein logisches Verfahren, von ihrem Wesen her also eine Entscheidung, mit der ein Mensch einen Sachverhalt in seiner individuellen Bedeutsamkeit anerkennt[1814]. Die jeweilige Konstellation von Argumenten, die für die Annahme dieses Sachverhaltes spricht, erhält aus dieser persönlichen Bereitschaft heraus folglich einerseits ihr ganz eigenes Gewicht, wenn es aber andererseits auch gerade jene äußeren Argumente sind, die den Geist anregen, im Akt der Zustimmung zu einem Sachverhalt Stellung zu beziehen. Die Überlegung erinnert an die eigenwillige Definition, mit der *J. H. Newman* in *On the Certainty* den Begriff der *Evidenz* bestimmt. Die *Evidenz* gilt hier als das *lumen rationis* [1815]: Ein Sachverhalt ist dann evident, wenn er sich seinerseits erhellend in den Horizont vorhandener Erkenntnis einfügt, die-

---

of them was beyond the reach of the human mind; or a consciousness that we had gained a broader view of things in general than when we first gave our assent; or that there were strong objections to our first convictions, which he had never taken into account" (GA 111/ AW VII 116).

[1809] GA 111/ AW VII 116.

[1810] E. *Bischofberger*, Sittliche Voraussetzungen 213.

[1811] E. *Bischofberger*, Sittliche Voraussetzungen 213.

[1812] E. *Bischofberger*, Sittliche Voraussetzungen 213.

[1813] E. *Bischofberger*, Sittliche Voraussetzungen 213.

[1814] Vgl. eine Notiz aus dem Jahre 1866, in der *J. H. Newman* den Zustimmungsakt folgendermaßen charakterisiert: „......an Act of Assent cannot be made without a given subject-matter nor without some direct intelligent apprehension of the proposition to which assent is given" (ThP I 135).

[1815] Vgl. ThP I 19.

ser ihm aber seinerseits sodann Schlüssigkeit gibt[1816]. In der Diktion von *On the Certainty* ist es fernerhin die individuell - unverwechselbare *prudentia*, die Indizien und Argumente zum Aufweis der Evidenz eines Sachverhaltes fügt[1817]. Die Parallele zwischen der *Grammar* und *On the Certainty* scheint offensichtlich: Es ist der personale Charakter der *Evidenz*, der den Unterschied zwischen der Zustimmung und der Folgerung begründet und das Eigenleben der Zustimmung erklärt[1818]. Dies allerdings bedeutet nicht, daß Zustimmungen und Argumente auf Dauer eine unverbrüchliche Partnerschaft eingehen. Dem widerspricht schon die Beweglichkeit des menschlichen Geistes, der sich an Erkenntnis und Einsicht im Verlaufe einer Lebensgeschichte wandelt, was sich an den diversen Zustimmungsakten ablesen läßt. *J. H. Newman* verweist dazu auf Vorurteile, die - schon lange im menschlichen Geist vorhanden - die Zustimmung zu unbestreitbaren Beweisen zu vereiteln vermögen[1819]; er erinnert an Menschen, die zwar die Lösung eines komplizierten Problems „in a moment"[1820] erfassen, dafür aber oftmals eine sehr lange Zeit brauchen, „to embrace it as a truth, and to recognize it as an item in the circle of his knowledge"[1821]. Mag sich auch eine Kette von Argumenten zu einem imponierenden Beweis formieren, „the assent either exists or does not exist"[1822]: Die individuelle Disposition des menschlichen Geistes entscheidet darüber, ob einem Schluß, der sich aus einer Folgerung ergibt, die Zustimmung zu gewähren ist. Aus diesem Grund steht es auch in der Freiheit des einzelnen Menschen, einer beliebigen Stelle im Argumentationszusammenhang das *onus probandi* des Beweisganges zuzuweisen[1823]. Auf dem Gebiet der Mathematik ist dies beispielhaft zu beobachten: Ein mathematischer Beweis ist nicht bereits *ipso facto* schon

---

[1816] Vgl. ThPI 18.
[1817] Vgl. ThP I 24.
[1818] „Again, when a conclusion is recommended to us by the number and force of the arguments in proof of it, our recognition of them invests it with a luminousness, which in one sense adds strength to our assent to it, as it certainly does protect and embolden thus assent" (GA 122 / AW VII 129).
[1819] Vgl. GA 111 / AW VII 116.
[1820] GA 112 / AW VII 117.
[1821] GA 112/ AW VII 117.
[1822] GA 112/ AW VII 117.
[1823] „On the contrary, we throw the full onus probandi on the side of the conclusion, and we refuse to it at all, until we can assent to it altogether" (GA 112/ AW VII 117).

eine Zustimmung[1824]. Daher betont J. H. *Newman* die Verschiedenheit der Weltzugänge, wie sie durch einen geistigen Akt der Zustimmung, aber auch durch logische Formeln oder eben das Verfahren der Folgerung möglich sind. Ist die „graduated scale of a thermometer"[1825] keinesfalls die eigentliche Ursache von Leben und Gesundheit, gilt dies auch für eine „verbal argumentation", die ihrerseits nicht zum „principle of inward belief"[1826] werden kann. Die Sprache von Logik und Mathematik registriert zwar auf sensible Weise Veränderungen der Wirklichkeit, zeigen aber nicht, „how the intellect is affected towards the thing which those symbols represent" [1827]. Daran wird dann natürlich auch die Eigenart der Zustimmung besonders signifikant: Sie ist unbestreitbar Ausdruck der menschlichen Natur und der Gesetze ihrer Verfaßtheit[1828],

---

[1824] Vgl. dazu GA 112 - 114 / AW VII 117 – 119. J. H. *Newman* betont zunächst, daß die intellektuelle Natur des Menschen unter Gesetzen (vgl. GA 112/ AW VII 117) steht, und diesbezüglich „das Korrelat sichergestellter Wahrheit" (GA 112/ AW VII 117) rückhaltlose Zustimmung ist. Zugleich erinnert er daran, daß es gerade bei „long and intricate mathematical investigations" (GA 112 / AW VII 117)die Disposition des menschlichen Geistes ist, die auf die Bereitwilligkeit einer Zustimmung einwirkt. J. H. *Newman* zählt dazu die „sustained attention" sowie die „effort of memory" (GA 113/ AW VII 117) . Zudem weiß er um die Abhängigkeit einzelner Mathematiker vom Urteil ihrer Fachkollegen: „Nor indeed would any mathematician, even in questions of pure science, assent to his own conclusions, on new and difficult ground, and in the case of abstruse calculations, however often he went over his work, till he had the corroboration of other judgments besides his own. He would have carefully revised his inference, and would assent to the probability of his accuracy in inferring, but still he would abstain from an immediate asssent to truth of his conclusion. Yet the corroboration of others cannot add to his perception of the proof; he would still perceive the proof, even though he failed in gaining their corroboration. And yet again he might arbitrarily make it his rule, never to assent to his conclusions without such corroboration, or at least before the lapse of a sufficient interval. Here again inference is distinct from assent" (GA 113/ AW VII 117).

[1825] GA 119 / AW VII 124.

[1826] GA 119 / AW VII 125.

[1827] GA 118 / AW VII 124.

[1828] „None of us can think or act without the acceptance of thruths, not intuitive, not demonstrated, yet sovereign. If our nature has any constitution, any laws, one of them is this absolute reception of propositions as true, which lie outside the narrow range of conclusions to which logic, formal or virtual is tethered; nor has any philosophical theory the power to force on us a rule which will not work for a day" (GA 118 / AW VII 124). In GA 116 - 118 / AW VII 121 - 123 sind solche grundlegenden Prinzipien aufgezählt, nach denen der Mensch sein Leben ausrichtet. J. H. *Newman*

Grade der Zustimmung sind daher keinesfalls anzunehmen[1829]. Obwohl J. H. *Newman* in aller Entschiedenheit die Folgerung von der Zustimmung unterscheidet, sieht er aber auch Hinweise auf eine „legitimate or actual connexion between them"[1830]. Dabei ist er jedoch um der Personalität des Zustimmungsaktes willen sehr behutsam in der Argumentation[1831]. Zwar schließt eine Zustimmung in jedem Falle Vernunftgründe, „implicit, if not explicit"[1832], mit ein: Ohne vernunftgemäße Gründe scheint es nicht gerechtfertigt[1833], eine Zustimmung zu erteilen, der Grad der Wahrscheinlichkeit, den der Folgerungsakt einem Sachverhalt zuweist, bestimmt sogar die Geneigtheit des Geistes zu einer Zustimmung[1834]. Bei aller Nähe der Folgerung zur Zustimmung bleibt dann aber zwischen beiden ein entscheidender Unterschied : Die Folgerung gründet einen unbestreitbaren Beschluß auf die Bedingung unbestreitbarer Prämissen[1835]. Selbst wenn sie Beweischarakter hat, bleibt sie „still conditional"[1836] . Die Zustimmung dagegen „is an adhesion without reserve or doubt to the proposition to which it is given"[1837], damit also nichts an-

---

nennt hier die Wahrnehmung des eigenen Ich, die Existenz der äußeren Welt sowie Fakten, die dem Standard des Allgemeinwissens zuzuordnen sind (vgl. GA 117 / AW VII 122).

[1829] Vgl. dazu GA 115 - 116 / AW VII 120 - 121, wo J. H. *Newman* sich mit der These möglicher „Degrees of Assent" auseinandersetzt. „When I assent to a doubtfulness, or to a probability , my assent, as such, is as complete as if I assented to a truth; it is not a certain degree of assent" (GA 116 / AW VII 121).

[1830] GA 113 / AW VII 118.

[1831] Nach *E. Bischofberger* macht *J. H. Newman* hier *J. Locke* gegenüber „insofern ein entscheidendes Zugeständnis, als er tatsächlich die Forderung nach zweifelsfreier Gewißheit, d.h. nach Evidenz, auf jene Zustimmungen einschränkt, die durch eine logisch einwandfreie Folgerung gestützt werden" (Sittliche Voraussetzungen 214).

[1832] GA 113 / AW VII 118.

[1833] „None of us can think or act without the acceptance of truths, not intuitive, not demonstrated, yet sovereign" (GA 118 / AW VII 124).

[1834] Vgl. GA 113 / AW VII 118. *J. H. Newman* nennt ein weiteres, originelles Argument, aus dem die Verbundenheit von Zustimmung und Folgerung herzuleiten ist: „So much is it commonly felt that assent must be preceded by inferential acts, that obstinate men give their own will as their very reason for assenting, if they can think of nothing better; ‚stat pro ratione voluntas' (GA 113 / AW VII 118).

[1835] „...it establishes an incontrovertible conclusion on the condition of incontrovertible premisses" (GA 114 / AW VII 119).

[1836] GA 114/ AW VII 119.

[1837] GA 114/ AW VII 119.

deres als die „acceptance of truth"[1838]. Die Wahrheit aber ist - wie dann
auch der Akt der Zustimmung - unbedingt, d.h., nicht das Ergebnis eines
Folgerungsaktes: So stehen beide, Folgerung wie Zustimmung, für die
Annahme eines Satzes durch den menschlichen Geist[1839]. Im Gegensatz
zur Folgerung tut dies die Zustimmung jedoch unbedingt, indem sie
dem Schluß ihre „absolute Anerkennung" [1840] erteilt. In diesem Zusammenhang ist die Beobachtung von *J. Brechtken* interessant, derzufolge das
Subjekt beim Zustimmungsakt vom Gegenstand der Erkenntnis „nicht
so direkt wie im Erfassungsakt"[1841] bestimmt ist. Dabei scheint die ausdrückliche Differenzierung, die *J. H. Newman* zwischen dem Schlußverfahren der Folgerung einerseits und dem Zustimmungsakt andererseits
vornimmt, *J. Brechtken* in seiner Vermutung zu bestätigen, wenn er den
„Personalismus in der Erkenntnistheorie Newmans"[1842] in einem „gewissen Abstand des Subjekts von der Wahrheit selbst" [1843] begründet
sieht. Das Schlußverfahren ist insofern zur Wahrheit auf Distanz, weil es
nicht mehr als die Wahrscheinlichkeit zu ermitteln vermag, mit der ein
Sachverhalt vor der fragenden Vernunft bestehen kann. *J. Brechtken* sieht
hier zurecht, wie es scheint, eine mehr aktive Rolle des Individuums,
dem eine gewisse „Wahrheitsverantwortung" [1844] aufgetragen ist, „der es
im gegebenen oder verweigerten Zustimmungsakt zu entsprechen
versucht" [1845]. Darin aber besteht die Distanz der Zustimmung zur
Wahrheit - das Wahrscheinliche nämlich „als das Gesicht des Wahren
und so als Wahres absolut und unbedingt"[1846] anzunehmen. Aus der
Kenntnis dieser gegebenen Distanz heraus erübrigt es sich, von Graden

---

[1838] GA 114/ AW VII 119.
[1839] Vgl. GA 114/ AW VII 179.
[1840] „To the conclusion thus drawn, assent gives its absolute recognition" (GA 114/
AW VII 119). Nach GA 118 / AW VII 124 ist es geradezu als Wesensart der menschlichen Natur anzusehen, Wahrheiten unbedingt anzunehmen: „If our nature has any
constitution, any laws, one of them is this absolute reception of propositions as true,
which lie outside the narrow range of conclusions to which logic, formal or virtue, is
tethered."
[1841] *J. Brechtken*, Real-Erfahrung 33.
[1842] *J. Brechtken*, Real-Erfahrung 36.
[1843] *J. Brechtken*, Real-Erfahrung 36.
[1844] *J. Brechtken*, Real-Erfahrung 36.
[1845] *J. Brechtken*, Real-Erfahrung 36.
[1846] *J. Brechtken*, Real-Erfahrung 36.

der Zustimmung zu sprechen[1847]. Diesbezügliche Redewendungen der Umgangssprache[1848] bleiben ungenau und verfehlen das Wesen der Zustimmung, ihre „intrinsic integrity and indivisibility"[1849]. In Hinblick auf seine katholischen Leser, die sich dem scholastischen Denken verpflichtet fühlen[1850], unterstreicht *J. H. Newman* die

---

[1847] In GA 119 - 123 / AW VII 125 - 129 beschäftigt sich *J. H. Newman* mit einigen Redewendungen, die den Anschein erwecken, dem Zustimmungsakt komme ein Grad an Intensität zu. Eingeschränkte Zustimmungen *prima facie* beispielsweise sind wenig mehr als eine „profession or acquiescence or inference, not a real acceptance of a proposition" (GA 120 / AW VII 126). Ebenso ist der Begriff einer *„conditional assent"* unzutreffend: Ist nämlich in einem Satz, dem die Zustimmung erteilt werden soll, eine Bedingung vorhanden, so geht diese Bedingung in die Materie der Zustimmung ein, nicht dagegen in die Zustimmung selbst (vgl. GA 120 / AW VII 126). Begriffe wie „*rational assent, a sudden, impulsive, or hesitating assent"* (GA 121/ AW VII 127) beschreiben nicht den Akt, sondern die Umstände der Zustimmung, womit *J. H. Newman* Gemütsbewegungen, folgerichtiges Denken oder die Ausprägung der Einbildungskraft meint, die eine Zustimmung begleitet (vgl. GA 122 / AW VII 128). Wenn aber von einer starken oder schwachen Zustimmung die Rede ist, meint dies mitunter nicht nur gewisse Begleitumstände, unter denen eine Zustimmung getroffen wird, sondern auch den „habit of mind" (GA 122 / AW VII 128) dessen, der zustimmt - *J. H. Newman* zielt damit auf das innere Engagement, mit dem eine in sich unteilbare Zustimmung erteilt wird, wie er am Beispile der *demonstratio christiana* erläutert: Die „eine Apologetik des Christentums entläßt uns mit einem neu belebten und gekräftigten Glauben; eine andere vielleicht mit den Worten jenes bekümmerten Vaters: ,Ich glaube, hilf meinem Unglauben'"(GA 122 / AW VII 128). *J. H. Newman* weiß dabei um die Kraft des unmittelbaren Erlebens persönlicher Widerfahrnisse, die eine Zustimmung mit einer „triumphant peremptoriness" (GA 122/ AW VII 128) ausstattet: „And again, we assent to the praise bestowed to on a friend´sgood qualities with an energy which we do not feel, when we are speaking of virtue in the abstract..." (GA 121/ AW VII 129). Der *habit of mind* kann sich aber auch in gewissen Fällen zu einem Vorurteil verfestigen, das dann die Erkenntnis vereitelt: „...but from long prejudice I may be unable to carry my new assent well about me..." (GA 121 / AW VII 127).

[1848] „It remains to explain some conversational expressions, at first sight favourable to that doctrine of degrees in assent, which I have been combating" (GA 119 / AW VII 125).

[1849] GA 123 / AW VII 129.

[1850] Vgl. dazu AW VII 387, Anm. 112, wo die Herausgeber kommentieren: „Newman hat das Bedürfnis, für seine eigenständige Zustimmungslehre um aufgeschlossenes Verständnis in *den* katholischen Kreisen zu werben, die streng scholastisch zu denken gewöhnt sind. Darum verweist er hier in einiger Breite auf probate Autoren, wie er es übrigens auch in seinen 12 „Theses de fide" tut, die er 1846 / 47 in Rom niederschrieb,

Lehre der katholischen Kirche von der „pre - eminence of strength in divine faith"[1851]. Seine eigene Zustimmungslehre widerspricht in keiner Weise dem kirchlich-dogmatischen Verständnis vom Glauben[1852]: Im Vergleich zum natürlichen, menschlichen Glauben hat der religiöse Glaube einen übernatürlichen Ursprung. „In its being superior in nature and kind"[1853] läßt dieser mit jenem keinen Vergleich zu, „its intrinsic superiority is not a matter of experience, but is above experience"[1854]. J. H. Newman nutzt diese Gelegenheit, seine Überlegungen vor einer möglichen Kritik aus katholischen Reihen zu schützen: Die spezielle Zustimmung, mit der der menschliche Geist, „vivified by a divine grace"[1855], dem objektiven Wort Gottes entspricht, ist „a transcendant adhesion of

---

um eine Brücke zu schlagen zwischen seiner Lehre in den Oxforder Universitätspredigten und der traditionellen katholischen Lehre".

[1851] GA 123/ AW VII 129.

[1852] Vgl. AW VII 387, Anm. 112, wonach J. H. Newman auch in diesem Abschnitt dem schon in seinen Theses de fide geübten Verfahren die Treue hält, eigenständige Thesen durch Ansichten anerkannter, katholischer Gelehrter abzusichern: „Die hier herbeigezogenen Autoren sind: Joseph Alois Dmowski SJ (+ 1879), Gegner Rosminis, Professor am römischen Kolleg; seine Institutiones philosophiae schrieb er 1840. Pietro Scavini (+1869), Moraltheologe, persönlicher Freund und literarischer Gegner Rosminis; seine Theologia moralis universa (1841) erlebte in kurzer Zeit 16 Auflagen."

[1853] GA 123 / AW VII 129. J. H. Newman bezieht sich hier auf J. A. Dmowski SJ, Institutiones, Bd. I 28, aus denen er lateinisch zitiert (vgl. GA 123, Anm. 3 / dtsch. AW VII 386, Anm. 108): „Die übernatürliche Zustimmung, die der Geist den Glaubensdingen gewährt, kann sein und ist größer als alle Zustimmungen, die einer natürlichen Gewißheit gewährt werden, oder einer solchen, die aus natürlichen Motiven hervorgegangen ist, da sie von der Gnade Gottes abhängt, die den Geist innerlich erleuchtet und bewegt."

[1854] GA 123 / AW VII 129. J. H. Newman zitiert hier P. Scavini, Theologia moralis universa II 428 (vgl. GA 123, Anm. 4/ dtsch. AW VII 386, Anm. 109): „Der Mensch ist dessen viel sicherer, was er von Gott hört, der nicht getäuscht werden kann, als was er mit der Vernunft einsieht, durch die er getäuscht werden kann...Das ist von der Glaubensgewißheit zu verstehen der Einschätzung, nicht der Absicht nach. Denn es geschieht oft, daß das Wissen deutlicher vom Verstand erfaßt wird, und daß die Verbundenheit des Wissens mit der Wahrheit mehr in die Erscheinung tritt, als die Verbundenheit des Glaubens mit ihr. Die natürlichen Erkenntnisse, die ja unserem Verständnis angepaßt sind, befriedigen, erfreuen und sättigen gleichsam den Geist mehr."

[1855] GA 123/ AW 129.

mind, intellectual and moral, and a special self-protection"[1856], alles dies natürlich jenseits der „ordinary laws of thought"[1857], um die es in den Ausführungen der *Grammar* geht. Von der Sache her dient der kleine Diskurs jedoch allein dem Interesse der Deutlichkeit: Der Begriff der Zustimmung nämlich ist für *J. H. Newman* längst an die Stelle der Lehre vom *Privaturteil* getreten, die er allerdings in seinem Brief an den *Herzog von Norfolk* als tragendes Argument für den Themenkomplex der Gewissensentscheidung voraussetzt[1858]. Im Gegensatz zum *Privaturteil* scheint der Zustimmungsbegriff das geeignetere Denkmodell, „das vor allem die Objektivität der Wahrheit sichert und sie unabhängig von menschlicher, fehlbarer Erkenntnis macht"[1859]. Der Zustimmungsbegriff entspricht damit der bereits zu Beginn der *Grammar* behaupteten Doppelfunktion der Sprache, die sowohl implizite wie explizite Vernunftvollzüge ermöglicht: Das Modell der Zustimmung macht „die Freiheit der Wahrheitsfindung von seiten des Menschen"[1860] denkbar, indem es die Erkenntnisfähigkeit in die biographische Situation des Erkenntnissubjektes zurückbindet.

[1856] GA 123/ AW 129. *J. H. Newman* verweist hier auf den deutschen Augustinertheologen *Eusebius Amort* (+ 1775), nach AW VII 415, Anm. 267 Förderer des religiösen und wissenschaftlichen Lebens in Bayern", aus dessen *Theologia eclectica, moralis et scholastica,* Augsburg 1752, 367 er zitiert (GA 123, Anm. 6 / dtsch. AW VII 386 - 387, Anm. 111): „Der Glaube ist sicherer als alle natürliche Wahrheit, auch wenn sie mathematisch oder metaphysisch gewiß ist, und das nicht nur durch die Gewißheit der Anhänglichkeit, sondern auch der Zustimmung .... Der Intellekt spürt, daß er sogar in metaphysisch sicheren Wahrheiten durch Einwände verwirrt werden kann, z. B. wenn er Skeptiker läse....Im Gegensatz dazu kann keiner in den Dingen verwirrt werden, von denen feststeht, daß sie von Gott geoffenbart worden sind."

[1857] GA 123 / AW 129.

[1858] Vgl. DbA II 333 - 334 / AW IV 220 - 222.

[1859] *M. Miserda,* Subjektivität 321.

[1860] *M. Miserda,* Subjektivität 321.

4.3.3.2.2. Die Gewißheit

Die Deutlichkeit, mit der in der *Grammar* der Eigencharakter der Zustimmung herausarbeitet wird, bestätigt die Behauptung von *M. Miserda*,
derzufolge *J. H. Newman* - dem Charakter einer Logik entsprechend -
„den Assent-Begriff Lockes korrigiert"[1861]. *M. Miserda* erkennt hier eine
Gedankenführung, die von dem hohen Anspruch wissenschaftlicher
Ratio geprägt ist , zugleich aber „sehr viel auf die alltägliche Erfahrung
baut"[1862]. Dementsprechend ist auch der Begriff der Gewißheit konzipiert. Im *zweiten Paragraphen* des *sechsten Kapitels* handelt *J. H. Newman*
vom „complex assent"[1863], nähert sich damit also - terminologisch betrachtet - dem Phänomen der *Gewißheit* vom Begriff der *Zustimmung* her.
M. Miserda regt dies zu einer weiteren Vermutung an: Bei *J. H. Newman*,
so die These, scheint das Denkmodell der Gewißheit die Zustimmung[1864],
womit *J. H. Newman* durchaus im Rahmen der herkömmlichen philosophischen Terminologie bliebe. Von der Sache her nämlich gilt die Gewißheit als Fundamentalbegriff[1865], der sich einerseits auf den Gegenstand der Erkenntnis bezieht, andererseits aber die einer aller Bindung
an objektive Realität vorgängige Subjektivität miteinbezieht[1866]. Näherhin
ist sie also die dem Zweifel[1867] entgegengesetzte, „durch das unmittelbare

---

[1861] *M. Miserda*, Subjektivität 343.
[1862] *M. Miserda*, Subjektivität 343.
[1863] GA 123 - 137 / AW VII 130 - 145.
[1864] Vgl. *M. Miserda*, Subjektivität 343.
[1865] Vgl. dazu den Stichworteintrag „Gewißheit", in: *A. Halder / M. Müller (Hg.)*,
Kleines Philosophisches Wörterbuch, 10. Aufl., Freiburg - Basel -Wien 1982, 104 (=
Herderbücherei 398).
[1866] Vgl. *H. Wackerzapp*, Art. Gewißheit, in: LthK II 4, 874 - 875: „Die Neuzeit
verschmilzt G. u. Bewußtheit u. versucht, die bewußtseinsjenseitige Geltung der
Erkenntnis aus einer aller Bindung an objektive Realität vorgängigen Subjektivität
krit. zu sichern."
[1867] Vgl. dazu *W. Czapiewski*, Art. Zweifel, in: LThK II 10, 1425 - 1426, hier 1425:
„Zweifel ist das Schwanken des erkennenden Geistes zw. zwei (od. mehreren) einander entgegengesetzten (konträren od. kontradiktorischen) Urteilen u. somit die
Unterlassung der Zustimmung (assensus) zu einem der beiden Sätze auf Grund des
Fehlens v. ausreichender Evidenz." Während *W. Czapiewski* den Zweifel von der
Zustimmung her denkt, bestimmt *J. de Vries*, Art. Zweifel, in: *W. Brugger (Hg.)*, Philosophisches Wörterbuch. Sonderausgabe, 17. Aufl., Freiburg - Basel - Wien 1985, 485
- 486 , hier 485, den Begriff des Zweifels von der Gewißheit her: „Zweifel ist psychologisch die der Gewißheit entgegengesetzte Haltung gegenüber einem gedachten

Sichzeigen (Evidenz) des Objektes gerechtfertigte Sicherheit des Wissen"[1868], als „Zustand des konkreten Subjekts"[1869] von dessen „psychologischer Bedingtheit"[1870] abhängig. Ist die Evidenz eines Sachverhaltes in der Sicherstellung seiner Gründe vom Bewußtsein selbst zu leisten[1871], „das damit die richtige Übereinstimmung seiner Vorstellung mit der Sache im Urteil garantiert"[1872], meint der Begriff der Gewißheit in der Tat „etwas, dessen ein Subjekt gewiß, d.h. wovon es unerschütterlich überzeugt ist"[1873]. So schließt *A. Schöpf* von der bestehenden verbalen Nähe des Begriffes „Gewißheit" zum Ausdruck „Gewissen" auf eine charakteristische Eigenschaft der Gewißheit selbst[1874]. „Wenn der Wortsinn nicht trügt", beruht der „mit der Gewißheit erreichte befestigte Stand des Wissens auf einer praktischen Stellungnahme, ja möglicherwiese sogar auf einer sittlichen Entscheidung"[1875]. Damit ist der Unterschied zwischen einer *praktischen* und einer *theoretischen Gewißheit* grundgelegt, wobei die beiden Formen der Gewißheit nicht unbedingt koinzidieren müssen[1876]. Die *theoretische Gewißheit* entspricht dem jewei-

---

Sachverhalt. Wie die Gewißheit sich unwillkürlich einstellen oder auf freier Entscheidung beruhen kann, so ist auch der Z. oft eine sich unwillkürlich aufdrängende Hinneigung zur Ablehnung eines Satzes, zuweilen auch ein Schwanken zwischen der Hinneigung zum Ja oder Nein."

[1868] *H. Wackerzapp*, Art. Gewißheit 874.

[1869] *H. Wackerzapp*, Art. Gewißheit 874.

[1870] *H. Wackerzapp*, Art. Gewißheit 874.

[1871] Vgl. Stichworteintrag „Gewißheit" , in: *A. Halder / M. Müller* (Hg.), Kleines Philosophisches Wörterbuch 104.

[1872] Stichworteintrag „Gewißheit" , in: *A. Halder / M. Müller* (Hg.), Kleines Philosophisches Wörterbuch 104.

[1873] *A. W. Müller*, Art. Gewißheit, in: LthK III 4, 631- 642. *A. W. Müller* betont ebd. 631: „Rein log. Falsifizierbarkeit macht G. nicht irrational. Zur Erlangung sicherer Erkenntnis ist Letztbegründung weder möglich noch nötig: Einzeln u.U. kritisierbar, werden Angelpunkte der G. im Normalfall durch Kohärenz stabilisiert in einem System v. Überzeugungen, das sich als Ganzes nicht (immanent) infrage stellen läßt."

[1874] Vgl. *A. Schöpf*, Art. Gewißheit, in: *H. Krings, H.M. Baumgartner, Chr. Wild* (Hg.), Handbuch Philosophischer Grundbegriffe. Studienausgabe, Bd. 3, München 1973, 585 - 596, hier 585.

[1875] *A. Schöpf*, Art. Gewißheit 585.

[1876] „So unterscheiden wir das, was für die Theorie richtig sein mag, von dem, was für die Praxis taugt. Umgekehrt mag sich etwas als praktisch überzeugend erwiesen haben, während dem Erkennenden noch Zweifel verbleiben" (*A. Schöpf*, Art. Gewißheit 586).

ligen Gegenstandsbereich und dessen Formalprinzipien[1877]. Die *praktische Gewißheit* dagegen betrifft das natürliche Verhalten[1878], sie ist von moralischer Natur, wenn sie auch „nicht ausschließlich subjektiv im Sinne der psychologischen Überzeugung verstanden werden"[1879] kann. Erfahrung, intersubjektive Übereinstimmung sowie Einsichten über einen Sachverhalt[1880] sind ihr Fundament, auf das sich ihre Überzeugung stützt: Die „subjektive Gewißheit impliziert schon Elemente, die geeignet sind, sie zu objektivieren"[1881]. *J. de Vries SJ*, der im Literaturvermerk zu seinem kleinen Artikel „Gewißheit" direkt an erster Stelle auf die *Grammar of Assent* hinweist[1882], interpretiert denn auch die Gewißheit als ein „sicheres Urteil"[1883], als eine „feste, in der Evidenz des Sachverhaltes begründete Zustimmung"[1884]. Der hier verwendete Begriff der Zustimmung meint dabei die psychologische Seite der Gewißheit, die *J. de Vries* als „Urteil in seiner Vollgestalt"[1885] bezeichnet. Ein solches Urteil ist „mit Ausschluß des Zweifels"[1886] endgültig gesetzt. Allerdings weiß er dabei auch um die objektive Gestalt der Gewißheit, eben eine solche, die „in der Evidenz des Sachverhalts"[1887] begründet ist. *A. Schöpf* verweist in diesem Zusammenhang noch einmal auf die Etymologie des Begriffes. Der Wortsinn von „*Gewiß-*" deutet ihm zufolge auf ein Geschehen hin, „das bereits zum Abschluß gekommen ist, während die Endung „*-heit*" eine ruhige Dauer und einen festen Zustand markiert" [1888]. Damit geht es beim Begriff der Gewißheit um zwei Tatbestände - *erstens* um das „Wis-

---

[1877] „Die *theoretische G.* der Wiss. u. der Philosophie ist dem jeweiligen Gegenstand u. der Evidenz dere Prinzipien entsprechend verschieden. Die höchste erreicht die Mathematik, in ihrer Exaktheit das Ideal der Wiss. u. häufig auch der Philosophie (Platon, Nikolaus v. Kues, Descartes, Leibniz, Pascal, Spinoza)" (*H. Wackerzapp*, Art. Gewißheit 874).

[1878] Vgl. *H. Wackerzapp*, Art. Gewißheit 874.

[1879] *A. Schöpf*, Art. Gewißheit 587.

[1880] Vgl. *A. Schöpf*, Art. Gewißheit 586.

[1881] *A. Schöpf*, Art. Gewißheit 587.

[1882] *J. de Vries*, Art. Gewißheit, in: *W. Brugger (Hg.)*, Philosophisches Wörterbuch. Sonderausgabe, 17. Aufl., Freiburg - Basel - Wien 1985, 146 - 147, hier 147.

[1883] *J. de Vries*, Art. Gewißheit 146.

[1884] *J. de Vries*, Art. Gewißheit 146.

[1885] *J. de Vries*, Art. Gewißheit 146.

[1886] *J. de Vries*, Art. Gewißheit 146.

[1887] *J. de Vries*, Art. Gewißheit 146.

[1888] *A. Schöpf*, Art. Gewißheit 585.

sen aus seiner Entstehung bis zu seiner Sedimentierung"[1889], *zweitens* um eine „Weise des Sehens"[1890], die das Wissen in seinem Werdegang verfolgt: Die Gewißheit ist folglich das Wissen um ein Wissen. Der Gedanke erinnert an das Konzept der *impliziten* und *expliziten Vernunft* aus der 15. *Oxforder Universitätspredigt*, vor allem aber an das *erste Kapitel* der *Grammar*, in dem Satzaussagen von ihrer Syntax wie von ihrer personalen Tiefenstruktur her zur Grundlage einer Erkenntnis - bzw. Glaubenslehre gemacht werden. Darüberhinaus macht ein kurzer Gedanke gegen Ende des kleinen Artikels von *J. de Vries* noch einmal deutlich, warum die *Gewißheitsthematik* für *J. H. Newman* von so großer Wichtigkeit ist. *J. de Vries* führt hier nämlich den Begriff einer *existentiellen Gewißheit* ein, die er vor allem im Glauben ausmacht[1891]. Die *existentielle Gewißheit* ist subjektiv-personal, also nicht notwendigerweise Ergebnis von Beweisen: Sie verlangt vielmehr, „auch wenn sie keineswegs vernunftfremd oder gar widervernünftig ist, eine personale Entscheidung"[1892]. Die *existentielle Gewißheit*, so *J. de Vries*, ist „freie Gewißheit"[1893], eine Begriffsbestimmung, die sich von der Sache her mit dem apologetischen Anliegen, das *J. H Newman* mit seiner *Grammar* verfolgt, deckt, die von ihm behauptete Nähe der Gewißheit zur Zustimmung begründet und zugleich an seinen Briefwechsel mit *W. Froude* erinnert[1894].

[1889] *A. Schöpf*, Art. Gewißheit 585.

[1890] *A. Schöpf*, Art. Gewißheit 585.

[1891] Vgl. *J. de Vries*, Art. Gewißheit 147.

[1892] *J. de Vries*, Art. Gewißheit 147. *J. de Vries* kennt dabei Grade der Bewußtheit, mit der sich die Gewißheit einstellt. Demnach unterscheidet man „spontane (natürliche) u. reflexe (wissenschaftliche) G.; in der ersteren sind die Gründe nicht methodisch durchforscht, darum auch - wenigstens im einzelnen weniger beachtet, während die wissenschaftliche G. eine höhere Bewußtheit der Begründung einschließt, obwohl auch in ihr die letzten phil. Voraussetzungen zumeist nicht reflektiert werden" (*J. de Vries*, Art. Gewißheit 147). Dies wird im Alltagsverhalten vieler Menschen deutlich, wie *J. de Vries* ausführt. Hier ist oftmals eine hypothetische Evidenz und Gewißheit zu entdecken, „wenn die Gründe so überwiegend sind, daß sie nach vernünftiger Abschätzung zu einer festen Zustimmung ausreichen" (*J. de Vries*, Art. Gewißheit 146). Instrument, zu einer solchen Gewißheit zu gelangen, ist nicht die streng logische Schlußfolgerung, sondern der Konvergenzschluß (vgl. *J. de Vries*, Art. Gewißheit 146).

[1893] *J. de Vries*, Art. Gewißheit 147.

[1894] Vgl. *R. Siebenrock*, Wahrheit 178 – 185. „Religion bleibt ohne Lebensvollzug völlig abstrakt. Wie man Schwimmen nur durch Schwimmen lernt, kann der Glaube nur durch Glauben vollzogen und in seiner Wahrheit geprüft werden. Daher liegt der

Für die Vermutung, in der *Grammar* das Modell einer *freien Gewißheit* anzutreffen, spricht die Unterscheidung der *einfachen* von den *komplexen, reflektierten Zustimmungen* („complex or reflex assents"[1895]). Der *simple assent* erscheint hierbei zunächst als die Normalform der Zustimmung. Der Großteil der Zustimmungen, die ein Mensch gibt, ist demnach „unconsciously"[1896], Ausdruck von „personal likings, tastes, principles, motives, and opinions"[1897], ursächlich wohl „dictated by nature"[1898], möglicherweise aber auch „resulting from habit"[1899]. In der Folge besteht dann aber die Gefahr, Akte der Zustimmung mit denen der Folgerung, also Wahrheit und Methode, zu verwechseln. Den *einfachen Zustimmungen* sind daher um der intellektuellen Redlichkeit einer Zustimmung willen die *komplexen, reflektierten Zustimmungen* gegenüberzustellen, die ihrerseits bewußt und überlegt („consciously and deliberately"[1900]) erteilt werden, und bei denen die Folgerung dem Zustimmungsakt eine gewisse Stütze ist. Solcherart *komplexen Zustimmungen* gibt *J. H. Newman* im *siebten Kapitel* der *Grammar* den Namen *Gewißheit*[1901]. Mit ihm steht er voll und ganz in der philosophischen Begriffstradition. Sowohl hier als auch dort kennzeichnet der Begriff, wie besonders bei *J. de Vries* und *A. Schöpf* in Erfahrung gebracht werden konnte, treffend das Ineinander von Sachgründen und innerer Akzeptanz, dank derer ein Sachverhalt Evidenz und individuelle Gültigkeit erfährt. Ganz offensichtlich existiert aber zwischen den genannten Arten der *Zustimmung* ein Ungleichgewicht. Im Vergleich zur „multitude of like acts which pass through our minds in long procession without our observing them"[1902] ist naturgemäß die Zahl solcher Zustimmungen, die mit einem „direct knowledge of

---

entscheidende Unterschied nach Newman im Verständnis von ‚Gewißheit', der in diesem Begriff die unvertretbare Leistung der konkreten Person mitausgedrückt haben möchte" (Wahrheit 183).

[1895] GA 124 / AW VII 130.
[1896] GA 124 / AW VII 130.
[1897] GA 124 / AW VII 130.
[1898] GA 124 / AW VII 130.
[1899] GA 124 / AW VII 130.
[1900] GA 124 / AW VII 130.
[1901] „ In proceeding to compare together simple assent and complex, that is, Assent and Certitude..." (GA 138 / AW VII 146).
[1902] GA 124 / AW VII 130.

what we are doing"[1903] erteilt werden, wesentlich kleiner. Sind Zustimmungen zwar „acts and manifestations of self" [1904], kann ihr Großteil, die
unzähligen, alltäglichen *simple assents*, „nicht unbesehen einen Wahrheitsanspruch erheben"[1905]. In ihrem ausgeprägt subjektiven, mitunter
intuitiven Ausweis der Wahrheit bleiben sie „unzureichend"[1906], bedürfen eines „Überprüfungsverfahrens"[1907], das „die Glaubwürdigkeit der
angenommenen Wahrheit überprüft und ausweist"[1908]. Ein solches
Verfahren, von J. H. *Newman* „formal demonstration" [1909] genannt, erforscht die Gründe und Motive, in deren Licht eine Zustimmung getroffen worden ist[1910]. Im menschlichen Geist werden dabei aus *simple assents* Gewißheiten, reflektierte Zustimmungen, „assents to his previous
assenting" [1911], wobei J. H. *Newman* einschärft, daß die Schlüssigkeit eines
Satzes nicht unbedingt mit dessen Wahrheit kongruent ist, zwischen der
Schlüssigkeit und der Wahrheit aber auch keine „necessary incompatibility"[1912] besteht: Die Absicht, einen Satz zu erschließen, „is not ipso
facto to doubt its truth"[1913]. J. H. *Newman* bewährt sich als Grammatiker,

---

[1903] GA 124 / AW VII 130.

[1904] GA 124 / AW VII 130.

[1905] R. *Siebenrock*, Wahrheit 243.

[1906] R. *Siebenrock*, Wahrheit 243.

[1907] R. *Siebenrock*, Wahrheit 244.

[1908] R. *Siebenrock*, Wahrheit 243.

[1909] GA 125 / AW VII 131.

[1910] Vgl. GA 124 - 125 / AW VII 131. J. H. *Newman* wählt Beispiele aus, die das Zueinander von Glaubwürdigkeitsgründen und Zustimmungsakt aus der Perspektive der
Eigenständigkeit des Zustimmungsaktes beleuchten: „But it may happen that I forget
my reasons for what I believe to be so absolutely true; or I may never have asked myself about them, or formally marshalled them in order, and have been accustomed to
assent without a recognition of my assent or of its grounds, and then perhaps something occurs which leads to my reviewing and completing those grounds, analyzing
and arranging them" (GA 124 -125 / AW VII 131). Unmittelbar darauf erläutert J. H.
Newman die Relevanz dieser Einsichten für die alltägliche Praxis: „....yet without on
that account implying of necessity any suspense, ever so slight, of assent, to the proposition that India is in a certain part of the earth, and that Great Britain is an island"
(GA 125/ AW VII 131).

[1911] GA 125/ AW VII 131.

[1912] „I say, there is no necessary incompatibility between thus assenting and yet proving,- for the conclusiveness of a proposition is not synonymous with ist truth" (GA
125 / AW VII 131).

[1913] GA 125 / AW VII 131.

der seine Leser anleitet, eigene Erkenntnisprozesse und damit sich selber besser zu verstehen. Die Begriffsdifferenzierung von *simple* und *complex assent* geschieht insofern folgerichtig und nicht ohne Hintersinn: Die Gewißheit, zu der der einzelne, forschende Geist gelangt, ist nicht Gefühl, sondern intellektueller Akt. „In the case of educated minds"[1914] ist der *complex assent*, die Erforschung der Beweisketten und Glaubwürdigkeitsmotive für die Dinge, denen eine Zustimmung gilt, „an obligation, or rather a necessity"[1915]. Hier folgt der menschliche Geist seiner Natur, lernt er „by degrees and without set purpose, by reflection and experience" [1916], die Gegenstände der Zustimmung, ihre Begriffe und Bilder, zu festigen und zu korrigieren. Der Prozeß, intellektuelle Zustimmungen allmählich einzuüben („to be tested, realized, and developed"[1917]), hat seine Entsprechung im Wachstum des Menschen vom Kind zum Erwachsenen, es ist überdies „analogous to the moral ordeal which is the instrument of their spiritual life" [1918], seine Notwendigkeit erwächst aus den Gesetzen dieser Welt[1919].

Die Argumentation scheint vertraut. Indem er die Befähigung zur Zustimmung analog zu den körperlichen und geistigen Wachstums- und Reifungsprozessen denkt, nimmt *J. H. Newman* die komplexe Ganzheit menschlicher Individualität in den Blick, deren Geschichtlichkeit aus dem wechselseitigen Miteinander ihrer tragenden Kräfte erwächst[1920]. In

---

[1914] GA 126 / AW VII 133.

[1915] GA 126/ AW VII 133.

[1916] GA 127 / AW VII 134.

[1917] GA 126 / AW VII 133.

[1918] GA 126/ AW VII 133.

[1919] „ The lessons of right and wrong, which are taught them at school, are to be carried out into action amid the good and evil of the world; and so again the intellectual assents, in which they have in like manner been instructed from the first, have to be tested, realized, and developed by the exercise of their mature judgment" (GA 126 / AW VII 133).

[1920] Vgl. dazu *J. Splett*, Gewissen und Glaubensbegründung bei John Henry Newman, in: *A. Gläßer* (Hg.), John Henry Newman. Vortragsreihe der katholischen Universität Eichstätt, Eichstätt - Wien 1991, 33 - 50 (= Extemporalia 10) 44: „Eine solche Sicht von Denken und Erkennen ist offenbar besonderen Mißverständnissen ausgesetzt in einem geistigen Klima, da man menschliches Verhalten nur mit der Dichotomie von ‚rational' und ‚emotional' zu erfassen versucht. Damit entzieht sich die Eigengestalt sowohl der Vernunft als auch der Sittlichkeit, erst recht beider Quellpunkt: das Gewissen."

diesem Sinne entfaltet J. H. *Newman* an dieser Stelle seine Überlegungen zur Unvertretbarkeit des Subjektes aus dem *neunten Kapitel* der *Grammar*. Zeichnet er dort den Menschen als „creator of his own sufficiency"[1921], indem er die so behauptete Geschichtsoffenheit und -mächtigkeit des Menschen gnadentheologisch an die Vorstellung eines allwaltenden Schöpfergottes zurückbindet[1922], so greift er hier, im *sechsten Kapitel*, die Frage nach dem Standort menschlicher Intellektualität auf, jenen Themenkreis also, für den er sich seit den *Theses de fide* im Zusammenhang mit dem Glaubwürdigkeitsaufweis des Offenbarungsanspruches[1923], seit den *Dubliner Universitätsreden* aber in der konkreten Zielsetzung eines Bildungsprogrammes zur Förderung der Entwicklung junger Menschen interessiert[1924]. Beide Aspekte spiegeln sich in der Rede vom *complex assent* . Der menschliche Intellekt prüft die Reichweite und Berechtigung einzelner Zustimmungsakte, wobei immer das Risiko gegeben ist, bestehende Zustimmungen zu hinterfragen, um darin dem Gang geistiger Entwicklungsprozesse auf die Spur zu kommen: Es scheint möglich, die Fähigkeit zur Gewißheit einzuüben.

4.3.3.2.3. Gewißheit und Wahrheit

J. H. *Newman* betont ausdrücklich, daß der Intellekt im Umfeld einer Zustimmung Gründe und Motive erforscht, nicht sucht - „it is quite true that inquiry is inconsistent with assent"[1925]. Die Suche nämlich betrifft die Zustimmung, sie ist ihrer Natur nach „something more than the mere exercise of inference"[1926]: Sie schließt den Zweifel mit ein[1927], und wer sucht, „is in doubt where the truth lies"[1928]. Im Falle einer echten Zustimmung ist die Wahrheit jedoch gefunden, der Zweifel damit ausgeschlossen. Von daher scheint es unmöglich, zur gleichen Zeit ein Glau-

---

[1921] GA 225 / AW VII 245.

[1922] Vgl. beispielsweise GA 227 / AW VII 247, wo J. H. *Newman* die göttliche Vorsehung von der menschlichen Freiheit her denkt: Aus den Grenzen, die dem Menschen gesetzt sind, erkennt er den Willen Gottes.

[1923] Vgl. Theses de fide, Theses 6 bis 8, 231 – 2357 AW VI 427.

[1924] Vgl. dazu R. *Siebenrock*, Wie Menschen glauben 379.

[1925] GA 125 / AW VII 132.

[1926] GA 125 / AW VII 132.

[1927] Vgl. GA 126 / AW VII 132.

[1928] GA 125 / AW VII 132.

bender und ein Suchender zu sein[1929], wenn *J. H. Newman* auch um die „manifold inconsistencies of individuals"[1930] gerade in Fragen des wahren Glaubens weiß. Hier kann der Zweifel sogar zum Antrieb werden, sich nicht mit dem Unglauben zufrieden zu geben[1931]. Das eigentümliche Verhältnis von Folgerung und Zustimmung wird davon nicht berührt: Die Glaubwürdigkeit bleibt das Objekt prüfender Forschung, die Wahrheitssuche der Antrieb der Zustimmung[1932]. Zweifelsohne bedeutet die Prüfung jener Motive und Gründe, in deren Umfeld eine Zustimmung getroffen worden ist, immer auch ein gewisses Risiko, darin die jeweilige Zustimmung zu unterwandern, diese zuletzt sogar aufzuheben[1933]. *J. H.*

[1929] „We cannot without absurdity call ourselves at once believers and inquirers also" (GA 125 / AW VII 132).

[1930] GA 126 / AW VII 132. *J. H. Newman* beschreibt hier Haltungen, in denen die Konturen von Glaube, Zustimmung und Zweifel nicht immer klar ersichtlich sind. Er bezieht sich dabei auf Zeitgenossen, „who do not doubt, but who act as if they did; who, though they believe, are weak in faith, and put themselves in the way of losing it by unnecessarily listening to objections. Moreover, there are minds, undoubtly, with whom all times to a question a truth is to make it questionable, and to investigate is equivalent to inquiring; and again, there may be beliefs so sacred or so delicate, that, if I may use the metaphor, they will not wash without shrinking and losing colour" (GA 126/ AW VII 132).

[1931] *J. H. Newman* konstruiert den Fall, bei dem ein Katholik wieder in die Gemeinschaft der Kirche aufgenommen zu werden wünscht: „If seeking includes doubting, and doubting excludes believing, then the Catholic who sets about inquiring, thereby declares that he is not a Catholic. He has already lost faith. And this is his best defence to himself for inquiring, viz. that he is no longer a Catholic, and wishes to become one" (GA 126/ AW VII 132).

[1932] „....and that those who assent to a doctrine or fact may without inconsistency investigate its credibility, though they cannot literally inquire about it s truth" (GA 126 / AW VII 132 – 133).

[1933] „At times it is a necessity formally to undertake a survey and revision of this or that class of them, of those which relate to religion, or to social duty, or to politics, or to the conduct of life. Sometimes this review begins in doubt as to the matters which we propose to consider, that is, in a suspension of the assents hitherto familiar to us; sometimes those assents are too strong to allow of being lost on the first stirring of the inquisitive intellect, and if, as time goes on, they give way, our change of mind, be it for good or for evil, is owing to the accumulating force of the arguments, sound or unsound, which bear down upon the propositions which we have hitherto received. Objections, indeed, as such, have no direct force to weaken assent; but, when they multiply, they tell against the implicit reasonings or the formal inferences which are its warrant, and suspends its acts and gradually undermine its habit. Then the assent

Newman bleibt diesbezüglich aber optimistisch. „To incur a risk is not to expect reverse"[1934] - auch während der Untersuchung ist die getroffene Zustimmung von „honesty and firmness"[1935], es ist zudem das gute Recht des Einzelnen, solche Meinungen einer eingehenden Prüfung zu unterziehen, von deren Wahrheit er überzeugt ist, ohne daß diese sogleich in sich zusammenfallen müssen[1936]. Überdies ist die Prüfung solcher Glaubwürdigkeitsmotive, die einen Zustimmungsakt vor der Vernunft rechtfertigen, *sine conditione*, vollzogen ohne den Verdacht, die Glaubwürdigkeitsgründe etwa könnten versagen[1937]: Denn unabhängig von ihrer Prüfung durch die Vernunft, erscheint die Zustimmung als Konsequenz und Ausdruck einer inneren Haltung, „the utter absence of all thought, or expectation, or fear of changing"[1938]. Indem er den Begriff des *complex assent* auf die innere Haltung der Zustimmung bezieht, stellt J. H. *Newman* ihn unter das unhinterfragbare *Prae* der menschlichen Person: Die *reflexe Zustimmung*, ein „assent to an assent"[1939] , insofern also eine „conviction"[1940], ist demzufolge letztgültig[1941] nur als intellektueller Vollzug des menschlichen Geistes, der mit einem doppelten Spiegel verglichen wird, in „dem die Reflexionen des Selbst im Selbst sich ver-

---

goes; but whether slowly or suddenly, noticeably or imperceptibly, is a matter of circumstance or accident" (GA 127 - 128 / AW VII 134).

[1934] GA 127 / AW VII 133.

[1935] GA 127 / AW VII 133.

[1936] Vgl. GA 127 / AW VII 133.

[1937] „ It is possible then, without disloyalty to our convictions, to examine their grounds, even though in the event they are to fail under the examination, for we have no suspicion of his failure" (GA 127 / AW VII 134).

[1938] GA 127 / AW VII 133 „ We should readily indeed make such a formal promise if we were called upon to do so; for, since we have the truth, and truth cannot change, how can we possibly change in our belief, except indeed through our own weakness or fickleness?" (GA 127 / AW VII 134).

[1939]GA 128 / AW VII 135.

[1940] GA 128 / AW VII 135.

[1941] R. *Siebenrock* betont, daß J. H. *Newman* nicht „nach einer letztgültigen Argumentation für die Vernünftigkeit des christlichen Glaubens im wissenschaftlichen Diskurs, sondern nach der Vernünftigkeit des faktischen Glaubensvollzug, der ohne erstphilosophische Selbstreflexion auskommen muß" (Wahrheit 150, Anm. 24) fragt. Für R. *Siebenrock* ergibt sich die Rückfrage: „Wäre Newmans Anliegen daher nicht grundlegender als das einer Erstphilosophie, gerade weil letztere nicht ausgeschlossen wird?" (Wahrheit 150, Anm. 24).

vielfältigen, bis sie ununterscheidbar werden"[1942]. Die erste Reflexion enthält „all the rest"[1943]. Alle übrigen Zustimmungen, die der menschliche Geist dem *assent to an assent* spielerisch beifügen könnte, sind damit an den eigentlichen *complex assent* gebunden: Dieser gilt nicht *ad infinitum*[1944]. Ist der *complex assent* gleichermaßen als intellektueller Akt wie auch als Ausdruck der geistigen Verfaßtheit des zustimmenden Geistes, als dessen Gewißheit also, erkannt, vermag *J. H. Newman* nun - „I have one step farther to make"[1945] - zwischen der *subjektiven* und der *objektiven* Wahrheit zu unterscheiden[1946]. Dazu bestimmt er den Zustimmungsakt zunächst als *perception*[1947], als eine Art *Auffassung*, die Zustimmung selber aber wird sodann zu einem Moment subjektiver Wahrheitserkenntnis - „to assent...is to know"[1948]. Dieser kurze Satz ist es, der *M. Miserda* zu der Ansicht kommen läßt, daß für *J. H. Newman* die Zustimmung „nichts

---

[1942] „The mind is like a double mirror, in which reflexions of self within self multiply themselves till they are undistinguishable, and the first reflexion contains all the rest" (GA 128 / AW VII 135).

[1943] GA 128 / AW VII 135.

[1944] „Of course these reflex acts may be repeated in a series. As I pronounce that ‚Great Britain is an island', and then pronounce 'That „Great Britain is an island" has a claim on my assent', or is to 'be assented-to' , or to be 'accepted as true', or to be 'believed', or simply 'is true' (these predicates being equivalent), so I may proceed, 'The proposition „that *Great-Britain-is-an-island* is to be believed",&c., &c., and so on to *infinitum*. But this would be trifling" (GA 128 / AW VII 135).

[1945] GA 128/ AW VII 135.

[1946] „....let the proposition to which the assent is given be as absolutely true as the reflex act pronounces it to be, that is, objectively true as well as subjectively..." (GA 128/ AW VII 135).

[1947] Zur *perception* vgl. die kommentierenden Hinweise der *Herausgeber* von AW VII 387, Anm. 113, wonach im Deutschen der Begriff der *perception* nicht leicht wiederzugeben ist. Demnach ist die *perception* über das im Deutschen mit dem Wort „Wahrnehmung" Gemeinte hinaus „Sache des Intellektes" (ebd.), meint hier aber keinesfalls ein Begreifen oder Verstehen: „Das Durchdringen und Umfassen eines Objekts gehört durchaus nicht zur perception. Ihre Eigenart liegt im Spontanen, Intuitiven. Sie ist ein intellektuelles Schauen, ein „Ansichtigwerden", „Gewahrwerden", „In-den-Blick-Bekommen" , „Innewerden", „Begegnen mit", „Stoßen auf" etwas. Kennzeichnend ist auch das „Auf-den-ersten-Blick", also das Fehlen eines längeren Verweilens, Durchdringens oder Bemühens. Es ist auch eine „Feststellung" und „Kenntnisnahme" (ebd.). Das Bedeutungsfeld der *Perception* deckt sich damit nicht mit dem der *apprehension*, dem zentralen Begriff aus dem *ersten Hauptteil* der *Grammar* : Im Gegensatz zur *apprehension* kommt der *perception* „Spontaneität" (ebd.) zu.

[1948] GA 128 / AW VII 135.

anderes ist, als eine Bezeichnung für die traditionelle Korrespon-
denztheorie der Wahrheit"[1949]. Wenn also Zustimmen Erkennen bedeutet, so seine Ansicht, dann besagt der Begriff der Zustimmung „soviel
wie 'adaequatio rei et intellectus'"[1950], womit M. *Miserda* ganz in der Linie
von *J. Brechtken* urteilt. In diesem Sinne kann *J. H. Newman* eine Reihe
von Begriffen näher bestimmen: Dem Ergreifen der Wahrheit in der
perception ordnet er die *certainty* zu, die *subjektive Gewißheit*. Die Materie
der Erkenntnis, der Satz oder Sachverhalt *(knowlegde)*, der die Zustimmung zuteil wird, besitzt dagegen *objektive Gewißheit*[1951]. Die Stringenz der Argumentation bleibt also auch im *sechsten Kapitel* der *Grammar*
überzeugend gewahrt: *J. H. Newman* diskutiert den Eigenstand des Individuums im Zustimmungsakt, vermeidet dabei aber die Einseitigkeiten
eines reinen Subjektivismus, wenn er dem Entschluß des Individuums,
einem Sachverhalt die Zustimmung zu gewähren, den prüfenden Intellekt an die Seite stellt, die den Akt der Zustimmung vor dem öffentlichen
Forum der Vernunft rechtfertigt[1952]. Die Gewißheitsthematik erhält somit
ihr eigenes Profil: Die individuelle Disposition und Bereitschaft zur
Zustimmung wird in ihrer Bindung an den „reflex act"[1953] zur Wahrheitsverantwortung, zur „consciousness of knowing"[1954]. In diesem Zusammenhang ist an die Überlegungen von H. M. Baumgartner zu erinnern[1955], denen zufolge die Wahrheit ein endliches Wahrheitsgeschehen[1956] ist, bei dem sich dem Einzelnen die Wirklichkeit in vielerlei Gestalten reflexiver Geistigkeit erschließt, eben nicht nur in den Denk-

---

[1949] M. *Miserda*, Subjektivität 353.

[1950] M. *Miserda*, Subjektivität 353.. Zum Wahrheitsbegriff vgl. *L.B. Puntel*, Art. Wahrheit, in: *H. Krings, H.M. Baumgartner, Chr. Wild* (Hg.), Handbuch philosophischer
Grundbegriffe. Studienausgabe, Bd. 6, München 1974, 1649 - 1668, bes. 1651 - 1653.

[1951] „...then the assent may be called a *perception*, the conviction a *certitude*, the proposition or truth a *certainty*, or thing known, or a matter of *knowledge*, and to assent to it
is to *know*" (GA 128 / AW VII 135).

[1952] „...and in order to fulfil what is due to ourselves and to the claims and respon-
sibilities of our education and social position" (GA 125 / AW VII 132).

[1953] GA 128 / AW VII 135.

[1954] GA 129 / AW VII 136.

[1955] *H. M. Baumgartner*, Art. Wahrheit/Gewißheit, A. Aus philosophischer Sicht, in:
NHThG 5, 230 - 241.

[1956] „Unser inhaltliches Wissen über die Welt und uns selbst läßt sich jedenfalls nicht
endgültig als wahr begründen; absolute Wahrheit in diesem Sinne ist uns verschlossen" (*H. M. Baumgartner*, Art. Wahrheit/ Gewißheit 236).

strukturen von Wissenschaften und Philosophie, sondern auch in denen
von Kunst und Religion. Die Anlage der *Grammar* in ihrer essayistischen
Vielfalt bestätigt und illustriert ein solches Wahrheitsverständnis -
ebenso, wie es durch jene Konzeption der Zustimmung bestätigt und
zugleich erhellt wird, die die Geschichtlichkeit und biographische Bedingtheit menschlicher Vernunft überaus ernst nimmt - „yet knowledge,
as well as virtue, is an end"[1957].

4.3.3.2.4. Die Gewißheit - Geistesverfaßtheit und Lebens-
perspektive

Das Zueinander von *Zustimmung* und *Gewißheit*, wie es im *sechsten* und
siebten Kapitel der *Grammar* beschrieben ist, bezeugt eine differenzierte
Sicht subjektiver Einsichts- und Entscheidungsvollzüge. Das Modell der
Gewißheit, das *J. H. Newman* hier voraussetzt, erweist sich insofern als
besonders anspruchsvoll, als in ihm die Tätigkeit der Vernunft *(assent to
an assent)* mit dem Wissen um die unverwechselbar biographische
Komponente sehr vieler Entscheidungen und Zustimmungsakte verknüpft ist. Im Anmerkungsapparat seiner kritischen Ausgabe der
Grammar erinnert *I. Ker* an den Klärungsprozeß, den der Gewißheitsbegriff bei *J. H. Newman* im Verlauf vieler Jahre durchläuft. Demzufolge ist
mit der Begriffstrias *perception, certitude, certainty*, die im *zweiten Paragraphen* des *sechsten Kapitels* zur näheren Bestimmung der Gewißheit eingeführt wird, keinesfalls an die Schrift *On the Certainty* angeknüpft,
„where Newman speaks of 'recognition' rather than 'perception' and
where 'certitude' is not distinguished from 'certainty'"[1958]. In der Darstellung von *I. Ker* bezieht *J. H. Newman* sich in der *Grammar* dabei vielmehr auf die „revised draft of the Switzerland 9 / 13 / 24 Aug. 1866 paper
on assent" [1959]. Die Begriffsgeschichte, wie sie hier ermittelt werden
kann[1960], kennzeichnet den Begriff der Gewißheit als Reflexionsaus-

---

[1957] GA 134 / AW VII 141.
[1958] *I. Ker*, Editor´s Notes, in: GA 367, Anm. 128. 37. *I. Ker* verweist hier auf Ausführungen, in denen *J. H. Newman* die *certainty* sowohl als Verfassung wie auch als dynamischen Vollzug des menschlichen Geistes kennzeichnet: „Certainty is an act (or
habit) of the intellect reflecting on, recognising, and ratifying its existing apprehension of a truth, whether known or believed" (ThP I 31).
[1959] *I. Ker*, Editor's Notes, in: GA 367, Anm. 128. 37.
[1960] *I. Ker* referiert in der „Editor´s Introduction" , GA XXXIV - XXXVI, den Inhalt der
Vorstudie zur *Grammar*, die *J. H. Newman* während seines Aufenthaltes in der

Schweiz 1866 abgefaßt hat. In der *first section*, „dated 9 August" (ebd. XXXIV), diskutiert er „three different kinds of verbal proposition - 'categorical', 'inferential', and
'interrogatory'". The „essential insight is the distinction between an inferential conclusion, which is conditional, and categorical assertion, which is unconditional and
'appeals to nothing external to itself' (ebd. XXXIV - XXXV). Bereits hier ist die Zustimmung an die Erfassung des Prädikatsgehaltes gebunden (vgl. ebd. XXXV). Im
zweiten Teil seiner Vorstudie, datiert auf den 13. August 1866, betont *J. H. Newman* die
Eigenständigkeit der Zustimmung, die, „complete in itself" (ebd. XXXV), möglich ist
„without previous reasoning" (ebd. XXXV). „*The third and longest part of the paper*"
(ebd. XXXVI), datiert auf den 24. August 1866, zeichnet sich durch einen entscheidenden Unterschied zur späteren *Grammar* aus: „Instead of beginning with certitude,
Newman progresses to it from assent" (ebd. XXXVI). Zu diesem Stadium nimmt *J.H.
Newman* noch die Vernunft als einziges Motiv für den *Assent* an, „for even those assents which are spontaneous and unconscious are really founded on acts of inference,
though the reasoning may be unconscious also" (ebd. XXXVI). In Konsequenz „this
enables one to make a reflex assent whereby one assents with a rational conviction,
not unconciously, but with a deliberate, intelligent act of mind" (ebd. XXXVI). Der
vierte Teil der Vorstudie (vgl. ebd. XXXVI - XXXVII), ist *I. Ker* zufolge mit „The (Characteristic) Sense of Certitude" betitelt. *Certitude* ist im Gegensatz zu ihrer früheren Begriffsbestimmung in *On the Certainty* „now defined as the apprehension of a truth,
together with the knowledge that it is a truth" (ebd. XXXVI). Der Begriff der *certitude*
meint dabei ein Gefühl intellektueller Sicherheit, „which is peculiar like the approbation of conscience" (ebd. XXXVI), sie wird durch die Wahrnehmung von Probabilitäten erlangt, die ihrerseits auf einen Schluß zielen, den sie allerdings nicht
erreichen: „It is possible to be certain not only that a proposition is true but that it is
doubtful or probable" (ebd. XXXVI). In einer überarbeiteten Fassung dieses Abschnittes, „presumably made in Birmingham" (ebd. XXXIV), wählt *J. H. Newman* jenen
Sprachgebrauch, der dann auch in die *Grammar* (vgl. GA 128 / AW VII 135) Eingang
findet: „The revised version anticipates the Grammar in calling the initial assent a
,perception', the conviction an act of *certitude*, the proposition itself ,*knowledge*', while
to assent to or to perceive that truth we call *to know*" (ebd. XXXVI). Der Schweiz-Ur-
laub 1866 bietet *J. H. Newman* aber nicht die erste Gelegenheit, das neue Gewißheitsverständnis darzulegen. Bereits im Jahr 1865 skizziert *J. H. Newman* den Gewißheitsbegriff eindeutig als Geistesverfassung, so etwa in ThP I 121, wo er *certitude* als
„faculty or disposition of mind natural to us" kennzeichnet, um zugleich in einer Notiz vom 20. Juli 1865 (ThP I 122 - 126) ihren Eigenstand herauszuarbeiten: „Certitude
then is not to be measured by the logical force of premisses; the very arguments
which create certitude in one mind, fail to do so in another; as if there were no rule
external to the invidual mind itself, of sufficient subtlety to decide the question when
it ought to be certain and when not" (ThP I 124). So ordnet *J. H. Newman* die *certitude*
folgerichtig nicht der „reasoning faculty", sondern der „imagination" zu: „When I
make an act of certitude in the death of Prince Albert, I am contemplating a fact in
itself, as presented to me by my imagination, and apart from the means by which I

sage[1961] und dokumentiert so das Bemühen, jene Geistesverfassung angemessen zu beschreiben, in die die Zustimmung führt. Der Textbefund aus dem *sechsten Kapitel* der *Grammar* bestätigt die Vermutung von *J. Brechtken* und *M. Miserda*: In der Tat ist die Zustimmung wie auch die Gewißheit Erkenntnis („perception"[1962]) von Wahrheit, folglich also ein Wahrheitsgeschehen, bei dem das Auffassen der Wahrheit eines Sachverhaltes die „consciousness of knowing"[1963] jeweils einschließt. Ihr Wahrheitscharakter bemißt sich am jeweiligen Sachverhalt, dem Objekt der Zustimmung[1964]: Wahrhaftigkeit ist die *objektive*, der Zeitfaktor der Dauer dagegen die *subjektive Eigenschaft* der Gewißheit.

Mit dem Hinweis auf die *subjektive Gewißheit* kommt *J. H. Newman* auf deren personale Verankerung zu sprechen. Ihr Maß ist nicht das bloße Argument, sondern der zustimmende Geist selbst[1965]. Trotz ihrer Ab-

---

gained it. Sense, logic, authority, testimony, belong to the process; the result is beyond them and independent of them, and stands by itself, as long as I choose, created and dependent on myself as an individual and free agent" (ThP I 126). In einer Notiz vom 25. September 1865 (vgl. ThP I 126 - 130) grenzt *J. H. Newman* die *certainty* von der *certitude* terminologisch ab, vollzieht nunmehr also in der Verwendung beider Begriffe eine begriffliche Unterscheidung, die er in *On the Certainty* von 1853 noch nicht kennt, aber in der *Grammar* von 1871 näher entfalten wird. Wie schon in *On the Certainty* differenziert er in ThP I 128 (vgl. dazu auch ThP I 35 – 36!) die *certainty* als eine *practical* und als eine *speculative certainty*. Die *practical certainty* ist „knowledge, conviction or persuasion to decide our actions". Die *speculative certainty* dagegen ist kein reines Handlungswissen, sie bedarf einer „truth for its subject, and it must be a conviction of that truth", ein Zustand, der in diesem Leben (vgl. ThP I 129) nicht zu haben ist: „....on the one hand it cannot claim to be a conviction till it is proved not to be a persuasion, and this proof, I have said, is beyond us; and on the other hand it cannot claim to have a truth for its subject, for in concrete matters no proof that we can may frame can pass beyond probability, greater or less, according to the measure of the arguments which are adduced for it" (ThP I 128-129).

[1961] „.... for one reflex assertion of the mind about self sumps up the series of self-consciousnesses without the need of any actual evolution of them" (GA 129 / AW VII 136).

[1962] GA 129/ AW VII 136.

[1963] GA 129/ AW VII 136.

[1964] „But if so, if by certitude about a thing is to be understood the knowledge of its truth, let it be considered that what is once true is always true, and cannot fail..." (GA 129/ AW VII 136).

[1965] „...no one can be called certain of a proposition, whose mind does not spontaneously and promptly reject, on their first suggestion, as idle, as impertinent, as sophistical, any objections which are directed against its truth" (GA 130 / AW VII 137).

künftigkeit von der Zustimmung ist sie aber weder identisch mit dem Akt der Zustimmung, noch dürfen beide Gestalten des *assent* miteinander verwechselt werden. *J. H. Newman* arbeitet dies im *siebten Kapitel* seiner *Grammar* präzise heraus. Hier macht er zunächst deutlich, daß der „reflex or confirmatory assent of certitude"[1966] allein Sache des Intellektes ist: Die reflektierte Zustimmung gilt der Wahrheit und Notwendigkeit einer bereits getroffenen Zustimmung und deren These[1967], ist also *begrifflich*, sie berührt daher den menschlichen Geist nicht unmittelbar[1968]. Gewinnt damit der Zustimmungsakt in der Gewißheit an Gewicht[1969], „depth and exactness"[1970], verliert er dabei aber zugleich an „freshness and vigour"[1971]. Dennoch ist die Gewißheit auf eine gewisse Weise an die individuelle Gefühlswelt gebunden: Gleicht das Auffinden der Gewißheit einem „triumphant repose of the mind after a struggle"[1972], zeigt sich der Mensch dort, wo ihm echte Gewißheit abgeht, unausgeglichen, reizbar und ungeduldig[1973] - „Those who are certain of a fact are indolent disputants; it is enough for them that they have the truth"[1974]. Bei denen, die zur Gewißheit gelangt sind, regt sich ein „specific feeling"[1975], „a feeling of satisfaction and self-gratulation, of intellectual security, arising

---

[1966] GA 140 / AW VII 149.

[1967] Vgl. GA 140/ AW VII 149.

[1968] Vgl. GA 141 / AW VII 149.

[1969] „The confirmation gives momentum to the complex act of the mind...." (GA 140 - 141 / AW VII 149).

[1970] GA 141 / AW VII 150.

[1971] GA 141/ AW VII 150. Dies ist auch der Grund dafür, warum Wissenschaftler, die einen komplexen Themenkreis erforscht haben, „are far more disposed to be silent as to their convictions, and to let others alone, than partisans on either side of the question, who take it up with less thought and seriousness" (GA 141 / AW VII 150).

[1972] GA 135 / AW VII 143.

[1973] Vgl. dazu GA 132 - 133 / AW VII 139 - 140. *J. H. Newman* beschreibt zunächst die Gefühlswelt eines Menschen, der noch nicht zum „tranquil enjoyment of certitude" (GA 132 /AW VII 139) gelangt ist. Dieser zeichnet sich durch „irritation and impatience of contradiction, vehemence of assertion, determination to silence others" (GA 132/ AW VII 139) aus. Zudem beobachtet er eine „intellectual anxiety, which is incompatible with certitude" (GA 132 / AW VII 140), etwa, wenn der Geist nicht imstande ist, getroffene Schlüsse ruhen zu lassen, diese im Gegenteil wie zum Zwecke der öffentlichen Bestätigung anderen Menschen in ihrer Schlüssigkeit zu demonstrieren sucht.

[1974] GA 132 / AW VII 138.

[1975] GA 133 / AW VII 141.

out of a sense of success, attainment, possession, finality, as regards the matter which has been in question"[1976]. Im *complex assent* der Gewißheit ist das Gefühl „in a certain sense its form" [1977]. Der Rekurs auf das Gefühl sichert der Gewißheit ihren Platz unter den Vollzügen menschlicher Subjektivität[1978]. Die Freuden, die die Erkenntnis („pleasures of knowledge"[1979]) erregt, werden aber ausdrücklich an den Verstand[1980] und die Wirklichkeit zurückgebunden, an der allein die Wahrheit gegebener Sachverhalte abprüfbar bleibt[1981]. Die Freude und Zufriedenheit, die die Gewißheit begleiten, sind ihrem Wesen nach von den Empfindungen, die sich während anderer, wenn auch vergleichbarer Erkenntnisprozesse ergeben, zu unterscheiden[1982].

[1976] GA 134 / AW VII 141.

[1977] GA 134 / AW VII 141.

[1978] „But I have thought it well in addition to suggest, even at the expense of a digression, that as no one would refuse to Inquiry, Doubt, and Knowledge a legitimate place among our mental constituents, so no one can reasonably ignore a state of mind which not only is shown to be substantive by possessing a sentiment sui generis and characteristic, but is analogical to Inquiry, Doubt, and Knowledge, in the fact of its thus having a sentiment of it s own" (GA 137 / AW VII 145).

[1979] GA 135/ AW VII 143.

[1980] „.....but the repose in self and in its object, as connected with self, which I attribute to Certitude, does not attach to mere knowing, that is, to the perception of things, but to the consciousness of having that knowledge" (GA 134 / AW V II 142).

[1981] „.....not as if the fact of their truth were a distinct element of pleasure, though it would increase the pleasure, as investing them with a character of marvellousness, and as associating them with known or ascertained places" (GA 135 / AW VII 143).

[1982] Vgl. dazu GA 135 - 137 / AW VII 143 - 145. *J. H. Newman* nennt hier verschiedene Formen der Erkenntnis: Dazu zählt er die Lust des Suchens, die im Suchen selbst begründet ist, und die an dem Punkt endet, „at which the pleasure of Certitude begins" (GA 136 / AW VII 143). Über diese komplexe Lust der Verwunderung, Erwartung, der „advances fitful yet sure, to the unknown (GA 136 / AW VII 144) hinaus gibt es zudem noch die Lust, die zur Folgerung im Gegensatz zur Zustimmung gehört: „There is a great pleasure, as is plain, at least to certain minds, in proceeding from particular facts to principles, in generalizing, discriminating, reducing into order and meaning the maze of phenomena which nature presents to us" (GA 136 / AW VII 144). Letztendlich gibt es auch eine Lust am Zweifel, eine Befriedigung im Wissen, daß es nichts zu wissen gibt (vgl. GA 137 / AW VII 145), ein Akt der Zustimmung, erteilt dem Faktum der Aussichtslosigkeit, einen Sachverhalt überhaupt ergründen zu können (vgl. GA 137 / AW VII 145): „Ignorance remains the evil which it ever was, but something of the peace of Certitude is gained in knowing the worst, and in having reconciled the mind to the endurance of it" (GA 137 / AW VII 145). Solche Arten des

Die Gewißheit ist somit *Prüfungsverfahren* und *Lebenshaltung* zugleich. Der Mensch wird von ihr verstandes-, und darin gefühlsmäßig ergriffen. Niemand kann folglich einer Wahrheit gewiß sein, der gleichzeitig die Möglichkeit ihres kontradiktorischen Gegebenseins auszuhalten vermag[1983]. Einer Sache gewiß zu sein, beinhaltet - gerade in Hinblick auf die Veränderlichkeit des menschlichen Geistes und seiner Erkenntnisstrukturen - allerdings immer auch „the bad fortune, to let it drop" [1984]. Ihre Zeitlichkeit verleiht der Gewißheit ethische Bedeutsamkeit: In der Gewißheit prägt sich der Akt der Zustimmung allmählich zu einer Haltung der Konsequenz und „magisterial intolerance"[1985] aus, für *J. H. Newman* ein Kriterium zum Nachweis ihrer Echtheit[1986]. In Fragen der Sittlichkeit etwa erwächst dem Menschen nach und nach Gewißheit einerseits aus der Treue, in der sein Intellekt dem Wahrheitsgehalt ethischer Normen verpflichtet ist, andererseits wird ihm Gewißheit aus dem Fundus erprobter sittlicher Überzeugungen zuteil, die allerdings der Wandelbarkeit unterworfen sind[1987].

J. H. Newman schärft in diesem Zusammenhang jedoch ein, daß die Gewißheit in ihrer Eigenschaft als *begriffliche Zustimmung* nicht unmittelbares Handlungsprinzip ist[1988]. Hier unterscheidet sie sich vom „assent, pure and simple, which is the motive cause of great achieve-

---

Lustgewinns berühren den Menschen nicht wirklich: Sie haben den äußerlichen Charakter des Glücksspiels (vgl. GA 136 / AW VII 144) und der Abwechslung (vgl. GA 137 / AW VII 143-144).

[1983] „No man is certain of a truth, who can endure the thought of the fact of its contradictory existing or occuring..." (GA 130/ AW VII 137).

[1984] GA 130 / AW VII 136 - 137.

[1985] GA 130 / AW VII 137.

[1986] Vgl. GA 131 - 133 / AW VII 138 - 140, wo J. H. *Newman* Fälle diskutiert, in denen ein Sachverhalt die Bedingungen der Gewißheit nicht erfüllt, so etwa die Frage nach der Echtheit von Wundern, die unter den Gläubigen zunächst für gewiß gehalten werden, im Falle einer naturwissenschaftlichen Untersuchung aber auch bei vielen Gläubigen an Glaubwürdigkeit einbüßen (vgl. GA 132 / AW VII 139). Ähnlich liegt der Fall bei Auslegungen und Analysen literarischer Zeugnisse, die in der Gegenwart ihrer Autoren anders und behutsamer ausfallen (vgl. GA 132/ AW VII 139).

[1987] „ This, then, from the nature of the case, is a main characteristic of certitude in any matter, to be confident indeed that that certitude will last, but to be confident of this also, that, if it did fail, nevertheless, the thing itself, whatever it is, of which we are certain, will remain just as it is, true and irreversible" (GA 131 / AW VII 138).

[1988] Vgl. GA 140 / AW VII 149.

ments"[1989]. Die Zustimmung erweist sich genau darin als „free act, a personal act for which the doer is responsible"[1990]. *J. H. Newman* erinnert dazu an das Handeln der Märtyrer, „in the youths who defied the pagan tyrant, or the maidens who were silent under his tortures"[1991], ihm zufolge ein gutes Beispiel für ein Verhalten, „growing out of instincts rather than arguments, stayed upon a vivid apprehension, and animated by a transcendent logic"[1992]. Neben der *einfachen* und der *komplexen Zustimmung* gibt es jedoch auch Übergänge zwischen diesen beiden Formen, wie viele Heiligenviten zeigen - die einfache Zustimmung, von *J. H. Newman* für den Bereich des religiösen Glaubens „*material* certitude; or, to use a still more opposite term for it, *interpretative* certitude"[1993], genannt, ist zwar kein Reflexionsakt, dennoch aber als Vorstufe zur Gewißheit identifiziert, „still the question only has to be started about the truth of the objects of their assent, in order to elicit from them an act of faith in response will fulfill the conditions of certitude"[1994]. *J. H. Newman* zielt damit auf Wahrheiten, die zunächst unhinterfragt angenommen werden, bei Bedarf aber leicht aus der Kraft des Argumentes begründet, also zu einem *complex assent* werden können, um so die Annahme von überlieferten Sachverhalten zu rechtfertigen[1995]. Ein solcher Übergang ist freilich ein kritischer Moment der Unterscheidung von echten und

---

[1989] GA 141 / AW VII 150.

[1990] GA 152 / AW VII 162.

[1991] GA 141 / AW VII 150.

[1992] GA 141 - 142 / AW VII 150.

[1993] GA 139 / AW VII 147. Vgl. dazu den Hinweis der Herausgeber in AW VII 388, Anm. 119: „Material certitude muß mit materieller (nicht materialer) Gewißheit wiedergegeben werden, weil es im Gegensatz zu formeller Gewißheit steht, d.h. zu Gewißheit 'in aller Form' , zu bewußter, reflexer Gewißheit als solcher....Bloß materiell ist eine Gewißheit, die noch erst aktualisiert werden muß, also noch potentiell ist... Interpretativ: weil man sie als solche deuten muß, obwohl sie es noch nicht actu ist. Nicht jede Zustimmung ist potentielle Gewißheit (virtuelle, materielle, interpretative), d.h. nicht jede kann zur formellen, aktuellen Gewißheit werden, sondern nur die reale."

[1994] GA 139 / AW VII 147.

[1995] „Of course these remarks hold good in secular subjects as well as religious: - I believe, for instance, that I am living in an island, that Julius Caesar once invaded it, that it has been conquered by successive races, that it has had great political and social changes, and that at this time it has colonies, establishments, and imperial dominion all over the earth" (GA 139 / AW VII 148).

falschen Zustimmungen [1996]. Hier berührt die Diskussion erneut die personale Tiefendimension, die der Gewißheit zu eigen ist. So nimmt es nicht wunder, wenn *J. H. Newman* vor einer allzu intensiven „introspection of our intellectual operations"[1997] ausdrücklich warnt: Sich in die Ursprünge des Denkens und Handelns zu versenken „is really to weaken them"[1998]. Die Schwächung der menschlichen Geisteskraft denkt *J. H. Newman* dabei sehr plastisch: Die Argumentation, hilfreich zur Vorbereitung der Gewißheit, wird zum festen Bestandteil des Geistes, und verführt ihn dazu, den Aufweis der Glaubwürdigkeit eines Sachverhaltes an die Stelle der Zustimmung zu setzen - „questioning, when encouraged on any subject-matter, readily becomes a habit"[1999]. Die Folge davon ist für den weiteren Erkenntniserwerb eher hinderlich: Der Geist „may lose its elasticity"[2000], zudem wird der Mensch von Zeit zu Zeit - „as a sort of *muscae volitantes* of their mental vision"[2001] durch Fragen und

---

[1996] Vgl. GA 139 - 140 / AW VII 148. *J. H. Newman* nennt drei Fälle der Prüfung, in denen sich eine einmal erteilte Zustimmung nicht bewährt. So erwägt er *erstens* die Möglichkeit, daß Menschen nach entschiedener Prüfung ihrer Argumente sich vom Christentum lösen (vgl. GA 140/ AW VII 148). *Zweitens* besitzen sie möglicherweise sie „really have implicit reasons for their belief, - and then, being overcome by the number of views which they have to confront, and swayed by the urgency of special objections, or biassed by their imaginations, or frightened by a deeper insight into the claims of religion upon the soul, may, in spite of their habitual and latent grounds for believing , shrink back and withdraw their assent" (GA 140 / AW VII 148). *Drittens* können sie einmal geglaubt haben, „but their assent has gradually become a mere profession, without their knowing it" (GA 140 / AW VII 148).

[1997] GA 142 / AW VII 150.

[1998] GA 142/ AW VII 150.

[1999] GA 142 / AW VII 151.

[2000] GA 142/ AW VII 151.

[2001] GA 142 / AW VII 151. Der medizinische Wortgebrauch *muscae volitantes* , der hier zur näheren Kennzeichnung einer Störung im Gefüge von Argument und Zustimmung dient, zeigt, wie sehr *J. H. Newman* erkenntnistheoretisch dem Imaginationsgedanken verpflichtet ist: Menschliche Innenwelt und äußere Dingwelt sind ihm zufolge sinnenhaft verknüpft. Zum medizinischen Begriff der *muscae volitantes* vgl. die Erklärung der Herausgeber in AW VII 389, Anm. 123: „Schwirrende Fliegen. In der Augenheilkunde Bezeichnung für Glaskörpertrübungen." Im Artikel „Glaskörpertrübung" (= DTV - Wörterbuch der Medizin, 2. Aufl., München 1995, 259) heißt es dazu: „Verlust der optischen Homogenität des Glaskörpers durch Reste embryonalen Gewebes oder durch Einlagerung von Kalkseifenkristallen, Zelleinwanderung mit Faserbildung als Infektionsfolge. Zarte Trübungen (Cholesterinkristalle) im mittleren u. höheren Alter gelten als physiologisch." Das medizinische Phänomen der Glaskör-

Einwände geplagt, „as if we were not certain, when we are"[2002]. Bezüglich der Annahme von Sachverhalten ist überdies die Wahrnehmung und Entscheidungsfreudigkeit des Geistes getrübt[2003], der direkte Zugang zur Wirklichkeit versperrt[2004].

4.3.3.2.5. Gewißheit in Wandel und Treue

Wie in seinen übrigen Schriften konfrontiert *J. H. Newman* auch im *siebten Kapitel* der *Grammar* herrschende, zeitgenössische Vorstellungen über die *Ratio* mit den Erfahrungen gelebter, unverwechselbarer Individualität, um deren Zueinander wie auch die Grenzen von Kategorien ihrer Deutung zu ermitteln. Neben dem Themenbereich der Gewißheit ist in diesem Zusammenhang auch an das Begriffspaar von *impliziter* und *expliziter* Vernunft sowie an die Doppelstruktur von Satzwahrheiten zu denken. Letztere legt *J. H. Newman* seiner gesamten *Grammar* zugrunde, aus ihr leitet er mit dem Zustimmungsmodell den für ihn spezifischen Gewißheitsbegriff ab. In allen genannten Fällen wird sehr anschaulich, daß es einer rein syllogistisch operierenden Logik unmöglich ist, die Tiefe und den Reichtum personaler Strukturen vollends zu ergründen. Das liegt zum einen an der Komplexität der menschlichen Individualität, wie sie bereits in den *Oxforder Universitätspredigten* behauptet wird, zum anderen aber auch an jenem spezifischen Wahrheitsverständnis, das in ihren Studien zum Begriff der Zustimmung von *J. Brechtken* und *M. Miserda*

---

pertrübung dient *J. H. Newman* dazu, Störungen der Wahrnehmungs- und Denkfähigkeit nicht ausschließlich dem Subjekt selbst anzulasten. So schreibt er: „....visitants, for which they are not responsible, and which they know to be unreal, still so seriously interfering with their comfort and even with their energy, that they may be tempted to complain that even blind prejudice has more of quiet and of durability than certitude" (GA 142 / AW VII 151).

[2002] GA 142/ AW VII 151.

[2003] „As even Saints may suffer from imaginations in which they have no part, so the shreds and tatters of former controversies, and the litter of an argumentative habit, may beset and obstruct the intellect...." (GA 142 / AW VII 151).

[2004] In GA 144 / AW VII 152 - 153 beschreibt *J. H. Newman* die Folgen jener Hemmnisse, die die Wahrnehmung trüben: „The occasion of this intellectual waywardness may be slighter still. I gaze on the Palatine Hill, or on the Parthenon, or on the Pyramids, which I have read of from a boy, or upon the matter-of-fact reality of the sacred places in the Holy Land, and I have to force my imagination to follow the guidance of sight and of reason." Die Begründung dafür liegt in der Natur der Sache: „ It is to me so strange that a lifelong belief should be changed into sight, and things should be so near me, which hitherto had been visions" (GA 144 / AW VII 153)

besonders herausgestellt worden ist. Der menschliche Geist ist demnach für die Wahrheit geschaffen, er strebt förmlich auf sie hin, „and so rests in truth, as it cannot rest in falsehood"[2005]: Die Gewißheit ist Indiz der Wahrheit, die sich dem Einzelnen in der Zustimmung eröffnet. Sein Bestreben, sich einer Sache gewiß zu werden und ihrer gewiß zu bleiben, liegt J. H. Newman zufolge im Wesen der Gewißheit selbst, deren Gegenstand die Wahrheit ist[2006], und deren je eigene Gestalt sich dem individuellen Akt der Zustimmung verdankt[2007]. Im Feld der Religion etwa ist die Gewißheit keineswegs ausschließlich ein nützliches Verfahren der Prüfung, ob eine Zustimmung zu religiösen Aussagesätzen sich als begründet erweist, sondern Konsequenz jener Tiefe, durch die erst das, was J. H. Newman „much decency of profession and of observance" [2008] nennt, Ausdruck von echtem, religiösem Glauben zu werden vermag. Dessen Merkmale sind das Engagement der Person, ihre aufrichtige Frömmigkeit und Gewohnheit des Betens, in summa der lebendige Umgang mit dem Unsichtbaren („intercourse with the unseen"[2009]), mithin ein ganzheitlicher Vollzug, jene beondere „generosity of self-sacrifice"[2010] . So kann J. H. Newman in Hinblick auf den „religious faith" [2011] auf die *persistence* hinweisen, die Fortdauer der Gewißheit: „Assents may and do change; certitudes endure."[2012] Als aufrichtigte Haltung des Glaubens ist die Gewißheit dem Christen wesentlich, ihre Dauer selbstverständliches Wesensmerkmal des Glaubens. Soll der Christ im Glauben „persevere to the end, his certitude must include in it a prin-

---

[2005] GA 145 / AW VII 154.

[2006] „It is characteristic of certitude that its object is a truth, a truth as such, a proposition as true" (GA 144/ AW VII 154).

[2007] „That certitude is... a free act (to speak generally), just as the acts of conscience are free and depend upon our will" (ThP I 121). Ergänzend dazu siehe GA 145 / AW VII 154: „It is of great importance then to show, that, as a general rule, certitude does not fail; that failures of what was taken for certitude are the exception; that the intellect, which is made for truth, can attain truth, and having attained it, can keep it, can recognize it, and preserve the recognition."

[2008] GA 144/ AW VII 153.

[2009] GA 144/ AW VII 153.

[2010] „Without certitude in religious faith there may be much decency of profession and of observance, but there can be no habit of prayer, no directness of devotion, no intercourse with the unseen, no generosity of self-sacrifice" (GA 144/ AW VII 153).

[2011] GA 144 / AW VII 153.

[2012] GA 144/ AW VII 153.

ciple of persistence"[2013]. Im umfangreichen *zweiten Paragraphen* des *siebten Kapitels* seiner *Grammar*[2014] entfaltet und erläutert *J. H. Newman* diesen Gedanken. Die aus dem Wesen der Gewißheit selbst hergeleitete Sicht einer „indefectible certitude in primary truths, manifold variations of opinion in their application and disposition"[2015], in der sich das Zueinander von Wahrheit und singulären Wahrheitsansprüchen kundttut, wird dabei nicht nur im Kontext einer *demonstratio religiosa* und *catholica* zu einem hilfreichen Argument. Es gelingt überdies, den Vorgang einer weltanschaulichen und religiösen Konversion zu erläutern und in seiner inneren Schlüssigkeit einsichtig zu machen. Wie immer nimmt *J. H. Newman* dazu Phänomene der Wirklichkeit zum Ausgangspunkt seiner Betrachtung. Der Argumentationsgang lebt dabei aus der stets vorausgesetzten „analogy between our knowledge of matters of his world and matters of the world unseen"[2016].

Am Beispiel der Medien und der Informationsflut ihrer Themenvielfalt[2017] gesteht er ein, daß jede Überzeugung, „false as well as true,

---

[2013] GA 144/ AW VII 153.

[2014] Vgl. GA 144 - 168 / AW VII 154 - 181.

[2015] GA 157 / AW VII 167.

[2016] GA 156 - 157/ AW VII 167. Vgl. dazu den Hinweis der Herausgeber in AW VII 390, Anm. 132: „Die Analogie verwendet Newman in ihrem logischen und metaphysischen Sinn. *Logisch*: Der Analogiebeweis ist der Schluß von der nachweisbaren Überienstimmung zweier Gegenstände in bestimmten wichtigen Merkmalen auf die nichtnachweisbare Übereinstimmung in anderen Merkmalen, die damit zusammenhängen. *Metaphysisch*: Das Analogieprinzip ist die Entsprechung zwischen zwei Seinsebenen oder Lebensbereichen in ihren Tatsachen, Funktionen, Beziehungen, Eigenschaften, wobei Ähnlichkeiten in *einer* Beziehung trotz Unähnlichkeiten in anderen Beziehungen bestehen...." Abschließend kommt es zu einer interessanten Einschätzung der *Grammar* und ihrem Argumentationsduktus: „Letzten Endes baut die ganze Zustimmungslehre selbst auf der Analogie zwischen profaner und religiöser Gewißheitsbildung auf" (AW VII 390, Anm. 132).

[2017] „In this day the subject-matter of thought and belief has so increased upon us, that a far higher mental formation is required than was necessary in times past, and higher than we have actually reached. The whole world is brought to our doors every morning, and our judgment is required upon social concerns, books, persons, parties, creeds, national acts, political principles and measures. We have to form our opinion, make our profession, take our side on a hundred matters on which we have but little right to speak at all. But we do speak, and must speak, upon them, though neither we nor those who hear us are well able to determine what is the real position of our intellect relatively to those many questions..." (GA 153 -154 / AW VII 164).

may last; and any conviction, true as well as false, may be lost"[2018]. Menschen wechseln ihre Gewißheiten und sind in ihren neuen Meinungen ebenso zuversichtlich und gegründet wie in den alten; sie nehmen Formen der Religion auf, „only to leave them for their contradictories"[2019]. Die Rede von der Gewißheit scheint mehr als fraglich[2020], eine präzise Begriffsbestimmung daher angebracht. Bezüglich der Gewißheit sucht *J. H. Newman* zunächst, bestehende Mißverständnisse, wie - „especially in religious controversy" [2021] - die ihrer Verwechslung mit der Unfehlbarkeit, auszuräumen: Die *Unfehlbarkeit* „is just that which certitude is not; it is a faculty or gift, and relates, not to some one truth in particular, but to all possible propositions in a given subject matter"[2022]. Die *Gewißheit* dagegen meint hier „nothing more than a relation of the mind towards given propositions" [2023] . Diese Begriffsbestimmung ist von großem Vorteil, gibt sie doch Gelegenheit, Formen und Gestalten der

---

[2018] GA 145 / AW VII 154.

[2019] GA 146 / AW VII 155.

[2020] „How then can certitude be theirs, how is certitude possible at all, considering it is so often misplaced, so often fickle and inconsistent, so deficient in available criteria?" (GA 146 / AW VII 155).

[2021] „It is very common, doubtless, especially in religious controversy, to confuse infallibility with certitude, and to argue that, since we have not the one, we have not the other, for that no one can claim to be certain on any point, who is not infallible about all; but the two words stand for things quite distinct from each other" (GA 146 / AW VII 156). Hinsichtlich der *religious controversy* vgl. GA 147 / AW VII 156: „ A belief or opinion as little admits of being called infallible, as a deed can correctly be called immortal... And as a deed is good or bad, but never immortal, so a belief, opinion, or certitude is true or false, but never infallible." Hinsichtlich der unfehlbaren Kirche schreibt *J. H. Newman* „I can believe then in the infallible Church without my own personal infallibility. Certitude is at most nothing more than infallibility *pro hac vice*, and promises nothing as to the truth of any propositions beside its own. That I am certain of his proposition to-day, is no ground for thinking that I shall have a right to be certain of that proposition to-morrow; and that I am wrong in my convictions about to-day´s proposition, does not hinder my having a true conviction, a genuine certitude, about to-morrow´s proposition. If indeed I claimed to be infallible, one failure would shiver my claim to pieces; but I may claim to be certain of the truth to which I have already attained, through I should arrive at no new truths in addtion as long as I live" (GA 148 - 149 / AW VII 158).

[2022] GA 147 / AW VII 156.

[2023] GA 149 / AW VII 159.

Gewißheit zu legitimieren, um zugleich deren eventuelle Wechselbeziehungen einsichtig zu machen.

J. H. Newman bedient sich dazu der *diachronen* und der *synchronen*
Schau: So betont er in einem *ersten Schritt* den geschichtlichen Kontext,
in dem Gewißheiten überliefert und der Prozeß ihrer Bildung oftmals
unhinterfragt übernommen werden[2024]. Der Erkenntniserwerb unterliegt
einer eigenen Dynamik - „the conclusions of one generation are the
truths of the next"[2025]. So kommt es, daß die eine Generation Sachverhalte für ausgemacht hinnimmt, deren Bezweiflung einer anderen Generation geradezu zur Pflicht wird[2026]. *J. H. Newman* gibt sich dabei gleichermaßen pragmatisch wie entschieden: „Points which have been already proved and ruled"[2027] sind im Interesse des öffentlichen Interesses[2028] kein Gegenstand von Streitigkeiten, bevor sich nicht konkrete
Umstände ergeben, „when a question may legitimately be revived,
which has already been definitely determined"[2029]. Die Autorität der Gewißheit ist damit nicht in Frage gestellt[2030] : Sogleich „the whole structure
of our knowledge"[2031] aufzulösen, nur weil der Verstand in seinen
Schlüssen nicht unfehlbar ist, hält *J. H. Newman* vielmehr für „absurd"[2032].
Die Gedankenführung ist offensichtlich. *J. H. Newman* sucht das, was er
unter dem Begriff der Gewißheit versteht, mit der Wirklichkeit und den
hier zu beobachtenden Gewißheitsansprüchen zu vermitteln. Dabei zeigt
sich, daß er zwar durchaus von der Gewißheit als einem vor der
Vernunft zu verantwortenden Wahrheitsgeschehen sprechen kann,

---

[2024] „ We are able, it is our duty, deliberately to take things for granted which our
forefathers had a duty to doubt about; and unless we summarily put down disputation on points which have been already proved and ruled, we shall waste our time,
and make no advances" (GA 150 / AW V II 160).

[2025] GA 150 / AW VII 160.

[2026] „We are able, it is our duty, deliberately to take things for granted, which our
forefathers had a duty to doubt about..." (GA 150 / AW VII 160).

[2027] GA 150/ AW VII 160.

[2028] „...we shall waste our time and make no advances" (GA 150/ AW VII 160).

[2029] GA 150/ AW VII 160.

[2030] „...but a re-consideration of such a question need not abruptly unsettle the
existing certitude of those who engage in it, or throw them into a scepticism about
things in general, even though eventually they find they have been wrong in a particular matter" (GA 150/ AW VII 160).

[2031] GA 150/ AW VII 160.

[2032] GA 150/ AW VII 160.

zugleich aber auch das Nebeneinander von Gewißheiten, wie es sich im Lauf der Geschichte immer wieder zeigt, willig zu akzeptieren vermag. Die Begründung dafür gibt er im *dritten Abschnitt* des *zweiten Paragraphen* von *Kapitel 7*: Gewißheitsansprüche wie auch tragende Gewißheiten entsprechen dem „noetischen Gesetz"[2033] ihres Erwerbs. Der Mensch, so *J. H. Newman*, besitzt einen Intellekt, der eine Erziehung zuläßt. Als „being of progress"[2034] kann er sich dabei hinsichtlich seines Lebenszieles an die Fakten der Wirklichkeit halten - „he has to learn how to fulfil his end, and to be what facts show that he is intended to be"[2035]. *G. Biemer* sieht hier einen lebendigen Zusammenhang von gegebenen Sachverhalten, Erkenntnis und realer Zustimmung[2036]. Wie es nun aber ein Wachstum an Erkenntnis gibt, so auch eines „in the use of those faculties by which knowledge is acquired"[2037]: Erst allmählich, „gradually"[2038], gelangen diese Fähigkeiten „by practice and experience to their perfection"[2039]. Ein offensichtlicher Irrtum ist daher stets die Grundlage zu neuem Fragen und Suchen, fehlerhafte Einsichtstände sind folglich nichts anderes als Lektionen und Warnungen - „not to give up reasoning, but to reason with greater caution"[2040]. Gegen die aktuelle, nach gründlicher Erwägung erfolgte Annahme eines Sachverhaltes hat somit ein früherer Irrtum „no outstanding claim"[2041]. Gewißheit ist und bleibt ein Wahrheitsgeschehen: In ihrer Subjektbezogenheit ist sie nicht beliebig, wohl aber geschichtlich, insofern also der Möglichkeit des Irrtums unterworfen - „No instances then whatever of mistaken certitude

---

[2033] *G. Biemer*, Überlieferung 149.

[2034] GA 152 / AW VII 162.

[2035] GA 152 / AW VII 162.

[2036] Vgl. *G. Biemer*, Überlieferung 149.

[2037] GA 152 / AW VII 162.

[2038] GA 152 / AW VII 162.

[2039] GA 152 / AW VII 162.

[2040] GA 151 / AW VII 161.

[2041] „If in any particular case we have been mistaken in our inferences and the certitudes which followed upon them we are bound of course to take the fact of this mistake into account, in making up our minds on any new question, before we proceed to decide upon it. But if, while weighing the arguments on one side and the other and drawing our conclusion, that old mistake has already been allowed for, or has been, to use a familiar mode of speaking, discounted, then it has no outstanding claim against our acceptance of that conclusion, after it has actually been drawn" (GA 150 - 151 / AW VII 160 – 161).

are sufficient to constitute a proof, that certitude itself is a perversion or extravagance of his nature"[2042]. Im Gegenteil: „The sense of certitude may be called the bell of the intellect" [2043], als klare Zeugin des Wahren sichert sie „landmarks of thought"[2044]. Hier sieht *J. H. Newman* Parallelen zum Gewissen[2045].

Neben den Gewißheitsansprüchen und - vermutungen verschiedener Epochen ist es *zweitens* das Nebeneinander von Sach - oder Lebensbereichen, die jeweils ihre eigene Gewißheit einfordern, den Leser der *Grammar* abermals also die Frage nach der Berechtigung der Rede von der Gewißheit stellen lassen. *J. H. Newman* erinnert in diesem Zusammenhang an Zeugenaussagen in einem *Kriminalfall*, denen ihrer Irrtümlichkeit zum Trotz der Charakter der Gewißheit nicht abzusprechen ist[2046]. Er verweist zudem auf das *Feld öffentlicher Angelegenheiten*, in

---

[2042] GA 152 / AW VII 162. *J. H. Newman* ist gegenüber der Welt und den von ihr behaupteten Gewißheiten sehr skeptisch: „Such are the mistakes about certitude among educated men; and after referring to them, it is scarcely worth while to dwell upon the absurdities and excesses of the rude intellect, as seen in the world at large; as if any one could dream of trating as deliberate assents, as assents upon assents, as convictions or certitudes, the prejudices, credulities, infatuations, superstitions, fanaticisms, the whims and fancies, the sudden irrevocable plunges into the unknown, the obstinate determinations,- the offspring, as they are, of ignorance, wilfulness, cupidity, and pride, - which go so far to make up the history of mankind; yet these are often set down as instances of certitude and of its failure" (GA 154 / AW VII 164).

[2043] GA 152 / AW VII 162. *J. H. Newman* vertieft das Uhrenmotiv: „....and that it strikes when it should not is a proof that the clock is out of order, no proof that the bell will be untrustworthy and useless, when it comes to us adjusted and regulated from the hands of the clock-maker" (GA 152 / AW VII 162).

[2044] GA 153 / AW VII 163.

[2045] *Coscience* und *sense of certitude* haben ihren Platz in der normalen Verfassung des Geistes, beide erschließen dem Selbst die Wirklichkeit (vgl. GA 153 / AW VII 163). Wie der *sense of certitude* ist auch das Gewissen eine Uhr im menschlichen Bewußtseins: „It is the loud announcement of the principle of right in the details of conduct, as the sense of certitude is the clear witness to what is true" (GA 153 / AW VII 163). Gewissen wie Gewißheit können fehlen, finden aber durch eine geeignete Erziehung zu größerer Treffsicherheit: „...still, as the hammer of a clock may tell untruly, so may my coscience and my sense of certitude be attached to mental acts, whether of consent or of assent, which have no claim to be thus sanctioned. Both the moral and the intellectual sanction are liable to be biassed by personal inclinations and motives; both require and admit of discipline...."(GA 153/ AW VII 163).

[2046] „Suppose I am walking out in the moonlight, and see dimly the outlines of some figure among the trees, - it is a man. I draw nearer,-it is still a man; nearer still, and all

denen naturgemäß die Wahrscheinlichkeit, nicht die Gewißheit Denken und Handeln leitet[2047]. Folgerichtig kommt die *Religion* in den Blick. Sie ist Teil des öffentlichen Lebens, existiert dort in diversen Formen und Bekenntnissen, fordert aber zugleich den Menschen in seinem Selbst: Die Forderung absoluter Gewißheit trifft auf Gewißheitsansprüche etwa verschiedener Konfessionen, die in der Geschichte ebenso eingeübt wie erprobt sind, wirft also ein helles Licht auf die Möglichkeit von Bekehrung und Konversion. Modell der Religion ist - wie schon im *fünften Kapitel* der *Grammar* - das Christentum. Hier beobachtet *J. H. Newman* eine „nominal Christianity on the one hand, and vital Christianity on the other"[2048], er unterscheidet also eine nur religionsfreundliche Haltung von einer echten, lebensprägenden Religiosität. Diese zeichnet sich durch Frömmigkeit aus, „not a mere matter of sentiment"[2049]. Dergestalt wird die Religion den Gläubigen zum „ruling principle"[2050], das sie „all upon the hopes of the next world" [2051] setzen läßt. Im Gegensatz zu de-

---

hesitation is at an end,- I am certain it is a man. But he neither moves, nor speaks when I address him; and then I ask myself what can be his purpose in hiding among the trees at such an hour. I come quite close to him, and put out my arm. Then I find for certain that what I took for a man is but a singular shadow, formed by the falling of the moonlight on the interstices of some branches or their foliage" (GA 151 / AW VII 161).

[2047] *J. H. Newman* unterscheidet den *Bereich persönlicher Erkenntnis*, in dem der Einzelne souverän über Wissen verfügt vom *Bereich des öffentlichen Lebens*, in dem die sichere Kenntnis aller Wissensbereiche nicht möglich ist. „As to this world, we are certain of the elements of knowledge, whether general, scientific, historical, or such as bear on our daily needs and habits, and relate to ourselves, our homes and families, our friends, neighbourhood, country, and civil state. Beyond these elementary points of knowledge, lies a vast subject-matter of opinion, credence, and belief, viz. the field of public affairs, of social and professional life, of business, of duty, of literature, of taste, nay, of the experimental sciences. On subjects such as these the reasonings and conclusions of mankind vary, - 'mundum tradidit disputationi erorum;' - and prudent men in consequence seldom speak confidently, unless they are warranted to do so by genius, great experience, or some special qualification. They determine their judgments by what is probable, what is safe, what promises best, what has verisimilitude, what impresses and sways them. They neither can possess, nor need certitude, nor do they look out for it" (GA 154 / AW VII 165).

[2048] GA 156 / AW VII 166.

[2049] GA 155 / AW VII 166.

[2050] GA 155 / AW VII 166.

[2051] GA 156 / AW VII 166.

nen, die sich im Falle der Religion nur insoweit engagieren, als es ihren weltlichen Geschäften dient[2052], zeichnet sich der Glaubende durch eine klare Entschiedenheit („deliberately"[2053]) aus, in der er sein Handeln „towards an Invisible Being"[2054] ausrichtet. *J. H. Newman* bekräftigt damit einerseits seine Auffassung vom Glauben, den er als Zustimmungsakt begreift[2055], zugleich aber sichert er dessen Wahrheitsgehalt, indem er das Formalobjekt des Glaubensaktes, die *auctoritas Dei revelantis*, unübersehbar miteinbezieht. *J. H. Newman* spricht hier von einem realen Halt, den der Gläubige an den Gegenständen der Offenbarung zu finden sucht[2056], sowie von dessen habitueller Intuition hinsichtlich ihrer Gehalte - „which is certitude under another name"[2057]: Die Annahme und Antizipation der Wirklichkeit durch die religiöse oder weltliche Vernunft gelingt nur dort, wo sich der Mensch von Wahrscheinlichkeiten „founded on certainties"[2058] geleitet weiß. Objektiv gewisse Wahrheiten sind es, von denen her der Einzelne seine Urteile bildet, seinen eigenen

---

[2052] „Rational, sensible men, as they consider themselves, men who do not comprehend the very notion of loving God above all things, are content with such a measure of probability for the truths of religion, as serves them in their secular transactions..." (GA 156/ AW VII 166).

[2053] GA 156 / AW VII 166.

[2054] GA 155 / AW VII 166.

[2055] Den Glaubensakt denkt er auch hier ganzheitlich, als „sacrifice of wealth, name, or position, faith and hope, self-conquest, communion with the spiritual world"(GA 155/ AW VII 166). Damit nimmt er eine vermittelnde Position zwischen der katholischen und der protestantischen Tradition ein, die *H.Häring*, Art. Glaube, b. systematisch, in: *V. Drehsen* u.a. (Hg.), Wörterbuch des Christentums, München, Sonderausgabe 1995, 416 - 418, folgendermaßen umschreibt: „Die *kath. Tradition* mit ihrem Interesse für den Erkenntnischarakter des G.ns sieht sich heute einer Situation gegenüber, die den G.n als allg. verbindl. Lebenswissen nicht mehr akzeptiert. Entgegen seinem Selbstverständnis wird G. zu einer Wissensoption neben anderen, teils im Namen der Wissenschaft, teils im Namen anderer Religionen agierenden Optionen. Die *prot. Tradition* mit ihrem Interesse am Entscheidungscharakter des G.ns aber kann nicht hinreichend dem Verdacht entgegenwirken, der Vorrang der göttl. Gnade werde auf Kosten der rel. Selbständigkeit des Menschen gegenüber Gott betont" (ebd. 417).

[2056] „ ..a real hold and habitual intuition of the objects of Revelation..." (GA 155 / AW VII 166).

[2057] GA 155 / AW VII 166.

[2058] GA 156 / AW VII 167.

Kurs bestimmt, Erkenntnis gewinnt und absichert[2059]. Für die Gläubigen ist dies „the ground sure under their feet"[2060], die „preliminary condition"[2061], die den Glaubensakt beseelt[2062]. Indem er auf diese Weise an seine Lehre von den *first principles* sowie an seinen Vernunftbegriff aus den *Oxforder Universitätspredigten* anknüpft, gibt er eine weitere Deutung für die Vielfalt von Gewißheitsansprüchen. Erklärt er die Existenz von irrtumsbehafteten Gewißheitsansprüchen in *diachroner* Schau aus zeitbedingten Einsichtsständen, so nimmt er in *synchroner* Hinsicht das Faktum unterschiedlicher Gewißheiten bezüglich ein und desselben Sachverhaltes als hermeneutisches Problem, wie er am Beispiel der Religion und ihrer konfessionellen Gestalt illustriert: *Erstprinzipien* sind es, die ihrer Auslegung durch das Individuum in freier geschichtlicher Riskiertheit bedürfen, je nach Auslegungsprozeß aber zu unterschiedlichen Ausdrucksgestalten finden. Der folgende Abschnitt, mit dem *J. H. Newman* das *siebte Kapitel* seiner *Grammar* beschließt, erscheint insofern als Apologie der Konversion - und als Legitimation der ausführlichen Rede von der Gewißheit und ihrem besonderen Verhältnis zur Zustimmung. Zunächst skizziert *J. H. Newman* die Pluralität der religiösen Welt, wobei er erneut die Sonderrolle des Christentums, und damit natürlich die der katholischen Kirche herausarbeitet: Sie allein lehrt die „primary truths of religion"[2063], und die Autorität, in der sie dies tut, erwächst ihr aus dem Auftrag, „to speak to all mankind"[2064]. Das unterscheidet sie von den übrigen Religionen, die sich -„more or less variable in their teaching"[2065] - gegenseitig tolerieren, „professedly local, in their *habitat*

[2059] „These are certain truths; and from them each of us forms his own judgments and directs his own course, according to the probabilities which they suggest to him, as the navigator applies his observations and his charts for the determination of his course" (GA 156 / AW VII 167) Zum Erkenntniserwerb heißt es: „Such is the main view to be taken of the separate provinces of probability and certainty in matters of this world; and so, as regards the world invisible and future, we have a direct and conscious knowledge of our Maker, His attributes, his providences, acts, works, and will, from nature, and revelation..." (GA 156 / AW VII 167).

[2060] GA 156 / AW VII 166.

[2061] GA 156 / AW VII 166.

[2062] „...it will presuppose certitude as the very life which is to animate it" (GA 156 / AW VII 166).

[2063] GA 158 / AW VII 169.

[2064] GA 158 / AW VII 169.

[2065] GA 158 / AW VII 169.

and character"[2066]. Das Neben- und Miteinander der Religionen forciert die Gewißheitsfrage, die sich ihrerseits für jede einzelne Religion[2067] als Frage nach der letztgültigen Wahrheit erweist - „Truth need not be universal, but it must of necessity be certain; and certainty, in order to be certainty"[2068]. Hier sieht J. H. *Newman* nun den „main point of the objection"[2069]: Klärungsbedarf besteht nicht bezüglich der Vielfalt an Religionen und Kulten, die eigentliche Schwierigkeit liegt vielmehr „in the contradiction, conflict, and change of religious certitudes"[2070]. Dieser Denkschritt ist in seiner Tragweite nicht zu unterschätzen. Er entfaltet den Gedanken von den *Erstprinzipien*, die den Einzelnen auch in den Dingen des Glaubens leiten. *J. H. Newman* sichert zunächst die *Priorität* des katholischen Glaubens, sucht aber sodann den gemeinsamen Nenner, auf den die Vielzahl der Religionen gebracht werden kann, wobei er diesen gemeinsamen Nenner in den *religious certitudes* findet. Die *certitudes* wiederum identifiziert er - ganz im Sinne des *ersten Kapitels* seiner *Grammar* - mit jenen Sätzen des jeweiligen Glaubensbekenntnisses, denen die Zustimmung oder Gewißheit zuteil wird[2071]. Damit ist zweierlei gewonnen. In der Reduktion des Glaubens auf Glaubenssätze wird erstens ein interreligiöses Gespräch möglich, denn „there is no false teaching without an intermixture of truth"[2072]. Das Licht der einzelnen

---

[2066] GA 158 / AW VII 169.

[2067] „We have a professed science of Atheism, another of Deism, a Pantheistic, ever so many Christian theologies, to say nothing of Judaism, Islamism, and the Oriental religions. Each of these creeds has it s own upholders, and these upholders all certain that it is the very and the only truth, and these same upholders, it may happen, presently giving it up, and then taking up some other creed, and being certain again, as they profess, that it and it only is the truth, these various so-called truths being incompatible with each other" (GA 157 / AW VII 168).

[2068] GA 158 / AW VII 169.

[2069] GA 158 / AW VII 169.

[2070] GA 158 / AW VII 169.

[2071] „In answering this representation, I begin with recurring to the remark which I have already made, that assent and certitude have reference to propositions, one by one. We may of course assent to a number of propositions all together, that is, we may take a number of assents all at once; but in doing so we run the risk of putting upon one level, and treating as if of the same value, acts of the mind which are very different from each other in character und circumstance" (GA 158 - 159 / AW VII 169 – 170).

[2072] GA 163 / AW VII 174.

Wahrheiten, „contained respectively in the various religions of men"[2073],
wird zur Hilfe „that we pick our way, slowly perhaps, but surely, into
the One Religion which God has given"[2074]. Bestehende Gewißheiten
und *first principles* gehen auf diesem Weg keinesfalls verloren, auf ihm
werden sie im Gegenteil noch sicherer bewahrt, er erlaubt es, „to understand and love their objects more perfectly"[2075]. Im Hinweis auf die
Satzwahrheiten, in denen das jeweilige Glaubensgut einer Konfession
oder Religionsgemeinschaft vorliegt, bleibt die Person des Glaubenden
zunächst - scheinbar - außen vor. Ähnlichkeiten und Unterschiede zwischen den Religionen entscheiden sich am übereinstimmenden oder
abweichenden Fundus der vorliegenden Glaubenswahrheiten[2076]. Die
Überlegungen, die *J. H. Newman* bezüglich der Wechselbeziehungen
zwischen den Religionen anstellt, haben deshalb eine weitere, wichtige
Aufgabe. Was daher konsequent instruktionstheoretisch gedacht erscheint, ist in Wahrheit zutiefst personal verortet: Jemand kann sich
selber treu bleiben, auch wenn er die Religionsgemeinschaft oder Konfession wechselt - die Treue bezieht sich auf Satzwahrheiten, die eben an
ganz unterschiedlichen Orten beheimatet sein können[2077]. Kriterium
hierfür sind „the doctrines are on which his so-called certitude before
now and at present has respectively fallen"[2078]: Im Wechsel von der einen
zur anderen Religion oder Konfession mag der Einzelne also „serious

---

[2073] GA 163 / AW VII 174.

[2074] GA 163 / AW VII 174.

[2075] GA 163 / AW VII 174.

[2076] *J. H. Newman* verweist in diesem Zusammenhang darauf hin , daß die Zugehörigkeit zu einer Konfession noch lange nicht die Kenntnis all ihrer Inhalte bedeutet.
Daraus schließt er, daß ein Religions- oder Konfessionswechsel aufgrund der möglicher Übereinstimmungen in der Sache keinesfalls darin besteht, „as if a transition
from the one to the other involved a simple obliteration of all that had been as yet
written on his mind, and would be the reception of a new faith" (GA 160 / AW VII
171).

[2077] „When, then, we are told that a man has changed from one religion to another,
the first question which we have to ask, is, have the first and the second religions
nothing in common? If they have common doctrines, he has changed only a portion
of his creed, not the whole: and the next question is, has he ever made much of any
doctrines but such as are if otherwise common to his new creed abd his old? what
doctrines was he certain of among the old, and what among the new?" (GA 160 / AW
VII 170).

[2078] GA 162 / AW VII 173.

additions to his initial ruling principle"[2079] machen, verliert aber keine der Überzeugungen, die ihn von Anfang an geleitet haben mögen - „he carried it out and carried it with him into a new system of belief"[2080]. Das Zustimmungsmodell erweist sich in der Tat als verläßliche Hilfe, das Zueinander von subjektiven Glaubensentscheiden und überlieferten Glaubenssätzen zu denken. So kann jemand Katholik[2081] werden, weil er

---

[2079] GA 161 / AW VII 173.

[2080] GA 161 / AW VII 172. „There are few religions which have no points in common; and these, whether true or false, when embraced with an absolute conviction, are the pivots on which changes take place in that collection of credences, opinions, prejudices, and other assents, which make up what is called a man´s selection and adoption of a form of religion, a denomination, or a Church" (GA 162 / AW VII 173).

[2081] Die Konversion zum Katholizismus ist eine unter mehreren Möglichkeiten. So weiß J. H. Newman von Protestanten, die der katholischen Morallehre „unmanliness and unreasonableness" (GA 162 / AW VII 173) unterstellen, das Christentum insgesamt für eine „woman´s religion" (GA 162 / AW VII 174) halten und daher sich dem Islam zuwenden, eine Religion von „lust, revenge, ambition, courage, pride" (GA 162 / AW VII 174). Denkbar ist auch der Fall, bei dem jemand über die Zwischenstufen unterschiedlicher Konfessionen allmählich zu einem „purus, putus Atheist" (GA 161 / AW VII 172) wird: „The third gradually subsided into infidelity, because he started with the Protestant dogma, cherished in the depths of his nature, that a priesterhood was a corruption of the simplicity of the Gospel. First, then, he would protest against the sacrifice of the Mass; next he gave up baptismal regeneration, and the sacramental principle; then he asked himself whether were not a restraint on Christians liberty as well as sacraments; then came the question, what after all he was the use of teachers of religion? why should any one stand between him and his Maker? After a time it struck him, that this obvious question had to be answered by the Apostles, as well as by the anglican clergy; so he came to the conclusion that the true and only revelation of God to man is that which is written on the heart. This did for a time, and he remained a Deist. But then it occured to him, that this inward moral law was there within the breast, whether there was a God or not, and that it was a roundabout way for enforcing that law, to say that it came from God, and simply unnecessary, considering it carried with it its own sacred and sovereign authority, as our feelings instinctively testified; and when he turned to look at the physical world around him, he really did not see what scientific proof there was there of the Being of God at all, and it seemed to him as if all things would go on quite as well as at present, without that hypothesis as with it, so he dropped it, and became a *purus, putus* Atheist."" (GA 160 - 161 / AW VII 172). Vgl. dazu GA 164 / AW VII 175: „And thus it is conceivable that a man might travel in his religious profession all the way from heathenism to Catholicity, through Mahometanism, Judaism, Unitarianism, Protestantism, and Anglicanism, without any one certitude lost, but with a continual accumulation of

bereits als Protestant „with a real assent a genuine conviction" [2082] die Lehre von der Göttlichkeit des Herrn angenommen und diese Gewißheit ihn dazu geführt hat „to welcome the Catholic doctrines of the Real Presence and of the Theotokos, till his Protestantism fell of from him, and he submitted himself to the Church"[2083]. Ebenso ist der Fall denkbar, daß ein Gläubiger zunächst „from his admiration of its religious system"[2084] zur katholischen Kirche übertritt, diese aber nach einiger Zeit wieder verläßt: Er besaß niemals den „indispensable faith of a Catholic"[2085], war daher insofern auch niemals ein „subject for reception into the fold of the Church"[2086]. Die behauptete Unwandelbarkeit der Gewißheit kennt allerdings auch Ausnahmen, die jedoch einer genauen Prüfung bedürfen[2087]: J. H. Newman weiß beispielsweise um „certitudes or convictions, which perish in the change, as St. Paul´s conviction of the sufficiency of the Jewish Law came to an end on his becoming a Christian"[2088].

Ein *letzter, wichtiger Aspekt* zu ihrer Eigenschaft der Unwandelbarkeit beschließt das Kapitel zur *Gewißheit*. J. H. Newman erinnert hier daran, daß die Vernunft sich Gewißheit über einen Sachverhalt aus der

---

truths, which claimed from him and elicited in his intellect fresh and fresh certitudes."

[2082] GA 160 / AW VII 171.

[2083] GA 160 / AW VII 171.

[2084] GA 161 / AW VII 173.

[2085] GA 162 / AW VII 173.

[2086] GA 162 / AW VII 173.

[2087] J. H. *Newman* stellt sich am Beispiel von Juden, die Christen geworden sind, die Frage, ob es eine dauerhafte Gewißheit bei jenen gibt, die bekehrt wurden oder doch eher bei jenen auszumachen ist, die nicht bekehrt wurden - „for, if those who had not that certitude became Christians and those who had it remained Jews, then loss of certitude in the latter is not instanced in the fact of the conversion of the former" (GA 164 / AW VII 177). Denkbar ist auch der Fall, daß „so-called certitudes have come to nought, because, their objects being errors, no truths, they really were not certitudes at all" (GA 165 / AW VII 176). Darunter sind beispielsweise „prejudices" (GA 166 / AW VII 177) zu zählen, etwa „the numberless calumnies directed against individual Catholics, against our religious bodies and men in authority, which serve to feed and sustain the suspicion and dislike with which everything Catholic is regarded in this country" (GA 166 / AW VII 178). J. H. *Newman* zieht daraus die Schlußfolgerung: „But as a persistence in such prejudices is no evidence of their truth, so an abandonment of them is no evidence that certitude can fail" (GA 166 / AW VII 178).

[2088] GA 164 / AW VII 176.

Anwendung authentisch verbürgter Interpretamente verschafft. Diese Interpretamente stammen dabei oftmals aus Wirklichkeitszusammenhängen ganz unterschiedlicher Art. So kommt es, daß ein Sachverhalt je nach Standpunkt Gewißheitsmomente ganz unterschiedlicher Art hervorbringt, die einander möglicherweise auszuschließen scheinen. *J. H. Newman* illustriert dies an einem Beispiel, das er freilich - „for argument´s sake"[2089] - hinsichtlich der dargestellten Positionen zuspitzt: Behauptet, so das Beispiel, der Schöpfungsglaube („the Word of God Himself"[2090]), „that there were no men before Adam, that he was immediately made out of the slime of the earth, and that he is the first father of all men that are or ever have been"[2091] , so entsteht dann ein scheinbar unlösbarer Widerspruch, wenn Ethnologen, Philologen, Anatome und Altertumsforscher in getrennten Untersuchungen zum gemeinsamen Befund kommen, daß die Existenz unterschiedlicher Menschenrassen nicht zu verleugnen ist, diese überdies von Gorillas, Schimpansen, Orang-Utans oder Pavianen abstammen; „moreover, that Adam was an historical personage, with a well-ascertained dwelling place, surroundings and date, in a comparatively modern world"[2092]. Die Gewißheit des religiösen Glaubens steht hier gegen jene, ebenfalls begründete Gewißheit, die aus der naturwissenschaftlichen Forschungsarbeit erwächst. *J. H. Newman* zufolge ist aber in einem solchen Falle die eine Gewißheit keinesfalls gegen die andere auszupielen. Jede von beiden Gewißheiten hat ihre Berechtigung, kann doch eine wissensschaftliche Entdeckung der göttlichen Offenbarung nicht widersprechen. Das Beispiel ist eben darum ohne weiteren Realitätsbezug[2093], die eine Gewißheit löst die andere keineswegs ab. *J. H. Newman* empfiehlt daher der Glaubensgewißheit konsequenterweise, sich in Geduld zu üben, auf bessere Tage zu hoffen, sich in jedem Falle aber zu bewahren[2094]. Kriterium für die Beibehaltung einer Gewißheit ist damit ihre lebenspraktisch er-

---

[2089] GA 167 / AW VII 180.
[2090] GA 168 / AW VII 180.
[2091] GA 168 / AW VII 180.
[2092] GA 167 - 168 / AW VII 180.
[2093] „Of course, I am putting an impossible case, for philosophical discoveries cannot really contradict divine revelation" (GA 168 / AW VII 180).
[2094] „If I so believed, I should not pretend to argue, or to defend myself to others; I should be patient; I should look for better days; but I should still believe" (GA 168 / AW VII 180).

probte Verantwortbarkeit, die eine ihr widersprechende Gewißheit deshalb gelassen akzeptieren kann, da sie deren hier vorgefundenen Vorbedingungen zwar als legitim, aber aus einem anderen Argumentationszusammenhang abgeleitet vermutet und anerkennt. Im Falle der Evolutionslehre gilt also „I should consider that they and I thought and reasoned in different mediums"[2095]. Die Beständigkeit und Dauer einer Gewißheit ist aber nicht nur für den Fall gewährleistet, daß ein Sachverhalt durch unterschiedliche Deutemuster eine angemessene Interpretation erfährt: *J. H. Newman* rechnet auch mit der Möglichkeit, bei ein und derselben Sache gleichzeitig einander völlig entgegengesetzter Eigenschaften oder Zustände voll und ganz gewiß zu sein. Auch hierfür haben vermutlich Glaubenserfahrungen Modellfunktion[2096].

[2095] GA 168 / AW VII 180.

[2096] „I will take an example. Let us suppose we are told on an unimpeachable authority, that a man whom we saw die is anow alive again and at his work, as it was his wont to be; let us suppose we actually see him and converse with him; what will become of our certitude of his death? I do not think we should give it up; how could we, when we actually saw him die? At first, indeed, we should be thrown into an astonishment and confusion so great, that the world would seem to reel round us, and we should be ready to give up the use of our senses and of our memory, of our reflective powers, and of our reason, and even to deny our power of thinking, and our existence itself. Such confidence have we in the doctrine that when life goes it never returns. Nor would our bewilderment be less, when the first blow was over; but our reason would rally, and with our reason our certitude would come back to us. Whatever came of it, we should never cease to know and to confess to ourselves both of the contrary facts, that we saw him die, and that after dying we saw him alive again. The overpowering strangenenss of our experience would have no power to shake our certitude in the facts which created it" (GA 167 / AW VII 179).

4.3.3.2.6. Zusammenfassung

In Verlauf der vorangegangenen Darstellung ist deutlich geworden, wie umsichtig *J. H. Newman* das Vorhaben einer Begründung des Glaubensaktes im Rahmen seiner Zustimmungslehre entwickelt. Der *zweite Hauptteil* seiner *Grammar* greift dazu das Anliegen ihres *ersten Hauptteiles* bewußt auf: In der *Erfassung* begegnet das Subjekt der Wirklichkeit und ist dabei stets seiner selbst gewahr. *Zustimmung* wie *Gewißheit*, die zentralen Themen des *zweiten Hauptteiles*, können in diesem Kontext als Entfaltung eines eigenwilligen Subjektdenkens verstanden werden, demzufolge das *Prae* des Selbst den individuellen Rahmen des Glaubensvollzuges selber setzt. Damit scheint auch der Schlüssel gefunden, dank dessen der Aufbau der *Grammar* bis in die Kapitelfolge hinein nachvollziehbar gemacht werden 40 *Gewißheit* ist insofern von besonderem Reiz: *J. H. Newman* bleibt hier den *Theses de fide* und seinen *Oxforder Universitätspredigten* verpflichtet, wenn er den Glauben nicht nur als eine Entscheidung würdigt, sondern diese Entscheidung durch die Kraft des Argumentes unterstützt wissen will. So wird verständlich, warum er die Gewißheit als *assent to an assent* charakterisiert: Intellektualität und Gefühl, Imagination und Evidenz der Glaubwürdigkeitsmotive können so in eine spannungsvolle Einheit gebracht werden, wodurch die Gewißheit selbst als das zutage tritt, was sie *de facto* ist - eine Form der Zustimmung, unabhängig von syllogistischen Operationen, dafür aber nunmehr Medium jener personalen Freiheit, in der sich der Einzelne für den Wahrheitsanspruch der Glaubensbotschaft entscheidet. *J. H. Newman* weiß denn auch aus der veränderten Terminologie Nutzen zu ziehen: Es ist ihm jetzt nicht nur möglich, das Phänomen religiöser Konversionen vom Verdacht opportunistischer Beweggründe zu befreien, er vermag auch ein Toleranzdenken zu propagieren, das in seiner Nützlichkeit für Politik, Kirche und Gesellschaft nicht zu unterschätzen ist. Gewißheitsansprüche gelten hier nicht mehr als Kampfansage, sondern werden zunächst in ihrem Eigenstand wahrgenommen, sodann aus ihrer Geschichte erklärt, um schließlich mit dem Maß des Argumentes öffentlich gemessen zu werden. Die Vielfalt ihrer Gestalt sowie der öffentliche Charakter der Religion sind denn auch Themenschwerpunkte, die *J. H. Newman* im *siebten* und *achten Kapitel* der *Grammar* beschäftigen: Der Glaube kommt vom Hören - Zustimmung wie Gewißheit sind Zeugnisse einer mündigen Persönlichkeit, die Ansprüche, Argumente und

Beweggründe selbständig zu gewichten weiß, um zu einer verantwortbaren und auch öffentlich tragbaren Entscheidung zu gelangen. In den
abschließenden Kapiteln der *Grammar* entwickelt *J. H. Newman* seine
Überlegungen zum Aufweis der Glaubwürdigkeit des Offenbarungsanspruches zu einer schlüssigen Synthese, die die Erträge aus seinen früheren Veröffentlichungen zur Thematik aufgreift und in Hinblick auf
eine verantwortbare Glaubensentscheidung bündelt.

4.3.3.3. Begründete Zustimmung - Drei Verfahren der Folgerung

Das *achte Kapitel* der *Grammar* wird von J. H. *Newman* unprätentiös und direkt eröffnet. Die Darlegungen der vorangegangenen Kapitel zu *Zustimmung* und *Gewißheit* finden hier durch Ausführungen zum Verfahren der Folgerung, die er - im Gegensatz zur unbedingten Zustimmung - als bedingte Annahme eines Satzes umschreibt[2097], ihre inhaltliche Fortsetzung. Die Darstellungsperspektive ist verändert: Es geht hier nicht ausschließlich um die Person und ihre Befähigung zum Zustimmungsakt. Im Mittelpunkt stehen jetzt vielmehr die Vernunft und die Formen ihres Vollzuges. Themenwahl und Kapitelfolge festigen den Eindruck, daß die Zustimmung das eigentliche Thema der *Grammar* ist, alle übrigen Begriffe aber , die hier zur Erörterung gelangen, „in bezug auf die Zustimmung betrachtet wurden, also im gewissen Sinne als verschiedene Aspekte derselben"[2098] gelten können. Der Weg, den J. H. *Newman* mit dem *achten Kapitel* seiner *Grammar* einschlägt, ist damit von der Sache her konsequent, bleibt er doch in der Linie seiner früheren Veröffentlichungen zur Glaubensthematik. Ihnen zufolge ist die Zustimmung ein zutiefst personaler Akt, dem aber stets ein intellektuelles Moment zukommt: In den *Theses de fide* sind es - gemäß der *fünften These* - die Glaubwürdigkeitsmotive, die eine Glaubensentscheidung ethisch verantwortbar erscheinen lassen, nach Auskunft der *Praefatio* von 1847 wird der individuelle Zustimmungsakt von den *first principles* mitgetragen, im *Paper on Development* ist es das objektive Wort Gottes selbst, das im Geist des Einzelnen wie in dem der Kirche alle Verstandeskräfte anregt, den Ruf der Frohbotschaft angemessen zu beantworten. Wie J. H. *Newman* dabei in seiner kleinen Schrift *On the Certainty* zeigt, ist es die unersetzliche Aufgabe der Vernunft, in Hinblick auf einen erfragten Sachverhalt das Gesamt von Phänomenen, Indizien und Hinweisen so schlüssig zusammenzubringen, daß der menschliche Geist daraufhin dem besagten Sachverhalt Evidenz zubilligen und ohne weiteres seine Zustimmung gewähren kann. Die personale Dimension des Glaubensaktes ist damit zwar ausdrücklich von dessen rationaler Rechtfertigung unterschieden: Wie in der Diskussion der Gewißheitsbildung - *assent to an assent* - freilich deutlich wird, kann im realen Vollzug der Zustimmung jedoch diese von jener nicht getrennt werden.

[2097] Vgl. GA 169 / AW VII 182.
[2098] M. *Miserda*, Subjektivität 335.

Im Interesse einer Grammatik, der es um das Zueinander von Bausteinen einer Sprache geht, stellt sich J. H. *Newman* daher folgerichtig der nächstliegenden Aufgabe, das Verhältnis von Intellekt und Glaubensakt, von Folgerung und Zustimmung zu entschlüsseln. Dies geschieht im *achten* und *neunten Kapitel* der *Grammar*, wo er in die literarische Großform bringt, was bis dato nur in Ansätzen entfaltet werden konnte. „We reason, when we hold this by virtue of that"[2099] - zwei Wesensmerkmale sind es, durch die sich die Folgerung auszeichnet: Sie ist *zum einen* Instrument mittelbarer, schlußfolgernder Erkenntnis[2100], dank derer es der menschliche Geist - *ex pede Herculem* [2101] - vermag, vom Detail auf das Ganze eines Sachzusammenhanges wie umgekehrt über das Ganze im Detail zu schließen[2102]. Ihr Materialobjekt ist dasjenige, was wahrscheinlich ist, „the truth-like or a verisimilitude"[2103] - im Gegensatz zum Zustimmungsakt, als dessen Gegenstand „a truth"[2104] gilt. *Zum anderen* ist die Folgerung ein intellektueller Akt ganz eigener Art, dessen Ergebnis in seinem Anspruch auf Glaubwürdigkeit nicht aus sich selbst heraus verbindlich wird, sondern einzig und allein dem Urteil des Folgernden

---

[2099] GA 169/ AW II 182.

[2100] „By means of sense we gain knowledge directly; by means of reasoning we gain it indirectly, that is, by virtue of a previous knowledge" (GA 169 - 170 / AW VII 183).

[2101] I. *Ker* erläutert den Inhalt der Redewendung zum Sprichwort *ex pede Herculem*: „...according to Aulus Gellius, Noctes Atticae, i. 1 - 3, Plutarch recorded how Pythagoras calculated the height of Hercules from the estimated length of his foot" (Editor's Notes 371.170).

[2102] J. H. *Newman* erläutert die Fähigkeit des menschlichen Geistes zur Zusammenschau komplexer Gegebenheiten am Beispiel geübter Zoologen, die aus dem Anblick eines kleinsten Knochen das Ganze eines komplizierten Organismus zu ermitteln wissen: „That which the mind is able thus variously to bring together into unity, must have some real intrinsic connexion of part with part. But if this *summa rerum* is thus one whole, it must be constructed on definite principles and laws, the knowledge of which will enlarge our capacity of reasoning about it in particulars; - thus we are led on to aim at determing on a large scale and on system, what even gifted or practised intellects are only able by our own personal vigour to reach piecemeal and fitfully, that is, at substituting scientific methods, such as all may use, for the action of individual genius" (GA 170/ AW VII 183).

[2103] GA 169 / AW VII 182.

[2104] GA 169/ AW VII 182.

unterstellt ist[2105]. Damit zeichnet J. H. *Newman* zu Beginn des *achten Kapitels* von der Folgerung ein eigentümliches Bild: Obwohl sie sich von der Zustimmung unterscheidet, also einen Eigenstand besitzt, gilt sie zugleich als ein Vermögen, dessen sich der menschliche Geist völlig selbstverständlich und ohne weitere Überlegung bedient[2106]. Die Folgerung ist gewissermaßen natürlicher Bestandteil des menschlichen Geistes. Der Syllogismus logischer Schlüsse scheint hier zu einer „sort of instinctive perception"[2107] gewandelt - „such is rationication, in what may be called a state of nature, as it is found in the uneducated, - nay, in all men, in its ordinary exercise"[2108]. J. H. *Newman* schließt mit dieser Aussage an die dreizehnte *Oxforder Universitätspredigt* an, in der er das folgernde Denken als eine spontane Energie bezeichnet, ihm also jedwede Form von Künstlichkeit abspricht[2109], es im Gegenteil mit der Vernunfttätigkeit gleichsetzt[2110]. Diese besteht folgerichtig in dem Vermögen „in asserting

---

[2105] „...whether we hold it as evident or as approximating or tending to be evident" (GA 169 / AW VII 182).

[2106] „In the next place, our reasoning ordinarily presents itself to our mind as a simple act, not a process or series of acts. We apprehend the antecedent and then apprehend the consequent, without explicit recognition of the medium connecting the two, as if by a sort of direct association of the first thought with the second" (GA 169 / AW VII 182).

[2107] GA 169 / AW VII 182.„I call it instinctive, not as if the faculty were one and the same to all men in strength and quality (as we generally conceive of instinct), but because ordinarily, or at least often, it acts by a spontaneous impulse, as prompt and inevitable as the exercise of sense and memory. We perceive external objects, and we remember past events, without knowing how we do so; and in like manner we reason without effort and intention, or any necessary consciousness of the path which the mind takes in passing from antecedent to conclusion" (GA 169/ AW VII 182).

[2108] GA 169 / AW VII 182.

[2109] „Reasoning, then, or the exercise of Reason, is a living spontaneous energy within us, not an art" (OUS XIII 257 / AW VI 192).

[2110] Vgl. hier die Gleichsetzung von *reasoning = exercise of Reason* (OUS XIII 257/ AW VI 192). In der *elften Universitätspredigt* „The Nature Of Faith in Relation To Reason" vom 13. Januar 1839 (OUS XI 202 - 221/ AW VI 154 - 167) erklärt er seinen Vernunftbegriff recht ausführlich: „7. Reason does not really perceive any thing; but it is a faculty of proceeding from things that are perceived to things which are not; the existence of which it certifies to us on the hypothesis of something else being known to exist, in other words, being assumed to be true. 8. Such is reason, simply considered..." (OUS XI 206 - 207 / AW VII 157).

one thing, because of some other thing"[2111], ihr Vollzug führt zur Erkenntnis oder - bei falschem Gebrauch - zu bloßen Meinungen, Irrtum, Scheinwissen („apparent knowledge"[2112]). Sie ist daher „not simply assent to the reality of certain external facts"[2113], sondern ein Forschen nach Gründen, „an assent upon grounds"[2114]. *J. H. Newman* greift diesen Gedanken erneut auf, wenn er in der gleichen Predigt die *implizite* von der *expliziten Vernunft* unterscheidet, letztere aber zur Kontrollinstanz über die erstere erklärt[2115]. Mit *M. Miserda* steht hier eine dem menschlichen Geist und seinem Zustimmungsvermögen inhärente Instanz zu vermuten, näherhin „das Bewußtsein selbst bzw. die reflexive Struktur des Denkens überhaupt"[2116]. Nach *F. Wiedmann* stellt sich diesbezüglich „Lockes Reihenfolge: erst Evidenz, dann gemäße Zustimmung"[2117] bei *J. H. Newman* gerade umgekehrt dar. Beleg hierfür ist die interne Themenfolge der *Grammar*, in der die *Erfassung* der *Zustimmung*, diese wiederum aber der *Gewißheit* vorangestellt ist: Von den *first principles* angeleitet, geht die Affirmation der Reflexion voraus, und erst dann, „auf die Frage hin, ob wir die intellektuelle Rechtfertigung zu leisten imstande sind, reflektieren wir und versuchen, einsichtige Gründe für die ergangene Zustimmung zu benennen"[2118]. Der Glaubensakt unterscheidet sich zwar darin nicht von den übrigen Erkenntnisvollzügen[2119].

[2111] OUS XI 207 / AW VI 157.

[2112] OUS XI 207 / AW VI 157.

[2113] OUS XI 207 / AW VI 157.

[2114] OUS XI 207 / AW VI 157.

[2115] „In other words, all men have a reason, but not all men can give a reason. We may denote, then, these two exercises of mind as reasoning and arguing, or as conscious and unconscious reasoning, or as Implicit Reason and Explicit Reason. And to the latter belong the words, science, method, development, analysis, criticism, proof, system, principles, rules, laws, and others of a like nature....The process of reasoning is complete in itself, and independent. The analysis is but an account of it; it does not make the conclusion corrrect; it does not make the inference rational" (OUS XIII 259 / AW VI 193).

[2116] *M. Miserda*, Subjektivität 339.

[2117] *F. Wiedmann*, Intellekt und Wille in Newmans Zustimmungslehre, in: PhJ 73 (1965/ 66) 95 - 104, 102.

[2118] *F. Wiedmann*, Intellekt und Wille in Newmans Zustimmungslehre 102.

[2119] „Setzen wir statt der *prolepsis* „Glauben" ein, und verstehen den religiösen Glauben an die Offenbarungswahrheit, dann bestätigt sich auch für diesen Bereich das Gesagte" (Intellekt und Wille in Newmans Zustimmungslehre 102) Daraus ist aber bei *J. H. Newman* keine philosophiefeindliche Haltung abzuleiten. *F. Wiedmann*

Gerade in Hinblick auf den Glaubensakt aber wird die Beschäftigung mit dem Phänomen der Folgerung zur bewußten Ausschau nach einem *organum investigandi* [2120], das *J. H. Newman* in der komplexen geistigen Verfaßtheit des Menschen sucht. Die Denkaufgabe, die sich hier stellt, ist in der Tat schwierig. Zur Erörterung steht das Zueinander von *bedingter Folgerung* und *unbedingter Zustimmung* in ein und demselben Subjekt, und damit - als „Grundproblem"[2121] - die Frage, „how it comes to pass that a conditional act leads to an unconditional"[2122]. Dient die Folgerung zunächst dazu, „über das im allgemeinen unmittelbar Gegebene und damit Evidente in der Erfassung hinauszugehen und zur Erkenntniserweiterung zu kommen"[2123], gilt darüber hinaus die Suche nach jenem besagten *organum investigandi* vor allem dem Bemühen, den Zustimmungsakt in seiner ganz persönlichen Struktur von rationaler

---

schreibt dazu: „Unter dem einen Gesichtspunkt wurde die Philosophie durch Newman daran erinnert, sich selbst als ein Zweites, Späteres, als nachträgliche Reflexion über ein schon vorhandenes Wissen zu verstehen, sie sollte wieder einen Wissensanspruch respektieren, der ihr vorhergeht, und eine Wahrheitsgewißheit, etwa die der religiösen Glaubenserfahrung anerkennen, obwohl deren Aussagen sich formaler Beweisbarkeit entziehen können. Zum andern aber wird die Philosophie daran erinnern dürfen, daß die Zustimmung ausschließlich unter diesem Aspekt gesehen, nur die halbe Wahrheit wiedergibt" (Intellekt und Wille in Newmans Zustimmungslehre 104).

[2120] Nach AW VII 395, Anm. 153c, ist das *organon* „in erster Linie geistiges Organ, Fähigkeit, Sinn (illative sense, phronesis), aber auch Erkenntnismodus". Gemäß AW VII 424, Anm. 352a, ist mit der *investigatio* „die Aufspürung (vestigium = Spur) der Wahrheit, also nicht die bloße Analyse der Wahrheit, die Ableitung miteinbeschlossener Wahrheiten". Dazu vgl. *J. Artz:* „Es gibt ein o.i. zur Gewinng relig. Wahrh. (eth. Charakter, System erster Prinzipien, Neigungen u.a. gehört dazu" (Art. Organum investigandi, in: NL 788-789). Siehe auch *F. Willam,* Aristotelische Erkenntnislehre 218 - 244, wo auf die Grundlegung von *J. H. Newmans* Auffassung über das *organon* in dessen *Elements of Logic* hingewiesen wird.

[2121] „Wie kann ein bedingter Akt zu einem unbedingten führen? Dies ist das Grundproblem im zweiten Teil der ‚Grammatik'. Newmans Problemannäherung ist wiederum von jener Phänomenologie bestimmt, die zu Beginn dieses Kapitels dargestellt wurde. Die abgewiesenen Positionen, paradigmatisch in den Aussagen Locke´s konzentriert, lösen das Problem, indem sie es negieren. Solches Theoriediktat weist Newman aber zurück. Im tatsächlichen Denken lassen sich demgegenüber Strukturen erheben, die den vermeintlichen Widerspruch erhellen" (*R.Siebenrock,* Wahrheit 257).

[2122] GA 169 / AW VII 182.

[2123] *J. Brechtken,* Real-Erfahrung 25.

Rechtfertigung und personaler Entschiedenheit zu durchleuchten. J. H. Newman weiß dabei durchaus von der Kraft des Argumentes: Die individuelle und unverwechselbare Weise, wie der menschliche Geist die Fülle der Sachargumente und Indizien zu einer Argumentationslinie fügt, führt ihn über die Folgerung zu einem „experimental key"[2124], der sowohl die geistige Reflexionskraft *pro re nata* ausdrücklich macht, vor allem aber die Darstellung von komplexen Wirklichkeitsbereichen effizienter gestaltet, wie J. H. Newman an Geometrie und Algebra erläutert[2125]. Er stellt daher hohe Erwartungen an ein solches *organum investigandi*: Hinsichtlich ihrer Eigenschaft, neue Wahrheiten „by means of old"[2126] zu gewinnen, schreibt er diesem „instrument of reasoning" [2127] die Aufgabe zu, dem menschlichen Geist „as a true record of the system of objective truth"[2128] zu dienen. Er denkt hierbei ein solches Instrument der Schlußfolgerung als hilfreiche Regel zur Interpretation all jener Sachverhalte und Phänomene, in denen sich die Wahrheit eines Sachverhaltes kundgibt[2129]. J. H. Newman betont aber zugleich auch die Rückbindung der Folgerung an die jeweilige Person, die sie ausübt. Ein solches *instrument of reasoning* ist dann so etwas wie ein „common measure between mind and mind"[2130], als Werkzeug der Forschung auf einem „recognized intellectual standard"[2131] eine Norm, „such as to secure us against hopeless mistakes, and to emancipate us from the capricious *ipse dixit* of authority"[2132]. J. H. Newman erinnert dazu an die Vielfalt der Menschen und ihrer geistigen Vollzüge, indirekt damit also an die verwirrende Vielfalt zu schließen und zu folgern: Die Schlüsse des einen sind nicht die des an-

---

[2124] GA 171 / AW VII 184.

[2125] „One such experimental key is the science of geometry, which, in a certain department of nature, substitutes a collection of true principles, fruitful and interminable in consequences, for the guesses, pro re nata, of our intellect, and saves it both the labour and the risk of guessing. Another far more subtle and effective instrument is algebraical science, which acts as a spell in unlocking for us, without merit or effort of our own individually, the arcana of the concrete physical universe" (GA 171 / AW VII 184).

[2126] GA 170 / AW VII 183.

[2127] GA 170 / AW VII 183.

[2128] GA 171/ AW VII 184.

[2129] Vgl. GA 171 / AW VII 184.

[2130] GA 170 / AW VII 184.

[2131] GA 170 / AW VII 184.

[2132] GA 170 - 171/ AW VII 184.

deren, selbst die Schlüsse ein und desselben Menschen stimmen oftmals
nicht miteinander überein[2133]. Überdies weichen Schlüsse, in denen viele
übereinstimmen, von jenen Sachverhalten ab, „which those conclusions
are intended to ascertain"[2134].

Seine Erwartungen an das *organum investigandi* erschließen die
Auffassung, die *J. H. Newman* bei seinen Überlegungen zur eigentümlichen Verfaßtheit menschlicher Zustimmungsakte leitet. Wie die Prinzipien der Geometrie und Algebra zeigen, ist es nicht möglich, in Hinblick
auf einen Zustimmungsakt nur von den Vernunftgründen, die sich aus
dem jeweiligen Materialobjekt ergeben, zu reden: Damit gerät die Persönlichkeit derer, die diesen Zustimmungsakt setzen, aus dem Blick. Es
reicht aber auch nicht zu, allein vom Charakter einer Person her einen
individuellen Zustimmungsakt zu beurteilen. Hier fehlen der verstehenden Analyse dann nicht nur jene Gründe, die die Person möglicherweise bewogen haben, ihre Zustimmung zu gewähren, sondern es fehlt
auch an einem geeigneten Maß, die individuellen Zustimmungsakte zu
beurteilen. *J. H. Newman* sucht daher mit dem Modell eines gesonderten
organon beiden genannten Ebenen gerecht zu werden - der *Vernunft* und
ihren Argumenten ebenso wie der *Person* und ihrem spezifischen, le-
bensgeschichtlich vorgeprägten Wirklichkeitszugang.

Er umreißt damit auf nur wenigen Seiten einen großen Problemhorizont. Im weiteren Verlauf des *achten Kapitels* der *Grammar* findet er jedoch Wege, die angemessen sind, Zustimmungsakte argumentativ zu
rechtfertigen, vor allem aber einen Ansatz, die innere Vernunftgemäßheit der Zustimmung selbst aufzuzeigen. *J. H. Newman* untersucht
und unterscheidet dazu drei Formen bzw. Verfahren der Folgerung, in
der Reihenfolge des *achten Kapitels* die *formelle, formlose* und *natürliche
Folgerung*[2135]. Indem er deren Vorteile, Möglichkeiten und Grenzen er-

---

[2133] Vgl. GA 170 / AW VII 184.

[2134] GA 170 / AW VII 184.

[2135] Im Anmerkungsapparat der deutschen Ausgabe der *Grammar* geben die Herausgeber zu Beginn Kapitel 8, Abschn. 1 „ Formelle Folgerung" wichtige Hinweise
zur Übersetzung einiger englischer Begriffe, die bereits in früheren Texten eine wichtige Rolle spielen. *Formal inference* ist demnach eher mit „formell" als mit „formal"
wiederzugeben, „weil der Ton stärker auf 'In-Aller-Form', 'Ausdrücklich' liegt als auf
'Bloße Form'" (AW VII 391, Anm. 141). In AW VII 391 - 392, Anm. 142, ist darauf verwiesen, daß der Begriff *inference* mit dem der Folgerung gleichbedeutend ist, „ebenso
to infer mit folgern. Wird aber statt dessen das reasoning und to reason gebraucht, so

örtert, nimmt er tatsächlich den Inhalt des *neunten Kapitels* vorweg: Der jeweilige Modus der Folgerung ist der Schlüssel zu dem bereits eingangs formulierten Problem, wie ein bedingter Folgerungsakt zu einer unbedingten Zustimmung führt. Die nähere Beschäftigung mit den drei Verfahren der Folgerung ist diesbezüglich sehr erhellend. In seiner Analyse der *Grammar* hinterfragt R. Siebenrock die Anordnung, in die *J. H. Newman* die drei Folgerungsmodelle stellt. Im Gegensatz zu *J. H. Newman* beginnt er mit der Betrachtung der *natürlichen Folgerung*, bevor er dann zur *formellen* und *formlosen* Folgerung übergeht[2136]. R. Siebenrock begründet sein Vorgehen aus dem Subjektdenken bei *J. H. Newman*, womit er sich dessen Modell der implizit-expliziten Vernunft zu eigen macht. Die drei Folgerungsmodelle, so *R. Siebenrock*, sind „dem menschlichen Denken eigen und haben ihren Ursprung in einer 'Urform', die einen einfachen Akt darstellt"[2137]. Ist nun aber das unvermittelt spontane Folgern „Denken im Urzustand"[2138], scheint es angebracht, zunächst das natürliche Folgern, und dann erst dessen „entwickelte Formen"[2139] zu untersuchen, womit das Anliegen eines *organum investigandi* erneut aufgegriffen ist. Die Aufeinanderfolge der Folgerungstypen, wie sie *J.H. Newman* selbst vorschlägt, verliert trotzdem nicht an Sinn, steht doch zu vermuten, daß sich der Autor der Grammar mit einem traditionellen Vernunftbegriff konfrontiert sieht, dem ein anderes Deutemodell zur Vernunft und ihrer Kompetenz entgegenstellt.

---

ist die Bedeutung umfassender: Denken, Nachdenken mit der Ausrichtung auf das Folgern und Begründen hin. Entsprechend muß die Übersetzung je nach dem Zusammenhang wechseln.... *Argument* bedeutet einmal unser Argument,d.h. Beweisgrund,-moment,-element. Gelegentlich wird es auch gleichbedeutend mit argumentation gebraucht, also Argumentation im Sinne von Beweisführung, Beweistätigkeit (to argue), und zwar geäußerte Begründung im Gegensatz zu reasoning .... *Proof* (to prove) ist Beweis (beweisen) im allgemeinen (manchmal mit dem Unterton des Erprobens und Prüfens). *Evidence* kann auch Beweis bedeuten, besonders im Plural, behält aber auch dann im Unterton seinen ursprünglichen Sinn der Einsichtigkeit, des Einsichtigmachens oder des Einsichtig-Machenden bei. Im Gegensatz zu dem allgemeinen *proof* bezeichnet der Begriff *demonstration* den streng logisch formulierten Beweis. „'Argumentativ' ist der formulierte, 'demonstrativ' der streng logisch formulierte Beweis" (AW VII 391 – 392, Anm. 142).

[2136] Vgl. R. Siebenrock, Wahrheit 257.

[2137] R. Siebenrock, Wahrheit 257.

[2138] R. Siebenrock, Wahrheit 257.

[2139] R. Siebenrock, Wahrheit 257.

4.3.3.3.1. Die natürliche Folgerung

Den Sinn der *Folgerung* erläutert J. H. *Newman* ebenso anschaulich wie präzise: Das folgernde Denken dient der Erweiterung von Kenntnissen über Sachverhalte, die sich in ihrem Gegebensein vom erkennenden Subjekt als unabhängig erweisen[2140]. Die *inference* ist gewissermaßen das Instrument „for interpreting the concrete world"[2141], und insofern „the ticket for sharing in the common search after truth"[2142]. Die Struktur ihres Vollzuges ist die der Logik[2143]. Als deren Vollgestalt, Prüfstein und Maß folgerichtigen Denkens[2144] gilt der aristotelische Syllogismus[2145]. In seiner

---

[2140] „We reason in order to enlarge our knowledge of matters, which do not depend on us for being what they are" (GA 181 / AW VII 195).

[2141] GA 171 / AW VII 184.

[2142] GA 171 / AW VII 185.

[2143] J. H. *Newman* erklärt die Logik zum Formalprinzip der Folgerung: „Ratiocination, thus restricted and put into grooves, is what I have called Inference, and the science, which is its regulating principle, is Logic" (GA 171 / AW VII 185). Die Unterscheidung von *Folgerung* und *Logik* läßt vermuten, daß unter die Logik nur ein gewisser Teil der Folgerungen fällt, wie die Herausgeber der deutschsprachigen Ausgabe der *Grammar* betonen: „Über die formale Logik hinaus muß es eine ,höhere Logik' geben, eine Logik der persönlichen Urteilsfähigkeit im Konkreten, des Folgerungssinnes" (AW VII 392, Anm. 146). J. H. *Newman* selbst charakterisiert die Reichweite der Logik in diesem Sinne: „Verbal reasoning, of whatever kind, as opposed to mental, is what I mean by inference, which differs, from logic only inasmuch as logic is its scientific form. And it will be more convenient here to use the two words indiscriminately, for I shall say nothing about logic which does not in its substance also apply to inference" (GA 172 / AW VII 185).

[2144] „Logical inference...proposes to provide both a test and a common measure of reasoning" (GA 172 / AW VII 185).

[2145] J. H. *Newman* beschreibt zunächst das *Verfahren der Folgerung*, bevor er es mit dem Begriff des *aristotelischen Syllogismus* näher kennzeichnet: „The first step in the inferential method is to throw the question to be decided into the form of a proposition; then to throw the proof itself into propositions, the force of the proof lying in the comparison of these propositions with each other. When the analysis is carried out fully and put into form, it becomes the Aristotelic syllogism" (GA 171 / AW VII 185). Nach F. M. *Willam*, Aristotelische Erkenntnislehre 257 - 293, rezipiert J. H. *Newman* im Jahr 1824 die aristotelische Lehre vom deduktiven Schließen über jene Deutung, die das Deduktionsverfahren bei *Cicero* gefunden hat (vgl. Aristotelische Erkenntnislehre 257). Die genaue Lektüre der Werke *Ciceros* ist es, die J. H. *Newman* in Hinblick auf das 34 - 36. Kapitel von dessen *Inventio* (vgl. Aristotelische Erkenntnislehre 273 - 275) veranlaßt, „den einschlägigen Abschnitt zu jenen zu zählen, wo Cicero den Aristoteles mißversteht. Von der Mitarbeit an den ,Elementen der Logik'

Formalität hat dieser es freilich selten mit der konkreten Realität zu tun[2146], ist insofern eher ein Beispiel für ein auf Schienen gestelltes Denken[2147]: Abstraktes kann nur zu Abstraktem führen[2148]. Das eigentliche Interesse von *J. H. Newman* gilt aber nicht dem formalen

---

im Jahr zuvor weiß Newman: das 'Wenn' gehört nicht zu den Elementen des Schlusses, sondern zur Sicherung der Prämissen, aus denen der Schluß besteht; der Schluß selbst stellt eine Regel dar, die man mit beliebigen Prämissen ausfüllen kann.....Was Cicero im 34. - 36. Kapitel vorlegt, stellt bei der Bedeutung, die Ciceros Schriften als Lehrbücher gewinnen, auf alle Fälle ein Element jener Entwicklung dar, die zum Verlust der genuin-aristotelischen Formel für den deduktiven Syllogismus führt" (Aristotelische Erkenntnislehre 276). Zum Deduktionsverfahren siehe *F. M. Willam*, Erkenntnislehre 10 - 14. *O. Höffe*, Aristoteles, München 1996 (= BsR 535), skizziert die aristotelische „Syllogistik" (ebd. 48 - 53). Ihm zufolge ist der „Syllogismus weniger deduktiv als explikativ zu lesen; zu einem schon bekannten Sachverhalt werden die erklärungskräftigen Prämissen aufgesucht. Und in dieser Funktion, der Erklärung bzw. Begründung, wird er dem von Aristoteles tatsächlich praktizierten problemorientierten Argumentationsstil gerecht" (ebd. 53). *O. Höffe* gibt hier einen wichtigen Hinweis auf die aristotelische Form des *Syllogismus*: „Während seit der Spätantike der Schluß aus drei Sätzen besteht - 'Alle Menschen sind sterblich. Sokrates ist ein Mensch. Also: Sokrates ist sterblich." -, herrscht bei *Aristoteles* eine Form vor, die die logische Struktur deutlicher macht. Es ist ein einziger, dreigliedriger Bedingungssatz, bestehend aus zwei Prämissen (*protaseis*: Vordersätze) und der Konklusion (*symperasma*: Schlußsatz). Die Kopula (‚ist') wird vermieden" (ebd. 50).

[2146] „Thus it is practically far more concerned with the comparison of propositions, than with the propositions themselves. It is obliged to regard all the propositions, with which it has to do, not so much for their own sake, as for the sake of each other, as regards the identity or likeness, independence or dissimilarity, which has to be mutually predicated of them" (GA 172 / AW VII 186). *J. H. Newman* folgert, daß kein Folgerungsverfahren so vollkommen ist, wie eben jenes, dasmit Hilfe von Symbolen geführt wird: „It follows from this, that the more simple and definite are the words of a proposition, and the narrower their meaning, and the more that meaning in each proposition is restricted to the relation which is has to the words of the other propositions compared with it,- in other words, the nearer the propositions concerned in the inference approach to being mental abstractions, and the less they have to do with the concrete reality, and the more closely they are made to express exact, intelligible, comprehensible, communicable notions, and the less they stand for objective things, that is, the more they are the subjects, not of real, but of notional apprehension,- so much the more suitable do they become for the purposes of Inference" (GA 172/ AW VII 186).

[2147] „Ratiocination, thus restricted and put into grooves..." (GA 171 / AW VII 185).

[2148] „Abstract can only conduct to abstract; but we have need to attain by our reasonings to what is concrete" (GA 175 / AW VII 188).

Folgerungsprozeß, sondern der Materie jener Sätze, die zur Folgerung anstehen, die konkreten Dinge also mit all ihren Implikationen[2149], „their poetry, their rhetoric, and their historical life"[2150]. Vor allem aber weiß er um die Realität des Folgerns selbst: In ihrem Folgern beschäftigen sich Menschen ohne Umschweife und direkt mit den Gegenständen, die sie angehen; sie tun dies „with an intrinsic and personal power"[2151], machen daher kein explizites Folgerungsverfahren, ein „artificial instrument or expedient"[2152], notwendig. Das folgernde Denken erscheint hier eher als ein Ahnen[2153]. So entscheidet sich *J. H. Newman* , den Begriff der Folgerung in einer breiten Bedeutungsvielfalt zu verwenden[2154]: *Inference* kann den Akt des Folgerns bezeichnen; die Konklusion selbst; das die Folgerung prägende, verknüpfende Prinzip, schließlich die *inferentia* zwischen Prämissen und Konklusion[2155]. *J. H. Newman* weitet den Begriff sogar auf den folgernden Geist selbst aus, der zumeist eher unbewußt - im Sinne einer „instinctive perception"[2156] - von der *Prämisse* zur *Folgerung* fortschreitet[2157] - „the process is altogether unconscious and implicit"[2158].

[2149] „Words, which denote things, have innumerable implications" (GA 174 / AW VII 187).

[2150] GA 174/ AW VII 187.

[2151] GA 214 / AW VII 232.

[2152] Vgl. GA 214 / AW VII 232.

[2153] „Whether the consequents, at which we arrive from the antecedents with which we start, lead us to assent or only towards assent, those antecedents commonly are not recognized by us as subjects for analysis; nay, often are only indirectly recognized as antecedents at all. Not only is the inference with its process ignored, but the antecedent also. To the mind itself the reasoning is a simple divination or prediction; as it literally is in the instance of enthusiasts, who mistake their own thoughts for inspirations" (GA 214 / AW VII 232).

[2154] „....for I shall say nothing about logic which does not in its substance also apply to inference" (GA 172 / AW VII 185).

[2155] Vgl. GA 173 / AW VII 187.

[2156] GA 169 / AW VII 182.

[2157] „In the next place, our reasoning ordinarily presents itself to our mind as simple act, not a process or series of acts. We apprehend the antecedent and then apprehend the consequent, without explicit recognition of the medium connecting the two, as if by a sort of direct association of the first thought with the second. We proceed by a sort of instinctive perception, from premiss to conclusion. I call it instinctive, not as if the faculty were one and the same to all men and quality (as we generally conceive of instinct), but because ordinarily, or at least often, it acts by a

Diese Begriffserweiterung erlaubt es, neben dem deduktiven Syllo-gismus auch andere Formen der Folgerung anzunehmen. *J. H. Newman* zielt hier auf die *natural inference,* „our most natural mode of reasoning"[2159], in der der individuelle Geist nicht von Sätzen zu Sätzen, sondern von Dingen zu Dingen fortschreitet, „from concrete to concrete, from wholes to wholes"[2160]. In Folgerungsprozessen dieser Art geht der menschliche Geist „without concious media, but without conscious ante-cedents" [2161] zum Zwecke der Erkenntnis von einer Tatsachenreihe zur nächsten über[2162]. *J. H. Newman* illustriert dies am Beispiel des wetter-kundigen Bauern, des diagnostisch begabten Arztes und des findigen Juristen, der Schuld oder Unschuld seiner Mandanten intuitiv zu erfas-sen vermag[2163]. Scharfsinn, Erfahrung, Menschenkenntnis und Sachver-stand begaben ihn dabei mit einem Scharfblick für Zusammenhänge und

---

spontaneous impulse, as prompt and inevitable as the exercise of sense and memory. We perceive external objects, and we remember past events, without knowing how we do so; and in like manner we reason without effort and intention, or any neces-sary consciousness of the path which the mind takes in passing from antecedent to conclusion" (GA 169/ AW VII 182).

[2158] GA 213 / AW VII 231. *J. H. Newman* kennzeichnet den Folgerungsakt folgen-derweise: „I commenced my remarks upon Inference by saying that reasoning ordi-narily shows as a simple act, not as a process, as if there were no medium interposed between antecedent and consequent, and the transition from one to the other were of the nature of an instinct, -that is, the process is altogether unconsious and implicit" (GA 213/ AW VII 231).

[2159] GA 213 / AW VII 232.

[2160] GA 213 - 214 / AW VII 232.

[2161] GA 215 / AW VII 233.

[2162] „These are instances of a natural capacity, or of nature improved by practice and habit, enabling the mind to pass promptly from one set of facts to another..." (GA 215/ AW VII 233).

[2163] „ A peasant who is weather-wise may yet be simply unable to assign intelli-gible reasons why he thinks it will be fine to-morrow; and if he attempts to do so, he may give reasons wide of the mark; but that will not weaken his own confidence in his prediction. His mind does not proceed step by step, but he feels all at once and together the force of various combined phenomena, though he is not conscious of them. Again, there are physians who excel in the *diagnosis* of complaints; though it does not follow from this, that they could defend their decision in a particular case against a brother physician who disputed it. They are guided by natural acuteness and varied experience; they have their own idiosyncratic modes of observing, ge-neralizing, and concluding; when questioned, they can but rest on their own autho-rity, or appeal to the future event....." (GA 214 - 215 / AW VII 232 – 233).

Sachverhalte, die gewöhnlichen Menschen, denen ein solcher Scharfblick nicht zu eigen ist, unverständlich erscheinen müssen[2164]. Ein solcher
Scharfblick erwächst aus der Überzeugungskraft von Hinweisen, Indizien und Sachgründen („ various combined phenomena"[2165]): Menschliche und fachliche Kompetenz in dem einen Wirklichkeitsbereich bieten
aber nicht die Gewähr dafür, in einem anderen Tätigkeitsfeld ebenso
tüchtig zu sein[2166]: Ein guter Geschäftsmann kann ein schlechter Gesprächspartner in philosophischen Fragen sein[2167] - erst bei einem entsprechenden Talent, das die erworbene Fachkenntnis trägt und in Gebrauch nimmt[2168], kann man von einer besonderen Begabung[2169], einer

---

[2164] „So, again, experts and detectives, when employed to investigate mysteries,
in cases whether of the civil or criminal law, discern and follow out indications which
promise solution with a sagacity incomprehensible to ordinary men. A parallel gift is
the intuitive perception of character possessed by certain men, while others are as
destitute of it, as others again are of an ear for music. What common measure is there
between the judgments of those who have this intuition, and those who have not?"
(GA 215 / AW VII 233). *R. Siebenrock* sieht hier eine eigene Form von Ratio, die neben
dem wissenschaftlichen Ideal folgernder Vernunft ihren Eigenstand bewahrt: „Wissenschaft setzt die Methode des natürlichen Folgerns nicht außer Kraft, sondern bedient sich ihrer in einer vielfach verdrängten Weise. Wie sehr das wissenschaftlich-
methodische Folgern seine eigene Voraussetzungen übersieht, stellt Newman in
seiner Kritik des formellen Folgerns dar. Die ungenannten Voraussetzungen des logischen Denkens markieren und begrenzen deren Anspruch. Die Kritik am Rationalismus setzt am stärksten Moment seines Ideals an und ist als argumentativ zu qualifizieren" (Wahrheit 260).
[2165] GA 214 / AW VII 233.
[2166] „It is not so much one faculty, as a collection of similar or analogous faculties
under one name, there being really as many faculties as there are distinct subject-matters, though in the same person some of them may, if it so happen, be united,-nay,
though some men have a sort of literary power in arguing in all subject-matters, *de
omni scibili,* a power extensive, but not deep or real" (GA 219 / AW VII 237 – 238).
[2167]Vgl. GA 219 / AW VII 238.
[2168] „In these, and various similar instances, the defect lay, not so much in an
ignorance of facts, as in an inability to handle those facts suitably; in feeble or per-
verse modes of abstraction, observation, comparison, analysis, inference, which
nothing could have obviated, but that which was wanting, - a specific talent, and a
ready exercise of it" (GA 219/ AW VII 238).
[2169] Vgl. dazu den Hinweis, den *R. Siebenrock* gibt: „Newmans Nähe zur poeti-
schen Tradition legt auch den Vergleich mit der Dichtkunst nahe. Auch ihr genügt es
nicht, die Regeln zu beherrschen. Ein besonderes Talent muß hinzutreten" (Wahrheit
258, Anm. 368).

natürlichen und spontanen Vernunfttätigkeit („natural and spontaneous ratiocination" [2170]), sprechen.

Die Beispiele kennzeichnen die Wesenseigenschaften der *natural inference*. Diese ist zunächst eine ganz natürliche Fähigkeit, Ausdruck der durch Praxis und Gewohnheit vervollkommneten oder noch zu vervollkommnenden menschlichen Natur[2171]. Die Gedankenführung erinnert an den Begriff der *prudentia*, wie ihn *J. H. Newman* in seiner Schrift *On the Certainty* entwickelt. Hier wie dort geht es um eine „mental faculty"[2172], einen „sense proper to ourselves"[2173], dank dessen der menschliche Geist imstande ist, einem Sachverhalt Evidenz zuzubilligen. Jeder Mensch besitzt diese Fähigkeit[2174]: Im Gegensatz aber zur *prudentia*, mit der die kombinatorischen Fertigkeiten des jeweiligen Intellektes benannt ist[2175], erscheint die *natural inference* als das Vermögen, von einem „particular aspect"[2176] her komplexe Sachverhalte in ihren inneren wie äußeren Beziehungen zu betrachten. Der Subjektivität der natürlichen Folgerung entsprechend ist auch der Begriff der Evidenz in einem weiteren Aspekt entfaltet: Die Evidenz ist ein Geschehen, das im Subjekt selbst stattfindet, als ein unvermutetes Ereignis den menschlichen Geist förmlich überwältigt. *J. H. Newman* greift dazu auf die Lichtmetapher zurück - ein Wort, eine Tat kann unvermutet und plötzlich für einen Menschen zu einer Offenbarung werden, durch die dem jeweiligen Geist ein Licht

---

[2170] GA 218 - 219 / AW VII 237.

[2171] Vgl. GA 215 / AW VII 233.

[2172] ThP I 24.

[2173] GA 218 / AW VII 237.

[2174] *J. H. Newman* sieht die natürliche Folgerung als Fähigkeit an, die jedem Menschen zukommt, aber auch verdunkelt sein kann: „...it is of course a gift and a rarity: in ordinary minds it is biassed and degraded by prejudice, passion, and self-interest; but still, after all, this divination comes by nature, and belongs to all of us in a measure, to women more than to men, hitting or missing, as the case may be, but with a success on the whole sufficient to show that there is a method in it, though it be implicit" (GA 214 / AW VII 232).

[2175] Vgl. ThP I 24.

[2176] „What is called reasoning is often only a peculiar and personal mode of abstraction, and so far, like memory, may be said to exist without antecedents. It is a power of looking at things in some particular aspect, and of determing their internal and external relations thereby" (GA 218 / AW VII 236).

aufgeht[2177], in dem sich eine erste Einschätzung „of a course of events, or of an undertaking"[2178] völlig verändert. Eine solche Evidenz ist naturgemäß rein subjektiv: Ein und derselbe Sachverhalt kann durch zwei Personen ganz unterschiedlich gedeutet werden, die Phänomene, in denen sich dem Betrachter Sachverhalte darbieten, laden ein, diesbezüglich voneinander ganz verschiedene Gruppen allgemeiner Begriffe zu abstrahieren[2179]. Damit ist die *natural inference* in zweifacher Hinsicht als unverwechselbar persönlicher Vollzug des menschlichen Geistes erkannt: Die Weise, wie sich ihm ein Sachverhalt in seiner Evidenz erschließt, ist abhängig von jenen Voraussetzungen, die den Einzelnen zur Erkenntnis erst befähigen. Überdies ist die natürliche Folgerung zunächst und vor allem Werkzeug für einen Sonderbereich, wie *J. H. Newman* am Beispiel von Bauer, Arzt und Jurist erläutert. Die *natural inference* ist eindeutig

---

[2177] In *On the Certainty* sucht *J. H. Newman* den Begriff der Evidenz aus dem der *Prudentia* zu entwickeln: Dies geschieht hinsichtlich des *motivum credibilitatis* , in dem sich sowohl die kognitive wie auch die subjektiv-personale Dimension des Glaubensaktes treffen (‚‚...first in its proving the truth apprehended, not true, but credible or to be held as really true; next that it proves its credibility, not by any scientific process resting on generally received principles and drawn out in exact syllogisms, but on the action of the individual mind", in: ThP I 22). Bereits hier spricht er von der Evidenz als einem „certain light" (THP I 18). Der Herkunftsort dieses Lichtes wird mit der Wahrheit jener Inhalte identifiziert, die durch Satzaussagen vermittelt sind. *J. H. Newman* verdeutlicht dies, wenn er zwischen der *intuition* und der *demonstration* unterscheidet: „In *intuition* the light is in the proposition itself - in *demonstration* the light is thrown upon the proposition from surrounding already known truths" (ThPI 18). In der *Grammar of Assent* ist der Bedeutungsgehalt der Lichtmetapher noch einmal erweitert: *J. H. Newman* wendet sich hier dem Subjekt und seinen inneren Regungen zu - die Glaubensentscheidung erscheint hier als ein Ereignis, dessen Schlüssigkeit die geordnete Binnenwelt von Werten und Beurteilungen voll und ganz verändert (vgl. GA 218 / AW VII 237).

[2178] „....a word or an act on the part of another is sometimes a sudden revelation; light breaks in upon us, and our whole judgment of a course of events, or of an undertaking, is changed" (GA 218 / AW VII 237).

[2179] „We determine correctly or otherwise, as it may be; but in either case, it is by a sense proper to ourselves, for another may see the objects which we are thus using, and give them quite a different interpretation, inasmuch as he abstracts another set of general notions from those same phenomena which present themselves to us also" (GA 218 / AW VII 237).

„departmental"[2180], auf ihren Wirkungsradius beschränkt, „attached to a definite subject-matter, according to the individual"[2181]. Obwohl ihr also - im Gegensatz zum Syllogismus - Hilfsmittel und Werkzeuge für den Folgerungsprozeß eigentlich abgehen, muß die natürliche Folgerung dennoch als vernunftgemäß gelten, in der „precision, subtlety, promptitude, and truth"[2182], mit der sie sich auf ihrem jeweiligen Gebiet verläßlich einstellt, sogar als eine Methodik, deren Herkunft von weit höherem Ursprung als den rein logischer Regeln - „nascitur, non fit"[2183]: Wie es dem Menschen unmöglich ist, sich selbst zu sehen, so vermag er auch nicht die intellektuellen Motive wahrzunehmen, die ihm zuinnerst zu eigen sind, aus der eigentlichen Konstitution seines Geistes entspringen und seine Zustimmungsakte leiten[2184].

Nicht ohne Grund redet J. H. Newman also von der *natürlichen Folgerung*. Die Glaubensentscheidung erhält von hier aus ihr ganz eigenes Gepräge und stellt die theologische Apologetik vor besondere Herausforderungen[2185]. In Hinblick auf sein Zustimmungsmodell, das die per-

---

[2180] „The ratiociative faculty, then, as found in individuals, is not a general instrument of knowledge, but has its province, or is what may be called departmental" (GA 219 / AW VII 237).

[2181] GA 219/ AW VII 237. R. *Siebenrock* stellt dazu den ganzheitlich-personalen Aspekt menschlichen Denkens heraus: „Die Person ist das Subjekt der Erkenntnis. Außerdem entspricht natürlicher Vernunftzustand in hohem Maß der Wirklichkeit selbst, die aus Ganzheiten aufgebaut ist. Mit seiner Phänomenbeschreibung möchte der Essay solches Denken auch im Zeitalter des entwickelten Folgerns der Wissenschaft in seinem Recht anerkennen. Alle Menschen entscheiden und handeln in ihrem Leben unwillkürlich danach. Exemplarisch kann dieser nicht reglementierte Vernunftgebrauch an ungelehrten und genialen Menschen, die entweder die Regel nicht kennen oder sich über sie hinwegsetzen, abgelesen werden" (Wahrheit 258).

[2182] GA 214 / AW VII 233.

[2183] GA 214/ AW VII 233.

[2184] „As we cannot see ourselves, so we cannot well see intellectual motives which are so intimately ours, and which spring up from the very constitution of our minds" (GA 217 / AW VII 235).

[2185] J. H. *Newman* herausarbeitet den Unterschied zwischen der wissenschaftlichen Apologetik und der individuellen Glaubensentscheidung präsize. Aufgabe der Apologetik ist es demnach, die „great fundamental truths of religions, natural and revealed" (GA 217 / AW VII 235) durch „an array of invicible logical arguments" (GA 217 / AW VII 235) zu beweisen und zu verteidigen. J. H. *Newman* weiß aber: „ ...and while we refuse to admit the notion that religion has not irrefragable arguments in its behalf, still the attempts to argue, on the part of an individual *hic et nunc*, will some-

sonale Tiefenstruktur des Glaubensaktes ebenso wie dessen Rechtfertigung zu integrieren versteht, setzt er die *natural inference* gegen ein Vernunftdenken, das sich ausschließlich dem Syllogismus verpflichtet
weiß[2186]. *F. M. Willam* zufolge knüpft *J. H. Newman* damit an den „von
Aristoteles hinterlassenen Entwurf für induktives Denken"[2187] an. Er
verweist dazu auf den Begriff des *skill* [2188], den *J. H. Newman* im *neunten
Kapitel* der *Grammar* in gleicher Bedeutung verwendet wie kurz zuvor
den Begriff der natürlichen Folgerung - beide Ausdrücke kennzeichnen
eine persönliche Geschicklichkeit oder auch Begabung, die einen Menschen für eine bestimmte Aufgabe von Natur aus qualifizieren[2189]. Die

---

times only confuse his apprehension of sacred objects, and substracts from his devotion quite as much as it adds to his knowledge" (GA 217 / AW VII 235). Dies liegt zum
einen an der Beschaffenheit des Geistes, die dem Menschen letztlich verborgen
bleibt, zum anderen an der Dunkelheit des Glaubensgutes. *J. H. Newman* äußert
hierzu einen interessanten Gedanken. „Dunkelheit" ist eigentlich keine Eigenschaft
des Glaubensgutes selbst, sondern Qualität seiner Wahrnehmung durch den Menschen: „The grounds, on which we hold the divine origin of the Church, and the previous truths which are taught us by nature - the being of a God, and the immortality
of the soul - are felt by most men to be recondite and impalpable, in proportion to
their depth and reality" (GA 217 / AW VII 235). Die Dunkelheit des Glaubensgutes
weicht also dort, wo der Mensch allmählich die Tiefe und Realität der Gotteswirklichkeit erfaßt und annimmt: Der Glaubensakt ist also - hier ohne Zuhilfenahme des
Modells der Zustimmung dargestellt - entschieden personal gedacht, macht damit
also eine Form der Apologetik notwendig, die in der Tat mit *K. Eschweiler* als eine
subjektive Apologetik bezeichnet werden kann (Religion und Metaphysik 486).
    [2186] „ It is natural, then, to ask the question, why ratiocination should be an ex-
ception to a general law which attaches to the intellectual exercises of the mind.." (GA
231 / AW VII 251).
    [2187] *F. M. Willam*, Erkenntnislehre 14.
    [2188] Vgl. dazu Worteintrag „skill" in: *P. Terrell* u.a. (Hg.), Pons/Collins. Deutsch-
Englisch/ Englisch - Deutsch. Neubearbeitung 1991, 2. Aufl., Stuttgart - Dresden 1993,
636, wo der Begriff *skill* mit „Geschick, Geschicklichkeit, Kunstfertigkeit", aber auch
mit „Fertigkeit, Fähigkeit" übersetzt ist. In diesem Sinne versteht auch *J. Artz* den
Begriff: „Berufe aus Talent, Talent reift nicht durch Regeln, sdrn. durch persönl. G."
(Art. Geschicklichkeit (skill), in: NL 394).
    [2189] „So, too, I may go on to speak of the various callings and professions which
give scope to the exercise of great talents, for these talents also are matured, not by
mere rule, but by personal skill and sagacity. They are as diverse as pleading and
crossexamining, conducting a debate in Parliament, swaying a public meeting, and
commanding an army; and here, too, I observe that, though the directing principle in
each case is called by the same name,- sagacity, skill, tact, or prudence,- still there is

Begriffsklärung zur natürlichen Folgerung ist damit ein wichtiger Schritt, auch solche Entscheidungsprozesse und Handlungsvollzüge des menschlichen Geistes als vernunftgemäß zu rechtfertigen, die sich anderweitig dem Zugriff einer syllogistisch operierenden Logik entziehen: Der Geist ist keine Rechenmaschine, Denken keineswegs Rech-

---

no one ruling faculty leading to eminence in all these various lines of action in common, but men will excel in one of them, without any talent for the rest" (GA 230 / AW VII 250-251). *F. M. Willam* erläutert den Begriff *skill* in umfassender Weise: „Es besteht die Möglichkeit, daß Dr. Whately das Wort „Skill" aus den Werken Tuckers übernahm. Während das Wort bei Tucker jedoch nur als Behelf für die Beschreibung des realen Denkens gebraucht wird, macht es Newman innerhalb seiner stoisch-aristotelischen Erkenntnislehre zu einem der wichtigsten Begriffe. Gerade das ist es, wie schon gesagt, was ihn von Aristoteles aus über Aristoteles hinauskommen läßt. Das Vermögen, im Bereiche des Sittlichen Urteil zu fällen, nennt Aristoteles die *phronesis architektonike*. Aristoteles schreitet innerhalb seines Systems jedoch nicht zur reflexen Erkenntnis der Frage vor, daß die Betätigung der phronesis von Bereich zu Bereich neue Gestalt annimmt - und es demgemäß ebenso viele Arten von phronesis als Wirklichkeitsbereiche gibt. Der phronesis architektonike ordnet Aristoteles die anchinoia als eine Art eustochia, den Spähsinn oder das Spürvermögen des Geistes zu, im Bereiche der Ethik richtige Urteile zu fällen. Von Newman aus gesehen ist die phronesis jedoch ein Sammelbegriff, nämlich die Zusammenfassung all der besonderen Fähigkeiten des Menschen, sich mit der Wirklichkeit in Kontakt zu versetzen. Die Skill im Sinne Newmans stellen dann die Species dieser phronesis als Gattung dar. An die Stelle des allgemeinen Begriffes anchinoia mit der Bedeutung von Scharfsinn treten bei Newman jeweils besondere Arten von Scharfsinn, von Skill, die zur persönlichen Konstitution der Einzelmenschen gehören" (Erkenntnislehre 40 – 41). In seiner Studie erläutert *F. M. Willam* die Funktion und Eigenschaften des Skill (vgl. Erkenntnislehre 15 – 16) - dieser muß betätigt und geübt werden; skills wechseln von Mensch zu Mensch „nach Bereich und Mächtigkeit" (vgl. Erkenntnislehre15); sie können einander nicht vertreten noch ausgetauscht werden; Entdeckungen, die im Bereich eines Skill gemacht werden, können nur von denen verstanden werden, „die von Natur aus mit dem gleichen Skill begabt sind" (Erkenntnislehre 15), der „Skill ermöglicht es dem Menschen, zunächst Data für den ihm zueigneten Bereich der Wirklichkeit aus der Wirklichkeit zu erheben, ja er ermöglicht ihm das nicht nur, er treibt ihn dazu an, sobald das dem Skill entsprechende Objekt sich darbietet" (Erkenntnislehre 16); der gesamte Lebensvollzug des Menschen im Alltag gründet auf dem Vermögen induktiven Denkens; die skill eines Menschen „bilden konstitutive Elemente seiner Persönlichkeit" (Erkenntnislehre 16). Die Lehre vom *skill* zielt damit auf erschöpfende Erkenntnis wie auf eine gelungene Lebenspraxis. In diesem Zusammenhang erläutert *O. Höffe*, Aristoteles 202, daß der bei *F.M. Willam* mehrfach genannte Begriff der *phronesis* „keine instrumentelle, wohl aber eine pragmatische oder eudämonistische, aufs Glück verpflichtete Vernunft" vorliegt.

nen[2190]. *J. H. Newman* sichert eben darum dem „induktiven Denken in der Theologie den ihm zukommenden Platz"[2191], zugleich aber erhält er so die Möglichkeit, die unbestrittenen Leistungen formaler Argumentation auszuwerten. Das Stichwort dafür ist die „formal inference"[2192].

4.3.3.3.2. Die formelle Folgerung

Der kurze Abschnitt über die *formal inference* erweist sich gerade auf sein Ende hin als brillante Abrechnung mit eben dieser Form der Folgerung: *J. H. Newman* kommt hier zu der Erkenntnis, daß die formale Folgerung weder Prüfstein der Wahrheit noch hinreichende Grundlage der Zustimmung ist[2193]. Was allerdings zunächst wie ein Verdikt erscheint, wird im Argumentationsverlauf zur Gelegenheit, die beondere Leistung syllogistischer Schlüsse herauszuarbeiten, um somit deren eigentlichen Tätigkeitsbereich zu bestimmen.

Hinsichtlich ihrer Formalstruktur, aber auch bezüglich ihres Materialobjektes macht *J. H. Newman* gegen die formale Folgerung Einwände

---

[2190] Vgl. *R. Siebenrock,* Wahrheit 258.

[2191] *F. M. Willam,* Erkenntnislehre 25. Die Herausgeber der deutschsprachigen Ausgabe der Grammar haben die Weise, wie *J. H. Newman* den Begriff der Induktion verwendet, in, ausführlich beschrieben. Danach geht es *J. H. Newman* nicht um eine *vollständige Induktion,* „bei der in streng syllogistischer Form aus der Aussagbarkeit eines Prädikates von einer vollständigen Reihe von Species auf die Aussagbarkeit desselben vom ganzen nächsthöheren Genus erschlossen wird" (AW VII 404, Anm. 204). *J. H. Newman* vertritt demgegenüber in Schluß und Methode die *unvollständige Induktion* , „das Sammeln und Sichten von Tatsachen, kurz 'die Erfahrung' (AW VII 404, Anm. 204). Bereits in seinen frühen Werken „spricht er die entscheidende Aufgabe nicht der Methode zu, sondern der lebendigen Geistesgabe des Menschen, der sie handhabt, der Urteilsfähigkeit, die das Tatsachenmaterial sichtet und wertet, und die er später in der Grammar of Assent den Folgerungssinn nennen wird. Auch die Grammar stellt abstrakte und konkrete Erkenntnis einander gegenüber"(AW VII 405, Anm. 204). In AW VII 405, Anm. 204, sind die eigentlichen Themen der *Grammar* benannt: „Das Thema ist nicht Induktion (das Wort kommt nur dreimal vor), sondern Gewißheitsbildung, Zustimmung als Akt gegenüber der Folgerung, Gewißheit als unbewußte Zustimmung. Außer der Induktion wird auch der Indizienbeweis herangezogen. Induktion ist nicht der Sammelname für alles, was nicht Deduktion ist."

[2192] GA 169 - 187 / AW VII 182 - 202.

[2193] „ I have enlarged on these obvious considerations, lest I should seem paradoxical; but they do not impair the main position of this Section, that Inference, considered in the sense of verbal arguments, determines neither our principles, nor our ultimate judgments,-that it is neither the test of truth, nor the adequate basis of assent" (GA 186 - 187 / AW VII 202).

geltend: Ihm zufolge führt die Folgerung formaliter „auf eine abstrakt-wissenschaftliche, d.h. nichtbewiesen-prämissengebundene Satzebene zurück, wo nur eine Feststellung des Wahrscheinlichen möglich ist"[2194]. Damit verfehlt die formale Folgerung ihr Materialobjekt, die Welt der Tatsachen, „den Primat des Konkreten, Erfahrenen, Faktischen und Schöpferischen"[2195]. Dies liegt in der Natur der Sache: Die Folgerung erreicht den Beweis nicht im Bereich des Konkreten[2196], sie hat es „far more"[2197] mit dem Vergleich von Sätzen zu tun als mit den Sätzen selbst - „It views its own proper proposition in the medium of prior propositions, and measures it by them"[2198]. Je einfacher und bestimmter dabei die Worte in einem Satzgefüge sind, umso geeigneter scheinen sie für die formale Folgerung[2199]: Die vollkommenste Gestalt hat diesbezüglich der Folgerungsprozeß, der mit Hilfe von Symbolen geführt wird[2200]. Arithmetik, Geometrie und Algebra belegen dies ebenso anschaulich wie die aristotelische Argumentation in ihren typischen Modi und Figuren[2201]. Die Leistungen eines solchen Verfahrens sind unbestritten: Es ist fähig, nutzbringend „rivers, full, winding, and beautiful, into navigable canals"[2202] zu verwandeln. Weder interessieren dabei aber der Sachbezug

---

[2194] M. Miserda, Subjektivität 336.

[2195] M. Miserda, Subjektivität 337.

[2196] Vgl. GA 175 / AW VII 189.

[2197] „Thus it is practically far more concerned with the comparison of propositions, than with the propositions themselves" (GA 172 / AW VII 186).

[2198] GA 172 / AW VII 186.

[2199] „It follows from this, that the more simple and definite are the words of a proposition, and the narrower their meaning, and the more that meaning in each proposition is restricted to the relation which it has to the words of the other propositions compared with it,-in other words, the nearer the propositions concerned in the inference approach to being mental abstractions, and the less they have to do with the concrete reality, and the more closely they are made to express exact, intelligible, comprehensible, communicable notions, and the less they stand for objective things, that is, the more they are the subjects, not of real, but of notional apprehension,-so much the more suitable do they become for the purposes of Inference" (GA 172 / AW VII 186).

[2200] „...conducted by means of symbols" (GA 173 / AW VII 186).

[2201] „Symbolical notation, then, being the perfection of the syllogistic method, it follows that, when words are substituted for symbols, it will be its aim to circumscribe and stint their import as much as possible, lest perchance A should not exactly mean A, and B mean B" (GA 173 / AW VII 187).

[2202] GA 174 / AW VII 188.

der Argumentation [2203], noch die Letztbegründung eines Sachverhaltes, die ohnehin in den *first principles* zu vermuten steht[2204]: Aufgabe des Syllogismus ist es nicht, Tatsachen zu ermitteln, sondern „to find and dress up middle terms"[2205], die geeignet sind, einen Gedankengang für den öffentlichen Diskurs aufzubereiten[2206]. Die Logik stellt damit keine Beweise zur Verfügung, die es dem menschlichen Geist erlauben, einen Sachverhalt anzunehmen, sondern gibt allenfalls diesbezüglich Orientierungshilfen[2207]. Konkrete Dinge aber erfordern jenes *organon* „more deli-

---

[2203] „To him dog or horse is not a thing which he sees, but a mere name suggesting ideas; and by dog or horse universal he means, not the aggregate of all individual dogs or horses brought together, but a common aspect, meagre but precise, of all existing or possible dogs or horses, which all the while does not really correspond to any one single dog or horse out of the whole aggregat" (GA 174 / AW VII 188).

[2204] *J. H. Newman* sieht hier die unleugbare Grenze einer streng syllogistischen Argumentationsführung: Die formale Folgerung nimmt ihre Prämissen bloß an, verfügt also nicht völlig über ihre Gegenstände (vgl. GA 175 / AW VII 189). Um nun einen Beweis zu vervollständigen, ist der, der den Beweis führt, auf vorausliegende Syllogismen verwiesen: „Where is this process to stop? especially since it must run upon separated, divergent, and multiplied lines of argument, the farther the argument is carried back" (GA 175 / AW VII 189). An dieser Stelle kommt *J. H. Newman* auf die *first principles* zu sprechen: „But even now the difficulty is not at en end; it would be something to arrive at length at premisses which are undeniable, however long we might be in arriving at them; but in this case the long retrospection lodges us at length at what are called first principles, the recondite sources of all knowledge, as to which logic provides no common measure of minds,-which are accepted by some, rejected by others,- in which, and not in the syllogistic exhibitions, lies the whole problem of attaining to truth, -and which are called self-evident by their respective advocates because they are evident in no other way."

[2205] GA 174 / AW VII 188.

[2206] „....and, provided they and the extremes which they go between are not equivocal, either in temselves or in their use, and he can enable his pupils to show well in a viva voce disputation, or in a popular harangue, or in a written dissertation, he has achieved the main purpose of his profession" (GA 174/ AW VII 188). Die Logik und ihre Syllogismen haben insofern in der Tat einen nicht zu unterschätzenden Öffentlichkeitscharakter. *J. H. Newman* schreibt GA 186 / AW VII 201: „Though it does not go so far as to ascertain truth, still it teaches us the direction in which truth lies, and how propositions lie towards each other."

[2207] „ Logic then does not really prove; it enables us to join issue with others; it suggests ideas; it opens views, it maps out for us the lines of thought; it verifies negatively; it determines when differences of opinion are hopeless; and when and how far conclusions are probable" (GA 176 / AW VII 190).

cate, versatile, and elastic than verbal argumentation"[2208]. *J. H. Newman* erläutert die überlegene Leistungskraft eines solchen *organon* am Beispiel umstrittener *Shakespeare* - Texte, deren Authentizität in Zweifel gezogen worden ist[2209]. Die Geschichtlichkeit scheinbar geschichtsenthobener Begründungsverfahren kommt dabei ebenso in den Blick[2210] wie die Einsicht, daß die formale Folgerung gerade dort inkompetent ist, wo sie zu ihrer Vollkommenheit findet: Das menschliche Denken - gerade im Falle einer Urteilsfindung - ist zu persönlich, wählerisch und weitschweifig, seine Materie zu mannigfaltig und kompliziert, „to admit of the trammels of any language, of whatever subtlety and of whatever compass"[2211]. Argumente über Abstraktes können daher das, was konkret

---

[2208] GA 176 / AW VII 190.

[2209] Vgl. GA 176 - 180 / AW VII 190 - 194. *J. H. Newman* plädiert in der Frage umstrittener Passagen für das Urteil des gesunden Menschenverstandes, dank dessen Sachfakten ihre angemessene Deutung erfahren: „...here I have introduced it simply to suggest how many words go to make up a thoroughly valid argument; how short and easy a way to a true conclusion is the logic of good sense; how little syllogisms have to do with the formation of opinion; how little depends upon the inferential proofs, and how much upon those pre-existing beliefs and views, in which men either already agree with each other or hopelessly differ, before they begin to dispute, and which are hidden deep in our nature, or, it may be, in our personal peculiarities" (GA 180 / AW VII 194).

[2210] Vgl. GA 178 - 179 / AW VII 192 - 193, wo *J. H. Newman* in Hinblick auf den Bericht über *Falstaffs* Tod in *Shakespeares* „Henry V" die Möglichkeit mehrerer Redaktionsstufen diskutiert und damit seine Auffassung von der Geschichtlichkeit syllogistischer Argumentationsprozesse herausstreicht: „Even when argument is the most direct and severe of its kind, there must be those assumptions in the process which resolve themselves into the conditions of human nature; but how many more assumptions does that process in ordinary concrete matters involve, subtle assumptions not directly arising out of these primary conditions, but accompanying the course of reasoning, step by step, and traceable to the sentiments of the age, country, religion, social habits and ideas, of the particular inquirers or disputants and passing current without detection, because admitted equally on all hands!" (GA 176/ AW VII 190). In diesem Zusammenhang resümiert *J. H. Newman* zum Folgerungsverfahren: „ And to these must be added the assumptions which are made from the necessity of the case, in consequence of the prolixity and elaborateness of any argument which should faithfully note down all the propositions which go to make it up. We recognize this tediousness even in the case of the theorems of Euclid, though mathematical proof is comparatively simple" (GA 176/ AW VII 190).

[2211] GA 185 / AW VII 200.

ist, weder handhaben, noch bestimmen[2212]: Ihrem Wesen und ihrem Verfahren nach mißachten sie die Natur und die Geschichte, die jedes Ding besitzt und die seinen unverwechselbaren Charakter ausmachen[2213]. In Hinblick auf die Überzeugungskraft einer Argumentation plädiert *J. H. Newman* für den Vorrang real existierender Dinge, dank derer sich dem menschlichen Geist die Glaubwürdigkeit eines Sachverhaltes erschließt: Einer abstrakt-formalen Argumentationsbemühung kommt allein eine dienende Funktion zu - „let universals minister to units, not units be sacrified to universals"[2214]. Allgemeine Gesetze und Begrifflichkeiten sind weder „inviolable truths"[2215], noch „necessary causes"[2216]: Ob sie zur Beurteilung einer Person hinreichen, ergibt sich erst aus der genauen Kenntnis dieser Person selbst[2217]. *J. H. Newman* konfrontiert in diesem Zusammenhang das Verbum *to know* mit der Zustandsbeschreibung *to be sure*[2218]: Über die Gewißheit entscheidet nicht der Syllogismus, sondern die genaue Kenntnis eines Sachverhaltes, in diesem Fall eines Menschen und seiner konkreten Lebensumstände[2219]. Im Moment der Gewißheit tritt die reflexe Struktur der Zustimmung deutlich hervor,

---

[2212] Vgl. GA 181 / AW VII 195.

[2213] „Each thing has its own nature and its own history. When the nature and the history of many things are similar, we say that they have the same nature; but there is no such thing as one and the same nature; they are each of them itself, not identical, but like" (GA 182 / AW VII 197).

[2214] GA 182/ AW VII 197. *J. H. Newman* ergänzt den Gedankengang: „John, Richard, and Robert are individual things, independent, incommunicable. We may find some kind of common measure between them, and we may give it the name of man, man as such, the typical man, the *auto-anthropos*. We are justified in so doing, and in investing it with general attributes, and bestowing on it what we consider a definition. But we think we may go on to impose our definition on the whole race, and to every member of it, to the thousand Johns, Richards, and Roberts who are found in it. No, each of them is what he is, in spite of it" (GA 182/ AW VII 197).

[2215] GA 182 / AW VII 197.

[2216] GA 182/ AW VII 197.

[2217] „Since as a rule, men are rational, progressive, and social, there is a high probability of this rule being true in the case of a particular person; but we must know him to be sure of it" (GA 182/ AW VII 197).

[2218] „....but we must KNOW him to be SURE of it" (GA 182/ AW VII 197).

[2219] „....any more than the average man of an Insurance Company is every indivdual man who insures his life with it" (GA 183 / AW VII 197).

ihr Maß ist aber nicht die Logik, sondern das Leben[2220]. Weil ihr jedoch der direkte Zugriff auf die Dinge der Wirklichkeit verwehrt bleibt, sind auch die eigentlichen Erträge der *formal inference* mit Vorsicht zu handhaben: Eine beispielsweise im Folgerungsverfahren vorausgesetzte oder ermittelte Gemeinsamkeit zwischen zwei Personen muß in der Realität nicht immer schon als solche auffallen[2221].

Eine fehlende Letztbegründung behaupteter Sachverhalte, die ungenaue Kennzeichnung sowohl der Personen und Dinge als auch der Beziehungen, in denen sie zueinander stehen - die Einwände, die *J. H. Newman* gegen die syllogistische Argumentation anführt, sind schwerwiegend, die darin enthaltene Wissenschaftskritik scheint unüberhörbar[2222]. Dennoch sieht er in der *formal inference* ein leistungsstarkes Ver-

---

[2220] Hier ist an die prägnante Kurzformel *assent to an assent* zu erinnern, die die Gewißheit als Reflexionsebene der Zustimmung deutet.

[2221] Vgl. dazu den Abschnitt in GA 183 - 184 / AW VII 198, der zu einem Plädoyer für die Wahrnehmung und Anerkennung *menschlicher Individualität* wird: „We call rationality the distinction of man, when compared with other animals. This is true in logic; but in fact a man difffers from a brute, not in rationality only, but in all that he is, even in those respects in which he is most like a brute; so that his whole self, his bones, limbs, make, life, reason, moral feeeling, immortality, and all that he is besides, is his real *differentia*, in contrast to a horse or a dog. And in like manner as regards John and Richard, when compared with one another; each is himself, and nothing else, and, though, regarded abstractedly, the two may fairly be said to have something in common, (viz. that abstract sameness which does not exist at all,) yet strictly speaking, they have nothing in common, for each of them has a vested interest in all that he himself is; and, moreover, what seems to be common in the two, becomes in fact so uncommon, so *sui simile* , in their respective individualities - the bodily frame of each is so singled out from all other bodies by its special constitution, sound or weak, by its vitality, activity, pathiligical history and changes, and, again, the mind of each is so distinct from all other minds, in disposition, powers, and habits,- that, instead of saying, as logicians say, that the two men differ only in number, we ought, I repeat, rather to say that they differ from each other in all that they are, in identity, in incommunicability, in personality."

[2222] *R. Siebenrock* charakterisiert das wissenschaftskritische Moment bei *J. H. Newman* auf folgende Weise: „Die Stringenz der Wissenschaft basiert auf Wirklichkeitsverlust! Wirklich für die Wissenschaft ist nur das, was sie selber als wirklich zugelassen hat. Nur im Medium des Allgemeinen kann der irritierende Einfluß des Konkreten ausgeschaltet werden. Das ist der Kern seiner Wissenschaftskritik. Die Wissenschaft kann daher keinen Letztanspruch erheben. Bei allem guten Willen des Wissenschaftlers liegt die Verquerung im methodischen Ansatz, Wirklichkeit als Abstraktum zu ergreifen. Das Problem kann daher auch nicht mit einer Verfeinerung

fahren mit ganz spezifischen Möglichkeiten: Wie die *natürliche* ist auch die *formale Folgerung* „a sort of symbol of assent"[2223], eine explizite Äußerung implizit-instinktiver Schlüsse[2224], objektive Gestalt innerer Denkvollzüge, „first for our own satisfaction, then for our justification with others" [2225]. In dieser Schau ist die *formal inference* für die gefolgerten Sachverhalte ein Schutz, der sie stärkt, illustriert, denen sie Kraft und Glanz verleiht[2226]. Überdies ist die *formal inference* dem menschlichen Geist unersetzlich - sie ist ihm Ordnungsprinzip[2227] und Denkhilfe[2228] zugleich. Damit wird das formallogische Denken ausdrücklich an die Person und ihre individuellen Voraussetzungen zurückgebunden: Es ist nicht recht, einen konkreten Menschen dem wissenschaftlichen Begriff einer abstrakten Menschheit zu unterwerfen, „without asking his leave"[2229]. Die Person selbst bleibt in der „Verantwortung für ihre Denkinstrumente"[2230], nach *R. Siebenrock* ihr natürliches Recht, „über die

---

der Methode gelöst werden. Der Logiker richtet sich eine eigene, seinem Schluß angepaßte Welt zurecht" (*R. Siebenrock*, Wahrheit 262).

[2223] GA 186 / AW VII 201.

[2224] „However sure we are of the accuracy of our instinctive conclusions, we as instinctively put them into words, as fast as we can..." (GA 186/ AW VII 201).

[2225] GA 186/ AW VII 201.

[2226] „Such a tangible defence of what we hold, inadequate as it necessarily is, considered as an analysis of our ratiocination in its length and breadth, nevertheless is in such sense associated with our holdings, and so fortifies and illustrates them, that it acts as a vivid apprehension acts, giving them luminousness and force" (GA 186/ AW VII 201).

[2227] „It is the great principle of order in our thinking; it reduces a chaos into harmony; it catalogues the accumulations of knowledge; it maps out for us the relations of its separate departments; it puts us in the way to correct its own mistakes" (GA 185 - 186 / AW VII 200). In der syllogistischen Argumentation sieht er überdies eine Hilfe, unterschiedliche Ansichten zu einer kollektiven Kraft zu bündeln: „ It enables the independent intellects of many, acting and re-acting on each other, to bring their collective force to bear upon one and the same subject-matter, or the same question" (GA 186 / AW VII 201).

[2228] „ A logical hypothesis is the means of holding facts together, explaining difficulties, and reconciling the imagination to what is strange. And, again, processes of logic are useful as enabling us to get over particular stages of an investigation speedily and surely, as on a journey we now and then gain time by travelling by night, make short cuts when the high-road winds, or adopt water-carriage to avoid fatigue" (GA 186 / AW VII 201).

[2229] GA 183 / AW VII 197.

[2230] *R. Siebenrock*, Wahrheit 265.

Wissenschaft und und ihre Methode ebenso zu befinden wie über alle anderen menschlichen Entwicklungen" [2231]. Aus diesem Grund beschäftigt sich *J. H. Newman* mit einer weiteren Form der Folgerung, der *informal inference*[2232]: Durch sie hofft er, die Vorzüge des natürlichen Folgerns mit den Errungenschaften der formellen Folgerung verknüpfen zu können[2233].

4.3.3.3.3. Die formlose Folgerung

„It is plain that formal logical sequence is not in fact the method by which we are enabled to become certain of what is concrete"[2234] - zu Beginn des Abschnittes über die *informal inference* ruft *J. H. Newman* in aphorismenhafter Kürze das Anliegen in Erinnerung, das den *zweiten Hauptteil* der *Grammar* prägt: Gesucht ist eine „Logik des Lebens"[2235], des Konkreten gewiß zu werden, jene „real and necessary method"[2236], „mit der alle Menschen gewöhnlich urteilen und auch zu ihren religiösen Überzeugungen gelangen"[2237].

In seinen Anmerkungen zur *Grammar* verweist *N. Theis* dazu auf die konkrete Situation des Alltags: Ereignisse, Tatsachen und Erfahrungen nur deshalb in Zweifel zu ziehen, weil sie sich nicht der Form und dem Modus eines syllogistischen Beweises einpassen, scheint geradezu absurd, widerspricht sogar der Vorgehensweise, wie sie *J. H. Newman* selbst vorschlägt[2238]. Ihm zufolge nämlich besteht jene geeignete Methode, sich der Wirklichkeit zu vergewissern, in der bewußten „cumula-

---

[2231] *R. Siebenrock*, Wahrheit 265.

[2232] Vgl. GA 187 - 213 / AW VII 202 - 231.

[2233] Vgl. *R. Siebenrock*, Wahrheit 265.

[2234] GA 187 / AW VII 202.

[2235] *N. Theis*, Quellen 198.

[2236] GA 187 / AW VII 202.

[2237] *N. Theis*, Quellen 199.

[2238] „Trotzdem haben wir über Einzeldinge, Einzelereignisse und allgemeine Erfahrungstatsachen absolute Gewißheit. Es wäre geradezu absurd, die tausend Erfahrungen des Alltags irgendwie in Zweifel ziehen zu wollen, weil wir nicht einen strengen, in Form und Modus gegossenen Beweis liefern können. Wir stimmen zu, und zwar absolut, bedingungslos. Wir wissen: und wir wissen, daß wir wissen. Es gibt auch nicht einmal jenen infinitesimalen Grad von Unsicherheit und Überschuß an Sicherheit, den Locke noch zwischen praktischer und absoluter Sicherheit glaubte annehmen zu müssen" (*N. Theis*, Quellen 198).

tion of probabilites"[2239], deren Zusammenspiel einem Sachverhalt erst Schärfe, Plastizität und Glaubwürdigkeit verleiht[2240]. *J. H. Newman* denkt

---

[2239] GA 187 / AW VII 202. Nach *E. Bischofberger* ist *J. H. Newman* zwar „durch seine Theorie der Konvergenz von Wahrscheinlichkeiten" (Sittliche Voraussetzungen 54) berühmt geworden, kann jedoch nicht als ihr Schöpfer gelten. Tatsächlich liegt hier die *aristotelische Induktionslehre* zugrunde (Sittliche Voraussetzungen 54), wonach es der Mensch durch das Sammeln und Sichten von Tatsachen vermag, zu Zustimmungen mit Gewißheitscharakter aufgrund induktiver Denkprozesse vorzustoßen (vgl. Sittliche Voraussetzungen 55) Die ausgebildete Theorie konvergierender Wahrscheinlichkeiten reicht zurück bis zur Stoa (vgl. Sittliche Voraussetzungen 55). Wie *F. M. Willam*, Erkenntnislehre 31 - 38, betont auch *E. Bischofberger* die besondere Bedeutung, die *Cicero* für die Gedankenwelt *J. H. Newmans* besitzt: Bei *Cicero*, De Inventione II 14 , sind die Umrisse des Argumentes zur Kumulation von Wahrscheinlichkeiten bereits in der Struktur, „ die Butler und Newman ihr geben werden" (Sittliche Voraussetzungen 56). Neben *Cicero* ist es Bischof *J. Butler* , der in *J. H. Newman* das „Verständnis für die Bedeutung und Tragweite der Gewißheit aus kumulierten Wahrscheinlichkeiten" (Sittliche Voraussetzungen 57) weckt. Für *J. Butler* ist die Wahrscheinlichkeit die Führerin durch das Leben, der Schluß konvergierender Wahrscheinlichkeiten ist nicht wahrscheinlich, sondern wahr (vgl. *Kl. Dick*, Analogie 43 - 50). *J. Butler* selbst wiederum ist abhängig von *J. Locke*, als Gegner „des übergroßen Zutrauens zu rational-deduktiven Beweisen" (AW VII 402, Anm. 196) steht er auf dessen Seite. Vgl. dazu *I. Ker*, Editor's Notes 373. 187. *E. Bischofberger* erinnert überdies an einen dritten Autor, der *J. H. Newman* zu seinem Konvergenzargument anregt: Der deutsche Augustiner *Eusebius Amort*, Verfechter der Wahrscheinlichkeitstheorie in der katholischen Theologie des 18. Jahrhundert , vertritt allerdings in seinem Werk *Demonstratio Religionis Christianae nova, modesta, facilis* das Argument von der bloß größeren Wahrscheinlichkeit(Sittliche Voraussetzungen 58). Zur Erkenntnistheorie von *J. H. Newman* vgl. *J. Artz*, Die Eigenständigkeit der Erkenntnistheorie J.H. Newmans, in: ThQ 139 (1959) 194 - 221, bes. 195 - 202.

[2240] *J. H. Newman* illustriert an einigen Beispielen, wie sich dem Menschen durch das Zusammenspiel von Sachargumenten und individueller Verstandesleistung ein Wirklichkeitsbereich glaubwürdig erschließt. So gewinnt *J. H. Newman* ebd. GA 191 - 192 / AW VII 206 - 207 der Frage, ob Großbritannien wirklich eine Insel sei, überraschende Aspekte ab: Nationale Erzähltraditionen, laufende Geschehnisse, „numberless facts, or what we consider facts" (GA 191 / AW VII 207) setzen voraus, daß Großbritannien eine Insel ist. *J. H. Newman* bemerkt dazu: „I am not at all insinuating that we are not rational in our certitude; I only mean that we cannot analyze a proof satisfactorily, the result of which good sense actually guarantees to us" (GA 192/ AW VII 207). Auch bei der Frage, wie die eigene Sterblichkeit zu begründen sei (vgl. dazu GA 194 - 195 / AW VII 209 - 211), steht gegen das umständliche und aufwendige Argumentieren der Logik „my own living personal reasoning, but which cannot adequately express itself in words, does for me, and I am possessed with the most precise, absoluter, masterful certitude of my dying some day or other" (GA 195/ AW VII

hierbei - ganz in der Linie seiner Vorstellung einer schöpferischen *prudentia* - an die Kumulation von Vermutungen, Umständen, Fakten und Indizien, die voneinander unabhängig sind, dafür aber der Natur und den konkreten Umständen des Falles entspringen, der gerade untersucht werden soll[2241], womit er zugleich an die präsumtive Struktur menschlicher Erkenntnis erinnert[2242]. Vorgefaßte Grundsätze, Ansichten, Erfahrungen und Wünsche sind es, aufgrund derer allein es dem menschlichen Geist möglich wird, auf Tatbestände vorauszugreifen[2243]: Solche Wahrscheinlichkeiten, „too fine to avail separately, too subtle and

---

211). *J. H. Newman* führt zum weiteren Erweis der Gegebenheit der Insellage Großbritanniens die *reductio ad absurdum* an, „den indirekten Beweis aus der Unsinnigkeit entgegengesetzter Urteile" (AW VII 398, Anm. 170): „Numberless facts, or what we consider facts, rest on the truth of it; no received fact rests on ist being otherwise. If there is anywhere a junction between us and the continent, where is it? and how do we know it? is it in the north or in the south? There is a manifest *reductio ad absurdum* attached to the notion that we can be deceived on such a point as this" (GA 191 / AW VII 207).

[2241] „It is the cumulation of probabilities, independent of each other, arising out of the nature and circumstances of the particular case which is under review...." (GA 187 / AW VII 202). Die Herausgeber der deutschprachigen Ausgabe der *Grammar* unterscheiden in AW VII 398, Anm. 171, die Induktion vom Indizienbeweis, der das Bestehen einer einzelnen Tatsache dergestalt zu erweisen sucht, daß er gewisse Anzeichen anführt, „die in ihrer Gesamtheit und ihrem Zusammenhang nicht verständlich und erklärbar sind ohne diese Tatsache" (AW VII 398, Anm. 171). Der Indizienbeweise rückt damit in große Nähe zum *implicit reasoning* mit seinem Konvenienzbeweis, „denn dort wird auch aus einzelnen wahrscheinlichen Argumenten und Hinweisen - und zwar aufgrund ihrer gegenseitigen Beziehungen die Gewißheit erlangt" (AW VII 398, Anm. 171).

[2242] „Newman hat wiederholt betont, es sei oft die Pflicht des Menschen, unter dem Druck der Vermutung zu handeln, auch dann, wenn die Gründe schwach seien. Zugleich aber bemüht sich Newman, so viel Gründe wie nur möglich zu sammeln, um eine genügende Grundlage für die reflektierte und ausweisbare Zustimmung zu schaffen" (*E. Bischofberger*, Sittliche Voraussetzungen 53).

[2243] Vgl. OUS XII 225 -226/ AW VI 170 - 171. Die Herausgeber der deutschsprachigen Ausgabe der *Grammar* erschließen in AW VII 394, Anm. 153 a, die Bedeutung von *probability*: „Man vergleiche entsprechend das lateinische „probabilis" (*probabilitas*), das auf „probare", gutheißen, billigen, beweisen zurückgeht, mit „veri similis" (similitudo), oder das griechische *pitanos* mit *eikos* oder *dokon*. Das deutsche „Wahrscheinlich" läßt zwei Akzentuierungen zu: als das Bloß-Wahrscheinliche (das nur Scheinbar-Wahre) und als das Als- Wahres- Erscheinénde (das nach allem Anschein Wahre)."

circuitous to be convertible into syllogisms"[2244], erfordern einen „multiform and intricate process of ratiocination"[2245], ihre Kumulation vermag den konkreten Sachverhalt „relativ gesichert"[2246] zu erreichen[2247]. Demgegenüber erscheint der Syllogismus als „rude operation"[2248], allenfalls befähigt, statt eines detailreichen Portraits die „continous outline"[2249] eines Sachverhaltes zu zeichnen, „a sketch"[2250] ohne Schatten und Farben. Die formlose Folgerung macht die syllogistische Denkart dennoch nicht überflüssig - beide sind „one and the same"[2251], die *informal inference* bleibt „carried out into the realities of life"[2252], ist insofern also keine Abstraktion[2253]. Das Kumulationsargument gewinnt damit an

---

[2244] GA 187 / AW VII 202.

[2245] GA 187/ AW VII 202.

[2246] *J. Brechtken*, Real-Erfahrung 31. *J. Brechtken* erläutert den Begriff des Wahrscheinlichen: „Der Begriff Wahrscheinlichkeit findet bei Newman nur im Raum des Beweises und der Folgerung Anwendung, er hat also für die unmittelbare Erkenntnis, zumal für die Bildkonstituierung und reale Satzerfassung keine Geltung. .... Ebensowenig ist das Material des Beweises oder der Folgerung - weder in der formellen noch in der formlosen -, soweit es Erfassungsgegenstände oder Inhalte der unmittelbaren Erkenntnis sind, an sich etwas Wahrscheinliches. Nur das einzelne Operationsergebnis innerhalb der Folgerung selbst ist als 'wahrscheinlich' (probable) zu bestimmen, weiter nichts" (Real-Erfahrung 30). Vgl. AW VII 397, Anm. 168: „Die Beweiskraft liegt nicht in den Einzelargumenten, auch nicht in ihrer Summe, sondern in ihrem gegenseitigen Sich-Stützen, in ihrem gemeinsamen Verweisen auf dieselbe Tatsache oder Wahrheit, also in etwas 'zwischen' den Argumenten."

[2247] „...necessary for our reaching him as a concrete fact, compared with the rude operation of syllogistic treatment " (GA 187 / AW VII 202).

[2248] GA 187 / AW VII 202.

[2249] GA 187 / AW VII 202.

[2250] „As a man´s portrait differs from a sketch of him, in having, not merely a continous outline, but all its details filled in, and shades and colours laid on and harmonized together" (GA 187 / AW VII 202).

[2251] GA 189 / AW VII 205.

[2252] GA 190 / AW VII 205.

[2253] „Thus in concrete reasonings we are in great measure thrown back into that condition, from which logic proposed to rescue us. We judge for ourselves, by our own lights, and on our own principles; and our criterion of truth is not so much the manipulation of propositions, as the intellectual and moral character of the person maintaining them, and the ultimate silent effect of his arguments or conclusions upon our minds" (GA 196 / AW VII 212). *J. H. Newman* wendet sein Verfahren auch auf die Beurteilung politischer Zustände an: „I should determine the particular case by its particular circumstances, by the combination of many uncatalogued experiences

Kontur: Mit der *informal inference* postuliert J. H. Newman einen impliziten Denkprozeß[2254], bei dem sich der menschliche Geist durch einen Komplex von Indizien („body of proof"[2255]) geleitet weiß, den er allerdings nur in seinem Gesamt, nicht aber in seinen konstituierenden Bestandteilen wahrzunehmen imstande ist[2256]. Wie J. H. Newman dabei etwa den Hergang einer Konversion argumentativ aufbereitet[2257], bezeugt die

---

floating in my memory, of many reflections, variously produced, felt rather than capable of statement; and if I had them not, I should go to those who had" (GA 197 / AW VII 213).

[2254] Vgl. GA 197 / AW VII 213. In GA 195 - 196 / AW VII 211 umschreibt J. H. Newman die *informal inference* folgendermaßen: „I said just now that an object of sense presents itself to our view as one whole, and not in it s separate details: we make it, recognize it, and discriminate it from other objects."

[2255] GA 196/ AW VII 212.

[2256] „As a man's portrait differs from a sketch a of him, in having, not merely a continous outline but all its details filled in, and shades and colours laid on and harmonized together, such is the multiform and intricate process of ratiocination, necessary for our reaching him as a concrete fact, compared with the rude operation of syllogistic treatment" (GA 187/ AW VII 202). I. Ker, Editor' s Notes 381. 233 verweist in diesem Zusammenhang auf die *noetic faculty*, eine besondere Fähigkeit, durch die sich der menschliche Geist seiner Erstprinzipien vergewissert (vgl. dazu ThP I 152 – 153). Nach R. Achten, First principles 129 - 130, unterscheidet J. H. Newman in der Ausgabe der *Grammar* von 1889 zwischen der *noetic faculty* und dem *illative sense*: „The object of the *nous* or *noetic faculty* is the acquisition of the first principles of all knowledge. The object of the illative sense is the acquisition of all other kinds of first principles" (First Principles 130).

[2257] Vgl. dazu GA 187 - 189 / AW VII 202 - 204. J. H. Newman resümiert den Entscheidungsprozeß, dem sich der Konvertit ausgesetzt sieht: „None of these questions, as they come before him, admit of simple demonstration; but each carries with it a number of independent probable arguments, sufficient, when united, for a reasonable conclusion about itself. And first he determines that the questions are such as he personally , with such talents or attainments as he has, may fairly entertain; and then he goes on, after deliberation, to form a definite judgment upon them and determines them, one way or another, in their bearing on the bald syllogism which was originally offered to his acceptance. And, we will say, he comes to the conclusion , that he ought to accept is as true in his case; that he is a Protestant in such a sense, of such a complexion, of such knowledge, under such circumstances, as to be called upon by duty to join the Church; that this is a conclusion of which he can be certain, and ought to be certain, and that he will be incurring grave responsibility , if he does not accept it as certain, and act upon the certainty of it. And to this conclusion he comes, as is plain, not by any possible verbal enumeration of all the considerations, minute but abundant, delicate but effective, which unite to bring him to it; but by a

Nähe der *informal inference* zum formallogischen Begrün-dungsverfahren[2258]: Die Prämissen der *formal inference* werden von der „substance and the momentum of that mass of probabilities"[2259] innerlich durchdrungen, wobei die Weise, in der die einzelnen Sachgründe „in correction and confirmation"[2260] aufeinander einwirken, den Gang der Folgerung beeinflussen, diese zu dem Sachverhalt zurückbringen, für den sie eigentlich bestimmt ist[2261].

Damit ist das Folgerungsgeschehen näher gekennzeichnet. Die Konklusion selbst geschieht nicht durch die förmliche Nebeneinander-stellung von Sätzen, sondern *per modum unius* „by a sort of instinctive perception of the legitimate conclusion in and through the premisses"[2262]. Dabei handelt es sich in der Tat nicht um eine Art von Verrechnung, wie *F. M. Willam* herausstellt[2263]. Es geht um einen einzigen, positiven Akt, den der Einzelne, etwa der Bauer bei der Wetterkunde oder der Arzt bei der Diagnose, selbständig setzt, nicht um das mathematische Verhältnis von Wahrscheinlichkeiten[2264]. Erst das Zusammenspiel der *inference* mit

---

mental comprehension of the whole case, and a discernment of its upshot, sometimes after much deliberation, but, it may be, by a clear and rapid act of the intellect, al-ways, however, by an unwritten summing-up, something like the summation of the terms, *plus* and *minus* of an algebraical series" (GA 189 / AW VII 204).

[2258] „...it does not supersede the logical form of inference..." (GA 189 / AW VII 205).

[2259] GA 190 / AW VII 205.

[2260] GA 190/ AW VII 205.

[2261] „....carry it home definitely to the individual case, which is it s original scope" (GA 190 / AW VII 205).

[2262] GA 196 / AW VII 211 - 212.

[2263] *J. H. Newman* betont dies GA 189 / AW VII 204 für den Fall einer Konversion. *F. M. Willam*, schreibt: „Nach Whatelys Formel liegen der Wettervorhersage des Bau-ern zwei Prozesse zugrunde: Zuerst sammelt er Data, die für gutes Wetter, dann An-gaben, die für schlechtes Wetter sprechen. Dann berechnet er, ohne sich dessen reflex bewußt zu werden, das mathematische Verhältnis dieser beiden Wahrscheinlichkei-ten zueinander. Newmans per modium unius will dagegen betonen: Der Akt, in dem der Bauer aus den Data auf die Witterung des kommenden Tages schließt, ist, grund-sätzlich gesehen, ein einziger positiver Akt" (Erkenntnislehre 42 – 43).

[2264] Vgl. dazu GA 198 / AW VII 214. *J.H.Newman* referiert hier zunächst Stand-punkte des Glaubens, deren Annahme von Person zu Person variiert. Der Grund da-für liegt nahe: „It is plain that, if the passage is worth anything, we must secure that worth for our own use by the personal action of our own minds, or else we shall be only professing and asserting its doctrine, without having any ground or right to as-

den übrigen Kräften des menschlichen Geistes, der Vernunfttätigkeit und der Einbildungskraft, ermöglicht demnach Einsichten, die über den Sinn einzelner, zunächst unzusammenhängender Sachverhalte hinausgehen[2265]. Erkenntniserwerb geschieht vom individuellen „right standpoint"[2266] her, jenem persönlichen Blickwinkel, aus dem heraus der menschliche Geist Tatsachen und in der Erfassung gewonnene Bilder zu einem strukturierten Wissen fügt[2267]. *J. H. Newman* geht dabei von einem sehr komplexen Geschehen[2268] aus, das den geübten und erfahrenen

---

sert it. And our preparation for understanding and making use of it will be the general state of our mental discipline and cultivation, our own experiences, our appreciation of religious ideas, the perspicacity and steadiness of our intellectual vision" (GA 198/ AW VII 214).

[2265] „Here then again, as in the other instances, it seems clear, that methodical processes of inference, useful as they are, as far as they go, are only instruments of the mind, and need, in order to their due exercise, that real ratiocination and present imagination which gives them a sense beyond their letter, and which, while acting through them, reaches to conclusions beyond and above them" (GA 204 / AW VII 222).

[2266] GA 204 / AW VII 221.

[2267] *J. H. Newman* setzt Erkenntniserwerb und Gottesbild auf originelle Weise in Beziehung. Die Art, wie sich Fakten der Wirklichkeit dem inneren Sinn kundtun, ist analog „to the knowledge which we at length attain of the details of a landscape, after we have selected the right standpoint, and have learned to accomodate the pupil of our eye to the varying focus necessary for seeing them; have accustomed it to the glare of light, have mentally grouped or discriminated lines and shadows and given them their due meaning, and have mastered the perspective of the whole" (GA 204/ AW VII 221). Für die Gotteserfahrung hat dies Folgen: Es gilt zunächst, das im Gewissen greifbare und vermittelte Gottesbild zu pflegen, um aus seiner Gegenwart heraus Glaubenswissen zu erreichen. „We must patiently rest in the thought of the Eternal, Omnipresent, and All-knowing, rather than of Eternity, Omnipresence, and Omniscience; and we must not hurry on and force a series of deduction, which, if they are to be realized, must distil like dew into our minds, and form themselves spontaneously there, by a calm contemplation and gradual understanding of their premises. Ordinarily speaking, such deductions do not flow forth, except acccording as the Image, presented to us through conscience, on which they depend, is cherished within us with the sentiments which, supposing it be, as we know it is the truth, it necessarily claims of us, and is seen reflected, by the habit of our intellect, in the appointments and the events of the external world" (GA 204 / AW VII 221).

[2268] „In like manner, the conclusion in a real or concrete question... foreseen and rather predicted rather than actually attained; in the number and direction of accumulated premises, which all converge to it, and as the result of their combination, approach it more nearly than any assignable difference, yet do not touch it logically

Geist befähigt, einen Schluß anzuerkennen, „of which his lines of reasoning do not actually put him in possession"[2269]. Was für den einen Menschen ein Beweis ist, muß dem anderen noch lange nicht zureichendes Beweismittel sein[2270]. Die Subjektivität der Wahrnehmung korrespondiert demnach mit den objektiven Gegebenheiten des Sachverhaltes, ihr Zueinander wird von J. H. Newman in seiner Fragilität gezeichnet: Die „accumulated premisses"[2271] nähern sich dem Schluß an, sehen und sagen ihn voraus, berühren ihn aber nicht[2272]. Auf originelle Weise sind hier Indizienbeweis und Kumulationsargument verknüpft[2273].

(though only not touching it,) on account of the nature of its subject-matter, and the delicate and implicit character of a least part of the reasonings on which it depends" (GA 208 / AW VII 225). In diesem Zusammenhang entfaltet J. H. Newman den komplexen Prozeß der Folgerung: „It is by the strength, variety, or multiplicity of premisses, which are only probable, not by invincible syllogisms,-by objections overcome, by adverse theories neutralized, by difficulties gradually clearing up, by exceptions proving the rule, by unlooked- for correlations found with received truths, by suspense and delay in the process issuing in triumphant reactions,- by all these ways, and many others, it is that the practised and experienced mind is able to make a sure divination that a conclusion is inevitable..." (GA 208/ AW VII 225).

[2269] GA 208/ AW VII 225.

[2270] „.....for a syllogism is at least a demonstration, when the premisses are granted , but a cumulation of probabilities, over and above their implicit character, will vary both in their number and their separate estimated value, acccording to the particular intellect which is employed upon it" (GA 190 / AW VII 205).

[2271] GA 208 / AW VII 225.

[2272] Vgl. GA 208 / AW VII 225.

[2273] Die Herausgeber der deutschprachigen Ausgabe der *Grammar* unterscheiden in AW VII 398, Anm. 171, die *Induktion* vom *Indizienbeweis*, der das Bestehen einer einzelnen Tatsache dergestalt zu erweisen sucht, daß er gewisse Anzeichen anführt, „die in ihrer Gesamtheit und ihrem Zusammenhang nicht verständlich und erklärbar sind ohne diese Tatsache" (AW VII 398, Anm. 171). Der Indizienbeweise rückt damit in große Nähe zum *implicit reasoning* mit seinem Konvenienzbeweis, „denn dort wird auch aus einzelnen wahrscheinlichen Argumenten und Hinweisen - und zwar aufgrund ihrer gegenseitigen Beziehungen die Gewißheit erlangt" (AW VII 398, Anm. 171). W. *Ward* weist in diesem Zusammenhang auf den Begriff der *circumstantial evidence,* wobei er Parallelen zum Vorschlag der *Analysis fidei* bei *J. de Lugo* sieht: „His language on 'probability' - in which the essential contrast was really between demonstrative evidence and circumstantial or cumulative evidence - was interpreted as a denial, with Hermes, of the possibility of getting beyond probability and attaining to certainty on matters of religion. It availed not that Newman found precisely his own view in so approved a writer as De Lugo. De Lugo points out that while our belief in

Damit rührt er erneut an das Thema der Gewißheit, wenn auch die Frage noch nicht endgültig geklärt ist, wie es möglich ist, daß eine *bedingte Folgerung* zu einer *unbedingten Zustimmung* führt. Die Konsequenz nämlich, mit der J. H. *Newman* die Kumulation von Wahrscheinlichkeiten an die Prämissen der Folgerung und damit an deren syllogistische Struktur zurückbindet, führt ihn nach eigener Auskunft nicht zur Lösung dieses Problems - „depriving inference on its conditional character"[2274] -, sie erlaubt ihm aber immerhin eine weitere Vertiefung des Gewißheitsbegriffes, mit der er dessen Personalität herausstreicht. Die Gewißheit ist zwar zunächst und vor allem reflexes Moment der Zustimmung, *assent to an assent*, aus der Natur der Sache und infolge der Konstitution des menschlichen Geistes, zudem immer schon „the result of arguments which, taken in the letter, and not in their full implicit sense, are but probabilities"[2275]. Die objektive Gewißheit eines Satzes, die *certainty*, besteht also demnach in der *certitude*, der subjektiven Gewißheit des Geistes[2276].

Damit ist eine wichtige Einsicht gewonnen: *Gewißheit* ist nicht das Ergebnis syllogistischer Abstraktion, sondern Anerkennung eines Sachverhaltes aus persönlicher Vergewisserung. Vom spezifischen Charakter, den J. H. *Newman* der Gewißheit zuschreibt, ergibt sich die Zuordnung von Folgerung und Zustimmung. Der *dritte Abschnitt* des Paragraphen über die *informal inference* gibt dazu klare Hinweise. J. H. *Newman* erwähnt hier die *prudentia*, womit er die Verwurzelung der Folgerung im Subjekt und seinen individuellen Erkenntnisvoraussetzungen behauptet. Gegenüber seiner Verwendung in *On the Certainty* bezeichnet der

---

revelation, in so far as it depends on the Word of God, is most certain, nevertheless its ultimate premiss is our belief that God has in fact spoken. This is a matter of circumstantial evidence and not of demonstration" (Life I 163).

[2274] „...we have not advanced one step towards depriving inference of its conditional character; for it is still as dependent on premisses as it is in its elementary idea. On the contrary, we have rather added to the obscurity of the problem; for a syllogism is at least a demonstration, when the premisses are granted, but a cumulation of probabilities, over and above their implicit character, will vary both in their number and their separate estimated value, according to the particular intellect which is employed upon it" (GA 190 / AW VII 205).

[2275] GA 190 / AW VII 205.

[2276] „It follows that what to one intellect is a proof is not so to another, and that the certainty of a proposition does porperly consist in the certitude of the mind which contemplates it" (GA 190/ AW VII 205).

Begriff, wie er im *achten Kapitel* der *Grammar* gebraucht wird, aber eben nicht die Kunstfertigkeit des menschlichen Geistes, Indizien zu einem Argumentationszusammenhang zu fügen[2277]. *J. H. Newman* zielt vielmehr auf eine persönliche Begabung, ein supralogisches Urteilsvermögen[2278]. Demzufolge ist die Zustimmung von der Folgerung deutlich zu unterscheiden: Der Folgerungsprozeß soll die Gewißheit eines Sachverhaltes zunächst glaubhaft verbürgen[2279]. Damit wird zugleich eine Entscheidung notwendig[2280]: Aus einer gewissen Distanz heraus befindet der menschliche Geist über die Überzeugungskraft der Schlußfolgerung, der er eine *evidentia credibilitatis* zubilligt, wie das hier gebrauchte Verbum *to feel* verrät[2281]. Nach *J. Brechtken* kann man hier von einem vermittelten, keinesfalls aber direkten Folgerungsgeschehen sprechen: Das Subjekt ist nur unter der Bedingung bereit, einem Sachverhalt Glaubwürdigkeit zuzusprechen, „daß die Voraussetzungen der Folgerung brauchbar sind

---

[2277] „Thus a proof, except in abstract demonstration, has always in it, more or less, an element of the personal, because 'prudence' is not a constituent part of our nature, but a personal endowment" (GA 205 / AW VII 223).

[2278] „....and that supra-logical judgment, which is warrant for our certitude about them, is not mere common-sense, but the true healthy action of our ratiocinative powers, an action more subtle and more comprehensive than the mere appreciation of a syllogistic argument" (GA 205/ AW VII 222).

[2279] Vgl. dazu die fünfte *Oxforder Universitätspredigt* „Personal Influence, The Means Of Propagating The Truth" vom 22. Januar 1832 , in: OUS V 75 - 98 / AW VI 63 - 79 . *J. H. Newman* charakterisiert hier das Wesen der Verstandestätigkeit: „...the exhibitions of the Reason, being in their operation separable from the person furnishing them, possess little or no responsibility. To be anonymous is almost their characteristic, and with it all the evils attendant on the unchecked opportunity for injustice and falsehood" (OUS V 91 / AW VI 74).

[2280] „What, then, they signify, is, what I have so much insisted on, that we have arrived at these conclusions - not *ex opere operato*, - but by the action of our minds..." (GA 206 / AW VII 223).

[2281] *J. H. Newman* betont den Entscheidungscharakter, den die Stellungnahme zum Folgerungsakt dem Subjekt abfordert. Wie in *On the Certainty*, ThP I 20, konfrontiert er auch in der *Grammar* die Verben *to see* und *to feel* - hier allerdings zum Zwecke der näheren Kennzeichnung dieser Entscheidung: „ We are considered to feel, rather than to see, its cogency; and we decide, not that the conclusion must be, but that it cannot be otherwise" (GA 206 / AW VII 223).

und der Folgerungsakt selbst richtig ist"[2282]. Durch die „individual perception of the truth in question, under a sense of duty to those conclusions and with an intellectual conscientiousness" [2283] bekennt sich das Individuum zu einem Schluß, dessen Zustandekommen es allerdings nicht weiter verfolgt[2284]. Die Häufung voneinander unabhängiger Wahrscheinlichkeiten fordert vom folgernden Subjekt die verbindliche Anerkennung, daß ein Schluß nicht wahrscheinlich, sondern wahr ist[2285]. Die Kumulation gilt insofern als Äquivalent eines formalen Beweises[2286], in der Zustimmung wird ihr somit allenfalls eine moralische Gewißheit zuteil[2287].

Auch in den Darlegungen zur *informal inference* bleibt also der Syllogismus und die von ihm geprägte Gestalt wissenschaftlichen Argumentierens Dreh- und Angelpunkt. Gleichwohl gelingt *J. H. Newman* hier ein bemerkenswertes Kunststück: Die formallogische Struktur der Folgerung wird nicht geleugnet, wohl aber in der Verknüpfung mit der Kumulation von Wahrscheinlichkeiten an die Unwägbarkeiten der Geschichte zurückgebunden, selber der Geschichtlichkeit überführt[2288]. Die

---

[2282] *J. Brechtken*, Real-Erfahrung 33. „It may be added, that, whereas the logical form of his argument, is, as I have already observed, indirect...." (GA 208 / AW VII 226).

[2283] GA 206 / AW VII 223.

[2284] „We say, that we do not see our way to doubt it, that it is impossible to doubt, that we are bound to believe it, that we should be idiots, if we do not believe" (GA 206/ AW VII 223).

[2285] Vgl. dazu den Abschnitt, in dem *J. H. Newman* das Vorgehen der Astronome mit dem anderer Wissenschaftler vergleicht und so zu einer allgemeinen Einschätzung des Folgerungsverfahrens kommt: „Here, as in Astronomy, is the same absence of demonstration of the thesis, the same cumulating and converging indications of it, the same indirectness in the proof, as being *per impossible*, the same recognition nevertheless that the conclusion is not only probable, but true" (GA 207/ AW VII 224).

[2286] „....that is, there is the equivalent of proof..." (GA 207 / AW VII 224).

[2287] „This certitude and this evidence are often called moral; a word which I avoid, as having a very vague meaning; but using it here for once, I observe that moral evidence and moral certitude are all that we can attain, not only in the case of ethical and spiritual subjects, such as religion, but of terrestrial and cosmical questions also" (GA 206 / AW VII 223).

[2288] Vgl. dazu *F. M. Willam*, Erkenntnislehre 26 - 28, der bei *J. H. Newman* „zwei Arten von Glauben oder Zustimmung" (Erkenntnislehre 27), d.h. Glaube entweder aufgrund eines deduktiven oder eines induktiven Denkaktes, entdeckt. Das Zueinander von induktiver und deduktiver Methode vom Wesen des Glaubens her unab-

geschichtslose Vernunft bleibt demnach Illusion: Denkvollzüge sind stets Angelegenheiten ganz konkreter Personen und ihrer Bereitschaft, sich mit ihrer Welt zu beschäftigen, wie *J. H. Newman* mit dem Modell der *natural inference* herausarbeitet. Daß Erkenntnis und Wissenserwerb allerdings auch in der Verantwortung des Menschen stehen, ist die Einsicht, zu der die Überlegungen zur *informal inference* herausfordert[2289]. Insofern scheint es berechtigt, im Falle der *informal inference* von einer Synthese zu sprechen, in der die Formstrenge der *formal inference* mit der Spontaneität der *natural inference* verbunden sind. Dank der Kompetenz, mit der der Begriff der *informal inference* imstande ist, das Zueinander von Personalität und Intellekt näher zu bezeichnen, kann nunmehr auch das Verhältnis von bedingter Folgerung und unbedingter Zustimmung sachgerecht bestimmt werden[2290]. Das gesuchte *organum investigandi* ,

---

dingbar: „Da die induktive Methode niemals Ergebnisse mit absoluter Gewißheit und damit Begriffe erzeugen kann, ist eine religiöse Unterweisung im Sinne der kirchlichen Tradition ohne Beiziehung der deduktiven Methode unmöglich" (Erkenntnislehre 26). *F. M. Willam* zieht daraus folgende Konsequenz: „Grundsätzliche Einstellung auf deduktive Methode trennt absolut vom Leben, - grundsätzliche Einstellung auf induktive Methode trennt absolut von dogmatischen Begriffen der kirchlichen Tradition" (Erkenntnislehre 26). Dies liegt an der Struktur menschlicher Erkenntnis: Menschliches Wissen ist ein Wissen, das der Mensch „im Kontakt mit der Welt über seine Sinne gewonnen hat und daher die Kennmarken dieses Ursprungs an sich trägt" (Erkenntnislehre 30). *R. Siebenrock* verweist auf die Tradition des Konveneinzargumentes, mit dem allein es der Scholastik möglich ist, „im Rahmen eines aristotelischen Wissenschaftsideals Geschichte zu erfassen" (Wahrheit 291). Zur soteriologischen Funktion des Konvenienzargumentes vgl. *G. Lohaus*, Die Geheimnisse des Lebens Jesu in der Summa theologiae des heiligen Thomas von Aquin, Freiburg - Basel -Wien 1985 (= FThST 131) 244 - 248.
    [2289] Der personalen Struktur der Folgerung entspricht die Weise, wie sich Wahrheit in der Gesellschaft verbreitet: „...not by books, not by argument, nor by temporal power, but by the personal influence of such men as have already been described, who are at once the teachers and the patterns of it; and, with some suggestions in behalf of this statement, I shall conclude" (OUS V 91-92 / AW VI 74). *J. H. Newman* schreibt dem Wirken solcher Menschen große Bedeutsamkeit und gesellschaftliche Relevanz, wie er am Beispiel überzeugter Christen herausarbeitet: „...but the attraction, exerted by unconscious holiness, is of an urgent and irresistibile nature, it persuades the weak, the timid, the wavering, and the inquiring; it draws forth the affection and loyalty of all who are in a measure like-minded..." (OUS V 94 - 95 / AW VI 76 - 77).
    [2290] „Damit überspringt Newman nicht postulatorisch das Problem, sondern formuliert einen Lösungsvorschlag, der die Brücke zwischen argumentativer Ge-

durch das sich der menschliche Geist der Wirklichkeit vergewissert, scheint gefunden: J. H. *Newman* denkt hier an den unverwechselbaren Zusammenklang von Vernunfttätigkeit, Einbildungskraft und Folgerung, „a personal gift, and not a mere method or calculus"[2291], „an action more subtle and more comprehensive than the mere appreciation of a syllogistic argument"[2292], deren Schluß ein „judicium prudentis viri"[2293] ermöglicht. Die Zustimmung steht dabei am Ende eines intellektuellen Prozesses „by which we pass from conditional inference to unconditional assent"[2294]. Die Glaubwürdigkeit eines Sachverhaltes erwächst aus der Bereitschaft des Subjektes, dem vorgetragenen Wahrheitsanspruch Geltung zuzubilligen: Folgerichtigkeit[2295], innere Evidenz[2296] und über-

---

wißheit (‚certainty') und personaler Gewißheit (‚certitude') bilden soll" (*R. Siebenrock, Wahrheit* 266).

[2291] *R. Siebenrock, Wahrheit* 266. Die Herausgeber der deutschsprachigen Ausgabe der *Grammar* verweisen in AW VII 401, Anm. 192, auf die geistige Verwandschaft „zwischen Newman und Pascal. Pascals Unterscheidung zwischen dem *esprit de finesse* und dem *esprit de geometrie* deckt sich weithin mit der Newmans zwischen dem implicit und dem explicit reasoning, zwischen der formellen und der formlosen Folgerung, zwischen der Logik der Sprache und der des Denkens."

[2292] GA 205 / AW VII 222.

[2293] GA 205 / AW VII 222.

[2294] GA 213 / AW VII 231.

[2295] Vgl. dazu GA 209 / AW VII 226 - 227. *J.H. Newman* erläutert den Begriff der Folgerichtigkeit am Beispiel naturwissenschaftlicher Forschung: Ergebnisse aus Experimentreihen ermöglichen die Beschreibung physikalischer Gesetzmäßigkeiten. Die so aufgefundenen Naturgesetze wiederum ermöglichen Deduktionen, anhand derer sich weitere Phänomene beschreiben und vorhersagen lassen. Ihr Zusammenhang und ihre Rückbindung an das Experiment bestätigen die Gültigkeit jener zunächst ermittelten Naturgesetze. „Consistency is not always the guarantee of truth; but there may be a consistency in a theory so variously tried and exemplified as to lead to belief in it, as reasonably as a witness in a court of law may, after a *vere* cross-examination, satisfy and assure judge, jury, and the whole court, of his simple veracity" (GA 209 / AW VII 227).

[2296] *J. H. Newman* zeigt auf, wie es möglich ist, von einem literarischen Werk auf seinen Verfasser zu schließen: „The third instance I will take is one of a literary character, the divination of the authorship of a certain anonymous publication, as suggested mainly by internal evidence, as I find it in a critique written some twenty years ago. In the extract which I make from it, we may observe the same steady march of a proof towards a conclusion, which is (as it were) out of sight; - a reckogning, or a reasonable judgment, joined with a confession that a logical argument could not well

zeugende Schlüssigkeit[2297] sind die Fundamente eines solchen Urteils, in dem Sachargument und persönliche Stellungnahme eins werden[2298]. Wie die Zustimmung ist dabei auch die Gewißheit erneut an die individuelle Verantwortung zurückverwiesen: Nicht ohne Grund ist das Kumulationsverfahren von unbestritten aktueller fundamentaltheologischer Relevanz[2299].

---

be made out for it, and that the various details in which the proof consisted were in no small measure implicit and impalpable" (GA 212 / AW VII 230).
[2297] Vgl. GA 210 - 212 / AW VII 227 - 230. *J. H. Newman* beschreibt hier am Beispiel eines Indizienprozesses, welcher Art die Gewißheit ist, die sich angesichts eines Strafbestandes und seiner näheren Umstände einstellt. Im Gegensatz zu herrschenden Meinungen interpretiert er allerdings Gewißheit nicht als Ergebnis vieler „degrees of proof, or approximations towards proof" (GA 210 / AW VII 227), die letztlich doch auf einen Syllogismus hinauslaufen, sondern einmal mehr als *certitude*: Ein Sachverhalt wird von Zeuge zu Zeuge aufgegriffen, weitergereicht und enthüllt, wobei die vielen Details der Darstellung endlich zu einem Beweis tendieren - der Schuldspruch der Geschworenen gründet in diesem Falle auf einer „rational probability" (GA 210 / AW VII 227), einer Wahrscheinlichkeit, die auf impliziten Gründen ruht (vgl. GA 210 / AW VII 227): Das schlüssige Gesamt der Sachargumente und die innere Überzeugung, die die Geschworenen leitet, führen zu einer entsprechenden, angemessenen Be- und Verurteilung.
[2298] „The reasons of his conviction are too delicate, too intricate; nay, they are in part invisible; invisible, except to those who from circumstances have an intellectual perception of what does not appear to the many. They are personal to the individual. This again is an instance, distinctly set before us, of the particular mode in which the mind progresses in concrete matter, viz. from merely probable antecedents to the sufficient proof of a fact or a truth, and, after the proof, to an act of certitude about it" (GA 213 / AW VII 231).
[2299] *H.J. Pottmeyer* referiert in Anschluß an *J. Meyer zu Schlochtern* das Modell einer kumulativen Begründungsstruktur, deren eigentliche Aufgabe die inhaltliche Glaubwürdigkeitsbegründung der Offenbarungsbotschaft ist. Dazu bemüht sie sich, „die *innere Stimmigkeit* der Offenbarungsbotschaft und die *unverfälschte Deutung* der Erfahrung der Wirklichkeit durch diese Botschaft aufzuzeigen" (Zeichen 395). *H.J. Pottmeyer* nennt zwei Aufgaben, denen sich ein solches, kumulatives Begründungsverfahren zu stellen hat. „Die Zeichen und Zeugen mit ihrer die Wirklichkeit des Reiches Gottes erschließenden Kraft können zusammen mit den Inhalten der Reich-Gottes-Botschaft selbst und deren anthropologischer Vermittlung zu einem *Begründungszusammenhang* gefügt werden, in dem die einzelnen Argumente sich gegenseitig stützen und beleuchten und der die genannten Bedingungen einer *kumulativen Begründung* erfüllt" (Zeichen 399). Damit ist *die erste Funktion* des kumulativen Begründungsverfahren benannt. Zugleich ist *zweitens* deren apologetische Funktion umrissen: „ Der Wahrheits- und Geltungsanspruch der Offenbarungsbotschaft ist dann

4.3.3.4. Der *illative sense* - Sinnliche Wahrnehmung und methodische Folgerung

In ihren Studien verweisen *Ch. St. Dessain* und *T. Merrigan* auf einen interessanten Wandel bei der Wahl der Begrifflichkeiten, derer sich *J. H. Newman* in seinen Werken bedient: Unterscheidet er noch in der dreizehnten *Oxforder Universitätspredigt* das *implicit* vom *explicit reasoning* , so tritt in der *Grammar* an dessen Stelle die *informal* und die *formal inference*[2300]. Der Begriffswandel geschieht nicht ohne Grund: Gerade in Hinblick auf die *informal inference* sieht *I. Ker* eine deutliche Profilierung des eigentlich Gemeinten[2301]. Er verweist dazu auf den *Proof of Theism* aus dem Jahr 1859. *J. H. Newman* betont hier, daß der menschliche Geist durch Intuition der Wahrheit eines Sachverhaltes, „without reason and middle term"[2302], inne wird. „One and the same act of consciousness" [2303] ist es, durch den der menschliche Geist die Wirklichkeit sowohl erfaßt als auch hernach seine gesammelten Eindrücke in Aussagesätze bringt[2304]. Eine solche Form des Denkens ist kein Prozeß, vielmehr „ a kind of intuition" [2305] - „the truth flashes at once"[2306]. Überlegungen dieser Art führen *J. H. Newman* dann in der *Grammar* zu der Einsicht, daß der menschliche

---

eingelöst, wenn in der Auseinandersetzung mit anderen Wirklichkeitsauffassungen und mit deren Kritik an den einzelnen Argumenten diese nicht widerlegt werden können und sich das christliche Wirklichkeitsverständnis in der Anwendung auf Realitäten und Erfahrungen als das *angemessene* erweisen läßt" (Zeichen 399).

[2300] Vgl. OUS XIII 258 - 259 / AW VI 193. Zur näheren Erläuterung vgl. *Ch. St. Dessain*, Anwalt 272 und *T. Merrigan* , Clear Heads 209. „What Newman had identified, in the *Oxford University Sermons* , as implicit reasoning becomes, *in the Grammar of Assent* ,natural inference', that is, ,ratiocination in a state of nature'... The ,explicit reason' of the University Sermons becomes the ,formal inference' of the *Grammar*. This term is used for all sorts of a syllogistic reasoning which proceeds by means of major or minor premisses, and generally with the aid of well-formulated propositions" (Clear Heads 209).

[2301] „....we notice first that the 'implicit reasoning' of the *Oxford University Sermons* has developed more explicitly into the 'natural inference' of the *Grammar*" (*I. Ker*, Editor' s Introduction XXXI).

[2302] Ph Nb II 29.

[2303] PhNb II 35.

[2304] „...but one and the same act of consciousness brings home to me that which afterwards at leisure I draw out into two propositions" (PhNb II 35).

[2305] PhNb II 75.

[2306] PhNb II 73.

Geist bei weitem wendiger, geschmeidiger und leistungsfähiger ist, als es dies die Werke sind, die er hervorbringt[2307]. Satzwahrheiten, die in ihnen vermittelte Wirklichkeit und der folgernde Geist stehen aber keineswegs unverbunden gegenüber: Wie das Konzept der *informal inference* verdeutlicht, ist es gerade die ureigene Tätigkeit des menschlichen Geistes, aufgrund derer die Distanz zwischen verbaler Argumentation einerseits und den Schlüssen im Konkreten andererseits überwunden wird[2308]. Hinsichtlich der Tätigkeit des Geistes diesbezüglich den Gebrauch äußerer Hilfsmittel oder irgendwelcher Kunstfertigkeiten anzunehmen, scheint unangebracht[2309]. In diesem Sinne ist die *informal inference* sowohl inhaltliche Ergänzung wie auch notwendige Erläuterung zur urspünglichen Vorstellung eines *implicit reasoning*, dessen Funktion sie in der Zusammenführung von intuitiver *prudentia* und angemessener Glaubwürdigkeitsgründe präzise benennt[2310]. Die Konsequenz, mit der J. H. *Newman* dabei das Faktum der Gewißheit in das Subjekt selbst verlegt[2311], die *certitude* also von der *certainty* genau unterscheidet[2312],

---

[2307] „Great as are the services of language in enabling us to extend the compass of our inferences, to test their validity, and to communicate them to others, still the mind itself is more versatile and vigorous than any of its works, of which language is one..." (GA 232 / AW VII 252).

[2308] „ ... and it is only under its penetrating and subtle action that the margin disappears, which I have described as intervening between verbal argumentation and conclusions in the concrete" (GA 232 / AW VII 252 – 253).

[2309] Vgl. GA 232 / AW VII 253.

[2310] „It determines what science cannot determine, the limit of converging probabilities and the reasons sufficient for a proof" (GA 232 / AW VII 253).

[2311] „That is to be accounted a normal operation of our nature, which men in general do actually instance. That is a law of our minds, which is exemplified in action on a large scale, whether a priory is ought to be a law or no" (GA 222 / AW VII 241). In diesem Zusammenhang ist an den Gedanken der *Unwandelbarkeit der Gewißheit* zu erinnern, der im *zweiten Paragraphen* des *siebten Kapitels* zur Sprache kommt. J. H. *Newman* steht hier vor dem Problem, scheinbar ganz unterschiedliche Handlungen oder Entscheidungen eines Menschen mit dem Begriff einer konstanten Gewißheit übereins zu bringen. Der Vorschlag, den er diesbezüglich macht, lebt aus der Idee einer inneren Gewißheit, die sich kategorial-zeitlich in bestimmten Handlungsvollzügen auslegt - die Gewißheit ist damit quasi ihrer jeweils zeitlichen Gestalt voraus: Eine Konversion etwa erhält so ihre innere Glaubwürdigkeit: „When, then, we are told that a man has changed from one religion to another, the first question which we have to ask, is, have the first and the second religions nothing in common?" (GA 160 / AW VII 171).

fordert ihn zugleich heraus, den Begriff der *informal inference* selbst noch einmal zu weiten, um die Möglichkeiten, die dem menschlichen Geist bleiben, jenen besagten Spielraum zwischen Argument und individuellem Schluß zu gestalten, genauer zu verorten.

Im *neunten Kapitel* der *Grammar* stellt sich *J. H.Newman* dieser Aufgabe. Im Gegensatz zu den vorangegangenen Kapiteln ist ihm dabei der menschliche Geist, nicht eine Methode der Erkenntnis oder etwa eine geistige Befindlichkeit wie Zustimmung und Gewißheit Ziel- und Ausgangspunkt: Der Geist entdeckt selbsttätig die Voraussetzungen seiner Denkvollzüge, mithin auch die seiner Folgerungen[2313]. Er erweist sich überdies als aktiver Referenzpunkt von „principles of whatever kind, facts or doctrines, experiences or testimonies, true or probable"[2314]: Von Natur aus begabt[2315], „from mental formation and practice"[2316], besitzt er die nötige Vertrautheit wie auch die geeignete Kompetenz im Umgang mit jenen verschiedenartigen Ausgangspunkten des Denkens[2317]. Dies alles geschieht ohne den Gebrauch von Worten - „by a process which cannot be analyzed"[2318]. Damit kommt *J. H. Newman* auf eine besondere Fähigkeit des menschlichen Geistes zu sprechen: Dieser bedient sich nicht eines Apparates von Worten und Sätzen, er folgert selbst und ist zudem fähig, sein eigenes Folgern zu kontrollieren[2319]. Das Individuum ist sich hier selbst verantwortlich[2320]. *J. H. Newman* nennt diese „architec-

---

[2312] Vgl. GA 190 / AW VII 205. *J. H. Newman* ordnet hier der einzelnen Satzwahrheit die Eigenschaft der certainty zu, während der Geist sich durch die certitude auszeichnet: „....and that the certainty of a proposition does properly consist in the certitude of the mind which contemplates it."

[2313] „It is to the living mind that we must look for the means of using correctly principles of whatever kind..." (GA 232 / AW VII 253).

[2314] GA 232 / AW VII 253.

[2315] „...by means of a natural gift" (GA 232 / AW VII 253).

[2316] GA 232 / AW VII 253.

[2317] Im menschlichen Geist lassen sich zufolge „means of using correctly principles of whatever kind" auffinden: Die Erfahrung, mit jenen Denkvoraussetzungen angemessen umzugehen, erwächst aus einer „long familiarity" (GA 232 / AW VII 253).

[2318] GA 233 / AW VII 253. „Thus it was that Bacon separated the physical system of the world from the theological; thus that Butler connected together the moral system with the religious" (GA 233/ AW VII 253).

[2319] Vgl. GA 227 / AW VII 247.

[2320] „In all of these separate actions of the intellect, the individual is supreme, and responsible to himself, nay, under circumstances, may be justified in opposing

tonic faculty"[2321] den Folgerungssinn, den *illative sense*[2322], die Urteilskraft in allem Konkreten, das rechte Urteil beim Schlußfolgern[2323]. Die Anforderungen an den *illative sense* sind außergewöhnlich hoch: Ihm ist das einzige und endgültige Urteil über die Stichhaltigkeit einer Folgerung anvertraut[2324], er soll zudem die Garantie dafür gewährleisten, „that certitude is rightly elicited in favour of the proposition inferred"[2325]. Sein Kompetenzbereich erstreckt sich auf Dinge der Pflicht, des Geschmacks und des gesellschaftlichen Lebens[2326], er ist das „directing, controlling, and determing principle in such matters, personal and social"[2327].

Im weiteren Textverlauf deutet *J. H. Newman* den sogenannten *illative sense* mit dem aristotelischen Begriff der *Phronesis*[2328]. Diese ist ihm

---

himself to the judgment of the whole world; though he uses rules to his great advantage, as far as they go, and is in consequence bound to use them" (GA 228 / AW VII 248).

[2321] GA 221 / AW VII 240.

[2322] Vgl. dazu GA 221 / AW VII 240. Die Herausgeber der deutschsprachigen Ausgabe der *Grammar* verweisen in AW VII 407 , Anm. 220 a auf die Schwierigkeiten, die der Begriff des *illative sense* und seine angemessene Übertragung ins Deutsche bereitet: „'Sense' weist zwar deutlich auf die Spontaneität einer personalen Fähigkeit hin, aber 'der ungeläufige Ausdruck 'illative' aus der abstrakten Begriffssprache läßt als solcher eine Andeutung logisch-formellen Folgerns erwarten, was ganz und gar nicht beabsichtigt wird." Die Herausgeber bleiben im Deutschen bei dem Begriff Folgerungssinn: „In noch höherem Maße ist die Übersetzung 'Folgerungssinn' eine Notlösung, weil sie das Substantiv 'Folgerung' verwendet. Im Englischen steht ein Adjektiv, das mit 'auf das Folgern bezogen' oder 'zum Folgern fähig' wiedergegeben werden kann. Im Deutschen gibt es kein entsprechendes Adjektiv. 'Illativsinn' wäre unverständlich und eine Neubildung. Der Wortteil 'Folgerung' erinnert als Substantiv zu sehr an das fertige Gebilde des Syllogismus. Richtiger wäre es schon, verbal zu formulieren 'Sinn für das Folgern', 'Folgersinn', was aber sprachlich schlecht ist. So bleiben wir mit Vorbehalten bei 'Folgerungssinn'" (AW VII 407, Anm. 220a).

[2323] Vgl. GA 221 / AW VII 240.

[2324] „I have already said that the sole and final judgment on the validity of an inference in concrete matter is committed to the personal action of the ratiocinative faculty, the perfection or virtue of which I have called the Illative sense" (GA 223 / AW VII 242).

[2325] GA 233 / AW VII 242.

[2326] „For instance, how does the mind fulfil its function of supreme direction and control, in matters of duty, social intercourse, and taste?" (GA 228 / AW VII 246).

[2327] GA 228 / AW VII 246.

[2328] „He calls the faculty which guides the mind in matters of conduct, by the name of *phronesis*, or judgment" (GA 228 / AW VII 248). AW VII 410, Anm. 229 erklärt

zufolge eine Art autoritatives Orakel, das den Weg des Menschen bestimmt, in gewisser Weise sein Lehrer und Richter[2329], „an acquired habit"[2330], „formed and matured by practice and experience"[2331]. Ihre Urteile
sind konkret, individuell[2332], sie entscheidet, was hier und jetzt, unter
aktuellen Umständen, getan werden muß[2333] - „it is a capacity sufficient

---

den Begriff der *phronesis* gemäß Nik. Eth. VI 5. 1140b 528 f als „eine auf das Handeln
ausgerichtete Fähigkeit (habitus), die in konkreten Fällen entscheidet, was gut oder
böse ist für den Menschen." Nach J. *Artz*, Eigenständigkeit 202, gehört die *phronesis* zu
den dianoetischen Tugenden, d.h. zu den Tüchtigkeiten des Erkenntnisvermögens.
O. *Höffe*, Aristoteles 201, übersetzt den Begriff der *phronesis* mit „Klugheit" und sieht
in der phronesis eine „intellektuelle Tugend mit handlungsleitender Kraft" : „Die
Theorie der Phronesis (und aller anderen Gegenstände der Ethik) ist aber vom Vollzug der *phronesis* verschieden. Dort wird die Klugheit nur analysiert, hier wird sie
praktiziert; hier geht es um eine Kompetenz für Einzelfälle, dort um etwas, was allen
Einzelfällen gemeinsam ist, um etwas Generelles" (Aristoteles 202). Damit ist also die
Nähe zur Gedankenwelt der *Grammar* angezeigt. J. *Artz* begründet, warum J. H.
Newman gerade an dieser Stelle den Begriff der *Phronesis* einführt: „Der Grund ist
leicht einzusehen. Hier geht es um den ganzen Menschen. Die Erkenntniselemente
im Ethischen sind immer auf das Leben und die Person bezogen, sind relevant und
verbindlich im Gegensatz zu den Elementen der Logik, die vom Persönlichen losge-
löst sind. Newman versucht nun eine Parallele zu ziehen zwischen dem illative sense,
dem Träger der personalen Logik, und der phronesis, die nach Aristoteles die
sittlichen Entscheidungen in einer ganz anderen Weise bestimmt, als es die syllogistischen Formen für den theoretischen Bereich tun" (Eigenständigkeit 202). Mit Hinweis auf PhNb II 163 erinnert M. *Miserda*, Subjektivität 356, Anm. 349, daran, daß J. H.
Newman den Begriff *phronesis* erst seit 1865 in seinen Schriften audrücklich verwendet. M. *Miserda* zufolge leuchtet die „Perspektive des 'Illative sense schon hier ein"
(Subjektivität 356).

[2329] „The authoritative oracle, which is to decide our path, is something more
searching and manifold than such jejune generalizations as treatises can give, which
are most distinct and clear when we least need them. It is seated in the mind of the
individual, who is thus his own law, his own teacher, and his own judge in those
special cases of duty which are personal to him" (GA 228 / AW VII 248).

[2330] GA 228 / AW VII 248.

[2331] GA 229 / AW VII 249.

[2332] „....in those special cases of duty which are personal to him" (GA 228 / AW VII
248).

[2333] „ ...and it manifests itself, not in any breadth of view, any philosophical comprehension of the mutual relations of duty towards duty, or any consistency in its
teachings... It may indeed happen to decide ten years hence as it does now, and to
decide a second case now as it now decides a first; still its present act is for the present, not for the distant or the future" (GA 229 / AW VII 249).

for the occasion"[2334] . Genau darin unterscheidet sie sich von ethischen Systemen[2335], aber auch von Gesetzestexten, die sich in ihrer handlungsleitenden Relevanz als „inflexible"[2336] erweisen - „what is written is too vague, too negative for our need"[2337]. Aus diesem offensichtlichen Unvermögen heraus ist das Individuum herausgefordert, die je eigene „rule of conduct "[2338] kennenzulernen, oder diese möglicherweise im Umgang mit seinen Mitmenschen erst noch zu entdecken[2339]: Die Regel der Lebensführung, die den einen Menschen leitet, muß jedoch nicht notwendigerweise derjenigen Regel entsprechen, an der ein anderer sein Leben ausrichtet[2340]. Im Grad, wie aber jemand getreu seiner eigenen Lebensregel handelt, vervollkommnen sich auch die guten Eigenschaften

---

[2334] GA 229/ AW VII 249.

[2335] „What it is to be virtuous, how we are to gain the just idea and standard of virtue, how we are to approximate in practice to our own standard, what is right and wrong in a particular case, for the answers in fulness and accuracy to these and similar questions, the philosopher refers us to no code of laws, to no moral treatise, because no science of life, applicable to the case of an individual, has been or can be written. Such is Aristotle´s doctrine, and it is undoubtly true. An ethical system may supply laws, general rules, guiding principles, a number of examples, suggestions, landmarks, limitations, cautions, distinctions, solutions of critical or anxious diffculties; but who is to apply them to a particular case?" (GA 228 / AW VII 248).

[2336]„State or public law is inflexible.."(GA 229 / AW VII 249). J. H. Newman verweist demgegenüber auf die Elastizität der *phronesis* : „In old times the mason´s rule which was in use at Lesbos was, according to Aristotle, not of wood or iron, but of lead, so as to allow of its adjustment to the uneven surface of the stones brought together for the work. By such the philosopher illustrates the nature of equity in contrast with law, and such is that phronesis, from which the science of morals forms it rules, and receives its complement" (GA 229 / AW VII 249).

[2337] GA 228 / AW VII 248.

[2338] Vgl. GA 229 / AW VII 249.

[2339] „....and if his rule is not sufficiently developed in his intellect for his need, then he goes to some other living, present authority, to supply it for him, not to the dead letter of a treatise or a code. A living, present authority, himself or another, is his immediate guide in matters of a personal, social, or political character. In buying and selling, in contracts, in his treatment of others, in giving and receiving, in thinking, speaking, doing, and working, in toil, in danger, in his recreations and pleasures, every one of his acts, to be praiseworthy, must be in accordance with this practical sense" (GA 229 - 230 / AW VII 249 – 250).

[2340] Vgl. GA 229 / AW VII 249.

seines Charakters[2341]. Die unverleugbare Originalität der *phronesis* wird von *J. H. Newman* in zwei ergänzenden Aspekten entfaltet. So unterscheidet er zunächst das Gesetz der Wahrheit von dem der Pflicht: Pflichten wechseln, Wahrheiten niemals. Dennoch gibt es auch bei den Wahrheiten eine gewisse Vielfalt: Die Denkwege und Folgerungsprozesse nämlich, ihrer teilhaft zu werden. Eigentliche Aufgabe der *phronesis* ist es, sowohl das sittlich Gebotene in den Ansprüchen des Alltags zu ermitteln, als auch in der Fülle möglicher Denkakte Wahrheit und Gewißheit aufzufinden[2342]. *J. H. Newman* schränkt aber diese Aufgabe ein: Bei der Tätigkeit der *phronesis* geht es weder um den Inhalt und den individuellen Charakter von Zustimmung und Folgerung, sondern einzig und allein um die Weise, auf die der menschliche Geist überhaupt folgert. Die *phronesis* kontrolliert die Prozesse der Folgerung, sie ist insofern nicht auf die praktische Vernunft beschränkt, sondern umfaßt auch Wege des Erkenntniserwerbes[2343].

Mit *J. Artz* sieht *R. Siebenrock* hier eine sehr eigenständige Form der Aristotelesrezeption[2344]: Der Begriff der *phronesis*, wie ihn *J. H. Newman* in

---

[2341] „In buying and selling, in contracts, in his treatment of others, in giving and receiving, in thinking, speaking, doing, and working, in toil, in danger, in his recreations and pleasures, every one of his acts, to be praiseworthy, must be in accordance with this practical sense. Thus it is, and not by science, that he perfects the virtues of justice, self-command, magnanimity, generosity, gentleness, and all others" (GA 229 - 230/ AW VII 250).

[2342] „ In this respect of course the law of truth differs from the law of duty, that duties change, but truths never; but, through truth is ever one and the same, and the assent of certitude is immutable, still the reasonings which carry us on to truth and certitude are many and distinct, and vary with the inquirer..." (GA 229 / AW VII 249).

[2343] „...and it is not with assent, but with the controlling principle in inferences that I am comparing *phronesis*" (GA 229 / AW VII 249).

[2344] *J. Artz*, Eigenständigkeit 202 - 208, arbeitet die Punkte heraus, in denen sich *J. H. Newman* von *Aristoteles* ausdrücklich absetzt. Während *J. H. Newman* den Akzent „auf den Einzelfall der konkreten Situation legt, in der sich die konkrete Person entscheidet" (ebd. 205), hat bei *Aristoteles* „das 'Einzelne' nicht den hohen Glanz , den das 'Konkrete' als das echt Wirkliche bei Newman im Gegensatz zu dem blassen , grauen Abstrakt-Allgemeinen der Wissenschaft hat" (ebd 205). Die *phronesis* bezieht sich überdies nach *Aristoteles* auf das Handeln wie auf das Ethos, der *illative sense* dagegen ist *organon investigandi*, „Wurzelgrund alles echten, persönlich vollzogenen Erkennens überhaupt" (ebd. 205): *J. Artz* sieht hier eine grundsätzliche Umwertung der *phronesis*, die bei *Aristoteles* noch als 'Meinung' dem Logistikon nachgeordnet ist (vgl. ebd. 205). *Aristoteles* begnügt sich, „im Urteil eine Verbindung des Subjekts- mit

der *Grammar* gebraucht, „überwindet die Diastase von Wahrheit und Verantwortung, von Erkennen und Handeln"[2345], der Folgerungssinn ist die „Fähigkeit, im Bereich des Konkreten zur Wahrheit und Wirklichkeit vorzustoßen"[2346]. Die *phronesis* ist jedoch kein „Allgemeinprinzip des Handelns"[2347], sie ist stets mit einem bestimmten Wirklichkeitsbereich verknüpft - der zweite Aspekt, der den Eigencharakter der *phronesis* nä-

---

dem Prädikatsbegriffes zu sehen, ohne einen besonderen Akt der Zustimmung für die Erkenntnis als notwendig zu erachten" (ebd. 206), wogegen J. *Artz* bei J. H. *Newman* eine dergestalt differenzierte und subtile Art der Rezeption des Phronesisbegriffes beobachtet, „daß von einer einfachen Übernahme eines aristotelischen Begriffes keine Rede mehr sein kann" (ebd. 206). Das Konvergenzargument, die Rede vom *implicit reasoning* sowie die vorherrschende Distanz zu einer traditionellen Form der Syllogistik erscheinen eher wie „eine Kehrtwendung, eine völlige Umbewertung" (ebd. 206) des aristotelischen Denkens. J. *Artz* bilanziert: „Es handelt sich aber bei Newman nicht aus der Logik, sondern aus der Ethik des Aristoteles Anregungen empfangen hat. Es handelt sich aber bei Newman nicht um eine Vervollständigung des aristotelischen Systems, sondern um ganz neue Konzeptionen, die weit über Aristoteles hinausgehen und sich teils von ihm distanzieren" (ebd. 208). Zu der ausführlichen Analyse, wie sie J. *Artz* im Jahr 1959 vorgelegt hat, bemerkt R. *Siebenrock*, Wahrheit 280: „Artz, der für die hier vorgelegte Interpretation die bedeutendste Vorarbeit leistete, hatte nicht die Konsequenz gezogen, daß damit das Erkenntnisideal nicht nur der Theologie, sondern des Menschen und des Menschen grundsätzlich umorientiert wird." Zur Rezeption und Umdeutung der aristotelischen Terminologie vermutet R. *Siebenrock*, daß J. H. *Newman* seinen Begriff des illative sense „nicht immer mit aller Klarheit zur aristotelischen Terminologie in Beziehung" gesetzt habe (Wahrheit 279, Anm. 416): „Wird nämlich vorausgesetzt, was unbestritten ist, daß der 'illative sense' die aristotelische '*phronesis*' aufnimmt, dann ist die letzte Bestimmung nur mit der Annahme zu erklären, daß Newman eben gerade die '*episteme*' durch die '*phronesis*' in erkenntnisrelevanten Kontexten im Bereich des Konkreten ersetzt. Im strengen Sinne wahr ist das Konkrete, Einzelne, Geschichtliche, ja das Veränderlich und Nicht-Notwendige" (Wahrheit 279, Anm. 416). Für den Umgang, den J. N. *Newman* mit der aristotelischen Terminologie pflegt, ist dabei kennzeichnend, „daß Newman nicht deutlich genug festhält, daß Aristoteles - zumindest in der Nikomachischen Ethik - die ,*episteme*' neben die ,*phronesis*' und neben den ,*nous*' stellt und allen dianoetischen Tugenden wahrheitsrelevante Bedeutung zukommt. ,*Nous*' und ,*episthéme*' gehen dabei auf das Unveränderliche, ,*phronesis*' und '*techne*' auf das Veränderliche" (Wahrheit 279, Anm. 416).

[2345] R. *Siebenrock*, Wahrheit 280.
[2346] AW VII 410, Anm. 229.
[2347] R. *Siebenrock*, Wahrheit 281.

her kennzeichnet[2348]: Der Dichter ist nicht als solcher schon ein Maler, oder ein Archtitekt ein Komponist[2349]. Dieser Gedanke, sinnenfällig gemacht durch die Rede vom unverwechselbaren *skill* [2350] und bereits vertraut durch die Überlegungen zu *natural* und *informal inference*, verdeutlicht abschließend über den Begriff der *phronesis*[2351] hinaus das Wesen des *illative sense*. In der schematisierenden Darstellung, die sie im *neunten Kapitel* der *Grammar* erfährt, erscheint die *phronesis* als ein Formalprinzip, „little better than an abstract term, including under it a circle of analogous faculties severally proper to the separate virtues"[2352]. Hinsichtlich der Vielfalt des Lebens aber verliert der Begriff alle lehrbuchmäßige Trockenheit und erscheint als konkretes „judgment, good sense, or tact which is conspicouus in a man' s conduct in one subject-matter" [2353]: Von der Sache her geht *J. H. Newman* damit über den Stand nicht hinaus, den er bereits bei der Erörterung von *natural* und *informal inference* erreicht hat: Der menschliche Geist ordnet Fakten und Indizien zu Schlüssen, zu denen er wiederum sich zustimmend oder ablehnend verhält. Was aber dort als eigenständiges Folgerungsverfahren benannt ist, wird hier ausdrücklich als Bestandteil der menschlichen Individualität abgesichert, wobei *J. H. Newman* die Berechtigung seiner Argumentation aus der Unausweichlichkeit des Gegebenen ableitet[2354]. Insofern ist der *illative sense* naturgemäß „no common sense between mind and mind, as being nothing else than a personal gift or acquisition"[2355]: Folgerndes Denken

---

[2348] „These last words lead me to a further remark. I doubt whether it is correct, strictly speaking, to consider this *phronesis* as a general faculty, directing and perfecting all the virtues at once" (GA 230 / AW VII 250).

[2349] Vgl. GA 230 / AW VII 251.

[2350] „And so, again, as regards the useful arts and personal accomplishments, we use the same word 'skill', but proficiency in engineering or in ship-building, or again in engraving, or again in singing, in playing instruments, in acting, or in gymnasitc exercises, is as simply one with its particular subject-matter, as the human soul with its praticular body, and is, in its own department, a sort of instinct or inspiration, not an oboedience to external rules of criticism or of science" (GA 231 / AW VII 251).

[2351] „Newman verwendet vielfach - trotz der Unterschiede - Phronesis und Folgerungssinn wie Wechselbegriffe" (AW VII 410, Anm. 229).

[2352] GA 230 / AW VII 250.

[2353] GA 230/ AW VII 250.

[2354] „Properly speaking, there are as many kinds of phronesis as there are virtues" (GA 230/ AW VII 250).

[2355] GA 233 / AW VII 254.

beruht auf Prämissen, in denen die Menschen „in essential and irreme-
diable variance one with another"[2356]. Die unverwechselbare Individualität - „by educated or otherwise well-prepared minds"[2357] - erklärt
auch das Doppelgesicht, mit dem *J. H. Newman* den Folgerungssinn ausstattet. Schon vom Wortsinn des Begriffes *illative sense* kann bereits von
zwei Tendenzen, „einer intuitiven und einer diskursiven"[2358], gesprochen
werden. Der *illative sense* ist „reasoning faculty"[2359], „Fähigkeit zu folge-
richtigem Denken"[2360], in diesem Sinne also gleichermaßen subjektive
Disposition, *faculty*, wie folgerndes Denken, *reasoning*. Er kennzeichnet
die grundsätzliche Offenheit des Individuums hinsichtlich eines bestimmten Wirklichkeitsbereiches[2361], zugleich ist er der Name für die anspruchsvolle Fähigkeit, Sachverhalte aus eben diesem Gebiet zu erfassen,
zu verknüpfen[2362] und in ihrer Glaubwürdigkeit zu verbürgen[2363]. *M. Miserda* schenkt dabei der Wendung *sense* besondere Aufmerksamkeit, sie
hält er für „den Kern der Epistomologie Newmans"[2364]. Der *sensus* ist es,
durch den sich dem menschlichen Geist das Konkrete der Wirklichkeit,

---

[2356] „Moreover, all reasoning being from premisses, and those premisses arising
(if it so happen) in their first elements from personal characteristics..." (GA 233 / AW
VII 254).

[2357] GA 233 / AW VII 254.

[2358] *M. Miserda*, Subjektivität 353.

[2359] GA 233.

[2360] AW VII 254.

[2361] „Secondly, it is in fact attached to definite subject-matters, so that a given individual may possess it in one department of thought, for instance, history, and not
in another, for instance, philosophy" (GA 231 / AW VII 252).

[2362] „First, viewed in its exercise, it is one and the same in all concrete matters,
though employed in them in different measures. We do not reason in one way in
chemistry or law, in another in morals or religion; but in reasoning on any subject
whatever, which is concrete, we proceed, as far indeed as we can, by the logic of language, but we are obliged to supplement it by the more subtle and elastic logic of
thought; for forms by themselves prove nothing" (GA 231/ AW VII 252).

[2363] „Fourthly, in no class of concrete reasonings, whether in experimental
science, historical research, or theology, is there any ultimate test of truth and error in
our inferences besides the trusthworthiness of the Illative Sense, that gives them its
sanction; just as there is no sufficient test of poetical excellence, heroic action, or
gentleman-like conduct, other than the particular mental sense, be it genius, taste,
sense of propriety, or the mental sense, to which those subject-matters are severally
committed" (GA 231- 232 / AW VII 252).

[2364] *M. Miserda*, Subjektivität 353.

„ja das 'Geschichtliche', also einfach das 'Reale'"[2365] erschließt: Unabhängig von jedweder äußeren Instanz, ganz sich selbst eigene Regel, begleitet er voller Sorgfalt den gesamten Prozeß der Folgerung von den
Vorder- zu dessen Schlußsätzen[2366]. Durch ihn ist somit „jenes 'Mehr' an
Logik"[2367] gewährleistet, das eine wortreiche Syllogistik zu vermitteln
nicht imstande ist[2368]. Er ist demnach in der Tat ein ausgeprägter Sinn der
Wahrnehmung: Der Begriff des *sensus* erläutert und ergänzt die Logik
der Folgerung durch die Kategorie des Ästhetischen[2369]. Der Umfang, in
dem der Folgerungssinn dabei die ganze Person, ihr Anschauen, Denken
und Fühlen, prägt[2370], fordert *M. Miserda* zu einer Neubewertung des *illative sense*. Entgegen der vorsichtigen Einschätzung von *J. Artz* setzt er ihn
mit der menschlichen Subjektivität gleich[2371]. In jedem Falle aber ist er

---

[2365] *M. Miserda*, Subjektivität 353.

[2366] *J. H. Newman* gibt eine umfassende Definition des *illative sense*: „Thus the Illative Sense, that is, the reasoning faculty, as exercised by gifted, or by educated or
otherwise well-prepared minds, has its function in the beginning, middle, and end of
all verbal discussions and inquiry, and in everystep of the process. It is a rule to itself,
and appeals to no judgment beyond its own; and attends upon the whole course of
thought from antecedents to consequents, with a minute diligence and unwearied
presence..." (GA 233 / AW VII 254).

[2367] *M. Miserda*, Subjektivität 353.

[2368] „...though, in communicating with others, words are the only instrument we
possess, and a serviceable, though imperfect instrument" (GA 233 / AW VII 254).

[2369] „Insofern Newman Ausführungen auf dem 'Eindruck' basieren bzw. davon
ausgehen, kann man seine - auch theologische - Erkenntnistheorie als 'ästhetisch'
bezeichnen" (*M. Miserda*, Subjektivität 354).

[2370] Hier ist an die Beispiele zu erinnern, mit denen *J. H. Newman* die *informal inference* illustriert. Sie alle belegen, daß der illative sense eine subjektive Fähigkeit ist ,
die ihrerseits wiederum die Lebensgestalt prägt - der Jurist hat einen Scharfblick für
schwierige Fälle, aber erst der Scharfblick macht den Juristen zum findigen Juristen.

[2371] „Das ist der Bereich des 'Folgerungssinnes'. Er umfaßt die ganze Person und
ist deswegen nichts anderes als das, was allgemein Subjektivität genannt wird" (*M.
Miserda*, Subjektivität 354). *M. Miserda* distanziert sich mit dieser Ansicht von der
Begriffsdefinition, die *J. Artz* gibt. *J.Artz*, Der „Folgerungssinn" (illative sense) in
Newmans „Zustimmungslehre" (Grammar of Assent), in: Nst II 219 - 261. 361 - 371/
zit. Folgerungssinn. *J. Artz* definiert den illative sense folgendermaßen: „Der Illative
Sense ist die voll entfaltete, persönlich echt vollzogene Erkenntnisfähigkeit in kon-
kreter Situation, die sich kundtut in der Fähigkeit zum impliziten Schlußfolgern, zur
Intuition, im sicheren Instinkt, in der Urteilsfähigkeit bei bloß wahrscheinlichen Gegebenheiten, in intellektueller Gewissenhaftigkeit, von einem persönlichen Denkstil
geprägt, auf dem Gebiet einer bestimmten Veranlagung besonders entwickelt, das

mit *T. Merrigan* als *integral vision* anzusehen, „weaving ethical considerations, epistomological theories, and an acurate awareness of humanity's actual condition into a penetrating analysis of the nature of human cognitional activity"[2372].

4.3.3.4.1. Der *illative sense* und sein Wirkungsbereich

Der *dritte Paragraph* des *neunten Kapitels* der *Grammar*, - „The range of the illative sense"[2373] -, entfaltet die vorangegangenen Überlegungen. *J. H. Newman* steckt hier jene Abschnitte einer Gedankenführung ab, innerhalb derer der *illative sense* tätig wird. Ihm zufolge sind es drei „main occasions of the exercise of the Illative sense"[2374], um konkrete Fragen einer endgültigen Lösung zuzuführen: Der Beginn, der Verlauf und der Ausgang einer Argumentationskette[2375]. Die Weise, auf die der *illative sense* dabei das Ergebnis einer Gedankenführung herbeiführt, sieht *J. H. Newman* bereits in den Ausführungen zur *informal inference* abgehandelt[2376]. Die Leistung des Folgerungssinnes, durch den sich das Subjekt auszeichnet, wird an dieser Stelle von *J. H. Newman* nicht nur ausdrücklich an die Modelle der Folgerung zurückgebunden, der Aufbau des *neunten Kapitels* erinnert überdies auch an das *sechste, siebte* und *achte Kapitel* der *Grammar*. Folgt dort auf die *Zustimmung* als reflexives Moment die *Gewißheit*, auf den Themenkomplex der *Zustimmung* insgesamt aber im *achten Kapitel* deren Vergewisserung in den drei Varianten der Folgerung, so schließt das *neunte Kapitel* mit Hinweisen zur Gestalt und

---

innerste Zentrum der Erkenntnisbemühung, bei dem die Ewige Wahrheit mit ihrer Führung ansetzt" (Folgerungssinn 245). Demgegenüber möchte *M. Miserda* nicht von den Phänomenen ausgehen, sondern direkt vom Subjekt, das in der Zustimmung einen Sachverhalt in seiner Glaubwürdigkeit anerkennt. Er meidet also den „umgekehrten Weg" (Subjektivität 351), den *J. Artz* geht. Aufgabe des Folgerungssinnes ist es dabei, die bedingte Annahme von 'Sätzen' in eine unbedingte zu ändern (vgl. Subjektivität 353). Der Folgerungssinn ist demnach die Weise, wie das Subjekt diese Herausforderung meistert, ist „Subjektivität" (Subjektivität 354).

[2372] *T. Merrigan*, Clear heads 227.

[2373] GA 232 - 247/ AW VII 252 - 269.

[2374] GA 233 / AW VII 254.

[2375] „Now of the three main occasions of the exercise of the Illative Sense, which I have been insisting on, and which are the measure of its range, the start, the course, and the issue of an inquiry..." (GA 233/ AW VII 254).

[2376] „...I have already, in treating of Informal Inference, shown, the place it holds in the final resolution of concrete questions" (GA 233/ AW VII 254).

Prämissen einer Folgerung[2377]. Wie der Schluß, auf den die Folgerung hinzielt, ist auch ihr Beginn und Verlauf sowohl durch Bausteine einer formalen Argumentation als auch durch die jeweilige Disposition desjenigen, der folgert, geprägt: In ihrer inneren Logik spiegelt die Gestalt der Folgerung die individuelle Gestaltungskraft des Folgerungssinnes, kommt dem logischen Element in der Tat eine Ästhetik der Wahrnehmung zu. Die Vermutung eines *illative sense* findet ihre Auslegung und Bestätigung durch die Mittel, derer er sich bedient: Die *Grammar of Assent* erweist somit auch im Detail ihre inhaltliche Klarheit und Stringenz.

Konsequenterweise deutet *J. H. Newman* den *illative sense* mit dem Hinweis auf die „true originality of mind"[2378], dank derer ein Mensch in der Lage ist, einem Sachverhalt einen ungewohnt neuen Aspekt abzugewinnen[2379]. Diese Fähigkeit ist in den erkenntnisleitenden *first principles* verwurzelt, insofern naturgemäß „intensely personal"[2380], bei der Vielzahl denkender Menschen stets Begabung in individueller Ausprägung[2381]. Das Wissen um den *illative sense* begründet dabei die antizipatorische Struktur menschlicher Erkenntnis in weltlichen wie religiösen Dingen: Von den Aspekten, unter denen eine Frage zu betrachten ist, unterscheidet *J. H. Newman* solche Prinzipien, „on which it is to be con-

---

[2377] „Here then is left to me to illustrate its presence and action in relation to the elementary premisses, and, again, to the conduct of an argument" (GA 233 - 234/ AW VII 254).

[2378] GA 240 / AW VII 261.

[2379] *J. H. Newman* illustriert dies am Beispiel von *R. Bacon*, der über einen eigenwiligen Wirklichkeitszugang zu neuen wissenschaftlichen Erkenntnissen vorgedrungen ist (vgl. GA 240/ AW VII 261).

[2380] „The aspect under which we view things is often intensely personal; nay, even awfully so, considering that, from the nature of the case, it does not bring home its idiosyncrasy either to ourselves or to others" (GA 240 / AW VII 262). *J. H. Newman* erinnert hier an die jeweils individuelle Fähigkeit, Farben und Formen zu erkennen (vgl. GA 240 - 241 / AW VII 262 - 263). Aus der Vielfalt der Wahrnehmungen folgert er dabei aber nicht, daß es keine objektive Wahrheit gebe: „Here, I say again, it does not prove that there is no objective truth, because not all men are in possession of it; or that we are not responsible for the associations which we attach, and the relations which we assign, to the objects of the intellect" (GA 242/ AW VII 264).

[2381] „Each of us looks at the world in his world in his own way, and does not know that perhaps it is characteristically his own" (GA 240 / AW VII 262). Siehe auch GA 241/ AW VII 263: „I do not say we differ in the objects themselves, but that we may have interminable differences as to their relations and circumstances."

sidered."[2382] Damit verdeutlicht er, daß dem folgernden Geist nicht nur eine Summe von Kenntnissen und Erfahrungen zur Verfügung steht, dank derer ein vorwegnehmender Vorausgriff auf die Wirklichkeit möglich ist[2383], er erklärt die Erkenntnis auch zu einer Sache des Willens und der Entscheidung, dieses Vorauswissen angemessen zu nutzen[2384]. Damit steht also nicht nur der Zustimmungsakt in der persönlichen Verantwortung des Einzelnen, sondern dies gilt auch für den Modus seiner vernunftgemäßen Erschließung[2385], für die *J. H. Newman* ein positives Kriterium bereithält: Der wahre Weg des Lernens besteht darin, zunächst all das zu glauben, was dem menschlichen Geist vorgelegt wird[2386]. Die grundsätzliche Offenheit für die Wirklichkeit und ihre Ansprüche bewegt ihn sogar zu einem *apriorischen Begründungsverfahren* -

---

[2382] GA 245/ AW VII 267.

[2383] *J. H. Newman* spricht von Systemen, durch die die Naturwissenschaft in der Lage ist, Wirklichkeit zu deuten: „As to the statement of the case. This depends on the particular aspect under which we view a subject, that is, on the abstraction which forms our representative notion of what it is. Sciences are only so many distinct aspects of nature; sometimes suggested by nature itself, sometimes created by the mind. One of the simplest and broadest aspects under which to view the physical world, is that of a system of final causes, or on the other hand, of initital or effective causes" (GA 239 / AW VII 261).

[2384] „Unless we had the right, when we pleased, of ruling that propositions were irrelevant or absurd, I do not see how we could conduct an argument at all; our way would be simply blocked up by extravagant principles and theories, gratuitous hypotheses, false issues, unsupported statements, and incredible facts" (GA 242/ AW VII 264).

[2385] „ Doubt itself is a positive state and implies a definite habit of mind, and thereby necessarily involves a system of principles and doctrines all its own. Again, if nothing is to be assumed, what is our very method of reasoning but an assumption? and what our nature itself? The very sense of pleasure and pain, which is one of the most intimate portions of ourselves, inevitably translates itself into intellectual assumptions" (GA 243 / AW VII 265).

[2386] *J. H. Newman* sieht hier einen Weg, auf dem dem menschlichen Geist die Wahrheit sich allmählich enthüllt: „In that case, we soon discover and discard what is contradictory to itself; and error having always some portion of truth in it, and the truth having a reality which error has not, we may expect, that when there is an honest purpose and fair talents, we shall somehow make our way forward, the error falling off from the mind, and the truth developing and occupying it. Thus it is that the Catholic religion is reached, as we see, by inquirers from all points of the compass, as if it mattered not where a man began, so that he had an eye and a heart for the truth" (GA 243/ AW VII 265).

Tatsachen können zwar durch Voraussetzungen nicht bewiesen werden[2387], Voraussetzungen erlauben es aber, unterstellte Tatbestände mit hoher Wahrscheinlichkeit auszuschließen[2388]. *J. H. Newman* wendet sich an dieser Stelle von den Prämissen einer Folgerung zu deren Gestalt, deren subjektiven Charakter er nicht verleugnen möchte, wie er am Beispiel wissenschaftlicher Diskurse aufzeigt: Die Bemühung um die rechte Beurteilung eines Sachverhaltes wird von Ausgangspunkten[2389] und mit „collateral aids"[2390] geführt, die nicht förmlich bewiesen, sondern mehr oder weniger vorausgesetzt werden[2391]. Geistige Originalität ist es somit, die neue Erkenntnisse ermöglicht, aber auch innerhalb einer Kommunikationsgemeinschaft zu Streit und Auseinandersetzung führen kann. Die Kenntnis ihrer Eigenart ist diesbezüglich ebenso erhellend wie hilfreich, über den Sachstreit hinaus zur Sache selbst vorzudringen[2392]. Der *illative*

[2387] Vgl. GA 246 / AW VII 269.

[2388] „Antecedent reasoning, when negative, is safe. Thus no one would say that, because Alexander´s rash heroism is one of the leading characteristics of his history, therefore we are justified, except in writing a romance, in asserting that at a particular time and place, he distinguished himself by a certain exploit about which history is altogether silent; but, on the other hand, his notorious bravery would be almost decisive against him of having on a particular occasion acted as a coward." (GA 245 / AW VII 267 – 268).

[2389] Vgl. GA 239 / AW VII 260.

[2390] GA 239 / AW VII 260.

[2391] „...not formally proved, but more or less assumed" (GA 239 / AW VII 260).

[2392] *J. H. Newman* erörtert dies am Beispiel berühmter Historiker und ihrer Interpretationsansätze (vgl. GA 234 - 239/ AW VII 255 - 260) - „These authors have severally views of their own on the period of history which they have selected for investigation" (GA 235/ AW VII 255 - 256). Zu Beginn des Abschnitts beschreibt er die Kriterien, anhand derer ein Argumentationszusammenhang entsteht: „Now, in a question like this, it is plain that the inquirer has first of all to decide on the point from which he is to start in the presence of the received accounts; on what side, from what quarter he is to approach them; on what principles his discusssion is to be conducted; what he is to assume, what opinions or objections he is summarily to put aside as nugatory, what arguments, and when, he is to consider as apposite, what false issues are to be avoided, when the state of his arguments is ripe for a conclusion. Is he to commence with absolutely discarding all that has hitherto been received; or to retain it in outline; or to make selections from it; or to consider and interpret it as mythical, or as allegorical; or to hold so much to be trustworthy, or at least of *prima facie* authority, as he cannot actually disprove; or never to destroy except in proportion as he can construct? Then, as to the kind of arguments suitable or admissible, how far are tradition, analogy, isolated monuments and records, ruins, vague reports, legends, the facts or

sense selbst weist den Weg dazu: In der Bestätigung mit *J.H. Newman* gilt er einigen Interpreten als Wahrheitsgewissen, eine Einschätzung, die nicht nur der aristotelisch - stoischen Herkunft des Begriffes, sondern auch seinem Charakter als Organ sinnlicher Wahrnehmung entspricht[2393].

4.3.3.4.2. Rückblick

Zustimmung, Gewißheit, Folgerung und *illative sense* sind die beherrschenden Themen des *zweiten Hauptteiles* der *Grammar of Assent*. Mit ihrer Hilfe sucht *J. H. Newman* den Vollzug des Glaubens, das Verhältnis von Glaube und Vernunft sowie die rationale Rechtfertigung des Glaubensaktes sachgerecht zu ermitteln. In den Kapiteln des *zweiten Hauptteiles* bleibt er dabei der seit dem *ersten Kapitel* vorgegebenen Grundlinie treu, den Glauben als Gesamt authentisch verbürgter Satzwahrheiten, aber auch als Lebenswahrheit, die der individuellen Zustimmung bedarf, zu beschreiben. Reflexion und Intuition stehen hierbei in enger Partnerschaft, wie der klare Aufbau des Essays verrät.

Die Entscheidung, in der vorliegenden Untersuchung den ersten Abschnitt des *neunten Kapitels* den Überlegungen zu Zustimmung, Gewißheit und Folgerung voranzustellen, hat sich dabei von der Sache her

---

sayings of later times, language, popular proverbs, to tell in the inquiry? what are marks of truth, what of falsehood, what is probable, what suspicious, what promises well for discriminating facts from fictions ? Then, arguments have to be balanced against each other, and then lastly the decision is to be made, whether any conclusion at all can be drawn, or whether any before certain issues are tried and settled, or whether a probable conclusion or a certain. It is plain how incessant will be the call here or there for the exercise of a definitive judgment, how little that judgment will be helped on by logic, and how intimately it will be dependent upon the intellectual complexion of the writer."

[2393] „ Das Ethische schwingt insofern mit, als der Folgerungssinn aus der Verantwortung vor der Wahrheit wirkt und eine Art Erkenntnisgewissen darstellt" (AW VII 410, Anm. 229). In diesem Sinne urteilt auch *J. Artz*: „ Es bleibt noch die Frage, wie für Newman selbst der illative sense zum Gewissen steht. Sie darf wohl so beantwortet werden, daß beide nicht identisch sind, weil das Gewissen religiös-ethischer Art ist, der illative sense aber ein Erkenntnisvermögen,- aber eine Erkenntnisfähigkeit vom Personkern her und darum auch von der Verantwortung getragen. Gerade die Art, in der Newman die Erkenntnis dem mechanischen Ablauf nach Methoden entzieht und sie dem ethischen Willen der Person zurückgibt, läßt den illative sense als intellektuelle Verantwortung, als Wahrheits- und Wirklichkeitsgewissen erscheinen." (Eigenständigkeit 207 – 208).

als berechtigt erwiesen: *J. H. Newman* entwickelt sein Modell der Zustimmung vom Subjekt her, das er als geschichtsoffen, insofern also als entwicklungsfähig beschreibt. Dem entspricht die von *E. Bischofberger* aufgezeigte Antizipationsstruktur weltlichen und religiösen Wissens, die in der Zustimmung der Verifikation durch die Folgerung bedarf[2394], dies rechtfertigt aber auch die Rede von einer Ästhetik-Logik, wie sie *M. Miserda* in seiner Studie mehrfach vorschlägt[2395]. Der Erkenntnisprozeß des Menschen besteht damit in der Erfassung der Wirklichkeit sowie in der Vergewisserung, Korrektur und Neuentwicklung der Voraussetzungen, die sein Denken prägen. Die Ablösung des überkommenen Vernunftideals, von *R. Siebenrock* beobachtet, ist von hier aus zu erklären: Das Ideal des Folgerungssinnes „impliziert die Ausrichtung der Wahrheit am Konkreten, am Individuellen, am Geschichtlichen"[2396]. Damit berührt die hier vorgestellte Erkenntnislehre den Gnadentraktat[2397]. Der Versuch, aus den bis hierher vorgestellten Dokumenten das Grundraster einer Glaubensanalyse nach *J. H. Newman* zu ermitteln, scheint insofern berechtigt.

[2394] Vgl. *E. Bischofberger*, Sittliche Voraussetzungen 48 - 52.
[2395] Vgl. *M. Miserda*,Subjektivität 353 - 354.
[2396] *R. Siebenrock*, Wahrheit 293.
[2397] Vgl. Idea 430/ AW V 247. 40

4.3.3.5. Zielpunkt der Argumentation - Offenbarung und Glaube

Beschließt das *fünfte Kapitel*, „Apprehension and assent in the matter of religion"[2398], den *ersten Hauptteil* der *Grammar* mit Überlegungen zur Entstehung und Funktion jenes Bildes, das der Mensch von Gott in sich trägt, so endet ihr *zweiter Hauptteil* mit dem *zehnten Kapitel*, in dem *J. H. Newman* von „Inference and assent in the matter of religion"[2399] handelt. In jedem der beiden Hauptteile ist damit die religiöse Erkenntnis der weltlichen gleichgestellt, bleibt auch materialiter die religiöse Erkenntnis die Zielperspektive der erkenntnistheoretischen Argumentation, die den Akt der Zustimmung aus der Perspektive der Erfassung (*Kapitel 1 bis 4*) und der ihrer vernunftgemäßen Rechtfertigung (*Kapitel 7 bis 9*) erschließen möchte[2400]. *R. Siebenrock* verweist in diesem Zusammenhang auf die Imaginationslehre, mit der *J. H. Newman* im *ersten Hauptteil* seiner *Grammar* die Möglichkeit sowohl der religiösen als auch die der weltlichen Erkenntnis herleitet. Er erinnert dazu an den Begriff der *impression*[2401], „in der auf subjektiv-personale Weise"[2402] dem Individuum die objektive Wirklichkeit, im Gewissen aber der „Anspruch Gottes" [2403] vermittelt wird. In methodisch sicherer Gedankenführung werden Einsichten und Erkenntnisse der *impliziten Vernunft* explizit: Die *impression* ist das innere Band zwischen dem *ersten* und dem *zweiten Hauptteil* der *Grammar*, dessen „philosophische Lehre von der Gewißheitsbildung"[2404] mit dem *zehnten Kapitel* „die Skizzierung einer eigenartigen demonstratio christiana"[2405] ermöglicht. Sind damit die weltliche und die religiöse Erkenntnis einander gleichgestellt, ist der religiöse Glaube in *Kapitel 5* wie

---

[2398] Vgl. GA 69 - 102 / AW VII 69 - 106.

[2399] Vgl. GA 248 - 316 / AW VII 270 - 350.

[2400] *J. H. Newman* umschreibt den Zusammenhang beider Hauptteile seiner Grammar: „... and as I closed my remarks upon Assent and Inference by applying the conclusions at which I had arrived to our belief in the Truths of Religion, so now I ought to speak of its Evidences, before quitting the consideration of the dependence of Assent upon Inference" (GA 248 / AW VII 270).

[2401] Vgl. *R. Siebenrock*, Wahrheit 325.

[2402] *R. Siebenrock*, Wahrheit 325.

[2403] *R. Siebenrock*, Wahrheit 325.

[2404] „Das 10. Kapitel bringt kein fertiges System der Apologetik, sondern nur eine religiöse Anwendung der philosophischen Lehre von der Gewißheitsbildung, die das Thema des 2. Teiles ist" (AW VII 412, Anm. 244).

[2405] AW VII 412, Anm. 244.

auch in *Kapitel 10* als Akt *sui generis* gekennzeichnet. Es bleibt, „der religiöse Diskurs an die Subjektivität des Glaubenden"[2406] gebunden. In diesem Zusammenhang ist an den Sprachcharakter des Glaubens zu erinnern: Die „elementaren Basissätze religiöser und christlicher Rede"[2407], deren Doppelcharakter *J. H. Newman* im *fünften Kapitel* darlegt, um daran im *zweiten Paragraphen* des *siebten Kapitels* die Eigenart unwandelbarer Gewißheit zu erläutern, können aber nicht nur als Bausteine einer individuellen Logik der Zustimmung gelten, sondern stellen den einzelnen religiösen Glaubensakt in die Öffentlichkeit, in „das Gespräch der Gesellschaft"[2408].

An dieser Stelle wird deutlich, worin sich der Ansatz, wie ihn *J. H. Newman* zum Glaubensakt wie zum Aufweis der Glaubwürdigkeit des Offenbarungsanspruches vorträgt, von den Modellen der Glaubensanalyse, die *E. Kunz* zur Diskussion stellt, unterscheidet. Im Gegensatz zu *J. H. Newman*, der sowohl im *Paper on Development*[2409], in den *Dubliner Universitätsreden* [2410] und in der *Grammar* [2411] die Öffentlichkeit ausdrücklich als Ort der Glaubensüberlieferung und darin auch als Feld von Streit und notwendiger Auseinandersetzung kennzeichnet, formalisieren die von *E. Kunz* zusammengestellten Modelle zur Glaubensanalyse den Glaubensakt und seine einzelnen Schritte: Die Kirchlichkeit des Glau-

---

[2406] *R. Siebenrock*, Wahrheit 325.

[2407] *R. Siebenrock*, Wahrheit 325.

[2408] *R. Siebenrock*, Wahrheit 325, Anm. 550. *R. Siebenrock* übt hier deutliche Kritik an AW VII 412, Anm. 244. Das Anliegen, das *J. H. Newman* in der Grammar verfolgt, dort als religiöse Anwendung der philosophischen Lehre der Gewißheitsbildung zu bezeichnen, „minimiert den Wahrheitsanspruch seiner Ausführungen, auch wenn der Hinweis unterstreicht, daß die Grammatik nicht nur theologischen Anspruch erhebt. Newman zeigt einen Weg, wie die Wahrheit der Religion, sowohl der sogenannten natürlichen als auch der geoffenbarten, in das Gespräch der Gesellschaft im Hinblick auf die Wahrheitsfindung eingebracht werden kann."

[2409] Vgl. dazu den *vierten Abschnitt* des Newman-Perrone- Papers (*Newman-Perrone- Paper* 417 - 420), wo *J.H. Newman* in sentenzenhafter Kürze seine Überlegungen zur Dogmenentwiclung zusammenfaßt.

[2410] Vgl. etwa die Ziele, die *J. H. Newman* für die Arbeit der Universität formuliert (siehe Idea 177 – 178 / AW 155-157).

[2411] Vgl. etwa den ersten Paragraphen des *vierten Kapitels der Grammar*: *J. H. Newman* unterscheidet hier bezüglich der Formen von begrifflicher Zustimmung zwischen profession, credence, opinion, presumption und speculation . Diese gelten in wachsender Verbindlichkeit Sachverhalten, die in der Öffentlichkeit Anerkennung finden (vgl. GA 34 / AW VII 29).

bensaktes wird vorausgesetzt, sein Öffentlichkeitscharakter mit der Glaubwürdigkeitserkenntnis indirekt verhandelt[2412]. Hier geht *J. H. Newman* in der Tat einen Sonderweg. Dies wird vor allem im *zehnten Kapitel*, aber auch im *zweiten Unterabschnitt* des *achten Kapitels* der *Grammar*, der von der *informal inference* handelt, deutlich [2413]: Hier erinnert er noch einmal daran, daß die *informal inference* bekanntlich eine Konklusion *per modum unius* ist, ein instinktives Auffassen des legitimen Schlusses in und durch vorgängige Prämissen[2414]. Auf der Ebene der unmittelbaren, persönlichen Entscheidung, einen Sachverhalt in der Zustimmung anzuerkennen, tritt demnach an die Stelle formaler Syllogistik[2415] die „personal action"[2416] des menschlichen Geistes, dessen Befähigung zum sachgerechten Urteil aus einer zureichenden Disposition erwächst[2417]. Die individuelle Gestalt des Glaubensaktes ist zudem in der konkreten Glaubensgemeinschaft fest verankert: Zur Diskussion steht eine Weise persönlicher Urteilsfindung, die in jenem Vertrauen zu solchen Menschen besteht, die sich qua persönlicher Autorität[2418] oder Urteilskraft für die Berechtigung einer Zustimmung verbürgen können, wobei hier an den Begriff des Zeugen zu denken ist, dessen Zeugnis den forschenden und suchenden Intellekt einlädt, seine Zustimmung zur bezeugten Wirklichkeit zu geben[2419]. Vertrauen ist andererseits auch jene Grundhaltung, aus

---

[2412] Vgl. Kapitel 3.

[2413] Vgl. GA 197 - 202 / AW VII 213 - 219.

[2414] Vgl. GA 196 / AW VII 212.

[2415] „....and practically syllogism has no part, even verificatory, in the action of my mind" (GA 197 / AW VII 213).

[2416] GA 198 / AW VII 214.

[2417] „And our preparation for understanding and making use of it will be the general state of our mental discipline and cultivation, our own experiences, our appreciation of religous ideas, the perspicacity and steadiness of our intellectual vision" (GA 198/ AW VII 214).

[2418] *J. H. Newman* zitiert Abschnitte aus den *'Pensees'* (vgl. GA 199 - 200 / AW VII 216), in denen *B. Pascal* auf die moralische Glaubwürdigkeit christlicher Bekenner und Märtyrer hinweist. Die Herausgeber der deutschsprachigen Ausgabe der *Grammar* weisen in AW VII 399, Anm. 181, darauf hin, daß *J. H. Newman* aus Abschnitt II, 16 der Ausgabe von *Port Royal* nur „eine Zusammenfassung von Einzelsätzen, die einem zusammenhängenden Passus entnommen sind", zusammengestellt hat.

[2419] „That is a further point; here I only insist upon the nature of the argument, if it is to be philosophical. It must be no smart antithesis which may look well on paper, but the living action of the mind on a great problem of fact; and we must sum-

der heraus der menschliche Geist sich auf Gegebenheiten der Wirklichkeit einläßt, indem er sich willig zeigt, vorliegende Indizien als legitime
Glaubwürdigkeitsgründe für das Vorliegen eines Sachverhaltes anzuerkennen[2420]. Diesbezüglich besteht kein Unterschied zwischen dem Christentum und all jenen Wirklichkeitszusammenhängen, die einen eigenen Anspruch auf Anerkennung und Kenntnisnahme erheben[2421]. Aufgabe der Kumulation von Indizien ist es, dem menschlichen Geist „vehicle of thought"[2422] zu sein, ihn bei der Erfassung von Tatsachen anzu-
leiten, deren Umrisse sie zeichnet[2423]. Die Anleitung zur Imagination
gewinnt den Vorrang vor der logischen Gestalt der *informal inference*[2424].
Die Überzeugungskraft des Christentums erwächst aus jenen Tatsachen[2425], die an der Realität selbst zu ermitteln sind. Mit den Tatsachen
aber, auf die es sich bezieht, behauptet das Christentum die Übernatürlichkeit seiner Gegebenheiten in Gestalt und Botschaft[2426]. Den Glaubwürdigkeitsanspruch der Offenbarungsbotschaft angemessen zu vermitteln, bedeutet demnach einerseits, die Fassungskraft des Adressaten

---

mon to our aid all our powders and resources, if we would encounter it worthily, and
not as if it were a literary essay" (GA 199 / AW VII 216).

[2420] Vgl. GA 199 / AW VII 215. *J. H. Newman* verknüpft hier die Evidenz von
Indizien und Hinweisen, durch die sich ein Sachverhalt erschließt, mit konkreten
Menschen, denen er diese Indizien und Zeichen der Glaubwürdigkeit zuschreibt. Die
Evidenz eines Sachverhaltes ergibt sich demnach aus dem Zusammenklang von
Person- und Sachebene: „But the question is not about miracles in general, or men in
general, but definitely, whether these particular miracles, ascribed to the particular
Peter, James, and John, are more likely to have been or not..." (GA 199/ AW VII 215).

[2421] Vgl. GA 199/ AW VII 215. Nachdem *J. H. Newman* aus den 'Pensees' zitiert
hat, fährt er fort: „This is an argument parallel in its character to that by which we
ascribe the classics to the Augustan age" (GA 200/ AW VII 216).

[2422] GA 200 / AW VII 217.

[2423] „....and to open the mind to the apprehension of the facts of the case, and to
trace them and their implications in outline..." (GA 200 / AW VII 217).

[2424] „.....not to convince by the logic of its mere wording" (GA 200/ AW VII 217).

[2425] Vgl. GA 201 / AW VII 217.

[2426] „....supposing they are the only means by which He can reveal Himself to
those who need a revelation: supposing He is likely to reveal himself, that He has a
great end in doing so; that the professed miracles in question are like His natural
works, and such as He is likely to work, in case He wrought miracles; that great effects, otherwise unaccountable, in the event followed upon the acts said to be miracolous; that they were from the first accepted as true by large numbers of men against
their natural interest..." (GA 199 / AW VII 215).

zu berücksichtigen [2427]. Eine solche *demonstratio* tritt aber andererseits hinter das Wirken Gottes zurück: *J. H. Newman* betont ausdrücklich das Vermögen der göttlichen Wahrheit, von sich aus den Menschen zu ergreifen und zu verwandeln. Angemessener Ausdruck dafür ist die Illumination - „its rays stream in upon us through the medium of our moral as well as our intellectual being"[2428]. Das dynamische Verständnis von der göttlichen Wahrheit[2429] wird wenig später um die Vorstellung eines inneren Bildes ergänzt, das den menschlichen Geist zu eingehender Befassung einlädt: Die Gegenwart des Gottesbildes ist Erkenntnisleistung des Gewissens, sie prägt das menschliche Denken und Handeln[2430]. Auf diese Weise kommt die Eigenleistung, mit der das Individuum den Glaubensakt setzt, ebenso in den Blick wie die Vollmacht, mit

---

[2427] „ Recurring to Pascal' s argument, I observe that, its force depending upon the assumption that the facts of Christianity are beyond human nature, therefore, according as the powers of nature are placed at a high or low standard, that force will be greater or less; and that standard will vary according to the respective dispositions, opinions, and experiences, of those to whom the argument is addressed.Thus its value is a personal question..." (GA 201 / AW VII 217).

[2428] GA 202 / AW VII 219.

[2429] Vgl. GA 202 / AW VII 219. *J. H. Newman* sieht hier zwei Extreme, zwischen denen der Mensch sich bewegt, die Absolutsetzung des Ich und das Streben nach dem Übernatürlichen: „ .... and that in consequence that perception of its first principles which is natural to us is enfeebled, obstructed, perverted, by allurements of sense and the supremacy of self, and, on the other hand, quickened by aspirations after the supernatural" (GA 202/ AW VII 219).

[2430] *J. H. Newman* bezieht sich an dieser Stelle auf seine Lehre vom Gewissen, dessen Pflege und Kultur den Menschen zu einer immer intensiveren Gottesbeziehung führt: „To feel the true force of an argument like this, we must not confine ourselves to abstractions, and merely compare notion with notion, but we must contemplate the God of our conscience as a Living Being, as one Object and Reality, under the aspect of this or that attribute. We must patiently rest in the thought of the Eternal, Omnipresent, and All-knowing, rather than of Eternity, Omnipresence, and Omniscience; and we must not hurry on and force a series of deductions, which, if they are to be realized, must distil like dew into our minds, and form themselves spontaneously there, by a calm contemplation and gradual understanding of their premises. Ordinarily speaking, such deductions do not flow forth, except according as the Image, presented to us through conscience, on which they depend, is cherished within us with the sentiments which, supposing it be, as we know it is the truth, it necessarily claims of us, and is seen reflected, by the habit of our intellect, in the appointments and the events of the external world" (GA 203 - 204 / AW VII 220 – 221).

der sich das Materialobjekt des Glaubens selbst eindringlich zur Kenntnis bringt[2431].

In der Hinleitung zum *zehnten Kapitel* seiner *Grammar* bezieht sich J. H. *Newman* auf diesen Gedankengang. In seiner Schau ist das Christentum *revelatio revelata*, „definite message from God to man distinctly conveyed by His chosen instruments"[2432]. Darin erweist sich die Offenbarung in ihrer Göttlichkeit und Selbstevidenz[2433], sie ist „ authoritative teaching, which bears witness to itself and keeps itself together as one"[2434]. Im Gegensatz zur öffentlichen Meinung bleibt sie „ever and everywhere one and the same"[2435]. So gebietet sie, von ihrem Adressaten mit Ehrfurcht, Frömmigkeit und Verständnis angenommen zu werden[2436]. Glaubensgrund und Glaubensmotiv fallen ihrem Wesen nach zusammen[2437] - „because it comes from Him who neither can deceive nor be de-

---

[2431] „These instances, because their are so casual, suggest how it comes to pass, that men differ so widely from each other in religious and moral perceptions. Here, I say again, it does not prove that there is no objective truth, because not all men are in possession of it, or that we are not responsible for the associations we attach, and the relations which we assign, to the objects of the intellect. But this it does suggest to us, that there is something deeper in our differences than the accident of external circumstances; and that we need the interposition of a Power, greater than human teaching and human argument, to make our beliefs true and our minds one" (GA 241 – 242 / AW VII 263 – 264).

[2432] GA 249 / AW VII 272.

[2433] „...it is declared both that the Gospel Revelation is divine, and that it carries with it the evidence of its divinity; and this is of course the matter of fact" (GA 249 / AW VII 271). J.H. Newman hält dabei das Faktum einer christlichen Offenbarung auch ohne Glaubwürdigkeitserweise durchaus für möglich: „Our supreme Master might have imparted to us truths which nature cannot teach us, without telling us that He had imparted them,- as is actually the case now as regards heathen countries, into which portions of revealed truth overflow and penetrate, without their populations knowing whence those truths came" (GA 249/ AW VII 271).

[2434] GA 250 / AW VII 272.

[2435] GA 250 / AW VII 272.

[2436] „....and claiming to be received intelligently, by all whom it addresses, as one doctrine, discipline, and devotion directly given from above" (GA 250 / AW VII 272).

[2437] Die Nähe dieser Auffassung zur Analysis fidei nach J. de Lugo ist auffällig. J. H. *Newman* charakterisiert den Zusammenhang von Glaubensgrund und Glaubensmotiv: „....and therefore to be positively acknowledged, embraced, and maintained as true, on the ground of its being divine, not as true on intrinsic grounds, not

ceived"[2438]. Von ihr Kenntnis zu erhalten, bedeutet daher, ein absolut gewisses Wissen zu erwerben[2439], das sich seiner Herkunft wegen dem wählerischen Zugriff des Menschen entzieht[2440]: Die Offenbarung ist eben keine „collection of truths, not a philosphical view"[2441]. Damit lenkt *J. H. Newman* die Gedankenführung auf den einzelnen Gläubigen und seine aktive Teilhabe am Glaubensakt. Dazu unterscheidet er zunächst zwischen der *natürlichen* und der *geoffenbarten* Religion, eine Differenzierung, die den Aufbau des gesamten *zehnten Kapitels* der *Grammar* prägt. Im Rahmen dieser Begriffsunterscheidung wird das Christentum nicht als Erfüllung oder Ersatz, sondern als „addition to the religion of nature"[2442] bezeichnet, „it recognizes and depends on it, and that of necessity"[2443]. Der Gedankengang scheint ungewöhnlich, ist aber von der Sache her nur folgerichtig: Das Christentum kann nicht jene Vorgaben, die die menschliche Natur setzt, übergehen. Es muß sich diesbezüglich in seiner Beweisführung vielmehr auf die natürlichen Wahrnehmungs- und Denkstrukturen des Menschen einlassen[2444]. Die Rede des Apostels *Paulus* über den *Unbekannten Gott* gibt dafür ein gutes Beispiel[2445]. Die Überlegungen, die *J.H. Newman* unter dem Stichwort des *Egotismus* [2446] vorträgt, sind damit vom Verdacht bloßer Subjektivität befreit: Der Glaubensinhalt selbst bedarf der prüfenden Vernunft, die aufgrund

---

as probably true, or partially true, but as absolutely certain knowledge" (GA 249 / AW VII 272).

[2438] GA 250 / AW VII 272.

[2439] Vgl. GA 249 / AW VII 272.

[2440] „.... for we are not left at liberty to pick and choose out of its contents according to our judgment, but must receive it all, as we find it, if we accept it at all" (GA 250 / AW VII 272).

[2441] GA 250 / AW VII 272.

[2442] GA 250 / AW VII 272.

[2443] GA 250 / AW VII 272.

[2444] „...for how possibly can it prove its claims except by an appeal to what men have already? be it ever so miracolous, it cannot dispense with nature; this would be to cut the ground from under it; for what would be the worth of evidences in favour of a revelation which denied the authority of that system of thought, and those recourses of reasoning, out of which those evidences necessarily grew?" (GA 250 / AW VII 272).

[2445] Vgl. GA 250 / AW VII 272.

[2446] „In religious inquiry each of us can speak only for himself, and for himself he has a right to speak" (GA 248 / AW VII 270).

stimmiger Gründe auf objektive Weise einen Tatbestand sichert, dessen Glaubwürdigkeit sich allerdings auf anderer Ebene zeigt. Es ist die der *primären Evidenz*, die sich dort einstellt, wo der menschliche Geist auf individuelle Weise Vernunftgründe zur Beweisführung auswählt und zusammenfügt[2447]. Evidenz ist daher Sache eines wachen Geistes, nicht die eines schläfrigen Temperaments („dormant intellect"[2448]), verantwortliches Tun, das sich gerade hier nicht dem Urteil der Öffentlichkeit entziehen kann[2449]. Die Frage nach der Religion und ihrem Wesen jeweils an den Schluß des *ersten* wie des *zweiten Hauptteiles* zu setzen, entspricht damit folgerichtig der Argumentationslinie der *Grammar*, die ihre Leser einlädt, über die Wahrnehmung der Wirklichkeit die Botschaft des Glaubens zu erfassen, um diese auf gute Gründe hin zustimmend anzunehmen. Die dabei vorausgesetzte Individualität und Unverwechselbarkeit des Glaubensaktes entbindet den Einzelnen allerdings nicht von der dazu notwendigen intellektuellen Redlichkeit. *J. H. Newman* erinnert damit an das eigentliche Anliegen seines Hauptwerkes [2450].

[2447] „ But, however that may be, he brings together his reasons, and relies on them, because they are his own, and this is his primary evidence; and he has a second ground of evidence, in the testimony of those who agree with him" (GA 249 / AW VII 271).

[2448] GA 248 / AW VII 271.

[2449] „But this best evidence is the former, which is derived from his own thoughts; and it is that which the world has a right to demand of him; and therefore his true sobriety and modesty consists, not in claiming for his conclusions an acceptance or a scientific approval which is not to be found anywhere, but in stating what are personally his own grounds for his belief in Natural and Revealed Religion, grounds which he holds to be so sufficient, that he thinks that others do hold them implicitly or in substance, or would hold them, if they inquired fairly, or will hold if they listen to him, or do not hold from impediments, invincible or not as it may be, into which he has no call to inquire" (GA 249 / AW VII 271).

[2450] Vgl. GA 263 / AW VII 287. Zu Beginn des Abschnittes über die offenbarte Religion betont *J. H. Newman*, daß jeder, der über die Dinge des Glaubens nachdenkt, eigene Wege geht - „Every one who thinks on these subjects takes a course of his own, though it will also happen to be the course which others take besides himself" (GA 263 / AW VII 287). Im gleichen Abschnitt benennt *J. H. Newman* drei Kriterien für eine intellektuell redliche Befassung mit dem Phänomen der Religion. Das Zusammenspiel von Tatsachen, geistiger Erfahrung und Folgerungssinn erlaubt ein sachgerechtes Urteil über einen gegebenen Sachverhalt (vgl. GA 263 / AW VII 287): „....but, if I have done no more than view the notorious facts of the case in the medium of my primary mental experiences, under the aspects which they spontane-

4.3.3.5.1. Die natürliche Religion

Diesbezüglich ist denn auch das *zehnte Kapitel* der *Grammar* von überzeugender Klarheit. Wie *R. Siebenrock* beobachtet, ist der Ausgangspunkt der Gedankenführung nicht „der vermeintlich neutrale Boden der Religionswissenschaft"[2451], sondern die unmittelbare Erfahrungswelt des Christentums, die *J. H. Newman* am Gang der Kirchengeschichte greif- und nachprüfbar macht. Damit nimmt er selbst einen festen Standpunkt ein, nötigt aber seine Leser nicht, diesen mit ihm zu teilen[2452]. Dem entspricht auch die Weise, in der er den Glaubwürdigkeitsanspruch des Christentums vor der individuellen wie vor der öffentlichen Vernunft zu rechtfertigen sucht. Indem er die sogenannte *natürliche* der *geoffenbarten Religion* gegenüberstellt, gelingt es ihm, deren jeweilige, charakteristischen Hauptmerkmale herauszuarbeiten, diese aber sodann der Urteilsfähigkeit des Lesers zu überlassen. Dieser soll vom Anspruch des Christentums überzeugt, nicht überredet werden.

Die Gegenüberstellung der natürlichen und der geoffenbarten Religion erbringt allerdings keine bloß summarische, beliebige Aufzählung charakteristischer Merkmale. *R. Siebenrock* verweist darauf, daß *J. H. Newman* diesbezüglich mit Bedacht vorgeht und die Inhalte seiner Darstellung nach einem Interpretationsmaßstab ausrichtet, der seinerseits „spezifisch christlich und zugleich allgemein universalisierbar ist"[2453]. Nach *R. Siebenrock* ist dieser Maßstab die „Regel der Sittlichkeit"[2454], im Wortlaut der *Grammar* die allgemeingültige, menschliche Erfahrung, „that no religion is from God which contradicts our sense of right and

---

ously present to me, and with aid of my best illative sense, I only do on one side of the question what those who think differently do on the other" (GA 263 / AW VII 287). *J. H. Newman* gewinnt hier ein zureichendes Fundament, die Individualität des Glaubensaktes als Gemeinschaftsvollzug zu denken: „The minds of many separately bear them forward in the same direction, and they are confirmed in it by each other" (GA 263 / AW VII 287).

[2451] *R. Siebenrock*, Wahrheit 326. *R. Siebenrock* urteilt fernerhin: „ Newmans Interpretation der Religion bezieht einen Standpunkt innerhalb einer christlichen Vorstellung; etwas anderes ist auch für einen Christen nicht möglich, wenn ihm sein Glaube ernst ist und er in seiner theologischen Reflexion nicht spielt."

[2452] *Vgl. R. Siebenrock*, Wahrheit 326.

[2453] *R. Siebenrock*, Wahrheit 326.

[2454] *R. Siebenrock*, Wahrheit 326.

wrong"[2455]. Der Gang der Argumentation erweist sich als wohlüberlegt. Die menschliche Grunderfahrung von Recht und Unrecht ist prinzipiell jedermann zugänglich. Wird mit ihr die Erfahrung des Göttlichen verbunden, ist der Begriff des Religiösen folglich zunächst von aller konfessionellen Gebundenheit befreit und damit ebenfalls prinzipiell jedermann zugängig[2456]. J. H. Newman schafft so jenen Hintergrund, vor dem sodann der unverwechselbare Anspruch der christlichen Botschaft herausgearbeitet, zugleich aber auch vor das Forum der öffentlichen Vernunft gebracht werden kann, auf dem Wahrheitsansprüche unterschiedlicher Abkünftigkeit einander begegnen[2457]. Ein „geschichtsoffener Dialog"[2458] ist eröffnet, der naturgemäß eigener Regeln bedarf[2459] und die hierbei vertretenen Ansprüche weltanschaulicher oder religiöser Art sind „vor der Gefahr der Selbstimmunisierung bewahrt"[2460].

Indem J. H. Newman im *ersten Paragraphen* des *zehnten Kapitels* – wie auch im *fünften Kapitel* der *Grammar* - die Gottesfrage mit der Gewis-

---

[2455] GA 270 / AW VII 294.

[2456] *J. H. Newman* beschreibt hier auf sehr eindringliche Weise die Wahrnehmung der Gegenwart Gottes im menschlichen Gewissen: „I assume the presence of God in our conscience, and the universal experience, as keen as our experience of bodily pain, of what we call a sense of sin or guilt. This sense of sin, as of something not only evil in itself, but an affront to the good God, is chiefly felt as regards one or other of three violations of His law. He Himself is Sanctity, Truth, and Love; and the three offences against his Majesty are impurity, inveracity, and cruelty" (GA 268 / AW VII 292).

[2457] *R. Siebenrock* nimmt einen gesellschaftlichen Kommunikationsprozeß an, durch den Geltungsansprüche von Wahrheitsbehauptungen zu einer Klärung finden: „Daher ist der springende Punkt des Gesprächs nicht die Voraussetzungslosigkeit seiner Teilnehmer, sondern deren kommunikative Befähigung zu Korrektur und Entwicklung" (Wahrheit 327).

[2458] *R. Siebenrock*, Wahrheit 327.

[2459] „This I consider to be my own case; if I have mis-stated or ommitted notorious facts in my account of Natural religion, if I have contradicted or disregarded anything which He who speaks through my conscience has told us all directly from Heaven, then indeed I have acted unjustifiably and have something to unsay; but, if I have done no more than view the notorious facts of the case in the medium of my primary mental experiences, under the aspects which they spontaneously present to me, and with the aid of my best illative sense, I only do on one side of the question what those who think differently do on the other" (GA 263 / AW VII 287).

[2460] *R. Siebenrock*, Wahrheit 327.

sensthematik verknüpft[2461], betont er neben dem Öffentlichkeitscharakter der Religion noch einmal ausdrücklich die Subjektivität des Glaubensaktes, der durch die individuelle Entscheidung des einzelnen Gläubigen getragen und verantwortet ist[2462]. Der so gewonnene Religionsbegriff, - „the knowledge of God, of His Will, and our duties towards Him"[2463] -, scheint zwar lapidar, ist aber von umfassender Weite: Er bezieht sich auf alle Dinge der Wirklichkeit, die der einzelne Mensch selber in Erfahrung bringt, und die im beständigen Austausch Gegenstände der öffentlichen Debatte werden können. Dementsprechend gelten auch die Quellen, durch die der Mensch nach *J. H. Newman* über das Göttliche Kenntnis gewinnt, als allgemein zugängig[2464]. Der Gang der Darstellung folgt konsequent den hinführenden Bemerkungen zum *ersten* [2465] und *zweiten Paragraphen* des *zehnten Kapitels*[2466]: Die Lektüre der *Grammar* setzt keine religiöse oder gar konfessionelle Bindung voraus. Fakten und Indizien, von denen hier die Rede ist, können sich im Einzelnen zu der Bereitschaft ordnen, zu einer religösen Deutung der Wirklichkeit zu finden. *J. H. Newman* knüpft hier bewußt an den Evidenzbegriff von *On the Certainty* und die vorangegangene Diskussion des *illative sense* an. Religion ist in diesem Sinne „Welt- und Geschichtsauslegung im Horizont der Anthropologie"[2467]: Ihre äußere Erscheinungsform und ihr Gehalt geben Auskunft darüber, wie der Mensch mit dem Anspruch Gottes umgeht und ihn zum Inhalt seiner religiösen Praxis macht. Der personale Ansatz des Glaubwürdigkeitsaufweises von Offenbarung und Religion ist in

---

[2461] „Our great internal teacher of religion is, as I have said in an earlier part of this Essay, our Conscience" (GA 251 / AW VII 273).

[2462] „Doubtless; but at the same time we ought to be quite sure that, in a particular case which is before us, we have satisfactorily ascertained what the dictates of our moral nature are, and that we apply them rightly, and whether the applying them or not comes into question at all" (GA 270 / AW VII 294). R. *Siebenrock* bemerkt dazu: „Dieser Maßstab ‚ex fide' verlangt ein reflexes Bewußtsein und die richtige Anwendung der Gebote unserer sittlichen Natur" (Wahrheit 326).

[2463] GA 251 / AWVII 273.

[2464] „...which Nature furnishes for our acquiring this knowledge" (GA 251/ AW VII 273).

[2465] Vgl. GA 248 – 251 / AW VII 270 – 273.

[2466] Vgl. GA 263 – 267 / AW VII 287 – 291.

[2467] R. *Siebenrock*, Wahrheit 327.

seinem Gottbezug wie in seiner Bedeutung für das menschliche Miteinander „universal geöffnet"[2468].

Nach *J. H. Newman* sind es „three main channels"[2469], durch die der Mensch von Gott, seinem Wesen und seinem Wirken Kenntnis erhält[2470] - „our own minds, the voice of mankind, and the course of the world, that is, of human life and human affairs"[2471]. Die genaue Kenntnis dessen, was sie vermitteln, bereitet jene innere Disposition, „die zum Hören der Offenbarung selbst"[2472] notwendig ist und in der sich der Mensch in seiner Verantwortung vor Gott erfährt[2473]. Unter den drei genannten Kanälen ist der menschliche Geist in seiner Aussagekraft am verbindlichsten[2474]. Die Weise, wie er den individuellen Standort des Menschen im Offenbarungsgeschehen bestimmt, ist zugleich der Maßstab, wonach er alle übrigen Indizien und Fakten, „what is presented to us for belief"[2475], prüft, interpretiert und korrigiert[2476]. So ist es kein Zufall, wenn *J. H. Newman* hier erneut auf das Gewissen zu sprechen kommt, „our great internal teacher of religion"[2477]. Das Gewissen ist das innerste Erkenntnismittel des Menschen, dessen „personal guide"[2478] und das unverwechselbare Merkmal seiner Persönlichkeit[2479]. In ihm erhält der menschliche Geist – „as a medium of worship"[2480] – nicht nur ein Gottesbild, sondern auch einen „code of moral duties"[2481]: Gerade in ihrer Individualität ist

---

[2468] *R. Siebenrock*, Wahrheit 326.

[2469] GA 251/ AW VII 273.

[2470] „...the Being and Attributes of God... " (GA 251/ AW VII 273).

[2471] GA 251 / AW VII 273.

[2472] *R. Siebenrock*, Wahrheit 326.

[2473] *J. H. Newman* beschreibt das Gegenüber des Menschen zu Gott in den Kategorien von Pflicht und Gehorsam. Die persönliche Gottbeziehung ist geprägt durch „our responsibility to Him, our dependence on Him, our prospect of reward or punishment" (GA 251 / AW VII 273).

[2474] „And the most authoritative of these three means of knowledge, as being specially our own, is our own mind" (GA 251/ AW VII 273).

[2475] GA 251/ AW VII 273.

[2476] Vgl. GA 251/ AW VII 273.

[2477] GA 251/ AW VII 273.

[2478] GA 251 / AW VII 274.

[2479] „Conscience is a personal guide, and I use it because I must use myself; I am as little able to think by any mind but my own as to breathe with another' s lungs" (GA 251 / AW VII 274).

[2480] GA 251/ AW VII 274.

[2481] GA 251/ AW VII 274.

die durch das Gewissen vermittelte Gotteserfahrung in das Gesell-
schaftsleben eingebunden[2482]. So prägt die Gewissenserfahrung das
menschliche Miteinander auf besondere Weise: Gott erscheint hier zum
einen als vergeltender Gott des Gerichts, der dem Menschen aller
Schwächen zum Trotz die Erfüllung seiner Pflichten abverlangt[2483], zum
anderen erhält der einzelne Mensch in der Gewissenerfahrung jenen
ausreichenden Grad an Kenntnis und Wissen, der das gesellschaftliche
Zusammenleben ermöglicht und erleichtert[2484]. Die Möglichkeit der
Gotteserfahrung im Gewissen führt J. H. Newman allerdings dann zu einem eher düsteren Bild von der natürlichen Religion[2485], deren Ursprung
er in „barbarous times" [2486] annimmt.

[2482] J. H. Newman verweist hier auf die mögliche Wechselbeziehung zwischen
dem individuellen Gewissen einerseits und der Gesellschaft andererseits, die dem
Gewissen in seiner Entfaltung Hilfestellungen gibt: „Conscience, then, considered as
our guide, is fully furnished for its office. I say all this without entering into the question how far external assistances are in all cases necessary to the action of the mind,
because in fact man does not live in isolation, but is everywhere found as a member
of society; I am not concerned here with abstract questions" (GA 251 – 252 / AW VII
274).
[2483] „...and, considering that our shortcomings are far more frequent and important than our fulfilment of the duties enjoined upon us, and that of this point we
are fully aware ourselves, it follows that the aspect under which Almighty god is presented to us by Nature, is (to use a figure) of One who is angry with us, and threatens
evil" (GA 252 / AW VII 274 – 275) .
[2484] „Conscience is nearer to me than any other means of knowledge. And as it
is given to me, so also is it given to others; and being carried about by every individual in his own breast, and requiring nothing besides itself, it is thus adapted for the
communication to each separately of that knowledge which is most momentous to
him individually,-adapted for the use of all classes and conditions of men, for high
and low, young and old, men and women, independently of books, of educated
reasoning, of physical knowledge, or of philosophy" (GA 251/ AW VII 274).
[2485] „Hence its effect is to burden and sadden the religious mind, and is in contrast with the enjoyment derivable from the exercise of the affections, and from the
perception of beauty, whether in the material universe or in the creations of the intellect. That is that fearful antagonism brought out with soul-piercing reality by Lu-
cretius, when he speaks so dishonourably of what he considers the heavy yoke of
religion, and the ‚aeternas poenas in morte timendum'; and, on the other hand, rejoices in his ‚Alma Venus' , ‚quae rerum naturam sola gubernas'. And we may appeal
to him for the fact, while we repudiate his view of it" (GA 252/ AW VII 275).
[2486] GA 254 / AW VII 277. J. H. Newman entfaltet den Gedanken: „It may at first
sight seem strange, that, considering I have laid such stress upon the progressive na-

Neben der Stimme des Gewissens ist „the voice of mankind"[2487] als die *zweite Quelle* benannt, durch die der Mensch Kenntnis über das Wirken und Wesen Gottes gewinnt. Wieder erschließt sich das Göttliche im Handeln des Menschen: J. H. *Newman* meint hier die allgemeine Religionsgeschichte, die sich an der kultischen Praxis der Völker ablesen läßt[2488]. Ihr Gott ist nicht in erster Linie ein Gott des Lichtes, der Weisheit und der Erkenntnis, sondern ein Gott des Gerichtes und der Gerechtigkeit[2489]. Dementsprechend trägt die Religion in ihrer volkstümlichen Gestalt „its dark side outwards"[2490]. Den Menschen weiß sie „in a degraded, servile condition"[2491], und daher vor allem der Wiederversöhnung und Genugtuung bedürftig[2492]. Priestertum und kultische Entsühnung prägen folgerichtig ihre rituellen Vollzüge[2493] und verweisen damit aber indirekt auf die lichtere Seite der natürlichen Religion[2494], zu-

---

ture of man, I should take my ideas of his religion from his initial, and not his final testimony about his doctrines; and it may be urged that the religion of civilized times is quite opposite in character to the rites and traditions of barbarians, and has nothing of that gloom and sternness, on which I have insisted as their characteristic" (GA 254-255 / AW VII 277-278).

[2487] GA 251 / AW VII 273.

[2488] Vgl. GA 252 / AW VII 274.

[2489] Vgl. GA 252 / AW VII 274.

[2490] GA 253 / AW VII 275.

[2491] GA 253 / AW VII 275.

[2492] Vgl. GA 253 / AW VII 275.

[2493] „This is suggested to us in the many ways in which we are told of a realm of light and a realm of darkness, of an elect fold and regenerate state. It is suggested in the almost ubiquitous and ever-recurring institution of a Priesthood, for wherever there is a priest, there is the notion of sin, pollution, and retribution, as, on the other hand, of intercession and mediation. Also, still more directly, is the notion of our guilt impressed upon us by the doctrine of future punishment, and that eternal, which is found in mythologies and creeds of such various parentage. Of these distinct ristes and doctrines embodying the severe side of Natural Religion, the most remarkable is that of atonement" (GA 253 / AW VII 275 – 276).

[2494] „These ceremonial acknowledgments, in so many distinct forms of worship, of the existing degradation of the human race, of course imply a brighter, as well as a threatening aspect of Natural Religion; for why should men adopt any rites of deprecation or of purification at all, unless they had some hope of attaining to a better condition than their present? Of this happier side of religion I will speak pesently..." (GA 254 / AW VII 276).

gleich auf die Grenzen ihrer heilschaffenden Wirkmacht[2495]. Religiöse
Ausdrucksformen, wie sie die antiken Hochzivilisationen hervorgebracht
haben, sind darauf die Antwort: Als Frucht und Folge menschlicher
Zivilisation spiegeln sie die Entwicklung des menschlichen Intellektes,
kennen aber nicht die elementaren Kräfte und Ängste, aus denen die
urtümlichen Religionen entstanden sind. Angst und Hoffnung, wie sie in
heidnischen Kulten aufscheinen, sind allerdings nicht Beispiele
seelischer Projektionen, sondern vielmehr Medien schreckensvoller
Vorahnungen und innerer Erweckung, mithin Erfahrungen des Göttlichen[2496].
„Third natural informant on the subject of Religion"[2497] ist für J. H.
Newman „the system and the course of the world"[2498]. Auch mit dem
Hinweis auf sie verbleibt er im Bereich menschlicher Erfahrung, die er
mit dem Glauben und der konkreten Wirklichkeit konfrontiert[2499]. Der
Glaube deutet die Welt als Schöpfung, steht aber in der Not, die Ferne
und das Schweigen Gottes in dieser Welt erklären zu müssen[2500]. Wiederum ist der Mensch an sein Gewissen verwiesen, dank dessen er erkennt, daß nicht Gott es ist, der sich seiner Schöpfung entzieht, sondern

---

[2495] „....that amendment is no reparation, and that no ceremonies or penances
can in themselves exercise any vicarious virtue in our behalf..." (GA 254 / AW VII 277).
[2496] J. H. Newman ordnet die Religionen der Hochkulturen der allgemeinen
geistesgeschichtlichen Entwicklung zu: „It is otherwise with the religion of so-called
civilization; such religion does but contradict the religion of barbarism; and since this
civilization itself is not a development of man´s whole nature, but mainly of the intellect, recognizing indeed the moral sense, but ignoring the coscience, no wonder
that the religion in which it issues has no sympathy either with the hopes and fears of
the awakened soul, or with those frightful presentiments which are expressed in the
worship and traditions of the heathen. This artificial religion, then, has no place in the
inquiry; first, because it comes of a one-sided progress of mind, and next, for the very
reason that it contradicts informants which speak with greater authority than itself"
(GA 255 / AW VII 278).
[2497] GA 255 / AW VII 278.
[2498] GA 255/ AW VII 278.
[2499] „Dem Prinzip, daß die Welt, als Schöpfung verstanden, den Willen des
Schöpfers zeigen sollte, steht die Erfahrung in der Welt entgegen" (R. Siebenrock,
Wahrheit 329).
[2500] „Why does not He, our Maker and Ruler, give us some immediate knowledge of Himself? Why does He not write His Moral Nature in large letters upon the
face of history, and bring the blind, tumultuous rush of its events into a celestial,
hierarchical order?" (GA 256 / AW VII 279).

der Mensch selber derjenige ist, der sich von Gott distanziert[2501]. Die Frage nach dem Leiden in der Welt[2502] hat hier genauso ihren angestammten Ort wie die Befassung mit der sittlichen Konstitution des Menschen[2503]. Der dunklen Seite der natürlichen Religion entsprechen „other general laws"[2504]: Die Religion in ihrem Naturzustand ist Ausdruck von Hoffnung, genau darin aber Linderung von Schwermut und Elend, die ihre Riten voraussetzen oder einst Grund ihrer Entstehung waren[2505]. Gegenüber den Erfahrungen von Furcht und Angst ist ihre Botschaft hell, freundlich „and compensate for what is stern in the

---

[2501] „My true informant, my burdened conscience, gives me at once the true answer to each of these antagonist questions:-it pronounces without any misgiving that God exists:-and it pronounces quite as surely that I am alienated from Him; that 'His hand is not shortened, but that our iniquities have divided between us and our God'. Thus it solves the world' s mystery, and sees in that mystery only a confirmation of its own original teaching" (GA 256 / AW VII 279).

[2502] „Let us say there are a thousand millions of men on the earth at his time; who can weigh ad measure the aggregate of pain which this one generation has endured and will endure from birth to death?" (GA 256 / AW VII 279-280). *J. H. Newman* sieht hier die Einwirkung einer widergöttlichen Macht am Werk: „How are we to explain it, the existence of God being taken for granted, except by saying that another will, besides His, has had a part in the disposition of His work, that there is a quarrel without remedy, a chronic alienation, between God and man?"(GA 257 / AW VII 280).

[2503] Vgl. GA 257 / AW VII 280 - 281. *J. H. Newman* benennt in drei Punkten die sittliche Konstitution des Menschen, wobei er das Prae des Schöpfergottes vor allem menschlichen Tun herausstellt: „It teaches us, first, that he is not sufficient for his own happiness, but is dependent upon the sensible objects which surround him, and that these he cannot take with him when he leaves the world, secondly, that disoboedience to his sense of right is even by itself misery, and that he carries that misery about him, wherever he is, though no divine retribution followed upon it; and thirdly, that he cannot change his nature and his habits by wishing, but is simply himself, and will ever be himself and what he now is, wherever he is, as long as he continues to be,- or at least that pain has no natural tendency to make him other than he is, and that the longer he lives, the more difficult he is to change" (GA 257/ AW VII 280-281).

[2504] GA 258 / AW VII 281.

[2505] „Though it be mere hope of benefits, that alone is a great alleviation of the gloom and misery which their religious rites presuppose or occasion; for thereby they have a prospect, more or less clear, of some happier state in reserve for them, or at least the chances of it. If they simply despaired of their fortunes, they would not care about religion. And hope of future good, as we know, sweetens all suffering" (GA 258 / AW VII 281 – 282).

teaching of nature, without tending to deny that sternness"[2506]. Die helle Seite der Religion läßt ihre dunklen Seiten ertragen: Neben der Botschaft von Gericht und Sühne lehrt sie, die Welt als Werk der Vorsehung zu deuten[2507]. J. H. Newman erinnert dazu an Sprichwörter, in denen die Vorstellung einer göttlichen Weltenlenkung zum Thema wird[2508].

Phänomene, Ereignisse und Inhalte, die J. H. Newman unter den Begriff der natürlichen Religion faßt, sind weder Theorie, noch abstraktes Gedankengebäude. Sie bezeugen vielmehr die Bereitschaft und Entscheidung von Menschen aller Zeiten, in der Vielfalt möglicher Weltdeutungen gerade jene einzunehmen, die die Welt als Werk Gottes ansieht[2509]. Ausdruck religiöser Weltdeutung ist das Gebet - „natural relief and solace in all trouble, great or ordinary"[2510]. Der Hinweis auf das Gebet bietet J. H. Newman wiederum Gelegenheit, ausdrücklich vom göttlichen Ursprung auch der natürlichen Religion zu sprechen, die er behut-

---

[2506] GA 258 / AW VII 281.

[2507] „Moreover, they have an earnest of that future in the real and recurring blessings of life, the enjoyment of the gifts of the earth, and of domestic affection and social intercourse, which is sufficient to touch and to subdue even the most guilty of men in his better moments, reminding him that he is not utterly cast off by Him whom nevertheless he is not given to know....Nor are these blessings of physical nature the only tokens in the Divine System, which in that heathen time, and indeed in every age, bring home to our experience the fact of a good God, in spite of the tumult and confusion of the world. It is possible to give an interpretation to the course of the things, by which every event or occurence in its order becomes providential: and though that interpretation does not hold good unless the world is contemplated from a particular point of view, in one given aspect, and with certain inward experiences, and personal first principles and judgments, yet these may be fairly pronounced to be common conditions of human thought, that is, till they are wilfully or accidentally lost; and they issue in fact, in leading the great majority of men to recognize the Hand of unseen power, directing in mercy or in judgment the physical and moral system" (GA 258 - 259 / AW VII 282).

[2508] „Hence come the great proverbs, indigenous in both Christian and heathen nations, that punishment is sure, though slow, that murder will out, that treason never prospers, that pride will have a fall, that honesty is the best policy, and that curses fall on the heads of those who utter them" (GA 259 / AW VII 283).

[2509] „It is possible to give an interpretation to the course of things, by which every event or occurence in its order becomes providential: and thugh that interpretation does not hold good unless the world is contemplated from a particular point of view, in one given aspect, and with certain inward experiences, and personal first principles and judgments" (GA 259 / AW VII 282).

[2510] GA 260 / AW VII 283.

sam mit der Offenbarung in Beziehung setzt. „As prayer is the voice of man to God, so Revelation is the voice of God to man"[2511] - die Naturreligion ist nicht eine „deduction of reason, or the joint voluntary manifesto of a multitude meeting together and pledging themselves to each other"[2512]. Die Erfahrung des Göttlichen ist individuell und in der Gewissensstimme zugleich Allgemeingut. Die natürliche Religion kann daher ohne weiteres als Intervention gelten, „vouchsafed to a people from above"[2513], vermittelt durch Traditionen, behütet durch Orakel und Weissagungen[2514]. *J. H. Newman* sieht hier den entscheidenden Erweis dafür, „how congenial the notion of a revelation is to the human mind"[2515]. Die Offenheit und Erwartung einer göttlichen Offenbarung ist demnach integraler Bestandteil der natürlichen Religion, wenn auch im konkreten Falle der geoffenbarten Religion der Bestand an Elementen einer natürlichen Religion so einwandfrei nicht mehr zu sichern ist[2516].

Im *ersten Paragraphen* des *zehnten Kapitels* erläutert *J. H. Newman* die „main features of Natural Religion"[2517]. Dabei geht es ihm allerdings nicht um einen religionsphänomenologischen Grundriß, sondern vielmehr um jene Indizien und Phänomene, in denen sich einerseits menschliche Erfahrungen mit dem Göttlichen niederschlagen und die damit andererseits den Einzelnen einladen, die Welt und ihre Herausforderungen vom Standpunkt des Religiösen wahrzunehmen[2518]. Die

---

[2511] GA 260 / AW VII 284.

[2512] GA 260 / AW VII 284.

[2513] GA 260 / AW VII 284.

[2514] Vgl. GA 260 / AW VII 284.

[2515] GA 260 - 261 / AW VII 284.

[2516] „As prayer is the voice of man to God, so Revelation is the voice of God to man. Accordingly, it is another alleviation of the darkness and distress which weigh upon the religions of the world, that in one way or other such religions are founded on some idea of express revelation, coming from the unseen agents whose anger they deprecate; nay, that the very rites and observances, by which they hope to gain the favour of these beings, are by these beings themselves communicated and appointed" (GA 260 / AW VII 284).

[2517] GA 263 / AW VII 287.

[2518] *J. H. Newman* zeigt am Beispiel der eigenen Person, was darunter vorzustellen ist: „This I consider to be my own case; if I have mis-stated or omitted notorious facts in my account of Natural Religion, if I have contradicted or disregarded anything which He who speaks through my conscience has told us all directly from

Betrachtung dessen, was *J. H. Newman* natürliche Religion nennt, ist durchaus differenziert und überdies von psychologisierenden Elementen geprägt. Angst und Furcht geben den Hintergrund für die dunklen Seiten der Religion, vor dem ihre lichten Momente umso klarer auf das Ereignis der Offenbarung verweisen: In seinem Denken und Handeln erfährt sich der Mensch in seiner Begrenztheit, er weiß um seine Schuld und Sündhaftigkeit. Die Überlegungen in der Grammar unterscheiden sich diesbezüglich nicht wesentlich von denen, die *J. H. Newman* in einer frühen *Oxforder Universitätspredigt* von 1830 angestellt hat[2519]. Der Gedanke der Sühne erscheint gegen Ende des *ersten Paragraphen* von *Kapitel 10* in überraschender Wendung[2520]. Diesbezüglich ergänzt *J. H. Newman* seine Gedanken um die Perspektive des Opfers und der Stellvertretung, wobei er präzise zwischen ihrer religiösen und weltlichen Dimension zu unterscheiden weiß. Geht es im Bereich religiösen Erlebens um die Beseitigung von Schuld und den daraus erwachsenden göttlichen Segen[2521], so meint Stellvertetung im menschlichen Zusammenleben das Strukturprinzip, aus dem sich die gesamte Gesellschaft aufbaut - „we all suffer for each other, and gain by each other' s sufferings"[2522]. Der Ge-

---

Heaven, then indeed I have acted unjustifiably and have something to unsay" (GA 263 / AW VII 287).

[2519] Vgl. die Predigt „The influence of Natural and revealed Religion respectively" vom 13. April 1830, in: OUS II 16 – 36 / AW VI 23 – 36. *J. H. Newman* schreibt: „ And thus the presentiment of a future life, and of a judgment to be passed upon present conduct, with rewards and punishments annexed, forms an article, more or less distinct, in the creed of Natural Religion" (OUS II 19 / AW VI 25).

[2520] Vgl. GA 261 - 263 / AW VII 284 - 287.

[2521] „Among the observances imposed by these professed revelations, none is more remarkable, or more general, than the rite of sacrifice, in which guilt was removed or blessing gained by an offering, which availed instead of the merits of the offerer" (GA 261 / AW VII 284).

[2522] GA 261 / AW VII 285. *J. H. Newman* führt den Gedanken folgenderweise fort: „On this vicarious principle, by which we appropiate to ourselves what others do for us, the whole structure of society is raised. Parents work and endure pain, that their children may prosper; children suffer for the sin of their parents, who have died beore it bore fruit. 'Delirant reges, plectuntur Achivi'. Sometimes it is a compulsory, sometimes a willing mediation. The punishment which is earned by the husband falls upon the wife; the benefits in which all classes partake are wrouht out by the unhealthy or dangerous toil of the few. Soldiers endure wounds and death for those who sit at home; and ministers of state fall victims to their zeal for their countrymen, who do little else than criticize their actions" (GA 261/ AW VII 285). Das Modell der

danke zielt auf die „doctrine of meritorius intercession"[2523], die im Leben der Heiligen besonders sinnenfällig wird[2524]. Im Glauben und im gesellschaftlichen Alltag erweist sich der Mensch als „social being"[2525]. *J. H. Newman* findet hier Bestätigung für seine eigenwillige *demonstratio religiosa*.

4.3.3.5.2. Die offenbarte Religion

Mit seinen Überlegungen zu Sühne und Stellvertretung gibt *J. H. Newman* bereits gegen Ende des *ersten Abschnittes* von *Kapitel 10* jenen Rahmen vor, innerhalb dessen er sodann von der offenbarten Religion handelt. Die Stellvertretung erscheint hier nämlich nicht nur als erhaltendes Prinzip gesellschaftlicher Strukturen, sondern - zumal im religiösen Bereich - als Zeugnishandlung, mit der ein Mensch Personen oder auch Gegebenheiten bezeugt, die ihn zutiefst ansprechen, berühren und

---

Stellvertretung, wie es *J. H. Newman* hier vorstellt, lebt aus der Gedankenwelt J. Butlers, auf den sich *J. H. Newman* ausdrücklich bezieht: „Butler, it need scarcely be said, is the great master of this doctrine, as it is brought out in the system of nature" (GA 261/ AW VII 285). Zentrale Gedanken sind dabei sowohl die „mutual reference" (GA 262 / AW VII 285) zwischen den Gegebenheiten der Schöpfung als auch Überlegungen zum stellvertretenden Leiden, in dem sich Gottes Vorsehung bezeugt (vgl. GA 262 / AW VII 285).

[2523] GA 262 / AW VII 286. Das hier angewandte Analogieprinzip erlaubt die enge Zuordnung von natürlicher Religion und christlicher Religion. Nach *R. Siebenrock* kann bei *J. H. Newman* diese Zuordnung „als Vermittlung in Überbietung" (Wahrheit 332) bezeichnet werden.

[2524] „ Hence every religion has had its eminent devotees, exalted above the body of the people, mortified men, brought nearer to the Source of good by austerities, self-inflictions, and prayer, who have influence with Him, and extend a shelter and gain blessings for those who become their clients" (GA 262 / AW VII 286).

[2525] GA 261 / AW VII 285. „Die natürliche Religion realisiert in Gebet, Opfer, Gemeinschaft und heiligmäßiger Lebensführung den Ruf Gottes im Gewissen. In ihr erscheint das Gottesbild in milder und strenger Weise, ohne daß es letztlich seiner Ambivalenz befreit werden könnte. Obwohl die Religion im Gewissen gründet, ist sie kein individualistisches Phänomen. Alle Menschen sind von ihrem Anspruch getroffen. Weil der Mensch darin aus sich herausgerissen wird, ist er ein soziales Wesen, das in einem gemeinschaftlichen Schuld- und Verheißungsraum lebt. Gemeinschaft ist daher nicht allein eine anthropologische oder soziologische, sondern auch eine theologische Kategorie" (*R. Siebenrock*, Wahrheit 332).

zu eigenem Handeln herausfordern[2526]. Diese Überlegung ist *materialiter* die Brücke von der natürlichen zur offenbarten Religion, die bereits vom Begriff her ein Dialoggeschehen zwischen dem, der sich offenbart, und dem, dem die Botschaft gilt, voraussetzt. Will *J. H. Newman* sachgerecht von der Offenbarung sprechen, muß er daher konsequent personenbezogen argumentieren, die Rede von der natürlichen Religion folglich in dieser Hinsicht vertiefen und ergänzen[2527]. Damit entsteht eine Apologetik ganz eigener Art, die jedoch dem Aufbau der gesamten *Grammar* entspricht: Im *ersten Abschnitt* des *zweiten Paragraphen* von *Kapitel 10* [2528] umkreist *J. H. Newman* mit der Erläuterung seiner spezifischen Methode den Vorgang der Erfassung und Vernahme der Botschaft, im abschließenden *zweiten Abschnitt* [2529] legt er mit den zahlreichen Vernunftgründen, die für das Christentum sprechen, das Materialobjekt seiner Annahme vor[2530]. In eigenwilliger christologischer Schau verknüpft er dabei implizite und explizite Denkart, Erfassung und Zustimmung, Glaube und Vernunft: Die Rechtfertigung des Christentums ist der Ruf in das Christentum,

---

[2526] „And all of us, the more keenly we feel our own distance from holy persons, the more are we drawn near to them, as it forgetting that distance, and proud of them because they are so unlike ourselves, as being specimens of what our nature may be, and with some vague hope that we, their relations by blood, may profit in our own persons by their holiness" (GA 263 / AW VII 286 – 287).

[2527] „Science and nature could produce no joint- work; it was left for an express Revelation to propose the Object in which they should both be reconciled, and to satisfy the desires of both in a real and manifested incarnation of the Deity" (OUS II 24 / AW VI 28).

[2528] Vgl. GA 263 - 276 / AW VII 287 - 301.

[2529] Vgl. GA 276 - 316 / AW VII 301 - 344.

[2530] „Newmans Phänomenologie hat die Bedeutung der primären Prinzipien für das Ankommen einer Argumentation herausgearbeitet. Daher nehmen die sogenannten 'inneren Kriterien' die erste Stelle ein" (*R. Siebenrock*, Wahrheit 336). „Innere Kriterien" sind nach *H. J. Pottmeyer* Zeichen und Indizien solcher Art, die der Offenbarungsbotschaft selbst entnommen sind (vgl. Zeichen 378). Diese heißen negative Kriterien, „insofern aus ihnen die Nichtwidersprüchlichkeit der Offenbarungslehren mit der Vernunft und untereinander hervorgeht" (Zeichen 378). Als positive Kriterien gelten solche, die die geoffenbarten Lehren in ihrer Bedeutsamkeit für das menschliche Heil erweisen: Die inneren negativen Kriterien beweisen die Möglichkeit, die inneren positiven Kriterien die Wahrscheinlichkeit des göttlichen Charakters einer konkreten Offenbarungsreligion (vgl. Zeichen 378).

dessen überzeugendster Beweis folglich einzig und allein eine ebenso schlüssige wie einladende Selbstdarstellung[2531].

4.3.3.5.2.1. Zum Glaubwürdigkeitserweis des Offenbarungsanspruches - Ansatz, Möglichkeit und Grenze

Ausgangspunkt, die Glaubwürdigkeit der Offenbarungsreligion darzulegen, ist nach *J. H. Newman* die unbestreitbare Möglichkeit eines sogenannten *proof of Christianity*[2532] - „Truth certainly as such, rests upon grounds intrinsically and objectively and abstractly demonstrative"[2533]. Der Tatbestand der Offenbarung gilt als „in itself demonstrably true"[2534]. Im sachgemäßen Erweis ihrer göttlichen Abkunft liegt der Grund für die Glaubwürdigkeit des behaupteten Wahrheitsanspruchs der Offenbarung[2535]. Dies bedeutet allerdings nicht, daß die Argumente, die zu diesem Zweck gebraucht werden, unwiderstehlich sind[2536]. Der Grund dafür ist das Wesen des Glaubens - „Belief is a state of mind"[2537]. Die Wahrheitsbehauptung verlangt nach einer persönlichen Annahme: Die Bekehrung von Menschen mißlingt genau dort, wo bei den Adressaten der Botschaft Voraussetzungen verlangt sind, die sie selbst von sich aus nicht zugestehen möchten[2538]. Aus seiner eigenen Erfahrung heraus hält es *J.*

[2531] Vgl. *R. Siebenrock*, Wahrheit 336.

[2532] Vgl. GA 264 / AW VII 288. Nach *R. Siebenrock* bietet *J. H. Newman* „zwei verschiedene Argumentationswege. Als Immanenzargumentation kann der Weg über die Gewissenserfahrung zur äußeren Bestätigung im christlichen Glauben angesehen werden. Ein zweiter, nicht weniger wichtiger Weg führt über die Interpretation des Anfangs des christlichen Glaubens und seiner Wurzeln in der Geschichte Israels" (Wahrheit 339).

[2533] GA 264 / AW VII 288.

[2534] GA 264 / AW VII 288.

[2535] „The almighty witnesses to Himself in Revelation; we believe that He is One and He is three, because He says so" (GA 70 / AW VII 70).

[2536] Vgl. GA 264 / AW VII 288. *J. H. Newman* unterscheidet hier zwischen einem Faktum und seiner Bedeutung für diejenigen, die sich mit dem jeweiligen Tatbestand beschäftigen: „There is a vast distance between what it is in itself, and what it is to us. Light is a quality of matter, as truth is of Christianity; but light is not recognized by the blind, and there are those who do not recognize truth, from the fault, not of truth, but of themselves" (GA 264/ AW VII 288).

[2537] GA 266 / AW VII 290.

[2538] „I cannot convert men, when I ask for assumptions which they refuse to grant to me; and without assumptions which they refuse to grant to me; and without assumptions no one can prove anything about anything" (GA 264 / AW VII 288).

H. Newman deshalb für angebracht, mit dem Glaubensakt an die *informal inference* zu erinnern. In ihr ist das Gesamt von Sachargumenten mit der individuellen Disposition dessen verknüpft, der sich in der Zustimmung für die Glaubwürdigkeit des Glaubensgutes entscheidet[2539]. Grundlage eines „legitimate proof, sufficient for certitude"[2540] ist daher die Kumulation von Wahrscheinlichkeiten, die Struktur jener Erkenntnis, die das Urteil bis zum Akt der Zustimmung leitet, damit antizipativ[2541]. So wie es darin kein gemeinsames Maß der Geister gibt, gibt es auch keines der Argumente: Die Stichhaltigkeit eines Beweises wird nicht durch einen wissenschaftlichen Test, sondern individuell durch den *illative sense* entschieden[2542]. Bis in die Wortwahl hinein folgt *J. H. Newman* hier mit seinen Ausführungen dem *zweiten Paragraphen* von *Kapitel 8*[2543]. Andererseits erfährt aber der Gedankengang eine entschei-

---

[2539] „It is pleasant to my own feelings to follow a theological writer, such as Amort, who has dedicated to the great Pope, Benedict XIV., what he calls ‚a new, modest, and easy way of demonstrating the Catholic Religion'. In this work he adopts the argument merely of the greater probability; I prefer to rely on that of an accumulation of various probabilities; but we both hold (that is, I hold with him), that from probabilities we may construct legitimate proof, sufficient for certitude" (GA 264 - 265 / AW VII 288-289).

[2540] GA 265 / AW VII 288 - 289.

[2541] „....as in mathematics we are justified by the dictate of nature in withholding our assent from a conclusion of which we have not yet a strict logical demonstration, so by a like dictate we are not justified, in the case of concrete reasoning and especially of religious inquiry, in waiting till such logical demonstration is ours, but on the contrary are bound in conscience to seek truth and to look for certainty by modes of proof, which, when reduced to the shape of formal propositions, fail to satisfy the severe requisitions of science" (GA 265 / AW VII 289).

[2542] Vgl. GA 266 / AW VII 289.

[2543] In GA 264 / AW VII 288 bezieht sich *J. H. Newman* auf das Beispiel der Sterblichkeit, mit dem er in GA 194 - 195 / AW VII 209 – 211 die Überzeugungskraft des Kumulationsargumentes erläutert hat. In GA 264 / AW VII 288 heißt es: „For me, it is more congenial to my own judgment to attempt to prove Christianity in the same informal way in which I can prove for certain that I have been born into this world, and that I shall die out of it." In GA 195 / AW VII 211 wird das Argument klarer formuliert: „Can I point to the man, in historic times, who has lived his two hundred years? What has become of past generations of men, unless it is true that they suffered dissolution? But this is a circuitous argument to warrant a conclusion to which in matter of fact I adhere so relentlessly. Anyhow, there is a considerable 'surplusage', as Locke calls it, of belief over proof, when I determine that I individually must die. But what logic cannot do, my own living personal reasoning, my good sense, which

dende Ergänzung. Die Reichweite seines *illative sense* ist nicht nur in der Schärfe des folgernden Geistes begründet, sondern Werk der göttlichen Vorsehung. Diese wacht über den Menschen, entmündigt ihn aber nicht[2544]: Gott segnet vielmehr die Mittel und Wege, derer sich ein Mensch im Verlaufe seiner eigenen Folgerungen bedient[2545] - „if we use them duly for those ends for which He has given them"[2546]. Wenn er nun aber den Glauben an geoffenbarte Wahrheiten von jenem Glauben an natürliche Wahrheiten abhängig weiß, bezieht *J. H. Newman* das Gnadenmoment des Glaubens ausdrücklich in den Entwicklungsprozeß einer Persönlichkeit mit ein[2547]: Für diese Sicht der Dinge sucht und findet er Rückhalt im Zeugnis der Schrift[2548].

---

is the healthy condition of such personal reasoning, but which cannot adequately express itself in words, does for me, and I am possessed with the most precise, absolute, masterful certitude of my dying some day or other."

[2544] „....but if any one starts from any other principles but ours, I have not the power to change his principles, or the conclusion which he draws from them, any more I can make a crooked man straight" (GA 266 / AW VII 289).

[2545] „I follow him in holding, that, since a Good Providence watches over us, He blesses such means of argument as it has pleased Him to give us, in the natur of man and of the world..." (GA 265 / AW VII 289).

[2546] GA 265 / AW VII 289.

[2547] *J. H. Newman* erinnert an die Beschaffenheit des menschlichen Geistes, dessen Zustände einander entsprechen: „....the habits of thought and the reasonings which lead us on to a higher state of belief than our present, are the very same which we already possess in connexion with the lower state" (GA 266 / AW VII 290). Damit ist für die einzelne Persönlichkeit ein Entwicklungsprozeß angenommen, wie *J. H. Newman* an Beispielen aus der Nikomachischen Ethik des *Aristoteles* aufzeigt. Dem Stagiriten zufolge kann ein junger Mann zwar Mathematiker sein, nicht aber Philosoph oder Physiker, denn letzterer bedarf der Lebenserfahrung (vgl. GA 266/ AW VII 290).

[2548] „These words of a heathen philosopher, laying down broad principles about all knowledge, express a general rule, which in Scripture is applied authoritatively to the case of revealed knowledge in particular,-and that not once or twice only, but continually , as is notorious. For instance:-'I have understood', says the Psalmist, 'more than all my teachers, because Thy testimonies are meditation.'And so our Lord:'He that hath ears, let him hear.' 'If any man will do His will, he shall know of the doctrine.' And 'He that is of God, heareth the words of God.' Thus too the Angels at the Nativity announce 'Peace to men of good will.' And we read in the Acts of the Apostles of 'Lydia, whose heart the Lord opened to attend to those things which were said by Paul'. And we are told on another occasion, that 'as many as were ordained', or disposed by God, 'to life everlasting, believed'. And St. John tell us, ' He

So scheint es berechtigt, eine Vorahnung der Selbstmitteilung Gottes zu vermuten[2549]. Sie zu erwarten, ist bereits integraler Bestandteil der natürlichen Religion[2550] : Sachverhalte und Indizien werden zu Glaubwürdigkeitsmotiven, indem sie den einzelnen Menschen bewegen, aus seiner Kontingenzerfahrung heraus die Möglichkeit einer Offenbarung nicht nur zu erahnen, sondern auch ihrem Ergangensein Glaubwürdigkeit zuzubilligen, ihr also zuzustimmen[2551]. Erkenntnis ist hier wiederum als ein Prozeß gedacht: Der ernsthafte Wunsch nach einer Offenbarung eröffnet den Weg zu ihrer Erwartung[2552]. Die Suche nach ihr ist dabei begleitet von der Vorwegnahme ihrer Wahrscheinlichkeit[2553]. Ein reines Verstandesurteil reicht nicht zu ihrer Annahme: Es ist die ganze Person, die im Offenbarungsgeschehen zu großer Gewissenhaftigkeit herausgefordert ist. Der Schritt der Zustimmung bedarf ebenso einer guten, inneren Vorbereitung wie auch einer genauen Kenntnis dessen, dem die Zustimmung gilt[2554]. Der Begriff des Wunders, in der

---

that knoweth God, heareth us; he that is not of God, heareth us not; by this we know the spirit of truth, and the spirit of error.' (GA 267 / AW VII 291).

[2549] Vgl. GA 272 / AW VII 296.

[2550] „...integral part of the Religion of Nature" (GA 261 / AW VII 284).

[2551] „This presentiment is founded on our sense, on the one hand, of the infinitive goodness of God, and, on the other, of our own extreme misery and need - two doctrines which are the primary constituents of Natural Religion" (GA 272 / AW VII 296). Zur Originalität der Gedankenführung schreibt *R. Siebenrock*: „Weil Newmans Gottesbegriff vom Ursprung her als handelnder Rufer konzipiert ist, dreht er den Spieß auf heute höchst ungewohnte Weise um. Den Verdacht münzt er in das entscheidende Argument für die Göttlichkeit der christlichen Botschaft um: Die Göttlichkeit der Offenbarung erweist sich gerade durch die tiefe Möglichkeit ihrer Verheißungen. Der Begriff der Offenbarung ist dem menschlichen Geist in einem so hohen Maße kongenial, daß ihre Erwartbarkeit zum integralen Bestandteil der natürlichen Religion gehört" (Wahrheit 333).

[2552] „That earnest desire of it, which religious minds cherish, leads the way to the expectation of it" (GA 272 / AW VII 296).

[2553] „On the other hand, if he has longed for a revelation to enlighten him and to cleanse his heart, why may he not use, in his inquiries after it, that just and reasonable anticipation of its probability, which such longing has opened the way to his entertaining?" (GA 274 / AW VII 298).

[2554] „If I was told that some great man, a foreigner, whom I did not know, had come into town, and was on his way to call on me, and to go over my house, I should send to ascertain the fact, and meanwhile should do my best to put my house into a condition to receive him. He would not be pleased if I left the matter to take its

herkömmlichen Apologetik des 19. Jahrhunderts übernatürlicher Ausweis göttlicher Autorität[2555], erfährt hier eine behutsame Umdeutung: Nicht die Durchbrechung unumstößlicher Naturgesetze[2556] gilt als wunderbar, sondern das Zusammentreffen von Umständen und Begebenheiten, „which are indications, to the illative sense of those who believe in a moral Governor, of His immediate Presence"[2557].

Mit dem Hinweis auf die innere Disposition und den Gnadencharakter des Glaubensaktes ist es *J. H. Newman* nun möglich, die Zielgruppe seines Beweisganges präzise zu benennen: Es sind diejenigen Menschen, die sich im Gewissen gebunden fühlen, nach der Wahrheit zu suchen und nach Gewißheit Ausschau zu halten, und dies „by modes of proof, which, when reduced to the shape of formal propositions, fail to satisfy the severe requisitions of science"[2558]. Adressaten seiner Apologetik sind solche mit einem wachen Sünden- und Schuldbewußtsein[2559], Menschen also, bei denen ein Sinn für die Gotteswirklichkeit vorauszusetzen ist[2560]. Wiederum erscheint der in jedem Menschen vorhandene

---

chance, and went on the maxim that seeing was believing" (GA 274 / AW VII 298 – 299).

[2555] „Während die Kirchenväter – hier wurde besonders die Bestimmung des Wunders durch Augustinus einflußreich – noch nicht scharf zwischen dem gewöhnlichen Wirken Gottes durch natürliche Zweitursachen und seinem unmittelbaren Eingreifen unter Ausschluß natürlicher Kräfte unterschieden, trat diese Unterscheidung in der Scholastik mit der reflexen Erfassung der relativen Eigenständigkeit der Natur auf" (*H. J. Pottmeyer,* Zeichen 380).

[2556] Vgl. *R. Baumann,* Art. Wunder, in: NHThG V 286 – 299. „Die katholische Apologetik reagierte auf die Bestreitung von Wundern durch die Kritik der Neuzeit, indem sie hartnäckig an der von den Naturwissenschaften angeprangerten ‚Durchbrechung von Naturgesetzen' festhielt. Auf diese Weise suchte sie die Möglichkeit eines unmittelbaren Eingreifens Gottes nicht nur metaphysisch zu erweisen, sondern meinte auch, die tatsächliche Verwirklichung einer solchen Möglichkeit in bestimmten Wundergeschehnissen mit wissenschaftlicher Evidenz aufzeigen zu können" (Art. Wunder 289).

[2557] GA 276 / AW VII 301.

[2558] GA 265/ AW VII 289.

[2559] „This sense of sin, as of something not only evil in itself, but an affront to the good God, is chiefly felt as regards one or other of three violations of His law. He Himself is Sanctity, Truth, and Love; and the three offences against his Majesty are impurity, inveracity, and cruelty" (GA 268 / AW VII 292).

[2560] „ These evidences, then, presuppose a belief and perception of the Divine Presence, a recognition of His attributes and an admiration of His Person viewed

Sinn für Recht und Unrecht als prägendes Merkmal[2561], den Anspruch der geoffenbarten Religion auf ihre göttliche Herkunft auszuweisen[2562]. *J. H. Newman* wendet sich damit gegen die Position von *W. Paley*, „this clear-headed and almost mathematical reasoner"[2563]. Der Glaubwürdigkeitsaufweis ist eben nicht, wie *W. Paley* es behauptet, Sache einer allgemeinen, forensischen Vernunft[2564], die zudem den Ansprüchen be-

---

under them; a conviction of the worth of the soul and of the reality and momentousness of the unseen world, an understanding that, in proportion as we partake in our own persons of the attributes which we admire in Him, we are dear to Him; a consciousness on the contrary that we are far from exemplifying them, a consequent insight into our guilt and misery, an eager hope of reconciliation to Him, a desire to know and to love Him, and a sensitive looking-out in all that happens, whether in the course of nature or of human life, for tokens, if such there be, of His bestowing on us what we so greatly need" (GA 268 - 269 / AW VII 292 – 293). *J. H. Newman* wendet sich mit dieser Auflistung gegen zeitgenössische Strömungen, die die Wirklichkeit Gottes verleugnen, etwa, indem sie einen rein immanenten Fortschritt in Technik und Sittlichkeit erwarten, Tugend mit Wissen und Laster mit Unwissenheit verwechseln, das Gebet und Wunder ablehnen: „These opinions characterize a civilized age; and if I say that I will not argue about Christianity with men who hold them, I do so, not as claiming any right to be impatient or peremptory with any one, but because it is plainly absurd to attempt to prove a second proposition to those who do not admit the first" (GA 268 / AW VII 292).

    [2561] „Here then, as before, I take our natural perception of right and wrong as the standard for determing the characteristics of Natural Religion, and I use the religious rites and traditions which are actually found in the world, only so far as they agree with our moral sense" (GA 269 / AW VII 293-294).

    [2562] „This leads me to lay down the general principle, which I have all along implied: -that no religion is from God which contradicts our sense of right and wrong. Doubtless; but at the same time we ought to be quite sure that, in a particular case which is before us, we have satisfactorily ascertained what the dictates of our moral nature are, and what we apply them rightly, and whether the applying them or not comes into question at all. The precepts of a religion cetainly may be absolutely immoral; a religion which simply commanded us to lie, or to have a community of wifes, would ipso facto forfeit all claim to a divine origin. Jupiter and Neptune, as represented in the classical mythology, are evil spirits, and nothing can make them otherwise. And I should in like manner repudiate a theology which taught that men were created in order to be wicked and wretched" (GA 270 / AW VII 294).

    [2563] GA 273 / AW VII 297.

    [2564] „He says, 'We do not assume the attributes of the Deity, or the existence of a future state.' 'It is not necessary for our purpose that these propositions (viz. that a future existence should be destined by God for His human creation, and that, being so destined, He should have acquainted them with it,) be capable of proof, or even

sonderer Fälle nicht zu genügen vermag[2565], sondern sie ist ganzheitlich menschlicher Vollzug, wie die Rede vom *illative sense* zeigt. Das Modell einer *demonstratio religiosa*, wie es J. H. Newman zu Beginn des *zweiten Paragraphen* von *Kapitel 10* seiner eigentlichen *demonstratio christiana et catholica* voranschickt, entspricht daher in jeder Hinsicht der Gedankenführung, die die gesamte *Grammar* prägt: Zentrales Thema einer christlichen Apologetik ist die menschliche Person in ihrer Befähigung und Bereitschaft, Wirklichkeit wahrzunehmen und diese verstehend zu beantworten. In diesem Sinne legt J. H. *Newman* den Lesern seiner *Grammar* keine Methode vor, nach deren Regelwerk die christliche Botschaft einfachhin anzudemonstrieren wäre. Die Überlegungen im *ersten Abschnitt* des *zehnten Kapitels* sind vielmehr eine Ermutigung, im Erkennen wie im Glauben jenen Weg zu gehen, der der eigenen Natur und Wesensverfaßtheit am ehesten entspricht. Die *Grammar of Assent* bietet also keinesfalls eine allgemein gültige und darin jedermann verpflichtende Apologetik. Sie ermittelt und erprobt vielmehr Begrifflichkeiten, die es erlauben, individuelle Bewußtseinsvorgänge in einer allgemeinverständlichen Sprache diskursfähig zu halten. J. H. *Newman* denkt hier in der Tat geschichtlich: Maß der Theologie ist die Offenbarung, die von ihm als ein Geschehen zwischen Gott und Mensch gezeichnet wird. Begriffe haben diesbezüglich allenfalls eine beschreibende Funktion, die die individuellen Schritte des Glaubens in ihrer Tiefe nicht ausloten können. Die *Grammar of Assent* ist demnach vor allem in ihrem *letzten Kapitel* Hilfe und Anleitung, die Glaubenszustimmung in der jeweiligen Lebenssituation verantwortet zu setzen – nicht mehr, aber auch nicht weniger. Ein solches Verständnis erschließt ihr ein Operationsgebiet von großer Weite, verheimlicht aber keinesfalls die gesetzten Grenzen.

---

that, by arguments drawn from the light of nature, they can be made out as propable; it is enough that we are able to say of them, that they are not so violently improbable, so contradictory to what we already believe of the Divine power and character, that (they) ought to be rejected at first sight, and to be rejected by whatever strength or complication of evidence they be attested.' He has such confidence in the strength of the testimony which he can produce in favour of the Christian miracles, that he only asks to be allowed to bring it into court" (GA 273 / AW VII 297).

[2565] „Rules of court are dictated by what is expedient on the whole and in the long run; but they incur the risk of being unjust to the claims of particular cases" (GA 273 / AW VII 297 – 298).

4.3.3.5.2.2. Apologie des Christentums

„Now as to the fact"[2566] – *J. H. Newman* nimmt die Existenz von *Islam*, *Judentum* und *Christentum* als unbestreitbares Faktum, fordert aber entschieden die Rechtfertigung ihres Glaubwürdigkeitsanpruches. Das Kriterium, an dem sich die Glaubwürdigkeit entscheidet, ist bekannt. Diejenige Offenbarungsreligion ist wahr, die dem entspricht, „what is so probable in anticipation actually been granted to us"[2567]. *J. H. Newman* behauptet damit eine Art inhaltlicher Begründung des Glaubwürdigkeitsanpruches: Die Religion, die von Gott stammt und den sehnlichen Erwartungen der Menschen in vollkommener Weise entspricht, ist einzig und allein das Christentum[2568]. Den möglichen Vorwurf einer einseitigen Parteinahme lehnt er dennoch ab[2569]. Im Gegensatz etwa zum *Islam* oder den *fernöstlichen Religionen*[2570] ist das *Christentum* „the depository of truths beyond human discovery"[2571], seiner Struktur nach „an

---

[2566] GA 276 / AW VII 301.

[2567] GA 276 / AW VII 301.

[2568] „It is very plain, supposing it has been granted, which among all the religions of the world comes from God: and if it is not that, a revelation is not yet given, and we must look forward to the future" (GA 276 / AW VII 296) Vgl. dazu AW VII 412, Anm. 244: „Im 10. Kapitel wird gezeigt, wie man aus einer Häufung konvergierender Indizien zu einer Gewißheit über den göttlichen Ursprung des Christentums gelangen kann."

[2569] Vgl. GA 277 / AW VII 301. *J. H. Newman* macht hier nicht seine Herkunft aus dem Christentum zum Fundament der weiteren Argumentation. Das Wesen der Offenbarung hat er „from the actual religions of the world" (GA 277/ AW VII 301). Ähnlich steht es um seine ethische Argumentation, von der er sich geprägt weiß: „....the ideas with which I come to it are derived not simply from the Gospel, but prior to it from heathen moralists, whom Fathers of the Church and Ecclesiastical writers have imitated or sanctioned; and as to the intellectual position from which I have contemplated the subject, Aristotle has been my master" (GA 277 / AW VII 301 – 302).

[2570] Dem Islam wie den östlichen Religionen unterstellt *J. H. Newman* lokale und inhaltliche Begrenztheit: „As far as I know, the religion of Mahomet has brought into the world no new doctrine whatever, except, indeed, that of its own divine origin; and the character of its teaching is too exact a reflection of the race, time, place, and climate in which it arose, to admit of its becoming universal. The same dependence on external circumstances is characteristic, so far as I know, of the religions of the far East; nor am I sure of any definite message from God to man which they convey and protect, though they may have sacred books" (GA 277 / AW VII 302).

[2571] GA 277 / AW VII 302.

announcement"[2572]. Das Christentum ist also unbestritten etwas ganz besonders: *Prima facie* trägt es Zeichen der Göttlichkeit an sich, seine beeindruckende Geschichte ist ebenso Zeugnis für seine Glaubwürdigkeit wie seine weltweite Verbreitung[2573]. „Either Christianity is from god, or a revelation has not yet been given to us"[2574] – die Eindeutigkeit, mit der *J. H. Newman* den Rahmen seiner Apologetik des Christentums absteckt, gipfelt in der Abgrenzung der christlichen Religion von weit älteren Kulten und Religionen: Das Christentum ist die „continuation and conclusion of what professes to be an earlier revelation"[2575]. In diesem Sinne trifft *J. H. Newman* eine Auswahl. Sein Interesse gilt nicht nur deshalb dem *Judentum* und dem *Islam*, weil hier in klassischer Weise ein monotheistisches Gottesbild ausgeprägt ist: Beide Offenbarungsreligionen bieten vielmehr einen geeigneten Hintergrund, vor dem die Offenbarungsfülle und innovative Kraft des Christentums umso deutlicher aufscheint[2576].

Der eigentlichen Apologie des Christentums ist ein breiter Raum gewidmet[2577]. *J. H. Newman* verfährt dabei nach dem *Kriterium von Erfüllung und Überbietung*[2578]: Im Christusereignis kommt die allgemeine Offenbarungsgeschichte zu ihrem Sinn und Ziel. Zugleich ist das Christusereignis Fundament und Beweggrund der Kirchengeschichte, die im weiteren Verlauf des *zweiten Abschnittes* von *J. H. Newman* als Fundus apologetischer Bemühung genutzt wird. Er konzentriert sich dazu zuerst auf das Zueinander von *Judentum* und *Christentum*: Beide Religionen

---

[2572] GA 277 / AW VII 302.

[2573] „And it has actually been embraced and is found in all parts of the world, in all climates, among all races, in all ranks of society, under every degree of civilisation, from barbarism to the highest cultivation of mind. Coming to set right and to govern the world, it has ever been, as it ought to be, in conflict with large masses of men, with the civil power, with physical force, with adverse philosophies, it has had successes, it has had reverses; but it has had a grand history, and has effected great things, and is as vigorous in its age as in its youth. In all these respect it has a dstinction in the world and a pre-eminence of its own; it has upon it prima facie signs of divinity" (GA 277 / AW VII 302).

[2574] GA 277 – 278 / AW VII 302.

[2575] GA 278 / AW VII 303.

[2576] Vgl. dazu die Einleitung von Kap. 10, § 2 Absch. 6.: „Here, then I am brought to the consideration of the Hebrew nation and the Mosaic religion, as the first step in the direct evidence for Christianity" (GA 278 / AW VII 303).

[2577] Vgl. GA 278 – 316 / AW VII 303 – 344.

[2578] Vgl. GA 278 – 293 / AW VII 303 – 320.

gelten ihm als Organ einer formellen Offenbarung, „directed to the benefit of the whole human race"[2579] . Dies ist auch der Grund, warum er
nicht weiter auf den *Islam* eingeht. Dessen rein lokale Tradition macht es
unmöglich, von einer Offenbarungsreligion in universalem Sinn zu sprechen[2580]. Das Land der Juden dagegen ist „the classical home of the religious principle"[2581]. Das jüdische Volk ist von besonderer Art[2582]: Von den
übrigen Völkern und Nationen unterscheidet es sich in seiner spezifisch
heilsgeschichtlichen Schau, die sich nach *J. H. Newman* in den Konzeptionen von Monotheismus und Theokratie eindrucksvoll verdichten[2583].
Die jüdische Überlieferung gibt davon Zeugnis[2584]. Der Messiasgedanke

---

[2579] GA 283 / AW VII 309.

[2580] Vgl. GA 283 / AW VII 309. *J. H. Newman* wiederholt hier jene Überlegungen,
die er bereits in Abschnitt 5 (GA 277 / AW VII 302) zum Islam vorgetragen hat. Dazu
führt er aus: „ And while Christianity was the heir to a dead religion, Mahometanism
was little more than a rebellion against a living one" (GA 283 / AW VII 309). *R.
Siebenrock* weist darauf hin, daß *J. H. Newman* auch dem Judentum nur eine begrenzte
Aufmerksamkeit widmet: „Weil Newman im Begriff des Erbes das Verhältnis von
Judentum und Christentum mit einer Form der Substitutionsthese erklärt, gewinnt
das Judentum kein eigenes Profil, es wird als vorläufig betrachtet" (Wahrheit 339).

[2581] GA 278 / AW VII 303.

[2582] „The Jews are one of the few Oriental nations who are known in history as
a people of progress, and their line of progress is the development of religious truth"
(GA 278/ AW VII 303).

[2583] „When mankind had universally denied the first lesson of their conscience
by lapsing into polytheism, is it a thing of slight moment that there was just one
exception to the rule, that there was just one people who, first by their rulers and
priests, and afterwards by their own unanimous zeal, professed, as their distin-
guishing doctrine, the Divine Unity and Government of the world, and that, moreover, not only as a natural truth, but as revealed to them by that God himself of
whom they spoke,- who so embobied it in their national polity, that a Theocracy was
the only name by which it could be called?" (GA 278 -279/ AW VII 303 – 304).

[2584] „It was a people founded and set up in Theism, kept together by Theism,
and maintaining Theism for a period from first to last of 2000 years, till the dissolution
of their body politic; and they have maintained it since in their state of exile and
wandering for 2000 years more. They begin with the beginning of history, and the
preaching of this august dogma begins with them. They are its witnesses and con-
fessors, even to torture and death; on it and its revelation are moulded their laws and
government; on this their politics, philosophy, and literature are founded; of this
truth their poetry is the voice, pouring itself out in devotional compositions which
Christianity, through all its many countries and ages, has been unable to rival, on this
aboriginal truth, as time goes on, prophet after prophet bases his further revelations,

ist es dann, in dem sich Gottesbild und Heilserwartung verknüpfen –
„one man, born of the chosen tribe, was the destined minister of blessing
to the whole world, and the race, as represented by the tribe, was to lose
its old self in gaining a new self of Him"[2585]. Die Geschichte des Volkes
Israel lebt aus dieser Verheißung[2586]. Gleichwohl nimmt dessen Geschick
eine eigentümliche Wendung[2587], die J. H. Newman mit Hinweis auf Dtn
28[2588] als Vertragsbruch[2589] deutet. Die Tragik, Wirken und Bedeutung
Jesu Christi verkannt zu haben, erwächst aus dieser Unheilssituation[2590].
Zur gleichen Zeit aber schickt sich die junge Christenheit an, das Werk,

---

with a sustained reference to a time when, acccording to the secret counsels of its
Divine Object and Author, it is to receive completion and perfection,-till at length that
time comes" (GA 279 / AW VII 304)

[2585] GA 285 / AW VII 310.

[2586] J. H. Newman verweist auf die Verheißungen, die an die Patriarchen ergangen sind (vgl. GA 285/ AW VII 310).

[2587] „They were the favoured servants of God, and yet a particular reproach and
note of infamy is affixed to their name. It was their belief that his protection was
unchangeable, and that their Law would last for ever;-it was their consolation to be
taught by an uninterrupted tradition, that it could not die, except by changing into a
new self, more wonderful than it was before;-it was their faithful expectation that a
promised King was coming, the Messiah, who would extend the sway of Israel over
all people;-it was a condition of their convenant, that, as a reward to Abraham, their
first father, the day at length should dawn when the gates of their narrow land
should open, and they should pour out for the conquest and occupation of the whole
earth; - and, I repeat, when the day come, they did go forth, and they did spread into
all lands, but as hopeless exiles, as eternal wanderers" (GA 280 / AW VII 305).

[2588] Dtn 28 redet von den Folgen, die der Ungehorsam gegenüber dem Wort
Gottes mit sich bringt: „Wenn du nicht auf die Stimme des Herrn, deines Gottes, ach-
test und sie nicht hälst, werden alle diese Verfluchungen über dich kommen und
dich erreichen" (Dtn 28, 15): Krieg, Verbannung, materielle Not sind die Mißstände,
die den Menschen immer dann treffen, wenn er sich dem Wort Gottes verweigert.

[2589] „I have said they were in God' s favour under a convenant,-perhaps they
did not fulfil the conditions of it. This indeed seems to be their own account of the
matter, though it is not clear what their breach of engagement was" (GA 280/ AW VII
305).

[2590] „If, instead of hailing their own Messiah, they crucified him, then the
strange scourge which has pursued them after the deed, and the energetic wording
of the curse before it, are explained by the very strangeness of their guilt,-or rather,
their sin is their punishment, for in rejecting their Divine King, they ipso facto lost the
living principle and tie of their nationality" (GA 282 / AW VII 307 – 308).

das den Juden versagt blieb, fortzusetzen[2591]. J. H. *Newman* sieht hier ein wichtiges Anliegen christlicher Apologetik: Gelingt der Aufweis, daß sich am Christentum die alten Verheißungen erfüllt haben, ist es also die Christenheit, die die Schätze jüdischen Glaubens zum kostbaren Geschenk erhält, so kommt dem Anspruch des Evangeliums hohe Glaubwürdigkeit zu[2592]: Nicht nur die gemeinsame Existenz von Judentum und Christentum darf dann als Wunder gelten - die wunderbare Geschichte des jüdischen Volkes wird überdies von der noch wunderbareren Geschichte des Christentums überboten[2593]. Ein religiöser Geist mit starker Präsumption kann hier „almost to certainty"[2594] finden, die Religion erschließt sich ihm als „professed system of continued intercourse between earth and heaven"[2595]. Geschichtliche Tatsachen werden somit der fragenden Vernunft zum Angebot, eine bestimmte Sicht und Deutung der Dinge zu wagen[2596]. Sachverhalte und Begebenheiten fügen sich darin zu überzeugenden Argumenten, die den behaupteten Wahrheitsanspruch der Offenbarung ebenso bestätigen, wie sie von ihm aus erst Bedeutung empfangen[2597].

[2591] „....and with a method of their own indeed, and with a new end, and only slowly and painfully, but still really and thoroughly, the did it" (GA 282 / AW VII 307).

[2592] „On the whole, then, I observe, on the one hand, that, Judasim having been the channel of religious traditions which are lost in the depth of their antiquity, of course it is a great point for Christianity to succed in proving that it is the legitimate heir to that former religion. Nor is it, on the other, of less importance to the significance of those early traditions to be able to determine that they were not lost together with their original store-house, but were transferred, on the failure of Judaism, to the custody of the Christian Church" (GA 282 / AW VII 308).

[2593] „Next, I observe, that if the history of Judaism is so wonderful as to suggest the presence of some special divine agency in its appointments and fortunes, still more wonderful is the history of Christianity; and again it is more wonderful still, that two such wonderful creations should span almost the whole course of ages" (GA 282-283 / AW VII 308).

[2594] GA 283 / AW VII 308.

[2595] GA 283/ AW VII 308.

[2596] „....I feel I have a right to say (and my line of argument does not lead me to say more), that it is at the very least a remarkable coincidence; that is, one of those coincidences which, when they are accumulated, come close upon the idea of miracle, as being impossible without the Hand of God directly and immediately in them" (GA 286 / AW VII 312).

[2597] „Announcements, which could not be put forward in the front of the argument, as being figurative, vague, or ambigous, may be used validly and with great

J. H. Newman konzipiert hier eine *reductio ad absurdum*[2598], er greift hier solchen Verfahrensweisen vor, die sich um einen inhaltlichen Aufweis der Glaubwürdigkeit der Offenbarungsbotschaft bemühen[2599]: An der Gestalt *Jesu*, aber auch an der Geschichte der frühen Kirche erarbeitet er dazu das unterscheidend Wesentliche des Christentums, legt dessen Wurzeln frei und zeigt auf, wieso das Evangelium der Zustimmung würdig ist. So betont *J. H. Newman*, daß *Jesus von Nazareth* zwar den Anspruch auf die Messiaswürde erhebt, dabei aber seinen eigenen Weg geht[2600]. Wenn ihn auch die Evangelien im Horizont der jüdischen Überlieferung zu deuten suchen[2601], entzieht er sich vielmehr konsequent der

---

effect, when they have been interpreted for us, first by the prophetic outline, and still more by the hstorical object" (GA 286 – 287 / AW VII 312). Das Ziel dieser Argumentationen „ist nicht ein strikter Beweis, sondern die Verdeutlichung der Tatsache, daß die Fülle konvergierender Indizien ohne Erklärung bleibt, wenn wir nicht den göttlichen Ursprung des Christentums annehmen" (AW VII 413, Anm. 244).

[2598] „Es handelt sich also um einen indirekten, einen Indizien-Beweis, eine reductio ad absurdum: Alles bleibt sinnlos, wenn wir nicht die eine Erklärung annehmen" (AW VII 413, Anm. 244).

[2599] Vgl. dazu die Überlegungen von *H.J. Pottmeyer*, der das Anliegen einer inhaltlichen Glaubwürdigkeitsbegründung folgendermaßen umreißt: „Da die Offenbarungsbotschaft das von Jesus verkündigte Reich Gottes beinhaltet, können die inhaltlichen Glaubwürdigkeitskriterien keine anderen sein als die Inhalte oder Kennzeichen des Reiches Gottes zusammen mit seinen Wirkungen in den von ihm ergriffenen Menschen, den Zeugen des Reiches Gottes. Weil sie Zeichen der überzeugenden Wahrheit und Heilsmacht dieses Reiches sind , stellen sie einen lebendigen und praktischen Beweis des Geistes und der Kraft des Reiches Gottes dar. Das Zeichen und der Zeuge des Reiches Gottes ist sein Offenbarer: Jesus Christus" (Zeichen 379). In seinem Artikel verweist *H.J. Pottmeyer* auf aktuelle Ansätze der Glaubwürdigkeitsbegründung bei J. *B. Metz* (vgl. Zeichen 391) und in Anlehnung an B. Mitchell die Ausführungen von *J. Meyer zu Schlochtern* (vgl. Zeichen 394 – 396).

[2600] „I think it observable then, that though our Lord claims to be the Messiah, He shows so little of conscious dependence on the old Scriptures, or of anxiety to fulfil ; as if it became Him, who was the Lord of the Prophets, to take His own course, and to leave their utterances to adjust themselves to Him as they could, and not to be careful to accomodate Himself to them" (GA 288 / AW VII 314).

[2601] „The evangelists do indeed show some such natural zeal in His behalf, and thereby illustrate what I notice in Him by the contrast. They betray an earnestness to trace in His Person and history the accomplishment of prophecy, as when they discern it in His return from Egypt, in His life at Nazareth, in the gentleness and tenderness of His mode of teaching, and in the various minute occurences of His pas-

Tradition seines Volkes - „still not so much recurring to past prophecies, as uttering new ones"[2602]. Dies wird an den Ehrentiteln offensichtlich, die er für sich in Anspruch nimmt: In den Namen *Sohn Gottes* und *Menschensohn* [2603] „He separates Himself from the Jewish dispensation, in which He was born, and inaugurates the New Convenant"[2604]. In seiner Botschaft verfolgt der Herr „a bold conception"[2605], eine eigene Religion mit universalem Geltungsanspruch[2606], Ort und Heimat auch für das Judentum[2607]. Sein Werk ist die Kirche, in der die Glaubenden der Welt zu Zeugen für das Himmelreich werden[2608], das Werkzeug, mit dem er seine Lehre verbreitet wissen möchte, die Predigt[2609]. Dabei weiß er auch um die Zukunft der Glaubenden, denen Schwierigkeiten und Sorgen nicht erspart bleiben werden – „the history of the kingdom of heaven begins in suffering and sanctity"[2610]. Die Kirche ist dazu gerüstet: Nach *J. H. Newman* hat der Herr seine Kirche als „system of religious warfare, an

---

sion; but He Himself goes straight forward on His way, of course claiming to be the Messiah of the Prophets"(GA 288/ AW VII 314).

[2602] GA 288 / AW VII 314.

[2603] „....but He Himself, though, I repeat, He acknowledges these titles as His own, especially that of the Christ, chooses as His special designations these two, Son of God and Son of Man, the latter of which is only once given Him in the Old Scriptures, and by which He corrects any narrow Judaic interpretation of them, while the former was never distinctly used of Him before He came, and seems first to have been announced to the world by the Angel Gabriel and St. John the Baptist" (GA 289 / AW VII 315).

[2604] GA 289/ AW VII 315.

[2605] GA 289/ AW VII 315.

[2606] „It is true that the Jews ought to have been taught by their prophecies what was in store for the world and for them, and that their first disperson through the Empire centuries before Christ came, and the proselytes which they collected around them in every place, were a kind of comment on the prophecies larger than their own; but we see what was, in fact, when our Lord came, their expectation from those prophecies, in the passages which I have quoted above from the Roman historians of His day" (GA 289 – 290 / AW VII 315 – 316).

[2607] „....which He takes of his own religion, into which the old Judaism was melting" (GA 289/ AW VII 315).

[2608] Vgl. GA 290 / AW VII 316.

[2609] *J. H. Newman* verweist hier auf die Machtlosigkeit der christlichen Predigt: „...but what is so grandly original in Christianity is, that on its broad field of conflict its preachers were to be simply unarmed, and to suffer, but to prevail" (GA 291 / AW VII 317).

[2610] GA 292 / AW VII 319.

aggressive and militant body"[2611] gegründet. Klingt dies zwar martialisch, ist damit doch genauerhin das Gegenteil gemeint: Die Werke der streitbaren Kirche Jesu Christi sind die des politischen, sozialen und kulturellen Friedens. Wo es ihr möglich war, den Menschen im Gewissen einen vernünftigen Begriff von Gott zu vermitteln, hat sie dazu beigetragen, soziale Nöte und Anomalien zu lindern, der Würde und den Rechten der Frau Geltung zu verschaffen, den ärmeren Klassen Schutz zu gewähren, die Sklaverei abzuschaffen[2612]. Neben den sozialen und politischen Leistungen hat sie sowohl die Philosophie als auch die Literatur zu ihrem Schaffen ermutigt, auf besondere Weise also an der Zivilisation des Menschengeschlechtes Anteil genommen[2613]. Von der Vorgabe seines Ansatzes her kann *J. H. Newman* seinen Leser nun zumuten, sich ein eigenständiges Urteil über die Glaubwürdigkeit des christlichen Offenbarungsanspruches zu bilden.

In zweifacher Hinsicht leitet er dabei den Prozeß der Urteilsfindung: Anhand ausgewählter Persönlichkeiten und Begebenheiten der Geschichte des Christentums, deren Bogen er vom *Judentum* über das *Christusereignis* bis hin zur *frühen Kirche* spannt, sucht er *erstens*, fragende und suchende Menschen zu beeindrucken und zu überzeugen. *Zweitens* ist es der Deuteansatz selbst, von dem aus er seine Geschichte des christlichen Glaubens und darin Apologie schreibt: Die Geschichte des Christentums ist danach kein Ereignis „as the Jews expected, by force of arms or by other means of this world"[2614]. Das ist der apologetische Schlüssel

---

[2611] GA 286 / AW VII 311.

[2612] „...that it has imparted an intelligent notion about the Supreme God to millions who would have lived and died in irreligion, that it has raised the tone of morality wherever it has come, has abolished great social anomalies and miseries, has elevated the female sex to its proper dignity, has protected the poorer classes, has destroyed slavery" (GA 286 / AW VII 312).

[2613] Vgl. GA 286/ AW VII 312. Hier beobachtet *J. H. Newman* das , was das Zweite Vaticanum die „Zeichen der Zeit" nennt: Nach *R. Fisichella*, La Rivelazione: evento é credibilitá, 2. Aufl., Bologna 1987(= Corso di teologia sistematica 2) 346 – 347, sind es vor allem GS 4, GS 11 und GS 44, in denen die Konzilsväter den Begriff näher erläutern. *H. J. Pottmeyer*, Zeichen 388 – 389, hat die Aussagen des Konzils über die Zeichen der Zeit in den Kontext einer inhaltlichen Glaubwürdigkeitsbegründung transponiert. Er beobachtet hier einen Paradigmenwechsel, „der sich im letzten Konzil hinsichtlich der Erfassung der Fundamente des Glaubens vollzog und der sich vor allem im Offenbarungs- und Kirchenverständnis abzeichnet" (Zeichen 389).

[2614] GA 293 / AW VII 320.

für die Überzeugungskraft des Christentums: Dieses ist zwar in der Welt zu einem großen Reich geworden, es haben sich also die Verheißungen des Herrn erfüllt[2615], dies allein aber „by the novel expedient of sanctity and suffering"[2616]. Nach den Erfahrungen und Gesetzmäßigkeiten, von denen die Welt ansonsten beherrscht wird[2617], erscheint damit die christliche Religion in der Tat als ein sonderbarer Fall, bei dem sich die Vermutung aufdrängt, „that some Divine Power went with him who conceived and proclaimed it"[2618]. Naturgemäß ist diese Vermutung heftig bestritten, durch andere Theorieansätze das Phänomen des Christentums „by any philosophical ingenuitiy, into the ordinary operation of moral, social, or political causes"[2619] zerlegt worden. *J. H. Newman* diskutiert stellvertretend für jene Bemühungen die fünf Thesen, die *E. Gibbon* (1737 – 1794)[2620] zur Entstehung und Verbreitung des Christentums anführt[2621]. Die Bestandsaufnahme der Argumente durch *J.*

[2615] Vgl. GA 293 / AW VII 320.

[2616] GA 293 / AW VII 320.

[2617] „If some aspiring party of this day, the great Orleans family, or a branch of the Hohenzollern, wishing to found a kingdom, were to profess, as their only weapon, the practice of virtue, they would not startle us more than it startled a Jew eighteen hundred years ago, to be told that his glorious Messiah was not to fight, like Joshua or David, but simply to preach" (GA 293 – 294 / AW VII 320)

[2618]GA 294 / AW VII 320.

[2619]GA 294 / AW VII 320.

[2620] Zu E. Gibbon vgl. J. Artz, Art. Gibbon, Edward (1737 – 94), in: NL 404 – 405. Ebd. 404 heißt es: „Hist., vorübergehend kath. (1754-58), später christentumsfeindl., so auch in s'm Werk „Decline and Fall of the Roman Empire" (6 Bde, 1776 – 88), worin er d. Christentum d. Schuld am Untergang d. Röm. Reiches zuspricht. N. gehörte z. d. wenigen Leuten, die völlig vertraut waren m. dies. Werk (so T. Mozley), das er schon 1818 f. studierte... Er schätzt G. als Hist. (E 11), kritisiert ihn aber als „ungläubig" (E 11, 85; AE 309), als ‚gottlosen Intellektualisten' (U 195), als Meister einer neuen Schule d. Irrtums (G 99f., an.). vor allem sind es G's subj. Hypothesen (E 85) u. unrealist. Aspekte (Z 262) b. d. Beurteilg. d. Christentums, für dessen Ausbreitg. G. 5 Ursachen angibt, die N. als unmögl. zerplückt (Z 320-24)." Zu E. Gibbon siehe auch I. Ker, Biography 206.

[2621] „As is well known, various writers have attempted to assign human causes in explanation of the phenomenon: Gibbon has expecially mentioned five, viz. the zeal of Christians, inherited from the Jews, their doctrine of a future state, their claim to miraculous power, their virtues, and their ecclesiastical organization. Let us briefly consider them. He thinks these five causes, when combined, will fairly account for the event; but he has not thought of accounting for their combination" (GA 294 / AW VII 320).

H. Newman fällt erwartungsgemäß gegen die Thesen von *E. Gibbon* aus[2622]. *J. H. Newman* wirft seinem selbstgewählten Kontrahenten vor, dieser lasse sich in seinen Untersuchungen von Mutmaßungen, nicht von Tatsachen leiten, ihm sei es *de facto* nicht möglich, das Phänomen des Christentums hinreichend zu erklären[2623]: Als Tatsache und damit Interpretationsansatz gilt vielmehr das Selbstverständnis der Christen, „the hypothesis of faith, hope, and charity"[2624], nicht die Kombination selbstgesetzter Vernunftgründe[2625]. *J. H. Newman* kommt damit erneut auf die *Christologie* zu sprechen, den zentralen Punkt seiner Argumenti-

---

[2622] In GA 294 – 297 / AW VII 321 – 324 führt *J. H. Newman* eine detaillierte Auseinandersetzung mit den fünf Thesen, durch die *E. Gibbon* die Entstehung des Christentums zu erklären sucht. In dessen Erklärungsversuch sieht *J. H. Newman* das Werk von *E. Gibbons* „private judgment that they operated" (GA 295/ AW VII 321), die Verwechslung von Ursache und charakteristischen Merkmal (vgl. GA 295/ AW VII 321). So spicht gegen *E. Gibbon* eine Fülle von Gründen: *J. H. Newman* ist das von *E. Gibbon* an erster Stelle behauptete jüdische Erbe ausgeprägten Glaubenseifers nicht ursächlich für das Christentum – „Christians had zeal for Christianity after they were converted, not before" (GA 295 / AW VII 322). Auch ist die „doctrine of a future state" (GA 295 / AW VII 322) kein Anreiz, Christ zu werden: Die Höllenbotschaft fordert eher zu Spott heraus als zu einer konfessionellen Bindung (vgl. GA 295/ AW VII 322). Wie der Höllenbotschaft ergeht es auch der Rede von den Wundertaten derer, die sich zum christlichen Glauben bekennen: „ A claim to miracolous power on the part of Christians, which was so unfrequent as to become now an objection to the fact of their possessing it, can hardly have been a principal cause of their success" (GA 296 / AW VII 323). Die „sober and domestic virtues of Christians" (GA 296 / AW VII 323), deren häusliche Tugenden also, können es auch nicht gewesen sein, konfessionell ungebundene Menschen an das Christentum zu binden – „Did the Christian morality by its severe beauty make a convert of Gibbon himself?" (GA 296 / AW VII 323). Der abschließende Hinweis auf die Effizienz und Attraktivität der kirchlichen Organisation wird nicht zum schlagenden apologetischen Argument: „Lastly, as to the ecclesiastical organization, this, doubtless, as time went on, was a special characteristic of the new religion; but how could it directly contribute to its extension?" (GA 297/ AW VII 324).

[2623] „It is very remarkable that it should not have occured to a man of Gibbon' s sagacity to inquire, what account the Christians themselves gave of the matter. Would it not have been while for him to have let conjecture alone, and to have looked for facts instead?" (GA 297 / AW VII 324).

[2624] GA 297 / AW VII 324.

[2625] „Let us briefly consider them. He thinks these five causes, when combined, will fairly account for the event; but he has not thought of accounting for their combination" (GA 294 / AW VII 320-321).

onslinie: Gestalt und Wirken *Jesu* bringen die Menschen in Bewegung, die Verkündigung Jesu wird fortan zur verkündigten Frohbotschaft[2626]. Nach *R. Siebenrock* übersetzt *J. H. Newman* hier „die Christologie in eine prüfbare geschichtliche Erklärungshypothese"[2627]. Er knüpft dazu an jene Abschnitte des *ersten Hauptteiles* der *Grammar* an, in denen er von der Imagination handelt[2628]: *Jesus Christus* ist „the centre and fulness of

---

[2626] *J. H. Newman* zeichnet den Schritt vom predigenden Jesus zum verkündigten Christus nach: „A Deliverer of the human race through the Jewish nation had been promised from time immemorial. The day came when He was to appear, and He was eagerly expected; moreover, One actually did make His appearance at that date in Palestine, and claimed to be He. He left the earth without apparently doing much for the object of His coming. But when He was gone, His disciples took upon themselves to go forth to preach to all parts of the earth with the object of preaching Him, and collecting converts in His Name. After a little while they are found wonderfully to have succeeded. Large bodies of men in various places are to be seen, professing to be His disciples, owning Him as their King, and continually swelling in number and penetrating into the populations of the Roman Empire; at length they convert the Empire itself" (GA 298 / AW VII 324-325).

[2627] *R. Siebenrock*, Wahrheit 345.

[2628] Vgl. GA 298, wo *J. H. Newman* in Anm. 2 - „Vide supra" – auf die entsprechenden Abschnitte in „pp 23 – 30 and 75 – 80" (vgl. GA 22 – 27. 54 – 58 / AW VII 421, Anm. 320: „Siehe oben S. 16-21 incl., 52 – 56 incl.") hinweist. *J. H. Newman* bezieht sich zunächst auf den ersten Abschnitt aus dem dritten Kapitel, in dem er von der Erfassung realer Sätze, aber auch vom Kompositionsvermögen handelt, mit dem der menschliche Geist Fakten zu einem Bild zu fügen imstande ist, auch wenn er bislang dem imaginierten Sachverhalt realiter noch nicht begegnet ist. Überdies erwähnt *J. H. Newman* den zweiten Paragraphen des vierten Kapitels , in dem es um die reale Zustimmung geht. Beschrieben ist hier die Weise, auf die ein Sachverhalt zum verinnerlichten und erkenntnisleitenden Bestandteil des menschlichen Geistes wird: „Let us consider, too, how differently young and old are affected by the words of some classic author, such as Homer or Horace. Passages, which to a boy are but rhetorical common-places, neither better nor worse than a hundred others which any clever writer might supply, which he gets by heart and thinks very fine, and imitates, as he thinks, successfully, in his own flowing versification, at length come home to him, when long years have passed, and he has had experience of life, and pierce him, as he had never before known them, with their sad earnestness and vivid exactness. Then he comes to understand how it is that lines, the birth of some chance morning or evening at an Ionian festival, or among the Sabin hills, have lasted generation after generation, for thousand of years, with a power over the mind, and a charm, which the current literature of his own day, with all its obvious advantages, is utterly unable to rival" (GA 56 - 57 / AW VII 54 – 55).

the dispensation"[2629], sein Leben und seine Predigt sind Vorbild menschlicher Sittlichkeit[2630], der Herr selbst ist der Grund der „conversion"[2631], in der der Glaubende den Akt der Glaubenszustimmung setzt. *Jesus Christus* herrscht demnach nicht wie ein „temporal sovereign"[2632], der seine Macht über äußerliche Herrschaftsstrukturen ausübt und sichert. Durch diejenigen, die die Frohbotschaft predigen, prägt der Herr vielmehr selbst „the image or idea of Himself in the minds of His subjects individually"[2633]. In der Verkündigung durch die Boten der Kirche wissen sich die Menschen aufgefordert, „to believe, hope, and place their affections, in that Deliverer who had come and gone"[2634].

An dieser Stelle berührt die *Grammar* den fast drei Jahrzehnte älteren *Essay on the Development of Christian Doctrine* von 1845: Das Verhältnis von Glaube und individueller Biographie mündet in die „Geschichte der christlichen Glaubensgemeinschaft. Die ‚Grammatik' endet dort, wo die Entwicklungslehre einsetzt"[2635]. Sichtbar wird dies mit dem Begriff der *idea*, der sowohl in der *Grammar* als auch in der *Entwicklungslehre* eine bedeutsame Rolle spielt: So kann *J. H. Newman* ohne Schwierigkeiten in der *Grammar* seine Rede vom *image* Jesu Christi mit der „idea of Himself"[2636] gleichsetzen. Und in der *Entwicklungslehre* handelt er gleich zu Beginn von der *idea*, die allerdings im *Paper on Development* mit anderer Begrifflichkeit verhandelt wird: Hier ist vom *objektiven* und *subjektiven Wortes Gottes* die Rede. In beiden Hauptwerken behauptet *J. H. Newman* das Wirken der *idea* bzw. des *image* und des *objektiven Wort Gottes* als geeignetes Instrument, vor dem Hintergrund der Säkulargeschichte den

---

[2629] GA 298 / AW VII 325.

[2630] „…and the moral instrument by which they persuaded them to do so, was a description of the life, character, mission, and power of that Deliverer, a promise of His invisible Presence and Protection here, and of the Vision and Fruition of him hereafter" (GA 298/ AW VII 325).

[2631] GA 299 / AW VII 325.

[2632] GA 298 / AW VII 325.

[2633] GA 298 / AW VII 325.

[2634] GA 298 / AW VII 325.

[2635] *R. Siebenrock*, Wahrheit 351. „Gerade weil die ‚Grammatik' eine Auslegung christlicher Existenz vorlegt, erwächst die Relevanz der Geschichte: zunächst persönlich das Verhältnis von Glaube und Biographie , dann mittelbar als Beziehung der persönlichen Glaubensgeschichte zur Heilsgeschichte insgesamt sowie zur Geschichte der christlichen Glaubensgemeinschaft" (Wahrheit 351).

[2636] GA 298 / AW VII 325.

Verlauf der Geschichte des Christentums abzugrenzen und in ihrer Besonderheit herauszuarbeiten. In der *Grammar* geschieht dies, um den Leser anhand offensichtlicher Indizien zu einer begründeten Glaubenszustimmung zu bewegen. Von diesem Anliegen ist sodann auch die *Entwicklungslehre* geprägt. Hier sucht *J. H. Newman* freilich zunächst die Authentizität und die Beständigkeit der apostolischen Überlieferung in der katholischen Kirche aufzuzeigen[2637], um darin – indirekt – die Berechtigung einer Konversion einsichtig zu machen[2638]. In der Argumentationsführung der *Entwicklungslehre* repräsentiert die *idea* einen wirklich existierenden oder vermeintlichen Gegenstand[2639]. Dieser veranlaßt den Geist genau zu dem, wozu er angelegt ist: Urteile zu geben über die Dinge, die ihm begegnen [2640]. Im Geist werden die so gebildeten Urteile zu Aspekten der begegnenden Gegenstände[2641]. Erkenntnis ist nach *J. H. Newman* nur innerhalb der Aspekte und Assoziationen[2642] möglich, die aus dem Umgang der Vernunft mit den sich ihr gewährenden Gegenständen erwachsen: In ihrer möglichen Vielfalt verweisen jene Urteile auf eine Fülle von Aspekten ein und desselben Gegenstandes, „der entsprechend auf verschiedene Weise betrachtet wird"[2643]. Die Idee ist deshalb „commensurate with the sum total of its possible aspects"[2644]. Die *prima facie* bestehende Unähnlichkeit der Aspekte bezeugt die Wesenhaftigkeit und Integrität, deren Vielfältigkeit die Ursprünglichkeit und

---

[2637] „Nur über die Frage nach dem wirklichen, d.h. geschichtlich gewordenen und feststellbaren Christentum kann die Frage nach dem, was Christentum dem Wesen nach sei, beantwortet werden" (*R. Siebenrock*, Wahrheit 354).

[2638] „Es genügt daher nicht, den Konversionsentschluß Newmans zu begrüßen, ohne seine Gründe und Prinzipien zu würdigen. Der Essay darf in seinen argumentativen und prinzipiellen Aussagen nicht vernachlässigt werden" (*R. Siebenrock*, Wahrheit 355).

[2639] Vgl. Dev. 34 / AW VIII 36.

[2640] Vgl. Dev. 33 / AW VIII 35. *J. H. Newman* charakterisiert die Tätigkeiten des Verstandes folgendermaßen: „No sooner do we apprehend than we judge: we allow nothing to stand by itself: we compare, contrast, abstract, generalize, connect, adjust, classify..."(Dev. 34/ AW VIII 36).

[2641] Vgl. Dev. 33 / AW VIII 35.

[2642] Vgl. Dev. 33 / AW VIII 35.

[2643] Dev. 33 / AW VIII 35.

[2644] Dev. 34 / AW VIII 36.

Macht der Idee[2645]. *J. H. Newman* zieht den Vergleich mit körperlichen Substanzen. Gleich ihnen sind Ideen nicht anders zu erfassen „under the clothing of their properties and results"[2646], ihre Realität erschließt sich allein „in different perspectives"[2647], bildlich gesprochen in „in contrary lights"[2648]. Kein Aspekt reicht hin, „to exhaust the contents of a real idea"[2649]: Besonders komplexe Ideen machen es von daher notwendig, „to consider its distinct aspects as if separate ideas"[2650]. Zu diesen komplexen Ideen zählt *J. H. Newman* ebenso biologische wie geisteswissenschaftliche Strukturen, die sich nicht in eine prägnante Formel bringen lassen[2651]. Dies illustriert er am Beispiel geschichtlich greifbarer, sozialer Gebilde[2652]. Damit kommt die geschichtliche Relevanz der *Idee* in den

---

[2645] Vgl. Dev. 35 / AW VIII 36. „...so also all the aspects of an idea are capable of coalition, and of a resolution into the object to which it belongs; and the prima facie dissimilitude of its aspects becomes, when explained, an argument for its substantiveness and integrity, and their multiplicity for its originality and power" (Dev. 35 / AW VIII 36).

[2646] Dev. 34 / AW VIII 36.

[2647] Dev. 33 / AW VIII 35.

[2648] Dev. 33 / AW VIII 36.

[2649] Dev. 35 / AW VIII 36.

[2650] Dev. 35 / AW VIII 37.

[2651] „Thus, with all our intimate knowledge of animal life and the structure of paticular animals, we have not arrived at a true defintion of any one of them, but are forced to enumerate properties and accidents by way of description" (Dev. 35 / AW VIII 37).

[2652] Die „Idee" ist nicht nur Bewußtseinsphänomen, sondern auch geschichtsträchtige Größe, die sich an ihrem Wirkort in vielerlei Weise entfaltet. Das Judentum etwa erschließt sich in charakteristischen Aspekten: sein Monotheismus, verbunden mit einer gewissen ethischen Disziplin, sein Bekenntnis zur göttlichen Rache und seine Kraft, Menschen auf das Christentum hinzuführen (vgl. Dev. 34 / AW VIII 35). Für das Christentum fällt es J.H. Newman schwerer, eine „Leitidee" auszumachen (vgl. Dev. 35 / AW VIII 37). Im Falle des Christentums müht sich Newman ebd.denn auch nicht um die „Leitidee"(„leading idea"), sondern Dev. 36 / AW VIII 37 um die „Zentralidee" („central idea"), um die herum andere Ideen zu gruppieren sind: Hier nennt J.H. Newman das Inkarnationsprinzip, aus dem heraus der sakramentale, der hierarchische und der asketische Hauptaspekt seiner Lehre hervorgehen (vgl. Dev. 36 / AW VIII 37). Vorsicht scheint allerdings geboten: Man „darf nicht zulassen, daß ein Aspekt der Offenbarung einen anderen ausschließt oder verdunkelt" (Dev. 36 / AW VIII 37). Eine schwierige Aufgabe, denn: „Das Christentum ist dogmatisch, erbauend und praktisch, alles zugleich; es ist esoterisch und auch exoterisch; es

Blick. Viele Ideen haben die Eigenschaft, den Geist zu fesseln, ihn in Besitz zu nehmen, und durch die Gegenwart in vielen Individuen zu einer gewissen Öffentlichkeit zu gelangen[2653]. Eine allgemeine Gedankenbewegung („general agitation of thought")[2654] setzt ein: *J. H. Newman* nennt diese Phase „Entwicklung"[2655], das „Keimen und das Reifen einer Wahrheit"[2656], der „Krieg der Ideen unter ihren verschiedenen Aspekten im Streben nach der Herrschaft"[2657]. Im *zehnten Kapitel* der *Grammar* werden

ist mild und auch streng; es ist licht und auch dunkel; es ist Liebe und auch Furcht" (Dev. 36 / AW VIII 37).

[2653] „But, when some great enunciation, whether true or false, about human nature, or present good, or government, or duty, or religion, is carried forward into the public throng of men and draws attention, then it is not merely received passively in this form into many minds, but it becomes an active principle within them, leading them to an ever-new contemplation of itself, to an application of it in various directions, and a propagation of it on every side" (Dev. 36 / AW VIII 38).

[2654] Dev. 37 / AW VIII 38.

[2655] Dev. 38 / AW VIII 39. „First, then, it must be borne in mind that the word is commonly used, and is used here, in three senses indiscriminately, from defect of our language; on the one hand for the process of development, on the other for the result; and again either generally for a development, true or not true, (that is, faithful or unfaithful to the idea from which it started,) or exclusively for a development deserving the name. A false or unfaithful development is more properly to be called a corruption" (Dev. 41 / AW VIII 42).

[2656] Dev. 38 / AW VIII 39.

[2657] „It is the warfare of ideas under their various aspects striving for the mastery, each them enterprising...." (Dev. 39/ AW VIII 40). Damit kommt ein Prozeß in Gang, der sich über mehrere Etappen erstreckt. *J. H. Newman* beschreibt dies in seiner Entwicklungslehre sehr anschaulich: Zuerst verstehen an ihm beteiligte Menschen nicht, was sie bewegt, sie suchen daher nach Worten, äußern sich anfangs noch unpassend - eine Zeit der Verwirrung, in der richtige und falsche Auffassungen miteinander im Konflikt stehen (vgl. Dev. 37/ AW VIII 38). In diesem Zustand bleibt es ungewiß, ob überhaupt etwas aus der Idee herauskommen oder welche Ansicht vor anderen den Vorrang erhalten wird" (vgl. Dev. 37 / AW VIII 38). Mit diesem Zwischenzustand kündigt sich bereits die nächste Etappe der Entwicklung an: In der Fülle von Urteilen und Aspekten taucht „irgendeine bestimmte Lehrweise" („some definite teaching") auf, die mit fortschreitender Zeit modifiziert oder durch andere Lehrmeinungen erweitert bzw. mit ihnen kombiniert wird (Dev. 37/ AW VIII 38). *J. H. Newman* vermutet hier einen Prozeß, der solange andauert, „bis die Idee, zu der diese verschiedenen Aspekte gehören, für jeden Geist im einzelnen das sein wird, was sie zuerst nur für alle zusammen war" (Dev. 37/ AW VIII 38). So entsteht mit der Zeit beispielsweise ein ethischer Kodex, ein Ritual, ein Regierungssystem oder auch eine Theologie (vgl. Dev. 38 / AW VIII 39) das vollkommene Bild einer Idee, gesehen in

diese Überlegungen zwar nicht weiter entfaltet, sind aber vom Textumfeld her vorauszusetzen und können daher zur Hilfe werden, die textimmanente Funktion christologischer Aussagen näher zu erläutern. Das *image of Christ*, jeweils erfaßt und verehrt in den einzelnen Geistern, prägt deren sittliches Leben[2658], es schafft den Glauben und belohnt ihn zugleich[2659]. Es ist in Konsequenz das Fundament kirchlicher Gemeinschaft, „principle of association, and a real bond of those subjects one with another, who are thus united to the body by being united to that Image"[2660]. Das Glaubensbekenntnis des Einzelnen wird damit gesellschaftlich greifbar, sei es in der *communio* der Kirche, sei es im Raum der Öffentlichkeit, den die Christen durch ihre Lebenspraxis mitgestalten[2661]: Der Sinn menschlicher Existenz wird in ihrer geschichtlichen Selbstauslegung ansichtig[2662], die Heilswirklichkeit der Stellvertretung findet hier ihren Ausdruck[2663].

Der *Grammar of Assent* eignet insofern durchgängig ein spiritueller Zug: *Erfassung* und *Zustimmung* strukturieren die Weise menschlicher Gottbegegnung, die *J. H. Newman* explizit in *Kapitel 10* als Christusbeziehung näher bestimmt, und als deren Ort er im *ersten Paragraphen* des *fünften Kapitels* das Gewissen ausmacht. Damit findet der Gedanke einer

---

einer Kombination mannigfaltiger Aspekte mit den Anregungen und Verbesserungen durch viele Geister und der Klärung durch viele Erfahrungen (vgl. Dev. 38 / AW VIII 39).

[2658] „...and moreover that Image, which is their moral life, when they have been already converted, is also the original instrument of their conversion" (GA 298 – 299 / AW VII 325).

[2659] „It is the Image of Him who fulfils the one great need of human nature, the Healer of its wounds, the Physician of the soul, this Image it is which both creates faith, and then rewards it" (GA 299 / AW VII 325).

[2660] GA 298 / AW VII 325.

[2661] Vgl. dazu die Überlegung von *M. Miserda*, der den „Personalcharakter des Glaubens" (Subjektivität 387) in Beziehung zum Glauben der Kirche setzt: „Eben wegen dieses Personalcharakters des Glaubens ist der ‚Glaube' nie einem Einzelmenschen ‚entziehbar'. Der Glaube ist ‚per modum unius' der ganzen Kirche anvertraut, d.h. nicht nur im inhaltlichen Sinne, sondern auch, damit jeder Einzelne an ihm teilnimmt" (Subjektivität 387 – 388).

[2662] Vgl. *R. Siebenrock*, Wahrheit 351.

[2663] „This is the significant title, ‚the kingdom of heaven',-the more significant, when explained by the attendant precept of repentance and faith,-on which He founds the polity which He was establishing from first to last" (GA 290/ AW VII 316). Zum Prinzip der Stellvertretung siehe GA 262-263/ AW VII 286-287.

Ästhetik-Logik, wie ihn M. *Miserda* in seiner Studie entwickelt, eine weitere inhaltliche Bestätigung: Kennzeichnet der Begriff im Bereich weltlicher Erkenntnis unter dem Stichwort von *impliziter* und *expliziter Vernunft* die Spannung zwischen jenen Vollzügen des Denkens, die im Innern des Menschen unbewußt geschehen, und solchen, die der
menschlichen Geist in Formalstrukturen kleidet, so ist ein Zugang für
das Verständnis des religiösen Lebens gewonnen. Dank der Imaginationslehre und der Ausführungen zur Eigentätigkeit des göttlichen *image*
werden Gestalt und Ausweis Jesu Christi zum Maß von Glaube und
Vernunft. Dabei bleibt es allerdings nicht bei einer reinen Innerlichkeit,
handelt es sich doch bei dem *Image of Christ* um eine „vivifying idea"[2664],
die nach außen strahlt: Ihre Verwirklichung geschieht unter ganz konkreten gesellschaftlichen und politischen Umständen – aus Verfolgung
und Schwäche erwächst der Triumph des Christentums[2665]. Der Glaube
ist Angelegenheit des öffentlichen Lebens: Die Erkenntnistheorie wendet
sich erneut zur Apologetik, wie der *letzte Abschnitt* der *Grammar* verdeutlicht. *J. H. Newman* zeichnet hier die Geschichte des Christentums als die
eines Sieges über die heidnische Großmacht des römischen Weltreiches.
Die Weise der Darstellung ist narrativ: Durch eine Fülle von Episoden,
Märtyrerakten und Chronistenzeugnissen läßt *J. H. Newman* den Leser
an den jeweiligen Entwicklungsstufen der christlichen Religion teilhaben[2666]. Zugleich führt er einen Indizienbeweis, dessen Grund das Chri-

---

[2664] GA 299 / AW VII 326.

[2665] „In considering this subject, I shall confine myself to the proof, as far as my
limits allow, of two points, - first, that this Thought or Image of Christ was the principle of conversion and of fellowship; and next, that among the lower classes, who
had no power, influence, reputation, or education, lay its principal success" (GA 299 /
AW VII 327).

[2666] Zum Duktus und zur Funktion narrativer Theologie vgl. *I. Baldermann*,
Grundzüge biblischer Sprachlehre, in: *W. Langer* (Hg.), Handbuch der Bibelarbeit,
München 1987, 34- 42. „Die Erzählung lädt ein zur Identifikation, aber sie distanziert
auch immer wieder. Gegenüber dem Erzählten bin ich in der Rolle des engagierten
Betrachters" (ebd. 40). Die Absicht einer solchen Darstellungsweise ist die Vermittlung von Wirklichkeit in transsubjektiver Verbindlichkeit. Dies gelingt, wo von
menschlichen Erfahrungen die Rede ist, „deren Wirklichkeitsgehalt sich besonders
dann zeigt, wenn solche Erfahrungen sich gegen das erfahrende Subjekt geltend machen und deshalb weitere Reflexion auslösen" (*H.J. Pottmeyer*, Zeichen 392). Der Leser
der Grammar wird damit in einen Prozeß des Glaubenslernens einbezogen. *A.
Biesinger / Th. Schreijäck*, Art. Modelle christlichen Lebens, in: *G. Bitter / G. Miller* (Hg.),

stusereignis ist: Dazu stellt er zunächst aber die Schwäche und Ohnmacht des Christentums deutlich heraus. Stifter und Anhänger der neuen Religion stammen aus den unteren Schichten der Gesellschaft[2667], ihren Zeitgenossen werden sie zum Objekt von Spott und Verachtung[2668], sie gelten als ungelehrt und von niederem Stand[2669]. Der heidnischen Welt bleibt das Christentum ein Rätsel[2670]: Die Entschiedenheit, mit der die ersten Christen ihren Glauben leben, kann weder durch magische Praktiken, noch durch eine fanatische Grundhaltung hinreichend

---

Handbuch religionspädagogischer Grundbegriffe, Bd. 1, München 1986, 92 – 95, beschreiben diesen Prozeß: „Christsein wird in komplexen Handlungsmustern realisiert, wird als Beziehung gelernt. Komplexe Verhaltensmuster können durch Imitationslernen (Modellernen) angeeignet werden...Für den Prozeß des ethischen Lernens ist festzuhalten, daß für eine produktive Persönlichkeitsorientierung herausrufende Leitbilder notwendig sind. Kinder und Jugendliche sind dadurch in hohem Maße beeinflußbar" (ebd. 93 – 94). Die von J. H. Newman zusammengetragenen Episoden und Beispiele erhalten im Kontext des Gesamtwerkes einen solchen erzieherischen Impetus: In seinem sittlichen Leben ist der Mensch an Modelle gelungenen Lebens verwiesen, Leitlinie hierfür ist Jesus Christus selbst.

[2667] „We all know this was the case with our Lord and His Apostles. It seems almost irreverent to speak of their temporal employments, when we are so simply accustomed to consoder them in their spiritual associations; but it is profitable to remind ourselves that our Lord himself was a sort of smith, and made ploughs and cattle-yokes. Four Apostles were fishermen, one a petty tax collector, two husbandmen, and another is said to have been a market gardener" (GA 300 / AW VII 327). Das Gleiche gilt auch für die ersten Christen: „That their converts were of the same rank as themselves, is reported, in their favour or to their discredit, by friends and enemies, for four centuries" (GA 301 / AW VII 327 – 328).

[2668] Vgl. GA 301 / AW VII 328. J. H. Newman verweist hier auf die intellektuellen Gegner der frühen Christenheit: Celsus, Caecilius, Julian. Diese werfen dem Christentum vor, eine Religion der Dummen und geistig Minderbemittelten zu sein. Zur Sache frühchristlicher Apologetik siehe einführend H. Chadwick, Die Kirche in der antiken Welt, Berlin – New York 1972, 71 – 79 und B. Altaner / A. Stuiber, Patrologie. Leben, Schriften und Lehre der Kirchenväter, 9. Aufl., Freiburg – Basel – Wien 1980, 58 –61.

[2669] „The Fathers themselves confirm these statements, so far as they relate to the insignificance and ignorance of their brethren" (GA 301 / AW VII 328).

[2670] „We need no proof to assure us that this steady and rapid growth of Christianity was a phenomenon which startled its contemporaries, as much as it excites the curiosity of philosophic historians now; and they too had their own ways then of accounting for it, different indeed from Gibbon' s, but quite as pertinent, though less elaborate" (GA 306 / AW VII 333).

erklärt werden[2671]. Die vorgetragenen Gründe reichen nicht aus, das rasche Wachstum der Christenheit spätestens seit dem zweiten Jahrhundert plausibel zu machen[2672]. Nach *J. H. Newman* greifen solcherart Erklärungsversuche ohnehin zu kurz: Ihm zufolge erwächst der Sieg des Christentums aus der ihm eigenen inneren Dynamik, die allerdings nicht gleich für jedermann evident ist[2673]. Allein durch die „virtue of the inward Vision of their Divine Lord"[2674] war es den Gläubigen von Anfang an möglich, glaubwürdig Zeugnis für ihr neues Bekenntnis abzulegen. Ihre Hingabe wurzelt in einer tiefen geistigen Überzeugung[2675], es ist ihr Stolz, „to confess with courage and to suffer with dignity"[2676] „Thus was

---

[2671] „These were principally two, both leading them to persecute it,-the obstinacy of the Christians and their magical powers, of which the former was the explanation adopted by educated minds, and the latter chiefly by the populace. As to the former, from first to last, men in power magisterially reprobate the senseless obstinacy of the members of the new sect, as their characteristic offence. Pliny, as we have seen, found it to be their only fault, but one sufficient to merit capital punishment. The Emperor Marcus seems to consider obstinacy the ultimate motive-cause to which their unnatural conduct was traceable. After speaking of the soul, as ‚ready, if it must now be separated from the body, to be extinguished, or dissolved, or to ramin with it'; he adds, ‚but the readiness must come of its own judgment, not from simple perverseness, as in the case of Christians, but with considerateness, with gravity, and without theatrical effect, so as to be persuasive.' And Diocletian, in his Edict of persecution, professes it to be his ‚earnest aim to punish the depraved persistence of those most wicked men.' As to the latter charge, their founder, it was said, had gained a knowledge of magic in Egypt, and had left behind him in his sacred books the secrets of art" (GA 306 / AW VII 333-334).

[2672] „....nay, almost in the lifetime of St. John, Christians had so widely spread in a large district of Asia, as nearly to suppress the Pagan religions there; that they were people of exemplary lives; that they had a name for invincible fidelity to their religion; that no threats or sufferings could make them deny it; and that their only tangible chracteristic was the worship of our Lord. This was at the beginning of the second century" (GA 303 / AW VII 331).

[2673] „The martyrs shank from suffering like other men, but such natural shrinking was incommensurable with apostasy. No intensity of torture had any means of affecting what was a mental conviction; and the sovereign Thought in which they had lived was their adequate support and consolation in their death" (GA 307 / AW VII 334 – 335).

[2674] GA 312 / AW VII 340.

[2675] Vgl. GA 307 / AW VII 335.

[2676] GA 309 / AW VII 336.

the Roman power overcome"[2677] - besiegt durch eine Macht „founded on a mere sense of the unseen"[2678].

Im *zehnten Abschnitt* des *letzten Kapitels* der *Grammar* trägt *J. H. Newman* die Hauptprinzipien seiner *demonstratio religiosa et christiana* zusammen. Ausgangspunkt seines Beweisganges bleibt die feste Überzeugung, daß die Naturreligion ein unfertiger Anfangszustand ist, der notwendig einer Ergänzung bedarf[2679]: In ihrem Wissen um die Sünde und ihre Macht erkennt und benennt die *natürliche Religion* zwar die „desease"[2680] des Menschen, womit bereits der erste Schritt auf der Suche nach einem Heilmittel getan ist, ohne allerdings dieses zu finden[2681]. Zwangsläufig gelangt sie an die ihr gesetzten Grenzen: Wo sie aber versagt, beginnt die Offenbarung[2682], die *J. H. Newman* nicht anders als im Christentum gegeben denken kann[2683]. Die beiden Argumentationsfiguren, in denen er seine Apologie führt, erhalten von diesem Ausgangspunkt ihre Überzeugungskraft und Schlüssigkeit. *J. H. Newman* zeichnet die Offenbarung gegenüber der natürlichen Religion als Ergänzung, Erfüllung und Überbietung, wobei es ihm seine Imaginationslehre erlaubt, das *implizit-explizit-* Schema soteriologisch auszulegen: Das von der Menschheit ersehnte Heilmittel, „both for guilt and for moral impotence, is found in the central doctrine of Revelation, the Mediation of Christ"[2684]. Die Offenbarung in Jesus Christus, und hiervon zeigt sich *J. H. Newman* fest überzeugt, schenkt die Gabe „of staunching and healing the one deep wound of human nature"[2685]. Diese Gabe ist es, die den Erfolg des Christentums begründet[2686] und darin mehr bewirkt „than a

---

[2677] GA 311 / AW VII 339.

[2678] GA 307 / AW VII 335.

[2679] „The Religion of Nature is a mere inchoation, and needs a complement" (GA 313/ AW VII 341).

[2680] GA 313/ AW VII 341.

[2681] „Natural Religion is based upon the sense of sin; it recognizes the disease, but it cannot find, it does but look out for the remedy" (GA 313/ AW VII 341).

[2682] Vgl. GA 312-313 / AW VII 340.

[2683] „...it can have but one complement, and that very complement is Christianity" (GA 313 / AW VII 341). *J. H. Newman* fügt hinzu: I need not go into a subject so familiar to all men in all in a Christian country" (GA 313/ AW VII 341).

[2684] GA 313/ AW VII 341.

[2685] GA 313/ AW VII 341.

[2686] „Thus is that Christianity is the fulfilment of the promise made to Abraham, and of the Mosaic revelations; this is how it has been able from the first to occupy the

full encyclopedia of scientific knowledge and a whole library of contro-versy"[2687]. Der Rückblick auf die frühe Christenheit erweist sich als Überlegung zur Gegenwart und Zukunft des christlichen Glaubens[2688]: Der Offenbarungsgehalt ist Garant für die Fortdauer der Botschaft, diese „a living truth which never can grow old"[2689]. Die Beschäftigung mit ih-ren Grundlagen ist „no dreary matter of antiquarianism"[2690]: Die Gegen-stände des Glaubens sind lebendig, vollzogen „by the appropiation and use of ever-recurring gifts"[2691]. Immanenz und Transzendenz begegnen einander in sakramentalen Zeichenhandlungen – „our communion with it is in the unseen, not in the obsolete"[2692]. *J. H. Newman* betont neben der Universalität der Offenbarung, deren Heil allen Menschen gilt, auch deren Kirchlichkeit. Danach macht sich *Jesus Christus* - „as He were on earth, with a practical efficacy which even unbelievers cannot deny"[2693] -

---

world and gain a hold on every class of human society to which its preachers reached; this is why the Roman power and the multitude of religions which it embra-ced could not stand against it; this is the secret of its sustained energy, and its never – flagging matyrdoms; this is how at present it is so mysteriously potent, in spite of the new and fearful adversaries which beset its path" (GA 313/AW VII 341).

[2687] GA 313/ AW VII 341.

[2688] *J. H. Newman* zielt naturgemäß auf seine Zeitgenossen: Diese können und sollen in der gesellschaftlichen Situation der frühen Christenheit die aktuelle Situa-tion des Katholizismus wiederentdecken. „Umso bemerkenswerter ist die Entwick-lung der ‚irischen Dienstmädchen-Religon‘, die zum Ende des Jahrhunderts nicht nur ihre Mitgliederzahl vervielfachte, eine neue Kirchenstruktur mit erneuerter Hierar-chie (1850) aufbaute, sondern auch an Ansehen und Respekt eine Stellung erreichte, die zuvor nicht vorstellbar gewesen wäre. Eine ehemals verfassungsrechtlich nicht sein sollende Gemeinschaft, die zunächst kaum Mitglieder in den maßgeblichen Krei-sen vorzuweisen hatte und keine Privilegien besaß, war vor die Aufgabe gestellt, in einer ihr mißtrauisch und mit mannigfachen Vorurteilen gegenübertretenden Gesell-schaft ihre Position innerhalb dieser Gesellschaft und dieses Staates zu definieren. Die politische Rahmenbedingungen dieser Entwicklung war zweifelsfrei die Ent-konfessionalisierung der Staatsform durch die liberale Entwicklung der Gesellschaft" (*R. Siebenrock*, Wahrheit 100-101).

[2689] Vgl. GA 313 / AW VII 341.

[2690] GA 313 / AW VII 341.

[2691] GA 313 / AW VII 341.

[2692] GA 313 / AW VII 341.

[2693] „....and I say, that, as human nature itself is still in life and action as much as ever it was, so He too lives, to our imaginations, by His visible symbols, as if He were on earth, with a practical efficacy which even unbelievers cannot deny, as to be the corrective of that nature, and its strength day by day,- and that this power of perpe-

auf vielfache Weise den Gläubigen gegenwärtig. Dies geschieht in der Kirche und ihren Vollzügen: Durch die Predigt der Glaubensboten wird dem einzelnen Gläubigen das *image of Christ* zuteil, durch *kirchliche Riten und Bräuche* erfolgt „the active interposition of that Omnipotence in which the Religion long ago began"[2694]. *J. H. Newman* verweist hierzu auf die Feier der Eucharistie[2695], die innige Christusgemeinschaft in der Kommunion[2696], die sichtbare Hierarchie der Kirche, die Sukzession der Sakramente[2697]. Er erinnert zudem an die gesellschaftliche Relevanz der Frohbotschaft, deren Anspruch das öffentliche Leben prägt[2698]. Beispiel für die Präsenz des Religiösen in der Öffentlichkeit ist das traditionell gepflegte Brauchtum, etwa der Brauch, „in every house and chamber"[2699] ein Kruzifix aufzuhängen. Die *demonstratio christiana* erweist sich damit im letzten nicht als eine Sammlung trockener Argumente pro fide, sondern folgt konsequent dem Anliegen, Wege lebendiger Gottesbegegnungen zu erschließen[2700].

---

tuating his Image, being altogether singular and special, and the prerogative of Him and Him alone, is a grand evidence how well He fulfils to this day that Sovereign Mission which, from he first beginning of the world' s history, has been in prophecy assigned to Him" (GA 314 / AW VII 342).

[2694] GA 313 / AW VII 341.

[2695] „ First and above all is the Holy Mass, in which He who once died for us upon the cross, brings back and perpetuates, by His literal presence in it, that one and the same sacrifice which cannot be repeated" (GA 313 / AW VII 341 – 342).

[2696] „Next, there is the actual entrance of Himself, soul and body, and divinity, into the soul and body of every worshipper who comes to Him for the gift, a privilege more intimate than we lived with him during His long-past sojourn upon earth" (GA 313/ AW VII 342).

[2697] „He has created a visible hierarchy and a succession of sacraments, to be the channels of His mercies" (GA 314 / AW VII 342).

[2698] „Upon the doctrines which I have mentioned as central truths, others, as we all know, follow, which rule our personal conduct and course of life, and our social and civil relations. The promised Deliverer, the Expectation of the nations, has not done His work by halves" (GA 314/ AW VII 342).

[2699] GA 314/ AW VII 342.

[2700] Vgl. dazu die Eigenzitate *J. H. Newmans* in GA 315 –316 / AW VII 343 – 344: Jesus Christus erscheint hier (vgl. GA 315 / AW VII 344: „energetic thought of successive generations") als tatkräftiger Gedanke, der die Menschen in ihrem Denken und Handeln prägt. Zur Absicht der Beweisführung vgl. GA 313 / AW VII 341: „... we do not contemplate it in conclusions drawn from dumb documents and dead events, but by faith in ever-living objects."

In den letzten Zeilen des *zehnten Kapitels* kommt *J. H. Newman* zu einer Art Zusammenschau seiner apologetischen Bemühungen. Er wiederholt dazu zunächst die eigentliche Absicht des *Essays zur Zustimmung*: Die hier entwickelten Prinzipien haben das Anliegen, den Offenbarungsanspruch in seiner Glaubwürdigkeit zu ermitteln und argumentativ zu rechtfertigen[2701]. Das Christentum erweist sich dabei als Religion, die sich an Menschen „both through the intellect and through the imagination"[2702] wendet – ein und dieselbe Lehre ist unter verschiedenen Aspekten „both object and proof, and elicits one complex act both of inference and of assent"[2703]. Die Wahrheit der christlichen Religion, Jesus Christus selbst, ist Grund gläubiger Gewißheit und zugleich Gelegenheit ihrer vernunftgemäßen Demonstration[2704]. Indem sie dem Menschen den Grund seiner Hoffnung glaubwürdig anzeigt[2705], macht sie *explizit*, was diesbezüglich in der natürlichen Religion nur *implizit* zum Thema werden kann. Durch ihr Schlußkapitel vermag sich die *Grammar of Assent* als bedenkenswerter Versuch zur Glaubensanalyse zu etablieren[2706].

[2701] „I have dwelt upon them, in order to show how I would apply the principles of this Essay to the proof of its divine origin" (GA 315 – 316 / AW VII 344).

[2702] GA 316 / AW VII 344.

[2703] GA 316 / AW VII 344.

[2704] „It speaks to us by one, and it is received by us one by one, as the counterpart, so to say, of ourselves, and is real as we are real" (GA 316/AW VII 344).

[2705] „Such minds it addresses both through the intellect and through the imagination; creating a certitude of its truth by arguments too various for direct enumeration, too personal and deep for words, too powerful and concurrent for refutation" (GA 316/ AW VII 344).

[2706] Vgl. dazu *M. Miserda*, der die Schlußgedanken der Grammar in prägnanter Weise aufgreift: „Die Einheitlichkeit der ‚Lehre' schließt die Einheit ihres Gegenstandes und Beweises, folglich auch die Eigentümlichkeit ihrer Gewißheit und ihres Argumentes ein, so daß auch Vernunft und Glaube, wie auch ihnen entsprechende Folgerung und Zustimmung, sich nicht ausschließen können, sondern in ihrer spannenden Verschiedenheit die eine Person, das eine Subjekt ausmachen" (Subjektivität 342).

4.3.4. Offenbarungsgeschehen und Zustimmungsakt

Durch den Zugang, den er in seinen Veröffentlichungen zum Wesen des Glaubensaktes und seines Vollzuges findet, erweist sich J. H. *Newman* als eigenständiger und hellsichtiger Denker. So greift er das Anliegen der herkömmlichen Glaubensanalyse auf, bezieht sich in seinen *Theses de fide* sogar auf deren traditionelle Begrifflichkeit, kommt aber in seinen Überlegungen zu Ergebnissen, die in vielem den Perspektiven ähneln, die *E. Kunz* hinsichtlich der Problemstellung des Traktates und seiner Weiterentwicklung formuliert. Hier sind vor allem zwei Themenkreise zu nennen, die die Diskussion prägen und in ihrem Verlauf bestimmen: Neben der spezifisch neuzeitlichen Frage nach der *certitudo fidei*, deren Beantwortung in den verschiedenen Lösungsversuchen jeweils unterschiedlich ausfällt, gilt die sachgerechte Einbeziehung des Materialobjektes in den individuellen Glaubensakt als bleibende Herausforderung bei der Suche nach der angemessenen Gestalt der Glaubensanalyse. So beobachtet *E. Kunz*, daß in den genannten Vorschlägen zur Glaubensanalyse von Ausweis und Anspruch Jesu Christi selten oder gar nicht die Rede ist. Der Ansatz bei *P. Rousselot SJ* macht diesbezüglich keine Ausnahme[2707]. *E. Kunz* selbst entscheidet sich demgegenüber für eine Deutung des Glaubensvollzuges, die sowohl dessen reale Geschichtlichkeit und Kirchlichkeit als auch das Zeugnis der Schrift über den Glauben miteinbezieht. Hierfür prägt er den Begriff des Offenbarungsgeschehens, dank dessen es ihm möglich ist, die Glaubensentscheidung des Einzelnen mit der kirchlich verbürgten Glaubwürdigkeit des Offenbarungsanspruches zu vermitteln[2708]. Wie *W. Simonis* aber in seinem Artikel zur Glaubensanalyse gezeigt hat, entscheidet sich genau hier die Problematik der *certitudo fidei*: Indem sie nämlich „das Glaubensmotiv und den Glaubensgegenstand gleichsam in den Himmel der absolut gültigen Wahrheiten und der absolut gültigen Autorität Gottes" [2709]

[2707] Vgl. *E. Kunz*, Grund 381 und *E. Kunz*, Glaubwürdigkeitserkenntnis 429-430.

[2708] „Weil die Offenbarung begründet (vgl. DV 2), geschieht auch der antwortende Glaube in Offenheit zu Gemeinschaft. Die Offenbarung zielt deshalb auch auf eine Gemeinschaft, welche die Wirklichkeit der Offenbarung glaubend aufnimmt und sich von ihr bestimmen läßt, so daß sich im Leben der Gemeinschaft die oben skizzierten Grundvollzüge des Offenbarungsgeschehen widerspiegeln, nämlich die Verkündigung (*martyria*), die dienende Hingabe (*diakonia*) und das Gottesverhältnis (*leiturgia*) Jesu" (*E. Kunz*, Glaubwürdigkeitserkenntnis 444 – 445).

[2709] *W. Simonis*, Problem 166.

verlegt, wird die *certitudo* zur unausweichlichen „Not"[2710] jeder Theorie
zur Analysis fidei. Diese Not erweist sich aber, so W. Simonis, „als die eigentliche Tugend des christlichen Glaubens"[2711]: Der Glaube darf sich
nicht „auf die Autorität berufen, die Gott immer und überall hat"[2712], er
gilt vielmehr der *auctoritas divina* in Jesus Christus, „die geschichtliche,
freie Autorität seiner Menschenfreundlichkeit, seines Mit-uns-sein-Wol-
lens"[2713].

W. *Simonis* verdeutlicht hier jene Überlegungen, die E. *Kunz* zum
Offenbarungsgeschehen vorträgt. Zugleich trifft er das Anliegen der
Grammar of Assent, die die Doppelstruktur der Glaubensspache von Satz-
und Lebenswahrheit durch das Begriffspaar *notional - real* zu erfassen
sucht[2714]: Das Offenbarungsgeschehen prägt das Wesen der Gewißheit
und damit die Gestalt der Glaubensanalyse, die W. *Simonis* christo-
zentrisch – „und erst in solcher Vermittlung"[2715] theozentrisch nennt.
Geht Gott in seiner Selbstmitteilung den Weg kontingenter Geschichtlichkeit, trägt auch die Glaubensgewißheit die „objektive, erkenntnismä-
ßige Schwäche, die in der Geschichtlichkeit und Zufälligkeit der Offenbarung begründet ist"[2716], in sich. Eine mathematisch – syllogistisch verstandene *certitudo fidei* steht dagegen in der Gefahr, „den Abstieg Gottes

---

[2710] W. *Simonis*, Problem 167.

[2711] W. *Simonis*, Problem 167.

[2712] W. *Simonis*, Problem 167.

[2713] W. *Simonis*, Problem 167.

[2714] W. *Simonis* erläutert – wie J. H. *Newman* im *fünften Kapitel* seiner *Grammar* –
den Gehalt dogmatischer Glaubenssätze am Beispiel der Trinitätslehre. „Man kann
zugeben, daß dieser Satz an sich eine notwendige, absolute Wahrheit enthält. Aber
diese Wahrheit ist ja gar nicht der eigentliche Gegenstand der Offenbarung. Das ist
vielmehr vielmehr die ‚ökonomische Trinität'. Die ‚immanente Trinität' ist dagegen
die der ‚ökonomischen Trinität' vorausgehende, absolute Bedingungsmöglichkeit
derselben, die erst auf dem Wege der theologischen Spekulation erkannt werden
konnte...Den eigentlichen Gegenstand der Offenbarung, die Inkarnation als
Selbstoffenbarung Gottes, wird man wohl nicht als eine notwendige Wahrheit ansehen wollen!" (W. *Simonis*, Problem 166, Anm. 23).

[2715] W. *Simonis*, Problem 170.

[2716] W. *Simonis*, Problem 171. W. *Simonis* charakterisiert diesbezüglich das Wesen
der Offenbarung: „In der Tat ist ja gerade die schlichte Tatsächlichkeit der Offenbarung in Jesus Christus, die eben nicht durch irgendwelche Nezessitäten überspielt
und umgangen werden darf, weil dann sogleich die Freiheit und Übernatürlichkeit
der Offenbarung aufgehoben würde, das eigentliche Skandalum des christlichen
Glaubens" (Problem 170).

in die Gefährdetheit und Bezweifelbarkeit geschichtlicher Existenz"[2717] zu mißachten. E. *Kunz* verweist daher nicht ohne Grund auf K. *Rahner* und *H. U. von Balthasar*: Während *H. U. von Balthasar* die Unableitbarkeit und Unerfindbarkeit der geschichtlichen Offenbarungsgestalt betont, ist K. *Rahner* darum bemüht, die innere Übereinstimmung zwischen der christlichen Offenbarung und dem unverkürzten menschlichen Lebensvollzug nachzuweisen[2718]. In seinen sieben Thesen zur Glaubensanalyse bündelt E. *Kunz* diese Gedankenlinie und gibt so der Tradition des Traktates einen Rahmen, in dem erworbene Ergebnisse und Einsichten, aber auch deren offensichtliche Fehlläufe zum Ausgangspunkt weiterer Überlegungen zur Sache der Glaubensanalyse werden[2719].

[2717] W. *Simonis*, Problem 165.

[2718] Vgl. E. *Kunz*, Glaubwürdigkeitserkenntnis 434.

[2719] In Glaubwürdigkeitserkenntnis 440 – 448 resümiert E. *Kunz* in sieben Thesen seine Überlegungen zur Glaubensanalyse. Die Thesen lauten:

1. *Zum Bezugspunkt des Glaubens und der Glaubensanalyse*: Der christliche Glaube ist auf die Selbstoffenbarung Gottes bezogen, wie sie sich in der biblischen Heilsgeschichte, deren Mitte und Vollendung Jesus Christus ist, letztgültig ereignet hat. Die analysis fidei muß von ihr entwickelt werden.

2. *Zum Grund des Glaubens*: Der Glaube hat seinen Gewißheit gebenden Grund allein in der sich geschichtlich ereignenden Offenbarung Gottes selbst, und diese wird im gnadenhaften Vollzug des Glaubens erkannt und bejaht.

3. *Zur Wahrheit des Glaubens*: Der Offenbarung kann verantwortlich zugestimmt werden, weil sie ein Geschehen ist, das seine Wahrheit von sich her dem Glaubenden überzeugend mitteilt.

4. *Zur geschichtlichen Vermittlung des Glaubensgrundes*: Die in Jesus Christus geschehene Offenbarung wird im geisterfüllten Glaubenszeugnis der Kirche überliefert und vergegenwärtigt, so daß sie auch heute noch Glauben wecken und begründen kann.

5. *Zur anthropologischen Voraussetzung des Glaubens*: Vorraussetzung des Glaubens auf seiten des glaubenden Menschen ist die gandenhafte Offenheit für den Zuspruch von Wahrheit und Liebe.

6. *Zur Vernunftgemäßheit des Glaubens*: Die Wahrheit der Offenbarung kann vom Glaubenden erkannt und von der Vernunft kritisch geprüft werden. Sie kann dem Nichtglaubenden daher auch so dargelegt werden, daß er ihre Sinnhaftigkeit wenigstens ahnen oder hypothetisch zu erfassen vermag. Die Zustimmung zur Wahrheit der Offenbarung ist allerdings kein reiner Akt der Vernunft.

7. *Zum Wegcharakter von Offenbarung und Glauben*: Der Glaube ist nicht nur als ein einmaliger Akt zu betrachten, sondern als ein Prozeß, bei dem es verschiedene Phasen und Entwicklungsstufen geben kann.

4.3.4.1. Glaubensdenken und Glaubensanalyse bei *J. H. Newman*

Die Auseinandersetzung mit der Glaubensanalyse und ihrer spezifischen Problemstellung hat nicht nur die Schwierigkeiten, die der Traktat aufgibt, freigelegt, sondern auch Perspektiven, unter denen er weiterentwickelt werden kann, benannt. Vor diesem Hintergrund erhält die Beschäftigung mit *J. H. Newman* und seinem Werk ihr eigenes Gewicht. Das besondere Interesse an dem englischen Kardinal und seinem Werk gründet dabei in seiner Biographie und jener eigenwilligen Gedankenführung, mit der er den Glaubensakt durchleuchtet. Hinsichtlich der Traktatgeschichte und ihrer Problemüberhänge ist daher naturgemäß die Erwartungshaltung an ihn und sein Denken groß, sie ist aber zugleich von Anfang an mit der Frage belastet, ob *J. H. Newman* in seinen Veröffentlichungen überhaupt dem Anliegen der Glaubensanalyse zuzuordnen ist[2720]. Die *Theses de fide* wie auch die Kleinschrift *On the Certainty* sprechen hier jedoch eine deutliche Sprache. Gerade in diesen Texten gebraucht *J. H. Newman* die herkömmliche Terminologie der Glaubensanalyse, legt ihr aber darüber hinaus ein eigenes Verständnis bei.

Hervorstechendes Merkmal jener Dokumente, die im vierten Kapitel dieser Studie zur Darstellung kommen, ist der Begriff der Zustimmung : Indem er hier die Fähigkeit des Menschen zur Erkenntnis sowie dessen Willenskraft mit der inneren Bereitschaft und Offenheit für den Glaubensakt ineins nimmt, zeichnet *J. H. Newman* den Glauben als freie, souveräne Tat des Gläubigen[2721]. Diesen Gedanken vertieft er duch den Begriff des *motivum credibilitatis*, dessen Herkunft und Entstehung er in *On the Certainty* anschaulich erläutert und dank dessen es ihm gelingt, die Objektivität der durch die Kirche authentisch überlieferten Glau-

---

[2720] Vgl. dazu *F. Malmberg*, der vermutet, daß die *Grammar of Assent* „mehr eine theologisch-psycholog. Deskription der konkreten Glaubenshaltung bietet als eine theol. Analyse des Glaubensassensus" (Art. Analysis fidei 481).

[2721] Vgl. Theses de fide 226 – 227. *J. H. Newman* betont in seiner Glaubenstheologie immer wieder die Kraft des Willens, mit der der Gläubige seine Glaubenszustimmung trifft. Darüber gibt er etwa in GA 49 – 51 / AW VII 46 – 48 Auskunft, wo er anmerkt: „Starting, then, from experience, I consider a cause to be an effective will; and, by the doctrine of causation, I mean the notion, or first principle, that all things come of effective will, and the reception or presumption of this notion is a notional assent" (GA 51/ AW VII 48). Später betont er noch einmal: „I have been showing that inference and assent are distinct acts of the mind, and that they may be made apart from each other" (GA 113 / AW VII 118).

bensbotschaft mit der Subjektivität ihrer Aneignung zu vermitteln[2722]. *J. H. Newman* gebraucht dafür den Begriff der *pia motio voluntatis*, wodurch der Entscheidungscharakter des Glaubens in den Blick kommt[2723]: Der Glaube ist Wagnis, Sache des Gläubigen, der den hier behaupteten Wahrheitsanspruch vernimmt, bejaht und auf seine Lebenssituation hin erprobt[2724]. Gleichwohl betont *J. H. Newman* den Gnadencharakter des Glaubensaktes: Von der göttlichen Gnade bewegt, gibt der menschliche Geist dem Anspruch auf Glaubwürdigkeit, den die Offenbarungsbotschaft erhebt, freiwillig seine Zustimmung[2725]. In übertragenem Sinn gilt dies auch für die Kirche, die *J. H. Newman* als eine Art Körperschaft versteht, die ein eigenes Bewußtsein besitzt: Das Wort Gottes dringt in das Bewußtsein der Kirche ein, nimmt hier dauerhaft Wohnung und fordert die Gläubigen im Wechsel der Zeiten zu beständiger Befassung heraus[2726]. Besonders eindringlich gelingt diese Schau des Glaubens im Rambler - Artikel, in dem *J. H. Newman* den sozialen Aspekt des Glaubensaktes und darin dessen (kirchen-)politische Dimension herausstellt. Die Einsicht, die ihn dabei leitet, prägt den Textverlauf: Gemeinschaft und Individuum sind aufeinander bezogen, sie prägen und beeinflussen einander. Der Glaubensakt des einzelnen Gläubigen ist vom Leben der Kirche nicht zu trennen, er hat in gewisser Weise gesellschaftliche Relevanz, wie er aber auch ohne die Gemeinschaft der Gläubigen nicht möglich wäre[2727]. Damit überschreitet *J. H. Newman* den Rahmen der Glaubensanalyse, die – zumindest in ihrer herkömmlichen Gestalt – die Glaubensgemeinschaft voraussetzt, von ihr aber nicht explizit redet. Dies ist allerdings nicht der einzige Punkt, in dem sich *J. H. Newman* von den Wegen, die der Traktat zur Glaubensanalyse üblicherweise beschreitet, absetzt. Keinen der Texte, um die es im vorhergehenden Abschnitt geht,

---

[2722] Vgl. Th P I 36.

[2723] Vgl. ThP I 38.

[2724] Vgl. den Hinweis auf das voluntative Element des Glaubensaktes in ThP I 37. *R. Siebenrock* erinnert in diesem Zusammenhang an die Präferenz, die *J. H. Newman* dem Realen der Wirklichkeit zuspricht: „Die Zustimmung ist am vollkommensten, wenn sie Sätze ergreift, die als Erfahrung oder Bilder erfaßt werden. Realisierung und reale Erfassung sind aber nicht nur gegenstandsbezogen, sondern im gleichen Maße existentiell ergreifend. Realisieren heißt die Wahrheit tun" (Wahrheit 218).

[2725] Vgl. Theses de fide 236 – 241, Thesen 10 bis 12.

[2726] Vgl. Newman-Perrone- Paper 413-414, Abschn. 2.

[2727] Vgl. AW IV 263 – 264.

verfaßt er ausschließlich zum Zweck der traditionellen Glaubensanalyse. Auch wenn er dabei immer wieder um die Problematik der Glaubensanalyse kreist, geht es ihm dennoch nicht primär um den besagten Traktat zur theologischen Erkenntnislehre: Die *Theses de fide* dienen zur Apologetik der *Oxforder Universitätspredigten*, das *Paper on Development* sucht das Anliegen der Entwicklungslehre zu erläutern, die *Dubliner Universitätsreden* sprechen vom Bildungsauftrag der Universität. *J. H. Newman* nutzt hier die Terminologie der analysis fidei, um seine theologische Gedankenwelt einem breiteren – vor allem katholischen – Fachpublikum zu vermitteln und darin seine eigene Rechtgläubigkeit unter Beweis zu stellen. Die Rede vom Glauben und seinem Vollzug ist damit offensichtlich in einen größeren Argumentationsrahmen eingebunden.

Gerade in Hinblick auf die *Grammar of Assent* scheint daher die Kritik von *F. Malmberg* nicht ohne Hintersinn, wenn er dabei aber auch – wie sein Artikel zur analysis fidei verrät - von herkömmlichen Vorstellungen über die Gestalt und die Funktion des Traktates geleitet scheint[2728]. In der Tat bestreitet *J. H. Newman* zunächst, vom Formalobjekt des Glaubens sprechen zu wollen. In seinem Hauptwerk geht es ihm vielmehr um die Frage, wie es möglich ist, einer Botschaft, die nicht dem herrschenden Rationalitätsideal entspricht, eine verantwortete Zustimmung zu gewähren. Ein konfessionell geprägtes Glaubensbekenntnis und die Strukturen, in denen es von altersher überliefert wird, muß im Zeitalter von Industrie, Technik und Fortschritt geradezu als paradox erscheinen[2729]. Die Zustimmungslehre will darauf eine Antwort, zumindest eine Verstehenshilfe geben. In den Begrifflichkeiten von Erfassung, Folgerung und Zustimmung überwindet *J. H. Newman* dabei zunächst die engen Grenzen eines Offenbarungsverständnisses, das selber von jenem überkommenen Vernunftbegriff bestimmt ist, das Naturwissenschaft und Technik prägt, und in dem das Gewisse mit dem Deduzierbaren gleichgesetzt scheint. Der Gewißheitsbegriff, der bis dato nicht nur die Naturwissenschaft, sondern auch die Theologie prägt, wird sodann durch den Gebrauch, den *J. H. Newman* von ihm in der *Grammar* macht,

---

[2728] Vgl. *F. Malmberg*, Art. Analysis fidei 477 – 483, der in seinem Lexikonartikel zur Glaubensanalyse den Schwerpunkt eindeutig auf *Thomas von Aquin* setzt (vgl. Art. Analysis fidei 479 – 481).

[2729] Vgl. *R. Siebenrock*, Wahrheit 105 – 112.

grundlegend verändert. Indem er aber nunmehr den herkömmlichen Begriff der Gewißheit vom Zustimmungsakt her anlegt, ihn also ausdrücklich in die Sphäre des Personalen transponiert, und ihn an das Profil der Persönlichkeitsentwicklung bindet, entsteht eine eigenwillige Apologetik des Christlichen: Der Glaube ist persönliche Entscheidung, deren Tragweite sich im Leben erst erweisen muß. Die Gewißheit, die im Glaubensakt zuteil wird, ist insofern keine mathematische Größe, sondern eine Lebenshaltung, in der sich die Lebensgeschichte wie die innere Disposition des Menschen ausdrücklich macht. *J. H. Newman* zeigt sich damit nicht nur von der Lebensthematik der Konversion bestimmt, sondern erweist sich zugleich als wacher Beobachter gesellschaftlicher und religiöser Strömungen einer Epoche, deren Gefährdung er mit dem Begriff des Liberalismus beschreibt[2730]. Von dieser Einsicht, die *J. H. Newman* mit Vehemenz vorträgt, erklärt sich auch seine Vorliebe, den religiösen Glauben mit Wahrheitsansprüchen des gesellschaftlichen Lebens zu konfrontieren, wie etwa sein Brief an den *Herzog von Norfolk* , das *Paper on Development* oder die kirchengeschichtlichen Exkurse im *zehnten Kapitel* der *Grammar* eindrucksvoll bezeugen[2731]. „I am what I am – or I am nothing"[2732] – diese Einsicht ist insofern kein Aufruf zum Rückzug in den geschützten Raum privater Frömmigkeit, sondern eine Aussage von zentraler Bedeutung. Sie verweist auf eine Theologie des Zeugnisses, die die individuelle Lebenspraxis zum Ausweis für den behaupteten Glaubwürdigkeitsanspruch der Frohbotschaft macht[2733]. *J. H. Newman* zielt damit aber auf mehr als nur auf eine schlüssige Analyse des

---

[2730] Zum Liberalismus- Begriff vgl. *R. Siebenrock*, Wahrheit 185 – 193. „Die zentrale These seiner Kritik basiert auf der Analyse, daß die liberalen Prinzipien die Welt auf die Welt des Subjektes eingrenzten und damit einen erheblichen Wirklichkeitsverlust mit sich führten" (Wahrheit190).

[2731] „Newmans Werk diskutiert den theologischen Wahrheitsanspruch im Kontext der allgemeinen Wahrheitsfrage. Dieser Anspruch entfaltet sich im Bezug auf Person, Geschichte und universales Wissen. Die Gefährdung dieses Projekts beschreibt er in dem Fehlschluß, theologisch die Wirklichkeit zu reproduzieren, sie also ideologisch zu überhöhen. Vor dieser Gefahr ist keine Theologie grundsätzlich gefeit. Alles liegt daran, daß der Mensch offen bleibt für den Anspruch der je größeren Wirklichkeit, für den unbedingten Anspruch (‚call') im Gewissen, durch den der Mensch sich auf eine andere personale Wirklichkeit hin übersteigt" (*R. Siebenrock*, Wahrheit 492).

[2732] GA 224 / AW VII 243.

[2733] Vgl. *M. Miserda*, Subjektivität 549 – 550.

Glaubensaktes: Ihm geht es um den Menschen vor dem Anspruch Gottes und um die Weise, verantwortlich diesem Anspruch zu genügen, ohne daß der Gläubige dem Verdacht der Weltfremdheit und Unvernunft ausgesetzt wäre. Ihm geht es zudem um die konfessionelle Gestalt, durch die die Glaubenszustimmung des Einzelnen im Raum der Öffentlichkeit greifbar wird: Die Zustimmungslehre ist in diesem Sinne tatsächlich eine Grammatik, die – angesichts der Fülle gesellschaftlicher und religiöser Ansprüche - ihre Leserschaft zur Darlegung ihres eigenen, persönlichen Standpunktes befähigen möchte. Die herkömmliche Glaubensanalyse geht bis zu einem gewissen Grad mit diesem Projekt konform, sie vermag sogar – etwa in ihrer Darstellung durch die *Theses de fide* – seinen Inhalt zu dolmetschen. Damit wird deutlich, daß sie nicht Hauptthema, sondern Aspekt eines umfassenderen Problemkreises ist, den *J. H. Newman* in seinen Schriften vor allem unter dem Thema der Beziehung von Glaube und Vernunft diskutiert.

Der Verlauf des vorhergehenden Abschnittes zeigt dabei, daß *J. H. Newman* einen weiten Weg zurücklegt, bevor er mit der *Grammar of Assent* seine Überlegungen in Klarheit zusammenfassen kann. Fundament seiner Argumentation ist die Entdeckung des unverwechselbaren Selbst der Person, die allen Erkenntnis- und Entscheidungsprozessen vorausgeht und aus deren Grenzen die Persönlichkeit des Menschen wächst und Form gewinnt[2734]. Herkunft dieser zentralen Einsicht ist vermutlich jene frühe, unvergessene Selbsterfahrung, die *J. H. Newman* in seinen Jugendjahren macht, und die er später mit dem berühmten „I and my creator"[2735] ausdrücklich thematisiert. Im *Proof of Theism* und im *neunten Kapitel* seiner *Grammar* beschreibt er das Selbst in seinen ihm innewohnenden Kräften und Entfaltungsmöglichkeiten, vor allem aber in seinem Eigenstand Gott und der Welt gegenüber. Die *analysis scientiae* des *Descartes* wird von ihm dazu in origineller Form abgewandelt: Hinsichtlich der Selbstvergewisserung scheint der Gottesgedanke zunächst obsolet, wodurch *J. H. Newman* aber der menschlichen Vernunft weiten Spielraum gewinnt[2736]. Die Vernunftbegabung des Menschen wird von ihm sodann in zweifacher Weise ausgelegt: Geht es in den *Dubliner Universitätsreden* und in der *Praefatio* von 1847 um die

---

[2734] Vgl. Abschnitt 4.3.3.1.1.
[2735] AW I 22.
[2736] Vgl. Abschnitt 4.2.1.

Disposition des Menschen zum Vernunfturteil, handelt die *Grammar* von jenen Vollzügen, die der menschliche Geist in Erfassung, Folgerung und Zustimmung meistert, um einem ihm unbekannten Gegenstand, der überdies seiner Art nach das Verstehen übersteigt, willig anzunehmen. Wiederum ist der religiöse Glaubensakt Bestandteil eines umfassenden, erkenntnistheoretischen Konzeptes: *J. H. Newman* befreit den Glaubensbegriff von seiner rein religiösen Bedeutung und weitet ihn zu einem allgemeinmenschlichen Erkenntnisinstrument. Glaube meint nun jenen antizipativen Vorgriff auf die Wirklichkeit, in dem der Mensch sich der Welt vergewissert[2737]. Dinge der Welt fallen damit ebenso unter diese Erkenntnisstruktur – Glaube genannt - wie religiöse Gehalte. *J. H. Newman* sichert darin in Fragen der Religion die Diskursfähigkeit des Menschen und streicht so zugleich den Tugendcharakter des religiösen Glaubens heraus: Hinsichtlich der Gehalte des religiösen Glaubens wird das allen Menschen gemeinsame natürliche Erkenntnisstreben durch die Gnade zur *fides formata caritate* erhoben[2738]. Es wird aber auch verständlich, warum *J. H. Newman* so großen Wert auf eine gediegene Bildung legt: Form und Gestalt der *first principles* belegen anschaulich, wie sehr die Disposition des menschlichen Geistes zum antizipativen Vorgriff auf die Dinge der Welt und die des Glaubens der steten Pflege und Einübung bedarf[2739]. In der *Grammar* findet diese Sicht des Glaubens ihre weitere Vertiefung. Mit Elementen einer Imaginationslehre, der auch die Bilderkraft des Gewissens zuzurechnen ist, entschlüsselt *J. H. Newman* die personale Tiefenstruktur des Glaubensaktes, in dem *ratio* und Intuition jeweils zu einer unverwechselbar individuellen Einheit finden. Der illative sense und das Kumulationsargument sind die gedanklichen Hilfen, derer sich *J. H. Newman* bedient, um den komplexen Sachverhalt des Glaubensaktes im Rahmen seiner Erkenntnislehre auszudeuten.

Aus dem bisher Dargestellten läßt sich ein erstes Bild entwickeln. *J. H. Newman* geht es in den hier benannten Texten um den Einzelnen, der sich redlich um die Wahrheit des Glaubens müht und der Frohbotschaft eine Zustimmung geben möchte, die vor der eigenen Vernunft zu verantworten ist. Das Anliegen einer Glaubenstheorie, die den individuellen Glaubensakt erfassen möchte, ist umso drängender, als der kon-

---

[2737] Vgl. *E. Bischofberger*, Sittliche Voraussetzungen 48 – 49.
[2738] Vgl. OUS X 193 / AW VI 147.
[2739] Vgl. Abschnitt 4.2.3.1.

krete Glaubensschritt in einem gesellschaftlichen Umfeld geschieht, das durch Autoritäts – und Rationalitätsansprüche ganz unterschiedlicher Art geprägt ist. Die Gläubigen brauchen daher Argumentationshilfen, mit denen sie ihre Überzeugung in der Öffentlichkeit darlegen können. Um der intellektuellen Redlichkeit willen ist es aber vor allem nötig, den Glaubensakt selbst in seiner Vielschichtigkeit zu durchleuchten: So wird die Pluralität religiöser oder weltanschaulicher Bekenntnisse einsichtig, die eigene Glaubensentscheidung aber als verantwortbares Wagnis annehmbar. Damit tritt die Kirchlichkeit des Glaubensaktes in neuer Schärfe hervor: Für *J. H. Newman* ist der Glaube konfessionell gebunden und von der Kirche in seinem Gehalt authentisch überliefert und verbürgt. Die Kirche ist der Ort, wo das Wort Gottes Wohnung nimmt, zugleich aber auch der Platz von Auseinandersetzung und Klärungsprozessen, die an der Entwicklung der Glaubenslehre abzulesen sind. An diesen Prozessen nehmen die Gläubigen aktiv teil, ihr Zeugnis trägt mitunter die Kirche in schweren Zeiten. Die Kirchlichkeit des Glaubens begründet aber zugleich das gesellschaftliche Handeln der Christen, die ihren Standpunkt je nach Erfordernis anderen Religionen und Bekenntnissen gegenüber darlegen und verteidigen, sogar – wie *J. H. Newman* in der Auseinandersetzung mit dem englischen Pemierminister *Gladstone* – um ihrer eigenen Ansprüche willen in das politische Tagesgeschehen eingreifen müssen. Die analysis fidei erscheint somit tatsächlich in einem neuen Licht, da sie nicht mehr als komplexes, theologisches Denkproblem verhandelt wird: Indem sich *J. H. Newman* auf sie und den von ihr abgezirkelten Problemkreis bezieht, gelingt ihm eine Standortbestimmung des Glaubens, die dessen Größe und Gefährdung gleichermaßen zu benennen weiß.

4.3.4.2. *J. H. Newman* und sein Beitrag zur Glaubensanalyse

Die Weise, auf die *J. H. Newman* sich das Thema der Glaubensanalyse zu eigen macht, korrespondiert mit jenen Perspektiven, die gegen Ende des dritten Kapitels der vorliegenden Studie für die Weiterentwicklung der Glaubensanalyse ausgemacht werden konnten. Hierbei waren es vor allem der schöpfungstheologische (*I. U. Dalferth / E. Jüngel*), sakramentale (*Th. Pröpper*) und ekklesiale (*H.J. Pottmeyer*) Aspekt der Beziehung zwischen Gott und Mensch, die eine spezifisch heilsgeschichtliche Schau der Problemkonstellation von Glaubensgrund, Glaubwürdigkeitserkenntnis und Glaubenszustimmung begründen, folglich die Rede vom Offenba-

rungsgeschehen vertiefen und somit den Traktat aus jener Isolation befreien, in die ihn ein einseitiger Vernunftbegriff geführt hat. *J.H. Newman* weiß in seiner Auffassung vom Glauben und seinem Vollzug um genau diese drei Aspekte, die er – freilich in der Absicht seiner eigenwilligen Apologie des Katholischen - mit der Terminologie der herkömmlichen Glaubensanalyse verbindet: Im Glauben entdeckt und erfährt sich der Mensch als Person, Ereignisse in Natur und Geschichte lassen ihn das Numinose ahnen, die Kirche ist der Ort authentischer Jesus-Überlieferung. All dies lädt ihn ein, in Erfassung und Folgerung der Botschaft des Glaubens seine Zustimmung zu gewähren. Im Hören auf das Wort Gottes reift er zu einer Persönlichkeit, die ihre Lebensgeschichte zu verantworten weiß. Freilich besitzt eine solche Konzeption auch Defizite.

So kennt *J. H. Newman* nur einen sehr vagen Erfahrungsbegriff[2740]: Daß die Begegnung mit der Wirklichkeit Gottes einen Menschen verwandeln kann, deutet er nur behutsam an, wenn er im Themenbereich der Gewißheit deren Unwandelbarkeit behauptet, zugleich aber unterschiedliche Einsichts- und Gewißheitsstände anerkennt. Überhaupt steht der Mensch nach *J. H. Newman* immer in einer gewissen Distanz zu den Dingen: Eindrücke werden imaginiert, die Gottesbegegnung durch das Gewissen vermittelt. Sein Offenbarungsverständnis lebt überdies von der traditionellen Vorstellung einer Offenbarung, die mit einer Summe von Satzwahrheiten gleichzusetzen ist: Die *Grammar* zeugt in ihrem Aufbau und in ihrer Argumentation von seinem Bemühen, die Unzulänglichkeit eines solchen Modells zu überwinden. Der *illative sense* – logische *ratio* und intuitives Geschehen – gibt dafür ein gutes Beispiel. *J. H. Newman* bleibt insofern unentschieden: Zwischen Realität und Bild, Satzwahrheit und Lebenswahrheit, allseits offenem Essay und klar strukturierten *Theses de fide* sucht er einen Weg zwischen der kirchlichen Tradition und den Ansprüchen einer Epoche, die die überlieferten, traditionellen Werte hinterfragt. Überdies fehlt in dem Ganzen ein ausgeprägtes, biblisch fundiertes Jesus – Bild[2741], was noch einmal die Frage nach der entschiedenen Bereitschaft zur Nachfolge aufwirft, in der der Einzelne seine

---

[2740] Vgl. dazu Abschnitt 4.3.2.1.4.. Zu erinnern ist auch an die Unterscheidung von *to see* und *to feel* in *On the Certainty* (ThP I 17).

[2741] Vgl. Abschitt 4.3.3.5.2.2., in dem das eigenwillige Christusbild deutlich wird, das *J. H. Newman* in der *Grammar* zeichnet: Jesus Christus ist demnach Sohn Gottes, Menschensohn, in ihm ist der Anspruch des Judentums überboten. Der Herr lebt als *idea* in den Herzen der Gläubigen, seine Botschaft wird durch die Kirche vermittelt.

Souveränität unter Beweis stellt. Die Form allerdings, in der *J. H. Newman* eine Vielzahl von Aspekten des Glaubensvollzuges zu einer eigenen Glaubenslehre zusammenfügt, nötigt Respekt ab.

Ungeachtet der aufgezeigten Defizite bietet *J. H. Newman* ein tragfähiges Fundament für das Programm einer modifizierten Glaubensanalyse. Dank seiner Methodik, die Reflexion auf den Glaubensakt zum Medium der grundsätzlicheren Fragestellung eines vernunftgemäßen Glaubens zu machen, integrieren seine Überlegungen all jene Komponenten, die mit *I. U. Dalferth / E. Jüngel, Th. Pröpper* und *H.J. Pottmeyer* für die Weiterentwicklung der analysis fidei aufgezeigt werden konnten: Vor allem in seiner *Grammar of Assent* fügen sich die Aspekte von Freiheit, Subjektivität und Kirchlichkeit zu einem schlüssigen Ganzen, das freilich - zeitbedingt – dort hinter den Fragestellungen heutiger Autoren zurückbleibt, wo ihm das philosophische und theologische Instrumentar Grenzen auferlegt. Mit den drei letztgenannten Autoren ist hier sachgerecht weiterzufragen.

5. Glaubensanalyse im Wandel: Ein Schultraktat von B.F.J. Lonergan SJ (1904-1984)

In den Umrissen seiner Glaubenstheologie, wie sie im *zweiten Hauptteil* der vorliegenden Studie ermittelt ist, bewährt sich *J. H. Newman* als kompetenter Gesprächspartner für das Anliegen der Glaubensanalyse. Die Vorgehensweise, mit der er dabei die Rede vom Glaubensakt in das Projekt einer intellektuell redlichen *demonstratio catholica* einbezieht, birgt überdies wesentliche Spielräume, innerhalb derer der Traktat der Glaubensanalyse weiterentwickelt werden kann. Indem er etwa die Begrifflichkeit der *analysis fidei* in den größeren Rahmen individueller und gesellschaftlicher Glaubensverantwortung stellt, weitet *J. H. Newman* die traktatspezifische Problematik der Glaubensanalyse und erschließt deren eigentliche Absicht. Wenn ihm diesbezüglich das theologische Instrumentar seiner Zeit zwar Grenzen weist[1], ist sein Beitrag zur Glau-

---

[1] Hierbei ist etwa an die Vorstellung einer Doppelstruktur zu denken, mit deren Hilfe *J. H. Newman* in seiner *Grammar* Glaubensaussagen einerseits als Materialobjekt theologischer Reflexion, andererseits als Grundlage geistlichen Lebens handhaben kann. Das zeitgenössische Offenbarungsdenken, das die Offenbarung als Belehrung faßt, ist damit zwar in seiner Unzulänglichkeit erkannt, nicht aber überwunden. Auch in seiner Ekklesiologie zeigt sich *J. H. Newman* von einer gewissen Unentschiedenheit. *M. Miserda*, Subjektivität 300 – 308, erinnert dazu an das Vorwort, das *J. H. Newman* im Jahre 1877 der Neuausgabe seiner *Via Media* beigegeben hat: „Im allgemeinen wird angenommen, Newman habe hier aufgrund der Drei-Ämter – Idee bzw. aufgrund seiner Auffassung von Kirche als ‚Leib Christi‘ tatsächlich eine Communio-Ekklesiologie entfaltet" (Subjektivität 301). Dem aber ist nach *M. Miserda* ebd. 304 nicht so: *J. H. Newman* spricht in seiner *Preface* „von der Kirche als ‚Leib Christi‘, als der Amts-trägerin der Ämter Christi. Wie unwahrscheinlich es auch aussehen mag, hat der Begriff ‚body‘ hier offensichtlich eine restriktive Bedeutung und meint nicht die Gesamt-, sondern nur die Amtskirche." *R. Siebenrock* würdigt die *Preface* in folgender Weise: „Der wirkungsgeschichtliche Ansatz des Beitrages geht nicht von der Stiftung der Kirche durch Jesus Christus aus, sondern von ihrer Erhaltung durch ihn in der Geschichte. Für den Zweck, für den sie allein existiert, wurde sie auch mit den entsprechenden Mitteln ausgestattet" (Wahrheit 479). Hinsichtlich der besagten Mittel gilt allerdings „Das Lehr-, Hirten- und Leitungsamt entwickelt im Laufe der Zeit verschiedene Grundsätze und Institutionen, die miteinander in Konflikt geraten, weil jede dieser Dimensionen unterschiedliche Zielvorstellungen entwickelt und gerade in der Vereinseitigung ihrer eigentlichen Aufgabe in Gefahr gerät" (*R. Siebenrock*, Wahrheit 479): Die Unentschiedenheit der Ekklesiologie ist offensichtlich, ihre konkrete Praxisorientierung allerdings führt *J. H. Newman* allerdings – so *M. Miserda*, Subjektivität 305 – 306 – an die Grenzen eines vorausgesetzten *ecclesia docens/ discens* –

bensthematik dennoch überaus hilfreich. Vor allem in der *Grammar of As-sent* gelingt es ihm, den Glaubensakt in seiner personalen Tiefenstruktur zu ergründen und – über die herkömmlichen Versuche zur Glaubens-analyse hinaus - die Herausforderung, die der Anspruch der Glaubens-botschaft an den Gläubigen stellt, klar herauszuarbeiten. Darin unter-scheidet sich *J. H. Newman* von den Autoren, deren Versuche zur Glau-bensanalyse bereits im *ersten Hauptteil* dieser Arbeit zur Sprache gekom-men sind und erweist sich so in der Tat als Zeitgenosse aktueller Bemü-hungen um die Glaubensfrage.

Kann dabei für die deutschsprachige *Newman* - Forschung erst die Zeit des Zweiten Weltkrieges als Zäsur gelten[2], weiß sich der angelsächsi-sche Sprachraum dem Werk des englischen Kardinals naturgemäß blei-bend verbunden: Jahr für Jahr erscheinen hier wie dort unzählige Publi-kationen über *J. H. Newman*[3]. Sein Einfluß auf die Theologie gerade im englischspachigen Raum scheint ungebrochen[4]. Viele Theologen bezie-hen sich in ihren eigenen Veröffentlichungen ausdrücklich auf Gedan-

---

Schemas. Vgl. im Text selbst: *J. H. Newman*, Preface, in: *J.H. Newman*, The Via Media Of The Anglican Church I, Westminster MD 1978, XV- XCIV.

[2] Vgl. dazu den informativen Überblick bei *R. Siebenrock*, Wahrheit 46 – 94, der für die Zeit nach dem Zweiten Weltkrieg *Th. Haecker* (1879 – 1945), *M. Laros* (1882 – 1965), *O. Karrer* (1888 – 1976), *E. Przywara SJ* (1889 – 1972), für die Zeit nach dem Zweiten Vaticanum *J. Artz* (1908 – 1980), *H. Fries* (1911 - 1998) und *G. Biemer* (*1929) als her-ausragende Newman-Forscher würdigt. *R. Siebenrock* urteilt: „ Daß die Herausforde-rungen des 19. Jahrhunderts in gewandelter Form noch immer die unseren sind, bil-det darüberhinaus die Überzeugung fast aller, die sich mit Newman beschäftigen" (Wahrheit 94).

[3] Für den, der sich mit *J. H. Newman* beschäftigen möchte, bieten die seit 1945 sporadisch erscheinenden *Internationalen Cardinal-Newman-Studien*, - begründet von *H. Fries* und *W. Becker* - , einen Einblick in den Stand der *Newman*-Forschung. In der Reihe der Newman-Studien erscheinen Monographien ebenso wie Einzelvorträge, die dem jeweiligen Band sein thematisches Gepräge geben. Hilfreich ist die den Bän-den beigefügte „Newman-Bibliographie", in denen eine aktuelle Liste von Veröffent-lichungen über Cardinal *Newman* und sein Werk sorgfältig zusammengestellt ist. Un-erläßlich ist auch die jährlich erscheinende Literaturliste „Recent Publications On Newman", herausgegeben vom *International Centre of Newman Friends* , das seinen Sitz in Rom, Oxford, Bregenz, Jerusalem und Budapest hat.

[4] „Both as an Anglican and as a Catholic, Newman has by any reckoning a central place in the religious history of the nineteenth century. As a critic of his own society and as one of its major prose writers, he is also to be counted among the great Victo-rians ‚prophets' or ‚sages'" (*I. Ker*, Biography VIII).

kengänge, die sich in seinen Schriften finden. Unter diesen Theologen, deren Denken von *J. H. Newman* geprägt ist, ragt der kanadische Jesuit *B. Lonergan* (1904 – 1984) an Bedeutung besonders hervor[5]. Wie die Schriften von *J. H. Newman* ist auch sein Werk Gegenstand intensiver Befassung[6]. Im deutschsprachigen Raum steht eine umfassende Rezeption der Werke *B. Lonergans* allerdings noch aus[7]. *B. Lonergan* hat sich mehrfach über sein Verhältnis zu *J. H. Newman* geäußert. Hier ist es vor allem die *Grammar of Assent*, die er, wie er etwa in einem Gespräch aus seinen letzten Lebensjahren bekennt, immer wieder studiert hat[8]. *G. Do-*

---

[5] Zu Leben und Werk von *B. Lonergan* siehe *St. W. Arndt*, Bernard J. F. Lonergan (1904 – 1984), in: *E. Coreth SJ, W. M. Neidl, G. Pfligersdorfer* (Hg.), Christliche Philosphie im katholischen Denken des 19. und 20. Jahrhunderts, Bd. 2: Rückgriff auf scholastisches Erbe, Graz – Wien – Köln 1988, 753 – 770/ zit. B. J. F. Lonergan; *G. Dobroczynski*, Einsicht und Bekehrung. Ausgangspunkt der Fundamentaltheologie bei Bernard Lonergan, Frankfurt a. M. – Bern – New York – Paris 1992(= EHS XXIII 441)/ zit. Einsicht, 63 – 77; *M. Lamb*, Bernard Lonergan, in: TRE XXI 459 – 463 ; *H. Meynell*, Bernard Lonergan, in: *D. F. Ford* (Hg.), Theologen der Gegenwart. Eine Einführung in die christliche Theologie des zwanzigsten Jahrhunderts, Paderborn-München-Wien- Zürich 1993, 194 – 204/ zit. Bernard Lonergan; *O. Muck*, Die transzendentale Methode in der scholastischen Philosophie der Gegenwart, Innsbruck 1964/ zit. Methode, 234-258; *G. B. Sala*, Einleitung, in: *G.B. Sala* (Hg.), Theologie im Pluralismus heutiger Kulturen, Freiburg – Basel –Wien 1975(= QD 67), 7 – 16/ zit. Einleitung; *G. B. Sala*, Nachwort zur deutschen Ausgabe, in: *B.J.F. Lonergan SJ*, Methode in der Theologie. Übersetzt und herausgegeben von *J. Bernard* + mit einem Nachwort von *G.B. Sala SJ*, Leipzig 1991, 367 – 379/ zit. Nachwort; *G. B. Sala*, Art. Lonergan, Bernard, SJ, in: LThK III 6, 1046 – 1047.

[6] „Im Jahr 1982 wurden über 80 Doktorate über Lonergan gezählt" (*G. Dobroczynski*, Einsicht 78, Anm. 107).

[7] Vgl. den Exkurs von *G. Dobroczynski*, Einsicht 78 – 79. *G. Dobroczynski* referiert hier die „Rezeption Lonergans in der deutschsprachigen Literatur" und resümiert: „Stellungnahmen deutschsprachiger Autoren zu Lonergan sind ebenfalls selten" (Einsicht 78).

[8] Vgl. *P. Lambert, Ch. Tansy, C. Going* (Hg.), Caring about meaning. Patterns in the life of Bernard Lonergan, in: *Thomas More Institut Papers 182*, Montreal 1982, die Interviews mit *B. Lonergan* geführt und in ihrem Buch veröffentlicht haben. Ebd. 13 findet sich folgender Gesprächsverlauf: **C.G.:** Everyone knows Newman was important to you. **B. Lonergan:** Yes, he was. At Heythrop there was the ‚Phil and Lit society' and in my second year I read a paper there on ‚The Form of Inference.'(Later on it came out in <u>Thought</u> and in the first volume of <u>Collection.</u>) The hypothetical syllogism is the real thing; it relates propositions --- wow! The place was crowded and no one understood what on earth I was talking about. The next year I spoke on Newman and

broczynski SJ erinnert in diesem Zusammenhang an die Lehre vom Urteil, mit der *B. Lonergan* in großer inhaltlicher Nähe zum *zweiten Hauptteil* der *Grammar of Assent* steht[9]. Neben der Gedankenwelt *J. H. Newmans* ist es *Thomas von Aquin*, dessen Werk Gegenstand zunächst der frühen Schriften von *B. Lonergan* ist, dann aber vor allem dessen Hauptwerk *Insight* von 1957 prägt[10]. Ausgangspunkt seiner Überlegungen ist die eigenwillige Auslegung der thomasischen Auffassung vom *verbum mentis*[11], in der *G.B. Sala SJ* eine entscheidende „Wendung zum Subjekt"[12] entdeckt. Bemüht sich *B. Lonergan* in seinen Thomas – Studien um das „evolutive Merkmal des theologischen Denkens und der menschlichen Erkenntnis überhaupt"[13], handelt er in *Insight* von Erkenntnis, Objektivität und Wirklichkeit[14]. Im Jahr 1972 veröffentlicht *B. Lonergan* mit *Method in Theology* [15] sein zweites Hauptwerk. Indem er hier auf die menschliche Lebenswelt und die existentielle Komponente des Menschseins reflektiert,

---

there were about six people there! The first fellow who spoke (he went after ordination to South Africa on the missions and died quite young) said, ‚If it isn' t a left- handed compliment, the talk was much better than I expected."

[9] „Erkenntnistheoretische Fragmente aus Newmans Werken hat er, wie er selbst angibt, mindestens sechs Mal gelesen" (*G. Dobroczynski*, Einsicht 66). An anderer Stelle heißt es: „Lonergans Lehre vom Urteil wurzelt vor allem in diesen beiden Quellen: Im Denken von Thomas von Aquin und in der Zustimmungslehre J. H. Newmans. Lonergan bezeichnet *A Grammar of Assent* als die erste Quelle der Wandlung seines Denkens" (Einsicht 129).

[10] Vgl. *B. Lonergan*, Insight. A Study of Human Understanding. Revised Student' s Edition, London 1958 (reprinted by arrangement San Francisco 1978)/ zit. Insight. Vgl. dazu die Neuedition von Insight: *F. E. Crowe/ R.M. Doran* (Hg.), Collected Works of Bernard Lonergan, Bd. III, Toronto 1992. Deutsche Übersetzung: *Bernard F. J. Lonergan*, Die Einsicht. Eine Untersuchung über den menschlichen Verstand. Übersetzt und herausgegeben von *Ph. H. Flury* und *G. B. Sala*, Zwei Bände, Cuxhaven – Dartfort 1995.

[11] Vgl. *B. Lonergan*, Verbum. Word and Idea in Aquinas (hersg. von *D.B. Burrell*), 2. Aufl., Notre Dame 1970.

[12] *G. B. Sala*, Nachwort 368. „Drei Themenbereiche haben zentrale Bedeutung für Lonergans Werk; (I) die Grundlagen der Erkenntnis im Bewußtsein; (II) die Anwendung der Analyse von Erkenntnis und Bewußtsein auf die grundlegenden christlichen Lehren der Trinität und der Inkarnation; (III) die Frage der Methode in der Theologie" (*H. Meynell*, Bernard Lonergan 196).

[13] *G. B. Sala*, Nachwort 368.

[14] Vgl. *G. B. Sala*, Nachwort 370.

[15] Vgl. *B. Lonergan*, Method in Theology, London 1972/ zit. Method. Zur deutschen Ausgabe vgl. Anm. 5.

skizziert er den Rahmen für eine Methode der Theologie[16]. Trotz des großen zeitlichen Abstandes, in dem sie entstanden sind, sind *Insight* und *Method in Theology* ihrer Genese und ihrem Inhalt nach eng aufeinander bezogen[17].

Im Folgenden geht es allerdings nicht um die genannten Hauptwerke, sondern um ein kleines Manuskript, das *B. Lonergan* selbst mit „Analysis fidei" betitelt und auf den 8. März 1952 datiert hat. Der maschinengeschriebene Text ist in lateinischer Sprache verfaßt und scheint anläßlich einer Vortragsreihe im *Regis College / Toronto* erstellt worden zu sein, wo *B. Lonergan* von 1940 bis 1953 Theologie gelehrt hat[18]. In gedrängter Form trägt er in ihm viele von den Gedanken vor, die er in seinen späteren Hauptwerken entfalten und abwandeln wird. Ein vollständiger Überblick über die Gedankenwelt *B. Lonergans* steht daher mit der Lektüre des Manuskriptes aus dem Jahre 1952 nicht zu erwarten. Der Leser ist diesbezüglich auch weiterhin an *Insight* und *Method* verwiesen. Dem entspricht im folgenden Abschnitt der ausführliche Anmerkungsapparat, der den Text der analysis fidei von 1952 nicht nur großzügig dokumentiert, sondern auch Material anführt, das zu einem besseren Ver-

---

[16] Vgl. *G.B. Sala*, Nachwort 373 – 374.

[17] „Insight war ursprünglich im Hinblick auf ein Werk über die Methode der Theologie geplant. Die ausführliche Untersuchung der den Naturwissenschaften, der Philosophie und zum Teil den Geisteswissenschaften eigenen Methoden sollte eine genügend breite Grundlage schaffen, um, sich darauf stützend, erforschen können, wie die Theologie als Wissenschaft im heutigen kulturellen Milieu aussehen und mit welcher Methode sie durchgeführt werden müßte. Äußere Umstände (seine Versetzung nach Rom) veranlaßten Lonergan, seinen Plan zu ändern, nämlich den ursprünglich nur als Einleitung zu seinem Studium über die Methode der Theologie gedachten Teil zu einem eigenständigen philosophischen Werk zu vervollständigen. Dies war auch für ‚Method in Theology' vorteilhaft, das fünfzehn Jahre später in einer kulturellen Zeitlage erscheinen sollte, die inzwischen eine tiefe Veränderung erfahren hatte, und zwar gerade bezüglich dessen, was die katholische Theologie anbelangt" (*G. B. Sala*, Einleitung 12). Zur Entstehungsgeschichte siehe *B. Lonergan*, Insight Revisited, in: *W.F.J. Ryan SJ – B.J. Tyrell SJ* (Hg.), A Second Collection. Papers by BernardJ. F. Lonergan SJ, London 1974, 263 – 278.

[18] *B. Lonergan*, Analysis fidei. Unveröffentlichtes maschinengeschriebenes Manuskript, Regis College, Toronto 1952 (= Lonergan Research, Toronto)/ zit. Analysis. Herrn Lic. theol. *Stefan Notz*, Marl, gebührt an dieser Stelle besonderer Dank: Im Rahmen seiner Studien über *D. Tracy* ist er auf das Manuskript zur Glaubensanalyse gestoßen und hat es dem Verfasser der vorliegenden Studie freundlicherweise zugänglich gemacht.

ständnis des frühen Manuskriptes unerläßlich ist. Für die Sache der Glaubensanalyse lohnt jedoch die Mühe der Auseinandersetzung: Mit seiner Analysis fidei von 1952 legt *B. Lonergan* einen eigenständigen Vorschlag zur Glaubensanalyse vor, deren herkömmlichen Gang er in einigen Aspekten abwandelt und um den Begriff der Bekehrung ergänzt. Dem Werk von *J. H. Newman* und seiner Auffassung vom Glaubensakt weiß er sich darin eng verbunden. Dadurch gewinnt die analysis fidei von 1952 an Wert für die vorliegende Studie. In gewisser Weise spiegelt das Manuskript sogar deren Argumentationsgang: In Gestalt und Durchführung seines komplexen Schultraktates zur Glaubensanalyse knüpft *B. Lonergan* formaliter an die theologiegeschichtlichen Wurzeln des Traktates an, den er aber - geleitet von eigenen Ideen - weiterentwickelt. Die Begegnung mit *Thomas von Aquin* und *J. H. Newman* führt ihn dabei zu einem formal zwar strengen, inhaltlich aber sehr anregenden Glaubensdenken, dem das Subjekt des Glaubensaktes, der *homo viator*, zur eigentlichen Entdeckung und zu dessen Hauptanliegen wird.

5.1. *B. Lonergan SJ – „Analysis fidei"* im Regis College (Toronto 1952)

In der Darlegung seiner Glaubensanalyse äußert sich *B. Lonergan* - begünstigt durch die lateinische Sprache – in prägnanter Kürze: Auf neunzehn Manuskriptseiten entfaltet er in zwanzig Unterpunkten seine Überlegungen zur analysis fidei. In der Wahl der Begrifflichkeiten folgt *B. Lonergan* der Terminologie, wie sie herkömmlich in der Glaubensanalyse verwendet ist[19]. Er setzt aber mit der Weise, wie er den Stoff anordnet, thematische Schwerpunkte, in denen sein eigenes theologisches Denken erkennbar wird. So skizziert *B. Lonergan* in den *Punkten 1 bis 6* [20] den *assensus fidei* als das Ziel eines *processus logicus et psychologicus* [21]: Der Akt der Glaubenszustimmung erscheint hier als ein eigenständiger

---

[19] Zur Terminologie, die das Manuskript prägt, vgl. beispielsweise Analysis 5, Punkt 7, wo *B. Lonergan* eine Definition der Analysis fidei gibt: „Cum scientia sit certa rei cognitio per causas suas, analysis fidei intendit assensum fidei resolvere in causas omnes, intrinsecas et extrinsecas, proximas, medias, et immediatas seu primas."

[20] Vgl. Analysis 1 – 4. Die Punkte sind folgendermaßen betitelt: 1. Processus logicus (Analysis 1); 2. Processus psychologicus (Analysis 2); 3. Quid sit actus intellegendi reflexus (Analysis 2); 4. Quod in processu fidei psychologico cardo est actus intellegendi reflexus (Analysis 3); 5. Quantum differunt processus logicus et psychologicus (Analysis 4); 6. Quid sit coactio intellectus et quid rationalizatio (Analysis 4).

[21] Vgl. Analysis 2, Punkt 2.

Schritt, der in der Person des Glaubenden selbst verwurzelt und vor seiner Vernunft verantwortet ist. Auf diese Hinführung in den ersten sechs Punkten fragt B. *Lonergan* sodann in *Punkt 7* unter der Überschrift „Quid sit analysis fidei" nach der Aufgabe und den Inhalten der Glaubensanalyse [22]. Davon ausgehend vertiefen die *Punkte 8* bis *14* das Verständnis des Glaubensaktes und seiner Teilvollzüge[23]. Umfangmäßig erhält dabei der *fünfzehnte Punkt* besonderes Gewicht. Auf zwei Manuskriptseiten handelt B. *Lonergan* vom Gnadencharakter des Glaubens, den er als Bekehrungsgeschehen beschreibt: Dem Glaubenden widerfährt im Glaubensakt eine existentielle Veränderung[24]. Damit ist die Grundlage geschaffen, den *assensus fidei* präzise zu fassen. Dies geschieht in umfangreichen *Punkt 16* „De proprietatibus fidei". Der Glaubensakt ist für B. *Lonergan* individueller Zustimmungsakt, *assensus liber, supernaturalis, obscurus, infallibilis, firmus super omnia, irrevocabilis* [25], unverwechselbar persönliche Antwort auf den Gott, der sich dem Menschen offenbart[26]. Damit erweist sich der Glaube in der Tat als ein vielschichtiger *processus logicus et psychologicus*: Folgerichtig handeln die *Punkte 18 – 20* von der Weise, wie die Vernunft sich über den Glaubensassens Rechenschaft gibt. Dazu redet *Punkt 18* „De necessitate praeambulorum" von jenen Vernunftgründen, durch die der Gläubige im Glaubensakt zu begründeter Gewißheit gelangt. Abschließend greifen die *Punkte 19* und *20* noch einige Sonderfragen auf: Anhand lehramtlicher Aussagen klärt B. *Lonergan* in den letzten beiden Abschnitten seiner Glaubensanalyse das Verhältnis von Glaube und Vernunft[27].

---

[22] Vgl. Analysis 5.

[23] Vgl. Analysis 5 – 11. Die Punkte sind folgendermaßen betitelt: 8. Brevis conspectus (Analysis 5), 9. Motivum fidei in facto esse (Analysis 6); 10. De objecto formali supernaturali (Analysis 7); 11. Quod qui credit sicut opportet, objectum formale supernaturale attingit (Analysis 8); 12. Quod iterum aliter ponitur (Analysis 9); 13. De actibus qui proxime fidem antecedunt (Analysis 10); 14. De actibus qui remote fidem antecedunt (Analysis 11).

[24] Vgl. Analysis 12 – 13, Punkt 15 „ De gratia conversionis ad fidem".

[25] Vgl. Analysis 14 – 15, Punkt 16.

[26] Vgl. Analysis 15, Punkt 17: „ De necessitate fidei".

[27] Vgl. Analysis 16 – 19. Die Punkte sind folgendermaßen betitelt: 18. De necessitate praeambulorum (Analysis 16 - 18); 19. Circa fidem in haereticis, diabolis, et scientibus (Analysis 18 - 19); 20. Circa illud, „Recta ratio fidei veritatem demonstrat" (Analysis 19).

5.1.1. Processus fidei - processus logicus et psychologicus

Ohne Umschweife führt *B. Lonergan* seine Hörer und Leser an die Materie der Glaubensanalyse heran. Dazu stellt er im *ersten Punkt* der Analysis fidei von 1952 zwei Syllogismen vor: Im *ersten* der beiden Syllogismen schließt er von der Wahrhaftigkeit und Glaubwürdigkeit des offenbarenden Gottes auf die moralische Verpflichtung des Menschen, das, was ihm offenbart ist, im Glauben anzunehmen[28]. Der *zweite Syllogismus* nimmt diese Aussage auf: Wenn das, was den Menschen zu glauben verpflichtet, das natürliche Maß seiner Vernunft übersteigt, dann ist der Mensch de facto auf ein übernatürliches Ziel hingeordnet[29]. *Punkt 1c* erläutert die beiden Syllogismen: Da die göttliche Offenbarung mit den übrigen Gehalten menschlichen Wissens nicht vergleichbar ist, sie mit den Mitteln des Intellektes folglich nicht angemessen – *more Euclidiano* - erfaßt werden kann, ist ihr vielmehr so zu begegnen, daß in ihrem besonderen Falle der Glaube den Vorrang vor der Vernunfterkenntnis hat[30]. Ist der *erste Syllogismus* der traditionellen Lehre von der Erkennbarkeit Gottes und seiner Glaubwürdigkeit verpflichtet[31], weist der *zweite Syllogismus*

---

[28] „a. Quidquid Deus sciens homini veraciter revelat, est homini credendum. Atqui hoc est quod Deus sciens homini veraciter revelat. Ergo hoc est homini credendum" (Analysis 1, Punkt 1).

[29] „b. Si illud, quod homini est credendum, naturalem intellectus humani proportionem excedit, tunc homo de facto ad finem supernaturalem ordinatur et destinatur. Atqui illud, quod homini est credendum, naturalem intellectus humani proportionem excedit. Ergo homo de facto ad finem supernaturalem ordinatur et destinatur" (Analysis 1, Punkt 1). Vgl. dazu Analysis 11, Punkt 14b3: „Homo ad finem supernaturalem de facto ordinatur, si Deus ei credendum imponit quod naturalem intellectum proportionem excedat."

[30] „Agitur de facto omnibus aperto, nempe, revelationem non proponi more Euclidiano, imo ita proponi ut per prius sit credenda quam intelligenda, quia hac in vita adaequate intelligi non possit (DB 1796)" (Analysis 1, Punkt 1c).

[31] Vgl. dazu *L. Ott*, Grundriss der katholischen Dogmatik, 10. Auflage mit Literaturnachträgen, Freiburg – Basel – Wien 1981, 15 – 28. *L. Ott* handelt im ersten Hauptteil seines Grundrisses katholischer Dogmatik von der Erkennbarkeit Gottes „durch das natürliche Licht der Vernunft" (Grundriss 15). Dabei unterscheidet er die natürliche Gotteserkenntnis, die *mittelbar* oder als *cognitio analoga* erworben wird (vgl. Grundriss 22 –24), von der Glaubenserkenntnis: „Von der natürlichen Gotteserkenntnis unterscheidet sich die Glaubenserkenntnis durch das Erkenntnisprinzip (ratio fide illustrata), das Erkenntnismittel (revelatio divina) und das Formalobjekt (Gott, wie er durch die Offenbarung erkannt wird: Deus unus et trinus). Der Hauptgegenstand des übernatürlichen Glaubens sind die Glaubensgeheimnisse, die nur auf

offensichtlich in eine andere Richtung: In ihm wird das, was der Mensch zu glauben moralisch verpflichtet ist, mit der Hinordnung des Menschen auf sein übernatürliches Ziel in Beziehung gesetzt[32]. Damit hat B. Lonergan sein Anliegen präzise formuliert. Die Rede von der Bestimmung des Menschen, die ihm im *finis supernaturalis* verheißen ist, stellt den Glaubensakt in die konkrete heilsgeschichtliche Situation des Glaubenden, weist ihm also – zunächst formaliter – einen Prozeßcharakter zu. Wenn er daher am Ende des *ersten Punktes* seiner Glaubensanalyse beide Syllogismen zu einem einzigen zusammenfügt, hat B. *Lonergan* einer bloß formalen Glaubensanalyse die Absage erteilt[33]. Bereits hier begegnet eine Argumentationsfigur, die an die *Grammar of Assent* erinnert. In deren *zweiten Hauptteil* sucht *J. H. Newman* den formalen Aufweis der Vernunftgemäßheit einer Entscheidung im *illative sense* mit deren lebensgeschichtlicher Verwurzelung zu verknüpfen. B. *Lonergan* folgt dieser Linie im *zweiten Punkt* seines Manuskriptes zur Glaubensanalyse, in dem er vom *processus psychologicus* handelt. Unter diesen Begriff nimmt er zunächst jene Vollzüge, die *remote* dem Glaubensakt vorausgehen: Darunter versteht er jene *iudicia*, die im *processus logicus* getroffen werden, der insofern zum Bestandteil des *processus psychologicus* wird[34]. Sodann zählt

---

Grund der göttlichen Offenbarung bekannt sind (mysteria in Deo abscondita, quae, nisi revelata divinitus, innotescere non possunt; D 1795). Die göttliche Offenbarung verbürgt die unfehlbare Gewißheit der Glaubenswahrheiten (certitudo fidei). Die Glaubenswahrheiten stehen darum an Gewißheit über den natürlichen Vernunftwahrheiten" (Grundriss 28).

[32] Vgl. B. *Lonergan*, Analysis 1, Punkt 1c. Hier präzisiert er den Inhalt des zweiten Syllogismus: „Quod est homini credendum, est bonum humani intellectus; scilicet, est bonum, non tantum absolute (sicut omne ens est bonum) sed etiam relative ad intellectum humanum (sicut cibus est bonum animali). Iam vero quod est bonum relative ad intellectum humanum aut jacet intra naturalem eiusdem proportionem aut supponit humanum intellectum et ideo etiam ipsum hominem de facto ad finem supernaturalem ordinari. Nam bonum relative ad potentiam dicit perfectionem ipsius potentiae; perfectio autem potentiae advenit aut qua naturali aut qua oboedientiali".

[33] „Quidquid Deus sciens homini veraciter revelat, est homini credendum; quod si credendum naturalem humani intellectus proportionem excedit, homo de facto ad finem supernaturalem ordinatur et destinatur. Atqui hoc est quod Deus sciens homini veraciter revelat; quod sane continet ea qua naturalem humani intellectus proportionem excedunt. Ergo homo de facto ad finem supernaturalem ordinatur, et ideo totum revelatum, mysteriis inclusis, ei est credendum" (Analysis fidei 1, Punkt 1 d).

[34] Vgl. dazu Analysis 2, Punkt 2, wo B. *Lonergan* die Erkenntnisse von *Punkt 1* unter die „quattuor praemissas supra recitatas" faßt: „Actus principales, qui remote

B. Lonergan zum *processus psychologicus* jene sechs Vollzüge, die *proxime* in den Glaubensakt führen³⁵.

Der erste dieser Vollzüge ist das *initium fidei supernaturale*. Der Beginn des übernatürlichen Glaubens besteht danach in einem reflexiven Akt des Einsehens und Erkennens, in dem die Vernunftgemäßheit der übrigen fünf Vollzüge, die auf den Glauben hinführen, mit zureichender Evidenz deutlich wird: Der *actus reflexus intelligendi* wie auch die übrigen Vollzüge stehen damit folglich schon unter der *gratia divina*³⁶. Auf den reflexen Akt der Einsicht, das *initium fidei supernaturale*, folgt das *iudicium practicum credibilitatis*. Mit ihm bekräftigt der Einzelne, daß er zum übernatürlichen Heil hingeordnet und bestimmt ist, deshalb also die *credibilitas* der Glaubensgeheimnisse anzunehmen vermag³⁷. *Drittens* folgt das *iudicium practicum credentitatis*, mit dem der Einzelne versichert, daß alles,

---

fidem antecedunt, sunt quattuor iudicia quibus quis affirmat veras esse quattuor praemissas supra recitatas. Actus secundarii, qui remote fidem antecedunt, sunt omnes quibus ad haec quattuor iudicia proferenda pervenitur." An anderer Stelle heißt es: „Actus qui remote fidem antecedunt sunt alii principales et alii secundarii. Principales sunt quattuor actus iudicandi quibus afffirmantur praemissae duorum syllogismorum sub numero primo recitatorum. Secundarii sunt qui in principales ducant, puta, philosophiam sanam et theologiam fundamentalem" (Analysis 11, Punkt 14 a).

³⁵ „Actus qui proxime ipsam fidem respiciunt sunt sex sequentes" (Analysis 2, Punkt 2). Vgl. dazu G. *Dobroczynski* mit Hinweis auf *B. Lonergan*, Insight 708 – 709: „Man kann im Glaubensakt folgende Stufen unterscheiden: 1. Grundlegende Behauptungen über den Wert eines Glaubensaktes, über die Glaubwürdigkeit der Quelle und über die Genauigkeit der Übertragung der Mitteilung aus der Quelle; 2. den reflexiven Verstehensakt, der aufgrund von 1 den Wert, einer gewissen Behauptung Glauben zu schenken, als virtuell unbedingt erfasst; 3. das Urteil über den Wert der Glaubensentscheidung, daß eine gewisse Behauptung sicher oder wahrscheinlich wahr oder falsch; 4. die Willensentscheidung als einen freien und verantwortlichen Akt zu glauben, daß eine gewisse Behauptung wahrscheinlich oder sicher wahr oder falsch sei; 5. die Zustimmung, die zum Glaubensakt wird. Das ist ein Akt des rationalen Selbstbewußtseins, der im Verlauf der menschlichen Mitarbeit in der Erweiterung und Mitteilung der Erkenntnis entsteht" (Einsicht 185 –186).

³⁶ „Primus est ipsum initium fidei supernaturale. Consistit in actu intelligendi reflexo quo quis perspicit evidentiam sufficere ut rationabiliter eliciat quinque actus sequentes" (Analysis 2, Punkt 2).

³⁷ „Secundus est iudicium practicum credibilitatis mysteriorum. Consistit in eo quod quis affirmat se in finem supernaturalem de facto ordinari et destinari, ideoque mysteria credere bonum sibi esse" (Analysis 2, Punkt 2).

was geoffenbart worden ist,- „mysteriis inclusis"[38] – zu glauben sei. Auf die beiden *iudicia practica* folgt *viertens* die *volitio finis*: In diesem Akt erstrebt der Mensch das *finis supernaturalis*, auf das er hingeordnet ist[39]. Neben der *volitio finis* ist es *fünftens* die *volitio medii seu ipse pius credulitatis affectus*, in der Mensch die Glaubensverpflichtung vernimmt und den *assensus fidei* befiehlt[40]. Am Ende des *processus psychologicus* steht der Glaubensassens selbst: Hervorgegangen durch den Intellekt, ist der *assensus fidei* vom Willen in Freiheit befohlen[41].

B. *Lonergan* hat damit den Glauben als ein komplexes Geschehen in sechs Schritten gekennzeichnet, das prozeßhaft auf den *assensus fidei* zuläuft, der von Vollzügen ganz unterschiedlicher Art getragen ist. Intellekt und Personalität geben dabei gemeinsam dem Glaubensakt sein individuelles Gepräge. Folgerichtig kann B. *Lonergan* den Glaubensprozeß als einen *processus logicus* beschreiben und darin dennoch personale Elemente in Erinnerung rufen[42]. Ebenso folgerichtig kann er aber auch dem *processus psychologicus* eine eigene Form verantworteter Vernunftgemäßheit zusprechen. Dies geschieht im *dritten* und *vierten Punkt* seiner Glaubensanalyse. Hier erläutert er den *actus intelligendi reflexus*, den er als Beginn des übernatürlichen Glaubens versteht. In *Punkt 3* nimmt B. *Lonergan* für die menschliche Erkenntnis die Fähigkeit zum Wachstum an, wobei er um einen dreifachen Grad der Vervollkommung weiß[43]. Der *erste Grad* menschlicher Erkenntnis ist der der *experientia*, die in den Vollzügen äußerer und innerer sinnlicher Wahrnehmung besteht[44]. Mit dem Begriff der *intelligentia* kennzeichnet B. *Lonergan* den *zweiten Grad* menschlicher Erkenntnis, die Ebene des Verstehens. Die *intelligentia* beginnt mit einer Art Bewunderung für die Gegebenheiten der Wirklichkeit

---

[38] Analysis 2, Punkt 2. Hier auch: „Tertius est iudicium practicum credentitatis. Hoc iudicio affirmatur totum revelatum, mysteriis inclusis, esse credendum."

[39] „Quartus est volitio finis. Hoc actu homo vult finem supernaturalem ad quem ordinatur, eumque prosequi intendit" (Analysis 2, Punkt 2).

[40] „Quintus est volitio medii seu ipse pius credulitatis affectus. Homo consentit obligationi credendi, et assensum fidei imperat" (Analysis 2, Punkt 2).

[41] „Sextus est ipse fidei assensus, in intellectu elicitus, a voluntate libere imperatus" (Analysis 2, Punkt 2).

[42] Vgl. Analysis 1, Punkt 1b.

[43] „Incrementum cognitionis humanae tribus gradibus perficitur" (Analysis 2, Punkt 3).

[44] „Primus gradus est experientia. Consistit in actibus sensuum externorum et internorum" (Analysis 2, Punkt 3).

und findet ihren Ausdruck in der Frage „quid sit"[45]. Das Verstehen sucht
zunächst das Wesen von Dingen und Begriffen zu ergründen,durch das
sich dann in gedanklicher Arbeit das *verbum interius incomplexus* fügt[46].
Der *dritte Grad* menschlicher Erkenntnis ist der der *reflectio*, der mit einer
gewissen kritischen Unruhe ihren Ausgang nimmt und seinen angemessenen Ausdruck in der Frage „an sit" findet[47]. Die *reflectio* ermittelt die
Evidenz, die das Urteil des Intellektes über einen Sachverhalt rechtfertigt.
Dazu befragt sie zunächst das Zeugnis der Sinne und der Erinnerung,
erwägt Definitionen, Hypothesen oder vorangegangene Urteile: Daraufhin beginnt sie abzuwägen und zu ermessen, ob die Evidenz hinsichtlich
jenes Urteiles in einem rechten Verhältnis steht oder nicht[48]. Eine solche
reflectio, ponderatio, mensuratio endet in jener Einsicht, in der bezüglich des
zu fällenden Urteils dessen Evidenz mit Gewißheit geschaut wird[49]. Erst
in diesem Moment – *perspecta evidentia*[50] – wird mit vernunftgemäßer
Notwendigkeit das Urteil getroffen, findet sich das *verbum interius com-
plexus*[51].

Im *vierten Punkt* seiner Glaubensanalyse vertieft B. *Lonergan* den
Gedanken des *processus fidei psychologicus*, den er *cardo* bezeichnet: Der
actus intellegendi reflexus selbst ist der Dreh- und Angelpunkt von Einsicht
und Erkenntnis[52]. In ihm versammelt sich alle vorhergehende Erkennt-

---

[45] „Alter gradus est intelligentiae. Incipit ab admiratione illa quae exprimitur per
quaestionem, Quid sit" (Analysis 2, Punkt 3).
[46] „Consistit in duobus actibus: primo ipsa quidditas sive rei sive nominis intelli-
gitur; deinde eadem per definitionem, cogitationem, considerationem, vel supposi-
tionem, verbo interiori incomplexo dicitur" (Analysis 2, Punkt 3).
[47] „Tertius gradus est reflectionis. Incipit ab inquietudine critica quae exprimitur
per quaestionem, An sit" (Analysis 2, Punkt 3).
[48] „Pergit ad totam evidentiam colligendam atque ordinandam sive in sensibus
invenitur, sive in memoria, sive in definitionibus, sive in hypothesibus, sive in iudiciis
anteactis. Quibus omnibus collectis et ordinatis, incipit ponderatio quaedam atque
mensuratio ad determinandum utrum evidentia ad iudicium fundandum proportio-
netur necne" (Analysis 2, Punkt 3).
[49] „Quae reflectio, ponderatio, mensuratio terminatur ad actum intelligendi reflexum quo perspicitur evidentia certo, probabiliter, possibiliter, dubie, nullo modo sufficere ut iudicium eliciatur" (Analysis 2, Punkt 3).
[50] Vgl. Analysis 2, Punkt 3.
[51] „Denique, perspecta evidentia, oritur necessitate quadam rationali ipsum iudicium seu verbum interius complexum" (Analysis 2, Punkt 3).
[52] Vgl. dazu die Überschrift zu *Punkt 4*: „Quod in processu fidei psychologico
cardo est actus intelligendi reflexus" (Analysis 3).

nis, in ihm werden überdies alle Vollzüge, die daraufhin im Erkenntnisprozeß erfolgen, antizipiert und zugrundegelegt[53]. Unter die *antecedentia remote fidem* zählt B. *Lonergan* die *actus principales*, von denen er im
processus logicus handelt[54]. Die besagten *actus iudicandi* gelten allerdings
gemäß *Punkt 14b* und *14c quoad substantiam* als Objekt natürlicher Erkenntnis und sind Materie von Philosophie und Fundamentaltheologie
(Punkt 14a)[55]. Im *processus psychologicus* kommen die Gründe *remote fidem*
jedoch unter den Einfluß der *gratia elevans*[56]: B. *Lonergan* redet hier nicht
ohne Grund vom konkreten Menschen und dessen Bereitschaft, den
Glaubensschritt zu wagen. Ihm zufolge nimmt der *actus intellegendi reflexus* in jedem Menschen einen eigenen Verlauf[57]. *Quaestiones philosophicas
historicas, physicas, apologeticas* bewegen dabei den Menschen, der sich
hierin leicht verlieren könnte, wenn er nicht irgendwann die Frage nach
dem eigenen Ziel und der Verplichtung zum Glauben stellt[58]. Diese Frage
ist aber nur insofern fruchtbar, wenn der Fragende sein Wissen so zu

---

[53] „Cardo cuiusdam processus in illlo actu est ponendus in quo omnia antecedentia in unum colliguntur et omnia subsequentia anticipantur et quodammodo fundatur" (Analysis 3, Punkt 4).

[54] „Actus enim remote fidem antecedentes constituunt quadam evidentiae apprehensionem" (Analysis 3, Punkt 4).

[55] „Secundarii sunt qui in principales ducant, puta, philosophiam sanam et theologiam fundamentalem" (Analysis 11, Punkt 14a). Vgl. dazu Punkt 14b: „Actus principales non excedunt naturalem intellectus humani proportionem." Siehe auch: „Cum
actus principales non sint supernaturales quoad substantiam, a fortiori idem est
dicendum de actibus secundariis in quantum in principales ducant. E.g., exsistentia
Dei quae est totius negotii fundamentum. DB 1806" (Punkt 14c).

[56] „Requiritur gratia supernaturalis quoad substantiam (gratia elevans) ad actus
eliciendos qui proxime ipsam fidem respiciunt. Nam hi actus sunt supernaturales et
specificati ab obiecto formali supernaturali" (Analysis 12, Punkt 15a).

[57] „Quae apprehensio aliter fit in doctis et aliter in incultis, aliter in fidem haben-
tibus et aliter in iis qui ad fidem procedunt. Multos et diversos et diversos actus includit circa quaestiones philosophicas, historicas, physicas, apologeticas" (Analysis 3,
Punkt 4).

[58] „In quibus pervestigandis atque perscrutandis facile tota vita humana consumi
potest, nisi quis ponit quaestionem reflexam de proprio fine ac credendi obligatione"
(Analysis 3, Punkt 4).

ordnen vermag, daß ersichtlich wird, auf welche Weise eine Antwort darauf möglich ist[59].

B. *Lonergan* sieht hier das eigentliche Wirkungsfeld des *actus intellegendi reflexus* und darin den Beginn des übernatürlichen Glaubens[60], dem er mit DH 3010 eine eigene Form von Vernunfthaftigkeit zuschreibt: *Fides enim non est caecus animi motus*[61]. Die spezifische *natura rationalis* des Glaubens zeichnet sich durch das Prinzip hinreichender Vernunftgemäßheit aus, an dessen Maß spätere Erkenntnisvollzüge des Intellektes vorweggenommen und sodann gerechtfertigt werden[62]. Erkenntnisvollzüge empfangen hieraus ihren Vernunftgemäßheit, wie B. *Lonergan* an den Beispielen von Urteil und Wille erläutert[63]. Im *dritten* und *vierten Punkt* ist damit ein Erkenntnismodell dargelegt, demzufolge der menschliche Intellekt in einer offenen Struktur zu Einsicht, Erkenntnis und Urteil findet. B. *Lonergan* hält sich dabei genau an das Schema, das er im *zweiten Punkt* seiner Glaubensanalyse vorstellt: Der *actus intellegendi reflexus* zielt auf die *iudicia practica credibilitatis et credentitatis*, darüberhin-

---

[59] „Quae sane quaestio manebit infructuosa, nisi incipitur labor colligendi et ordinandi omnia ita ut perspici possit quemmadmodum ad quaestionem sit respondendum. Quod si perspicitur, actu intelligendi reflexo perspicitur" (Analysis 3, Punkt 4).

[60] „Praeterea, idem actus reflexus anticipat et quodammodo fundat omnia quae subsequentur" (Analysis 3, Punkt 4).

[61] „ Licet autem fidei assensus nequaquam sit motus animi caecus: nemo tamen ,evangelicae praedicationi consentire' potest, sicut oportet ad salutem consequendam, „absque illuminatione et inspiratione Spiritus Sancti, qui dat omnibus suavitatem in consentiendo et credendo veritati (Synodus Arausicana II: DH 377)" (DH 3010). B. *Lonergan* zitiert aus DH 3010 in etwas abgewandelter Form. Vgl. dazu Analysis 3, Punkt 4: „Fides enim non est caecus animi motus (DB 1791). In eo enim differt natura rationalis a natura caeca et spontanea quod haec certis legibus gubernatur, illa vero se gubernat hac lege generalissima, nempe, principio rationis sufficientis obtemperandum est." Siehe auch Analysis 4, Punkt 5: „At processus fidei psychologicus addit super syllogismum non solum logicum sed etiam psychologicum. .... Fides enim non est caecus animi motus."

[62] „Quod principium ut valeat, necesse est ut actus futuri anticipentur, ut anticipati secundum hoc principium mensurentur, ut anticipati et mensurati ideo denique fiant quia huic principio satisfaciunt" (Analysis 3, Punkt 4).

[63] „Actus enim humani eatenus sunt rationabiles, quatenus ex pespecta rationabilitate procedunt. Ita iudicium rationabile est, quia ex perspecta evidentiae sufficientia procedit. Ita pariter volitio est rationabilis, quia eius obiectum per prius iudicatur bonum seu secundum rationem (nam bonum hominis est secundum rationem esse)" (Analysis 3, Punkt 4).

aus auf die *volitiones finis et medii supernaturales*, schließlich auf den *assensus fidei* selbst[64]. Die Vernunft leistet dazu ihren eigenen, fünffachen Beitrag: Sie verwandelt das allgemein wissenschaftliche und philosophische Fragen in die eigentliche, religiöse Frage; sie fügt die Erkenntnisvollzüge, die *remote fidem* dem *assensus* vorangehen, zu einer Einheit; sie vernimmt die Vernunftgemäßheit aller Akte bis hin zum assensus fidei; sie begründet jene Vollzüge, insofern sie sie vernunftgemäß im Menschen vorfindet[65]. B. *Lonergan* unterscheidet dazu im *sechsten Punkt* die objektive von der subjektiven *coactio intellectus*: Die Vernunft begleitet demnach den *processus fidei*, dessen einzelne Schritte sie ermöglicht, erhellt und rechtfertigt. Sie geht aber nicht in ihm auf[66].

Vor diesem Hintergrund kann B. *Lonergan* im *fünften Punkt* seiner Glaubensanalyse das Verhältnis, das zwischen dem *processus logicus* und dem *processus psychologicus* besteht, näher bestimmen. Dazu bezieht er sich noch einmal ausdrücklich auf den *ersten Punkt* seines Manuskriptes. Repräsentiert der logische Syllogismus das Objekt des *actus reflexus intellegendi*, so besteht der psychologische Syllogismus aus wirklichen Vollzügen reflexer Einsicht, die ihrerseits – *sub influxu reflexionis criticae modo synthetico* – hinsichtlich eines zu treffenden Urteils dessen zureichende Evidenz erfassen[67]. In aller Unterschiedenheit sind beide Syllogismen jedoch nach B. *Lonergan* eng aufeinander bezogen: Der Glaube ist ver-

---

[64] „Qua de causa in processu fidei psychologico et rationabili, actus intellegendi reflexus non solum antecedentia in synthesin redigit sed etiam eadem ponderat atque mensurat secundum eorum proportionem ad actus subsequentes, nempe ad iudicia practica credibilitatis et credentitatis, ad volitiones finis et medii supernaturalis, denique ad ipsum fidei assensum imperandum atque eliciendum" (Analysis 3, Punkt 4).

[65] „Quibus dictis satis elucet actum intellegendi reflexum 1) supponere transitum a quaestionibus mere scientificis et philosophicis in quaestionem practicam et religiosam, 2) adddere unitatem actibus remote fidem antecedentibus, 3) eorum fructum colligere et percipere, 4) perspicere rationabilitatem omnium actuum subsequentium usque ad fidei assensum inclusive, et 5) fundare eosdem actus omnes quatenus rationabiliter in homine fiunt" (Analysis 3, Punkt 4).

[66] „Objectiva intellectus coactio est ab ipsis rebus vel rerum testimoniis cognoscendis, quae contradictorie se opponant ad iudicia falsa. Subjectiva intellectus coactio 1) ex ipsa experientia oritur, 2) per claram intellegentiam et distinctum conceptionem augetur, et 3) per ipsam intellectus legem, nempe, principium rationis imponitur" (Analysis 4, Punkt 6).

[67] „Processus logicus est abstracta quadam repraesentatio processus psychologici" (Analysis 4, Punkt 5).

nunftgemäß, insofern also keine blinde Regung der Seele[68]. Er ist aber zudem in der Person des Glaubenden verankert[69]. Der Akt reflexer Einsicht nimmt insofern nicht nur das *iudicium credentitatis* vorweg, sondern auch den freien Willen, sogar den *assensus fidei*[70]. Der Ausgriff auf den Glaubensassens verändert den Menschen: Im *actus intellegendi reflexus* werden neue Verpflichtungen vorweggenommen, die im Glauben anzunehmen sind. B. *Lonergan* versteht darunter den Beginn eines neuen Lebens, das er etwa in neuen Gewohnheiten, anderen Menschen in Wertschätzung zu dienen, ausmacht. In der Vorwegnahme des *assensus fidei* nimmt auch eine neue intellektuelle Unterordnung unter das kirchliche Lehramt ihren Anfang. Im komplexen Geschehen des *processus logicus* erwächst dem Gläubigen per virtutem fidei ein neues Gottesverhältnis: Der *actus intellegendi reflexus* kann folglich in seinen einzelnen Vollzügen nicht auf eine bloß abstrakte Weise beschrieben werden, sondern nur darin, wie diese Vollzüge konkret geschehen[71]. Folgerichtig bedeutet es nach B. *Lonergan*, sehr heftig zu irren, wollte man den *processus fidei* allein von seiner logischen Analyse her würdigen oder beurteilen, dabei aber den *processus psychologicus* mißachten oder gar vergessen[72]. Den *ersten Syllogismus* um den Hinweis auf die übernatürliche Bestimmung des

---

[68] „Ita syllogismus logicus continet tres propositiones quae repraesentant obiecta iudiciorum possibilium. Syllogismus vero psychologicus continet tres iudicandi actus quibus homo rationabiliter verum affirmat. Syllogismus logicus continet vocem illam, Ergo, quae repraesentat obiectum cuiusdam possibilis actus reflexi intellegendi. Syllogismus vero psychologicus continet actualem actum intellegendi reflexum quo quis sub influxu reflexionis criticae modo synthetico evidentiam in diversis actibus dispersam apprehendit eamque sufficere pespicit ad iudicium rationabiliter proferendum" (Analysis 4, Punkt 5).

[69] „At processsus fidei psychologicus addit super syllogismum non solum logicum sed etiam psychologicum" (Analysis 4, Punkt 5).

[70] „Nam in actu intellegendi reflexo qui ad fidei assensum ducit, non solum iudicium credentitatis anticipatur, sed etiam libera volitio et ipse assensus imperandus. Fides enim non est caecus animi motus" (Analysis 4, Punkt 5).

[71] „Praetera ita actus anticipantur, non ut abstracte describi possunt, sed ut concrete fiunt. Anticipantur ergo novae obligationes per fidem affirmandae, nova vita inchoanda, novae habitudines ad alios homines caritate diligendos, nova submissio intellectualis ad magisterium ecclesiae subeunda, et maxime nova habitudo ad Deum per virtutem fidei theologicam incipienda" (Analysis 4, Punkt 5).

[72] „Quibus perpectis, vehementer sane errare est ille dicandus, qui totum processum psychologicum ignorans vel omittens, processum fidei ex sola analysi logica aestimat atque iudicet" (Analysis 4, Punkt 5).

Menschen zu ergänzen, findet hier ihre schlüssige Erklärung: In seiner Glaubensanalyse fragt *B. Lonergan* in besonderer Weise nach dem Subjekt und seinem individuellen Glaubensweg. In seinem Hauptwerk *Insight* wird er fünf Jahre später erneut darauf zu sprechen kommen. Nach *O. Muck SJ* untersucht *B. Lonergan* im *ersten* der *beiden Hauptteile* von *Insight* das menschliche Erkennen [73]. Das Erkennen begreift er als *Einsicht* und damit als Vorgang, „der in verschiedenen typischen Zusammenhängen mit anderen Geschehnissen vorkommt"[74]. Anhand von Tatsachen, die sich in der Wissenschaftsgeschichte, aber auch in der Biographie einzelner Menschen feststellen lassen „und über die sich daher verhältnismäßig leicht gemeinsame Zustimmung erzielen läßt"[75], wird dies greifbar. Auf die *quaestio facti* im *ersten Hauptteil* folgt die *quaestio iuris* im *zweiten Hauptteil*[76]. Die Einsicht wird untersucht, insofern sie *Erkenntnis* ist. Der Anspruch der Erkenntnis aber, „unter bestimmten Bedingungen eine Welt von Seienden zu enthüllen, etwas Unbedingtes zu erfassen"[77], wird einer genauen Prüfung unterzogen und gegebenenfalls als berechtigt ausgewiesen[78]. Im Fall der Selbstbejahung des Erkennenden, d.h. in jedem Vollzug der Erkenntnistätigkeit, zeigt sich die Anerkennung eines solchen Anspruches als „unumgänglich"[79]: Die Erkenntnistätigkeit vermag tatsächlich Unbedingtes erfassen[80]. Der Erkenntnisprozeß selbst verläuft in drei Schritten, womit sich *B. Lonergan* offensichtlich auf die *Grammar of Assent*[81] bezieht. Die *Einsicht* führt über die *Erkenntnis* zum

---

[73] Vgl. *B. Lonergan*, Insight, Part I: INSIGHT AS ACTIVITY 1 – 316.

[74] *O. Muck*, Methode 235.

[75] *O. Muck*, Methode 235. „ Das Interesse gilt daher zunächst nicht dem Erkannten, sondern dem Erkennen. Während das Erkannte eine unübersehbare Vielfalt birgt, besitzt das Erkennen eine immer wiederkehrende Struktur, die in einer Reihe von passend gewählten Beispielen erforscht werden kann (Ins. XVIII). Dazu dient der erste Teil des Buches, die Reflexion auf das menschliche Erkennen in Mathematik, Physik und Alltag." (*O. Muck* , Methode 235).

[76] Vgl. *B. Lonergan*, Insight, Part II: INSIGHT AS KNOWLEDGE 317 – 730.

[77] *O. Muck*, Methode 235.

[78] Vgl. *O. Muck*, Methode 235.

[79] *O. Muck*, Methode 235.

[80] Vgl. *O. Muck*, Methode 235.

[81] In der Anlage wie *Insight* ebenfalls zweiteilig, skizziert die *Grammar of Assent* den Weg menschlicher Erkenntnis von der Begegnung mit der Wirklichkeit in der Erfassung (*Hauptteil I*) über deren individuelle Aufarbeitung durch den *illative sense* bis hin zum Akt der Zustimmung und seiner Vergewisserung (*Hauptteil II*). *B. Lo-*

Urteil, das menschliche Erkenntnistreben erweist sich dabei als „Intentionalität im Vollzug auf das Sein"[82]. Das Sein ist das, „was durch Verstehen
und Urteilen zu erkennen ist"[83]. *Sein* ist dabei all jenes, was durch ein-

---

nergan ergründet dagegen im *ersten Hauptteil* von *Insight* das Wesen von Einsicht und
Urteil, bevor er im *zweiten Hauptteil* von der Selbstaneignung des Subjektes handelt.
   [82] *G. Dobroczynski*, Einsicht 95.
   [83] *G. B. Sala*, Nachwort 372. Ebd. 368 zeichnet *G.B. Sala* „Lonergans Wendung
zum Subjekt" nach: Diese wurzelt in der intensiven Auseinandersetzung mit der Erkenntnistheorie, wie sie *B. Lonergan* bei *Thomas v. Aquin* ermittelt. In seiner Studie
Verbum. Word und Idea in Aquinas, Notre Dame 1967 erforscht *B. Lonergan* zu diesem
Zweck die thomasische Lehre über „jene herkömmliche Trinitätsanalogie" (Nachwort
368), die im Geist des Menschen ein Abbild des dreifaltigen Gottes sieht. Nach *G. B.
Sala* geht *B.Lonergan* in seiner Untersuchung einen Weg, der ihm den Sinn des thomasischen *intelligere* erschließt: „Denn diese Trinitätsanalogie, gerade weil sie auf Augustinus zurückgeht, kann das Abbild Gottes als Eines in drei Personen nicht in der
metaphysischen Struktur der menschlichen Erkennntnis- und Willenstätigkeit er-
blicken. Eine solche metaphysische Struktur lag dem Interesse Augustinus' in seiner
Sondierung des menschlichen Geistes mittels einer offenkundig introspektiven Analyse fern. Wenn andererseits Thomas seine Lehre vom Verbum im Kontext der Aristotelischen Metaphysik dargelegt hat, ist anzunehmen - dies war die Arbeitshypo-
these Lonergans -, daß er metaphysische Begriffe und Lehrstücke benutzt hat, um
bewußte Handlungen im Menschen systematisch auszudrücken. Es galt deshalb,
diese bewußten Elemente ausfindig zu machen" (Nachwort 368 – 369). *G. B. Sala*
nennt zwei Ergebnisse, die *B. Lonergan* in seiner Studie ermittelt: 1. „Verstehen heißt
Erfassen, wie die Daten der Sinne (oder des Bewußtseins) aufeinander bezogen sind;
das Verstehen fügt der Mannigfaltigkeit des Gegebenen einen Komplex von Beziehungen und damit einen Sinn hinzu, der das Mannigfaltige unter einem bestimmten
Aspekt zur Einheit führt" (Nachwort 369). Sein *Verbum*, üblicherweise *Begriff* genannt,
spricht der Geist nicht automatisch, sondern nach der ihm eigenen Kausalität. Begriffe gründen damit im *sentire* und *intelligere*, sie sind empirisch und einsichtig zugleich (vgl. Nachwort 369) 2. Für das Urteil, in das der Verstehensakt mündet, bedeutet dies: „Denn die voraufgehende mentale Synthese ist von sich aus bloß hypothetisch: Sie besagt eine *mögliche* Erklärung der Daten. Sie wird deshalb von unserem
kritischen Geist auf ihren Absolutheitscharakter hin untersucht, sie weist diesen Absolutheitscharakter auf, wenn sämtliche, für sie relevanten Daten tatsächlich auf der
Ebene der Sinneserfahrung oder des Bewußtseins und nur sie vorhanden sind, wenn
also die Übereinstimmung zwischen Begriff und Daten festgestellt wurde. Erst dann
vermag unser Geist rational zu urteilen, insofern er den notwendigen und zureichenden Grund für jene absolute Sezung (‚es ist so') hat, in der das Urteil besteht"
(Nachwort 369). Nach *G. Lamb* überträgt *Insight* die Theorie des Erkennens, „die
Lonergan von Thomas von Aquin gelernt hatte, in zeitgenössische Reflexionstexte
nergan von Thomas von Aquin gelernt hatte, in zeitgenössische Reflexionskontexte"

sichtiges Erfassen und rationale Bejahung erkannt werden kann. Die Notion des Seins schließt keinesfalls dasjenige Sein jenseits der Grenzen menschlicher Erfahrung aus[84]. *B. Lonergan* geht es unbestreitbar darum, Einsicht in die Einsicht zu erlangen und zu vermitteln[85]. Was der Mensch erkennt, ist *proportioniertes Sein*, „known by human experience, intelligent grasp, and reasonable affirmation"[86]. Erkennen wird zum Streben, ausgerichtet auf das Sein[87], unbegrenzt in seinem Horizont[88]. Nach *G. Dobroczynski* ist das Sein entweder proportioniert oder transzendent, je nachdem, ob es innerhalb oder außerhalb des Bereiches menschlicher Erfahrung liegt[89]. *B. Lonergan* ergänzt die Rede vom proportionierten Sein um den Begriff der *Transzendenz*, für ihn – „despite the imposing name"[90] – der elementare Vorgang, weitere Fragen zu stellen[91]. Quelle der Transzendenz ist die *Intentionalität*, das menschliche Erkenntnisstreben[92]. Die

---

(Bernard Lonergan 461). Zu *Thomas von Aquin* im Werk *B. Lonergans* siehe *G. Dobroczynski*, Einsicht 104 – 105.

[84] Vgl. *G. Dobroczynski*, Einsicht 154.

[85] „Indeed, it is a knowledge of knowledge that seems extremely relevant to a whole series of basic problems in philosophy" (*B. Lonergan*, Insight XI). In Insight XXII situiert *B. Lonergan* das Anliegen im philosophiegeschichtlichen Kontext:"(1) Plato' s point in asking how the inquirer recognizes truth when he reaches what, as an inquirer, he did not know, (2) the intellectualist (though not the conceptualist) meaning of the abstraction of form from material conditions, (3) the psychological manifestation of Aquina' s natural desire to know God by his essence, (4) what Descartes was struggling to convey in his incomplete *Regulae ad directionem ingenii*, (5) what Kant conceived as *a priory* synthesis, and (6) what is named the finality of intellect in J. Marechal' s vast labour on *Le point de depart de la meataphysique*."

[86] *B. Lonergan*, Insight 391.

[87] „Wenn im Zusammenhang mit der Intentionalität über *Notion des Seins* die Rede ist, dann ergibt sich die Notwendigkeit der Klärung des Sprachgebrauchs. Es muß darauf hingewiesen werden, daß *die Notion des Seins* nicht mit dem *Begriff des Seins* verwechselt werden darf. Nur in seinen frühesten Schriften benutzte Lonergan den Ausdruck „the concept of being" (Seinsbegriff). Gleichzeitig aber versuchte er die Eigenartigkeit dieses Begriffes zu unterstreichen; sehr schnell verläßt er diesen Sprachgebrauch, um ihn konsequent durch den Ausdruck „the notion of being" (die Notion des Seins) zu ersetzen" (*G. Dobroczynski*, Einsicht 97).

[88] Vgl. *G. Dobroczynski*, Einsicht 95.

[89] Vgl. *G. Dobroczynski*, Einsicht154.

[90] *B. Lonergan*, Insight 635.

[91] „...transcendence is the elementary matter of raising further questions" (*B. Lonergan*, Insight 635).

[92] Vgl. *G. Dobroczynski*, Einsicht 168.

Intentionalität ist für *B. Lonergan* „Ausgangs- und Grundbegriff"[93], er meint jenen geistigen Dynamismus, der das Streben „nach Erkenntnis *und* nach Wollen und sich Entscheiden (intelligent-rational und moralisch in einem) ist"[94]. In diesem Sinne begründet die Intentionalität die Transzendenz, indem sie jegliches Fragen zuläßt und fördert[95]. Das Subjekt besitzt die Fähigkeit, die Welt wahrzunehmen, sie zu verstehen, es ist davon durchdrungen, Entscheidungen zu treffen[96]. In seinem Vollzug wird sich das Subjekt darüber bewußt, welche Strukturen die Intentionalität in ihm ausbildet[97]. So kann *B. Lonergan* die Wahrheit als *adaequatio intellectus et rei* bestimmen, die *adaequatio* aber als Tat des Subjektes - *iudicium seu assensus* - auslegen[98]. Auf der Suche nach der Wahrheit ist das Subjekt auf dem Weg der Selbstaneignung[99]. Die Klärung dessen, was

---

[93] *G. Dobroczynski*, Einsicht 96.

[94] *G. Dobroczynski*, Einsicht 94, Anm. 25.

[95] „Wir haben also mit einem Paradox zu tun, wonach die Transzendenz der Immanenz nicht widerspricht, sondern sie voraussetzt" (*G. Dobroczynski*, Einsicht 168).

[96] Vgl. *G. Dobroczynski*, Einsicht 98.

[97] Vgl. *G. Dobroczynski*, Einsicht 98. Vgl. dazu *B. Lonergan*, Das Subjekt, in: QD 67 (1975) /zit. Subjekt, 33-51, hier 33 – 37. *B. Lonergan* betont hier die Bedeutung des Subjektes und nennt ebd. drei Gründe, die dessen ideengeschichtliche Vernachlässigung einsichtig machen. Diese liegt in einer „übertriebenen Sicht der Objektivität der Wahrheit" (Subjekt 35), „im rationalistischen Begriff der reinen Vernunft" (Subjekt 36) und einer vermeintlich allgemeingültigen Konzeption der Seele (Subjekt 36 – 37). Demgegenüber betont *B. Lonergan* , daß die Wahrheit ontologisch ihren Ort im Subjekt hat (vgl. Subjekt 34), Vernunft sich in intellektueller Bekehrung, geistiger Offenheit, in Bemühung, Demut und Ausdauer erschließt: „Die Erforschung des Subjektes ist von ganz anderer Art, denn es ist das Studium des eigenen Ichs, insofern dieses seiner selbst bewußt ist....Sie befaßt sich mit den Handlungen und mit ihrem Zentrum und letzten Träger, der das Selbst ist" (Subjekt 36-37).

[98] „Bonum et malum sunt in rebus; verum et falsum sunt in intellectu. Iterum, veritas logica formaliter est in solo judicio seu assensu. Quod verum est quodammodo forma per quam actus fidei suo termino seu fini proportionatur; veritas enim est adaequatio intellectus et rei" (Analysis 5, Punkt 8).

[99] Vgl. *B. Lonergan*, Existenz und Aggionamento, in: QD 67 (1975) 109 – 120. *B. Lonergan* schreibt: „Das Sein des Subjektes ist Werden. Der Mensch wird er selbst. Als ich ein Kind war, war ich ein Subjekt; aber ich war noch nicht zum Gebrauch der Vernunft gelangt; man erwartete von mir nicht die Fähigkeit, vernünftig die Grundunterscheidungen zwischen recht und unrecht, wahr und falsch zu treffen. Als ich ein Junge war, war ich ein Subjekt; aber ich war ein Minderjähriger; ich hatte noch nicht jenen Grad der Freiheit und Verantwortlichkeit erreicht, der mich vor dem Gesetz verantwortlich machen würde. Das Ich, das ich heute bin, unterscheidet

Einsicht (Insight) eigentlich bedeutet, ist der Schlüssel dazu[100]: Kann das menschliche Erkenntnisstreben - „psychologisch gesehen"[101] - als eine Art Spannung beschrieben werden, ist die Einsicht „die Lösung der Spannung, das Finden, Verstehen, die Antwort"[102]. Sie erscheint plötzlich, oft unerwartet[103], ist ein Geschehnis[104] und durchdringt dabei den erkennenden Geist[105]. G. *Dobroczynski* sieht zwischen Erkenntnisstruktur und Einsicht einen Materie-Form-Zusammenhang, ihm zufolge ist die Einsicht „das ursprüngliche Aufblühen des Erkenntnisstrebens" [106]. Intentional ist die Wahrheit unabhängig vom Subjekt, „ontologisch hat sie ihren Ort ausschließlich im Subjekt: veritas formaliter est solo in judicio" [107]. *B. Lonergan* verortet damit die Erkenntnis nicht im Raum einer reinen, geschichtslosen Vernunft, sondern im konkreten Menschen und dessen Biographie: Nicht ohne Grund erinnert daher die Rede vom *actus intellegendi reflexus*[108] an die Darstellung, die *J. H. Newman* dem Glaubensakt in der *Grammar of Assent* gibt. Wie er beschreibt auch *B. Lonergan* den Glauben als Weg, der von allgemein wissenschaftlichen und philosophischen zu praktisch-religiösen Fragen führt, sodann jene Vollzüge in Augenschein nimmt, die dem Glaubensakt vorangehen, um auf die erfolgte Zustimmung hin die Vernunftgemäßheit des *assensus* zu überprüfen[109]. Hin-

---

sich nicht numerisch von dem Ich, das ich als Kind oder Junge war; aber es ist qualitativ anders. Wäre es dies nicht, so würden Sie mir heute nicht zuhören. Wären Sie es selbst es nicht, so würde ich nicht in dieser Weise zu Ihnen sprechen" (Existenz 110).

[100] Vgl. G. *Dobroczynski*, Einsicht 98 – 99.

[101] G. Dobroczynski, Einsicht 98-99.

[102] O. *Muck*, Methode 236. *B. Lonergan* definiert den Begriff ,Einsicht' auf folgende Weise: „By insight, then, is meant not an act of attention or advertance or memory but the supervening act of understanding" (Insight X).

[103] Vgl. *B. Lonergan*, Insight 4.

[104] Vgl. *B. Lonergan*, Insight 3.

[105] Vgl. *B. Lonergan*, Insight 4.

[106] G. *Dobroczynski*, Einsicht 115.

[107] *B. Lonergan*, Subjekt 34. „Bevor das Subjekt zur Selbsttranszendenz der Wahrheit gelangen kann, muß es außerdem den langsamen und beschwerlichen Prozeß der Empfängnis, Schwangerschaft und Geburt durchmachen" (*B. Lonergan*, Subjekt 34).

[108] Vgl. die Überschrift von *Punkt 5:* „Quod in processu fidei psychologico cardo est actus intellegendi reflexus" (Analysis 3).

[109] „Quibus dictis satis elucet actum intellegendi reflexum 1) supponere transitum a quaestionibus mere scientificis et philosophicis in quaestionem practicam et religiosam, 2) adddere unitatem actibus remote fidem antecedentibus, 3) eorum fructum

sichtlich der Terminologie und Argumentationsführung unterscheidet sich *B. Lonergan* zwar von *J. H. Newman*, in der Sache aber hat *G. Dobroczynski* berechtigterweise auf Ähnlichkeiten und Übereinstimmungen gerade in Hinblick auf den Erkenntnisprozeß und die Urteilsstruktur im Glaubensakt hingewiesen[110]. Sowohl für *J. H. Newman* als auch für *B. Lonergan* ist der Glaube zunächst ein allgemeines Erkenntnisprinzip, das zudem die Antizipation neuer Erkenntnisse begründet und erläutert[111]. Beide Autoren konzipieren sodann den Glaubensakt als einen Akt der Zustimmung, in dem sich *ratio* und Individualität auf unverwechselbare Weise durchdringen: Mit seinem Modell eines *illative sense* unterstreicht *J. H. Newman* im *zweiten Hauptteil* der *Grammar* nicht nur deren Ineinander, er arbeitet dort auch die unmittelbare Zuordnung der Zustimmung zur Gewißheit deutlich heraus: Findet ihrem *zweiten Hauptteil* zufolge der Syllogismus im *illative sense* zu seiner personalen Tiefenstruktur, argumentiert *B. Lonergan* in seiner Analysis fidei vom Begiffspaar *logisch – psychologisch* her, womit er das Anliegen der *Grammar* präzise aufgreift[112].

5.1.2. Glaubwürdigkeitserkenntnis und Glaubensmotiv

Skizziert *B. Lonergan* in den ersten sechs Punkten seines Manuskriptes die Vorstellung eines *processus fidei*, gelten die *Punkte 7* und *8* seinem eigentlichen Vorhaben, der analysis fidei. Dazu betont er zunächst den wissenschaftlichen Status der Glaubensanalyse: Aufgabe und Inhalt der analysis fidei ist es, den Glaubensassens von seinen Ursachen – „intrinse-

---

colligere et percipere, 4) perspicere rationabilitatem omnium actuum subsequentium usque ad fidei assensum inclusive, et 5) fundare eosdem actus omnes quatenus rationabiliter in homine fiunt" (Analysis 3, Punkt 5).

[110] Vgl. *G. Dobroczynski*, Einsicht 129. *G. Dobroczynski* verweist hier darauf, daß die Betonung der Rolle des Folgerungssinnes, wie ihn *J. H. Newman* herausarbeitet, *B. Lonergan* dazu anregt, „die außerordentliche Position des Urteils im Erkenntnisvollzug zu untersuchen". Demzufolge wird der erkenntnistheoretische Gedankengang bei *J. H. Newman* in *Kap. 2* (Zustimmung unter dem Gesichtspunkt der Erfassung), *Kap. 4* (Begriffliche und reale Zustimmung) und den *Kapiteln 6 – 9* der *Grammar* offenbar(Zustimmung unter dem Gesichtspunkt der Unbedingtheit, Gewißheit, Folgerung, Der Folgerungssinn). Die Kapitel, die *G. Dobroczynski* aus der *Grammar of Assent* in Einsicht 129, Anm. 253, zusammenstellt, bestätigt die Vermutung der Nähe *B. Lonergans* zu *J. H. Newman*.

[111] Vgl. Abschnitt 4.2.3.1. und *E. Bischofberger*, Sittliche Voraussetzungen 43.

[112] Vgl. Abschnitt 4.3.3.4. der vorliegenden Studie.

cas et extrinsecas, proximas, medias, et immediatas seu primas"[113] - her zu ergründen. Darin entspricht sie der Zielsetzung der Wissenschaft, die nach B. *Lonergan eine certa rei cognitio per causas suas*[114] ist. Die Frage, auf die es der Glaubensanalyse ankommt, ist daher weder in apologetischer oder praktischer Absicht, noch in formallogischer Hinsicht gestellt. Die Glaubensanalyse setzt vielmehr den Glaubensakt als solchen voraus: Mit der durch den Glauben erleuchteten Vernunft fragt sie, was dieser Glaubensakt eigentlich ist[115].

Dazu benennt B. *Lonergan* im *achten Punkt* seines Manuskriptes jene Begrifflichkeiten, mit deren Hilfe er im weiteren Textverlauf seine Auffassung vom Glaubensakt darlegt. Zwei Aussagen sind hier von besonderer Bedeutung. Zum einen geht es B. *Lonergan* um das *subjectum fidei.* Subjekt des Glaubens ist der Mensch, den er als *homo viator* bezeichnet[116]. Der Begriff des *homo viator* erinnert an den Wegcharakter des Glaubens und des Zum -Glauben - Kommens, dem die Glaubensanalyse nachgeht. Nach *Punkt 2* geht dem *assensus fidei* ein komplexer Einsichtsprozeß voraus, ist der *processus fidei psychologicus* selber ein Weg, dessen Teiletappen in die die Glaubenszustimmung münden[117]. Der Beiname *viator* verweist zudem auf den *ersten Punkt* des Manuskriptes, in dem B. *Lonergan* über die Grenzen spricht, die der menschlichen *ratio* gesetzt sind: Die Wegmetapher erinnert hierbei an die übernatürliche Bestimmung des Menschen, der - über sein begrenztes Verstehen hinaus – auf das *finis supernaturalis* hingeordnet ist[118]. Neben der Rede vom *homo viator* ist zum anderen die Weise von Interesse, mit der B. *Lonergan* im *achten Punkt* seines

---

[113] Analysis fidei 5, Punkt 7.

[114] „Cum scientia sit certa rei cognitio per causas suas, analysis fidei intendit assensum fidei resolvere in causas omnes" (Analysis 5, Punkt 7).

[115] „Haec igitur quaestio non est apologetica (quaenam sit vera fides), nec practica (quemadmodum vera fides suadeatur), nec logica (e quibusnam praemissis sequantur conclusiones validae). Sed actus verae fidei existere supponitur, et quaeritur per rationem fide illustratam quid sit" (Analysis 5, Punkt 7). Nach Analysis 5, Punkt 7 ist daher die Analysis fidei unter dreifachem Aspekt durchzuführen: „Agitur ergo de analysi ontologica, psychologica, typica: ontologica, quia de rebus et de actibus agitur; psychologica, quia res sunt cognoscendae et volendae, actus vero sunt intellectus et voluntatis; typica, quia de necessariis vel saltem communiter contingentibus tractatur."

[116] „Subjectum fidei seu causa materialis est homo viator" (Analysis 5, Punkt 8).

[117] Vgl. Analysis 2, Punkt 2.

[118] Vgl. Analysis 1, Punkt 1.

Manuskriptes vom *motivum fidei* handelt. Er unterscheidet hier das *motivum fidei in facto esse* vom *motivum fidei in fieri*. Das *motivum fidei in facto esse* meint den *Deus sciens et veraciter revelans*: Der Glaube ist eine besondere Form menschlicher Erkenntnis, ihr Grund die *scientia alterius*. Das *motivum fidei in fieri* dagegen ist das *fundamentum processus psychologici*, meint also jene Abfolge von Einzelschritten, die zum *assensus fidei* hinführt, und in denen sich dieser zu einem vernunftgemäßen Entscheid über die Glaubwürdigkeit der Offenbarung formt[119].

Im folgenden *neunten Punkt* seiner Glaubensanalyse erörtert B. Lonergan den Begriff des *motivum fidei in facto esse*. Dazu betont er zunächst die Vernunftgemäßheit des *assensus fidei*. Dieser ist zwar hinsichtlich seines übernatürlichen Formalobjekt ein *actus supernaturalis*[120], darin aber zugleich ein *actus naturae rationalis*[121], der aus einem *actus intellegendi reflexus* hervorgeht, dessen einzelne Etappen die zureichende Evidenz der Glaubwürdigkeit der Offenbarung ermitteln. Ist der *assensus fidei* damit zwar von rationaler Natur, unterscheidet er sich aber von solchen Zustimmungsakten, die die menschliche Vernunft etwa den Ergebnissen und Forschungserträgen wissenschaftlicher Arbeit gewährt, deren methodisches Vorgehen ihr prinzipiell einsichtig gemacht werden kann. Seinem Wesen nach gründet der *assensus fidei* nicht in der *scientia propria* des Menschen[122], sondern in der *scientia alterius*, die B. Lonergan in *Punkt 16b* mit der *scientia Dei* gleichsetzt. Gott selbst, die *prima veritas*, ist *ulti-*

---

[119] „Quantum ad causam agentem attinet, recolendum est fidem produci in intellectu rationali ideoque non secundum caecam quadam causalitatis legem sed secundum principium rationis sufficientis. Qua de causa sermo fit non de causa agente sed potius de motivo. Quod motivum est duplex: Motivum fidei in facto esse est ipse Deus sciens et veraciter revlans. Fides enim est illa cognitionis species cuius ultimum ‚cur' est scientia alterius. Motivum fidei in fieri est fundamentum processus psychologici quo quis ad ipsum fidei assensum pervenit. Uti videbimus, invenitur in actibus remote et proxime fidem praeparantibus" (Analysis 5, Punkt 8).

[120] „Actus fidei est absolute supernaturalis" (Analysis 9, Punkt 12a). Den *actus fidei* identifiziert B. Lonergan in Analysis 9, Punkt 12c mit dem *assensus fidei*.

[121] „Non agitur de processu psychologico qui in assensum fidei ducit. Sed quaeritur de ipso fidei assensus, qui est actus naturae rationalis, et ideo non solum obiectum attingit (sicut visus colorem) sed etiam dicit habitudinem ad rationem, causam, motivum, fundamentum cur obiectum attingat" (Analysis 6, Punkt 9).

[122] „Porro illud est fidei proprium quod ultimum suum motivum est scientia non credentis sed eius in quem credit" (Analysis 6, Punkt 9).

mum fidei motivum, fundamentum, causa, ratio[123]. Da die menschliche *ratio* dazu befähigt ist, Gott als jenes *ultimum fidei motivum* anzuerkennen, ist der *assensus fidei* in der Tat ein *actus naturae rationalis*: Es ist vernünftig, dem allwissenden und wahrhaftigen Gott zu vertrauen, wenn er sein Wissen offenbart[124]. *B. Lonergan* zitiert hier das *Erste Vaticanum*, demzufolge der Mensch seinen Glaubensassens *propter auctoritatem ipsius Dei revelantis* gewährt[125]. Die Konzilsaussage über den Glaubensakt ist Reflex auf die Wirklichkeit: Die Frage nach dem Grund ihres Glaubens beantworten die Gläubigen mit dem Hinweis auf die über allen Zweifel erhabene Allwissenheit und Wahrhaftigkeit des offenbarenden Gottes[126]. Die Glaubenszustimmung ist aber nicht nur deshalb vernunftgemäß, weil der Mensch sie vor seiner Vernunft *propter auctoritatem Dei revelantis* verantwortet[127]: Es ist die Vernunfthaftigkeit der *scientia alterius* selbst, die dem Glauben Rationabilität verleiht - „Quare fide divina nihil rationabilius esse potest"[128].

---

[123] „Quare ipsa Dei scientia seu ipsa prima veritas est ultimum fidei motivu, fundamentum, causa, ratio" (Analysis 6, Punkt 9).

[124] „Quod aperte docet Vaticanum: ‚propter auctoritatem ipsius Dei revelantis, qui nec falli nec fallere potest.' DB 1789, 1811. Cui consentiunt fideles. Si enim obiectiones vel dubia proponis, non respondent ex propria scientia sed Deum scientem et veraciter revelantem invocant. Imo retorquent, An tu arbitraris te melius scire quam Deus?" (Analysis 6, Punkt 9).

[125] „Unde concludes assensus fidei in facto non fundari in propria cognitione sive per rationem sive per ipsam fidem acquisita. Non enim docet Vaticanum nos vera credere quia scimus vel credimus Deum scire et veraciter revelare; sed docet ‚propter auctoritatem ipsius Dei revelantis, qui nec falli nec fallere potest."'(Analysis 6, Punkt 9).

[126] „Cur revelatum credis? Quia est verbum Dei. Cur verbum Dei credis? Quia Deus veraciter loquitur, imo fallere non potest. Cur Deo veraciter loquenti credis? Quia veraciter loquens dicit id quod in mente habet, et de eo quod Deus in mente habet, nulla potest esse quaestio" (Analysis 6, Punkt 9).

[127] „Quando credimus, propter auctoritatem Dei revelantis vero supernaturali assentimur. Sed ut credamus, ut talem assensum eliciamus, perspicere debemus sufficere evidentiam ut rationabiliter talem actum ponamus" (Analysis 16, Punkt 18d).

[128] Vgl. Analysis 14, Punkt 16a. „Fides enim est illa cognitionis species cuius ultimus ‚cur' est scientia alterius. In fide vero divina haec scientia est ipsa Dei scientia" (Analysis 14, Punkt 16a).

Die *rationabilitas*, die *B. Lonergan* im *neunten Punkt* seines Manuskriptes behauptet, gilt für das *motivum fidei* [129], nicht jedoch für die Inhalte des Glaubens, die die Fassungskraft der menschlichen Vernunft übersteigen[130]. Deshalb handelt er im *zehnten Punkt* vom übernatürlichen Formalobjekt, dessen Gnadenwirken er in herkömmlicher scholastischer Terminologie beschreibt[131]. Hinsichtlich der übernatürlichen Glaubensgeheimnisse ist der *assensus fidei* „absolute supernaturalis"[132], wie *B. Lonergan* im folgenden *elften Punkt* seines Manuskriptes näherhin ausführt:

---

[129] „Quaestio quae tractatur non est de obiecto sed de motivo. Obiectio supponit vel supponere videtur eatenus obiectum attingi quatenus motivum cognoscitur. Quod valet de scientia sed non de fide. Fides enim in eo consistit quod ultima sua ratio est scientia non propria sed alterius. Quibus perspectis elucet quid sit problema rationabilitatis fidei, nempe quemadmodum fieri possit ut quis cognoscat propter scientiam non suam sed alterius" (Analysis 6, Punkt 9).

[130] „Absolute supernaturale est quod excedit proportionem cuiuslibet substantiae finitae. Quare supernaturale quoad actus cognoscitivos est id quod excedit proportionem cuiuslibet intellectus finiti" (Analysis 8, Punkt 11).

[131] „Notum est principium Aristotelicum-Thomisticum: Actus cognosci ex obiectis; habitus ex actibus; potentias ex habitibus, et ipsam animae essentiam ex potentiis. Vide Sum.Theol. I, q. 87. Notum est axioma theologicum: supernaturalia secundum analogiam naturae aliqualiter intelligi. DB 1796. Unde analysis theologica et Thomistica ponit gratiam sanctificantem in ipsa animae essentia; ex gratia fluunt virtutes infusae sicut potentiae ex essentia animae; ex virtutibus fluunt actus, sicut actus naturales ex habitibus naturaliter acquisitis; denique per actus attingi obiecta ex quibus ipsi actus spreciem ducunt. Quare dicendum est doctrinam de obiecto formali supernaturali fundari in principiis methodologicis cum philosophicis tum theologicis" (Analysis 7, Punkt 10). Siehe dazu Analysis fidei 9, Punkt 12b: „Actus supernaturalis per objectum formale supernaturale specificatur. Nam supernaturalia aliqualiter intelligi possunt; et haec intelligentia habetur ex analogia eorum quae naturaliter cognoscuntur, DB 1796. Naturalis cognitio actuum est ex objectis scdm methodum Aristotelico-Thomisticam, Sum. theol., I, q. 87. Ergo inquantum theologia de actibus supernaturalibus tractat, eorum specificationem ex objecto formali et supernaturali quaerit."

[132] „Actus fidei est absolute supernaturalis. Fieri enim non potest ut quis credat sicut opportet sine gratia Dei. DB 179, 180, 813. Quae gratia requiritur, non propter solam fidem quae per caritatem operetur, DB 1814, sed propter ipsam fidem quae in se est donum Dei, DB 1791. Quare fides est virtus supernaturalis, DB 1789" (Analysis 9, Punkt 12a). Zur Erkenntnis der *mysteria* des Glaubens heißt es: „Quibus perspectis concluditur illud verum esse supernaturale quod (1) nulli intellectui finito naturaliter innotescere possit, et (2) lumine proportionato attingitur" (Analysis 8, Punkt 11).

Nur im übernatürlichen Licht des Glaubens[133], das Gott ihm schenkt, ist der Mensch in der Lage, die Wahrheit der Offenbarungsinhalte zu erfassen und zu bejahen[134]. Dieses *lumen fidei* ist göttliche Gabe, *lumen scientiaque alterius*, in dem der Mensch am *lumen divinum* und an der Erkenntnis Gottes Teilhabe gewinnt[135]. Von der Vernunft gerechtfertigt, erreicht der Schritt des Glaubens seinen Grund, wie *Punkt 12e* verdeutlicht[136]. Im *dreizehnten Punkt* geht B. *Lonergan* noch einmal auf die fünf Vollzüge *pro-*

---

[133] „Quid per illud nomen, lumen, dicitur? Dicitur illa mentis virtus ex qua oritur critica reflexio et quaeritur circa essentiam intellectam et conceptam, An sit? Dicitur illa mentis virtus quae, cum sufficientia evidentiae sit perspecta, facit iudicium rationabiliter necessarium et cum sufficientia evidentiae non sit perspecta, facit iudicium rationabiliter impossibile. Dicitur illa mentis virtus quae, cum bonum quoddam obligatorium iudicetur, deliberantem moraliter compellit,volentem pace donat, nolentem inquietudine pungit. Dicitur illa mentis virtus sine qua non quaeritur de vero, sine qua evidentiae non assentitur, sine qua obligationi morali non ceditur. Non est vanum vacuumque nomen in homine; et multo minus in angelo; minime vero in Deo ad cuius imaginem et similitudinem facta est creatura rationalis" (Analysis 8, Punkt 11).

[134] „Iamvero mysteria sunt vera quae, nisi divinitus revelata, innotescere non possunt, DB 1795, quae excedunt intellectum creatum, DB 1796, quae per rationem etiam rite excultam, neque intelligi neque demonstrari possunt, DB 1816" (Analysis 8, Punkt 11).

[135] „Quae vera lumine proportionato attinguntur per ipsum Deum, cui lumen divinum est naturale, per beatos qui ipsum Deum immediate vident, et lumine gloriae gaudent et denique per eos qui credunt sicut opportet et ideo neque proprio lumini neque propriae scientiae inhaerent vel innituntur sed lumini divino et scientiae divinae. Uti enim vidimus, fides est illa cognitionis species cuius ultima ratio est lumen scientiaque alterius. Uti vero videbimus, lumen fidei est illud in nobis receptum quo possimus lumini scientiaeque divinis inhaerere" (Analysis 8, Punkt 11).

[136] „Iam vero lumen ipsum divinum 1) excedit proportionem cuiuslibet substantiae finitae, 2) facit ut Deus falli non possit inquantum concipitur ut principium judicii divini, 3) facit ut Deus fallere non possit inquantum concipitur ut principium rationabilis volitionis divinae, 4) ideoque identificatur cum ipsa auctoritate Dei revelantis qui nec falli nec fallere potest" (Analysis 9, Punkt 12e). Die enge Verknüpfung von *motivum fidei* und übernatürlichem Formalobjekt, die B. *Lonergan* hier behauptet, erinnert an die Positionen von F. *Suarez*, J. *de Lugo* und J. *de Ulloa*. Vgl. dazu E. *Kunz*, Glaubwürdigkeitserkenntnis 421 – 423. E. *Kunz* resumiert : „Die bisherigen Modelle stimmen in der einen Voraussetzung überein, daß der letzte objektive Grund der Glaubenszustimmung im Glaubens selbst derart erkannt sein muß, daß er die unbedingte Glaubenszustimmung zu begründen vermag. Die dem Glaubensakt vorausgehende Glaubwürdigkeitserkenntnis ist keine hinreichende Erkenntnis des Glaubensgrundes" (Glaubwürdigkeitserkenntnis 424).

xime fidem ein[137]. Dieser ist der Beginn des übernatürlichen Glaubens, in ihm wirkt die bereits die *gratia elevans*[138]. Insofern sie den Menschen auf sein übernatürliches Ziel ausrichten, sind sowohl der *assensus fidei* wie auch die fünf Einzelschritte, in denen der *actus intellegendi reflexus* auf den Glaubensassens zuläuft, vom übernatürlichen Formalobjekt geprägt[139]. Von ihm aus empfangen sie ihr Zueinander und ihre Ausrichtung. Die Einzelvollzüge sind von antizipativer Struktur, „supernaturales sunt actus in quibus virtualiter praecontinentur et tamquam e causis proximis et proportionatis fluunt" [140].

Von der Sache her folgt *B. Lonergan* damit der Linie der beiden Syllogismen in den *Punkte 1a* und *1b*, mit denen er einer fomalen Analysis fidei die Absage erteilt: Im Glauben geht es um den konkreten Menschen in seiner Hinordnung auf das *finis supernaturalis*. *B. Lonergan* gliedert daher den *processus fidei psychologicus* nicht nur in aufeinanderfolgende Schritte der Glaubwürdigkeitserkenntnis, er bezieht durch den Hinweis auf die *volitio finis* auch die menschliche Handlungsfreiheit mit ein. In *Punkt 13* gilt der Glaube zunächst als *medium ad justificationem et salutem*. Der Mensch will und erstrebt dieses *medium* – nicht um des Glaubens als solchem, sondern um seiner übernatürlichen Bestimmung willen. Der Gnadencharakter des *processus fidei psychologicus* schränkt dabei den Eigenstand der menschlichen *ratio* nicht ein. Der Intellekt fällt seine *judicia practica* sowohl bezüglich des *finis* als auch bezüglich des ihm angemessenen *mediums*. Sache des Willens ist es, das, was erkannt ist, zu erstreben: *Nihil enim volitur nisi praecognitum*[141]. *Volitio et assensus fidei* sind

---

[137] „Proxime actum fidei antecedunt quinque actus supra enumerati, nempe, actus intellegendi reflexus, judicia practica credibilitatis et credentitatis, et volitiones finis et medii supernaturalium" (Analysis 10, Punkt 13a).

[138] „Requiritur gratia supernaturalis quoad substantiam (gratia elevans) ad actus eliciendos qui proxime ipsam fidem respiciunt" (Analysis 12, Punkt 15a).

[139] „Qui actus sunt supernaturales ab objecto formali supernaturali specificati. Supponitur quod super probatum est, nempe, assensus fidei esse actus sprecificatus ab objecto formali supernaturali" (Analysis 10, Punkt 13c).

[140] Analysis 10, Punkt 13c.

[141] „Si enim assensus fidei est proxime liber, imperatur a libero actu voluntatis. At fides est medium ad justificationem et salutem. Quare si rationabiliter volitur, ut medium volitur. Et nemo vult medium qua medium, quin finem velit. Existit ergo volitio finis supernaturalis. Existunt pariter judicia practica circa hunc finem et hoc medium, nihil enim volitur nisi praecognitum" (Analysis 10, Punkt 13b).

durch die *volitio finis* bedingt, diese aber ist vom *judicio de fine* abhängig[142]. Im *actus reflexus intelligendi* wird die *perspecta evidentia* der Glaubwürdigkeit des Offenbarungsanspruches zum vernunftgemäßen Gehalt menschlichen Wollens und Strebens[143].

In den voraufgehenden Punkten seines Manuskriptes von 1952 legt B. *Lonergan* eine Konzeption des Glaubensaktes vor, bei der dem Verhältnis von Gnade, Glaubwürdigkeitserkenntnis und Glaubensassensus besondere Aufmerksamkeit geschenkt ist. So fragt der *actus intellegendi reflexus* nach der Glaubwürdigkeit der Offenbarung und schöpft dabei aus dem individuellen Vorwissen, den Ansichten wie den Erfahrungen des Subjektes. In ihren *iudicia credibilitatis et credentitatis* billigt die menschliche Vernunft dem Glaubwürdigkeitskeitsanspruch der Offenbarung Evidenz zu, wird ihr – ihrer natürlichen Fassungskraft entsprechend - die *auctoritas Dei revelantis* zum *motivum fidei*. Da aber die Einsicht der Vernunft in die Gebotenheit und Verantwortbarkeit des Glaubenschrittes bereits auf den *assensus fidei* ausgerichtet ist *(Punkt 9)*, werden die einzelnen Vernunftvollzüge von der *gratia divina* getragen, ohne darin jedoch an Rationalität zu verlieren. Im Gnadenakt des Glaubens wie auch in den Schritten, die auf den Glaubensassens hinführen, wird die Sehkraft der menschlichen Vernunft keinesfalls beeinträchtigt. Die Inhalte der Offenbarung, die im Gegensatz zum *motivum fidei* ihre natürliche Fassungskraft übersteigen, vermag sie allein durch das *lumen fidei* in ihrer Wahrheit zu erfassen *(Punkte 10, 11 und 12)*. Indem er zudem in *Punkt 13* über Einsicht und Urteil hinaus an die *volitio finis* erinnert, unterstreicht B. *Lonergan* die personale Dimension des *assensus fidei*. Die *iudicia practica*, die im *lumen fidei* durch den *actus intellegendi reflexus* getroffen werden, fordern das Subjekt zu einer persönlichen Entscheidung heraus, im Glaubensassens das Heil willentlich zu erstreben und in seiner eigenen Lebenssituation zu verantworten *(Punkt 13b)*. Der Glaubensakt ist demnach keine abstrakte Größe, sondern Abschluß eines lebendigen Prozesses, gesetzt in aller Vorläufigkeit und Unabgeschlossenheit der Biographie des Glaubenden. Der Mensch ist *homo viator (Punkt 8)*, der im

---

[142] „Praeterea, propter quod unumquodque tale, et illud magis. Iam vero dependent volitio et assensus fidei a volitione finis et volitione finis dependent a judicio de fine. Sed volitio et assensus fidei sunt actus supernaturales" (Analysis 10, Punkt 13b).

[143] „Quae judicia ut rationabilia sunt, ex perspecta evidentia sufficientia procedant necesse est. Et perspicere evidentiam esse sufficientem est actus intelligendi reflexus" (Analysis 10, Punkt 13b).

Glauben dem lebendigen Gott begegnet *(Punkte 10 und 11). J. H. Newman* faßt diesen Gedanken in seiner Schrift *On the Certainty* unter den Begriff der *prudentia*[144].

Die Rede von den *iudicia practica credibilitatis at credentitatis* verweist dabei bereits auf die spätere Thematik von *Insight*. Hier ist das Urteil vor allem ein Verstehensakt, in dem die zureichenden Gründe seiner Evidenz erfaßt werden[145]. Damit ist die traditionelle Vorstellung einer *compositio et divisio* von Ideen, die der Setzung eines Urteils jeweils vorausgehen, um einen wichtigen Aspekt ergänzt[146]. Das Urteil geht hervor aus dem reflektiven Verstehen, ist daher rational, eine absolute Setzung[147], eine Gestalt der Einsicht[148], die „Antwort auf die Frage nach dem Transzendenten, d.h. nach der Wirklichkeit in sich selbst"[149]. Bevor es im Urteilsakt vollends aufscheint, gibt es schon das Band zwischen dem Bedingten und seinen Bedingungen[150]: Das Urteil ist Teilzuwachs in einem

---

[144] Die Punkte 11 – 13 des Manuskriptes von *B. Lonergan* erinnern an den Gedanken der *prudentia*, wie ihn *J. H. Newman* in *On the Certainty* formuliert. *J. H. Newman* schreibt: „This body of proof is the formal cause of the conclusion, or the shape in which the conclusion comes to us. It consists of all the facts and truths of the case, each in its right place as the prudentia sees and arranges them" (ThP I 36).

[145] „Gleich wie wir verschiedene Verstehensakte vollziehen, erfassen wir, daß wir hinreichende Gründe für die Evidenz eines Urteils haben" (*G. Dobroczynski*, Einsicht 133). *B. Lonergan* schreibt: „Similarly, we perform acts of reflective understanding, we know that we have grasped the sufficiency of the evidence for a judgment on which we have been deliberating, but without prolonged efforts at introspective analysis we could not say just what occurs in the reflective insight" (Insight 279).

[146] „Platon sprach vom Urteil als von der Verbindung und Trennung der Ideen. Dieselbe Auffassung haben Aristoteles übernommen und nach ihm teilweise Thomas von Aquin (compositio et divisio)" (*G. Dobroczynski*, Einsicht 133).

[147] Vgl. *G.B. Sala*, Nachwort 372.

[148] „Like the acts of direct and introspective understanding, the act of reflective understanding is an insight. As they meet questions for intelligence, it meets questions for reflection. As they lead to definitions and formulations, it leads to judgments" (*B. Lonergan*, Insight 279).

[149] *G. B. Sala*, Nachwort 372.

[150] „But judgments are the final products of cognitional process. Before the link between conditioned and conditions appears in the act of judgment, it existed in a more rudimentary state within cognitional process itself. Before the fulfilment of conditions appears in another act of judgment, it too was present in a more rudimentary state within cognitional process. The remarkable fact about reflective insight is that it can make use of those more rudimentary elements in cognitional process to reach the virtually unconditioned" (*B. Lonergan*, Insight 281).

Prozeß[151], es steht prospektiv[152] in der Verantwortlichkeit dessen, der urteilt[153]: Erkenntnis ist ein lebendiges, kumulatives Geschehen[154]. In seinem Manuskript von 1952 äußert sich B. *Lonergan* allerdings noch nicht so ausführlich über das Urteil und seine Struktur. Hier unterscheidet er vorerst das *iudicium de fine supernaturali* vom *naturale desiderium videndi Deum*. Das besagte *iudicium*, zu dem das Subjekt im *actus intellegendi reflexus* findet, ist ein *actus supernaturalis*, als *actus cognoscitivus* bezogen auf den gegenwärtigen heilsgeschichtlichen Status des Menschen. Das *desiderium* dagegen ist *naturale*, es erwächst aus einer ersten Kenntnisnahme der Existenz Gottes, den es als mögliches, nicht als aktuelles *finis* erfaßt[155].

5.1.3. Gratia conversionis ad fidem und Glaubensassens

Im Manuskript zur Glaubensanalyse nimmt der *fünfzehnte Punkt* eine besondere Stellung ein. B. *Lonergan* greift hier die Gedankenführung der

---

[151] „Die Betrachtung der Stellung des Urteils im Erkenntnisprozeß ergibt ferner, daß man das Urteil im Gegensatz zu anderen Elementen als die volle Frucht, den Vollertrag (total increment) im Erkenntnisprozeß beschreiben muß. Jedes Element ist wenigstens ein Teilertrag" (O. *Muck*, Methode 243).

[152] „Hence, a prospective judgment will be virtually unconditioned if 1. it is the conditioned 2. its conditions are known, and 3. the conditions are fulfiled" (B. *Lonergan*, Insight 280).

[153] „The variety of possible answers makes full allowance for the misfortunes and shortcomings of the person answering, and by the same stroke it closes the door on possible excuses for mistakes. A judgment is the responsibility of the one that judges. It is a personal commitment" (B. *Lonergan*, Insight 272).

[154] „Weiters ist die Erkenntnis in ihren verschiedenen Ausprägungen ein fortschreitender Prozeß, der von einem engeren Gesichtspunkt zu weiteren Gesichtspunkten fortschreitet, durch Erfahrungen innerhalb desselben Gesichtspunktes zu einer Bereicherung und genaueren Bestimmung der Erkenntnis führt, auf neue Gesichtspunkte verwiesen wird, diese untereinander verbindet, voreilige Verallgemeinerungen und perpektivische Verengungen und Vorurteile berichtigt und so einen sich selbst korrigierenden Prozeß des Lernens darstellt" (O. *Muck*, Methode 240).

[155] „Quemadmodum differunt judicium de fine supernaturali et naturale desiderium videndi Deum per essentiam. Primo, judicium est actus cognoscitivus; desiderium autem non est cognitio sed cognoscendi desiderium. Consistit desiderium in illa admiratione quae oritur post cognitam Dei existentiam et sponte manifestatur illa quaestione, Quid sit Deus. Secundo, judicio respicit statum hominis actualem seu actualem ordinationem hominis in Deum videndum. Desiderium autem respicit eumdem finem non ut actualem sed ut possibilem. Tertio, judicium est actus supernaturalis qui campum philosophicum excedit, DB 1669. Desiderium est mere naturale" (Analysis 10, Punkt 13d).

vorhergehenden Punkte auf, verdeutlicht diese aber mit dem Beispiel des *infidelis*, dessen Weg vom Unglauben zum Glaubensakt er in vier Schritten nachzeichnet. Den Fall als solchen stuft er zwar als hypothetisch ein, führt ihn aber an, weil er an ihm die Vollzüge *remote et proxime fidem* deutlich machen kann[156]. Das Beispiel des *infidelis* ermöglicht es ihm, *fides* und *ratio* in ihrem Zueinander wie in ihrem Eigenbereich darzustellen, wobei er mit dem Begriff einer *gratia conversionis ad fidem* ganz offensichtlich an den *fünften Punkt* seiner Glaubensanalyse anknüpft. Der Glaubensakt ist nicht allein intellektuelles Ereignis, sondern prägt den Menschen in seinem Lebensvollzug, wie das Beispiel des *infidelis*, der zum Glauben kommt, zeigt.

Bevor er auf die *gratia conversionis ad fidem* zu sprechen kommt, geht B. *Lonergan* zunächst im *vierzehnten Punkt* seines Manuskriptes von der natürlichen Erkenntniskraft der menschlichen Vernunft aus. In ihrem Vermögen stehen Erkenntnisse und Einsichten *remote fidem* : Das *factum revelationis* und seine Glaubwürdigkeit, die übernatürliche Bestimmung des Menschen sowie die Anerkennung des Geheimnischarakters der Offenbarungswahrheiten, die die Fassungskraft des menschlichen Intellektes übersteigen[157]. Bereits für solche Vollzüge, die die natürliche

---

[156] Vgl. dazu Analysis 13, Punkt 15e. B. *Lonergan* klärt hier seinen Standpunkt: Ihm geht es nicht darum, der Ansicht, jede Gnade sei eine gratia elevans, zu widersprechen. Das Anliegen, das ihn leitet, besteht vielmehr in der Darlegung eines exemplarischen Falles: „Quae omnia sunt recte intelligenda. Non enim directe impugnamus opinionem eorum qui tenent omnem gratiam quae de facto datur esse gratiam elevantem et absolute supernaturalem. Quando dicimus gratiam sanantem ad tales actus sufficere, de casibus hypothetice existentibus et abstracte definitis tractamus. Qui volunt omnem gratiam esse elevantem, hoc suum assertum probare possunt demonstrando istos casus hypotheticos numquam de facto exsistere."

[157] „Actus qui remote fidem antecedunt sunt alii principales et alii secundarii. Principales sunt quattuor actus iudicandi quibus affirmantur praemissae duorum syllogismorum sub numero primo recitatorum. Secundarii sunt qui in principales ducant, puta, philosophiam sanam et theologiam fundamentalem" (Analysis 11, Punkt 14a). In Analysis 11, Punkt 14b entfaltet B. *Lonergan* die Inhalte der *actus principales*: „Actus principales non excedunt naturalem intellectus humani proportionem. Quod per partes probatur. 1) Quidquid Deus sciens veraciter homini revelat, est homini credendum.... 2)Hoc est quod Deus sciens veraciter homini revelat... 3) Homo ad finem supernaturalem de facto ordinatur, si Deus ei credendum imponit quod naturalem intellectus proportionem excedat.... 4)Illud quod revelatum est excedit naturalem intellectus proportionem. Sensu quo dicitur, est obvium in praedicatione fidei..." . Mit Analysis 11, Punkt 14c charakterisiert B. *Lonergan* das Wesen der *actus*

Erkenntniskraft des Menschen betreffen[158], vermutet *B. Lonergan* den Wirkungsbereich der *gratia divina*, die er als *gratia sanans* bezeichnet[159]. Die *gratia sanans* heilt die durch die Erbsünde verwundete *ratio humana*[160], sie bewirkt, daß der Mensch vernünftig ist[161]. Die *gratia sanans* bewahrt ihn allerdings nicht vor Schwierigkeiten, sich in bezug auf den katholischen Glauben ein sicheres Glaubwürdigkeitsurteil zu bilden[162]. Die Sehnsucht und das Verlangen nach der heilenden Gnade sind jedoch nicht bei allen Menschen in gleicher Weise vorhanden[163]. In seiner Eigenart ist jeder Mensch unverwechselbar, *diversa tamen in diversis* bestimmt durch seine natürlichen Anlagen, durch Irrtümer, Vorurteile oder auch bösen Willen[164]. Die *gratia sanans* wird daher entsprechend der Bedürfnisse des Menschen gewährt[165]. Sie nimmt ihm aber dabei nicht die natürliche Fähigkeit, *remote fidem* religiöse Wahrheiten zu erkennen: Mit

---

principales: „Cum actus principales non sint supernaturales quoad substantiam, a fortiori idem est dicendum de actibus secundariis in quantum in principales ducant. E.g., exsistentia Dei quae est totius negotii fundamentum. DB 1806."

[158] „Nam id quod intenditur directe est naturale. Actus enim remote fidem antecedentes, uti vidimus supra No.14, b, non excedunt naturalem intellectus humani proportionem" (Analysis 12, Punkt 15b).

[159] „Pro diversa singulorum indigentia requiritur gratia ad actus eliciendos qui remote in fidem ducunt. Quae gratia per se est gratia sanans seu supernaturalis quoad modum" (Analysis 12, Punkt 15b).

[160] „Pius IX: Humana ratio est peccato originali vulnerata et extenuata. Unde quaerit Pontifex: ‚ecquis satis esse rationem ducat ad assequendam veritatem?' DB 1643, 1644" (Analysis 12, Punkt 15 b).

[161] „Gratia enim sanans datur ut homo sit rationabilis; nisi homo enim rationabilis de facto efficitur, per rationabilitatem fidei ad ipsam fidem non ducitur" (Analysis 14, Punkt 16c).

[162] Mit Hinweis auf die Enzyklika *Humani Generis* vom 12. August 1950 (DH 3876) vgl. Analysis 12, Punkt 15b.

[163] „Quod huius gratiae indigentia non est eadem in omnibus" (Analysis12, Punkt 15b).

[164] „Quamvis enim peccatum originale originatum sit omnibus commune, diversa tamen in diversis sunt indoles, errores, opiniones praeiudicatae, mala voluntas, etc." (Analysis 12, Punkt 15b).

[165] „Pro diversa singulorum indigentia requiritur gratia ad actus eliciendos qui remote in fidem ducunt" (Analysis 12, Punkt 15b). Siehe auch Punkt 16: „Remotus processus de se gratia non indiget; sed in concretis hominum adiunctis gratia sanans requiritur et datur. Vide par. 15, b" (Analysis 14).

dem Eigenstand der menschlichen Natur behauptet hier *B. Lonergan* zugleich deren Offenheit für das göttliche Gnadenwirken.

Diese Einsicht gibt den Hintergrund für *Punkt 15c*, in dem *B. Lonergan* den Weg des *infidelis* zum Glaubensassens beschreibt. Danach ist der Mensch *primo modo* darum bemüht, sein Leben *praeter intentionem suam* zu führen, während es in Wahrheit jedoch *secundum divinae providentiae*[166] verläuft. So betreibt der *infideles* das Studium von Wissenschaften, Philosophie, natürlicher Theologie, Geschichte oder auch das der guten Sitten, weil es ihm vor allem um das eigene *finis naturalis* geht, *de facto* gelangt er aber bereits hier in einen Vorhof des Glaubens[167]. Der *infidelis* sucht *secundo modo* im Rahmen der natürlichen Erkenntnisordnung das *verum* zu erkennen. Dabei ist er zunächst durchaus nicht von der Hoffnung auf sein übernatürliches Heil geleitet: Wenn er über das Alte und Neue Testament, über Wunder, Prophezeiungen, über die Geschichte der Kirche und der Konzile Nachforschungen anstellt[168], setzt der *infideles* allein auf das natürliche Vermögen seiner *ratio*[169]. Das, was Gott geoffenbart hat, ist demzufolge auf vernunftgemäße Weise zu erfassen[170]. Nach *Punkt 15b* und *15d* ist damit der Wirkungsbereich der *gratia sanans* benannt, die den Menschen in seinem natürlichen Erkenntnis-

---

[166] „Primo modo, praeter intentionem suam sed secundum intentionem divinae providentiae" (Analysis 12, Punkt 15c).

[167] „Et sic infidelis elicit actus singulos propter finem quemdam naturalem qui tamen, cum simul sumentur, in ipsam fidem remote ducent. Ita addiscere potest scientias, philosophiam, theologiam naturalem, historiam, bonos mores, etc." (Analysis 12, Punkt 15c).

[168] „Secundo modo, secundum intentionem suam non tamen salutarem sed tantum in ordine ad verum naturaliter cognoscibile attingendum. Ita potest instituere inquisitiones in vetus et novum testamentum, in miracula et prophetias, in historiam ecclesiae et conciliorum, etc. Si quis ab eo quaerit cur hisce rebus det operam, respondet se verum investigare" (Analysis 13, Punkt 15c).

[169] „Si obicitur quod sic in fidem perveniet, respondet, Si fides est vera, bonum erit pervenire; si est falsa, non perveniam. Si instatur quod mysteria erunt credenda, respondet rationabiliter credi quidquid Deus revelaverit. Si obicitur impossibile esse homini ex naturali rationis lumine ad mysteria affirmanda rationabiliter pervenire, respondet naturale obiectum intellectus adaequatum esse ens et verum; quae cum transcendentalia sint, omnia prorsus includere. Brevi, quaerit verum naturaliter cognoscibile, totum, et nihil aliud" (Analysis 13, Punkt 15c).

[170] „Si instatur quod mysteria erunt credenda, respondet rationabiliter credi quidquid Deus revelaverit" (Analysis 13, Punkt 15c).

vermögen nicht beschränkt, sondern ihn darin –*divina motio providentialis exterior et interior* – bestärkt und stützt[171].

Gehören die ersten beiden Stufen auf dem Weg zum Glaubensassens in den Bereich der Vollzüge *remote fidem*, gilt dies so ausschließlich nicht mehr für die dritte Stufe. Hat der *infidelis* vom Faktum der Offenbarung zwar zu diesem Zeitpunkt noch keine Kenntnis[172], hält er *tertio modo* dennoch Ausschau nach dem Heil. Er forscht, ob dieses Heil bei den Katholiken zu finden sei. B. *Lonergan* betont in diesem Zusammenhang die entschiedene Sehnsucht, mit der der *infidelis* nicht irgendein ersonnenes, sondern das wahre Heil erstrebt[173], und sieht hierin bereits das Wirken der *gratia elevans*. Dank der *gratia illuminationis* fragt der Mensch nach dem Heil[174], das er *hypothetice* mittels der *gratia inspirationis* erstrebt[175]. Der *infidelis* steht damit gewissermaßen an einer Schwelle. Sein natürliches Erkenntnisvermögen steht bereits unter dem Einfluß der *gratia elevans*: Ohne daß es ihm schon bekannt wäre, ist der *infidelis* auf das übernatürliche Formalobjekt hin ausgerichtet. Im *infidelis* wirkt nunmehr ein übernatürlicher, wenn auch vorläufiger *affectus credulitatis pius*, eine innere Bereitschaft, in der der Mensch die Glaubensgeheimnisse *propter auctoritatem Dei* annehmen will, sollte ihm Gott sich offenbaren[176]. B. *Lonergan* beschreibt hier also *tertio modo* eine Art Zwischenzustand, in dem sich derjenige *infidelis* befindet, der in den Grenzen seiner natürlichen Ver-

---

[171] „Ad primum et secundum sufficiunt divina motio providentialis exterior et interior una cum gratiis sanantibus quae singulorum indigentiis respondeant" (Analysis 13, Punkt 15d).

[172] „Tertio modo, secundum intentionem suam salutarem. Nondum apud eum de facto revelationis constat" (Analysis 13, Punkt 15c).

[173] „Tamen quaerit utrum salus invenienda sit apud catholicos. Intendit et vult salutem. Vult salutem neque fictam neque falsam sed veram. Perspecta veritas est conditio ut velit, et ideo voluntatem habet conditionatam. At quantum ad voluntatem attinet, res iam decidatur; nam conditione intellectuali impleta, statim absolute volet" (Analysis 13, Punkt 15c).

[174] „Sed at tertium gressum gratia illuminationis est ad quaerendum salutariter" (Analysis 13, Punkt 15d).

[175] „...et ideo gratia inspirationis est ad volendum hypothetice seu conditionate" (Analysis 13, Punkt 15d).

[176] „Si quis ei mysteria credenda obicit, non tam invocabit verum transcendentale quam verum supernaturale. Hypotheticus quidam sed supernaturalis ei inest pius credulitatis affectus quo mysteria propter auctoritatem Dei credere vult modo Deus de facto ea revelaverit" (Analysis 13, Punkt 15c).

nunfterkenntnis nach seinem Heil Ausschau hält, darin aber schon unter einem ersten Einfluß der *gratia elevans* steht.

Damit hat der *infidelis* die vierte und letzte Stufe erreicht, die die Vollzüge *proxime fidem* umfaßt. Die *tertio modo* beschriebene Vorläufigkeit der Ausschau auf das Heil ist hier überwunden: Die *gratia illuminationis* wohnt *quarto modo* dem Intellekt inne, sie ermöglicht dem Menschen, die zureichende Evidenz der Glaubwürdigkeit des Offenbarungsanspruches nicht nur zu suchen, sondern diese bezüglich der zu treffenden Urteile über das *finis supernaturalis* und die *obligatio credendi* auch verbindlich zu schauen[177]. Die *gratia inspirationis* dagegen kommt dem Willen zu, in dem – *absolute et sine conditione* - der *infidelis* sowohl das *finis supernaturalis* als auch das dem *finis* entsprechende *medium*[178] erstrebt[179]. Die weiteren Etappen der vierten Stufe entfaltet B. *Lonergan* in der Reihenfolge, wie er sie im *zweiten Punkt* seines Manuskriptes auch für den *actus intellegendi* benennt. Auf die im *actus intellegendi reflexus* ermittelte Evidenz folgen die beiden praktischen *iudicia*. Aus den *iudicia* und der *volitio finis* geht sodann *rationabiliter* der consensus hervor, das was zu glauben ist, anzunehmen, und dem, was geoffenbart worden ist, zuzustimmen. Das Ziel des *actus intellegendi reflexus* ist damit erreicht: Zuletzt folgt der *assensus fidei* selbst[180].

Mit *Punkt 16* trägt B. *Lonergan* die Eigenschaften des *assensus fidei* zusammen, an dessen Vernunftgemäßheit er hier noch einmal mit dem Hinweis auf das *lumen rationis* und die *scientia alterius* erinnert[181]. In sei-

---

[177] „Gratia illuminationis intellectui inest non solum ut quaerat sed etiam ut perspiciat evidentiam sufficere ad iudicia elicienda circa actualem finem supernaturalem et circa obligationem credendi" (Analysis 13 , Punkt 15c).

[178] „Gratia inspirationis inest voluntati ut finem supernaturalem velit et ideo ut medium in hunc finem velit" (Analysis 13, Punkt 15c).

[179] „Ad quartum gressum gratia illuminationis est non solum ad quaerendum sed etiam ad perspiciendum, et ideo gratia inspirationis est ad volendum et prosequendum finem supernaturalem absolute et sine conditione" (Analysis 13, Punkt 15d).

[180] „Ex perspecta evidentia rationabiliter sequuntur iudicia. Ex iudiciis et volitione finis rationabiliter sequuntur consensus in obligationem credendi, imperium revelatis assentiendi, et ipse fidei assensus" (Analysis 13, Punkt 15 c).

[181] „Fides est rationabilis cum in fieri tum in facto esse. In fieri est rationabilis quia evidentia ipsa solo rationis lumine certo cognosci potest et evidentiae sufficientia perspicitur ut rationabiliter eliciantur iudicia practica, volitiones et ipse fidei assensus. In facto esse est rationabilis secundum ipsam fidei naturam. Fides enim est illa cognitionis species cuius ultimus „cur" est scientia alterius. In fide vero divina haec

ner Vernunftgemäßheit ist der *assensus fidei* zugleich immer auch *actus supernaturalis*: In der *gratia illuminationis et inspirationis* wird der Mensch von Gott zum Glauben, zur Rechtfertigung und zum Heil geführt[182]. Die *rationabilitas fidei* widerstreitet dabei nicht dem Gnadencharakter des *processus fidei psychologicus*. *B. Lonergan* verweist dazu mit dem Begriff der *necessitas gratiae* auf das Wirken der *gratia sanans* und der *gratia elevans*. Heilt und stärkt die *gratia sanans* das natürliche Vernunftvermögen des Menschen, wird die *gratia elevans* dem Menschen gewährt, damit er zur Überzeugung von der Vernunftgemäßheit des Glaubens kommen kann. Diese Überzeugung, in der sich der Mensch auf das Wissen Gottes gründet, ist übernatürlich[183]. Da der Mensch sich im Glaubensakt aber auf die *scientia Dei* gründet, gilt der *assensus fidei* als *obscurus*. Dunkel ist der *assensus fidei*, weil das Wissen und die Wesensart Gottes dem Menschen nicht zugänglich sind. Die *obscuritas* hebt aber die Vernunftgemäßheit des Glaubens nicht auf, denn dessen Prämissen sind keineswegs unverständlich oder dunkel, sondern werden vielmehr *solo rationis lumine* bekannt[184]. Als weitere Eigenschaft des Glaubensassensus nennt *B. Lonergan* sodann dessen Freiheitscharakter, der die *rationabilitas fidei* nicht einschränkt. Vom freien Befehl des Willens hervorgebracht, ist der Glaubensassens ein *assensus liber*[185]. Fordert zwar die *rationabilitas fidei* die morali-

---

scientia est ipsa Dei scientia. Quare fide divina nihil rationabilius esse potest" (Analysis 14, Punkt 16a).

[182] „Inde enim a cogitatione salutari per gratiam absolute supernaturalem illuminationis et inspirationis homo a Deo movetur in ipsam fidem, iustificationem, salutem. Vide par. 15, d" (Analysis 14, Punkt 16c).

[183] „Notandum est gratiae necessitatem cum fidei rationabilitate non pugnare. Gratia enim sanans datur ut homo sit rationabilis; nisi homo enim rationabilis de facto efficitur, per rationabilitatem fidei ad ipsam fidem non ducitur. Gratia vero elevans datur ut homo ad rationabilitatem fidei in facto esse pervenire possit; haec enim rationabilitas qua homo divinae scientiae inhaereat et innitatur supra naturam est" (Analysis 14, Punkt 16c).

[184] „Assensus fidei est obscurus. Est obscurus ratione motivi: motivum enim fidei in facto esse est scientia qua Deus scit; quam scientiam homo non habet. Est obscurus ratione obiecti principalis: hoc enim est est ipse Deus mysteriis obvolutus quae per solam visionem beatificam penetrantur. DB 1796, 1816. At de se non est obscurus ratione motivi processus psychologici quo ad fidem pervenitur. Fundatur enim in praemissis quae solo rationis lumine innotescere possunt" (Analysis 14, Punkt 16d).

[185] „Proxime enim ipse assensus a libero imperio voluntatis producitur. Neque deest libertas in processu psychologico remotiore, cum omnis intellectualis operatio quoad exercitium actus a voluntate dependeat" (Analysis14, Punkt 16b).

sche Verpflichtung zum Glaubensakt ein, macht diese aber nicht die Freiheit zunichte, in der der Mensch den *assensus* gewährt[186]. Hinsichtlich seines objectum formale supernaturale ist der Glaubensassens dei *infalli-bilis* [187], *firmus super omnia*[188] , letztlich sogar *irrevocabilis:* Solange der Mensch glaubt, wird sein Glaube durch das höchste Motiv - *ipsi lumine divini intellectus* – gestützt. Gott selbst gibt dem Menschen wirksame innere und äußere Hilfen, den Glauben zu bewahren und in ihm zu verharren[189].

Das Beispiel des *infidelis* ermöglicht es B. *Lonergan,* das Verhältnis von *fides* und *ratio* zu veranschaulichen. Sie beide gehören zusammen: Stärkt und heilt die *gratia sanans* in den Vollzügen *remote fidem* die Sehkraft der menschlichen *ratio,* begleitet die *gratia elevans* all jene Schritte *proxime fidem,* in denen die Vernunft – gemeinsam mit der *volitio finis* – das Heil erstrebt und es schließlich im *assensus fidei* ergreift. Ähnlich, wie es für die Glaubensanalyse bei *P. Rousselot* charakteristisch ist, besteht somit auch nach B. *Lonergan* eine enge Beziehung zwischen der Glaubwürdigkeitserkenntnis, der Gnade und der Glaubenszustimmung[190]. Eine

---

[186] „Ulterius notare oportet rationabilitatem et libertatem fidei non inter se pugnare. Quamvis enim rationabilitas imponit obligationem moralem, obligatio moralis, uti patet, non tollit libertatem" (Analysis 14, Punkt 16b).

[187] „Assensus fidei est infallibilis. Motivum enim est ipsa divina scientia; obiectum vero est id quod Deus scit et veraciter revelat" (Analysis 15, Punkt 16e).

[188] „Assensus fidei est firmus super omnia. Primo ratione infallibilitatis quae in motivo et in obiecto inveniuntur. Secundo ratione gratiae divinae per quam ad eam pervenitur et in ea perseveratur. Tertio ratione voluntatis quae Deo summum obsequium praestare tenetur" (Analysis 15, Punkt 16f).

[189] „Assensus fidei est irrevocabilis. Quamdiu homo credit, fides sua motivo supremo innititur, nempe, ipsi lumini divini intellectus qui nec falli nec fallere potest. Praeterea, per ipsum fidei obiectum docetur Deum exsistere, Deum revelasse, Deum ea revelasse quae per magisterium ecclesiae vivum proponuntur. Quare nullum dubium, stante fide, admittere potest. Quod si dubium venit ei utrum fides stare debeat, praesto ei est argumentum ex signo levato inter nationes, nempe, ipsa ecclesia, DB 1794, et accedit gratia Dei qua intellectus illuminatur ad sufficientiam evidentiae perspiciendam et ad ipsam fidem volendam. Deus enim non deserit nisi prius deseratur. DB 1794, 1815" (Analysis 15, Punkt 16g).

[190] „Die vielfältigen ‚Zeichen', in denen die Offenbarung erscheint, erschließen den Zugang zur Offenbarungswirklichkeit und lassen die Zustimmung zur Offenbarung als berechtigt und verantwortbar erscheinen. Aber diese sogenannte Glaubwürdigkeitserkenntnis ereignet sich erst, wenn der Offenbarung, d.h. dem Ruf Gottes zu unmittelbarer Gemeinschaft, zugestimmt wird und das Licht dieses Rufes wirksam

dualistischen Konzeption des Glaubensaktes, bei der dem übernatürlichen Glauben eine natürlich erworbene Überzeugung von der Offenbarungstatsache vorausgeht, ist damit vermieden[191], dessen subjektiv-biographischer Charakter dafür aber umso deutlicher herausgearbeitet. Dies geschieht, wenn B. Lonergan den *actus intelligendi reflexus* mit der *gratia conversionis ad fidem* in Verbindung bringt. Über eine rein intellektuelle Dimension hinaus bekommt der Glaubensakt damit eine existentielle Note, wie der vierstufige Weg des *infidelis* zeigt: Der *infidelis* wird durch die *gratia conversionis ad fidem* zum Glauben bekehrt, im *processus fidei psychologicus* wandelt sich sein Verstehen, öffnet sich sein Horizont und gewinnt er die Freiheit, den *assensus fidei* bewußt zu setzen. B. Lonergan behauptet in diesem Zusammenhang eine *necessitas fidei*[192]. Zu einem wesentlich späteren Zeitpunkt wird er aber den Gedanken der *conversio* vertiefen, wenn er auch schon im *fünften Punkt* seiner Glaubensanalyse von den *novae obligationes* spricht, die im Glauben für den einzelnen Menschen verbindlich werden.

In seinem zweiten Hauptwerk *Method in Theology* kommt er im Jahr 1972 erneut auf den Begriff der *conversio* zu sprechen, die er aber jetzt nicht mehr im Rahmen der Glaubwürdigkeitserkenntnis als *gratia conversionis ad fidem* versteht. B. Lonergan weitet hier vielmehr den Begriff der

---

ist. Glaubwürdigkeitserkenntnis und Glaubenszustimmung bilden somit eine untrennbare Einheit; sie sind zwei zu unterscheidende Aspekte ein und desselben Aktes, des Glaubensvollzuges" (*E. Kunz*, Glaubwürdigkeitserkenntnis 427).

[191] Vgl. *E. Kunz*, Glaube 89.

[192] Vgl. Analysis 15, Punkt 17. *B. Lonergan* nennt fünf Aspekte der *necessitas fidei*: Punkt *17 a.* die obligatio credendi; Punkt *17b.* die necessitas medii; Punkt *17c.* das obiectum minimum explicite credendum. Vgl. ebd.: „Hebr.11,6: ‚quia Deus est et inquirentibus se remunerator est.' Vide DB 1172. N.B. Cum id quo implicite creditur, in alio contineri debeat, fieri non potest ut omnia implicite credantur."; Punkt *17 d.* das motivum fidei in facto esse. Vgl. ebd.: „DB 1173 damnat hanc propositionem: ‚Fides late dicta ex testimonio creaturarum similive motivo ad iustificationem sufficit.", Punkt *17e.* das obiectum minimum. Vgl. ebd.: „Quod Deus est et inquirentes se remunerat, dupliciter intelligi potest. Primo modo, ut thesis philosophica, et sic non est obiectum minimum. Alio modo, ut implicite continens totum quod Deus revelavit, et sic est obiectum minimum. Quod implicite omnia revelata continet, ex motivo habetur, nempe, propter auctoritatem Dei revelantis. Denique, hoc motivum facit verum supernaturale, uti enim vidimus, verum dividitur in naturale et supernaturale non secundum rem quae cognoscitur, sed secundum lumen quo cognoscitur. Par. 10, 11."

conversio. Die Bekehrung erscheint nun als allgemeiner Ausdruck von „Kehrtwendung und Neubeginn"[193]. Nach *Method in Theology* erfährt das Subjekt im Vollzug der Selbstranszendenz sogar eine dreifache Bekehrung: Die *intellektuelle, moralische* und *religiöse Bekehrung*[194]. Die *intellektuelle Bekehrung* ist für B. Lonergan jener Moment, in dem der vielschichtige Mythos über die Wirklichkeit, die Objektivität und die menschliche Erkenntnis beseitigt ist: Im Gegensatz zum bloßen Augenschein wird die Wirklichkeit nicht durch Sehen, sondern durch Erfahrung, Einsicht und Urteil erkannt[195]. Erkenntnis ist insofern nicht nur Sache des Einzelnen, sondern auch die von kulturellen Gemeinschaften und ihrer Geschichte[196]. Die *moralische Bekehrung* wandelt die Kriterien der Entscheidung und Wahl: Der Mensch sucht in seinem Handeln nicht mehr die Befriedigung durch das, was begehrenswert und angenehm ist, sondern er erstrebt den Wert, das wahrhaft Gute. Nach *B. Lonergan* beginnt an diesem Punkt das mühevolle Streben nach moralischer Vollkommenheit, in dem der moralisch Bekehrte sich offen für Kritik und Belehrung zeigt. Er lernt, den Raum seiner persönlichen Freiheit auszuschreiten[197]. In der *religiösen Bekehrung* begegnet der Mensch dem, was ihn unbedingt angeht. Sie ist ein Sich - überweltlich – verlieben, eine völlige und dauernde Selbst-hingabe ohne Bedingungen, Einschränkungen und Vorbehalte. Die Gabe der Liebe öffnet die Augen, enthüllt die Welt der Werte und vollzieht die moralische Bekehrung[198]. Unter den Werten, die sie ent-

---

[193] *G. Dobroczynski*, Einsicht 255.

[194] Vgl. *G. Doboczynski*, Einsicht 255 – 256.

[195] Vgl. *B. Lonergan*, Method 238 / Methode 242. Vgl. dazu *G. B. Sala*, Innerlichkeit und Rationalität nach Bernard Lonergan, in: *H.-B. Gerl-Falkovitz, N. Lobkowicz* (Hg.), Rationalität und Innerlichkeit, Hildesheim-Zürich 1997, 139- 153 (=Philosophische Texte und Studien 43)152 – 153: „Die intellektuelle Bekehrung ist die Antwort auf eine solche Forderung nach dem Übergang vom picture thinking, das bei der Gleichung: Erkennen = Anschauen und den daraus sich ergebenden Konsequenzen stehen bleibt, zur Wahrheit des rationalen Urteils, die nur durch den persönlichen und verantwortlichen Vollzug unserer Intentionalität erreicht wird. Hat man dies eingesehen und sich in all seiner Tragweite zu eigen gemacht, dann sind die Folgen einer solchen Umkehr in allen Sparten des Wissens, ja zuerst im eigenen Leben, nicht zu übersehen."

[196] Vgl. Method 238 / Methode 243.

[197] Vgl. Method 240/ Methode 243 – 244.

[198] „Religious conversion is being grasped by ultimate concern. It is other-worldly falling in love. It is total and permanent self-surrender without conditions, qualifica-

deckt, findet die Liebe den Wert des Glaubens und weiß sich so an eine bestimmte religiöse Tradition vermittelt[199]. *B. Lonergan* sieht ein enges Wechselverhältnis zwischen den drei Formen der Bekehrung: Jede neue Stufe hebt die vorhergehende nicht auf, sondern bewahrt und pflegt sie[200].

Auf den hier skizzierten, im Werk von *B. Lonergan* umfassend dargelegten Bekehrungsbegriff gibt das Manuskript zur Glaubensanalyse von 1952 nur einen ersten Hinweis[201]. Der frühe wie auch der späte Gebrauch, den *B. Lonergan* vom Begriff der *conversio* macht, verbindet ihn aber auf besondere Weise mit *J. H. Newman*. Auch *J. H. Newman* weiß um das unverwechselbare biographische Profil der Glaubwürdigkeitserkenntnis und deren eigentümliche Beziehung zum übernatürlichen Formalobjekt: Vernunft und Glaube sind auch für ihn eigenständige Größen und dabei eng aufeinander bezogen. In den *Theses de fide* etwa ist es das Wort Gottes, dessen Wirken der Mensch in der Glaubwürdigkeitserkenntnis zwar gedanklich einholt, das aber über alle Vernunft hinaus den Glaubensakt erst begründet[202]. Dem *Paper on Development* zufolge nimmt das Wort Gottes selbst im Gläubigen wie in der Kirche Wohnung, ist es diesem lebendiges Objekt beständiger intellektueller Mühe[203], ein Gedanke, den *J. H. Newman* im *ersten Hauptteil* der *Grammar* mit seiner Imaginationstheorie untermauert und im *zehnten Kapitel* der Zustimmungslehre in eine apologetische Form kleidet[204]. Der starke Akzent, den *B. Lonergan* in seinem Manuskript auf die Evidenz der Glaubwürdigkeit des Offenbarungsanspruches legt, wie seine Konzeption einer Glaub-

---

tions, reservations. But it is such a surrender, not as an act, but as a dynamic state is prior to and principle of subsequent acts" (Method 241/ Methode 244).

[199] „For the word, spoken and heard, proceeds from and penetrates to all four levels of intentional consciousness. Its content is not just a content of experience but a content of experience and understanding and judging and deciding. The analogy of sight yields the cognitional myth. But fidelity to the word engages the whole man" (Method 243 / Methode 247).

[200] Vgl. *G. Dobroczynski*, Einsicht 256, Anm. 299.

[201] Vgl. Analysis 13, Punkt 15c. Der Gedanke der intellektuellen Bekehrung scheint *secundo modo*, der einer moralischen Bekehrung *tertio modo* angedeutet, das Wirken der Gnade – „ad actus proxime fidem antecedentes pervenitur" – *tertio et quarto modo* (vgl. Analysis 13, Punkt 15c) vorweggenommen.

[202] Vgl. *J. H. Newman*, Theses de fide 231-236.

[203] Vgl. Abschnitt 4.1.2.2.

[204] Vgl. Abschnitt 4.3.3.5.

würdigkeitserkenntnis, die in mehreren Schritten zum Glaubensakt führt, haben im *neunten Paragraphen* der Schrift *On the Certainty* ihre Entsprechung: Sache der Vernunft ist auch für *J. H. Newman* die Ermittlung der Glaubwürdigkeitsevidenz, das *motivum credibilitatis*. Die *voluntas credendi* dagegen fällt– wie auch in der Glaubensanalyse nach *B. Lonergan* - in den Wirkbereich der übernatürlichen Gnade, die den Menschen für die *fides divina* bereitet[205]. Wenn *J. H. Newman* den Begriff einer *gratia conversionis ad fidem* in den genannten Texten daher auch nicht verwendet, kommt er dennoch in der Sache mit *B. Lonergan* überein: Erst in der übernatürlichen Gnade ist der Mensch geleitet und befähigt, den *assensus fidei* zu gewähren. Der Sinn, den *B. Lonergan* dem Begriff der *conversio* in seinem späten Hauptwerk *Method* gibt, trifft überdies die Gedankenwelt der *Grammar of assent* in erstaunlicher Weise. Meidet *J. H. Newman* hier zwar die Vorstellung einer Bekehrung, in der sich die äußeren Lebensumstände des Bekehrten radikal verändern, so bleibt er gerade in seiner Zustimmungslehre dem Gedanken einer intellektuellen, moralischen und religiösen Bekehrung auf der Spur[206]. Hier formt er nicht nur ein Modell von Erfahrung, Urteil und Zustimmung, sondern stellt dieses Modell in den Dienst einer Apologetik, die ihre Hörer zu einer ebenso vernunftgemäßen wie gläubigen Entscheidung einladen möchte[207]. Bei *J. H. Newman* wie bei *B. Lonergan* ist dieser Entscheidungscharakter durch den Begriff der Zustimmung eindrucksvoll dokumentiert.

5.1.4. Praeambula fidei und Glaubensakt

Im *achtzehnten Punkt* seines Manuskriptes handelt *B. Lonergan* von den *praeambula fidei*, unter denen er jene Fundamente des Glaubens versteht, die auch außerhalb der *fides divina* mit Gewißheit erkannt werden können[208]. Dabei geht es vor allem um das *factum revelationis*, für das die Kir-

---

[205] Vgl. *J. H. Newman*, On the Certainty 36 – 38.

[206] Vgl. Abschnitt 4.3.3.2.5.

[207] „Das Christentum kann als die wahre Religion nur im Vergleich mit dem allgemeinen Religionsphänomenen herausgearbeitet werden. Auch die Person im Anspruch der Offenbarung Christi bleibt ein Mensch der natürlichen Religion, das heißt eine Person des freien Gewissens" (*R. Siebenrock*, Wahrheit 326).

[208] „Per praeambula intelligimus illa fidei fundamenta quae certo sed non fide divina cognoscuntur. Vide Vaticanum: ‚firmissimo niti fundamento fidem' DB 1794; ‚recta ratio fidei fundamenta demonstret' DB 1799. Vide Pium IX DB 1637" (Analysis 16, Punkt 18a).

che selbst „magnum quoddam et perpetuum motivum credibilitatis et divinae suae legationis testimonium irrefragabile"[209] ist. Damit ist an die vorhergehenden Überlegungen zu *fides* und *ratio* angeknüpft: Kraft ihres natürlichen Fassungsvermögens ist es der menschlichen Vernunft möglich, sich *remote fidem* über das *factum revelationis* in Kenntnis zu setzen.

B. *Lonergan* nennt zwei Fälle, deretwegen er in einem eigenen Punkt von den *praeambula* des Glaubens spricht. Der *erste Fall* ist der der *infideles*, die vom Unglauben zum Glauben geführt werden sollen. Wie B. *Lonergan* diesbezüglich in *Punkt 15* erläutert, können die *infideles* nur dann zu einem verantworteten *assensus fidei* gelangen, wenn sie sich zuvor ein sicheres Urteil über das *factum revelationis* gebildet haben. Hier stellt sich also die Frage, ob das *factum revelationis* auch auf einem anderem Weg als dem des göttlichen Glaubens, den die *infideles* tatsächlich noch nicht besitzen, zur Kenntnis kommen kann[210]. Die Fragestellung erinnert also an den viergestuften Weg zum Glaubensassens, wie ihn *Punkt 15* beschreibt. Der *zweite Fall*, der die Rolle der *praeambula fidei* der Sache her nach erhellen soll, betrifft all jene Menschen, die den Glauben *sub Ecclesiae magisterio* angenommen haben: Jene glauben bereits die Offenbarung und das Faktum ihres Ergangenseins, das ja auch geoffenbart ist. Hinsichtlich der Vernunft und ihrem Fassungsvermögen stellen sich B. *Lonergan* in diesem Zusammenhang drei konkrete Fragen: Wie im vorhergehenden, ersten Fall fragt er, ob auch die, die schon glauben, auf einem anderen Weg als dem der *fides divina* vom *factum revelationis* Kenntnis erhalten müssen. Er fragt zweitens, auf welche Weise die Gläubigen zu dieser Erkenntnis gelangen können. Drittens fragt er, ob die *fideles* im Glauben zweifeln müssen, wenn sie nicht auf anderem Wege diese Kenntnis haben können[211]. Damit ist von B. *Lonergan* die Aufgabe

---

[209] Analysis 16, Punkt 18b.

[210] „Primus casus est eorum qui ex infidelitate ad fidem producuntur. Quo in casu satis patet per prius factum revelationis est aliunde cognoscendum quam fide divina credendum. Nam motus ad terminum antecedit termini adeptionem. In motum ad termino nondum habetur fides divina, et tamen requiritur certa cognitio facti revelationis ut quis ad terminum pervenire possit" (Analysis 16, Punkt 18c).

[211] „Alter casus est eorum qui iam fidem sub Ecclesiae magisterio susceperunt. Illi fide divina factum revelationis credunt, nam ipsum hoc factum revelatum est. Unde quaeritur primo idem ipsum idem factum aliunde cognoscere debeant; deinde unde hanc aliam cognitionem hauriant; et tertio, si eam non habeant, utrum de ipsa fide dubitare debeant" (Analysis 16, Punkt 18d).

der *praeambula fidei* umschrieben: Vernunftgründe sind es, die den *infideles* auf seinem Weg zum *assensus fidei* leiten, und mittels von Gründen der Vernunft sucht der *fidelis*, sich über das *factum revelationis* Rechenschaft zu geben. Sowohl der *infidelis* wie auch der *fidelis* befinden sich damit in der gleichen Lage. Beide bedürfen guter Vernunftgründe, um verantwortlich, also mit ausreichender Gewißheit über das *factum revelationis*, ihre Glaubenszustimmung zu geben[212].

Indem er aufweist, daß der Mensch auch außerhalb der *fides divina* zur Kenntnis über die Offenbarung kommen kann, kann *B. Lonergan* die erste der drei eingangs gestellten Fragen beantworten. So betont er zunächst, daß die Vernunft die Tatsache der göttlichen Offenbarung mit aller Sorgfalt zu untersuchen hat, um im Glauben einen vernunftgemäßen Gehorsam leisten zu können[213]. Die Vernunft ist dabei nicht auf sich selbst angewiesen. Sie erhält vielmehr dazu Unterstützung und Hilfe: *B. Lonergan* erinnert in diesem Zusammenhang an das *Erste Vaticanum* mit seinem Bekenntnis zur Kirche als einem moralischem Wunder, „das für jeden ein starkes und immerwährendes Glaubwürdigkeitsmotiv bildet"[214]. Er erinnert überdies an solche Aussagen des Konzils, in denen es vom Zueinander von Glaube und Vernunft spricht, in denen aber auch von jener Gnade die Rede ist, die den Mensch im Glauben verharren läßt[215]. Gründe ganz unterschiedlicher Art sind es, aufgrund derer die

---

[212] Vgl. dazu *G. Muschalek*, Art. Praeambula fidei., in: LThK II 8, 653 – 657, hier Abschnitt I. Begriff u. Problem 653: „Sie gehören aber gleichzeitig zum Glauben (fides quae) als dessen Erhellung (intellectus fidei) u. Synthetisierung mit der Gesamtheit des menschl. Welt- und Selbstverständnisses. Eine 2. Bedeutung haben die P.f. als Erkenntnisse, die logisch (mit mehr oder weniger Notwendigkeit) dem Glaubensakt (fides qua) vorausgehen u. ihn ermöglichen."

[213] „Ad primam quaestionem dicitur: primo, Pium IX sine distinctione requirere diligentem inquisitionem in factum revelationis ut ipsa fides sit rationabile obsequium, DB 1637" (Analysis 16, Punkt 18d).

[214] *H.J. Pottmeyer*, Zeichen 384 – 385. „Primo, quia gratia Dei nos illuminat ad inquirendum et ad perspiciendam evidentiae sufficientiam. Alia ergo est gratia Dei, et aliud id in quod inquiritur et in quo sufficientia perspicitur" (Analysis 18, Punkt 18g).

[215] „...deinde, C. Vat. easdem assignare causas tum veram fidem amplectendi tum in ea constanter perseverandi, DB 1794; tertio, idem Concilium nominare ejusmodi praeambula fidei fundamenta, DB 1794, 1799, ubi innuitur etiam post fidem susceptam fundamentum manere opoetere" (Analysis 16, Punkt 18d). *B. Lonergan* erläutert in Punkt 18 das Wirken der Gnade, die ihm zufolge die Vernunft und die ihr eigene Sehkraft nicht ersetzt: „ Tertio, uti in tractatu de gratia stabilitur, ipsa gratia

Vernunft ihr Urteil über die Glaubwürdigkeit des *factum revelationis* fällt, und die sie bewegen, den *assensus fidei* zu gewähren[216]. Aus der Tatsache, daß ihm die Kirche den Offenbarungsglauben vorlegt, erwächst dem *fidelis* gegenüber dem *infidelis* allerdings kein Vorteil: „Quare iterum valet argumentum de motu et de termino adepto." [217]

Mit der Dogmatischen Konstitution *Dei Filius* zählt *B. Lonergan* vor allem die *signa externa* und die *miracula*, schließlich die *Kirche* selbst zu den *praeambula fidei*. Herausragendes Merkmal der *signa externa* ist es, daß diese dem Erkenntnisvermögen aller Menschen angepaßt sind[218]. Kann das *factum revelationis* dem Menschen zwar auch im natürlichen Verstandeslicht zur Kenntnis kommen, bedarf es dennoch - *ad cogitationem salutarem* - der Gnade, damit der Mensch erkennt, daß die vernunftbegründete Evidenz ausreicht, um den Glaubensakt zu setzen[219]. Der Gedanke erinnert an *Punkt 15a*, in dem *B. Lonergan* das Wirken der *gratia sanans et elevans* hervorhebt. Auch die zweite der drei Fragen ist damit beantwortet: Dank der *signa externa* und der inneren Gnadenhilfe vermag der Mensch das *factum revelationis* immer besser kennenzulernen. Die Frage nach dem

---

supernaturalis non subest scientiae humanae. Quamvis enim coniecturare possimus de proprio statu supernaturali, eumdem statum esse supernaturalem non possumus scire; actus enim supernaturales sunt tales propter obiecta supernaturalia quae imperfecte tantum intelligimus, DB 1796" (Analysis 18, Punkt 18g).

[216] „Ideo actus judicandi vel assentiendi est rationabilis quia alius actus antecedit in quo sufficientia evidentiae ad judicandum vel assentiendum perspicitur. Sicut primus fidei assensus est rationabilis propter perspectam evidentiae sufficientiam, pariter assensus subsequentes rationabiles sunt propter perspectam evidentiae sufficientiam" (Analysis 16, Punkt 18d).

[217] „Quando credimus, propter auctoritatem Dei revelantis vero supernaturali assentimur. Sed ut credamus, ut talem assensum eliciamus, perspicere debemus sufficere evidentiam ut rationabiliter talem actum ponamus. Quare iterum valet argumentum de motu et de termino adepto" (Analysis 16, Punkt 18d).

[218] „Ex analysi fidei enim constat rationabiliter homines ex signis externis per gratiam et libertatem ad affirmandum verum supernaturale pervenire" (Analysis 19, Punkt 19b).

[219] „Ad alteram quaestionem dicitur secundum Vaticanum, primo, ipsum factum revelationis innotescere per signa externa, miracula, omnium intelligentiae accomodata (DB 1790, 1812, 1813) et etiam per ipsam ecclesiam signum et motivum perpetuum (DB 1794), secundo, in utroque casu accedere gratiam Dei (DB 1790, 1794). Ulterius dicimus ipsum factum revelationis naturali rationis lumine innotescere posse sed gratiam Dei requiri ad cogitationem salutarem qua quaerimus et perspicimus evidentiam hanc sufficere ad rationabiliter eliiciendum actum fidei" (Analysis 16, Punkt 18d).

Zweifel im Glauben verneint *B. Lonergan* entschieden. Dafür spricht ein guter Grund: Seiner Heilsnotwendigkeit wegen gibt es im Glauben unter keinen Umständen Zweifel, er ist göttliche Gabe, „magis per gratiam quam per praeambula naturaliter nota"[220]. Im Falle möglicher *difficultates in materia fidei* aber, die nach *J. H. Newman* vom Glaubenszweifel zu unterscheiden sind, hofft *B. Lonergan* auf die *gratia divina*, die der *ratio* beizeiten in ihrer Schwäche hilft und den menschlichen Geist erleuchtet[221].

Nachdem er die Notwendigkeit von Vernunftgründen für den *assensus fidei* erörtert hat, wendet sich *B. Lonergan* mit *Punkt 18e* der Frage zu, wann von einem Grad zureichender Evidenz zu sprechen ist, aufgrund dessen die Vernunft zu einer fundierten Glaubwürdigkeitserkenntnis kommen kann. Die Frage gilt dem Subjekt des Glaubensaktes, dem *homo viator* und seiner individuellen Disposition. Zur Beantwortung dieser Frage verweist *B. Lonergan* auf alltägliche Beobachtungen: Nur wenige Menschen vermögen die Evidenz der Glaubwürdigkeit des *factum revelationis* zu erfassen. Können sie aber die Evidenz nicht erfassen, vermögen sie auch nicht festzustellen, ob diese Evidenz zureicht[222]. Nur Erfahrungen und gesammeltes Wissen, auf denen sie ihr Urteil gründen kann, ermöglichen es demnach der Vernunft, die Evidenz eines Sachverhaltes verbindlich anzuerkennen. *B. Lonergan* nimmt das Fehlen dieser

---

[220] Analysis 17, Punkt 18d.

[221] „Ad tertium quaestionem dicendum nunquam esse fide dubitandum. Primo, quia vera est, Deinde, quia ad salutem est necessaria necessitate medii. Tertio, quia est donum Dei et nobis inest magis per gratiam quam per praeambula naturaliter nota. Quare difficultates in materia fidei dubium generare non debent (Ten thousand difficulties do not make a doubt). Sed solutiones sunt quaerendae et auxilium Dei est implorandum tum ut ratio sanetur ad evidentiae apprehensionem tum ut mens illuminetur ad evidentiae sufficientiam perspiciendam. Vide DB 1794, 1815; Lennerz, de dubio Hermesiano, p. 17 nota, de erroribus oppositis huic definitioni, p. 231" (Analysis 17, Punkt 18d). *B. Lonergan* bezieht sich mit den „ten thousand doubts" auf *J. H. Newman* „Manche empfinden die Schwierigkeiten der Religion sehr schmerzlich, und ich selber bin darin so empfindlich wie einer; aber ich habe nie begreifen können, welcher Zusammenhang zwischen dem schärfsten Empfinden dieser Schwierigkeiten, ja ihrer weitgehenden Steigerung, und dem Zweifel an den betreffenden Lehren, denen die Schwierigkeiten anhaften, tatsächlich besteht. Zehntausend Schwierigkeiten machen, soviel ich von der Sache verstehe, nicht einen Zweifel, Schwierigkeiten und Zweifel sind inkommensurable Größen" (Apologia 276).

[222] „Sufficientia evidentiae perspici non potest, nisi ipsa evidentia apprehenditur" (Analysis 17, Punkt 18e).

Fähigkeit gerade bei jungen Katholiken wahr, wofür er deren begrenztes theologisches Grundwissen verantwortlich macht. Dies gilt sogar für die Alumnen in den kichlichen Seminaren, die sie sich diesbezüglich ebenfalls mit unklaren Beweisgängen zufrieden geben. Aber auch bei den Lehrenden selbst vermutet *B. Lonergan* bestehende Unklarheiten[223]. Er weiß zugleich aber auch um die Schwierigkeit, in dieser Sache zu einer angemessenen Lösung zu kommen. So leicht es etwa fallen mag, die Existenz Gottes zu beweisen, so schwer ist es, in der Gottesfrage bestehende Irrtümer „exacte accurateque"[224] zu widerlegen. Eine weitere Schwierigkeit sieht *B. Lonergan* zudem darin, eine sichere Erkenntnis sachgerecht zum Ausdruck zu bringen: Die Menschen sind sich sicher, daß *Großbritannien* eine Insel ist, der Nachweis dafür fällt ihnen dennoch schwer[225]. Das Beispiel, das *B. Lonergan* hier erwähnt, hat er dem *zweiten Paragraphen* des *achten Kapitels* der *Grammar of Assent* entnommen[226], in dem *J. H. Newman* den von allen behaupteten, von der Mehrheit aber üblicherweise nie verifizierten Inselcharakter Großbritanniens als „Musterbeispiel für die im Leben immer wiederkehrende Gewißheitsbildung ohne Demonstration"[227] anführt. Das Beispiel *Großbritanniens* erwähnt *J. H. Newman* im thematischen Umfeld der *informal inference*: Im Modell der *informal inference – per modum unius* „a sort of instinctive perception of the

---

[223] „Pueri enim catholici, adulti inculti, ipsi docti in aliis materiis sed philosophiae et theologiae fundamentalis ignari, quid revera cognoscunt de demonstrata Dei existentia, de deductis attributis divinis, de authentia Novi Testamenti, de miraculorum possibilitate et probatione, de admirabili Ecclesiae propagatione, de eximia ejus sanctitate, de catholica unitate et invicta stabilitate? Imo, ipsi seminariorum alumni probationibus adumbratis sunt contenti. Ipsi professores non totam rem sed hanc vel illam partem plus minus compertam habent" (Analysis 17, Punkt 18e).

[224] „Primo distinguendum est inter cognitionem rei et difficultatem solutionem. Exemplo sit certa cognitio existentiae divinae. Facile est probare quod Deus existit. At difficile admodum est penetrare mentem Spinozae, Kant, Hegel, Husserl, Heidegger, eorumque errores exacte accurateque refutare" (Analysis 17, Punkt 18e).

[225] „Deinde distinguendum est inter ipsam cognitionem et ejus expressionem. Quam distinctionem clare illustravit Newman cum illud protulit, nempe, nos omnes esse certissimos Angliam esse insulam, qui nihilominus rem arduam atque molestissimam duxerimus probationem claram, efficacem, objectionibus nullis obnoxiom praestare hujus obviae insularitatis" (Analysis 17, Punkt 18e).

[226] Vgl. GA 191 – 192 / AW VII 206-207.

[227] AW VII 397, Anm. 169b.

legitimate conclusion in and through the premisses"[228]– verknüpft *J. H. Newman* formallogische Argumentationsstrukturen mit der Befähigung und Disposition des Einzelnen, Sachverhalte in ihrer Evidenz zu erschließen. Damit bereitet er dem *illative sense* den Weg, mit dessen Hilfe der *assent* gerechtfertigt werden kann[229]. *B. Lonergan* greift dieses Modell der Gewißheitsbegründung auf, bezieht es dabei aber auf die Fähigkeit des *actus intelligendi reflexus*, Einsichten, Urteile und Informationen kumulativ zu verknüpfen. In dem vom Intellekt bewerkstelligten „synthesis atque perspecta proportio"[230] erschließt sich ein Sachverhalt gemäß der Einsicht, Kenntnis, Weisheit und Klugheit des Wahrnehmenden[231]. *B. Lonergan* nimmt bei Ungebildeten wie auch bei Gebildeten eine solche Fähigkeit zum Glaubwürdigkeitsurteil an[232]. Was darin den einen vom anderen Menschen unterscheidet, ist nicht die Erkenntnis eines Sachverhaltes, sondern die Fähigkeit zur Erfassung der Evidenz, aus der das besagte Glaubwürdigkeitsurteil hervorgeht. Die Evidenz und ihre Suffizienz zu erfassen, ist in der Disposition eines jeden Menschen angelegt und durch die Strukturen geprägt, in denen er Erkenntnis gewinnt[233]. *B.*

---

[228] GA 196 / AW VII 211 – 212.

[229] Vgl. Abschnitt 4.3.3.3.3.

[230] „Cujus rei causa est judicium ab actu intelligendi reflexo procedere, hunc vero actum synthesin multorum diversorumque efficere secundum eorum proportionem ad judicium anticipatum; quae synthesis atque perspecta proportio neque verbum incomplexum est neque verbum complexum ideoque directe dici non potest sive interius in mente neque exterius per os et linguam, sed mendiantibus hujusmodi expressionibus indirecte communicari potest et de facto secundum recipientis intelligentiam, scientiam, sapientiam et prudentiam recipitur" (Analysis 17, Punkt 18e).

[231] Analysis 17, Punkt 18e. *B. Lonergan* schreibt: „Tertio, animadvertere oportet similem vigere difficultatem cum quis sibi rationem suae cognitionis dare velit. Rationem dare potest in quantum quaerit utrum necne res ita se habent et simpliciter respondet secundum illud Domini, Est, est et Non, Non. Si vero quaerit quemadmodum ipse sciat quod verum reputet, in perdifficili analysi psychologiae rationalis involvitur, et illud Aquinatis recolere debet, nempe, diligentis et subtilis inquisitionis esse, quid sit anima, cognoscere. Summ. Theol. I, q. 87, a. 1, c" (Analysis 17, Punkt18e).

[232] „Quibus positis, ad argumentum, conceditur maior et negatur minor; ad probationem minoris, conceditur indoctos nescire difficultates subtiliter excogitatas; conceditur tam doctos quam indoctos totam suam cognitionem exterius proferre non posse, et negatur eos non eam evidentiam certo cognoscere in qua sufficientia ad iudicia practica efformanda perspici possit" (Analysis 18, Punkt 18e).

[233] Vgl. Analysis 18, Punkt 18f. *B. Lonergan* betont hier, daß der Glauben jeden Menschen angeht, das Glaubensgut aber – je nach individueller Verfaßtheit und

Lonergan greift wiederum einen Gedankengang auf, der bei *J. H. Newman* eine wichtige Bedeutung hat: Danach stehen die Evidenz und ihre Suffizienz in einem engen Wechselverhältnis. Bevor nicht die Evidenz eines Sachverhaltes selbst erfaßt wird, ist es auch nicht möglich, das Maß der Suffizienz, mit der sich die Evidenz erschließt, zu erfassen und zu beurteilen [234]. Ohne eine hinreichende Suffizienz vermag allerdings auch eine starke, ausgeprägte Evidenz nichts auszurichten. Eine Evidenz dagegen, die nicht stark, aber zureichend suffizient ist, vermag ein Urteil gültig und mit Notwendigkeit zu untermauern[235].

Den *praeambula fidei* kommen demnach drei wichtige Funktionen zu: Dem *infidelis* sind sie notwendige Hilfe, sich auf den Glaubensweg zu begeben, den *assensus fidei* zu gewähren und diesen vor der eigenen Vernunft zu rechtfertigen; mit ihrer Hilfe kann der *fidelis* das ihm vom kirchlichen Lehramt vorgelegte Glaubensgut auf seine Glaubwürdigkeit überprüfen, vor allem aber immer besser kennenlernen. Mit der dritten Funktion, die er den *praeambula fidei* zuschreibt, nähert sich *B. Lonergan*

---

dank der *gratia illuminationis* – unterschiedlich angenommen wird: „Qua de causa idem est proximum fidei fundamentum in omnibus sive doctis sive indoctis, sive adultis sive pueris, nempe, perspecta evidentiae sufficientia quae per gratiam illuminationis a Deo habetur. Id quod in aliis aliud est, non haec perspicientia sed evidentiae apprehensio est."

[234] „Sufficientia evidentiae perspici non potest, nisi ipsa evidentia apprehenditur." Zum Verhältnis von Evidenz und Suffizienz siehe Analysis 18, Punkt 18f: „Apprehensa enim evidentia se habet ad modum materiae vel instrumenti; perspecta vero sufficientia se habet ad modum formae vel causae principalis" .

[235] „Evidentia enim, quantumvis magna, accurata, elaborata, nisi sufficiens esse perspicitur , nihil facit. Evidentia autem, quantumvis parva vel indigesta, si sufficit et sufficere perspicitur, valide et necessitate quadam rationali iudicium fundat et gignit" (Analysis 18, Punkt 18f). Dieser Gedanke findet sich bei *J. H. Newman* sehr oft, etwa in OUS II 27 – 28 / AW VI 30 – 31, wonach dem menschlichen Geist von der Selbstmitteilung Gottes in Jesus Christus her die Zeichen der Glaubwürdigkeit der Offenbarung zur Einladung werden, den Glaubenschritt zu wagen. In *On the Certainty* (vgl. ThP I 19) verankert er die Evidenz in die Personmitte, indem er die Evidenz zum *lumen rationis* erklärt. Das Verhältnis von Suffizienz und Evidenz wird für den *zweiten Hauptteil* der *Grammar* zum zentralen Thema. Das Individuum ist je nach seiner Disposition offen für Ansprüche seiner Umwelt: „We judge for ourselves, by our own lights, and on our own principles; and our criterion of truth is not so much the manipulation of proposition, as the intellectual and morral character of the person maintaining them, and the ultimate silent effect of his arguments or conclusions upon our minds" (GA 196 / AW VII 212).

jener Apologetik, wie *J. H. Newman* sie mit seiner *Grammar* oder auch mit seinen *Dubliner Universitätsreden* vorlegt: Beide Autoren vertrauen auf die Lernfähigkeit des Menschen, dessen Glaubensassens ihrer Auffassung nach in besonderer Weise von der Vernunft und ihrem Vermögen zur Glaubwürdigkeitserkenntnis getragen ist. So fordern beide Autoren mit Vehemenz eine gute Ausbildung, Sachwissen und Kenntnisse in Dingen der Religion, damit Menschen die Glaubwürdigkeit der Offenbarungs-botschaft mit aller gebotenen Sorgfalt ermitteln und begründen kön-nen[236]. Der Optimismus, der aus dieser Position spricht, wird von *B. Lo-nergan* durch das Zutrauen in die *gratia divina* noch verstärkt: Diese be-gleitet und heilt nicht nur das natürliche Verstandesvermögen des Men-schen, in ihrem Licht erschließt sich ihm die Wahrheit des Glaubens, in dem zu verharren sie ihn anleitet. Nicht allein der mehrfache Hinweis auf sein Werk, auch die Stellung des *achtzehnten Punktes* betont die Nähe *B. Lonergans* zu *J. H. Newman*. Erörtert *J. H. Newman* im *sechsten* und *sieb-ten Kapitel* seiner *Grammar* das Wesen der Zustimmung, um in den bei-den darauffolgenden Kapiteln mit dem *illative sense* vom *organon* ihrer Rechtfertigung zu reden, handelt *B. Lonergan* in seinem Manuskript von den *praeambula fidei*, nachdem er den *assensus fidei* ergründet hat: *J. H. Newman* wie *B. Lonergan* fordern das Zeugnis der Vernunft für den Schritt des Glaubens.

---

[236] Analysis 19, Punkt 20 schärft jedoch diesbezüglich die Grenzen menschlicher Vernunftbemühung ein: Der Glaube übersteigt alles menschliche Denken: „a. Inve-nitur in encyclica Pii IX, DB 1635. Error contra quem scripsit S.P. exponitur DB 1634, nempe, eorum qui ita sibi philosophorum nomen arrogant ut palam publiceque edocere non erubescant, commentitia et hominum inventa esse sacrosancta nostrae religionis mysteria. Adeo S.P. a mente Hermesiana aberat ut data occasione post ali-qot menses damnationem Gregorii XVI (DB 1618-21) renovarit. Denziger, p. 457, nota 1. Quare hic locus non est interpretandus quasi assensus fidei non sit liber, quasi ra-tionibus necessariis producatur, vel quasi gratia non requiratur ad ipsam fidem. DB 1814. Neque „recta ratio" est simpliciter identificanda cum illa „ratione humana" quam S.P. peccato originali vulneratam et extenuatam describit. DB 1643f. b. Sensus S. Pontificis satis patet ex ipsis suis verbis: DB 1636: religio catholica totam suam vim ex auctoritate Dei acquirit, neque ab humana ratione deduci aut perfici umquam potest. DB 1637: ponitur principium credentitatis. DB 1638: applicatur principium ad factum revelationis. DB 1639: concludit quod credendum est. Ex quibus satis elucere videtur S.P. loqui de processu logico qui veram conclusionem ex veris praemissis deducit."

5.1.5. Rückblick

Die Glaubensanalyse, die B. *Lonergan* seinen Hörern im Jahr 1952 zum Vortag bringt, ist dem Duktus nach ein herkömmlicher Vorlesungsstoff von klarem Aufbau und präziser Sprache. Inhaltlich unterscheidet sich jedoch der hier dargelegte Vorschlag von anderen Lösungsmodellen zur Thematik. Im Gegensatz zu einer abstrakten Glaubensanalyse, in der die Glaubenszustimmung als logische Konsequenz einer Abfolge schlüssiger Syllogismen *more euclidiano* erscheint, stellt B. *Lonergan* mit seiner Vorlesung den Weg zum Glauben und im Glauben in den Rahmen der konkreten Hinordnung des Menschen zu seinem übernatürlichen Ziel. Er betont dazu das natürliche Vermögen der menschlichen *ratio*, die nicht nur fähig ist, die *auctoritas Dei revelantis* als *motivum fidei* anzuerkennen und *in fieri* zu einem begründeten Urteil über die evidente Glaubwürdigkeit des Offenbarungsanspruchs zu kommen. Der *actus intelligendi reflexus* erweist sich dabei als *cardo*, durch den die Vernunft ihr Urteil auf vorhergehende Einsichten, Erfahrungen und Erkenntnisse stützt und in den Etappen des *processus fidei psychologicus* den Glaubensassens vorbereitet. Aus diesem Grund darf der Menschen auch als *homo viator* bezeichnet werden, der in Einsicht und Bekehrung erst allmählich zum Glauben kommt. Einsicht und Bekehrung werden durch die Gnade gestützt und ermöglicht. Die *gratia sanans* heilt und kräftigt das menschliche Erkenntnisvermögen, die *gratia elevans* erleuchtet und bestärkt den Menschen bei den letzten Schritten hin zum Glaubensassens und bei diesem selbst. Die Gnade tritt dabei nicht an die Stelle der Vernunft, sie fördert im Gegenteil deren Sehkraft. B. *Lonergan* verdeutlicht dies am Beispiel des *infidelis* : Indem der Mensch zum Glauben kommt, verändert sich sein Urteilen und Handeln, wird er auf das übernatürliche Formalobjekt ausgerichtet[237]. Die *gratia divina* erscheint hier als eine *gratia*

---

[237] Der Begriff der *gratia conversionis ad fidem* verweist auf das zentrale Thema, dem sich B. *Lonergan* im Laufe der Jahre immer wieder stellt. H.J. *Pottmeyer*, Das Subjekt der Theologie, in: *M. Kessler, W. Pannenberg, H. J. Pottmeyer* (Hg.), Fides quaerens intellectum. Beiträge zur Fundamentaltheologie, Tübingen-Basel 1992, 545-556, hier 552. Nach *H. J. Pottmeyer* ist der Mensch bei *B. Lonergan* „in abgestufter Weise Subjekt. Die verschiedenen Weisen werden als unterschiedliche Bewußtseinsebenen bestimmt, die allerdings untereinander verbunden sind. Auf der untersten Ebene, im Zustand der Bewußtlosigkeit, sind wir nur potentiell Subjekt. Auf einer zweiten Ebene sind wir die hilflosen Subjekte unserer Träume. Zum empirischen Subjekt

conversionis ad fidem. Damit ist der Glaubensakt als ein personales Geschehen gedeutet, aus dem der Mensch verwandelt hervorgeht. B. *Lonergan* zeigt, daß es im Glauben nicht nur um die Vernahme übernatürlicher Wahrheiten geht, sondern auch um eine Entscheidung, die der Mensch in seiner konkreten Verfaßtheit zu treffen hat, für die ihm aber Hilfe zu gesichert ist.

Das Manuskript von 1952 erweist sich als inhaltreiches Studienobjekt. Viele der Themen, mit denen sich B. *Lonergan* in seinen späteren Hauptwerken beschäftigt, klingen in seiner Glaubensanalyse bereits an. Zu nennen ist hier der Gedanke der *conversio,* aber auch die Vorstellung eines *processus fidei psychologicus* mit den einzelnen Etappen von Einsicht, Erkenntnis und Urteil. Neben der scholastischen Begrifflichkeit, die B. *Lonergan* als Kenner der theologischen Tradition ausweist, ist es die offensichtliche Nähe zu *J.H. Newman,* aus der sein Ansatz weiteres Profil gewinnt. Der Aufbau der Zustimmungslehre entspricht der Gedankenfolge des Manuskriptes von 1952: Die Trias von Erfassung, Zustimmung und Folgerung in der *Grammar* findet bei B. *Lonergan* ihre Entsprechung in der Dreiheit von *actus intellegendi reflexus, assensus fidei* und *praeambula fidei.* Die Antizipationsstruktur der Glaubwürdigkeitserkenntnis findet sich hier wie dort, ebenso die Auffassung vom Glaubensassens als einer begründeten Zustimmung. *J. H. Newman* setzt die Geschichtlichkeit des Glaubensaktes gegen eine strenge Syllogismenwissenschaft: B. *Lonergan* folgt ihm hierin, findet aber mit dem Terminus einer *gratia conversionis ad fidem* zu einer Begrifflichkeit, mit der die biographische Verwurzelung des Geschehens noch stärker zum Ausdruck gebracht werden kann. Im Gegensatz zu *J. H. Newman,* dessen *Grammar* Abschnitte in fast erzählender Diktion aufweist, bleibt B. *Lonergan* in seinem kleinen Text formal und karg: Schildert *J. H. Newman* die Gottesbeziehung des Men-

---

werden wir auf einer dritten Ebene als Subjekte klarer Wahrnehmung, imaginativer Entwürfe und emotionaler Impulse. Auf einer vierten Ebene hinterfragen wir unsere Erfahrung und formulieren unsere Entdeckungen und Schöpfungen: das einsichtige Subjekt. Wenn wir auf der fünften Stufe unser eigenes Verstehen in Frage stellen, unsere Formulierungen überprüfen, beweisen und urteilen, werden wir zum rationalen Subjekt. Schließlich kommt es sechstens zum rationalen Selbstbewußtsein, wenn wir abwägen, werten, entscheiden und handeln, in freiem und verantwortlichem Handeln setzen wir uns selbst als Person: das existentiale Subjekt." Vgl. dazu B. *Lonergan,* Das Subjekt, in: QD 67, 33- 51.

schen in lebendiger Sprache, bietet *B. Lonergan* dasselbe in formaler, ari-
stotelisch-scholastischer Terminologie[238].

Die Beschäftigung mit *B. Lonergan* und seinem Manuskript ist daher reizvoll und für die Fragestellung der Glaubensanalyse förderlich:
Der Text dokumentiert einerseits eindrucksvoll die Weise, wie die Fragestellung der analysis fidei im theologischen Lehrbetrieb noch zu Beginn
der fünfziger Jahre des zwanzigsten Jahrhunderts verhandelt wurde.
Somit gibt der Text einen lebendigen Eindruck von jenen Fragen und
Schwierigkeiten, die im *ersten Hauptteil* der vorliegenden Studie als Herausforderung der Theologie benannt sind. Andererseits wird deutlich,
daß die herkömmlichen Lösungsvorschläge hinsichtlich der Glaubensanalyse nicht mehr ungebrochen tradiert werden. *B. Lonergan* zeigt bereits in seiner frühen Glaubensanalyse Merkmale heilsgeschichtlicher
Denkart, die die Glaubwürdigkeitserkenntnis nicht mehr bloß als Ergebnis schlüssiger Syllogismen begreift. Vernunft und Gnade sind ihm nicht
mehr erkenntniserschließende Faktoren, die einander ausschließen. Die
Hauptschwierigkeit der Glaubensanalyse, die seit dem Aufgang der
Neuzeit mit dem Spannungsfeld von göttlicher *auctoritas*, menschlicher
ratio und zureichender *certitudo* bestimmt werden kann, findet bei *B. Lonergan* ihre Lösung in der Vorstellung eines *processus fidei psychologicus*,
dessen Teiletappen er auf differenzierte Weise dem Wirkungsbereich der
gratia divina zuordnet: Es ist nicht mehr eine abstrakte Vernunft, sondern
die Vernunft des konkreten Menschen, des *homo viator*, die zur Glaubwürdigkeitserkenntnis und schließlich zum Glaubensassens aufgrund
von Einsicht und Bekehrung findet. Das Bemühen *J.H. Newmans* um einen für personale Entscheidungen angemessenen Zustimmungs- und
Gewißheitsbegriff trägt hier erkennbar Früchte.

---

[238] Zum Erzähldutkus in der *Grammar* vgl. *R. Siebenrock*, Wie Menschen Glauben
372-373.

6. Glaubwürdigkeitserkenntnis und Glaube – Befund und Herausforderung

In der vorliegenden Studie ist von der Herkunft, dem Anliegen und den Schwierigkeiten, die der Traktat zur Glaubensanalyse bereitet, ausführlich die Rede. Scheint dabei die analysis fidei in ihrer Problemartikulation und der Wahl ihrer Begrifflichkeiten „antiquiert"[1], verdient sie dennoch eine „bleibende Aufmerksamkeit"[2]. Diese Aufmerksamkeit gilt nicht nur der bisweilen bemerkenswerten Kunstfertigkeit ihrer Durchführung, sondern auch dem Problemstand, der ihr eine unverminderte Aktualität sichert. Das abschließende *sechste Arbeitskapitel* erinnert deshalb an den Gang der Untersuchung, weiß sich aber dabei von dem Anliegen geleitet, die einzelnen Linien, die im Verlauf der Darstellung als charakteristisch für die Problemkonstellation der Glaubensanalyse ermittelt werden konnten, zu einem Gesamt zu fügen. Der folgende Rückblick wird so zu einem Ausblick: Der Traktat der Glaubensanalyse verliert dann nicht an Bedeutung, wenn er sich methodisch wie materialthematisch unter das kritische Maß der Entwicklungsstufen stellt, die er seit der frühen Neuzeit genommen hat. Folgerichtig schließt die Studie mit Überlegungen zur Weiterentwicklung des Traktates.

6.1. Anmerkungen zum Status quaestionis

In mehrfacher Hinsicht profitiert die vorliegende Untersuchung von den Studien, die *E. Kunz SJ* zum Thema der Glaubensanalyse veröffentlicht hat. Wie im *zweiten* und *dritten Kapitel* dieser Untersuchung deutlich wird, stellt der Frankfurter Dogmatiker in seinen Publikationen nicht nur prägnante Positionen der analysis fidei vor, er zeigt sich zudem geleitet von einem eigenen Verständnis, das dem Denken *P. Rousselots* besonders verpflichtet ist. Wenn er sich dabei auch nicht in jeder Hinsicht von seinem Leitbild absetzt, ist die Zusammenschau der Erträge, die aus seinen Publikationen ermittelt werden kann, überaus lehrreich. Hierbei zeichnen sich zunächst die Umrisse einer eigenständigen Auffassung von der Glaubensanalyse ab[3]. Diese unterscheidet sich begriffsmäßig wie inhaltlich von der Problemkonstellation, die *E. Kunz* bei seinem Gang durch die Geschichte der Glaubensanalyse anführt. Konzentriert er sich hier –

---

[1] *M. Seckler, Chr. Berchtold,* Art. Glaube. III. Systematische Einzelfragen 9, 249.
[2] *M. Seckler, Chr. Berchtold,* Art. Glaube. III. Systematische Einzelfragen 9, 249.
[3] Vgl. Abschnitt 2.4.1.

etwa bei den Lösungsmodellen aus der Zeit der spanischen Barockscholastik – auf die Frage, wie diese das Verhältnis von Glaubwürdigkeitserkenntnis, Glaubenszustimmung und Glaubensgrund bestimmen, steht
diese Problemkonstellation in seinem eigenen Ansatz nicht mehr im
Vordergrund des Interesses. An ihre Seite tritt der zentrale Begriff des
Offenbarungsgeschehens, mit der *E. Kunz* den Weg umschreibt, auf dem
der Mensch zum Glauben kommt.

Ist in der Konstellation von Glaubwürdigkeitserkenntnis, Glaubenszustimmung und Glaubensgrund die *ratio* der *fides* logisch vorge-
ordnet, die *ratio* also gegenüber der *fides* in einen Eigenstand gesetzt,
weist die Kategorie des Offenbarungsgeschehens der *ratio* eine andere
Stellung im Glaubensvollzug zu. Die Vernunftaktivität der Glaubwürdigkeitserkenntnis ist demnach bereits Bestandteil dieses Vollzuges. Der
Glaubensprozeß erscheint hier nicht als „logisch stringente Abfolge einzelner Akte"[4], bei der der Glaube auf die Glaubwürdigkeitserkenntnis
folgt, sondern als personaler Lebensvollzug. Dieser ist von der äußeren
Offenbarungswirklichkeit geweckt und von der inneren Gnade getragen[5]: Gott kommt auf den Menschen zu und redet ihn an. Der Mensch
weiß sich darin befähigt, seine zwiespältigen und vieldeutigen Erfahrungen in einer solchen Einheit zusammenzuschauen, „daß sie als Weg zu
Gott verstehbar werden"[6]. In einem so verstandenen Offenbarungsgeschehen ist dem Menschen viel abverlangt: Er ist herausgefordert, in den
Begebenheiten und Widerfahrnissen Gottes Selbstmitteilung zu vernehmen. Das ästhetische Moment der Offenbarungsschau ist hier mit der
Herausforderung verknüpft, die Zeichen und Ereignisse, in denen Gott
sich dem Menschen offenbart, zu deuten und zu verstehen. *Ratio* und
fides sind dabei eng aufeinander bezogen: Die Vernunft ist in den Glauben, die Natur in die Gnade integriert. Die Gnade heilt und vervollkommnet die Natur, der Glaube ermöglicht ein tieferes Sehen der Vernunft[7]. Der Unterschied zu herkömmlichen Modellen der Glaubensanalyse ist offensichtlich. *E. Kunz* handelt hier von einem konkreten Menschen, der zum Glauben kommt, nicht von einer abstrakten Problemkonstellation, wie sie im Verhältnis von Glaubwürdigkeitserkenntnis, Glau-

---

[4] *E. Kunz*, Glaubwürdigkeitserkenntnis 429.
[5] Vgl. *E. Kunz*, Glaubwürdigkeitserkenntnis 441-442.
[6] *E.Kunz*, Offenbarung 83.
[7] Vgl. *E. Kunz*, Glaubwürdigkeitserkenntnis 429.

benszustimmung und Glaubensgrund zur Diskussion steht: Der Glaube ist Weg[8], seine unterschiedlichen Aspekte, „insbesondere Glaubenszustimmung und vernünftige Einsicht"[9], begleiten und beleuchten sich gegenseitig in Phasen und Graden unterschiedlicher Intensität[10]. Damit ist für die vorliegende Studie der tragende Grund ermittelt, in der Sache verläßlich von der Glaubensanalyse zu reden, sodann auch jener Ausgangspunkt ausfindig gemacht, der die weitere Auseinandersetzung mit der Glaubensanalyse herausfordert. Stehen nämlich in der traditionellen Glaubensanalyse – etwa in der, die L. *Billot* (1846 – 1931) vorgelegt hat[11] - *ratio* und *fides* einander gegenüber, ist damit in abstrakter Begrifflichkeit behauptet, daß Vernunft und Glaube in sich eigenständige, voneinander unabhängige Wirklichkeiten sind. Eine solche Konfrontation aber ist mit der Vorstellung eines Offenbarungsgeschehens überwunden. Hier kommt der Gläubige, seine Erkenntniskraft und die Geschichtlichkeit der Selbstmitteilung Gottes in den Blick. Beide Weisen, vom Glaubensakt zu sprechen, sind ganz offensichtlich von einem Interesse in eigener Sache geleitet. Sucht die Glaubensanalyse im Gegenüber von *fides* und *ratio* die Lebenswirklichkeit des Menschen von dem Anspruch des *factum revelationis* präzise abzugrenzen[12], deutet demgegenüber der Begriff des Offenbarungsgeschehens den Glauben als einen gnadengetragenen Vollzug, in dem der Mensch die innere Kohärenz und Logik der Offenbarungsbotschaft erkennt und ihr seine Zustimmung gewährt[13]. Die Skizze zur Glaubensanalyse, mit dem E. *Kunz* sich von den traditionellen Versuchen der analysis fidei absetzt, zeigt in diesem Sinne einen Perspektivenwechsel an und benennt so jene Last, an der jeder Versuch zur Glaubensanalyse mehr oder minder zu tragen hat: Ihr Leitthema bleibt die Frage, wie der Mensch sich hinsichtlich einer Botschaft verhält, die ihm zunächst fremd ist, dennoch aber seine Bereitschaft einfordert, ihr voll und ganz Folge zu leisten. In seiner Darstellung

---

[8] „Der Glaube ist nicht nur als ein einmaliger Akt zu betrachten, sondern als ein Prozeß, bei dem es verschiedene Phasen und Entwicklungsstufen geben kann" (E. *Kunz*, Glaubwürdigkeitserkenntnis 448).

[9] Glaubwürdigkeitserkenntnis 448.

[10] Vgl. Glaubwürdigkeitserkenntnis 448.

[11] Vgl. Abschnitt 2.2.2.4.

[12] Vgl. *J. Schmitz*, Offenbarung 163 – 168.

[13] Vgl. *E. Kunz*, Glaubwürdigkeitserkenntnis 443.

des Traktates rührt *E. Kunz* somit an die Wurzeln der Glaubensanalyse. Im *dritten Kapitel* der vorliegenden Studie ist davon ausführlich die Rede. Dazu ist zunächst mit *M. Miserda* an *Gregor von Valencia* (1549-1603) und seinen Traktat *Analysis fidei catholicae* (ca. 1585) zu erinnern. Bei *Gregor von Valencia* kommt das unmittelbare Erleben der Glaubenswirklichkeit im Gläubigen selbst in den Blick und ergänzt so die bis dato gewohnte Rede von den *loci theologici*: Der bestehende *consensus* der Gläubigen über die Dinge des Glaubens setzt nach *Gregor* einen *sensus*, eine innere Disposition oder auch Glaubenserfahrung in den Gläubigen selbst voraus. Das Lehramt kann sich in seinen Entscheidungen nach Bedarf auf diesen *consensus* berufen. Mit dem Hinweis auf den *sensus divinus et solidus* der Gläubigen aber bahnt sich eine Entwicklung an: Der Traktat zur Glaubensanalyse bezeugt am Ende des sechszehnten Jahrhunderts die Entdeckung der Person, ihrer Erkenntnisfähigkeit und ihrer geschichtsmächtigen Souveränität[14]. *K. Eschweiler* vermutet hier die neuzeitliche – von ihm unter den Begriff des *Molinismus* gefaßte - Tendenz, die vernünftige freie Menschennatur dem übernatürlichen Heilswillen Gottes gegenüberzustellen[15]. Der Anspruch der Vernunft auf Selbstbestimmung aber bereitet der Glaubensanalyse das eigentliche Problem. Die Offenbarungsbotschaft trifft im Aufgang der Neuzeit auf eine Vernunft, die objektiv als Prinzip und Inbegriff der Weltordnung, subjektiv aber als autonome Kompetenz des Menschen gilt. Eine so verstandene Vernunft erscheint als starre, jederzeit gleiche Größe[16]. Dementsprechend wird der Offenbarungsbegriff von der katholischen Apologetik instruktionstheoretisch konzipiert: Die Offenbarung erscheint als „die von Gott durch rational erkennbare Zeichen beglaubigte Mitteilungen

---

[14] Vgl. *M. Miserda*, Subjektivität 236-239.

[15] Vgl. Abschnitt 3.1.

[16] „Im Verlaufe dieses Streites zwischen Vernunft und Offenbarungsglaube ist aber auch die Vernunft nicht unverändert gleich geblieben. Sie erscheint im Rückblick nicht als starre, jederzeit gleiche Größe, sondern als ein sich wandelndes Organ der Einsicht und Verantwortlichkeit des Menschen. Von der Antike bis zur Neuzeit wurde Vernunft (Logos) als eine objektive und eine subjektive Größe verstanden; im objektiven Sinn genommen war sie Prinzip und Inbegriff der Weltordnung; als subjektive Vernunft war sie die menschliche Fähigkeit des Denkens und geistigen Erkennens, die von der sinnlichen Wahrnehmung ausgeht und sich sprachlich artikuliert, aber als geistige Fähigkeit alles sinnenhaft Gegebene und die vermittelnde Sprache übersteigt" (*J. Schmitz*, Offenbarung 171-172).

von übernatürlichen Glaubensmysterien"[17]. Die *veritates revelatae* sind somit einzig und allein durch die Autorität des offenbarenden Gottes legimiert, ihre Inhalte „vor den Ansprüchen der Vernunft"[18] in Schutz genommen. Das Nebeneinander von natürlicher und übernatürlicher Ordnung prägt folgerichtig die Glaubensanalyse und ihre Durchführung[19]. Das Bestreben der Glaubensanalyse besteht darin, im Aufweis der natürlichen, rein rationalen und objektiven Glaubwürdigkeit des Offenbarungsanspruchs zu einer hinreichenden *certitudo fidei* zu gelangen[20]. Damit gerät die analysis fidei zu einer Art *psychologia rationalis*[21]. Sie ist Ausdruck einer Vernunft, die sich „über die Abhängigkeit der Sinne von der Evidenz des sinnlich Gegebenen"[22] erhoben hat und darin also selbst – im Gegensatz zum *factum revelationis* - zu einem Konstrukt geworden ist. Wie K. *Eschweiler* zeigt, ist es die Fiktion einer in sich verschlossenen Vernunft[23], die die analysis fidei zu einer *crux* werden läßt: So verstanden ist die Vernunft unbelehrbar, sich selbst einziges Maß in der Beurteilung von den Sachverhalten und Begebenheiten, die an sie herantreten[24].

Ist die *certitudo fidei* aber auf das Ideal einer syllogistischen Verifizierbarkeit beschränkt, gelingt es nicht, die *auctoritas divina* mit der *ratio humana* zu vermitteln. E. *Kunz* erinnert dazu an die Eigenart zwischenmenschlicher Vertrauensverhältnisse. Vertrauen entsteht nicht durch schlüssige Syllogismen, sondern stützt sich auf Zeichen und Erweise, die es erst gerechtfertigt erscheinen lassen, anderen Menschen zu trauen[25].

---

[17] G. *Essen*, Zeit 29.

[18] G. *Essen*, Zeit 29.

[19] „Im Hintergrund der verstärkt hervorgehobenen Übernatürlichkeit des Glaubensinhaltes aber steht die traditionelle Lehre von den beiden Ordnungen, der natürlichen und der übernatürlichen, die zu einem ‚Zwei-Stockwerke-Schema' ausgebaut wird" (G. *Essen*, Zeit 29-30).

[20] Vgl. J. *Schmitz*, Offenbarung 164.

[21] Vgl. K. *Eschweiler*, Zwei Wege 40.

[22] J. *Schmitz*, Offenbarung 172.

[23] Vgl. K. *Eschweiler*, Zwei Wege 79.

[24] „Doch das autonome Verständnis der Vernunft führte dann dahin, daß die menschliche Vernunft sich von jedem Gedanken an eine überlegene Autorität, die ihrer Selbstbestimmung Grenzen setzen könnte, das heißt aus Unmündigkeit und Entfremdung, befreien muß und sich nur von solchen Einsichten und Zielen leiten läßt, die sie argumentativ begründen kann und über deren Wahrheit und Wünschbarkeit sie in freier Übereinkunft entscheidet" (J. *Schmitz*, Offenbarung 172).

[25] Vgl. E. *Kunz*, Glaubwürdigkeitserkenntnis 442.

Eine Glaubwürdigkeitserkenntnis, die die *certitudo fidei* allein nach Regeln zu ermitteln sucht, die die menschliche Vernunft sich selber gibt, vermag folglich die personale Tiefe des Glaubensaktes nicht zu erfassen[26]. So verwundert es nicht, wenn K. *Eschweiler* eine teleologische Deutung des Glaubensaktes einfordert, derzufolge „das Eigenwirken der vernünftigen Natur – also auch das Bewußtsein, die Persönlichkeit – aufgenommen ist in das umfassende und wesenhaft bestimmende Prinzip der Gnade"[27]. Hier wie auch bei *P. Rousselot* kündigt sich ein Glaubens-

---

[26] „Daß es sich dem scheinbar unüberwindlichen Schwierigkeitsgrad zum Trotz nur um eine relative –durch die eingesetzten Denkformen bedingte – Unlösbarkeit handelt, ist zunächst freilich kaum mehr als eine heuristische Annahme. Als Indiz spricht höchstens der Umstand dafür, daß die Sinngeschichte der Analysis fidei - aufs Ganze gesehen - die Tendenz zur Ausgliederung des Glaubensmotivs aufweist. Wird dieses bei Suarez noch im strengen Sinn des Wortes mitgeglaubt, so rückt es in den späteren Deutungen mehr und mehr ins Vorfeld des den Glauben noetisch rechtfertigenden Glaubenswürdigkeitsurteil. Das aber heißt, daß sich die Analyse mit fortschreitender Präzisierung außerstande sieht, das Glaubensphänomen in seiner Gesamtheit in den Griff zu bringen" (*E. Biser*, Glaubensvollzug 39).

[27] *K. Eschweiler*, Zwei Wege 216. Vgl. dazu *K. Eschweiler*, der ebd. 216 –217 die Beziehung von fides und ratio am Beispiel der Betrachtung eines Kunstwerkes erläutert : „Der erkenntnistheoretische Sinn der teleologischen Deutung ist vorhin, als von dem spezifischen Gegenstand der theologischen Erkenntnis gehandelt wurde, auseinandergelegt worden. Er kann seiner typischen Eigenart nach vielleicht am besten in der Form eines Gleichnisses rekapituliert werden. Mit dem künstlerischen Erleben des ‚Moses' von Michelangelo sind notwendig sinnliche Wahrnehmungsakte verbunden. Die Annahme ist sachlich begründbar, dass die Sinnestätigkeit im wesentlichen dieselbe bleiben könnte, wenn das Bildwerk aus irgendeinem Grunde – etwa weil der Sehende von Beruf Fremdenführer ist –auch nicht künstlerisch aufgenommen wird (vgl. die these von der *possibilitas status naturae purae, rsp. rationis purae*). Sie hält also im Ganzen des ästhetischen Erlebnisses ihr relativ selbständiges, eigengesetzliches Dasein und Sosein. Dieser marmorne ‚Moses' ist nun aber ein Sinnliches, ein *visibile*, ganz besonderer Art. Es ist ein Kunstwerk und als solches ist es an und für sich der objektive Grund für eine Sinnlichkeit, deren Eigensein bis zum letzten auf jene Geistigkeit bezogen und hingeordnet ist, von welcher es in die Akteinheit des ‚Moses'-erlebnisses aufgenommen ist. Der Sinn dieses Vergleiches leuchtet ein: Der ästhetische Akt ist der Glaubensakt, das Sinnliche im ersteren ist das Vernünftige, Menschlich-Bewusste in diesem; der ‚Moses' Michelangelos ist ein Gegenstand der göttlichen Offenbarung, etwa der im neunten Artikel bezeichnete: ‚Gemeinschaft der Heiligen'; das Aufgenommensein der Sinnlichkeit in das geistige Wesen des künstlerischen Erlebens ist das Erhobensein der natürlichen Vernunfttätigkeit in die wesenhafte Übernatürlichkeit des göttlichen Glaubens. Schliesslich hat auch der berufliche Fremdenführer noch sein Gegenstück, sein Se-

denken an, das den Glaubensakt zwar als Gnadengeschehen deutet, ihn aber konsequent von der konkreten Verfaßtheit des Gläubigen her entwickelt und damit seiner Geschichtlichkeit Rechnung trägt. Das neuzeitliche Vernunftverständnis kommt hier offensichtlich an seine Grenzen.

6.2. Weiterführender Problemstand

Das *zweite Kapitel* der vorliegenden Studie zeigt mit der Themenstellung und den Inhalten der Glaubensanalyse zugleich deren Grenzen auf. Es ist die neuzeitliche Vernunft selbst, die den Traktat hervorbringt, ihn zugleich aber auch an seiner Entfaltung hindert. Das Wissen um die Grenze eröffnet den notwendigen Freiraum für die weitere Reflexion. Das uneingelöste Programm der Glaubensanalyse verlangt nach seiner Ergänzung und Vertiefung. *E. Kunz* weist den Weg dazu, wenn er in seinen Studien mit dem Begriff des Offenbarungsgeschehens das Verhältnis von Vernunft und Glaube um eine neue und hilfreiche Perspektive ergänzt. Der Begriff selbst darf dabei in der Verknüpfung von Offenbarungsschau und dem *desiderium humanum* über *P. Rousselot* hinaus als Nachklang auf die Anregungen gelten, die *H. U. von Balthasar* und *K. Rahner* dem Traktat der Glaubensanalyse im zwanzigsten Jahrhundert geben[28]. Indem hier aber der Glaubensvollzug als Teil der Lebensgeschichte des Gläubigen begriffen wird, stellen sich an die *ratio* besondere Anforderungen. Wie die Offenbarung gilt nunmehr auch sie als geschichtliche Größe[29]. Die Vernunft vernimmt die Daten der Wirklichkeit und deutet sie in Orientierungsmustern, welche nicht von dem einzelnem Gläubigen selbst jeweils neu geschaffen werden müssen, sondern „geschichtlich, gesellschaftlich und sprachlich vermittelt"[30] sind. *E. Kunz* führt das Programm

---

hen oder Nichtsehen bedeutet die isolierte Vernünftigkeit des ernstlich oder fingiert nicht glaubenden Theologen. Der echte Theologe kann aber nach der teleologischen Auffassung nicht mit dem schlichten Kunstbetrachter verglichen werden. Sein Analogon wäre vielmehr der wahre Kunsttheoretiker, der im vollen Erleben der Kunstwerke stehend philosophische, historische, psychologische Erkenntnisse in seine methodische Betrachtung aufnimmt, um die Herrlichkeit der Kunst ins vollere Bewusstsein zu erheben."

[28] Vgl. *E. Kunz*, Glaubwürdigkeitserkenntnis 430-440.

[29] Vgl. *J. Schmitz*, Offenbarung 172.

[30] *E. Kunz*, Glaubwürdigkeitserkenntnis 447. Damit die Orientierungsmuster „wirklichkeitsbezogen bleiben, müssen sie sich der Prüfung duch Kriterien stellen, die der Vernunft selbst entspringen und ihr gemäß sind. Wichtig ist dabei – das Kriterium der Ausrichtung an der Wirklichkeit als ganzer: Werden die relevanten

der Glaubensanalyse in diesem Sinne allerdings nicht weiter aus. Dazu ist an die kritische Würdigung seiner Position im *zweiten Kapitel* der vorliegenden Studie zu erinnern: *E. Kunz* behauptet zwar die Geschichtlichkeit des Glaubensaktes, er weiß um die Elemente des Offenbarungsgeschehens, meidet aber diesbezüglich die nähere Konkretion. Der von ihm gebrauchten Wegmetapher zum Trotz zeigt er nicht auf, in welcher Wechselwirkung die Elemente des Offenbarungsgeschehens zueinander stehen und wie diese den Glaubensweg des Einzelnen prägen[31]. Weiterführende Überlegungen haben daran anzuknüpfen. Dies geschieht im *dritten Kapitel* der vorliegenden Studie.

Zur Diskussion stehen dazu Publikationen von *I. U. Dalferth / J. Ebeling, Th. Pröpper* und *H. J. Pottmeyer*. Ihre Artikel und Aufsätze eint die ihnen gemeinsame Frage nach Glaube, Tradition, Freiheit und Individualität. Thematisch berühren sie das Anliegen einer gewandelten Glaubensanalyse, die den Glaubensakt von der Geschichtlichkeit des Offenbarungsgeschehens her anlegt und dazu folgerichtig die konkrete Disposition des Gläubigen, seinen Verstand und seinen Willen, miteinbezieht. So beobachtet *H. J. Pottmeyer* in Kirche und Gesellschaft des ausgehenden zwanzigsten Jahrhunderts eine bewußtseins- und verhaltensmäßige Subjektwerdung der Menschen. Als Ursache dieser Entwicklung vermutet er einerseits das Erbe der Aufklärung, keine Tradition gelten zu lassen, „die sich nicht vor der kritischen, auf Autonomie drängenden Vernunft gerechtfertigt und begründet habe"[32], andererseits aber auch soziale und gesellschaftliche Umbrüche, durch die die Gültigkeit überkommener sozialer und religiöser Traditionsbestände radikal infrage gestellt ist[33]. Durch diesen Wandel aber hat sich das Welt- und Selbstver-

---

Gegebenheiten der Erfahrung aufgegriffen und integriert oder werden widerständige Phänomene unterschlagen? –das Kriterium der wirklichen Orientierungshilfe: Werden die Gegebenheiten in einer einheitlichen, kohärenten Gestalt interpretiert, so daß eine wirkliche Orientierung für das Leben und Handeln gegeben wird, oder enthält die Deutung Widersprüche?-das Kriterium der Dialogfähigkeit: Macht das Orientierungsmuster offen für Kommunikation? Setzt es sich der argumentativen Auseinandersetzung aus und kann es sich darin bewähren? Diese Kriterien sind nun auch dem Glauben nicht fremd. Sie werden ihm nicht von außen auferlegt oder gar aufgezwungen, sondern sie sind in Offenbarung und Glauben selbst wirksam" (*E. Kunz*, Glaubwürdigkeitserkenntnis 447).

[31] Vgl. Abschnitt 2.4.1.3.
[32] *H.J. Pottmeyer*, Tradition 92.
[33] Vgl. *H. J. Pottmeyer*, Tradition 92.

ständnis des Menschen entscheidend verändert: Das, was dem Menschen Orientierung gibt, muß in Urteil und freier Entscheidung „immer mehr bewußt gefunden und anerkannt werden"[34]. *H.J. Pottmeyer* setzt damit voraus, daß die Erkenntnis- und Urteilsfähigkeit des Menschen durch die Geschichte und ihre Umbrüche geprägt wird, also wandlungsfähig ist. Zudem vermutet er, daß genau darin der Mensch befähigt und herausgefordert wird, aktiv auf den Verlauf der Geschichte einzuwirken[35]. Die Geschichte der Kirche ist ihm zufolge dafür ein prägnantes Beispiel: In der Zeit nach dem *II. Vaticanum* werden sich die Gläubigen immer mehr bewußt, verantwortliche Träger der Kirche und ihrer Glaubensüberlieferung zu sein, die Kirche selbst erscheint als *communio* mündiger Subjekte[36]. Der Hinweis auf die inkarnatorische Struktur der Selbstüberlieferung Gottes vertieft dabei den Gedanken eines Offenbarungsgeschehens[37]. Die Annahme des Gotteswortes durch den Einzelnen ist dabei für *H. J. Pottmeyer* ein Ereignis personaler Kommunikation „zwischen Gott und den Glaubenden und der Glaubenden untereinander"[38], darin aber ein „Vorgang lebendiger Befassung und kritisch prüfender Auseinandersetzung"[39] . In diesem Sinne ist die Tradition der Kirche ein freier, schöpferischer Prozeß verantworteter Trägerschaft. Gläubiges Christsein lebt und reift demnach aus Einsicht und Entscheidung. Nur in dem Maße, in dem die Annahme des Gotteswortes bei den Gläubigen Einsicht bewirkt, kann es auch weitergegeben werden. Mitverantwortlich für das Subjektsein aller Christgläubigen, bleibt der Mensch im Glauben

---

[34] *H.J. Pottmeyer*, Tradition 92.

[35] „Diese Entwicklung spiegelt sich nicht zuletzt in unserem Verhalten gegnüber Traditionen, ja dieses Verhalten ist ein entscheidendes Moment des Wandels im Selbst-und Weltverständnis der Menschen" (*H.J. Pottmeyer*, Tradition 92).

[36] Zur Konsequenz dieses *communio* – Begriffes für das Verständnis des Petrusamtes vgl. *H. J. Pottmeyer*, Towards A Papacy In Communion. Perspectives From Vatican Councils I and II, New York 1998. *H. J. Pottmeyer* schreibt ebd. 136: „The more the universal church becomes once again a communion of churches, the more clearly the structures of communion recover their distinctive form, and the more the church gaines in catholicity: the more the church will need the Petrine ministry of communion and be able to understand this Petrine ministry as a gift of God to the church."

[37] Vgl. Abschnitt 3.2.3.

[38] *H. J. Pottmeyer* , Tradition 102.

[39] *H.J. Pottmeyer*, Rezeption 79.

daher nicht bei sich selbst, sondern wird in Kirche und Gesellschaft zum Zeugen für die Glaubwürdigkeit der Frohbotschaft[40]. Entgegen dem Verdacht, der Autoritätsanspruch der Tradition entmündige den Menschen, entwickelt *H. J. Pottmeyer* in seinen Untersuchungen einen Verstehenszugang, demzufolge die Tradition als freier, schöpferischer Prozeß mündiger Subjekte gelten kann. Damit ist der Glaubensvollzug des Einzelnen ekklesial eingebunden, mit dem Prozeß der Überlieferung aber zugleich die Geschichtlichkeit der menschlichen Vernunft behauptet, die in wachsender Einsicht zu einem tieferen Verständnis des Gotteswortes gelangt[41]. *Th. Pröpper* ergänzt den Gedanken der inkarnatorischen Selbstüberlieferung Gottes, indem er die christliche Soteriologie als Freiheitsgeschichte auslegt und von daher menschliches Handeln als möglichen Ort sakramentaler Wirklichkeit begreift[42]. Erlöstes Handeln vermittelt Erlösung: *Th. Pröpper* denkt dabei an Erinnerung, Hoffnung, Dank und Bitte als Zeichen einer gläubigen Praxis, die sich in der Nachfolge des Gekreuzigten versteht und für die Aufklärung und Humanisierung gesellschaftlicher Verhältnisse eintritt[43]. Der Begriff des Offenbarungsgeschehens gewinnt an schärferer Kontur. Der lebendige Prozeß religiöser Überlieferung prägt die Vernunft des Menschen in Einsicht und Urteil. Der Glaube ist insofern tatsächlich nicht nur ein einma-

---

[40] Zur kirchenrechtlichen Relevanz eines so verstandenen Traditionsbegriffes vgl. *H. Heinemann,* Demokratisierung oder Synodalisierung? Ein Beitrag zur Diskussion, in: *W. Geerlings / M. Seckler* (Hg.), Kirche sein. Nachkonziliare Theologie im Dienst der Kirchenreform. Für Hermann Josef Pottmeyer, Freiburg - Basel –Wien 1994, 349 –360. *H. Heinemann* mahnt ebd. 353, nach „theologisch verantwortbaren Begriffen Ausschau" zu halten, „die das, was mit ‚Volk Gottes' und ‚Verantwortlichkeit aller Kirchenglieder' ausgesprochen ist, hinreichend einordnen."

[41] „Darum schließen sich auch Tradition und Vernunft gegenseitig nicht aus, sondern ein; sie bedingen sich gegenseitig. So bedarf die denkende Vernunft der Sprache; die Sprache aber ist keine Neuschöpfung der jeweiligen Vernunft des einzelnen Menschen, sondern etwas Überkommenes, durch das ihm Erfahrungen, Einsichten und Fortschritte der Vergangenheit zugesprochen werden. Andererseits bedarf die Tradition der Vernunft, weil sie sich nicht naturhaft vollzieht, sondern der Bejahung, Ergreifung und Pflege bedarf, kurz: der Bewahrung, die eine Tat der Vernunft ist; als solche ist sie allerdings unauffälliger alsdie geplante Neuerung" (*J. Schmitz,* Offenbarung 193).

[42] Vgl. Abschnitt 3.2.2.

[43] Vgl. *Th. Pröpper,* Erlösungsglaube 211-213. Zum Freiheitsdenken bei *Th. Pröpper* vgl. *J. Schmitz,* Offenbarung 189-190.

liger Akt, sondern ein Prozeß verschiedener Phasen und Entwicklungsstufen, in dem der Mensch nach *I. U. Dalferth/ E. Jüngel* seinen Eigenstand keinesfalls einem Fremdanspruch opfert, der ihn zu übermächtigen sucht. Von Gott her immer schon Person, ist es dem Menschen vielmehr aufgetragen, in der konkreten Ausgestaltung seines Selbst-, Welt-, und Gottesverhältnisses die Möglichkeiten seines Menschseins zu verwirklichen, darin also seinem Personsein zu entsprechen: Das, was dem Menschen im Offenbarungsgeschehen zunächst befremden mag, enthüllt letzlich nur die Wahrheit über ihn selbst und wird ihm darin plausibel[44].

Gilt in den ersten drei Kapiteln der vorliegenden Studie das besondere Augenmerk der Herkunft und Fragestellung der Glaubensanalyse, überrascht der dabei ermittelte Befund. Eigentliches Thema der analysis fidei ist demnach das Selbstverständnis der menschlichen Vernunft, deren neuzeitliche Gestalt dem Traktat zur *crux* wird. Eine Vernunft, die – wie *K. Eschweiler* schreibt – „in sich verschlossen"[45] ist, trifft in der Glaubwürdigkeitserkenntnis auf den fordernden Anspruch einer Botschaft, die den ihr eigenen Kriterien von Vernunftgemäßheit fremd und äußerlich erscheinen muß. Einer solchen Botschaft kann sie letztlich nur *propter auctoritatem* zustimmen[46]. Die Rede von der Dunkelheit des Glaubens wie auch die Lehre vom *lumen fidei* sind in diesem Zusammenhang Indizien für die kunstfertige Mühe, die bei der analysis fidei aufgewandt wird, für den Glaubensakt das Verhältnis von *ratio* und *fides* sachgerecht zu bestimmen. Mit der Rede vom Offenbarungsgeschehen ist allerdings der Anspruch auf Autonomie, wie ihn die Vernunft besonders in der Zeit der Aufklärung vehement für sich einfordert, hinterfragt. Im Gegensatz dazu erscheint die menschliche Vernunft hier nämlich als eine lernfähige Vernunft, die sich in veränderlichen Orientierungsmustern an der Wirklichkeit ausrichtet, dabei aber keinesfalls an Eigenstand verliert, sondern an Erkenntnis und Urteilsvermögen gewinnt: Der Mensch lernt, Geltungsansprüche zu vernehmen, zu deuten und im rechten Moment über sie zu befinden[47]. Die inkarnatorische Struktur der Selbstmitteilung Gottes konfrontiert ihn dabei mit einer Wirklichkeit, die ihn aus seiner Selbstbefangenheit befreit und seinen Eigenstand neu fundiert. Jüngere

---

[44] Vgl. Abschnitt 3.2.1.
[45] *K. Eschweiler*, Zwei Wege 79.
[46] Vgl. *J. Meyer zu Schlochtern*, Art. Glaubensmotive 721.
[47] Vgl. *E. Kunz*, Glaubwürdigkeitserkenntnis 447.

Versuche zur Glaubensanalyse haben dieses Vernunftverständnis aufgegriffen oder ihm zumindest die Bahn bereitet, wie das *zweite Kapitel* und die Diskussion im *dritten Kapitel* der vorliegenden Studie zeigt. Der Befund zur Glaubensanalyse überrascht insofern ein weiteres Mal: Die Weise, wie in den unterschiedlichen Entwürfen zur analysis fidei der Begriff der Vernunft inhaltlich gefüllt ist, macht das jeweilige Modell zu einem Zeugnis für die Etappen der Geschichte, die die Vernunft selbst durchlaufen hat. Das überkommene Verständnis, demzufolge sie eine von der Geschichte enthobene, gleichsam hypostasierte Größe ist, scheint damit zwar überwunden, behält aber – wie *J. Werbick* zeigt – Einfluß und gesellschaftliche Relevanz[48]: Die neuzeitliche Frage nach der Freiheit und dem Eigenstand des Menschen läßt sich folgerichtig nur dann sachgerecht beantworten, wenn in der Antwort die Aporie der Fragestellung zureichende Berücksichtigung findet.

6.3. Zustimmungslehre und Bekehrung

Nicht ohne Grund ist *J. H. Newman* und seinen Schriften zur Thematik des Glaubens in der vorliegenden Studie der weitaus größte Raum zubemessen. Die Entscheidung, sich mit dem englischen Konvertiten und Kardinal auseinanderzusetzen, gründet dabei in der Sache der Glaubensanalyse selbst. In den vorangegangenen Überlegungen hat sich nämlich gezeigt, daß die herkömmliche Glaubensanalyse durch die Tendenz des neuzeitlichen Subjektes, sich im Namen einer autonomen Vernunft gegen Autoritätsansprüche jeglicher Art zu immunisieren, in solche Schwierigkeiten gerät, daß der Traktat tatsächlich zu einer *crux* wird. Eine angemessene analysis fidei steht somit nur dort zu erwarten, wo ein Glaubenssubjekt vorausgesetzt werden kann, das in der Lage ist, Glaubwürdigkeitsansprüche zu prüfen, aus ihrer Eigenart möglicherweise zu lernen und darin zu einer verantworteten Zustimmung zu gelangen. Wie eine solche Glaubensanalyse in der praktischen Durchführung aussehen kann, zeigt die analysis fidei, deren Umrisse *E. Kunz* im Anschluß an *P. Rousselot* skizziert. Gleichwohl bleibt auch der Versuch von *E. Kunz* fragmentarisch. Die Anregungen von *Th. Pröpper* und *H. J. Pottmeyer* haben sich jedoch als willkommene Ergänzung und Verstehenshilfe für einen Weg erwiesen, den *E. Kunz* Offenbarungsgeschehen nennt und dessen Gnadencharakter *I.U. Dalferth* und *J. Ebeling* in der Unterscheidung

---

[48] Vgl. Abschnitt 1.1.

von Person, Individuum und Subjekt konsequent geschichtsbezogen interpretieren. Von seinem persönlichen Anliegen wie von seinem theologischen Arbeitsprojekt her fügt sich *J. H. Newman* daher in die Reihe der genannten Autoren. Seine Werdegang, aber auch seine besondere Stellung im religiösen und geistigen Leben seines Landes lassen ihn dabei hinsichtlich der Glaubensfrage zu Ansätzen und Lösungen finden, die in vielem den späteren Versuchen anderer Autoren vorgreifen: Sein Denken über den Glauben ist von der eigenen Biographie und ihren Brüchen geprägt, leugnet diese nicht und vermeidet den Duktus abstrakter Distanz. Seine Auffassung vom Glaubensvollzug lebt aus der Kenntnis eigener Einsichtsprozesse, sie ist von gedanklicher Schärfe und lädt – geprägt durch das jeweilige literarische Genre, das *J. H. Newman* zu ihrer Darlegung wählt – zum öffentlichen Diskurs. Für die aufgeworfene Problemstellung der Glaubensanalyse erweist er sich als angemessener Gesprächspartner.

Hinsichtlich des spezifischen Beitrags, den *J. H. Newman* dabei zur Glaubensthematik leistet, lohnt der Aufriß des *vierten Kapitels* der vorliegenden Studie, das ausschließlich seinem Werk gewidmet ist[49]. In ihrem Nacheinander verdeutlichen dessen einzelne Abschnitte die Herkunft und Entwicklung charakteristischer Argumentationsgänge, ihr Zueinander erschließt das Anliegen, das *J. H. Newman* über Jahrzehnte hindurch zu wissenschaftlichen Studien und Publikationen herausfordert. Bereits seit den *Oxforder Universitätspredigten* kann dieses Anliegen mit der Frage nach dem Verhältnis von *fides* und *ratio* identifiziert werden. Dabei sind zwei Motive zu nennen, die *J. H. Newman* dazu bewegen, diese Frage immer wieder aufzugreifen: Mit *R. Siebenrock* und *W. Schneiders* ist dazu auf die soziale, politische und kulturelle Situation zu verweisen, in der sich das britische Königreich im neunzehnten Jahrhundert befindet[50]. Durch seine Briefe, Schriften und Vorträge konfrontiert *J. H. Newman* die verbreitete Überzeugung seiner Zeitgenossen, „Freiheit und gesunden Menschenverstand bereits in höherem Maße als alle anderen, kontinentaleuropäischen Völker zu besitzen"[51], mit dem Wahrheitsanspruch der christlichen Offenbarungsbotschaft, den er in seiner spezifischen Ver-

---

[49] Vgl. zur Glaubenstheologie *J. H. Newmans* jeweils die Abschnitte 4.1.3.; 4.2.4.; 4.3.1.;4.3.2.4.; 4.3.3.2.6.; 4.3.4.
[50] Vgl. *W. Schneiders*, Aufklärung 21-51 und *R. Siebenrock*, Wahrheit 95-125.
[51] *W. Schneiders*, Aufklärung 49.

nunftgemäßheit auszuweisen sucht. Das apologetische Anliegen, das er dabei verfolgt, ist zugleich Ausdruck seiner eigenen Lebensgeschichte: J. H. *Newman* müht sich bis an sein Lebensende, den Schritt seiner Konversion wie auch die Wahl seiner Konfession vor dem Forum der eigenen wie auch dem der öffentlichen Vernunft einsichtig zu machen. Die vorliegende, umfangreiche Untersuchung zu J. H. *Newman* setzt daher bei den *Theses de fide* und dem *Paper on Development* ein, die in thesenhafter Kürze dem Glaubensakt und seinem Vollzug gelten. Beide Texte entstehen im Verlaufe jenes römischen Studienaufenthaltes, den J. H. *Newman* dazu nutzt, sich nach seiner Konversion mit der römischen Theologie und ihren Vertretern vertraut zu machen. In gedrängter Form skizziert er hier ein Glaubensdenken, das er in den folgenden Jahrzehnten zwar entfalten und vertiefen, jedoch nicht wesentlich verändern wird[52]. Die Vernunft erscheint dabei als kritisch-prüfende Instanz der Glaubensentscheidung, diese aber bleibt ein persönliches Wagnis in das Dunkel hinein, getragen allein durch die göttliche Gnade. J. H. *Newman* unterstreicht so die Geschichtlichkeit des Glaubensaktes. Dieser lebt einerseits aus der Vollmacht des Wortes Gottes, das in Vollmacht Geschichte gestaltet, ist aber andererseits zugleich von geschichtlich gewordenen individuellen Disposition des Gläubigen selbst geprägt[53]. Mit dem *Paper on Development*, in dem er seinem Gesprächspartner G. *Perrone SJ* den Inhalt seiner Entwicklungslehre darlegt, greift J. H. *Newman* diesen Gedanken auf und entfaltet ihn. Hier unterscheidet er zwischen dem *objektiven* und dem *subjektiven Wort Gottes*[54]. Über die *Theses de fide* hinaus behauptet J. H. *Newman* im *Paper on Development* die Analogie zwischen dem Glaubensbewußtsein des Einzelnen und dem der Kirche. Der Glaube ist demnach ein individueller Verstehens- und Zustimmungsakt, sodann aber auch ein zutiefst öffentlicher Vollzug, wie der *consensus fidelium*, aber auch das Ringen der Gläubigen um die Wahrheit in strittigen Fragen des Glaubens eindrucksvoll bezeugt[55]. Die Zurückhaltung und Skepsis, mit der G. *Perrone* eine solche Auffassung vom Glaubensakt begutachtet, unterstreicht deren besondere Eigenart[56]. Der folgende *zweite*

---

[52] Vgl. Abschnitt 4.1.
[53] Vgl. *J. H. Newman*, Theses de fide 237.
[54] Vgl. die Abschnitte 4.1.2. – 4.1.2.2.
[55] Vgl. im Abschnitt 4.1.2.3.
[56] Vgl. Abschnitt 4.1.3.

Abschnitt des *Newman-* Kapitels ist in gewisser Weise Kommentar zu den *Theses de fide* und dem *Newman-Perrone –Paper:* Die Darstellung der Kleinschrift *Proof of Theism* verdeutlicht, wieso J. H. *Newman* die Rolle des Subjektes im Glaubensakt, damit aber auch dessen Geschichtlichkeit so klar herausarbeitet. Nach R. *Siebenrock* denkt er die Selbstkonstitution des Menschen als in sich stehend, ihm zufolge ist der Mensch in Denkvermögen, Erinnerung und Gewissen zu sich selber vermittelt. Gott ist somit nicht der Garant menschlicher Gewißheit, dafür aber das erste Wesen, dessen sich der Mensch außerhalb seiner selbst gewiß wird. Das Verhältnis von Gott und Mensch scheint insofern von dem ursprünglichen Eigenstand beider her konstituiert: Damit ist der geschichtliche Freiraum eröffnet, innerhalb dessen sich der Mensch als denkendes und handelndes Subjekt entdecken und bewußt werden kann[57].

Ein einseitiges Autonomieverständnis, wie es der Glaubensanalyse zur Herausforderung wird, ist damit überwunden. Der Begriff der Selbstbestimmung, wie er nach *J. H. Newman* verstanden werden kann, meint nicht den Anspruch einer in sich verschlossenen Vernunft, sondern die Fähigkeit des Menschen, in den Grenzen und Möglichkeiten seines Eigenstandes, Wirklichkeit zu vernehmen und aktiv zu gestalten. So verstanden ist es nur konsequent, wird der Glaubensakt als freier Zustimmungsakt gedeutet. Die Rede von der Zustimmung verhindert dabei eine einseitige Versubjektivierung des Glaubensaktes: Es ist der Glaube der katholischen Kirche, der dem Einzelnen zur Zustimmung vorgelegt ist[58]. Ebenso konsequent ist es daher, wenn *J. H. Newman* mit den *Dubliner Universitätsreden* eine gediegene Bildung einfordert[59], die dem Menschen jene Kompetenz verleiht, anhand geeigneter Urteilskriterien die Entscheidung für den Glauben sachlich und verantwortet zu treffen. Die Lehre von den *antezedenten Probabilitäten*, die *J. H. Newman* nach *E. Bischofberger* in sachlicher Nähe zur Erkenntnistheorie der *Stoa* entwickelt, erhält von hier aus ihre Berechtigung und ihren Sinn: Der Mensch, - in seinem Zustimmen, Entscheiden und Handeln immer schon situiert-, steht im Licht eines unreflexen Selbstverständnisses, das er von seinen ersten Prinzipien erhält[60]. Glaube in einem allgemeinen Sinne ist dem-

---

[57] Vgl. Abschnitt 4.2.2.
[58] Vgl. *M. Miserda*, Subjektivität 307. 313-321.
[59] Vgl. Abschnitt 4.2.1.
[60] Vgl. Abschnitt 4.2.3.1.

nach eine Übung der Vernunft auf vorausgesetzte Gründe hin, ein Vorgreifen des Geistes selbst auf Tatbestände. Den Vorgriff auf die Wirklichkeit, der im Glaubensakt geschieht, gilt es an eben dieser Wirklichkeit zu bewahrheiten[61]. Dennoch unterscheidet sich der religiöse Glaube vom weltlichen Glauben: Der religiöse Glaube ist Geschenk des Heiligen Geistes, geprägt durch „holy, devout, and enlightened presumptions"[62], unabhängig von der Vernunft, die ihn durch Sachargument und Folgerung prüft und rechtfertigt[63]. Nicht ohne Grund beschließt der Text *On the Certainty* aus dem Jahre 1853 den *zweiten Abschnitt* des Kapitels. *J. H. Newman* konkretisiert hier seine erkenntnistheoretischen Überlegungen, endet aber im Sinne der *Theses de fide* und des *Paper on Development* mit einem Versuch zur analysis fidei, bei dem er den Gnadencharakter des Glaubensaktes sehr hervorhebt. Die Annahme einer individuellen Kombinationsgabe, der *prudentia*, verankert den Glaubensakt in der Personenmitte, er sichert dem *motivum credibilitatis* und darin dem Zustimmungsakt die unverwechselbare Gestalt[64]. *J. H. Newman* kommt in diesem Zusammenhang auf die Gewißheit zu sprechen, die er als „assent of the intellect to an assent"[65] kennzeichnet, also wiederum der natürlichen Erkenntnisleistung des Subjektes zuordnet: Die Vernunft begleitet den Glaubensakt, sie kritisiert und rechtfertigt ihn. Im Falle des religiösen Glaubens folgt aber auf das *judicium speculativum* der Glaubwürdigkeitserkenntnis die Glaubenszustimmung, für die *J.H. Newman* mit dem *practical judgment*, der *pia affectio* und dem *act of faith* drei ebenso vernunftgemäße wie gnadengetragene Etappen annimmt[66]. Als Vorgriff auf die Wirklichkeit ist der Glaube nichts anderes als ein allgemeines Erkenntnisprinzip, als Zustimmung zur Offenbarungsbotschaft jedoch ein Gnadengeschenk und eine neuerworbene Lebenshaltung. Das objektive wird zum subjektiven Wort Gottes.

Die Schrift *On the Certainty* erscheint im Kapitelverlauf als Abschluß zu einer Reihe von Publikationen, in denen *J. H. Newman* jene Auffassung vom Glaubensakt erläutert und vertieft, die er kurz nach seiner Konversion mit den *Theses de fide* und dem *Paper on Development* zur Be-

---

[61] Vgl. Abschnitt 4.2.3.1.
[62] OUS XII 239 / AW VI 179.
[63] Vgl. Abschnitt 4.2.3.1.
[64] Vgl. Abschnitt 4.2.3.4.
[65] Vgl. Abschnitt 4.2.3.4.
[66] Vgl. Abschnitt 4.2.3.4.

gutachtung und Diskussion gestellt hat. In vielem greift er seinem eigentlichen Hauptwerk, der *Grammar of Assent*, vor. Erstaunlich ist, wie unbefangen er dabei mit dem Traktat der analysis fidei verfährt. Sein Bemühen, den Glaubensakt von der Disposition des Gläubigen her zu beleuchten, ist offensichtlich. Der Glaube hat ihm zufolge eine Geschichte, er prägt die Biographie eines Menschen, er ist Ausdruck von Freiheit, Einsicht und Entschiedenheit. Im Glauben wird der Mensch nicht weltfremd, er ist der Welt vielmehr Zeitgenosse: Schule, Universität, Verkündigung, aber auch Ereignisse aus Kirche, Gesellschaft und Kultur bilden den menschlichen Geist, sie formen mit den *antezendenten Probabilitäten* die *prudentia*, durch die der Mensch zu seinem individuellen *motivum credibilitatis* gelangt. Der Glaubende erscheint hier als ein Lernender: Er benötigt Vorkenntnisse und glaubwürdige Informationen über das *factum revelationis*, die ihn zum Glaubensschritt ermutigen. Bereits in seiner frühen katholischen Phase wird *J. H. Newman* damit zum engagierten Vertreter einer Glaubensanalyse, die den von *E. Kunz* angezeigten Problemstand der analysis fidei zu überwinden beginnt: Nach *J. H. Newman* wird die menschliche *ratio* in der Begegnung mit der *auctoritas divina* nicht fremdbestimmt. Der Mensch ist vielmehr dazu befähigt, den Wahrheitsanspruch der Offenbarungsbotschaft prüfend zu vernehmen und ihm in freier Entscheidung zu entsprechen. Ein solches Glaubensverständnis ist durch den Begriff des Dialogs, nicht durch den eines blinden Gehorsams bestimmt.

Ihrer Bedeutung gemäß schließt das Kapitel zu *J. H. Newman* mit einer ausführlichen Betrachtung der *Grammar of Assent* von 1870. *J. H. Newman* selbst nennt sein Werk einen Essay. Das Genre wie auch die Art der Gedankenführung machen die Lektüre dieses Werkes mitunter zu einem mühsamen Unterfangen, was auch bei der vorliegenden Darstellung nicht zu übersehen ist[67]. Im Licht der *Grammar* erscheinen aber die ihr vorausgehenden Publikationen wie thematische Vorarbeiten, deren Kenntnis den Verstehenszugang wesentlich erleichtert. Zwei Überlegungen sind dabei besonders hilfreich. Nach *M. Miserda* ist die *Grammar of Assent* eine Art Ästhetik-Logik[68], *R. Siebenrock* dagegen sieht im Anschluß an *J. Artz* den aristotelischen *Phronesis* – Gedanken als einen für das

---

[67] Vgl. Abschnitt 4.3.1.
[68] Vgl. *M. Miserda*, Subjektivität 404-406.

ganze Werk charakteristischen Zug[69]. Die Kategorie des Ästhetischen erhellt in der Tat den Duktus der *Grammar*, die in ihrem *ersten Hauptteil* mit
der Unterscheidung von *begrifflicher* und *realer Erfassung* eine Erkenntnislehre vorlegt, derzufolge die Imagination von Gefühlen, Sachverhalten und Satzwahrheiten der folgernden Vernunfttätigkeit vorausgeht,
diese sogar erst ermöglicht[70]. Die Zustimmung und in ihrem Gefolge die
Gewißheit stehen daher auch von der Anordnung der Kapitel im Zentrum der *Grammar*: Der Eindruck, den eine Sache auf einen Menschen
macht, verlangt nach einer Stellungnahme, die es dann wiederum zu
rechtfertigen gilt. Die Nähe zum Begriff des Offenbarungsgeschehens ist
offensichtlich: Die Schau verlangt nach einer Logik, der Erfassung im *ersten Hauptteil* steht die Folgerung im *zweiten Hauptteil* der *Grammar* gegenüber. M. *Miserda* verweist in diesem Zusammenhang auf die Wort-
schöpfung des *illative sense*, die die Elemente der Schau und der Logik
miteinander verknüpft[71]. Die *explizite* von einer *impliziten Vernunft* zu
unterscheiden, ist daher ebenso berechtigt wie konsequent. Die Lehre
vom Gewissen, im *ersten Hauptteil* der *Grammar* dargelegt, bekommt von
hier aus ihren Stellenwert: Das Gewissen ist zentrale Instanz der Vermittlung des Menschen zu sich selber, Ort der Gottesbegegnung, tragen-
der Bestandteil der menschlichen Fähigkeit, Gegebenheiten der inneren
und äußeren Wirklichkeit zu sammeln, zu ordnen und zu gewichten[72].
Der Wahrheitsanspruch der Offenbarungsbotschaft unterscheidet sich
dabei zunächst in keiner Weise von den Ansprüchen, mit denen sich der
menschliche Geist ansonsten konfrontiert sieht: Überlegungen zu Offenbarung und Religion beschließen jeweils die beiden Hauptteile. Damit ist
dem Leser überlassen, wie er sich persönlich zum Phänomen der Religiösität stellt. Zielt zwar der Argumentationsgang jeweils auf das *fünfte* und
zehnte Kapitel der *Grammar*, können beide Kapitel auch als bloße Illustration des zuvor dargelegten Gedankenganges gelesen und verstanden
werden. Das Urteil über die Glaubwürdigkeit der Offenbarung, hier des
konfessionell tradierten Christentums, liegt beim Leser selbst.
J. H. *Newman* verbleibt damit in der Linie der im vorliegenden Kapitel
besprochenen Texte: Glaube ist demnach in der Tat ein Erkennt-

---

[69] Vgl. R. *Siebenrock*, Wahrheit 269-293.
[70] Vgl. Abschnitt 4.3.2.
[71] Vgl. M. *Miserda*, Subjektivität 354.
[72] Vgl. Abschnitt 4.3.2.3.2.

nisprozeß, bei dem der Mensch zur Einsicht in die begründete Evidenz eines weltlichen oder auch religiösen Sachverhaltes gelangt. Dabei besteht die besondere Leistung J. H. *Newmans* darin, den Erkenntnisakt konsequent personal zu strukturieren. Weil er sich dazu aber auf *Aristoteles* und die *Stoa* bezieht[73], ist er in gewisser Weise moderner als das neuzeitliche Ideal menschlicher Autonomie: Hier ist zunächst an die *first principles*, dann aber auch an seine Auffassung von der Evidenz zu erinnnern. Vor dem Hintergrund seiner Imaginationslehre gelingt es J. H. *Newman* mit den Begriffen von Zustimmung und Gewißheit, einerseits die gedankliche Rechtfertigung der Entscheidung, einen Sachverhalt als gegeben und bedeutsam anzunehmen, im Individuum selbst zu verankern, andererseits aber den Prozeß der Rechtfertigung als zutiefst personalen Vollzug zu deuten. Die Weise, wie J. H. *Newman* dabei vom aristotelischen Phronesis – Begriff Gebrauch macht, ist Beleg für die Berechtigung, von der *Grammar of Assent* als einer Ästhetik-Logik zu sprechen: Die *Phronesis* ist ihm zufolge eine individuelle Veranlagung, ausgeformt durch die konkrete Erfahrung. Sie begründet im konkreten Einzelfall die Handlungsfähigkeit des Menschen, sie entscheidet, was hier und jetzt, unter aktuellen Umständen getan werden muß[74]. Erkenntnis und Handeln kommen somit aus der Personmitte, sie bedingen sich gegenseitig: Der Eindruck, den ein Sachverhalt im menschlichen Geist hinterläßt, bleibt folglich weder für das Denken noch für das Handeln des Menschen folgenlos. Ausgangspunkt der *Grammar* ist somit der konkrete Mensch, wie die Rede von der *Phronesis* beweist. Der Begriff der Ästhetik-Logik dagegen benennt die Formalstruktur, mit der J. H. *Newman* dem komplizierten Sachverhalt von Zustimmung und Gewißheit gerecht zu werden versucht.

In den *Theses de fide*, den *Oxforder Universitätspredigten*, vor allem aber in der *Grammar of Assent* handelt J.H. *Newman* vom konkreten Menschen: Mit der Frage nach dem Wesen und des Vollzugs der Zustimmung steht der Zustimmende selbst stets im Blickpunkt des Interesses. Dies rechtfertigt es, bei der Darstellung des *zweiten Hauptteiles* der *Grammar*

---

[73] Vgl. dazu E. *Bischofberger*, Sittliche Voraussetzungen 76-83. 170-179, O. *Höffe*, Aristoteles 202-203 und O. *Muck*, Art. Verstand, in: H. *Krings/ H.M. Baumgartner/ Chr. Wild* (Hg.), Handbuch philosophischer Grundbegriffe. Studienausgabe, Bd. 6, München 1974, 1613-1627, hier 1615-1616.

[74] Vgl. R. *Siebenrock*, Wahrheit 281.

nicht chronologisch, also mit dem *sechsten Kapitel*, sondern mit dem *ersten Abschnitt* von *Kapitel 9* einzusetzen. *J. H. Newman* handelt hier von der Unvertretbarkeit des menschlichen Subjektes, die er aus der Erfahrung eines allem vorangehenden Selbst ableitet. Die Erkenntnis des Selbst und seiner Verfaßtheit erschließt die menschlichen Lebensvollzüge in ihrer personalen Tiefe, sie weist dem Menschen aber auch seine Grenzen. *J. H. Newman* entdeckt hier ein *principle of vitality*, das in jedem Menschen vorhanden ist und in dem – je nach Disposition und Eigenart - die körperlichen und geistigen Fähigkeiten ausbalanciert und aufeinander abgestimmt sind[75]. Die Grenzen der natürlichen Verfaßtheit sind in diesem Sinne produktiv, Orte von Wachstum und Entfaltung. Das, was als der Natur gemäß erkannt wird, fördert den Menschen in seiner Existenz und in seinem unverwechselbaren Eigenstand[76]. In seiner Selbstgegebenheit „a being of process"[77], ist er insofern permanent herausgefordert, sich zu vervollkommnen: Die Wirklichkeit formt und prägt den Menschen, ihr Anspruch fordert sein Urteil und sein Handeln, leitet ihn zu Fähigkeiten an, die ihm vorher noch nicht zueigen waren. Die Botschaft des Glaubens ist dafür, so das *fünfte* und *zehnte Kapitel* der *Grammar*, ein herausragendes Beispiel. Inhaltlich korrespondiert das *neunte Kapitel* der *Grammar* mit dem *Proof of Theism*. Zum einen ist so die inhaltliche Kontinuität dokumentiert, in der *J. H. Newman* über Jahrzehnte hinweg seine Überlegungen und Gedankengänge zur Glaubensfrage entwickelt. Indem sie den Grund menschlicher Geschichtlichkeit benennen, sind beide Texte zudem von großer Wichtigkeit für das Verständnis der ihnen nachgeordneten Textstudien: Erst im Wissen um die Selbstgegebenheit des Menschen erschließt sich die Rede von seiner Selbstbestimmung, in der er Hörender und Antwortender zugleich ist.

Der Vergleich mit den von *E. Kunz* angestellten Untersuchungen zur analysis fidei ist lehrreich. Fast will es scheinen, als habe *J. H. Newman* in seiner Zeit den konkreten Gläubigen als Subjekt der Glaubensanalyse überhaupt erst entdeckt. Setzt die herkömmliche Glaubensanalyse ein abstraktes Subjekt voraus, dessen Glaubensvollzug sie unter formal-abstrakten Aspekten darlegt, arbeitet *J. H. Newman* im Umfeld seiner Abhandlungen über den Glauben den Eigenstand und das geschichtliche

---

[75] Vgl. GA 225 / AW VII 244.
[76] Vgl. Abschnitt 4.3.3.1.1.
[77] GA 225 / AW VII 245.

Werden des Menschen so profiliert heraus, daß er sogar behaupten kann, der Mensch sei „self made"[78]. Unter dem Begriff des *egotism* erläutert er, was er darunter versteht: Jenen Selbststand, mit der sich der Einzelne auch gegenüber der Realität Gottes auszeichnet[79]. Der Mensch ist demnach befähigt, sich für oder gegen eine religiöse Bindung zu entscheiden. So gesehen, ist es keineswegs selbstverständlich, formelhaft-abstrakt vom Glauben zu reden oder ihn gar vorauszusetzen. In einer pluralen Gesellschaft erwächst der Glaube aus Einsicht und Entscheidung, er setzt im Menschen eine konkrete Disposition voraus und ist – wie am *illative sense* gut ersichtlich – in jeder Phase ein personales Geschehen. Dennoch bleibt er Gnadengeschenk, wie *J. H. Newman* in den *Theses de fide*, seiner Schrift *On the Certainty*, besonders aber im *zehnten Kapitel* seiner *Grammar* deutlich herausstellt: Der Glaube lebt aus dem *image of Christ*, das dem Menschen innewohnt, ihn leitet und sein Denken verwandelt[80].

In diesem Zusammenhang ist die Glaubensanalyse, die *B. Lonergan* seinen Hörern im Jahre 1952 vorlegt, mehr als nur ein ergänzender Nachtrag[81]. In Sprache und Duktus folgt *B. Lonergan* zwar dem herkömmlichen Schultraktat, inhaltlich weiß er sich aber dem Denken *J. H. Newmans* auf besondere Weise verpflichtet. So folgt er nicht nur im Aufbau seiner Glaubensanalyse der *Grammar of Assent*: Wie *J. H. Newman* sieht auch *B. Lonergan* den Menschen als *homo viator*. Ausgangspunkt der Glaubensanalyse ist daher nach *B. Lonergan* nicht eine – wie immer auch vorstellbare - abstrakte Vernunft, sondern die Vernunft des konkreten Menschen, die im *processus fidei psychologicus* zur Glaubwürdigkeitserkenntnis und schließlich zum *assensus fidei* gelangt. Mit *J. H. Newman* teilt *B. Lonergan* in seinem Manuskript von 1952 die Auffassung, daß der Glaubensassens aufgrund von Einsicht gewährt wird[82]. Von *J. H. Newman* unterscheidet sich *B. Lonergan* jedoch, wenn er den *processus fidei psychologicus* als ein Bekehrungsgeschehen ganz eigener Art nimmt[83]: Ihm zu-

---

[78] GA 225/ AW VII 245.

[79] Vgl. Abschnitt 4.3.3.1.2.

[80] Vgl. Abschnitt 4.3.3.5.2.2.

[81] Vgl. Abschnitt 5.

[82] Vgl. Abschnitt 5.1.5.

[83] Zum Gebrauch der Bekehrungskategorie bei *J. H. Newman* siehe *L. Kuld,* Newmans Verständnis von Bekehrung in seinem unveröffentlichten Manuskript ,On Conversion' (1821), in: NSt XVI 30-36. *L. Kuld* schreibt ebd. 30: „Bei aller Verschiedenheit dieser Ereignisse, eine Erfahrung scheint Newman immer fremd ge-

folge ist es die Vernunft selbst, die in der *gratia conversionis ad fidem* bekehrt, oder wie *E. Kunz* schreibt, „zu ihren Möglichkeiten befreit"[84] wird. Hinsichtlich der *ratio* ist somit ein einseitiges Autonomieverständnis überwunden, der Glaube gilt als neue Form, Wirklichkeit zu gestalten[85]. Mit diesem Entwurf ist den Schwierigkeiten der herkömmlichen Glaubensanalyse ein Weg gewiesen. *B. Lonergan* steht hier der Schultradition des Traktates näher als *J. H. Newman*, dessen Ansatz einer theologischen Erkenntnislehre die Aporien des neuzeitlichen Vernunftbegriffes – und damit einen einseitig angelegten Autonomiebegriff – so nicht kennt.

Die vorliegende Untersuchung zu *J. H. Newman* zeigt, daß es zunächst nicht in dessen Absicht liegt, der Öffentlichkeit einen Traktat zur Glaubensanalyse vorzulegen, wenn ihm auch die Materie durchaus vertraut ist. *J. H. Newman* stellt in seinen Schriften die Frage nach dem Glauben vielmehr in einen größeren Rahmen. Seine Glaubensreflexion gilt *erstens* der Rechtfertigung der eigenen Rechtgläubigkeit vor den Vertretern der neuen Konfession. Sie ist *zweitens* der Versuch einer Apologie, um den Angehörigen der zurückgebliebenen Konfession den eigenen Schritt einsichtig zu machen. Darin wird sie *drittens* zu einer allgemeinen Apologie des Christlichen und dies in einem gesellschaftlichen und politischen Umfeld, das den Heilsanspruch der christlichen Religion nicht mehr unangefochten hinnimmt. Folgerichtig diskutiert *J. H. Newman* die Frage nach dem Verhältnis von Glaubwürdigkeitserkenntnis, Glaubenszustimmung und Glaubensgrund nicht primär als Problem einer theologischen Erkenntnislehre. Sein Genre ist vielmehr das des Essay: Ihm geht es darum, Menschen zu ermutigen, ihren eigenen Weg zu einer verant-

---

wesen zu sein: die Bekehrung evangelikaler Art, von der die Berichte der sog. Dissenters, heute würde man sagen Freikirchler und Evangelikalen, erzählen, und die nach folgendem Schema verlaufen: Erkenntnis, ein Sünder zu sein; dramatischer Bekehrungskampf; schlußendliche Rettung durch die Gnade. All dies ist in der Regel von heftigen Emotionen begleitet. Über die Distanz Newmans zu dieser Art von Bekehrung ist man sich in der Newmanforschung ziemlich einig." Entgegen dieser verbreiteten Meinung in der Newmanforschung entdeckt *L. Kuld* in dem Paper *On Conversion* von 1821 eine gewisse Nähe *J. H. Newmans* zum evangelikalen Bekehrungsverständnis (vgl. ebd. 31-35): „Aber man muß –gegen Newman und gegen die ihm darin folgende Forschungsliteratur-wohl daran festhalten, daß der Text von 1821 nicht bloß eine Abschrift von evangelikalen Schriftstellern ist. Dafür ist der Duktus dieser Papiere, wie gezeigt, zu emphatisch und affirmativ" (ebd. 36).

[84] *E. Kunz*, Glaubwürdigkeitserkenntnis 447.
[85] Vgl. Abschnitt 5.1.3.

worteten Glaubenszustimmung zu finden. Dabei leitet ihn die autobiographische Erfahrung der Selbstgegebenheit des Ich, aus der die Fähigkeit zur Selbstbestimmung erst hervorgeht. Der Glaubensakt ist Ausdruck und Vollzug dieser Selbstbestimmung, keineswegs eine Bevor-
mundung der Vernunft. Diese selbst ist vielmehr integrativer Bestandteil
des Glaubens, der im Ausgriff auf die Wirklichkeit sich jenes Grundes
argumentativ versichert, dem er zustimmend vertraut. Die Geschichtlichkeit des Offenbarungsgeschehens und seiner Überlieferungsstruktu-
ren ist hierbei stets vorausgesetzt. Damit entwickelt *J. H. Newman* nicht
nur einen überzeugenden Eigenentwurf zur Glaubensanalyse, sein
Glaubensdenken bestätigt auch die theologiegeschichtlichen Beobachtungen, die *E. Kunz* zum Ausgangspunkt seines eigenen Versuches einer
Glaubensanalyse nimmt.

Der Gang der vorliegenden Studie kommt damit an sein Ziel. Die
Geschichte der Glaubensanalyse läßt sich als ein Weg begreifen, an dessen Beginn die Entdeckung souveräner Individualität des Menschen in
Kirche und Gesellschaft steht: Der Mensch, der seiner selbst bewußt
wird, fragt nunmehr nach dem Inhalt der Glaubensbotschaft und dem
Grund ihrer Gewißheit. Verwurzelt im Aufgang der Neuzeit gestaltet
sich der Traktat im Gang der Geschichte jedoch zunehmend als crux der
Theologie. Er wird zum Sinnbild einer Vernunft, die sich in ihrem Anspruch auf Autonomie von der Wirklichkeit isoliert, darin aber nicht länger dem realen Vollzug des Glaubens gerecht zu werden vermag. Hier
liegt wohl auch der tiefere Grund für die Bibelferne des Gottesbildes, das
die analysis fidei in ihrer Durchführung prägt. Ihren Voraussetzungen
nach scheint sie nicht in der Lage, Zeugnisse der Selbstmitteilung Gottes
in ihre Struktur zu integrieren. Seit Beginn des zwanzigsten Jahrhunderts zeichnet sich jedoch diesbezüglich ein tiefgreifender Wandel ab.
Mit der Geschichtlichkeit der Selbstmitteilung Gottes wird auch die Vernunft des Menschen geschichtlich gedacht. Vorneuzeitlich wird die Vernunft zu einer vernehmenden Vernunft, die in der Vernahme der Offenbarungsbotschaft zu Einsicht, Urteil und Entscheidung findet. Diesen
Wandel vorweggenommen und darin gefördert zu haben, ist das bleibende Verdienst von *J. H. Newman*. Wie er dabei vom Subjekt des Glaubensaktes handelt, sichert der Glaubensanalyse bleibende Aktualität und
eröffnet der Theologie Perspektiven, den Traktat weiterzuentwickeln.

6.4. Befund und Herausforderung – Glaubensakt und Erfahrungsfähigkeit

In der Rückschau auf den Gang der vorliegenden Studie erweist sich die Frage nach dem Selbstverständnis der menschlichen Vernunft als die eigentliche Herausforderung der Glaubensanalyse. Wie die Geschichte des Traktates zur Glaubensanalyse zeigt, entsteht im Rahmen einer vielschichtigen Entwicklung allmählich ein Vernunftverständnis, das die Vernunft nicht mehr als abstrakte Größe faßt, sondern sie als die Vernunft geschichtlicher Subjekte ausweist. Die Weise, wie in den einzelnen Versuchen zur analysis fidei die Eigenart und das Operationsfeld der menschlichen *ratio* bestimmt ist, macht überdies die Glaubensanalyse selbst zum Indikator für die Geschichtlichkeit der Vernunft, die im Verlauf der Zeit ihr Können und Vermögen entdeckt. Ist aber das Selbstverständnis der Vernunft als die eigentliche Herausforderung der Glaubensanalyse erkannt, eröffnet sich ein Horizont, der es erlaubt, die Frage nach der Zukunft und dem möglichen Fortgang des Traktates zur analysis fidei zu stellen.

Hier sind es zunächst die schon im *zweiten Kapitel* und *dritten Kapitel* der vorliegenden Untersuchung benannten Desiderate, die einer weiteren theologischen Bemühung den Weg weisen. Wenn er die spezifische Problemstellung des Traktates mit dem Verhältnis von Glaubensgrund, vernunftgeleiteter Glaubwürdigkeitserkenntnis und abschließender Glaubenszustimmung präzise faßt, setzt *E. Kunz* in seinem Aufriß zur Glaubensanalyse ganz offensichtlich die Geschichtlichkeit der Vernunft voraus. Er unterläßt es dabei aber, die Art und Weise der Wechselwirkung von vernunftgeleiteter Erkenntnis und Glaubenszustimmung näher zu bestimmen. Dies gilt auch für *J. H. Newman*, der zwar die unverwechselbare Individualität des Glaubensaktes herausarbeitet, zugleich aber auf den Hinweis verzichtet, wie genau und in welchen Einzelschritten sich das Verstehen und Handeln des Menschen durch den Glaubensakt verändert. Gleichwohl ist den genannten Autoren die Frage nach der Geschichtlichkeit der Vernunft nicht unvertraut. *J. H. Newman* weiß um die Wirkkraft des objektiven Wortes Gottes, *E. Kunz* skizziert - über die ästhetische Kategorie des Offenbarungsgeschehens hinaus - den Glaubensakt als einen Weg, dessen einzelne Etappen der Mensch je nach Einsicht und Vermögen bewältigt. Hier ist bereits ein vitales Wechselspiel von Wirklichkeit und menschlicher Vernunfttätigkeit angezeigt. Der Be-

griff der Bekehrung, dem *B. Lonergan* ausgiebige Beachtung schenkt, gewinnt damit eine neue Bedeutungstiefe. Äußere Ansprüche, die an sie
ergehen, fordern die Einsicht und das Urteil der menschlichen *ratio*, im
wechselvollen Umgang mit der Wirklichkeit formt sich ihr Urteilsvermögen, entstehen aber auch die Kriterien, die diesem erkenntnisermögli-
chend zugrunde liegen. Ein Vernunftbegriff, durch den die menschliche
ratio in ihrer Geschichtlichkeit begriffen ist, hat Folgen bezüglich der Gestalt und des Gehaltes der Glaubensanalyse. Wie es der Glaubensanalyse
nämlich gelingt, das Verhältnis von Glaubensgrund, Glaubwürdigkeitserkenntnis und Glaubenszustimmung sachgerecht zu bestimmen, entscheidet sich ganz offensichtlich an ihrer Fähigkeit, das Wechselspiel von
Wirklichkeit und menschlicher Vernunft zu bestimmen. Bei näherem Zu-
sehen erschließt also die Problemstellung der analysis fidei jene zentrale
Thematik, deren Klärung das Anliegen der Glaubensanalyse erst verständlich macht und die von hier aus in der Tat eine Fortentwicklung des
Traktates erhoffen läßt.

In diesem Zusammenhang ist auf die Veröffentlichungen von *R.
Schaeffler* zu verweisen. Seit vielen Jahren gilt sein Arbeitsschwerpunkt
einem Forschungsprogramm zur menschlichen Erfahrungsfähigkeit[86].
Hier leitet ihn die Frage nach der Korrelation von Erfahrungsstruktur
und Erfahrungsgegenstand[87]. Besondere Aufmerksamkeit widmet er dabei der Paradoxie-Erfahrung, die den Menschen um sein Hören und Se-

---

[86] Zur Arbeit und Lebenswerk von *R. Schaeffler* (*1926), der von 1968 bis 1989 den
Lehrstuhl für Philosophisch-Theologische Grenzfragen an der *Ruhr-Universität Bochum* innehatte, vgl. *J. Kirchberg/ J. Müther* (Hg.), Philosophisch-Theologische Grenzfragen. Festschrift für Richard Schaeffler zur Vollendung des 60. Lebensjahres, Essen
1986; Freiheit Gottes und Geschichte des Menschen. Forschungsgespräche aus Anlaß
des 65. Geburtstages von Prof. Dr. *Richard Schaeffler*, Annweiler / Essen 1993 (= Forschungsgespräche der Katholischen Akademie ,Die Wolfsburg'); *M. Laarmann/ T.
Trappe* (Hg.), Erfahrung-Geschichte-Identität. Zum Schnittpunkt von Philosophie und
Theologie. Für Richard Schaeffler, Freiburg-Basel-Wien 1997. Siehe hier besonders *M.
Laarmann*, Richard Schaeffler. Bibliographie 1952-1996, in: Ebd. 377-389. *M. Laarmann*
hat in einem Anhang zur *FS Schaeffler* von 1997 die Bibliographie, die *J. Kirchberg/ J.
Müther* 1986 zusammengetragen haben, zugrundegelegt, berichtigt und aktualisiert.
[87] Vgl. *R. Schaeffler*, Zum Verhältnis von transzendentaler und historischer Reflexion, in: *H. Kohlenberger/ W. Lütterfels* (Hg.), Von der Notwendigkeit der Philosophie
in der Gegenwart. Festschrift für Karl Ulmer, Wien-München 1976, 42-76, hier 43-44.

hen zu bringen vermag[88]. Für die Glaubensanalyse und ihren Problemstand ist er insofern ein interessanter Gesprächspartner: Seine Studien über die Fähigkeit zur Erfahrung erschließen die Geschichtlichkeit der Vernunft[89]. Den philosophischen Diskurs zur Erfahrung sichert er zudem mehrheitlich an den Zeugnissen biblischer Gotteserfahrungen[90], nicht nur aus religionsphilosophischen Interesse profiliert er überdies den Gedanken eines göttlichen, exterioren Wortes[91]. Sein Artikel *Die Kirche als Erzähl- und Überlieferungsgemeinschaft*[92] aus dem Jahr 1994 steht deshalb am Ende der vorliegenden Studie. *R. Schaeffler* nimmt hier in kompakter Form Einsichten vorweg, die er ein Jahr später in seinem umfassenden Hauptwerk *Erfahrung als Dialog mit der Wirklichkeit. Eine Untersuchung zur Logik der Erfahrung*[93] ausführlich erläutert. Der Artikel ist philosophisches Interpretament in theologischer Absicht: Er ist Angebot, dem Traktat der analysis fidei Perspektiven der Weiterentwicklung zu eröffnen.

---

[88] Vgl. *R. Schaeffler*, Die Wahrheit des Zeugnisses. Philosophische Erwägungen zur Funktion der Theologie, in: *P.W. Scheele/ G. Schneider* (Hg.), Christuszeugnis der Kirche. Theologische Studien. Festschrift für Bischof Dr. Franz Hengsbach zur Vollendung des 60. Lebensjahres, Essen 1970, 145-169, bes. 164-167.

[89] Vgl. *R. Schaeffler*, Fähigkeit zur Erfahrung. Zur transzendentalen Hermeneutik des Sprechens von Gott, Freiburg-Basel-Wien 1982 (= QD 94)64.

[90] Vgl. *R. Schaeffler*, Das Gebet und das Argument. Zwei Weisen des Sprechens von Gott. Eine Einführung in die Theorie der religiösen Sprache, Düsseldorf 1989 (= Beiträge zur Theologie und Religionswissenschaft).

[91] Vgl. *R. Schaeffler*, Die Vernunft und das Wort. Zum Religionsverständnis bei Hermann Cohen und Franz Rosenzweig, in: ZThK 78 (1981) 57-89 sowie *R. Schaeffler*, Der Zuspruch des Vergebungwortes und die Dialektik des praktischen Vernunftgebrauchs. Überlegungen zur Ethik und Religionsphilosophie im Anschluß an Immanuel Kant und Hermann Cohen, in: *P. Hünermann / R. Schaeffler* (Hg.), Theorie der Sprachhandlungen und heutige Ekklesiologie. Ein philosophisch-theologisches Gespräch, Freiburg-Basel-Wien 1987 (=QD 109) 104- 129.

[92] *R. Schaeffler*, Die Kirche als Erzähl- und Überlieferungsgemeinschaft, in: *W. Geerlings/ M. Seckler* (Hg.), Kirche sein. Nachkonziliare Theologie im Dienst der Kirchenreform. Für Hermann Josef Pottmeyer, Freiburg – Basel- Wien 1994, 201-219/ zit. Kirche.

[93] *R. Schaeffler*, Erfahrung als Dialog mit der Wirklichkeit. Eine Untersuchung zur Logik der Erfahrung, München1995 / zit. Erfahrung als Dialog. Vgl. dazu Kirche 204, Anm. 1.

6.4.1. Äußeres Wort, eigene Erfahrung, Erzähl- und Überlieferungsgemeinschaft: Ein Vorschlag von *R. Schaeffler*

In seinem umfangreichen Artikel von 1994 verknüpft *R. Schaeffler* Elemente aus dem bereits erwähnten Forschungsprogramm zur Erfahrung mit Überlegungen zum Themenkomplex von Tradition und Überlieferung[94]. Die Überlegungen, die er hier vorträgt, werden der Fundamentaltheologie, ihrer Reflexion auf Normen, Kriterien und Strukturen der Überlieferung sowie ihrer Bemühung um Elemente einer theologischen Erkenntnislehre zur anregenden Verstehenshilfe[95].

6.4.1.1. Äußeres Wort und Erfahrungsfähigkeit

Im *ersten Hauptteil* seines Artikels stellt *R. Schaeffler* den Glauben zunächst in das Problemfeld von *äußerem Wort* und *eigener Erfahrung*. Danach ist der Glaube durch Gottes eigenes Wort erweckt, ist er eine sich diesem Wort anvertrauende Zuversicht, durch und mit Christus vom Tod zum Leben gerufen zu sein. Das Wort aber, das Glauben weckt und dem der Glaube sich anvertraut, „ist der ausgezeichnete Fall eines Wortes, das der Hörer sich nicht selber sagen könnte"[96]. Außerhalb des speziellen Zusammenhangs von Evangelium und Glaubensantwort kennt *R. Schaeffler* weitere, lebensnotwendige Worte, - das Wort etwa der Liebe und das der Vergebung -, die ihre Wirkung tun, „wenn der Hörer sich durch sie aus dem Selbstgespräch seiner Selbstzweifel, Selbstanklagen und Selbstrechtfertigungen befreien läßt"[97]. Ihnen gegenüber aber ist das Wort des Evangeliums von eigener Exteriorität, uneinholbar verschieden von all den Dingen, die in der Gefahr stehen, zum Selbstgespräch des

---

[94] Neben dem bereits erwähnten Hauptwerk *Erfahrung als Dialog mit der Wirklichkeit* aus dem Jahr 1995 sind es die bereits genannten oben Arbeiten aus den siebziger Jahren, in denen *R. Schaeffler* Überlegungen zum Erfahrungsbegriff vorträgt.

[95] Vgl. *R. Schaeffler*, Die Wechselbeziehungen zwischen Philosophie und katholischer Theologie, Darmstadt 1980 (= Die philosophischen Bemühungen des 20. Jahrhunderts) 2-3: „Die Theologie ist mit der Philosophie nicht nur deshalb befaßt, weil sie in einem apologetischen Außenverhältnis der philosophischen Religionskritik gegenübersteht, sondern weit mehr noch deshalb, weil sie nur in einem kritischen Verstehen der Philosophie sich selbst verstehen kann. Die Wechselbeziehungen zwischen Philosophie und Theologie treten insofern nicht an den Rändern des theologischen Problemkreises auf, sondern an entscheidenden Stellen innerhalb der theologischen Reflexion selbst" (ebd. 3).

[96] Kirche 201.

[97] Kirche 201.

Menschen zu werden: Es ist rettendes und richtendes Wort, gesprochen allein aus der Freiheit Gottes und „in seinem Auftrag"[98]. *R. Schaeffler* beobachtet allerdings „vor allem in jüngerer Zeit"[99] einen Widerstand gegen das äußere Wort. Dieser Widerstand erwächst einerseits aus der Furcht, daß eine Kenntnis, die sich fremder Belehrung verdankt, Abhängigkeit von privilegierten Sprechern schafft. Die Berufung auf eigene Erfahrungen steht dagegen „im Dienste eines emanzipatorischen Interesses, das aller Abhängigkeit von Autoritäten widersteht"[100]. Der Vorrang, den die eigene Erfahrung vor dem äußeren Wort hat, ist zudem auch wohl darin begründet, daß der Inhalt eigener Erfahrung Teil der eigenen Lebensgeschichte ist, während eine Kenntnis „vom Hörensagen"[101] ihren Inhalt dem Empfänger äußerlich bleiben läßt. *R. Schaeffler* sieht hier ein durchaus begründetes Interesse „an der Überwindung der unvermittelten Subjekt-Objekt-Antithese zugunsten ihrer dialektischen Vermittlung"[102]. Dazu skizziert *R. Schaeffler* wichtige Ergebnisse seines Forschungsprogramms zur Erfahrung[103]: Diese vermittelt nicht nur die Kenntnis von Objekten, sie verändert auch die Subjektivität selbst, indem sie eine neue Form des Denkens erzwingt. Die Erfahrung wird so dem Erfahrenden zum unvergeßlichen Erlebnis, das ihm „ein neues Auge und Ohr"[104] schenkt. Der erfahrene Inhalt hat die Form des Bewußtseins auf eine nicht mehr rückgängig zu machende Weise verändert. Dies gilt in besonderer Weise auch für das Wort des Evangeliums: Es führt bei seinen Hörern die *Metamorphosis* des Denkens (Röm 12,2) herbei, wird ihnen darin zur Erfahrung, ist aber dennoch „notwendig und um seines Inhalts willen"[105] äußeres Wort. Soll es folglich seine Aufgabe recht erfüllen, muß das Wort des Evangeliums seinem Hörer zur Erfahrung werden. So stellt sich die Frage, „wie dies möglich sei, ohne daß das Wort dabei seine wesentliche Exteriorität verliert"[106].

---

[98] Kirche 202.
[99] Kirche 202.
[100] Kirche 203.
[101] Kirche 203.
[102] Kirche 203.
[103] Vgl. dazu *R. Schaeffler*, Fähigkeit zur Erfahrung. Zur transzendentalen Hermeneutik des Sprechens von Gott, Freiburg 1982 (=QD 94), 26 – 48.
[104] Kirche 203.
[105] Kirche 203.
[106] Kirche 203.

Dieser Frage geht *R. Schaeffler* im *zweiten Teil* seines Artikels nach. Bevor er dabei auf die Eigenart der religiösen Erfahrung zu sprechen kommt, klärt er erkenntnistheoretische Voraussetzungen. Ihm zufolge ist der Anschein, daß die eigene Erfahrung und das äußere Wort einander –„gar feindlich"[107]- gegenüberstehen, korrekturbedürftig. Die Gegenüberstellung greift zu kurz: Es gibt kein ausschließlich passives Hinnehmen von Eindrücken, dem Hören des äußeren Wortes wie auch der Erfahrung eignet vielmehr ein responsorischer Charakter[108]. *R. Schaeffler* ergänzt hier das dialektische Strukturmoment der Erfahrung[109]: Eindrücke zu empfangen und anzueignen, heißt, „in Akten des Anschauens und Denkens"[110] tätig zu werden. Solche Akte aber sind bereits Responsionen. Was sich ihm mitteilt, kommt dem Subjekt nur in derjenigen Weise zu Bewußtsein, wie es den an ihn ergangenen Anspruch durch seine eigene Aktivität schon beantwortet hat[111]. Kommt ein solcher Anspruch auch in der Antwort, „im schon vollzogenen Anschauen und Denken"[112] zur Geltung, „so erweist dieser Anspruch sich doch jeweils als größer gegenüber der Antwort"[113]. *R. Schaeffler* sieht hier eine Wechselbeziehung zwischen der *Erfahrung*, dem Dialog des Menschen mit der Weltwirklichkeit und ihrem Anspruch, und den Akten des *Hörens*, dem Dialog mit den Mitmenschen und ihren Worten. Im Gegensatz zur Subjektivität des Erlebens bewährt die Erfahrung ihre objektive Geltung darin, daß sie zum Inhalt eines „intersubjektiven Dialogs"[114] werden kann: Die Erfahrung des Einzelnen kann nicht nur für ihn allein Gültigkeit haben, sie muß sich auch „im intersubjektiven Dialog bewähren"[115]. Das Hören, der Dia-

---

[107] Kirche 204.
[108] Vgl. Kirche 204.
[109] Vgl. Erfahrung als Dialog 318-320. „Was hier Ereignis genannt wird, ist nicht, neben anderen Ereignissen, ein gesonderter Gegenstand unserer Erfahrung, sondern eine immanente Bedingung jeder Erfahrung, weil Erfahrung Antwort ist und nicht ein Selbstgespräch der Seele, und weil sie als solche Antwort unter einem Anspruch steht, der dem, der die Erfahrung macht, immer wieder auf ganz unvorhersehbare Weise widerfährt und ihn zur selbstkritischen Verantwortung der gegebenen Antwort nötigt" (Erfahrung als Dialog 319).
[110] Kirche 204.
[111] Vgl. Kirche 204.
[112] Kirche 204.
[113] Kirche 204.
[114] Kirche 204.
[115] Kirche 204.

log mit den Mitmenschen, aber macht zu neuen Weisen des Erfahrens fähig, es verändert die Weise, „wie der Hörer künftig im Anschauen und Denken den Anspruch des Wirklichen vernimmt und beantwortet"[116]. Der Dialog mit der Wirklichkeit, aus dem die Erfahrung hervorgeht, kommt folglich im Dialog zwischen Menschen zu seinem Ziel. Die für den Glauben charakteristische Wechselwirkung zwischen dem äußeren Wort und der eigenen Erfahrung, ermöglicht und erfordert aber nach *R. Schaeffler* eine ganz bestimmte Art des intersubjektiven Dialogs, den „innerhalb einer Erzähl- und Überlieferungsgemeinschaft"[117]. Diese Art des intersubjektiven Dialoges liegt im Wesen der religiösen Erfahrung selbst. Die religiöse Erfahrung teilt zunächst das Strukturmoment jeder Erfahrung, demzufolge die Versuche, dem übergroßen Anspruch des Wirklichen im Anschauen und Denken zu erweisen, sich als unangemessen erweisen, „so daß dieser übergroße Anspruch gerade im Entzug allen Sehenkönnens sichtbar, im Zerbrechen allen Begreifenkönnens begriffen wird"[118]. Die religöse Erfahrung versteht sich aber als Begegnung mit einer numinosen Willensmacht, von deren *nutum* es abhängt, ob der Mensch den Anspruch des Wirklichen antwortend zur Sprache bringt[119]. Das Strukturmoment der speziell religiösen Erfahrung ist aber im Vergleich zu den übrigen Erfahrungen so sehr gesteigert, daß angesichts der speziellen Inhalte dieser Erfahrung „die Fähigkeit zur Erfahrung überhaupt sich als bedroht erweist"[120]. Angesichts der Inhalte religiöser Erfahrung gilt die menschliche Erfahrungsfähigkeit folglich als kontingent, „durch keine Wesensnotwendigkeit garantiert"[121]: Es bleibt jedesmal offen, ob die Weise, wie sich das Wirkliche zeigt, den Verstand erleuchtet oder verwirrt oder ob sich Wege öffnen, um Handlungsziele zu erreichen[122]. Der Gesamtkontext möglicher Erfahrung ist überdies variabel: Religiöse Erfahrungen bestimmter Art können im Rückblick als Quelle eines veränderten Blicks auf die Welt ausgemacht werden[123]. Die ange-

---

[116] Kirche 204.
[117] Kirche 205.
[118] Kirche 205.
[119] Vgl. Kirche 208.
[120] Kirche 205.
[121] Kirche 205-206.
[122] Vgl. Kirche 207-208.
[123] Vgl. Kirche 206. R. *Schaeffler* erinnert an solche Erfahrungen, die Mystikern zuteil werden: „Aber wenn der Mystiker aus derjenigen Tiefe, in der ihm die Welt

messene Weise des Wortes, das diese Erfahrung benennt, ist die Erzählung, der rückschauende Bericht, von der Veränderung, die sich irreversibel am erfahrenden Subjekt wie an seiner Welt ereignet hat. Die religiöse Erfahrung kommt jedoch nur dann zur Sprache, wenn das Erzählen „diejenigen Bedingungen benennt, durch die das Anschauen und Denken zur Begegnung mit der religiös maßgeblichen Wirklichkeit und ihrer spezifischen Objektivität fähig geworden ist"[124]. R. *Schaeffler* sieht hier ein gewandeltes Verständnis der regulativen Ideen des Ich und der Welt, die nicht in der logischen Nachzeichnung einer unveränderlichen Struktur, sondern in der Erzählung vom Wandel derartiger Strukturen zur Sprache kommt[125]. Im Bewußtsein vom Hervorgang der eigenen Bewußtseinsgestalt kann das Ich nur denjenigen Inhalt als objektiv gültig anerkennen, der in seiner Geschichte des Anschauens und Denkens „eine unverwechselbare Stelle einnimmt, weil an diesem Inhalt zugleich die Form des Bewußtseins sich auf charakteristische Weise entwickelt hat"[126]. Der Inhalt definiert eine Phase im Prozeß der sich ausbildenden Denk- und Anschauungsformen, ohne deren Beitrag die hier und heute wirksame Weise des Anschauens und Denkens nicht zustandekäme[127]. Für die regulative Idee der Welt bedeutet dies, daß der Zusammenhang der Erfahrungswelt der Zusammenhang einer Geschichte ist, „in der der jeweils größere Anspruch des Wirklichen sich dadurch zur Geltung bringt, daß er eine Verwandlung der Subjektivität erzwingt, um sich dieser verwandelten Subjektivität jeweils in neuer Weise der Objektivität (Maßgeblichkeit für das theoretische und praktische Urteil) zu zeigen"[128]. Gewinnt das Ich aber seine Einheit und die Welt ihre geordnete Ganzheit in der Weise, daß sich Krisen und Wendungen zum Zusammenhang einer Geschichte fügen, „dann wird der Zusammenhang religiöser Erfah-

---

und das eigene Ich ‚versunken' sind, wieder ‚erwacht', hat sich sein Blick auf die gesamte Wirklichkeit verändert. Es kann geschehen, daß ihm nun alles Welthafte nur wie ein Zug wesenloser Traumbilder erscheint, aber auch, daß er erst jetzt durch die Erscheinungsgestalt der Dinge zu ihrem Wesen vorzudringen vermag (Zeugnisse dafür finden sich vor allem im Mahayana-Buddhismus)" (Kirche 206).

[124] Kirche 206.
[125] Vgl. Kirche 206.
[126] Kirche 207.
[127] Vgl. Kirche 207.
[128] Kirche 207.

rungen, denen diese Ideen den Kontext vorzeichnen, ein Erzählzusammenhang sein müssen"[129].

6.4.1.2. Überlieferungs- und Erzählgemeinschaft

Ein solcher Erzählzusammenhang ist geprägt durch die Weise der in ihm erschlossenen Erfahrungswirklichkeit. *R. Schaeffler* erinnert dazu an den Dialog zwischen Forschern. Dieser ist von der regulativen Zielvorstellung geleitet, durch spezifische Argumentationsverfahren all das auszuschließen, „was von der individuellen oder gruppenspezifischen Besonderheit konkreter Betrachter abhängt"[130]. Die Teilnehmer an diesem Dialog haben sich „durch eine eigene Art intellektueller Askese"[131] auf den Standpunkt einer allgemeinen Vernunft gestellt und darin zu einer Objektivität gefunden, deren Maßgeblichkeit unterschiedslos für alle verhandelten Gegenstände gilt. Der Dialog, in dem sich die Objektivität der religiösen Erfahrung bewähren kann, ist dagegen von anderer Art: Die religiöse Erfahrung zeichnet sich gerade durch ihre Unvertretbarkeit aus. So verweist *R. Schaeffler* auf das Emmaus – Evangelium[132]: Hier ist von konkreten Personen die Rede, die unterschiedliche Erfahrungen gemacht haben. Dementsprechend verhalten sie sich keineswegs als „vertretbare Repräsentanten aller Vernunftsubjekte"[133], sie haben „etwas zu sagen, was die jeweils anderen sich nicht selber sagen könnten"[134]. Was sie aber dabei erzählen, ist der „Widerhall eines Ereignisses, das sie nur begriffen, indem es sie verwandelte"[135]. Im Austausch der Berichte über die unterschiedlichen Erfahrungen können die Jünger daher die Identität jener erfahrenen Wirklichkeit entdecken. *R. Schaeffler* sieht hierin den Ursprung einer Kommunikationsgemeinschaft: In der Diversität ihrer Aussage entdecken alle am Dialog Beteiligten, daß sie vom Gleichen sprechen, „aber so daß sie einander an die Identität eines Anspruchs erinnern, den sie auf unverwechselbar eigene Weise zu beant-

---

[129] Kirche 207.
[130] Kirche 209.
[131] Kirche 209.
[132] Vgl. Kirche 209.
[133] Kirche 209.
[134] Kirche 209.
[135] Kirche 210. Zur Hermeneutik bezeugter Gotteserfahrung vgl. Fähigkeit zur Erfahrung 80- 110.

worten haben"[136]. Eine solche Kommunikationsgemeinschaft ist Erzähl-, nicht Argumentationsgemeinschaft. Ihr Ziel besteht darin, daß jeder in der fremden Erzählung „die Bewährung des Inhaltes seiner eigenen Erfahrung, freilich auch die Ergänzungsbedürftigkeit seiner Erfahrungsweise erkennt"[137].

Mit diesem Gedanken ist ein hermeneutisches Wechselverhältnis zwischen den Überlieferungsinhalten angedeutet: R. *Schaeffler* zufolge gibt es bestimmte Inhalte einer religiösen Erfahrung – etwa die Christuserfahrung der Jünger in der Emmausgeschichte -, in denen auf bleibend normative Weise jenes Grundgesetz offenbar wird, „das der Wirklichkeit im Ganzen durch eine göttliche Willensmacht (Numen) von den Anfängen an eingestiftet ist"[138]. Die Weitergabe des Zeugnisses von diesen Erfahrungen erst ermöglicht es, die Vielfalt der religiösen Erfahrungen zu verstehen[139]. Der Anspruch aktueller religiöser Erfahrungen auf Neuheit ist daran zu messen, ob es gelingt, in ein Wechselverhältnis mit der Überlieferung einzutreten, um so „den ‚Gleichklang' von überliefertem Wort und eigener Erfahrung nachzuweisen"[140]. Damit ist der Überlieferung ein hoher Stellenwert zubemessen: Als äußeres Wort sagt sie dem Hörer, was er sich selbst nicht sagen könnte, und befähigt ihn darin, seine eigenen Erfahrungen zu begreifen, um so zu einer Antwort auf die vernommene Botschaft zu finden, die nur er selbst geben kann. In diesem Sinne muß die Kirche eine Überlieferungsgemeinschaft sein, soll sie Erzählgemeinschaft werden oder bleiben[141]: Erst die Überlieferung normativer Inhalte ermöglicht es, in den vielfältigen Erfahrungen die Identität des einen Anspruchs und der einen Zusage wiederzuerkennen, „durch die alle Mitglieder der kirchlichen Erzählgemeinschaft miteinander verbunden sind"[142]. Der Dialog mit jeder Form von religiöser Erfahrung ist ihr dabei aufgetragen: Um die Bedeutung der je eigenen Überlieferung recht zu erfassen, gilt es, auch auf das äußere Wort derer zu hören, deren Überlieferung fremd erscheint, „weil auch hier der Widerhall

---

[136] Kirche 210.

[137] Kirche 210.

[138] Kirche 214.

[139] Vgl. Kirche 214.

[140] Kirche 212.

[141] Zum Begriff der Überlieferungsgemeinschaft siehe Erfahrung als Dialog 471-475 und 738-750.

[142] Kirche 214.

(und sei es das verzerrte Echo) eines Anspruchs zu vernehmen ist, der auch in der jeweils eigenen religiösen Überlieferung zur Sprache gebracht sein will"[143]. Die Überlieferung der Kirche hat nach R. *Schaeffler* somit Teil an der allumfassenden Überlieferung, in denen der Anspruch der göttlichen Freiheitsmacht auf neue Weise gegenwärtig wird[144].

Im Schlußteil seines Artikels bestimmt und erläutert R. *Schaeffler* die dreifache Funktion des äußeren Wortes. Das äußere Wort, der Austausch von Erfahrungszeugnissen, wird *erstens* zu einer besonderen Bewährungsprobe, an der sich erweist, „ob der Übergang von der bloßen Subjektivität des Erlebens zur objektiven Gültigkeit der Erfahrung gelungen ist"[145]. Das Kriterium, dies zu überprüfen, ergibt sich aus der religiösen Erfahrung selbst. Der Inhalt der religiösen Erfahrung gilt nicht nur dem, der sie gemacht hat. Das objektiv Gültige gewinnt auch Bedeutung für andere in deren anders gearteten Erfahrungszusammenhang. Umgekehrt ist es dann ebenso selbstverständlich, wenn der Kontext der jeweils eigenen Erfahrung den Inhalten fremden Erfahrens eine Stelle einräumt[146]. Das äußere Wort ist *zweitens* jene Instanz, die die eigene Erfahrung verständlich macht: R. *Schaeffler* weiß dabei um die Unmittelbarkeit der religiösen Erfahrung zu den Ursprüngen, die nur dann nicht rätselhaft bleibt, wenn sie auf überlieferte Zeugnisse von Ereignissen bezogen wird, „in denen diese Ursprünge aus ihrer Verborgenheit hervorgetreten sind"[147]. Umgekehrt werden jene Zeugnisse nur verständlich, indem sie ihrerseits je aktuelle religiöse Erfahrungen verständlich machen. Zwischen Überlieferung und aktueller religöser Erfahrung besteht ein Wechselverhältnis, „ohne das weder die Überlieferung noch die religiöse Erfahrung verstanden werden kann"[148]. Damit ist auf die *dritte Funktion* des äußeren Wortes verwiesen: Die Formen des Anschauens und Denkens wird „in Versuchen gelingender oder auch scheiternder Intersubjektivität"[149] entwickelt. Das äußere Wort, die Intersubjektivität, tritt nicht erst sekundär als Bewährungsprobe oder Verstehenshilfe zu der schon fertig ausgeformten Erfahrung hinzu, „sondern läßt ihrerseits jenes Anschauen

---

[143] Kirche 216.
[144] Vgl. Kirche 215.
[145] Kirche 217.
[146] Vgl. Kirche 217.
[147] Kirche 217.
[148] Kirche 217.
[149] Kirche 217.

und Denken erst entstehen, das Erfahrung möglich macht"[150]. Dies gilt für den Dialog unter Forschern ebenso wie für die Jüngergemeinde als Erzähl- und Überlieferungsgemeinschaft. Damit aber benennt R. *Schaeffler* die spezifische Bewährungsprobe kirchlichen Erzählens und Überlieferns. Diese bewährt sich darin, daß es die eigene religiöse Erfahrung der Gläubigen möglich „und einer kritischen Prüfung und angemessenen Auslegung zugänglich macht"[151]. Das Wort des Evangeliums bleibt somit Anspruch, äußeres Wort, muß darin aber für seine Hörer zur Erfahrung werden[152].

In seiner Gedankenführung ist der Artikel von R. *Schaeffler* außerordentlich spannend. So entwickelt er zu Beginn seiner Darlegung die Grundzüge einer Theorie der religiösen Erfahrung, wobei der den responsorischen Charakter ihres dialektischen Strukturmomentes präzise herausarbeitet[153]. Im weiteren Verlauf gelingt es ihm sodann, aus dem Wesen der Erfahrung selbst die Berechtigung und Notwendigkeit einer Überlieferungs- und Erzählgemeinschaft einsichtig zu machen: Im Unterschied zur bloßen Subjektivität des Erlebens bewährt die Erfahrung, „auch die religiöse"[154], ihre objektive Geltung darin, daß sie zum Inhalt eines intersubjektiven Dialogs werden kann. Ein Hören aber, „das immer schon ein Antworten einschließt"[155], ermöglicht Intersubjektivität, Erzähl- und Überlieferungsgemeinschaften. Die Erzähl- von der Überlieferungsgemeinschaft zu unterscheiden, ist dabei von besonderer Wichtigkeit: Nur dann können religiöse Erfahrungen einer *Erzählgemeinschaft* als objektiv gültig anerkannt werden, wenn sie in ein hermeneutisches Wechselverhältnis mit normativen Zeugnissen der *Überlieferung* zu stellen sind, in denen sich das *nutum divinum* bleibend zur Erfahrung bringt. Die religiöse Erzähl- und Überlieferungsgemeinschaft selbst hat daher ihre eigene, unverwechselbare Geschichte, die in den Versuchen gelingender oder auch scheiternder Intersubjektivität greifbar wird[156]. So erklärt sich auch die Variabilität und Labilität jenes Kontextes, in dem die religiöse Erfahrung ihren Platz finden muß. Die Wirklichkeit eines äußeren Wor-

---

[150] Kirche 218.
[151] Kirche 219.
[152] Vgl. Kirche 219.
[153] Vgl. Kirche 203-204.
[154] Kirche 204.
[155] Kirche 204.
[156] Vgl. Kirche 217.

tes ist dabei so eingeführt, daß die Eigenart der je individuellen Erfahrung nicht verleugnet werden muß: Es ist gerade die Diversität ihrer Aussagen, die die Glieder einer Erzählgemeinschaft an die Identität eines Anspruchs erinnert, den jeder von ihnen auf unverwechselbar eigene Weise beantwortet[157]. *R. Schaeffler* beobachtet und begründet hier die Geschichtlichkeit der Vernunft[158], er grenzt diese zudem bewußt von jener Art objektiver Vernunfthaftigkeit ab, die sich von allen individuellen oder gruppenspezifischen Einflüssen freigemacht hat[159]. In ihrer Kontingenz erfordert folgerichtig die Möglichkeitsbedingung von Erfahrung formalthematisch die Zuordnung von historischer und transzendentaler Reflexion[160]. In diesem Sinne ist der Artikel von *R. Schaeffler* eine wichtige Verstehenshilfe für die Beobachtungen und Einsichten, die sich aus der Beschäftigung mit der Glaubensanalyse ergeben.

6.4.2. Herausforderung Glaubensanalyse

Am Ende der vorliegenden Studie lassen sich drei thematische Schwerpunkte ausmachen, die den Gang der Untersuchung prägen. Den *ersten thematischen Schwerpunkt* bildet der Traktat der analysis fidei, dessen spezifische Fragestellung und folgerichtig die Schwierigkeiten, die er der

---

[157] „Kirche als Erzählgemeinschaft ist nur möglich, weil der protologische Gehalt, der in den vielfältigen religiösen Erfahrungen der Glaubenden impliziert ist, in wenigen, normativen Erfahrungsinhalten zutagetritt. Diese Inhalte müssen überliefert werden, wenn es möglich sein soll, in den vielfältigen religiösen Erfahrungen die Identität des einen Anspruchs und der einen Zusage widerzuerkennen, durch die alle Mitglieder der kirchlichen Erzählgemeinschaft miteinander verbunden sind" (Kirche 214).

[158] Zur Geschichtlichkeit der Vernunft siehe *R. Schaeffler*, Einführung in die Geschichtsphilosophie, 3. unveränd. Aufl., Darmstadt 1980, 123-158.

[159] Vgl. Kirche 209.

[160] Vgl. dazu *R. Schaeffler*, Logisches Widerspruchsverbot und theologisches Paradox. Überlegungen zur Weiterentwicklung der transzendentalen Dialektik, in: ThPh 62 (1987) 321-351. Die Fähigkeit, etwas zu sehen und zu hören, muß ihm zufolge „offenbar in Erfahrungen der Erschütterung erst einmal verloren gehen, ehe der Mensch fähig wird, die Wirklichkeit so entgegenzunehmen, wie sie selber ist, nämlich so, daß sie all unserer logisch-begrifflichen Überformungen spottet" (ebd. 327). Ergänzend dazu schreibt er: „Der erfahrene Inhalt hat die Form des Bewußtseins auf eine nicht mehr rückgängig zu machende Weise verändert; von ihm muß künftig erzählt werden, wenn die besondere Art, wie ein bestimmter Mensch anschaut und denkt, ihm selbst und anderen verständlich gemacht werden soll" (Kirche 203).

Theologie aufgibt[161]. Dabei erweisen sich gerade die offensichtlichen Schwierigkeiten, die die analysis fidei bereitet, als Wegweiser für den weiteren Verlauf der Studie[162]. Hier ist es vor allem die Gedankenwelt *J. H. Newmans*, dessen Überlegungen und Darlegungen zum Glaubensakt nicht nur umfangmäßig den *zweiten Schwerpunkt* der Darstellung bilden. Sein Ansatz wird für die herkömmliche Glaubensanalyse genau dort interessant, wo sich diese an ihren eigenen Voraussetzungen vergeblich abmüht: Von Herkunft und Biographie bleibt *J. H. Newman* theologischer Außenseiter, dessen gedankliche Bemühung um den Glaubensakt zwar der klassischen Gedankenführung und Terminologie verpflichtet ist, den Traktat der Glaubensanalyse aber dennoch in vielfacher Weise abwandelt[163]. Die Kirchlichkeit, aber auch die Öffentlichkeit, die die katholische Konfession im viktorianischen England zwangsläufig einfordert, werden ihm zum Anlaß, sich immer wieder mit dem Glaubensthema auseinanderzusetzen. Eine solche Glaubensanalyse geschieht nicht in einem geschützten binnenkirchlichen Klima, sondern wird zur Apologetik einer bewußten Entscheidung, die jeder Gläubige vor sich selbst wie vor einer kritischen, bisweilen verständnislosen Gesellschaft mit überzeugenden Gründen zu vetreten hat[164]. Die analysis fidei verliert somit den Charakter eines trockenen und schwierigen Gedankenexperimentes. Sie geschieht aus biographischen Gründen und umschreibt die Etappen, in denen der Einzelne zu einer begründeten Glaubensentscheidung findet. Indem er aber das Programm der Glaubensanalyse in die konkreten Umstände seiner Zeit stellt, kommt *J. H. Newman* dem neuzeitlichen Ursprung der Frage nach dem Glaubensakt auf überraschende Weise nahe. Die Entdeckung des Subjektes, wie sie von *K. Eschweiler* und *M. Miserda* zu Beginn der Neuzeit vermutet wird, findet bei *J. H. Newman* in ganz besonderer Weise ihren Nachklang und ihre Ausprägung: In der *Grammar of Assent* ist es die Kategorie der Gewißheit, die den Glaubensakt rechtfertigt. Die Gewißheit aber ist ein Aspekt der Zustimmung, in der das Individuum einer an ihn ergehenden Botschaft positiv entspricht, d. h sich ihrer und darin seiner selbst vergewissert. Der Glaubensakt ist damit nicht nur ein rein intellektuelles Ereignis einer auf ihre

---

[161] Vgl. Abschnitt 3.2.4.
[162] Vgl. Abschnitt 6.1. und 6.2.
[163] Vgl. Abschnitt 4.1.
[164] Vgl. Abschnitt 4.2.1.

Autonomie bedachten Vernunft. Er ist Geschehnis, durch das der Mensch zu seinem unverwechselbaren personalen Eigenstand findet. Hier wird der Glaubensanalyse offensichtlich ein neuer Zug zuteil[165]: Dennoch bleibt auch *J. H. Newman* mit seinen Überlegungen zum Glaubensthema Kind seiner Zeit. So ist ihm ein instruktionstheoretisches Offenbarungsverständnis vorgegeben, dessen intellektualistische Engführung er aber mit Hilfe seiner Imaginationslehre zu überwinden sucht. Dazu unternimmt er es, der grammatischen Struktur von Glaubenssätzen das ästhetische Moment ihrer Wahrnehmung beizuordnen. Auch die Vorstellung einer Instruktion des Menschen mit ewigen Himmelswahrheiten behält er bei, ergänzt aber dabei das Motiv des Glaubensgehorsams um eine Logik der Zustimmung, dank derer der Glaubensakt in den Grenzen und Möglichkeiten der jeweiligen Disposition des Glaubenden selbst einsichtig zu machen ist[166]. In einem wichtigen Aspekt unterscheidet sich *J. H. Newman* von allen übrigen Modellen zur Glaubenanalyse, die bei *E. Kunz* zur Darstellung kommen. Beleuchten diese punktuell den entscheidenden Moment der Zustimmung, weiß *J.H. Newman* um einen regelrechten Prozeß des Zum-Glauben-Kommens. Bei ihm ist der Glaubensakt aktives Tun, Leistung des menschlichen Geistes, der allmählich lernt, den Glaubensschritt zu rechtfertigen. Zugleich erwächst der Glaubensakt aus der Wirkkraft des objektiven Wortes Gottes, das als subjektives Gotteswort zu beständiger Betrachtung und Deutung herausfordert[167].

Damit zeichnet sich der *dritte thematische Schwerpunkt* ab, der die vorliegende Untersuchung über die Klärung eines *status quaestionis* hinausführt. Ausgangsposition ist der inhaltsreiche Zustimmungsbegriff, wie er von *J. H. Newman* verwendet wird. Der Begriff der Zustimmung, von dem er vor allem im *zweiten Hauptteil* der *Grammar of Assent* ausführlich handelt, bezeichnet das vielschichtige Wechselspiel zwischen den Inhalten, die sich dem Menschen zur Kenntnis bringen, und jener kognitiven wie emotionalen Kompetenz, mit er sich dieser Inhalte vergewissert. In Konsequenz ist damit die Zustimmung zur Frohbotschaft als Bekehrung interpretiert, ein Verstehenszugang, den *J. H. Newman* – aus autobiographischer Absicht – meidet: Ihm geht es um die Abwand-

---

[165] Vgl. dazu Abschnitte 4.3.3.2.4. und 4.3.3.2.5.

[166] Vgl. Abschnitt 4.3.4.

[167] Vgl. Abschnitt 4.1.3.

lung des Privaturteils zur Zustimmung, die den individuellen Glaubensakt in seiner ekklesialen Verwurzelung begreifbar macht. Daß das Wort
Gottes Einsicht und Urteil des Einzelnen entscheidend prägt, wird nicht
bestritten, tritt aber erst als sekundärer Aspekt hinzu[168]: *J. H. Newman*
rechtfertigt den Konversionsschritt zunächst und vor allem als Wandlung in Treue. Sich für die katholische Kirche zu entscheiden, ist demnach kein Bruch, sondern Erfüllung und authentische Verwirklichung
der eigenen Persönlichkeit[169]. Die erkenntnistheoretische Seite dieser Gedankenführung ist zwar die eigentliche Voraussetzung zu dieser Einsicht, wird aber nicht zum ausdrücklichen Thema. Genau hier aber liegt
das unausgeschöpfte Potential der *Grammar of Assent*, die nicht zufällig
eine Ästhetik-Logik genannt werden kann[170]. *J. H. Newman* ist in diesem
Punkt der Theologie seiner Zeit weit voraus: In der Weise, wie er das
Gotteswort dem menschlichen Verstehen zuordnet, ist die neuzeitliche
Grenze zwischen *fides* und *ratio* überwunden, kann er überdies aufzeigen, wie die Botschaft des Glaubens zur lebensprägenden Kraft wird.
Das Verhältnis von Glaubensgrund, Glaubwürdigkeitserkenntnis und
Glaubenszustimmung, für die herkömmliche Glaubensanalyse stete Herausforderung, findet hier eine schlüssige Klärung: So, wie sich der Glaubensgrund dem Menschen glaubwürdig erschließt, ist dieser befähigt,
diesem seine Zustimmung zu gewähren. Im Glauben selbst verändern
sich die erkenntnisleitenden Strukturen der *ratio*, kommt der Mensch zu
einem neuen Sehen[171]. Dieser Gedanke - bei *P. Rousselot* auf inhaltlich
verwandte Weise entfaltet[172] - erfährt bei *B. Lonergan* eine weitere Aus-
deutung und Vertiefung. In diese Linie fügt sich auch der Beitrag von *R.
Schaeffler*, der in transzendentalphilosophischer Absicht das Verhältnis
von Welt und Ich unter den Begriff der Erfahrung nimmt und ausführlich erläutert. Die Korrelation von Erfahrungstrukur und Erfahrungsin-
halt wird dabei von ihm in zweifacher Hinsicht diskutiert: An der Erfahrung des Paradoxon zeigt er die Kontingenz bestehender Erfahrungs-

---

[168] Vgl. *M. Miserda*, Subjektivität 315 – 321.

[169] „Given that Christianity is essentially and fundamentally a relifgion of persons, for Newman its fullness is to be found in the sacramentality and communion of
Catholicism, in which this personalism finds its most complete and concrete realiza-
tion" (*I. Ker*, Wound 111).

[170] Vgl. *M. Miserda*, Subjektivität 353-354.

[171] Vgl. Abschnitt 4.3.3.2.6.

[172] Vgl. *E. Kunz*, Glaube 2 und 117.

strukturen, im Nachweis der Responsion die unverwechselbar individuelle Eigenart menschlicher Erfahrung, als deren Quelle und Maß er die
Überlieferungs- und Erzählgemeinschaft ausmacht. Dies berührt das Gebiet der Glaubensanalyse: Die Rede von Zustimmung und Bekehrung
wird mit Inhalt erfüllt, die Vorstellung einer Vernunft, die in der Vernahme von Wirklichkeit zu einem neuen Sehen gelangt, gewinnt faßbare
Konturen.

So gibt der Denkansatz, wie er bei *R. Schaeffler* anhand seines Artikels von
1994 in Umrissen ermittelt werden kann, Anlaß, nach der weiteren
Entwicklung der analysis fidei zu fragen. Das Konzept einer spezifisch
religiösen Erfahrung erlaubt es *erstens*, das Verhältnis von Glaubwürdigkeitserkenntnis und Glaubenszustimmung schärfer zu profilieren,
als es dies die Begriffe von Offenbarungsgeschehen, subjektivem Wort
Gottes oder Bekehrung überhaupt zu leisten vermögen. Zur Diskussion
steht die Frage, inwieweit die Inhalte der Glaubwürdigkeitserkenntnis
dem Subjekt irreversibel zur Erfahrung werden können. Mit dem Hinweis auf die Exteriorität des Gotteswortes stellt sich *zweitens* die schwierige Frage nach der *auctoritas divina*, der sich die neuzeitliche Vernunft in
ihrem Eigenanspruch kunstvoll verweigert hat und um deretwegen der
Traktat so oft zur crux geriet: Indem *R. Schaeffler* in der dialektischen
Struktur der Erfahrung deren responsorischen Charakter entdeckt, ist
der Vernunft die Furcht vor einer möglichen Fremdbestimmung genommen. Wie *R. Schaeffler* zeigt, ist die Vernunft eine hörende Vernunft
und also gerade in den Akten des Anschauens und Denkens zuhöchst
aktiv: Das äußere Wort, das mit der Glaubensbotschaft an den Menschen
ergeht, verändert ihn, entmündigt ihn aber nicht. Das „fremde", äußere
Wort wird ihm zufolge zur Herausforderung eines unverwechselbar persönlichen Glaubenszeugnisses, das jedoch der Überlieferungs- und Erzählgemeinschaft bedarf, um sich als objektiv gültige Erfahrung zu bewähren und verständlich zu machen[173]. In diesem Zusammenhang ist
drittens die alt- und neutestamentliche Überlieferung auf Zeugnisse zu
befragen, in denen von der Neugestaltung der menschlichen Existenz
und des menschlichen Denkens durch die Botschaft des Glaubens die
Rede ist[174]. Mit dem Hinweis auf die Exteriorität des Gotteswortes einer-

---

[173] Vgl. Abschnitt 6.4.1.2.
[174] Vgl. *R. Schaeffler*, Ein transzendentalphilosophischer Gottesbegriff und seine
mögliche Bedeutung für die Theologie, in: *M. Kessler, W. Pannenberg, H.J. Pottmeyer*

seits und die menschliche Erfahrungsfähigkeit andererseits unterstreicht
R. Schaeffler zudem die Kirchlichkeit des Glaubensaktes, betont dabei aber
zugleich, daß der Mensch in der Vernahme des äußeren Wortes zu einem
neuen Selbststand findet. Hierin trifft sich *R. Schaeffler* nicht nur mit *E.
Kunz* und der von ihm skizzierten Konzeption eines Offenbarungsgeschehens. In diesem Anliegen trifft er sich auch mit *H. J. Pottmeyer* und
Th. Pröpper, die in ihren Beiträgen die inkarnatorische Struktur kirchlicher Überlieferung herausstellen[175]. Indem er aber die Überlieferungsgemeinschaft von der Erzählgemeinschaft begrifflich unterscheidet, setzt *R.
Schaeffler* jene Linie fort, die bei *J. H. Newman* – vor allem in seinem *Paper
on Development* - ausgemacht werden kann: Das Wort Gottes ist nicht nur
der Grund für den Glauben des Einzelnen wie für den der Gemeinschaft,
in der wandelbaren Gestalt individueller oder gemeinschaftlicher Responsion bedingt sein lebendiger Anspruch auch die Geschichtlichkeit
seiner Überlieferung. Die vermeindliche Vernunftfeindlichkeit des Offenbarungsanspruchs wird folglich zum Ausgangspunkt selbstbewußter
Individualität[176]. Der Traktat der analysis fidei selbst gibt dafür Zeugnis:

(Hg.), Fides quaerens intellectum. Beiträge zur Fundamentaltheologie, Tübingen
1992, 97 – 110, bes. 100 – 107.

[175] Mit *Th. Pröpper* (vgl. Abschnitt 3.2.2.) eint *R. Schaeffler* das Anliegen, menschliche Freiheit in der freien Selbstmitteilung Gottes ermächtigt zu wissen (vgl. *Th. Pröpper*, Art. Freiheit 92 und *R. Schaeffler*, Kirche 202). Zum Gedanken der Überlieferungsgemeinschaft vgl. *H.J. Pottmeyer*, Tradition 102.

[176] Vgl. dazu Abschnitt 4.1.2.1. Mit seinem *Paper on Development* von 1847 behauptet *J. H. Newman* im Hinweis auf das *objektive Wort Gottes* dessen Exteriorität (vgl.
Newman-Perrone-Paper 404, Abschn. 1/ AW VIII 393). Zugleich weiß er um die Wirkkraft des Gotteswortes, das den menschlichen Geist zu beständiger Betrachtung und
Verstandesarbeit herausfordert (vgl. Newman-Perrone-Paper 404, Abschn. 3/ AW VIII
394) und ihm dabei die Erkenntnis seiner selbst einprägt (vgl. Newman-Perrone-Paper 409-411/ AW VIII 396-397). Die Wort Gottes-Konzeption, wie sie *J. H. Newman* in
seinem Arbeitspapier entwickelt, ähnelt der Vorstellung eines exterioren Wortes, dessen Wirken *R. Schaeffler* in seinem Artikel von 1994 anschaulich macht (vgl. Kirche
204-205). In diesem Zusammenhang beeindruckt die augenfällige Bemühung beider
Autoren, die Korrelation von Erfahrungsstruktur und Erfahrungsgegenstand im Ge-
dankeninstrumentar ihrer jeweiligen Zeit herauszuarbeiten. Noch präziser als *J. H.
Newman*, der dem Gotteswort ein Wachstum in der menschlichen Seele, dem Verstand aber die Gabe der *epinoia* zuschreibt, vermag *R. Schaeffler* mit dem Hinweis auf
die dialektisch-responsorische Struktur menschlicher Erfahrung sowohl die Wirkkraft
des exterioren Wortes als auch die individuelle Weise, wie der Verstand dem an ihn
ergangenen Anspruch entspricht, beschreiben. Dem Gedanken der Überlieferungs-

Verortet etwa *K. Eschweiler* die Herkunft des Traktates zur Glaubensanalyse unter den Stichworten der *analysis scientiae* und des *Molinismus*, ist damit der konkrete Zeitpunkt der europäischen Geistesgeschichte benannt, zu dem sich die Vernunft in ihrem gewordenen Selbstverständnis als Vernunft des individuellen Subjekts der Herausforderung durch den Glauben bewußt wird und sich der Frage nach dessen Vollzug und den Bedingungen seiner Gewißheit stellt. Ist aber von der Möglichkeit einer wandelbaren menschlichen Subjektivität auszugehen, können die einzelnen Lösungsmodelle zur Glaubensanalyse als Etappen eben jener Geschichte der Vernunft selbst gelten.

Solange aber die Geschichte der Vernunft noch nicht an ihr Ende gekommen ist, bleibt die Glaubensanalyse eine beständige Aufgabe. Die Fragen, die sie - ihrer neuzeitlichen Herkunft gemäß – der theologischen Wissenschaft gestellt hat und nach wie vor stellt, begründen zugleich ihr bleibendes Verdienst, seit ihrem Aufkommen „die humane Bedeutung des Glaubens, seiner Wahrheit und seiner Praxis"[177] jeder Epoche neu zu erschlossen zu haben. In diesem Mühen, das letztlich der Würde und Freiheit des Menschen gilt, bleibt die *analysis fidei* allerdings nicht nur für die Theologie eine anspruchsvolle Herausforderung. Einer Gesellschaft, die nach Werten sucht und um Glaubwürdigkeiten ringt, hält sie mit der Frage nach dem Glaubensakt exemplarisch den Spiegel vor[178]: All jene Personen und Institutionen, die Autorität ausüben oder im Namen von Autoritäten handeln, lädt sie ein, der Kraft des Argumentes zu trauen, Ansprüche, die sie erheben, einsichtig und nachvollziehbar zu machen. Denen aber, die nach Glaubwürdigkeiten Ausschau halten, gibt sie ein Beispiel für den Mut und die Bereitschaft, Autoritäten wahrzunehmen und im Umgang mit ihnen Verbindlichkeit zu wagen[179]. Die vorliegende Studie will dazu ihren Beitrag leisten.

---

und Erzählgemeinschaft, den er in seinem Artikel entfaltet, findet seine Entsprechung in der Analogie, mit der *J. H. Newman* vom Einzelmenschen auf das kollektive Bewußtsein der Kirche schließt (vgl. Abschnitt 4.1.2.3.).

[177] *G. Essen*, Zeit 42.
[178] Vgl. Abschnitt 1.1.
[179] Vgl. *K. Gabriel*, Glaubenskrise 14.

Literaturverzeichnis

R. Achten, First Principles and Our Way to Faith. A Fundamental - Theological Study of John Henry Newman´s Notion of First Principles, Frankfurt - Berlin - Bern - New York - Paris - Wien 1995 (= EHS XXIII 539)/ zit. **First Principles.**

K. Adam, Rez., in: ThRv 25 (1926) 321 – 326.

J. Alfaro, Esistenza cristiana. Temi biblici. Sviluppo teologico-storico. Magistero, Terza ed., Pontificia Universita Gregoriana, Roma 1985 (Vorlesungsmanuskript zum privaten Gebrauch der Hörer).

B. Altaner / A. Stuiber, Patrologie. Leben, Schriften und Lehre der Kirchenväter, 9. Aufl., Freiburg – Basel – Wien 1980.

St. W. Arndt, Bernard J. F. Lonergan (1904 – 1984), in: *E. Coreth SJ, W. M. Neidl, G. Pfligersdorfer* (Hg.), Christliche Philosphie im katholischen Denken des 19. und 20. Jahrhunderts, Bd. 2: Rückgriff auf scholastisches Erbe, Graz – Wien – Köln 1988, 753 – 770/zit. **B. J. F. Lonergan.**

J. Artz, Newman und die Intuition, in: ThQ 136 (1956), 174- 198.

J. Artz, Eigenständigkeit der Erkenntnistheorie J. H.Newmans, in: ThQ 139 (1959) 194 – 221.

J.Artz, Der „Folgerungssinn" (illative sense) in Newmans „Zustimmungslehre" (Grammar of Assent), in: Nst II (1960) 219 - 261. 361 – 371/ zit. **Folgerungssinn.**

J. Artz, Newmans vier Maximen, in: Cath 33 (1979) 134 - 152.

J. Artz, Newman – Lexikon zugleich Registerband zu den Ausgewählten Werken von John Henry Kardinal Newman, Mainz 1975 (= IX. Band der ausgewählten Werke von John Henry Kardinal Newman)/ zit. **NL.**

I. Baldermann, Grundzüge biblischer Sprachlehre, in: *W. Langer* (Hg.), Handbuch der Bibelarbeit, München 1987, 34- 42.

R. Baumann, Art. Wunder, in: NHThG 5, 286 – 299.

H. M. Baumgartner, Art. Wahrheit/Gewißheit, A. Aus philosphischer Sicht, in: NHThG 5, 230 - 241.

K. Baus, Art. Vinzenz v. Lerin, in: LThK II, Bd. 10, 800 – 801.

W. *Beinert*, Art. Glaube, in: W. *Beinert* (Hg.), Lexikon der katholischen Dogmatik, Freiburg - Basel -Wien 1987, 193 – 197.

W. *Beinert* (Hg.), Glaube als Zustimmung. Zur Interpretation kirchlicher Rezeptionsvorgänge, Freiburg - Basel - Wien 1991 (= QD 131).

V. *Berning*, Das Prinzip der Konnaturalität der Erkenntnis bei Thomas von Aquin, in: ThGl 72 (1982) 291 - 310.

G. *Biemer*, Überlieferung und Offenbarung. Die Lehre von der Tradition nach John Henry Newman, Freiburg - Basel - Wien 1961 (= Die Überlieferung in der neueren Theologie IV) / zit. **Überlieferung.**

G. *Biemer*, Die Berufung des Katecheten. Die Gestalt des christlichen Erziehers und Lehrers nach Kardinal Newman, Freiburg - Basel -Wien 1964 (= Aktuelle Schriften zur Religionspädagogik).

G. *Biemer,* Art. Wiseman, Nicholas Patrick Stephen, Kard., in: LThK II 10, 1188 - 1189.

G. *Biemer / J. D. Holmes*, Einführung in Newmans Leben und Gedankenwelt, in: G. *Biemer/ J. D. Holmes* (Hg.), Leben als Ringen um die Wahrheit. Ein Newman Lesebuch, Mainz 1984, 19 – 61.

G. *Biemer*, John Henry Newman. 1801 - 1890. Leben und Werk, Mainz 1989/ zit. **Newman.**

G. *Biemer*, Art. Newman, John Henry, in: LThK III 7, 795 – 797.

G. *Biemer*, Autonomie und Kirchenbindung: Gewissensfreiheit und Lehramt nach J. H. Newman, in: NSt 16 (1998) 174-193.

A. *Biesinger / Th. Schreijäck*, Art. Modelle christlichen Lebens, in: G. *Bitter / G. Miller* (Hg.), Handbuch religionspädagogischer Grundbegriffe, Bd. 1, München 1986, 92 – 95.

E. *Biser*, Glaube als Verstehen. Zur dialogischen Struktur des Glaubensaktes, in: ThPh 41 (1966) 504 - 519.

E. *Biser*, Glaubensvollzug, Einsiedeln 1967 (= Kriterien 8).

E. *Biser*, Glaubensverständnis. Grundriß einer hermeneutischen Fundamentaltheologie, Freiburg - Basel -Wien 1975.

E. *Biser*, Das Glaubenslicht. Neue Möglichkeiten der Glaubensbegründung, in: GuL 52 (1979) 31 – 40.

E. Bischofberger, Die sittlichen Voraussetzungen des Glaubens. Zur Fundamentalethik John Henry Newmans. Mit einem Vorwort von H. Fries, Mainz 1974 / zit. **Sittliche Voraussetzungen.**

G. Bitter, Art. Glaubensdidaktik, in: LThK III 4, 707 – 709.

J. Boekraad, The Personal Conquest of Truth according to J. H. Newman, Louvain 1955/ zit. **Personal Conquest.**

R. Brandt, John Locke (1632 - 1704), in: *O. Höffe* (Hg.), Klassiker der Philosophie, Bd. 1: Von den Vorsokratikern bis David Hume, München 1981, 360-377. 502-504.

H. S. Brechter OSB u. a. (Hg.), LThK II. Das Zweite Vatikanische Konzil. Dokumente und Kommentare, Teil III: Konstitutionen, Dekrete und Erklärungen. Lateinisch und deutsch, Freiburg - Basel - Wien 1968.

J. Brechtken, Real - Erfahrung bei Newman. Die personalistische Alternative zu Kants transzendentalem Subjektivismus, Bergen-Enkheim 1973/ zit. **Realerfahrung.**

H. Chadwick, Die Kirche in der antiken Welt, Berlin – New York 1972.

C. Cirne - Lima, Der personale Glaube. Eine erkenntnismetaphysische Studie, Innsbruck 1958 (= Philosophie und Grenzwissenschaften IX 3).

G. Colombo, Grazia e liberta nell´ atto di fede, in: *R. Fisichella* (Ed.), Noi crediamo. Per una teologia dell´ atto di fede, Roma 1993 (= Bibiloteca di ricerche teologiche) 39 - 58.

F. E. Crowe/ R.M. Doran (Hg.), Collected Works of Bernard Lonergan, Bd. III, Toronto 1992.

W. Czapiewski, Art. Zweifel, in: LThK II 10, 1425 – 1426.

I.U. Dalferth/ E. Jüngel, Person und Gottebenbildlichkeit, in: *F. Böckle, F.-X. Kaufmann, K. Rahner, B. Welte* in Verbindung mit *R. Scherer* (Hg.), Christlicher Glaube in moderner Gesellschaft. Enzyklopädische Bibliothek in 30 Teilbänden, Teilband 24, Freiburg - Basel - Wien 1981, 57 – 99/ zit. **Person.**

J. de Blic SJ , L´analyse de la foi chez Newman, in: EThL 1- 2 (1948) 136 – 145.

Ch. St. Dessain, Introduction, in: *J. D. Homes* (Hg.), The Theological Papers of John Henry Newman on Faith and Certainty, Oxford 1976, VII – IX / zit. **ThP I.**

Ch. St. Dessain, John Henry Newman. Anwalt redlichen Glaubens. Mit einem Vorwort von W. Becker, Freiburg - Basel - Wien 1980 / zit. **Anwalt.**

J. de Vries, Art. Gewißheit, in: *W. Brugger* (Hg.), Philosophisches Wörterbuch. Sonderausgabe, 17. Aufl., Freiburg - Basel - Wien 1985, 146-147.

J. de Vries, Art. Zweifel, in: *W. Brugger* (Hg.), Philosophisches Wörterbuch. Sonderausgabe, 17. Aufl., Freiburg - Basel - Wien 1985, 485 – 486.

Kl. Dick, Das Analogieprinzip bei John Henry Newman und seine Quelle in Joseph Butlers „Analogy", in: NSt V (1962) 9 – 228 / zit. **Analogie.**

G. Dobroczynski, Einsicht und Bekehrung. Ausgangspunkt der Fundamentaltheologie bei Bernard Lonergan, Frankfurt a. M. – Bern – New York – Paris 1992 (= EHS XXIII 441)/ zit. **Einsicht.**

J. Drumm, Art. K. Eschweiler, in: LThK III 3, 881.

A. Dulles SJ, From Images to Truth: Newman on Revelation and Faith, in: Theological Studies 51 (1990) 252 – 267.

P. Eicher, Offenbarung. Prinzip neuzeitlicher Theologie, München 1977.

P. Eicher, Art. Neuzeitliche Theologien. A. Die katholische Theologie, in: NHThG 4, 7- 47.

E. Ender, Heilsökonomie und Rechtfertigung. Eine Untersuchung über die Heilsfrage bei John Henry Newman, Essen 1972 (= Beiträge zur neueren Geschichte der katholischen Theologie 15).

R. Englert, Art. Glaubensgeschichte, in: LThK III 4, 713 - 714.

R. Englert, Art. Glaubensweg, in: LThK III 4, 724 - 725.

K. Eschweiler, Religion und Metaphysik, in: Hochland 19 (1921/22) 303 –313. 470-489/zit. **Religion und Metaphysik.**

K. Eschweiler, Die zwei Wege der neueren Theologie. Georg Hermes - Matth. Jos. Scheeben. Eine kritische Untersuchung des Problems der theologischen Erkenntnis, Augsburg 1926/ zit. **Wege.**

G. Essen, „Und diese Zeit ist unsere Zeit, immer noch". Neuzeit als Thema katholischer Fundamentaltheologie, in: *K. Müller* (Hg.), Fundamentaltheologie – Fluchtlinien und gegenwärtige Herausforderungen. In konzeptioneller Zusammenarbeit mit *G. Larcher*, Regensburg 1998, 23 – 44/ zit. **Zeit.**

M. Farina, Fede, Speranza e Caritá. Per una „circolarita´" dell´atto di fede, in: *R. Fisichella* (Hg.), Noi crediamo. Per una teologia dell' atto di fede, Roma 1993 (= Biblioteca di ricerche teologiche) 99 – 136.

R. Fisichella, La rivelazione: evento e credibilita, 2. Aufl., Bologna 1987(= Corso di teologia sistematica 2).

J. Flury, Um die Redlichkeit des Glaubens. Studien zur deutschen katholischen Fundamentaltheologie, Freiburg / CH 1979 (= ÖB 13).

Th. Freyer, Das „Ich als Ich, das alles Leid der Welt auf sich nimmt". Theologische Notizen zur gegenwärtigen philosophischen Debatte um menschliche Subjektivität, in: *G. Riße, H. Sonnemanns, B. Theiß* (Hg.), Wege der Theologie: an der Schwelle zum dritten Jahrtausend. Festschrift für Hans Waldenfels zur Vollendung des 65. Lebensjahres, Paderborn 1996, 111-124.

H. Fries, Theologische Methode bei John Henry Newman und Karl Rahner. Karl Rahner zum 75. Geburtstag, in: Cath 33 (1979) 109-133.

K. Gabriel, Glaubenskrise oder Wandel in der Sozialform des Glaubens? Religionssoziologische Befunde und Interpretationen, in: *M. Delgado/ W. Simon* (Hg.), Lernorte des Glaubens. Glaubensvermittlung unter den Bedingungen der Gegenwart, Berlin – Hildesheim 1991 (= Schriften der Katholischen Akademie in Berlin 6) 9 – 22 / zit. **Glaubenskrise.**

F. R. Glunk, Der gemittelte Deutsche. Eine statistische Spurensuche. Mit Tabellen und zahlreichen Graphiken, München 1996 (=dtv 30567).

E. Gössmann, Glaube und Gotteserkenntnis im Mittelalter, Freiburg - Basel - Wien 1971 (= HDg 1 2b).

M. Grabmann, Die Geschichte der katholischen Theologie seit dem Ausgang der Väterzeit. Mit Benützung von *M.J. Scheebens* Grundriß dargestellt, Freiburg 1933 (= Herders Theologische Grundrisse).

E. Haensli, Art. Unitarier, in: LThK II10, 506-507.

A. Halder / M. Müller (Hg.), Kleines Philosophisches Wörterbuch, 10. Aufl., Freiburg - Basel -Wien 1982 (= Herderbücherei 398).

D. Hammond, Imagination And Hermeneutical Theology: Newman's Contribution to Theological Method, in: Downside Review 106 / 362 (1988) 17 – 34 / zit. **Imagination.**

H. Häring, Art. Glaube, b. systematisch, in: *V. Drehsen* u.a. (Hg.), Wörterbuch des Christentums, München, Sonderausgabe 1995, 416 – 418.

J. Hasenfuss, Art. K. Eschweiler, in: LThK II 3, 1100.

H. Heinemann, Demokratisierung oder Synodalisierung? Ein Beitrag zur Diskussion, in: *W. Geerlings / M. Seckler* (Hg.), Kirche sein. Nachkonziliare Theologie im Dienst der Kirchenreform. Für Hermann Josef Pottmeyer, Freiburg-Basel-Wien 1994, 349-360.

J. Heinrichs, Ideologie oder Freiheitslehre? Zur Rezipierbarkeit der thomanischen Gnadenlehre von einem transzendentaldialogischen Standpunkt, in: ThPh 49 (1974) 395 - 436.

W. Hentrich, Art. Gregor von Valencia, in: LThK II 4, 1194 - 1195.

A. Hertz, Das Naturrrecht, in: *A. Hertz, W. Korff, Tr. Rendtorff, H. Ringeling* (Hg.), Handbuch der christlichen Ethik, Bd. 1, 2. Aufl., Freiburg - Basel -Wien 1979, 317 – 338.

O. Höffe, Aristoteles, München 1996 (= BsR 535)/zit. **Aristoteles**.

W. Kasper, Die Lehre von der Tradition in der Römischen Schule (Giovanni Perrone, Carlo Passaglia, Clemens Schrader), Freiburg - Basel - Wien 1962 (= Die Überlieferung in der neueren Theologie V)/ zit. **Lehre**.

W. Kasper, Art. Perrone, Giovanni, SJ, in: LThK II 8, 282.

W. Kasper, Die Weitergabe des Glaubens. Schwierigkeit und Notwendigkeit einer zeitgemäßen Glaubensvermittlung, in: *W. Kasper* (Hg.), Einführung in den Katholischen Erwachsenenkatechismus, 3. Aufl., Düsseldorf 1985 (= Schriften der Katholischen Akademie in Bayern 118) 13 – 35.

W. Kasper, Autonomie und Theonomie. Zur Ortsbestimmung des Christentums in der modernen Welt, in: *W. Kasper*, Theologie und Kirche, Mainz 1987, 149 – 175/ zit. **Autonomie**.

W. Kasper, Was alles Verstehen übersteigt. Besinnung auf den christlichen Glauben, Freiburg 1987.

Katholische Akademie ‚Die Wolfsburg' (Hg.), Freiheit Gottes und Geschichte des Menschen. Forschungsgespräch aus Anlaß des 65. Geburtstages von Prof. Dr. Richard Schaeffler, Annweiler / Essen 1993.

F. X. Kaufmann, Religion und Modernität. Sozialwissenschaftliche Perspektiven, Tübingen 1989/ zit. **Modernität**.

I.Ker, Editor's Introduction, in: *J. H.Newman,* An Essay in aid of a Grammar of Assent. Edited with introduction and notes by *I. T. Ker,* Oxford 1985, XI-LXX/ zit. **Introduction.**

I. Ker, John Henry Newman. A Biography, 2. Aufl., Oxford 1990/ zit. **Biography.**

I. Ker, Healing the Wound of Humanity. The Spirituality of John Henry Newman, London 1993/ zit. **Wound.**

J. Kirchberg/ J. Müther (Hg.), Philosophisch-Theologische Grenzfragen. Festschrift für Richard Schaeffler zur Vollendung des 60. Lebensjahres, Essen 1986.

Th. Kobusch, Die Entdeckung der Person. Metaphysik der Freiheit und modernes Menschenbild, Freiburg 1993.

W. Korff, Art. Natur / Naturrecht, in: NHThG 3, 439 - 452.

G. Kraus, Art. Natur und Gnade, in: *W. Beinert* (Hg.), Lexikon der katholischen Dogmatik, Freiburg - Basel -Wien 1987, 392 – 394.

L. Kuld, Lerntheorie des Glaubens. Religiöses Lehren und Lernen nach J. H. Newmans Phänomenologie des Glaubensaktes, Sigmaringendorf 1989 (= NSt13)/ zit. **Lerntheorie.**

L. Kuld, Newmans Verständnis von Bekehrung in seinem unveröffentlichten Manuskript ,On Conversion' (1821), in: NSt XVI (1998) 30-36.

J. Kulenkampff, David Hume, in: *O. Höffe* (Hg.), Klassiker der Philosophie. Bd. I: Von den Vorsokratikern bis David Hume, München 1981 , 434 - 456. 511 - 513.

E. Kunz, Glaube - Gnade - Geschichte. Die Glaubenstheologie des Pierre Rousselot S.J., Frankfurt 1969 (= FThSt 1)/ zit. **Glaube.**

E. Kunz, Christentum ohne Gott? Frankfurt 1971/ zit. **Christentum.**

E. Kunz, Der christliche Glaube als Krisis, in: *G. Schiwy* u.a. (Hg.), Christentum als Krisis, Würzburg 1971, 66 – 102/ zit. **Krisis.**

E. Kunz, Offenbarung Gottes in der Geschichte, in: Diakonia 3 (1972) 75 – 87/ zit. **Offenbarung.**

E. Kunz, Gotteserkenntnis und Offenbarung. Vorlesungen im Sommersemester 1980 an der Phil.- Theol. Hochschule Sankt Georgen in Frankfurt am

Main (unveröffentl. Manuskript zum privaten Gebrauch der Hörer)/ zit. **Gotteserkenntnis.**

E. *Kunz,* Wie erreicht der Glaube seinen Grund? Modelle einer „analysis fidei" in der neuzeitlichen katholischen Theologie, in: ThPh 62 (1987) 352 – 381/ zit. **Grund.**

E. *Kunz* , Glaubwürdigkeitserkenntnis und Glaube (Analysis fidei), in: *W. Kern, M. Seckler, H.-J. Pottmeyer* (Hg.), Handbuch der Fundamentaltheologie, Bd. 4: Traktat Theologische Erkenntnislehre. Schlussteil Reflexion auf Fundamentaltheologie, Freiburg - Basel - Wien 1988, 414 – 449/ zit. **Glaubwürdigkeitserkenntnis.**

E. *Kunz,* „Bewegt von Gottes Liebe". Theologische Aspekte der ignatianischen Exerzitien und Merkmale jesuitischer Vorgehensweise, in: *M. Sievernich S.J. / G. Switek S.J.* (Hg.), Ignatianisch. Eigenart und Methode der Gesellschaft Jesu, Freiburg - Basel - Wien 1990, 75 – 95/ zit. **Bewegt von Gottes Liebe.**

E. *Kunz,* Art. Analysis fidei, in: *W. Kasper* (Hg.), LThK III 1, 583 – 586/ zit. **Analysis.**

E. *Kunz,* Art. Glaubenslicht, in: *W. Kasper* (Hg.), LThK III 4, 718 – 720 / zit. **Glaubenslicht.**

E. *Kunz,* Ist das Sprechen von Gottes Allmacht noch zeitgemäß?, in: GuL 68 (1995) 37 – 467/ zit. **Allmacht.**

M. *Laarmann/ T. Trappe* (Hg.), Erfahrung-Geschichte-Identität. Zum Schnittpunkt von Philosophie und Theologie. Für Richard Schaeffler, Freiburg-Basel-Wien 1997.

A. *Lang,* Die Entfaltung des apologetischen Problems in der Scholastik des Mittelalters, Freiburg - Basel - Wien 1962.

H. *Lange,* Rez., in: Schol 1 (1926) 436 – 446.

M. *Lamb,* Art. Bernard Lonergan, in: TRE XXI 459 – 463 .

P. *Lambert, Ch. Tansy, C. Going* (Hg.), Caring about meaning. Patterns in the life of Bernard Lonergan, Montreal 1982 (= Thomas More Institut Papers 182).

G. *Lohaus,* Die Geheimnisse des Lebens Jesu in der Summa theologiae des heiligen Thomas von Aquin, Freiburg - Basel -Wien 1985 (= FThSt 131).

B. J. F. Lonergan, Analysis fidei. Unveröffentlichtes maschinengeschriebenes Manuskript, Regis College, Toronto 1952 (= Lonergan Research, Toronto)/ zit. **Analysis**.

B.J.F. Lonergan, Verbum. Word and Idea in Aquinas (hersg. von *D.B. Burrell*), 2. Aufl., Notre Dame 1970.

B.J.F. Lonergan, Insight. A Study of Human Understanding. Revised Student' s Edition, San Francisco 1978/ zit. **Insight** – deutsch: Die Einsicht. Eine Untersuchung über den menschlichen Verstand. Übersetzt und herausgegeben von *Ph. H. Flury* und *G. B. Sala*, Zwei Bände, Cuxhaven – Dartfort 1995.

B.J.F. Lonergan, Insight Revisited, in: *W.F.J. Ryan SJ – B.J. Tyrell SJ* (Hg.), A Second Collection. Papers by Bernard J. F. Lonergan SJ, London 1974, 263 – 278.

B.J.F. Lonergan, Das Subjekt, in: QD 67 (1975), 33-51 /zit. **Subjekt**.

B.J.F. Lonergan, Existenz und Aggiornamento, in: QD 67 (1975) 109 – 120

F. Malmberg, Art. Analysis fidei, in: *J. Höfer, K. Rahner* (Hg.), LThK II 1, 477 – 483.

T. Merrigan, Clear Heads And Holy Hearts. The Religious And theological Ideal of John Henry Newman. With a Foreword by *I. Ker*, Louvain 1991 (= Louvain Theological & Pastoral Monographs 7)/ zit. **Clear Heads**.

J. B. Metz, Glaube in Geschichte und Gesellschaft. Studien zu einer praktischen Fundamentaltheologie, Mainz 1977 / zit. **Gesellschaft**.

J. Meyer zu Schlochtern, Sakrament Kirche. Wirken Gottes im Handeln der Menschen, Freiburg - Basel - Wien 1992.

J. Meyer zu Schlochtern , Ist die Kirche Subjekt oder Communio? Anmerkungen zu einem ekklesiologischen Begriffskonflikt, in: *W. Geerlings / M. Seckler* (Hg.), Kirche sein. Nachkonziliare Theologie im Dienst der Kirchenreform. Für Hermann Josef Pottmeyer, Freiburg - Basel -Wien 1994, 221 – 239/ zit. **Subjekt**.

J. Meyer zu Schlochtern, Art. Glaubensmotive, in: LThK III 4, 720-721.

J. Meyer zu Schlochtern, Art. Glaubwürdigkeit, in: LThK III 4, 734 –737.

H. Meynell, Bernard Lonergan, in: *D. F. Ford* (Hg.), Theologen der Gegenwart. Eine Einführung in die christliche Theologie des zwanzigsten Jahrhunderts, Paderborn-München-Wien- Zürich 1993, 194 – 204/ zit. **Bernard Lonergan**.

M. Miserda, Subjektivität im Glauben. Eine theologisch - methodologische Untersuchung zur Diskussion über den ´Glaubens - Sinn´ in der katholischen Theologie des 19. Jahrhunderts, Frankfurt - Berlin - Bern - New York - Paris - Wien 1996 (= EHS XXIII 569)/ zit. **Subjektivität.**

O. Muck, Die transzendentale Methode in der scholastischen Philosophie der Gegenwart, Innsbruck 1964/ zit. **Methode.**

O. Muck, Art. Verstand, in: *H. Krings/ H.M. Baumgartner/ Chr. Wild* (Hg.), Handbuch philosophischer Grundbegriffe. Studienausgabe, Bd. 6, München 1974, 1613-1627.

Kl. Müller, Wenn ich „ich" sage. Studien zur fundamentaltheologischen Relevanz selbstbewußter Subjektivität, Frankfurt 1994 (= Regensburger Studien zur Theologie 46).

K. Müller, Wieviel Vernunft braucht der Glaube? Erwägungen zur Begründungsproblematik, in: *Kl. Müller* (Hg.), Fundamentaltheologie. Fluchtlinien und gegenwärtige Herausforderung. In konzeptioneller Zusammenarbeit mit *G. Larcher*, Regensburg 1998, 77 – 100.

W. Müller, Art. Gewißheit, in: LThK III 4, 631- 642.

G. Muschalek, Art. Praeambula fidei, in: LThK II 8, 653-657.

G. Muschalek, Glaubensgewißheit in Freiheit, Freiburg - Basel - Wien 1968 (=QD 40).

J. H. Newman, Apologia pro vita sua. Geschichte meiner religiösen Überzeugungen, Mainz o.J./ zit. **AW I.**

J. H. Newman, Autobiographical Writings, New York 1956; deutsch: Selbstbiographie nach seinen Tagebüchern. Eingeleitet und herausgegeben von H. Tristam. Ins Deutsche übertragen von der Newman-Arbeitsgemeinschaft der Benediktiner von Weingarten, Stuttgart 1959.

J. H. Newman, Lectures on the Doctrine of the Justification, 3. Aufl., London 1874.

J. H. Newman, Theses de fide, in: *H. Tristam*, Cardinal Newman´s Theses de Fide and his proposed Introduction to the French Translation of the University Sermons, in: Greg XVIII (1937) 219 - 260, hier 226 – 239; deutsch: AW VI 427 - 428. 433 – 440/zit. **Theses de fide.**

J. H. Newman, An Essay On The Development of Christian Doctrine, Westminster, Md. 1968 / zit. **Dev.**; deutsch: Über die Entwicklung der Glaubenslehre. Durchgesehene Neuausgabe der Übersetzung von *Th. Haecker* besorgt, kommentiert und mit ergänzenden Dokumenten versehen von *J. Artz,* Mainz 1969/ zit. **AW VIII.**

T. Lynch, The Newman - Perrone - Paper on Development, in: Greg. XVI (1935) 402 – 447/ zit. **Newman-Perrone-Paper,** deutsch: AW VIII 393 - 416. Dtsch: AW VIII 393 - 402 sowie *J. H. Newman,* Zur Philosophie und Theologie des Glaubens, II. Teil. Deutsche Übertragung aus dem Englischen von Dr. *M. Hoffmann,* Mainz 1940 (= Ausgewählte Werke. Dritter Band) /zit. **AW IIIa.**

J. H. Newman, The Idea Of A University Defined And Illustrated 1. In Nine Discourse Delivered To The Catholics Of Dublin I. In Occasional Lectures And Essays Addressed To The Members Of The Catholic University. New Impression, Westminster 1973 (= The Works of Cardinal Newman)/ zit. **Idea;** dtsch.: Vom Wesen der Universität. Ihr Bildungsziel in Gehalt und Gestalt. Übersetzt von H. Bohlen, Mainz 1960/ zit. **AW V.**

J. H. Newman, The Philosophical Notebook, in: *E.Sillem* (Hg.), The Philosophical Notebook of John Henry Newman, Bd. I: General Introduction to the Study of Newmans Philosophy, Louvain 1969/ zit. **PhNb I.**

J.H. Newman, The Philosophical Notebook, in: *E. Sillem* (Hg.), The Philosophical Notebook of John Henry Newman, Bd. II: The Text, Louvain 1970/ zit. **PhNb II.**

J.H. Newman, Fifteen Sermons Preached Before The University of Oxford, Westminster 1966 /zit. **OUS;** deutsch: Zur Philosophie und Theologie des Glaubens. Oxforder Universitätspredigten. Übersetzt von *M. Hofmann* und *W. Becker.* Mit einem Kommentar von W. Becker, Mainz 1964 (= **AW VI**).

J. H. Newman, Praefatio 1847, in: *H. Tristam,* Cardinal Newman´s Theses 248 – 260; deutsch: AW VI 441 – 450/ zit. **Praefatio.**

J. H. Newman, Disposition for Faith, in: *J. H. Newman,* Sermons preached on various occasions. New Impression, Westminster 1968, 60-74/ AW VI 348 – 358/ zit. **SVO.**

J. H. Newman, Theological Papers, in: *H. M. de Achaval SJ / J. D. Holmes* (ed.), The Theological Papers of John Henry Newman on Faith and Certainty, Oxford 1976 / zit. **ThP I.**

J. H. Newman, Über das Zeugnis der Laien in Fragen der Glaubenslehre. Übersetzt von *M. Hofmann,* in: *J. H. Newman,* Polemische Schriften. Abhandlungen zu Fragen der Zeit und der Glaubenslehre. Übersetzt von *M. E. Kawa* und *M. Hofmann,* Mainz 1959, 253 – 292 / zit. **AW IV.**

J. H. Newman, Letter to the Duke of Norfolk, in: *J. H. Newman,* Certain Difficulties felt by Anglicans in Catholic Teaching, Bd. 2. New Impression, Westminster 1969 (zit. **DbA II**) 171-378 /dtsch: Kirche und Gewissen. Ein Brief an Seine Gnaden den Herzog von Norfolk anläßlich der jüngst erschienenen Beschwerdeschrift Mr. Gladstones, in: *J. H. Newman,* Polemische Schriften. Abhandlungen zu Fragen der Zeit und der Glaubenslehre. Übersetzt von *M. E. Kawa* und *M. Hofmann,* Mainz 1959, 112 – 251/ zit. **AW IV.**

J. H. Newman, Briefe und Tagebuchaufzeichnungen aus der katholischen Zeit seines Lebens. Übersetzt von *M. Knoepfler,* 2. erg. und verb. Aufl., Mainz 1957 / zit. **AW II/ III.**

J. H. Newman, Discourses adressed to mixed Congregations, Westminster 1966 /zit. **DMC.**

J. H. Newman, Letters and Diaries, in: *Ch.St. Dessain* (Hg.), The Letters and Diaries of J. H. Newman,Vol I – XXXI, London/ Oxford 1961ff. / zit. **LD I – XXXI.**

J. H.Newman, Parochial and Plain Sermons, 8 Bände, Westminster 1968 / zit. **PPS,** deutsch: Predigten. Eingeleitet und übertragen von der Newman-Arbeitsgemeinschaft der *Benediktiner von Weingarten,* 11 Bände, Stuttgart 1948-1962 /zit. **DP.**

J. H. Newman, An Essay In Aid Of A Grammar of Assent. Edited with introduction and notes by *I. T. Ker,* Oxford 1985 / zit. **GA.** In deutscher Sprache siehe : Entwurf einer Zustimmungslehre. Durchgesehene Neuausgabe der Übersetzung von *Th. Haecker,* Mainz 1961/zit. **AW VII .**

J. H. Newman, Preface to the third edition von 1877, in: *J. H.Newman,* The Via Media of the Anglican Church illustrated in lectures, letters and tracts written between 1830 and 1841, Bd. 1, Westminster 1978, XV – XCIV / zit. **Preface.**

L. Ott, Grundriss der katholischen Dogmatik, 10. Auflage mit Literaturnachträgen, Freiburg – Basel – Wien 1981.

W. Pannenberg, Anthropologie in theologischer Perspektive, Göttingen 1983.

S. Pemsel - Maier, Differenzierte Subjektwerdung im Volke Gottes, in: *D. Wiederkehr* (Hg.), Der Glaubenssinn des Gottesvolkes - Konkurrent oder Partner des Lehramtes?, Freiburg 1994 (=QD 151) 161 – 181.

R. J. Penaskovic, Open to the Spirit. The Notion of the Laity in the Writings of J. H. Newman, Augsburg 1972/ zit. **Spirit**.

G. Pöltner, Der Glaube als Grundvollzug des menschlichen Daseins, in: ThPQ 134 (1986) 254 - 264.

H.J. Pottmeyer, Kontinuität und Innovation in der Ekklesiologie des II. Vatikanums. Der Einfluß des I. Vatikanums auf die Ekklesiologie des II. Vatikanums und Neurezeption des I. Vatikanums im Lichte des II. Vatikanums, in: *G. Alberigo, Y. Congar, H.J. Pottmeyer* (Hg.), Kirche im Wandel. Eine kritische Zwischenbilanz nach dem Zweiten Vatikanum, Düsseldorf 1982, 89 – 110/ zit. **Kontinuität**.

H.J. Pottmeyer, Normen, Kriterien und Strukturen der Überlieferung, in: *W. Kern, H. J. Pottmeyer, M. Seckler* (Hg.), Handbuch der Fundamentaltheologie, Bd. 4: Traktat Theologische Erkenntnislehre. Schlussteil Reflexion auf Fundamentaltheologie, Freiburg – Basel – Wien 1988, 124 – 152/ zit. **Normen**.

H. J. Pottmeyer, Zeichen und Kriterien der Glaubwürdigkeit des Christentums, in: *W. Kern, H. J. Pottmeyer, M. Seckler* (Hg.), Handbuch der Fundamentaltheologie. Bd. 4: Traktat theologische Erkenntnislehre. Schlussteil Reflexion auf Fundamentaltheologie, Freiburg-Basel-Wien 1988, 373- 413/ zit. **Zeichen**.

H.J. Pottmeyer, Kirche - Selbstverständnis und Strukturen. Theologische und gesellschaftliche Herausforderung zur Glaubwürdigkeit, in: *H.J. Pottmeyer* (Hg.), Kirche im Kontext der modernen Gesellschaft. Zur Strukturfrage der römisch - katholischen Kirche, München - Zürich 1989, 99 – 123/ zit. **Selbstverständnis**.

H. P. Pottmeyer, Die Suche nach der verbindlichen Tradition und die traditionalistische Versuchung der Kirche, in: *D. Wiederkehr* (Hg.), Wie geschieht Tradition? Überlieferung im Lebensprozeß der Kirche, Freiburg 1991 (=QD 133), 89 – 110 /zit. **Tradition**.

H.J. Pottmeyer, Das Subjekt der Theologie, in: *M. Kessler, W. Pannenberg, H. J. Pottmeyer* (Hg.), Fides quaerens intellectum. Beiträge zur Fundamentaltheologie, Tübingen-Basel 1992, 545-556.

H.J. Pottmeyer, Die Konstitution Dei Filius des I. Vatikanischen Konzils zwischen Abwehr und Rezeption der Moderne, in: *G. Riße,H. Sonnemanns, B.*

Theis (Hg.), Wege der Theologie: an der Schwelle zum dritten Jahrtausend. Festschrift für Hans Waldenfels zur Vollendung des 65. Lebensjahres, Paderborn 1996, 73 – 86/ zit. **FS H. Waldenfels.**

H. J. Pottmeyer, Die Mitsprache der Gläubigen in Glaubenssachen. Eine alte Praxis und ihre Wiederentdeckung, in: IKaZ 25 (1996) 134 - 147.

H.J. Pottmeyer, Auf dem Weg zu einer dialogischen Kirche. Wie Kirche sich ihrer selbst bewußt wird, in: *G. Fürst* (Hg.), Dialog als Selbstvollzug der Kirche?, Freiburg-Basel-Wien 1997, 117 – 132(= QD 166)/zit. **Weg.**

H. J. Pottmeyer, Das Konzil wollte die Kirche vom Kopf auf die Füße stellen, in: RW 3 (39. Jahrgang 1997) 3.

H. J. Pottmeyer, Towards A Papacy In Communion. Perspectives From Vatican Councils I and II, New York 1998.

Th. Pröpper, Erlösungsglaube und Freiheitsgeschichte. Eine Skizze zur Soteriologie, 2., wesentl. erw. Aufl., München 1988/ zit. **Erlösungsglaube.**

Th. Pröpper, Art. Freiheit, in: NHThG 2, 66 - 95.

E. Przywara, Ringen der Gegenwart. Gesammelte Aufsätze 1922 - 1927, 2 Bände, Augsburg 1929.

L.B. Puntel, Art. Wahrheit, in: *H. Krings, H.M. Baumgartner, Chr. Wild* (Hg.), Handbuch philosophischer Grundbegriffe. Studienausgabe, Bd. 6, München 1974, 1649 – 1668.

K. Rahner, Art. Philosophie und Theologie, in: HTTL 6, 37–43.

K. Rahner, Grundkurs des Glaubens. Einführung in den Begriff des Christentums,12. Aufl., Freiburg –Basel –Wien 1976.

G. Rombold, Das Wesen der Person nach John Henry Newman, in: NSt 4 (1960) 9 - 137.

G. Rombold, Art. John Henry Newman, in: *E. Coreth SJ, W. M. Neidl, G. Pfligersdorfer (Hg.)*, Christliche Philosophie im katholischen Denken des 19. und 20. Jahrhunderts, Bd. 1: Neue Ansätze im 19. Jahrhundert, Graz - Wien - Köln 1987, 698 – 728.

G. B. Sala, Einleitung, in: *G. B. Sala* (Hg.), Theologie im Pluralismus heutiger Kulturen, Freiburg – Basel –Wien 1975(= QD 67) 7 – 16 / zit. **Einleitung.**

G. B. *Sala*, Nachwort zur deutschen Ausgabe, in: *B.J.F. Lonergan SJ*, Methode in der Theologie. Übersetzt und herausgegeben von *J. Bernard* + mit einem Nachwort von *G.B. Sala SJ*, Leipzig 1991, 367 – 379/ zit. **Nachwort**.

G. B. *Sala*, Innerlichkeit und Rationalität nach Bernard Lonergan, in: *H.-B. Gerl-Falkovitz, N. Lobkowicz* (Hg.), Rationalität und Innerlichkeit, Hildesheim-Zürich 1997, 139- 153 (=Philosophische Texte und Studien).

G. B. *Sala*, Art. Lonergan, Bernard, SJ, in: LThK III 6, 1046 – 1047.

R. *Schaeffler*, Die Wahrheit des Zeugnisses. Philosophische Erwägungen zur Funktion der Theologie, in: *P. W. Scheele/ G. Schneider* (Hg.), Christuszeugnis der Kirche. Theologische Studien, Festschrift für Bischof Dr. Franz Hengsbach, Essen 1970, 145-169.

R. *Schaeffler*, Die Religionskritik sucht ihren Partner. Thesen zu einer erneuerten Apologetik, Freiburg-Basel-Wien 1974.

R. *Schaeffler*, Zum Verhältnis von transzendentaler und historischer Reflexion, in: *H. Kohlenberger/ W. Lütterfels* (Hg.), Von der Notwendigkeit der Philosophie der Gegenwart. Festschrift für Karl Ulmer, Wien-München 1976, 42-76.

R. *Schaeffler*, Die Wechselbeziehungen zwischen Philosophie und katholischer Theologie, Darmstadt 1980 (= Die philosophischen Bemühungen des 20. Jahrhunderts).

R. *Schaeffler*, Einführung in die Geschichtsphilosophie, 3. unveränd. Aufl., Darmstadt 1980.

R. *Schaeffler*, Die Vernunft und das Wort. Zum Religionsverständnis bei Hermann Cohen und Franz Rosenzweig, in: ZThK 78 (1981) 57-89.

R. *Schaeffler*, Fähigkeit zur Erfahrung. Zur transzendentalen Hermeneutik des Sprechens von Gott, Freiburg 1982 (=QD 94).

R. *Schaeffler*, Der Zuspruch des Vergebungswortes und die Dialektik des praktischen Vernunftgebrauchs. Überlegungen zur Ethik und Religionsphilosophie im Anschluß an Immanuel Kant und Hermann Cohen, in: *P. Hünermann /R. Schaeffler* (Hg.), Theorie der Sprachhandlungen und heutige Ekklesiologie. Ein philosophisch-theologisches Gespräch, Freiburg-Basel-Wien 1987 (=QD 109) 104-129.

R. *Schaeffler*, Logisches Widerspruchsverbot und theologisches Paradox. Überlegungen zur Weiterentwicklung der transzendentalen Dialektik, in: ThPh 62 (1987) 321-351.

R. Schaeffler, Das Gebet und das Argument. Zwei Weisen des Sprechens von Gott. Eine Einführung in die Theorie der religiösen Sprache, Düsseldorf 1989 (=Beiträge zur Theologie und Religionswissenschaft).

R. Schaeffler, Ein transzendentalphilosophischer Gottesbegriff und seine mögliche Bedeutung für die Theologie, in: *M. Kessler, W. Pannenberg, H.J. Pottmeyer* (Hg.), Fides quaerens intellectum. Beiträge zur Fundamentaltheologie, Tübingen 1992, 97 – 110.

R. Schaeffler, Die Kirche als Erzähl- und Überlieferungsgemeinschaft, in: *W. Geerlings/ M. Seckler* (Hg.), Kirche sein. Nachkonziliare Theologie im Dienst der Kirchenreform. Für Hermann Josef Pottmeyer, Freiburg – Basel- Wien 1994, 201-219/ zit. **Kirche**.

R. Schaeffler, Erfahrung als Dialog mit der Wirklichkeit. Eine Untersuchung zur Logik der Erfahrung, München1995/ zit. **Erfahrung als Dialog**.

N. Schiffers, Die Einheit der Kirche nach John Henry Newman, Düsseldorf 1956.

J. Schmitz, Offenbarung, Düsseldorf 1988 (= Leitfaden Theologie 19)/ zit. **Offenbarung**.

M. Schneider, „Unterscheidung der Geister". Die ignatianischen Exerzitien in der Deutung von E. Przywara, K. Rahner und G. Fessard, 2. Aufl., Innsbruck-Wien 1987, 11 - 25 (= IST 11).

W. Schneiders, Das Zeitalter der Aufklärung, München 1997 (= BsR 2058) .

E. Schockenhoff, Das umstrittene Gewissen. Eine theologische Grundlegung, Mainz 1990 (= Grünewald -Reihe).

A. Schöpf, Art. Gewißheit, in: *H. Krings, H.M. Baumgartner, Chr. Wild* (Hg.), Handbuch Philosophischer Grundbegriffe. Studienausgabe, Bd. 3, München 1973, 585 - 596.

B. Schüller, Der menschliche Mensch. Aufsätze zur Metaethik und zur Sprache der Moral, Düsseldorf 1982 (= Moraltheologische Studien. Systematische Abteilung 12).

R.M. Schultes, Neue Wege der Theologie, in: DTh 4 (1926) 215 – 227.

M. Seckler, Der Begriff der Offenbarung, in: *W. Kern, M. Seckler, H.J. Pottmeyer* (Hg.), Handbuch der Fundamentaltheologie, Bd. 2: Traktat Offenbarung, Freiburg - Basel -Wien 1985, 60 – 83.

M. Seckler, Fundamentaltheologie: Aufgaben und Aufbau, Begriff und Namen, in: *W.Kern, M. Seckler, H.J. Pottmeyer* (Hg.), Handbuch der Fundamentaltheologie, Bd. 4: Traktat Theologische Erkenntnislehre. Schlußteil Reflexion auf Fundamentaltheologie, Freiburg - Basel -Wien 1988, 450 – 514/ zit. **Fundamentaltheologie.**

M. Seckler, Theosoterik und Autosoterik, in: *M. Seckler*, Die schiefen Wände des Lehrhauses. Katholizität als Herausforderung, Freiburg - Basel -Wien 1988, 40 - 49.

M. Seckler, Chr. Berchtold, Art. Glaube, in: NHThG 2, 232 - 252.

M. Seckler, Art. Apologetik III. Geschichtlich, in: LThK III 1, 837 - 839.

M. Seckler, Art. Glaube IV. Systematisch - theologisch u. theologiegeschichtlich, in: LThK III 4, 672 – 685.

R. Siebenrock, Wahrheit, Gewissen und Geschichte. Eine systematisch - theologische Rekonstruktion des Wirkens John Henry Kardinal Newmans, Sigmaringendorf 1996 (= NSt 15)/ zit. **Wahrheit.**

R. Siebenrock, Wie Menschen glauben. Anmerkungen zu Newmans Essay in Aid of a Grammar of Assent im Blick auf den Religionsunterricht, in: Religionsunterricht an Höheren Schulen 33 (1990) 370 – 381.

W. Simonis, Zum Problem der Analysis fidei heute, in: MThZ 23 (1972)151 – 172/ zit. **Problem.**

M. Siemons, Jenseits des Aktenkoffers. Vom Wesen des neuen Angestellten, München-Wien 1997/ zit. **Jenseits.**

J. Splett, Gewissen und Glaubensbegründung bei John Henry Newman, in: *A. Gläßer* (Hg.), John Henry Newman. Vortragsreihe der katholischen Universität Eichstätt, Eichstätt - Wien 1991, 33 - 50 (= Extemporalia 10).

J. Stufler, Die zwei Wege der neueren Theologie, in: ZKTh 50 (1926) 326-336.

O. Terrell u.a. (Hg.), Pons/Collins. Deutsch-Englisch/ Englisch - Deutsch. Neubearbeitung 1991, 2. Aufl., Stuttgart - Dresden 1993.

N. Theis, An den Quellen des persönlichen Denkens. Einführung in J.H. Newmans „Grammar of Assent", in: NSt II 165 - 218. 352 – 361/ zit. **Quellen.**

D. Tracy, Notwendigkeit und Ungenügen der Fundamentaltheologie, in: *R. Latourelle, G. O' Collins* (Hg.), Probleme und Aspekte der Fundamentaltheologie, Innsbruck-Wien 1985, 38-56.

J. Trütsch, Art. Glaube. III. Systematisch, in: LThK II 4, 920 - 925 .

J. Trütsch / J. Pfammater, Der Glaube, in: *J. Feiner, M. Löhrer* (Hg.), Mysterium Salutis. Grundriss heilsgeschichtlicher Dogmatik. Bd 1: Die Grundlagen heilsgeschichtlicher Dogmatik, 4. unveränd. Aufl., Einsiedeln - Zürich - Köln 1978, 791 – 903.

H. Vorgrimler, Art. Glaubensbereitschaft, in: LThK II 4, 939 – 941.

H. Wackerzapp, Art. Gewißheit, in: LThK II 4, 874 – 875.

G. Wahrig / R. Wahrig-Burfeind (Hg.), Wörterbuch der deutschen Sprache, München 1997 (= dtv 3366).

J. H. Walgrave, Glaube und Dogma in der Theologie Newmans: Unveröffentlichtes Vortragsmanuskript, übersetzt von *L. Kaufmann W.V.* , in: Cardinal Newman Academic Symposium, Rom, 3. - 8. April 1975/ zit. **Glaube und Dogma**.

W. Ward, The Life of John Henry Cardinal Newman. Based on his private journals and correpondence, 2 Bände, New York - Bombay - Calcutta 1912 /zit. **Life I und Life II.**

J. Werbick, Vom Wagnis des Christseins. Wie glaubwürdig ist der Glaube?, München 1995 / zit. **Wagnis.**

F. Wiedmann, Intellekt und Wille in Newmans Zustimmungslehre, in: PhJ 73 (1965/ 66) 95 – 104.

S. Wiedenhofer, Die Kirche als „Subjekt" oder „Person", in: *W. Baier* u.a. (Hgg.), Weisheit Gottes - Weisheit der Welt. Festschrift für Joseph Kardinal Ratzinger zum 60. Geburtstag, Bd. 2, St. Ottilien 1987, 999 - 1020.

F.M. Willam, John Henry Newman und P. Perrone, in: *H. Fries/ W. Becker* (Hg.), NSt II (1954) 120 – 145/zit. **John Henry Newman und P. Perrrone**.

F. M. Willam, Aristotelische Erkenntnislehre bei Whately und Newman und ihre Bezüge zur Gegenwart, Freiburg - Basel -Wien 1960/ zit. **Aristotelische Erkenntnislehre.**

F. M. Willam, Die Erkenntnislehre Kardinal Newmans. Systematische Darlegung und Dokumentation, Bergen - Enkheim 1969 /zit. **Erkenntnislehre.**

INTERNATIONALE CARDINAL-NEWMAN-STUDIEN

Herausgegeben von Günter Biemer und Heinrich Fries
Begründet von Heinrich Fries und Werner Becker

Band 1-15 sind im Verlag Regio / Glock & Lutz erschienen. Die Bücher sind von der Deutschen New-man-Gesellschaft zu beziehen.

Peter Lang · Europäischer Verlag der Wissenschaften

Bernhard Steinhauf

Die Wahrheit der Geschichte

Zum Status katholischer Kirchengeschichtsschreibung am Vorabend des Modernismus

Frankfurt/M., Berlin, Bern, New York, Paris, Wien, 1999. XI, 456 S.
Bamberger Theologische Studien. Bd. 8
Verantwortlicher Herausgeber: Prof. DDr. Godehard Ruppert
ISBN 3-631-33896-1 · br. DM 118.–*

Die Arbeit untersucht die Entstehungsbedingungen, unter denen sich seit der zweiten Hälfte des 19. Jahrhunderts der Wandel von der traditionellen katholischen Kirchengeschichtsschreibung zur eigenständigen historisch-kritischen Disziplin vollzog. Sie analysiert dazu das methodische Selbstverständnis einschlägiger Kirchenhistoriker und deren Auffassung vom Gegenstand, Wesen und Umfang sowie von den Möglichkeiten und Grenzen der Kirchengeschichte. Auf der Basis vatikanischer Archivalien werden die kurialen Ziele und Vorstellungen über die Erfordernisse der Kirchengeschichtsschreibung anhand der von Papst Leo XIII. eingesetzten „Kardinalskommission zur Erneuerung der historischen Studien" in ihrem zeitgenössischen Kontext erörtert und die historischen Gründe für das Scheitern jener Initiative dargelegt. In der Gegenüberstellung jenes Ansatzes mit kirchengeschichtlichen Konzeptionen spezifisch theologischer und spezifisch historischer Prägung differenziert die Untersuchung die Palette der verschiedenen Neuansätze und benennt zugleich die historischen Gründe für den heutigen eigentümlichen Sonderstatus der Kirchengeschichtsschreibung als gleichermaßen historische und theologische Disziplin.

Aus dem Inhalt: Voraussetzungen des Streites um die Kirchengeschichtsschreibung bis zur Mitte des 19. Jahrhunderts · Die Schwierigkeit mit der Geschichte · Traditionelle katholische Kirchengeschichtsschreibung · Leo XIII. und das Programm zur Erneuerung der Kirchengeschichtsschreibung · Kirchengeschichtliche Konzeptionen seit der Zeit des Pontifikates Leos XIII. bis zur Zeit der sogenannten Modernismuskrise · Neuscholastik und Modernismus: die Frage nach der „Wahrheit der Geschichte" · Strategien der Konfliktlösung · Memorandum Alfred Loisys an Leo XIII. „De Studiis Scripturae sacrae" · Bibliographie

Frankfurt/M · Berlin · Bern · New York · Paris · Wien
Auslieferung: Verlag Peter Lang AG
Jupiterstr. 15, CH-3000 Bern 15
Telefax (004131) 9402131
*inklusive Mehrwertsteuer
Preisänderungen vorbehalten